W0416549

BECK'SCHE STEUERKOMMENTARE

ECKERT

STEUERBERATERGEBÜHRENVERORDNUNG

Eckert
Steuerberatergebührenverordnung

mit Rechtsanwaltsgebührenrecht, Gebühren für Vereinbare Tätigkeiten, Steuerliches Kostenrecht

Kommentar

bearbeitet von

HEINRICH WINKLER
Assessor und Geschäftsführer
der Steuerberaterkammer Nordbaden
in Heidelberg

KLAUS CRUSEN
Steuerberater
in Schriesheim

HORST-REINER ENDERS
gepr. Bürovorvorsteher
im Rechtsanwaltsfach in Koblenz

KARL EBERL
Leiter der Kostenstelle beim
Bundesfinanzhof in München

FRITZ KARNATZ
Rechtsanwalt
in St. Augustin

begründet von

WALTER LUDWIG ECKERT †
Steuerberater und
Rechtsbeistand (RAK)

DR. HANS-GEORG BÖTTCHER
Direktor der
Bundessteuerberaterkammer a. D.

3. Auflage

VERLAG C. H. BECK MÜNCHEN 2001

ISBN 3 406 42574 7

© 2001 Verlag C. H. Beck oHG

Wilhelmstraße 9, 80801 München
Satz und Druck: C. H. Beck'sche Buchdruckerei Nördlingen
(Adresse wie Verlag)

Bindung: Großbuchbinderei Monheim

Gedruckt auf säurefreiem, alterungsbeständigem Papier
(hergestellt aus chlorfrei gebleichtem Zellstoff)

Vorwort zur 3. Auflage

Gut elf Jahre sind vergangen, seit Walter Ludwig Eckert, der Begründer dieses Kommentars und einer der „Väter der Steuerberatergebührenverordnung“, das Vorwort zur 2. Auflage dieses Buches geschrieben hat. Seine Krankeit und sein Tod haben ihn sein Vorhaben nicht mehr realisieren lassen, auch die von ihm seitens der Bundessteuerberaterkammer unermüdlich betriebene 3. Änderungsverordnung zur StBGebV im Lichte der hierzu ergangenen Rechtsprechung zu kommentieren.
Als durchweg langjährige „gebührenrechtliche Weggefährten“ von Walter Ludwig Eckert haben die Autoren der 3. Auflage versucht, das Werk in seinem Sinne fortzuführen. Hierzu gehört nicht nur, daß die einzelnen Vorschriften der StBGebV – also dem Kernstück der für den Berufsangehörigen bedeutsamen gebührenrechtlichen Regelungen – ausführliche Erläuterungen erfahren haben. Auch die deutlich gewachsene Bedeutung von Beratungsleistungen, die über den Kernbereich der steuerberatenden Tätigkeit hinausgehen und sich u.a. auf das weite Feld der vereinbaren Tätigkeiten erstrecken, erforderten eine entsprechende gebührenrechtliche Darstellung. Hinzu kamen schließlich Hinweise auf gebührenrechtlich wichtige Fragestellungen aus dem allgemein-rechtlichen Bereich.
Die Autoren sind seit vielen Jahren in der Praxis in unterschiedlichen Bereichen mit dem Gebührenrecht befaßt. Steuerberater Klaus *Crusen,* der neue Bearbeiter der §§ 10–25, 27–38 und 47–49 StBGebV, ist langjähriger Vorsitzender des Ausschusses Steuerberatergebührenrechts der Steuerberaterkammer Nordbaden und zugleich Mitglied des Gebührenrechtsausschusses der Bundessteuerberaterkammer. Heinrich *Winkler,* Geschäftsführer der Steuerberaterkammer Nordbaden, hat zu den von ihm bereits in der 2. Auflage bearbeiteten Teilen „Vereinbare Tätigkeiten“ und „Allgemeine Rechtsfragen zum Gebührenrecht“ auch die Erläuterungen der §§ 1–9 der StBGebV übernommen. Die Kommentierung des steuerlichen Kostenrechts lag unverändert in den sachkundigen Händen von Karl *Eberl,* Leiter der Kostenstelle beim Bundesfinanzhof in München. In gleichermaßen bewährter Weise hat Fritz *Karnatz,* Rechtsanwalt in St. Augustin, die Bearbeitung der Sonderfragen der Gebühren für land- und forstwirtschaftliche Betriebe fortgeführt. Neu hinzugekommen ist Horst-Reiner *Enders,* der seine ausgewiesenen Kenntnisse des Anwaltsgebührenrechts in die Kommentierung dieses Teils der StBGebV (§§ 45–46 StBGebV in Verbindung mit den entsprechenden Vorschriften der BRAGO) eingebracht und zudem die §§ 40–44 StBGebV überarbeitet hat.
Die Verfasser waren bemüht, wie bereits in den Vorauflagen den Berufsangehörigen eine fundierte Hilfe für die angemessene Honorierung ihrer vielfältigen Tätigkeit an die Hand zu geben. Wir hoffen, daß uns dies gelungen

ist und sind allen Benutzern dieses Kommentars für Anregungen und Wünsche, aber auch für konstruktive Kritik, dankbar.

Im September 2000 *Die Verfasser*

Vorwort zur 1. Auflage

Ein „Vorwort" ist eigentlich ein „Nachwort", man schreibt es, wenn die Arbeit vollendet ist. Es fehlt dann aber noch der Abstand zum Geschriebenen; die vielfältigen Eindrücke, die Mühe der hundert und aberhundert Stunden „des Buchwerdens" versperren noch den Blick auf das Ganze und es drängt sich die Frage auf, wie denn der Leser das Produkt dieser Arbeit aufnehmen wird.
Wenn man sich seit vielen Jahren in besonderem Maße mit einer Materie beschäftigt, wie der Unterzeichnende mit dem Gebührenrecht des Steuerberaters, dann mag es naheliegen, darüber in einem Buch zu berichten. Wie schwierig aber der Weg von der Idee zu ihrer Verwirklichung ist, wird dann besonders deutlich, wenn man der immerhin erstaunlichen Tatsache begegnet, daß es seit mehr als vier Jahrzehnten eine privatrechtliche Gebührenregelung für viele Tausend von Berufsangehörigen gab, aber kein einziger Kommentar dazu je geschrieben wurde. Es fehlte somit jede Möglichkeit, sich mit dem auseinanderzusetzen, was andere zu diesem Thema gedacht und gesagt hatten, es gab praktisch keine verwertbare Rechtsprechung, es blieb nur der Weg der eigenen Erfahrung, das Wissen um das gebührenrechtliche Geschehen in einem großen Berufsstand und die gestaltende Mitwirkung an dem neuen Recht. Unser für die BRAGO zuständiger Mitautor hatte es da ein wenig einfacher, er konnte sich auf eine, sogar maßgeblich von ihm selbst beeinflußte, breite Kommentierung zum Gebührenrecht der Anwälte stützen.
Das Buch sollte aber auch ein „Kommentar für die tägliche Arbeit, für den Schreibtisch" und nicht ein „Nachschlagewerk für den Bücherschrank" werden. Eine praxisorientierte Darstellung, eine Kommentierung, die wirkliche Antworten auf drängende Fragen des Berufsangehörigen gibt, eine Fülle von Beispielen, eigenwillig gestaltete Schaubilder, Musterliquidationen für den praktischen Fall und arbeitsgerecht erweiterte und hochgerechnete Gebührentabellen sind einige der Vorstellungen, deren Verwirklichung wir versucht haben.
Das Buch sollte schließlich die gesetzlichen Regelungen im Wortlaut, die Kommentierung zur Steuerberatergebührenverordnung, die Kommentierung zur Bundesgebührenordnung für Rechtsanwälte und ergänzend und abrundend die Kommentierung zum gesamten steuerlichen Kostenrecht „praxisbezogen" in einem Band zusammenfassen.
Ich habe sehr herzlich zu danken denen, die mitgeholfen haben, aus einer Idee ein Buch zu machen. Mit meinem Mitherausgeber, Hans-Georg Böttcher, bin ich seit dem Jahre 1961 in gemeinsamer Arbeit um das Gebührenrecht verbunden. Holger Schmidt, wohlausgewiesener Mitherausgeber des führenden Kommentars zur BRAGO, Fritz Karnatz, der die Erfahrungen aus dem Bereich des Gebührenrechts der land- und forstwirtschaftlichen Betrie-

be einbrachte und schließlich Karl Eberl als sachkundiger Leiter der Kostenstelle beim Bundesfinanzhof, spezialisiert auf das steuerliche Kostenrecht, vervollständigten die „Mannschaft". Anzumerken, daß aus meinem Sekretariat erfahrene Mitarbeiterinnen wesentlich dazu beigetragen haben, das gedachte und geschriebene Wort in das gedruckte Werk umzusetzen, ist mir eine besondere Freude.

Vieles aus der Feder des Unterzeichnenden ist im schweizerischen Graubünden entstanden, in einem alten Maiensäß oberhalb Klosters mit dem Blick auf die Weite der Schweizer Berge. Vielleicht hat diese Umgebung ein wenig dazu beigetragen, bei der Behandlung des Stoffes da und dort herkömmliche Pfade zu verlassen und der Weite der Gedanken etwas mehr Raum zu geben, als es sonst die „strenge Sachlichkeit" eines Kommentars gebietet.

Möge der Leser Nachsicht üben mit denen, die es unternommen haben, die aufgezeigten Ideen in die Tat umzusetzen und ein Buch „Aus der Praxis – für die Praxis" zu schreiben. Wenn Sie uns mit Ihrem Rat und Ihren Hinweisen dabei unterstützen, das Begonnene fortzusetzen, sind wir Ihnen in besonderem Maße dankbar verpflichtet.

Heidelberg im Juli 1982 *Walter Ludwig Eckert*

Bearbeiterverzeichnis:

Klaus Crusen:	§§ 10 bis 25, 27 bis 38 StBGebV §§ 47 bis 49 StBGebV Anwendungsbereich Wert- und Betragsrahmengebühren Tabellen Muster für Liquidationen mit Beispielen zum Gebührenrecht
Karl Eberl:	Steuerliches Kostenrecht Muster für Anträge zum steuerlichen Kostenrecht
Horst-Reiner Enders:	§§ 40 bis 46 StBGebV Anzuwendende Vorschriften der BRAGO
Fritz Karnatz:	§ 26 und § 39 StBGebV
Heinrich Winkler:	Entwicklung des Gebührenrechts §§ 1 bis 9 StBGebV Allgemeine Rechtsfragen zum Gebührenrecht Gebühren für Vereinbare Tätigkeiten

Inhaltsübersicht

Teil I. Texte

Teil II. Kommentar zur Steuerberatergebührenverordnung

Teil III. Gebühren für vereinbare Tätigkeiten

Teil IV. Steuerliches Kostenrecht

Teil V. Anhang

Teil VI. Register

Inhaltsverzeichnis

Dritter Abschnitt. Gebühren in bürgerlichen Rechtsstreitigkeiten und in ähnlichen Verfahren

Vierter Abschnitt. Gebühren im Verfahren der Zwangsversteigerung und der Zwangsverwaltung

[Keine anzuwendenden Vorschriften]

Fünfter Abschnitt. Gebühren in Insolvenzverfahren und schifffahrtsrechtlichen Verteilungsverfahren

[Keine anzuwendenden Vorschriften]

Sechster Abschnitt. Gebühren in Strafsachen und in Verfahren nach dem Strafrechtlichen Rehabilitierungsgesetz

Teil VI. Register

Abkürzungsverzeichnis und Literaturnachweis

a. A.	anderer Ansicht
a. a. O.	am angegebenen Orte
ABl	Amtsblatt
Adler-Düring-Schmaltz	Adler-Düring-Schmaltz, Kommentar „Rechnungslegung und Prüfung der Aktiengesellschaft" (Loseblatt)
a. F.	alter Fassung
AfA	Absetzung für Abnutzung
AG	Aktiengesellschaft; mit Ortsbezeichnung Amtsgericht
AktG	Aktiengesetz
AllGO	Allgemeine Gebührenordnung für die wirtschaftsprüfenden sowie wirtschafts- und steuerberatenden Berufe (6. und letzte Auflage 1968)
a. M.	anderer Meinung
AnwBl	Anwaltsblatt
AO	Abgabenordnung
ArbG	Arbeitsgericht
Art.	Artikel
Ausf. VO	Ausführungsverordnung
BAG, BArbG	Bundesarbeitsgericht
Baumbach/Lauterbach	Baumbach/Lauterbach/Albers/Hartmann, ZPO-Kommentar, 58. Aufl., 2000
BayObLG	Bayerisches Oberstes Landesgericht
BayObLGZ	Entscheidungen des Bayerischen Obersten Landesgerichts in Zivilsachen
BB	Zeitschrift „Betriebs-Berater"
BBauBl	Zeitschrift „Bundesbaublatt"
Bd.	Band
BdF	Bundesminister der Finanzen
BdJ	Bundesminister der Justiz
Berufsrechtliches Handbuch	Handbuch des Berufs-, Gebühren- und Kostenrechts, 1999
betr.	betrifft, betreffend
BewDV	Durchführungsverordnung zum Bewertungsgesetz
BewG	Bewertungsgesetz
BewR	Bewertungsrichtlinien
BFH	Bundesfinanzhof
BFHE	Amtliche Sammlung der Entscheidungen des Bundesfinanzhofs
BFHEntlG	Gesetz zur Entlastung des Bundesfinanzhofs
BFH/NV	Zeitschrift „Sammlung amtlich nicht veröffentlichter Entscheidungen des Bundesfinanzhofs"
BFM	Bundesfinanzministerium
BGB	Bürgerliches Gesetzbuch

BGBl .... Bundesgesetzblatt
BGH .... Bundesgerichtshof
BGHZ .... Entscheidungen des Bundesgerichtshofs in Zivilsachen
BHO .... Bundeshaushaltsordnung
BiRiLiG .... Bilanzrichtlinien-Gesetz
BJM .... Bundesjustizministerium
BNotO .... Bundesnotarordnung
BPatG .... Bundespatentgesetz, Bundespatentgericht
BPg .... Zeitschrift „Die steuerliche Betriebsprüfung“
BPG .... Buchprüfungsgesellschaft
BpO .... Betriebsprüfungsordnung
BRAGO .... Bundesrechtsanwaltsgebührenordnung
BRAO .... Bundesrechtsanwaltsordnung
BR-Drucks. .... Bundesrats-Drucksache
BSHG .... Bundessozialhilfegesetz
BSozG .... Bundessozialgericht
BStBl .... Bundessteuerblatt
BT-Drucks. .... Bundestags-Drucksache
BVerfG .... Bundesverfassungsgericht
BVerfGE .... Amtliche Sammlung der Entscheidungen des BVerfG
BVerfGG .... Gesetz über das Bundesverfassungsgericht
BVerwG .... Bundesverwaltungsgericht
BVerwGE .... Amtliche Sammlung der Entscheidungen des BVerwG
BZBl .... Bundeszollblatt
bzw. .... beziehungsweise

DAR .... Zeitschrift „Deutsches Autorecht“
dass. .... dasselbe
DAV .... Deutscher Anwaltsverein
DB .... Zeitschrift „Der Betrieb“
DBA .... Doppelbesteuerungsabkommen
dgl. .... dergleichen
d. h. .... das heißt
DJ .... Zeitschrift „Deutsche Justiz“
DJZ .... Zeitschrift „Deutsche Juristenzeitung“
DM .... Deutsche Mark
DNotZ .... Zeitschrift „Deutsche Notar-Zeitschrift“
DÖV .... Zeitschrift „Die Öffentliche Verwaltung“
DRiZ .... Zeitschrift „Deutsche Richterzeitung“
DStI .... Deutsches wissenschaftliches Steuerinstitut der Steuerberater und Steuerbevollmächtigten e. V.
DStR .... Zeitschrift „Deutsches Steuerrecht“
DStZ .... Zeitschrift „Deutsche Steuerzeitung“
DSWR .... Zeitschrift „Datenverarbeitung in Steuer, Wirtschaft und Recht“
DV .... Durchführungsverordnung
DVBl .... Deutsches Verwaltungsblatt
DVO .... Durchführungsverordnung
DVStB .... Verordnung zur Durchführung der Vorschriften über Steuerberater, Steuerbevollmächtigte und Steuerberatungsgesellschaften

Eckert-Böttcher .... Eckert-Böttcher, Kommentar „Steuerberatergebührenverordnung“, 2. Aufl., München 1989

EDV	Elektronische Datenverarbeitung
EFG	Zeitschrift „Entscheidungen der Finanzgerichte“
EG	Einführungsgesetz; Europäische Gemeinschaft
EGAktG	Einführungsgesetz zum Aktiengesetz
EGAO	Einführungsgesetz zur Abgabenordnung
Eggesiecker	Eggesiecker, Honorar für Steuerberatung, 2. überarbeitete Aufl., 1998
EGH	Entscheidungen des Ehrengerichtshofs der Rechtsanwälte
ErbStG	Erbschaftsteuer- und Schenkungsteuergesetz
Erl.	Erlaß
EStÄndG	Einkommensteueränderungsgesetz
EStDV	Einkommensteuer-Durchführungsverordnung
EStG	Einkommensteuergesetz
EStR	Einkommensteuerrichtlinien
EuGH	Gerichtshof der Europäischen Gemeinschaften
eV	eingetragener Verein
evtl.	eventuell
EW	Einheitswert
f., ff.	folgend, folgende
FA	Finanzamt
FamRZ	Zeitschrift „Zeitschrift für das gesamte Familienrecht“
FAnpG	Finanzanpassungsgesetz
Feiter	Feiter, Das Honorar des Steuerberaters, 1998
FestG	Feststellungsgesetz
FG	Finanzgericht
FGG	Gesetz über die Angelegenheiten der freiwilligen Gerichtsbarkeit
FGO	Finanzgerichtsordnung
FR	Zeitschrift „Finanz-Rundschau“
FVG	Finanzverwaltungsgesetz
GABl	Gemeinsames Amtsblatt
GBl	Gesetzblatt
GBO	Grundbuchordnung
GbR, GdbR	Gesellschaft bürgerlichen Rechts
GebV	Gebührenverordnung (Kurzform für „Steuerberatergebührenverordnung“)
Gehre	Gehre, Kommentar „Steuerberatungsgesetz“, 4. Aufl., 1999
Gerold-Schmidt	Gerold-Schmidt-von Eicken-Madert, Kommentar „Bundesgebührenordnung für Rechtsanwälte“, 14. Aufl., 1999
GewO	Gewerbeordnung
GewStDV	Gewerbesteuer-Durchführungsverordnung
GewStG	Gewerbesteuergesetz
GewStR	Gewerbesteuerrichtlinien
GG	Grundgesetz
ggf., ggfs.	gegebenenfalls
GKG	Gerichtskostengesetz
GmbH	Gesellschaft mit beschränkter Haftung
GmbHG	Gesetz betreffend die GmbH
GmbHR	Zeitschrift „GmbH-Rundschau“

GmbH & Co KG Kommanditgesellschaft mit Kapitalgesellschaft als Komplementär
GNOFÄ .... Grundsätze zur Neuorganisation der Finanzämter und zur Änderung des Besteuerungsverfahrens
GoB .... Grundsätze ordnungsmäßiger Buchführung
Göttlich/ Mümmler .... Göttlich/Mümmler/Braun/Rehberg, Kommentar zur BRAGO, 19. Aufl., 1997
GoS .... Grundsätze ordnungsmäßiger Speicherbuchführung
Gräber .... Gräber, Kommentar zur Finanzgerichtsordnung, 4. Aufl., 1997
GrEStG .... Grunderwerbsteuergesetz
GrStG .... Grundsteuergesetz
GrStR .... Grundsteuerrichtlinien
GVBl, GVOBl ..... Gesetz- und Verordnungsblatt
GVG .... Gerichtsverfassungsgesetz
GWB .... Gesetz gegen Wettbewerbsbeschränkungen

Hansens .... Hansens, Kommentar „Bundesgebührenordnung für Rechtsanwälte", 8. Aufl., 1995
Hartmann .... Hartmann, Kommentar „Kostengesetze" Teil X BRAGO, 29. Aufl., 1999
h. A. .... herrschende Auffassung
HB .... Handelsbilanz
HFR .... Höchstrichterliche Finanzrechtsprechung
HGB .... Handelsgesetzbuch
h. L. .... herrschende Lehre
h. M. .... herrschende Meinung
HZA .... Hauptzollamt

i. d. F. .... in der Fassung
i. d. R. .... in der Regel
IdW .... Institut der Wirtschaftsprüfer
i. S. .... im Sinne
i. V. .... in Verbindung

Jauernig .... Jauernig-Schlechtriem-Stürner-Teichmann-Vollkommer, Kommentar „Bürgerliches Gesetzbuch", 9. Aufl., 1999
JBeitrO .... Justizbeitreibungsordnung
JBl .... Justizblatt
JFG .... Jahrbuch für Entscheidungen in Angelegenheiten der Freiwilligen Gerichtsbarkeit
JGG .... Jugendgerichtsgesetz
JM .... Justizminister, Justizministerium
JMBl .... Justizministerialblatt
JR .... Zeitschrift „Juristische Rundschau"
JurBüro .... Zeitschrift „Das juristische Büro"
JVBl .... Justizverwaltungsblatt
JVKostO .... Verordnung über Kosten im Bereich der Justizverwaltung
JW .... Zeitschrift „Juristische Wochenschrift"
JZ .... Zeitschrift „Juristenzeitung"

Kfz	Kraftfahrzeug
KG	Kammergericht; Kommanditgesellschaft
KGaA	Kommanditgesellschaft auf Aktien
Kj.	Kalenderjahr
KO	Konkursordnung
KÖSDI	Zeitschrift „Kölner Steuerdialog“
KostÄndG	Gesetz zur Änderung und Ergänzung kostenrechtlicher Vorschriften
KostO	Gesetz über die Kosten in Angelegenheiten der freiwilligen Gerichtsbarkeit (Kostenordnung)
KostVfg	Kostenverfügung (Durchführungsbestimmungen zu den Kostengesetzen)
KraftStDV	Kraftfahrzeugsteuer-Durchführungsverordnung
KraftStG	Kraftfahrzeugsteuergesetz
KStDV	Körperschaftsteuer-Durchführungsverordnung
KStG	Körperschaftsteuergesetz
KStR	Körperschaftsteuerrichtlinien
KTS	Zeitschrift „Konkurs-, Treuhand- und Schiedsgerichtswesen“
KVStDV	Kapitalverkehrsteuer-Durchführungsverordnung
KVStG	Kapitalverkehrsteuergesetz
LAG	Lastenausgleichsgesetz
LArbG	Landesarbeitsgericht
LEXinform	Steuerrechtsdatenbank der DATEV
LG	Landgericht
LStDV	Lohnsteuer-Durchführungsverordnung
LStJA	Lohnsteuer-Jahresausgleich
LStR	Lohnsteuer-Richtlinien
LSW	„Lexikon des Steuer- und Wirtschaftsrechts“
lt.	laut
MaBV	Makler- und Bauträgerverordnung
Madert/Hellstab	Madert/Hellstab, Anwaltsgebühren in Verwaltungs-, Sozial- und Steuersachen, 2. Aufl., 1998
m. a. W.	mit anderen Worten
MDR	Zeitschrift „Monatsschrift für Deutsches Recht“
MinBl	Ministerialblatt
MittBl WPK	Mitteilungsblatt der Wirtschaftsprüferkammer
Mittelsteiner-Scholz	Mittelsteiner-Scholz, Kommentar „Steuerberatergebührenverordnung“, 4. Aufl.
m. W.	mit Wirkung
Nds Rpfl	Zeitschrift „Niedersächsische Rechtspflege“
n. F.	neue Fassung
NJW	Zeitschrift „Neue Juristische Wochenschrift“
NN	Beitrag ohne namentlich genannten Autor
Nr.	Nummer
nrkr.	nicht rechtskräftig
NWB	Zeitschrift „Neue Wirtschafts-Briefe“

OFD	Oberfinanzdirektion
OHG	Offene Handelsgesellschaft
OLG	Oberlandesgericht
OLGZ	Entscheidungen der Oberlandesgerichte in Zivilsachen
OWiG	Gesetz über Ordnungswidrigkeiten
Palandt	Palandt, Kommentar „Bürgerliches Gesetzbuch", 59. Aufl., 1999
RA	Rechtsanwalt
RAO	Reichsabgabenordnung
RAuNot	Zeitschrift „Rechtsanwalt und Notar"
RB	Rechtsbeistand
RB (RAK)	Rechtsbeistand und Mitglied der Rechtsanwaltskammer
RBerG	Rechtsberatungsgesetz
RBerV	Verordnung zur Ausführung des Rechtsberatungsgesetzes
rd.	rund
RdErl	Runderlaß
RdF	Reichsminister der Finanzen
RdNr., Rdnr., RNr.	Randnummer
Rdvfg.	Rundverfügung
Recht	Zeitschrift „Das Recht"
RFH	Reichsfinanzhof
RFHE	Amtliche Sammlung der Entscheidungen des Reichsfinanzhofs
RG	Reichsgericht
RGBl	Reichsgesetzblatt
RGZ	Entscheidungen des Reichsgerichts in Zivilsachen
RichtlRA	Grundsätze des anwaltlichen Standesrechts (Richtlinien gemäß § 177 Absatz 2 Nummer 2 BRAO)
RichtlStB	Richtlinien für die Berufsausübung der Steuerberater und Steuerbevollmächtigten (Standesrichtlinien)
RichtlWP	Richtlinien für die Berufsausübung der Wirtschaftsprüfer und vereidigten Buchprüfer
Riedel-Sußbauer	Riedel-Sußbauer, Kommentar „Bundesgebührenordnung für Rechtsanwälte", 8. Aufl., 1999
rkr.	rechtskräftig
Rpfleger	Zeitschrift „Der Deutsche Rechtspfleger"
Rspr.	Rechtsprechung
RStBl	Reichssteuerblatt
Rz.	Randziffer
S.	Seite oder Satz
s. a.	siehe auch
s. o.	siehe oben
sog.	sogenannt
Sp.	Spalte
StA	Staatsanwalt; Staatsanwaltschaft
StÄndG	Steueränderungsgesetz
StB	Steuerberater; Zeitschrift „Der Steuerberater"
StBerG	Steuerberatungsgesetz
StBG	Steuerberatungsgesellschaft

Stbg	Zeitschrift „Die Steuerberatung“
StBGebV	Steuerberatergebührenverordnung
StB-Handbuch Beck	Beck'sches Steuerberater-Handbuch 2000/2001, Teil Gebührenrecht, 2000
StBv	Steuerbevollmächtigter
StEK	Steuererlasse in Karteiform
StGB	Strafgesetzbuch
StPO	Strafprozeßordnung
StRK	Entscheidungssammlung „Steuerrechtsprechung in Karteiform“
StuW	Zeitschrift „Steuer und Wirtschaft“
StW, StWa	Zeitschrift „Steuerwarte“
StWK	Zeitschrift „Steuer- und Wirtschafts-Kurzpost“
s. u.	siehe unten
Tz.	Textziffer
Tipke-Kruse	Tipke-Kruse, Kommentar „Abgabenordnung und Finanzgerichtsordnung“ (Loseblatt)
u.	und
u. a.	unter anderem
u. E.	unseres Erachtens
UmwStG	Umwandlungs-Steuergesetz
UStDV	Umsatzsteuer-Durchführungsverordnung
UStG	Umsatzsteuergesetz
UStR	Zeitschrift „Umsatzsteuer-Rundschau“
usw.	und so weiter
u. U.	unter Umständen
UWG	Gesetz gegen den unlauteren Wettbewerb
v.	vom
VA	Verwaltungsakt
vBP	vereidigter Buchprüfer
VerglO	Vergleichsordnung
VermBG	Vermögensbildungsgesetz
VersR	Zeitschrift „Zeitschrift für Versicherungsrecht“
VerwG, VG	Verwaltungsgericht
VerwGH	Verwaltungsgerichtshof
VerwGO	Verwaltungsgerichtsordnung
Vfg	Verfügung
VGFG EntlG	Gesetz zur Entlastung der Gerichte in der Verwaltungs- und Finanzgerichtsbarkeit
VGH	Verwaltungsgerichtshof
vgl.	vergleiche
VglO	Vergleichsordnung
v. H.	vom Hundert
VO	Verordnung
1. VOÄStBGebV	Erste Verordnung zur Änderung der Steuerberatergebührenverordnung (in Kurzfassung auch 1. VOÄ)
VOBl	Verordnungsblatt

VStG	Vermögensteuergesetz
VStR	Vermögensteuerrichtlinien
v. T.	vom Tausend
VuV	Vermietung und Verpachtung
VVaG	Versicherungsverein auf Gegenseitigkeit
VwGO	Verwaltungsgerichtsordnung
VwKostG	Verwaltungskostengesetz
VwVfG	Verwaltungsverfahrensgesetz
VwVG	Verwaltungsvollstreckungsgesetz
VwZG	Verwaltungszustellungsgesetz
VZ	Veranlagungszeitraum
weit. Nachw.	weitere Nachweise
WerbeVOStBerG	Verordnung über Art und Inhalt der zulässigen Hinweise auf die Befugnisse zur Hilfeleistung in Steuersachen
Wj.	Wirtschaftsjahr
WM	Zeitschrift „Wertpapiermitteilungen"
WP	Wirtschaftsprüfer
WPg	Zeitschrift „Die Wirtschaftsprüfung"
WPG	Wirtschaftsprüfungsgesellschaft
WP-Handbuch	WP-Handbuch des Instituts der Wirtschaftsprüfer
WPK	Wirtschaftsprüferkammer
WPO	Wirtschaftsprüferordnung
z. B.	zum Beispiel
ZerlG	Zerlegungsgesetz
ZIP	„Zeitschrift für Wirtschaftsrecht" (Bis 1982: „Zeitschrift für Wirtschaftsrecht und Insolvenzpraxis")
Zöller	Zöller, Zivilprozeßordnung, 21. Aufl., 1999
ZPO	Zivilprozeßordnung
ZS	Zivilsenat
ZSEG	Gesetz über die Entschädigung von Zeugen und Sachverständigen
ZVG	Gesetz über Zwangsversteigerung und Zwangsverwaltung

Teil I

Texte

1. Gebührenverordnung für Steuerberater, Steuerbevollmächtigte und Steuerberatungsgesellschaften (Steuerberatergebührenverordnung – StBGebV)*

Vom 17. Dezember 1981
(BGBl. I 1981 S. 1442)

In der Fassung der Dritten Verordnung zur Änderung der Steuerberatergebührenverordnung vom 20. August 1998
(BGBl. I 1998 S. 2369)

Übersicht

* Die Begründung der Verordnung ist mit ihrem „Allgemeinen Teil" vor § 1 und mit ihren Einzelabschnitten vor jedem Paragraphen der Kommentierung wiedergegeben.

Vierter Abschnitt. Gebühren für die Beratung und für die Hilfeleistung bei der Erfüllung allgemeiner Steuerpflichten

Fünfter Abschnitt. Gebühren für die Hilfeleistung bei der Erfüllung steuerlicher Buchführungs- und Aufzeichnungspflichten

Sechster Abschnitt. Gebühren für die Vertretung im außergerichtlichen Rechtsbehelfsverfahren und im Verwaltungsvollstreckungsverfahren

Siebenter Abschnitt. Gerichtliche und andere Verfahren

Achter Abschnitt. Übergangs- und Schlußvorschriften

Erster Abschnitt. Allgemeine Vorschriften

§ 1 Anwendungsbereich

(1) Die Vergütung (Gebühren und Auslagenersatz) des Steuerberaters für seine selbständig ausgeübte Berufstätigkeit (§ 33 des Gesetzes) bemißt sich nach dieser Verordnung.

(2) Für die Vergütung der Steuerbevollmächtigten und der Steuerberatungsgesellschaften gelten die Vorschriften über die Vergütung der Steuerberater entsprechend.

§ 2 Sinngemäße Anwendung der Verordnung

Ist in dieser Verordnung über die Gebühren für eine Berufstätigkeit des Steuerberaters nichts bestimmt, so sind die Gebühren in sinngemäßer Anwendung der Vorschriften dieser Verordnung zu bemessen.

§ 3 Mindestgebühr, Auslagen

(1) Der Mindestbetrag einer Gebühr ist 20* Deutsche Mark. Pfennigbeträge sind auf 10 Deutsche Pfennig aufzurunden.

(2) Mit den Gebühren werden auch die allgemeinen Geschäftskosten entgolten.

(3) Der Anspruch auf Zahlung der auf die Vergütung entfallenden Umsatzsteuer und auf Ersatz für Post- und Telekommunikationsdienstleistungen zu zahlende Entgelte**, der Schreibauslagen und der Reisekosten bestimmt sich nach den §§ 15 bis 20.

§ 4 Vereinbarung der Vergütung

(1) Aus einer Vereinbarung kann der Steuerberater eine höhere Vergütung, als sie sich aus dieser Verordnung und den gesetzlichen Vorschriften über den Auslagenersatz ergibt, nur fordern, wenn die Erklärung des Auftraggebers schriftlich abgegeben und nicht in der Vollmacht oder in einem Vordruck, der auch andere Erklärungen umfaßt, enthalten ist. Hat der Auftraggeber freiwillig und ohne Vorbehalt geleistet, so kann er das Geleistete nicht deshalb zurückfordern, weil seine Erklärung der Vorschrift des Satzes 1 nicht entspricht.

(2) Ist eine vereinbarte Vergütung unter Berücksichtigung aller Umstände unangemessen hoch, so kann sie im Rechtsstreit auf den angemessenen Betrag bis zur Höhe der sich aus dieser Verordnung ergebenden Vergütung herabgesetzt werden.

---

* § 3 Abs. 1 Satz 1 geändert durch 3. VOÄStBGebV v. 20. August 1998, BGBl. I 1998 S. 2369.

** § 3 Abs. 3 geändert durch 3. VOÄStBGebV v. 20. August 1998, BGBl. I 1998 S. 2369.

§ 5 Mehrere Steuerberater

Ist die Angelegenheit mehreren Steuerberatern zur gemeinschaftlichen Erledigung übertragen, so erhält jeder Steuerberater für seine Tätigkeit die volle Vergütung.

§ 6 Mehrere Auftraggeber

(1) Wird der Steuerberater in derselben Angelegenheit für mehrere Auftraggeber tätig, so erhält er die Gebühren nur einmal.

(2) Jeder Auftraggeber schuldet dem Steuerberater die Gebühren und Auslagen, die er schulden würde, wenn der Steuerberater nur in seinem Auftrag tätig geworden wäre. Der Steuerberater kann aber insgesamt nicht mehr als die Gebühr nach Absatz 1 fordern, die in den Fällen des § 41 Abs. 6 nach Maßgabe dieser Vorschrift zu berechnen ist; die Auslagen kann er nur einmal fordern.

§ 7 Fälligkeit

Die Vergütung des Steuerberaters wird fällig, wenn der Auftrag erledigt oder die Angelegenheit beendigt ist.

§ 8 Vorschuß

Der Steuerberater kann von seinem Auftraggeber für die entstandenen und die voraussichtlich entstehenden Gebühren und Auslagen einen angemessenen Vorschuß fordern.

§ 9 Berechnung

(1) Der Steuerberater kann die Vergütung nur auf Grund einer von ihm unterzeichneten und dem Auftraggeber mitgeteilten Berechnung einfordern.

(2) In der Berechnung sind die Beträge der einzelnen Gebühren und Auslagen, die Vorschüsse, eine kurze Bezeichnung des jeweiligen Gebührentatbestands, die Bezeichnung der Auslagen* sowie die angewandten Vorschriften dieser Gebührenverordnung und bei Wertgebühren auch der Gegenstandswert anzugeben. Nach demselben Stundensatz berechnete Zeitgebühren können zusammengefaßt werden. Bei Entgelten für Post- und Telekommunikationsdienstleistungen* genügt die Angabe des Gesamtbetrages.

(3) Hat der Auftraggeber die Vergütung gezahlt, ohne die Berechnung erhalten zu haben, so kann er die Mitteilung der Berechnung noch fordern, solange der Steuerberater zur Aufbewahrung der Handakten verpflichtet ist.

---

* § 9 Abs. 2 Satz 1 und 3 geändert durch 3. VOÄStBGebV v. 20. August 1998, BGBl. I 1998 S. 2369.

Zweiter Abschnitt. Gebührenberechnung

§ 10 Wertgebühren

(1) Die Wertgebühren bestimmen sich nach den der Verordnung als Anlage beigefügten Tabellen A bis E.* Sie werden nach dem Wert berechnet, den der Gegenstand der beruflichen Tätigkeit hat. Maßgebend ist, soweit diese Verordnung nichts anderes bestimmt, der Wert des Interesses.

(2) In derselben Angelegenheit werden die Werte mehrerer Gegenstände zusammengerechnet; dies gilt nicht für die in den §§ 24 bis 27, 30, 35 und 37 bezeichneten Tätigkeiten.

§ 11 Rahmengebühren

Ist für die Gebühren ein Rahmen vorgesehen, so bestimmt der Steuerberater die Gebühr im Einzelfall unter Berücksichtigung aller Umstände, insbesondere der Bedeutung der Angelegenheit, des Umfanges und der Schwierigkeit der beruflichen Tätigkeit nach billigem Ermessen.

§ 12 Abgeltungsbereich der Gebühren

(1) Die Gebühren entgelten, soweit diese Verordnung nichts anderes bestimmt, die gesamte Tätigkeit des Steuerberaters vom Auftrag bis zur Erledigung der Angelegenheit.

(2) Der Steuerberater kann die Gebühren in derselben Angelegenheit nur einmal fordern.

(3) Sind für Teile des Gegenstandes verschiedene Gebührensätze anzuwenden, so erhält der Steuerberater für die Teile gesondert berechnete Gebühren, jedoch nicht mehr als die aus dem Gesamtbetrag der Wertteile nach dem höchsten Gebührensatz berechnete Gebühr.

(4) Auf bereits entstandene Gebühren ist es, soweit diese Verordnung nichts anderes bestimmt, ohne Einfluß, wenn sich die Angelegenheit vorzeitig erledigt oder der Auftrag endigt, bevor die Angelegenheit erledigt ist.

(5) Wird der Steuerberater, nachdem er in einer Angelegenheit tätig geworden war, beauftragt, in derselben Angelegenheit weiter tätig zu werden, so erhält er nicht mehr an Gebühren, als er erhalten würde, wenn er von vornherein hiermit beauftragt worden wäre. Ist der frühere Auftrag seit mehr als zwei Kalenderjahren erledigt, gilt die weitere Tätigkeit als neue Angelegenheit.**

---

* Die nach § 10 Absatz 1 der Verordnung als Anlagen beigegebenen Tabellen A bis E sind in einer praxisorientierten Bearbeitung durch Hochrechnung der Gegenstandswerte und Darstellung der Bruchteilswerte in ihrer ab 28. August 1998 gültigen Fassung in Teil V Abschnitt 1.1 dargestellt. Auf den zusätzlichen Abdruck in diesem Teil des Kommentars wird daher verzichtet.

** § 12 Abs. 5 Satz 2 angefügt durch 3. VOÄStBGebV v. 20. August 1998, BGBl. I 1998 S. 2369.

(6) Ist der Steuerberater nur mit einzelnen Handlungen beauftragt, so erhält er nicht mehr an Gebühren, als der mit der gesamten Angelegenheit beauftragte Steuerberater für die gleiche Tätigkeit erhalten würde.

§ 13 Zeitgebühr

Die Zeitgebühr ist zu berechnen

1. in den Fällen, in denen diese Verordnung dies vorsieht,
2. wenn keine genügenden Anhaltspunkte für eine Schätzung des Gegenstandswerts vorliegen; dies gilt nicht für Tätigkeiten nach § 23 sowie für die Vertretung im außergerichtlichen Rechtsbehelfsverfahren (§§ 40 bis 43), im Verwaltungsvollstreckungsverfahren (§ 44) und in gerichtlichen und anderen Verfahren (§§ 45, 46).

Sie beträgt 37,50* bis 90* Deutsche Mark je angefangene halbe Stunde.

§ 14 Pauschalvergütung

(1) Für einzelne oder mehrere für denselben Auftraggeber laufend auszuführende Tätigkeiten kann der Steuerberater eine Pauschalvergütung vereinbaren. Die Vereinbarung ist schriftlich und für einen Zeitraum von mindestens einem Jahr zu treffen. In der Vereinbarung sind die vom Steuerberater zu übernehmenden Tätigkeiten und die Zeiträume, für die sie geleistet werden, im einzelnen aufzuführen.

(2) Die Vereinbarung einer Pauschalvergütung ist ausgeschlossen für

1. die Anfertigung nicht mindestens jährlich wiederkehrender Steuererklärungen;
2. die Ausarbeitung von schriftlichen Gutachten (§ 22);
3. die in § 23 genannten Tätigkeiten;
4. die Teilnahme an Prüfungen (§ 29);
5. die Beratung und Vertretung im außergerichtlichen Rechtsbehelfsverfahren (§§ 40 bis 43), im Verwaltungsvollstreckungsverfahren (§ 44) und in gerichtlichen und anderen Verfahren (§ 45).

(3) Der Gebührenanteil der Pauschalvergütung muß in einem angemessenen Verhältnis zur Leistung des Steuerberaters stehen.

Dritter Abschnitt. Umsatzsteuer, Ersatz von Auslagen

§ 15 Umsatzsteuer

Der Vergütung ist die Umsatzsteuer hinzuzurechnen, die nach § 12 des Umsatzsteuergesetzes auf die Tätigkeit entfällt. Dies gilt nicht, wenn die Umsatzsteuer nach § 19 Abs. 1 des Umsatzsteuergesetzes unerhoben bleibt.

---

* § 13 Satz 2 geändert durch 3. VOÄStBGebV v. 20. August 1998, BGBl. I 1998 S. 2369.

§ 16 Entgelte für Post- und Telekommunikationsdienstleistungen*

Der Steuerberater hat Anspruch auf Ersatz der bei der Ausführung des Auftrags für Post- und Telekommunikationsdienstleistungen zu zahlenden Entgelte.* Er kann nach seiner Wahl an Stelle der tatsächlich entstandenen Kosten einen Pauschsatz fordern, der 15 vom Hundert der sich nach dieser Verordnung ergebenden Gebühren beträgt, in derselben Angelegenheit jedoch höchstens 40 Deutsche Mark, in Strafsachen und Bußgeldverfahren höchstens 30 Deutsche Mark.

§ 17 Schreibauslagen

(1)** Der Steuerberater hat Anspruch auf Ersatz der Schreibauslagen für Abschriften und Ablichtungen

1. aus Behörden- und Gerichtsakten, soweit deren Herstellung zur sachgemäßen Bearbeitung der Angelegenheit geboten war,
2. für die Unterrichtung von mehr als drei Beteiligten auf Grund einer Rechtsvorschrift oder nach Aufforderung einer Behörde und
3. im übrigen nur, wenn sie im Einverständnis mit dem Auftraggeber zusätzlich, auch zur Unterrichtung Dritter, angefertigt worden sind.

(2)*** Die Höhe der Schreibauslagen in derselben Angelegenheit und in gerichtlichen Verfahren in demselben Rechtszug bemißt sich nach den für die gerichtlichen Schreibauslagen im Gerichtskostengesetz bestimmten Beträgen.

§ 18 Geschäftsreisen

(1)**** Für Geschäftsreisen sind dem Steuerberater als Reisekosten die Fahrtkosten und die Übernachtungskosten zu erstatten; ferner erhält er ein Tage- und Abwesenheitsgeld. Eine Geschäftsreise liegt vor, wenn das Reiseziel außerhalb der Gemeinde liegt, in der sich die Kanzlei oder die Wohnung des Steuerberaters befindet.

(2)**** Als Fahrtkosten sind zu erstatten:

1. bei Benutzung eines eigenen Kraftfahrzeugs zur Abgeltung der Anschaffungs-, Unterhaltungs- und Betriebskosten sowie der Abnutzung des Kraftfahrzeugs 0,52 DM für jeden gefahrenen Kilometer zuzüglich der durch die Benutzung des Kraftfahrzeugs aus Anlaß der Geschäftsreise regelmäßig anfallenden baren Auslagen, insbesondere der Parkgebühren,
2. bei Benutzung anderer Verkehrsmittel die tatsächlichen Aufwendungen, soweit sie angemessen sind.

---

* § 16 Überschrift neu gefaßt und Satz 1 geändert durch 3. VOÄStBGebV v. 20. August 1998, BGBl. I 1998 S. 2369.

** § 17 Abs. 1 neu gefaßt durch 3. VOÄStBGebV v. 20. August 1998, BGBl. I 1998 S. 2369.

*** § 17 Abs. 2 neu gefaßt durch 1. VOÄStBGebV v. 20. Juni 1988, BGBl. I 1998 S. 841.

**** § 18 Abs. 1 neu gefaßt und Abs. 2 eingefügt durch 3. VOÄStBGebV v. 20. August 1998, BGBl. I 1998 S. 2369.

(3)* Als Tage- und Abwesenheitsgeld erhält der Steuerberater bei einer Geschäftsreise von nicht mehr als 4 Stunden 30 Deutsche Mark, von mehr als 4 bis 8 Stunden 60 Deutsche Mark und von mehr als 8 Stunden 110 Deutsche Mark; bei Auslandsreisen kann zu diesen Beträgen ein Zuschlag von 50 vom Hundert berechnet werden. Die Übernachtungskosten sind in Höhe der tatsächlichen Aufwendungen zu erstatten, soweit sie angemessen sind.

§ 19 Reisen zur Ausführung mehrerer Geschäfte

Dient eine Reise der Ausführung mehrerer Geschäfte, so sind die entstandenen Reisekosten und Abwesenheitsgelder nach dem Verhältnis der Kosten zu verteilen, die bei gesonderter Ausführung der einzelnen Geschäfte entstanden wären.

§ 20 Verlegung der beruflichen Niederlassung

Ein Steuerberater, der seine berufliche Niederlassung nach einem anderen Ort verlegt, kann bei Fortführung eines ihm vorher erteilten Auftrags Reisekosten und Abwesenheitsgelder nur insoweit verlangen, als sie auch von seiner bisherigen beruflichen Niederlassung aus entstanden wären.

Vierter Abschnitt. Gebühren für die Beratung und für die Hilfeleistung bei der Erfüllung allgemeiner Steuerpflichten

§ 21 Rat, Auskunft, Erstberatung**

(1)** Für einen mündlichen oder schriftlichen Rat oder eine Auskunft, die nicht mit einer anderen gebührenpflichtigen Tätigkeit zusammenhängt, erhält der Steuerberater eine Gebühr in Höhe von 1 Zehntel bis 10 Zehntel der vollen Gebühr nach Tabelle A (Anlage 1). Ist die Tätigkeit nach Satz 1 Gegenstand einer ersten Beratung, so kann der Steuerberater, der erstmals von diesem Ratsuchenden in Anspruch genommen wird, keine höhere Gebühr als 350 Deutsche Mark fordern. Bezieht sich der Rat oder die Auskunft nur auf steuerstrafrechtliche, bußgeldrechtliche oder sonstige Angelegenheiten, in denen die Gebühren nicht nach dem Gegenstandswert berechnet werden, so beträgt die Gebühr 37,50 bis 350 Deutsche Mark. Die Gebühr ist auf eine Gebühr anzurechnen, die der Steuerberater für eine sonstige Tätigkeit erhält, die mit der Raterteilung oder Auskunft zusammenhängt.

(2) Wird ein Steuerberater, der mit der Angelegenheit noch nicht befaßt gewesen ist, beauftragt zu prüfen, ob eine Berufung oder Revision Aussicht auf Erfolg hat, so erhält er 13 Zwanzigstel einer Gebühr nach Tabelle E (Anla-

---

* § 18 Abs. 3 Satz 1 geändert und Satz 2 neu gefaßt durch 3. VOÄStBGebV v. 20. August 1998, BGBl. I 1998 S. 2369.

** § 21 Überschrift geändert, Abs. 1 Satz 2 eingefügt und Satz 3 Beträge geändert durch 3. VOÄStBGebV v. 20. August 1998, BGBl. I 1998 S. 2369.

ge 5), wenn er von der Einlegung der Berufung oder Revision abrät und eine Berufung oder Revision durch ihn nicht eingelegt wird. Dies gilt nicht für die in Absatz 1 Satz 3* genannten Angelegenheiten.

§ 22 Gutachten

Für die Ausarbeitung eines schriftlichen Gutachtens mit eingehender Begründung erhält der Steuerberater eine Gebühr von 10 Zehnteln bis 30 Zehntel der vollen Gebühr nach Tabelle A (Anlage 1).

§ 23 Sonstige Einzeltätigkeiten

Die Gebühr beträgt für

1.	die Berichtigung einer Erklärung (§ 153 der Abgabenordnung)	2/10 bis 10/10
2.	einen Antrag auf Stundung	2/10 bis 8/10
3.	einen Antrag auf Anpassung der Vorauszahlungen	2/10 bis 8/10
4.	einen Antrag auf abweichende Steuerfestsetzung aus Billigkeitsgründen	2/10 bis 8/10
5.	einen Antrag auf Erlaß von Ansprüchen aus dem Steuerschuldverhältnis	2/10 bis 8/10
6.	einen Antrag auf Erstattung (§ 37 Abs. 2 der Abgabenordnung)	2/10 bis 8/10
7.	einen Antrag auf Aufhebung oder Änderung eines Steuerbescheides oder auf Aufhebung einer Steueranmeldung	2/10 bis 10/10
8.	einen Antrag auf volle oder teilweise Rücknahme oder auf vollen oder teilweisen Widerruf eines Verwaltungsaktes	4/10 bis 10/10
9.	einen Antrag auf Wiedereinsetzung in den vorigen Stand außerhalb eines Rechtsbehelfsverfahrens	4/10 bis 10/10
10.	sonstige Anträge, soweit sie nicht in Steuererklärungen gestellt werden	2/10 bis 10/10

einer vollen Gebühr nach Tabelle A (Anlage 1). Soweit Tätigkeiten nach den Nummern 1 bis 10 denselben Gegenstand betreffen, ist nur eine Tätigkeit maßgebend, und zwar die mit dem höchsten oberen Gebührenrahmen.

§ 24 Steuererklärungen

(1) Der Steuerberater erhält für die Anfertigung

1. der Einkommensteuererklärung ohne Ermittlung der einzelnen Einkünfte — 1/10 bis 6/10
   einer vollen Gebühr nach Tabelle A (Anlage 1); Gegenstandswert ist die Summe der positiven Einkünfte, jedoch mindestens 12.000 Deutsche Mark;

---

* § 21 Abs. 2 Satz 2 geändert durch 3. VOÄStBGebV v. 20. August 1998, BGBl. I 1998 S. 2369.

2. der Erklärung zur gesonderten Feststellung der Einkünfte ohne Ermittlung der Einkünfte 1/10 bis 5/10
einer vollen Gebühr nach Tabelle A (Anlage 1); Gegenstandswert ist die Summe der positiven Einkünfte, jedoch mindestens 12.000 Deutsche Mark;
3. der Körperschaftsteuererklärung ohne Entwicklung des nach § 30 des Körperschaftsteuergesetzes zu gliedernden verwendbaren Eigenkapitals 2/10 bis 8/10
einer vollen Gebühr nach Tabelle A (Anlage 1); Gegenstandswert ist das Einkommen vor Berücksichtigung eines Verlustabzugs, jedoch mindestens 25.000 Deutsche Mark;
4. der Erklärung über die Entwicklung des nach § 30 des Körperschaftsteuergesetzes zu gliedernden verwendbaren Eigenkapitals 1/10 bis 6/10
einer vollen Gebühr nach Tabelle A (Anlage 1); Gegenstandswert ist das verwendbare Eigenkapital, jedoch mindestens 25.000 Deutsche Mark;
5. der Erklärung zur Gewerbesteuer
   a) nach dem Gewerbeertrag 1/10 bis 6/10
   einer vollen Gebühr nach Tabelle A (Anlage 1); Gegenstandswert ist der Gewerbeertrag vor Berücksichtigung des Freibetrages und eines Gewerbeverlustes, jedoch mindestens 12.000 Deutsche Mark,
   b)* nach dem Gewerbekapital 1/20 bis 12/20
   einer vollen Gebühr nach Tabelle A (Anlage 1); Gegenstandswert ist das Gewerbekapital vor Berücksichtigung der Freibeträge, jedoch mindestens 18.000 Deutsche Mark;
6.* der Gewerbesteuerzerlegungserklärung 1/10 bis 6/10
einer vollen Gebühr nach Tabelle A (Anlage 1); Gegenstandswert sind 10 vom Hundert der als Zerlegungsmaßstab erklärten Arbeitslöhne und Betriebseinnahmen, jedoch mindestens 8.000 Deutsche Mark;
7. der Umsatzsteuervoranmeldung 1/10 bis 6/10
einer vollen Gebühr nach Tabelle A (Anlage 1); Gegenstandswert sind 10 vom Hundert des Gesamtbetrags der Entgelte zuzüglich des Eigenverbrauchs, jedoch mindestens 1.000 Deutsche Mark;
8.** der Umsatzsteuerjahreserklärung einschließlich ergänzender Anträge und Meldungen 1/10 bis 8/10

---

* § 24 Abs. 1 Nr. 5 Buchst. b und Nr. 6 geändert durch 1. VOÄStBGebV v. 20. Juni 1988, BGBl. I 1988 S. 841.

** § 24 Abs. 1 Nr. 8 geändert durch 3. VOÄStBGebV v. 20. August 1998, BGBl. I 1998 S. 2369.

einer vollen Gebühr nach Tabelle A (Anlage 1); Gegenstandswert sind 10 vom Hundert des Gesamtbetrags der Entgelte zuzüglich des Eigenverbrauchs, jedoch mindestens 12.000 Deutsche Mark;

9.* der Vermögensaufstellung zur Ermittlung des Einheitswertes des Betriebsvermögens — 1/20 bis 14/20
einer vollen Gebühr nach Tabelle A (Anlage 1); Gegenstandswert ist das Rohbetriebsvermögen, jedoch mindestens 25.000 Deutsche Mark;

10. der Vermögensteuererklärung oder der Erklärung zur gesonderten Feststellung des Vermögens von Gemeinschaften — 1/20 bis 18/20
einer vollen Gebühr nach Tabelle A (Anlage 1); Gegenstandswert ist das Rohvermögen, jedoch bei natürlichen Personen mindestens 25.000 Deutsche Mark und bei Körperschaften, Personenvereinigungen und Vermögensmassen mindestens 50.000 Deutsche Mark;

11. der Erklärung zur gesonderten Feststellung des gemeinen Wertes nicht notierter Anteile an Kapitalgesellschaften — 1/20 bis 18/20
einer vollen Gebühr nach Tabelle A (Anlage 1); Gegenstandswert ist die Summe der Anteilswerte, jedoch mindestens 50.000 Deutsche Mark;

12. der Erbschaftsteuererklärung ohne Ermittlung der Zugewinnausgleichsforderung nach § 5 des Erbschaftsteuergesetzes — 2/10 bis 10/10
einer vollen Gebühr nach Tabelle A (Anlage 1); Gegenstandswert ist der Wert des Erwerbs von Todes wegen vor Abzug der Schulden und Lasten, jedoch mindestens 25.000 Deutsche Mark;

13. der Schenkungsteuererklärung — 2/10 bis 10/10
einer vollen Gebühr nach Tabelle A (Anlage 1); Gegenstandswert ist der Rohwert der Schenkung, jedoch mindestens 25.000 Deutsche Mark;

14. der Kapitalertragsteuererklärung — 1/20 bis 6/20
einer vollen Gebühr nach Tabelle A (Anlage 1); Gegenstandswert ist die Summe der kapitalertragsteuerpflichtigen Kapitalerträge, jedoch mindestens 6.000 Deutsche Mark;

15. der Lohnsteueranmeldung — 1/20 bis 6/20
einer vollen Gebühr nach Tabelle A (Anlage 1); Gegenstandswert sind 20 vom Hundert der Arbeitslöhne

* § 24 Abs. 1 Nr. 9 geändert durch 3. VOÄStBGebV v. 20. August 1998, BGBl. I 1998 S. 2369.

einschließlich sonstiger Bezüge, jedoch mindestens 2.000 Deutsche Mark;

16.* von Steuererklärungen auf dem Gebiet der Zölle und der Verbrauchsteuern, die als Einfuhrabgaben erhoben werden, 1/10 bis 3/10 einer vollen Gebühr nach Tabelle A (Anlage 1); Gegenstandswert ist der Betrag, der sich bei Anwendung der höchsten in Betracht kommenden Abgabensätze auf die den Gegenstand der Erklärung bildenden Waren ergibt, jedoch mindestens 2.000 Deutsche Mark;

17.* von Anmeldungen oder Erklärungen auf dem Gebiete der Verbrauchsteuern, die nicht als Einfuhrabgaben erhoben werden, 1/10 bis 3/10 einer vollen Gebühr nach Tabelle A (Anlage 1); Gegenstandswert ist für eine Steueranmeldung der angemeldete Betrag und für eine Steuererklärung der festgesetzte Betrag, jedoch mindestens 2.000 Deutsche Mark;

18. von Anträgen auf Gewährung einer Verbrauchsteuervergütung oder einer einzelgesetzlich geregelten Verbrauchsteuererstattung, sofern letztere nicht in der monatlichen Steuererklärung oder Steueranmeldung geltend zu machen ist, 1/10 bis 3/10 einer vollen Gebühr nach Tabelle A (Anlage 1); Gegenstandswert ist die beantragte Vergütung oder Erstattung, jedoch mindestens 2.000 Deutsche Mark;

19. von Anträgen auf Gewährung einer Investitionszulage 1/10 bis 6/10 einer vollen Gebühr nach Tabelle A (Anlage 1); Gegenstandswert ist die Bemessungsgrundlage;

20.* *(aufgehoben)*

21.* von Anträgen auf Vergütung der abziehbaren Vorsteuerbeträge an im Ausland ansässige Unternehmer 1/10 bis 6/10 einer vollen Gebühr nach Tabelle A (Anlage 1); Gegenstandswert ist die beantragte Vergütung, jedoch mindestens 2.000 Deutsche Mark;

22. von Anträgen auf Erstattung von Kapitalertragsteuer und Vergütung der anrechenbaren Körperschaftsteuer 1/10 bis 6/10 einer vollen Gebühr nach Tabelle A (Anlage 1); Gegenstandswert ist die beantragte Erstattung, jedoch mindestens 2.000 Deutsche Mark;

23.* von Anträgen nach Abschnitt X des Einkommensteuergesetzes 2/10 bis 10/10

---

* § 24 Abs. 1 Nr. 20 aufgehoben, Nr. 16, Nr. 17 und Nr. 21 geändert, Nr. 23 angefügt durch 3. VOÄStBGebV v. 20. August 1998, BGBl. I 1998 S. 2369.

einer vollen Gebühr nach Tabelle A (Anlage 1); Gegenstandswert ist das beantragte Jahreskindergeld;

24.* von Anträgen nach dem Eigenheimzulagengesetz einer vollen Gebühr nach Tabelle A (Anlage 1); Gegenstandswert ist die beantragte Eigenheimzulage. 2/10 bis 10/10

(2) Für die Ermittlung der Zugewinnausgleichsforderung nach § 5 des Erbschaftsteuergesetzes erhält der Steuerberater 5 Zehntel bis 15 Zehntel einer vollen Gebühr nach Tabelle A (Anlage 1); Gegenstandswert ist der ermittelte Betrag, jedoch mindestens 25.000 Deutsche Mark.

(3)** Für einen Antrag auf Lohnsteuerermäßigung (Antrag auf Eintragung von Freibeträgen) erhält der Steuerberater 1/20 bis 4/20 einer vollen Gebühr nach Tabelle A (Anlage 1); Gegenstandswert ist der voraussichtliche Jahresarbeitslohn; er beträgt mindestens 9.000 Deutsche Mark.

(4)** Der Steuerberater erhält die Zeitgebühr

1. für die Anfertigung einer Erklärung zur Hauptfeststellung, Fortschreibung oder Nachfeststellung der Einheitswerte für Grundbesitz;
2. für Arbeiten zur Feststellung des verrechenbaren Verlustes gemäß § 15 a des Einkommensteuergesetzes;
3. für die Anfertigung einer Meldung über die Beteiligung an ausländischen Körperschaften, Vermögensmassen und Personenvereinigungen und an ausländischen Personengesellschaften;
4. für die Anfertigung eines Erstattungsantrages nach § 50 Abs. 5 Satz 4 Nr. 3 des Einkommensteuergesetzes;
5. für die Anfertigung einer Anmeldung nach § 50 a Abs. 5 des Einkommensteuergesetzes, § 73 e der Einkommensteuer-Durchführungsverordnung.

§ 25 Ermittlung des Überschusses der Betriebseinnahmen über die Betriebsausgaben

(1) Die Gebühr für die Ermittlung des Überschusses der Betriebseinnahmen über die Betriebsausgaben bei den Einkünften aus Land- und Forstwirtschaft, Gewerbebetrieb oder selbständiger Arbeit beträgt 5 Zehntel bis 20 Zehntel einer vollen Gebühr nach Tabelle B (Anlage 2). Gegenstandswert ist der jeweils höhere Betrag, der sich aus der Summe der Betriebseinnahmen oder der Summe der Betriebsausgaben ergibt, jedoch mindestens 25.000 Deutsche Mark.

(2) Für Vorarbeiten, die über das übliche Maß erheblich hinausgehen, erhält der Steuerberater die Zeitgebühr.

---

* § 24 Abs. 1 Nr. 24 angefügt durch 3. VOÄStBGebV v. 20. August 1998, BGBl. I 1998 S. 2369.

** § 24 Abs. 3 neu gefaßt, Abs. 4 Nr. 1 geändert sowie Nr. 3 bis Nr. 5 angefügt durch 3. VOÄStBGebV v. 20. August 1998, BGBl. I 1998 S. 2369.

(3) Sind bei mehreren Einkünften aus derselben Einkunftsart die Überschüsse getrennt zu ermitteln, so erhält der Steuerberater die Gebühr nach Absatz 1 für jede Überschußrechnung.

§ 26 Ermittlung des Gewinns aus Land- und Forstwirtschaft nach Durchschnittsätzen

(1) Die Gebühr für die Ermittlung des Gewinns nach Durchschnittsätzen beträgt 5 Zehntel bis 20 Zehntel einer vollen Gebühr nach Tabelle B (Anlage 2). Gegenstandswert ist der Ausgangswert nach § 13 a Abs. 4 einschließlich der Summe der Sondergewinne nach § 13 a Abs. 8* des Einkommensteuergesetzes.

(2) Sind für mehrere land- und forstwirtschaftliche Betriebe desselben Auftraggebers die Gewinne nach Durchschnittsätzen getrennt zu ermitteln, so erhält der Steuerberater die Gebühr nach Absatz 1 für jede Gewinnermittlung.

§ 27 Ermittlung des Überschusses der Einnahmen über die Werbungskosten

(1) Die Gebühr für die Ermittlung des Überschusses der Einnahmen über die Werbungskosten bei den Einkünften aus nichtselbständiger Arbeit, Kapitalvermögen, Vermietung und Verpachtung oder sonstigen Einkünften beträgt 1 Zwanzigstel bis 12 Zwanzigstel einer vollen Gebühr nach Tabelle A (Anlage 1). Gegenstandswert ist der jeweils höhere Betrag, der sich aus der Summe der Einnahmen oder der Summe der Werbungskosten ergibt, jedoch mindestens 12.000 Deutsche Mark.

(2) Beziehen sich die Einkünfte aus Vermietung und Verpachtung auf mehrere Grundstücke oder sonstige Wirtschaftsgüter und ist der Überschuß der Einnahmen über die Werbungskosten jeweils getrennt zu ermitteln, so erhält der Steuerberater die Gebühr nach Absatz 1 für jede Überschußrechnung.

(3)** *(aufgehoben)*

§ 28 Prüfung von Steuerbescheiden

Für die Prüfung eines Steuerbescheids erhält der Steuerberater die Zeitgebühr.

§ 29 Teilnahme an Prüfungen

Der Steuerberater erhält

1. für die Teilnahme an einer Prüfung, insbesondere an einer Außenprüfung (§ 193 der Abgabenordnung) einschließlich der Schlußbesprechung und

---

* § 26 Abs. 1 Satz 2 neu gefaßt durch 3. VOÄStBGebV v. 20. August 1998, BGBl. I 1998 S. 2369.

** § 27 Abs. 3 aufgehoben durch 3. VOÄStBGebV v. 20. August 1998, BGBl. I 1998 S. 2369.

der Prüfung des Prüfungsberichts, an einer Ermittlung der Besteuerungsgrundlagen (§ 208 der Abgabenordnung) oder an einer Maßnahme der Steueraufsicht (§§ 209 bis 217 der Abgabenordnung) die Zeitgebühr;
2. für schriftliche Einwendungen gegen den Prüfungsbericht 5 Zehntel bis 10 Zehntel einer vollen Gebühr nach Tabelle A (Anlage 1).

§ 30 Selbstanzeige

Für die Tätigkeit im Verfahren der Selbstanzeige (§§ 371 und 378 Abs. 3 der Abgabenordnung) einschließlich der Ermittlungen zur Berichtigung, Ergänzung oder Nachholung der Angaben erhält der Steuerberater 10 Zehntel bis 30 Zehntel einer vollen Gebühr nach Tabelle A (Anlage 1).

§ 31 Besprechungen

Für Besprechungen mit Behörden oder mit Dritten in abgabenrechtlichen Sachen erhält der Steuerberater 5 Zehntel bis 10 Zehntel einer vollen Gebühr nach Tabelle A (Anlage 1). § 42 Abs. 2 gilt entsprechend.

Fünfter Abschnitt. Gebühren für die Hilfeleistung bei der Erfüllung steuerlicher Buchführungs- und Aufzeichnungspflichten

§ 32 Einrichtung einer Buchführung

Für die Hilfeleistung bei der Einrichtung einer Buchführung erhält der Steuerberater die Zeitgebühr.

§ 33 Buchführung

(1) Für die Buchführung einschließlich des Kontierens der Belege beträgt die Monatsgebühr einer vollen Gebühr nach Tabelle C (Anlage 3).	2/10 bis 12/10
(2) Für das Kontieren der Belege beträgt die Monatsgebühr einer vollen Gebühr nach Tabelle C (Anlage 3).	1/10 bis 6/10
(3) Für die Buchführung nach vom Auftraggeber kontierten Belegen oder erstellten Kontierungsunterlagen beträgt die Monatsgebühr einer vollen Gebühr nach Tabelle C (Anlage 3).	1/10 bis 6/10

(4)* Für die Buchführung nach vom Auftraggeber erstellten Eingaben für die Datenverarbeitung und mit beim Auftraggeber eingesetzten Datenverarbeitungsprogrammen

* § 33 Abs. 4 neu gefaßt durch 3. VOÄStBGebV v. 20. August 1998, BGBl. I 1998 S. 2369.

des Steuerberaters erhält der Steuerberater neben der Vergütung für die Datenverarbeitung und für den Einsatz der Datenverarbeitungsprogramme eine Monatsgebühr von 1/20 bis 10/20 einer vollen Gebühr nach Tabelle C (Anlage 3).

(5) Für die laufende Überwachung der Buchführung des Auftraggebers beträgt die Monatsgebühr 1/10 bis 6/10 einer vollen Gebühr nach Tabelle C (Anlage 3).

(6)* Gegenstandswert ist der jeweils höchste Betrag, der sich aus dem Jahresumsatz oder aus der Summe des Aufwandes ergibt.

(7) Für die Hilfeleistung bei sonstigen Tätigkeiten im Zusammenhang mit der Buchführung erhält der Steuerberater die Zeitgebühr.

(8) Mit der Gebühr nach den Absätzen 1, 3 und 4 sind die Gebühren für die Umsatzsteuervoranmeldung (§ 24 Abs. 1 Nr. 7) abgegolten.

§ 34 Lohnbuchführung

(1) Für die erstmalige Einrichtung von Lohnkonten und die Aufnahme der Stammdaten erhält der Steuerberater eine Gebühr von 5 Deutsche Mark bis 18** Deutsche Mark je Arbeitnehmer.

(2) Für die Führung von Lohnkonten und die Anfertigung der Lohnabrechnung erhält der Steuerberater eine Gebühr von 5 Deutsche Mark bis 30** Deutsche Mark je Arbeitnehmer und Abrechnungszeitraum.

(3) Für die Führung von Lohnkonten und die Anfertigung der Lohnabrechnung nach vom Auftraggeber erstellten Buchungsunterlagen erhält der Steuerberater eine Gebühr von 2 Deutsche Mark bis 10** Deutsche Mark je Arbeitnehmer und Abrechnungszeitraum.

(4)*** Für die Führung von Lohnkonten und die Anfertigung der Lohnabrechnung nach vom Auftraggeber erstellten Eingaben für die Datenverarbeitung und mit beim Auftraggeber eingesetzten Datenverarbeitungsprogrammen des Steuerberaters erhält der Steuerberater neben der Vergütung für die Datenverarbeitung und für den Einsatz der Datenverarbeitungsprogramme eine Gebühr von 1 Deutschen Mark bis 5 Deutsche Mark je Arbeitnehmer und Abrechnungszeitraum.

(5) Für die Hilfeleistung bei sonstigen Tätigkeiten im Zusammenhang mit dem Lohnsteuerabzug und der Lohnbuchführung erhält der Steuerberater die Zeitgebühr.

(6) Mit der Gebühr nach den Absätzen 2 bis 4 sind die Gebühren für die Lohnsteueranmeldung (§ 24 Abs. 1 Nr. 15) abgegolten.

---

* § 33 Abs. 6 neu gefaßt durch 3. VOÄStBGebV v. 20. August 1998, BGBl. I 1998 S. 2369.

** § 34 Abs. 1 bis 3 Beträge geändert durch 3. VOÄStBGebV v. 20. August 1998, BGBl. I 1998 S. 2369.

*** § 34 Abs. 4 neu gefaßt durch 3. VOÄStBGebV v. 20. August 1998, BGBl. I 1998 S. 2369.

§ 35 Abschlußarbeiten

(1) Die Gebühr beträgt für

1.* a)** die Aufstellung eines Jahresabschlusses (Bilanz und Gewinn- und Verlustrechnung)	10/10 bis 40/10
b) die Erstellung eines Anhangs	2/10 bis 12/10
c) die Erstellung eines Lageberichts	2/10 bis 12/10
2. die Aufstellung eines Zwischenabschlusses oder eines vorläufigen Abschlusses (Bilanz und Gewinn- und Verlustrechnung)	5/10 bis 12/10
3. die Entwicklung einer Steuerbilanz aus der Handelsbilanz oder die Ableitung des steuerlichen Ergebnisses vom Handelsbilanzergebnis	5/10 bis 12/10
4. die Aufstellung einer Eröffnungsbilanz	5/10 bis 12/10
5. die Aufstellung einer Auseinandersetzungsbilanz	5/10 bis 20/10
6. den schriftlichen Erläuterungsbericht zu Tätigkeiten nach den Nummern 1 bis 5	2/10 bis 12/10
7.* a) die beratende Mitwirkung bei der Aufstellung eines Jahresabschlusses (Bilanz und Gewinn- und Verlustrechnung)	2/10 bis 10/10
b) die beratende Mitwirkung bei der Erstellung eines Anhangs	2/10 bis 4/10
c) die beratende Mitwirkung bei der Erstellung eines Lageberichts	2/10 bis 4/10
8. die Zusammenstellung eines Jahresabschlusses (Bilanz und Gewinn- und Verlustrechnung) aus übergebenen Endzahlen (ohne Vornahme von Prüfungsarbeiten)	2/10 bis 6/10

einer vollen Gebühr nach Tabelle B (Anlage 2).

(2)*** Gegenstandswert ist

1. in den Fällen des Absatzes 1 Nr. 1 bis 3, 7 und 8 das Mittel zwischen der berichtigten Bilanzsumme und der betrieblichen Jahresleistung;
2. in den Fällen des Absatzes 1 Nr. 4 und 5 die berichtigte Bilanzsumme;
3. in den Fällen des Absatzes 1 Nr. 6 der Gegenstandswert, der für die dem Erläuterungsbericht zugrunde liegenden Abschlußarbeiten maßgeblich ist.

Die berichtigte Bilanzsumme ergibt sich aus der Summe der Posten der Aktivseite der Bilanz zuzüglich Privatentnahmen und offener Ausschüttungen, abzüglich Privateinlagen, Kapitalerhöhungen durch Einlagen und Wertberichtigungen. Die betriebliche Jahresleistung umfaßt Umsatzerlöse, sonstige betriebliche Erträge, Erträge aus Beteiligungen, Erträge aus anderen Wertpa-

---

* § 35 Abs. 1 Nrn. 1 und 7 neu gefaßt durch 1. VOÄStBGebV v. 20. Juni 1988, BGBl. I 1988 S. 841.

** § 35 Abs. 1 Nr. 1 Buchstabe a geändert durch 3. VOÄStBGebV v. 20. August 1998, BGBl. I 1998 S. 2369.

*** § 35 Abs. 2 neu gefaßt durch 3. VOÄStBGebV v. 20. August 1998, BGBl. I 1998 S. 2369.

pieren und Ausleihungen des Finanzanlagevermögens, sonstige Zinsen und ähnliche Erträge, Veränderungen des Bestands an fertigen und unfertigen Erzeugnissen, andere aktivierte Eigenleistungen sowie außerordentliche Erträge. Ist der betriebliche Jahresaufwand höher als die betriebliche Jahresleistung, so ist dieser der Berechnung des Gegenstandswerts zugrunde zu legen. Betrieblicher Jahresaufwand ist die Summe der Betriebsausgaben einschließlich der Abschreibungen. Bei der Berechnung des Gegenstandswerts ist eine negative berichtigte Bilanzsumme als positiver Wert anzusetzen. Übersteigen die betriebliche Jahresleistung oder der höhere betriebliche Jahrsaufwand das 5fache der berichtigten Bilanzsumme, so bleibt der übersteigende Betrag bei der Ermittlung des Gegenstandswerts außer Ansatz. Der Gegenstandswert besteht nur aus der berichtigten Bilanzsumme, wenn die betriebliche Jahresleistung geringer als 6.000 Deutsche Mark ist. Der Gegenstandswert besteht nur aus der betrieblichen Jahresleistung, wenn die berichtigte Bilanzsumme geringer als 6.000 Deutsche Mark ist.

(3) Für die Anfertigung oder Berichtigung von Inventurunterlagen und für sonstige Abschlußvorarbeiten bis zur abgestimmten Saldenbilanz erhält der Steuerberater die Zeitgebühr.

§ 36 Steuerliches Revisionswesen

(1) Der Steuerberater erhält für die Prüfung einer Buchführung, einzelner Konten oder einer Überschußrechnung für steuerliche Zwecke und für die Berichterstattung hierüber die Zeitgebühr.

(2)* Der Steuerberater erhält

1. für die Prüfung einer Bilanz, einer Gewinn- und Verlustrechnung, eines Anhangs, eines Lageberichts oder einer sonstigen Vermögensrechnung für steuerliche Zwecke — 2/10 bis 10/10
   einer vollen Gebühr nach Tabelle B (Anlage 2) sowie die Zeitgebühr;
2. für die Berichterstattung über eine Tätigkeit nach Nummer 1 die Zeitgebühr. Der Gegenstandswert bemißt sich nach § 35 Abs. 2.

§ 37 Vermögensstatus, Finanzstatus für steuerliche Zwecke

Die Gebühr beträgt für

1. die Erstellung eines Vermögensstatus oder Finanzstatus	5/10 bis 15/10
2. die Erstellung eines Vermögensstatus oder Finanzstatus aus übergebenen Endzahlen (ohne Vornahme von Prüfungsarbeiten)	2/10 bis 6/10
3. den schriftlichen Erläuterungsbericht zu den Tätigkeiten nach Nummer 1	1/10 bis 6/10

---

* § 36 Abs. 2 Nr. 1 neu gefaßt durch 1. VOÄStBGebV v. 20. Juni 1988, BGBl. I 1988 S. 841; Nr. 1 und 2 geändert durch 3. VOÄStBGebV v. 20. August 1998, BGBl. I 1998 S. 2369.

einer vollen Gebühr nach Tabelle B (Anlage 2). Gegenstandswert ist für die Erstellung eines Vermögensstatus die Summe der Vermögenswerte, für die Erstellung eines Finanzstatus die Summe der Finanzwerte.

§ 38* Erteilung von Bescheinigungen

(1) Der Steuerberater erhält für die Erteilung einer Bescheinigung über die Beachtung steuerrechtlicher Vorschriften in Vermögensübersichten und Erfolgsrechnungen 1 Zehntel bis 6 Zehntel einer vollen Gebühr nach Tabelle B (Anlage 2). Der Gegenstandswert bemißt sich nach § 35 Abs. 2.

(2) Der Steuerberater erhält für die Mitwirkung an der Erteilung von Steuerbescheinigungen die Zeitgebühr.

§ 39 Buchführungs- und Abschlußarbeiten für land- und forstwirtschaftliche Betriebe

(1) Für Angelegenheiten, die sich auf land- und forstwirtschaftliche Betriebe beziehen, gelten abweichend von den §§ 32, 33, 35 und 36 die Absätze 2 bis 7.

(2) Die Gebühr beträgt für

1. laufende Buchführungsarbeiten einschließlich Kontieren der Belege jährlich	3/10 bis 20/10
2. die Buchführung nach vom Auftraggeber kontierten Belegen oder erstellten Kontierungsunterlagen jährlich	3/20 bis 20/20
3.** die Buchführung nach vom Auftraggeber erstellten Datenträgern oder anderen Eingabemitteln für die Datenverarbeitung neben der Vergütung für die Datenverarbeitung und für den Einsatz der Datenverarbeitungsprogramme jährlich	1/20 bis 16/20
4. die laufende Überwachung der Buchführung jährlich	1/10 bis 6/10

einer vollen Gebühr nach Tabelle D (Anlage 4). Die volle Gebühr ist die Summe der Gebühren nach Tabelle D Teil a und Tabelle D Teil b.

(3) Die Gebühr beträgt für

1. die Abschlußvorarbeiten	1/10 bis 5/10
2. die Aufstellung eines Abschlusses	3/10 bis 10/10
3. die Entwicklung eines steuerlichen Abschlusses aus dem betriebswirtschaftlichen Abschluß oder aus der Handelsbilanz oder die Ableitung des steuerlichen Ergebnisses vom Ergebnis des betriebswirtschaftlichen Abschlusses oder der Handelsbilanz	3/20 bis 10/20
4. die beratende Mitwirkung bei der Erstellung eines Abschlusses	1/20 bis 10/20
5. die Prüfung eines Abschlusses für steuerliche Zwecke	1/10 bis 8/10

* § 38 neu gefaßt durch 1. VOÄStBGebV v. 20. Juni 1988, BGBl. I 1988 S. 841.

** § 39 Abs. 2 Nr. 3 geändert durch 3. VOÄStBGebV v. 20. August 1998, BGBl. I 1998 S. 2369.

6. den schriftlichen Erläuterungsbericht zum Abschluß 1/10 bis 8/10

einer vollen Gebühr nach Tabelle D (Anlage 4). Die volle Gebühr ist die Summe der Gebühren nach Tabelle D Teil a und Tabelle D Teil b.

(4) Die Gebühr beträgt für

1. die Hilfeleistung bei der Einrichtung einer Buchführung 1/10 bis 6/10
2. die Erfassung der Anfangswerte bei Buchführungsbeginn 3/10 bis 15/10

einer vollen Gebühr nach Tabelle D Teil a (Anlage 4).

(5) Gegenstandswert ist für die Anwendung der Tabelle D Teil a die Betriebsfläche. Gegenstandswert für die Anwendung der Tabelle D Teil b ist der Jahresumsatz zuzüglich der Privateinlagen, mindestens jedoch die Höhe der Aufwendungen zuzüglich der Privatentnahmen. Im Falle des Absatzes 3 vermindert sich der 200.000 Deutsche Mark übersteigende Betrag auf die Hälfte.

(6) Bei der Errechnung der Betriebsfläche (Absatz 5) ist

1. bei einem Jahresumsatz bis zu 2.000 Deutsche Mark je Hektar das Einfache,
2. bei einem Jahresumsatz über 2.000 Deutsche Mark je Hektar das Vielfache, das sich aus dem durch 2.000 geteilten Betrag des Jahresumsatzes je Hektar ergibt,
3. bei forstwirtschaftlich genutzten Flächen die Hälfte,
4. bei Flächen mit bewirtschafteten Teichen die Hälfte,
5. bei durch Verpachtung genutzten Flächen ein Viertel

der tatsächlich genutzten Flächen anzusetzen.

(7) Mit der Gebühr nach Absatz 2 Nr. 1, 2 und 3 ist die Gebühr für die Umsatzsteuervoranmeldungen (§ 24 Abs. 1 Nr. 7) abgegolten.

Sechster Abschnitt. Gebühren für die Vertretung im außergerichtlichen Rechtsbehelfsverfahren und im Verwaltungsvollstreckungsverfahren

§ 40 Verfahren vor Verwaltungsbehörden

(1) Für die Vertretung im Rechtsbehelfsverfahren vor Verwaltungsbehörden erhält der Steuerberater

1. die Geschäftsgebühr (§ 41),
2. die Besprechungsgebühr (§ 42),
3. die Beweisaufnahmegebühr (§ 43).

(2)* Erledigt sich eine Angelegenheit ganz oder teilweise nach Rücknahme, Widerruf, Aufhebung, Änderung oder Berichtigung des mit einem Rechts-

* § 40 Abs. 2 angefügt durch 3. VOÄStBGebV v. 20. August 1998, BGBl. I 1998 S. 2369.

behelf angefochtenen Verwaltungsaktes, so erhält der Steuerberater, der bei der Erledigung mitgewirkt hat, eine Gebühr von 10/10 einer vollen Gebühr nach Tabelle E (Anlage 5).

§ 41 Geschäftsgebühr

(1) Die Geschäftsgebühr beträgt 5 Zehntel bis 10 Zehntel einer vollen Gebühr nach Tabelle E (Anlage 5).

(2) Durch die Geschäftsgebühr wird das Betreiben des Geschäfts einschließlich der Information, der Einreichung und der Begründung des Rechtsbehelfs abgegolten.

(3) Die Geschäftsgebühr ermäßigt sich auf 3 bis 8 Zehntel einer vollen Gebühr nach Tabelle E (Anlage 5), wenn der Steuerberater in dem Verwaltungsverfahren, das dem Verfahren nach § 40 vorausgeht, Gebühren nach § 28 erhält.

(4) Die Geschäftsgebühr ermäßigt sich auf 1 bis 3 Zehntel einer vollen Gebühr nach Tabelle E (Anlage 5), wenn der Steuerberater im Zusammenhang mit dem Verfahren nach § 40 Gebühren nach § 24 erhält.

(5) Erhält der Steuerberater in dem Verwaltungsverfahren, das dem Verfahren nach § 40 vorausgeht, Gebühren nach § 23, so darf die Summe dieser Gebühren und der Gebühr nach Absatz 1 10 Zehntel einer vollen Gebühr nach Tabelle E (Anlage 5) nicht übersteigen.

(6) Wird der Steuerberater in derselben Angelegenheit für mehrere Auftraggeber tätig und ist der Gegenstand der beruflichen Tätigkeit derselbe, so erhöht sich die Geschäftsgebühr durch jeden weiteren Auftraggeber um 3 Zehntel, in den Fällen des Absatzes 3 um 2 Zehntel und in den Fällen des Absatzes 4 um 1 Zehntel. Die Erhöhung wird nach dem Betrag berechnet, an dem die Auftraggeber gemeinschaftlich beteiligt sind. Mehrere Erhöhungen dürfen den Betrag von 20 Zehnteln, in den Fällen des Absatzes 3 den Betrag von 16 Zehnteln und in den Fällen des Absatzes 4 den Betrag von 6 Zehnteln einer vollen Gebühr nach Tabelle E (Anlage 5) nicht übersteigen.

§ 42 Besprechungsgebühr

(1) Die Besprechungsgebühr beträgt 5 Zehntel bis 10 Zehntel einer vollen Gebühr nach Tabelle E (Anlage 5).

(2) Die Besprechungsgebühr entsteht, wenn der Steuerberater an einer Besprechung über tatsächliche oder rechtliche Fragen mitwirkt, die von der Behörde angeordnet ist oder im Einverständnis mit dem Auftraggeber mit der Behörde oder einem Dritten geführt wird. Der Steuerberater erhält diese Gebühr nicht für eine mündliche oder fernmündliche Nachfrage.

(3) Erhält der Steuerberater in dem Verwaltungsverfahren, das dem Verfahren nach § 40 vorausgeht, eine Gebühr nach § 31, so darf die Summe dieser Gebühr und der Gebühr nach Absatz 1 10 Zehntel einer vollen Gebühr nach Tabelle E (Anlage 5) nicht übersteigen.

§ 43 Beweisaufnahmegebühr

(1) Die Beweisaufnahmegebühr beträgt 5 Zehntel bis 10 Zehntel einer vollen Gebühr nach Tabelle E (Anlage 5).

(2) Die Beweisaufnahmegebühr entsteht, wenn der Steuerberater bei einer Beweisaufnahme mitwirkt, die von einer Behörde angeordnet worden ist.

(3) Der Steuerberater erhält die Beweisaufnahmegebühr nicht, wenn die Beweisaufnahme lediglich in der Vorlegung der in den Händen des Auftraggebers oder der Behörde befindlichen Urkunden besteht.

(4) Werden Akten oder Urkunden beigezogen, so erhält der Steuerberater die Beweisaufnahmegebühr nur, wenn die Akten oder Urkunden erkennbar zum Beweis beigezogen oder als Beweis verwertet werden.

§ 44 Verwaltungsvollstreckungsverfahren, Aussetzung der Vollziehung

(1) Im Verwaltungsvollstreckungsverfahren erhält der Steuerberater je 3 Zehntel der vollen Gebühr nach Tabelle E (Anlage 5) als Geschäftsgebühr, Besprechungsgebühr und Beweisaufnahmegebühr.

(2) Das Verwaltungsverfahren auf Aussetzung der Vollziehung oder auf Beseitigung der aufschiebenden oder hemmenden Wirkung ist zusammen mit den in Absatz 1 und in § 40 genannten Verfahren eine Angelegenheit.

Siebenter Abschnitt. Gerichtliche und andere Verfahren

§ 45 Vergütung in gerichtlichen und anderen Verfahren

Auf die Vergütung des Steuerberaters im Verfahren vor den Gerichten der Finanzgerichtsbarkeit und der Verwaltungsgerichtsbarkeit, im Strafverfahren, berufsgerichtlichen Verfahren, Bußgeldverfahren und in Gnadensachen sind die Vorschriften der Bundesgebührenordnung für Rechtsanwälte sinngemäß anzuwenden.

§ 46 Vergütung bei Prozeßkostenhilfe

Für die Vergütung des im Wege der Prozeßkostenhilfe beigeordneten Steuerberaters gelten die Vorschriften der Bundesgebührenordnung für Rechtsanwälte sinngemäß.

Achter Abschnitt. Übergangs- und Schlußvorschriften

§ 47 Anwendung

(1) Diese Verordnung ist erstmals anzuwenden auf

1. Angelegenheiten, mit deren Bearbeitung nach dem Inkrafttreten dieser Verordnung begonnen wird,

2. die Vertretung in Verfahren vor Verwaltungsbehörden, wenn das Verfahren nach Inkrafttreten dieser Verordnung beginnt.

(2) Hat der Steuerberater vor der Verkündung der Verordnung mit dem Auftraggeber schriftliche Vereinbarungen getroffen, die den Vorschriften dieser Verordnung nicht entsprechen, so ist insoweit diese Verordnung spätestens zwei Jahre nach ihrem Inkrafttreten anzuwenden.

§ 47a* Übergangsvorschrift für Änderungen dieser Verordnung

Die Vergütung ist nach bisherigem Recht zu berechnen, wenn der Auftrag zur Erledigung der Angelegenheit vor dem Inkrafttreten einer Änderung der Verordnung erteilt worden ist. Hat der Steuerberater mit dem Auftraggeber schriftliche Vereinbarungen über auszuführende Tätigkeiten mit einer Geltungsdauer von mindestens einem Jahr getroffen oder eine Pauschalvergütung im Sinne des § 14 vereinbart und tritt während der Geltungsdauer dieser Vereinbarung eine Änderung der Verordnung in Kraft, so ist die Vergütung bis zum Ablauf des Jahres, in dem eine Änderung der Verordnung in Kraft tritt, nach bisherigem Recht zu berechnen. Die Sätze 1 und 2 gelten auch, wenn Vorschriften geändert werden, auf die diese Verordnung verweist.

§ 48 Berlin-Klausel

** *(aufgehoben)*

§ 49 Inkrafttreten

Diese Verordnung tritt am 1. April 1982 in Kraft.***

> **Anmerkung:** Die nach § 10 Absatz 1 der Verordnung als Anlagen beigegebenen Tabellen A bis E sind in einer praxisorientierten Bearbeitung durch Hochrechnung der Gegenstandswerte und Darstellung der Bruchteilswerte in ihrer ab 28. August 1998 gültigen Fassung in Teil V Abschnitt 1.1 dargestellt. Auf den zusätzlichen Abdruck in diesem Teil des Kommentars wird daher verzichtet.

---

* § 47 a eingefügt durch 1. VOÄStBGebV v. 20. Juni 1988, BGBl. I 1988 S. 841.

** § 48 aufgehoben durch 2. VOÄStBGebV v. 21. Juni 1991, BGBl. I 1991 S. 1370.

*** Die 1. VOÄStBGebV v. 20. Juni 1988, BGBl. I 1988 S. 841 trat am 1. Juli 1988 in Kraft.

Die 2. VOÄStBGebV v. 21. Juni 1991, BGBl. I 1991 S. 1370 trat am 30. Juni 1991 in Kraft.

Die 3. VOÄStBGebV v. 20. August 1998, BGBl. I 1998 S. 2369 trat am 28. August 1998 in Kraft.

2. Bundesgebührenordnung für Rechtsanwälte (BRAGO)

Vom 26. Juli 1957
(BGBl. I 1957 S. 907)

In der geänderten Fassung vom 27. Juni 2000
(BGBl. I S. 897)

Übersicht

Dritter Abschnitt. Gebühren in bürgerlichen Rechtsstreitigkeiten und in ähnlichen Verfahren

Vierter Abschnitt. Gebühren im Verfahren der Zwangsversteigerung und der Zwangsverwaltung

Fünfter Abschnitt. Gebühren in Insolvenzverfahren und in schiffahrtsrechtlichen Verteilungsverfahren

Sechster Abschnitt. Gebühren in Strafsachen und in Verfahren nach dem Strafrechtlichen Rehabilitierungsgesetz

1. Gebühren des gewählten Verteidigers und anderer gewählter Vertreter

2. Gebühren des gerichtlich bestellten und des beigeordneten Rechtsanwalts

Erster Abschnitt. Allgemeine Vorschriften

§ 1 Geltungsbereich

(1) Die Vergütung (Gebühren und Auslagen) des Rechtsanwalts für seine Berufstätigkeit bemißt sich nach diesem Gesetz. Die Rechtsanwaltsgesellschaft steht dem Rechtsanwalt im Sinne dieses Gesetzes gleich.

(2) Dieses Gesetz gilt nicht, wenn der Rechtsanwalt als Vormund, Betreuer, Pfleger, Verfahrenspfleger, Testamentsvollstrecker, Insolvenzverwalter, Sachwalter, Mitglied des Gläubigerausschusses, Nachlaßverwalter, Zwangsverwalter, Treuhänder, Schiedsrichter oder in ähnlicher Stellung tätig wird. § 1835 Abs. 3 des Bürgerlichen Gesetzbuchs bleibt unberührt.

§ 2 Sinngemäße Anwendung des Gesetzes

Ist in diesem Gesetz über die Gebühren für eine Berufstätigkeit des Rechtsanwalts nichts bestimmt, so sind die Gebühren in sinngemäßer Anwendung der Vorschriften dieses Gesetzes zu bemessen.

§ 3 Vereinbarung der Vergütung

(1) Aus einer Vereinbarung kann der Rechtsanwalt eine höhere als die gesetzliche Vergütung nur fordern, wenn die Erklärung des Auftraggebers schriftlich abgegeben und nicht in der Vollmacht oder in einem Vordruck, der auch andere Erklärungen umfaßt, enthalten ist. Hat der Auftraggeber freiwillig und ohne Vorbehalt geleistet, so kann er das Geleistete nicht deshalb zurückfordern, weil seine Erklärung der Vorschrift des Satzes 1 nicht entspricht. Vereinbarungen über die Vergütung nach Absatz 5 sollen schriftlich getroffen werden; ist streitig, ob es zu einer solchen Vereinbarung gekommen ist, so trifft die Beweislast den Auftraggeber.

(2) Die Festsetzung der Vergütung kann dem billigen Ermessen des Vorstandes der Rechtsanwaltskammer überlassen werden. Ist die Festsetzung der Vergütung dem Ermessen eines Vertragsteils überlassen, so gilt die gesetzliche Vergütung als vereinbart.

(3) Ist eine vereinbarte oder von dem Vorstand der Rechtsanwaltskammer festgesetzte Vergütung unter Berücksichtigung aller Umstände unangemessen hoch, so kann sie im Rechtsstreit auf den angemessenen Betrag bis zur Höhe der gesetzlichen Vergütung herabgesetzt werden. Vor der Herabsetzung hat das Gericht ein Gutachten des Vorstandes der Rechtsanwaltskammer einzuholen; dies gilt nicht, wenn der Vorstand der Rechtsanwaltskammer die Vergütung nach Absatz 2 Satz 1 festgesetzt hat. Das Gutachten ist kostenlos zu erstatten.

(4) Durch eine Vereinbarung, nach der ein im Wege der Prozeßkostenhilfe beigeordneter Rechtsanwalt eine Vergütung erhalten soll, wird eine Verbindlichkeit nicht begründet. Hat der Auftraggeber freiwillig und ohne Vorbehalt geleistet, so kann er das Geleistete nicht deshalb zurückfordern, weil eine Verbindlichkeit nicht bestanden hat.

(5) In außergerichtlichen Angelegenheiten kann der Rechtsanwalt Pauschalvergütungen und Zeitvergütungen vereinbaren, die niedriger sind als die gesetzlichen Gebühren. Handelt es sich bei dem Auftraggeber um einen Verband oder Verein, so gilt dies auch für die Beratung seiner Mitglieder im Rahmen des satzungsgemäßen Aufgabenbereiches des Verbandes oder Vereins. Der Rechtsanwalt kann sich für gerichtliche Mahnverfahren und Zwangsvollstreckungsverfahren nach den §§ 803 bis 863 und 899 bis 915 der Zivilprozeßordnung verpflichten, daß er, wenn der Anspruch des Auftraggebers auf Erstattung der gesetzlichen Vergütung nicht beigetrieben werden kann, einen Teil des Erstattungsanspruchs an Erfüllungs Statt annehmen werde. Der nicht durch Abtretung zu erfüllende Teil der gesetzlichen Vergütung und die sonst nach diesem Absatz vereinbarten Vergütungen müssen in angemessenem Verhältnis zu Leistung, Verantwortung und Haftungsrisiko des Anwalts stehen.

§ 4 Vergütung für Tätigkeiten von Vertretern des Rechtsanwalts

Die Vergütung für eine Tätigkeit, die der Rechtsanwalt nicht persönlich vornimmt, wird nach diesem Gesetz bemessen, wenn der Rechtsanwalt durch einen Rechtsanwalt, den allgemeinen Vertreter oder einen zur Ausbildung zugewiesenen Referendar vertreten wird.

§ 5 Mehrere Rechtsanwälte

Ist der Auftrag mehreren Rechtsanwälten zur gemeinschaftlichen Erledigung übertragen, so erhält jeder Rechtsanwalt für seine Tätigkeit die volle Vergütung.

§ 6 Mehrere Auftraggeber

(1) Wird der Rechtsanwalt in derselben Angelegenheit für mehrere Auftraggeber tätig, so erhält er die Gebühren nur einmal. Ist der Gegenstand der anwaltlichen Tätigkeit derselbe, so erhöhen sich die Geschäftsgebühr (§ 118 Abs. 1 Nr. 1) und die Prozeßgebühr (§ 31 Abs. 1 Nr. 1) durch jeden weiteren Auftraggeber um drei Zehntel; die Erhöhung wird nach dem Betrag berechnet, an dem die Auftraggeber gemeinschaftlich beteiligt sind; mehrere Erhöhungen dürfen den Betrag von zwei vollen Gebühren nicht übersteigen. Bei Gebühren, die nur dem Mindest- und Höchstbetrag nach bestimmt sind, erhöhen sich der Mindest- und Höchstbetrag durch jeden weiteren Auftraggeber um drei Zehntel; mehrere Erhöhungen dürfen das Doppelte des Mindest- und Höchstbetrages nicht übersteigen.

(2) Der Rechtsanwalt erhält auch Schreibauslagen für Abschriften und Ablichtungen, die in derselben Angelegenheit zur notwendigen Unterrichtung von mehr als zehn Auftraggebern gefertigt werden.

(3) Jeder der Auftraggeber schuldet dem Rechtsanwalt die Gebühren und Auslagen, die er schulden würde, wenn der Rechtsanwalt nur in seinem Auftrag tätig geworden wäre; Schreibauslagen schuldet jeder jedoch nur für Abschriften und Ablichtungen, die zu seiner Unterrichtung gefertigt werden. Der Rechtsanwalt kann aber insgesamt nicht mehr als die nach Absatz 1 berechneten Gebühren und die nach Absatz 2 berechneten Schreibauslagen fordern; die übrigen Auslagen kann er nur einmal fordern.

§ 7 Gegenstandswert

(1) Die Gebühren werden, soweit dieses Gesetz nichts anderes bestimmt, nach dem Wert berechnet, den der Gegenstand der anwaltlichen Tätigkeit hat (Gegenstandswert).

(2) In derselben Angelegenheit werden die Werte mehrerer Gegenstände zusammengerechnet.

(3) Eine Scheidungssache und die Folgesachen (§ 623 Abs. 1 bis 3, 5 § 621 Abs. 1 Nr. 1 bis 9 der Zivilprozeßordnung) gelten als dieselbe Angelegenheit im Sinne dieses Gesetzes.

§ 8 Wertvorschriften

(1) Soweit sich die Gerichtsgebühren nach dem Wert richten, bestimmt sich der Gegenstandswert im gerichtlichen Verfahren nach den für die Gerichtsgebühren geltenden Wertvorschriften. Diese Wertvorschriften gelten sinngemäß auch für die Tätigkeit außerhalb eines gerichtlichen Verfahrens, wenn der Gegenstand der Tätigkeit auch Gegenstand eines gerichtlichen Verfahrens sein könnte.

(2) Soweit sich aus diesem Gesetz nichts anderes ergibt, gelten in anderen Angelegenheiten für den Gegenstandswert § 18 Abs. 2, §§ 19 bis 23, 24

Abs. 1, 2, 4, 5, 6, §§ 25, 39 Abs. 2 der Kostenordnung sinngemäß. Soweit sich der Gegenstandswert aus diesen Vorschriften nicht ergibt und auch sonst nicht feststeht, ist er nach billigem Ermessen zu bestimmen; in Ermangelung genügender tatsächlicher Anhaltspunkte für eine Schätzung und bei nicht vermögensrechtlichen Gegenständen ist der Gegenstandswert auf 8.000 Deutsche Mark, nach Lage des Falles niedriger oder höher, jedoch nicht über eine Million Deutsche Mark anzunehmen. Betrifft die Tätigkeit eine einstweilige Anordnung der in § 620 Satz 1 Nr. 1, 2 oder 3 der Zivilprozeßordnung bezeichneten Art, so ist von einem Wert von 1.000 Deutsche Mark auszugehen.

§ 9 Wertfestsetzung für die Gerichtsgebühren

(1) Wird der für die Gerichtsgebühren maßgebende Wert gerichtlich festgesetzt, so ist die Festsetzung auch für die Gebühren des Rechtsanwalts maßgebend.

(2) Der Rechtsanwalt kann aus eigenem Recht die Festsetzung des Werts beantragen und Rechtsmittel gegen die Festsetzung einlegen. Rechtsbehelfe, die gegeben sind, wenn die Wertfestsetzung unterblieben ist, kann er aus eigenem Recht ergreifen.

§ 10 Wertfestsetzung für die Rechtsanwaltsgebühren

(1) Berechnen sich die Gebühren für die anwaltliche Tätigkeit in einem gerichtlichen Verfahren nicht nach dem für die Gerichtsgebühren maßgebenden Wert oder fehlt es an einem solchen Wert, so setzt das Gericht des Rechtszugs den Wert des Gegenstands der anwaltlichen Tätigkeit auf Antrag durch Beschluß selbständig fest.

(2) Der Antrag ist erst zulässig, wenn die Vergütung fällig ist. Antragsberechtigt sind der Rechtsanwalt, der Auftraggeber und ein erstattungspflichtiger Gegner; wenn Prozeßkostenhilfe bewilligt ist, auch die Bundes- oder Landeskasse. Vor der Entscheidung sind die Beteiligten zu hören. Das Verfahren ist gebührenfrei. Der Rechtsanwalt erhält in dem Verfahren keine Gebühren.

(3) Gegen die Entscheidung kann Beschwerde eingelegt werden, wenn der Beschwerdegegenstand einhundert Deutsche Mark übersteigt. Eine Beschwerde an einen obersten Gerichtshof des Bundes ist nicht zulässig. Die Beschwerde ist binnen zwei Wochen nach Zustellung der Entscheidung einzulegen. Im übrigen sind die für die Beschwerde in der Hauptsache geltenden Verfahrensvorschriften anzuwenden. Die weitere Beschwerde ist statthaft, wenn sie das Beschwerdegericht wegen der grundsätzlichen Bedeutung der zur Entscheidung stehenden Frage zuläßt. Die weitere Beschwerde kann nur darauf gestützt werden, daß die Entscheidung auf einer Verletzung des Gesetzes beruht; die §§ 550 und 551 der Zivilprozeßordnung gelten sinngemäß.

(4) Anträge, Erklärungen und Beschwerden können zu Protokoll der Geschäftsstelle gegeben oder schriftlich ohne Mitwirkung eines Rechtsanwalts eingereicht werden.

§ 11 Volle Gebühr, Mindestbetrag einer Gebühr*

(1) Die volle Gebühr bei einem Gegenstandswert bis 600 Deutsche Mark beträgt 50 Deutsche Mark. Die Gebühr erhöht sich bei einem

Gegenstandswert bis . . . DM	für jeden angefangenen Betrag von weiteren . . . DM	um . . . DM
3.000	600	40
10.000	1.000	55
20.000	2.000	70
50.000	5.000	80
100.000	10.000	140
400.000	30.000	160
1.000.000	60.000	250
über 1.000.000	100.000	300

Eine Gebührentabelle für Gegenstandswerte bis eine Million Deutsche Mark ist diesem Gesetz als Anlage beigefügt. Im Berufungs- und Revisionsverfahren erhöhen sich die Beträge der sich aus Satz 1 und 2 ergebenden Gebühren um drei Zehntel. Im Revisionsverfahren erhöht sich die Prozeßgebühr jedoch um zehn Zehntel, soweit sich die Parteien nur durch einen beim Bundesgerichtshof zugelassenen Rechtsanwalt vertreten lassen können. Im Verfahren vor dem Rechtsmittelgericht über die Zulassung des Rechtsmittels gelten die Sätze 4 und 5 entsprechend.

(2) Der Mindestbetrag einer Gebühr ist 20 Deutsche Mark. Pfennigbeträge sind auf zehn Deutsche Pfennig aufzurunden.

§ 12 Rahmengebühren

(1) Bei Rahmengebühren bestimmt der Rechtsanwalt die Gebühr im Einzelfall unter Berücksichtigung aller Umstände, insbesondere der Bedeutung der Angelegenheit, des Umfangs und der Schwierigkeit der anwaltlichen Tätigkeit sowie der Vermögens- und Einkommensverhältnisse des Auftraggebers, nach billigem Ermessen. Ist die Gebühr von einem Dritten zu ersetzen, so ist die von dem Rechtsanwalt getroffene Bestimmung nicht verbindlich, wenn sie unbillig ist.

(2) Im Rechtsstreit hat das Gericht ein Gutachten des Vorstandes der Rechtsanwaltskammer einzuholen; dies gilt auch im Verfahren nach § 495a der Zivilprozeßordnung. Das Gutachten ist kostenlos zu erstatten.

---

* Die nach § 11 Absatz 1 dem Gesetz beigegebene Tabelle ist in einer praxisorientierten Bearbeitung durch Hochrechnung der Gegenstandswerte und Darstellung der Bruchteilswerte in ihrer ab 1. 7. 1994 gültigen Fassung zusammen mit der Tabelle zu § 123 in Teil V Abschnitt 1.2 dargestellt. Auf einen zusätzlichen Abdruck in diesem Teil des Kommentars wird daher verzichtet.

§ 13 Abgeltungsbereich der Gebühren

(1) Die Gebühren entgelten, soweit dieses Gesetz nichts anderes bestimmt, die gesamte Tätigkeit des Rechtsanwalts vom Auftrag bis zur Erledigung der Angelegenheit.

(2) Der Rechtsanwalt kann die Gebühren in derselben Angelegenheit nur einmal fordern. In gerichtlichen Verfahren kann er die Gebühren in jedem Rechtszug fordern.

(3) Sind für Teile des Gegenstands verschiedene Gebührensätze anzuwenden, so erhält der Rechtsanwalt für die Teile gesondert berechnete Gebühren, jedoch nicht mehr als die aus dem Gesamtbetrag der Wertteile nach dem höchsten Gebührensatz berechnete Gebühr.

(4) Auf bereits entstandene Gebühren ist es, soweit dieses Gesetz nichts anderes bestimmt, ohne Einfluß, wenn sich die Angelegenheit vorzeitig erledigt oder der Auftrag endigt, bevor die Angelegenheit erledigt ist.

(5) Wird der Rechtsanwalt, nachdem er in einer Angelegenheit tätig geworden ist, beauftragt, in derselben Angelegenheit weiter tätig zu werden, so erhält er nicht mehr an Gebühren, als er erhalten würde, wenn er von vornherein hiermit beauftragt worden wäre. Ist der frühere Auftrag seit mehr als zwei Kalenderjahren erledigt, gilt die weitere Tätigkeit als neue Angelegenheit.

(6) Ist der Rechtsanwalt nur mit einzelnen Handlungen beauftragt, so erhält er nicht mehr an Gebühren als der mit der gesamten Angelegenheit beauftragte Rechtsanwalt für die gleiche Tätigkeit erhalten würde.

§ 14 Verweisung, Abgabe, Zulassung von Rechtsmitteln

(1) Wird eine Sache an ein anderes Gericht verwiesen oder abgegeben, so sind die Verfahren vor dem verweisenden oder abgebenden und vor dem übernehmenden Gericht ein Rechtszug. Wird eine Sache an ein Gericht eines niedrigeren Rechtszugs verwiesen oder abgegeben, so ist das weitere Verfahren vor diesem Gericht ein neuer Rechtszug.

(2) Wird das Rechtsmittel in Verfahren über die Beschwerde gegen seine Nichtzulassung zugelassen, so ist das Verfahren über das zugelassene Rechtsmittel ein neuer Rechtszug. Alle sonstigen Verfahren über die Zulassung des Rechtsmittels gehören zum Rechtszug des Rechtsmittels.

§ 15 Zurückverweisung

(1) Wird eine Sache an ein untergeordnetes Gericht zurückverwiesen, so ist das weitere Verfahren vor diesem Gericht ein neuer Rechtszug. Die Prozeßgebühr erhält der Rechtsanwalt jedoch nur, wenn die Sache an ein Gericht zurückverwiesen ist, das mit der Sache noch nicht befaßt war.

(2) In den Fällen des § 629b der Zivilprozeßordnung bildet das weitere Verfahren vor dem Familiengericht mit dem früheren einen Rechtszug.

§ 16 Fälligkeit

Die Vergütung des Rechtsanwalts wird fällig, wenn der Auftrag erledigt oder die Angelegenheit beendigt ist. Ist der Rechtsanwalt in einem gerichtlichen Verfahren tätig, so wird die Vergütung auch fällig, wenn eine Kostenentscheidung ergangen oder der Rechtszug beendigt ist oder wenn das Verfahren länger als drei Monate ruht.

§ 17 Vorschuß

Der Rechtsanwalt kann von seinem Auftraggeber für die entstandenen und die voraussichtlich entstehenden Gebühren und Auslagen einen angemessenen Vorschuß fordern.

§ 18 Berechnung

(1) Der Rechtsanwalt kann die Vergütung nur auf Grund einer von ihm unterzeichneten und dem Auftraggeber mitgeteilten Berechnung einfordern. Der Lauf der Verjährungsfrist ist von der Mitteilung der Berechnung nicht abhängig.

(2) In der Berechnung sind die Beträge der einzelnen Gebühren und Auslagen, Vorschüsse, eine kurze Bezeichnung des jeweiligen Gebührentatbestands, die Bezeichnung der Auslagen sowie die angewandten Kostenvorschriften und bei Gebühren, die nach dem Gegenstandswert berechnet sind, auch dieser anzugeben. Bei Entgelten für Post- und Telekommunikationsdienstleistungen genügt die Angabe des Gesamtbetrags.

(3) Hat der Auftraggeber die Vergütung gezahlt, ohne die Berechnung erhalten zu haben, so kann er die Mitteilung der Berechnung noch fordern, solange der Rechtsanwalt zur Aufbewahrung der Handakten verpflichtet ist.

§ 19 Festsetzung der Vergütung

(1) Die gesetzliche Vergütung, die dem Rechtsanwalt als Prozeßbevollmächtigten, Beistand, Unterbevollmächtigten oder Verkehrsanwalt (§ 52) zusteht, wird auf Antrag des Rechtsanwalts oder des Auftraggebers durch das Gericht des ersten Rechtszugs festgesetzt. Getilgte Beträge sind abzusetzen.

(2) Der Antrag ist erst zulässig, wenn die Vergütung fällig ist. Vor der Festsetzung sind die Beteiligten zu hören. Die Vorschriften der Zivilprozeßordnung über das Kostenfestsetzungsverfahren und die Zwangsvollstreckung aus Kostenfestsetzungsbeschlüssen gelten sinngemäß. Das Verfahren ist gebührenfrei. Der Rechtsanwalt erhält in dem Verfahren über den Antrag keine Gebühr.

(3) Im Verfahren vor den Gerichten der Verwaltungsgerichtsbarkeit, der Finanzgerichtsbarkeit und der Sozialgerichtsbarkeit wird die Vergütung von dem Urkundsbeamten der Geschäftsstelle festgesetzt. Die für die jeweilige Gerichtsbarkeit geltenden Vorschriften über die Erinnerung im Kostenfestsetzungsverfahren gelten sinngemäß.

(4) Wird der vom Rechtsanwalt angegebene Gegenstandswert von einem Beteiligten bestritten, so ist das Verfahren auszusetzen bis das Gericht (§§ 9, 10, 113a Abs. 1) hierüber entschieden hat.

(5) Die Festsetzung ist abzulehnen, soweit der Antragsgegner Einwendungen oder Einreden erhebt, die nicht im Gebührenrecht ihren Grund haben. Hat der Auftraggeber bereits dem Rechtsanwalt gegenüber derartige Einwendungen oder Einreden erhoben, so ist die Erhebung der Klage nicht von der vorherigen Einleitung des Festsetzungsverfahrens abhängig.

(6) Anträge, Erklärungen und Beschwerden können zu Protokoll der Geschäftsstelle gegeben oder schriftlich ohne Mitwirkung eines Rechtsanwalts eingereicht werden.

(7) Durch den Antrag auf Festsetzung der Vergütung wird die Verjährung wie durch Klageerhebung unterbrochen.

(8) Die Absätze 1 bis 7 gelten nicht bei Rahmengebühren.

Zweiter Abschnitt. Gemeinsame Vorschriften über Gebühren und Auslagen

§ 20 Rat, Auskunft, Erstberatung

(1) Für einen mündlichen oder schriftlichen Rat oder eine Auskunft, die nicht mit einer anderen gebührenpflichtigen Tätigkeit zusammenhängen, erhält der Rechtsanwalt eine Gebühr in Höhe von einem Zehntel bis zehn Zehnteln der vollen Gebühr. Ist die Tätigkeit nach Satz 1 Gegenstand einer ersten Beratung, so kann der Rechtsanwalt keine höhere Gebühr als 350 Deutsche Mark fordern. Bezieht sich der Rat oder die Auskunft nur auf strafrechtliche, bußgeldrechtliche oder sonstige Angelegenheiten, in denen die Gebühren nicht nach dem Gegenstandswert berechnet werden, so beträgt die Gebühr 30 bis 350 Deutsche Mark. Die Gebühr ist auf eine Gebühr anzurechnen, die der Rechtsanwalt für eine sonstige Tätigkeit erhält, die mit der Raterteilung oder Auskunft zusammenhängt.

(2) Wird ein Rechtsanwalt, der mit der Angelegenheit noch nicht befaßt gewesen ist, beauftragt, zu prüfen, ob eine Berufung oder Revision Aussicht auf Erfolg hat, so erhält er eine halbe Gebühr nach § 11 Abs. 1 Satz 4, wenn er von der Einlegung eines Rechtsmittels abrät und ein Rechtsmittel durch ihn nicht eingelegt wird. Dies gilt nicht in den im Absatz 1 Satz 2 genannten Angelegenheiten.

§ 21 Gutachten

Für die Ausarbeitung eines schriftlichen Gutachtens mit juristischer Begründung erhält der Rechtsanwalt eine angemessene Gebühr. § 12 gilt sinngemäß.

§ 21 a Gutachten über die Aussichten einer Berufung oder einer Revision

Für die Ausarbeitung eines schriftlichen Gutachtens über die Aussichten einer Berufung oder einer Revision erhält der Rechtsanwalt eine volle Gebühr nach § 11 Abs. 1 Satz 4; dies gilt nicht in den in § 20 Abs. 1 Satz 3 genannten Angelegenheiten. Die Gebühr ist auf eine Prozeßgebühr, die im Berufungs- oder Revisionsverfahren entsteht, anzurechnen.

§ 22 Hebegebühr

(1) Werden an den Rechtsanwalt Zahlungen geleistet, so erhält er für die Auszahlung oder Rückzahlung bei Beträgen

bis zu 5.000 Deutsche Mark einschließlich	1 vom Hundert,
von dem Mehrbetrag bis zu 20.000 Deutsche Mark einschließlich	0,5 vom Hundert,
von dem Mehrbetrag über 20.000 Deutsche Mark	0,25 vom Hundert.

Unbare Zahlungen stehen baren Zahlungen gleich. Der Rechtsanwalt kann die Gebühr bei der Ablieferung an den Auftraggeber entnehmen.

(2) Ist das Geld in mehreren Beträgen gesondert ausgezahlt oder zurückgezahlt, so wird die Gebühr von jedem Betrag besonders erhoben.

(3) Die Mindestgebühr beträgt eine Deutsche Mark.

(4) Für die Ablieferung oder Rücklieferung von Wertpapieren und Kostbarkeiten erhält der Rechtsanwalt die in den Absätzen 1 bis 3 bestimmte Gebühr nach dem Wert.

(5) Der Rechtsanwalt erhält die in den Absätzen 1 bis 3 bestimmten Gebühren nicht, soweit er Kosten an ein Gericht oder eine Behörde weiterleitet oder eingezogene Kosten an den Auftraggeber abführt oder eingezogene Beträge auf seine Vergütung verrechnet.

§ 23 Vergleichsgebühr

(1) Für die Mitwirkung beim Abschluß eines Vergleichs (§ 779 des Bürgerlichen Gesetzbuchs) erhält der Rechtsanwalt fünfzehn Zehntel der vollen Gebühr (Vergleichsgebühr). Der Rechtsanwalt erhält die Vergleichsgebühr auch dann, wenn er nur bei den Vergleichsverhandlungen mitgewirkt hat, es sei denn, daß seine Mitwirkung für den Abschluß des Vergleichs nicht ursächlich war. Soweit über den Gegenstand des Vergleichs ein gerichtliches Verfahren anhängig ist, erhält der Rechtsanwalt die Vergleichsgebühr nur in Höhe einer vollen Gebühr; das gleiche gilt, wenn ein Verfahren über die Prozeßkostenhilfe anhängig ist.

(2) Für die Mitwirkung bei einem unter einer aufschiebenden Bedingung oder unter dem Vorbehalt des Widerrufs geschlossenen Vergleich erhält der Rechtsanwalt die Vergleichsgebühr, wenn die Bedingung eingetreten ist oder der Vergleich nicht mehr widerrufen werden kann.

(3) Soweit über die Ansprüche vertraglich verfügt werden kann, gelten die Absätze 1 und 2 auch bei Rechtsverhältnissen des öffentlichen Rechts.

§ 24 Erledigungsgebühr

Erledigt sich eine Rechtssache ganz oder teilweise nach Zurücknahme oder Änderung des mit einem Rechtsbehelf angefochtenen Verwaltungsaktes, so erhält der Rechtsanwalt, der bei der Erledigung mitgewirkt hat, eine volle Gebühr.

§ 24a Einvernehmen

(1) Wird der Rechtsanwalt zur Herstellung des Einvernehmens nach § 28 des Gesetzes über die Tätigkeit europäischer Rechtsanwälte in Deutschland tätig, erhält er eine Gebühr in Höhe der Prozeßgebühr oder der Geschäftsgebühr, die ihm zustünde, wenn er selbst Bevollmächtigter wäre. Die Gebühr ist auf eine entsprechende Gebühr für die Tätigkeit als Bevollmächtigter anzurechnen.

(2) Bezieht sich die Tätigkeit auf eine Angelegenheit, in der die Gebühren nicht nach dem Gegenstandswert berechnet werden, erhält der Rechtsanwalt die Hälfte der Gebühren, die ihm zustünden, wenn er als Bevollmächtigter oder Verteidiger beauftragt wäre; § 83 Abs. 2, § 85 Abs. 2, § 86 Abs. 2, § 106 Abs. 2 Satz 2, § 109 Abs. 3 und 5 Satz 2 sowie § 109a Abs. 2 gelten nicht. Die Gebühren werden auf entsprechende Gebühren für die Tätigkeit als Bevollmächtigter oder Verteidiger angerechnet.

(3) Der Rechtsanwalt erhält für die Prüfung des Auftrags, das Einvernehmen herzustellen, eine Gebühr in Höhe von einem Zehntel bis fünf Zehnteln der vollen Gebühr, wenn er nach Prüfung der Sach- und Rechtslage das Einvernehmen nicht herstellt. In den Fällen des Absatzes 2 erhält er den sich nach Absatz 2 Satz 1 ergebenden Mindestbetrag.

§ 25 Ersatz von Auslagen

(1) Mit den Gebühren werden auch die allgemeinen Geschäftsunkosten entgolten.

(2) Der Rechtsanwalt hat Anspruch auf Ersatz der auf seine Vergütung entfallenden Umsatzsteuer, sofern diese nicht nach § 19 Abs. 1 des Umsatzsteuergesetzes unerhoben bleibt.

(3) Der Anspruch auf Ersatz der Post- und Telekommunikationsdienstleistungen zu zahlenden Entgelte, der Schreibauslagen und der Reisekosten bestimmt sich nach den folgenden Vorschriften.

§ 26 Entgelte für Post- und Telekommunikationsdienstleistungen

Der Rechtsanwalt hat Anspruch auf Ersatz der bei der Ausführung des Auftrags für Post- und Telekommunikationsdienstleistungen zu zahlende Entgelte. Er kann nach seiner Wahl an Stelle der tatsächlich entstandenen Kosten einen Pauschsatz fordern, der fünfzehn vom Hundert der gesetzlichen Gebühren beträgt, in derselben Angelegenheit und in gerichtlichen Verfahren in demselben Rechtszug jedoch höchstens 40 Deutsche Mark, in Strafsachen und Bußgeldverfahren höchstens 30 Deutsche Mark. § 11 Abs. 2 Satz 2 gilt sinngemäß.

§ 27 Schreibauslagen

(1) Der Rechtsanwalt hat Anspruch auf Ersatz der Schreibauslagen für Abschriften und Ablichtungen

1. aus Behörden- und Gerichtsakten, soweit deren Herstellung zur sachgemäßen Bearbeitung der Rechtssache geboten war,
2. für die Unterrichtung von mehr als drei Gegnern oder Beteiligten auf Grund einer Rechtsvorschrift oder nach Aufforderung des Gerichts und
3. im übrigen nur, wenn sie im Einverständnis mit dem Auftraggeber zusätzlich, auch zur Unterrichtung Dritter, angefertigt worden sind.

(2) Die Höhe der Schreibauslagen in derselben Angelegenheit und in gerichtlichen Verfahren in demselben Rechtszug bemißt sich nach den für die gerichtlichen Schreibauslagen im Gerichtskostengesetz bestimmten Beträgen.

§ 28 Geschäftsreisen

(1) Für Geschäftsreisen sind dem Rechtsanwalt als Reisekosten die Fahrtkosten und die Übernachtungskosten zu erstatten; ferner erhält er ein Tage- und Abwesenheitsgeld. Eine Geschäftsreise liegt vor, wenn das Reiseziel außerhalb der Gemeinde liegt, in der sich die Kanzlei oder die Wohnung des Rechtsanwalts befindet.

(2) Als Fahrtkosten sind zu erstatten

1. bei Benutzung eines eigenen Kraftfahrzeugs zur Abgeltung der Anschaffungs-, Unterhaltungs- und Betriebskosten sowie der Abnutzung des Kraftfahrzeugs 0,52 Deutsche Mark für jeden gefahrenen Kilometer zuzüglich der durch die Benutzung des Kraftfahrzeugs aus Anlaß der Geschäftsreise regelmäßig anfallenden baren Auslagen, insbesondere der Parkgebühren,
2. bei Benutzung anderer Verkehrsmittel die tatsächlichen Aufwendungen, soweit sie angemessen sind.

(3) Als Tage- und Abwesenheitsgeld erhält der Rechtsanwalt bei einer Geschäftsreise von nicht mehr als 4 Stunden 30 Deutsche Mark, von mehr als 4 bis 8 Stunden 60 Deutsche Mark und von mehr als 8 Stunden 110 Deutsche Mark; bei Auslandsreisen kann zu diesen Beträgen ein Zuschlag von 50 vom Hundert berechnet werden. Die Übernachtungskosten sind in Höhe der tatsächlichen Aufwendungen zu erstatten, soweit sie angemessen sind.

§ 29 Reisen zur Ausführung mehrerer Geschäfte

Dient eine Reise mehreren Geschäften, so sind die entstandenen Reisekosten und Abwesenheitsgelder nach dem Verhältnis der Kosten zu verteilen, die bei gesonderter Ausführung der einzelnen Geschäfte entstanden wären.

§ 30 Verlegung der Kanzlei

Ein Rechtsanwalt, der seine Kanzlei nach einem anderen Ort verlegt, kann bei Fortführung eines ihm vorher erteilten Auftrags Reisekosten und Abwesenheitsgelder nur insoweit verlangen, als sie auch von seiner bisherigen Kanzlei aus entstanden wären.

Dritter Abschnitt. Gebühren in bürgerlichen Rechtsstreitigkeiten und in ähnlichen Verfahren

§ 31 Prozeßgebühr, Verhandlungsgebühr, Beweisgebühr, Erörterungsgebühr

(1) Der zum Prozeßbevollmächtigten bestellte Rechtsanwalt erhält eine volle Gebühr

1. für das Betreiben des Geschäfts einschließlich der Information (Prozeßgebühr),
2. für die mündliche Verhandlung (Verhandlungsgebühr),
3. für die Vertretung im Beweisaufnahmeverfahren oder bei der Anhörung oder Vernehmung einer Partei nach § 613 der Zivilprozeßordnung (Beweisgebühr),
4. für die Erörterung der Sache, auch im Rahmen eines Versuchs zur gütlichen Beilegung (Erörterungsgebühr).

(2) Erörterungsgebühren und Verhandlungsgebühren, die denselben Gegenstand betreffen und in demselben Rechtszug entstehen, werden aufeinander angerechnet.

(3) Absätze 1 und 2 gelten auch für Scheidungsfolgesachen nach § 623 Abs. 1 bis 3, 5, § 621 Abs. 1 Nr. 1 bis 3, 6, 7 und 9 der Zivilprozeßordnung.

§ 32 Vorzeitige Beendigung des Auftrags

(1) Endigt der Auftrag, bevor der Rechtsanwalt die Klage, den ein Verfahren einleitenden Antrag oder einen Schriftsatz, der Sachanträge, die Zurücknahme der Klage oder die Zurücknahme des Antrags enthält, eingereicht oder bevor er für seine Partei einen Termin wahrgenommen hat, so erhält er nur eine halbe Prozeßgebühr.

(2) Das gleiche gilt, soweit lediglich beantragt ist, eine Einigung der Parteien zu Protokoll zu nehmen.

§ 33 Nichtstreitige Verhandlung, Übertragung des mündlichen Verhandelns

(1) Für eine nichtstreitige Verhandlung erhält der Rechtsanwalt nur eine halbe Verhandlungsgebühr. Dies gilt nicht, wenn

1. eine Entscheidung nach Lage der Akten (§ 331 a der Zivilprozeßordnung) beantragt wird,
2. der Berufungskläger oder Revisionskläger ein Versäumnisurteil beantragt oder

3. der Antragsteller in Ehesachen oder Kläger in Rechtsstreitigkeiten über die Feststellung der Rechtsverhältnisse zwischen Eltern und Kindern nichtstreitig verhandelt.

(2) Stellt der Rechtsanwalt in der mündlichen Verhandlung Anträge nur zur Prozeß- oder Sachleitung, so erhält er fünf Zehntel der Verhandlungsgebühr.

(3) Der Prozeßbevollmächtigte, der im Einverständnis mit der Partei die Vertretung in der mündlichen Verhandlung einem anderen Rechtsanwalt übertragen hat, erhält eine Gebühr in Höhe von fünf Zehnteln der diesem zustehenden Verhandlungs- oder Erörterungsgebühr, mindestens jedoch drei Zehntel der vollen Gebühr. Diese Gebühr wird auf die Verhandlungs- oder Erörterungsgebühr des Prozeßbevollmächtigten angerechnet.

§ 34 Vorlegung von Urkunden, Beiziehung von Akten oder Urkunden

(1) Der Rechtsanwalt erhält die Beweisgebühr nicht, wenn die Beweisaufnahme lediglich in der Vorlegung der in den Händen des Beweisführers oder des Gegners befindlichen Urkunden besteht.

(2) Werden Akten oder Urkunden beigezogen, so erhält der Rechtsanwalt die Beweisgebühr nur, wenn die Akten oder Urkunden durch Beweisbeschluß oder sonst erkennbar zum Beweis beigezogen oder als Beweis verwertet werden.

§ 35 Entscheidung ohne mündliche Verhandlung

Wird in einem Verfahren, für das mündliche Verhandlung vorgeschrieben ist, im Einverständnis mit den Parteien oder gemäß § 128 Abs. 3, § 307 Abs. 2, § 331 Abs. 3 oder § 495 a Abs. 1 der Zivilprozeßordnung ohne mündliche Verhandlung entschieden, so erhält der Rechtsanwalt die gleichen Gebühren wie in einem Verfahren mit mündlicher Verhandlung.

§ 35 a *(aufgehoben)*

§ 36 Aussöhnung von Eheleuten

(1) In Ehesachen (§ 606 Abs. 1 Satz 1 der Zivilprozeßordnung) gilt § 23 nicht. Wird ein Vergleich, insbesondere über den Unterhalt, im Hinblick auf eine Ehesache geschlossen, so bleibt der Wert der Ehesache bei der Berechnung der Vergleichsgebühr außer Betracht.

(2) Ist eine Scheidungssache oder ein Verfahren auf Aufhebung einer Ehe anhängig oder ist der ernstliche Wille eines Ehegatten, ein solches Verfahren anhängig zu machen, hervorgetreten und setzen die Ehegatten die eheliche Lebensgemeinschaft fort oder nehmen sie die eheliche Lebensgemeinschaft wieder auf, so erhält der Rechtsanwalt, der bei der Aussöhnung mitgewirkt hat, eine volle Gebühr.

§ 36a Beigeordneter Rechtsanwalt

(1) Der Rechtsanwalt, der nach § 625 der Zivilprozeßordnung dem Antragsgegner beigeordnet ist, kann von diesem die Vergütung eines zum Prozeßbevollmächtigten bestellten Rechtsanwalts verlangen; er kann jedoch keinen Vorschuß fordern.

(2) Ist der Antragsgegner mit der Zahlung der Vergütung im Verzug, so kann der Rechtsanwalt eine Vergütung aus der Landeskasse verlangen. Die Vorschriften des Dreizehnten Abschnitts gelten sinngemäß.

§ 37 Rechtszug

Zum Rechtszug gehören insbesondere

1. die Vorbereitung der Klage, des Antrags oder der Rechtsverteidigung, soweit kein besonderes gerichtliches oder behördliches Verfahren stattfindet;
2. außergerichtliche Vergleichsverhandlungen;
3. Zwischenstreite, die Bestimmung des zuständigen Gerichts, das selbständige Beweisverfahren, das Verfahren über die Prozeßkostenhilfe, die vorläufige Einstellung, Beschränkung oder Aufhebung der Zwangsvollstreckung, wenn nicht eine abgesonderte mündliche Verhandlung hierüber stattfindet, Verfahren wegen der Rückgabe einer Sicherheit (§ 109 Abs. 1 und 2, § 715 der Zivilprozeßordnung), die Bestellung von Vertretern durch das Prozeßgericht oder das Vollstreckungsgericht, die Ablehnung von Richtern, Rechtspflegern, Urkundsbeamten der Geschäftsstelle oder Sachverständigen, die Zulassung einer Zustellung zur Nachtzeit, an einem Sonntag oder an einem allgemeinen Feiertag (§ 188 der Zivilprozeßordnung), die Festsetzung des Streitwerts;
4. das Verfahren vor dem beauftragten oder ersuchten Richter und die Änderung seiner Entscheidungen;
5. die Änderung von Entscheidungen des Urkundsbeamten der Geschäftsstelle oder des Rechtspflegers;
6. die Berichtigung oder Ergänzung der Entscheidung oder ihres Tatbestandes; die Festsetzung des für die Begründung von Rentenanwartschaften in einer gesetzlichen Rentenversicherung zu leistenden Betrages nach § 53e Abs. 2 des Gesetzes über die Angelegenheiten der freiwilligen Gerichtsbarkeit;

6a. die für die Geltendmachung im Ausland vorgesehene Vervollständigung der Entscheidung;

7. die Zustellung oder Empfangnahme von Entscheidungen oder Rechtsmittelschriften und ihre Mitteilung an den Auftraggeber, die Einwilligung zur Sprungrevision (§ 566a Abs. 2 der Zivilprozeßordnung), der Ausspruch über die Verpflichtung, die Kosten zu tragen oder eines Rechtsmittels verlustig zu sein (§§ 91a, 269 Abs. 3 Satz 2, § 515 Abs. 3 Satz 1, § 566 der Zivilprozeßordnung), die Vollstreckbarerklärung eines Urteils (§§ 534, 560 der Zivilprozeßordnung), die Erteilung des Notfristzeugnisses, Rechtskraftzeugnisses, die erstmalige Erteilung der Vollstreckungs-

klausel, wenn deswegen keine Klage nach § 731 der Zivilprozeßordnung erhoben wird, die Kostenfestsetzung (§§ 104, 107 der Zivilprozeßordnung) ausschließlich der Erinnerung gegen den Kostenfestsetzungsbeschluß, die Einforderung der Vergütung (§§ 18, 19), die Herausgabe der Handakten oder ihre Übersendung an einen anderen Rechtsanwalt.

§ 38 Einspruch gegen Versäumnisurteil

(1) Wird der Einspruch gegen ein Versäumnisurteil zurückgenommen oder verworfen, so gilt das Verfahren über den Einspruch als besondere Angelegenheit. Die Prozeßgebühr des bisherigen Verfahrens wird jedoch auf die gleiche Gebühr des Verfahrens über den Einspruch angerechnet.

(2) Wird nach Einspruch zur Hauptsache verhandelt oder die Hauptsache erörtert, so erhält der Rechtsanwalt, der das Versäumnisurteil erwirkt hat, die Gebühr für die Verhandlung, soweit auf diese das Versäumnisurteil ergangen ist, besonders.

§ 39 Verfahren nach Abstandnahme vom Urkunden- oder Wechselprozeß oder nach Vorbehaltsurteil

Das ordentliche Verfahren, das nach Abstandnahme vom Urkunden- oder Wechselprozeß oder nach einem Vorbehaltsurteil anhängig bleibt (§§ 596, 600 der Zivilprozeßordnung) gilt als besondere Angelegenheit. Die Prozeßgebühr des Urkunden- oder Wechselprozesses wird jedoch auf die gleiche Gebühr des ordentlichen Verfahrens angerechnet.

§ 40 Arrest, einstweilige Verfügung

(1) Das Verfahren über einen Antrag auf Anordnung, Abänderung oder Aufhebung eines Arrestes oder einer einstweiligen Verfügung gilt als besondere Angelegenheit.

(2) Das Verfahren über einen Antrag auf Abänderung oder Aufhebung eines Arrestes oder einer einstweiligen Verfügung bildet mit dem Verfahren über den Antrag auf Anordnung des Arrestes oder der einstweiligen Verfügung eine Angelegenheit.

(3) Ist das Berufungsgericht als Gericht der Hauptsache anzusehen (§ 943 der Zivilprozeßordnung), so erhält der Rechtsanwalt die Gebühren nach § 11 Abs. 1 Satz 1 und 2.

§ 41 Einstweilige Anordnungen

(1) Die Verfahren nach

a) § 127 a,

b) §§ 620, 620 b Abs. 1, 2,

c) § 621 f,

d) §§ 641 d,

e) § 644

der Zivilprozeßordnung gelten jeweils als besondere Angelegenheit. Für mehrere Verfahren, die unter einem Buchstaben genannt sind, erhält der Rechtsanwalt die Gebühren in jedem Rechtszug nur einmal.

(2) Bei einer Einigung der Parteien erhält der Rechtsanwalt die Prozeßgebühr nur zur Hälfte, wenn ein Antrag nach den in Absatz 1 genannten Vorschriften nicht gestellt worden ist. Dies gilt auch, soweit lediglich beantragt ist, eine Einigung der Parteien zu Protokoll zu nehmen.

§ 42 Verfahren nach § 319 Abs. 6 des Aktiengesetzes oder § 16 Abs. 3 des Umwandlungsgesetzes

In Verfahren nach § 319 Abs. 6 des Aktiengesetzes oder § 16 Abs. 3 des Umwandlungsgesetzes erhält der Rechtsanwalt die Hälfte der in § 31 bestimmten Gebühren.

§ 43 Mahnverfahren

(1) Im Mahnverfahren erhält der Rechtsanwalt

1. eine volle Gebühr für die Tätigkeit im Verfahren über den Antrag auf Erlaß des Mahnbescheids einschließlich der Mitteilung des Widerspruchs an den Auftraggeber;
2. drei Zehntel der vollen Gebühr für die Erhebung des Widerspruchs;
3. fünf Zehntel der vollen Gebühr für die Tätigkeit im Verfahren über den Antrag auf Erlaß des Vollstreckungsbescheids, wenn innerhalb der Widerspruchsfrist kein Widerspruch erhoben oder der Widerspruch gemäß § 703a Abs. 2 Nr. 4 der Zivilprozeßordnung beschränkt worden ist.

(2) Die in Absatz 1 Nr. 1 und 2 bestimmten Gebühren werden auf die Prozeßgebühr angerechnet, die der Rechtsanwalt in dem nachfolgenden Rechtsstreit erhält.

(3) In den Fällen des Absatzes 1 Nr. 1 gilt § 32 sinngemäß.

§ 44 Vereinfachte Verfahren über den Unterhalt Minderjähriger

(1) Der Rechtsanwalt erhält

1. eine volle Gebühr für die Tätigkeit im Verfahren über einen Antrag auf Festsetzung des Unterhalts nach § 645 Abs. 1 der Zivilprozeßordnung;
2. fünf Zehntel der vollen Gebühr für die Tätigkeit im Verfahren über einen Antrag auf Abänderung eines Vollstreckungstitels nach § 655 Abs. 1 der Zivilprozeßordnung.

§ 32 ist anzuwenden; der Rechtsanwalt erhält jedoch mindestens drei Zehntel der vollen Gebühr.

(2) Die in Absatz 1 Nr. 1 bestimmte Gebühr wird auf die Prozeßgebühr angerechnet, die der Rechtsanwalt in dem nachfolgenden Rechtsstreit erhält (§ 651 der Zivilprozeßordnung). Die in Absatz 1 Nr. 2 bestimmte Gebühr wird auf die Prozeßgebühr angerechnet, die der Rechtsanwalt in einem Rechtsstreit nach § 656 der Zivilprozeßordnung erhält.

(3) In Verfahren nach Absatz 1 Nr. 2 bestimmt sich der Wert nach § 17 des Gerichtskostengesetzes.

§ 45 Aufgebotsverfahren

(1) Im Aufgebotsverfahren (§§ 946 bis 956, 959, 977 bis 1024 der Zivilprozeßordnung) erhält der Rechtsanwalt als Vertreter des Antragstellers (§ 947 der Zivilprozeßordnung) fünf Zehntel der vollen Gebühr

1. als Prozeßgebühr,
2. für den Antrag auf Erlaß des Aufgebots,
3. für den Antrag auf Anordnung der Zahlungssperre, wenn der Antrag vor dem Antrag auf Erlaß des Aufgebots gestellt wird,
4. für die Wahrnehmung der Aufgebotstermine.

(2) Als Vertreter einer anderen Person erhält der Rechtsanwalt fünf Zehntel der vollen Gebühr für das ganze Verfahren.

§ 46 Vollstreckbarerklärung von Schiedssprüchen und Anwaltsvergleichen

(1) Im Verfahren über die Aufhebung oder die Vollstreckbarerklärung eines Schiedsspruchs oder über die Aufhebung der Vollstreckbarerklärung, im Verfahren über den Antrag auf Feststellung der Zulässigkeit oder Unzulässigkeit des schiedsrichterlichen Verfahrens und bei Rüge der Unzuständigkeit des Schiedsgerichts sowie im Verfahren auf Vollstreckbarerklärung eines Vergleichs nach den §§ 796a und 796b der Zivilprozeßordnung erhält der Rechtsanwalt die in § 31 bestimmten Gebühren. Dies gilt auch im Verfahren über die Vollstreckbarerklärung eines ausländischen Schiedsspruchs oder deren Aufhebung.

(2) In Verfahren über die Rechtsbeschwerde (§ 1065 der Zivilprozeßordnung) erhält der Rechtsanwalt die gleichen Gebühren wie im ersten Rechtszug.

(3) Das Verfahren über die Zulassung der Vollziehung einer vorläufigen oder sichernden Maßnahme sowie das Verfahren über einen Antrag auf Aufhebung oder Änderung einer Entscheidung über die Zulassung der Vollziehung (§ 1041 der Zivilprozeßordnung) gilt als besondere Angelegenheit. Das Verfahren über einen Antrag auf Aufhebung oder Änderung einer Entscheidung über die Zulassung der Vollziehung bildet mit dem Verfahren über die Zulassung der Vollziehung eine Angelegenheit.

(4) Die Hälfte der in § 31 bestimmten Gebühren erhält der Rechtsanwalt, wenn seine Tätigkeit ausschließlich ein gerichtliches Verfahren bei der Bestellung eines Schiedsrichters oder Ersatzschiedsrichters, über die Ablehnung eines Schiedsrichters oder über die Beendigung des Schiedsrichteramtes, zur Unterstützung bei der Beweisaufnahme oder bei der Vornahme sonstiger richterlicher Handlungen betrifft.

§ 47 Vollstreckbarerklärung ausländischer Schuldtitel

(1) Im Verfahren über Anträge auf Vollstreckbarerklärung ausländischer Schuldtitel oder auf Erteilung der Vollstreckungsklausel zu ausländischen Schuldtiteln sowie im Verfahren der Aufhebung oder Abänderung der Vollstreckbarerklärung oder der Vollstreckungsklausel erhält der Rechtsanwalt die in § 31 bestimmten Gebühren auch dann, wenn durch Beschluß entschieden wird.

(2) Im Verfahren über die Beschwerde gegen eine den Rechtszug beendende Entscheidung erhält der Rechtsanwalt die gleichen Gebühren wie im ersten Rechtszug.

(3) Das Verfahren nach § 3 Abs. 2 des Gesetzes zur Ausführung des Vertrages zwischen der Bundesrepublik Deutschland und der Republik Österreich vom 6. Juni 1959 über die gegenseitige Anerkennung und Vollstreckung von gerichtlichen Entscheidungen, Vergleichen und öffentlichen Urkunden in Zivil- und Handelssachen vom 8. März 1960 (Bundesgesetzbl. I S. 169) gilt als besondere Angelegenheit. Die Prozeßgebühr, die der Rechtsanwalt für das Verfahren nach § 3 Abs. 1 des genannten Gesetzes im ersten Rechtszug erhalten hat, wird jedoch auf die gleiche Gebühr des Verfahrens nach § 3 Abs. 2 zu zwei Dritteln angerechnet.

§ 48 Selbständiges Beweisverfahren

Im selbständigen Beweisverfahren erhält der Rechtsanwalt die in § 31 bestimmten Gebühren.

§ 49 Vorläufige Einstellung, Beschränkung oder Aufhebung der Zwangsvollstreckung, Vollstreckbarerklärung von Teilen eines Urteils

(1) Im Verfahren über die vorläufige Einstellung, Beschränkung oder Aufhebung der Zwangsvollstreckung erhält der Rechtsanwalt, wenn eine abgesonderte mündliche Verhandlung hierüber stattfindet, drei Zehntel der in § 31 bestimmten Gebühren. Wird der Antrag beim Vollstreckungsgericht und beim Prozeßgericht gestellt, so erhält der Rechtsanwalt die Prozeßgebühr nur einmal. Die Vorschriften des § 32 und des § 33 Abs. 1 und 2 gelten nicht.

(2) Im Verfahren auf Vollstreckbarerklärung der durch Rechtsmittelanträge nicht angefochtenen Teile eines Urteils (§§ 534, 560 der Zivilprozeßordnung) erhält der Rechtsanwalt drei Zehntel der vollen Gebühr.

§ 50 Räumungsfrist

Im Verfahren vor dem Prozeßgericht oder dem Amtsgericht auf Bewilligung, Verlängerung oder Verkürzung einer Räumungsfrist (§§ 721, 794a der Zivilprozeßordnung) erhält der Rechtsanwalt fünf Zehntel der in § 31 bestimmten Gebühren, wenn das Verfahren mit dem Verfahren über die Hauptsache nicht verbunden ist.

§ 51 Verfahren über die Prozeßkostenhilfe

(1) Im Verfahren über die Prozeßkostenhilfe erhält der Rechtsanwalt fünf Zehntel der in § 31 bestimmten Gebühren. In mehreren Verfahren dieser Art erhält der Rechtsanwalt die Gebühren in jedem Rechtszug nur einmal. Die Vorschriften des § 32 und des § 33 Abs. 1 und 2 gelten nicht.

(2) Im Verfahren über die Bewilligung der Prozeßkostenhilfe oder die Aufhebung der Bewilligung nach § 124 Nr. 1 der Zivilprozeßordnung bestimmt sich der Gegenstandswert nach dem für die Hauptsache maßgebenden Wert; im übrigen ist er nach dem Kosteninteresse nach billigem Ermessen zu bestimmen.

§ 52 Gebühren des Verkehrsanwalts

(1) Der Rechtsanwalt, der lediglich den Verkehr der Partei mit dem Prozeßbevollmächtigten führt, erhält hierfür eine Gebühr in Höhe der dem Prozeßbevollmächtigten zustehenden Prozeßgebühr.

(2) Der Rechtsanwalt, der im Einverständnis mit dem Auftraggeber mit der Übersendung der Akten an den Rechtsanwalt des höheren Rechtszuges gutachtliche Äußerungen verbindet, erhält hierfür die in Absatz 1 bestimmte Gebühr.

§ 53 Vertretung in der mündlichen Verhandlung, Ausführung der Parteirechte

Der Rechtsanwalt, dem die Partei oder mit deren Einverständnis der Prozeßbevollmächtigte nur für die mündliche Verhandlung die Vertretung oder die Ausführung der Parteirechte übertragen hat, erhält neben der Verhandlungs- oder Erörterungsgebühr eine halbe Prozeßgebühr. Diese Prozeßgebühr erhält er auch dann, wenn der Auftrag vor der mündlichen Verhandlung erledigt ist. Erstreckt sich die Vertretung auf eine mit der mündlichen Verhandlung verbundene Beweisaufnahme, so erhält der Rechtsanwalt außerdem die Beweisgebühr.

§ 54 Vertretung in der Beweisaufnahme

Der Rechtsanwalt, dessen Tätigkeit sich auf die Vertretung in der Beweisaufnahme beschränkt, erhält für den Rechtszug je fünf Zehntel der Prozeß- und der Beweisgebühr. Der Rechtsanwalt erhält die Beweisgebühr nicht, wenn sich der Auftrag ohne Wahrnehmung eines Termins erledigt.

§ 55 Abänderung von Entscheidungen von beauftragten oder ersuchten Richtern, von Rechtspflegern und Urkundsbeamten

Der Rechtsanwalt, dessen Tätigkeit sich auf ein Verfahren auf Änderung einer Entscheidung des beauftragten oder ersuchten Richters, des Rechtspflegers oder des Urkundsbeamten der Geschäftsstelle (§ 576 der Zivilprozeßordnung) beschränkt, erhält drei Zehntel der im § 31 bestimmten Gebühren. Die Vorschriften des § 32 und des § 33 Abs. 1 und 2 gelten nicht.

§ 56 Sonstige Einzeltätigkeiten

(1) Der nicht zum Prozeßbevollmächtigten bestellte Rechtsanwalt erhält, soweit in diesem Abschnitt nichts anderes bestimmt ist, eine halbe Gebühr für

1. die Einreichung, Anfertigung oder Unterzeichnung von Schriftsätzen,
2. die Wahrnehmung von anderen als zur mündlichen Verhandlung oder zur Beweisaufnahme bestimmten Terminen.

(2) Endigt der Auftrag, bevor der Rechtsanwalt den Schriftsatz ausgehändigt oder eingereicht oder der Termin begonnen hat, so erhält der Rechtsanwalt nur drei Zehntel der vollen Gebühr.

(3) § 120 gilt sinngemäß.

§ 57 Zwangsvollstreckung

(1) Drei Zehntel der im § 31 bestimmten Gebühren erhält der Rechtsanwalt für die Tätigkeit in der Zwangsvollstreckung mit Ausnahme der im Vierten und Fünften Abschnitt geregelten Angelegenheiten. Die Vorschriften des § 32 und des § 33 Abs. 1 und 2 gelten nicht.

(2) Der Gegenstandswert bestimmt sich

1. nach dem Betrag der zu vollstreckenden Geldforderung einschließlich der Nebenforderungen; soll ein bestimmter Gegenstand gepfändet werden und hat dieser einen geringeren Wert, so ist der geringere Wert maßgebend; wird künftig fällig werdendes Arbeitseinkommen nach § 850d Abs. 3 der Zivilprozeßordnung gepfändet, so sind die noch nicht fälligen Ansprüche nach § 17 Abs. 1 und 2 des Gerichtskostengesetzes zu bewerten; im Verteilungsverfahren (§ 858 Abs. 5, §§ 872 bis 877 und 882 der Zivilprozeßordnung) ist höchstens der zu verteilende Geldbetrag maßgebend;
2. nach dem Wert der herauszugebenden oder zu leistenden Sachen; der Gegenstandswert darf jedoch den Wert nicht übersteigen, mit dem der Herausgabe- oder Räumungsanspruch nach den für die Berechnung von Gerichtskosten maßgeblichen Vorschriften zu bewerten ist;
3. nach dem Wert, den die zu erwirkende Handlung, Duldung oder Unterlassung für den Gläubiger hat;
4. in Verfahren über den Antrag auf Abnahme der eidesstattlichen Versicherung nach § 807 der Zivilprozeßordnung nach dem Betrag, der einschließlich der Nebenforderungen aus dem Vollstreckungstitel noch geschuldet wird; der Wert beträgt jedoch höchstens 3000 Deutsche Mark.

(3) In Verfahren über Anträge des Schuldners sowie in Verfahren über Rechtsbehelfe und Beschwerden ist der Wert nach dem Interesse des Antragstellers oder des Beschwerdeführers nach billigem Ermessen zu bestimmen.

§ 58 Angelegenheiten der Zwangsvollstreckung

(1) In der Zwangsvollstreckung (§ 57) gilt jede Vollstreckungsmaßnahme zusammen mit den durch diese vorbereiteten weiteren Vollstreckungshandlungen bis zur Befriedigung des Gläubigers als eine Angelegenheit.

(2) Keine besonderen Angelegenheiten sind insbesondere

1. die erstmalige Erteilung des Notfristzeugnisses, des Rechtskraftzeugnisses und der Vollstreckungsklausel, wenn deswegen keine Klage nach § 731 der Zivilprozeßordnung erhoben wird;
2. die Zustellung des Urteils, der Vollstreckungsklausel und der sonstigen in § 750 der Zivilprozeßordnung genannten Urkunden;
3. die Zulassung einer Zwangsvollstreckung zur Nachtzeit, an einem Sonntag oder an einem allgemeinen Feiertag (§ 761 der Zivilprozeßordnung) sowie die Anordnung der Wohnungsdurchsuchung (§ 758 a der Zivilprozeßordnung);
4. die Bestimmung eines Gerichtsvollziehers (§ 827 Abs. 1, § 854 Abs. 1 der Zivilprozeßordnung) oder eines Sequesters (§§ 848, 855 der Zivilprozeßordnung);
5. die Anzeige der Absicht, die Zwangsvollstreckung gegen eine juristische Person des öffentlichen Rechts zu betreiben (§ 882 a der Zivilprozeßordnung);
6. die einer Verurteilung vorausgehende Androhung von Ordnungsgeld (§ 890 Abs. 2 der Zivilprozeßordnung);
7. die Aufhebung einer Vollstreckungsmaßnahme.

(3) Als besondere Angelegenheiten gelten

1. Verfahren über Einwendungen gegen die Erteilung der Vollstreckungsklausel, auf die § 732 der Zivilprozeßordnung anzuwenden ist;
2. das Verfahren auf Erteilung einer weiteren vollstreckbaren Ausfertigung (§ 733 der Zivilprozeßordnung);
3. Verfahren über Anträge nach den §§ 765 a, 813 b, 851 a, 851 b der Zivilprozeßordnung und §§ 30, 31 des Wohnraumbewirtschaftungsgesetzes; jedes neue Verfahren, insbesondere jedes Verfahren über Anträge auf Änderung der getroffenen Anordnungen, gilt als besondere Angelegenheit;
4. das Verfahren auf Zulassung der Austauschpfändung (§ 811 a der Zivilprozeßordnung);

4a. Verfahren über Anträge nach § 825 der Zivilprozeßordnung;

5. die Ausführung der Zwangsvollstreckung in ein gepfändetes Vermögensrecht durch Verwaltung (§ 857 Abs. 4 der Zivilprozeßordnung);
6. das Verfahren auf Eintragung einer Zwangshypothek (§§ 867, 870 a der Zivilprozeßordnung);
7. die Vollstreckung der Entscheidung, durch die der Schuldner zur Vorauszahlung der Kosten, die durch die Vornahme einer Handlung entstehen, verurteilt wird (§ 887 Abs. 2 der Zivilprozeßordnung);
8. das Verfahren zur Ausführung der Zwangsvollstreckung auf Vornahme einer Handlung durch Zwangsmittel (§ 888 der Zivilprozeßordnung);
9. jede Verurteilung zu einem Ordnungsgeld gemäß § 890 Abs. 1 der Zivilprozeßordnung;
10. die Verurteilung zur Bestellung einer Sicherheit im Falle des § 890 Abs. 3 der Zivilprozeßordnung;

11. das Verfahren zur Abnahme der eidesstattlichen Versicherung (§§ 900, 901 der Zivilprozeßordnung);
12. das Verfahren auf Löschung der Eintragung im Schuldnerverzeichnis (§ 915 Abs. 3 der Zivilprozeßordnung);
13. das Ausüben der Veröffentlichungsbefugnis.

§ 59 Vollziehung eines Arrests oder einer einstweiligen Verfügung

(1) Die Vorschriften der §§ 57 und 58 gelten bei Vollziehung eines Arrestbefehls oder einer einstweiligen Verfügung (§§ 928 bis 934, 936 der Zivilprozeßordnung) sinngemäß.

(2) Die Angelegenheit endet mit der Aufhebung des Arrests oder der einstweiligen Verfügung oder mit dem Beginn der Zwangsvollstreckung aus dem in der Hauptsache erlassenen Urteil.

§ 60 Verteilungsverfahren

Für die Vertretung im Verteilungsverfahren (§ 858 Abs. 5, §§ 872 bis 877, 882 der Zivilprozeßordnung) erhält der Rechtsanwalt fünf Zehntel, falls jedoch der Auftrag vor dem Termin zur Ausführung der Verteilung erledigt wird, drei Zehntel der vollen Gebühr.

§ 61 Beschwerde, Erinnerung

(1) Fünf Zehntel der im § 31 bestimmten Gebühren erhält der Rechtsanwalt

1. im Beschwerdeverfahren;
2. im Verfahren über die Erinnerung gegen die Kostenfestsetzung und gegen den Kostenansatz.

(2) In derselben Angelegenheit erhält der Rechtsanwalt die in Absatz 1 Nr. 2 bezeichneten Gebühren nur einmal.

(3) Die Vorschriften des § 32 und des § 33 Abs. 1 und 2 gelten nicht.

§ 61 a Beschwerde in Scheidungsfolgesachen

Bei Scheidungsfolgesachen erhält der Rechtsanwalt im Verfahren über die Beschwerde nach § 621 e Abs. 1 und § 629 a Abs. 2 der Zivilprozeßordnung sowie über die weitere Beschwerde nach § 621 e Abs. 2 und § 629 a Abs. 2 der Zivilprozeßordnung die in § 31 bestimmten Gebühren. Die Gebühren richten sich nach § 11 Abs. 1 Satz 4, 5.

§ 62 Arbeitssachen

(1) Im Verfahren vor den Gerichten für Arbeitssachen und vor dem Schiedsgericht (§ 104 des Arbeitsgerichtsgesetzes) gelten die Vorschriften dieses Abschnitts sinngemäß.

(2) Im zweiten und dritten Rechtszug des Beschlußverfahrens erhält der Rechtsanwalt die Gebühren nach § 11 Abs. 1 Satz 4.

(3) Die Hälfte der in § 31 bestimmten Gebühren erhält der Rechtsanwalt, wenn seine Tätigkeit ausschließlich eine gerichtliche Entscheidung über die Bestimmung einer Frist (§ 102 Abs. 3 des Arbeitsgerichtsgesetzes), die Ablehnung eines Schiedsrichters (§ 103 Abs. 3 des Arbeitsgerichtsgesetzes) oder die Vornahme einer Beweisaufnahme oder einer Vereidigung (§ 106 Abs. 2 des Arbeitsgerichtsgesetzes) betrifft. § 67 Abs. 4 gilt sinngemäß.

§ 63 Hausratssachen, Wohnungseigentumssachen, Landwirtschaftssachen, Regelung der Auslandsschulden

(1) Die Vorschriften dieses Abschnitts gelten für folgende Verfahren sinngemäß:

1. Verfahren nach der Verordnung über die Behandlung der Ehewohnung und des Hausrats vom 21. Oktober 1944 (Reichsgesetzbl. I S. 256);
2. Verfahren nach § 43 des Wohnungseigentumsgesetzes;
3. Verfahren nach dem Gesetz über das gerichtliche Verfahren in Landwirtschaftssachen vom 21. Juli 1953 (Bundesgesetzbl. I S. 667);
4. Verfahren nach § 76 des Gesetzes zur Ausführung des Abkommens vom 27. Februar 1953 über deutsche Auslandsschulden vom 24. August 1953 (Bundesgesetzbl. I S. 1003).

(2) Im Verfahren über die Beschwerde gegen eine den Rechtszug beendende Entscheidung erhält der Rechtsanwalt die gleichen Gebühren wie im ersten Rechtszug.

(3) Im Verfahren nach der Verordnung über die Behandlung der Ehewohnung und des Hausrats vom 21. Oktober 1944 (Reichsgesetzbl. I S. 256) erhält der Rechtsanwalt die im § 31 bestimmten Gebühren nur zur Hälfte.

(4) Im Verfahren nach § 35 Abs. 1 Nr. 1 und § 36 des Gesetzes über das gerichtliche Verfahren in Landwirtschaftssachen vom 21. Juli 1953 (Bundesgesetzbl. I S. 667) erhält der Rechtsanwalt die im § 31 bestimmten Gebühren nur zu drei Zehnteln; die Vorschriften des § 32 und des § 33 Abs. 1 und 2 gelten nicht. Wird in einem Verfahren, in dem eine mündliche Verhandlung auf Antrag stattfinden muß, ohne mündliche Verhandlung entschieden, so erhält der Rechtsanwalt die gleichen Gebühren wie in einem Verfahren mit mündlicher Verhandlung.

§ 64 Verfahren nach dem Umstellungsergänzungsgesetz

Im Verfahren nach § 22 des Umstellungsergänzungsgesetzes erhält der Rechtsanwalt fünf Zehntel der vollen Gebühr für jeden Rechtszug. § 23 gilt nicht. Die Gebühr wird nach dem Betrag, auf den die Umwandlung angestrebt wird, berechnet.

§ 65 Güteverfahren

(1) Eine volle Gebühr erhält der Rechtsanwalt

1. im Güteverfahren vor einer Gütestelle der in § 794 Abs. 1 Nr. 1 der Zivilprozeßordnung bezeichneten Art;

2. im Verfahren vor einem Ausschuß der in § 111 Abs. 2 des Arbeitsgerichtsgesetzes bezeichneten Art;
3. im Verfahren vor dem Seemannsamt zur vorläufigen Entscheidung von Arbeitssachen;
4. im Verfahren vor sonstigen gesetzlich eingerichteten Einigungsstellen, Gütestellen oder Schiedsstellen.

Außer in obligatorischen Güteverfahren nach § 15a des Gesetzes betreffend die Einführung der Zivilprozeßordnung wird die Gebühr nach Satz 1 auf die Prozeßgebühr, die der Rechtsanwalt in einem nachfolgenden Rechtsstreit erhält, wird die Gebühr nicht angerechnet.

(2) Der Rechtsanwalt erhält fünfzehn Zehntel der vollen Gebühr für die Mitwirkung bei einer Einigung der Parteien, die in einem der in Absatz 1 bezeichneten Verfahren erzielt wird. § 23 gilt nicht.

§ 65a Verfahren nach dem Gesetz gegen Wettbewerbsbeschränkungen

Im Beschwerdeverfahren und im Rechtsbeschwerdeverfahren nach dem Gesetz gegen Wettbewerbsbeschränkungen gelten die Vorschriften dieses Abschnitts sinngemäß. Wird ein Antrag nach § 125* Abs. 2 Satz 2 und 3, § 128** Abs. 1 Satz 3 oder nach § 131*** des Gesetzes gegen Wettbewerbsbeschränkungen gestellt, erhöht sich die Prozeßgebühr um die Hälfte. Die Gebühren richten sich nach § 11 Abs. 1 Satz 4.

§ 65b Verfahren nach dem Gesetz über die Wahrnehmung von Urheberrechten und verwandten Schutzrechten

Im Verfahren vor dem Oberlandesgericht nach § 15 des Gesetzes über die Wahrnehmung von Urheberrechten und verwandten Schutzrechten vom 9. September 1965 (Bundesgesetzbl. I S. 1294) gelten die Vorschriften dieses Abschnitts sinngemäß. Die Gebühren richten sich nach § 11 Abs. 1 Satz 4.

§ 66 Verfahren vor dem Patentgericht und dem Bundesgerichtshof

(1) Im Verfahren vor dem Patentgericht und im Verfahren vor dem Bundesgerichtshof über die Berufung, Rechtsbeschwerde oder Beschwerde gegen eine Entscheidung des Patentgerichts gelten die Vorschriften dieses Abschnitts sinngemäß.

(2) Der Rechtsanwalt erhält die in § 31 bestimmten Gebühren im Beschwerdeverfahren vor dem Patentgericht

1. über die in § 23 Abs. 4, § 50 Abs. 1 und 2, § 73 Abs. 3 des Patentgesetzes, § 18 Abs. 2 des Gebrauchsmustergesetzes, § 4 Abs. 4 Satz 3 des Halb-

---

* Jetzt § 115 GWB.
** Jetzt § 118 GWB.
*** Jetzt § 121 GWB.

leiterschutzgesetzes in Verbindung mit § 18 Abs. 2 des Gebrauchsmustergesetzes und § 34 Abs. 1 des Sortenschutzgesetzes genannten Angelegenheiten,
2. nach dem Geschmacksmustergesetz, wenn sich die Beschwerde gegen einen Beschluß richtet, durch den die Anmeldung eines Geschmacksmusters zurückgewiesen oder durch den über einen Löschungsantrag entschieden worden ist,
3. nach dem Markengesetz, wenn sich die Beschwerde gegen einen Beschluß richtet,
   a) durch den über die Anmeldung einer Marke, einen Widerspruch oder einen Antrag auf Löschung oder über die Erinnerung gegen einen solchen Beschluß entschieden worden ist oder
   b) durch den ein Antrag auf Eintragung einer geographischen Angabe oder einer Ursprungsbezeichnung (§ 130 Abs. 5 des Markengesetzes) zurückgewiesen worden ist.

In den übrigen Beschwerdeverfahren vor dem Patentgericht bestimmen sich die Gebühren nach § 61.

(3) Die Gebühren im Verfahren vor dem Bundesgerichtshof richten sich auch bei Rechtsbeschwerdeverfahren und Beschwerdeverfahren nach § 11 Abs. 1 Satz 4.

§ 66a Nachprüfung von Anordnungen der Justizbehörden

(1) Im Verfahren vor dem Oberlandesgericht und dem Bundesgerichtshof nach §§ 25, 29 des Einführungsgesetzes zum Gerichtsverfassungsgesetz und im Verfahren über den Antrag auf gerichtliche Entscheidung nach § 109 des Strafvollzugsgesetzes gelten die Vorschriften dieses Abschnitts sinngemäß; die Gebühren richten sich nach § 11 Abs. 1 Satz 1 und 2.

(2) Im Verfahren über die Rechtsbeschwerde nach § 116 des Strafvollzugsgesetzes erhält der Rechtsanwalt die gleichen Gebühren wie im ersten Rechtszug; die Gebühren richten sich nach § 11 Abs. 1 Satz 4.

§ 67 Schiedsrichterliches Verfahren

(1) Im schiedsrichterlichen Verfahren gelten die Vorschriften dieses Abschnitts sinngemäß.

(2) Die Verhandlungsgebühr erhält der Rechtsanwalt auch, wenn der Schiedsspruch ohne mündliche Verhandlung erlassen wird.

(3) Im schiedsrichterlichen Berufungs- und Revisionsverfahren erhält der Rechtsanwalt die Gebühren nach § 11 Abs. 1 Satz 4.

(4) Für die Berechnung der Gebühren des im schiedsrichterlichen Verfahren zum Prozeßbevollmächtigten bestellten Rechtsanwalts gilt das gerichtliche Verfahren im Falle des § 1050 der Zivilprozeßordnung mit dem schiedsrichterlichen Verfahren als ein Rechtszug.

Vierter Abschnitt. Gebühren im Verfahren der Zwangsversteigerung und der Zwangsverwaltung

§ 68 Zwangsversteigerung

(1) Im Verfahren der Zwangsversteigerung nach dem Gesetz über die Zwangsversteigerung und die Zwangsverwaltung einschließlich der Einstellungsverfahren nach §§ 30 bis 30d, 180 Abs. 2 erhält der Rechtsanwalt bei Vertretung eines Beteiligten

1. für das Verfahren bis zur Einleitung des Verteilungsverfahrens drei Zehntel der vollen Gebühr;
2. für die Wahrnehmung der Versteigerungstermine vier Zehntel der vollen Gebühr;
3. für das Verteilungsverfahren drei Zehntel der vollen Gebühr; diese Gebühr erhält der Rechtsanwalt auch, wenn unter seiner Mitwirkung eine außergerichtliche Verteilung stattfindet.

(2) Vertritt der Rechtsanwalt einen Bieter, der nicht Beteiligter ist, so erhält er zwei Zehntel der vollen Gebühr für das ganze Verfahren.

(3) Der Gegenstandswert bestimmt sich

1. bei der Vertretung des Gläubigers oder eines anderen nach § 9 Nr. 1 und 2 des Gesetzes über die Zwangsversteigerung und die Zwangsverwaltung Beteiligten nach dem Wert des dem Gläubiger oder dem Beteiligten zustehenden Rechts; wird das Verfahren wegen einer Teilforderung betrieben, so ist der Teilbetrag nur maßgebend, wenn es sich um einen nach § 10 Abs. 1 Nr. 5 des Gesetzes über die Zwangsversteigerung und die Zwangsverwaltung zu befriedigenden Anspruch handelt; Nebenforderungen sind mitzurechnen; der Wert des Gegenstandes der Zwangsversteigerung (§ 66 Abs. 1, § 74 a Abs. 5 des Gesetzes über die Zwangsversteigerung und die Zwangsverwaltung), im Verteilungsverfahren der zur Verteilung kommende Erlös sind maßgebend, wenn sie geringer sind;
2. bei der Vertretung eines anderen Beteiligten, insbesondere des Schuldners, nach dem Wert des Gegenstandes der Zwangsversteigerung, im Verteilungsverfahren nach dem zur Verteilung kommenden Erlös; bei Miteigentümern oder sonstigen Mitberechtigten ist der Anteil maßgebend;
3. bei der Vertretung eines Bieters, der nicht Beteiligter ist, nach dem Betrag des höchsten für den Auftraggeber abgegebenen Gebots, wenn ein solches Gebot nicht abgegeben ist, nach dem Wert des Gegenstandes der Zwangsversteigerung.

§ 69 Zwangsverwaltung

(1) Im Verfahren der Zwangsverwaltung nach dem Gesetz über die Zwangsversteigerung und die Zwangsverwaltung erhält der Rechtsanwalt

1. für die Vertretung des Antragstellers im Verfahren über den Antrag auf Anordnung der Zwangsverwaltung oder auf Zulassung des Beitritts drei Zehntel der vollen Gebühr;
2. für die Vertretung des Antragstellers im weiteren Verfahren einschließlich des Verteilungsverfahrens und für die Vertretung eines sonstigen Beteiligten im ganzen Verfahren einschließlich des Verteilungsverfahrens drei Zehntel der vollen Gebühr, mindestens jedoch 75 Deutsche Mark.

(2) Der Gegenstandswert bestimmt sich bei der Vertretung des Antragstellers nach dem Anspruch, wegen dessen das Verfahren beantragt ist; Nebenforderungen sind mitzurechnen; bei Ansprüchen auf wiederkehrende Leistungen ist der Wert der Leistungen eines Jahres maßgebend. Bei der Vertretung des Schuldners bestimmt sich der Gegenstandswert nach dem zusammengerechneten Wert aller Ansprüche, wegen deren das Verfahren beantragt ist, bei der Vertretung eines sonstigen Beteiligten nach § 8 Abs. 2 Satz 2.

§ 70 Rechtsmittelverfahren

(1) In den Angelegenheiten der §§ 68 und 69 erhält der Rechtsanwalt für die Vertretung eines Beteiligten im Rechtsmittelverfahren fünf Zehntel der vollen Gebühr

1. als Prozeßgebühr;
2. für die Wahrnehmung der im Verfahren stattfindenden Termine;
3. für die Vertretung im Beweisaufnahmeverfahren; § 34 gilt sinngemäß.

(2) Soweit sich die Gerichtsgebühren nicht nach dem Wert richten, bestimmt sich der Gegenstandswert nach § 57 Abs. 2 Satz 6.

§ 71 Besondere Verteilungsverfahren

Für die Mitwirkung des Rechtsanwalts in einem Verteilungsverfahren außerhalb der Zwangsversteigerung und der Zwangsverwaltung gilt, soweit dieses Gesetz nichts anderes bestimmt, § 68 Abs. 1 Nr. 3, Abs. 3 Nr. 1 und 2 sinngemäß.

Fünfter Abschnitt. Gebühren in Insolvenzverfahren und in schiffahrtsrechtlichen Verteilungsverfahren

§ 72 Eröffnung des Insolvenzverfahrens, Schuldenbereinigungsplan

(1) Im Verfahren über einen Antrag auf Eröffnung des Insolvenzverfahrens erhält der Rechtsanwalt, der den Schuldner vertritt, für das Betreiben des Geschäfts (Geschäftsgebühr) drei Zehntel der vollen Gebühr. Ist der Rechtsanwalt auch im Verfahren über den Schuldenbereinigungsplan tätig, so erhöht sich die Geschäftsgebühr auf eine volle Gebühr.

(2) Der Rechtsanwalt, der einen Gläubiger vertritt, erhält im Verfahren über einen Antrag auf Eröffnung des Insolvenzverfahrens eine Geschäftsgebühr in

Höhe der Hälfte der vollen Gebühr. Wird er auch im Verfahren über den Schuldenbereinigungsplan tätig, so erhöht sich die Geschäftsgebühr auf acht Zehntel der vollen Gebühr.

§ 73 Vertretung im Insolvenzverfahren

Für die Vertretung im Insolvenzverfahren erhält der Rechtsanwalt die Hälfte der vollen Gebühr.

§ 74 Restschuldbefreiung, Insolvenzplan

(1) Für die Tätigkeit im Verfahren über einen Antrag auf Restschuldbefreiung und im Verfahren über einen Insolvenzplan erhält der Rechtsanwalt eine besondere volle Gebühr. Vertritt er im Verfahren über einen Insolvenzplan den Schuldner, der den Plan vorgelegt hat, so erhält er neben der Gebühr des Satzes 1 zwei weitere volle Gebühren. Wird der Rechtsanwalt sowohl im Verfahren über einen Antrag auf Restschuldbefreiung als auch im Verfahren über einen Insolvenzplan tätig, erhält er die Gebühr nur einmal nach dem höchsten Gebührensatz.

(2) Wird nach der Aufhebung des Insolvenzverfahrens ein Antrag auf Versagung oder Widerruf der Restschuldbefreiung gestellt (§§ 296, 297, 300 und 303 der Insolvenzordnung), so erhält der Rechtsanwalt in dem Verfahren die Hälfte der vollen Gebühr. Das Verfahren ist eine besondere Angelegenheit; das Verfahren über mehrere, gleichzeitig anhängige Anträge ist eine Angelegenheit.

§ 75 Anmeldung einer Insolvenzforderung

Beschränkt sich die Tätigkeit des Rechtsanwalts auf die Anmeldung einer Insolvenzforderung, so erhält er drei Zehntel der vollen Gebühr.

§ 76 Beschwerdeverfahren, Feststellungsverfahren

Der Rechtsanwalt erhält im Beschwerdeverfahren besonders fünf Zehntel der in § 31 bestimmten Gebühren. Die Vorschriften des § 32 und des § 33 Abs. 1 und 2 gelten nicht.

§ 77 Gegenstandswert

(1) Die Gebühren des § 72 Abs. 1 und des § 73 sowie des § 76 im Falle der Beschwerde gegen den Beschluß über die Eröffnung des Insolvenzverfahrens werden, wenn der Auftrag vom Schuldner erteilt ist, nach dem Wert der Insolvenzmasse (§ 37 des Gerichtskostengesetzes) berechnet. Im Falle des § 72 Abs. 1 beträgt der Gegenstandswert jedoch mindestens 6000 Deutsche Mark.

(2) Ist der Auftrag von einem Insolvenzgläubiger erteilt, so werden die Gebühren des § 72 Abs. 2 und der §§ 73, 75 sowie die Gebühren im Falle der

Beschwerde gegen den Beschluß über die Eröffnung des Insolvenzverfahrens nach dem Nennwert der Forderung berechnet. Nebenforderungen sind mitzurechnen.

(3) Im übrigen ist der Gegenstandswert im Insolvenzverfahren unter Berücksichtigung des wirtschaftlichen Interesses, das der Auftraggeber im Verfahren verfolgt, nach § 8 Abs. 2 Satz 2 zu bestimmen.

§§ 78–80 *(aufgehoben)*

§ 81 Schiffahrtsrechtliches Verteilungsverfahren

(1) Im Verfahren nach der Schiffahrtsrechtlichen Verteilungsordnung gelten § 72 erster Halbsatz, §§ 73, 75 entsprechend. § 77 gilt entsprechend mit der Maßgabe, daß an die Stelle des Wertes der Insolvenzmasse die festgesetzte Haftungssumme tritt.

(2) Der Rechtsanwalt erhält besonders drei Zehntel der in § 31 bestimmten Gebühren:

1. im Verfahren über eine Beschwerde (§ 3 Abs. 2 der Schiffahrtsrechtlichen Verteilungsordnung) oder über eine Erinnerung (§ 12 Abs. 2, 4 der Schiffahrtsrechtlichen Verteilungsordnung);
2. im Verfahren über Anträge auf Aufhebung von Vollstreckungsmaßregeln (§ 8 Abs. 5 und § 41 der Schiffahrtsrechtlichen Verteilungsordnung);
3. im Verfahren über Anträge auf Zulassung der Zwangsvollstreckung, soweit diese auf § 17 Abs. 4 der Schiffahrtsrechtlichen Verteilungsordnung gestützt werden.

Die Vorschriften der §§ 32, 33 Abs. 1 und 2 gelten nicht.

§ 82 Mehrere Aufträge

Die Gebühren werden für jeden Auftrag gesondert ohne Rücksicht auf andere Aufträge berechnet.

Sechster Abschnitt. Gebühren in Strafsachen und in Verfahren nach dem Strafrechtlichen Rehabilitierungsgesetz

1. Gebühren des gewählten Verteidigers und anderer gewählter Vertreter

§ 83 Erster Rechtszug

(1) Der Rechtsanwalt erhält im ersten Rechtszug als Verteidiger in der Hauptverhandlung folgende Gebühren:

1. Im Verfahren vor dem Oberlandesgericht, dem Schwurgericht und vor der Jugendkammer, soweit diese in Sachen entscheidet, die nach den allgemeinen Vorschriften zur Zuständigkeit des Schwurgerichts gehören, 170 bis 2.540 Deutsche Mark;

2. im Verfahren vor der großen Strafkammer und vor der Jugendkammer, soweit sich die Gebühr nicht nach Nummer 1 bestimmt,
   120 bis 1.520 Deutsche Mark;
3. im Verfahren vor dem Schöffengericht, dem Jugendschöffengericht, dem Strafrichter und dem Jugendrichter
   100 bis 1.300 Deutsche Mark.

(2) Erstreckt sich die Hauptverhandlung über einen Kalendertag hinaus, so erhält der Rechtsanwalt für jeden weiteren Verhandlungstag in den Fällen des Absatzes 1

Nr. 1 170 bis 1.270 Deutsche Mark,
Nr. 2 120 bis 760 Deutsche Mark,
Nr. 3 100 bis 650 Deutsche Mark.

Wird jedoch mit dem Verfahren von neuem begonnen, so gelten für den ersten Tag der neuen Hauptverhandlung die Vorschriften des Absatzes 1.

(3) Befindet sich der Beschuldigte nicht auf freiem Fuß und reicht der Gebührenrahmen des Absatzes 1 deshalb nicht aus, um die gesamte Tätigkeit des Rechtsanwalts angemessen zu entgelten, so kann der Gebührenrahmen um bis zu 25 vom Hundert überschritten werden.

§ 84 Verfahren außerhalb der Hauptverhandlung

(1) Soweit nichts anderes bestimmt ist, erhält der Rechtsanwalt im vorbereitenden Verfahren (Verfahren bis zum Eingang der Anklageschrift oder des Antrags auf Erlaß des Strafbefehls bei Gericht), im gerichtlich anhängigen Verfahren, in dem er nur außerhalb der Hauptverhandlung tätig ist, und in einem Verfahren, in dem eine Hauptverhandlung nicht stattfindet, die Hälfte der Gebühren des § 83 Abs. 1; § 83 Abs. 3 ist anzuwenden.

(2) Der Rechtsanwalt, durch dessen Mitwirkung eine Hauptverhandlung entbehrlich wird, erhält die Gebühren des § 83 Abs. 1, wenn

1. das Verfahren nicht nur vorläufig eingestellt wird oder
2. das Gericht beschließt, das Hauptverfahren nicht zu eröffnen, oder
3. sich das gerichtliche Verfahren durch Zurücknahme des Einspruchs gegen einen Strafbefehl erledigt; ist bereits ein Termin zur Hauptverhandlung bestimmt, jedoch nur, wenn der Einspruch früher als zwei Wochen vor Beginn des Tages, der für die Hauptverhandlung vorgesehen war, zurückgenommen wird.

Satz 1 gilt nicht, wenn ein Beitrag des Rechtsanwalts zur Förderung des Verfahrens nicht ersichtlich ist. § 83 Abs. 3 ist anzuwenden.

(3) Ist das Verfahren nicht gerichtlich anhängig geworden, so bestimmt sich die Gebühr nach der Ordnung des Gerichts, das für das Hauptverfahren zuständig gewesen wäre.

§ 85 Berufungsverfahren

(1) Der Rechtsanwalt erhält im Berufungsverfahren als Verteidiger 120 bis 1.520 Deutsche Mark.

(2) Erstreckt sich die Hauptverhandlung über einen Kalendertag hinaus, so erhält der Rechtsanwalt für jeden weiteren Verhandlungstag 120 bis 760 Deutsche Mark. Wird jedoch mit dem Verfahren von neuem begonnen, so gelten für den ersten Tag der neuen Hauptverhandlung die Vorschriften des Absatzes 1.

(3) Ist der Rechtsanwalt im Berufungsverfahren nur außerhalb der Hauptverhandlung tätig oder findet eine Hauptverhandlung vor dem Berufungsgericht nicht statt, so erhält er die Hälfte der Gebühr des Absatzes 1.

(4) § 83 Abs. 3 und, im Fall des Absatzes 3, auch § 84 Abs. 2 sind entsprechend anzuwenden.

§ 86 Revisionsverfahren

(1) Der Rechtsanwalt erhält im Revisionsverfahren als Verteidiger folgende Gebühren:

1. Im Verfahren vor dem Bundesgerichtshof
   170 bis 2.540 Deutsche Mark;
2. im Verfahren vor dem Oberlandesgericht
   120 bis 1.520 Deutsche Mark.

(2) Erstreckt sich die Hauptverhandlung über einen Kalendertag hinaus, so erhält der Rechtsanwalt für jeden weiteren Verhandlungstag in den Fällen des Absatzes 1

Nr. 1 170 bis 1.270 Deutsche Mark,
Nr. 2 120 bis 760 Deutsche Mark.

Wird jedoch mit dem Verfahren von neuem begonnen, so gelten für den ersten Tag der neuen Hauptverhandlung die Vorschriften des Absatzes 1.

(3) Ist der Rechtsanwalt im Revisionsverfahren als Verteidiger nur außerhalb der Hauptverhandlung tätig oder findet eine Hauptverhandlung vor dem Revisionsgericht nicht statt, so erhält er die Hälfte der Gebühren des Absatzes 1.

(4) § 83 Abs. 3 ist entsprechend anzuwenden.

§ 87 Pauschgebühren

Durch die Gebühren der §§ 83 bis 86 wird die gesamte Tätigkeit des Rechtsanwalts als Verteidiger entgolten. Hierzu gehört auch Tätigkeiten im Rahmen des Täter-Opfer-Ausgleichs, soweit der Gegenstand nicht vermögensrechtlich ist, und die Einlegung von Rechtsmitteln bei dem Gericht desselben Rechtszuges.

§ 88 Einziehung und verwandte Maßnahmen

Wenn der Rechtsanwalt eine Tätigkeit für den Beschuldigten ausübt, die sich auf die Einziehung oder den Verfall, die Vernichtung, die Unbrauchbarmachung, die Abführung des Mehrerlöses oder auf eine diesen Zwecken dienende Beschlagnahme bezieht, so ist bei den nach § 12 maßgebenden

Umständen auch der Gegenstandswert (§ 7) angemessen zu berücksichtigen. Der Gebührenrahmen kann um einen Betrag bis zu einer nach diesem Gegenstandswert berechneten vollen Gebühr (§ 11) überschritten werden, soweit der Rahmen nicht ausreicht, um die gesamte Tätigkeit des Rechtsanwalts angemessen zu entgelten. Übt der Rechtsanwalt eine Tätigkeit für den Beschuldigten aus, die sich auf das Fahrverbot oder die Entziehung der Fahrerlaubnis erstreckt, und reicht der Gebührenrahmen nicht aus, um die gesamte Tätigkeit des Rechtsanwalts angemessen zu entgelten, so kann er bis zu 25 vom Hundert überschritten werden.

§ 89 Vermögensrechtliche Ansprüche

(1) Macht der Verletzte oder sein Erbe im Strafverfahren einen aus der Straftat erwachsenen vermögensrechtlichen Anspruch geltend, so erhält der Rechtsanwalt neben den Gebühren eines Verteidigers an Stelle der in § 31 bestimmten Gebühren im ersten Rechtszug das Doppelte, im Berufungs- und im Revisionsverfahren das Zweieinhalbfache der vollen Gebühr (§ 11). Wird der Anspruch im Berufungsverfahren erstmalig geltend gemacht, so erhöht sich für das Berufungsverfahren die Gebühr nicht.

(2) Wird der Rechtsanwalt als Prozeßbevollmächtigter des Beschuldigten wegen desselben Anspruchs im bürgerlichen Rechtsstreit tätig, so werden zwei Drittel der Gebühr, die ihm für die Abwehr des Anspruchs im Strafverfahren zusteht, auf die im bürgerlichen Rechtsstreit anfallenden Gebühren angerechnet. Die Anrechnung unterbleibt, soweit der Rechtsanwalt durch diese weniger als zwei Drittel der ihm im bürgerlichen Rechtsstreit zustehenden Gebühren erhalten würde.

(3) Beschränkt sich die Tätigkeit des Rechtsanwalts auf die Geltendmachung oder Abwehr eines aus der Straftat erwachsenen vermögensrechtlichen Anspruchs im Strafverfahren, so erhält er nur die im Absatz 1 bestimmte Gebühr. Absatz 2 gilt sinngemäß.

(4) Die Gebühr für die Mitwirkung beim Abschluß eines Vergleichs nach § 23 bleibt unberührt.

§ 90 Wiederaufnahmeverfahren

(1) Für die Vorbereitung eines Antrags auf Wiederaufnahme des Verfahrens, die Stellung eines solchen Antrags und die Vertretung in dem Verfahren zur Entscheidung über den Antrag gelten die in § 83 Abs. 1 bestimmten Gebühren; § 83 Abs. 3 ist entsprechend anzuwenden. Die Gebühren gelten auch dann, wenn der Rechtsanwalt von der Stellung eines Antrags auf Wiederaufnahme des Verfahrens abrät.

(2) Der Gebührenrahmen bestimmt sich nach der Ordnung des Gerichts, das im ersten Rechtszug entschieden hat.

§ 91 Gebühren für einzelne Tätigkeiten

Beschränkt sich die Tätigkeit des Rechtsanwalts, ohne daß ihm sonst die Verteidigung übertragen ist, auf

1. die Einlegung eines Rechtsmittels, die Anfertigung oder Unterzeichnung anderer Anträge, Gesuche oder Erklärungen oder eine andere nicht in den Nummern 2 oder 3 erwähnte Beistandsleistung;
2. die Anfertigung oder Unterzeichnung einer Schrift zur Rechtfertigung der Berufung oder zur Beantwortung der von dem Staatsanwalt, Privatkläger oder Nebenkläger eingelegten Berufung, die Führung des Verkehrs mit dem Verteidiger, die Beistandsleistung für den Beschuldigten bei einer staatsanwaltschaftlichen oder richterlichen Vernehmung oder einer mündlichen Verhandlung oder einer Augenscheinseinnahme außerhalb der Hauptverhandlung oder die Beistandsleistung im Verfahren zur gerichtlichen Erzwingung der Anklage (§ 172 Abs. 2 bis 4, § 173 der Strafprozeßordnung);
3. die Anfertigung oder Unterzeichnung einer Schrift zur Begründung der Revision oder zur Erklärung auf die von dem Staatsanwalt, Privatkläger oder Nebenkläger eingelegte Revision;

so erhält er in den Fällen der
Nummer 1 eine Gebühr
von 30 bis 340 Deutsche Mark,
Nummer 2 eine Gebühr
von 50 bis 640 Deutsche Mark,
Nummer 3 eine Gebühr
von 70 bis 1.010 Deutsche Mark.

§ 92 Mehrere einzelne Tätigkeiten

(1) Mit der Gebühr für die Rechtfertigung der Berufung oder die Begründung der Revision ist die Gebühr für die Einlegung des Rechtsmittels entgolten.

(2) Im übrigen erhält der Rechtsanwalt mit der Beschränkung des § 13 für jede der in § 91 bezeichneten Tätigkeiten eine gesonderte Gebühr. Wird ihm die Verteidigung übertragen, so werden die Gebühren des § 91 auf die dem Rechtsanwalt als Verteidiger zustehenden Gebühren angerechnet.

§ 93 Gnadengesuche

Für die Vertretung in einer Gnadensache erhält der Rechtsanwalt eine Gebühr von 40 bis 500 Deutsche Mark. Sie steht ihm auch dann zu, wenn ihm die Verteidigung übertragen war.

§ 94 Privatklage

(1) Für die Tätigkeit als Beistand oder Vertreter eines Privatklägers gelten die Vorschriften der §§ 83 bis 93 sinngemäß.

(2) Durch die Widerklage erhöhen sich die Gebühren des Rechtsanwalts als Beistand oder Vertreter des Privatklägers und des Widerbeklagten sowie des Verteidigers des Angeklagten auch dann nicht, wenn der Privatkläger nicht der Verletzte ist.

(3) Für die Mitwirkung beim Abschluß eines Vergleichs erhält der Rechtsanwalt des Privatklägers und des Beschuldigten eine weitere Gebühr in Höhe von

30 bis 250 Deutsche Mark.

Die Vorschrift des § 23 bleibt unberührt.

(4) Beschränkt sich die Tätigkeit des Rechtsanwalts auf die Anfertigung oder Unterzeichnung der Privatklage, so erhält er eine Gebühr von

50 bis 640 Deutsche Mark.

Wird dem Rechtsanwalt die Vertretung des Privatklägers übertragen, so wird die im Satz 1 bestimmte Gebühr auf die Gebühren angerechnet, die ihm als Vertreter des Privatklägers zustehen.

(5) Für die Tätigkeit des Beistands oder Vertreters in einem Sühneversuch nach § 380 der Strafprozeßordnung erhält der Rechtsanwalt eine Gebühr von

30 bis 250 Deutsche Mark

und für die Mitwirkung bei einer Einigung der Beteiligten eine weitere Gebühr von

30 bis 250 Deutsche Mark.

§ 95 Vertretung eines Nebenklägers und anderer Verfahrensbeteiligter

Für die Tätigkeit als Beistand oder Vertreter eines Nebenklägers, eines Einziehungs- oder Nebenbeteiligten sowie eines Verletzten gelten die Vorschriften der §§ 83 bis 93 sinngemäß; für die Tätigkeit als Beistand oder Vertreter des Verletzten erhält der Rechtsanwalt die Hälfte der Gebühren.

§ 96 Kostenfestsetzung, Zwangsvollstreckung

(1) Dem Rechtsanwalt stehen besondere Gebühren zu

1. im Verfahren über die Erinnerung oder die Beschwerde gegen einen Kostenfestsetzungsbeschluß (§ 464b der Strafprozeßordnung), im Verfahren über die Erinnerung gegen den Kostenansatz und im Verfahren über die Beschwerde gegen die Entscheidung über diese Erinnerung;
2. in der Zwangsvollstreckung aus Entscheidungen, die über einen aus der Straftat erwachsenen vermögensrechtlichen Anspruch oder die Erstattung von Kosten ergangen sind (§§ 406b, 464b der Strafprozeßordnung), für die Mitwirkung bei der Ausübung der Veröffentlichungsbefugnis und im Beschwerdeverfahren gegen eine dieser Entscheidungen.

(2) Die Gebühren bestimmen sich nach den Vorschriften des Dritten Abschnitts.

§ 96a Abtretung des Kostenerstattungsanspruchs

Tritt der Angeschuldigte den Anspruch gegen die Staatskasse auf Erstattung von Anwaltskosten als notwendige Auslagen (§§ 464b, 464a Abs. 2 Nr. 2

der Strafprozeßordnung) an den Rechtsanwalt ab, so ist eine von der Staatskasse gegenüber dem Angeschuldigten erklärte Aufrechnung insoweit unwirksam, als sie den Anspruch des Rechtsanwalts vereiteln oder beeinträchtigen würde.

§ 96b Rehabilitierungsverfahren

(1) Im Rehabilitierungsverfahren nach Abschnitt 2 des Strafrechtlichen Rehabilitierungsgesetzes erhält der Rechtsanwalt im ersten Rechtszug die Gebühr des § 83 Abs. 1 Nr. 2; im übrigen gilt § 83 sinngemäß. Findet eine mündliche Erörterung nicht statt, so gilt § 84 Abs. 1 sinngemäß.

(2) Im Beschwerdeverfahren (§ 13 des Strafrechtlichen Rehabilitierungsgesetzes) erhält der Rechtsanwalt die Gebühr des § 85 Abs. 1; im übrigen gilt § 85 sinngemäß.

§ 96c Verfahren über soziale Ausgleichsleistungen

Im Verfahren über den Antrag auf gerichtliche Entscheidung oder über die Beschwerde gegen eine den Rechtszug beendende Entscheidung (§ 25 Abs. 1 Satz 3 bis 5, § 13 des Strafrechtlichen Rehabilitierungsgesetzes) erhält der Rechtsanwalt anstelle der in § 31 bestimmten Gebühren das Eineinhalbfache der vollen Gebühr (§ 11).

2. Gebühren des gerichtlich bestellten und des beigeordneten Rechtsanwalts

§ 97 Anspruch gegen die Staatskasse

(1) Ist der Rechtsanwalt gerichtlich bestellt worden, so erhält er anstelle der gesetzlichen Gebühr das Vierfache der in den §§ 83 bis 86, 90 bis 92, 94 und 95 bestimmten Mindestbeträge aus der Staatskasse, jedoch nicht mehr als die Hälfte des Höchstbetrages. Im Falle des § 90 Abs. 1 Satz 2 gilt dies nur dann, wenn der Rechtsanwalt nach § 364b Abs. 1 Satz 1 der Strafprozeßordnung bestellt worden ist oder das Gericht die Feststellung nach § 364b Abs. 1 Satz 2 der Strafprozeßordnung getroffen hat. Befindet sich der Beschuldigte nicht auf freiem Fuß, erhält der Rechtsanwalt in den Fällen des § 83 Abs. 1, der §§ 84, 85 Abs. 1, des § 86 Abs. 1 oder des § 90 anstelle des Vierfachen das Fünffache der Mindestgebühr. In den Fällen der §§ 23, 89, 96c ist § 123 anzuwenden.

(2) Der Rechtsanwalt erhält ferner Ersatz der Auslagen aus der Staatskasse. § 126 Abs. 1 Satz 1, Abs. 2 gilt sinngemäß; die Feststellung nach § 126 Abs. 2 kann auch für andere Auslagen als Reisekosten getroffen werden. Auslagen, die durch Nachforschungen zur Vorbereitung eines Wiederaufnahmeverfahrens entstehen, werden einem Rechtsanwalt nach Maßgabe der Sätze 1 und 2 vergütet, wenn er nach § 364b Abs. 1 Satz 1 der Strafprozeß-

ordnung bestellt worden ist oder wenn das Gericht die Feststellung nach § 364b Abs. 1 Satz 2 der Strafprozeßordnung getroffen hat.

(3) Wird der Rechtsanwalt im ersten Rechtszug bestellt, erhält er die Vergütung auch für seine Tätigkeit als Verteidiger vor dem Zeitpunkt seiner Bestellung einschließlich seiner Tätigkeit vor Erhebung der öffentlichen Klage.

(4) Wegen des Vorschusses gelten § 127 Satz 1, § 98 sinngemäß.

§ 97a Tätigkeit als Kontaktperson

(1) Der nach § 34a des Einführungsgesetzes zum Gerichtsverfassungsgesetz als Kontaktperson beigeordnete Rechtsanwalt erhält für seine gesamte Tätigkeit das Zweifache der Höchstgebühr des § 83 Abs. 1 Nr. 1 aus der Staatskasse, ferner Ersatz seiner Auslagen. Für eine besonders umfangreiche Tätigkeit bewilligt das Oberlandesgericht, in dessen Bezirk die Justizvollzugsanstalt liegt, auf Antrag eine höhere Gebühr als nach Satz 1.

(2) Die Vergütung wird auf Antrag von dem Urkundsbeamten der Geschäftsstelle des Landgerichts festgesetzt, in dessen Bezirk die Justizvollzugsanstalt liegt.

(3) Im übrigen gelten die Bestimmungen dieses Gesetzes sinngemäß.

§ 98 Festsetzung der Gebühren

(1) Die aus der Staatskasse zu gewährende Vergütung wird auf Antrag des Rechtsanwalts von dem Urkundsbeamten der Geschäftsstelle des Gerichts des ersten Rechtszuges festgesetzt. § 104 Abs. 2 der Zivilprozeßordnung gilt sinngemäß.

(2) Über die Erinnerung des Rechtsanwalts oder der Staatskasse gegen die Festsetzung nach Absatz 1 entscheidet der Vorsitzende des Gerichts des ersten Rechtszuges durch Beschluß.

(3) Gegen den Beschluß ist Beschwerde nach den Vorschriften der §§ 304 bis 310, 311a der Strafprozeßordnung zulässig.

(4) Das Verfahren über die Erinnerung und über die Beschwerde ist gebührenfrei. Kosten werden nicht erstattet.

§ 99 Strafsachen besonderen Umfangs

(1) In besonders umfangreichen oder schwierigen Strafsachen ist dem gerichtlich bestellten Rechtsanwalt für das ganze Verfahren oder für einzelne Teile des Verfahrens auf Antrag eine Pauschvergütung zu bewilligen, die über die Gebühren des § 97 hinausgeht.

(2) Über den Antrag entscheidet das Oberlandesgericht, zu dessen Bezirk das Gericht gehört, bei dem die Strafsache im ersten Rechtszug anhängig ist oder war. Der Bundesgerichtshof ist zur Entscheidung berufen, soweit er den Rechtsanwalt bestellt hat. In dem Verfahren ist die Staatskasse zu hören.

§ 100 Anspruch gegen den Beschuldigten

(1) Der gerichtlich bestellte Rechtsanwalt kann von dem Beschuldigten die Zahlung der Gebühren eines gewählten Verteidigers verlangen; er kann jedoch keinen Vorschuß fordern. Der Anspruch gegen den Beschuldigten entfällt insoweit, als die Staatskasse nach den §§ 97 und 99 Gebühren gezahlt hat.

(2) Der Anspruch kann nur insoweit geltend gemacht werden, als dem Beschuldigten ein Erstattungsanspruch gegen die Staatskasse zusteht, oder das Gericht des ersten Rechtszugs auf Antrag des Rechtsanwalts nach Anhörung des Beschuldigten feststellt, daß dieser ohne Beeinträchtigung des für ihn und seine Familie notwendigen Unterhalts zur Zahlung in der Lage ist. Ist das Verfahren nicht gerichtlich anhängig geworden, so entscheidet das Gericht, das den Verteidiger bestellt hat. Gegen den Beschluß ist sofortige Beschwerde nach den Vorschriften der §§ 304 bis 311 a der Strafprozeßordnung zulässig.

(3) Der für den Beginn der Verjährung maßgebende Zeitpunkt tritt mit der Rechtskraft der das Verfahren abschließenden gerichtlichen Entscheidung, in Ermangelung einer solchen mit der Beendigung des Verfahrens ein. Von der in Absatz 2 Satz 1 vorgesehenen Feststellung des Gerichts ist der Lauf der Verjährungsfrist nicht abhängig.

§ 101 Anrechnung, Rückzahlung

(1) Vorschüsse und Zahlungen, die der Rechtsanwalt vor oder nach der gerichtlichen Bestellung für seine Tätigkeit in der Strafsache von dem Beschuldigten oder einem Dritten nach dieser Gebührenordnung oder auf Grund einer Vereinbarung erhalten hat, sind auf die von der Staatskasse zu zahlenden Gebühren anzurechnen. Hat der Rechtsanwalt von dem Beschuldigten oder einem Dritten Zahlungen empfangen, nachdem er Gebühren aus der Staatskasse erhalten hat, so ist er zur Rückzahlung an die Staatskasse verpflichtet.

(2) Die Anrechnung oder Rückzahlung unterbleibt, soweit der Rechtsanwalt durch diese insgesamt weniger als den doppelten Betrag der ihm nach § 97 zustehenden Gebühr erhalten würde.

(3) Vorschüsse und Zahlungen, die für die Anrechnung oder die Pflicht zur Rückzahlung nach den Absätzen 1 und 2 von Bedeutung sind, hat der Rechtsanwalt der Staatskasse anzuzeigen.

§ 102 Privatklage, Nebenklage, Klageerzwingungsverfahren, Beteiligung des nebenklageberechtigten Verletzten

(1) Für die Gebühren des Rechtsanwalts, der dem Privatkläger, dem Nebenkläger oder dem Antragsteller im Klageerzwingungsverfahren oder sonst beigeordnet worden ist, gelten die Vorschriften der §§ 97 bis 101 sinngemäß.

(2) Für die Gebühren des Rechtsanwalts, der dem Nebenkläger oder dem nebenklageberechtigten Verletzten als Beistand bestellt wird, gelten die Vor-

schriften der §§ 97, 98, 99 und 101 sinngemäß. Der Rechtsanwalt kann von dem verurteilten Angeklagten die Gebühren eines gewählten Beistands verlangen; der Anspruch entfällt insoweit, als die Staatskasse nach den §§ 97 und 99 Gebühren gezahlt hat.

§ 103 Bundeskasse, Landeskasse

(1) Staatskasse im Sinne dieser Vorschriften ist die Bundeskasse, wenn ein Gericht des Bundes, die Landeskasse, wenn ein Gericht des Landes den Rechtsanwalt bestellt oder beigeordnet hat.

(2) Hat zuerst ein Gericht des Bundes und sodann ein Gericht des Landes den Rechtsanwalt bestellt oder beigeordnet, so zahlt die Bundeskasse die Vergütung, die der Rechtsanwalt während der Dauer der Bestellung oder Beiordnung durch das Gericht des Bundes verdient hat, die Landeskasse die dem Rechtsanwalt darüber hinaus zustehende Vergütung. Dies gilt sinngemäß, wenn zuerst ein Gericht des Landes und sodann ein Gericht des Bundes den Rechtsanwalt bestellt oder beigeordnet hat.

Siebenter Abschnitt. Gebühren in Bußgeldverfahren

§ 104 *(aufgehoben)*

§ 105 Bußgeldverfahren

(1) Im Bußgeldverfahren sind die Vorschriften des Sechsten Abschnitts entsprechend anzuwenden.

(2) Der Gebührenrahmen bestimmt sich nach § 83 Abs. 1 Nr. 3. Dies gilt auch, wenn das Gericht im schriftlichen Verfahren nach § 72 des Gesetzes über Ordnungswidrigkeiten entscheidet. Für das Verfahren vor der Verwaltungsbehörde und dem sich anschließenden Verfahren bis zum Eingang der Akten bei Gericht ist § 84 entsprechend anzuwenden.

Achter Abschnitt. Gebühren in Verfahren nach dem Gesetz über die innerdeutsche Rechts- und Amtshilfe in Strafsachen

§ 105a

(1) Der Rechtsanwalt erhält für die Beistandsleistung im Verfahren

vor der Staatsanwaltschaft die Hälfte der Gebühr des § 83 Abs. 1 Nr. 3,
vor dem Oberlandesgericht oder dem Bundesgerichtshof die Hälfte der Gebühr des § 83 Abs. 1 Nr. 1.

(2) Im übrigen gelten die Vorschriften des Sechsten Abschnitts sinngemäß.

Neunter Abschnitt. Gebühren in Verfahren nach dem Gesetz über die internationale Rechtshilfe in Strafsachen

§ 106 Beistandsleistung

(1) Für die Beistandsleistung nach den §§ 40, 45 Abs. 6, §§ 53, 61 Abs. 1 Satz 3, §§ 65, 71 Abs. 4 Satz 4 des Gesetzes über die internationale Rechtshilfe in Strafsachen erhält der Rechtsanwalt die Hälfte der Gebühr des § 83 Abs. 1 Nr. 1.

(2) Für die Beistandsleistung bei einer mündlichen Verhandlung erhält er die Gebühr des § 83 Abs. 1 Nr. 1. Erstreckt sich die Verhandlung über einen Kalendertag hinaus, so erhält der Rechtsanwalt für jeden weiteren Verhandlungstag die Gebühr des § 83 Abs. 2 Nr. 1.

§ 107 Bestellter Rechtsanwalt

(1) Ist der Rechtsanwalt gerichtlich bestellt worden (§ 31 Abs. 2 Satz 3, § 33 Abs. 3, § 36 Abs. 2 Satz 2, § 40 Abs. 2, § 45 Abs. 6, § 52 Abs. 2 Satz 2, § 53 Abs. 2, §§ 65, 71 Abs. 4 Satz 5 des Gesetzes über die internationale Rechtshilfe in Strafsachen), so erhält er anstelle der gesetzlichen Gebühr das Vierfache der in § 106 bestimmten Mindestbeträge aus der Staatskasse, jedoch nicht mehr als die Hälfte des Höchstbetrages.

(2) § 97 Abs. 2 und 4, § 98 Abs. 1, 2 und 4 sowie die §§ 99, 101 und 103 gelten sinngemäß. In den Fällen der Bestellung für Verfahren nach den §§ 53, 71 Abs. 4 Satz 5 des Gesetzes über die internationale Rechtshilfe in Strafsachen gilt § 98 Abs. 3 sinngemäß.

§ 108 Pauschgebühren

Durch die in den §§ 106 und 107 bestimmten Gebühren wird die gesamte Tätigkeit des Rechtsanwalts in dem jeweiligen Verfahren abgegolten. Hierzu gehören auch die Anfertigung und Unterzeichnung von Anträgen und Erklärungen an die beteiligten Behörden.

Zehnter Abschnitt. Gebühren im Disziplinarverfahren, im Verfahren nach der Wehrbeschwerdeordnung vor den Wehrdienstgerichten, im ehren- und berufsgerichtlichen Verfahren, bei der Untersuchung von Seeunfällen und bei Freiheitsentziehungen

§ 109 Disziplinarverfahren

(1) Im Disziplinarverfahren gelten nach Maßgabe der Absätze 2 bis 8 die Vorschriften des Sechsten Abschnitts sinngemäß.

(2) Der Rechtsanwalt erhält als Verteidiger im förmlichen Disziplinarverfahren einschließlich des vorangegangenen Verfahrens folgende Gebühren:

1. Im ersten Rechtszug 120 bis 1.520 Deutsche Mark,
2. im zweiten Rechtszug 130 bis 1.820 Deutsche Mark,
3. im dritten Rechtszug 170 bis 2.540 Deutsche Mark.

(3) Erstreckt sich die Hauptverhandlung über einen Kalendertag hinaus, so erhält der Rechtsanwalt für jeden weiteren Verhandlungstag in den Fällen des Absatzes 2

Nr. 1 120 bis 760 Deutsche Mark,
Nr. 2 130 bis 910 Deutsche Mark,
Nr. 3 170 bis 1.270 Deutsche Mark.

(4) Im Verfahren vor den Dienstvorgesetzten einschließlich Verfahren der Beschwerde erhält der Rechtsanwalt, der nicht auch Verteidiger im förmlichen Disziplinarverfahren ist, eine Gebühr von 70 bis 910 Deutsche Mark.

(5) Im Verfahren auf gerichtliche Entscheidung über die Disziplinarverfügung erhält der Rechtsanwalt als Verteidiger eine Gebühr von 50 bis 650 Deutsche Mark. Erstreckt sich die mündliche Verhandlung oder Beweiserhebung über einen Kalendertag hinaus, so erhält der Rechtsanwalt für jeden weiteren Tag eine Gebühr von 50 bis 650 Deutsche Mark.

(6) Im Verfahren über die Beschwerde gegen die Nichtzulassung der Revision erhält der Rechtsanwalt eine Gebühr von 90 bis 1.270 Deutsche Mark.

(7) Im Verfahren auf Abänderung oder Neubewilligung eines Unterhaltsbeitrages erhält der Rechtsanwalt eine Gebühr von 50 bis 650 Deutsche Mark.

(8) Im Verfahren vor dem Dienstvorgesetzten und im gerichtlichen Verfahren über die nachträgliche Aufhebung einer Disziplinarmaßnahme erhält der Rechtsanwalt jeweils eine Gebühr von 40 bis 500 Deutsche Mark.

§ 109a Wehrbeschwerdeverfahren vor den Wehrdienstgerichten

(1) Im Verfahren auf gerichtliche Entscheidung nach der Wehrbeschwerdeordnung erhält der Rechtsanwalt im Verfahren vor dem Truppendienstgericht die Gebühr des § 109 Abs. 2 Nr. 1 und im Verfahren vor dem Bundesverwaltungsgericht die Gebühr des § 109 Abs. 2 Nr. 2.

(2) § 109 Abs. 3 gilt sinngemäß.

§ 110 Ehren- und berufsgerichtliche Verfahren

(1) Im Verfahren vor Ehrengerichten oder anderen Berufsgerichten wegen Verletzung einer Berufspflicht gelten die Vorschriften des Sechsten Abschnitts sinngemäß. Die Gebühren richten sich in der ersten Instanz nach den für das Verfahren vor dem Amtsgericht und im weiteren Verfahren in jedem Rechtszug nach den für das Berufungsverfahren geltenden Vorschriften.

(2) Soweit es sich nicht um die Verletzung einer Berufspflicht handelt, gilt die Vorschrift des § 114 über das verwaltungsgerichtliche Verfahren sinngemäß.

§ 111 Untersuchung von Seeunfällen

(1) Bei der Untersuchung von Seeunfällen gelten die Vorschriften des Sechsten Abschnitts sinngemäß.

(2) Die Gebühren richten sich im Verfahren vor dem Seeamt nach den für das Verfahren vor dem Amtsgericht und im Verfahren vor dem Oberseeamt nach den für das Berufungsverfahren geltenden Vorschriften.

§ 112 Freiheitsentziehungen

(1) Im gerichtlichen Verfahren bei Freiheitsentziehungen erhält der Rechtsanwalt in jedem Rechtszug eine Gebühr

von 50 bis 650 Deutsche Mark

1. für seine Tätigkeit in dem Verfahren im allgemeinen,
2. für die Mitwirkung bei der mündlichen Anhörung der Person, der die Freiheit entzogen werden soll, und bei der mündlichen Vernehmung von Zeugen oder Sachverständigen.

(2) Im Verfahren über die Fortdauer der Freiheitsentziehung und im Verfahren über Anträge auf Aufhebung der Freiheitsentziehung erhält der Rechtsanwalt in jedem Rechtszug eine Gebühr

von 40 bis 390 Deutsche Mark

1. für seine Tätigkeit in dem Verfahren im allgemeinen,
2. für die Mitwirkung bei der mündlichen Anhörung der Person, der die Freiheit entzogen ist, und bei der mündlichen Vernehmung von Zeugen oder Sachverständigen.

(3) Beschränkt sich die Tätigkeit des Rechtsanwalts auf die Einlegung eines Rechtsmittels, die Anfertigung oder Unterzeichnung von Anträgen, Gesuchen oder Erklärungen oder auf eine sonstige Beistandsleistung, so erhält er eine Gebühr

von 30 bis 340 Deutsche Mark.

(4) Ist der Rechtsanwalt vom Gericht beigeordnet worden, so erhält er das Vierfache der in den Absätzen 1, 2 und 3 bestimmten Mindestgebühren aus der Staatskasse; § 97 Abs. 2, 4, §§ 98 bis 101, 103 gelten sinngemäß.

(5) Die Absätze 1 bis 4 gelten sinngemäß im Verfahren über Unterbringungsmaßnahmen (§ 70 Abs. 1 des Gesetzes über die Angelegenheiten der freiwilligen Gerichtsbarkeit).

Elfter Abschnitt. Gebühren in Verfahren vor Gerichten der Verfassungsgerichtsbarkeit, vor dem Gerichtshof der Europäischen Gemeinschaften, vor Gerichten der Verwaltungs-, Sozial- und Finanzgerichtsbarkeit

§ 113 Verfahren vor Verfassungsgerichten

(1) Die Vorschriften des Sechsten Abschnitts für Strafsachen, die im ersten Rechtszug vor das Oberlandesgericht gehören, gelten sinngemäß in folgenden Verfahren vor dem Bundesverfassungsgericht oder dem Verfassungsgericht (Verfassungsgerichtshof, Staatsgerichtshof) eines Landes:

1. Verfahren über die Verwirkung von Grundrechten, den Verlust des Stimmrechts, den Ausschluß von Wahlen und Abstimmungen,
2. Verfahren über die Verfassungswidrigkeit von Parteien,
3. Verfahren über Anklagen gegen den Bundespräsidenten, gegen ein Regierungsmitglied eines Landes oder gegen einen Abgeordneten oder Richter,
4. Verfahren über sonstige Gegenstände, die in einem dem Strafprozeß ähnlichen Verfahren behandelt werden.

(2) In sonstigen Verfahren vor dem Bundesverfassungsgericht oder dem Verfassungsgericht eines Landes gelten die Vorschriften des Dritten Abschnitts sinngemäß. Die Gebühren richten sich nach § 11 Abs. 1 Satz 4. Der Gegenstandswert ist unter Berücksichtigung aller Umstände, insbesondere der Bedeutung der Angelegenheit, des Umfangs und der Schwierigkeit der anwaltlichen Tätigkeit sowie der Vermögens- und Einkommensverhältnisse des Auftraggebers nach billigem Ermessen zu bestimmen, jedoch nicht unter 8.000 Deutsche Mark.

§ 113a Verfahren vor dem Gerichtshof der Europäischen Gemeinschaften

(1) In Vorabentscheidungsverfahren vor dem Gerichtshof der Europäischen Gemeinschaften gelten die Vorschriften des Dritten Abschnitts sinngemäß. Die Gebühren richten sich nach § 11 Abs. 1 Satz 4. Die Prozeßgebühr des Verfahrens, in dem vorgelegt worden ist, wird auf die Prozeßgebühr des Verfahrens vor dem Gerichtshof der Europäischen Gemeinschaften angerechnet, wenn nicht eine im Verfahrensrecht vorgesehene schriftliche Stellungnahme gegenüber dem Gerichtshof der Europäischen Gemeinschaften abgegeben wird. Der Gegenstandswert bestimmt sich nach den Wertvorschriften, die für die Gerichtsgebühren des Verfahrens gelten, in dem vorgelegt wird. Das vorlegende Gericht setzt den Gegenstandswert auf Antrag durch Beschluß fest. § 10 Abs. 2 bis 4 gilt sinngemäß.

(2) Ist für das Verfahren, in dem vorgelegt worden ist, die Gebühr nur dem Mindest- und Höchstbetrag nach bestimmt, so erhält der Rechtsanwalt in dem Vorabentscheidungsverfahren eine Gebühr von 170 bis 2.540 Deutsche

Mark. Ist der Rechtsanwalt in dem Verfahren vor dem Gericht, das vorgelegt hat, Verteidiger, Prozeßbevollmächtigter, Beistand oder Vertreter, so erhält er in dem Vorabentscheidungsverfahren eine Gebühr nur, wenn er vor dem Gerichtshof der Europäischen Gemeinschaften mündlich verhandelt; die Gebühr beträgt 170 bis 1.270 Deutsche Mark.

§ 114 Verfahren vor Gerichten der Verwaltungs- und Finanzgerichtsbarkeit

(1) In Verfahren vor den Gerichten der Verwaltungsgerichtsbarkeit und der Finanzgerichtsbarkeit gelten die Vorschriften des Dritten Abschnitts sinngemäß.

(2) Der Rechtsanwalt erhält im erstinstanzlichen Verfahren vor dem Bundesverwaltungsgericht und vor einem Oberverwaltungsgericht (Verwaltungsgerichtshof) Gebühren nach § 11 Abs. 1 Satz 4, im Verfahren vor dem Finanzgericht Gebühren nach § 11 Abs. 1 Satz 1 und 2.

(3) Im Verfahren nach § 84 Abs. 1 Satz 2 der Verwaltungsgerichtsordnung und im Verfahren nach § 130a Satz 2 in Verbindung mit § 125 Abs. 2 Satz 3 der Verwaltungsgerichtsordnung erhält der Rechtsanwalt eine halbe Verhandlungsgebühr.

(4) Im Verfahren über den Antrag auf Zulassung des Rechtsmittels erhält der Rechtsanwalt die für das Verfahren über das zuzulassende Rechtsmittel bestimmten Gebühren.

(5) Ist die Klage nach § 45 der Finanzgerichtsordnung als außergerichtlicher Rechtsbehelf zu behandeln, wird auf die Prozeßgebühr die neu entstehende oder eine in demselben Verwaltungsverfahren bereits entstandene Geschäftsgebühr angerechnet.

(6) Im Verfahren auf Aussetzung oder Aufhebung der Vollziehung des Verwaltungsakts, auf Anordnung oder Wiederherstellung der aufschiebenden Wirkung und in Verfahren auf Erlaß einer einstweiligen Anordnung gilt § 40 sinngemäß. Bei Vollziehung einer einstweiligen Anordnung gilt § 59 sinngemäß.

(7) Im gerichtlichen Verfahren über einen Akt der Zwangsvollstreckung (des Verwaltungszwangs) erhält der Rechtsanwalt drei Zehntel der in § 31 bestimmten Gebühren. Die Vorschriften des § 32 und des § 33 Abs. 1 und 2 gelten nicht.

§ 115 Vergütung des gerichtlich bestellten Rechtsanwalts

Der Rechtsanwalt kann von den Personen, für die er nach § 67a Abs. 1 Satz 2 der Verwaltungsgerichtsordnung bestellt ist, die Vergütung eines von mehreren Auftraggebern zum Prozeßbevollmächtigten bestellten Rechtsanwalts verlangen; er kann jedoch keinen Vorschuß verlangen. § 36a Abs. 2 gilt sinngemäß.

§ 116 Verfahren vor Gerichten der Sozialgerichtsbarkeit

(1) Im Verfahren vor Gerichten der Sozialgerichtsbarkeit erhält der Rechtsanwalt

1. vor dem Sozialgericht 100 bis 1.300 Deutsche Mark,
2. vor dem Landessozialgericht 120 bis 1.520 Deutsche Mark,
3. vor dem Bundessozialgericht 170 bis 2.540 Deutsche Mark.

Im Verfahren über die Zulassung eines Rechtsmittels erhält der Rechtsanwalt die Hälfte der Gebühr. Auf die Gebühr nach Satz 1 Nr. 1 ist die Gebühr nach § 43 Abs. 1 Nr. 1 oder 2 für ein vorausgegangenes Mahnverfahren (§ 182a des Sozialgerichtsgesetzes) anzurechnen.

(2) In Verfahren

1. nach § 51 Abs. 2 Satz 1 des Sozialgerichtsgesetzes,
2. auf Grund von Streitigkeiten zwischen juristischen Personen des öffentlichen Rechts,
3. auf Grund von Streitigkeiten zwischen Arbeitgebern und juristischen Personen des öffentlichen Rechts,
4. gegen Entscheidungen einer obersten Bundes- oder Landesbehörde in Angelegenheiten nach dem Fünften Buch Sozialgesetzbuch sowie gegen Entscheidungen einer Landesbehörde nach § 122 Abs. 4 Satz 2 des Fünften Buches Sozialgesetzbuch

werden die Gebühren nach dem Gegenstandswert berechnet. Die Vorschriften des Dritten Abschnitts gelten sinngemäß. Im Verfahren nach § 105 Abs. 1 und im Verfahren nach § 153 Abs. 4 des Sozialgerichtsgesetzes erhält der Rechtsanwalt eine halbe Verhandlungsgebühr.

(3) In den Verfahren des Absatzes 1 erhält der Rechtsanwalt keine besonderen Gebühren nach den §§ 23, 24. Die Höchstbeträge des Absatzes 1 erhöhen sich statt dessen um 50 vom Hundert.

§ 117 Besonderheiten für Verfahren vor Gerichten der Finanzgerichtsbarkeit

Wird durch Urteil ohne mündliche Verhandlung oder als Urteil wirkenden Gerichtsbescheid entschieden, erhält der Rechtsanwalt die gleichen Gebühren wie in einem Verfahren mit mündlicher Verhandlung.

Zwölfter Abschnitt. Gebühren in sonstigen Angelegenheiten

§ 118 Geschäftsgebühr, Besprechungsgebühr, Beweisaufnahmegebühr

(1) In anderen als den im Dritten bis Elften Abschnitt geregelten Angelegenheiten erhält der Rechtsanwalt fünf Zehntel bis zehn Zehntel der vollen Gebühr

1. für das Betreiben des Geschäfts einschließlich der Information, des Einreichens, Fertigens oder Unterzeichnens von Schriftsätzen oder Schreiben und des Entwerfens von Urkunden (Geschäftsgebühr); der Rechtsanwalt erhält diese Gebühr nicht für einen Rat oder eine Auskunft (§ 20);
2. für das Mitwirken bei mündlichen Verhandlungen oder Besprechungen über tatsächliche oder rechtliche Fragen, die von einem Gericht oder einer Behörde angeordnet oder im Einverständnis mit dem Auftraggeber vor einem Gericht oder einer Behörde, mit dem Gegner oder mit einem Dritten geführt werden; für das Mitwirken bei der Gestaltung eines Gesellschaftsvertrages und bei der Auseinandersetzung von Gesellschaften und Gemeinschaften (Besprechungsgebühr); der Rechtsanwalt erhält diese Gebühr nicht für eine mündliche oder fernmündliche Nachfrage;
3. für das Mitwirken bei Beweisaufnahmen, die von einem Gericht oder von einer Behörde angeordnet worden sind (Beweisaufnahmegebühr); § 34 gilt sinngemäß.

(2) Soweit die in Absatz 1 Nr. 1 bestimmte Geschäftsgebühr für eine Tätigkeit außerhalb eines gerichtlichen oder behördlichen Verfahrens entsteht, ist sie auf die entsprechenden Gebühren für ein anschließendes gerichtliches oder behördliches Verfahren anzurechnen. Soweit sie für ein erfolglos gebliebenes Vermittlungsverfahren nach § 52a des Gesetzes über die Angelegenheiten der freiwilligen Gerichtsbarkeit entsteht, ist sie auf die entsprechende Gebühr für ein sich anschließendes Verfahren anzurechnen. Die in Satz 1 bezeichnete Geschäftsgebühr ist zur Hälfte auf die entsprechenden Gebühren für ein Verfahren auf Vollstreckbarerklärung eines Vergleichs nach den §§ 796a und 796b der Zivilprozeßordnung anzurechnen.

§ 119 Vorverfahren, Verwaltungszwangsverfahren, Aussetzung der Vollziehung

(1) Das Verwaltungsverfahren, das dem Rechtsstreit vorausgeht und der Nachprüfung des Verwaltungsakts dient (Vorverfahren, Einspruchsverfahren, Beschwerdeverfahren, Abhilfeverfahren), ist zusammen mit dem vorangegangenen Verwaltungsverfahren eine Angelegenheit.

(2) Im Verwaltungszwangsverfahren (Verwaltungsvollstreckungsverfahren) erhält der Rechtsanwalt je drei Zehntel der vollen Gebühr als Geschäftsgebühr, Besprechungsgebühr und Beweisaufnahmegebühr.

(3) Das Verwaltungsverfahren auf Aussetzung der Vollziehung oder auf Beseitigung der aufschiebenden oder hemmenden Wirkung ist zusammen mit den in den Absätzen 1 und 2 genannten Verfahren eine Angelegenheit.

§ 120 Einfache Schreiben

(1) Beschränkt sich die Tätigkeit des Rechtsanwalts auf Mahnungen, Kündigungen oder Schreiben einfacher Art, die weder schwierige rechtliche Ausführungen noch größere sachliche Auseinandersetzungen enthalten, so erhält er nur zwei Zehntel der vollen Gebühr.

(2) Beschränkt sich die Tätigkeit des Rechtsanwalts auf ein Schreiben, das nur dem äußeren Betreiben eines Verfahrens dient, insbesondere eine Benachrichtigung, ein Beschleunigungsgesuch, ein Gesuch um Erteilung von Ausfertigungen oder Abschriften, so erhält der Rechtsanwalt nur die Mindestgebühr (§ 11 Abs. 2 Satz 1).

Dreizehnter Abschnitt. Vergütung bei Prozeßkostenhilfe

§ 121 Vergütung aus der Bundes- oder Landeskasse

Der im Wege der Prozeßkostenhilfe oder nach § 11a des Arbeitsgerichtsgesetzes beigeordnete Rechtsanwalt erhält, soweit in diesem Abschnitt nichts anderes bestimmt ist, die gesetzliche Vergütung in Verfahren vor Gerichten des Bundes aus der Bundeskasse, in Verfahren vor Gerichten eines Landes aus der Landeskasse.

§ 122 Umfang der Beiordnung

(1) Der Anspruch des Rechtsanwalts bestimmt sich nach den Beschlüssen, durch die die Prozeßkostenhilfe bewilligt und der Rechtsanwalt beigeordnet worden ist.

(2) Der Rechtsanwalt erhält Vergütung aus der Bundes- oder Landeskasse, wenn er für eine Berufung oder Revision beigeordnet ist, auch für die Rechtsverteidigung gegen eine Anschlußberufung oder eine Anschlußrevision und, wenn er für die Erwirkung eines Arrests oder einer einstweiligen Verfügung beigeordnet ist, auch für die Vollziehung des Arrests oder der einstweiligen Verfügung. Dies gilt nicht, wenn der Beiordnungsbeschluß ausdrücklich bestimmt, daß der Rechtsanwalt für die Rechtsverteidigung gegen die Anschlußberufung oder Anschlußrevision oder für die Vollziehung des Arrests oder der einstweiligen Verfügung nicht beigeordnet ist.

(3) Die Beiordnung eines Rechtsanwalts in einer Ehesache erstreckt sich auf den Abschluß eines Vergleichs, der den gegenseitigen Unterhalt der Ehegatten und den Unterhalt gegenüber den Kindern im Verhältnis der Ehegatten zueinander, die Sorge für die Person der gemeinschaftlichen minderjährigen Kinder, die Rechtsverhältnisse an der Ehewohnung und dem Hausrat und die Ansprüche aus dem ehelichen Güterrecht betrifft. In anderen Angelegenheiten, die mit dem Hauptprozeß nur zusammenhängen, erhält der für den Hauptprozeß beigeordnete Rechtsanwalt Vergütung aus der Bundes- oder Landeskasse nur dann, wenn er ausdrücklich auch hierfür beigeordnet ist. Dies gilt insbesondere für

1. die Zwangsvollstreckung (den Verwaltungszwang);
2. das Verfahren über den Arrest, die einstweilige Verfügung und die einstweilige Anordnung;
3. das selbständige Beweisverfahren;
4. das Verfahren über die Widerklage, ausgenommen die Rechtsverteidigung gegen die Widerklage in Ehesachen.

§ 123 Gebühren des Rechtsanwalts

Aus der Staatskasse (§ 121) werden bei einem Gegenstandswert von mehr als 6.000 Deutsche Mark anstelle der vollen Gebühr (§ 11 Abs. 1 Satz 1 und 2) folgende Gebühren vergütet:

Gegenstandswert bis . . . DM	Gebühr . . . DM	Gegenstandswert bis . . . DM	Gebühr . . . DM
7.000	390	25.000	525
8.000	405	30.000	565
9.000	420	35.000	605
10.000	435	40.000	645
12.000	445	45.000	685
14.000	455	50.000	725
16.000	465	über	
18.000	475	50.000	765
20.000	485		

§ 124 Weitere Vergütung

(1) Gebühren bis zur Höhe der Regelgebühren erhält der Rechtsanwalt, soweit die von der Bundes- und der Landeskasse eingezogenen Beträge den Betrag übersteigen, der zur Deckung der in § 122 Abs. 1 Nr. 1 der Zivilprozeßordnung bezeichneten Kosten und Ansprüche erforderlich ist. Die weitere Vergütung wird aus der Staatskasse gewährt, an die die Zahlungen nach § 120 Abs. 2 der Zivilprozeßordnung zu leisten waren.

(2) Der beigeordnete Rechtsanwalt soll eine Berechnung seiner Vergütung unverzüglich zu den Prozeßakten mitteilen.

(3) Die weitere Vergütung wird erst festgesetzt, wenn das Verfahren durch rechtskräftige Entscheidung oder in sonstiger Weise beendet ist und die von der Partei zu zahlenden Beträge beglichen sind oder eine Zwangsvollstrekkung in das bewegliche Vermögen der Partei erfolglos geblieben ist oder aussichtslos erscheint.

(4) Waren mehrere Rechtsanwälte beigeordnet, so bemessen sich die auf die einzelnen Rechtsanwälte entfallenden Beträge nach dem Verhältnis der jeweiligen Unterschiedsbeträge zwischen den Gebühren nach § 123 und den Regelgebühren; dabei sind Zahlungen, die nach § 129 auf den Unterschiedsbetrag anzurechnen sind, von diesem abzuziehen.

§ 125 Verschulden eines beigeordneten Rechtsanwalts

Hat der beigeordnete Rechtsanwalt durch schuldhaftes Verhalten die Beiordnung eines anderen Rechtsanwalts veranlaßt, so kann er Gebühren, die auch für den anderen Rechtsanwalt entstehen, nicht fordern.

§ 126 Auslagen

(1) Auslagen, insbesondere Reisekosten, werden nicht vergütet, wenn sie zur sachgemäßen Wahrnehmung der Interessen der Partei nicht erforderlich waren. Nicht zu vergüten sind die Mehrkosten, die dadurch entstehen, daß der Rechtsanwalt seinen Wohnsitz oder seine Kanzlei nicht an dem Ort hat, an dem sich das Prozeßgericht oder eine auswärtige Abteilung dieses Gerichts befindet; dies gilt nicht, wenn ein Rechtsanwalt beigeordnet wird, der weder bei dem Prozeßgericht noch bei einem Gericht zugelassen ist, das sich an demselben Ort wie das Prozeßgericht befindet.

(2) Ob eine Reise erforderlich ist, stellt das Gericht des Rechtszugs auf Antrag vor Antritt der Reise fest. Die Feststellung, daß die Reise erforderlich ist, ist für das Festsetzungsverfahren (§ 128) bindend.

§ 127 Vorschuß

Für die entstandenen Gebühren (§ 123) und die entstandenen und voraussichtlich entstehenden Auslagen kann der Rechtsanwalt aus der Bundes- oder Landeskasse angemessenen Vorschuß fordern. § 128 gilt sinngemäß.

§ 128 Rechtsweg

(1) Die aus der Bundes- oder Landeskasse zu gewährende Vergütung wird auf Antrag des Rechtsanwalts von dem Urkundsbeamten der Geschäftsstelle des Gerichts des Rechtszuges festgesetzt; jedoch setzt eine aus der Landeskasse zu gewährende Vergütung, wenn das Verfahren durch rechtskräftige Entscheidung oder in sonstiger Weise beendet ist, der Urkundsbeamte des Gerichts des ersten Rechtszuges fest. § 104 Abs. 2 der Zivilprozeßordnung gilt sinngemäß. Der Antrag hat die Erklärung zu enthalten, ob und welche Zahlungen der Rechtsanwalt von der Partei oder einem Dritten bis zum Tage der Antragstellung erhalten hat; Zahlungen, die er nach diesem Zeitpunkt erhalten hat, hat er unverzüglich anzuzeigen.

(2) Der Urkundsbeamte kann vor einer Festsetzung nach § 124 einen Rechtsanwalt auffordern, innerhalb einer Frist von einem Monat bei der Geschäftsstelle des Gerichts, dem der Urkundsbeamte angehört, Anträge auf Festsetzung der Vergütungen, für die ihm noch Ansprüche gegen die Bundes- oder Landeskasse zustehen, einzureichen oder sich zu den empfangenen Zahlungen (Absatz 1 Satz 3) zu erklären. Kommt der Rechtsanwalt der Aufforderung nicht nach, erlöschen seine Ansprüche.

(3) Über Erinnerungen des Rechtsanwalts und der Bundes- oder Landeskasse gegen die Festsetzung entscheidet das Gericht des Rechtszuges, bei dem die Vergütung festgesetzt ist, durch Beschluß. § 10 Abs. 4 gilt sinngemäß.

(4) Gegen den Beschluß ist die Beschwerde zulässig, wenn der Beschwerdegegenstand einhundert Deutsche Mark übersteigt. § 10 Abs. 3 Satz 2, 4 und Absatz 4 gilt sinngemäß. Eine weitere Beschwerde findet nicht statt.

(5) Das Verfahren über die Erinnerung und über die Beschwerde ist gebührenfrei. Kosten werden nicht erstattet.

§ 129 Anrechnung von Vorschüssen und Zahlungen

Vorschüsse und Zahlungen, die der Rechtsanwalt von seinem Auftraggeber oder einem Dritten vor oder nach der Beiordnung erhalten hat, sind zunächst auf die Vergütungen anzurechnen, für die ein Anspruch gegen die Bundes- oder Landeskasse nicht oder nur unter den Voraussetzungen des § 124 besteht.

§ 130 Übergang von Ansprüchen auf die Bundes- oder Landeskasse

(1) Soweit dem Rechtsanwalt wegen seiner Vergütung ein Anspruch gegen die Partei oder einen ersatzpflichtigen Gegner zusteht, geht der Anspruch mit der Befriedigung des Rechtsanwalts durch die Bundes- oder Landeskasse auf diese über. Der Übergang kann nicht zum Nachteil des Rechtsanwalts geltend gemacht werden.

(2) Für die Geltendmachung des Anspruchs gelten die Vorschriften über die Einziehung der Kosten des gerichtlichen Verfahrens sinngemäß. Ansprüche der Staatskasse werden bei dem Gericht des ersten Rechtszugs angesetzt. Ist das Gericht des ersten Rechtszugs ein Gericht des Landes und ist der Anspruch auf die Bundeskasse übergegangen, so wird er insoweit bei dem jeweiligen obersten Gerichtshof des Bundes angesetzt. Für die Entscheidung über eine gegen den Ansatz gerichtete Erinnerung und über die Beschwerde gilt § 5 des Gerichtskostengesetzes entsprechend.

Vierzehnter Abschnitt. Vergütung für die Beratungshilfe

§ 131 Vergütung aus der Landeskasse

Der Rechtsanwalt erhält, soweit nicht für die Tätigkeit in Beratungsstellen nach § 3 Abs. 1 des Beratungshilfegesetzes besondere Vereinbarungen getroffen sind, eine Vergütung nach diesem Gesetz aus der Landeskasse.

§ 132 Gebühren für die Beratungshilfe

(1) Für einen mündlichen oder schriftlichen Rat und für eine Auskunft, die nicht mit einer anderen gebührenpflichtigen Tätigkeit zusammenhängen, erhält der Rechtsanwalt eine Gebühr von 45 Deutsche Mark. § 20 Abs. 1 Satz 4 ist anzuwenden.

(2) Für die in § 118 bezeichneten Tätigkeiten erhält der Rechtsanwalt eine Gebühr von 110 Deutsche Mark. Auf die Gebühren für ein anschließendes gerichtliches oder behördliches Verfahren ist diese Gebühr zur Hälfte anzurechnen. Auf die Gebühren für ein Verfahren auf Vollstreckbarerklärung eines Vergleichs nach den §§ 796a und 796b der Zivilprozeßordnung ist die in Satz 1 bezeichnete Gebühr zu einem Viertel anzurechnen.

(3) Führt die Tätigkeit des Rechtsanwalts nach Absatz 2 Satz 1 zu einem Vergleich oder einer Erledigung der Rechtssache (§§ 23, 24), so erhält der

Rechtsanwalt eine gesonderte Gebühr in Höhe von 200 Deutsche Mark für den Vergleich oder von 135 Deutsche Mark für die Erledigung.

(4) Für die Tätigkeit zur Herbeiführung einer außergerichtlichen Einigung mit den Gläubigern über die Schuldenbereinigung auf der Grundlage eines Plans (§ 305 Abs. 1 Nr. 1 InsO) erhält der Rechtsanwalt das Doppelte der in den Absätzen 1 bis 3 bestimmten Gebühren.

§ 133

Die §§ 125, 126, 128, 130 Abs. 1 sind sinngemäß anzuwenden. Der Pauschsatz des § 26 bemißt sich nach den Gebühren des § 132. Für die Zuständigkeit gilt § 4 Abs. 1 des Beratungshilfegesetzes entsprechend.

Fünfzehnter Abschnitt. Übergangs- und Schlußvorschriften

§ 134 Übergangsvorschrift

(1) Die Vergütung ist nach bisherigem Recht zu berechnen, wenn der unbedingte Auftrag zur Erledigung derselben Angelegenheit im Sinne des § 13 vor dem Inkrafttreten einer Gesetzesänderung erteilt oder der Rechtsanwalt vor diesem Zeitpunkt gerichtlich bestellt oder beigeordnet worden ist. Ist der Rechtsanwalt im Zeitpunkt des Inkrafttretens einer Gesetzesänderung in derselben Angelegenheit und, wenn ein gerichtliches Verfahren anhängig ist, in demselben Rechtszug bereits tätig, so ist die Vergütung für das Verfahren über ein Rechtsmittel, das nach diesem Zeitpunkt eingelegt worden ist, nach neuem Recht zu berechnen. Die Sätze 1 und 2 gelten auch, wenn Vorschriften geändert werden, auf die dieses Gesetz verweist.

(2) Sind Gebühren nach dem zusammengerechneten Wert mehrerer Gegenstände zu bemessen, gilt für die gesamte Vergütung das bisherige Recht auch dann, wenn dies nach Absatz 1 nur für einen der Gegenstände gelten würde.

§ 135 Berlin-Klausel *(gegenstandslos)*

Anmerkung: Die nach § 11 Absatz 1 dem Gesetz beigegebene Tabelle ist in einer praxisorientierten Bearbeitung durch Hochrechnung der Gegenstandswerte und Darstellung der Bruchteilswerte in ihrer ab 1. 7. 1994 gültigen Fassung zusammen mit der Tabelle zu § 123 in Teil V Abschnitt 1.2 dargestellt. Auf einen zusätzlichen Abdruck in diesem Teil des Kommentars wird daher verzichtet.

3. Vorschriften des bürgerlichen Rechts mit besonderer Bedeutung für das Steuerberatergebührenrecht

Bürgerliches Gesetzbuch (BGB)

Vom 18. August 1896
(RGBl. 1896 S. 195)

Mit allen späteren Änderungen bis zum 27. Juni 2000
(BGBl. I S. 897)

– Auszug –

§ 134 [Gesetzliches Verbot]

Ein Rechtsgeschäft, das gegen ein gesetzliches Verbot verstößt, ist nichtig, wenn sich nicht aus dem Gesetz ein anderes ergibt.

§ 138 [Sittenwidriges Rechtsgeschäft; Wucher]

(1) Ein Rechtsgeschäft, das gegen die guten Sitten verstößt, ist nichtig.

(2) Nichtig ist insbesondere ein Rechtsgeschäft, durch das jemand unter Ausbeutung der Zwangslage, der Unerfahrenheit, des Mangels an Urteilsvermögen oder der erheblichen Willensschwäche eines anderen sich oder einem Dritten für eine Leistung Vermögensvorteile versprechen oder gewähren läßt, die in einem auffälligen Mißverhältnis zu der Leistung stehen.

§ 195 [Regelmäßige Verjährungsfrist]

Die regelmäßige Verjährungsfrist beträgt dreißig Jahre.

§ 196 [Zweijährige Verjährungsfrist]

(1) In zwei Jahren verjähren die Ansprüche:

...

15. der Rechtsanwälte, Notare sowie aller Personen, die zur Besorgung gewisser Geschäfte öffentlich bestellt oder zugelassen sind, wegen ihrer Gebühren und Auslagen, soweit nicht diese zur Staatskasse fließen;

§ 198 [Regelmäßiger Verjährungsbeginn]

Die Verjährung beginnt mit der Entstehung des Anspruchs. Geht der Anspruch auf ein Unterlassen, so beginnt die Verjährung mit der Zuwiderhandlung.

§ 199 [Verjährungsbeginn bei Kündigung]

Kann der Berechtigte die Leistung erst verlangen, wenn er dem Verpflichteten gekündigt hat, so beginnt die Verjährung mit dem Zeitpunkte, von welchem an die Kündigung zulässig ist. Hat der Verpflichtete die Leistung erst zu bewirken, wenn seit der Kündigung eine bestimmte Frist verstrichen ist, so wird der Beginn der Verjährung um die Dauer der Frist hinausgeschoben.

§ 200 [Verjährungsbeginn bei Anfechtung]

Hängt die Entstehung eines Anspruchs davon ab, daß der Berechtigte von einem ihm zustehenden Anfechtungsrechte Gebrauch macht, so beginnt die Verjährung mit dem Zeitpunkte, von welchem an die Anfechtung zulässig ist. Dies gilt jedoch nicht, wenn die Anfechtung sich auf ein familienrechtliches Verhältnis bezieht.

§ 201 [Beginn der kurzen Verjährung]

Die Verjährung der in den §§ 196, 197 bezeichneten Ansprüche beginnt mit dem Schlusse des Jahres, in welchem der nach den §§ 198 bis 200 maßgebende Zeitpunkt eintritt. Kann die Leistung erst nach dem Ablauf einer über diesen Zeitpunkt hinausreichenden Frist verlangt werden, so beginnt die Verjährung mit dem Schlusse des Jahres, in welchem die Frist abläuft.

§ 202 [Hemmung der Verjährung aus Rechtsgründen]

(1) Die Verjährung ist gehemmt, solange die Leistung gestundet oder der Verpflichtete aus einem anderen Grunde vorübergehend zur Verweigerung der Leistung berechtigt ist.

(2) Diese Vorschrift findet keine Anwendung auf die Einrede des Zurückbehaltungsrechts, des nicht erfüllten Vertrags, der mangelnden Sicherheitsleistung, der Vorausklage sowie auf die nach § 770 dem Bürgen und nach den §§ 2014, 2015 dem Erben zustehenden Einreden.

§ 203 [Hemmung aus tatsächlichen Gründen]

(1) Die Verjährung ist gehemmt, solange der Berechtigte durch Stillstand der Rechtspflege innerhalb der letzten sechs Monate der Verjährungsfrist an der Rechtsverfolgung verhindert ist.

(2) Das gleiche gilt, wenn eine solche Verhinderung in anderer Weise durch höhere Gewalt herbeigeführt wird.

§ 204 [Hemmung aus familiären Gründen]

Die Verjährung von Ansprüchen zwischen Ehegatten ist gehemmt, solange die Ehe besteht. Das gleiche gilt von Ansprüchen zwischen Eltern und Kindern während der Minderjährigkeit der Kinder und von Ansprüchen zwischen dem Vormund und dem Mündel während der Dauer des Vormundschaftsverhältnisses.

§ 205 [Wirkung der Hemmung]

Der Zeitraum, während dessen die Verjährung gehemmt ist, wird in die Verjährungsfrist nicht eingerechnet.

§ 206 [Ablaufhemmung bei nicht voll Geschäftsfähigen]

(1) Ist eine geschäftsunfähige oder in der Geschäftsfähigkeit beschränkte Person ohne gesetzlichen Vertreter, so wird die gegen sie laufende Verjährung nicht vor dem Ablaufe von sechs Monaten nach dem Zeitpunkte vollendet, in welchem die Person unbeschränkt geschäftsfähig wird oder der Mangel der Vertretung aufhört. Ist die Verjährungsfrist kürzer als sechs Monate, so tritt der für die Verjährung bestimmte Zeitraum an die Stelle der sechs Monate.

(2) Diese Vorschriften finden keine Anwendung, soweit eine in der Geschäftsfähigkeit beschränkte Person prozeßfähig ist.

§ 207 [Ablaufhemmung bei Nachlaßsachen]

Die Verjährung eines Anspruchs, der zu einem Nachlasse gehört oder sich gegen einen Nachlaß richtet, wird nicht vor dem Ablaufe von sechs Monaten nach dem Zeitpunkte vollendet, in welchem die Erbschaft von dem Erben angenommen oder das Insolvenzverfahren über den Nachlaß eröffnet wird oder von welchem an der Anspruch von einem Vertreter oder gegen einen Vertreter geltend gemacht werden kann. Ist die Verjährungsfrist kürzer als sechs Monate, so tritt der für die Verjährung bestimmte Zeitraum an die Stelle der sechs Monate.

§ 208 [Unterbrechung der Verjährung durch Anerkenntnis]

Die Verjährung wird unterbrochen, wenn der Verpflichtete dem Berechtigten gegenüber den Anspruch durch Abschlagzahlung, Zinszahlung, Sicherheitsleistung oder in anderer Weise anerkennt.

§ 209 [Unterbrechung durch gerichtliche Geltendmachung]

(1) Die Verjährung wird unterbrochen, wenn der Berechtigte auf Befriedigung oder auf Feststellung des Anspruchs, auf Erteilung der Vollstreckungsklausel oder auf Erlassung des Vollstreckungsurteils Klage erhebt.

(2) Der Erhebung der Klage stehen gleich:

1. die Zustellung eines Mahnbescheids im Mahnverfahren;

1a. die Geltendmachung eines Anspruchs durch Anbringung eines Güteantrags bei einer Gütestelle der im § 794 Abs. 1 Nr. 1 der Zivilprozeßordnung bezeichneten Art;

1b. die Zustellung eines Antrags im vereinfachten Verfahren zur Festsetzung von Unterhalt;

2. die Anmeldung des Anspruchs im Insolvenzverfahren oder im Schiffahrtsrechtlichen Verteilungsverfahren;

3. die Geltendmachung der Aufrechnung des Anspruchs im Prozesse;
4. die Streitverkündung in dem Prozesse, von dessen Ausgange der Anspruch abhängt;
5. die Vornahme einer Vollstreckungshandlung und, soweit die Zwangsvollstreckung den Gerichten oder anderen Behörden zugewiesen ist, die Stellung des Antrags auf Zwangsvollstreckung.

§ 210 [Unterbrechung durch Antrag auf Vorentscheidung]

Hängt die Zulässigkeit des Rechtswegs von der Vorentscheidung einer Behörde ab oder hat die Bestimmung des zuständigen Gerichts durch ein höheres Gericht zu erfolgen, so wird die Verjährung durch die Einreichung des Gesuchs an die Behörde oder das höhere Gericht in gleicher Weise wie durch Klagerhebung oder durch Anbringung des Güteantrags unterbrochen, wenn binnen drei Monaten nach der Erledigung des Gesuchs die Klage erhoben oder der Güteantrag angebracht wird. Auf diese Frist finden die Vorschriften der §§ 203, 206, 207 entsprechende Anwendung.

§ 211 [Dauer und Ende der Unterbrechung bei Klage]

(1) Die Unterbrechung durch Klagerhebung dauert fort, bis der Prozeß rechtskräftig entschieden oder anderweit erledigt ist.

(2) Gerät der Prozeß infolge einer Vereinbarung oder dadurch, daß er nicht betrieben wird, in Stillstand, so endigt die Unterbrechung mit der letzten Prozeßhandlung der Parteien oder des Gerichts. Die nach der Beendigung der Unterbrechung beginnende neue Verjährung wird dadurch, daß eine der Parteien den Prozeß weiter betreibt, in gleicher Weise wie durch Klagerhebung unterbrochen.

§ 212 [Unterbrechung bei Klagerücknahme]

(1) Die Unterbrechung durch Klagerhebung gilt als nicht erfolgt, wenn die Klage zurückgenommen oder durch ein nicht in der Sache selbst entscheidendes Urteil rechtskräftig abgewiesen wird.

(2) Erhebt der Berechtigte binnen sechs Monaten von neuem Klage, so gilt die Verjährung als durch die Erhebung der ersten Klage unterbrochen. Auf diese Frist finden die Vorschriften der §§ 203, 206, 207 entsprechende Anwendung.

§ 212a [Dauer der Unterbrechung bei Güteantrag]

Die Unterbrechung durch Anbringung des Güteantrags dauert bis zur Erledigung des Güteverfahrens und, wenn an dieses Verfahren sich ein Streitverfahren unmittelbar anschließt, nach Maßgabe der §§ 211, 212 fort. Gerät das Güteverfahren dadurch, daß es nicht betrieben wird, in Stillstand, so finden die Vorschriften des § 211 Abs. 2 entsprechende Anwendung. Wird der Güteantrag zurückgenommen, so gilt die Unterbrechung der Verjährung als nicht erfolgt.

§ 213 [Dauer der Unterbrechung bei Mahnbescheid]

Auf die Unterbrechung durch Zustellung eines Mahnbescheids im Mahnverfahren finden die Vorschriften des § 212a entsprechende Anwendung. Die Unterbrechung gilt als nicht erfolgt, wenn der Mahnbescheid seine Kraft verliert (§ 701 der Zivilprozeßordnung).

§ 214 [Dauer der Unterbrechung bei Anmeldung im Insolvenzverfahren und im Schiffahrtsrechtlichen Verteilungsverfahren]

(1) Die Unterbrechung durch Anmeldung im Insolvenzverfahren dauert fort, bis das Insolvenzverfahren beendigt ist.

(2) Die Unterbrechung gilt als nicht erfolgt, wenn die Anmeldung zurückgenommen wird.

(3) Wird bei der Beendigung des Insolvenzverfahrens für eine Forderung, die infolge eines bei der Prüfung erhobenen Widerspruchs in Prozeß befangen ist, ein Betrag zurückbehalten, so dauert die Unterbrechung auch nach der Beendigung des Insolvenzverfahrens fort; das Ende der Unterbrechung bestimmt sich nach den Vorschriften des § 211.

(4) Auf die Unterbrechung durch Anmeldung im Schiffahrtsrechtlichen Verteilungsverfahren sind die Absätze 1 bis 3 entsprechend anzuwenden.

§ 215 [Dauer der Unterbrechung bei Aufrechnung und Streitverkündung]

(1) Die Unterbrechung durch Geltendmachung der Aufrechnung im Prozeß oder durch Streitverkündung dauert fort, bis der Prozeß rechtskräftig entschieden oder anderweit erledigt ist; die Vorschriften des § 211 Abs. 2 finden Anwendung.

(2) Die Unterbrechung gilt als nicht erfolgt, wenn nicht binnen sechs Monaten nach der Beendigung des Prozesses Klage auf Befriedigung oder Feststellung des Anspruchs erhoben wird. Auf diese Frist finden die Vorschriften der §§ 203, 206, 207 entsprechende Anwendung.

§ 216 [Unterbrechung bei Vollstreckungshandlungen]

(1) Die Unterbrechung durch Vornahme einer Vollstreckungshandlung gilt als nicht erfolgt, wenn die Vollstreckungsmaßregel auf Antrag des Berechtigten oder wegen Mangels der gesetzlichen Voraussetzungen aufgehoben wird.

(2) Die Unterbrechung durch Stellung des Antrags auf Zwangsvollstreckung gilt als nicht erfolgt, wenn dem Antrage nicht stattgegeben oder der Antrag vor der Vornahme der Vollstreckungshandlung zurückgenommen oder die erwirkte Vollstreckungsmaßregel nach Absatz 1 aufgehoben wird.

§ 217 [Wirkung der Unterbrechung]

Wird die Verjährung unterbrochen, so kommt die bis zur Unterbrechung verstrichene Zeit nicht in Betracht; eine neue Verjährung kann erst nach der Beendigung der Unterbrechung beginnen.

§ 218 [Verjährung des rechtskräftigen Anspruchs]

(1) Ein rechtskräftig festgestellter Anspruch verjährt in dreißig Jahren, auch wenn er an sich einer kürzeren Verjährung unterliegt. Das gleiche gilt von dem Anspruch aus einem vollstreckbaren Vergleich oder einer vollstreckbaren Urkunde sowie von einem Anspruche, welcher durch die im Insolvenzverfahren erfolgte Feststellung vollstreckbar geworden ist.

(2) Soweit sich die Feststellung auf regelmäßig wiederkehrende, erst künftig fällig werdende Leistungen bezieht, bewendet es bei der kürzeren Verjährungsfrist.

§ 219 [Verjährung des Anspruchs aus Vorbehaltsurteil]

Als rechtskräftige Entscheidung im Sinne des § 211 Abs. 1 und des § 218 Abs. 1 gilt auch ein unter Vorbehalt ergangenes rechtskräftiges Urteil.

§ 220 [Unterbrechung der Verjährung bei sonstigen Verfahren]

(1) Ist der Anspruch vor einem Schiedsgericht oder einem besonderen Gerichte, vor einem Verwaltungsgericht oder einer Verwaltungsbehörde geltend zu machen, so finden die Vorschriften der §§ 209 bis 213, 215, 216, 218, 219 entsprechende Anwendung.

(2) Sind in dem Schiedsvertrage die Schiedsrichter nicht ernannt oder ist die Ernennung eines Schiedsrichters aus einem anderen Grunde erforderlich oder kann das Schiedsgericht erst nach der Erfüllung einer sonstigen Voraussetzung angerufen werden, so wird die Verjährung schon dadurch unterbrochen, daß der Berechtigte das zur Erledigung der Sache seinerseits Erforderliche vornimmt.

§ 221 [Verjährung bei Rechtsnachfolge]

Gelangt eine Sache, in Ansehung deren ein dinglicher Anspruch besteht, durch Rechtsnachfolge in den Besitz eines Dritten, so kommt die während des Besitzes des Rechtsvorgängers verstrichene Verjährungszeit dem Rechtsnachfolger zustatten.

§ 222 [Wirkung der Verjährung]

(1) Nach der Vollendung der Verjährung ist der Verpflichtete berechtigt, die Leistung zu verweigern.

(2) Das zur Befriedigung eines verjährten Anspruchs Geleistete kann nicht zurückgefordert werden, auch wenn die Leistung in Unkenntnis der Ver-

jährung bewirkt worden ist. Das gleiche gilt von einem vertragsmäßigen Anerkenntnisse sowie einer Sicherheitsleistung des Verpflichteten.

§ 223 [Wirkung bei gesicherten Rechten]

(1) Die Verjährung eines Anspruchs, für den eine Hypothek, eine Schiffshypothek oder ein Pfandrecht besteht, hindert den Berechtigten nicht, seine Befriedigung aus dem verhafteten Gegenstande zu suchen.

(2) Ist zur Sicherung eines Anspruchs ein Recht übertragen worden, so kann die Rückübertragung nicht auf Grund der Verjährung des Anspruchs gefordert werden.

(3) Diese Vorschriften finden keine Anwendung bei der Verjährung von Ansprüchen auf Rückstände von Zinsen oder anderen wiederkehrenden Leistungen.

§ 224 [Verjährung der Nebenleistungen]

Mit dem Hauptanspruche verjährt der Anspruch auf die von ihm abhängenden Nebenleistungen, auch wenn die für diesen Anspruch geltende besondere Verjährung noch nicht vollendet ist.

§ 225 [Vereinbarungen über die Verjährung]

Die Verjährung kann durch Rechtsgeschäft weder ausgeschlossen noch erschwert werden. Erleichterung der Verjährung, insbesondere Abkürzung der Verjährungsfrist, ist zulässig.

§ 242 [Leistung nach Treu und Glauben]

Der Schuldner ist verpflichtet, die Leistung so zu bewirken, wie Treu und Glauben mit Rücksicht auf die Verkehrssitte es erfordern.

§ 284 [Verzug des Schuldners]

(1) Leistet der Schuldner auf eine Mahnung des Gläubigers nicht, die nach dem Eintritte der Fälligkeit erfolgt, so kommt er durch die Mahnung in Verzug. Der Mahnung steht die Erhebung der Klage auf die Leistung sowie die Zustellung eines Mahnbescheids im Mahnverfahren gleich.

(2) Ist für die Leistung eine Zeit nach dem Kalender bestimmt, so kommt der Schuldner ohne Mahnung in Verzug, wenn er nicht zu der bestimmten Zeit leistet. Das gleiche gilt, wenn der Leistung eine Kündigung vorauszugehen hat und die Zeit für die Leistung in der Weise bestimmt ist, daß sie sich von der Kündigung ab nach dem Kalender berechnen läßt.

(3) Abweichend von den Absätzen 1 und 2 kommt der Schuldner einer Geldforderung 30 Tage nach Fälligkeit und Zugang einer Rechnung oder einer gleichwertigen Zahlungsaufforderung in Verzug. Bei Schuldverhältnissen, die wiederkehrende Geldleistungen zum Gegenstand haben, bleibt Absatz 2 unberührt.

§ 286 [Verzugsschaden]

(1) Der Schuldner hat dem Gläubiger den durch den Verzug entstehenden Schaden zu ersetzen.

(2) Hat die Leistung infolge des Verzugs für den Gläubiger kein Interesse, so kann dieser unter Ablehnung der Leistung Schadensersatz wegen Nichterfüllung verlangen. Die für das vertragsmäßige Rücktrittsrecht geltenden Vorschriften der §§ 346 bis 356 finden entsprechende Anwendung.

§ 288 [Verzugszinsen]

(1) Eine Geldschuld ist während des Verzugs für das Jahr mit fünf Prozentpunkten über dem Basiszinssatz nach § 1 des Diskontsatz-Überleitungs-Gesetzes vom 9. Juni 1998 (BGBl. I S. 1242) zu verzinsen. Kann der Gläubiger aus einem anderen Rechtsgrunde höhere Zinsen verlangen, so sind diese fortzuentrichten.

(2) Die Geltendmachung eines weiteren Schadens ist nicht ausgeschlossen.

§ 315 [Bestimmung der Leistung durch eine Partei]

(1) Soll die Leistung durch einen der Vertragschließenden bestimmt werden, so ist im Zweifel anzunehmen, daß die Bestimmung nach billigem Ermessen zu treffen ist.

(2) Die Bestimmung erfolgt durch Erklärung gegenüber dem anderen Teile.

(3) Soll die Bestimmung nach billigem Ermessen erfolgen, so ist die getroffene Bestimmung für den anderen Teil nur verbindlich, wenn sie der Billigkeit entspricht. Entspricht sie nicht der Billigkeit, so wird die Bestimmung durch Urteil getroffen; das gleiche gilt, wenn die Bestimmung verzögert wird.

§ 316 [Bestimmung der Gegenleistung]

Ist der Umfang der für eine Leistung versprochenen Gegenleistung nicht bestimmt, so steht die Bestimmung im Zweifel demjenigen Teile zu, welcher die Gegenleistung zu fordern hat.

§ 421 [Gesamtschuldner]

Schulden mehrere eine Leistung in der Weise, daß jeder die ganze Leistung zu bewirken verpflichtet, der Gläubiger aber die Leistung nur einmal zu fordern berechtigt ist (Gesamtschuldner), so kann der Gläubiger die Leistung nach seinem Belieben von jedem der Schuldner ganz oder zu einem Teile fordern. Bis zur Bewirkung der ganzen Leistung bleiben sämtliche Schuldner verpflichtet.

§ 611 [Wesen des Dienstvertrags]

(1) Durch den Dienstvertrag wird derjenige, welcher Dienste zusagt, zur Leistung der versprochenen Dienste, der andere Teil zur Gewährung der vereinbarten Vergütung verpflichtet.

(2) Gegenstand des Dienstvertrags können Dienste jeder Art sein.

§ 612 [Vergütung]

(1) Eine Vergütung gilt als stillschweigend vereinbart, wenn die Dienstleistung den Umständen nach nur gegen eine Vergütung zu erwarten ist.

(2) Ist die Höhe der Vergütung nicht bestimmt, so ist bei dem Bestehen einer Taxe die taxmäßige Vergütung, in Ermangelung einer Taxe die übliche Vergütung als vereinbart anzusehen.

(3) Bei einem Arbeitsverhältnis darf für gleiche oder für gleichwertige Arbeit nicht wegen des Geschlechts des Arbeitnehmers eine geringere Vergütung vereinbart werden als bei einem Arbeitnehmer des anderen Geschlechts. Die Vereinbarung einer geringeren Vergütung wird nicht dadurch gerechtfertigt, daß wegen des Geschlechts des Arbeitnehmers besondere Schutzvorschriften gelten. § 611 a Abs. 1 Satz 3 ist entsprechend anzuwenden.

§ 613 [Persönliche Pflicht; Unübertragbarkeit]

Der zur Dienstleistung Verpflichtete hat die Dienste im Zweifel in Person zu leisten. Der Anspruch auf die Dienste ist im Zweifel nicht übertragbar.

§ 613a [Rechte und Pflichten bei Betriebsübergang]

(1) Geht ein Betrieb oder Betriebsteil durch Rechtsgeschäft auf einen anderen Inhaber über, so tritt dieser in die Rechte und Pflichten aus den im Zeitpunkt des Übergangs bestehenden Arbeitsverhältnissen ein. Sind diese Rechte und Pflichten durch Rechtsnormen eines Tarifvertrags oder durch eine Betriebsvereinbarung geregelt, so werden sie Inhalt des Arbeitsverhältnisses zwischen dem neuen Inhaber und dem Arbeitnehmer und dürfen nicht vor Ablauf eines Jahres nach dem Zeitpunkt des Übergangs zum Nachteil des Arbeitnehmers geändert werden. Satz 2 gilt nicht, wenn die Rechte und Pflichten bei dem neuen Inhaber durch Rechtsnormen eines anderen Tarifvertrags oder durch eine andere Betriebsvereinbarung geregelt werden. Vor Ablauf der Frist nach Satz 2 können die Rechte und Pflichten geändert werden, wenn der Tarifvertrag oder die Betriebsvereinbarung nicht mehr gilt oder bei fehlender beiderseitiger Tarifgebundenheit im Geltungsbereich eines anderen Tarifvertrags dessen Anwendung zwischen dem neuen Inhaber und dem Arbeitnehmer vereinbart wird.

(2) Der bisherige Arbeitgeber haftet neben dem neuen Inhaber für Verpflichtungen nach Absatz 1, soweit sie vor dem Zeitpunkt des Übergangs entstanden sind und vor Ablauf von einem Jahr nach diesem Zeitpunkt fällig werden, als Gesamtschuldner. Werden solche Verpflichtungen nach dem Zeitpunkt des Übergangs fällig, so haftet der bisherige Arbeitgeber für sie jedoch nur in dem Umfang, der dem im Zeitpunkt des Übergangs abgelaufenen Teil ihres Bemessungszeitraums entspricht.

(3) Absatz 2 gilt nicht, wenn eine juristische Person oder eine Personenhandelsgesellschaft durch Umwandlung erlischt.

(4) Die Kündigung des Arbeitsverhältnisses eines Arbeitnehmers durch den bisherigen Arbeitgeber oder durch den neuen Inhaber wegen des Übergangs

eines Betriebs oder eines Betriebsteils ist unwirksam. Das Recht zur Kündigung des Arbeitsverhältnisses aus anderen Gründen bleibt unberührt.

§ 614 [Fälligkeit der Vergütung]

Die Vergütung ist nach der Leistung der Dienste zu entrichten. Ist die Vergütung nach Zeitabschnitten bemessen, so ist sie nach dem Ablaufe der einzelnen Zeitabschnitte zu entrichten.

§ 615 [Vergütung bei Annahmeverzug]

Kommt der Dienstberechtigte mit der Annahme der Dienste in Verzug, so kann der Verpflichtete für die infolge des Verzugs nicht geleisteten Dienste die vereinbarte Vergütung verlangen, ohne zur Nachleistung verpflichtet zu sein. Er muß sich jedoch den Wert desjenigen anrechnen lassen, was er infolge des Unterbleibens der Dienstleistung erspart oder durch anderweitige Verwendung seiner Dienst erwirbt oder zu erwerben böswillig unterläßt.

§ 616 [Vorübergehende Verhinderung]

Der zur Dienstleistung Verpflichtete wird des Anspruchs auf die Vergütung nicht dadurch verlustig, daß er für eine verhältnismäßig nicht erhebliche Zeit durch einen in seiner Person liegenden Grund ohne sein Verschulden an der Dienstleistung verhindert wird. Er muß sich jedoch den Betrag anrechnen lassen, welcher ihm für die Zeit der Verhinderung aus einer auf Grund gesetzlicher Verpflichtung bestehenden Kranken- oder Unfallversicherung zukommt.

§ 617 [Erkrankung des Dienstverpflichteten]

(1) Ist bei einem dauernden Dienstverhältnisse, welches die Erwerbstätigkeit des Verpflichteten vollständig oder hauptsächlich in Anspruch nimmt, der Verpflichtete in die häusliche Gemeinschaft aufgenommen, so hat der Dienstberechtigte ihm im Falle der Erkrankung die erforderliche Verpflegung und ärztliche Behandlung bis zur Dauer von sechs Wochen, jedoch nicht über die Beendigung des Dienstverhältnisses hinaus, zu gewähren, sofern nicht die Erkrankung von dem Verpflichteten vorsätzlich oder durch grobe Fahrlässigkeit herbeigeführt worden ist. Die Verpflegung und ärztliche Behandlung kann durch Aufnahme des Verpflichteten in eine Krankenanstalt gewährt werden. Die Kosten können auf die für die Zeit der Erkrankung geschuldete Vergütung angerechnet werden. Wird das Dienstverhältnis wegen der Erkrankung von dem Dienstberechtigten nach § 626 gekündigt, so bleibt die dadurch herbeigeführte Beendigung des Dienstverhältnisses außer Betracht.

(2) Die Verpflichtung des Dienstberechtigten tritt nicht ein, wenn für die Verpflegung und ärztliche Behandlung durch eine Versicherung oder durch eine Einrichtung der öffentlichen Krankenpflege Vorsorge getroffen ist.

§ 618 [Pflicht zu Schutzmaßnahmen]

(1) Der Dienstberechtigte hat Räume, Vorrichtungen oder Gerätschaften, die er zur Verrichtung der Dienste zu beschaffen hat, so einzurichten und zu unterhalten und Dienstleistungen, die unter seiner Anordnung oder seiner Leitung vorzunehmen sind, so zu regeln, daß der Verpflichtete gegen Gefahr für Leben und Gesundheit soweit geschützt ist, als die Natur der Dienstleistung es gestattet.

(2) Ist der Verpflichtete in die häusliche Gemeinschaft aufgenommen, so hat der Dienstberechtigte in Ansehung des Wohn- und Schlafraums, der Verpflegung sowie der Arbeits- und Erholungszeit diejenigen Einrichtungen und Anordnungen zu treffen, welche mit Rücksicht auf die Gesundheit, die Sittlichkeit und die Religion des Verpflichteten erforderlich sind.

(3) Erfüllt der Dienstberechtigte die ihm in Ansehung des Lebens und der Gesundheit des Verpflichteten obliegenden Verpflichtungen nicht, so finden auf seine Verpflichtung zum Schadensersatze die für unerlaubte Handlungen geltenden Vorschriften der §§ 842 bis 846 entsprechende Anwendung.

§ 619 [Unabdingbarkeit der Fürsorgepflichten]

Die dem Dienstberechtigten nach den §§ 617, 618 obliegenden Verpflichtungen können nicht im voraus durch Vertrag aufgehoben oder beschränkt werden.

§ 620 [Ende des Dienstverhältnisses]

(1) Das Dienstverhältnis endigt mit dem Ablaufe der Zeit, für die es eingegangen ist.

(2) Ist die Dauer des Dienstverhältnisses weder bestimmt noch aus der Beschaffenheit oder dem Zwecke der Dienste zu entnehmen, so kann jeder Teil das Dienstverhältnis nach Maßgabe der §§ 621, 622 kündigen.

§ 621 [Allgemeine Kündigungsfristen]

Bei einem Dienstverhältnis, das kein Arbeitsverhältnis im Sinne des § 622 ist, ist die Kündigung zulässig,

1. wenn die Vergütung nach Tagen bemessen ist, an jedem Tag für den Ablauf des folgenden Tages;
2. wenn die Vergütung nach Wochen bemessen ist, spätestens am ersten Werktag einer Woche für den Ablauf des folgenden Sonnabends;
3. wenn die Vergütung nach Monaten bemessen ist, spätestens am fünfzehnten eines Monats für den Schluß des Kalendermonats;
4. wenn die Vergütung nach Vierteljahren oder längeren Zeitabschnitten bemessen ist, unter Einhaltung einer Kündigungsfrist von sechs Wochen für den Schluß eines Kalendervierteljahres;
5. wenn die Vergütung nicht nach Zeitabschnitten bemessen ist, jederzeit; bei einem die Erwerbstätigkeit des Verpflichteten vollständig oder haupt-

sächlich in Anspruch nehmenden Dienstverhältnis ist jedoch eine Kündigungsfrist von zwei Wochen einzuhalten.

§ 622 [Kündigungsfrist bei Arbeitsverhältnissen]

(1) Das Arbeitsverhältnis eines Arbeiters oder eines Angestellten (Arbeitnehmers) kann mit einer Frist von vier Wochen zum Fünfzehnten oder zum Ende eines Kalendermonats gekündigt werden.

(2) Für eine Kündigung durch den Arbeitgeber beträgt die Kündigungsfrist, wenn das Arbeitsverhältnis in dem Betrieb oder Unternehmen

1. zwei Jahre bestanden hat, einen Monat zum Ende eines Kalendermonats,
2. fünf Jahre bestanden hat, zwei Monate zum Ende eines Kalendermonats,
3. acht Jahre bestanden hat, drei Monate zum Ende eines Kalendermonats,
4. zehn Jahre bestanden hat, vier Monate zum Ende eines Kalendermonats,
5. zwölf Jahre bestanden hat, fünf Monate zum Ende eines Kalendermonats,
6. fünfzehn Jahre bestanden hat, sechs Monat zum Ende eines Kalendermonats,
7. zwanzig Jahre bestanden hat, sieben Monate zum Ende eines Kalendermonats,

Bei der Berechnung der Beschäftigungsdauer werden Zeiten, die vor der Vollendung des fünfundzwanzigsten Lebensjahres des Arbeitnehmers liegen, nicht berücksichtigt.

(3) Während einer vereinbarten Probezeit, längstens für die Dauer von sechs Monten, kann das Arbeitsverhältnis mit einer Frist von zwei Wochen gekündigt werden.

(4) Von den Absätzen 1 bis 3 abweichende Regelungen können durch Tarifvertrag vereinbart werden. Im Geltungsbereich eines solchen Tarifvertrages gelten die abweichenden tarifvertraglichen Bestimmungen zwischen nichttarifgebundenen Arbeitgebern und Arbeitnehmern, wenn ihre Anwendung zwischen ihnen vereinbart ist.

(5) Einzelvertraglich kann eine kürzere als die in Absatz 1 genannte Kündigungsfrist nur vereinbart werden,

1. wenn ein Arbeitnehmer zur vorübergehenden Aushilfe eingestellt ist; dies gilt nicht, wenn das Arbeitsverhältnis über die Zeit von drei Monaten hinaus fortgesetzt wird;
2. wenn der Arbeitgeber in der Regel nicht mehr als zwanzig Arbeitnehmer ausschließlich der zu ihrer Berufsbildung Beschäftigten beschäftigt und die Kündigungsfrist vier Wochen nicht unterschreitet. Bei der Feststellung der Zahl der beschäftigten Arbeitnehmer sind teilzeitbeschäftigte Arbeitnehmer mit einer regelmäßigen wöchentlichen Arbeitszeit von nicht mehr als 20 Stunden mit 0,5 und nicht mehr als 30 Stunden mit 0,75 zu berücksichtigen.

Die einzelvertragliche Vereinbarung längerer als der in den Absätzen 1 bis 3 genannten Kündigungsfristen bleibt hiervon unberührt.

(6) Für die Kündigung des Arbeitsverhältnisses durch den Arbeitnehmer darf keine längere Frist vereinbart werden als für die Kündigung durch den Arbeitgeber.

§ 623 [Schriftform]

Die Beendigung von Arbeitsverhältnissen durch Kündigung oder Auflösungsvertrag sowie die Befristung bedürfen zu ihrer Wirksamkeit der Schriftform.

§ 624 [Kündigungsfrist bei Verträgen über mehr als 5 Jahre]

Ist das Dienstverhältnis für die Lebenszeit einer Person oder für längere Zeit als fünf Jahre eingegangen, so kann es von dem Verpflichteten nach dem Ablaufe von fünf Jahren gekündigt werden. Die Kündigungsfrist beträgt sechs Monate.

§ 625 [Stillschweigende Verlängerung]

Wird das Dienstverhältnis nach dem Ablaufe der Dienstzeit von dem Verpflichteten mit Wissen des anderen Teiles fortgesetzt, so gilt es als auf unbestimmte Zeit verlängert, sofern nicht der andere Teil unverzüglich widerspricht.

§ 626 [Fristlose Kündigung aus wichtigem Grund]

(1) Das Dienstverhältnis kann von jedem Vertragsteil aus wichtigem Grund ohne Einhaltung einer Kündigungsfrist gekündigt werden, wenn Tatsachen vorliegen, auf Grund derer dem Kündigenden unter Berücksichtigung aller Umstände des Einzelfalles und unter Abwägung der Interessen beider Vertragsteile die Fortsetzung des Dienstverhältnisses bis zum Ablauf der Kündigungsfrist oder bis zu der vereinbarten Beendigung des Dienstverhältnisses nicht zugemutet werden kann.

(2) Die Kündigung kann nur innerhalb von zwei Wochen erfolgen. Die Frist beginnt mit dem Zeitpunkt, in dem der Kündigungsberechtigte von den für die Kündigung maßgebenden Tatsachen Kenntnis erlangt. Der Kündigende muß dem anderen Teil auf Verlangen den Kündigungsgrund unverzüglich schriftlich mitteilen.

§ 627 [Fristlose Kündigung bei Vertrauensstellung]

(1) Bei einem Dienstverhältnis, das kein Arbeitsverhältnis im Sinne des § 622 ist, ist die Kündigung auch ohne die im § 626 bezeichnete Voraussetzung zulässig, wenn der zur Dienstleistung Verpflichtete, ohne in einem dauernden Dienstverhältnis mit festen Bezügen zu stehen, Dienste höherer Art zu leisten hat, die auf Grund besonderen Vertrauens übertragen zu werden pflegen.

(2) Der Verpflichtete darf nur in der Art kündigen, daß sich der Dienstberechtigte die Dienste anderweit beschaffen kann, es sei denn, daß ein wichtiger Grund für die unzeitige Kündigung vorliegt. Kündigt er ohne solchen

Grund zur Unzeit, so hat er dem Dienstberechtigten den daraus entstehenden Schaden zu ersetzen.

§ 628 [Vergütung, Schadensersatz bei fristloser Kündigung]

(1) Wird nach dem Beginne der Dienstleistung das Dienstverhältnis auf Grund des § 626 oder des § 627 gekündigt, so kann der Verpflichtete einen seinen bisherigen Leistungen entsprechenden Teil der Vergütung verlangen. Kündigt er, ohne durch vertragswidriges Verhalten des anderen Teiles dazu veranlaßt zu sein, oder veranlaßt er durch sein vertragswidriges Verhalten die Kündigung des anderen Teiles, so steht ihm ein Anspruch auf die Vergütung insoweit nicht zu, als seine bisherigen Leistungen infolge der Kündigung für den anderen Teil kein Interesse haben. Ist die Vergütung für eine spätere Zeit im voraus entrichtet, so hat der Verpflichtete sie nach Maßgabe des § 347 oder, wenn die Kündigung wegen eines Umstandes erfolgt, den er nicht zu vertreten hat, nach den Vorschriften über die Herausgabe einer ungerechtfertigten Bereicherung zurückzuerstatten.

(2) Wird die Kündigung durch vertragswidriges Verhalten des anderen Teiles veranlaßt, so ist dieser zum Ersatze des durch die Aufhebung des Dienstverhältnisses entstehenden Schadens verpflichtet.

§ 629 [Freizeit zur Stellungssuche]

Nach der Kündigung eines dauernden Dienstverhältnisses hat der Dienstberechtigte dem Verpflichteten auf Verlangen angemessene Zeit zum Aufsuchen eines anderen Dienstverhältnisses zu gewähren.

§ 630 [Pflicht zur Zeugniserteilung]

Bei der Beendigung eines dauernden Dienstverhältnisses kann der Verpflichtete von dem anderen Teile ein schriftliches Zeugnis über das Dienstverhältnis und dessen Dauer fordern. Das Zeugnis ist auf Verlangen auf die Leistungen und die Führung im Dienste zu erstrecken.

§ 631 [Wesen des Werkvertrags]

(1) Durch den Werkvertrag wird der Unternehmer zur Herstellung des versprochenen Werkes, der Besteller zur Entrichtung der vereinbarten Vergütung verpflichtet.

(2) Gegenstand des Werkvertrags kann sowohl die Herstellung oder Veränderung einer Sache als ein anderer durch Arbeit oder Dienstleistung herbeizuführender Erfolg sein.

§ 632 [Vergütung]

(1) Eine Vergütung gilt als stillschweigend vereinbart, wenn die Herstellung des Werkes den Umständen nach nur gegen eine Vergütung zu erwarten ist.

(2) Ist die Höhe der Vergütung nicht bestimmt, so ist bei dem Bestehen einer Taxe die taxmäßige Vergütung, in Ermangelung einer Taxe die übliche Vergütung als vereinbart anzusehen.

§ 632a [Abschlagszahlung]

Der Unternehmer kann von dem Besteller für in sich abgeschlossene Teile des Werkes Abschlagszahlungen für die erbrachten vertragsmäßigen Leistungen verlangen. Dies gilt auch für erforderliche Stoffe oder Bauteile, die eigens angefertigt oder angeliefert sind. Der Anspruch besteht nur, wenn dem Besteller Eigentum an den Teilen des Werkes, an den Stoffen oder Bauteilen übertragen oder Sicherheit hierfür geleistet wird.

§ 633 [Nachbesserung; Mängelbeseitigung]

(1) Der Unternehmer ist verpflichtet, das Werk so herzustellen, daß es die zugesicherten Eigenschaften hat und nicht mit Fehlern behaftet ist, die den Wert oder die Tauglichkeit zu dem gewöhnlichen oder dem nach dem Vertrage vorausgesetzten Gebrauch aufheben oder mindern.

(2) Ist das Werk nicht von dieser Beschaffenheit, so kann der Besteller die Beseitigung des Mangels verlangen. § 476a gilt entsprechend. Der Unternehmer ist berechtigt, die Beseitigung zu verweigern, wenn sie einen unverhältnismäßigen Aufwand erfordert.

(3) Ist der Unternehmer mit der Beseitigung des Mangels im Verzuge, so kann der Besteller den Mangel selbst beseitigen und Ersatz der erforderlichen Aufwendungen verlangen.

§ 634 [Gewährleistung: Wandelung, Minderung]

(1) Zur Beseitigung eines Mangels der im § 633 bezeichneten Art kann der Besteller dem Unternehmer eine angemessene Frist mit der Erklärung bestimmen, daß er die Beseitigung des Mangels nach dem Ablaufe der Frist ablehne. Zeigt sich schon vor der Ablieferung des Werkes ein Mangel, so kann der Besteller die Frist sofort bestimmen; die Frist muß so bemessen werden, daß sie nicht vor der für die Ablieferung bestimmten Frist abläuft. Nach dem Ablaufe der Frist kann der Besteller Rückgängigmachung des Vertrags (Wandelung) oder Herabsetzung der Vergütung (Minderung) verlangen, wenn nicht der Mangel rechtzeitig beseitigt worden ist; der Anspruch auf Beseitigung des Mangels ist ausgeschlossen.

(2) Der Bestimmung einer Frist bedarf es nicht, wenn die Beseitigung des Mangels unmöglich ist oder von dem Unternehmer verweigert wird oder wenn die sofortige Geltendmachung des Anspruchs auf Wandelung oder auf Minderung durch ein besonderes Interesse des Bestellers gerechtfertigt wird.

(3) Die Wandelung ist ausgeschlossen, wenn der Mangel den Wert oder die Tauglichkeit des Werkes nur unerheblich mindert.

(4) Auf die Wandelung und die Minderung finden die für den Kauf geltenden Vorschriften der §§ 465 bis 467, 469 bis 475 entsprechende Anwendung.

§ 635 [Schadensersatz wegen Nichterfüllung]

Beruht der Mangel des Werkes auf einem Umstande, den der Unternehmer zu vertreten hat, so kann der Besteller statt der Wandelung oder der Minderung Schadensersatz wegen Nichterfüllung verlangen.

§ 636 [Verspätete Herstellung]

(1) Wird das Werk ganz oder zum Teil nicht rechtzeitig hergestellt, so finden die für die Wandelung geltenden Vorschriften des § 634 Abs. 1 bis 3 entsprechende Anwendung; an die Stelle des Anspruchs auf Wandelung tritt das Recht des Bestellers, nach § 327 von dem Vertrage zurückzutreten. Die im Falle des Verzugs des Unternehmers dem Besteller zustehenden Rechte bleiben unberührt.

(2) Bestreitet der Unternehmer die Zulässigkeit des erklärten Rücktritts, weil er das Werk rechzeitig hergestellt habe, so trifft ihn die Beweislast.

§ 637 [Vertraglicher Ausschluß der Haftung]

Eine Vereinbarung, durch welche die Verpflichtung des Unternehmers, einen Mangel des Werkes zu vertreten, erlassen oder beschränkt wird, ist nichtig, wenn der Unternehmer den Mangel arglistig verschweigt.

§ 638 [Kurze Verjährung]

(1) Der Anspruch des Bestellers auf Beseitigung eines Mangels des Werkes sowie die wegen des Mangels dem Besteller zustehenden Ansprüche auf Wandelung, Minderung oder Schadensersatz verjähren, sofern nicht der Unternehmer den Mangel arglistig verschwiegen hat, in sechs Monaten, bei Arbeiten an einem Grundstück in einem Jahre, bei Bauwerken in fünf Jahren. Die Verjährung beginnt mit der Abnahme des Werkes.

(2) Die Verjährungsfrist kann durch Vertrag verlängert werden.

§ 639 [Unterbrechung und Hemmung der Verjährung]

(1) Auf die Verjährung der im § 638 bezeichneten Ansprüche des Bestellers finden die für die Verjährung der Ansprüche des Käufers geltenden Vorschriften des § 477 Abs. 2, 3 und der §§ 478, 479 entsprechende Anwendung.

(2) Unterzieht sich der Unternehmer im Einverständnisse mit dem Besteller der Prüfung des Vorhandenseins des Mangels oder der Beseitigung des Mangels, so ist die Verjährung so lange gehemmt, bis der Unternehmer das Ergebnis der Prüfung dem Besteller mitteilt oder ihm gegenüber den Mangel für beseitigt erklärt oder die Fortsetzung der Beseitigung verweigert.

§ 640 [Abnahme]

(1) Der Besteller ist verpflichtet, das vertragsmäßig hergestellte Werk abzunehmen, sofern nicht nach der Beschaffenheit des Werkes die Abnahme ausgeschlossen ist. Wegen unwesentlicher Mängel kann die Abnahme nicht verweigert werden. Der Abnahme steht es gleich, wenn der Besteller das Werk nicht innerhalb einer ihm vom Unternehmer bestimmten angemessenen Frist abnimmt, obwohl er dazu verpflichtet ist.

(2) Nimmt der Besteller ein mangelhaftes Werk gemäß Absatz 1 Satz 1 ab, obschon er den Mangel kennt, so stehen ihm die in den §§ 633, 634 bestimmten Ansprüche nur zu, wenn er sich seine Rechte wegen des Mangels bei der Abnahme vorbehält.

§ 641 [Fälligkeit der Vergütung]

(1) Die Vergütung ist bei der Abnahme des Werkes zu entrichten. Ist das Werk in Teilen abzunehmen und die Vergütung für die einzelnen Teile bestimmt, so ist die Vergütung für jeden Teil bei dessen Abnahme zu entrichten.

(2) Die Vergütung des Unternehmers für ein Werk, dessen Herstellung der Besteller einem Dritten versprochen hat, wird spätestens fällig, wenn und soweit der Besteller von dem Dritten für das versprochene Werk wegen dessen Herstellung seine Vergütung oder Teile davon erhalten hat. Hat der Besteller dem Dritten wegen möglicher Mängel des Werkes Sicherheit geleistet, gilt dies nur, wenn der Unternehmer dem Besteller Sicherheit in entsprechender Höhe leistet.

(3) Kann der Besteller die Beseitigung eines Mangels verlangen, so kann er nach der Abnahme die Zahlung eines angemessenen Teils der Vergütung verweigern, mindestens in Höhe des Dreifachen der für die Beseitigung des Mangels erforderlichen Kosten.

(4) Eine in Geld festgesetzte Vergütung hat der Besteller von der Abnahme des Werkes an zu verzinsen, sofern nicht die Vergütung gestundet ist.

§ 641 a [Fertigstellungsbescheinigung]

(1) Der Abnahme steht es gleich, wenn dem Unternehmer von einem Gutachter eine Bescheinigung darüber erteilt wird, dass

1. das versprochene Werk, im Falle des § 641 Abs. 1 Satz 2 auch ein Teil desselben, hergestellt ist und
2. das Werk frei von Mängeln ist, die der Besteller gegenüber dem Gutachter behauptet hat oder die für den Gutachter bei einer Besichtigung feststellbar sind,

(Fertigstellungsbescheinigung). Das gilt nicht, wenn das Verfahren nach den Absätzen 2 bis 4 nicht eingehalten worden ist oder wenn die Voraussetzungen des § 640 Abs. 1 Satz 1 und 2 nicht gegeben waren; im Streitfall hat dies der Besteller zu beweisen. § 640 Abs. 2 ist nicht anzuwenden. Es wird vermutet, dass ein Aufmaß oder eine Stundenlohnabrechnung, die der Unternehmer seiner Rechnung zugrunde legt, zutreffen, wenn der Gutachter dies in der Fertigstellungsbescheinigung bestätigt.

(2) Gutachter kann sein

1. ein Sachverständiger, auf den sich Unternehmer und Besteller verständigt haben, oder
2. ein auf Antrag des Unternehmers durch eine Industrie- und Handelskammer, eine Handwerkskammer, eine Architektenkammer oder eine Ingenieurkammer bestimmter öffentlich bestellter und vereidigter Sachverständiger.

Der Gutachter wird vom Unternehmer beauftragt. Er ist diesem und dem Besteller des zu begutachtenden Werkes gegenüber verpflichtet, die Bescheinigung unparteiisch und nach bestem Wissen und Gewissen zu erteilen.

(3) Der Gutachter muss mindestens einen Besichtigungstermin abhalten; eine Einladung hierzu unter Angabe des Anlasses muss dem Besteller mindestens zwei Wochen vorher zugehen. Ob das Werk frei von Mängeln ist, beurteilt der Gutachter nach einem schriftlichen Vertrag, den ihm der Unternehmer vorzulegen hat. Änderungen dieses Vertrages sind dabei nur zu berücksichtigen, wenn sie schriftlich vereinbart sind oder von den Vertragsteilen übereinstimmend gegenüber dem Gutachter vorgebracht werden. Wenn der Vertrag entsprechende Angaben nicht enthält, sind die allgemein anerkannten Regeln der Technik zugrunde zu legen. Vom Besteller geltend gemachte Mängel bleiben bei der Erteilung der Bescheinigung unberücksichtigt, wenn sie nach Abschluss der Besichtigung vorgebracht werden.

(4) Der Besteller ist verpflichtet, eine Untersuchung des Werkes oder von Teilen desselben durch den Gutachter zu gestatten. Verweigert er die Untersuchung, wird vermutet, dass das zu untersuchende Werk vertragsgemäß hergestellt worden ist; die Bescheinigung nach Absatz 1 ist zu erteilen.

(5) Dem Besteller ist vom Gutachter eine Abschrift der Bescheinigung zu erteilen. In Ansehung von Fristen, Zinsen und Gefahrübergang treten die Wirkungen der Bescheinigung erst mit ihrem Zugang beim Besteller ein.

§ 642 [Mitwirkung des Bestellers]

(1) Ist bei der Herstellung des Werkes eine Handlung des Bestellers erforderlich, so kann der Unternehmer, wenn der Besteller durch das Unterlassen der Handlung in Verzug der Annahme kommt, eine angemessene Entschädigung verlangen.

(2) Die Höhe der Entschädigung bestimmt sich einerseits nach der Dauer des Verzugs und der Höhe der vereinbarten Vergütung, andererseits nach demjenigen, was der Unternehmer infolge des Verzugs an Aufwendungen erspart oder durch anderweitige Verwendung seiner Arbeitskraft erwerben kann.

§ 643 [Fristsetzung zur Mitwirkung; Kündigungsandrohung]

Der Unternehmer ist im Falle des § 642 berechtigt, dem Besteller zur Nachholung der Handlung eine angemessene Frist mit der Erklärung zu bestimmen, daß er den Vertrag kündige, wenn die Handlung nicht bis zum Ablaufe der Frist vorgenommen werde. Der Vertrag gilt als aufgehoben, wenn nicht die Nachholung bis zum Ablaufe der Frist erfolgt.

§ 644 [Gefahrtragung]

(1) Der Unternehmer trägt die Gefahr bis zur Abnahme des Werkes. Kommt der Besteller in Verzug der Annahme, so geht die Gefahr auf ihn über. Für den zufälligen Untergang und eine zufällige Verschlechterung des von dem Besteller gelieferten Stoffes ist der Unternehmer nicht verantwortlich.

(2) Versendet der Unternehmer das Werk auf Verlangen des Bestellers nach einem anderen Orte als dem Erfüllungsorte, so finden die für den Kauf geltenden Vorschriften des § 447 entsprechende Anwendung.

§ 645 [Haftung des Bestellers]

(1) Ist das Werk vor der Abnahme infolge eines Mangels des von dem Besteller gelieferten Stoffes oder infolge einer von dem Besteller für die Ausführung erteilten Anweisung untergegangen, verschlechtert oder unausführbar geworden, ohne daß ein Umstand mitgewirkt hat, den der Unternehmer zu vertreten hat, so kann der Unternehmer einen der geleisteten Arbeit entsprechenden Teil der Vergütung und Ersatz der in der Vergütung nicht inbegriffenen Auslagen verlangen. Das gleiche gilt, wenn der Vertrag in Gemäßheit des § 643 aufgehoben wird.

(2) Eine weitergehende Haftung des Bestellers wegen Verschuldens bleibt unberührt.

§ 646 [Vollendung statt Abnahme]

Ist nach der Beschaffenheit des Werkes die Abnahme ausgeschlossen, so tritt in den Fällen der §§ 638, 641, 644, 645 an die Stelle der Abnahme die Vollendung des Werkes.

§ 647 [Unternehmerpfandrecht]

Der Unternehmer hat für seine Forderungen aus dem Vertrag ein Pfandrecht an den von ihm hergestellten oder ausgebesserten beweglichen Sachen des Bestellers, wenn sie bei der Herstellung oder zum Zwecke der Ausbesserung in seinen Besitz gelangt sind.

§ 648 [Sicherungshypothek des Bauunternehmers]

(1) Der Unternehmer eines Bauwerkes oder eines einzelnen Teiles eines Bauwerkes kann für seine Forderungen aus dem Vertrage die Einräumung einer Sicherungshypothek an dem Baugrundstücke des Bestellers verlangen. Ist das Werk noch nicht vollendet, so kann er die Einräumung der Sicherungshypothek für einen der geleisteten Arbeit entsprechenden Teil der Vergütung und für die in der Vergütung nicht inbegriffenen Auslagen verlangen.

(2) Der Inhaber einer Schiffswerft kann für seine Forderungen aus dem Bau oder der Ausbesserung eines Schiffs die Einräumung einer Schiffshypothek an dem Schiffsbauwerk oder dem Schiff des Bestellers verlangen; Absatz 1 Satz 2 gilt sinngemäß. § 647 findet keine Anwendung.

§ 648a [Sicherheitsleistung des Bestellers]

(1) Der Unternehmer eines Bauwerks, einer Außenanlage oder eines Teils davon kann vom Besteller Sicherheit für die von ihm zu erbringenden Vorleistungen einschließlich dazugehöriger Nebenforderungen in der Weise verlangen, daß er dem Besteller zur Leistung der Sicherheit eine angemessene Frist mit der Erklärung bestimmt, daß er nach dem Ablauf der Frist seine Leistung verweigere. Sicherheit kann bis zur Höhe des voraussichtlichen Vergütungsanspruchs, wie er sich aus dem Vertrag oder einem nachträglichen Zusatzauftrag ergibt, sowie wegen Nebenforderungen verlangt werden; die Nebenforderungen sind mit 10 vom Hundert des zu sichernden Vergütungsanspruchs anzusetzen. Sie ist auch dann als ausreichend anzusehen, wenn sich der Sicherungsgeber das Recht vorbehält, sein Versprechen im Falle einer wesentlichen Verschlechterung der Vermögensverhältnisse des Bestellers mit Wirkung für Vergütungsansprüche aus Bauleistungen zu widerrufen, die der Unternehmer bei Zugang der Widerrufserklärung noch nicht erbracht hat.

(2) Die Sicherheit kann auch durch eine Garantie oder ein sonstiges Zahlungsversprechen eines im Geltungsbereich dieses Gesetzes zum Geschäftsbetrieb befugten Kreditinstituts oder Kreditversicherers geleistet werden. Das Kreditinstitut oder der Kreditversicherer darf Zahlungen an den Unternehmer nur leisten, soweit der Besteller den Vergütungsanspruch des Unternehmers anerkennt oder durch vorläufig vollstreckbares Urteil zur Zahlung der Vergütung verurteilt worden ist und die Voraussetzungen vorliegen, unter denen die Zwangsvollstreckung begonnen werden darf.

(3) Der Unternehmer hat dem Besteller die üblichen Kosten der Sicherheitsleistung bis zu einem Höchstsatz von 2 vom Hundert für das Jahr zu erstatten. Dies gilt nicht, soweit eine Sicherheit wegen Einwendungen des Bestellers gegen den Vergütungsanspruch des Unternehmers aufrechterhalten werden muß und die Einwendungen sich als unbegründet erweisen.

(4) Soweit der Unternehmer für seinen Vergütungsanspruch eine Sicherheit nach den Absätzen 1 oder 2 erlangt hat, ist der Anspruch auf Einräumung einer Sicherungshypothek nach § 648 Abs. 1 ausgeschlossen.

(5) Leistet der Besteller die Sicherheit nicht fristgemäß, so bestimmen sich die Rechte des Unternehmers nach den §§ 643 und 645 Abs. 1. Gilt der Vertrag danach als aufgehoben, kann der Unternehmer auch Ersatz des Schadens verlangen, den er dadurch erleidet, daß er auf die Gültigkeit des Vertrags vertraut hat. Dasselbe gilt, wenn der Besteller in zeitlichem Zusammenhang mit dem Sicherheitsverlangen gemäß Absatz 1 kündigt, es sei denn, die Kündigung ist nicht erfolgt, um der Stellung der Sicherheit zu entgehen. Es wird vermutet, dass der Schaden 5 Prozent der Vergütung beträgt.

(6) Die Vorschriften der Absätze 1 bis 5 finden keine Anwendung, wenn der Besteller

1. eine juristische Person des öffentlichen Rechts oder ein öffentlich-rechtliches Sondervermögen ist oder
2. eine natürliche Person ist und die Bauarbeiten zur Herstellung oder Instandsetzung eines Einfamilienhauses mit oder ohne Einliegerwohnung ausführen läßt; dies gilt nicht bei Betreuung des Bauvorhabens durch einen zur Verfügung über die Finanzierungsmittel des Bestellers ermächtigten Baubetreuer.

(7) Eine von den Vorschriften der Absätze 1 bis 5 abweichende Vereinbarung ist unwirksam.

§ 649 [Kündigungsrecht des Bestellers]

Der Besteller kann bis zur Vollendung des Werkes jederzeit den Vertrag kündigen. Kündigt der Besteller, so ist der Unternehmer berechtigt, die vereinbarte Vergütung zu verlangen; er muß sich jedoch dasjenige anrechnen lassen, was er infolge der Aufhebung des Vertrags an Aufwendungen erspart oder durch anderweitige Verwendung seiner Arbeitskraft erwirbt oder zu erwerben böswillig unterläßt.

§ 650 [Kostenanschlag]

(1) Ist dem Vertrag ein Kostenanschlag zugrunde gelegt worden, ohne daß der Unternehmer die Gewähr für die Richtigkeit des Anschlags übernommen hat, und ergibt sich, daß das Werk nicht ohne eine wesentliche Überschreitung des Anschlags ausführbar ist, so steht dem Unternehmer, wenn der Besteller den Vertrag aus diesem Grunde kündigt, nur der im § 645 Abs. 1 bestimmte Anspruch zu.

(2) Ist eine solche Überschreitung des Anschlags zu erwarten, so hat der Unternehmer dem Besteller unverzüglich Anzeige zu machen.

§ 669 [Vorschußpflicht]

Für die zur Ausführung des Auftrags erforderlichen Aufwendungen hat der Auftraggeber dem Beauftragten auf Verlangen Vorschuß zu leisten.

§ 670 [Ersatz von Aufwendungen]

Macht der Beauftragte zum Zwecke der Ausführung des Auftrags Aufwendungen, die er den Umständen nach für erforderlich halten darf, so ist der Auftraggeber zum Ersatze verpflichtet.

§ 675 [Entgeltliche Geschäftsbesorgung, Rat, Empfehlung]

(1) Auf einen Dienstvertrag oder einen Werkvertrag, der eine Geschäftsbesorgung zum Gegenstande hat, finden, soweit in diesem Untertitel nichts abweichendes bestimmt wird, die Vorschriften der §§ 663, 665 bis 670, 672

bis 674 und, wenn dem Verpflichteten das Recht zusteht, ohne Einhaltung einer Kündigungsfrist zu kündigen, auch die Vorschriften des § 671 Abs. 2 entsprechende Anwendung.

(2) Wer einem anderen einen Rat oder eine Empfehlung erteilt, ist, unbeschadet der sich aus einem Vertragsverhältnis, einer unerlaubten Handlung oder einer sonstigen gesetzlichen Bestimmung ergebenden Verantwortlichkeit zum Ersatz des aus der Befolgung des Rates oder der Empfehlung entstehenden Schadens nicht verpflichtet.

§ 677 [Pflichten des Geschäftsführers]

Wer ein Geschäft für einen anderen besorgt, ohne von ihm beauftragt oder ihm gegenüber sonst dazu berechtigt zu sein, hat das Geschäft so zu führen, wie das Interesse des Geschäftsherrn mit Rücksicht auf dessen wirklichen oder mutmaßlichen Willen es erfordert.

§ 678 [Geschäftsführung gegen den Willen des Geschäftsherrn]

Steht die Übernahme der Geschäftsführung mit dem wirklichen oder dem mutmaßlichen Willen des Geschäftsherrn in Widerspruch und mußte der Geschäftsführer dies erkennen, so ist er dem Geschäftsherrn zum Ersatze des aus der Geschäftsführung entstehenden Schadens auch dann verpflichtet, wenn ihm ein sonstiges Verschulden nicht zur Last fällt.

§ 679 [Unbeachtlichkeit des entgegenstehenden Willens des Geschäftsherrn]

Ein der Geschäftsführung entgegenstehender Wille des Geschäftsherrn kommt nicht in Betracht, wenn ohne die Geschäftsführung eine Pflicht des Geschäftsherrn, deren Erfüllung im öffentlichen Interesse liegt, oder eine gesetzliche Unterhaltspflicht des Geschäftsherrn nicht rechtzeitig erfüllt werden würde.

§ 680 [Geschäftsführung zur Gefahrenabwehr]

Bezweckt die Geschäftsführung die Abwendung einer dem Geschäftsherrn drohenden dringenden Gefahr, so hat der Geschäftsführer nur Vorsatz und grobe Fahrlässigkeit zu vertreten.

§ 681 [Nebenpflichten des Geschäftsführers]

Der Geschäftsführer hat die Übernahme der Geschäftsführung, sobald es tunlich ist, dem Geschäftsherrn anzuzeigen und, wenn nicht mit dem Aufschube Gefahr verbunden ist, dessen Entschließung abzuwarten. Im übrigen finden auf die Verpflichtungen des Geschäftsführers die für einen Beauftragten geltenden Vorschriften der §§ 666 bis 668 entsprechende Anwendung.

§ 682 [Fehlende Geschäftsfähigkeit des Geschäftsführers]

Ist der Geschäftsführer geschäftsunfähig oder in der Geschäftsfähigkeit beschränkt, so ist er nur nach den Vorschriften über den Schadensersatz wegen unerlaubter Handlungen und über die Herausgabe einer ungerechtfertigten Bereicherung verantwortlich.

§ 683 [Ersatz von Aufwendungen]

Entspricht die Übernahme der Geschäftsführung dem Interesse und dem wirklichen oder dem mutmaßlichen Willen des Geschäftsherrn, so kann der Geschäftsführer wie ein Beauftragter Ersatz seiner Aufwendungen verlangen. In den Fällen des § 679 steht dieser Anspruch dem Geschäftsführer zu, auch wenn die Übernahme der Geschäftsführung mit dem Willen des Geschäftsherrn in Widerspruch steht.

§ 684 [Herausgabe der Bereicherung]

Liegen die Voraussetzungen des § 683 nicht vor, so ist der Geschäftsherr verpflichtet, dem Geschäftsführer alles, was er durch die Geschäftsführung erlangt, nach den Vorschriften über die Herausgabe einer ungerechtfertigten Bereicherung herauszugeben. Genehmigt der Geschäftsherr die Geschäftsführung, so steht dem Geschäftsführer der im § 683 bestimmte Anspruch zu.

§ 685 [Schenkungsabsicht]

(1) Dem Geschäftsführer steht ein Anspruch nicht zu, wenn er nicht die Absicht hatte, von dem Geschäftsherrn Ersatz zu verlangen.

(2) Gewähren Eltern oder Voreltern ihren Abkömmlingen oder diese jenen Unterhalt, so ist im Zweifel anzunehmen, daß die Absicht fehlt, von dem Empfänger Ersatz zu verlangen.

§ 686 [Irrtum über Person des Geschäftsherrn]

Ist der Geschäftsführer über die Person des Geschäftsherrn im Irrtume, so wird der wirkliche Geschäftsherr aus der Geschäftsführung berechtigt und verpflichtet.

§ 687 [Vermeintliche Geschäftsführung; unechte Geschäftsführung]

(1) Die Vorschriften der §§ 677 bis 686 finden keine Anwendung, wenn jemand ein fremdes Geschäft in der Meinung besorgt, daß es sein eigenes sei.

(2) Behandelt jemand ein fremdes Geschäft als sein eigenes, obwohl er weiß, daß er nicht dazu berechtigt ist, so kann der Geschäftsherr die sich aus den §§ 677, 678, 681, 682 ergebenden Ansprüche geltend machen. Macht er sie geltend, so ist er dem Geschäftsführer nach § 684 Satz 1 verpflichtet.

§ 812 [Grundsatz]

(1) Wer durch die Leistung eines anderen oder in sonstiger Weise auf dessen Kosten etwas ohne rechtlichen Grund erlangt, ist ihm zur Herausgabe ver-

pflichtet. Diese Verpflichtung besteht auch dann, wenn der rechtliche Grund später wegfällt oder der mit einer Leistung nach dem Inhalte des Rechtsgeschäfts bezweckte Erfolg nicht eintritt.

(2) Als Leistung gilt auch die durch Vertrag erfolgte Anerkennung des Bestehens oder des Nichtbestehens eines Schuldverhältnisses.

§ 813 [Erfüllung trotz Einrede]

(1) Das zum Zwecke der Erfüllung einer Verbindlichkeit Geleistete kann auch dann zurückgefordert werden, wenn dem Anspruch eine Einrede entgegenstand, durch welche die Geltendmachung des Anspruchs dauernd ausgeschlossen wurde. Die Vorschrift des § 222 Abs. 2 bleibt unberührt.

(2) Wird eine betagte Verbindlichkeit vorzeitig erfüllt, so ist die Rückforderung ausgeschlossen; die Erstattung von Zwischenzinsen kann nicht verlangt werden.

§ 814 [Kenntnis der Nichtschuld; Anstands- und Sittenpflicht]

Das zum Zwecke der Erfüllung einer Verbindlichkeit Geleistete kann nicht zurückgefordert werden, wenn der Leistende gewußt hat, daß er zur Leistung nicht verpflichtet war, oder wenn die Leistung einer sittlichen Pflicht oder einer auf den Anstand zu nehmenden Rücksicht entsprach.

§ 815 [Nichteintritt des Erfolges]

Die Rückforderung wegen Nichteintritts des mit einer Leistung bezweckten Erfolges ist ausgeschlossen, wenn der Eintritt des Erfolges von Anfang an unmöglich war und der Leistende dies gewußt hat oder wenn der Leistende den Eintritt des Erfolges wider Treu und Glauben verhindert hat.

§ 816 [Verfügung eines Nichtberechtigten]

(1) Trifft ein Nichtberechtigter über einen Gegenstand eine Verfügung, die dem Berechtigten gegenüber wirksam ist, so ist er dem Berechtigten zur Herausgabe des durch die Verfügung Erlangten verpflichtet. Erfolgt die Verfügung unentgeltlich, so trifft die gleiche Verpflichtung denjenigen, welcher auf Grund der Verfügung unmittelbar einen rechtlichen Vorteil erlangt.

(2) Wird an einen Nichtberechtigten eine Leistung bewirkt, die dem Berechtigten gegenüber wirksam ist, so ist der Nichtberechtigte dem Berechtigten zur Herausgabe des Geleisteten verpflichtet.

§ 817 [Verstoß gegen Gesetz oder gute Sitten]

War der Zweck einer Leistung in der Art bestimmt, daß der Empfänger durch die Annahme gegen ein gesetzliches Verbot oder gegen die guten Sitten verstoßen hat, so ist der Empfänger zur Herausgabe verpflichtet. Die Rückforderung ist ausgeschlossen, wenn dem Leistenden gleichfalls ein solcher Verstoß zur Last fällt, es sei denn, daß die Leistung in der Eingehung einer Verbindlichkeit bestand; das zur Erfüllung einer solchen Verbindlichkeit Geleistete kann nicht zurückgefordert werden.

§ 818 [Umfang des Bereicherungsanspruchs]

(1) Die Verpflichtung zur Herausgabe erstreckt sich auf die gezogenen Nutzungen sowie auf dasjenige, was der Empfänger auf Grund eines erlangten Rechtes oder als Ersatz für die Zerstörung, Beschädigung oder Entziehung des erlangten Gegenstandes erwirbt.

(2) Ist die Herausgabe wegen der Beschaffenheit des Erlangten nicht möglich oder ist der Empfänger aus einem anderen Grunde zur Herausgabe außerstande, so hat er den Wert zu ersetzen.

(3) Die Verpflichtung zur Herausgabe oder zum Ersatze des Wertes ist ausgeschlossen, soweit der Empfänger nicht mehr bereichert ist.

(4) Vor dem Eintritte der Rechtshängigkeit an haftet der Empfänger nach den allgemeinen Vorschriften.

§ 819 [Verschärfte Haftung bei Bösgläubigkeit und bei Gesetzes- oder Sittenverstoß]

(1) Kennt der Empfänger den Mangel des rechtlichen Grundes bei dem Empfang oder erfährt er ihn später, so ist er von dem Empfang oder der Erlangung der Kenntnis an zur Herausgabe verpflichtet, wie wenn der Anspruch auf Herausgabe zu dieser Zeit rechtshängig geworden wäre.

(2) Verstößt der Empfänger durch die Annahme der Leistung gegen ein gesetzliches Verbot oder gegen die guten Sitten, so ist er von dem Empfange der Leistung an in der gleichen Weise verpflichtet.

§ 820 [Verschärfte Haftung bei ungewissem Erfolgseintritt]

(1) War mit der Leistung ein Erfolg bezweckt, dessen Eintritt nach dem Inhalte des Rechtsgeschäfts als ungewiß angesehen wurde, so ist der Empfänger, falls der Erfolg nicht eintritt, zur Herausgabe so verpflichtet, wie wenn der Anspruch auf Herausgabe zur Zeit des Empfanges rechtshängig geworden wäre. Das gleiche gilt, wenn die Leistung aus einem Rechtsgrunde, dessen Wegfall nach dem Inhalte des Rechtsgeschäfts als möglich angesehen wurde, erfolgt ist und der Rechtsgrund wegfällt.

(2) Zinsen hat der Empfänger erst von dem Zeitpunkt an zu entrichten, in welchem er erfährt, daß der Erfolg nicht eingetreten oder daß der Rechtsgrund weggefallen ist; zur Herausgabe von Nutzungen ist er insoweit nicht verpflichtet, als er zu dieser Zeit nicht mehr bereichert ist.

§ 821 [Einrede der Bereicherung]

Wer ohne rechtlichen Grund eine Verbindlichkeit eingeht, kann die Erfüllung auch dann verweigern, wenn der Anspruch auf Befreiung von der Verbindlichkeit verjährt ist.

§ 822 [Herausgabepflicht Dritter]

Wendet der Empfänger das Erlangte unentgeltlich einem Dritten zu, so ist, soweit infolgedessen die Verpflichtung des Empfängers zur Herausgabe der Bereicherung ausgeschlossen ist, der Dritte zur Herausgabe verpflichtet, wie wenn er die Zuwendung von dem Gläubiger ohne rechtlichen Grund erhalten hätte.

Teil II

Kommentar zur Steuerberatergebührenverordnung

1. Steuerberatergebührenverordnung

1.1 Entwicklung des Gebührenrechts

1.1.1 Der Beginn

Mit dem Gesetz über die Zulassung von Steuerberatern vom 6. 5. 1933 (RGBl I S. 257) und dem Gesetz zur Verhütung von Mißbräuchen auf dem Gebiete der Rechtsberatung vom 13. 12. 1935 (RGBl I S. 1487) fand die Hilfeleistung in Steuersachen ihre erste gesetzliche Normierung. Damit stellte sich zwangsläufig auch die Frage nach einer angemessenen Honorierung der Leistungen der Angehörigen dieses Berufs.

In Ermangelung einer „Gesetzlichen Gebührenordnung" wie auch einer „Taxe", wobei die Frage, ob eine „Gesetzliche Gebührenordnung" als „Taxe" zu gelten habe, oder eine „Sonderregelung" darstelle, noch heute in Literatur und Rechtsprechung einer unterschiedlichen Beurteilung begegnet, blieb nur der Weg, für die ausgeübte Geschäftsbesorgung (§ 675 BGB) die „Übliche Vergütung" nach den §§ 612 und 632 BGB zu wählen, oder, falls eine solche nicht feststellbar war, die Bestimmung der Vergütung nach § 316 i.V. mit § 315 Absatz 1 BGB selbst vorzunehmen.

1.1.2 Die fehlende gesetzliche Gebührenregelung

Bis in die ersten Nachkriegsjahre dienten der Ermittlung der „Üblichen Vergütung" verschiedene Gebührenregelungen, darunter vor allem die „Gebührenordnung des Verbandes Deutscher Treuhand- und Revisionsgesellschaften eV" (GOTV) und die „Gebührenordnung des Verbandes Deutscher Bücherrevisoren eV" (GOVDB). Danach setzte sich in ständig steigendem Umfang die „Essener Gebührenordnung", seit deren 9. Auflage als „Allgemeine Gebührenordnung für die wirtschaftsprüfenden sowie wirtschafts- und steuerberatenden Berufe" (AllGO) bezeichnet, durch. Die Gebühren für Buchführungs- und Abschlußarbeiten land- und forstwirtschaftlicher Betriebe wurden nach der „Gebührenordnung für Buchführung und Steuerberatung in der Landwirtschaft" (Stader GebO) bemessen.

Die AllGO wurde nach einer von der früheren Bundeskammer der Steuerbevollmächtigten im Frühjahr 1970 bei allen Steuerbevollmächtigten in der Bundesrepublik durchgeführten Erhebung von 92.4 v.H. der freiberuflich tätigen Berufsangehörigen ausschließlich und von 3.8 v.H. der freiberuflich tätigen Berufsangehörigen in Verbindung mit anderen Gebührenregelungen angewandt. Auch seitens der Gerichte fanden die Gebührensätze der AllGO Anerkennung.

Die Herausgeber der AllGO legten im Frühjahr 1968 die 6. Auflage vor. Ende des Jahres 1969 befaßte sich das Bundeskartellamt mit der Frage der Vereinbarkeit der AllGO mit den Bestimmungen des Kartellrechts. Veranlassung hierzu bot ihm die Entscheidung des BGH VII 108/67 vom 29. 9. 1969

(NJW 1970 S. 699). In dem zur Entscheidung stehenden Fall hatte ein vereidigter Buchprüfer seine Leistungen im Rahmen einer Vermögensverwaltung nach der AllGO berechnet. Das OLG Karlsruhe vertrat die Auffassung, daß es sich bei dieser Gebührenordnung um eine „verbandsinterne Aufstellung von Honorierungsrichtlinien" handle, die noch keine allgemeine Verkehrsgeltung erlangt habe. An diese tatsächliche Feststellung des Berufungsgerichtes war das Revisionsgericht gemäß § 561 ZPO gebunden. Für die Vermögensverwaltung, die allein Gegenstand des Urteils war, mochte die Auffassung des OLG Karlsruhe zutreffen, keinesfalls konnte diese Feststellung aber für den Bereich der Steuerberatung gelten. Ungeachtet einer solchen notwendigen Unterscheidung gelangte das Bundeskartellamt zu der Auffassung, daß die AllGO unzulässige Preisempfehlungen an die wirtschaftsprüfenden und steuerberatenden Berufe beinhalte. Die Verfasser wurden daher aufgefordert, „zur Vermeidung weiterer Ordnungswidrigkeiten von der Herausgabe einer neuen Auflage der AllGO Abstand zu nehmen und ferner ggfs. den Verlag an der Ausgabe eines unveränderten Neudrucks der 6. Auflage zu hindern". Über die Minister und Senatoren für Wirtschaft der Länder als Kartellbehörden wurde die Verfügung des Bundeskartellamtes den seinerzeitigen Berufskammern der Steuerberater und der Steuerbevollmächtigten sowie der Wirtschaftsprüferkammer zur Kenntnis gebracht, denen es selbst in ihrer Eigenschaft als gesetzliche Interessenvertretungen der Berufsangehörigen in Form von Körperschaften des öffentlichen Rechts untersagt war, irgendwelche Gebührenempfehlungen an ihre Mitglieder zu geben, wollten sie sich nicht auch ihrerseits wegen der „Aufforderung zu gleichförmigem Verhalten" einem Verfahren des Bundeskartellamtes aussetzen.
Dem Verdikt des Bundeskartellamtes unterlagen in der Folge dann auch der „Düsseldorfer Gebührenberater für Steuerberatung, Prüfung und Treuhandwesen" (DüsGeb) sowie die „Gebührenfeststellung von Vorstand und Verwaltungsrat des Instituts der Wirtschaftsprüfer in Deutschland eV" vom 22. 6. 1971, die insbesondere die Grundlage für die Gebührenbemessung bei Pflichtprüfungen und freiwilligen Revisionen bildete.
Mit der Entscheidung des Bundeskartellamtes war dem einzelnen Berufsangehörigen die Anwendung der AllGO zwar nicht untersagt, in der Praxis wurde diese Anwendung allerdings zunehmend problematischer, nachdem die 6. Auflage in wesentlichen Teilen durch die Entwicklung der Verhältnisse überholt war und nicht mehr den Ansprüchen des Berufsstandes genügte.
Die aufgezeigte Problematik bei der Anwendung der AllGO führte etwa ab dem Jahr 1969 zwangsläufig dazu, die AllGO mit „Zuschlägen" und „Ergänzenden Regelungen" an den ständig steigenden Schwierigkeitsgrad der Arbeiten, den wachsenden Zeitaufwand der Berufstätigkeit, die erweiterte Leistungspalette und die sich fortsetzenden Kostensteigerungen anzupassen. Die Macht des Faktischen hatte somit auch ohne „Empfehlungen zu gleichförmigem Verhalten" Anpassungen erzwungen, da ansonsten der Berufsstand, alleingelassen vom Verordnungsgeber, seine wirtschaftliche Existenz ernsthaft gefährdet hätte. Bei der elektronischen Datenverarbeitung half eine Mei-

nungsäußerung der seinerzeitigen Bundeskammer der Steuerbevollmächtigten. Für die Lohnsteuerberatung hatte StB Walter Ludwig Eckert, Heidelberg, „Zahlen aus der Praxis" zusammengetragen. Die Anpassung der „Tabelle C" an den jeweiligen Stand der Tabelle zu § 11 BRAGO ergab sich „inoffiziell" quasi „zwangsläufig" aus deren Gültigkeit im Rahmen der Kostenerstattung im finanzgerichtlichen Verfahren nach § 139 FGO. Über die Anpassung der Zeitgebühr und der Bilanzgebühr wurde in einzelnen Abhandlungen in der Literatur berichtet, so von Eggesiecker (DStR 1977 S. 346) und Horn (StB 1974 S. 33; 1975 S. 65 und 133; 1976 S. 137; 1978 S. 42 und 253; 1979 S. 298; 1980 S. 249).

1.1.3 Der Weg der Steuerberatergebührenverordnung

Am 1. 11. 1961 war nach jahrelangen Verhandlungen zwischen dem Berufsstand, den beteiligten Ministerien und den in Betracht kommenden Ausschüssen des Deutschen Bundestages das „Gesetz über die Rechtsverhältnisse der Steuerberater und Steuerbevollmächtigten" (Steuerberatungsgesetz) vom 23. 8. 1961 in Kraft getreten. Sein § 28 bestimmte:

„Steuerberater und Steuerbevollmächtigte sind an eine Gebührenordnung gebunden, die der Bundesminister der Finanzen durch Rechtsverordnung mit Zustimmung des Bundesrates erläßt. Der Bundesminister der Finanzen hat vorher die Bundessteuerberaterkammer zu hören. Die Höhe der Gebühren darf den Rahmen des Angemessenen nicht übersteigen und hat sich nach
1. Zeitaufwand,
2. Wert des Objekts und
3. Art der Aufgabe
zu richten."

Durch das 3. Steuerberatungsänderungsgesetz vom 24. 6. 1975 trat an die Stelle des § 28 der wortgleiche § 64.
Die Formulierung des ersten Satzes der Vorschrift macht deutlich, daß ein „zwingender Gesetzesbefehl" erteilt worden war, der es nicht etwa in das Ermessen des Verordnungsgebers stellte, eine Gebührenordnung tatsächlich zu erlassen, so wie im Falle der WPO, bei der § 55 den Bundeswirtschaftsminister durch eine „Kann"-Vorschrift zum Erlaß einer Gebührenordnung für gesetzlich vorgeschriebene Prüfungen lediglich ermächtigt.
Nach mehrjährigen umfangreichen Beratungen mit den Vertretern der seinerzeitigen beiden Bundeskammern leitete das Bundesfinanzministerium im Jahre 1965 einen Entwurf der „Gebührenordnung für Steuerberater und Steuerbevollmächtigte" mit der Kurzbezeichnung „Steuerberatungsgebührenordnung" (StBerGebO) dem Bundesrat zu (BR-Drucksache 350/65).
In seiner 286. Sitzung am 16. 7. 1965 verweigerte der Bundesrat, der Empfehlung seines Rechtsausschusses folgend, seine Zustimmung zu dem Verordnungsentwurf. Zur Begründung wurde in erster Linie darauf verwiesen, daß es erforderlich erscheine, „die Vergütung der steuerberatenden Berufe von der Vergütung der Rechtsanwälte formell und sachlich zu trennen" und daß von einer Bezugnahme auf die Gebührenordnung für Rechtsanwälte daher grundsätzlich abgesehen werden sollte.

Nach der Zurückweisung der BR-Vorlage 350/65 wurden die Beratungen zwischen dem Bundesfinanzministerium und dem Berufsstand in der ersten Zeit noch fortgeführt. Als sich jedoch die Festlegung gleicher Gebühren für Steuerberater und Steuerbevollmächtigte als „politische Grundsatzfrage" erwies und die Bemühungen im politischen Raum, zu einer Zusammenführung der Berufsgruppen der Steuerberater und Steuerbevollmächtigten zu gelangen, deutlich wurden, trat eine „Zwangspause" in der Behandlung der Gebührenordnung ein, die immerhin mehr als acht Jahre dauerte.
Mit der Verwirklichung des einheitlichen steuerberatenden Berufes waren auch die berufspolitischen Voraussetzungen für eine Fortführung der Arbeiten, nunmehr an einer „gemeinsamen Gebührenordnung" des Berufsstandes, gegeben. Sogleich nach der Zusammenführung der beiden Berufsgruppen am 1. 1. 1975 nahmen das Gebührenrechtsreferat des Präsidiums und der Gebührenrechtsausschuß der neuen Bundessteuerberaterkammer ihre Tätigkeit auf. In einer umfassenden Ausarbeitung wurden die Vorstellungen des Berufsstandes zur Regelung des Gebührenrechts dargelegt. Im Herbst 1976 begannen, gestützt auf diese Ausarbeitung, mit einem ersten Entwurf des Bundesfinanzministeriums erneut die Beratungen zwischen dem Verordnungsgeber, den Ländern und dem Berufsstand.
In einer Vielzahl von Entwürfen wurden in den folgenden Jahren die Bemühungen deutlich, zu einer für den Verordnungsgeber, den Berufsstand und die mitbeteiligten Ressorts akzeptablen Lösung zu gelangen. Im Rahmen des weiteren Verfahrens führte das Bundesfinanzministerium dann im Jahre 1980 die Anhörung einer Vielzahl von Verbänden und Vereinigungen zu dem gemeinsam mit der Bundessteuerberaterkammer erarbeiteten endgültigen Verordnungsentwurf durch. Nach der Rechtsförmlichkeitsprüfung, als deren Ergebnis sich die praxisbezogene und griffige Bezeichnung „Gebührenordnung" dann noch in „Gebührenverordnung" wandelte, konnte endlich der Verordnungsentwurf des Bundesministers der Finanzen dem Bundesrat zur Zustimmung vorgelegt werden (BR-Drucksache 419/81). In seiner 506. Sitzung am 27. 11. 1981 hat der Bundesrat dem Entwurf ohne Änderung zugestimmt, fast auf den Tag genau 20 Jahre nach dem Auftrag des Gesetzgebers in dem am 1. 11. 1961 in Kraft getretenen Steuerberatungsgesetz. Mit der Veröffentlichung im Bundesgesetzblatt am 22. 12. 1981 konnte die Steuerberatergebührenverordnung am 1. 4. 1982 in Kraft treten.
Ein langer Weg ... ein beschwerlicher Weg ... aber letztlich ein erfolgreicher Weg.

1.1.4 Die erste Novellierung der Steuerberatergebührenverordnung

Die Akzeptanz des neuen Gebührenrechts in der Praxis stand in einem erfreulichen Gegensatz zu der Dauer der Verhandlungen und den Schwierigkeiten, die der Verabschiedung der „Steuerberatergebührenverordnung" vorangegangen waren. Die erste gesetzliche Regelung des Steuerberatungsgebührenrechts in der Bundesrepublik und im Land Berlin fand die Billigung der Steuerpflichtigen wie der Steuerberater. Der Übergang vom alten zum neuen Recht geschah im wahrsten Sinne des Wortes „lautlos", sowohl in der

Öffentlichkeit wie beim einzelnen Mandatsverhältnis; das beste Zeichen für die Qualität der Rechtssetzung in einem bisher gesetzlichen „Niemandsland".

Wenn man dies heute rückschauend betrachtet, dann haben zu dieser sehr erfreulichen Entwicklung zum einen eine sehr praxisbezogene Gestaltung der neuen Rechtsvorschriften, frei von überkommenen Gebührenregelungen anderer Berufe, und zum anderen, von wenigen Ausnahmen abgesehen, ausreichende Gebührensätze, die dem Steuerberater in seiner wahrlich nicht leichten Berufsarbeit die Möglichkeit einer angemessenen Gebührenbestimmung für seine Leistungen gaben, ganz wesentlich beigetragen.

Als Folge der Verknüpfung der Steuerberatergebührenverordnung mit der Bundesgebührenordnung für Rechtsanwälte war im Anschluß an die zum 1. 1. 1987 in Kraft getretene Änderung der BRAGO auch eine Novellierung der StBGebV geboten. Zwar fanden über die §§ 45 und 46 der StBGebV die geänderten Vorschriften der BRAGO, einschließlich der neu gestalteten Gebührentabelle, auch für Steuerberater bereits ab 1. 1. 1987 Anwendung, aber die erforderlichen „Folgeänderungen", insbesondere zu den „Allgemeinen Vorschriften" wie zu den §§ 40 bis 44 StBGebV und die Anpassung der Tabelle E an die Tabelle zu § 11 BRAGO, bedingten zwangsläufig gleichermaßen die Änderung der StBGebV.

Auch von einer anderen Seite her war eine Novellierung angezeigt: Das Bilanzrichtlinien-Gesetz hatte das Handelsrecht grundlegend geändert, und dies konnte nicht ohne Auswirkung auf das Gebührenrecht des Steuerberaters bleiben.

Schließlich hatte der Berufsstand noch einige berechtigte Wünsche, die vor allem der Verbesserung der Honorierung der Leistungen im Bereich der Abschlußerstellung, als dem einzigen seinerzeit bei der Verordnungsgebung etwas „stiefmütterlich" behandelten Leistungsbereich, und der Parallelisierung der Tabelle A der StBGebV mit der Tabelle zu § 11 BRAGO über die bisherige Grenze von DM 200.000,– hinaus bis zu DM 400.000,– galten. Einige Ungenauigkeiten im Wortlaut der Verordnung bedurften ergänzend der Klarstellung.

All dies ist mit der „Ersten Verordnung zur Änderung der Steuerberatergebührenverordnung" vom 20. 6. 1988 geschehen, sie konnte am 1. 7. 1988 in Kraft treten.

1.1.5 Die zweite Novellierung der Steuerberatergebührenverordnung

Die seit der ersten Novellierung der StBGebV deutlich gestiegenen Praxiskosten der Berufsangehörigen veranlaßte die Bundessteuerberaterkammer dem Bundesfinanzministerium als Verordnungsgeber eine Anpassung der Zeitgebühren vorzuschlagen. Eine gleichzeitige Erhöhung der Wertgebühren und der Betragsrahmengebühren wurde bis zur nächsten Novellierung, für die dann auch gleichzeitig eine Berücksichtigung der Änderungen der BRAGO vorgesehen wurde, zurückgestellt.

Die vom Bundesrat am 7. 6. 1991 gebilligte und am 30. 6. 1991 in Kraft getretene „Zweite Verordnung zur Änderung der Steuerberatergebührenverordnung" (2. VOÄStBGebV) beinhaltet damit lediglich eine Anhebung der

Zeitgebühren von DM 25,– bis 70,– auf DM 30,– bis 77,50 je angefangene halbe Stunde sowie die Aufhebung der Berlinklausel.

1.1.6 Die dritte Novellierung der Steuerberatergebührenverordnung

Am 28. 8. 1998 ist die dritte Änderungsverordnung zur Steuerberatergebührenverordnung in Kraft getreten, nachdem sie mit der am 10. 7. 1998 erfolgten Zustimmung des Bundesrats zuvor die letzte Hürde auf einem langen und steinigen Weg genommen hatte. Dabei war mit der im Gesetz zur Änderung von Kostengesetzen und anderen Gesetzen (KOStRÄndG 1994) enthaltenen Novellierung der Bundesgebührenordnung für Rechtsanwälte vom 24. 6. 1994 wegen der in Teilen bestehenden Parallelität von BRAGO und StBGebV schon zu diesem Zeitpunkt eine Änderung der Steuerberatergebührenverordnung vorgegeben gewesen. Obwohl die seit der letzten Änderung der Tabellenwerte im Jahr 1988 beziehungsweise der Anpassung der Zeitgebühr im Jahr 1991 eingetretene Kostenentwicklung in den Steuerberaterpraxen offenkundig war, und auch die in die Anhörung zu dem Änderungsentwurf der Bundessteuerberaterkammer zur StBGebV eingeschalteten Institutionen und Verbände keine negativen Stellungnahmen abgegeben hatten, verzögerte sich die Verabschiedung der dritten Änderungsverordnung immer wieder. Hauptursache waren die zahlreichen Anforderungen von ergänzenden Stellungnahmen, vornehmlich aus dem Bundeswirtschaftsministerium und in der letzten Phase des Rechtsetzungsverfahrens aus den Wirtschaftsministerien einiger Länder, in denen immer neuer Erläuterungsbedarf und weiteres statistisches Material zur Begründung der Notwendigkeit der Änderungen reklamiert wurde.

Auch wenn mit der dann schließlich beschlossenen Fassung der „Dritten Verordnung zur Änderung der Steuerberatergebührenverordnung" nicht alle Wünsche des Berufsstandes verwirklicht wurden, so konnte doch in wesentlichen Teilen eine Anpassung an die allgemeine wirtschaftliche Entwicklung erreicht werden.

Die materiell wichtigsten Änderungen betreffen die Anhebung der den Wertgebühren zugrunde liegenden Tabellen. So sind die Tabellen B (Abschlußtabelle), C (Buchführungstabelle) und D (Buchführungs- und Abschlußtabelle für land- und forstwirtschaftliche Betriebe) um 5% erhöht worden. Die Tabelle E (Rechtsbehelfstabelle) wurde der geänderten Tabelle zu § 11 BRAGO angepaßt; auch die Tabelle A entspricht den geänderten Werten der BRAGO nunmehr bis zu einem Gegenstandswert von DM 600.000,–. Beide Tabellen sind um ca. 18,5% angehoben worden.

Erhöhungen sind ebenfalls bei den Betragsrahmengebühren für Rat und Auskunft in steuerstrafrechtlichen, bußgeldrechtlichen und sonstigen Angelegenheiten (§ 21 Absatz 1 Satz 3) sowie im Bereich der Lohnbuchführung (§ 34) vorgenommen worden, bei denen die Gebühren für die Einrichtung sowie für die Führung von Lohnkonten und die Anfertigung der Lohnabrechnung den erheblich gestiegenen Anforderungen angepaßt wurden.

Gänzlich neu ist die sogenannte „Erstberatungsgebühr" (§ 21 Absatz 1 Satz 2), die als Schutzvorschrift für den Mandanten eine Begrenzung der Gebühren für eine erstmalige Beratung auf maximal DM 350,– vorsieht. Die anschließende weitere Beratung kann jedoch dann nach den normalen Vorschriften des § 21 StBGebV abgerechnet werden.

Erwähnenswert ist, daß der oberste Zehntelsatz für die Bilanzerstellung (§ 35 Absatz 1 Nummer 1a) von 36/10 auf 40/10 erhöht wurde, um den hohen Anforderungen bei schwierigen Bilanzierungsarbeiten gerecht zu werden. Die Erhöhung des Zehntelsatzes in § 24 Absatz 1 Nummer 8 von 6/10 auf 8/10 für die Fertigung der Umsatzsteuerjahreserklärung dient der Berücksichtigung aller Tätigkeiten im Zusammenhang mit dem Umsatzsteuer-Binnenmarktgesetz.

Hilfreich für besonders gelagerte Fälle ist die neue Definition der Gegenstandswerte für Buchführung (§ 33 Absatz 6) und für Bilanzierungsarbeiten (§ 35 Absatz 2), und zwar für die Fälle, in denen der „Aufwand" den „Umsatz" übersteigt. Bei der Buchführung gilt als Gegenstandswert nunmehr der jeweils höchste Betrag, der sich aus dem Jahresumsatz oder der Summe des Aufwandes ergibt. Der Gegenstandswert im Bereich der Bilanzierung ist an einigen Stellen präzisiert worden. Die wichtigste Änderung ist, daß für den Fall, daß der betriebliche Jahresaufwand höher als die betriebliche Jahresleistung ist, dieser bei der Berechnung des Gegenstandswertes zugrunde zu legen ist.

Die Steuerberatergebührenverordnung sieht für verschiedene Tätigkeiten nun spezielle Gebührenvorschriften vor, die jedoch die bisherige Handhabung nur klarstellen. So sind Anträge zum Kindergeld (§ 24 Absatz 1 Nummer 23) sowie die Anträge auf Eigenheimzulage (§ 24 Absatz 1 Nummer 24) jeweils mit 2/10 bis 10/10 nach Tabelle A abzurechnen, wobei der Gegenstandswert in dem einen Fall das beantragte Jahreskindergeld, im anderen Fall die beantragte Eigenheimzulage ist. Zeitgebühren kommen zur Anwendung für die Anfertigung eines Erstattungsantrages nach § 50 Absatz 5 Satz 4 Nummer 3 EStG, das heißt, für beschränkt steuerpflichtige Personen (zum Beispiel Künstler und Sportler) (§ 24 Absatz 4 Nummer 4), sowie für die Anfertigung einer Anmeldung nach § 50a Absatz 5 EStG, § 73e EStDV, das heißt für Aufsichtsratsvergütungen, für Vergütung für Künstler und Sportler etc. (§ 24 Absatz 4 Nummer 5).

Neu ist auch die Erledigungsgebühr. Im Rahmen des Rechtsbehelfsverfahrens blieb bisher eine Tätigkeit des Steuerbraters unhonoriert, falls sich eine Angelegenheit ganz oder teilweise nach Rücknahme, Widerruf, Aufhebung, Änderung oder Berichtigung des mit einem Rechtsbehelf angeforderten Verwaltungsaktes erledigte. Zukünftig wird diese Tätigkeit mit 10/10 nach Tabelle E honoriert (§ 40 Absatz 2).

Die Vergütung nach der neuen Fassung der Steuerberatergebührenverordnung ist für diejenigen Aufträge zu berechnen, die nach Inkrafttreten der Änderung der StBGebV erteilt worden sind. Bei schriftlicher Vereinbarung oder einer Pauschalvergütung ist die dritte Änderungsverordnung spätestens ab dem 1. 1. 1999 anzuwenden (§ 47a).

1.2 Hinweise zum Gebührenrecht

1.2.1 Der Gesetzesauftrag des § 64 StBerG

Das Gesetz über die Rechtsverhältnisse der Steuerberater und Steuerbevollmächtigten (Steuerberatungsgesetz) vom 23. 8. 1961 (BGBl I S. 1301), das am 1. 11. 1961 in Kraft trat, traf in Ansehung der dem Berufsstand der Steuerberater, Steuerbevollmächtigten und Steuerberatungsgesellschaften eingeräumten öffentlich-rechtlichen Verfassung und der ihm auferlegten Berufspflichten eine gesetzliche Regelung der Gebührenansprüche der Berufsangehörigen. Der seinerzeitige § 28 StBerG hatte folgenden Wortlaut:

„Steuerberater und Steuerbevollmächtigte sind an eine Gebührenordnung gebunden, die der Bundesminister der Finanzen durch Rechtsverordnung mit Zustimmung des Bundesrates erläßt. Der Bundesminister der Finanzen hat vorher die Bundessteuerberaterkammer zu hören. Die Höhe der Gebühren darf den Rahmen des Angemessenen nicht übersteigen und hat sich nach
1. Zeitaufwand,
2. Wert des Objekts und
3. Art der Aufgabe
zu richten."

Mit dem 2. Gesetz zur Änderung des Steuerberatungsgesetzes (2. Steuerberatungsänderungsgesetz) vom 11. 8. 1972 (BGBl I S. 1401) wurde eine bedeutsame berufspolitische Entscheidung getroffen. An die Stelle der beiden Berufsgruppen „Steuerberater" und „Steuerbevollmächtigte" trat nunmehr auf Dauer allein die Berufsgruppe „Steuerberater" unter gleichzeitiger Vereinigung der Berufskammern und der Bundeskammern zu gemeinsamen Kammern ab 1. 1. 1975. § 28 StBerG erfuhr im Rahmen dieser Neuordnung keine Änderung.

Die mit dem 3. Gesetz zur Änderung des Steuerberatungsgesetzes (3. Steuerberatungsänderungsgesetz) vom 24. 6. 1975 (BGBl I S. 1509) erfolgte Ausweitung des Ordnungsbereiches des Steuerberatungsgesetzes über die reinen berufsgesetzlichen Bestimmungen der Steuerberater, Steuerbevollmächtigten und Steuerberatungsgesellschaften hinaus, führte hinsichtlich der Gebührenordnung zu der Änderung der Paragraphenbezeichnung des § 28 StBerG in nunmehr § 64 StBerG bei ansonsten unverändertem Inhalt der Vorschrift.

Gestützt auf diesen Gesetzesauftrag hat der Bundesminister der Finanzen die „Gebührenordnung für Steuerberater, Steuerbevollmächtigte und Steuerberatungsgesellschaften" (Steuerberatergebührenverordnung; StBGebV) mit der am 27. 11. 1981 erfolgten Zustimmung des Bundesrates erlassen (BGBl I vom 22. 12. 1981 S. 1442). An diese Gebührenverordnung sind sämtliche Steuerberater, Steuerbevollmächtigte und Steuerberatungsgesellschaften gebunden.

Über weitere Einzelheiten der Entwicklung des Gebührenrechts in einer Zeitspanne von immerhin zwanzig Jahren zwischen dem Gesetzesauftrag und seiner Ausführung wird in Abschnitt 1.1 „Entwicklung des Gebührenrechts" berichtet.

1.2.2 Steuerberatergebührenverordnung und Bundesgebührenordnung für Rechtsanwälte

Seit den ersten Verhandlungen über die Steuerberatergebührenordnung nach dem Inkrafttreten des Steuerberatungsgesetzes war die Frage einer Anlehnung der Steuerberatergebührenordnung an die BRAGO Gegenstand der Erörterungen. Das „Für und Wider" wurde vielfältig diskutiert. Bedeutsam war vor allem, daß die Tätigkeit des StB sich von der des RA deutlich unterscheidet. Der Schwerpunkt der Berufsleistungen des StB liegt in der Beratung, der Abschlußerstellung, der Fertigung von Steuererklärungen, der Revision, um nur einige Tätigkeiten zu nennen, und nur zu einem geringen Teil in Verfahren vor Finanzgerichten, Verwaltungsgerichten oder den ordentlichen Gerichten. Gerade umgekehrt ist es beim RA, bei dem, von sehr spezialisierten Berufsangehörigen einmal abgesehen, der Schwerpunkt der Berufstätigkeit auf die prozessuale Tätigkeit entfällt.

Auch von der Art der Berufsausübung selbst her ergeben sich manche Unterschiede, so etwa die für den StB gegebene Notwendigkeit, im Rahmen seines Auftrages jeweils eine weitgehende „Sachverhaltsklärung" zu betreiben, im Gegensatz zum RA, der sich meist auf die Wiedergabe der Informationen seines Auftraggebers beschränken kann.

Dem ersten Entwurf der Steuerberatergebührenordnung hatte am 16. 7. 1965 der Bundesrat seine Zustimmung versagt, weil er (gegen den Willen des Berufsstandes) an die BRAGO angelehnt worden war.

Ungeachtet dieser seinerzeitigen Entscheidung wurde dann im Benehmen mit dem Bundesjustizministerium und den Bundesländern der Weg gewählt, die StBGebV „grundsätzlich" von der BRAGO zu lösen. Die BRAGO wurde lediglich in den Bereichen, in denen die direkte Parallele der Tätigkeit des StB zur Tätigkeit des RA gegeben ist, sinngemäß für anwendbar erklärt, so daß insoweit „gleiches Recht für die gleiche Tätigkeit" gilt. Dies ist bei Verfahren vor den Gerichten der Finanzgerichtsbarkeit und der Verwaltungsgerichtsbarkeit, im Steuerstrafverfahren, in berufsgerichtlichen Verfahren, in Bußgeldverfahren und in Gnadensachen sowie bei der Prozeßkostenhilfe (§§ 45 und 46 StBGebV) der Fall. Für diese Tätigkeiten gelten demzufolge auch die Tabellen zu §§ 11 und 123 BRAGO.

Außerdem anzuwenden sind **alle** Vorschriften der BRAGO, die zu den genannten Tätigkeiten „Bezug haben", einschließlich der „Allgemeinen Vorschriften", zu denen auch § 11 zählt, der die Rechtsgrundlage für die Gebührentabelle gibt, und der „Gemeinsamen Vorschriften über Gebühren und Auslagen". Mit anderen Worten: Für die Tätigkeiten der §§ 45 und 46 StBGebV gilt in vollem Umfang die BRAGO, für allen anderen Tätigkeiten nach Maßgabe der StBGebV gelten deren eigene Bestimmungen.

Daß man die „grundsätzliche" Lösung von der BRAGO exakt vorgenommen hat, zeigt ein Blick auf die §§ 40 bis 44 und die Tatsache, daß man für diese Vorschriften die sachgerecht erforderliche Tabelle zu § 11 BRAGO

gesondert als „Tabelle E" der StBGebV angefügt hat. Die Tabelle zu § 11 BRAGO und die „Tabelle E" sind somit identisch. Bei einer eintretenden Änderung der Tabelle zu § 11 BRAGO gilt diese Änderung damit „automatisch" für die §§ 45 und 46 StBGebV, nicht aber für die §§ 40 bis 44; hierfür bedarf es einer gesonderten Änderung der StBGebV.
Bezüglich der Anwendung der StBGebV bei der beruflichen Doppelqualifikation StB/RA sei auf Anmerkung 2.2 zu § 1 verwiesen.

1.2.3 Gebührenrecht und Berufsrecht

Das Gebührenrecht ist ein in sich geschlossener Teil des Berufsrechts. Dessenungeachtet berühren einzelne Bestimmungen des Gebührenrechts aber direkt berufsrechtliche Fragen, wie auch ein Fehlverhalten im gebührenrechtlichen Bereich zu einer berufsrechtlichen (berufsgerichtlichen) Ahndung führen kann. Siehe hierzu auch Eckert „Die erste Rechtsprechung zum Steuerberatungsgebührenrecht" Abschnitt III in DStR 1987 S. 407 und OLG Bremen, Urteil St O 5/93 vom 31. 5. 1994 in GI 1994 S. 387. Die Kommentierung spricht diese Bestimmungen an, soweit dies zur Erläuterung gebührenrechtlicher Vorschriften erforderlich ist, enthält sich im übrigen aber bewußt jeder berufsrechtlichen Äußerung.
Ergänzend ist insoweit auf das Steuerberatungsgesetz, die hierzu ergangenen Durchführungsverordnungen, und die Berufsordnung der Bundessteuerberaterkammer hinzuweisen; bezüglich der Kommentierung dieser berufsrechtlichen Bestimmungen insbesondere auf Kuhls u. a. „Steuerberatungsgesetz" sowie Gehre „Steuerberatungsgesetz".
Der Vollständigkeit der Darstellung halber wird nachstehend der Wortlaut von § 9 StBerG und der §§ 44 und 45 BO wiedergegeben, der Vorschriften also, die sich derzeit als einzige aus dem Kreis der vorbezeichneten Regelungen neben § 64 StBerG (Anmerkung 1.2.1) direkt mit dem Gebührenrecht befassen:

§ 9 StBerG Vergütung

(1) Vereinbarungen, durch die eine Vergütung für eine Hilfeleistung in Steuersachen dem Grunde oder der Höhe nach vom Ausgang der Sache oder vom Erfolg der Tätigkeit abhängig gemacht wird oder nach denen der Steuerberater oder Steuerbevollmächtigte einen Teil der zu erzielenden Steuerermäßigung, Steuerersparnis oder Steuervergütung als Honorar erhält, sind unzulässig.

(2) Die Abgabe oder Entgegennahme eines Teils der Gebühren oder sonstiger Vorteile für die Vermittlung von Aufträgen, gleichviel ob im Verhältnis zu einem Steuerberater oder Steuerbevollmächtigten oder zu einem Dritten gleich welcher Art, ist unzulässig.

§ 45 BOStB Vergütung (Gebühren und Auslagen)

(1) Steuerberater sind an die Steuerberatergebührenverordnung gebunden.

(2) Für die Vergütung von Tätigkeiten nach § 57 Abs. 3 Nr. 2 und 3 StBerG gelten die gesetzlichen Vorschriften (z. B. §§ 612 Abs. 2, 632 Abs. 2 BGB).

(3) Über Honorarvorschüsse ist nach Erledigung des Auftrages oder der Beendigung der Angelegenheit unverzüglich abzurechnen.

(4) Eine Unterschreitung der angemessenen Vergütung ist berufswidrig. Ausnahmsweise darf besonderen Umständen, etwa der Bedürftigkeit eines Auftraggebers, durch Ermäßigung oder Streichung von Gebühren oder Auslagenersatz Rechnung getragen werden. Eine Gebührenüberhebung im Sinne des § 352 StGB ist berufswidrig.

(5) Die Vereinbarung oder die Annahme von Provisionen, Erfolgshonoraren und Erfolgsbeteiligungen ist unzulässig.

§ 46 BOStB Abtretung und Einziehung von Gebührenforderungen

(1) Die Abtretung von Gebührenforderungen an einen anderen Steuerberater ist zulässig, wenn der Auftraggeber zustimmt. Der Steuerberater, der eine Gebührenforderung erwirbt, ist in gleicher Weise zur Verschwiegenheit verpflichtet wie der beauftragte Steuerberater.

(2) Die Abtretung von Gebührenforderungen ohne Zustimmung des Auftraggebers an einen anderen Steuerberater ist zulässig, wenn berechtigte eigene Interessen des abtretenden Steuerberaters vorliegen.

(3) Die Abtretung von Gebührenforderungen oder die Übertragung ihrer Einziehung an einen nicht als Steuerberater zugelassenen Dritten ist nur zulässig, wenn die Forderung zuvor rechtskräftig festgestellt worden ist, ein erster Vollstreckungsversuch fruchtlos ausgefallen ist und der Steuerberater die ausdrückliche schriftliche Einwilligung des Auftraggebers eingeholt hat.

1.3 Allgemeine Rechtsfragen zum Gebührenrecht

1.3.1 Die Anwendung von Vorschriften des bürgerlichen Rechts

Obzwar sich die StBGebV auf die „**Gesetzes**vorschrift" des § 64 StBerG stützt, hat der Verordnungsgeber im Hinblick auf den der StBGebV zugewiesenen Charakter einer „Rechtsverordnung" nur zurückhaltend Bestimmungen des bürgerlichen Rechts in die Verordnung aufgenommen und sich dabei auf wenige Vorschriften beschränkt, wie etwa § 4 (Vereinbarung der Vergütung), § 7 (Fälligkeit der Vergütung), § 8 (Vorschuß) oder § 9 (Berechnung). Die einschlägigen Bestimmungen des bürgerlichen Rechts ergänzen die StBGebV.

Bedeutsam sind in der Sicht des Steuerberatergebührenrechts insbesondere:

§ 134	Nichtigkeit eines Rechtsgeschäftes, das gegen ein gesetzliches Verbot verstößt
§ 138	Nichtigkeit eines Rechtsgeschäftes, das gegen die guten Sitten verstößt, und eines wucherischen Rechtsgeschäftes
§ 195	Regelmäßige Verjährungsfrist von dreißig Jahren für Schadensersatzansprüche aus der nicht unverzüglich erfolgten Erklärung des StB über die Ablehnung eines Auftrages
§ 196 Absatz 1 Nummer 15	Zweijährige Verjährungsfrist für die Vergütungsansprüche des StB
§§ 198 bis 225	Einzelbestimmungen zur Verjährung der Vergütungsansprüche des StB (Nur teilweise anwendbar)
§ 242	Leistung nach Treu und Glauben

§ 284	Verzug des Schuldners
§ 286	Verzugsschaden
§ 288	Verzugszinsen
§ 315	Bestimmung der Leistung nach billigem Ermessen
§ 316	Bestimmung der Gegenleistung
§ 421	Gesamtschuldner
§ 611	Wesen des Dienstvertrages
§ 612	„Übliche Vergütung" für die nicht unter den sachlichen Geltungsbereich der StBGebV einzuordnenden Berufstätigkeiten des StB nach § 57 Absatz 3 StBerG, soweit diese im Rahmen eines „Dienstvertrages" erfolgen
§§ 613 bis 630	Einzelbestimmungen zum Dienstvertrag (Nur teilweise anwendbar)
§ 631	Wesen des Werkvertrages
§ 632	„Übliche Vergütung" für die nicht unter den sachlichen Geltungsbereich der StBGebV einzuordnenden Berufstätigkeiten des StB nach § 57 Absatz 3 StBerG, soweit diese im Rahmen eines „Werkvertrages" erfolgen
§§ 633 bis 637 und §§ 639 bis 650	Einzelbestimmungen zum Werkvertrag (Nur teilweise anwendbar)
§ 638	Verjährungsfrist von sechs Monaten für Ersatzansprüche des Auftraggebers aus einem Werkvertrag (Diese Bestimmung geht als Sonderregelung § 68 StBerG vor)
§ 669	Vorschußpflicht für Aufwendungen (Barauslagen und Materialkosten)
§ 670	Pflicht zum Ersatz von Aufwendungen (Barauslagen und Materialkosten)
§ 675	Geschäftsbesorgungsvertrag
§§ 677 bis 687	Geschäftsführung ohne Auftrag (Nur teilweise anwendbar)
§§ 812 bis 822	Ungerechtfertigte Bereicherung (Nur teilweise anwendbar)

1.3.2 Steuerberatung als Dienstleistung oder Werkleistung

Ein „Vertrag" ist in der Mehrzahl aller Fälle die „Rechtsgrundlage" für den Vergütungsanspruch des StB; in wenigen Ausnahmefällen kann es auch „Geschäftsführung ohne Auftrag" (§§ 677ff. BGB) oder „Ungerechtfertigte Bereicherung" (§§ 812ff. BGB) sein (Riedel/Sußbauer Rz. 14 und 15 zu § 1). Dieser „Vertrag" ist auf eine Geschäftsbesorgung nach § 675 BGB gerichtet und entweder ein „Dienstvertrag" nach § 611 BGB oder ein „Werkvertrag" nach § 631 BGB.

Die Zuordnung zu einer dieser beiden Vertragsgattungen, die insbesondere auch für die Anwendung der Verjährungsvorschriften (Schadensersatzansprüche des Auftraggebers gemäß § 68 StBerG oder gemäß § 638 BGB; siehe hierzu auch 1.3.15) und für die Kündigung (§ 627 oder § 649 BGB) bedeutsam ist, stellt sich nicht einfach dar.

Die „laufende Steuerberatung" wird nahezu einhellig als „Dienstleistung" gesehen (so BGH VI ZR 288/64 vom 31. 3. 1967 in BGHZ 47 S. 303; BGH IX ZR 255/90 vom 17. 10. 1991 in NJW 1992 S. 307; OLG Nürnberg 3 U 158/58 vom 18. 6. 1959 in WPg 1959 S. 472; OLG Düsseldorf 18 U 6/90 vom 28. 5. 1990 in MDR 1990, S. 833).

Bei einer mehrjährigen, aber alljährlich neu erfolgenden, Beauftragung eines StBv mit der Anfertigung einer Einkommensteuererklärung hat das KG Berlin 12 U 882/76 vom 27. 9. 1976 in NJW 1977 S. 110 einen „Werkvertrag" angenommen (mit ablehnenden Anmerkungen von Martens und Widmann in NJW 1977 S. 766 und S. 777). Ähnlich entschied auch das OLG Zweibrücken 5 U 103/80 vom 18. 11. 1980 in StB 1982 S. 66, das auf den Steuerberatungsvertrag Werkvertragsrecht angewendet wissen will, wenn der StB lediglich die Jahressteuererklärung anzufertigen hat. Nach dieser Entscheidung ist es unerheblich, wie oft Steuererklärungen von einem StB zu erstellen sind, da die Vertragsdauer als Kriterium für die Abgrenzung von Dienst- und Werkvertrag von dem erkennenden Senat als ungeeignet gesehen wird. Demgegenüber hat das OLG Frankfurt 21 U 207/83 vom 5. 12. 1984 in DStR 1985, S. 449 das Rechtsverhältnis, aufgrund dessen ein StB mit der jährlichen Erstellung der Steuererklärungen beauftragt ist, als Geschäftsbesorgungsvertrag mit dienstvertraglichem Charakter eingestuft; so auch OLG Düsseldorf 18 U 29/90 vom 28. 6. 1990 in GI 1991 S. 12.

Den Auftrag der „Buchführung und der Erstellung des Jahresabschlusses" haben als „Mischvertrag" gesehen (Buchführung: Dienstvertrag; Jahresabschluß: Werkvertrag) das OLG Nürnberg 8 U 164/71 vom 6. 7. 1972 in DStR 1974 S. 709 und das LG Gießen 2 O 311/73 vom 10. 6. 1974 in StB 1975 S. 92.

Buchführungsarbeiten als „Dienstleistung" klassifizieren der BGH VII ZR 187/68 vom 4. 6. 1970 in NJW 1970 S. 1596 und das OLG Nürnberg in WPg 1959 S. 472; Buchführung als „Werkleistung" beurteilen dagegen das OLG Hamburg 7 U 55/63 vom 17. 12. 1963 in WPg 1964 S. 553, das OLG Celle 11 U 205/71 vom 29. 2. 1972 in DStR 1974 S. 290, das OLG Koblenz 11 U 321/79 vom 7. 5. 1980 in StB 1981 S. 102 und das LG Kiel 8 S 99/74 vom 5. 7. 1974 in StB 1975 S. 73.

Geht man einmal davon aus, daß entscheidendes Abgrenzungsmerkmal für den Werkvertrag nach herrschender Meinung das „geschuldete Ergebnis", d. h. der „Erfolg", ist, dann wird deutlich, daß die „Werkleistung" für die Tätigkeit des StB nur die „Ausnahme" bilden kann, und zwar dann, wenn ein StB nach den getroffenen Vereinbarungen „für ein bestimmtes Ergebnis einer Tätigkeit einzustehen hat". Entscheidend ist dabei, ob der StB ein „Wirken" oder ein „Arbeitsergebnis" schuldet. Ob das eine oder das andere geschuldet wird, hängt von der Willensbildung der Beteiligten ab. Es kann wohl kaum angenommen werden, daß der StB das mit der Erreichung eines Endzwecks verbundene „Risiko" tragen soll oder tragen will, was er tun würde, wenn er die Erreichung dieses Endzweckes „garantierte".

Man wird in Verfolg dieser Überlegungen davon auszugehen haben, daß in der Mehrzahl aller Fälle ein **„Dienstvertrag"** gewollt ist. Ein solcher „Dienstvertrag" liegt vor, wenn einem StB allgemein die Wahrung aller steuerlichen

Interessen seines Auftraggebers übertragen wird, wobei es unerheblich ist, daß sich ein Teil der zu erbringenden Leistungen in einer „körperlichen" (Werk)Form, etwa als „Jahresabschluß" oder als „Steuererklärung", konkretisieren läßt. Bei dieser generellen Interessenwahrung soll nicht ein Erfolg im Sinne des Werkvertragsrechtes geschuldet werden.

Einen **„Werkvertrag"** wird man anzunehmen haben, wenn als „Einzelauftrag" für einen Auftraggeber, zu dem keine fortlaufende Mandatsbeziehung besteht, etwa ein „Vermögensstatus" oder ein „Gutachten" (OLG Köln 2 U 131/79 vom 23. 4. 1980 in OLGZ 1980 S. 346) erstellt wird. Gleiches gilt für die Erteilung einer Auskunft in Form eines Auskunftsvertrages (LG Köln 2 O 203/88 vom 16. 2. 1989 in GI 1989 S. 89). Dem Kriterium der „Einmaligkeit" kommt also eine besondere Bedeutung zu (Vergleiche hierzu auch die Entscheidung des OLG München 8 U 3841/78 vom 29. 6. 1979 in BB 1980 S. 717 mit der Anmerkung von Späth). Bei einer „fortlaufenden Tätigkeit" wäre es berufsfremd, jede zu erbringende Einzelleistung als „Erfolg" im Sinne des Werkvertragsrechtes anzusehen (BGH VII ZR 187/68 vom 4. 6. 1970 in BGHZ 54 S. 106).

Die Frage der Zuordnung der Steuerberatung zur „Dienstleistung" oder zur „Werkleistung" läßt sich mit letzter Abgeschlossenheit noch nicht beantworten. In Ergänzung des Vorgesagten siehe auch Palandt Einführung vor §§ 611 und 631 sowie Gehre Rz. 19ff. zu § 33 und Kuhls Rz. 4ff. zu § 33.

1.3.3 Mitteilung über die Ablehnung eines Auftrages

§ 63 StBerG bestimmt:

„Steuerberater und Steuerbevollmächtigte, die in ihrem Beruf in Anspruch genommen werden und den Auftrag nicht annehmen wollen, haben die Ablehnung unverzüglich zu erklären. Sie haben den Schaden zu ersetzen, der aus einer schuldhaften Verzögerung dieser Erklärung entsteht."

Diese Vorschrift des Steuerberatungsgesetzes stellt eine nur Berufsangehörige betreffende Sonderregelung der in § 663 BGB enthaltenen allgemeinen Bestimmung der **„Anzeigepflicht bei Ablehnung eines Auftrages"** für Personen, die zur Besorgung bestimmter Geschäfte öffentlich bestellt sind oder sich öffentlich hierzu erboten haben, dar. § 63 StBerG wie auch § 663 BGB beinhalten Fälle der gesetzlich geregelten „culpa in contrahendo", des Verschuldens bei Vertragsschluß. Als lex specialis geht § 63 StBerG der Vorschrift des BGB vor.

Der Berufsangehörige ist danach verpflichtet, sich zweifelsfrei zu äußern, ob er einen ihm angetragenen Auftrag annehmen will. Die Mitteilungspflicht gilt sowohl für den Fall, daß ein Mandatsverhältnis bisher noch nicht begründet ist, wie für ein bestehendes Mandat, dessen Ausdehnung auf einen bisher noch nicht umfaßten Bereich dem StB angetragen wird (Späth „Zur Haftung des steuerlichen Beraters aus § 27 StBerG und wegen unterlassener Mandatsniederlegung" in DStR 1973 S. 669; derselbe in „Die zivilrechtliche Haftung des Steuerberaters" Rz. 586 und 587).

Da für einen Berufsangehörigen kein Kontrahierungszwang besteht, liegt es in seiner freien Entscheidung, einen Auftrag, der ihm erteilt werden soll, anzunehmen oder seine Ausführung abzulehnen. Eingeschränkt wird diese Entscheidungsfreiheit nur durch eine vertraglich übernommene Verpflichtung, etwa „alle steuerlichen Angelegenheiten eines Auftraggebers zu bearbeiten“. In diesem Fall obliegt dem StB die Erfüllung „aller“ Angelegenheiten, er kann seine Tätigkeit nicht etwa nur auf einige bestimmte Leistungen beschränken.

Die Ablehnung muß **unverzüglich,** d.h. ohne schuldhaftes Zögern (§ 121 BGB), erfolgen. „Unverzüglich“ bedeutet deshalb nicht „sofort“. Dem Berufsangehörigen muß vielmehr eine angemessene Prüfungs- und Überlegungsfrist zugebilligt werden. Deren Dauer richtet sich nach den Umständen des Einzelfalles (Späth a.a.O. S. 670). Mit Späth (a.a.O. Rz. 589) und Messmer („Die Nichtablehnung und die Nichtbeendigung eines Mandates als Haftungsgrundlage“ in DStR 1969 S. 579) ist eine Verpflichtung des StB, für den Antragenden in der Zeit zwischen Abgabe des Antrages und dessen Ablehnung in dringenden Fällen tätig zu werden, zu verneinen, da in aller Regel die vorliegenden Erkenntnisse die Feststellung, welche Maßnahmen sachlich geboten und unaufschiebbar sind, ohne weitergehende Prüfung des Sachverhalts nicht zulassen. Darüber hinaus besteht weder im Besteuerungsverfahren noch im steuerlichen Rechtsbehelfs- und Rechtsmittelverfahren, mit Ausnahme einer Revision beim Bundesfinanzhof und beim Bundesverwaltungsgericht, Vertretungszwang für den Steuerpflichtigen, so daß etwa erforderliche und unaufschiebbare „Sofortmaßnahmen“ von dem Betroffenen selbst vorgenommen werden können.

Die Verpflichtung zur Ablehnung eines Auftrages setzt eine **„Inanspruchnahme im Beruf“** voraus. Sie gilt damit, gleich der StBGebV, für alle sich aus § 33 StBerG ergebenden Tätigkeiten, nicht aber für „nur vereinbare“ Tätigkeiten nach § 57 Absatz 3 StBerG (Späth a.a.O. Rz. 586; a.A. Gräfe „Steuerberaterhaftung“ Rz. 3, 4; Kuhls Rz. 3). Dessenungeachtet wird man aus der allgemeinen Verpflichtung zur gewissenhaften Berufsausübung auch die Pflicht abzuleiten haben, bei Aufträgen im Bereich der „Vereinbaren Tätigkeiten“ den Auftraggeber über die Ablehnung unverzüglich zu unterrichten; ein Verstoß löst hier allerdings keine Schadensersatzpflicht nach § 63 StBerG aus.

Besteht danach eine Verpflichtung zum Schadensersatz wegen verspäteter Ablehnung eines Auftrages, so umfaßt dieser den **„Ersatz des negativen Interesses“,** d.h. der StB muß für die Nachteile aufkommen, die dem Auftraggeber bei einer unverzüglichen Ablehnung nicht entstanden wären. Der Antragende kann jedoch nicht verlangen, so gestellt zu werden, wie er bei einem Zustandekommen des Mandats gestanden hätte (Messmer a.a.O.; Späth a.a.O. Rz. 590).

Für die Verjährung dieses Anspruchs gilt die abgekürzte Verjährungsfrist des § 68 Abs. 2 StBerG, obwohl ein Vertragsverhältnis gerade nicht zustande gekommen ist (Kuhls Rz. 14 zu § 63; Gräfe a.a.O. Rz. 856; Feuerich – für die inhaltsgleiche Regelung bei den Rechtsanwälten – Rz. 14 zu § 44 BRAO).

1.3.4 Unterrichtung des Auftraggebers über die voraussichtliche Höhe der Vergütung

Ein StB ist nicht verpflichtet, generell bei der Übernahme eines Auftrages darauf hinzuweisen, daß er für seine Tätigkeit eine Vergütung fordern werde und der Berechnung dieser Vergütung die StBGebV zugrunde zu legen ist. Ihn trifft grundsätzlich auch keine ungefragte Belehrungspflicht, wenn seine Inanspruchnahme unwirtschaftlich erscheint (OLG Düsseldorf 13 U 13/91 vom 23. 1. 1992 in GI 1993 S. 112; Gräfe „Steuerberaterhaftung" Rz. 10). Erkundigt sich ein Auftraggeber aber nach der Höhe der Vergütung, so wird ihm der StB die voraussichtlich entstehenden Gebühren und den mutmaßlichen Auslagenersatz mitzuteilen haben. Fehlen wichtige Grundlagen für eine überschlägige Ermittlung der Vergütung, so z. B. der Gegenstandswert einer Angelegenheit, dann bedarf es eines ausdrücklichen diesbezüglichen Hinweises.

Auch gehört es zu den vertraglichen Nebenpflichten des Steuerberaters, den Mandanten auf die kostenmäßige Belastung durch ein aussichtsloses Rechtsmittel hinzuweisen (OLG Düsseldorf 13 U 218/93 vom 16. 6. 1994 in GI 1995 S. 143).

Weist in Fällen, in denen die Heranziehung eines Berufsangehörigen offensichtlich grob unwirtschaftlich ist, weil die beabsichtigte steuerliche Maßnahme durch ein deutliches Mißverhältnis zwischen der Höhe der Vergütung und dem erzielbaren Erfolg gekennzeichnet ist, oder weil eine Rechtsverfolgung keine Aussicht auf Erfolg bietet, der Steuerberater auf diese Umstände hin, so kann für die in einem solchen Hinweis liegende Beratung eine Gebühr nach § 21 entstehen, wenn aufgrund der Raterteilung ein Auftrag zur Bearbeitung der Sache nicht erteilt wird.

In diesem Zusammenhang sei noch auf einige zum Gebührenrecht der Rechtsanwälte ergangene Entscheidungen hingewiesen, die auch für die Vergütung des StB von Bedeutung sind.

In seinen Urteilen III ZR 145/78 vom 13. 3. 1980 in NJW 1980 S. 2128 und IX ZR 49/97 vom 18. 9. 1997 in NJW 1998 S. 136 hat der Bundesgerichtshof den Grundsatz bekräftigt, daß ein RA auf Verlangen des Mandanten die voraussichtliche Höhe der gesetzlichen Vergütung mitteilen muß. Art und Umfang der Aufklärung bestimmen sich nach den Umständen des einzelnen Falles, in erster Linie nach der erkennbaren Interessenlage des Mandanten. Aber auch ohne ausdrückliche Aufforderung kann sich aus besonderen Umständen gemäß §§ 157 und 242 BGB eine Rechtspflicht zur Beratung eines Mandanten über die Höhe der voraussichtlichen Kosten einschließlich der eigenen Gebühren des Rechtsanwalts ergeben (BGH IX ZR 63/97 vom 2. 7. 1998 in GI 1999 S. 33). Denn das Verhältnis des Rechtsanwalts zu seinem Mandanten beruht auf einem besonderen Vertrauen und er verstößt gegen die mit diesem Vertrauensverhältnis verbundenen Pflichten, wenn er seinen Mandanten nicht auf naheliegende, erhebliche, wenn auch auf wirtschaftlichem Gebiet gelegene Bedenken gegen die Zweckmäßigkeit der ihm zu übertragenden Rechtsverfolgung hinweist (OLG Düsseldorf 8 U

150/83 vom 7. 6. 1984 in AnwBl 1984 S. 443; LG Flensburg in AnwBl 1987 S. 193; vergleiche auch Gerold/Schmidt Anmerkung 9a zu § 1 und Riedel/ Sußbauer Rz. 7 zu § 1).

Bei dem Hinweis zur Höhe der Vergütung kommt der praktischen Brauchbarkeit der Belehrung besonderes Gewicht zu. Der Rechtsanwalt muß die tatsächliche Höhe der zu erwartenden Gebühren angeben, damit der Auftraggeber seine weiteren Maßnahmen danach einrichten kann. Deshalb gehört hierzu grundsätzlich nicht nur die Angabe der zahlenmäßigen Gesamthöhe der Gebühren, sondern i. d. R. auch ein Hinweis darauf, welche Gebühren im einzelnen voraussichtlich entstehen werden. Nennt der Rechtsanwalt zunächst zu niedrige Gebühren, so kann er später ohne einen rechtzeitigen Hinweis keine höhere Vergütung fordern (BGH III ZR 145/78 a. a. O.).

Eine Verletzung der Hinweispflicht begründet einen **Schadensersatzanspruch** des Mandanten. Dieser führt zu einem Befreiungsanspruch, der diesen berechtigt, die Zahlung der bereits entstandenen Gebühr zu verweigern.

Unabhängig von möglichen berufsrechtlichen und wettbewerbsrechtlichen Gesichtspunkten ist deshalb schon aus diesem Grunde davor zu warnen, „Angebote“ mit Angaben zur Gebührenhöhe abzugeben oder sich an „Ausschreibungen“ zu beteiligen, wenn dem StB nicht alle für die spätere Gebührenberechnung wesentlichen Faktoren bekannt sind, was nur ausnahmsweise der Fall sein dürfte.

1.3.5 Vergütungsanspruch bei vorzeitiger Auftragsbeendigung

Der häufigste Grund für die vorzeitige Beendigung eines Auftrags ist dessen Kündigung.

Die Voraussetzungen einer Mandatskündigung und deren Auswirkungen auf den Vergütungsanspruch richten sich grundsätzlich nach den Vorschriften des Bürgerlichen Gesetzbuchs. Die StBGebV schließt ebensowenig wie die BRAGO deshalb etwa die Anwendung der Vorschriften der §§ 627 und 628 BGB aus (vergleiche für die BRAGO BGH III ZR 190/79 vom 8. 10. 1981 in NJW 1982 S. 437 und BGH III ZR 67/85 vom 16. 10. 1986 in NJW 1987 S. 315; Gerold/Schmidt Anmerkung 1 zu § 1 und Anmerkungen 59 ff. zu § 13).

Ergänzt werden die BGB-Vorschriften bezüglich der Höhe des Vergütungsanspruchs durch die Bestimmungen der StBGebV, insbesondere die Regelung des § 12 Absatz 4 (Vergleiche hierzu die Anmerkungen zu § 12).

Die Auswirkungen einer Kündigung auf den Vergütungsanspruch sind je nach der rechtlichen Natur des Vertrages zwischen Mandant und Berater unterschiedlich.

So kann der Steuerberatungsvertrag als Geschäftsbesorgungsvertrag je nach Inhalt und Lage des Einzelfalles sowohl ein **Dienstvertrag** nach §§ 611 ff. BGB als auch ein **Werkvertrag** gemäß §§ 631 ff. BGB sein. Die sich mit den Abgrenzungsproblemen befassende Rechtsprechung ist sehr umfangreich (Vergleiche statt vieler BGH VII ZR 187/68 vom 4. 6. 1970 in NJW 1970 S. 1596; OLG Nürnberg in DStR 1974 S. 709; OLG München in BB 1980

S. 717; OLG Koblenz in StB 1981 S. 102; OLG Frankfurt in DStR 1985 S. 449 sowie die Anmerkungen zu 1.3.2).

Handelt es sich, wie in der überwiegenden Mehrzahl der Fälle, bei dem Steuerberatungsvertrag um einen **Geschäftsbesorgungsvertrag** mit **Dienstvertragscharakter,** kann dieser gemäß § 627 Absatz 1 BGB vom Mandanten jederzeit fristlos gekündigt werden, da Gegenstand der Leistung Dienste höherer Art sind, die aufgrund einer besonderen Vertrauenslage erbracht werden.

Auch die Vereinbarung einer Pauschalvergütung und die Entrichtung monatlicher Abschlagszahlungen machen den Steuerberatungsvertrag nicht zu einem „dauernden Dienstverhältnis mit festen Bezügen", mit der Folge der Nichtanwendung des § 627 BGH (BGH IX ZR 77/92 vom 19. 11. 1992 in BB 1993 S. 531).

Wird ein Vertrag durch Kündigung nach § 627 BGB beendet, so hat der Berater gemäß § 628 Abs. 1 S. 1 BGB Anspruch auf den Teil der Vergütung, der seinen bisher erbrachten Leistungen entspricht. Auf eine bereits entstandene Gebühr hat der StB nach § 12 Absatz 4 den vollen Anspruch.

Umfaßt der Steuerberatungsvertrag beispielsweise die Erstellung der Steuererklärungen und hat der StB für deren Abgabe Fristverlängerungsanträge gestellt, die Steuererklärungen vor der Kündigung des Mandats aber noch nicht gefertigt, so ist nach der Entscheidung des OLG Hamburg 8 U 76/84 vom 28. 6. 1984 nur die Gebühr nach § 23 Nummer 10 für die Erstellung der Fristverlängerungsanträge entstanden und damit auch abrechenbar, nicht aber die Gebühr für die noch nicht in Angriff genommenen Steuererklärungen (Vergleiche auch die Anmerkungen zu § 12).

Kündigt der Berufsangehörige, was gleichermaßen möglich ist, so hat er zur Vermeidung von Rechtsverlusten des Mandanten in jedem Fall noch diejenigen Handlungen vorzunehmen, die zumutbar sind und keinen Aufschub dulden, wie etwa Maßnahmen zur Wahrung einer Ausschlußfrist.

Wurde die Kündigung nicht durch vertragswidriges Verhalten des Auftraggebers veranlaßt, so steht dem Berater ein Vergütungsanspruch insoweit nicht zu, als seine bisherigen Leistungen infolge der Kündigung für den Mandanten kein Interesse haben (§ 628 Absatz 1 Satz 2 BGB).

Handelt es sich bei dem Beratungsvertrag um einen **Werkvertrag,** so ist dieser nach § 649 BGB jederzeit kündbar. Der Berufsangehörige kann dann die vereinbarte Vergütung verlangen, wobei er sich auf diese aber das anrechnen lassen muß, was er infolge der Aufhebung des Vertrages an Aufwendungen erspart oder durch anderweitige Verwendung seiner Arbeitskraft erwirbt oder zu erwerben böswillig unterläßt.

Es ist grundsätzlich möglich, diese Bestimmungen des BGB durch vertragliche Vereinbarungen **abzudingen** und anders zu regeln. Erforderlich ist hierfür jedoch eine Individualvereinbarung, die den entsprechenden Willen beider Parteien deutlich erkennen läßt. Durch einen Formularvertrag oder allgemeine Auftragsbedingungen kann das jederzeitige Kündigungsrecht aus § 627 BGB nach der herrschenden Meinung in der Rechtsprechung nicht ausgeschlossen werden (OLG Köln 6 U 48/83 vom 13. 7. 1983 in GI 1985

S. 1; OLG Hamm 25 U 172/91 vom 15. 5. 1992 in DStR 1993 S. 852; OLG Düsseldorf 13 U 201/92 vom 27. 5. 1993 in Stbg 1994 S. 283; OLG Düsseldorf 13 U 19/93 vom 25. 11. 1993 in GI 1994 S. 302; OLG Hamm 25 U 172/91 vom 15. 5. 1992 in DStR 1993 S. 852; OLG Hamm 25 U 47/93 vom 4. 3. 1994 in GI 1994 Seite 311).

Ist etwa in einem Steuerberatungsvertrag eine Kündigungsfrist von drei Monaten zum Kalendervierteljahresende wirksam vereinbart, so steht dem StB bei ordentlicher Kündigung im September der Honoraranspruch für laufende Buchführungsarbeiten noch bis zum 31. Dezember zu, wenn er seine Dienste weiterhin angeboten, der Mandant sie jedoch nicht angenommen hat (LG Darmstadt in Stbg 1984 S. 246).

Das OLG Celle 3 U 119/86 vom 8. 4. 1987 in StB 1987 S. 241 hat in einem Fall, in dem für die steuerliche Beratung eine Pauschalvergütung nach § 14 vereinbart war und das Vertragsverhältnis durch einen Aufhebungsvertrag beendet wurde, nachdem zunächst die Kündigungsmöglichkeit des § 627 BGB abbedungen worden war, entschieden, daß hier die Rückerstattungsregelung des § 628 Absatz 1 Satz 3 BGB nicht eingreift. Des weiteren wurde festgestellt, daß dem StB das Pauschalhonorar noch bis zu der in dem Aufhebungsvertrag bestimmten Beendigung des Steuerberatungsvertrages zusteht, ohne daß er verpflichtet ist, nach Beendigung des Vertragsverhältnisses noch Leistungen zu erbringen, die das Vertragsverhältnis während der Vertragszeit betreffen.

Bei vorzeitiger Beendigung eines Anwaltsvertrages durch Kündigung nach § 627 Absatz 1 BGB haben das OLG Düsseldorf 8 U 44/84 vom 15. 11. 1984 in AnwBl 1985 S. 201 und der BGH III ZR 67/85 vom 16. 10. 1986 in NJW 1987 S. 315 entschieden, daß ein vereinbartes Pauschalhonorar nach § 628 Absatz 1 Satz 1 BGB auf den Teil herabzusetzen ist, welcher der bisherigen Tätigkeit des RA entspricht. Diese Entscheidungen wird man auch für den Steuerberatungsvertrag heranziehen können.

Ist streitig, ob der Berater die Kündigung des Mandats seitens des Auftraggebers durch vertragswidriges Verhalten veranlaßt hat, so hat der Auftraggeber zu beweisen, daß vertragswidriges Verhalten des Beraters zur Kündigung geführt hat und das Interesse an dessen bisherigen Leistungen infolgedessen entfallen ist (So auch der BGH III ZR 190/79 vom 8. 10. 1981 für den vergleichbaren Fall des Anwaltsvertrages in NJW 1982 S. 437).

1.3.6 Vergütungsanspruch bei unzureichender Auftragserfüllung

Sind die vom StB erbrachten Leistungen mit **Mängeln** behaftet, die ihren Wert für den Auftraggeber beeinträchtigen, so berechtigt dies den Mandanten gleichwohl **nicht** zur **Herabsetzung des Gebührenanspruchs** des Berufsangehörigen, wenn es sich, wie dies beim Steuerberatungsvertrag überwiegend der Fall ist, bei dem Vertragsverhältnis zwischen den Parteien um einen **Dienstvertrag** handelt, der auf eine Geschäftsbesorgung gerichtet ist. Mangelhafte Leistungen des Dienstverpflichteten erlauben dem Dienstberechtigten nicht, eine Minderung der Vergütung vorzunehmen, da

der Dienstberechtigte nach dem Gesetz die Gefahr des Mißlingens der Leistung trägt.
Anders als das Kaufrecht oder das Werkvertragsrecht kennt das Dienstvertragsrecht weder die Möglichkeit der Wandlung noch die der Minderung. Vielmehr gelten bei der Verletzung von Pflichten aus einem als Dienstvertrag einzustufenden Steuerberatungsvertrag die allgemeinen Regeln über Unmöglichkeit, Verzug und Schadensersatz wegen positiver Vertragsverletzung. Der Mandant ist daher darauf beschränkt, bei mit Mängeln behafteten Leistungen des StB Schadensersatzansprüche wegen **positiver Vertragsverletzung** (Schlechterfüllung) geltend zu machen (BGH VII ZR 295/69 vom 1. 7. 1971 in DB 1971 S. 2010 und BGH IVa ZR 296/80 vom 24. 2. 1982 in NJW 1982 S. 1532; OLG Köln 2 U 67/87 vom 9. 3. 1988 in DStR 1989 S. 512; vergleiche für den Anwaltsvertrag auch OLG Nürnberg 2 U 157/70 vom 20. 1. 1971 in AnwBl 1971 S. 175).
Für den Schadensersatz wegen positiver Vertragsverletzung kommen nur diejenigen Nachteile in Betracht, die dem Dienstberechtigten als weitere Folge des Mangels außerhalb der Dienstleistung selbst erwachsen (BGH VII ZR 9/60 vom 27. 4. 1961 in BGHZ 35 S. 130). Über die positive Vertragsverletzung kann nicht der reine Erfüllungsschaden, sondern nur der Mangelfolgeschaden, durch den dem Dienstberechtigten ein über das Erfüllungsinteresse hinausgehender Nachteil entsteht, ersetzt verlangt werden (BGH VI ZR 101/63 vom 20. 10. 1964 in NJW 1965 S. 106). Mangelfolgeschäden sind nur die schädlichen Einflüsse auf das Vermögen des Dienstberechtigten, die nicht unmittelbar durch die Schlechterfüllung ausgelöst sind (BGH V ZR 68/63 vom 18. 12. 1964 in NJW 1965 S. 532).
Will ein Mandant die Beseitigung der Mängel der Leistung seines bisherigen StB durch einen anderen Berater vornehmen lassen und dem für die Mängel verantwortlichen StB dann die dadurch entstehenden Kosten anlasten, so muß er vor der Beauftragung des anderen Berufsangehörigen seinem bisherigen StB die Möglichkeit zur Beseitigung der Mängel einräumen (OLG Hamm 25 U 103/87 vom 18. 3. 1988 in GI 1988 S. 136; OLG Düsseldorf 13 U 118/91 vom 12. 12. 1991 in GI 1993 S. 47; OLG Düsseldorf 13 U 258/91 vom 30. 7. 1992 in GI 1993 S. 45; OLG Hamm 25 U 61/85 vom 4. 6. 1986 in DStR 1987 S. 170; OLG Frankfurt 21 U 145/92 vom 13. 10. 1993 in Stbg 1994 S. 283; OLG Düsseldorf 13 U 128/95 vom 12. 9. 1996 in GI 1997 S. 295; OLG Düsseldorf 13 U 23/96 vom 27. 2. 1997 in GI 1997 S. 252; OLG Düsseldorf 13 U 227/96 vom 23. 10. 1997 in GI 1998 S. 115). Dieses Nachbesserungsrecht steht dem steuerlichen Berater auch dann zu, wenn Dienstvertragsrecht anzuwenden ist (zur Abgrenzung von Dienst- und Werkvertrag vergleiche die Anmerkungen zu 1.3.2).

1.3.7 Genereller Verzicht auf eine Vergütung

Berufsangehörige sind nach § 64 StBerG an eine Gebührenordnung gebunden, die der Bundesminister der Finanzen durch Rechtsverordnung mit Zustimmung des Bundesrates erläßt. Diese Gebührenordnung ist die am 1. 4. 1982 in Kraft getretene StBGebV.

Ist im Rahmen eines Steuerberatungsvertrages ein Vergütungsanspruch entstanden, so muß er unter Beachtung der Bestimmungen der StBGebV auch abgerechnet werden.
Die **Nichtberechnung** von Gebühren und Auslagen kann sowohl aus wettbewerbsrechtlicher wie aus berufsrechtlicher Sicht **unzulässig** sein. Der Wettbewerbsverstoß kann sich dabei aus § 1 UWG ergeben, weil ein StB, der abzurechnende Leistungen honorarmäßig nicht in Ansatz bringt, sich dadurch einen unzulässigen Wettbewerbsvorteil vor seinen gesetzes- bzw. verordnungstreuen Kollegen verschafft. Im berufsrechtlichen Bereich verbietet § 45 Abs. 4 BOStB die Unterschreitung der angemessenen Vergütung. Umsomehr ist der vollständige Verzicht auf die Vergütung als berufswidrig anzusehen. Ausnahmen gelten nur bei Vorliegen besonderer Umstände, wie etwa der Bedürftigkeit des Mandanten. In einem solchen Fall kann unter bestimmten Voraussetzungen auf die Vergütung verzichtet werden.
Erfolgt der allgemeine Verzicht auf die Vergütung gegen die Verpflichtung des Auftraggebers, Mandate Dritter zu vermitteln, so ist dieser Verzicht sittenwidrig (So für den Gebührenverzicht eines Rechtsanwalts der BGH III ZR 91/79 vom 19. 6. 1980 in NJW 1980 S. 2407).

1.3.8 Abtretung von Gebührenforderungen

Im Anschluß an die im Bereich der „klassischen" beratenden freien Berufe ergangene Rechtsprechung zur weitgehenden Unzulässigkeit der Abtretung von Honorarforderungen an Dritte (so für Rechtsanwälte BGH IX ZR 192/92 vom 25. 3. 1993 in NJW 1993 S. 1638 und BGH IX ZR 234/92 vom 13. 5. 1993 in NJW 1993 S. 1912) wurde durch das 6. Steuerberatungsänderungsgesetz vom 24. 6. 1994 mit § 64 Absatz 2 StBerG eine diesen Bereich für Steuerberater regelnde Bestimmung in das Steuerberatungsgesetz aufgenommen. Nach dieser Vorschrift ist der StB, der eine Gebührenforderung erwirbt, in gleicher Weise zur Verschwiegenheit verpflichtet wie der beauftragte Steuerberater. Die Abtretung von Gebührenforderungen oder die Übertragung ihrer Einziehung an einen nicht als StB zugelassenen Dritten ist unzulässig, es sei denn, die Forderung ist rechtskräftig festgestellt, ein erster Vollstreckungsversuch ist fruchtlos ausgefallen und der StB hat die ausdrückliche schriftliche Einwilligung des Auftraggebers eingeholt.
Auch die Berufsordnung befaßt sich mit diesem Regelungsbereich. Nach § 46 Absatz 1 BOStB ist die Abtretung von Gebührenforderungen an einen anderen StB zulässig, wenn der Auftraggeber zustimmt. Darüber hinaus ist die Abtretung von Gebührenforderungen an einen anderen Steuerberater auch ohne Zustimmung des Auftraggebers zulässig, wenn berechtigte eigene Interessen des abtretenden StB vorliegen (§ 46 Absatz 2 BOStB).
Diese Regelungen sind vor dem Hintergrund der umfassenden Verpflichtung zur beruflichen Verschwiegenheit aus § 57 Absatz 1 StBerG zu sehen, die eine Erfüllung der mit einer Abtretung verbundenen Informationspflichten gegenüber dem neuen Gläubiger aus § 402 BGB ohne Zustimmung des Mandanten nicht zuläßt und entsprechende Vereinbarungen unwirksam macht.

Gleiches gilt grundsätzlich auch bei der Übertagung einer Steuerberatungspraxis auf einen Kollegen, das heißt, eine Vereinbarung über die Abtretung von Honoraransprüchen und die Übernahme der Handakten ist ohne vorherige Zustimmung der betroffenen Mandanten in aller Regel ebenfalls als unzulässig anzusehen. Etwas anderes kann dann gelten, wenn der Erwerber bereits zuvor in die Betreuung der Mandanten eingebunden war, etwa als freier Mitarbeiter (BGH IX ZR 220/94 in DStR 1995 S. 1559; vergleiche zu dem Gesamtkomplex auch Schall „Abtretung von Gebührenansprüchen sowie gebührenrechtliche Einzelfragen" in StB 1995 S. 476 sowie derselbe in StB 1996 S. 71).

Damit ist die Einschaltung eines Dritten, der kein Berufsangehöriger ist, etwa eines Inkassobüros, in die Realisierung von Gebührenforderungen angesichts der hohen Anforderungen, die § 64 Absatz 2 StBerG stellt (fruchtloser erster Vollstreckungsversuch und vorherige schriftliche Zustimmung des Mandanten) nur schwer möglich.

1.3.9 Abtretung von Steuererstattungsansprüchen zur Sicherung von Gebührenforderungen

Nach § 46 Absatz 4 Satz 1 AO ist der **geschäftsmäßige** Erwerb von steuerlichen Erstattungs- oder Vergütungsansprüchen zum Zwecke der Einziehung oder sonstigen Verwertung auf eigene Rechnung nicht zulässig. Dies gilt nach Satz 2 nicht für den Fall der Sicherungsabtretung. Zum geschäftsmäßigen Erwerb und zur geschäftsmäßigen Einziehung der zur Sicherung abgetretenen Ansprüche sind nur Unternehmen befugt, denen das Betreiben von Bankgeschäften erlaubt ist (Satz 3).

Der BFH legt in seinem Urteil VII R 196/82 vom 23. 10. 1985 (BStBl II 1986 S. 124) die Sätze 1 bis 3 von § 46 Absatz 4 AO dahingehend aus, daß der geschäftsmäßige Erwerb und die geschäftsmäßige Einziehung von steuerlichen Erstattungs- oder Vergütungsansprüchen auch in den Fällen der Sicherungsabtretung nur Bankunternehmen gestattet ist (so auch BFH VII R 49/85 vom 30. 8. 1988 in BFH/NV 1989 S. 210).

Eine entgegen § 46 Absatz 4 AO vorgenommene Abtretung ist nichtig und stellt gleichzeitig eine Ordnungswidrigkeit dar, die nach § 383 AO mit einer Geldbuße bis zu DM 100.000,– geahndet werden kann.

Berufsangehörige können sich von einem Mandanten einen Steuererstattungsanspruch deshalb nur dann zulässig und wirksam abtreten lassen, wenn diese Abtretung nicht als „geschäftsmäßig" einzuordnen ist. Dies ist dann gegeben, wenn die Abtretung von Steuererstattungs- und -vergütungsansprüchen zur Sicherung von Honorarforderungen nur gelegentlich anläßlich besonders begründeter Einzelfälle erfolgt (BFH VII R 196/82 a. a. O. und VII R 168/84 vom 17. 9. 1987 in BFH/NV 1988 S. 9).

Da für die Geschäftsmäßigkeit die Wiederholungsabsicht wesentliches Kriterium ist, kommt es in diesem Zusammenhang nicht auf das Verhältnis der Abtretungsfälle zu den vom StB insgesamt bearbeiteten Fällen an (BFH in BFH/NV 1988 S. 9, wo bei 3000 bearbeiteten Lohnsteuerjahresausgleichsfällen 54 Abtretungen als geschäftsmäßig angesehen wurden; ebenso BFH

VII R 49/85 a.a.O. bei 6 Fällen und BFH VII R 3/94 vom 13. 10. 1994 in BFH/NV 1995 S. 473 bei 4 Fällen).

1.3.10 Erfüllungsort für Gebührenforderungen

Nach § 269 Absatz 1 BGB hat die vertragliche Leistung, also die Erfüllung einer Verpflichtung aus dem zwischen den Parteien geschlossenen Vertrag, an dem Ort zu erfolgen, an welchem der Schuldner zur Zeit der Entstehung des Schuldverhältnisses seinen Wohnsitz bzw. seine gewerbliche Niederlassung hat, sofern nicht aus den Umständen, insbesondere aus der Natur des Schuldverhältnisses, ein anderer Ort für die Leistung zu entnehmen ist. Das gilt auch für Geldleistungen, weil § 270 BGB den Leistungsort unberührt läßt (§ 270 Absatz 4 BGB).

Bei einem Dienstvertrag wird jedoch allgemein regelmäßig der Ort, an dem die Dienste zu leisten sind, als der dem Willen der Vertragsparteien entsprechende Erfüllungsort für die Erbringung der beiderseitigen Leistungen anzusehen sein (OLG Celle 7 U 10/66 vom 9. 6. 1966 in NJW 1966 S. 1975).

Beim Anwaltsvertrag ist es unbestritten, daß der Erfüllungsort für die Honorarforderungen des RA der Sitz der Kanzlei ist (LG Hamburg 9 S 55/75 vom 30. 10. 1975 in NJW 1976 S. 199; OLG Stuttgart 2 U 38/75 vom 28. 11. 1975 in AnwBl 1976 S. 439; LG Osnabrück 1 T 20/77 vom 21. 1. 1977 in AnwBl 1977 S. 217; BayObLG Allg. Reg. 101/80 vom 30. 10. 1980 in MDR 1981 S. 233; BGH III ZR 150/88 vom 31. 1. 1991 in NJW 1991 S. 3095).

Gleiches gilt für einen WP (AG Dürkheim in MittBl WPK 119/86 S. 29 und LG Köln 86 O 61/90 vom 15. 5. 1990 in MittBl WPK 1990 S. 157).

Auch für die Vergütungsansprüche des StB ist seine **berufliche Niederlassung** als **Erfüllungsort** anzusehen (OLG Düsseldorf 8 U 159/71 vom 16. 3. 1972 in DB 1972 S. 1065; LG Darmstadt 3 O 717/83 vom 1. 3. 1984 in AnwBl 1984 S. 503; OLG Hamm 1 Sbd 46/98 vom 6. 10. 1998 in GI 1999 S. 241; Kuhls Rz. 22 zu § 66 StBerG; a.A. OLG Düsseldorf 18 U 83/86 vom 9. 10. 1986 in StB 1986 S. 309, das als Erfüllungsort den Wohnort des Mandanten annimmt).

1.3.11 Gerichtsstand für Klagen in Gebührenangelegenheiten

Nach den Gerichtsstandsregeln der ZPO ist der Beklagte regelmäßig an dem für seinen Wohnsitz örtlich zuständigen Gericht zu verklagen (§§ 12 und 13 ZPO). Besteht zwischen den Parteien ein Geschäftsbesorgungsvertrag, so kommt als besonderer Gerichtsstand der **Gerichtsstand** des **Erfüllungsortes** in Betracht (§ 29 ZPO). Nach Absatz 1 dieser Vorschrift ist für Streitigkeiten aus einem Vertragsverhältnis und über dessen Bestehen das Gericht des Ortes zuständig, an dem die streitige Verpflichtung zu erfüllen ist (Zum Erfüllungsort vergleiche die Anmerkungen zu 1.3.10).

Beim Anwaltsvertrag ist es unbestritten, daß der Rechtsanwalt seine Honorarforderungen bei dem für den Sitz seiner Kanzlei zuständigen Gericht als dem Gericht des Erfüllungsortes einklagen kann (LG Hamburg in NJW 1976 S. 199; OLG Stuttgart in AnwBl 1976 S. 439; LG Osnabrück in AnwBl

1977 S. 217; BayObLG in MDR 1981 S. 233; BGH IV b ZR 8/85 vom 29. 1. 1986 in AnwBl 1986 S. 353; BGH III ZR 150/88 vom 31. 1. 1991 in NJW 1991 S. 3095; Gerold/Schmidt Anmerkung 66 zu § 1; Riedel/Sußbauer Rz. 58 zu § 19; Baumbach/Lauterbach „Zivilprozeßordnung“ Anmerkung 3 C zu § 29 ZPO).

Gleiches gilt für einen WP (AG Dürkheim in MittBl WPK 119/86 S. 29).

Auch für die Vergütungsansprüche des StB ist als **Gerichtsstand** des **Erfüllungsortes** das für seine **berufliche Niederlassung** zuständige Gericht anzusehen (OLG Düsseldorf in DB 1972 S. 1065; LG Darmstadt in AnwBl 1984 S. 503; OLG Hamm in GI 1999 S. 241; Baumbach/Lauterbach a. a..O.; a. A. OLG Düsseldorf in StB 1986 S. 309, das als Gerichtsstand des Erfüllungsortes das für den Wohnort des Mandanten zuständige Gericht annimmt).

1.3.12 Zinsanspruch bei verspäteter Zahlung der Vergütung

Das am 1. 5. 2000 in Kraft getretene Gesetz zur Beschleunigung fälliger Zahlungen (BGBl I 2000 S. 330) hat im Bereich der Regelungen über den Schuldnerverzug und im Werksvertragsrecht wichtige Änderungen gebracht. Hiervon sind auch die Honorarforderungen der Berufsangehörigen betroffen. Die Neuregelungen gelten für alle Gebührenrechnungen, die nach dem 1. 5. 2000 erstellt werden (Art. 229 Absatz 1 EGBGB). Auf vor diesem Zeitpunkt gestellte Liquidationen sind die bisherigen Regelungen anzuwenden. Wegen möglicher Überschneidungen bei der Geltendmachung von Gebührenansprüchen sollen in dieser Auflage neben der „neuen“ auch noch die „alte“ Rechtslage dargestellt werden.

Rechtslage bis 30. 4. 2000

Nach § 288 Absatz 1 BGB ist eine Geldschuld, mit deren Begleichung der Schuldner in Verzug ist, während des Verzuges mit 4 v. H. zu verzinsen. Für die Geltendmachung dieses **Mindestzinsschadens** bedarf es nicht des Nachweises, daß ein Schaden entstanden ist, dieser wird vielmehr in dieser Höhe unwiderlegbar vermutet (BFH VIII R 39/79 vom 29. 9. 1981 in NJW 1982 S. 792; Palandt Rz. 1 zu § 288).

Die Geldendmachung eines **weiteren Schadens** ist nicht ausgeschlossen (§ 288 Absatz 2 BGB). Ein solcher Schaden kann z. B. im **Verlust** von **Anlagezinsen** oder darin bestehen, daß der Gläubiger infolge des Verzuges zu einem **höheren Zinssatz** als 4 v. H. Kredit in Anspruch nehmen muß (Palandt Rz. 5 zu § 288).

Diesen Schaden muß der Gläubiger darlegen und ggfs. auch nachweisen (Zum Umfang der Substantiierungspflicht bei höheren Kreditzinsen vergleiche BGH IV ZR 232/74 vom 24. 11. 1976 in DB 1977 S. 582). Den Nachweis, daß die Kreditaufnahme gerade mit der Leistungsverzögerung des Schuldners im Zusammenhang steht, wird man bei Berufsangehörigen, ähnlich wie bei Kaufleuten, aber wohl nicht fordern können, weil der StB aufgrund des Zahlungsverzugs des Mandanten jedenfalls gehindert ist, einen in Anspruch genommenen Kredit entsprechend zurückzuzahlen und somit

die Kausalität zwischen Verzug und Verzugsschaden gegeben ist (vergleiche für Kaufleute BGH IV a ZR 21/82 vom 26. 10. 1983 in NJW 1983 S. 371).
Bei der Berechnung des Verlustes von Anlagezinsen können die Grundsätze des Anscheinsbeweises herangezogen werden (BGH IV a ZR 144/80 vom 9. 4. 1981 in NJW 1981 S. 1732; OLG Bremen 62 F 34/81 vom 11. 11. 1981 in AnwBl 1982 S. 197; Palandt Rz. 6 zu § 288).
Voraussetzung für die Geltendmachung eines Zinsschadens ist, daß der Mandant mit der Begleichung einer Honorarforderung in **Verzug** ist. Nach § 284 Absatz 1 BGB kommt der Schuldner in Verzug, wenn die Leistung, hier die Honorarzahlung, fällig und frei von Einreden (z.B. Verjährung oder Stundung) ist und der Gläubiger diese Leistung angemahnt hat. Mahnung bedeutet in diesem Zusammenhang das Verlangen der Leistung. Die Übersendung der Honorarrechnung ist als solche noch keine Mahnung, sondern nur die Mitteilung des Forderungsbetrages. Der Mahnung gleichgestellt ist die Erhebung der Klage auf die Leistung sowie die Zustellung eines Mahnbescheids im Mahnverfahren.
Die Mahnung ist entbehrlich, wenn die Leistung nach dem Kalender bestimmt oder bestimmbar ist (§ 284 Absatz 2 BGB). Vergleiche zum Schuldnerverzug auch die Anmerkungen zu § 284 bei Palandt.

Rechtslage ab 1. 5. 2000

Nach der Neuregelung des § 284 Absatz 3 BGB tritt bei Geldforderungen Verzug stets nach 30 Tagen ein. Einer vorherigen Mahnung bedarf es nicht mehr. Der Zugang der Rechnung muß im Bestreitensfall vom Gläubiger bewiesen werden.
Auch die Bestimmung über die Verzinsung von Geldforderungen hat eine Änderung erfahren. Nach § 288 Absatz 1 Satz 1 BGB beträgt der Verzugszins 5 Prozentpunkte über dem Basiszinssatz nach § 1 des Diskontsatz-Überleitungs-Gesetzes vom 9. 6. 1998 (BGBl I S. 1242). Gleichzeitig ist die früher bestehende Möglichkeit, höhere Zinsen über den Nachweis eines höheren Kreditzinsaufwands oder eines entgangenen höheren Anlagezinssatzes geltend zu machen, entfallen.

1.3.13 Zurückbehaltungsrecht bei Nichtzahlung der Vergütung

Bei der Beendigung eines Steuerberatungsvertrages hat der Berufsangehörige nach §§ 675 und 667 BGB an seinen Mandanten grundsätzlich alles herauszugeben, was er zur Ausführung des Auftrages erhalten und was er aus der Geschäftsbesorgung erlangt hat. Hierzu zählen sowohl die sogenannten **Mandantenunterlagen,** also die Unterlagen, die der Mandant dem StB zur Verfügung gestellt hat, wie z.B. Buchführungsbelege, als auch die **Arbeitsergebnisse des Beraters,** wie etwa Abschlüsse und Steuererklärungen oder die Hauptabschlußübersicht.
Diesem Herausgabeanspruch des Mandanten kann der StB unter Umständen ein **Zurückbehaltungsrecht** entgegensetzen, wenn etwa noch offene Honoraransprüche bestehen, die zur Zahlung fällig sind.

Bei der Geltendmachung eines Zurückbehaltungsrechts kann es eine Rolle spielen, ob es sich bei den Unterlagen um Mandantenunterlagen oder Arbeitsergebnisse des Beraters handelt. So erstreckt sich die Regelung des § 66 Abs. 4 StBerG, die bestimmt, daß der Steuerberater oder Steuerbevollmächtigte seinem Auftraggeber die Herausgabe der Handakten verweigern kann, bis er wegen seiner Gebühren und Auslagen befriedigt ist, nur auf die Handakten im engeren Sinne, also insbesondere nicht auf die Arbeitsergebnisse des Berufsangehörigen. Für diese gelten die allgemeinen BGB-Vorschriften, insbesondere § 273 BGB.

In der Rechtsprechung ist bei offenen Honorarforderungen des StB, Fälligkeit und Einforderbarkeit vorausgesetzt, seit Jahren ein Zurückbehaltungsrecht sowohl hinsichtlich der eigenen Arbeitsergebnisse als auch der Unterlagen des Mandanten anerkannt.

Mit dem Zurückbehaltungsrecht an Arbeitsergebnissen befaßt sich etwa die Entscheidung des Bundesgerichtshofs IV ZR 262/86 vom 17. 2. 1988 (StB 1988 S. 232, NJW 1988 S. 2607). Der BGH bejaht in diesem Urteil grundsätzlich das Bestehen eines Zurückbehaltungsrechts des StB an seinen Arbeitsergebnissen bei noch nicht beglichenen Honorarforderungen. Gleichzeitig wird dort auf die noch von der Vorinstanz, dem OLG Düsseldorf 18 U 83/86 vom 9. 10. 1986 (StB 1986 S. 309), verlangte zeitliche Konnexität verzichtet und festgestellt, daß es nicht erforderlich ist, daß sich die geltend gemachten Honorarforderungen und die zurückbehaltenen Arbeitsergebnisse auf denselben Abrechnungszeitraum beziehen, da der Mandant gerade auf den Besitz älterer Unterlagen nicht selten weniger angewiesen ist als etwa auf solche, die laufende oder nur kürzere Zeit zurückliegende Geschäftsvorgänge betreffen.

Eine Einschränkung in der Ausübung des Zurückbehaltungsrechts soll nur dann gelten, wenn die Wahrnehmung im Einzelfall gegen Treu und Glauben verstößt, etwa weil die Honorarforderung unverhältnismäßig gering ist oder umgekehrt die Zurückbehaltung beim Mandanten einen unverhältnismäßig großen Schaden verursachen würde. Die Zurückbehaltung von Arbeitsergebnissen ist auch dann treuwidrig, wenn der Mandant ausreichend Sicherheit geleistet hat (Vergleiche § 273 Absatz 3 BGB).

Daß der StB Arbeitsergebnisse nur Zug um Zug gegen das geschuldete Honorar herausgeben muß, wird in der Entscheidung des OLG Düsseldorf 13 U 128/95 vom 12. 9. 1996 (GI 1997 S. 295) ausdrücklich bestätigt. In seinem Urteil 13 U 23/96 vom 27. 2. 1997 (GI 1997 S. 252) bekräftigt das OLG Düsseldorf die Auffassung, daß der Steuerberater von dem Druckmittel der Aushändigung von Arbeitsergebnissen nur Zug um Zug gegen die Begleichung offener Gebührenforderungen Gebrauch machen darf.

Auch an **Mandantenunterlagen** hat der BGH ein Zurückbehaltungsrecht grundsätzlich anerkannt (BGH VII ZR 19/79 vom 6. 12. 1979 in VersR 1980 S. 264). In den Entscheidungen des Hanseatischen OLG Hamburg (9 W 47/83 vom 9. 8. 1983 in NJW 1983 S. 2455), des Kammergerichts Berlin (12 U 2733/83 vom 15. 1. 1984 in StB 1984 S. 388), des OLG Nürnberg (8 W 1069/90 vom 11. 4. 1990 in DStR 1990 S. 533) und des LG Heidelberg (4 O 53/97 vom 29. 9. 1997 in MDR 1998 S. 188) wird ein solches Zurückbehaltungsrecht ebenfalls bejaht. Gleichwohl sind auch hier Fälle denkbar, in denen nach den Grundsätzen von Treu und Glauben die Interessen des Mandanten an der Herausgabe der Unterlagen so bedeutsam sind, daß demgegenüber die berechtigten Belange des Berufsangehörigen, für die Einforderung seiner Honoraransprüche über ein Druckmittel in Gestalt des Zurückbehaltungsrechts zu verfügen, zurücktreten müssen.

Zu beachten ist in diesem Zusammenhang auch das in einer Anwaltssache ergangene Urteil des BGH IX ZR 244/96 vom 3. 7. 1997 (NJW 1997 S. 2944), in welchem entschieden wurde, daß Geschäftspapiere des Mandanten nur wegen Honorarforderungen an der konkreten Angelegenheit zurückbehalten werden dürfen.

Das Zurückbehaltungsrecht kann sich auch auf Daten aus dem Mandatsverhältnis erstrecken, die nicht bei dem Berufsangehörigen sondern bei einem Rechenzentrum gespeichert sind. Für die Erteilung der Zustimmung zur Datenübertragung gilt in diesen Fällen das zur Herausgabe von Unterlagen Gesagte entsprechend.

Im Fall des Konkurses des Mandanten besteht nach den Entscheidungen der Oberlandesgerichte Stuttgart (12 U 147/81 vom 1. 12. 1981 in StB 1983 S. 39), Düsseldorf (24 U 81/82 vom 12. 3. 1982 in StB 1984 S. 50) und Hamm (25 U 173/86 vom 4. 8. 1987 in StB 1988 S. 235) gegenüber dem Konkursverwalter kein Recht zur Verweigerung der Herausgabe von Unterlagen wegen noch nicht erfüllter Honorarforderungen, weil es sich bei dem aus § 273 Absatz 1 BGB hergeleiteten Zurückbehaltungsrecht um ein persönliches Recht handelt, das im Konkurs nicht zu berücksichtigen ist. Demgegenüber hat der BGH in seinem Urteil 11 ZR 3/88 vom 25. 10. 1988 in StB 1989 S. 113 einen Anspruch des Konkursverwalters, der die Zahlung des Honorars des Steuerberaters verweigert hatte, auf Herausgabe der Arbeitsergebnisse des StB abgelehnt.

1.3.14 Verjährung der Vergütungsansprüche des Steuerberaters

Nach § 196 Absatz 1 Nummer 15 BGB **verjähren** die Ansprüche des StB wegen seiner **Gebühren** und **Auslagen** in **zwei Jahren** (KG Berlin 18 U 469/78 vom 26. 7. 1978 in DStR 1979 S. 296; BGH IX ZR 159/95 vom 21. 11. 1996 in DStR 1997 S. 514; Palandt Rz. 29 zu § 196). Gleiches gilt für Steuerberatungsgesellschaften, da eine Gesellschaft, in welcher Rechtsform auch immer, als solche keine Hilfeleistung in Steuersachen ausübt, sondern lediglich den in ihr tätigen natürlichen Personen als Instrument der Berufsausübung dient (OLG Hamburg 11 W 22/72 vom 26. 4. 1972 in BB 1972 S. 597 und OLG Celle 3 U 136/83 vom 26. 10. 1983 in BB 1984 S. 92 sowie Palandt a. a. O.

Die Verjährung beginnt nach den §§ 198 und 201 BGB mit dem Schluß des Jahres, in dem der Anspruch fällig geworden ist. Die Fälligkeit bestimmt sich nach § 7 (Vergleiche hierzu auch die Anmerkungen zu § 7).

Nach § 18 Absatz 1 Satz 2 BRAGO ist bei Honoraransprüchen von Rechtsanwälten der Lauf der Verjährungsfrist von der Mitteilung der Berechnung nicht abhängig. Der RA kann somit die Verjährung seiner Ansprüche nicht dadurch hinausschieben, daß er etwa die Aufstellung einer Berechnung verzögert oder gar unterläßt (Gerold/Schmidt Anmerkung 14 zu § 18; Riedel/Sußbauer Rz. 6 zu § 18).

Gleiches gilt für den StB, auch wenn in § 9 Absatz 1 eine der vorgenannten Bestimmungen der BRAGO entsprechende Regelung fehlt. Da das „Verlangenkönnen" in § 201 BGB aber nicht als identisch mit der „Einforderbarkeit" in § 9 anzusehen ist, kommt diesem Umstand keine Bedeutung bei; denn „verlangen" im Sinne von § 201 Satz 2 BGB kann der StB seine Vergütung gemäß § 7 mit der Beendigung der Angelegenheit. Allein darauf kommt es für den Beginn der Verjährung aber an (BGH IX ZR 159/95 vom 21. 11. 1996 am a. a. O.).

1.3.15 Verjährung der Schadensersatzansprüche des Auftraggebers

Gemäß § 68 StBerG **verjährt** der Anspruch des Auftraggebers auf **Schadensersatz** aus dem zwischen ihm und dem StB bestehenden Vertragsverhältnis nach Ablauf von **drei Jahren** nach Entstehung des Anspruchs. Bei dieser Vorschrift handelt es sich um eine zivilrechtliche Regelung, durch die die allgemeine Verjährungsfrist des § 195 BGB, die 30 Jahre beträgt, abgekürzt wird.

Für die Berechnung der Frist gelten die §§ 187 ff. BGB, d.h. die Verjährungsfrist beginnt mit Ablauf des Tages zu laufen, an dem der Schaden entstanden ist (§ 187 Absatz 1 BGB); sie endet mit Ablauf des gleichbenannten Tages drei Jahre später (§ 188 Absatz 2 BGB).

Die Verjährungsfrist von drei Jahren gilt nur für Ansprüche des Mandanten gegen den StB aus dem Auftragsverhältnis, und zwar nur für Schadensersatzansprüche, nicht für Ansprüche etwa aus ungerechtfertigter Bereicherung, auf Rückzahlung von Vorschüssen, auf Herausgabe von Handakten, Abrechnung oder Auskunft.

Ist das Vertragsverhältnis, aus dem der Schadensersatzanspruch hergeleitet wird, ausnahmsweise als **Werkvertrag** einzuordnen, so tritt für den Anspruch auf Mängelbeseitigung an die Stelle der dreijährigen Verjährungsfrist des § 68 StBerG die **6-Monats-Frist** des § 638 BGB (KG Berlin 12 U 882/76 vom 27. 9. 1976 in NJW 1977 S. 110; Gehre Rz. 16 zu § 68 StBerG; Kuhls Rz. 4 zu § 68 StBerG).

Ist Anspruchsgrundlage des Schadensersatzanspruchs **positive Vertragsverletzung,** so richtet sich die Verjährungsfrist ausschließlich nach § 68 StBerG, unabhängig davon, ob es sich bei dem Steuerberatungsvertrag um einen Dienst- oder einen Werkvertrag handelt (BGH IVa ZR 313/80 vom 26. 5. 1982 in NJW 1982 S. 2256 und BGH IX ZR 106/95 vom 20. 6. 1996 in NJW 1996 S. 2929; Gräfe Rz. 860).

Auf die **Kenntnis** des Auftraggebers von der Pflichtverletzung des StB und dem Bestehen eines Schadensersatzanspruchs kommt es nicht an (BGH IV a ZR 314/80 vom 20. 1. 1982 in DStR 1982 S. 297, BGH IV a ZR 293/80 vom 20. 1. 1982 in NJW 1982 S. 1289 und in WM 1986 S. 1220).

Besitzt ein StB noch weitere Berufsqualifikationen, etwa als WP oder RA, so kann sich eine Konkurrenz der Verjährungsvorschrift des § 68 StBerG mit § 51a WPO oder § 51b BRAO ergeben. Die Beurteilung der Frage, welche der vorgenannten Vorschriften dann im Einzelfall zur Anwendung kommt, hängt, soweit es sich nicht um Vorbehaltsaufgaben handelt oder die Zuordnung sich aus dem Parteiwillen ergibt, davon ab, zu welchem der Berufsbilder die übernommene Tätigkeit **„berufstypisch“** gehört, d.h. welchem Berufsbild sie das Gepräge gibt (BGH IV a ZR 250/85 vom 25. 3. 1987 in NJW 1987 S. 3136 und BGH VII ZR 39/87 vom 19. 11. 1987 in NJW 1988 S. 1663; OLG Düsseldorf 8 W 18/78 vom 29. 5. 1978 in DStR 1978 S. 529; Gehre Rz. 18 zu § 68 StBerG; Kuhls Rz. 7 zu § 68 StBerG).

Grundsätzlich ist der StB verpflichtet, den Mandanten ggfs. auf etwa gegenüber ihm selbst bestehende Schadenersatzansprüche und deren Verjährung hinzuweisen (BGH IV a ZR 314/80 vom 20. 1. 1982 in DB 1982 S. 950). Ein Verstoß gegen diese Belehrungspflicht kann zu einem sogenannten **Sekundäranspruch** führen (OLG Köln 8 U 13/88 vom 19. 9. 1988 in VersR 1989 S. 1103; BGH IX ZR 100/95 vom 20. 6. 1996 in StB 1996 S. 487). Für diesen Sekundäranspruch gilt ebenfalls die 3-jährige Verjährungsfrist des § 68 StBerG. Wird der Mandant rechtzeitig vor Ablauf der Verjährung wegen der Frage, ob der Steuerberater ihm durch einen Fehler einen Schaden zugefügt hat, anwaltlich vertreten, so entfällt die Pflicht des Steuerberaters, den Mandanten auf die durch seinen Fehler eingetretene Schädigung und die kurze Verjährung des § 68 StBerG hinzuweisen (BGH IX ZR 227/94 vom 28. 9. 1995 in StB 1996 S. 408).

Der Lauf der Verjährungsfrist des § 68 StBerG beginnt mit der **Entstehung** des Schadensersatzanspruchs. Ein Anspruch ist entstanden, wenn er klagweise, bei Ungewißheit über die Schadenshöhe auch durch Feststellungsklage, geltend gemacht werden kann. Als Grundsatz gilt danach, daß der Anspruch entstanden ist, sobald die schuldhafte Pflichtverletzung des Haftenden die Vermögenslage des Geschädigten verschlechtert hat, was nicht erfordert, daß der Schaden bereits tatsächlich eingetreten ist; eine konkrete ernsthafte Vermögensgefährdung reicht dafür bereits aus (OLG Köln 11 U 287/94 vom 7. 6. 1995 in StB 1995 S. 442). Der **Beginn** der Verjährungsfrist ist im Einzelfall danach **unterschiedlich.** Er hängt davon ab, auf welchen Fehlern die zum Schadensersatz führenden Handlungen beruhen und um welche Art von Schaden es sich handelt.

Der nachfolgende kurze Überblick zu der in verschiedenen Fallgruppen ergangenen Rechtsprechung soll die Problematik verdeutlichen:

1. Versäumung von Ausschluß-, Rechtsbehelfs- und Rechtsmittelfristen
   Besteht die Pflichtverletzung des StB in der Versäumung einer Ausschlußfrist, so ist im gleichen Zeitpunkt die Vermögenslage des Mandanten beeinträchtigt, d.h. die Verjährungsfrist des § 68 StBerG beginnt mit dem Ablauf der Ausschlußfrist (OLG Celle 3 U 6/78 vom 18. 10. 1978 in StB 1979 S. 13; OLG München in Bonner Handbuch R 822.16). Wird der Einspruch gegen einen Steuerbescheid versäumt, beginnt die Verjährung des Schadensersatzanspruchs mit Eintritt der Bestandskraft des Bescheides

(OLG Karlsruhe 1 U 60/97 vom 3. 9. 1997 in GI 1998 S. 185). Begründet ein steuerlicher Berater weder einen Einspruch gegen einen belastenden Steuerbescheid, der nicht auf einer Pflichtverletzung des Beraters beruht, noch eine nachfolgende Anfechtungsklage, so beginnt die Verjährung eines vertraglichen Schadenersatzanspruchs des Mandanten wegen des Steuernachteils mit der Bekanntgabe der Einspruchsentscheidung (BGH IX ZR 190/97 vom 12. 2. 1998 in HFR 1998 S. 937).

Entsprechendes gilt für den Fall, daß der Steuerberater seinen Mandanten nicht über die Anfechtungsmöglichkeiten eines Steuerbescheides aufgeklärt und ihn nicht auf die Rechtsbehelfe gegen ergangene Steuerbescheide hingewiesen hat. Auch hier entsteht ein Schaden daraus spätestens mit der Bestandskraft des Steuerbescheides (OLG Zweibrücken 5 U 103/80 vom 18. 11. 1980 in StB 1982 S. 66). Ebenso wurde hinsichtlich der Versäumung einer Einspruchsfrist entschieden, d.h. maßgebender Zeitpunkt für die Entstehung des Anspruchs ist die Versäumung der Einspruchsfrist (OLG Karlsruhe im Bonner Handbuch R 822.19; OLG Düsseldorf 13 U 158/97 vom 4. 6. 1998 in GI 1998 S. 297).

2. Verletzung von Beratungspflichten

Liegt eine fehlerhafte Beratung durch den StB vor, dann tritt i.d.R. die Verschlechterung der Vermögenslage des Auftraggebers nicht schon mit dieser pflichtwidrigen Handlung, sondern mit dem Zeitpunkt ein, in welchem der Mandant den auf der Pflichtwidrigkeit beruhenden nachteiligen Entschluß verwirklicht (So u.a. OLG Karlsruhe 12 U 44/77 vom 7. 7. 1977 in StB 1977 S. 257 sowie Gräfe Rz. 886).

Nach einem Urteil des LG Hamburg (14 O 321/75 vom 11. 1. 1978 in StB 1978 S. 207) ist ein Anspruch wegen fehlerhafter Beratung im Zusammenhang mit einer Firmengründung, die zu einem Schaden in Gestalt von Steuermehrbelastungen geführt hat, in dem Zeitpunkt entstanden, in dem aufgrund des Rates des steuerlichen Beraters die Firmengründung oder die Firmenumwandlung abgeschlossen war. Hat der StB eine steuerungünstige Gesellschaftsform empfohlen, so ist nach Auffassung des OLG Celle (3 U 157/88 vom 19. 4. 1989 in GI 1989 S. 203) und des OLG Köln (27 U 72/90 vom 12. 12. 1990 in GI 1991 S. 183) mit der wirksamen Gründung der Gesellschaft der Schaden entstanden.

Wird der Steuerberater auf Schadensersatz in Anspruch genommen, weil er bei der Empfehlung einer steuersparenden Vermögensanlage seine Beratungspflichten schuldhaft verletzt hat, so beginnt die Verjährungsfrist zu laufen, wenn der zu befürchtende Vermögensverlust oder dessen konkrete Gefahr tatsächlich eintritt (BGH IV a ZR 291/80 vom 21. 4. 1982 in NJW 1982 S. 1866 und BGH IX ZR 195/93 vom 27. 1. 1994 in NJW 1994 S. 1405).

Bei Beratungsfehlern im Zusammenhang mit dem Abschluß von notariellen Verträgen haben das OLG Frankfurt 8 U 133/83 vom 7. 2. 1984 in StB 1985 S. 334 und das OLG Hamm 25 U 137/78 vom 2. 5. 1979 im Bonner Handbuch R 822.14 entschieden, daß der Schadenersatzanspruch mit Abschluß des notariellen Vertrages entstanden ist. So auch OLG München 21 U 4648/97 vom 16. 1. 1998 in AnwBl 1998 S. 484 für den Fall eines mit der steuerlichen Beratung beauftragten Rechtsanwalts.

3. Erstellung fehlerhafter Abschlüsse oder Steuererklärungen
Bezüglich Schadenersatzansprüchen wegen Bilanzierungsfehlern haben das OLG Hamm im Bonner Handbuch R 822.14 und das OLG Celle (3 U 97/77 vom 26. 7. 1978 in DStR 1978 S. 682) entschieden, daß diese jeweils in dem Zeitpunkt entstehen, in dem der Steuerberater die Bilanz dem Auftraggeber zur Verfügung stellt. Auf den Zeitpunkt, in dem sich der Schaden durch Erlaß des Steuerbescheides manifestiert, kommt es nicht an. Gleiches gilt für einen Schadenersatzanspruch wegen unterlassener Geltendmachung von Schuldzinsen in dem Entwurf einer Einkommensteuererklärung. Auch dieser ist mit der Übersendung der Erklärungen entstanden (OLG Hamm a. a. O.).
Der Anspruch auf Ersatz von Steueranteilen, die auf einer falschen Beurteilung der Steuerrechtslage durch den StB und entsprechender Abgabe für den Mandanten nachteiliger Steuererklärungen beruhen, ist jeweils mit der Einreichung der Steuererklärung entstanden (So u. a. OLG Stuttgart 7 U 41/80 vom 17. 7. 1980 in StB 1981 S. 251).
4. Verspätete Erstellung von Bilanzen und Steuererklärungen
Nach einem Urteil des LG Konstanz (4 O 395/75 vom 15. 4. 1977 in StB 1977 S. 158) entsteht der Schadenersatzanspruch wegen verspäteter Bilanzerstellung in dem Zeitpunkt, in welchem die Verspätung und damit der Schaden für den Mandanten beginnt (so auch Späth „Verjährung von Regreßansprüchen gegen Steuerberater" in NWB 1996 S. 3768).
Ergeht wegen nicht rechtzeitiger Erstellung von Steuererklärungen ein Schätzungsbescheid, so entsteht nach OLG Stuttgart im Bonner Handbuch R 822.17 ein eventueller Schaden spätestens mit der Unanfechtbarkeit dieses Bescheides; nach BGH IX ZR 140/94 vom 11. 5. 1995 in DStR 1995 S. 1605 nunmehr schon mit Bekanntgabe des Bescheides.
5. „Außenprüfungsfälle"
Die Rechtsprechung zu den sogenannten „Außenprüfungsfällen", d. h. den Fällen, in denen die Schadensersatzansprüche auslösenden Fehler im Rahmen einer Außenprüfung aufgedeckt worden sind, war mehrfach Wandlungen unterworfen.
So hatte der Bundesgerichtshof zunächst entschieden, daß in Fällen, in denen erstmals in der Außenprüfung der Bearbeitungsfehler des Beraters aufgedeckt wird und es zu einer vermeidbaren Nachveranlagung kommt, der für den Beginn der Verjährungsfrist entscheidende Zeitpunkt die Schlußbesprechung über das Ergebnis der Außenprüfung ist (BGH VII ZR 256/77 vom 22. 2. 1979 in DB 1979 S. 1643 und VII ZR 19/79 vom 6. 12. 1979 in HFR 1980 S. 391). Diese Rechtsprechung wurde zunächst dahingehend fortgeführt, daß dies auch dann gelten soll, wenn das Vertragsverhältnis der Parteien schon vor der Betriebsprüfung beendet war (BGH VII ZR 257/78 vom 18. 6. 1979 in BB 1979 S. 1375). Der IX. Zivilsenat des Bundesgerichtshofs hat diese Besprechung des VII. Senats in seinem Urteil IX ZR 268/91 vom 2. 7. 1992 (NJW 1992 S. 2766) dahin-

gehend modifiziert, daß auch nach einer Außenprüfung Verjährungsbeginn „regelmäßig frühestens" der Zugang des schädigenden Berichtigungsbescheids sei.

In den Fällen, in denen im Rahmen der Betriebsprüfung entdeckt wird, daß der Steuerpflichtige aufgrund eines Beratungsfehlers in der Vergangenheit Steuerzahlungen geleistet hat, die vermeidbar gewesen wären, hatte der BGH zunächst entschieden, daß der Schaden bereits durch die aufgrund der fehlerhaften Steuererklärung erfolgte Steuerfestsetzung durch das Finanzamt eingetreten sei (NJW 1982 S. 585). Diese Rechtsprechung hat der IV a-Senat in seinem Urteil IV a ZR 97/84 vom 27. 11. 1985 (DStR 1986 S. 200) vorübergehend geändert. In dieser Entscheidung wurde die Auffassung vertreten, daß im Falle der Betriebsprüfung erst mit deren Abschluß feststehe, ob es bei einer vermeidbaren Steuerbelastung bleibt, so daß erst dann der Schaden im Sinne von § 68 StBerG entstanden sei.

Diese Änderung der Rechtsprechung hat der IX. Zivilsenat in seiner Entscheidung IX ZR 215/90 vom 4. 4. 1991 (DB 1991 S. 999) korrigiert. Somit gilt, daß die Verjährung des Schadenersatzanspruchs gegen den Steuerberater nur dann mit der Schlußbesprechung beziehungsweise Bekanntgabe des Berichtigungsbescheides beginnt, wenn diese zu einer erstmaligen Veranlagung vermeidbarer Steuern geführt haben. Wird aufgrund der Außenprüfung lediglich eine zu hoch festgesetzte Steuer erkannt, so war der Schaden bereits mit der Festsetzung entstanden und hat bereits zu diesem Zeitpunkt zum Beginn der Verjährung geführt (vergleiche zu dem Gesamtkomplex auch Gräfe Rz. 888 ff.).

6. Überarbeitungskosten und Zinsen

Hinsichtlich der Verjährung von Überarbeitungskosten hat der BGH mehrfach entschieden, daß in dem Fall, in dem die fehlerhafte Buchführung oder sonstige Leistungen eines StB überprüft und korrigiert werden müssen, um steuerliche Nachteile zu vermeiden oder herabzusetzen, der Schaden erst in dem Zeitpunkt entsteht, in dem die Korrekturkosten für den Steuerpflichtigen notwendigerweise anfallen (BGH IV a ZR 296/80 vom 24. 2. 1982 in NJW 1982 S. 1532; BGH IV a ZR 82/83 vom 6. 12. 1985 in DB 1985 S. 1230; BGH IV a ZR 97/84 vom 27. 11. 1985 in DB 1986 S. 639). Kündigt der Mandant den Steuerberatungsvertrag wegen der mangelhaften Leistung des Beraters, so beginnt die Verjährung des Anspruchs auf Erstattung der Nachbesserungskosten mit der Kündigung (OLG Köln 1 U 208/89 vom 7. 3. 1990 in BB 1990 S. 1521).

Bezüglich der Verjährung eines Zinsschadens hat der BGH festgestellt, daß hier der Schaden schon in dem Zeitpunkt eingetreten ist, in welchem der Mandant fortlaufend in Höhe des Zuvielbetrages an Steuern bei dessen Finanzierung Zinsen aufwenden muß (BGH IV a ZR 97/84 vom 27. 11. 1985 in DB 1986 S. 639).

Zur Vermeidung von Mißverständnissen ist anzumerken, daß sich vorstehende Ausführungen nur auf die **„Verjährung von Schadensersatzansprüchen"** beschränken, wobei deren Bestehen dem Grunde nach unterstellt wird, und ein mögliches, sich auf den Umfang bzw. die Höhe der Schadensersatzansprüche auswirkendes Mitverschulden des Auftraggebers, etwa aus der Verletzung von Mitwirkungspflichten bei der Erstellung von Steuererklärungen, nicht berücksichtigt wurde.

1.3.16 Aufrechnung von Vergütungen in der Zwangsvollstreckung

Nach § 387 BGB kann beim Bestehen wechselseitiger Forderungen, die gleichartig sind, also etwa Geldschulden betreffen, jede Partei ihre Forderung gegen diejenige der anderen Partei **aufrechnen,** sobald sie die ihr gebührende Leistung fordern und die ihr obliegende Leistung bewirken kann.
Für einen StB bedeutet dies in Sicht des § 9, daß er bei drohender **Zwangsvollstreckung** wegen einer gegen ihn bestehenden Forderung eines Mandanten der Möglichkeit, gegen diese Forderung mit einem Gebührenanspruch aufzurechnen, verlustig gehen kann, wenn er noch keine den Vorschriften des § 9 entsprechende Gebührenrechnung erstellt hat (Vergleiche hierzu auch die Anmerkungen zu § 9).
Denn „fordern" im Sinne von § 387 BGB kann ein StB die Vergütung nur aufgrund einer von ihm unterzeichneten und dem Auftraggeber mitgeteilten Berechnung, die darüber hinaus auch die weiteren in § 9 Absatz 2 festgelegten Voraussetzungen erfüllt.
Das OLG Düsseldorf hat in seiner Entscheidung 18 W 25/87 vom 15. 4. 1987 in einem entsprechenden Fall festgestellt, daß durch die Vollstreckungsabwehrklage die Aufrechnung mit der Vergütungsforderung eines StB nicht geltend gemacht werden kann, wenn die Forderung vor den in § 767 Absatz 2 und § 796 Absatz 2 ZPO bestimmten Zeitpunkten fällig geworden ist. Der Umstand, daß der StB erst nach diesem Zeitpunkt dem Auftraggeber eine Gebührenrechnung erteilt hat, macht die Aufrechnung nicht zulässig. Denn nach § 7 wird die Honorarforderung des StB bereits mit der Erledigung des Auftrags oder nach Beendigung der Angelegenheit und nicht erst mit der Rechnungstellung fällig. War aber die Honorarforderung bereits fällig, bevor der Vollstreckungsbescheid wegen der Forderung des Mandanten erlassen wurde, so ist eine spätere Aufrechnung erst gegenüber der durch Vollstreckungsbescheid titulierten Forderung des Mandanten gemäß § 796 Absatz 2 ZPO ausgeschlossen.
Es ist deshalb auch unter dem Gesichtspunkt der Erhaltung der Aufrechnungsmöglichkeit mit Vergütungsansprüchen zu empfehlen, Honorarrechnungen möglichst zeitnahe zu erstellen.

1.3.17 Strafandrohung bei Gebührenüberhebung

Das Strafgesetzbuch enthält in § 352 StGB mit der **„Gebührenüberhebung"** einen privilegierenden Sondertatbestand des Betruges, wonach „ein Amtsträger, Anwalt oder sonstiger Rechtsbeistand, welcher Gebühren oder andere Vergütungen für amtliche Verrichtungen zu seinem Vorteil zu erheben hat, mit Freiheitsstrafe bis zu einem Jahr oder mit Geldstrafe bestraft wird, wenn er Gebühren oder Vergütungen erhebt, von denen er weiß, daß der Zahlende sie überhaupt nicht oder nur in geringerem Betrage schuldet".

Nach dem Wortlaut dieser Strafbestimmung erhebt sich die Frage, ob ein StB überhaupt Täter einer Gebührenüberhebung sein kann. Dies wird im Ergebnis aber zu bejahen sein.
Das Begriffspaar „Anwalt oder sonstiger Rechtsbeistand" läßt erkennen, daß hier alle Personen gemeint sind, die in Ausübung ihres Berufes und kraft ihrer Bestellung andere in rechtlichen Angelegenheiten beraten und ihnen Beistand leisten. Die herrschende Meinung in der Literatur (Tröndle „Strafgesetzbuch" 48. Auflage 1997 Rz. 1 zu § 352 StGB; Lackner „Strafgesetzbuch" 22. Auflage 1997 Anmerkung 2 zu § 352 StGB; Schönke-Schröder „Strafgesetzbuch" 24. Auflage 1991 Rz. 3 zu § 352 StGB) und Teile der Rechtsprechung (BayObLG R Reg 16 St 301/64 vom 5. 8. 1964 in NJW 1964 S. 2433; a.A. OLG Frankfurt 1 Ss 21/64 vom 15. 4. 1964 in NJW 1964 S. 2318) gehen deshalb davon aus, daß Rechtsbeistände, zumindest seit dem Zeitpunkt, seit dem diese ihre Gebühren und Auslagen nach der BRAGO abrechnen können, taugliche Täter einer Gebührenüberhebung sein können. Man wird deshalb auch Berufsangehörige, die nach § 64 StBerG an die StBGebV als amtliche Gebührenordnung gebunden sind, als **„Sonstige Rechtsbeistände"** im Sinne des § 352 StGB ansehen müssen (so auch Kuhls Rz. 45 bei § 64).
„Amtliche Verrichtungen" sind Handlungen, die der Amtsträger, Anwalt oder Rechtsbeistand kraft seiner Amts- oder Berufsstellung vornimmt (Schönke-Schröder Rz. 4 zu § 352 StGB).
Die „Gebühr" oder „Vergütung" muß in einer amtlichen Gebührenordnung festgelegt sein (Schönke-Schröder Rz. 7 zu § 352 StGB). Die Vergütung für vereinbare Tätigkeiten, wie etwa die Vergütung als Pfleger oder Vormund, die nicht vom sachlichen Anwendungsbereich der StBGebV erfaßt wird, fällt daher nicht unter § 352 StGB (Lackner Anmerkung 3 zu § 352 StGB).
Ob für die Verwirklichung des subjektiven Tatbestandes direkter Vorsatz erforderlich ist oder ob bedingter Vorsatz ausreicht, ist umstritten (Direkter Vorsatz erforderlich: Schönke-Schröder Rz. 10 zu § 352 StGB; bedingter Vorsatz ausreichend: Lackner Anmerkung 5 zu § 352 StGB).

1.4 Kommentierung zu §§ 1 bis 49

Amtliche Begründung vor § 1:

Allgemeiner Teil

Für die Berechnung der Gebühren der Steuerberater und Steuerbevollmächtigten gab es bisher keine verbindliche Gebührenordnung. Die Gebührenansprüche der Berufsangehörigen richten sich deshalb nach den Vorschriften des BGB. Je nachdem, ob die betreffende Tätigkeit für den Auftraggeber als Erfüllung eines Dienstvertrages oder eines Werkvertrages zu werten war, fand § 612 Abs. 2 oder § 632 Abs. 2 BGB Anwendung. Den Richtwert für Gebührenabreden bildete nach beiden Bestimmungen die „übliche Vergütung". Als Hilfsmittel für die Gebührenberechnung wurden von den Berufsangehörigen in der Regel private Gebührenordnungen verwendet. Diese privaten Gebührenordnungen haben jedoch, wie vom BGH in der Entscheidung vom 29. September 1969 (NJW 1970, S. 699) festgestellt wurde, keine allgemeine Verkehrsgeltung erlangt. Aus diesem Grunde wurde vom Bundeskartellamt die Weiterverbreitung der privaten Gebührenordnungen (z.B. AllGO) als ordnungswidrige Preisempfehlungen beanstandet. Da sich die Maßnahme des Bundeskartellamts nur gegen die Verbreitung, nicht jedoch gegen die Verwendung der privaten Gebührenordnungen richtete, haben die meisten Steuerberater und Steuerbevollmächtigten ihre Gebührenberechnung weiterhin danach ausgerichtet. Hierbei sind jedoch zunehmend Schwierigkeiten eingetreten, weil im Hinblick auf das 1969 ergangene kartellamtliche Verbot die noch vorhandenen privaten Gebührenordnungen die eingetretene Preisentwicklung nicht berücksichtigen. Die Berufsangehörigen wenden deshalb bei der Gebührenordnung in der Regel entsprechende Zuschläge an. Erhebliche Unterschiede bei der Berechnung der Zuschläge haben die Gebührensituation weitgehend unüberschaubar gemacht.

Nach §§ 64 und 72 des Steuerberatungsgesetzes (StBerG) sind Steuerberater, Steuerbevollmächtigte und Steuerberatungsgesellschaften an eine Gebührenordnung gebunden, die der Bundesminister der Finanzen durch Rechtsverordnung mit Zustimmung des Bundesrates erläßt. Nach der Ermächtigung dürfen die Gebühren den Rahmen des Angemessenen nicht übersteigen und haben sich nach dem Zeitaufwand, dem Wert des Objekts und der Art der Aufgabe zu richten. Zweck der Gebührenverordnung ist, sowohl im Interesse der Auftraggeber als auch im Interesse der Steuerberater angemessene Gebühren festzusetzen und durch Schaffung klarer Verhältnisse Auseinandersetzungen vermeiden zu helfen.

Die Gebührenverordnung schließt Abweichungen von den vorgesehenen Gebühren zivil- und preisrechtlich nicht aus; dies gilt sowohl für Gebührenüber- als auch für Gebührenunterschreitungen. Die berufsrechtlichen Grenzen einer Unter- oder Überschreitung aufzuzeigen und deren Einhaltung zu überwachen, gehört im Rahmen der gesetzlichen Ermächtigungen zu den Aufgaben der beruflichen Selbstverwaltungskörperschaften.

Die Steuerberatergebührenverordnung lehnt sich in ihrem Aufbau an die Bundesgebührenordnung für Rechtsanwälte (BRAGO) an, berücksichtigt aber gleichzeitig die Erfahrungen und Notwendigkeiten, die sich aus der besonders gearteten Tätigkeit der Steuerberater und Steuerbevollmächtigten ergeben. Die Anlehnung an die BRAGO berücksichtigt die Tatsache, daß es sich bei dieser um die bisher einzige amtliche Gebührenordnung für Leistungen auf dem Gebiet der Steuerberatung handelt. Sie bildet seit jeher den Maßstab für die Kostenerstattung im finanzgerichtlichen Verfahren (früher § 316 RAO, seit Inkrafttreten der Finanzgerichtsordnung § 139 FGO). Für die wichtigsten Gebührenregelungen hat sich in den Jahrzehnten ihrer Anwendung eine gefestigte Rechtsprechung entwickelt. Auch die früheren privaten Gebührenordnungen haben sich nach den Grundsätzen der BRAGO ausgerichtet und der Vergütung für die allgemeine Steuerberatung die Gebührentabelle der BRAGO (Anlage zu § 11) zugrunde gelegt. Der Verordnungsgeber schließt an diese Entwicklung an, wenn er sich bei der Ausfüllung des in § 64 des Steuerberatungsgesetzes enthaltenen Ermächtigungsrahmen gleichfalls an der BRAGO orientiert (vgl. BVerfGE 34 S. 52, 61).

Die Gebührenregelungen beziehen sich nur auf die Tätigkeiten, die das Berufsbild des Steuerberaters prägen (§ 33 StBerG); sie gelten nicht für Tätigkeiten, die mit dem Beruf des Steuerberaters lediglich vereinbar sind (§ 57 Abs. 3 StBerG).

Für die Vertretung im finanzgerichtlichen und im verwaltungsgerichtlichen Verfahren sowie für den Beistand im Steuerstrafverfahren und im Bußgeldverfahren nach der Abgabenordnung und nach dem Steuerberatungsgesetz sieht die Verordnung anstelle eigener Vorschriften eine Verweisung auf die entsprechenden Bestimmungen der

BRAGO vor. Hierdurch wird vermieden, daß bei einer Änderung der BRAGO jeweils eine Paralleländerung der entsprechenden Gebührensätze der Steuerberatergebührenverordnung erforderlich wird.
Für den weitaus überwiegenden Teil der beruflichen Tätigkeiten sieht die Verordnung die Wertgebühr vor.
Die Anwendung der Zeitgebühr ist auf eine geringe Anzahl von Gebührentatbeständen beschränkt. Es sind dies die Fälle, in denen im allgemeinen kein Gegenstandswert bestimmt werden kann oder in denen der Zeitaufwand für die betreffende Tätigkeit nach den Erfahrungen der Praxis so unterschiedlich ist, daß eine Gebührenberechnung nach dem Gegenstandswert selbst bei einem weitgespannten Gebührenrahmen in vielen Fällen nicht zu einem wirtschaftlich vernünftigen Ergebnis führen würde. Die Fälle, in denen der Steuerberater die Zeitgebühr ansetzen darf, sind in der Steuerberatergebührenverordnung abschließend aufgezählt.
Von lediglich geringer Bedeutung für den Steuerberater ist die Betragsrahmengebühr. Sie ist nur für einige Tätigkeiten vorgesehen, z.B. für die Raterteilung in steuerstrafrechtlichen und bußgeldrechtlichen Angelegenheiten und für bestimmte Hilfeleistungen bei der Lohnbuchführung.
Die Verordnung sieht sowohl für die Wertgebühr als auch für die Zeitgebühr durchweg Rahmengebühren vor. Unberührt davon bleibt die Vergütung für die Vertretung im finanzgerichtlichen und im verwaltungsgerichtlichen Verfahren, für die die BRAGO feste Wertgebühren vorschreibt.
Die Bestimmung der konkreten Gebühr innerhalb des jeweiligen Rahmens hat nach billigem Ermessen zu erfolgen. Hierbei sind alle Umstände, insbesondere die Bedeutung der Angelegenheit sowie der Umfang und die Schwierigkeit der einzelnen Steuersache zu berücksichtigen. Die Entscheidung ist also jeweils von Fall zu Fall zu treffen.
Die Gebührenverordnung ist – nach Ermittlung des derzeitigen Zustandes bei der Gebührenbemessung durch Umfrage bei den Steuerberaterkammern – so ausgestaltet, daß die in der Verordnung vorgesehenen Gebühren in etwa den bisher geforderten Honoraren entsprechen. Im Einzelfall können allerdings durch die Vereinheitlichung der Berechnungsgrundlagen und des Berechnungsverfahrens gewisse Verschiebungen auftreten. Auf das allgemeine Verbraucherpreisniveau hat die Verordnung keine meßbaren Auswirkungen.

Amtliche Begründung 1. VOÄ „Allgemeiner Teil":

Durch die Verordnung soll die Vergütung für Steuerberater, Steuerbevollmächtigte und Steuerberatungsgesellschaften an die Änderungen der Bundesrechtsanwaltsgebührenordnung (BRAGO) angepaßt und namentlich im Bereich der Abschlußarbeiten erhöht werden.
Eine verbindliche Gebührenordnung für die Angehörigen der steuerberatenden Berufe ist erstmals am 1. April 1982 in Kraft getreten. Seitdem sind die Gebühren nicht erhöht worden. Der Anstieg der Preise und Löhne erfordert eine Anpassung an die wirtschaftliche Entwicklung. Insbesondere die bisherigen Gebühren für steuerliche Abschlußarbeiten und für die nach Zeitaufwand abzurechnenden Tätigkeiten stellen keine angemessene Honorierung der Leistung der Steuerberater mehr dar. Die Verordnung sieht daher eine Erhöhung des oberen Gebührenrahmens für die Erstellung des Jahresabschlusses um 6 Zehntel und eine Erhöhung der Gebühren der Abschlußtabelle B um 4 v.H. vor. Die Zeitgebühr wird von bisher 20,– bis 60,– DM auf 25,– bis 70,– DM je angefangene halbe Stunde angehoben.
Soweit die Steuerberatergebührenverordnung auf die Regelungen der BRAGO verweist beziehungsweise inhaltsgleiche Vorschriften enthält, berücksichtigt die Verord-

nung die durch das Gesetz zur Änderung von Kostengesetzen vom 9. Dezember 1986 (BGBl. I S. 2326) eingetretenen Änderungen der BRAGO. So wurden die Entschädigungen für Geschäftsreisen (§ 18), die in § 21 Abs. 1 Satz 2 bestimmte Rahmengebühr für Rat und Auskunft, die Mindestgebühr (§ 3) sowie die für Rechtsbehelfe maßgebliche Tabelle E den neuen Sätzen der BRAGO angepaßt. Die Tabelle A (Beratungstabelle) wurde bis zu einem Gegenstandswert von 400.000,– DM der Tabelle zu § 11 BRAGO angeglichen.

Die sonstigen Änderungen betreffen Vorschriften, die sich in der Praxis als unzureichend oder als klarstellungsbedürftig erwiesen haben. Ferner wurde die durch das Bilanzrichtlinien-Gesetz vom 19. Dezember 1985 (BGBl I S. 2355) beim Jahresabschluß von Kapitalgesellschaften vorgeschriebene Erstellung eines Anhangs und eines Lageberichts in den Gebührenkatalog aufgenommen.

Die Verordnung wirkt sich auf die öffentlichen Haushalte nur mittelbar aus. Die Höhe der entstehenden Mehrausgaben läßt sich nicht mit hinreichender Sicherheit vorausbestimmen, doch dürfte die finanzielle Mehrbelastung relativ gering sein.

Infolge dieser Verordnung verteuern sich namentlich die Leistungen der Steuerberater im Bereich der Abschlußarbeiten. Die Erhöhungen werden im Einzelfall für die Mandanten der Steuerberater sehr unterschiedlich ausfallen, je nachdem, welche Leistungen in Anspruch genommen werden; denn die Gebührenanhebungen erfolgen zum einen nicht gleichförmig, zum anderen sind in einigen Bereichen keine Anhebungen vorgesehen. Die Verteuerungen lassen sich daher nicht genau quantifizieren. Die kostenmäßige Mehrbelastung der Betroffenen liegt jedoch nicht in einem Umfang, daß Auswirkungen auf das Preisniveau, insbesondere auf das Verbraucherpreisniveau, von der Verordnung zu erwarten sind.

Amtliche Begründung 2. VOÄ „Allgemeiner Teil“:

Der Bundesminister der Finanzen wird durch § 64 des Steuerberatungsgesetzes (StBerG) ermächtigt, durch Rechtsverordnung mit Zustimmung des Bundesrates eine Gebührenordnung für Leistungen der Steuerberater, Steuerbevollmächtigten und Steuerberatungsgesellschaften zu erlassen. Aufgrund dieser Ermächtigung ist die Gebührenverordnung vom 17. Dezember 1981 erlassen worden, die durch die Erste Änderungsverordnung vom 20. Juni 1988 grundlegend überarbeitet worden ist. Der vorliegende Entwurf enthält lediglich eine Anhebung der Zeitgebühr und die Aufhebung der Berlin-Klausel.

Die gem. § 64 StBerG anzuhörende Bundessteuerberaterkammer hat dem Entwurf zugestimmt.

Die Anhebung der Zeitgebühr wirkt tendenziell preiserhöhend. Nennenswerte Auswirkungen auf das Preisniveau, insbesondere auf das Verbraucherpreisniveau, sind jedoch nicht zu erwarten, da die partielle Anhebung der Beratungsgebühren gemessen an den Gesamtkosten der zu beratenden Wirtschaftskreise relativ gering sein dürfte, ohne daß sich der Umfang quantifizieren läßt. Bund, Länder und Gemeinden werden nicht belastet.

Amtliche Begründung 3. VOÄ „Allgemeiner Teil“:

Die Steuerberatergebührenverordnung (StBGebV) ist am 1. 4. 1982 in Kraft getreten. Eine grundlegende Anpassung der Gebühren an die seit ihrem Inkrafttreten erfolgte wirtschaftliche Entwicklung steht bislang aus. Die StBGebV wurde erstmals mit Wirkung zum 1. 7. 1988 und danach mit Wirkung zum 30. 6. 1991 geändert. Die Gebühren wurden dabei lediglich insoweit angepaßt, als eine Erhöhung des oberen Gebührenrahmens für die Erstellung des Jahresabschlusses um 6/10, eine Erhöhung der Gebühren der Abschlußtabelle B um 4 v. H. und eine Anhebung der Zeitgebühr von bisher 20,– bis 60,– DM auf 25,– bis 70,– DM und mit Wirkung zum 30. 6. 1991 auf 30,– bis 77,50 DM je angefangene halbe Stunde vorgenommen wurde. Die Betragsrahmengebühren für die Lohnbuchführung und die Tabellenwerte der Tabellen C und D sind seit der Einführung der Steuerberatergebührenverordnung im Jahre 1982 noch nicht angepaßt worden. Auch die Tabelle B ist seit 8 Jahren unverändert geblieben.

Im Gesetz zur Änderung von Kostengesetzen und anderen Gesetzen (Kostenrechtsänderungsgesetz 1994 – KostRÄndG 1994) ist eine Abänderung der Bundesgebührenordnung für Rechtsanwälte (BRAGO) erfolgt. Soweit bereits vor der Änderung der BRAGO zwischen ihr und der StBGebV eine Parallelität bestand, soll sie im Hinblick auf die gleichartigen Tätigkeiten auch nach Änderung der BRAGO aufrechterhalten werden.

Deshalb sollen im Bereich der StBGebV § 3 (Mindestgebühr, Auslagen), § 9 (Berechnung), § 12 (Abgeltungsbereich der Gebühren), § 16 (Post- und Telekommunikationsentgelte), § 17 (Schreibauslagen), § 18 (Geschäftsreisen), § 21 (Rat, Auskunft, Erstberatung) angepaßt werden. Um die Gebührenhöhe der Anwälte und Steuerberater für gleichartige Tätigkeiten gleich auszugestalten, ist es ebenfalls erforderlich, die Tabelle E an die Tabelle zu § 11 BRAGO anzupassen; außerdem soll bei Tabelle A im unteren Gebührenbereich ebenfalls eine Parallelität zur Anwaltsgebührentabelle hergestellt werden.

Eine Anpassung der StBGebV an die wirtschaftliche Entwicklung ist auch unter dem Gesichtspunkt der Kostenentwicklung bei den Steuerberatern erforderlich, da die letzte Änderung der Tabellenwerte 1988 erfolgte. Seit der Anpassung der Zeitgebühr 1991 sind die Personal- und Raumkosten der Steuerberaterpraxen von 1991 bis 1994 im Durchschnitt um ca. 40 v. H. gestiegen, die Praxiserträge jedoch im Durchschnitt lediglich um ca. 35 v. H. Diese Entwicklung hat sich zwischenzeitlich im Grundsatz fortgesetzt, so daß mit der in dieser Verordnung vorgesehenen Anhebung der Gebühren allenfalls die Kostensteigerungen dieser Jahre aufgefangen werden. Diese lassen sich im einzelnen allerdings nicht exakt berechnen, sondern nur abschätzen, da die Gebührenhöhe im wesentlichen von drei Faktoren beeinflußt wird, nämlich dem Gegenstandswert, dem Zehntelsatz und der Tabelle. Die Erhöhung der Tabellenwerte beträgt bei den Tabellen B, C und D 5 v. H., bei den an die BRAGO angepaßten Tabellen A und E durchschnittlich 18,5 v. H. Da die beiden letztgenannten Tabellen sich nur auf ca. 18 v. H. des Umfangs der Tätigkeit des Steuerberaters auswirken, ist deren Einfluß unterproportional.

Ein Änderungsbedarf bei den besonderen Vorschriften der StBGebV besteht nur an wenigen Stellen, im wesentlichen zur Klarstellung und Anpassung von Betragsrahmengebühren, der Zeitgebühr und Tabellenwerten an die inzwischen eingetretenen Kostensteigerungen, und in zwei Fällen an die gestiegenen Anforderungen für Steuerberatungsleistungen im Bereich der Bilanzierung und der Umsatzsteuer aufgrund des Binnenmarktes.

Die Verordnung wirkt sich auf die öffentlichen Haushalte nur mittelbar aus.

Die infolge dieser Verordnung für die Mandanten der Steuerberater möglicherweise eintretenden Gebührenerhöhungen werden im Einzelfall unterschiedlich ausfallen, je nachdem welche Leistungen in Anspruch genommen werden. Denn die Gebührenanhebungen erfolgen nicht gleichförmig.

Zur genaueren Abschätzung der Kostenauswirkungen wurde der Verordnungsentwurf entsprechend der Verfahrensweise bei Erlaß der Zweiten Änderungsverordnung zur StBGebV der Bundessteuerberaterkammer, der Bundesrechtsanwaltskammer, der Wirtschaftsprüferkammer, dem Deutschen Steuerberaterverband e.V., dem Bundes-

verband der Steuerberater e. V., dem Hauptverband der landwirtschaftlichen Buchstellen und Sachverständigen e. V., dem Verband der Buchstellen für Gewerbe und freie Berufe e. V. und dem Institut für Wirtschaftsprüfer in Deutschland e. V. mit der Möglichkeit der Stellungnahme zugeleitet. Die Beschränkung auf diese Verbände erfolgte, da von diesen am ehesten Aussagen über das Gebührenfestsetzungsverhalten der Steuerberater zur sachgerechten Einschätzung der Kostenauswirkungen zu erwarten waren. Die beteiligten Verbände haben zu den vorgesehenen Anpassungen der Steuerberatergebührenverordnung keine negative Stellungnahme abgegeben. Die Bundessteuerberaterkammer hat mitgeteilt, daß aufgrund der Besonderheiten des Beratungsverhältnisses zwischen Steuerberater und Wirtschaft, das typischerweise auf Dauer angelegt ist, die Wirtschaft davon ausgehen könne, daß Steuerberater die Gebührenbestimmungen nur maßvoll anwenden und mögliche Gebührenerhöhungsspielräume nur in dem Umfang nutzten, wie sie für eine Kostendeckung erforderlich und im Hinblick auf die Kostenbelastung der Vertragspartner tragbar seien. Dies gilt in besonderem Maße auch für die mittelständische Wirtschaft, die typischerweise die Hilfe von Steuerberatern in Anspruch nimmt.
Insgesamt lassen sich die Auswirkungen der Änderung der StBGebV auf die Kosten der Steuerberatung nicht genau quantifizieren. Die finanzielle Mehrbelastung der Betroffenen dürfte jedoch maßvoll und nicht so umfangreich sein, daß von der Verordnung Auswirkungen auf das Preisniveau, insbesondere auf das Verbraucherpreisniveau zu erwarten sind.

Erster Abschnitt. Allgemeine Vorschriften

§ 1 Anwendungsbereich

(1) **Die Vergütung (Gebühren und Auslagenersatz) des Steuerberaters für seine selbständig ausgeübte Berufstätigkeit (§ 33 des Gesetzes) bemißt sich nach dieser Verordnung.**
(2) **Für die Vergütung der Steuerbevollmächtigten und der Steuerberatungsgesellschaften gelten die Vorschriften über die Vergütung der Steuerberater entsprechend.**

Amtliche Begründung zu § 1:

Diese Bestimmung grenzt den Geltungsbereich der Verordnung persönlich und sachlich ab und stellt durch eine Legaldefinition klar, daß der Vergütungsanspruch nicht nur die Zahlung der vorgesehenen Gebühren, sondern auch den Ersatz der durch die Ausführung des Auftrags verursachten Auslagen umfaßt. Der persönliche Geltungsbereich beschränkt sich auf Steuerberater, Steuerbevollmächtigte und Steuerberatungsgesellschaften.
Der sachliche Anwendungsbereich erstreckt sich nur auf die selbständig ausgeübten Berufstätigkeiten, die unter § 33 StBerG fallen; es sind dies die Hilfeleistung
- bei der Bearbeitung von Steuerangelegenheiten,
- bei der Erfüllung allgemeiner steuerlicher Pflichten,
- bei der Erfüllung steuerlicher Buchführungs- und Aufzeichnungspflichten,
- in Steuerstrafsachen und
- in Bußgeldsachen

sowie die Vertretung im außergerichtlichen und finanzgerichtlichen Rechtsbehelfsverfahren.

Anmerkungsübersicht

1 Allgemeines

Die Rechtsgrundlage für die StBGebV bildet § 64 StBerG. Mit dieser Vorschrift wird die gesetzliche „Bindung“ der Berufsangehörigen an die als Rechtsverordnung vom Bundesminister der Finanzen mit Zustimmung des Bundesrates zu erlassenden Gebührenverordnung begründet. Die StBGebV ist die erste auf einer Gesetzesvorschrift basierende Regelung des Gebührenrechts der Steuerberater, Steuerbevollmächtigten und Steuerberatungsgesellschaften; sie schafft, soweit nicht bereits gültige bürgerlichrechtliche Normen angesprochen sind, „neues Recht“. An die Stelle der „Üblichen Vergütung“ nach den §§ 612 und 632 BGB tritt die „durch Rechtsverordnung bemessene Vergütung“. Hinsichtlich der bisherigen Berufsausübung bei der Honorierung der Berufsleistungen, die vor der Schaffung der Steuerberatergebührenverordnung weitgehend auf die AllGO zurückging, sind mit der StBGebV bedeutsame Änderungen eingetreten.

Die Berufstätigkeit der Steuerberater, Steuerbevollmächtigten und Steuerberatungsgesellschaften hat eine Geschäftsbesorgung zum Gegenstand, die weitgehend in der Form eines Dienstvertrages, aber auch in der Form eines Werkvertrages ausgeübt wird.

Für die Berufsleistungen im Bereich der Finanzgerichtsbarkeit und der Verwaltungsgerichtsbarkeit, in Steuerstrafverfahren, in berufsgerichtlichen Verfahren, in Bußgeldverfahren, in Gnadensachen sowie im Rahmen der Prozeßkostenhilfe verzichtet die StBGebV auf eigene Vorschriften und bestimmt, daß die Vorschriften der BRAGO „sinngemäß“ anzuwenden sind. Unbeschadet der Tatsache, daß es sich bei § 64 StBerG um eine **gesetzliche** Vorschrift handelt, sah sich der Verordnungsgeber durch die Ausgestaltung der Gebührenverordnung als „Rechtsverordnung" nicht ausreichend ermächtigt, über die für eine Gebührenordnung zwingend erforderlichen und zweckbezogen notwendigen bürgerlich-rechtlichen Regelungen hinaus weitere ergänzende Bestimmungen des bürgerlichen Rechts in die Verordnung aufzunehmen, was zweifellos für die praktische Anwendung der GebV von Vorteil gewesen wäre. Insoweit ergänzen also (weitere) bürgerlich-rechtliche Vorschriften die Bestimmungen der StBGebV.

Ergänzend zu den vorstehenden Ausführungen wird auf die Anmerkungen 1.2.1 („Der Gesetzesauftrag des § 64 StBerG"), 1.2.2 („Die bedeutsamsten Änderungen des gesetzlichen Steuerberatungsgebührenrechts"), 1.2.3 („Steuerberatergebührenverordnung und Bundesgebührenordnung für Rechtsanwälte") und 1.2.4 („Gebührenrecht und Berufsrecht") in dem Abschnitt „Hinweise zum Gebührenrecht" (1.2) verwiesen. Seit ihrem Inkrafttreten am 1. 4. 1982 wurde die StBGebV durch drei Verordnungen geändert. Wegen der Einzelheiten wird auf den Abschnitt „Entwicklung des Gebührenrechts" (1.1) verwiesen.

2 Persönlicher Geltungsbereich

Die GebV hat **ausschließlich Gültigkeit** für Steuerberater, Steuerbevollmächtigte und Steuerberatungsgesellschaften, die bei der gesamten Kommentierung, der Handhabung der GebV folgend, zusammengefaßt als **„Steuerberater"**, abgekürzt „StB", bezeichnet werden. Wer als Steuerberater oder Steuerbevollmächtigter bestellt oder als Steuerberatungsgesellschaft anerkannt ist, bestimmt sich nach den Vorschriften des Steuerberatungsgesetzes.

Diese drei Berufsträger sind nach § 3 Nummer 1 StBerG zur unbeschränkten Hilfeleistung in Steuersachen befugt.

2.1 Ausschluß der Geltung für andere Berufe

Die Steuerberatergebührenverordnung gilt **nicht** für die in § 3 Nummer 2 StBerG gleichfalls zur unbeschränkten Hilfeleistung in Steuersachen befugten Rechtsanwälte, Wirtschaftsprüfer, Wirtschaftsprüfungsgesellschaften, vereidigten Buchprüfer und Buchprüfungsgesellschaften (so für einen „Nur-WP" OLG Düsseldorf 13 U 211/93 vom 13. 10. 1994 in GI 1996 S. 94 und den „Nur-RA" Gerold/Schmidt Rz. 4 zu § 1). Diese können, sofern sie steuerberatende Leistungen erbringen, allerdings die analoge Anwendung der StBGebV mit dem Mandanten gesondert vereinbaren.

Sie gilt gleichermaßen **nicht** für die in § 4 StBerG zur beschränkten Hilfeleistung in Steuersachen befugten Personen, Stellen oder Vereinigungen, somit auch **nicht** für Notare, Patentanwälte, öffentlich-rechtliche oder genossenschaftliche Prüfungseinrichtungen, Berufsvertretungen sowie Lohnsteuerhilfevereine.

Die GebV hat ferner **keine Gültigkeit** für Rechtsbeistände wie auch für Kontierer nach Maßgabe der Beschlüsse des Bundesverfassungsgerichtes 1 BvR 697/77 vom 18. 6. 1980 (BVerfGE 54, S. 301) und 1 BvR 807/80 vom 27. 1. 1982 (BVerfGE 59 S. 302).

Sofern keine anderen Vorschriften, wie etwa solche des StBerG, der WPO, der BRAO oder der BRAGO entgegenstehen, kann den Vorgenannten jedoch nicht verwehrt werden, im Einzelfall Vereinbarungen über die Anwendung von Regelungen der StBGebV zu treffen.

2.2 Geltung bei Mehrfachqualifikationen

Verfügt ein Berufsangehöriger über eine Doppelqualifikation oder eine Mehrfachqualifikation dergestalt, daß er neben seiner Eigenschaft als Steuerberater, Steuerbevollmächtigter oder Steuerberatungsgesellschaft (§ 3 Nummer 1 StBerG) auch noch als Rechtsanwalt, Wirtschaftsprüfer, Wirtschaftsprüfungsgesellschaft, vereidigter Buchprüfer oder Buchprüfungsgesellschaft (§ 3 Nummer 2 StBerG) zugelassen, bestellt oder anerkannt wurde, und ist er somit nach zwei oder gar drei Qualifikationen zur unbeschränkten Hilfeleistung in Steuersachen befugt (§ 3 StBerG, § 2 Absatz 2 WPO, § 3 Absatz 1 BRAO), stellt sich die Frage, unter welchen Voraussetzungen für diese Hilfeleistung in Steuersachen die StBGebV Anwendung findet. Eine gesetzliche Regelung gibt es nicht, auch die GebV und ihre Begründung sagen zu dieser Frage nichts aus. Mit Blick auf die neuere Rechtsprechung wird man hier differenzieren müssen. Handelt es sich um einen StB mit der Zusatzqualifikation als WP und erbringt dieser „Doppelbänder" Steuerberatungsleistungen, so sind diese nach der Steuerberatergebührenverordnung abzurechnen, da er als StB nach § 64 StBerG an die StBGebV gebunden ist und für WP keine eigene amtliche Gebührenordnung besteht (so im Ergebnis OLG Köln 2 U 13/89 vom 4. 10. 1989 in Stbg 1990 S. 17; OLG Düsseldorf 18 U 109/90 vom 31. 10. 1990 in StB 1991 S. 139; OLG Bremen StO 5/93 vom 31. 5. 1994 in StB 94, S. 460).

Ist der StB gleichzeitig RA wird man ihm grundsätzlich ein Wahlrecht einräumen müssen, da für ihn neben der StBGebV auch die BRAGO als konkurrierende Gebührenordnung Geltung besitzt (so auch Feiter, Das Honorar des Steuerberaters, S. 24). Die Entscheidung, welche Gebührenordnung er der Abrechnung seiner Leistungen zugrundelegen will, wird der Berufsangehörige allerdings bei Übernahme eines Auftrags unter entsprechender Information des Auftraggebers zu treffen haben.

Diese Information muß **eindeutig** sein und **zweifelsfrei** den Beruf erkennen lassen, nach dessen Bestimmungen er die steuerliche Hilfeleistung erbringen will. Fehlt es an einer solchen Verdeutlichung der getroffenen Entscheidung oder verwendet der Berufsträger ohne eine diesbezügliche Erklärung bei der Auftragsbestätigung etwa einen Briefbogen, der mehrere Qualifikationen aufweist, dann wird man davon auszugehen haben, daß er alle in der StBGebV subsumierten „typischen Steuerberaterleistungen" als StB erbringt und demzufolge die StBGebV Anwendung findet. Die getroffene Entscheidung muß sich ferner nach Erbringung der Leistung auch noch zweifelsfrei in der **Art der Berechnung** niederschlagen. Hat sich der Berufsträger nach Maßgabe des Vorgesagten für die Erbringung der Leistung als RA entschieden, muß er nach der BRAGO liquidieren.

Zu beachten ist in diesem Zusammenhang allerdings die in der Entscheidung des Finanzgerichts des Saarlandes 2 S 69/94 vom 29. 7. 1994 (EFG 1995 S. 396) vertretene Auffassung, daß ein mehrfach qualifizierter Bevollmächtigter zwar grundsätzlich wählen kann, nach welcher von mehreren für ihn in Betracht kommenden Gebührenordnungen er abrechnen will. Unter dem Gesichtspunkt des § 139 Abs. 1 FGO, wonach nur notwendige Kosten erstattungsfähig sind, soll der Kostenbeamte jedoch eine Vergleichsrechnung vorzunehmen und die Höhe der geltend gemachten Gebühren analog des gegebenenfalls niedrigeren höchstmöglichen Gebührenanspruchs nach der von dem Bevollmächtigten nicht gewählten Gebührenordnung zu beschränken haben.

3 **Sachlicher Geltungsbereich**

Über die persönliche Beschränkung des Geltungsbereiches auf die in Anmerkung 2 genannten drei Berufsträger des steuerberatenden Berufs hinaus, ist der Geltungsbereich in sachlicher Hinsicht nochmals eingeschränkt auf eine **„selbständig ausgeübte Berufstätigkeit"** und auf eine **„im Rahmen von § 33 StBerG auszuübende Tätigkeit".**
Der in Absatz 1 vom Verordnungsgeber angesprochene § 33 StBerG hat folgenden Wortlaut:

„Steuerberater, Steuerbevollmächtigte und Steuerberatungsgesellschaften haben die Aufgabe, im Rahmen ihres Auftrages ihre Auftraggeber in Steuersachen zu beraten, sie zu vertreten und ihnen bei der Bearbeitung ihrer Steuerangelegenheiten und bei der Erfüllung ihrer steuerlichen Pflichten Hilfe zu leisten. Dazu gehören auch die Hilfeleistung in Steuerstrafsachen und in Bußgeldsachen wegen einer Steuerordnungswidrigkeit sowie die Hilfeleistung bei der Erfüllung von Buchführungspflichten, die aufgrund von Steuergesetzen bestehen, insbesondere die Aufstellung von Steuerbilanzen und deren steuerrechtliche Beurteilung."

Die Fassung des §33 StBerG schließt die Vertretung in außergerichtlichen Rechtsbehelfsverfahren sowie die Vertretung in Verfahren vor Finanzgerichten und Verwaltungsgerichten nach Maßgabe der gesetzlichen Bestimmungen ein.
Nur die unter diesen „eigentlichen" (gesetzlich geschützten) beruflichen Aufgabenbereich fallenden Tätigkeiten unterliegen der GebV, soweit sie „selbständig" ausgeübt werden.
Die GebV gilt damit **nicht**

- ▷ für die nach § 57 Absatz 3 StBerG mit dem Beruf des StB (des StBv und der StBG) vereinbaren Tätigkeiten und
- ▷ für die unselbständig ausgeübten Tätigkeiten.

Im Falle einer Tätigkeit nach § 57 Absatz 3 StBerG ist es dem StB (StBv und der StBG) unbenommen, eine Vergütung in Anlehnung an die GebV „zu vereinbaren" oder die GebV durch eine „Vereinbarung" für „anwendbar" zu erklären. Ansonsten bestimmt sich die Vergütung für diese Tätigkeiten auch für StB (StBv und StBG) nach Maßgabe der §§ 612 und 632 BGB. Auf Teil III „Gebühren für vereinbare Tätigkeiten" sei in diesem Zusammenhang besonders hingewiesen. Ist die Tätigkeit eines StB weder dem Bereich des § 33 noch dem des § 57 Absatz 3 StBerG zuzurechnen und liegt auch keine andere in § 57 StBerG nicht angesprochene, aber berufsrechtlich zulässige, Tätigkeit vor, ist also eine „unzulässige Tätigkeit", etwa nach § 57 Absatz 4 StBerG oder nach Maßgabe der BOStB, gegeben, dann gilt weder die StBGebV noch ist Raum für eine „Vereinbarung" zur Anwendung der StBGebV. Berufswidrige Tätigkeiten können keinesfalls direkt oder indirekt ihre Berechnung nach der GebV erfahren.

Der Vollständigkeit halber ist zu vermerken, daß die GebV in Ergänzung des Vorgesagten auch Anwendung findet, wenn ein StB nach § 107 StBerG zum Verteidiger im berufsgerichtlichen Verfahren vor dem Landgericht oder dem Oberlandesgericht gewählt worden ist (§ 110 BRAGO über § 45 StBGebV).

Das Entgelt für die **unselbständig ausgeübte Berufstätigkeit** ist der Arbeitslohn, beziehungsweise das Gehalt, nicht eine Vergütung nach der GebV; es gilt das Dienstvertragsrecht für Arbeitsverhältnisse.

Ist ein StB als **„freier Mitarbeiter"** für einen anderen StB tätig, so kann die GebV gleichfalls keine Anwendung finden. Der Mandatsinhaber ist berufsrechtlich verpflichtet, gegenüber seinem Auftraggeber, dem Steuerpflichtigen, nach der StBGebV zu liquidieren, der „mitarbeitende StB" aber ist „im Außenverhältnis unselbständig tätig" und erhält seine Vergütung von dem Mandatsinhaber, und zwar zumeist in Form einer Zeitvergütung oder eines bestimmten Anteils an dem vom Mandatsinhaber dem Steuerpflichtigen berechneten Honorar. Die Ausführung eines Steuerberatungsauftrages oder die Mitwirkung an einem solchen Auftrag durch einen „freien Mitarbeiter" kann also gebührenrechtlich nicht in einen „Beratungsauftrag mit Anwendung der StBGebV" des Mandatsinhabers gegenüber dem Steuerpflichtigen und einen weiteren „Beratungsauftrag mit Anwendung der StBGebV" des „freien Mitarbeiters" gegenüber dem Mandatsinhaber „umgedeutet" werden.

4 Vergütung

Der „Rechtsgrund" für den Vergütungsanspruch des StB ist in der Mehrzahl aller Fälle der „Vertrag" (Geschäftsbesorgungsvertrag als „Dienstvertrag" oder „Werkvertrag" nach Abschnitt 1.3 in Teil II), der den „Auftrag" des „Auftraggebers" beinhaltet. In Ausnahmefällen kann es die „Geschäftsführung ohne Auftrag" (§ 677 BGB) und in Sonderfällen auch die „Ungerechtfertigte Bereicherung" (§ 812 BGB) sein. Nach dem „Rechtsgrund" bestimmt sich, ob und unter welchen Umständen ein StB eine „Vergütung" überhaupt erhält. Steht dem StB eine solche „Vergütung" zu, so ergibt sich aus dem Vergütungstatbestand nach Maßgabe der GebV, welche Art der Vergütung in Betracht kommt. Ein „Auftrag" umfaßt eine oder mehrere „Angelegenheiten"; eine „Angelegenheit" wiederum faßt eine unterschiedliche Zahl von „Einzeltätigkeiten" zu einer „gebührenrechtlichen Abrechnungseinheit" zusammen. Siehe hierzu insbesondere Anmerkung 2 zu § 12.

Die **„Vergütung"** als Oberbegriff gliedert sich in ihren „zulässigen Vergütungsarten" nach

▷ der Einzelvergütung gemäß den §§ 21 bis 46 i. V. mit § 2,
▷ der Pauschalvergütung nach § 14 und
▷ der höher vereinbarten Vergütung nach § 4.

Bei jeder dieser Vergütungsarten setzt sich die „Vergütung" ihrerseits aus
▷ der Gebühr und
▷ dem Auslagenersatz

zusammen.

Hinzuzurechnen ist die Umsatzsteuer.

Zu den **„Gebührenarten"** (nicht zu verwechseln mit den vorbezeichneten „Vergütungsarten") siehe Anmerkung 4.1, zum „Auslagenersatz" Anmerkung 6 und zur „Umsatzsteuer" Anmerkung 7.

Das **Schaubild „Vergütung des Steuerberaters"** (Seiten 154 und 155) zeigt die einzelnen „Vergütungsarten", die „Gebührenarten", den „Auslagenersatz" und die „Umsatzsteuer" unter Darstellung ihrer Zusammensetzung und Inhalte.

4.1 Einzelvergütung nach der Gebührenverordnung

Die GebV kennt im Rahmen der Einzelgebühren folgende Gebührenarten:

4.1.1 Wertgebühr

„Wertgebühren" sind Gebühren, die sich nach dem „Wert" des Gegenstandes, dem „Gegenstandswert", richten. Ist für sie ein „Gebührenrahmen" bestimmt, so bezeichnet man die Gebühr als **„Gebührensatzrahmengebühr"**. Dies ist bei nahezu allen in der GebV ausgewiesenen Leistungen, denen eine „Wertgebühr" zugrunde liegt, der Fall, ausgenommen § 21 Absatz 2 (Abrategebühr Revision oder Berufung) und § 44 Absatz 1 (Verwaltungsvollstreckungsverfahren), die nur eine „feste" Gebühr kennen. Maßgebend ist § 10 i. V. mit § 11. Die Gebührenhöhe bestimmt sich nach den Tabellen A bis E zur StBGebV und den Tabellen zu §§ 11 und 123 der BRAGO. Auf die Erläuterungen hierzu einschließlich der Kommentierung zu den Tabellen A bis E wird verwiesen.

4.1.2 Zeitgebühr

„Zeitgebühren" bestimmen die Gebühr nach der aufgewendeten Zeit, dem „Zeitaufwand". Maßgebend ist § 13, der auch die Gebührenhöhe festlegt, i. V. mit § 11; auf die Kommentierung hierzu sowie auf die aus Gründen der praxisbezogenen Anwendung erstellte „Zeitgebührentabelle" (Tabelle 1.1.2 zu Teil V) wird verwiesen.

4.1.3 Betragsrahmengebühr

„Betragsrahmengebühren" sind Gebühren, die dem Mindest- und Höchstbetrag nach bestimmt sind, also einen „Betragsrahmen" für die Gebührenbemessung bieten. Angesprochen ist diese Gebührenart nur im allgemeinen Teil der Verordnungsbegründung. Maßgebend ist § 11. Anwendung findet die Betragsrahmengebühr in § 21 Absatz 1 Satz 3 (Rat oder Auskunft in steuerstrafrechtlichen, bußgeldrechtlichen oder ähnlichen Angelegenheiten) und

Vergütung des

Zulässige

Einzelvergütung nach der Gebührenverordnung

Gebühr			Auslagenersatz				
Wertgebühr	Zeitgebühr	Betragsrahmengebühr	Ersatz nach der Gebührenverordnung				Ersatz nach dem BGB
Gebührensatzrahmengebühr			Post- und Telekommunikationsdienstleistungen		Schreibauslagen	Geschäftsreisen	Barauslagen und Materialkosten
Gebührenhöhe			Tatsächlich entstandene Kosten	Pauschsatz 15 v. H. der Gebühr, höchstens DM 40,–; in Strafsachen und Bußgeldverfahren höchstens DM 30,–	Für im Einverständnis mit dem Auftraggeber zusätzlich gefertigte Abschriften und Ablichtungen sowie für sachlich gebotene Abschriften und Ablichtungen aus Behörden- und Gerichtsakten in derselben Angelegenheit, in gerichtlichen Verfahren in demselben Rechtszug, je Seite, unabhängig von der Art der Herstellung, für die ersten 50 Seiten DM 1,–, für jede weitere Seite DM –,30	Fahrtauslagen	Verauslagte Kosten und Gebühren sowie Auslagen für Materialien nach Maßgabe von § 670 i. V. mit § 675 BGB
Tabellen A bis E StBGebV und Tabellen zu §§ 11 und 123 BRAGO	§ 13 StBGebV	§ 21 Absatz 1 § 34 Absätze 1 bis 4 StBGebV und BRAGO				Tatsächliche Kosten der Verkehrsmittel, soweit sie angemessen sind; bei eigenem PKW für jeden angefangenen Kilometer DM –,52	
Gegenstandswert							
Gebührenrahmen							
Angemessene Gebühr						Tage- und Abwesenheitsgelder	
Mindestsatz Mittelsatz Höchstsatz	Mindestbetrag Mittelbetrag Höchstbetrag	Mindestbetrag Mittelbetrag Höchstbetrag				Inland: Bis 4 Stunden DM 30,– Über 4 bis 8 Stunden DM 60,– Über 8 Stunden DM 110,– Ausland: Zuschlag 50 v. H.	
Mindestbetrag DM 20,–							
Aufrundung Pfennigbeträge auf 10 Pfennige						Übernachtungskosten	
						Tatsächliche Kosten der Übernachtung, soweit sie angemessen sind	
			Keine Aufrundung der Pfennigbeträge				

Steuerberaters

Vergütung			Unzulässige Vergütung		
	Pauschalvergütung	Höhe vereinbarte Vergütung	Unangemessen hoch oder niedrig vereinbarte Vergütung	Erfolgsvergütung	Erfolgsbeteiligung
Umsatzsteuer	Ansatz nach Maßgabe eines angemessenen Verhältnisses zur Berufsleistung für die in die Pauschalvereinbarung einbezogenen Leistungen	Ansatz einer höheren Vergütung als die sich nach der Verordnung ergebende Vergütung durch Vereinbarung mit dem Auftraggeber nach § 4 Absatz 1 StBGebV	Eine unangemessen hoch vereinbarte Vergütung ist nach § 4 Absatz 2 StBGebV im Rechtsstreit auf einen angemessenen Betrag bis zur Höhe der sich aus der Verordnung ergebenden Vergütung herabzusetzen	Eine Vergütung, welche den Vergütungsanspruch erfolgsabhängig macht, ist nach § 9 StBerG, § 45 Abs. 5 BOStB grundsätzlich unzulässig.	Eine Vereinbarung, durch die als Entgelt für eine Hilfeleistung in Steuersachen ein Teil der zu erzielenden Steuerermäßigung, Steuerersparnis oder Steuervergütung ausbedungen wird (quota litis), ist nach § 9 StBerG, § 45 Abs. 5 BOStB nichtig
Hinzurechnung zur Vergütung nach § 15 StBGebV	Ausschluß der Anwendung nach Maßgabe von § 14 Absatz 2 StBGebV	Schriftform der Vereinbarung, die nicht Bestandteil der Vollmacht oder eines Vordruckes, der auch andere Erklärungen umfaßt, sein darf	Eine unangemessen niedrige Vergütung ist unzulässig (§ 1 UWG) und berufswidrig (§ 45 Abs. 4 BOStB). Nur ausnahmsweise bei besonderen Umständen, etwa der Bedürftigkeit des Auftraggebers, ist unter bestimmten Voraussetzungen ein niedrigerer Ansatz möglich.		
Steuer nach § 12 UStG, sofern diese nicht nach § 19 Absatz 1 UStG unerhoben bleibt	Mindestdauer 1 Jahr	Ausnahmeregelung bei freiwilliger und vorbehaltloser Zahlung			
	Schriftform der Vereinbarung, in der die zu übernehmenden Tätigkeiten und die Zeiträume, für die sie geleistet werden, einzeln aufzuführen sind				

§ 34 Absätze 1 bis 4 (Lohnbuchführung). Auf die Kommentierung zu den genannten Vorschriften wird verwiesen. Das „Entstehen der Gebühr" ist in Anmerkung 4 zu § 12 erläutert. Zum „Auslagenersatz" siehe Anmerkung 6, zur „Umsatzsteuer" Anmerkung 7.

4.2 Pauschalvergütung

Die „Pauschalvergütung", eine besondere Eigenart des Gebührenrechts des Steuerberaters, ermöglicht es, „Gebühren" und „Auslagenersatz" für bestimmte in der GebV festgelegte „Angelegenheiten" pauschal zu honorieren. Einzelheiten ergeben sich aus den Erläuterungen zu § 14.

4.3 Höher vereinbarte Vergütung

Eine besondere Vereinbarung nach § 4 Absatz 1 ermöglicht den Ansatz einer „höheren Vergütung", als sie die GebV vorsieht. Diese Vergütung findet zumeist dann Anwendung, wenn sich unter Berücksichtigung der in § 11 erläuterten „Umstände", insbesondere der Bedeutung der Angelegenheit, des Umfangs der Tätigkeit, der Schwierigkeit der Tätigkeit sowie der Einkommens- und Vermögensverhältnisse des Auftraggebers, der Höchstsatz oder der Höchstbetrag einer Gebühr nicht mehr als ausreichend erweist. Siehe hierzu die Erläuterungen zu § 4.

4.4 Niedrigere Vergütung

Auch eine niedrigere Vergütung, als sie sich nach der GebV ergibt, d. h. das Unterschreiten der Mindestsätze bzw. Mindestbeträge ist grundsätzlich möglich, jedoch in zweifacher Hinsicht begrenzt. Zum einen kann ein Verstoß gegen das Verbot unlauteren Wettbewerbs nach § 1 UWG vorliegen, zum anderen gibt die Berufswidrigkeit nach Maßgabe des StBerG und der BOStB die Begrenzung.

Man wird eine Ermäßigung oder einen Erlaß der Vergütung beispielsweise dann als zulässig ansehen können, wenn bei einem Auftraggeber durch schwere Erkrankung, Vermögensverfall oder ähnliche Anlässe „besondere Verhältnisse" gegeben sind. Dies macht auch § 45 Absatz 4 BOStB deutlich, der bestimmt, daß ausnahmsweise besonderen Umständen, etwa der Bedürftigkeit des Auftraggebers, durch Ermäßigung oder Streichung von Gebühren oder Auslagenersatz Rechnung getragen werden darf. „Allgemeine soziale Erwägungen", etwa zugunsten wenig verdienender Arbeitnehmer im Bereich der Lohnsteuerberatung, wird man dagegen nicht anführen können, da hier die Gebühren bereits einen so niedrigen Eingangswert des Gebührenrahmens aufweisen, daß solchen Gegebenheiten im „Einzelfall" ausreichend Rechnung getragen werden kann. § 64 StBerG bestimmt, daß die Gebühren „den Rahmen des Angemessenen nicht übersteigen dürfen". Der Ansatz einer „niedrigeren Gebühr" kann in Ausnahmefällen daher auch dann geboten sein, wenn die **„Angemessenheit"** nur durch eine Unterschreitung des Mindestsatzes bzw. des Mindestbetrages des betreffenden Gebührenrahmens gegeben ist. Der Feststellung von Heinrich (StB 1983 S. 32), daß eine Mindestgebühr (gemeint ist der Mindestsatz oder der Mindestbetrag eines Gebührenrahmens) nach der StBGebV nicht unangemessen sein könne, kann in dieser Ausschließlichkeit nicht gefolgt werden. Noch viel weniger gilt dies für die in seinem Beitrag in StB 1982 S. 241 getroffene weitere Feststellung, daß der Auftraggeber eine „unangemessen hohe Gebühr“, die sogar „unbillig“ sein könne, „hinzunehmen habe“. Ein Beispiel mag dies verdeutlichen:

Beispiel:

Die Gewerbesteuererklärung einer Kommanditgesellschaft bedingt beim Gewerbeertrag lediglich die Zurechnung eines (anderweitig festzustellenden) Verlustes einer inländischen Personengesellschaft von DM 10.000.000,–. Der einheitlich festgestellte Gewinn aus Gewerbebetrieb beträgt DM 40.000.000,–. Der Gegenstandswert beziffert sich damit auf DM 50.000.000,–. Der Mindestsatz der Gebühr beträgt nach § 24 Absatz 1 Nummer 5 Buchstabe a mit 1/10 nach Tabelle A DM 9.858,–. Beim Gewerbekapital ist der Einheitswert des gewerblichen Betriebes von DM 180.000.000,– um den Teilwert der vorerwähnten Beteiligung mit DM 30.000.000,– zu kürzen, so daß eine Bemessungsgrundlage nach § 24 Absatz 1 Nummer 5 Buchstabe b von DM 150.000.000,– verbleibt. Die Mindestgebühr hierfür beziffert sich mit 1/20 nach Tabelle A auf DM 11.929,–. Bei einem Gesamtzeitaufwand von maximal 6 Stunden würde sich damit eine Stundengebühr von DM 1988,17 für diese Erklärung ergeben.

Dieses Beispiel zeigt auf, daß ohne eine Unterschreitung des Mindestsatzes des jeweiligen Gebührenrahmens eine „angemessene“ Honorierung nicht möglich ist.

Gelangt eine niedrigere Gebühr in Ansatz, um im Wettbewerb gegenüber einem anderen Berufsangehörigen ein Mandat zu erlangen, so ist dies in jedem Fall berufswidrig und unzulässig. Die berufsrechtliche Würdigung setzt hier im übrigen nicht an der Untergrenze des Gebührenrahmens an, sondern orientiert sich am Verhältnis der geforderten Gebühr zur „angemessenen Gebühr“. Ergänzend ist auf Anmerkung 4 zu § 11 zu verweisen.

Die „niedrigere Vergütung“ unterliegt keinen Formvorschriften. Es dürfte jedoch für den StB zweckdienlich sein, die Voraussetzungen für diesen Vergütungsansatz aktenkundig zu machen.

5 Unzulässige Vergütung

Unzulässig nach Maßgabe des StBerG und der GebV sind

▷ eine unangemessen hoch oder niedrig vereinbarte Vergütung,

▷ eine Erfolgsvergütung und

▷ eine Erfolgsbeteiligung.

5.1 Unangemessen hoch oder niedrig vereinbarte Vergütung

Wird die in Anmerkung 4.3 angesprochene „höher vereinbarte Vergütung“ **unangemessen** hoch vereinbart, so bestimmt § 4 Absatz 2, daß sie im Rechtsstreit auf den „angemessenen Betrag“ bis zur Höhe der sich aus der GebV ergebenden Vergütung herabgesetzt werden kann. Siehe hierzu Anmerkung 5 zu § 4.

Eine unangemessen niedrig vereinbarte Vergütung ist unzulässig (§ 1 UWG) und berufswidrig (§ 45 Abs. 4 BOStB). Bei Vorliegen besonderer Umstände ist im Ausnahmefall ein niedrigerer Ansatz möglich. Siehe hierzu die vorstehende Anmerkung 4.4.

5.2 Erfolgsvergütung und Erfolgsbeteiligung

Eine Vereinbarung mit dem Auftraggeber, welche die Vergütung des StB vom „erfolgreichen Abschluß der Sache" abhängig macht, ist nach Maßgabe von § 9 Abs. 1 StBerG, § 45 Abs. 5 BOStB grundsätzlich unzulässig. Eine im Ergebnis gleiche Regelung enthält § 49b Abs. 2 BRAO. Auf berufsrechtlich mögliche „Ausnahmefälle" braucht hier nicht eingegangen zu werden. Diese „Erfolgsvergütung" ist ein vereinbarter Honorarbetrag, den der Auftragnehmer nur beanspruchen kann, wenn er den ihm erteilten Auftrag „mit Erfolg" durchführt. Die Grenzen zur „Erfolgsbeteiligung" sind fließend.
Der StB kann von der Natur seiner Tätigkeit her grundsätzlich keine Gewähr für einen „Erfolg" übernehmen, und zwar auch dann nicht, wenn etwa eine bestimmte Tätigkeit bürgerlich-rechtlich dem Werkvertragsrecht des § 631 BGB zuzuordnen ist und damit ein „Erfolg" als Ergebnis geschuldet wird (Siehe hierzu Anmerkung 1.3.2 in Abschnitt 1.3 zu Teil II). Zur Bindung eines RA an einen einseitig aus „Kulanz" gewährten Gebührennachlaß hat der BGH (III ZR 51/85 vom 4. 12. 1986 in NJW 1987 S. 3203) ausgeführt: „Verpflichtet sich der Rechtsanwalt zur Rückzahlung eines Teils der vereinbarten Vergütung, falls ein bestimmter Erfolg seiner anwaltlichen Tätigkeit nicht eintritt (hier: Herabsetzung der Steuerschuld um einen bestimmten Betrag), so ist diese Verpflichtung als unzulässige Erfolgshonorarvereinbarung nichtig."
Nach § 9 Abs. 1 StBerG, § 45 Abs. 5 BOStB ist eine Vereinbarung, durch die als Entgelt für eine Hilfeleistung in Steuersachen ein Teil der zu erzielenden Steuerermäßigung, Steuerersparnis oder Steuervergütung ausbedungen wird (quota litis), gleichfalls unzulässig. Sie bedingt ebenso wie die Erfolgsvergütung die Nichtigkeit dieser Vereinbarung (§ 134 BGB) und umfaßt im Zweifel auch das gesamte zugrundeliegende Rechtsgeschäft. Hat ein Mandant an einen StB eine Erfolgsvergütung oder -beteiligung gezahlt, so kann er diese aus dem Gesichtspunkt der ungerechtfertigten Bereicherung (§ 812 BGB) zurückverlangen.
Gleiches gilt für Provisionen, deren Abgabe oder Entgegennahme in § 9 Abs. 2, § 45 Abs. 5 BOStB ebenfalls für unzulässig erklärt werden. Als Provision gilt dabei jeder Vorteil für die Vermittlung von Aufträgen. Die Herausgabepflicht an den Mandanten umfaßt deshalb auch nicht nur erhaltene Geldbeträge, sondern auch sonstige Vergünstigungen, wie etwa Sachzuwendungen oder den Wert einer Reise. (BGH IV a ZR 211/85 vom 1. 4. 1987 in DB 1987 S. 1295; OLG München 19 U 4495/85 vom 14. 1. 1988 in GI 1988 S. 204; OLG Hamm 25 U 25/88 vom 11. 11. 1988 in GI 1990 S. 15; OLG Koblenz 5 U 1334/88 vom 16. 3. 1989 in StB 1989 S. 409; OLG Koblenz 3 U 827/89 vom 18. 12. 1990 in StB 1991 S. 104; OLG Koblenz 5 U 1248/90 vom 28. 2. 1991 in Stbg 1991 S. 404)

6 **Auslagenersatz**

Der als Bestandteil der „Vergütung“ neben der „Gebühr“ zu gewährende „Auslagenersatz“ zeigt folgende Zusammensetzung:
▷ Post- und Telekommunikationsdienstleistungen;
▷ Schreibauslagen;
▷ Geschäftsreisen.
Für die Vorschriften gelten die Erläuterungen zu den §§ 3 Absatz 3 und 16 bis 20.
Neben den vorbezeichneten Auslagen nach der Maßgabe der GebV besteht nach den §§ 670 i.V. mit 675 BGB Anspruch auf Ersatz weiterer „Auslagen“, insbesondere von Barauslagen und Materialkosten. Siehe hierzu Anmerkung 8 zu §§ 16–17.

7 **Umsatzsteuer**

§ 3 Absatz 3 i.V. mit § 15 bietet die Grundlage, der „Vergütung“ die Umsatzsteuer „hinzuzurechnen“. Sie gilt somit formal nicht als „Auslagenersatz“, sondern ist kraft dieser besonderen Regelung zusätzlich zu „Gebühren und Auslagenersatz“ vom Auftraggeber zu zahlen. Wegen Einzelheiten siehe die Erläuterungen zu § 15.

8 **Sonstige Anmerkungen**

Das Gespräch mit einem Interessenten, das der **Anbahnung eines Mandats** dient, ist keine berechnungsfähige Berufsleistung, selbst wenn dabei, um dem möglichen künftigen Mandanten ein Bild der fachlichen Qualifikation des StB zu geben, einzelne Fachfragen angesprochen werden. Auch alle weiteren Vereinbarungen (Beratungsvertrag, Beratungsvertrag mit Pauschalvereinbarung oder Vereinbarung nach § 4) rechnen zu dem Bereich der Mandatserteilung und Mandatsführung. Die Berechtigung (und die Verpflichtung) zur Honorierung beginnt mit der ersten mandatsbezogenen Berufsleistung. Handelt es sich hierbei um einen mündlichen oder schriftlichen Rat oder eine Auskunft, die nicht mit einer anderen gebührenpflichtigen Tätigkeit zusammenhängt, kann der Ansatz einer **Erstberatungsgebühr** in Frage kommen. Wegen Einzelheiten siehe die Erläuterungen zu § 21.
Auch die Ausfertigung einer Zustellungsvollmacht für den StB (§ 8 VwZG), die Veranlassung von deren Unterzeichnung durch den Auftraggeber und die Übermittlung an das Finanzamt sind keine gebührenrechtlich relevanten Leistungen, sondern gleichermaßen Tätigkeiten im Rahmen der Mandatserteilung und Mandatsführung.

§ 2 Sinngemäße Anwendung der Verordnung

Ist in dieser Verordnung über die Gebühren für eine Berufstätigkeit des Steuerberaters nichts bestimmt, so sind die Gebühren in sinngemäßer Anwendung der Vorschriften dieser Verordnung zu bemessen.

Amtliche Begründung zu § 2:

Die Vorschrift soll eventuelle Lücken im Gebührensystem ausfüllen, da sich nicht sämtliche Tatbestände der Berufstätigkeit in der Gebührenverordnung ausdrücklich erfassen lassen.

Anmerkungsübersicht

1 Allgemeines
2 Anwendungsbereich
3 Sinngemäße Anwendung
4 Anwendung auf den Auslagenersatz

1 Allgemeines

Ungeachtet der sehr weitgehenden Aufnahme der einzelnen Berufsleistungen in die GebV ist es nicht möglich, eine so umfassende Regelung zu treffen, die jedwede Tätigkeit aus dem vielfältigen Leistungsspektrum des StB einschließt.
Die Vorschrift des § 2 soll daher sicherstellen, daß auch Leistungen, die in der GebV keinen Einzelausweis gefunden haben, nach Maßgabe der GebV berechnet werden können.
Dies sind einmal Leistungen, die vom Verordnungsgeber bei der Schaffung der GebV nicht gesehen wurden, zum andern aber auch solche, die künftig erstmals anfallen, insbesondere aufgrund neuer oder geänderter Gesetze, Verordnungen und Richtlinien oder nach Maßgabe einer sich wandelnden Rechtsprechung. In Ermangelung einer solchen Vorschrift wäre sonst anstelle der nach der GebV bemessenen Gebühr die „Übliche Vergütung" nach den §§ 612 und 632 BGB anzusetzen. Als Beispiel kann die vor der Aufnahme der Nr. 24 in § 24 Abs. 1 durch die 3. Änderungsverordnung geübte Praxis gelten, die Erstellung von Anträgen nach dem Eigenheimzulagengesetz über § 24 Abs. 1 Nr. 19 abzurechnen.
Weiterhin bestimmt § 2 auch, „wie" diese nicht in der GebV enthaltenen Leistungen berechnet werden sollen, nämlich „in sinngemäßer Anwendung" der vorhandenen Vorschriften. Soweit sich bei der Kommentierung eine Anwendung von § 2 als erforderlich abzeichnete, ist dies **bei den einzelnen Vorschriften** vermerkt.

2 Anwendungsbereich

Die Vorschrift ist auf „Angelegenheiten" anzuwenden, d.h. auf „gebührenrechtlich selbständige Berechnungseinheiten", die keine Berücksichtigung in der Verordnung gefunden haben, aber zu dem „gesetzlichen" Tätigkeitsbereich des § 33 StBerG zählen. Für „nur vereinbare" Tätigkeiten gemäß § 57 Absatz 3 StBerG kann somit § 2 keine Anwendung finden. Auf Teil III „Gebühren für vereinbare Tätigkeiten" wird verwiesen. § 2 kann ferner nicht Platz greifen, wenn eine Tätigkeit durch ein pauschales „Tätigkeitsquantum" (nicht zu verwechseln mit Tätigkeiten im Rahmen einer Pauschalvereinbarung) ihre Abgeltung mit der dafür vorgesehenen Gebühr erfährt. Siehe hierzu Anmerkung 3 zu § 12. Erfolgt die Tätigkeit eines StB im Ausland, sei es im Rechtsbehelfsverfahren (für die Tätigkeit vor Gerichten gilt über § 45 die BRAGO mit ihrer gleichfalls in § 2 enthaltenen Parallelbestimmung), sei es bei anderen Aufträgen und ist die direkte Anwendung der GebV nicht möglich, so dürfte § 2 anwendbar sein.

3 Sinngemäße Anwendung

Für die nicht in der GebV ausgewiesenen Leistungen soll die Gebührenregelung Anwendung finden, die sich bei „sinngemäßer Anwendung" ergibt. Dies kommt der Prüfung gleich, welche Bestimmung der Verordnungsgeber gewählt hätte, wenn die Leistung bereits bei Verabschiedung der GebV bekannt gewesen, wäre.
Der „Charakter" der GebV darf hierbei nicht geändert werden. So ist es beispielsweise nicht möglich, eine versehentlich nicht erfaßte oder neu geschaffene Steuererklärung, die Absatz 1 von § 24 zuzuordnen ist, mit der „Zeitgebühr" statt mit der „Wertgebühr" abzugelten, oder eine andere Tabelle an die Stelle der Tabelle A treten zu lassen.

4 Anwendung auf den Auslagenersatz

§ 2 schließt durch die Wahl des Wortes „Gebühren" die Anwendung der Vorschrift auf den „Auslagenersatz" aus. Hier kann man nur vermuten, daß die gegebene Ausweichmöglichkeit auf die Vorschriften des bürgerlichen Rechts (siehe Anmerkung 1.3.1 zu Abschnitt 1.3) Anlaß zu dieser Handhabung bot.

§ 3 Mindestgebühr, Auslagen

(1) **Der Mindestbetrag einer Gebühr ist 20 Deutsche Mark. Pfennigbeträge sind auf 10 Deutsche Pfennig aufzurunden.**

(2) **Mit den Gebühren werden auch die allgemeinen Geschäftskosten entgolten.**

(3) **Der Anspruch auf Zahlung der auf die Vergütung entfallenden Umsatzsteuer und auf Ersatz für Post- und Telekommunikationsdienstleistungen zu zahlende Entgelte, der Schreibauslagen und der Reisekosten bestimmt sich nach den §§ 15 bis 20.**

Amtliche Begründung zu § 3:

Absatz 1 legt die Höhe der Mindestgebühr fest und regelt die Aufrundung von Pfennigbeträgen. Die Bestimmung der Mindestgebühr hat nur für die Fälle Bedeutung, in denen ein Satzrahmen für einzelne Tätigkeiten Gebühren unter 12 DM vorsieht.
Absatz 2 übernimmt die Regelung des § 25 Abs. 1 BRAGO, nach der mit den Gebühren auch die allgemeinen Geschäftskosten entgolten werden. Zu den durch die Gebühren abgegoltenen Geschäftskosten, die im einzelnen nicht aufgezählt werden können, gehören insbesondere z. B. Personalkosten (Gehälter, Sozialleistungen), Raum-

kosten (Miete, Licht, Heizung), Kosten für Beschaffung und Unterhaltung der Büroausstattung (Mobiliar, Schreib-, Rechen- und Buchungsmaschinen, Kopiergeräte) sowie die zur Ausführung des Auftrags notwendigen Schreibaufwendungen (Büromaterial).
Absatz 3 weist darauf hin, daß sich der Anspruch auf Zahlung der auf die Vergütung entfallenden Umsatzsteuer und auf Auslagenersatz nach den §§ 15 bis 20 bestimmt. Rechtsgrundlage für den Anspruch auf Auslagenersatz sind die Vorschriften des BGB. §§ 16 bis 20 dieser Verordnung sehen lediglich gewisse Modifizierungen in bezug auf die Post- und Fernmeldegebühren, Schreibaufwendungen und Reisekosten vor.

Amtliche Begründung 1. VOÄ zu § 3:

Die Vorschrift übernimmt die durch das Gesetz zur Änderung von Kostengesetzen vom 9. Dezember 1986 (BGBI. 1 S. 2326) erhöhte Mindestgebühr der BRAGO.

Amtliche Begründung 3. VOÄ zu § 3

Zu Absatz 1 Satz 1
Entsprechend der Änderung der BRAGO wird die Mindestgebühr von 15 auf 20 DM angehoben.

Zu Absatz 3
Es handelt sich um eine Anpassung der verwendeten postalischen Gebührenbegriffe an die nunmehr privatrechtlichen Rechtsbeziehungen zwischen den Unternehmen der Deutschen Bundespost und ihren Kunden.

Anmerkungsübersicht

1 Allgemeines

Die Vorschrift ist zusammengefügt aus Absatz 2 von § 11 BRAGO sowie den Absätzen 1 und 3 von § 25 BRAGO, bei teilweise geändertem Wortlaut. Die Regelungen des Absatzes 1 von § 3 gelten grundsätzlich für alle drei Gebührenarten der GebV, also die Wertgebühr, die Zeitgebühr und die Betragsrahmengebühr. Praktische Bedeutung können sie im Hinblick auf die „Halbstundeneinheit" der Zeitgebühr mit einem Mindestbetrag von DM 37.50 allerdings nur für die Wertgebühr und die Betragsrahmengebühr erlangen. Der Mindestbetrag einer Gebühr bezifferte sich bis 30. 6. 1988 auf DM 12,–, danach bis zum Inkrafttreten der 3. Änderungsverordnung auf DM 15,–.

2 Mindestbetrag einer Gebühr

Unter „Gebühr" im Sinne von Absatz 1 ist nicht eine „volle Gebühr" zu verstehen, sondern eine „selbständige Gebühr", die nach Maßgabe der Bestimmung des Gebührenrahmens für eine „Angelegenheit" in Betracht kommt (so auch FG Berlin V 192/86 vom 27. 6. 1986 in EFG 1986 S. 624).

Beispiel 1:

Der Mindestbetrag des Gegenstandswertes für eine Umsatzsteuervoranmeldung beträgt DM 1.000,–. In Ansatz gelangt eine Gebühr nach § 24 Absatz 1 Nummer 7 von 1/10 nach Tabelle A. Anstelle von DM 9,– erfolgt ein Ansatz von DM 20,–.

Beispiel 2:

Der Gegenstandswert in einer Verwaltungsvollstreckungssache beträgt DM 300,–. Die dem StB nach § 44 Absatz 1 zustehenden drei Gebühren, die Geschäftsgebühr, die Besprechungsgebühr und die Beweisaufnahmegebühr mit je 3/10 nach Tabelle E sind „selbständige Gebühren". Infolgedessen gelangen statt 3 × DM 15,– 3 × DM 20,–, zusammen DM 60,–, in Ansatz.

Der „Mindestbetrag einer Gebühr" ist nicht identisch mit dem „Mindestsatz" bzw. dem „Mindestbetrag" als untere Begrenzung des Gebührenrahmens nach § 11. Siehe hierzu auch das Schaubild „Vergütung des Steuerberaters" bei Anmerkung 4 zu § 1.

Die Mindestbetragsvorschrift gilt nur für „Gebühren", nicht für den „Auslagenersatz".

3 Mindestbetrag einer Gebühr bei der Lohnbuchführung

Bei der Anwendung der Vorschrift des Absatzes 1 auf die „Betragsrahmengebühren" für Tätigkeiten im Bereich der Lohnbuchführung ergibt sich eine Problematik. Würde man die Betragsrahmengebühr für **jeden Arbeitnehmer** als „selbständige Gebühr" ansehen, wofür einiges spricht, so wäre der Betragsrahmen des § 34 in den Absätzen 1, 3 und 4 gegenstandslos und bei Absatz 2 würde der Rahmen von DM 5,– bis DM 30,– auf DM 20,– bis DM 30,– verkürzt. Dies war nicht gewollt. Man wird daher jeweils die mit der Summe der Arbeitnehmer eines Abrechnungszeitraumes vervielfachte Rahmengebühr als die maßgebliche „selbständige Gebühr" anzusehen haben. Liegt diese dann allerdings noch unter DM 20,–, so gelangt dieser Betrag in Ansatz. Eine Klarstellung in § 3 erscheint zweckdienlich, ist bisher aber unterblieben.

Beispiel 1:

Für die Führung der Lohnkonten und die Anfertigung der Lohnabrechnung (§ 34 Absatz 2) von 5 Arbeitnehmern kommt ein Rahmenbetrag von DM 10,– je Arbeitnehmer in Betracht. Die „selbständige Gebühr" beträgt damit DM 50,–, so daß für einen „Mindestbetrag" kein Raum ist.

Beispiel 2:

Die Führung von Lohnkonten und die Anfertigung der Lohnabrechnung nach vom Auftraggeber erstellten Buchungsunterlagen (§ 34 Absatz 3) für 3 Arbeitnehmer bedingt einen Rahmenbetrag von DM 5,– je Arbeitnehmer. Die „selbständige Gebühr" beträgt damit DM 15,– und ist somit auf DM 20,– anzuheben.

Beispiel 3:

Die Führung von Lohnkonten und die Anfertigung der Lohnabrechnung nach vom Auftraggeber erstellten Datenträgern für die Datenverarbeitung (§ 34 Absatz 4) für 4 Arbeitnehmer macht einen Rahmensatz je Arbeitnehmer von DM 3,– erforderlich. An die Stelle der „selbständigen Gebühr" von DM 12,– tritt der „Mindestbetrag" von DM 20,–.

4 **Rundung**

Ergeben sich bei der Berechnung einer Gebühr Pfennigbeträge, so sind diese nach Absatz 1 Satz 2 auf 10 Pfennig aufzurunden. Für Auslagen gilt diese Rundungsvorschrift nicht, so daß hier gegebenenfalls auch Pfennigbeträge auszuweisen sind.

5 **Abgeltung allgemeiner Geschäftskosten**

Die Vorschrift des Absatzes 2 bringt zum Ausdruck, daß die „Allgemeinen Geschäftskosten" mit den Gebühren abgegolten sein sollen. Die BRAGO nennt an der vergleichbaren Stelle des § 25 Absatz 1 die „Allgemeinen Geschäfts**un**kosten".
Es erscheint müßig, betriebswirtschaftliche Überlegungen anzustellen, was diese Begriffe tatsächlich aussagen. Gewollt ist, und das ergibt sich aus der Begründung zur BRAGO und aus der, im übrigen unvollständigen und auch unsystematischen, Aufzählung in der Verordnungsbegründung, daß grundsätzlich alle „Kanzleikosten", d. h. alle Aufwendungen, die sich aus der Unterhaltung des Geschäftsbetriebes einer Steuerberatungspraxis ergeben, aus den Gebühren zu bestreiten sind.
Als gesondert neben der Gebühr berechnungsfähig kommen lediglich „auftragsbezogen" in Betracht:

▷ Die in den §§ 16 bis 18 im einzelnen bezeichneten Aufwendungen;
▷ Die nach § 670 i. V. mit § 675 BGB vom Auftraggeber zusätzlich zu tragenden Barauslagen und Materialkosten;
▷ Die Umsatzsteuer.

Zur Erläuterung wird auf die Kommentierung des § 15, der §§ 16–17, dort insbesondere auf Anmerkung 8 hinsichtlich der nach bürgerlichem Recht zu erstattenden Aufwendungen, und der §§ 18–20 verwiesen.

6 **Anspruch auf Auslagenersatz und Umsatzsteuer**

Absatz 3 von § 3 gibt eine zusammengefaßte Anspruchsgrundlage für die sich aus den §§ 15 bis 20, richtiger wäre aus den §§ 15 bis 18, ergebenden Ansprüche des StB gegenüber seinem Auftraggeber auf Ersatz von Auslagen und Zahlung der Umsatzsteuer. Nach dem Wortlaut der angesprochenen Paragraphen hätte man wohl ohne Schaden auf Absatz 3 überhaupt verzichten können.
Die Verordnungsbegründung macht nochmals deutlich, daß der „Auslagenersatz" nicht auf die in den §§ 16 bis 18 genannten Aufwendungen beschränkt ist, sondern auch „sonstige Auslagen" nach Maßgabe der Ausführungen in Anmerkung 5 einschließt.
Ein alleiniger Anspruch auf „Auslagenersatz" (und Umsatzsteuer) ohne gleichzeitigen Anspruch auf eine „Gebühr", analog zu den seltenen Ausnahmefällen im Rahmen der BRAGO, ist im Bereich der Steuerberatung überhaupt nur bezogen auf Barauslagen und Materialkosten nach Maßgabe des BGB denkbar. In allen übrigen Fällen ist mit dem „Auslagenersatz" auch eine „Gebühr" verbunden.

§ 4 Vereinbarung der Vergütung

(1) **Aus einer Vereinbarung kann der Steuerberater eine höhere Vergütung, als sie sich aus dieser Verordnung und den gesetzlichen Vorschriften über den Auslagenersatz ergibt, nur fordern, wenn die Erklärung des Auftraggebers schriftlich abgegeben und nicht in der Vollmacht oder in einem Vordruck, der auch andere Erklärungen umfaßt, enthalten ist. Hat der Auftraggeber freiwillig und ohne Vorbehalt geleistet, so kann er das Geleistete nicht deshalb zurückfordern, weil seine Erklärung der Vorschrift des Satzes 1 nicht entspricht.**

(2) **Ist eine vereinbarte Vergütung unter Berücksichtigung aller Umstände unangemessen hoch, so kann sie im Rechtsstreit auf den angemessenen Betrag bis zur Höhe der sich aus dieser Verordnung ergebenden Vergütung herabgesetzt werden.**

Amtliche Begründung zu § 4:

Bei der Bestimmung des Absatzes 1 handelt es sich um eine Formvorschrift zum Schutze der Auftraggeber. Danach kann der Steuerberater eine höhere Vergütung, als sie sich aus dieser Verordnung und den gesetzlichen Vorschriften über den Auslagenersatz ergibt, nur dann fordern, wenn er mit seinem Auftraggeber eine entsprechende schriftliche Vereinbarung getroffen hat. Um sicherzustellen, daß die Abweichungen von der Gebührenverordnung dem Auftraggeber deutlich erkennbar werden, darf die Vereinbarung weder in die Vollmacht noch in einen Vordruck aufgenommen werden, der auch andere Erklärungen umfaßt. Die Nichtbeachtung dieser Formvorschrift führt aber nicht zur Wirkungslosigkeit der Vereinbarung, wenn der Auftraggeber freiwillig und ohne Vorbehalt geleistet hat.

Absatz 2 stellt klar, daß das Gericht eine vereinbarte Vergütung, die unter Berücksichtigung aller Umstände unangemessen hoch ist, herabsetzen kann. Dies gilt für jede Vereinbarung, gleichgültig ob sie auf eine Erhöhung des Geschäftswerts oder auf ein Überschreiten des oberen Gebührenrahmens von Wertgebühren oder der Zeitgebühr ausgerichtet ist.

Anmerkungsübersicht

1 Allgemeines

Die Vorschrift, die in Teilen § 3 der BRAGO nachgebildet ist, ermöglicht es dem StB, eine Vergütung mit seinem Auftraggeber zu vereinbaren, die über den Gebührensätzen der GebV liegt, oder sich einen höheren Auslagenersatz gewähren zu lassen, als ihn die §§ 16 bis 18 vorschreiben. § 4 spricht somit die im Schaubild bei Anmerkung 4 zu § 1 dargestellten und dort auch erläuterten (Anmerkungen 4.3 und 5.1) „Vergütungsarten" der „Zulässigen Vergütung" in Form der „Höher vereinbarten Vergütung" und der „Unzulässigen Vergütung" in Form der „Unangemessen hoch vereinbarten Vergütung" an.

Der Vergütungsanspruch des StB ist dem Schuldrecht zuzuordnen und damit grundsätzlich einer freien Vereinbarung zugänglich. § 4 bestätigt dies, gibt aber zugleich die obere Begrenzung hierfür und legt fest, unter welchen formalen Voraussetzungen die Vergütung nach Maßgabe der GebV überschritten werden darf. Die untere Begrenzung zeigen insbesondere § 1 UWG und das Berufsrecht auf.

Die Verordnungsbegründung sagt in ihrem „Allgemeinen Teil" hierzu folgendes:

„Die Gebührenverordnung schließt Abweichungen von den vorgesehenen Gebühren zivil- und preisrechtlich nicht aus; dies gilt sowohl für Gebührenüber- als auch für Gebührenunterschreitungen. Die berufsrechtlichen Grenzen einer Unter- oder Überschreitung aufzuzeigen und deren Einhaltung zu überwachen, gehört im Rahmen der gesetzlichen Ermächtigungen zu den Aufgaben der beruflichen Selbstverwaltungskörperschaften."

Ein genereller Ausschluß der Anwendung der StBGebV oder eine völlige Durchbrechung der Systematik wie der Grundentscheidungen der Verordnung, etwa durch die Vereinbarung einer Erfolgsvergütung, ist auch über § 4 nicht möglich.

Zur „Erfolgsvergütung" und zur „Erfolgsbeteiligung" siehe Anmerkung 5.2 zu § 1.

2 Höhere Vergütung

Die Vereinbarung mit dem Auftraggeber kann, wie bereits in Anmerkung 1 erwähnt, sowohl hinsichtlich der „Gebühr" wie auch hinsichtlich des „Auslagenersatzes" erfolgen.

Man wird den Weg der höheren Vereinbarung wählen, wenn der Höchstsatz bzw. der Höchstbetrag einer Gebühr, der sich nach den Kriterien des § 11 unter Beachtung aller „Umstände" ergibt, zu keiner „angemessenen" Abgeltung der Berufsleistung führt.

Die höhere Vereinbarung ist bei allen drei Gebührenarten, also der Wertgebühr, der Zeitgebühr und der Betragsrahmengebühr möglich. Bei der Breite des Rahmens der Gebühren der GebV und damit der Bemessung der oberen Rahmenbegrenzung, wird es sich in der Regel um „besondere Umstände" handeln, die zur Vereinbarung einer höheren Gebühr führen. Hier wird man auch nicht ausreichende Tabellenwerte und die Höchstbegrenzung der Zeitgebühr zu sehen haben. Auf die Erläuterungen zu § 11 i. V. mit den §§ 10 und 13 sowie auf entsprechende Hinweise bei den einzelnen Gebührenvorschriften im Vierten und Fünften Abschnitt wird in diesem Zusammenhang

Bezug genommen. Eine allgemeine „Berufsübung", für bestimmte Tätigkeiten eine höhere Vergütung zu vereinbaren, läßt sich nur für die Mitwirkung an Fahndungsprüfungen der Steuer- und Zollfahndung nach § 208 AO (§ 29), die Selbstanzeige (§ 30) sowie das Steuerstrafverfahren und das Bußgeldverfahren (§ 45) feststellen. Darüber hinaus gelangt die höhere Vergütung häufig bei Gutachten (§ 22), schwierigen Außenprüfungen nach § 193 AO (§ 29) sowie im Konzern- und Außensteuerbereich zur Anwendung. Die Frage, ob es möglich ist, im Rahmen des § 4 an die Stelle einer in der GebV für eine Angelegenheit vorgesehenen „Wertgebühr" eine **höher** vereinbarte „Zeitgebühr" treten zu lassen, läßt sich weder nach dem Wortlaut der Verordnung noch nach der Verordnungsbegründung beantworten. Soll die Obergrenze einer Gebühr nach Maßgabe der GebV überschritten werden, so dürfte es ohne Belang sein, ob dies durch höhere Ansätze der gleichen Gebührenart oder durch Gebührenansätze einer anderen Gebührenart geschieht. In der Vereinbarung mit dem Auftraggeber sollte dies allerdings zum Ausdruck kommen. Ansonsten findet die Vereinbarung ihre Begrenzung in der „Unangemessen hoch vereinbarten Vergütung" (Absatz 2) bzw. in einem sittenwidrigen (wucherischen) Rechtsgeschäft nach § 138 BGB (Siehe hierzu Anmerkung 1.3.1 zu Abschnitt 1.3).

3 Vereinbarung mit dem Auftraggeber

Der Auftraggeber soll davor geschützt werden, daß er in Verkennung der Tragweite einer Vereinbarung dieser zustimmt. Der Verordnungsgeber fordert daher für die eine höhere Vergütung begründende Vereinbarung die Einhaltung besonderer Formvorschriften.

3.1 Formelle Voraussetzungen

§ 4 Absatz 1 Satz 1 fordert:

- ▷ Die Erteilung des Auftrages muß schriftlich erfolgen. Die Forderung ist als „einseitige Schriftlichkeit" auf der Seite des Auftraggebers ausgebildet, sie ist ein zwingendes Erfordernis. Eine Erklärung durch Telegramm oder Telefax genügt nicht. Die notarielle Beurkundung ersetzt die Schriftform (§ 126 BGB).
- ▷ Die Erklärung des Auftraggebers muß seine Unterschrift tragen. Die Mitunterzeichnung durch den StB ist nicht erforderlich. Eine „Berechnung", die aufgrund einer Vereinbarung nach § 4 Absatz 1 erteilt wird, bedarf dagegen der Unterzeichnung durch den StB. Siehe hierzu auch Anmerkung 2.4 zu § 9.
- ▷ Die Erklärung darf nicht in der Vollmacht für den StB enthalten sein. Die Verbindung der Erklärung mit der Vollmacht ist in jedem Fall unzulässig, auch wenn diese nicht formularmäßig, sondern im Rahmen eines besonderen Schriftsatzes bzw. handschriftlich erteilt wird.
- ▷ Die Erklärung darf nicht in einem Vordruck Aufnahme finden, der auch andere Erklärungen umfaßt.

  Gedacht ist hier vor allem an „Allgemeine Auftragsbedingungen", aber auch die Aufnahme in jeden anderen „Vordruck" ist untersagt (so etwa

BGH IX ZR 20/95 vom 19. 10. 1995 in DB 1996, S. 210). Ein „Vordruck“ muß dabei nicht notwendigerweise „gedruckt“ sein. Man wird alles als „Vordruck“ anzusehen haben, was unabhängig von seiner technischen Herstellungsart in „gleicher Weise häufig verwendet wird“.

Unzulässig ist in jedem Fall die Verbindung einer solchen Erklärung des Auftraggebers mit seiner Unterschrift auf Jahresabschlüssen, Hauptabschlußübersichten und Steuererklärungen, sei es auf dem Original, sei es auf einer Aktenausfertigung. Die Vereinbarung einer höheren Vergütung kann vor Beginn der Tätigkeit des StB geschlossen werden, aber auch später folgen; nur darf dann der StB die Fortsetzung der bereits begonnenen Tätigkeit nicht von dem Abschluß der Honorarvereinbarung „abhängig“ machen. Mangelt es an der besonderen Schriftform der Vereinbarung und greift Satz 2 von Absatz 1 nicht Platz, so kann der StB eine höhere Vergütung, als sie sich aus der GebV ergibt, nicht fordern. Die Vergütung nach der GebV steht ihm allerdings zu, er kann sie aufgrund des bestehenden Geschäftsbesorgungsvertrages beanspruchen.

Zur Rechtswirksamkeit der Vereinbarung einer höheren Vergütung ist es nicht erforderlich, den Auftraggeber darüber „zu belehren“, daß die zu vereinbarende Vergütung die Vergütung nach der GebV übersteigt. Die besondere Schriftform und die Herabsetzungsmöglichkeit nach Absatz 2 tragen den Belangen des Auftraggebers hinreichend Rechnung.

3.2 Materielle Angaben

Die Erklärung des Auftraggebers sollte, gerade in der Sicht möglicher späterer Auseinandersetzungen, unmißverständlich auch den materiellen Inhalt der Vereinbarung wiedergeben. Dazu zählen Angaben über

▷ die in die Vereinbarung einbezogenen Leistungen („Angelegenheiten“),
▷ die gewählte „Gebührenart“ für die höhere Vergütung,
▷ die Höhe der Gebühren für die in die Vereinbarung einbezogenen Leistungen,
▷ die Gebührenregelung für ergänzende Leistungen, deren Erfordernis erst während der Bearbeitung erkennbar wird, und
▷ die Höhe des vereinbarten Auslagenersatzes.

Ferner sollte ungeachtet der Vorschriften des § 3 Absatz 3 und des § 15 eine Regelung getroffen werden, ob die Umsatzsteuer in die vereinbarte Vergütung eingeschlossen ist oder zusätzlich berechnet werden kann. Das OLG Karlsruhe hat mit Urteil 15 U 111/77 vom 17. 11. 1978 (DB 1979 S. 447) entschieden, daß beim Fehlen einer solchen Vereinbarung die Umsatzsteuer in der vereinbarten Vergütung enthalten ist. Bei Vereinbarungen, die einen längeren Zeitraum umfassen, ist ein Hinweis zweckdienlich, ob und welche Auswirkungen Erhöhungen der Gebühren nach der GebV durch eine Änderung der Rechtsverordnung haben sollen und inwieweit sich sonstige Kostenerhöhungen auf die Vereinbarung auswirken.

Die Höhe der vereinbarten Gebühr kann u. a. in

▷ einem absoluten Betrag,

▷ einem höher angesetzten Gegenstandswert,
▷ einem höher gewählten Rahmensatz bei der Wertgebühr,
▷ einem höheren Ansatz der Zeitgebühr,
▷ einem höheren Betragsrahmen bei der Betragsrahmengebühr,
▷ einem „Vom-Hundert-Zuschlag" zur Gebühr nach der GebV oder
▷ einer bezifferten „Zusatzgebühr" zu der Gebühr nach der GebV
ihre Festlegung erfahren.

Eine Vereinbarung, daß die höhere Gebühr sich nach einem „angemessenen Gegenstandswert" bestimme, genügt nach der Auffassung des BGH (VII ZR 112/63 in NJW 1965 S. 1023) nicht den Anforderungen (der BRAGO). Es muß vielmehr ein Maßstab gewählt werden, der ohne Schwierigkeiten eine zahlenmäßige Berechnung zuläßt.

4 **Freiwillige Leistung ohne Vorbehalt**

Die Verpflichtung des Auftraggebers, eine andere als die Vergütung nach Maßgabe der GebV zu zahlen, bedarf grundsätzlich keiner Form. Die Wirkung dieser Verpflichtung ist aber beeinträchtigt, wenn es sich um eine höhere Vergütung handelt und die Verpflichtungserklärung des Auftraggebers nicht den besonderen Formvorschriften genügt. Der StB kann die Vergütung in diesem Fall nicht „fordern", der Auftraggeber kann sie aber zahlen; tut er dies freiwillig und ohne Vorbehalt, erfüllt er seine Verpflichtung und kann daher die Zahlung nicht als ungerechtfertigte Bereicherung zurückfordern.

Erfolgt die Zahlung aber „nicht freiwillig" oder „unter einem Vorbehalt", so fehlt es an einem Rechtsgrund für die Leistung und der Mandant kann vom StB Rückzahlung verlangen. Die „Freiwilligkeit" der Leistung kann auch dann nicht angenommen werden, wenn der Mandant überhaupt nicht weiß, daß er eine höhere Vergütung gezahlt hat. Der Beweis, daß er „nicht freiwillig oder unter Vorbehalt" geleistet hat, obliegt dem Auftraggeber. Die Bestimmung des Satzes 2 von Absatz 1 verhindert, daß eine einmal getroffene, aber nicht den Formvorschriften unterworfene Vereinbarung, die durch Leistung und freiwillige Zahlung erfüllt ist, nachträglich, nur gestützt auf die Formerfordernisse, rückgängig gemacht werden kann.

5 **Herabsetzung einer unangemessen hoch vereinbarten Vergütung**

Absatz 2 von § 4 ist als weitere Schutzvorschrift für den Auftraggeber neben den besonderen Formerfordernissen der Vereinbarung zu sehen. Die Herabsetzung erfolgt durch richterliche Entscheidung. Sie ist ein gestaltender richterlicher Eingriff in den vom StB mit dem Auftraggeber geschlossenen Vertrag, der mit der besonderen öffentlichen Stellung des Berufsangehörigen gerechtfertigt wird.

Erste Voraussetzung für eine Herabsetzung ist die Vereinbarung einer Vergütung, welche die Vergütung nach der GebV „übersteigt". Eine Vergütung, die in allen Teilen der GebV folgt, kann nach § 4 Absatz 2 nicht herabgesetzt werden.

Weitere Voraussetzung ist eine unter Berücksichtigung aller „Umstände" unangemessen hohe Vergütung.
Die Vorschrift besagt, daß die „unangemessen hoch vereinbarte Vergütung" auf die „angemessene Vergütung" herabgesetzt werden kann, mit der Maßgabe, daß die Untergrenze die Vergütung nach Maßgabe der GebV bildet. „Die sich aus der Verordnung ergebende Vergütung" ist nicht etwa die „niedrigste Vergütung", sondern die „angemessene Vergütung". Der StB soll auf keinen Fall schlechter gestellt werden, als er es ohne Honorarvereinbarung wäre.
Eine Herabsetzung auf die Vergütung nach Maßgabe der GebV, also auf die unterste Begrenzung, dürfte nicht häufig in Betracht kommen; die Tatsache, daß überhaupt eine wirksame Honorarvereinbarung getroffen wurde, sollte Anlaß sein zu der Überlegung, daß eine gewisse Überschreitung der Vergütung nach der GebV von beiden Vertragsparteien gewollt war und auch gesehen wurde. In dem Raum zwischen der Vergütung nach der GebV und der vereinbarten Vergütung dürfte das Gericht seine Entscheidung nach Maßgabe der von ihm zu würdigenden „Umstände" treffen.

6 **Höhere Vereinbarung bei der Pauschalvergütung**

§ 4 ist grundsätzlich auch auf die Pauschalvergütung anwendbar. Für die nach Maßgabe von § 14 in die Pauschalvereinbarung einzubeziehenden Tätigkeiten („Angelegenheiten") kann eine höhere Gebühren- und (oder) Auslagenvereinbarung getroffen werden.
Die Vereinbarung darf jedoch nicht dazu führen, etwa den Kreis der pauschalierungsfähigen Tätigkeiten („Angelegenheiten") auf diesem Weg auszuweiten. § 4 ermöglicht die Vereinbarung einer höheren Vergütung, gibt aber nicht die Berechtigung, andere Vorschriften der GebV, die nichts mit der Höhe der Vergütung zu tun haben, „mitvereinbarend zu ändern". Bei einer Verknüpfung von § 4 und § 14 sind die Formvorschriften beider Regelungen zwingend zu beachten.

7 **Höhere Vereinbarung beim Auslagenersatz**

Wie in den Anmerkungen 1 und 2 bereits verdeutlicht, gilt die Möglichkeit der höheren Vereinbarung neben der „Gebühr" auch für den „Auslagenersatz" unter den gleichen formalen Voraussetzungen. Sie wird vor allem in Betracht kommen, wenn die Sätze der §§ 16 bis 18 den gebotenen Aufwand nicht „angemessen" abdecken.
In der Vereinbarung eines sehr hohen „Auslagenersatzes" kann unter Umständen auch die Vereinbarung einer höheren „Gebühr" verborgen sein, wenn erkennbar der vereinbarte „Auslagenersatz" die bei der Erfüllung des Auftrages anfallenden „Auslagen" nicht unwesentlich überdeckt. Bei der Entwicklung der Kosten für die Benutzung eines eigenen Kraftwagens dürfte künftig der Vereinbarung eines höheren „Auslagenersatzes", vor allem für größere Fahrstrecken und angesichts der sich ändernden Rahmenbedingungen, eine wachsende Bedeutung zukommen. Eine solche Vereinbarung kann

über die jeweilige „Angelegenheit" hinaus auch für einen bestimmten Zeitraum, etwa ein Kalenderjahr, getroffen werden. Auch für Auslandsreisen und die Benutzung der ersten Flugklasse bei Flugreisen kommt der höheren Vereinbarung besondere Bedeutung zu.

8 Festsetzung der Vergütung durch die Berufskammer

Die Festsetzung einer Vergütung nach dem billigen Ermessen des Vorstandes der Berufskammer kennt im Gegensatz zu § 3 BRAGO die StBGebV nicht. Dessenungeachtet kann ein nach § 4 Absatz 2 entscheidendes Gericht in Verfolg von § 76 Absatz 2 Nummer 7 StBerG die zuständige Berufskammer zur Abgabe eines Gutachtens über die Angemessenheit der Gebührenberechnung veranlassen.

9 Sonstige Anmerkungen

Die Beweislast für eine Gebührenvereinbarung zwischen einem Rechtsanwalt und seinem Mandanten trägt die Partei, welche aus ihr für sich Rechte herleitet. Die grundsätzlich gegenteilige Rechtsprechung des BGH zum Dienst- und Werkvertragsrecht findet ihrer Begründung zufolge im Geltungsbereich der Bundesrechtsanwaltsgebührenordnung keine Anwendung, so OLG München 25 U 4756/83 vom 19. 6. 1984 in NJW 1984 S. 2537. Man wird diese Entscheidung auch auf das Steuerberatergebührenrecht anwenden können.
Wird die Erbringung einer Vergütung nach der GebV, ohne daß eine „höhere Vergütung" vorliegt, statt in Geld durch Sach- und Arbeitsleistungen vereinbart, so bedarf diese Vereinbarung keiner Form (für den insoweit vergleichbaren anwaltlichen Bereich: Gerold/Schmidt, Anmerkung 4 zu § 3).

§ 5 Mehrere Steuerberater

Ist die Angelegenheit mehreren Steuerberatern zur gemeinschaftlichen Erledigung übertragen, so erhält jeder Steuerberater für seine Tätigkeit die volle Vergütung.

Amtliche Begründung zu § 5:

Wird der Auftrag mehreren Berufsangehörigen nebeneinander zur Erledigung übertragen. dann erhält jeder Berufsangehörige die volle Vergütung. Dies gilt nicht, wenn die betreffenden Berufsangehörigen in einer Sozietät zusammengeschlossen sind.

Anmerkungsübersicht

1 Allgemeines

Die Vorschrift weicht von § 5 BRAGO, der sie nachgebildet ist, insoweit ab, als die BRAGO den Begriff „Auftrag" verwendet, während die StBGebV den engeren Begriff der gebührenrechtlichen „Angelegenheit" anspricht. Siehe hierzu auch die Erläuterungen zu § 12, insbesondere in Anmerkung 2. Nachdem die Verordnungsbegründung allerdings wieder den Oberbegriff „Auftrag" verwendet, bleibt die Unsicherheit, was der Verordnungsgeber nun eigentlich gemeint hat.
Da im Zweifel der Verordnungstext selbst maßgebend ist, stellt die Vorschrift somit auf die selbständig berechnungsfähige gebührenrechtliche „Angelegenheit" ab, obzwar in der Regel nicht eine einzelne „Angelegenheit" (die selbstverständlich im Einzelfall auch allein einen „Auftrag" ausfüllen kann), sondern ein „Auftrag" dem StB übertragen wird. Ohne Anwendung bleibt § 5 für den Fall, daß ein StB (intern) einen anderen StB zu seiner Unterstützung zuzieht. Die Angelegenheit ist vom Auftraggeber nur einem StB übertragen worden mit der Folge der auch nur einmaligen Honorierung.

2 Erledigung durch mehrere Steuerberater

Werden mehrere StB nicht „gemeinschaftlich", sondern „nacheinander" tätig, so greift § 5 nicht Platz. Jeder StB hat dann nur Anspruch auf die Vergütung für den ihm erteilten „Auftrag" bzw. die ihm übertragene „Angelegenheit". Dies ist z.B. der Fall, wenn ausnahmsweise ein StB mit der Ermittlung der Einkünfte aus Vermietung und Verpachtung für den umfangreichen Grundbesitz eines Steuerpflichtigen beauftragt wird, die Anfertigung der Einkommensteuererklärung jedoch einem anderen StB obliegt. Der Vergütungsanspruch des mit der Ermittlung der Einkünfte aus Vermietung und Verpachtung beauftragten StB bestimmt sich ausschließlich nach § 27, dem anderen StB steht dieser Anspruch nicht zu, er berechnet seine Leistung nach § 24 Absatz 1 Nummer 1.
§ 5 kommt im übrigen bei der Tätigkeit des Steuerberaters eine wesentlich geringere Bedeutung zu als dies bei der Parallelvorschrift in der BRAGO beim Rechtsanwalt der Fall ist.

3 Gemeinschaftliche Erledigung durch mehrere Steuerberater

Werden mehrere StB, die nicht durch eine Sozietät verbunden sind, mit der „gleichen Tätigkeit" beauftragt, so liegen mehrere selbständige Geschäftsbesorgungsverträge vor, die sämtlich auf die Leistung „gleicher Dienste" gerichtet sind. Jeder StB hat damit nach bürgerlichem Recht Anspruch auf die „Vergütung". Zu dieser Feststellung hätte es des § 5 nicht bedurft.
Dieser soll denn auch nicht das Vorgesagte bestätigen, sondern die Frage regeln, ob sich die Vergütung des StB nach der GebV etwa deshalb ermäßigt, weil die Möglichkeit besteht, daß das Maß der Arbeit des einzelnen StB durch die „gemeinschaftliche Erledigung der Angelegenheit" (des Auftrags)

geringer sein kann, als bei der „Alleintätigkeit". § 5 verneint dies, und zwar zu Recht.
Jeder StB erhält somit nach Maßgabe seines Auftrages die volle Vergütung nach der GebV, unabhängig davon, ob andere StB „in der gleichen Angelegenheit" beauftragt sind.
Auch die „Nebeneinanderbeauftragung" ist im steuerlichen Bereich weitaus seltener als bei der Anwaltstätigkeit. Wenn sie erfolgt, dann geschieht dies vor allem im finanzgerichtlichen Verfahren, im Steuerstrafverfahren oder im Bußgeldverfahren. Für diese Tätigkeiten gelten über § 45 die Bestimmungen der BRAGO.
Bei den übrigen Tätigkeiten ist eine Beauftragung mehrerer StB in der „gleichen Angelegenheit", von Sonderfällen abgesehen, praktisch nur bei Außenprüfungen (§ 193 AO) und Fahndungsprüfungen (§ 208 AO) (beide in § 29 angesprochen) sowie bei der Selbstanzeige (§ 30) anzutreffen. Hierbei geht das Interesse des Auftraggebers meist dahin, die speziellen Kenntnisse des oder der „weiteren StB" zu nutzen, die er neben „seinem StB" verpflichtet. Unabhängig davon, was jeder einzelne an Leistung erbringt und ob tatsächlich durch die Mehrfachbeauftragung eine Minderung des „Tätigkeitsquantums" des einzelnen StB eintritt, erhält jeder der so beauftragten StB die volle Vergütung nach Maßgabe der GebV.

4 Erledigung durch eine Sozietät

Die Sozietät als Gesellschaft des bürgerlichen Rechts (wegen Einzelheiten siehe Gehre, Anmerkungen 9–15 zu § 56) ermöglicht es, daß zwar alle in ihr zusammengeschlossenen Berufsangehörigen sich an der Bearbeitung eines Auftrags beteiligen, nach Bedarf abwechselnd tätig werden und der eine StB den anderen StB vertreten kann, andererseits aber ist „die Sozietät" Auftragnehmer und ggfs. Prozeßbevollmächtigter. Der Vergütungsanspruch gebührt also „der Sozietät" und nicht „einzelnen oder mehreren ihrer Mitglieder".
Die Verordnungsbegründung bestätigt nur die schon von der „Struktur" der Sozietät her selbstverständliche Folgerung, daß diese „nur einen einzigen Gebührenanspruch" und nicht „eine Summe von Gebührenansprüchen" hat. Aus besonderem Anlaß könnten „mehrere Sozietäten" mit „der gleichen Tätigkeit" beauftragt werden, dann aber gelten die Ausführungen zu Anmerkung 3 sinngemäß. Dies auch, wenn ein in Einzelpraxis tätiger StB und eine Sozietät mit der „gleichen Tätigkeit" beauftragt werden. Schließlich ist es möglich, daß ein Mandant ausdrücklich die Mitwirkung von zwei Sozietätspartnern, etwa bei der Schlußbesprechung einer Außenprüfung, wünscht. In diesem Fall stehen jedem Partner die vollen Gebührenansprüche nach § 29 zu.

5 Erledigung durch eine Steuerberatungsgesellschaft

Die Steuerberatungsgesellschaft als juristische Person (AG, KGaA, GmbH) oder Personengesellschaft des Handelsrechts (OHG, KG) ist berufsrechtlich wie gebührenrechtlich eine eigene und einzige Rechtsperson. Es ergeben sich damit keine Besonderheiten gegenüber der in Anmerkung 4 dargestellten Auffassung.

6 **Erledigung im Rahmen einer Bürogemeinschaft**

Eine Bürogemeinschaft ist eine nur nach innen wirkende „Nutzungsgemeinschaft" für Mitarbeiter, Räume und Ausstattung. Jeder einzelne Berufsangehörige übt im berufsrechtlichen wie im gebührenrechtlichen Sinn seine Berufstätigkeit „allein" aus; damit gilt das in den Anmerkungen 2 und 3 Gesagte gleichermaßen.

7 **Berechnung der Vergütung**

Die Berechnung erfolgt durch jeden einzelnen beauftragten StB bzw. durch die Sozietät oder die StBG gegenüber dem Auftraggeber.

§ 6 Mehrere Auftraggeber

(1) **Wird der Steuerberater in derselben Angelegenheit für mehrere Auftraggeber tätig, so erhält er die Gebühren nur einmal.**

(2) **Jeder Auftraggeber schuldet dem Steuerberater die Gebühren und Auslagen, die er schulden würde, wenn der Steuerberater nur in seinem Auftrag tätig geworden wäre. Der Steuerberater kann aber insgesamt nicht mehr als die Gebühr nach Absatz 1 fordern, die in den Fällen des § 41 Abs. 6 nach Maßgabe dieser Vorschrift zu berechnen ist; die Auslagen kann er nur einmal fordern.**

Amtliche Begründung zu § 6:

Absatz 1 bestimmt, daß ein Steuerberater, der gleichzeitig für mehrere Auftraggeber hinsichtlich desselben Gegenstandes tätig ist, die Gebühren nur einmal erhält. Bei der Vertretung in außergerichtlichen Rechtsbehelfsverfahren kann sich die Geschäftsgebühr jedoch erhöhen (§ 41 Abs. 6).

Absatz 2 stellt klar, daß in den Fällen, in denen der Steuerberater in derselben Angelegenheit für mehrere Auftraggeber tätig wird, sich die Gebührenschuld eines Auftraggebers nicht deshalb ermäßigt, weil noch weitere Auftraggeber vorhanden sind. Da jeder der Auftraggeber die Gebühren so schuldet, wie er sie schulden würde, wenn der Steuerberater nur in seinem Auftrag tätig geworden wäre, der Steuerberater aber nach Absatz 1 nicht mehr als die Gesamtvergütung fordern darf, liegt insoweit ein Gesamtschuldverhältnis im Sinne der §§ 421 ff. BGB vor. Eine Haftung eines Auftraggebers für Auslagen, die lediglich im Interesse eines anderen Auftraggebers gemacht worden sind, ist nicht vorgesehen.

Anmerkungsübersicht

1 Allgemeines

§ 6 lehnt sich an § 6 BRAGO an, ohne ihm im Wortlaut zu folgen. Die Vorschrift ist ein Pendant zu § 5. Während dort mehrere Berufsangehörige für einen Auftraggeber tätig werden, beinhaltet § 6 den umgekehrten Fall, daß ein StB für mehrere Auftraggeber seine Tätigkeit entfaltet. Bürgerlichrechtlich werden hier mehrere Geschäftsbesorgungsverträge vorliegen.

Gebührenrechtlich läßt sich die Aussage von § 6 wie folgt zusammenfassen:

a) Die Gebühr des StB, der „in derselben Angelegenheit" für mehrere Auftraggeber tätig wird, vervielfacht sich nicht nach der Zahl der Auftraggeber, wohl aber kann ihre Bestimmung innerhalb des Rahmens von der Zahl der Auftraggeber beeinflußt sein;
b) Keiner der Auftraggeber „schuldet" dem StB deswegen weniger an Vergütung, weil dieser auch für andere Auftraggeber tätig geworden ist;
c) Ein Auftraggeber „schuldet" keine Vergütung für Leistungen, die der StB ausschließlich für einen anderen Auftraggeber erbracht hat;
d) Den „Auslagenersatz" kann der StB nur einmal fordern;
e) Für das außergerichtliche Rechtsbehelfsverfahren gilt abweichend von § 6 die Sonderregelung des § 41 Absatz 6.

§ 6 ist eine typische „Rechtsanwaltsgebührenvorschrift", die im Steuerrecht nur in geringem Umfang praktische Bedeutung hat.

2 Tätigkeit für mehrere Auftraggeber

Voraussetzung ist, daß „derselbe" StB für „mehrere Auftraggeber" tätig wird. Voraussetzung ist ferner, daß es sich bei dieser Tätigkeit um „dieselbe Angelegenheit" im gebührenrechtlichen Sinn handelt (Siehe hierzu die Erläuterungen zu § 12, insbesondere Anmerkung 2). Sind diese Voraussetzungen gegeben, so erhält der StB die Gebühr für „diese Angelegenheit" unbeschadet der Zahl der Auftraggeber nur einmal. Er ist aber bei der Bestimmung des Rahmensatzes der Gebühr nicht gehindert, das „Mehr an Tätigkeit", etwa Gespräche mit jedem der Auftraggeber, wenn auch bei etwa gleichem sachlichem Inhalt, wie auch das „Mehr an Verantwortung" zu berücksichtigen. Ist eine solche „Angelegenheit" nach der „Zeitgebühr" zu berechnen, so kommt der Umstand „Umfang der Tätigkeit" bereits durch die direkte Einwirkung der Zeit auf die Gebührenbemessung zum Ausdruck, während die übrigen „Umstände" des § 11 nach Maßgabe des Vorgesagten der Berücksichtigung bedürfen.

Die Zahl der Fälle einer praktischen Anwendung dieser Vorschrift, außer den Verfahren vor Verwaltungsbehörden und „Angelegenheiten", die unter § 45 (bei Anwendung der BRAGO) zu subsumieren sind, ist sehr begrenzt. Sind z. B. beim Ableben eines Steuerpflichtigen mehrere Erben vorhanden, so sind diese nach § 31 Absatz 4 ErbStG berechtigt, eine gemeinsame Erbschaftsteuererklärung abzugeben. Auch „andere an dem Erbfall beteiligte Personen" können in diese gemeinsame Steuererklärung einbezogen werden. Wird ein StB von dieser „Mehrzahl von Auftraggebern" mit der Fertigung dieser Erbschaftsteuererklärung beauftragt, so erhält er für diese Erklärung nur einmal die Gebühr nach § 24 Absatz 1 Nummer 12. Er kann aber bei der Bestimmung des Rahmensatzes innerhalb von 2/10 bis 10/10 der Tabelle A den vorgenannten Kriterien, insbesondere auch dem Umfang der Tätigkeit, die sich durch die Ermittlung der einzelnen Nachlaßanteile in der Sicht von § 31 Absatz 7 ErbStG (Selbstberechnung der Steuer) ergibt, Rechnung tragen.

Vertritt ein Rechtsanwalt mehrere durch dasselbe Enteignungsunternehmen Betroffene, so ist er für die Auftraggeber nur dann in „derselben Angelegenheit" tätig, wenn die ihm erteilten Aufträge einander nach Inhalt, Ziel und Zweck so weitgehend entsprechen, daß sie ihn zu einem gleichgerichteten Vorgehen für alle Auftraggeber berechtigen und verpflichten (BGH III ZR 193/82 vom 17. 11. 1983 in NJW 1984 S. 1188). Führt dagegen ein StB etwa für fünf Eigentümer in ihrer Eigenschaft als Einzelbauherren von Garagen, die getrennt von den zugehörigen für Wohn- und Bürozwecke genutzten fünf Reihenhäusern auf einem gesonderten Grundstück errichtet wurden, wegen Fragen der Grunderwerbsteuerpflicht mit dem Finanzamt „Besprechungen" nach § 31, so wird man „gleichartige", aber nicht „dieselben" Angelegenheiten zu sehen haben, mit der Folge der gesonderten Gebührenberechnung gegenüber jedem einzelnen Auftraggeber. Dies wird auch dann zu gelten haben, wenn der StB die „Besprechungen" zeitlich zusammengefaßt miteinander verbindet. Unberührt von dem Anspruch der mehrfachen Berechnung bleibt dabei die in der Sicht der „Umstände" des § 11 ggfs. zu treffende Wahl eines niedrigeren Rahmensatzes. Bei Aufträgen für Gesellschaften oder Gemeinschaften ohne eigene Rechtspersönlichkeit (und ohne eigene Klagebefugnis nach § 48 FGO) sind Mandatsverhältnisse mit jedem Beteiligten gegeben. Siehe hierzu Gerold/Schmidt Anmerkungen 10 bis 14 zu § 6. Bei Prüfung der Frage, ob eine Tätigkeit für zusammenzuveranlagende Ehegatten bei Fertigung einer Einkommensteuererklärung für „zwei Auftraggeber" ausgeführt wird, ergibt sich steuerrechtlich aus § 26b EStG, daß „die Ehegatten gemeinsam als Steuerpflichtige behandelt werden". Dessenungeachtet wird man zivilrechtlich zwei Auftraggeber anzunehmen haben (Gerold/Schmidt, Anmerkung 7 zu § 6).

3 Gesamtschuldverhältnis der einzelnen Auftraggeber

Losgelöst von dem „Gebührenanspruch" des StB ist die schuldrechtliche Haftung der Auftraggeber zu sehen. Hier bestimmt Absatz 2 ein „Gesamtschuldverhältnis" aller Auftraggeber für „Gebühren" und „Auslagenersatz" nach Maßgabe von § 421 BGB, d. h. die Haftung des einzelnen reduziert sich nicht deshalb, weil noch weitere Auftraggeber vorhanden sind. Der StB kann mithin die gesamte Vergütung von jedem einzelnen Schuldner verlangen, insgesamt aber nur einmal. Der Inanspruchgenommene seinerseits hat nach § 426 BGB einen internen Ausgleichsanspruch gegen seine Mitschuldner.

Erbringt ein StB im Rahmen dieser für mehrere Auftraggeber zu leistenden Tätigkeit für einen einzelnen Auftraggeber (oder mehrere, aber nicht alle) eine „Sondertätigkeit“, so wird ein Schuldverhältnis zu den übrigen Auftraggebern insoweit nicht begründet, vorausgesetzt, es handelt sich um eine gebührenrechtlich „ausscheidbare“ Einzeltätigkeit. Der letzte Satz der Verordnungsbegründung ist mißverständlich, da er auf die Haftung für Auslagen zugunsten eines einzelnen Auftraggebers (oder mehrerer, aber nicht aller) abstellt, obzwar der letzte Halbsatz in Satz 2 von Absatz 2 der GebV nur generell klarstellen will, daß weder „Sondertätigkeiten für einzelne Auftraggeber“ noch die Gebührenerhöhung nach § 41 Absatz 6 etwa dazu berechtigen, den „Auslagenersatz“ mehrfach oder erhöht zu fordern, was sich im übrigen nach dem Charakter der „Auslagen“ bereits von selbst verbietet.

4 **Tätigkeit in Verfahren vor Verwaltungsbehörden**

In § 41 Absatz 6 ist für die Tätigkeit des StB in „derselben Angelegenheit“ für „mehrere Auftraggeber“ eine Sonderbestimmung getroffen. Danach erhöht sich die Geschäftsgebühr für jeden weiteren Auftraggeber um 3/10 (Regelfall), um 2/10 (bei vorangegangener Bescheidprüfung nach § 28) oder um 1/10 (bei einer im Zusammenhang mit dem Verfahren stehenden Erklärungsfertigung nach § 24); bei einer Höchstbegrenzung auf 20/10 (Regelfall), 16/10 (bei vorangegangener Bescheidprüfung) und 6/10 (bei einer im Zusammenhang mit dem Verfahren stehenden Erklärungsfertigung). Diese Sonderbestimmung des § 41 Absatz 6 bleibt nach der ausdrücklichen Feststellung in § 6 Absatz 2 von der Begrenzung des § 6 Absatz 1 unberührt, d. h. dem StB wird im Rahmen des außergerichtlichen Rechtsbehelfsverfahrens eine günstigere Gebührenregelung zuteil als bei den sonstigen Tätigkeiten nach der GebV.
Ergänzend wird auf die Erläuterungen zu § 41 sowie auf das Schaubild „Rechtsbehelfsverfahren vor Verwaltungsbehörden“ bei Anmerkung 9 zu § 40 verwiesen.

5 **Berechnung der Vergütung**

Eine anteilige Aufteilung der gesamten Gebühr ist durch die StBGebV nicht ausdrücklich vorgesehen, aber auch nicht ausgeschlossen. Die Berechnung der Vergütung kann deshalb gegenüber jedem einzelnen dieser Auftraggeber in der Höhe erfolgen, in der nach den getroffenen Vereinbarungen, in Ermangelung solcher Vereinbarungen nach seiner Beteiligung am Gegenstandswert, jeder einzelne Auftraggeber an ihr partizipiert. Eine Vergütung für eine etwaige „Sondertätigkeit“ für einen einzelnen (oder mehrere, aber nicht alle) Auftraggeber (Anmerkung 3) wird ausschließlich dem die Tätigkeit in Anspruch nehmenden Auftraggeber berechnet.

§ 7 Fälligkeit

Die Vergütung des Steuerberaters wird fällig, wenn der Auftrag erledigt oder die Angelegenheit beendigt ist.

Amtliche Begründung zu § 7:

Durch die §§ 7 und 8 werden die Regelungen der §§ 16 und 17 BRAGO über die Fälligkeit der Gebühren und die Anforderung von Vorschüssen bei entsprechender Anpassung des Wortlauts übernommen.

Anmerkungsübersicht

1 Allgemeines

Das „Entstehen" einer Gebühr ist in Anmerkung 4 zu § 12 erläutert. Die „Fälligkeit" der Vergütung bestimmt sich nach § 7, der § 16 Satz 1 BRAGO nachgebildet ist.
§ 9 regelt die „Einforderung" der Vergütung nach Maßgabe der „Berechnung".
Die Fälligkeit einer Vergütung ist also nicht erst bei der Erstellung der Liquidation gegeben, andererseits ist aber die ordnungsgemäße Berechnung nach § 9 ihrerseits Voraussetzung für die Einforderung (Anmerkung 1 zu § 9).
Nach dem Wortlaut der Vorschrift des § 7 wird auf die „Erledigung" oder die „Beendigung" abgestellt, wobei die „Erledigung" dem „Auftrag" und die „Beendigung" der „Angelegenheit" zugeordnet wird. Daß dieser Unterscheidung aber wohl kein tieferer Sinn bezogen auf die definitionsmäßige Bedeutung von „Auftrag" und „Angelegenheit" zukommt, legt der Vergleich mit § 12 Absatz 4 nahe. Dort wird begrifflich die „Erledigung" der „Angelegenheit" zugeordnet und die „Beendigung" dem „Auftrag". Inhaltlich dürften in diesem Zusammenhang „Erledigung" und „Beendigung" deshalb gleichzusetzen sein.

2 Beendigung der Angelegenheit

Der Begriff der „Angelegenheit" ist in Anmerkung 2 zu § 12 ausführlich kommentiert.
Mit der Beendigung einer „Angelegenheit", d. h. mit ihrer abschließenden Erledigung, wird die Vergütung für diese „Angelegenheit" fällig. Endet der „Auftrag" bereits früher, so tritt die Fälligkeit zu diesem Zeitpunkt ein (so für den Fall der Kündigung, OLG Düsseldorf 13 U 23/96 vom 27. 2. 1997 in GI 1997 S. 252). Zur vorzeitigen „Beendigung des Auftrages" siehe auch Anmerkung 6 zu § 12.

3 Erledigung des Auftrages

Die Beendigung (Erledigung) des Auftrages ist im Regelfall seine vollständige „Erfüllung". Ein Auftrag ist grundsätzlich erst dann „erledigt", wenn dem

Auftraggeber die Arbeitsergebnisse verfügbar gemacht werden (OLG Düsseldorf 13 U 100/95 vom 20. 6. 1996 in GI 1997 S. 150). Die Erledigung des Auftrages setzt ihrerseits die „Erfüllung“ der in dem Auftrag zusammengefaßten „Angelegenheiten“ voraus, d. h. mit der Beendigung der letzten „Angelegenheit“ endet (erledigt sich) auch der Auftrag. Die Einbeziehung des „Auftrages“ in die Vorschrift von § 7 war daher nur im Hinblick auf dessen „vorzeitige Beendigung“ (Anmerkung 6 zu § 12) erforderlich.

4 **Wirkungen der Fälligkeit**

Mit der Fälligkeit wird die Vergütung unter Beachtung von § 9 einforderbar, des weiteren erlischt das Recht zur Vorschußanforderung. Letzteres kann immer nur für die „Angelegenheiten“ gelten, die bereits beendet sind. Ferner ist die Fälligkeit auch maßgebend für den Beginn der Verjährung des Vergütungsanspruchs des StB (siehe hierzu auch Anmerkung 1.3.14 zu Abschnitt 1.3). Die Zweijahresfrist des § 196 Abs. 1 Nr. 15 BGB beginnt am Schluß des Jahres, in welchem die Vergütung fällig wurde, und zwar unabhängig davon, ob der StB seinem Auftraggeber eine Rechnung erteilt hat (BGH IX ZR 159/95 vom 21. 11. 1996 in DStR 1997 S. 514).
Es ist eine Frage der Praktikabilität, ob man bei mehreren in einem Auftrag zusammengeschlossenen „Angelegenheiten“ bereits bei Beendigung jeder einzelnen „Angelegenheit“ von der Möglichkeit der „Einforderung“ Gebrauch macht, oder diese erst bei vollständiger Erledigung des gesamten Auftrages vornimmt. Die verhältnismäßig große Zahl der in vielen dem StB laufend erteilten Aufträgen (siehe hierzu etwa das Beispiel in Anmerkung 2 zu § 12) enthaltenen „Angelegenheiten“ wird in der Regel für die „Einforderung“ und damit die Erteilung der „Berechnung“ nach Maßgabe des Auftrages sprechen, verbunden mit der Erhebung angemessener Vorschüsse.

5 **Fälligkeit der Pauschalvergütung**

Im Rahmen der Pauschalvereinbarung kann die Fälligkeit der Pauschalvergütung den Besonderheiten dieser Vergütungsart angepaßt werden. Siehe hierzu Anmerkung 4 zu § 14.

§ 8 Vorschuß

Der Steuerberater kann von seinem Auftraggeber für die entstandenen und die voraussichtlich entstehenden Gebühren und Auslagen einen angemessenen Vorschuß fordern.

Amtliche Begründung zu § 8:

Durch die §§ 7 und 8 werden die Regelungen der §§ 16 und 17 BRAGO über die Fälligkeit der Gebühren und die Anforderung von Vorschüssen bei entsprechender Anpassung des Wortlauts übernommen.

Anmerkungsübersicht

1 Allgemeines

Das Recht des StB, Vorschüsse für „Auslagen" zu fordern, ergibt sich bereits aus § 669 i. V. mit § 675 BGB. § 8 bestätigt diesen Anspruch und erweitert ihn auf das Recht, auch Vorschüsse für „Gebühren" zu fordern. Vorschüsse auf „Auslagen" und auf „Gebühren" sind von unterschiedlichem Charakter. Auslagenvorschüsse sollen es dem StB ersparen, „Auslagen" aus eigenen Mitteln „vorzulegen". Gebührenvorschüsse sind Vorauszahlungen auf noch nicht entstandene oder noch nicht fällige Leistungsentgelte des StB. Das Recht, Vorschüsse zu fordern, ist ein Ausgleich dafür, daß die „Fälligkeit" von „Gebühren" und „Auslagenersatz" erst nach Maßgabe von § 7 eintritt. Der Vorschuß ist somit auch ein Sicherungsmittel für die Ansprüche des StB.
Die Bezeichnung eines Vorschusses etwa als „Akontozahlung" oder „Vorauszahlung" ist für die rechtliche Beurteilung ohne Bedeutung. Ob der StB einen Vorschuß anfordert, liegt in seinem Ermessen, verpflichtet ist er dazu nicht. Er kann eine unterlassene Vorschußanforderung nachholen, insbesondere, wenn die Entwicklung der finanziellen Verhältnisse des Auftraggebers dies geboten erscheinen läßt. Das Recht der Vorschußanforderung erlischt nach Maßgabe der Ausführungen in Anmerkung 2. Die Gewährung eines „Vorauszahlungsnachlasses", gleich welcher Bezeichnung, durch den StB ist gebührenrechtlich unzulässig und in der Sicht des unzulässigen Werbens auch berufswidrig.

2 Anforderung des Vorschusses

Im Gegensatz zu der „Berechnung" der Vergütung und des Auslagenersatzes nach § 9 erfolgt die Erhebung des Vorschusses durch eine „Anforderung". Besondere Formvorschriften bestehen hierfür nicht.
Der Vorschuß kann ungeteilt oder geschlüsselt nach „Vergütung" und „Auslagenersatz" gefordert werden.
Nach Maßgabe der Ausführungen in Anmerkung 2.1 Buchstabe g zu § 9 gelangt zusammen mit dem Vorschuß die Umsatzsteuer zur Erhebung. Dies ergibt sich zwangsläufig aus der Formulierung des § 15, der die Hinzurechnung der Umsatzsteuer zur Vergütung nicht von weiteren Voraussetzungen, etwa eines „endgültigen Honorars", abhängig macht. Dem Bonner Handbuch (D 8300, 8320) kann hinsichtlich der Feststellung, daß die Umsatzsteuer bei der Formulierung des § 8 „vergessen" worden sei, nicht gefolgt werden. Auch § 9 spricht die Umsatzsteuer nicht nochmals an. Schließlich be-

stätigt auch ein Vergleich des Wortlauts der §§ 17 und 25 Absatz 2 BRAGO das Vorgesagte.
Die „Anforderung" kann erfolgen

- ▷ als Voraussetzung zur Annahme eines Auftrages,
- ▷ nach Annahme eines Auftrages und
- ▷ nach Maßgabe des Fortschreitens der Arbeiten an einem Auftrag. Da das Recht der Vorschußanforderung an das (bereits erfolgte oder künftig erfolgende) „Entstehen" der „Gebühren" und der „Auslagen" geknüpft ist, endet dieses Recht mit der „Fälligkeit" nach Maßgabe von § 7. Im Hinblick auf die Fälligkeit besteht nunmehr die Möglichkeit der „Berechnung" nach § 9 (so auch Bonner Handbuch, D 7900 und D 8400). Die gegenteilige Meinung von Meyer/Goez, die in Anmerkung 5 zu § 8 die Anforderung eines Vorschusses auch noch nach Eintritt der Fälligkeit für möglich halten, vermag nicht zu überzeugen. Insbesondere erscheint der Hinweis darauf, daß sich § 8 auch auf eine bereits entstandene Gebühr erstrecke, nicht geeignet, diese Auffassung zu stützen, da eine Gebühr bereits mit dem erstmaligen Tätigwerden entsteht, mithin also bereits weit vor der Fälligkeit (vergleiche hierzu auch Anmerkung 4 zu § 12).

3 Höhe des Vorschusses

Die Höhe des Vorschusses bestimmt sich nach der „Angemessenheit". In Höhe der bereits entstandenen „Gebühren" und „Auslagen" ist die „Angemessenheit" in jedem Fall gegeben.
Nach dem ausdrücklichen Wortlaut von § 8 können nicht nur für entstandene, sondern auch „für voraussichtlich entstehende Gebühren und Auslagen" Vorschüsse gefordert werden. Die Obergrenze liegt bei dem Gesamtbetrag der „Gebühren und des Auslagenersatzes".

4 Nichtentrichtung des Vorschusses

Wird ein angeforderter Vorschuß nicht gezahlt, kann der StB seine weitere Tätigkeit für den Auftraggeber einstellen, bis der Vorschuß eingeht. Können hierdurch dem Auftraggeber Nachteile entstehen, wird der StB den Auftraggeber rechtzeitig von der Absicht, seine Tätigkeit einzustellen, in Kenntnis zu setzen haben.

5 Verrechnung des Vorschusses

Die Verrechnung des Vorschusses hat in der „Berechnung" nach § 9 zu erfolgen.
Etwa in einem Ausnahmefall zuviel geforderte Vorschüsse sind beim Fälligwerden der Vergütung nach § 7, nicht etwa erst bei der späteren Ausfertigung der „Berechnung", zurückzuzahlen. Dem Auftraggeber dürfen keine Nachteile durch eine verzögerte „Berechnung" entstehen. Die Rückzahlung solcher Vorschüsse richtet sich nicht nach § 812 BGB, vielmehr ist § 667 BGB entsprechend anwendbar (BGH IVa ZR 196/86 vom 3. 2. 1988 in

StB 1988 S. 312; a. A. OLG Düsseldorf 13 U 84/97 vom 5. 3. 1998 in GI 1999 S. 174, das die Rückforderung auf § 812 BGB stützt).
Bezüglich des Einzelausweises von Vorschüssen in der „Berechnung" siehe Anmerkung 2.1 Buchstabe f zu § 9.

6 **Sonstige Anmerkungen**

Zahlungen eines Auftraggebers vor Vorliegen der „Berechnung", die nicht auf einer „Vorschußanforderung" beruhen, sind unter den in Anmerkung 3 zu § 9 beschriebenen Voraussetzungen als „Vorschüsse" zu werten. Monatliche oder vierteljährliche Zahlungen auf eine jährlich zur Berechnung gelangende Vergütung, wie etwa bei Buchführungsleistungen nach § 33 oder Leistungen im Rahmen der Lohnbuchführung nach § 34, sind als „Vorschüsse" anzusehen. Nicht als „Vorschüsse" gelten die monatlichen oder vierteljährlichen Teilbeträge einer „Pauschalvergütung". Diese haben bereits „Entgeltscharakter", für die § 9 Gültigkeit hat. Daß rechtlich „Vorschüsse" auch bei „Pauschalvergütungen" möglich sind, bedarf keiner besonderen Erwähnung; die Auffassung von Lehwald in StB 1982 S. 81, daß Vorschußzahlungen auch bei „Pauschalvergütungen" zweckdienlich seien, da auch die „Pauschalvergütung" nach § 7 erst dann fällig werde, wenn der Auftrag erledigt oder die Angelegenheit beendigt sei, überzeugt nicht. Es ist gerade die Besonderheit der „Pauschalvergütung", daß sie unabhängig vom Arbeitsstand der mit ihr abzugeltenden Leistungen zu entrichten ist. Wegen Einzelheiten siehe die Kommentierung zu § 14.

§ 9 Berechnung

(1) **Der Steuerberater kann die Vergütung nur auf Grund einer von ihm unterzeichneten und dem Auftraggeber mitgeteilten Berechnung einfordern.**

(2) **In der Berechnung sind die Beträge der einzelnen Gebühren und Auslagen, die Vorschüsse, eine kurze Bezeichnung des jeweiligen Gebührentatbestands, die Bezeichnung der Auslagen sowie die angewandten Vorschriften dieser Gebührenverordnung und bei Wertgebühren auch der Gegenstandswert anzugeben. Nach demselben Stundensatz berechnete Zeitgebühren können zusammengefaßt werden. Bei Entgelten für Post- und Telekommunikationsdienstleistungen genügt die Angabe des Gesamtbetrages.**

(3) **Hat der Auftraggeber die Vergütung gezahlt, ohne die Berechnung erhalten zu haben, so kann er die Mitteilung der Berechnung noch fordern, solange der Steuerberater zur Aufbewahrung der Handakten verpflichtet ist.**

Amtliche Begründung zu § 9:

In Absatz 1 wird die Einforderung der Vergütung davon abhängig gemacht, daß der Steuerberater die Gebührenberechnung selbst unterzeichnet. Dieses Erfordernis unterstreicht die Verantwortlichkeit des Berufsangehörigen für die Berechnung der Gebühren.

Um die Aufgliederung der Vergütung für den Auftraggeber erkennbar zu machen, verlangt Absatz 2, daß in der Berechnung Gebühren, Auslagen, Vorschüsse, Gebührenvorschriften und Gegenstandswert einzeln anzugeben sind. Eine Aufgliederung der in Rechnung gestellten Zeitgebühren und der berechneten Post- und Fernmeldekosten ist jedoch nicht erforderlich. Der Steuerberater kann die Spezifizierungspflicht nach Satz 1 auch dadurch erfüllen, daß er die Zusammenstellung mit den erforderlichen Einzelangaben dem Auftraggeber getrennt von der Gebührenrechnung übermittelt. In den Fällen, in denen der Auftraggeber bereits ohne Zusendung der Berechnung gezahlt hat, besteht sein Anspruch auf Mitteilung der Berechnung solange, wie der Steuerberater zur Aufbewahrung der Handakten verpflichtet ist.

Amtliche Begründung 3. VOÄ zu § 9:

Zu Absatz 2 Satz 1
Der geltende § 9 Absatz 2 sieht vor, daß der Steuerberater in der Berechnung die Beträge der einzelnen Gebühren und Auslagen sowie die angewandten Gebührenvorschriften und den Gegenstandswert angeben muß, nicht jedoch eine – auch nur pauschale – Beschreibung des Gebührentatbestandes. In der Praxis ist es bereits weitgehend üblich, die Gebühr pauschal zu bezeichnen (zum Beispiel Anfertigung der Einkommensteuererklärung, Aufstellung einer Eröffnungsbilanz). Die Vorschrift soll diese Praxis allgemein festschreiben. Die Ersetzung des Wortes „Gebührenvorschriften" durch die Worte „Vorschriften dieser Gebührenordnung" hat zur Folge, daß – auch soweit der Steuerberater den Ersatz von Auslagen verlangt, in der Berechnung die angewandten Vorschriften zu bezeichnen sind. Mit der Änderung soll eine kundenfreundliche Transparenz der Rechnungen sichergestellt werden.

Zu Absatz 2 Satz 3
Vergleiche die Begründung zu § 3 Absatz 3.

Anmerkungsübersicht

1 Allgemeines

In Anmerkung 4 zu § 12 ist das „Entstehen" einer Gebühr erläutert. § 7 bestimmt die „Fälligkeit" der Vergütung. § 9 regelt das Verfahren der „Einforderung" der Vergütung. Unbeschadet des „Entstehens" und der „Fälligkeit" bedarf es zur Realisierung des Anspruchs gegenüber dem Auftraggeber der „Einforderung" durch eine „Berechnung", in der Praxis meist als „Liquidation" oder auch als „Rechnung" bezeichnet, die den Formerfordernissen der

Absätze 1 und 2 von § 9 Rechnung trägt (OLG Düsseldorf 18 W 25/87 vom 15. 4. 1987 in StB 1987 S. 207 und 18 U 29/90 vom 28. 6. 1990 in GI 1991 S. 12). Die „Einforderung" ist die außergerichtliche oder gerichtliche Geltendmachung des Vergütungsanspruchs, die „Berechnung" die äußere Form dieses „Einforderns".

Ungeachtet des unterschiedlichen Wortlauts von § 9 Absatz 1 StBGebV und § 18 Absatz 1 BRAGO ist auch für den Bereich der Steuerberatung der Lauf der Verjährungsfrist nicht von der Mitteilung der Berechnung abhängig. Siehe hierzu Anmerkung 4 zu § 7.

Die „Berechnung" ist nicht zu verwechseln mit einer „Vorschußanforderung" nach § 8.

Auch wenn es möglich ist, die Abrechnung für steuerberatende Leistungen im engeren Sinne, und für vereinbare Tätigkeiten in einer Liquidation zusammenzufassen, so erscheint es empfehlenswert, für Leistungen die nicht in den sachlichen Geltungsbereich der GebV fallen (Anmerkung 3 zu § 1), gesonderte Honorarrechnungen zu fertigen. Für die Abrechnung von vereinbarten Tätigkeiten haben die Formvorschriften des § 9 keine Gültigkeit.

Die Gewährung eines Nachlasses bei sofortiger oder kurzfristiger Begleichung einer Liquidation ist gebührenrechtlich unzulässig und in der Sicht des untersagten Werbens auch berufswidrig

2 Die Berechnung

Die Berechnung bedarf der Schriftform; sie ist dem Auftraggeber „mitzuteilen".

Die ausdrückliche Bezeichnung als „Berechnung" ist nicht erforderlich. Üblich und zulässig sind die Bezeichnungen „Honorarrechnung" oder „Liquidation" ebenso wie die Einforderung in einem formlosen Schreiben, das die inhaltlichen Mindestanforderungen des § 9 erfüllt. Absatz 2 von § 9 legt die „Mindestpflichtangaben" für eine „Berechnung" fest. An die Beurteilung der Einhaltung der Formvorschriften werden von den Gerichten strenge Maßstäbe angelegt (so etwa OLG Düsseldorf 18 U 62/90 vom 11. 10. 1990 in GI 1992 S. 101; OLG Koblenz 2 U 1019/93 vom 10. 11. 1995 in GI 1996 S. 102). Die Angaben zur Berechnung der Gebühren und des Auslagenersatzes, die sich nicht aus der „Berechnung" ergeben, sind aktenkundig zu machen.

2.1 Mindestpflichtangaben

Neben der Angabe des Auftraggebers und der Bezifferung der Ansprüche muß die „Berechnung" nach Maßgabe der nachfolgenden Buchstaben a bis g enthalten:

a) Die Bezeichnung der Leistung

Die Forderung der Angabe der „Beträge der einzelnen Gebühren" setzt zwangsläufig die Bezeichnung der „Leistung" selbst voraus. In der Praxis war es schon vor der ausdrücklichen Aufnahme des Erfordernisses in die GebV, den Gebührentatbestand kurz zu bezeichnen, üblich, entsprechend zu verfahren. War diese Handhabung bisher nur ein Akt der Höflichkeit, die es dem Auftraggeber ersparte, in der GebV nachlesen zu müssen, was die einzelnen Vorschriften besagen, so gehört diese Kurzbezeichnung der erbrachten Leistungen seit dem Inkrafttreten der 3. Änderungs-VO nun zu den Pflichtangaben.

Beispiel:

Einkommensteuererklärung 1997 Michael Berger

b) Die angewandten Gebührenvorschriften

Ausreichen würde, bei strenger Auslegung des Wortlauts von § 9, die unter Buchstabe a bereits angesprochene Bezeichnung von Paragraph, Absatz und Nummer. Es erscheint jedoch zweckmäßig und empfehlenswert, zusätzlich den Rahmensatz und die Tabelle mitanzugeben. Gerold/Schmidt unterstellt für die entsprechende BRAGO-Vorschrift die Angabe des Rahmensatzes von vornherein (Anmerkung 7 zu § 18).

Beispiel:

§ 24 Absatz 1 Nummer 1 StBGebV
3/10 Tabelle A

Von großer Bedeutung ist es angesichts der strengen Rechtsprechung in jedem Fall, die angewandte Gebührenvorschrift genau zu bezeichnen, das heißt auch die jeweiligen Absätze und Nummern anzugeben (OLG Düsseldorf 18 U 62/90 vom 11. 10. 1990 in GI 1992 S. 101; OLG Koblenz 2 U 1019/93 vom 20. 1. 1995 in GI 1996 S. 102).

c) Bei „Wertgebühren" den Gegenstandswert

Diese Bestimmung gilt nicht für die „Zeitgebühr" und die „Betragsrahmengebühr".

Beispiel:

Summe der positiven Einkünfte DM 18.000,–
Tritt an die Stelle des tatsächlichen Gegenstandswertes der Mindestgegenstandswert, so ist dieser anzugeben.

Beispiel:

Mindestbetrag (Mindestgegenstandswert) DM 12.000,–
Auch hier sollte in Sicht der bereits oben angesprochenen Entscheidung des OLG Düsseldorf 18 U 62/90 auf Abkürzungen, wie etwa „331" anstelle von „DM 331.000,–" verzichtet werden.

d) Bei „Zeitgebühren" die Angabe der Stunden getrennt nach Rahmensätzen

Nach dem gleichen Stundensatz (Rahmensatz) berechnete Zeitgebühren können zusammengefaßt werden (Absatz 2). Allerdings gilt in Sicht der Ergänzung von Absatz 2 Satz 1 durch die 3. ÄnderungsVO das Erfordernis der Kurzbezeichnung des jeweiligen Gebührentatbestandes auch für Zeitgebühren.

Beispiele:

	DM
▷ Ausreichende Fassung:	
Leistungen nach § 13 Nummer 2 StBGebV	
Teilnahme an der Außenprüfung 1991–1996 nebst Schlußbesprechung	
und Revision der Buchführung im Zusammenhang mit dem Jahresabschluß 1996	
§ 29 Nummer 1 und § 36 Absatz 1 StBGebV	
42 Stunden zu DM 120,–	5040,–
Prüfung von Steuerbescheiden	
§ 28 StBGebV	
4 Stunden zu DM 80,–	320,–
	5360,–
▷ Empfehlenswerte Fassung:	
aa) Teilnahme an der Außenprüfung 1991 bis 1996 nebst Schlußbesprechung	
§ 29 Nummer 1 und § 13 Nummer 2 StBGebV	
18 Stunden zu DM 120,–	2160,–
bb) Revision der Buchführung im Zusammenhang mit dem Jahresabschluß 1996	
§ 36 Absatz 1 und § 13 Nummer 2 StBGebV	
24 Stunden zu DM 120,–	2880,–
cc) Prüfung von Steuerbescheiden	
§ 28 und § 13 Nummer 2 StBGebV	
4 Stunden zu DM 80,–	320,–
	5360,–

Bei Zeitgebühren besonders zu beachten ist, daß jeweils die einschlägige Gebührenvorschrift und darüber hinaus auch § 13 als die Vorschrift, in der die Gebührenhöhe geregelt ist, angegeben wird (OLG Düsseldorf 13 U 81/95 vom 25. 4. 1996 in GI 1996 S. 269). In der bereits angesprochenen Entscheidung 18 U 62/90 vom 11. 10. 1990 fordert das OLG Düsseldorf, daß in diesem Zusammenhang auch die angewandte Nummer dieser Vorschrift ausdrücklich benannt wird. Man mag diese Entscheidung angesichts des Umstandes, daß die Bestimmung des § 13 keine weiteren Absätze aufweist und es sich bei den beiden Nummern dieser Vorschrift dem Leser unschwer erschließt, um welche Alternative es sich handelt, nicht zu Unrecht für übertrieben formalistisch und vor allen Dingen praxisfremd halten. Fakt ist jedoch, daß es diese Entscheidung gibt; dies aber läßt es, will man auf der sicheren Seite sein, dringend angeraten erscheinen, bei der Aufführung von § 13 auch die jeweilige Nummer mitanzugeben.

e) Die „Auslagen"

aa) Für „Post- und Telekommunikationsdienstleistungen" genügt die Angabe des Gesamtbetrages. Mit dieser Regelung soll vermieden werden, daß jedes einzelne Telefongespräch und jeder einzelne Frankierungswert getrennt aufgezeichnet werden müssen. Finden dagegen mehrere selbständig zu berechnende „Angelegenheiten" Aufnahme in eine zusammengefaßte „Berechnung", so wird man die Zusammensetzung der Summe der Pauschsätze nach § 16 allerdings zu verdeutlichen haben. Eine Rundung der Auslagen ist nicht zulässig.

Beispiele:

▷ Post- und Telekommunikationsdienstleistungend
§ 16 StBGebV
DM 48,50
oder

▷ Post- und Telekommunikationsdienstleistungen
§ 16 StBGebV
Pauschsatz
15 v. H. aus DM 150,– Gebühr zu § 24 Absatz 1 Nummer 1 StBGebV = DM 22,50
15 v. H. aus DM 210,– Gebühr zu § 23 Nummer 2 StBGebV = DM 31,50
oder

▷ Post- und Telekommunikationsdienstleistungen
16 StBGebV
Pauschsatz zu § 24 Absatz 1 Nummer 2 StBGebV = DM 40,–
Pauschsatz zu § 35 Absatz 1 Nummer 1 StBGebV = DM 40,–

bb) Für „Schreibauslagen" ist die Angabe der Seitenzahl und seit 1. Juli 1988 auch der „Angelegenheit" erforderlich.

Beispiel:

	DM
Schreibauslagen Gutachten (§ 22 StBGebV)	
§ 17 StBGebV	
50 Seiten zu DM 1,–	50,–
20 Seiten zu DM –,30	6,–
	56,–

cc) Bei „Geschäftsreisen" ist grundsätzlich die Angabe jeder durchgeführten Reise erforderlich. Bei mehrtägigen Reisen müßte es genügen, die Angaben zusammengefaßt darzustellen. Eine Rundung entfällt.

Beispiel:

	DM
Reisekosten	
§ 18 StBGebV	
Prüfung der Buchführung und Abschlußerstellung	
12. 12. bis 16. 12. 1998 in Weinheim	
180 km zu DM –,52	93,60
4 Tage- und Abwesenheitsgelder zu DM 110,–	440,–
1 Tage- und Abwesenheitsgeld zu DM 60,–	60,–
	593,60

f) Die Vorschüsse

Es dürfte ausreichend sein, bei mehreren Vorschüssen nicht jede einzelne Zahlung mit Betrag und Datum zu benennen, sondern die Vorschüsse „zusammengefaßt" anzugeben. Absatz 2 von § 9 spricht nur „die Vorschüsse" und nicht „die einzelnen Vorschüsse" an. Dies hat insbesondere für die Vorschüsse im Bereich der Erledigung von Buchführungsarbeiten praktische Bedeutung.

Beispiele:

▷ Vorschüsse DM 2.000,–
oder etwa bei der Abrechnung von Buchführungsleistungen nach dem Jahresumsatz
▷ Vorschüsse 1 bis 12/1998 DM 1.200,–

g) Die Umsatzsteuer

Die Aufnahme der Umsatzsteuer in § 9 konnte im Hinblick auf die Vorschrift des § 14 UStG unterbleiben.
Der Ansatz in der „Berechnung" erfolgt nach Berücksichtigung der Vorschüsse. Die Umsatzsteuer unterliegt nicht der Rundung nach § 3 Absatz 1.

2.2 Berechnungshinweise für die Gebührenarten

Faßt man die „Mindestpflichtangaben" gemäß Anmerkung 2.1 für jede der drei Gebührenarten zusammen, so ergeben sich folgende Beispiele:

Beispiel Wertgebühr:

a) Gebühren	DM	DM
Einkommensteuererklärung 1997 Michael Berger		
§ 24 Absatz 1 Nummer 1 StBGebV		
Summe der positiven Einkünfte DM 18.000,–		
3/10		
Tabelle A		262,50
b) Auslagenersatz		
aa) Post- und Telekommunikationsdienstleistungen		
§ 16 StBGebV		
Pauschsatz		
15 v. H. aus DM 262,50	39,38	
bb) Schreibauslagen		
§ 17 StBGebV		
28 Seiten zu DM 1,–	28,–	67,38
c) Vergütung		329,88
d) Umsatzsteuer		
16 v. H.		52,78
e) Zu zahlender Betrag		382,66

Beispiel Zeitgebühr:

a) Gebühren	DM	DM
aa) Teilnahme an der Außenprüfung 1991 bis 1996		
nebst Schlußbesprechung		
§ 29 Nummer 1 und § 13 Nr. 2 StBGebV		
18 Stunden zu DM 120,–		2.160,–
Post- und Telekommunikationsdienstleistungen		
Pauschsatz	40,–	

bb) Revision der Buchführung im Zusammenhang mit dem Jahresabschluß 1996		
§ 36 Absatz 1 und § 13 Nr. 2 StBGebV		
24 Stunden zu DM 120,–		2.880,–
Post- und Telekommunikationsdienstleistungen Pauschsatz	40,–	
cc) Prüfung von Steuerbescheiden		
§ 28 und § 13 Nr. 2 StBGebV		
4 Stunden zu DM 80,–		320,–
Post- und Telekommunikationsdienstleistungen Pauschsatz DM 40,–	40,–	
		5.360,–
b) Auslagenersatz		
aa) Post- und Telekommunikationsdienstleistungen § 16 StBGebV	120,–	
bb) Geschäftsreisen		
§ 18 StBGebV		
Prüfung der Buchführung und Abschlußerstellung		
12.12. bis 16. 12. 1998 in Weinheim		
180 km zu DM –,52	93,60	
4 Tage- und Abwesenheitsgelder zu DM 110,–	440,–	
1 Tage- und Abwesenheitsgeld zu DM 60,–	60,–	713,60
c) Vergütung		6.073,60
d) Umsatzsteuer		
16 v. H.	971,78	
e) Vorschüsse	320,–	2.000,–
f) Restbetrag		
aa) Vergütung		4.073,60
bb) Umsatzsteuer	651,78	651,78
g) Zu zahlender Betrag		4.725,38

Beispiel Betragsrahmengebühr:

a) Gebühren	DM	DM
aa) Erstmalige Einrichtung von Lohnkonten und Aufnahme der Stammdaten		
§ 34 Absatz 1 StBGebV		
18 Arbeitnehmer zu DM 12,–		216.–
Post- und Telekommunikationsdienstleistungen Pauschsatz 15 v. H. aus DM 216,–	32,40	
bb) Mündliche Beratung in bußgeldrechtlichen Angelegenheiten mit schriftlicher Bestätigung		
§ 21 Absatz 1 StBGebV		300,–
Post- und Telekommunikationsdienstleistungen Pauschsatz	30,–	
b) Auslagenersatz		
aa) Post- und Telekommunikationsdienstleistungen § 16 StBGebV	62,40	62,40
c) Vergütung		578,40
d) Umsatzsteuer		
16 v. H.		92,54
e) zu zahlender Betrag		670,94

Hinsichtlich des Pauschsatzes der Post- und Telekommunikationsdienstleistungen für die Beratung in bußgeldrechtlichen Angelegenheiten siehe Anmerkung 5 zu §§ 16–17.

2.3 Berechnungshinweise für die Pauschalvergütung

Bei der „Pauschalvergütung" ersetzt die nach § 14 Absatz 1 erforderliche schriftliche Vereinbarung die Einzelangaben der „Berechnung". Sind „Gebühr" und „Auslagenersatz" in getrennten Beträgen vereinbart, empfiehlt es sich, diese auch in der „Berechnung" anzugeben.

Beispiel:	DM
Pauschalvergütung § 14 StBGebV	
Vereinbarung vom 29. 12. 1996	
Monatsteilbetrag 1/1997	
a) Gebühr	250,–
b) Auslagenersatz	25,–
c) Vergütung	275,–
d) Umsatzsteuer	
16 v. H.	44,–
e) Zu zahlender Betrag	319,–

Bezüglich der Unterzeichnung der „Berechnung" siehe Anmerkung 2.4.

2.4 Unterzeichnung

Die „Berechnung" bedarf der Unterzeichnung durch den StB. Mit seiner Unterschrift übernimmt der StB die zivilrechtliche, die strafrechtliche (§ 352 StGB) und die berufsrechtliche Verantwortung für die Richtigkeit der „Berechnung" (OLG Frankfurt 14 U 132/86 vom 2. 2. 1988 in NJW 1988 S. 2807; OLG Köln 2 U 13/89 vom 4. 10. 1989 in DStR 1990 S. 45). Es genügt weder ein Faksimilestempel noch ein Handzeichen (Gerold/Schmidt Anmerkung 6 zu § 18 BRAGO; Meyer/Goez Randnummer 8 zu § 9). Ob ein Schriftzeichen eine Unterschrift oder lediglich eine Abkürzung (Handzeichen, Paraphe) darstellt, ist nach dem äußeren Erscheinungsbild zu beurteilen (BGH V ZR 112/92 vom 22. 10. 1992 in GI 1994 S. 12). Die fehlende Unterzeichnung der Berechnung kann nicht dadurch geheilt werden, daß in einem unterschriebenen Mahnschreiben auf die Honorarrechnung Bezug genommen wird (OLG Düsseldorf 13 U 217/95 vom 5. 12. 1996 in GI 1997 S. 167).

Der StB muß die „Berechnung" **selbst** unterzeichnen. Die Unterzeichnung durch einen Bürovorsteher oder durch einen anderen Mitarbeiter, und sei er auch selbst Berufsangehöriger, genügt nicht. Ausnahmen sind nur in den Fällen des § 69 StBerG (Bestellung eines allgemeinen Vertreters wegen vorübergehender Berufsunfähigkeit oder Verhinderung), § 70 StBerG (Bestellung eines Praxisabwicklers für einen verstorbenen StB) und § 71 StBerG (Bestellung eines Praxistreuhänders für einen verstorbenen StB) möglich. Bei einer Sozietät bedarf es der Unterzeichnung durch einen Sozietätspartner, falls nicht die Sozietät die Unterzeichnung durch zwei Sozietätspartner festgelegt und dies den Auftraggebern bekanntgemacht hat. Bei Steuerberatungsgesellschaften gelten in Verfolg von § 50 StBerG die berufsrechtlichen Vorschriften für die Vertretung der Gesellschaft durch ein Mitglied des Vorstandes, einen Geschäftsführer oder einen persönlich haftenden Gesellschafter. Die Gesellschaft wird entweder durch einen StB allein, durch mehrere zur gemeinschaftlichen Vertretung berechtigte StB oder durch einen StB mit dem Recht zur gemeinschaftlichen Vertretung zusammen mit einem Vorstandsmitglied, Geschäftsführer oder persönlich haftenden Gesellschafter, der zwar nicht StB ist, aber zu den übrigen in § 3 StBerG genannten Personen gehört, vertreten. Die Unterschrift allein durch einen Justitiar, der nicht selbst StB ist, reicht im Falle einer Steuerberatungsgesellschaft nicht aus, und zwar auch dann nicht, wenn der Justitiar Rechtsanwalt und als solcher zur unbeschränkten Hilfeleistung in Steuersachen befugt ist (OLG Köln 20 U 107/93 vom 7. 1. 1994 in StB 1995 S. 229). Bei „Weiteren Beratungsstellen“ (Zweigniederlassungen einer StBG) wird man dem Leiter dieser Beratungsstelle, der nach § 34 StBerG Berufsangehöriger sein muß, die Unterzeichnung der „Berechnung“ zubilligen müssen, sofern diese Beratungsstelle selbständig Liquidationen erstellt.

In Ermangelung einer entsprechenden Ausnahmevorschrift müssen auch die „Berechnungen“ einer „Pauschalvergütung“ und die einer „höher vereinbarten Vergütung“ unterzeichnet werden. Die für diese Vergütungen zu treffenden schriftlichen Vereinbarungen (§ 4 Absatz 1 und § 14 Absatz 1) begründen genausowenig wie der für die Regelvergütungen abgeschlossene „Steuerberatungsvertrag“ einen Verzicht auf das Formerfordernis des § 9.

Keiner „Berechnung“ und damit auch keiner Unterzeichnung bedarf die „Vorschußanforderung“ gemäß § 8 (Siehe Anmerkung 2 zu § 8).

2.5 Trennung von Berechnung und Einzelangaben

Die „Berechnung“ enthält Angaben, die mancher Auftraggeber vertraulich behandelt wissen will, so z.B. die „Gegenstandswerte“, welche Aufschlüsse über Einkommen, Umsatz und Vermögen zulassen, oder etwa Angaben über die Mitwirkung in steuerstrafrechtlichen oder bußgeldrechtlichen Verfahren. Die Verordnungsbegründung sieht es daher als zulässig an, die „Berechnung“ aufzuteilen in die „eigentliche Berechnung“, welche dann nur noch den Endbetrag der Vergütung, die Vorschüsse und die Umsatzsteuer neben dem zu zahlenden Betrag beinhaltet, und eine dem Auftraggeber gesondert zu übermittelnde „Zusammenstellung der Einzelangaben“. Bei dieser Handhabung genügt es, wenn die „eigentliche Berechnung“ die Unterschrift des StB trägt und in der „Zusammenstellung der Einzelangaben“ Bezug auf diese unterzeichnete „Berechnung“ genommen wird (LG Mainz 3 S 191/96 vom 19. 2. 1997 n.v.).

3 Zahlung der Vergütung ohne Berechnung

Es kommt in der Praxis immer wieder vor, daß Auftraggeber Zahlungen leisten, ohne eine „Berechnung“ erhalten zu haben, oder daß sie ausdrücklich

auf die Übersendung einer „Berechnung" verzichten. Häufig ist dies bei der mündlichen Raterteilung für einen Mandanten, der nur einmal die Dienste des StB in Anspruch nimmt, bei Teilbeträgen von „Pauschalvergütungen" oder bei „höher vereinbarten Vergütungen" nach § 4 der Fall. Soweit bei Steuerpflichtigen die Überschußermittlung Anwendung findet, ist oft auch der Zeitpunkt der Verausgabung ein Grund für eine Zahlung vor Erhalt der „Berechnung". Ein solcher Verzicht auf die „Berechnung" ist zulässig; die trotz des Fehlens geleistete Zahlung kann nicht zurückgefordert werden. Wird die „Berechnung" nach Leistung der Zahlung übersandt, ergeben sich keine Besonderheiten, unterbleibt dies aber, so hat der Auftraggeber das Recht, die „Berechnung" nachzufordern, und zwar solange wie der StB zur Aufbewahrung seiner Handakten verpflichtet ist. § 66 StBerG verpflichtet den StB, seine Handakten auf die Dauer von sieben Jahren nach Beendigung des Auftrages aufzubewahren. Diese Verpflichtung erlischt jedoch vor Beendigung dieses Zeitraumes, wenn der StB den Auftraggeber aufgefordert hat, die Handakten zu übernehmen und der Auftraggeber dieser Aufforderung binnen sechs Monaten nach Erhalt nicht nachgekommen ist (Siehe Gehre Anmerkungen 1 bis 11 zu § 66).
Hat die Zahlung des Auftraggebers allerdings den Charakter eines Vorschusses, weil etwa zum Zeitpunkt der Leistung eine berechnungsfähige Berufstätigkeit noch nicht gegeben ist oder der Betrag der „Berechnung" noch nicht feststeht, so greift § 9 Absatz 3 nicht Platz, da eine solche „Vorschußzahlung" ja ohnehin die Erteilung einer „Berechnung" erforderlich macht, um sie in eine „Vergütung" umzuwandeln.

4 Unrichtige Berechnung

Eine fehlerhafte „Berechnung" oder die Angabe unrichtiger Vorschriften in der „Berechnung" beeinflussen die Rechtswirkungen der Liquidation nicht, wobei selbstverständlich der Rechnungsempfänger nur die wirklich entstandenen Gebühren und Auslagen schuldet.
Die Gebührenrechnung eines StB, die nicht den Bestimmungen der StBGebV entspricht, führt deshalb nicht dazu, daß die Honorarzahlung des Mandanten ohne Rechtsgrund erfolgt ist und der StB sie aus diesem Grund zurückzahlen muß (OLG Düsseldorf 13 U 86/96 vom 2. 4. 1998 in GI 1999 S. 39).

4.1 Nachholung von Angaben

Genügt die „Berechnung" den Formerfordernissen des § 9 nicht, so kann der StB diesen Formverstoß durch eine geänderte und (nunmehr korrekte) Honorarrechnung heilen. Im Honorarprozeß genügt auch ein entsprechender schriftsätzlicher Vortrag (OLG Frankfurt 22 U 183/91 vom 15. 2. 1993 in Stbg 1994 S. 74). Die entsprechende Korrektur kann gegebenenfalls auch noch in der Berufungsinstanz erfolgen. Das OLG Düsseldorf, das in ständiger Rechtsprechung die Nachholung von Angaben durch Prozeßvortrag nicht zugelassen hatte (Urteile 13 U 177/92 vom 22. 4. 1993 in GI 1993 S. 398; 13 U 86/91 vom 6. 5. 1993 in GI 1994 S. 16; 13 U 100/95 vom 20. 6. 1996 in GI 1997 S. 150) hat mit Blick auf die Rechtsprechung des BGH zu der vergleichbaren Vorschrift des § 18 BRAGO seine restriktive Haltung zwischenzeitlich aufgegeben und verlangt nun ebenfalls nicht mehr die Erstellung einer neuen Rechnung durch den StB (OLG Düsseldorf 13 U 231/97 vom 10. 12. 1998 in GI 1999 S. 71).

4.2 Nachträgliche Berichtigung der „Berechnung"

Der StB kann eine unrichtige „Berechnung" nachträglich berichtigen und dabei auch eine etwa irrtümlich nicht geltend gemachte Gebühr nachfordern (so für den Anwaltsbereich Gerold/Schmidt, Anmerkung 12 zu der vergleichbaren Vorschrift des § 18 BRAGO). „Unrichtig" und damit auch noch nachträglich korrigierbar ist eine Gebührenrechnung auch dann, wenn etwa entgegen der einschlägigen Bestimmung der StBGebV anstelle einer Wertgebühr die Zeitgebühr in Ansatz gebracht wurde oder umgekehrt (OLG Karlsruhe 1 U 42/92 vom 2. 9. 1992 n. v.). Die gegenteilige Ansicht des OLG Düsseldorf (13 U 86/96 vom 2. 4. 1998 in GI 1999 S. 39), in der die Auffassung vertreten wird, der StB könne in einer korrigierten Rechnung nicht mehr verlangen als in der ursprünglichen Liquidation ausgewiesen war, überzeugt nicht. Die Bindung an die Ausübung des „billigen Ermessens" im Rahmen des § 11 mit der Folge einer (unwiderruflichen) Leistungsbestimmung im Sinne von § 315 BGB gilt nur in den Fällen, in denen die „Berechnung" nicht „unrichtig" war. Hierzu gehört etwa die nachträgliche Änderung des Zehntel-Satzes bei Rahmengebühren. Deren Höhe bleibt durch die Ermessensausübung im Rahmen des § 11 festgelegt. Gleiches gilt für den Stundensatz einer Zeitgebühr.

5 **Muster**

In Teil V (Anhang) sind Muster einer „Berechnung" für den „Jahresabschluß nebst Jahressteuererklärungen", für „Sonstige Beratungsleistungen" sowie für „Buchführungsleistungen" angefügt, deren Darstellung sich jeweils auf Beispielsfälle bezieht.

Zweiter Abschnitt. Gebührenberechnung

§ 10 Wertgebühren

(1) **Die Wertgebühren bestimmen sich nach den der Verordnung als Anlage beigefügten Tabellen A bis E. Sie werden nach dem Wert berechnet, den der Gegenstand der beruflichen Tätigkeit hat. Maßgebend ist, soweit diese Verordnung nichts anderes bestimmt, der Wert des Interesses.**

(2) **In derselben Angelegenheit werden die Werte mehrerer Gegenstände zusammengerechnet; dies gilt nicht für die in den §§ 24 bis 27, 30, 35 und 37 bezeichneten Tätigkeiten.**

Amtliche Begründung zu § 10:

Nach Absatz 1 sind Wertgebühren alle Gebühren, die in der Verordnung mit „volle Gebühr" oder mit Bruchteilen der vollen Gebühr bezeichnet sind. Sie werden nach dem Gegenstandswert berechnet und ergeben sich aus den Tabellen A bis E, die einen Bestandteil dieser Verordnung bilden. Gegenstandswert ist der Wert des Gegenstandes der beruflichen Tätigkeit. Die Grundlage hierfür bildet der Wert des Interesses, dieser ist ggf. zu schätzen. Nach Absatz 2 erhält ein Steuerberater, der in derselben Angelegenheit hinsichtlich mehrerer Gegenstände tätig wird, als Gebühr nicht die Summe der aus den einzelnen Werten selbständig errechneten Gebühren, sondern die Gebühr, die sich als Gebühr für die Summe der Werte ergibt. Die Verpflichtung, mehrere Gegenstände einer Angelegenheit zusammenzurechnen, gilt jedoch nicht für die Hilfeleistung bei der Abgabe von Steuererklärungen (§ 24), für die Anfertigung von Überschußrechnungen (§§ 25 bis 27), für die Hilfeleistung bei der Selbstanzeige (§ 30), für die Abschlußarbeiten (§ 35) und für die Aufstellung eines Vermögens- oder Finanzstatus für steuerliche Zwecke (§ 37).

Anmerkungsübersicht

1 Allgemeines
2 Anwendungsbereich und Tabellen
3 Gegenstandswert
Schaubild „Gegenstandswert"
4 Zusammenrechnung mehrerer Gegenstandswerte
5 Sondervorschriften für den Ansatz von Gegenstandswerten
Schaubild „Sondervorschriften für den Ansatz von Gegenstandswerten"

1 Allgemeines

Die „Wertgebühr" ist von den drei Gebührenarten, welche die GebV kennt, die bedeutsamste, sowohl der Zahl der Vorschriften nach, wie auch bezogen auf die Schwerpunkte der beruflichen Arbeit des StB. § 10 bildet das Pendant zur „Zeitgebühr" nach § 13 sowie zur „Betragsrahmengebühr", die, etwas unsystematisch, generell nur im „Allgemeinen Teil" der Verordnungsbegründung angesprochen ist und lediglich in den §§ 21 und 34 sowie im Rahmen der BRAGO Anwendung findet.

Es gab im Vorfeld der Verabschiedung der GebV manche Diskussion darüber, ob man nicht auf eine „Wertgebühr" verzichten könne. Der Verordnungsgeber hat die Auffassung vertreten, daß eine „Wertgebühr" ein unverzichtbarer Bestandteil einer Steuerberatergebührenverordnung sei. Dem muß man uneingeschränkt beipflichten. Daß in manchen Fällen die Anlehnung an die BRAGO etwas zu weit ging und daß für wenige, in dieser Kommentierung jeweils im einzelnen angesprochenen Leistungen statt der „Wertgebühr" die „Zeitgebühr" die bessere Lösung gewesen wäre, kann diese Feststellung nicht schmälern. Auch die Gebührenpraxis des steuerberatenden Berufs in mehr als vier Jahrzehnten bestätigt die Notwendigkeit und Richtigkeit der Beibehaltung der Wertgebühr.

Die Ausführungen in der Verordnungsbegründung zu § 10 Absatz 1 sind für die Bedeutung dieser Vorschrift sehr spärlich und wiederholen praktisch nur das, was im Verordnungstext bereits gesagt ist. Darüber hinaus trifft die Feststellung, daß die Verordnung auch „volle Gebühren" als Gebührenbestimmungen enthalte, nicht zu, wenn man einmal von den Tabellenüberschriften absieht. Die GebV nennt **ausschließlich** „Bruchteile von Gebühren" und bestimmt darüber hinaus jeweils einen „Gebührenrahmen", ausgenommen § 21 Absatz 2 (13/20 Gebühr) und § 44 Absatz 1 (je 3/10 Gebühr).

2 Anwendungsbereich und Tabellen

Mit der „Wertgebühr" werden alle Leistungen abgegolten, die sich nach den der GebV als Anlagen beigefügten Tabellen A bis E bemessen.
In dem Abschnitt 1.5 „Anwendungsbereich und Kommentierung Tabellen" in diesem Teil II ist in mehreren Schaubildern die Zuordnung der einzelnen in der GebV angesprochenen Leistungen zu diesen Tabellen dargestellt. Die dortige Kommentierung geht detailliert auf die Höhe der Wertgebühren ein und spricht erforderliche Rundungen der Gegenstandswerte an.
Für die Tätigkeit des StB in Verfahren der Finanz- und Verwaltungsgerichtsbarkeit, im Steuerstrafverfahren, in berufsgerichtlichen Verfahren, Bußgeldverfahren und in Gnadensachen sowie für die Prozeßkostenhilfe gelten nach Maßgabe der §§ 45 und 46 die Bestimmungen der BRAGO und damit auch die dortigen wesentlich differenzierteren Vorschriften zur Wertgebühr. Hierauf geht im einzelnen die Kommentierung im Abschnitt 2 „Bundesgebührenordnung für Rechtsanwälte" dieses Teiles II ein, im Abschnitt 1.5 ist darüber hinaus auch die Anwendung der Tabellen der BRAGO angesprochen.

3 Gegenstandswert

Die GebV definiert den Gegenstandswert als „Wert, den der Gegenstand der beruflichen Tätigkeit hat". Dieser Wert ist bei den einzelnen Leistungspositionen der GebV jeweils angegeben. Fehlt eine solche Angabe oder ist eine Gebühr für eine Tätigkeit zu bestimmen, für welche die GebV keine vergleichbare Regelung enthält (§ 2), so bildet der „Wert des Interesses" den Gegenstandswert. Dieser wiederum ist ggfs. zu schätzen. Umgesetzt in ein Schaubild ergibt sich daraus folgende Darstellung:

<table>
<tr><td colspan="4">Gegenstandswert</td></tr>
<tr><td rowspan="4">Leistungsbezogene Wertangabe in der GebV</td><td rowspan="2">Fehlen einer leistungsbezogenen Wertangabe in der GebV</td><td colspan="2">In der GebV nicht ausgewiesene Leistungen</td></tr>
<tr><td>Vergleichbare Gebührenregelung in der GebV</td><td>Fehlen einer vergleichbaren Gebührenregelung in der GebV</td></tr>
<tr><td colspan="3">Wert des Interesses</td></tr>
<tr><td>Bestimmung nach Maßgabe der Angelegenheit</td><td>Bestimmung nach der vergleichbaren Gebührenregelung</td><td>Schätzung</td></tr>
</table>

Der Wert des Gegenstandes bestimmt sich prinzipiell nach dem **objektiven** Geldwert des Gegenstandes, ausgedrückt in Deutsche Mark. Eine subjektive Werteinschätzung seitens des Auftraggebers wie des StB ist unbeachtlich. Auch bleiben bei der Bestimmung des Gegenstandswertes im Grundsatz der Schwierigkeitsgrad der Sache oder der erforderliche Arbeitsaufwand außer Betracht; diesen Faktoren wird erst bei der Bestimmung des Rahmensatzes nach § 11 Rechnung getragen, abgesehen von den beiden einzigen Bestimmungen, für welche die GebV keinen Rahmen vorgesehen hat (Anmerkung 1). Die Wertzumessung hat zum Zeitpunkt des Entstehens der Gebühr (Anmerkung 4 zu § 12) zu erfolgen.

Der „Wert des Interesses" als „Ersatzwertbestimmung" weicht von der objektiven Wertfindung des Gegenstandswertes ab und läßt das „Interesse" in den Vordergrund treten. Es muß sich um das „Interesse des Auftraggebers" handeln, Interessen des StB oder eines Dritten scheiden aus (OLG Düsseldorf 18 U 61/86 vom 3. 7. 1986).

Die BRAGO kennt den „Wert des Interesses" nicht, sie bestimmt in § 8 Absatz 2 BRAGO, daß ein Gegenstandswert, der sich nicht aus den Vorschriften der BRAGO ergibt und auch sonst nicht feststeht, „nach billigem Ermessen zu bestimmen ist".

Die Gegenstandswerte hat der Verordnungsgeber für die einzelnen Tätigkeiten mit wenigen Ausnahmen, auf die jeweils bei der Kommentierung der betreffenden Leistungen eingegangen wird, nach dem „Bruttoprinzip" bestimmt. Er wählte somit richtigerweise den **„Gesamt-brutto-ausgangswert"** einer beruflichen Leistung (etwa die Summe der positiven Einkünfte oder das Rohbetriebsvermögen) und nicht den „Netto-end-wert" (wie etwa das zu versteuernde Einkommen oder das Reinvermögen) und schon gar nicht den „Ergebnis-steuer-betrag" (wie die geschuldete Einkommensteuer oder die zu zahlende Vermögensteuer). Hinsichtlich der Zugrundelegung von Steuerbeträgen siehe auch die Verordnungsbegründung „Vor §§ 40 bis 43", wo mit Recht eine mögliche Kollesion zwischen dem Ergebnis einer qualifizierten Berufsleistung und einem Honorar, das sich an der durch diese Leistung niedrigstbemessenen Steuer orientieren würde, ihre Verdeutlichung erfährt.

Für die meisten Gegenstandswerte wurden ergänzende „Mindestgegenstandswerte" bestimmt, um auch bei geringen oder gar negativen Gegenstandswerten noch ein angemessenes Honorar sicherzustellen, zumal ja diese Werte nichts über Art und Umfang der Berufsleistung aussagen, die hier oft schwieriger und aufwendiger sein können als bei hohen (positiven) Bemessungsgrundlagen.

Soweit die in der GebV angeführten Gegenstandswerte oder die ihnen zugeordneten Mindestgegenstandswerte einer kritischen Stellungnahme bedurften, findet sich diese bei der jeweiligen Kommentierung.

Für den weitaus größten Teil der Vorschriften der GebV ergeben sich hinsichtlich der Bestimmung des Gegenstandswertes keine bedeutsamen praktischen Probleme. Etwas anders liegen die Dinge bei den Verfahren vor Verwaltungsbehörden sowie den Verfahren vor Finanzgerichten und Verwaltungsgerichten und im Bereich von Steuerstrafverfahren und Bußgeldverfahren.

Hierzu wird auf die Erläuterungen der §§ 40 bis 46 und besonders auf die Kommentierung zur BRAGO in Abschnitt 2 in diesem Teil II verwiesen.
Es ist im übrigen erfreulich, feststellen zu können, daß den Bemühungen des Berufsstandes, zu Gegenstandswerten zu gelangen, die ohne umständliche Sonderberechnungen direkt der beruflichen Leistung des StB entnommen werden können, vom Verordnungsgeber nahezu ausnahmslos Rechnung getragen wurde.
Brummer vergleicht in seinem Aufsatz „Der Gegenstandswert nach der StBGebV" in BB 1984 S. 2186 die Bestimmung der Gegenstandswerte in der StBGebV und der BRAGO. Er fordert neben einer Änderung der Bestimmung der Gegenstandswerte zu § 23 die Streichung des Satzes 2 von § 10; gemeint ist offensichtlich Satz 2 von Absatz 1 des § 10. Zum einen ist anzumerken, daß § 7 Absatz 1 BRAGO und § 10 Absatz 1 Satz 2 StBGebV, unabhängig von der unterschiedlichen Formulierung, das gleiche aussagen. Die Unterschiedlichkeit liegt also nicht in der Formulierung des § 10, sondern in den besonderen berufsarteigenen Wertvorschriften für den Rechtsanwalt, etwa in § 8 BRAGO, insbesondere durch die Bezugnahme auf die Kostenordnung. Bei der Schaffung der Steuerberatergebührenverordnung wurde aber bewußt die absolute Gleichheit der Gebühren für die beiden Berufsgruppen nur im Rahmen der Tätigkeiten, die in den §§ 45 und 46 normiert sind, realisiert, abgesehen von der weitgehenden Übereinstimmung in den §§ 40 bis 44. Abgesehen von den „Allgemeinen Vorschriften" geht die StBGebV bewußt einen völlig neuen Weg der Honorierung der Steuerberaterleistungen, und gerade dies ist ihr Vorzug und unterscheidet sie von der BRAGO. So gilt ja auch außerhalb der §§ 40 bis 46 für den StB insbesondere die von der Tabelle zu § 11 BRAGO abweichende Tabelle A der StBGebV, die (jetzt) ab DM 580.000,– eine Abflachung zeigt, auf die in Abschnitt 1.5 in diesem Teil des Kommentars näher eingegangen wird. Es ist also ein Trugschluß auszusagen, wie es Brummer tut, der Steuerberater „solle also ganz offensichtlich die gleichen Gebühren in Rechnung stellen können wie der Rechtsanwalt". Darüber hinaus unterliegt er auch noch einem Irrtum, wenn er die von ihm als nicht vertretbar gehaltene „Ungleichheit" an einem Beispiel der Beratung verdeutlichen will. Bei einem Rechtsanwalt, der seinen Mandanten in allen Fragen eines Pflichtteilsanspruches berät, ist zwangsläufig der Wert des Pflichtteils der Gegenstandswert im Sinne von § 8 BRAGO. Für den Steuerberater dagegen, der den gleichen Mandanten über die Erbschaftsteuerbelastung dieses Pflichtteils berät, ist der Gegegenstandswert der „Wert des Interesses", also die mutmaßliche Erbschaftsteuer. Wäre dem Rechtsanwalt nur der Auftrag erteilt, der in dem Beispiel dem Steuerberater zugeordnet ist, würde sich auch für ihn nur ein Gegenstandswert in der Höhe der mutmaßlichen Erbschaftsteuer ergeben. Es wurden also hier unterschiedliche Sachverhalte miteinander verglichen. Schließlich ist auch der Vergleich mit dem Gegenstandswert bei der Fertigung einer Erbschaftsteuererklärung unzutreffend, da für die Fertigung von Steuererklärungen ganz grundsätzlich andere Wertmaßstäbe gelten als für die Erteilung von Rat und Auskunft.

4 Zusammenrechnung mehrerer Gegenstandswerte

Absatz 2 bestimmt, daß „in derselben Angelegenheit" die Werte „mehrerer Gegenstände" zusammenzurechnen sind. In der Verordnungsbegründung wird verdeutlicht, daß diese „Zusammenrechnung" dergestalt zu geschehen hat, daß nicht die Summe der für jeden einzelnen Gegenstand ermittelten Gebühren den Gebührenanspruch ausmacht, sondern daß die Summe der Gegenstandswerte zu ermitteln ist und die hieraus sich ergebende Gebühr in Ansatz gelangt.

Diese Vorschrift ist hinsichtlich des ersten Teilsatzes von Absatz 2 wortgleich dem § 7 Absatz 2 der BRAGO entnommen. Dort hat sie ihre Aufgabe und ist aus der Struktur der BRAGO heraus verständlich. Für die Zwecke einer Steuerberatergebührenverordnung ist sie, mit dem unveränderten Wortlaut der BRAGO und eingebettet in den Zweiten Abschnitt „Gebührenberechnung" der GebV, mißverständlich und fehl am Platz. Ungeachtet eindringlicher Bemühungen des Berufsstandes, auf diese Vorschrift zu verzichten, wurde sie, offensichtlich auf Drängen des Bundesjustizministeriums, trotzdem aufgenommen.

Es stellt sich damit nunmehr zwangsläufig die Frage nach dem Anwendungsbereich dieser Bestimmung.

Für die §§ 24 bis 27, 30, 35 und 37 schließt bereits der zweite Teilsatz von Absatz 2 die Anwendung aus. Die Vorschriften der §§ 28, 29 Nummer 1, 32 bis 34, 36, 38 und 39 schreiben entweder die Zeitgebühr oder die Betragsrahmengebühr vor oder schließen von ihrer Struktur her „mehrere Gegenstandswerte" von vornherein aus. § 23 trifft bereits eine eigene, völlig anders strukturierte, „Berechnungsausschlußvorschrift".

Was bleibt: § 21 Absatz 1 Satz 1, § 22, § 29 Nummer 2 und § 31. Für diese Gebühren sind aber „mehrere Gegenstände in derselben Angelegenheit" praktisch kaum denkbar. Erteilt der StB anläßlich eines Gesprächs mit dem Auftraggeber etwa Rat über Renteneinkünfte, den Abzug von Pensionsverpflichtungen bei der Bewertung des Betriebsvermögens und die steuerlichen Vorteile der Rechtsform einer GmbH, dann sind dies **„verschiedene** Angelegenheiten". Dies verdeutlicht, abgesehen von der völlig unterschiedlichen Struktur der einzelnen Raterteilung, indirekt auch die Feststellung, daß man nicht ertragsteuerliche Einkünfte, vermögensteuerliche Schulden und einen „Wert des Interesses" im Zusammenhang mit der GmbH zu einem Gegenstandswert „zusammenrechnen" kann. Sinngemäß das gleiche gilt für Gutachten nach § 22 und Besprechungen nach § 31. Nach dieser Prüfung der Gegebenheiten läßt sich eine Anwendungsmöglichkeit ausschließlich für die schriftlichen Einwendungen gegen den Prüfbericht gemäß § 29 Nummer 2 und im Bereich der Verfahren vor Verwaltungsbehörden (§§ 40 bis 44) sehen, nachdem ja für die §§ 45 und 46 die Bestimmungen der BRAGO Gültigkeit haben.

Ergänzend sei auf § 12 Absatz 3 (Anmerkung 5 zu § 12) verwiesen, eine Bestimmung, die mit § 10 Absatz 2 „verwandt" ist.

Bezüglich des Begriffs „in derselben Angelegenheit" wird ergänzend auf die Erläuterungen zu § 12 Anmerkung 2 verwiesen.

5 **Sondervorschriften für den Ansatz von Gegenstandswerten**

Im Zusammenhang mit vorstehenden Erläuterungen zur „Zusammenrechnung mehrerer Gegenstandswerte“, den Ausführungen zu § 12 Absatz 3 hinsichtlich „verschiedener Gebührensätze für Teile eines Gegenstandes“ und der Kommentierung zum „Berechnungsausschluß bei mehreren Tätigkeiten“ gemäß § 23 Satz 2 möge nachstehendes Schaubild „Sondervorschriften für den Ansatz von Gegenstandswerten“ der besonderen Übersichtlichkeit halber noch einmal die **unterschiedlichen Regelungen,** die in der GebV getroffen wurden, verdeutlichen.

Sondervorschriften für den Ansatz von Gegenstandswerten		
§ 10 Absatz 2	Verordnung	Die Verordnung bestimmt, daß die Werte mehrerer Gegenstände in derselben Angelegenheit zusammenzurechnen sind.
	Verordnungsbegründung	Aus der Begründung ergibt sich, daß an die Stelle der Summe der aus jedem einzelnen Gegenstandswert selbständig ermittelten Gebühren eine Gebühr aus der Summe der Gegenstandswerte treten soll.
	Rechtliche Würdigung	Diese Bestimmung ist eine „Zusammenrechnungsvorschrift“ für Gegenstandswerte.
§ 12 Absatz 3	Verordnung	Die Verordnung bestimmt, daß bei verschiedenen Gebührensätzen für Teile eines Gegenstandes die Summe der selbständig ermittelten Gebühren höchstbegrenzt ist auf die aus der Summe der Teile des Gegenstandes nach dem höchsten Gebührensatz ermittelten Gebühr.
	Verordnungsbegründung	Die Begründung gibt keinen weiteren Aufschluß.
	Rechtliche Würdigung	Diese Bestimmung ist eine „Höchstbegrenzungsvorschrift“ für Teile von Gegenstandswerten.
§ 23 Absatz 2	Verordnung	Die Verordnung bestimmt, daß bei mehreren Tätigkeiten, die denselben Gegenstand betreffen, nur eine Tätigkeit maßgebend ist, und zwar die mit dem höchsten oberen Gebührenrahmen. Es erfolgt somit keine Summierung, sondern ein Ausschluß der übrigen Tätigkeiten.
	Verordnungsbegründung	Die Begründung geht auf diese Regelung nicht ein.
	Rechtliche Würdigung	Diese Bestimmung ist eine „Berechnungsausschlußvorschrift“ für einzelne Tätigkeiten, wenn mehrere Tätigkeiten denselben Gegenstand betreffen.

§ 11 Rahmengebühren

Ist für die Gebühren ein Rahmen vorgesehen, so bestimmt der Steuerberater die Gebühr im Einzelfall unter Berücksichtigung aller Umstände, insbesondere der Bedeutung der Angelegenheit, des Umfanges und der Schwierigkeit der beruflichen Tätigkeit nach billigem Ermessen.

Amtliche Begründung zu § 11:

Diese Vorschrift überläßt es dem Steuerberater zu bestimmen, welche Gebühr bei Rahmengebühren die zutreffende und damit die angemessene Gebühr ist. Als Umstände, die dabei zu berücksichtigen sind, werden beispielsweise die Bedeutung der Angelegenheit sowie der Umfang und die Schwierigkeit der betreffenden Tätigkeit genannt.

Anmerkungsübersicht

1 Allgemeines

Die Vorschrift des § 11 gibt Aufschluß über die Wahl des **Gebührensatzes** (Rahmensatzes) innerhalb eines **Gebührenrahmens,** soweit die GebV einen solchen Gebührenrahmen vorsieht. Bei allen drei Gebührenarten (siehe Anmerkung 4.1 zu § 1), nämlich

- ▷ der Wertgebühr, im Falle der Rahmenbestimmung auch als Gebührensatzrahmengebühr bezeichnet,
- ▷ der Zeitgebühr und
- ▷ der Betragsrahmengebühr,

ist diese Rahmenbestimmung getroffen. Lediglich im Bereich der Wertgebühr sind in zwei Fällen feste Bruchteile einer Gebühr ohne Gewährung

eines Rahmens festgelegt. Dies ist bei § 21 Absatz 2 (Prüfung der Erfolgsaussichten einer Berufung oder einer Revision mit einem Satz von 13/20) und bei § 44 Absatz 1 (Verwaltungsvollstreckungsverfahren mit einem Drei-Gebühren-Satz von je 3/10) der Fall.
Alle Kriterien, die für eine Zuordnung eines Rahmensatzes gelten, sind somit gleichermaßen und ohne Unterschied auf **alle drei genannten Gebührenarten** anzuwenden.
Die Bestimmung des § 11 geht zwar auf § 12 BRAGO zurück, weicht aber doch deutlich von dieser Vorschrift ab.
Systematisch richtig müßte die Vorschrift des § 11 nach der Vorschrift über der Zeitgebühr angeordnet sein, um ihre Mitgeltung für die Gebührenart „Zeitgebühr" besser zu verdeutlichen.
Bedauerlich ist, daß für eine solch wichtige Bestimmung die Verordnungsbegründung nur zwei Sätze bereithält; auch der im „Allgemeinen Teil" der Begründung dieser Vorschrift gewidmete kurze Absatz wiederholt nur den Verordnungswortlaut.

2 **Bestimmung der Gebühr**

Die Vorschrift besagt eindeutig, daß die Gebührenbestimmung Sache des StB ist. Die GebV bildet den Rahmen (Anmerkung 3), innerhalb dessen (oder auch außerhalb dessen nach den Anmerkungen 4 und 5) die Festlegung der Gebühr durch den Berufsträger erfolgt.
Die Bestimmung hat unter Beachtung der vom Verordnungsgeber als „Anhaltspunkte" vorgegebenen „Umstände" zu erfolgen. Die Forderung nach Berücksichtigung „aller Umstände" und die Einleitung der in § 11 genannten „Umstände" mit dem Wort „insbesondere" machen deutlich, daß über die im Verordnungswortlaut genannten „Umstände" hinaus „alle weiteren noch bedeutsamen Umstände" gleichermaßen zu würdigen sind. Im folgenden werden diese „Umstände" im einzelnen erörtert.
Die Bestimmung der Gebühr ist „nach billigem Ermessen" vorzunehmen. „Billig" ist die den Umständen des Einzelfalles angemessene Leistung. Was der „Billigkeit entspricht", ist unter Abwägung der Interessenlage beider Parteien und Berücksichtigung des in vergleichbaren Fällen Üblichen festzustellen, so BGHZ 41 S. 279; 62 S. 316. § 315 BGB bestimmt, daß die zu treffende Bestimmung nach billigem Ermessen für die andere Partei nur verbindlich ist, wenn sie tatsächlich der Billigkeit entspricht, andernfalls wird die Bestimmung durch gerichtliches Urteil getroffen.
Eine „Gewichtung" innerhalb der einzelnen „Umstände" ist der GebV nicht zu entnehmen, sie stehen **gleichwertig** nebeneinander. Dessenungeachtet kann etwa eine Angelegenheit zwar nicht sehr bedeutsam sein, aber andererseits einen beträchtlichen Zeitaufwand erfordern, der seinerseits die „geringe Bedeutsamkeit" überdeckt. Eine Sache kann auch bedeutsam, aber nicht umfangreich und nicht schwierig sein; sie kann nicht bedeutsam, aber umfangreich und schwierig sein; sie kann auch bedeutsam, umfangreich und schwierig zugleich sein.

2.1 Bedeutung der Angelegenheit

Die „Bedeutung der Angelegenheit" wird als erster „Umstand" genannt, ohne daß dadurch eine „Rangfolge" geschaffen würde. Sie ist nicht ohne weiteres identisch mit dem „Interesse des Auftraggebers an der Sache"; sie muß vielmehr die Auswirkungen in wirtschaftlicher Sicht, die Stellung und das Ansehen des Auftraggebers und auch eine Auswirkung auf andere Fälle (etwa bei Entscheidungen im Rahmen einer Außenprüfung, die in die Zukunft wirken, oder bei einem „Musterrechtsbehelfsverfahren") berücksichtigen. Auch der „Erfolg", beispielsweise bei einer Besprechung mit Behörden oder bei einer Schlußbesprechung im Rahmen einer Außenprüfung, kann der „Bedeutung der Angelegenheit" zugeordnet werden.

2.2 Umfang der Tätigkeit

Die Erwähnung des „Umfanges der Tätigkeit" macht deutlich, daß der zeitliche Aufwand zur Erbringung einer Berufsleistung bei der Bemessung des Rahmensatzes gleichfalls der Berücksichtigung bedarf. Sehr zeitaufwendige Arbeiten, etwa bei der Abschlußerstellung, der Erklärungsfertigung, der Buchführung oder der Selbstanzeige, um einige Beispiele zu nennen, bedingen einen entsprechend höheren Rahmensatz.

Bei Ansatz der „Zeitgebühr" entfällt dieses Kriterium zur Bestimmung des Rahmensatzes, da es bereits in der Zugrundelegung der aufgewendeten Zeit selbst seinen Ausdruck findet.

Die Ausführungen zum Ansatz der Zeitgebühr bei § 13 haben im übrigen sinngemäß Gültigkeit für die Berücksichtigung im Rahmen des „Umfanges der Tätigkeit" bei der Wertgebühr.

2.3 Schwierigkeit der Tätigkeit

Wenn auch „gleichrangig" neben den anderen „Umständen" stehend, ist der „Schwierigkeitsgrad der Tätigkeit" sicher ein „Kernumstand", dokumentiert er doch im eigentlichen Sinne das Leistungsvermögen des StB, die „Tiefe der Probleme" seiner Arbeit.

Für eine Angelegenheit erforderliche besondere Kenntnisse in speziellen (schwierigen) Bereichen des Steuerrechts, etwa im Gesellschaftsteuerrecht, im Konzernsteuerrecht oder im Außensteuerrecht, sprechen für einen höheren Rahmensatz.

Unternimmt man den zweifellos nicht einfachen Versuch, die häufigsten Tätigkeiten des StB nach der GebV, **unter Außerachtlassung der der BRAGO-Honorierung vorbehaltenen Tätigkeiten,** nach ihrem „Schwierigkeitsgrad" einzuordnen, so ergibt sich bei Anwendung der gleichen Gruppierung nach Tätigkeiten mit einfachem, gehobenem, höherem und hohem Schwierigkeitsgrad analog zu der „Zeitgebühr" (Anmerkung 5 zu § 13) folgende „Klassifizierung":

Tätigkeiten mit einfachem Schwierigkeitsgrad:

▷ Vorarbeiten zu Abschlüssen
▷ Einfache Buchführungsarbeiten
▷ Arbeiten im Rahmen des Lohnsteuerabzugs und der Lohnbuchführung
▷ Lohnsteuerberatung
▷ Anträge auf Lohnsteuerermäßigung
▷ Beratung in einfachen Steuerfragen
▷ Prüfung einfacher Steuerbescheide
▷ Einfache Rechtsbehelfe

Tätigkeiten mit gehobenem Schwierigkeitsgrad:

▷ Einrichten einer Buchführung
▷ Schwierigere Buchführungsarbeiten
▷ Ermittlung von Einkünften (auch nach Durchschnittsätzen) und Fertigung von Steuererklärungen für kleine und mittlere land- und forstwirtschaftliche Betriebe
▷ Abschlußerstellung, Ermittlung von Einkünften und Fertigung von Steuererklärungen für kleine und mittlere Handwerksbetriebe
▷ Abschlußerstellung, Ermittlung von Einkünften und Fertigung von Steuererklärungen für kleine und mittlere Handelsbetriebe
▷ Ermittlung von Einkünften und Fertigung von Steuererklärungen für freie Berufe
▷ Prüfung schwierigerer Steuerbescheide
▷ Beratung in schwierigeren Steuerfragen
▷ Anträge und Verhandlungen mit Behörden in schwierigeren Angelegenheiten
▷ Schwierigere Rechtsbehelfe
▷ Außenprüfungen bei kleinen Betrieben

Tätigkeiten mit höherem Schwierigkeitsgrad:

▷ Revision, Abschlußerstellung, Fertigung von Steuererklärungen und sonstige Tätigkeiten für große land- und forstwirtschaftliche Betriebe
▷ Revision, Abschlußerstellung, Fertigung von Steuererklärungen und sonstige Tätigkeiten für größere Handwerksbetriebe und Produktionsunternehmen
▷ Revision, Abschlußerstellung, Fertigung von Steuererklärungen und sonstige Tätigkeiten für größere Handelsunternehmen
▷ Prüfung schwieriger Steuerbescheide
▷ Beratung in schwierigen Steuerfragen
▷ Anträge und Verhandlungen mit Behörden in schwierigen Angelegenheiten
▷ Erstellung eines Vermögens- oder Finanzstatus
▷ Schwierige Rechtsbehelfe
▷ Fertigung von Erbschaftsteuer- und Schenkungsteuererklärungen
▷ Außenprüfungen bei Mittelbetrieben
▷ Gutachten durchschnittlicher Schwierigkeit

Tätigkeiten mit hohem Schwierigkeitsgrad:

▷ Revision, Abschlußerstellung, Fertigung von Steuererklärungen und sonstige Tätigkeiten für große Produktionsunternehmen
▷ Revision, Abschlußerstellung, Fertigung von Steuererklärungen und sonstige Tätigkeiten für große Handelsunternehmen
▷ Revision, Abschlußerstellung, Fertigung von Steuererklärungen und sonstige Tätigkeiten für mehrere miteinander verbundene Unternehmen
▷ Tätigkeiten für Unternehmen mit hohem Spezialisierungsgrad und daraus resultierenden besonderen Steuerfragen
▷ Beratung in besonders schwierigen Steuerfragen
▷ Umwandlung von Unternehmen
▷ Beratung in Fragen des Außensteuerrechts
▷ Steuerbelastungsvergleiche
▷ Mathematisch-steuerliche Untersuchungen
▷ Außenprüfungen bei Großbetrieben
▷ Sehr schwierige Rechtsbehelfe
▷ Tätigkeiten im Bereich der Selbstanzeige
▷ Schwierige Gutachten

Diese aus langjähriger Gebührenpraxis und auch aus den Erkenntnissen der vielfältigen Untersuchungen und Ermittlungen des Berufsstandes vorgenommene Einordnung kann selbstverständlich keinen Anspruch auf Vollständigkeit oder Ausschließlichkeit erheben, sie kann auch nicht die Vielfalt der unterschiedlich gelagerten Verhältnisse „katalogisieren"; als **„Anhalt"** sollte sie nützlich sein.

2.4 Einkommens- und Vermögensverhältnisse des Auftraggebers

Die in der Begriffsreihenfolge umgestellten „Vermögens- und Einkommensverhältnisse" sind als „Insbesondere-Umstand" in § 12 BRAGO genannt; in § 11 der GebV fehlt diese „besondere Hervorhebung". Es ist eine der Eigentümlichkeiten der StBGebV, daß sie immer wieder einmal, und zwar gerade da, wo es am wenigsten angebracht wäre, von den für eine Regelung übernommenen BRAGO-Vorschriften in Teilen abweicht, ungeachtet vielfältiger Erörterungen und qualifizierter Anträge des Berufsstandes, anders zu verfahren. Dies ist ein Beispiel hierfür. Es gibt keinen ersichtlichen Grund, warum die „Einkommens- und Vermögensverhältnisse" nicht als „Umstand" auch für das Steuerberatergebührenrecht herangezogen werden sollen. Es geht nicht darum, in „guten oder sehr guten Einkommens- und Vermögensverhältnissen" lebenden Steuerpflichtigen höhere Honorare aufzuerlegen, die man im Wege der „Umverteilung" bei den mit „schlechteren Einkommens- und Vermögensverhältnissen" bedachten Mandanten kürzt, sondern es soll ganz allgemein der schon vom Reichsgericht ausdrücklich gebilligte Gesichtspunkt beachtet werden, wie bei jeder vernünftigen Kalkulation, auch bei der Bemessung eines „angemessenen" Honorars „anderweitige Ausfälle" (oder nur mögliche „geringere Berechnungen") zu berücksichtigen (Riedel/Sußbauer Anmerkung 8 zu § 12).

Die Tatsache, daß die GebV die „Einkommens- und Vermögensverhältnisse“ nicht als „Insbesondere-Umstand“ ausdrücklich nennt, kann nicht daran hindern, diese als „Umstand“ in der Sicht „aller Umstände“ bei der Bemessung des Gebührenansatzes auch im Steuerberatergebührenrecht zu berücksichtigen. Dies ergibt sich auch bereits daraus, daß dieser „Umstand“ über die §§ 45 und 46 bei den Tätigkeiten, die nach der BRAGO berechnet werden (Verfahren vor Finanz- und Verwaltungsgerichten, Steuerstrafverfahren, berufsgerichtliche Verfahren, Bußgeldverfahren und Gnadensachen), ohnehin Anwendung findet. Siehe hierzu auch Steuerberater-Kongreß-Report 1981 „Steuerberatergebührenordnung – Plus und Minus“ S. 76.
Selbstverständlich wird man den Umstand der „Einkommens- und Vermögensverhältnisse“ ungeachtet der grundsätzlichen Gleichheit aller Umstände nicht „in die erste Reihe der Kriterien“ zu stellen haben, aber er sollte der „mitberücksichtigenden Abrundung des Bildes“ bei der Wahl des Rahmensatzes dienen. Findet jedoch der Umstand der „Einkommens- und Vermögensverhältnisse“ schon durch einen entsprechend hohen Gegenstandswert zugunsten des StB Berücksichtigung, so darf dieser Umstand nicht auch noch bei der Bemessung des Gebührensatzes berücksichtigt werden, jedenfalls nicht ohne Hinzutreten besonderer Umstände.

2.5 Erhöhung der allgemeinen Geschäftskosten

Die „allgemeinen Geschäftskosten“ des StB sind nach § 3 Absatz 2 aus den Gebühren zu decken. Sie haben grundsätzlich keine Auswirkung auf die Honorierung des StB und die Bestimmung des Rahmensatzes. Bei den nicht unbeträchtlichen Kostensteigerungen gerade in den vergangenen und wohl auch in künftigen Jahren ist jedoch die Frage zu stellen, ob „statistische Veränderungen“, vor allem der Personalkosten, aber auch der weiteren Praxiskosten, ggfs. auch der Lebenshaltungskosten, einer Berücksichtigung als weiterer „Umstand“ zugänglich sind.
Geht man dieser Frage nach, so wird man grundsätzlich sagen müssen, daß es Aufgabe des Verordnungsgebers ist, derartigen Kostensteigerungen durch Novellierungen der StBGebV (wie anderer gesetzlicher Gebührenordnungen) unter Anpassung ihrer Gebührensätze und Gebührentabellen Rechnung zu tragen.
Sucht man eine Bestätigung für diese Auffassung bei anderen Kommentaren, so stellt man fest, daß diese Frage kaum angesprochen wird.
Bei Eggesiecker heißt es unter „STEUGO“ Rdnr. 11.440: „Wenn also im Verlauf der Jahre Anpassungen bei den Gebührentabellen unterbleiben, dürfte dies ein Grund sein, im Gebührenrahmen zu den oberen Sätzen zu tendieren. Noch viel mehr gilt dies für Zeit- und Betragsgebühren.“
Mittelsteiner/Scholz führt in Anmerkung 5 zu § 11 dagegen aus: „Steigerungen der allgemeinen Geschäftskosten oder der Personalkosten im Laufe der Jahre können grundsätzlich nicht berücksichtigt werden.“
Ungeachtet der seltsamen Abstinenz zu dieser Frage möchten wir uns zu der grundsätzlichen Auffassung im zweiten Absatz dieser Anmerkung bekennen. Wenn also etwa, um ein Beispiel zu bilden, bei einem Auftraggeber in zwei

Kalenderjahren für die zu erbringenden Leistungen die absolut gleichen Wertgrundlagen, der gleiche Schwierigkeitsgrad und der gleiche Arbeitsumfang gegeben sind und sich auch hinsichtlich aller übrigen „Umstände" im Sinne von § 11 keine Änderungen ergeben, wird man, allein wegen der gestiegenen Kosten in der Steuerberatungspraxis oder allgemein gestiegener Lebenshaltungskosten, im zweiten Jahr keine höhere Gebühr als im ersten Jahr fordern können. Anzumerken ist zu diesem Beispiel allerdings, daß es in der Praxis wohl selten so völlig gleichgeartete Verhältnisse innerhalb mehrerer Kalenderjahre geben wird. Einmal hat die Geschäftsentwicklung des Unternehmens zumeist sich ändernde Bemessungsgrundlagen zur Folge, zum anderen ergeben sich aus der Anwendung des Steuerrechts laufend neue Problemstellungen mit in aller Regel wachsendem Schwierigkeitsgrad. Die Änderung von § 10d EStG durch das Steuerentlastungsgesetz 1999/2000/2002 ist hierzu nur ein Beispiel für viele. Auch die zeitliche Inanspruchnahme, etwa durch ständig umfangreichere Erklärungsvordrucke oder die zunehmende Tendenz der Verlagerung von Vorbereitungsarbeiten zu Abschlüssen und Steuererklärungen auf den StB, um nur zwei von beliebig vermehrbaren Beispielen zu nennen, erhöht sich laufend.
Für unsere Auffassung spricht wohl auch die Tatsache, daß die Berücksichtigung eines solchen „Umstandes" praktisch dann gar nicht möglich wäre, wenn ohnehin bei dem betreffenden Auftraggeber bereits die Höchstsätze bzw. Höchstbeträge als angemessene Gebühr Anwendung finden.
Schließlich mußte beim Inkrafttreten der GebV davon ausgegangen werden, daß deren Sätze der gegebenen Kostensituation entsprachen.
Wir sehen daher, zumindest derzeit, unter Würdigung aller Überlegungen keine Möglichkeit, die Erhöhung der Praxiskosten oder der Lebenshaltungskosten als zusätzlichen „Umstand" im Sinne von § 11 bei der Gebührenbemessung zu berücksichtigen. Unterbliebe allerdings die notwendige Anpassung der StBGebV an deutlich gestiegene Praxis- und Lebenshaltungskosten für einen längeren Zeitraum, dann wäre wohl doch die Frage zu stellen, wie einer solchen offenkundigen Außerachtlassung notwendiger Gebührenanpassungen zu begegnen wäre. Dies wiederum wäre dann aber keine gebührenrechtliche, sondern eine berufspolitische Frage.

2.6 Sonstige Umstände

Neben den wichtigsten „Umständen", die vorstehend angesprochen wurden, sind alle weiteren für die Rahmenbestimmung bedeutsamen Fakten zu berücksichtigen. Hierzu wird man etwa die Art der Vorbereitungen des Auftraggebers für die Fertigung einer Steuererklärung oder die Erledigung von Buchführungsarbeiten zu rechnen haben. Ungeordnete oder fehlende Belege und Unterlagen, lückenhafte Aufzeichnungen, nicht abgestimmte Forderungen und Verbindlichkeiten, um nur einige Beispiele zu nennen, bilden Arbeitserschwernisse für den StB und beeinflussen damit zwangsläufig die Wahl des Rahmensatzes.
Doppelarbeiten, die, etwa durch „nachträglich noch aufgefundene Unterlagen" verursacht werden, geben Anlaß zu der gleichen Folgerung.

Auch die unrichtige Beurteilung von Rechtsverhältnissen, verursacht durch die Nichtvorlage angeforderter Verträge, Grundbuchauszüge oder Handelsregisterauszüge mit der daraus resultierenden Notwendigkeit späterer zusätzlicher Arbeiten, sind weitere Fakten für eine Berücksichtigung bei der Rahmensatzwahl.
Unterbrechungen von Arbeiten, die der Auftraggeber zu vertreten hat, erfordern ein neues Einarbeiten in die Sache und bilden damit gleichfalls Kriterien für die Bestimmung des Rahmensatzes.
Auch unübersichtliche und verworrene Verhältnisse in rechtlicher oder tatsächlicher Sicht können in aller Regel nicht ohne Auswirkung auf die Rahmensatzwahl bleiben.
Umgekehrt werden aber auch eine sehr sorgfältige Aufbereitung aller Materialien und präzise Vorbereitungen durch den Auftraggeber Anlaß zur Berücksichtigung bei der Wahl des Rahmensatzes sein.
Wünscht der Auftraggeber eine Tätigkeit an Samstagen, Sonntagen und Feiertagen oder an Arbeitstagen außerhalb der üblichen Kanzleizeit, so bedingt dies eine entsprechende Berücksichtigung bei der Wahl des Rahmensatzes. Hinsichtlich der Auswirkungen bei der Zeitgebühr siehe ergänzend Anmerkung 5 zu § 13.
Zusammenfassend wird man sagen können, daß alle vom Auftraggeber zu vertretenden Gegebenheiten, die eine Berufstätigkeit vermeidbar erschweren oder zeitlich belasten, als „Umstand" zu werten sind, gleich den Faktoren, welche die Tätigkeit erleichtern oder den erforderlichen Zeitaufwand reduzieren, soweit sich diese Kriterien nicht bereits durch die Zugrundelegung des Zeitaufwandes selbst bei der Zeitgebühr oder bei dem „Umstand" des „Umfanges der Tätigkeit" im Rahmen der Wertgebühr ausgewirkt haben.

3 Gebührenrahmen

Der Gebührenrahmen ist in der GebV jeweils durch den „Gebührensatzrahmen", den „Zeitgebührenrahmen" und den „Betragsrahmen" bestimmt. In Ansatz gelangen nach der jeweils angegebenen Einteilung Bruchteile mit Zehntel und Zwanzigstel sowie volle Markbeträge. Zulässig sind aber wohl auch Zwischenwerte, also etwa Zwanzigstel statt Zehntel, Vierzigstel statt Zwanzigstel oder DM –,50 statt DM 1,–. Gerade bei sehr hohen Gegenstandswerten werden oft „Zwischenwerte", etwa bei der Erklärung über die Entwicklung des nach § 30 KStG zu gliedernden verwendbaren Eigenkapitals oder bei der Erbschaftsteuererklärung, Berücksichtigung finden. Bei der Zeitgebühr haben sich allerdings bisher volle Markbeträge für die volle Stunde weitgehend als berufsüblich herausgebildet.

3.1 Angemessene Gebühr

Für jede einzelne „Angelegenheit" ist die „angemessene Gebühr" maßgebend. Den oftmals verwendeten Begriff der „Regelgebühr" kennt weder die BRAGO noch die StBGebV. Er ist auch nicht sinnvoll definierbar (wegen der „Mittelgebühr" siehe Anmerkung 3.3).

Die „angemessene Gebühr" kann die Mindestgebühr, die Mittelgebühr und die Höchstgebühr sein; sie kann gleichermaßen zwischen diesen Werten liegen.

3.2 Mindestgebühr

Der Begriff „Mindestgebühr" findet im Sprachgebrauch üblicherweise Anwendung für den „Mindestsatz" einer Gebühr bei der Gebührensatzrahmengebühr und für den „Mindestbetrag" einer Gebühr bei der Zeitgebühr wie der Betragsrahmengebühr. Diese „Mindestgebühr" bildet die untere Begrenzung eines Gebührenrahmens.
Nach der ständigen Rechtsprechung zu § 12 BRAGO kommt die Mindestgebühr bei „minderbemittelten Volkskreisen in Betracht, wenn die Sachlage und Rechtslage einfach ist". Es muß sich also, um den Ansatz der Mindestgebühr zu ermöglichen, aber auch zu rechtfertigen, um eine Angelegenheit von geringer Bedeutung und geringem Umfang handeln, die einfach gelagert ist und einen Auftraggeber betrifft, der sich in einfachen Einkommens- und Vermögensverhältnissen befindet. Nur wenn alle diese „Umstände" zusammentreffen, wird man den Mindestsatz zu wählen haben. Fehlt nur eine dieser Voraussetzungen, ist z.B. bei einer einfach gelagerten Sache diese von großer Bedeutung für den Auftraggeber, oder befindet sich bei einer Angelegenheit von geringer Bedeutung, geringem Umfang und einfachem Schwierigkeitsgrad der Auftraggeber in außerordentlich guten Einkommens- und Vermögensverhältnissen, dann ist für den Ansatz der Mindestgebühr in der Regel kein Raum.

Beispiel:
Bei der Fertigung einer Einkommensteuererklärung nach § 24 Absatz 1 Nummer 1 sind neben Einkünften aus nichtselbständiger Arbeit nur geringe Einkünfte aus Kapitalvermögen zu verzeichnen. Die Sonderausgaben finden pauschaliert Berücksichtigung. Steuerermäßigung wegen außergewöhnlicher Belastung kommt nicht in Betracht. Kapitalertragsteuer wurde nicht einbehalten. Der Auftraggeber befindet sich in einfachen Einkommens- und Vermögensverhältnissen. Hier wird der Mindestsatz der Gebühr Platz greifen.

3.3 Mittelgebühr

Das Anwaltsgebührenrecht hat den Begriff der „Mittelgebühr" entwickelt, die dann Anwendung findet, wenn eine Angelegenheit von
▷ durchschnittlicher Bedeutung,
▷ durchschnittlichem Umfang der Tätigkeit und
▷ durchschnittlichem Schwierigkeitsgrad der Tätigkeit
gegeben ist und der Auftraggeber in
▷ durchschnittlichen Vermögens- und Einkommensverhältnissen
lebt.
Die Bezeichnung „Mittelgebühr" steht dabei für den „Mittelsatz" einer Gebühr bei der Gebührensatzrahmengebühr und für den „Mittelbetrag" einer

Gebühr bei der Zeitgebühr und der Betragsrahmengebühr. Wenn man die Rechtsprechung zur BRAGO verfolgt, so konnte sich diese „Mittelgebühr" herausbilden, weil in der großen Zahl der Fälle eine differenziertere „Feinbestimmung" der Gebühr in der Praxis oft auf Schwierigkeiten stößt. Gleich der BRAGO kennt auch die StBGebV eine „Mittelgebühr" nicht als in der Verordnung selbst angesprochene Gebühr. Es ergibt sich vielmehr aus dem Wortlaut der GebV und auch aus der Begründung, daß „jeder Einzelfall" innerhalb des gegebenen Gebührenrahmens individuell nach Maßgabe aller „Umstände" des § 11 einzuordnen ist. Dies ist im Steuerberatergebührenrecht auch durchaus wesentlich einfacher möglich als bei der Fülle kleiner und mittlerer Verfahren, etwa im Bereich der Anwaltstätigkeit bei Straf- und Ordnungswidrigkeitsverfahren, bei Verkehrsstrafsachen oder bei Mietstreitigkeiten im Zivilrecht. Dessenungeachtet wird man an der „Mittelgebühr" auch im Bereich des Gebührenrechts des Steuerberaters nicht gänzlich vorbeizugehen haben. Sie kann unter den eingangs genannten Voraussetzungen durchaus eine praktikable und brauchbare Gebührenbestimmung ermöglichen, nur, um mit Riedel/Sußbauer (Anmerkung 13 zu § 12) zu sprechen, **sie darf nicht zum Dogma und nicht zur Schablone werden, die das Nachdenken erspart.** Die in den letzten Jahren zu § 11 ergangene Rechsprechung läßt allerdings, wie im Anwaltsgebührenrecht, eine Orientierung an der Mittelgebühr erkennen. Daß dies aber nicht uneingeschränkt gilt, zeigt das Urteil des OLG Hamm vom 19. 8. 1998 (25 U 42/98, GI 1998, S. 301). Danach trägt der StB die Darlegungs- und Beweislast für jede Bestimmung seines Honorars, die über die **Mindestgebühr** hinausgeht. Die StBGebV enthalte keine rechtliche Grundlage dafür, die „Mittelgebühr" als maßgebliche Bezugsgröße für die Darlegungs- und Beweislast bei der Ermessensausübung zugrunde zu legen. Vielmehr gelte der allgemeine Grundsatz, wonach der Steuerberater als Bestimmungsberechtigter i. S. d. § 315 BGB die Beweislast für die Billigkeit der getroffenen Bestimmung trägt (u. a. BGH, NJW 1969, 1809; 1981, 571; 1983, 1777f.), uneingeschränkt für jede die Mindestgebühr überschreitende Gebührenbestimmung.

Die Errechnung der „Mittelgebühr" kann wie folgt vorgenommen werden;

Mindestgebühr + Höchstgebühr : 2

Ein Beispiel zur Anwendung bei einer Einkommensteuererklärung nach § 24 Absatz 1 Nummer 1:

1/10 + 6/10 = 7/10 : 2 = 3,5/10

Die „Mittelgebühr" ist somit nicht etwa die Hälfte der „Höchstgebühr", die bei vorstehendem Beispiel nur $^{3}/_{10}$ ausmachen würde.

Die „Mittelgebühren" sind weitgehend in der Kommentierung mitangegeben, insbesondere in dem Schaubild „Steuererklärungen" zu § 24 enthalten.

Beispiel:

In der Erklärung über die Entwicklung des nach § 30 des Körperschaftsteuergesetzes zu gliedernden verwendbaren Eigenkapitals eines Steuerpflichtigen gelangen unterschiedlich belastete Teilbeträge des verwendbaren Eigenkapitals zum Ansatz. Es sind nichtabziehbare Ausgaben und abzugsfähige Spenden zu berücksichtigen. Im nachrichtlichen Teil wird die Körperschaftsteuerminderung aufgrund einer im folgenden Wirtschaftsjahr beschlossenen offenen Gewinnausschüttung für das abgelaufene Wirtschaftsjahr ermittelt.

3.4 Höchstgebühr

Die „Höchstgebühr", üblich gewordene Bezeichnung für den „Höchstsatz" einer Gebühr bei der Gebührensatzrahmengebühr und für den „Höchstbetrag" einer Gebühr bei der Zeitgebühr wie der Betragsrahmengebühr, gibt die obere Begrenzung des Gebührenrahmens.
In Anlehnung an die Rechtsprechung zu § 12 BRAGO wird man feststellen können, daß die Höchstgebühr dann angesprochen ist, wenn es sich um besonders bedeutungsvolle, umfangreiche und schwierige Angelegenheiten handelt und die Einkommens- und Vermögensverhältnisse des Auftraggebers sehr günstig liegen, also etwa die umgekehrten Verhältnisse wie bei der „Mindestgebühr" gegeben sind.

Beispiel:
Bei der Erstellung einer Erbschaftsteuererklärung ist die Ermittlung der Nachlaßwerte äußerst schwierig und zeitraubend. Es sind nur wenige Unterlagen vorhanden und umfangreiche Feststellungen für die Wertfindung erforderlich. Auch die erbrechtlichen Verhältnisse sind durch Vermächtnisse und schwierig auszulegende letztwillige Verfügungen außerordentlich kompliziert. Der Rohwert des Nachlasses beträgt DM 1.200.000,–, der Reinwert DM 500.000,–. Die Auftraggeber (Erben) befinden sich in sehr günstigen Einkommens- und Vermögensverhältnissen. Der Ansatz der Höchstgebühr dürfte angemessen sein.

4 Unterschreiten des Gebührenrahmens

Unter einer „niedrigeren Gebühr" versteht man häufig die Nichteinhaltung der Gebührenvorschriften durch „Unterschreiten" der „Mindestgebühr". Diese Frage ist unter dem Gesichtspunkt von § 1 UWG und darüber hinaus berufsrechtlich zu sehen. Die BOStB sagen in Abschnitt 10 § 45 Abs. 4 hierzu:

„Eine Unterschreitung der angemessenen Vergütung ist berufswidrig. Ausnahmsweise darf besonderen Umständen, etwa der Bedürftigkeit eines Auftraggebers, durch Ermäßigung oder Streichung von Gebühren oder Auslagenersatz Rechnung getragen werden."

Aus dieser Formulierung wird deutlich, daß berufsrechtlich nicht das „Unterschreiten der **Mindest**gebühr", sondern das „Unterschreiten der **angemessenen** Gebühr" relevant ist.
Die Ausführungen in Absatz 3 im „Allgemeinen Teil" der Verordnungsbegründung bestätigen das Gesagte. Ergänzend ist auf Anmerkung 3 zu § 4 und die dort angeführten Beispiele hinzuweisen, insbesondere auf die in Ausnahmefällen gegebene Möglichkeit der Unterschreitung des Gebührenrahmens zur Herbeiführung der „Angemessenheit" einer Gebühr.
Die vorstehend wiedergegebene Auffassung wird geteilt von Mittelsteiner/Scholz, Anmerkung 8 zu § 11.

5 **Überschreiten des Gebührenrahmens**

Die Überschreitung des Gebührenrahmens ist unter den Voraussetzungen des § 4 im Wege der „Gebührenvereinbarung" möglich. Deren obere Begrenzung ist die „unangemessen hoch vereinbarte Gebühr", die berufsrechtlich unzulässig und nach § 4 Absatz 2 im Rechtsstreit auf einen angemessenen Betrag herabzusetzen ist. Ergänzend siehe die Kommentierung zu § 4.

6 **Personenbezogene Bestimmung des Rahmensatzes**

Bei sachgemäßer Betrachtung unter Würdigung der Ausführungen in den vorangegangenen Anmerkungen kann für die Bestimmung des Rahmensatzes neben den anderen „Umständen" nur der „Schwierigkeitsgrad der Leistung", **nicht aber die Person maßgebend sein, welche diese Leistung innerhalb einer Praxis erbringt.** Die Darlegungen in Anmerkung 4 zu § 13 geben hierfür eine ausführliche Begründung.

7 **Gutachten der Steuerberaterkammer**

Die BRAGO schreibt in § 12 Absatz 2 die Einholung eines Gutachtens des Vorstandes der Rechtsanwaltskammer „im Rechtsstreit" vor. Es handelt sich hierbei um den ordentlichen Zivilprozeß zwischen dem Rechtsanwalt und seinem Auftraggeber über die Höhe der vom Rechtsanwalt getroffenen Rahmenbestimmung.

Auf eine gleiche Regelung in der StBGebV hat der Verordnungsgeber verzichtet. Unbeschadet dieser Handhabung in der GebV sind von der Berufskammer nach § 76 Absatz 2 Nummer 7 StBerG Gutachten zu erstatten, die ein Gericht, eine Landesfinanzbehörde oder eine andere Verwaltungsbehörde des Landes anfordert. Hierzu rechnen auch Gutachten zum Gebührenrecht (Gehre Anmerkung 33 zu § 76).

8 **Besonderheiten**

Schreibleistungen, die nach dem Wegfall einer § 28 der AllGO ähnlichen pauschalierten Zuschlagsregelung in der GebV nunmehr direkt bei der Bestimmung des Gebührensatzes für die einzelne „Angelegenheit" der Berücksichtigung bedürfen, bedingen je nach ihrem Umfang einen höheren Ansatz sowohl der Wertgebühr wie der Zeitgebühr und der Betragsrahmengebühr ab 1. 4. 1982. Siehe hierzu auch Anmerkung 2 zu §§ 16–17.

9 **Rechtsprechung zur Gebührenbestimmung**

Nachstehend geben wir die Rechtsprechung zur Gebührenbestimmung bei der „Wertgebühr" mit den erreichbaren Urteilen, die über den entschiedenen Einzelfall hinaus bedeutsam sind, wieder. Einbezogen sind die Entscheidungen der Zivilgerichte, auch BRAGO-bezogen, soweit sie für den StB anwendbar erscheinen, der Finanzgerichte und auch der Berufsgerichte. Bezüglich der Rechtsprechung zur Gebührenbestimmung bei der „Zeitgebühr" siehe Anmerkung 11 zu § 13.

1. Für das erstmalige Erstellen der Einkommensteuererklärung einschließlich Anlage FW, als auch für die entsprechende Anfertigung in den Folgejahren hielt das Amtsgericht Neuss die Höchstgebühr von 6/10 für angemessen und hat das Begehren des Mandanten, die Gebühr auf die Mittelgebühr herabzusetzen, zurückgewiesen.
AG Neuss 31 C 257/96 vom 15. 5. 1998

2. Für die Erstellung einer Überschußrechnung zur Ermittlung des gewerblichen Gewinns hatte ein StB gemäß § 25 Absatz 1 ohne weitere Begründung 15/10 nach Tabelle B liquidiert. Die Mittelgebühr für diese Leistung beträgt 12.5/10. Der Gutachter stellte fest, daß sich aus den Akten keine Anhaltspunkte für eine unbillige Bemessung der Gebühr ergeben hätten. Das Gericht billigte den Wertansatz.
LG Hildesheim 2 O 469/83 vom 6. 7. 1984

3. Ein StB hatte bei einem gekündigten Mandatsverhältnis nach § 25 Absatz 1 20/10 nach Tabelle B für die Erstellung der Überschußrechnung zur Ermittlung der Einkünfte aus Gewerbebetrieb in Rechnung gestellt. Da er bei einem Gebührenrahmen von 5/10 bis 20/10 keine Gründe vortrug, die einen über der Mittelgebühr liegenden Wertansatz begründet hätten, und solche Gründe auch nicht aus dem Vortrag der Parteien erkennbar waren, billigte das Gericht dem Berufsangehörigen die Mittelgebühr mit 12.5/10 zu.
AG Schöneberg 3 C 369/84 vom 17. 1. 1985

4. Für die Erstellung einer Überschußrechnung nach § 25 Absatz 1 forderte ein Steuerberater die Höchstgebühr mit 20/10 nach Tabelle B. Das Gericht reduzierte den Anspruch auf 15/10 mit der Begründung, daß der StB für den gleichen Auftraggeber auch die Buchführung erstellt habe.
AG Landshut 1 C 1138/83 vom 25. 4. 1985
Anmerkung: Die Tatsache, daß ein StB mehrere Leistungen für den gleichen Auftraggeber erbringt, kann nicht (allein für sich genommen) zu einer Minderung eines ansonsten gerechtfertigten Gebührenanspruchs führen. Dies muß bei Buchführungsleistungen sowohl in bezug auf § 25 wie auch auf § 35 gelten. Eine derartige Reduzierung kann nur in Betracht kommen, wenn ihr eine gesetzliche Vorschrift zugrunde liegt, wie etwa bei § 41 Absatz 4 (die aber ihren Ursprung in der besonderen Sicht des Prozeßgebührenrechtes hat).

5. Ein Steuerberater hatte als Honorar die Höchstgebühr nach Maßgabe der StBGebV gefordert. Das Gericht erkannte nur einen Gebührenanspruch nach Maßgabe der Mittelgebühr an und führte dazu aus:

„Soweit der Kläger für die Erstellung der Steuererklärungen der Jahre 1979, 1980 und 1981 die Höchstansätze berechnet, ist dies nach § 11 StBGebV nicht gerechtfertigt. Aus dem Vorbringen des Klägers ergibt sich nicht, daß es sich insoweit um eine aus dem Rahmen des Normalen fallende Tätigkeit und Angelegenheit handelt. Es ist insbesondere unerheblich, daß bereits Steuerbescheide vorlagen und, zum Teil, bestandskräftig waren. Für eine dadurch bedingte besondere Tätigkeit des Steuerberaters sind besondere Gebühren vorgesehen. Diese macht der

Kläger hier auch geltend. Ebenso ist es unerheblich, daß der Kläger erst die erforderlichen Unterlagen anfordern und ordnen mußte, wie er behauptet. Auch das führt noch nicht dazu, daß die Angelegenheit aus dem Rahmen des Normalen fällt.
Die Erwägungen zur Bearbeitung der Einkommensteuererklärungen gelten in gleicher Weise auch für die vom Kläger durchgeführten Einspruchsverfahren hinsichtlich der bereits ergangenen Einkommensteuerbescheide.
Der Antrag vom 13. 4. 1983 sowie die Einspruchsbegründung vom 13. 5. 1983, betreffend den Steuerbescheid für das Jahr 1979, reichen inhaltlich nicht aus, das Überschreiten der Mittelgebühr zu rechtfertigen. Die dort angeführte Literatur und der Umfang des Schriftsatzes deuten nicht auf einen außergewöhnlichen, aus dem Rahmen fallenden Arbeitsaufwand und Schwierigkeitsgrad hin. Daß der Bescheid, um welchen es ging, bereits rechtskräftig war, war eindeutig. Daß der Kläger mit seinem Einspruch Erfolg gehabt hat, spielt für die Berechnung der Gebühr keine Rolle.
Hinsichtlich des Einspruchs für 1980 entfällt eine Erhöhung der Mittelgebühr schon deswegen, weil der Kläger insoweit den Einspruch nicht begründet hat.
Hinsichtlich der jeweiligen Überschußberechnungen hat der Kläger gleichfalls keine ausreichenden Gründe dargetan, welche den Ansatz der Höchstgebühren rechtfertigen könnten."

OLG Düsseldorf 18 U 15/86 vom 30. 4. 1986 in StB 1986 S. 160

6. Das FG Berlin bestätigt in seinem zur Kostenerstattung im Vorverfahren eines Finanzrechtsstreites ergangenen Beschluß die Gültigkeit der Gebühren der StBGebV als „gesetzliche Gebühren" im Sinne des § 139 Absatz 3 Sätze 1 und 2 FGO. Daraus folgt, daß eine § 11 entsprechende Bestimmung der Gebühr im Einzelfall durch den StB auch für den Erstattungsanspruch nach § 139 FGO maßgeblich ist. Das Gericht fährt dann fort:

„Die vom Bevollmächtigten vorgenommene Gebührenbestimmung ist indes mit § 11 StBGebV nicht vereinbar. Da im Streitfall die in § 11 StBGebV zunächst aufgeführte „Bedeutung der Angelegenheit" nicht durch besondere Merkmale gekennzeichnet ist, die nicht bereits in der Höhe des Streitwerts ihren Niederschlag gefunden haben, kommt es im wesentlichen auf Umfang und Schwierigkeit der beruflichen Tätigkeit des Prozeßbevollmächtigten an. Maßgebend ist dabei jedoch allein die Tätigkeit, die im Einspruchsverfahren ausgeübt wurde. § 139 Absatz 1 FGO sieht ausdrücklich nur die Erstattung von Gebühren im Vorverfahren, das ist hier das in § 40 StBGebV angesprochene Rechtsbehelfsverfahren, vor. Infolgedessen ist es unzulässig, Tätigkeiten des StB, die vor oder nach Durchführung des Einspruchsverfahrens ausgeübt wurden, bei der Bestimmung der Geschäftsgebühr mit einzubeziehen."

Nach Ausführungen über die vom Gericht als unzulässig einbezogen angesehenen Tätigkeiten führt der Senat zu dem verbleibenden Gebührentatbestand folgendes aus:

„Es trifft zwar zu, daß der Bevollmächtigte in seinem Einspruchsschreiben im wesentlichen auf die Einwendungen seines Mandanten gegen den Betriebsprüfungsbericht verwiesen hat. Der Bevollmächtigte wird aber wohl selbst nicht im Ernst behaupten wollen, daß der Gebührenanspruch des StB gegen den Mandanten mit Rücksicht auf dessen eigene Tätigkeit höher werden könnte. Die Tatsache, daß sich der Bevollmächtigte in seinem Einspruchsschreiben auf die bereits von seinem Mandanten formulierten Einwendungen bezogen und darüber hinaus nur geringfügige Ergänzungen vorgenommen hat, spricht im übrigen dafür, daß von einer besonderen Schwierigkeit der beruflichen Tätigkeit des StB keine Rede sein kann. Es fehlt demnach an jedem Anhaltspunkt dafür, über die Mindestgebühr von 3/10 nach § 41 Absatz 3 StBGebV hinauszugehen."

FG Berlin V 470/83 vom 6. 9. 1984 in EFG 1985 S. 196

7. In einem weiteren Beschluß des FG Berlin zur Kostenerstattung im Vorverfahren eines Finanzrechtsstreites kommt der Senat zu folgender Feststellung:

„Die Gebühren des StB für das Betreiben des Beschwerdeverfahrens gegen die Anordnung einer Außenprüfung sind auch dann nicht gemäß § 41 Absätze 3 bis 5 StBGebV zu ermäßigen, wenn die Anordnung erst nach Beginn der Prüfung bekanntgegeben worden ist, und der Steuerberater an der Prüfung mitgewirkt hatte."

FG Berlin V 70/85 vom 1. 7. 1986 in EFG 1986 S. 625

8. Das FG Baden-Württemberg äußert sich in einem Beschluß, der gleichermaßen zur Kostenerstattung im Vorverfahren eines Finanzrechtsstreites erging, wie folgt:

„Der Höchstwert einer Rahmengebühr (10/10 Geschäftsgebühr) kann dann gerechtfertigt sein, wenn die Entscheidung der Streitfrage sich, wenn auch nicht im Sinne einer Rechtsbindung des Finanzamtes, so doch faktisch, auch auf die folgenden Jahre auswirkt."

FG Baden-Württemberg IX Ko 2/86 vom 22. 7. 1986 in EFG 1987 S. 207

9. In einer Entscheidung des FG Rheinland-Pfalz, gleichfalls zur Kostenerstattung im Vorverfahren eines Finanzrechtsstreites, bestätigt der Senat, daß bei einer Bemessung der Geschäftsgebühr nach § 41 die volle Ausschöpfung des Gebührenrahmens nach oben gerechtfertigt erscheint, wenn der Streitwert sehr niedrig ist sowie Umfang und Bedeutung der beruflichen Tätigkeit über dem Durchschnitt liegen. Das Gericht stellt ferner fest, daß die Gebühr nicht nach § 41 Absatz 3 zu kürzen ist, wenn der Bevollmächtigte zwar im Veranlagungsverfahren tätig war, aber tatsächlich keine Zeitgebühr für die Prüfung des Steuerbescheides gemäß § 28 erhoben, also auf diese Gebühr verzichtet hat. Bedeutsam erscheint noch die Aussage, daß die Tatsache, daß der Berater bereits im Veranlagungsverfahren tätig war und den Fall kennt, nach dem klaren Wortlaut von § 41 Absatz 3 für sich allein nicht zu einer Ermäßigung des Gebührenrahmens führen kann.

FG Rheinland-Pfalz III Ko 5/86 vom 18. 12. 1986 in EFG 1987 S. 323

10. In einer Entscheidung des FG Bremen zur Kostenerstattung wird festgestellt, daß der StB keine Zeitgebühr nach § 28 StBGebV erhält, wenn er den Auftrag zur Einlegung des Einspruchs gegen einen Steuerbescheid wenige Tage vor Ablauf der Einspruchsfrist erhält und er deshalb ohne Prüfung vorsorglich Einspruch einlegt. Nach Ansicht des Gerichts ent-

spricht es regelmäßig der Billigkeit, die Geschäftsgebühr nur mit dem Mindestsatz der Rahmengebühr für erstattungsfähig zu erklären, wenn der StB den Einspruch nicht begründet. Für die Festsetzung einer Besprechungsgebühr seien aussagekräftige Aktenvermerke des Bevollmächtigten über geführte Telefongespräche erforderlich, soweit sich entsprechende Angaben nicht aus den Steuerakten ergeben.
FG Bremen vom 4. 11. 1996 in EFG 1997 S. 376

11. Ein StB war mit der Erledigung von Buchführungsarbeiten nach § 33 Absatz 1 beauftragt. Er berechnete nach Kündigung des Mandats eine Monatsgebühr von 12/10 nach Tabelle C. Der Auftraggeber war nur bereit, eine Gebühr von 10/10 zu akzeptieren, da auch der Sachverständige im Ergebnis zu dieser Gebühr gekommen sei und die geforderte Gebühr die vom Sachverständigen als angemessen angesehene Gebühr um 20 v.H. übersteige. Das Gericht führte aus, daß der Sachverständige eine Gebühr von „zumindest" 10/10 als angemessen bezeichnet habe. Es treffe zwar zu, daß die vom StB berechnete Gebühr die vom Gutachter als angemessen angesehene Gebühr um fast 20 v.H. übersteige. Darin liege jedoch noch keine Unbilligkeit. In der Rechtsprechung zu § 12 BRAGO, der mit § 11 StBGebV fast wörtlich übereinstimme, würde überwiegend die Auffassung vertreten, daß eine Unbilligkeit erst dann vorliege, wenn die berechnete Gebühr die für angemessen erachtete Gebühr um „20 v.H. und mehr" übersteige. Die Kammer schließe sich dieser Auffassung an. Die vom StB berechnete Gebühr, die eine 10/10-Gebühr um „noch nicht ganz 20 v.H." übersteige, entspräche jedenfalls noch der Billigkeit. Der Kammer sei es deshalb verwehrt, die vom StB berechnete Gebühr neu zu bestimmen.
LG Bremen 1 O 545/86 vom 12. 5. 1987
Anmerkung: Das Recht der Gebührenbestimmung durch den Berufsträger (Anmerkung 2) und die für den Richter gegebene Begrenzung der Korrekturmöglichkeit einer solchen Bestimmung werden aus diesem Urteil in besonderem Maße deutlich.

12. Auch das LG Duisburg stellt fest, daß die vom StB in Ansatz gebrachten Gebühren nicht bei einer jeglichen Abweichung von der von einem Sachverständigen ermittelten angemessenen Vergütung als unbillig angesehen werden können. Erst dann, wenn diese um 20% und mehr überstiegen wird, entspricht die veranschlagte Gebühr nicht mehr der Billigkeit. Dem Steuerberater verbleibt ein Ermessensspielraum, in den das Gericht grundsätzlich nicht eingreifen darf.
LG Duisburg 9 O 492/91 vom 8. 11. 1994 in Stbg 1996 S. 214

13. Ein StB hatte für die Aufstellung des Jahresabschlusses die Höchstgebühr nach § 35 Abs. 1 Nr. 1 berechnet. Unter Berücksichtigung des Umstands, daß die Bilanz nebst Gewinn- und Verlustrechnung aufgrund der vom Kläger selbst erstellten Buchführung angefertigt worden sei, hält das Gericht den mittleren Gebührensatz für zutreffend. Außerdem sei nach

ständiger Rechtsprechung des erkennenden Senats im Regelfall von der Mittelgebühr auszugehen.
OLG Düsseldorf 13 U 83/92 vom 7. 1. 1993

14. Ein StB hatte für eine Kapitalgesellschaft mit einem abweichenden Wirtschaftsjahr den Jahresabschluß erstellt und hierfür die Höchstgebühr nach § 35 Abs. 1 Nr. 1 berechnet. Dies begründete er damit, daß berufsüblich der Gebührensatz für Kapitalgesellschaften im oberen Rahmen liege. Eine Kapitalgesellschaft mit abweichendem Wirtschaftsjahr rechtfertige den angewandten Gebührenansatz, den er im übrigen allgemein bei Kapitalgesellschaften heranziehe. Das Gericht sah keine hinreichende Begründung für die Inanspruchnahme der Höchstgebühr. Nach § 11 bestimme der StB die Gebühr im Einzelfall unter Berücksichtigung aller Umstände, insbesondere der Bedeutung der Angelegenheit, des Umfangs und der Schwierigkeit der beruflichen Tätigkeit nach billigem Ermessen. Er hätte in bezug auf die entfaltete Tätigkeit darlegen müssen, in welchen Punkten diese sich vom Normtyp der Gebührenordnung unterscheidet. Mangels geeigneter Darlegung erkannte das Gericht nur die Mittelgebühr zu. Die Gebühren für die Steuererklärungen lagen unterhalb der Rahmenmitte und waren nach Ansicht des Gerichts unbedenklich.
OLG Düsseldorf 18 U 216/89 vom 3. 5. 1990

15. Ein Rechtsanwalt kann eine 10/10-Gebühr auch dann verlangen, wenn nicht alle Merkmale des § 12 BRAGO „über dem Durchschnitt liegen", sondern nur einige, insbesondere der Umfang der Tätigkeit des Rechtsanwalts. Das Gericht verweist auf Gerold/Schmidt Anmerkung 14 zu § 118 (in der neuen 9. Auflage wohl Anmerkung 18).
AG Pforzheim 3 C 63/86 vom 29. 4. 1986 in AnwBl 1987 S. 49

16. Die Unterschreitung der Mindestgebühr nach der StBGebV stellt, sofern im Einzelfall keine besonderen Umstände vorliegen, eine Berufswidrigkeit dar.
LG Frankfurt (Main) StL 14/85 vom 30. 1. 1986 in StB 1986 S. 336
Anmerkung: Das Urteil ist eine der ganz wenigen Entscheidungen, die **berufsrechtlich** bisher in Gebührensachen ergangen sind.

Zur Ergänzung vorstehender Ausführungen sei auf den Aufsatz von Feiter „Die neueste Rechtsprechung zum Gebührenrecht der Steuerberater" in Inf 1999 S. 214 verwiesen.

§ 12 Abgeltungsbereich der Gebühren

(1) **Die Gebühren entgelten, soweit diese Verordnung nichts anderes bestimmt, die gesamte Tätigkeit des Steuerberaters vom Auftrag bis zur Erledigung der Angelegenheit.**

(2) **Der Steuerberater kann die Gebühren in derselben Angelegenheit nur einmal fordern.**

(3) **Sind für Teile des Gegenstandes verschiedene Gebührensätze anzuwenden, so erhält der Steuerberater für die Teile gesondert berechnete**

Gebühren, jedoch nicht mehr als die aus dem Gesamtbetrag der Wertteile nach dem höchsten Gebührensatz berechnete Gebühr.

(4) **Auf bereits entstandene Gebühren ist es, soweit diese Verordnung nichts anderes bestimmt, ohne Einfluß, wenn sich die Angelegenheit vorzeitig erledigt oder der Auftrag endigt, bevor die Angelegenheit erledigt ist.**

(5) **Wird der Steuerberater, nachdem er in einer Angelegenheit tätig geworden war, beauftragt, in derselben Angelegenheit weiter tätig zu werden, so erhält er nicht mehr an Gebühren, als er erhalten würde, wenn er von vornherein hiermit beauftragt worden wäre. Ist der frühere Auftrag seit mehr als zwei Kalenderjahren erledigt, gilt die weitere Tätigkeit als neue Angelegenheit.**

(6) **Ist der Steuerberater nur mit einzelnen Handlungen beauftragt, so erhält er nicht mehr an Gebühren, als der mit der gesamten Angelegenheit beauftragte Steuerberater für die gleiche Tätigkeit erhalten würde.**

Fassung 3. VOÄStBGebV

Amtliche Begründung zu § 12:

Die Verordnung übernimmt im wesentlichen die Bestimmungen der Bundesgebührenordnung für Rechtsanwälte. Der Begriff „Angelegenheit" kann im Hinblick auf die Vielschichtigkeit der steuerlichen Sachverhalte nicht allgemein bestimmt werden. Auch der einzelne Auftrag ermöglicht nicht in allen Fällen eine eindeutige Abgrenzung, weil er sich in vielen Fällen auf mehrere Angelegenheiten im Sinne der Verordnung erstreckt, ohne daß dies besonders zum Ausdruck gebracht wird. Zwar ermöglicht die Gliederung der Verordnung eine gebührenmäßige Zerlegung des Auftrags in bestimmte Einzeltätigkeiten, doch werden die betreffenden Einzeltätigkeiten dadurch nicht in jedem Fall zu gesonderten „Angelegenheiten" im Sinne dieser Vorschrift. Die Entscheidung kann sich deshalb stets nur nach den Umständen des jeweiligen Einzelfalls richten.

In Absatz 1 wird klargestellt, daß die Gebühr, soweit die Verordnung im Einzelfall nichts anderes bestimmt, alle Handlungen im Rahmen einer Angelegenheit abgilt.

Nach Absatz 2 kann der Steuerberater die Gebühren in derselben Angelegenheit nur einmal fordern. Dies gilt z. B. dann, wenn nach der Einreichung eines Antrags oder einer Erklärung, aber vor der Entscheidung der Behörde der Mandant den Steuerberater mit einer Ergänzung oder Richtigstellung des Antrags oder der Erklärung beauftragt. Die durch den Auftraggeber verursachte Mehrarbeit stellt keine neue Angelegenheit dar. Eine Abgeltung des zusätzlichen Arbeitsaufwands ist nur innerhalb des vorgesehenen Gebührenrahmens oder durch eine Gebührenvereinbarung (§ 4) möglich.

Absatz 3 regelt die Fälle, in denen verschiedene Gebührensätze anzuwenden sind. Im Hinblick auf die Parallelvorschrift in § 23 Satz 2 und die Ausnahme der Tätigkeiten nach §§ 24 bis 27, 30, 35 und 37 von der Zusammenrechnungspflicht (§ 10 Abs. 2, zweiter Halbsatz) hat diese Bestimmung außerhalb des Rechtsbehelfsverfahrens nur für die Raterteilung nach § 21 Bedeutung.

Absatz 4 folgt der Regelung in § 13 Abs. 4 BRAGO, nach der es auf bereits entstandene Gebühren ohne Einfluß bleibt, wenn sich die Angelegenheit vorzeitig erledigt oder der Auftrag vor Erledigung der Angelegenheit zurückgenommen wird. Nach den für die Rahmengebühren geltenden Grundsätzen ist zwar bei der Anwendung des Gebührenrahmens im Einzelfall jeweils nur der konkrete Arbeitsanfall zu berücksichtigen,

doch ergibt sich aus dem Pauschalcharakter der Gebühren, daß für eine bereits entstandene Gebühr der Mindestbetrag oder der Mindestsatz des Rahmens auch bei besonders niedrigem Arbeitsaufwand maßgebend ist. Eine Gebühr ist entstanden, sobald der Steuerberater auf Grund des Auftrags irgendeine Tätigkeit vorgenommen hat.
Die Absätze 5 und 6 befassen sich mit den Fällen, in denen der Berufsangehörige, nachdem er in einer Angelegenheit tätig war, beauftragt wird, in derselben Angelegenheit weiter tätig zu werden, und der Berufsangehörige nur einen Teilauftrag erhält.

Amtliche Begründung 3. VOÄ zu § 12:

§ 12 Abs. 5 in der jetzigen Form stellt sicher, daß der Steuerberater keine zusätzlichen Gebühren erhält, wenn die Erledigung des Auftrags nicht zur Erledigung der Angelegenheit selbst geführt hat und der Steuerberater erneut tätig wird. Diese Regelung wird für den Steuerberater unbillig, wenn bis zur Erteilung eines weiteren Auftrages in derselben Angelegenheit eine lange Zeit vergangen ist und er sich deswegen vollkommen neu einarbeiten muß. Durch den anzufügenden Satz 2 wird Abhilfe geschaffen für den Fall, daß der frühere Auftrag seit mehr als zwei Kalenderjahren erledigt ist. Zur Festlegung des Zeitpunktes, zu dem der Lauf der Zwei-Jahres-Frist beginnt, bietet sich der Zeitpunkt der Erledigung des Auftrages an, der auch die bis dahin entstandenen Gebühren fällig werden läßt (§ 7). Auf Kalenderjahre – nicht Jahre – soll abgesellt werden, weil der Zeitpunkt der Erledigung des Auftrags nicht immer präzise bestimmt werden kann. Hierdurch sollen Auseinandersetzungen zwischen Steuerberater und Mandant weitgehend vermieden werden.

Anmerkungsübersicht

1 Allgemeines

§ 12 ist wortgleich dem § 13 der BRAGO nachgebildet unter Weglassung der Bestimmung über die Gebührenforderung im gerichtlichen Verfahren, da hierfür nach § 45 die BRAGO „direkt" gilt.
Immer dann, wenn sich die GebV so eng an die BRAGO anlehnt und es sich nicht um Vorschriften handelt, bei denen dies problemlos möglich ist, etwa im Bereich des Auslagenersatzes, wird deutlich, wie „einfach" es ist, diese Bestimmungen zu übernehmen, wie „schwierig" es aber ist, ihnen einen sinnvollen Inhalt für einen Berufsstand zu geben, der vor allem Tätigkeiten wie die Beratung, die Abschlußerstellung, die Erklärungsfertigung und die Revision ausübt, um nur einige wesentliche Aufgaben zu nennen, die sich so sehr von der weitgehend prozessualen Tätigkeit des Rechtsanwaltes

unterscheiden. Gewiß gibt es viele Berührungspunkte, und in dieser Sicht ist auch die generelle Verweisung für die Tätigkeiten nach den §§ 45 und 46 auf die BRAGO richtig, aber gerade wegen dieser Verweisung hätte man für den „typisch steuerlichen Teil" allgemeine Vorschriften wählen sollen, die dem völlig anderen Tätigkeitsbereich besser, und vor allem für den Benutzer der GebV verständlicher, Rechnung getragen hätten. Vorschläge gab es hierzu genügend.
Der § 12 ist ein „Musterbeispiel" für komplizierte Formulierungen mit einer sehr eingeschränkten praktischen Bedeutung für den StB. Die Verordnungsbegründung will, hier erfreulicherweise ausführlicher als bei anderen Bestimmungen, einen Beitrag zum „Verständnis" leisten; es fällt auch ihr, „verständlicherweise", nicht leicht. Die Kommentierung dieser Vorschrift soll daher auch bewußt nur dort auf die BRAGO Bezug nehmen, wo dies unbedingt notwendig erscheint, sich im übrigen aber vorrangig an den praktischen Bedürfnissen des StB orientieren.
Ergänzend zu nachstehenden Ausführungen ist für Verfahren vor Verwaltungsbehörden und Verwaltungsvollstreckungsverfahren auf die Kommentierung der §§ 40 bis 44, für gerichtliche und andere Verfahren auf die Erläuterungen zu §§ 45 und 46, vor allem aber auf die Ausführungen in Abschnitt 2 „Bundesgebührenordnung für Rechtsanwälte" in diesem Teil II zu verweisen.

2 Die Angelegenheit

Die Vorschrift bedingt die Definition der „Angelegenheit", eines beherrschenden „Grundbegriffes" der gesamten GebV. Diese „Angelegenheit" ist, auf einen einfachen Nenner gebracht, **die gebührenrechtliche Zusammenfassung einer oder mehrerer Einzeltätigkeiten zu einer „gebührenrechtlichen Einheit", bezeichnet als „Angelegenheit",** anders ausgedrückt, eine **selbständige „Berechnungseinheit" für Gebühren.**
Die „Angelegenheit" ist nicht identisch mit dem **„Auftrag"**, der zumeist „mehrere Angelegenheiten" umfaßt.
Im Anwaltsgebührenrecht wird die „Einzeltätigkeit" auch als „Einzelgegenstand" oder einfach als „Gegenstand" bezeichnet; eine Formulierung, deren Verwendung im Steuerberatergebührenrecht, abgesehen davon, daß sie nicht „üblich" ist, nur verwirren würde. Dies gilt auch in der Sicht des „Gegenstandswertes" von § 10.

Ein Beispiel zur Verdeutlichung:

Der einem StB erteilte „Auftrag" beinhaltet die Erstellung des Jahresabschlusses und der Jahressteuererklärungen für ein Einzelunternehmen und dessen Inhaber.
Dieser **„Auftrag"** umfaßt an selbständigen gebührenrechtlichen **„Angelegenheiten":**

1. Jahresabschluß
   a) Abschlußvorarbeiten (§ 35 Absatz 3) sowie Abschlußnebenarbeiten (§ 35 Absatz 3 i. V. mit Anmerkung 5 der dortigen Kommentierung);

b) Prüfung der Buchführung in Teilbereichen (§ 36 Absatz 1);
c) Aufstellung des Jahresabschlusses (§ 35 Absatz 1 Nummer 1 Buchstabe a);
d) Ableitung des steuerlichen Ergebnisses vom Handelsbilanzergebnis (§ 35 Absatz 1 Nummer 3);
e) Schriftlicher Erläuterungsbericht zum Jahresabschluß (§ 35 Absatz 1 Nummer 6);
f) Abschlußnacharbeiten (§ 35 Absatz 3 i. V. mit Anmerkung 5 der dortigen Kommentierung);

2. Jahressteuererklärungen
a) Einkommensteuer
aa) Ermittlung der Einkünfte aus Kapitalvermögen (§ 27 Absatz 1);
bb) Einkünfte aus Vermietung und Verpachtung
aaa) Ermittlung der Einkünfte aus Vermietung und Verpachtung für ein Mietwohngrundstück (§ 27 Absätze 1 und 2);
bbb) Ermittlung der Einkünfte aus Vermietung und Verpachtung für ein gemischtgenutztes Grundstück (§ 27 Absätze 1 und 2);
cc) Ermittlung der sonstigen Einkünfte (§ 27 Absatz 1);
dd) Anfertigung der Einkommensteuererklärung (§ 24 Absatz 1 Nummer 1);
b) Umsatzsteuer
aa) Anfertigung der Umsatzsteuerjahreserklärung (§ 24 Absatz 1 Nummer 8);
c) Gewerbesteuer
aa) Anfertigung der Gewerbesteuererklärung (§ 24 Absatz 1 Nummer 5);
bb) Anfertigung der Gewerbesteuerzerlegungserklärung (§ 24 Absatz 1 Nummer 6).

Jede dieser **„Angelegenheiten"** bedingt ihrerseits wieder eine Anzahl von **„Einzeltätigkeiten"**.

An der Angelegenheit „Aufstellung des Jahresabschlusses" (1 c) soll dies verdeutlicht werden. Sie umfaßt im wesentlichen folgende **„Einzeltätigkeiten"**:

a) Übernahme der Buchungsunterlagen, der Aufzeichnungen zum Inventar nach § 240 HGB, der Anlagenkartei und aller sonstigen zur Abschlußerstellung notwendigen Unterlagen und Schriften vom Auftraggeber;
b) Vorbereitungen zur Abschlußerstellung in der Kanzlei (Bestimmte Arbeiten sind gesondert berechnungsfähig gemäß 1 a);
c) Erstellung des Abschlusses unter Fortführung der vom Auftraggeber vorgelegten Summenbilanz, teilweise in den Räumen der Kanzlei und teilweise in den Geschäftsräumen des Auftraggebers;
d) Klärung von Aktivierungs- und Abschreibungsfragen beim Anlagevermögen, Vornahme der Abschreibungen sowie restlicher Aktivierungen und Ausbuchungen beim Anlagevermögen;
e) Überprüfung der Inventur der Vorräte;
f) Bildung von Rückstellungen und Rechnungsabgrenzungsposten;

g) Ermittlung eigener und fremder noch nicht berechneter Leistungen;
h) Berechnung von Pensionsrückstellungen;
i) Aktivierung von Darlehensabgeld;
j) Überprüfung der Reparaturaufwendungen hinsichtlich einer notwendigen Aktivierung;
k) Überprüfung der Repräsentationsaufwendungen und der Reisekosten nach Maßgabe ihrer steuerlichen Abzugsfähigkeit;
l) Überprüfung aller übrigen Konten auf ihren handelsrechtlich und steuerlich richtigen Ausweis im Abschluß;
(zu j bis l: Teilweise gesondert berechnungsfähig gemäß 1 b);
m) Rechnerische Arbeiten zur Abschlußerstellung;
n) Entwurf der Bilanz und der Gewinn- und Verlustrechnung;
o) Fertigung der Reinschriften der Bilanz und der Gewinn- und Verlustrechnung mit Abschlußvermerk;
p) Binden der Unterlagen;
q) Übermittlung des Abschlusses in zwei Exemplaren mit Begleitschreiben an den Auftraggeber.

So wie die „Aufstellung des Jahresabschlusses" setzt sich jede andere der unter den Ziffern 1 und 2 genannten „Angelegenheiten" aus mehreren „Einzeltätigkeiten" zusammen. Obzwar sich diese Angelegenheiten teilweise eng berühren, wie etwa bei den „Abschlußarbeiten" und den „Abschlußvorarbeiten, Abschlußnebenarbeiten und Abschlußnacharbeiten", bleiben sie trotzdem „selbständige Angelegenheiten".

Die „Einzeltätigkeiten" sind gebührenrechtlich unbeachtlich.

Die Summe der „Einzeltätigkeiten" bildet, wie in dem Beispiel die Einzelaufzählung von Buchstabe a bis Buchstabe q (unter Außerachtlassung der dort als gesondert berechnungsfähig bezeichneten Teilleistungen), die „Angelegenheit". **Diese „Angelegenheit" bildet die Grundlage der Gebührenbemessung.**

Der „Auftrag" ist im engeren gebührenrechtlichen Sinn nur indirekt relevant; er bildet allerdings die bedeutsame Grundlage für die Rechtsfragen genereller Art zum „Auftragsverhältnis", wie beispielsweise Auftragsumfang, Auftragsbeginn, Auftragsbeendigung, vorzeitige Auftragsbeendigung, Haftung und Sondervereinbarungen, wie etwa die Vereinbarung einer höheren Vergütung.

Auch eine einzige „Tätigkeit" kann bereits eine „Angelegenheit", also eine berechnungsfähige „Einheit", sein, etwa bei der mündlichen Erteilung eines Rates zu einer Einzelfrage (§ 21).

Während sich die einzelnen „Angelegenheiten" nach der Gliederung der GebV zumeist noch relativ einfach bestimmen lassen, bereitet die Zuordnung der „Einzeltätigkeiten" zu den „Angelegenheiten" größere Probleme. Es gibt hierfür keine Rechtsvorschrift oder eine ähnliche Regelung und die kann es bei der Vielfalt der Tätigkeiten zwangsläufig auch gar nicht geben. Maßgebend ist die „Berufsübung", diese wiederum gestützt auf Kommentierung und Rechtsprechung. Der BGH versteht in seinem Urteil vom

21. 11. 1996 – IX ZR 159/95 die Angelegenheit als einen durch einen einheitlichen Lebenssachverhalt abgesteckten Rahmen, in dem der StB für seinen Auftraggeber tätig werden soll. Eine Angelegenheit in diesem Sinne sei in der Regel die Tätigkeit des Steuerberaters, für welche die Steuerberatergebührenverordnung eine selbständige Gebühr ausweist. Dies gelte für die Tätigkeiten betreffend Buchführung (§§ 33, 34); Jahresabschlüsse (§ 35), Steuererklärungen (§ 24) sowie Ermittlungen gemäß §§ 25, 27. So auch Feiter Anmerkung 3.4. Die Auffassung von Eggesiecker „STEUGO" Rdnr. 24.214, daß Einkünfteermittlungen, die auf den Anlagen zur Einkommensteuererklärung vorgenommen werden, zusammen mit der Einkommensteuererklärung ohne die Einkünfteermittlung als einheitliche Angelegenheit anzusehen sind, geht fehl. Eine Einkünfteermittlung ist eine „eigene Angelegenheit", gleichgültig, ob sie auf einem Vordruck oder einer maschinenschriftlichen, gesonderten Ausfertigung ihre äußere Darstellung findet. Das Steuerberatergebührenrecht richtet sich nach dem Sachgehalt einer Leistung, nicht nach der Zufälligkeit der Verfügbarkeit finanzamtlicher Vordrucke.

Bei der Kommentierung des Vierten und Fünften Abschnitts der GebV wurde weitgehend auch der Umfang der jeweiligen „Angelegenheiten" angesprochen. Siehe hierzu außerdem Anmerkung 4 zu § 10.

3 Pauschcharakter der Gebühr

Die Gebühren, welche die GebV den einzelnen „Angelegenheiten" zuordnet, gelten „pauschal", besser formuliert wäre „zusammengefaßt", das sogenannte „Tätigkeitsquantum" der jeweiligen „Angelegenheit" (die Summe der zugehörigen Einzeltätigkeiten) ab, d. h., daß für diese der „Angelegenheit" zuzuordnenden Tätigkeiten keine weiteren, zusätzlichen Gebühren gefordert werden können.

Um bei dem **Beispiel** gemäß Anmerkung 2 zu bleiben:

Der StB kann nicht etwa für eine besonders schwierige Rückstellungsbildung oder für die komplizierte Ermittlung des Wertes der „In Errichtung befindlichen Bauten" eines Bauunternehmens eine „Sondergebühr" fordern; alle angeführten Arbeiten sind vielmehr mit dem durch den vom StB nach § 11 zu bestimmenden Rahmensatz nach Maßgabe von § 35 Absatz 1 Nummer 1 Buchstabe a (10/10 bis 40/10 nach Tabelle B) abgegolten, falls nicht eine „höhere Vereinbarung" nach § 4 getroffen wurde. Solchen besonderen Schwierigkeiten muß also, gleich den anderen in § 11 erläuterten „Umständen", bei der Wahl des Rahmensatzes Rechnung getragen werden.

Dieser „Pauschcharakter der Gebühr", d. h. die Abgeltung aller in einer „Angelegenheit" zusammengefaßten „Einzeltätigkeiten" mit einer, allerdings unterschiedlich hoch bestimmbaren, **einheitlichen** Gebühr, **darf nicht mit der „Pauschalvergütung" nach § 14 verwechselt werden.** Die „Pauschalvergütung" ist die von der GebV als Ausnahme gestattete Zusammenfassung „mehrerer Angelegenheiten" zu einer „pauschalierten Vergütung". Wegen weiterer Einzelheiten siehe Erläuterungen zu § 14.

4 Entstehen der Gebühr

Das „Entstehen der Gebühr" im rechtlichen Sinn ist in der GebV selbst nicht angesprochen. In der Verordnungsbegründung wird dazu ausgeführt:

„Eine Gebühr ist entstanden, sobald der StB aufgrund des Auftrages irgendeine Tätigkeit vorgenommen hat."

Nicht also die Auftragserteilung als solche, sondern die „Aufnahme der erstmaligen Tätigkeit" läßt die Gebühr entstehen.
Diese Auffassung wird sowohl von Gerold/Schmidt (Anmerkung 8 zu § 1) wie von Riedel/Sußbauer (Anmerkung 5 zu § 1) bestätigt. Im allgemeinen wird allerdings die Auftragserteilung (mündlicher oder schriftlicher Vertragsabschluß) mit der ersten Dienstleistung, welche den Gebührenanspruch begründet, zusammenfallen, da ja meist die „Information" des StB direkt mit dem Auftrag verbunden ist. Die „Entgegennahme der ersten Information" ist in der Regel die „erste Tätigkeit" des StB. Die „erste Tätigkeit" kann auch in anderen Handlungen bestehen, etwa der Einsichtnahme in vorangegangene Steuererklärungen bei der Übernahme eines Auftrags für die Fertigung von Steuererklärungen oder der Einsichtnahme in die letztjährige Buchführung und den bestehenden Kontenplan bei Übernahme eines Buchführungsauftrages.
Tritt ein Auftraggeber an einen StB heran, um ihm ein Mandat zu übertragen, so wird je nach der Art des Auftrages darin auch das (ggfs. stillschweigende) Begehren zu erblicken sein, der StB möge ihn, etwa über die Aussichten eines begehrten Rechtsbehelfsverfahrens oder über die mögliche Entscheidung des Finanzamtes über einen Stundungsantrag oder über das mutmaßliche Ergebnis einer Verhandlung mit einer Verwaltungsbehörde, informieren. Sieht der StB die Möglichkeit negativ und rät von der Einlegung eines Rechtsbehelfes, von einem Stundungsantrag oder von einer Verhandlung ab und wird ihm daher das Mandat tatsächlich nicht übertragen, so ist die „Erteilung von Rat und Auskunft" als ein „hilfsweise erteilter Auftrag" anzusehen, der ihm einen Gebührenanspruch nach § 21 gibt.
Wird ein Auftrag für eine bestimmte „Angelegenheit" definitiv erteilt und hat der StB seine Tätigkeit aufgenommen, so steht ihm die Gebühr für diese „Angelegenheit" auch bei vorzeitiger Erledigung der „Angelegenheit" oder Beendigung des Auftrages zu. Siehe hierzu Anmerkung 6.
Für das Entstehen des „Auslagenersatzes" gelten prinzipiell die gleichen Grundsätze, so daß das Vorgesagte generell über die „Gebühr" hinaus auf die „Vergütung" (§ 1) des StB bezogen werden kann.
Die „Fälligkeit" der Vergütung bestimmt sich nach § 7, für die „Einforderung" durch die „Berechnung" gilt § 9.

5 Verschiedene Gebührensätze für Teile eines Gegenstandes

Die Bestimmung des § 12 Absatz 3 ist „verwandt" mit der Vorschrift des § 10 Absatz 2.
Gleich der Bestimmung des § 10 Absatz 2 ist ihre Anwendung praktisch auf außergerichtliche Rechtsbehelfsverfahren beschränkt. Siehe hierzu die aus-

führliche Untersuchung in Anmerkung 4 zu § 10. Die Richtigkeit des dort Gesagten wird mit der Verordnungsbegründung zu § 12 noch unterstrichen, nachdem diese den Absatz 3 von § 12 neben den Rechtsbehelfsverfahren nur noch bei § 21 als anwendbar bezeichnet. Daß auch eine Anwendung bei § 21 ausscheidet, ist in der erwähnten Anmerkung 4 zu § 10 bereits ausführlich dargetan; es bleibt somit auch hier, gleich § 10 Absatz 2, das Fazit der alleinigen Anwendung des Absatzes 3 von § 12 für Verfahren vor Verwaltungsbehörden.
Der Vollständigkeit halber sei noch angemerkt, daß die Feststellung in der Verordnungsbegründung, § 23 Satz 2 sei eine „Parallelvorschrift" zu § 12 Absatz 3, fehl geht. § 23 Satz 2 besagt etwas völlig anderes als § 12 Absatz 3. Zur Begründung dieser Feststellung sei auf das Schaubild „Sondervorschriften für den Ansatz von Gegenstandswerten" bei Anmerkung 5 zu § 10 verwiesen.

6 Vorzeitige Erledigung der Angelegenheit oder Beendigung des Auftrages vor der abschließenden Erledigung

Anknüpfend an die Erläuterungen in Anmerkung 4 zum „Entstehen der Gebühr" ergibt sich aus Absatz 4 von § 12, daß der einmal entstandene Gebührenanspruch keine Beeinträchtigung dadurch erfährt, daß sich die „Angelegenheit vorzeitig erledigt" oder der „Auftrag vor der abschließenden Erledigung endet".

6.1 Vorzeitige Erledigung der Angelegenheit

Folgende Beispiele mögen diese Art der Beendigung der Tätigkeit des StB verdeutlichen:

Beispiel 1:

Ein StB trifft Vorbereitungen für einen Antrag auf Stundung von Vorauszahlungen an Einkommensteuer und Kirchensteuer (§ 23 Nummer 2). Noch vor der abschließenden Fertigstellung des Antrages setzt das Finanzamt im Rahmen einer zwischenzeitlichen Veranlagung eines zurückliegenden Kalenderjahres die fraglichen Vorauszahlungen herab, so daß sich ein Stundungsantrag erübrigt.

Beispiel 2:

Ein StB wird mit der Einleitung eines Rechtsbehelfsverfahrens gegen einen fehlerhaften Steuerbescheid beauftragt (§§ 40 bis 43). Bevor er seinen Rechtsbehelfsschriftsatz beim Finanzamt einreichen kann, erteilt das Finanzamt, das den Fehler mittlerweile bemerkt hat, einen geänderten Bescheid.

Zu den Beispielen 1 und 2:

In beiden Fällen verbleibt dem StB sein Gebührenanspruch nach Maßgabe der GebV.

6.2 Beendigung des Auftrages vor der abschließenden Erledigung

Diese Art der Beendigung der Tätigkeit eines StB ist vor allem in der Zurücknahme eines erteilten Auftrages durch den Auftraggeber (Kündigung) zu

sehen, bevor die Angelegenheit abschließend erledigt ist. Sie kann ferner durch eine Kündigung seitens des StB oder durch dessen Tod gegeben sein.
Im Falle der Kündigung des Auftrages durch den Auftraggeber bleibt dem StB nach Absatz 4 der Gebührenanspruch für die fragliche „Angelegenheit" erhalten.
Nicht unproblematisch und wesentlich schwerer zu beantworten als beim Rechtsanwalt ist die Frage nach der **Höhe** des Gebührenanspruchs des StB für eine solche „Angelegenheit".
Es ergeben sich kaum Probleme bei Verfahren vor Verwaltungsbehörden (§§ 40 bis 43) oder im Verwaltungsvollstreckungsverfahren (§ 44). Dort stehen die „Instanzgebühren" nach dem Streitwert fest und die Rahmenbestimmung bei den §§ 41 bis 43 ist nicht vom „Arbeitsstand" abhängig.
Auch bei „Angelegenheiten", die nach der „Zeitgebühr" honoriert werden, läßt die bereits aufgewandte Arbeitszeit die betragsmäßige Bezifferung des Gebührenanspruches unschwer zu.
Bei den nach der „Wertgebühr" (außer den vorgenannten Verfahren vor Verwaltungsbehörden) sowie bei den nach der „Betragsrahmengebühr" zu berechnenden „Angelegenheiten" wird man davon auszugehen haben, daß die für die Wahl des Rahmensatzes nach § 11 maßgebenden „Umstände" „Bedeutung der Angelegenheit", „Schwierigkeit der Tätigkeit" sowie „Einkommens- und Vermögensverhältnisse des Auftraggebers" neben den meisten der „Sonstigen Umstände" keine die Wertfindung schmälernde Beurteilung wegen der vorzeitigen Erledigung der Angelegenheit oder der Beendigung des Auftrages erfahren dürfen. Lediglich bei dem „Umstand" „Umfang der Tätigkeit" wird man den verminderten Zeitaufwand zu berücksichtigen haben. Bei Würdigung aller gleichwertig nebeneinanderstehender „Umstände" (Anmerkung 2 zu § 11) dürfte man dann zwar zumeist zu einem niedrigeren Rahmensatz als bei der vollen Bearbeitung der Angelegenheit gelangen, keinesfalls aber dazu kommen, etwa die „Mindestgebühr", also den unteren Rahmensatz, anzuwenden. Hierfür wäre nur Raum, wenn die ganze „Angelegenheit" ohnehin im unteren Rahmenbereich anzusiedeln gewesen wäre.
Die Verordnungsbegründung zu dieser Frage ist leider nicht ganz klar, aber sie deckt das Vorgesagte ab, wenn man davon ausgeht, daß sie das „Erhalten der Mindestgebühr" auf jeden Fall verdeutlichen wollte, ohne damit die Möglichkeit eines gerechtfertigten höheren Rahmensatzes zu verneinen.
Kündigt der StB den Auftrag, ohne durch vertragswidriges Verhalten des Auftraggebers dazu veranlaßt worden zu sein, so steht ihm ein Gebührenanspruch insoweit nicht zu, als seine bisherigen Leistungen infolge seiner Kündigung für den Auftraggeber kein Interesse mehr haben (§ 628 Absatz 1 Satz 2 BGB). So auch entschieden durch das OLG Düsseldorf mit Urteil 13 U 101/95 vom 20. 7. 1996.
Wird die Kündigung des StB durch vertragswidriges Verhalten des Auftraggebers veranlaßt, so ist der Auftraggeber zum Ersatz des durch die Aufhebung des Dienstverhältnisses entstehenden Schadens verpflichtet (§ 628 Absatz 2 BGB).

Wird dem StB die vollständige Erledigung des Auftrages unmöglich, ohne daß er oder der Auftraggeber dies zu vertreten haben, z. B. im Falle schwerer Erkrankung oder des Todes des StB, so bleibt dies auf die bereits „entstandenen" Gebühren ohne Einfluß; siehe hierzu Riedel/Sußbauer Anmerkung 48 zu § 13.

Die Bestimmung des § 32 BRAGO hinsichtlich der Halbierung der Prozeßgebühr gilt nicht für das Verfahren vor Verwaltungsbehörden, sondern, über § 45, ausschließlich für gerichtliche Verfahren.

Unberücksichtigt bei vorstehenden Ausführungen mußten für den Fall der Auftragsbeendigung zwangsläufig Fragen im Zusammenhang mit den im Einzelfall getroffenen vertraglichen Vereinbarungen bleiben, insbesondere hinsichtlich einer vereinbarten festen Vertragsdauer unter Ausschluß von § 627 BGB, auch in der Ausgestaltung einer „Pauschalvereinbarung" hinsichtlich des Schadens, der dem StB dadurch entsteht, daß er sich, vor allem personell, auf die Erledigung eines langfristigen oder sich in den Leistungen mehrfach wiederholenden Auftrages besonders eingerichtet hat, oder hinsichtlich der Ansprüche bei einer Vertragsbeendigung aus wichtigem Grund. Hier sind die Bestimmungen des BGB, insbesondere §§ 612ff. und die dazu ergangene Rechtsprechung maßgebend. Auf Anmerkung 1.3.5 zu Abschnitt 1.3 „Allgemeine Rechtsfragen zum Gebührenrecht" dürfen wir ergänzend verweisen.

7 Erneute Beauftragung in derselben Angelegenheit

Nach der Verordnungsbegründung war die Regelung des Abs. 5 für den StB unbillig, wenn bis zur Erteilung eines weiteren Auftrags in derselben Angelegenheit eine lange Zeit vergangen war und er sich deswegen vollkommen neu einarbeiten mußte. Durch den angefügten Satz 2 hat die 3. VOÄStBGebV hier Abhilfe geschaffen. So gilt nun die weitere Tätigkeit als neue Angelegenheit mit eigenem Gebührenanspruch, wenn der frühere Auftrag seit mehr als zwei Kalenderjahren erledigt ist. Es wird auf Kalenderjahre – nicht Jahre abgestellt, weil, so die Verordnungsbegründung, der Zeitpunkt der Erledigung des Auftrags nicht immer präzise bestimmt werden kann.

Man wird den Grundsatz des Absatzes 5, daß ein StB, der nach vorangegangener Tätigkeit **erneut** (weiter) „in derselben Angelegenheit" tätig wird, nicht mehr an Gebühren erhalten soll, als wenn er von vornherein mit der „gesamten Angelegenheit" befaßt gewesen wäre, etwa durch folgende Beispiele erläutern können:

Beispiel 1:

Ein Auftraggeber beauftragt einen StB mit der Erstellung eines Gutachtens zu den ertragsteuerlichen Belastungen der Umwandlung einer Personengesellschaft in eine GmbH. Nach Kenntnisnahme von dem Arbeitsergebnis wird der StB beauftragt, ergänzend auch noch die übrigen steuerlichen Belastungen in das Gutachten einzubeziehen. Für das gesamte Gutachten steht dem StB die Gebühr nach § 22 (10/10 bis 30/10 nach Tabelle A) zu.

Beispiel 2:

Ein StB erstattet für seinen Auftraggeber Selbstanzeige nach § 371 AO. Nach der Vorlage der Anzeige beim Finanzamt ergibt sich, daß ein weiterer anzeigebedürftiger Hinterziehungstatbestand gleicher Art eine ergänzende Anzeige erforderlich macht, mit deren Erstellung der StB gleichfalls beauftragt wird.
In Betracht kommt eine Gebühr zusammengefaßt für beide Tätigkeiten nach Maßgabe von § 30 (10/10 bis 30/10 nach Tabelle A).

Anmerkung zu den Beispielen 1 und 2:

Es versteht sich von selbst, daß die „zusätzliche Tätigkeit" durch den jeweiligen zweiten Auftragsteil bei der Rahmenbemessung Berücksichtigung finden muß, da der StB den erhöhten Rahmensatz ja erhalten hätte, wenn er „von vornherein mit der Angelegenheit beauftragt worden wäre". Der StB wird ferner bei der Rahmenbestimmung berücksichtigen können, wenn durch eine sich nicht sogleich anschließende „Ergänzungsauftragserteilung" ein „Neueinarbeiten" in den Vorgang erforderlich ist. Bei einem von vornherein erteilten „Gesamtauftrag" hätte er einen solchen, vom Auftraggeber zu vertretenden, „Umstand" gleichermaßen in die Wahl des Rahmensatzes einfließen lassen dürfen. Findet der zweite Auftragsteil bereits durch einen dann gegebenen höheren Gegenstandswert Berücksichtigung, so darf durch die Wahl eines höheren Rahmensatzes insoweit allerdings keine „Doppelberücksichtigung" erfolgen.
Der Bestimmung des Absatzes 5 kommt nur bei der „Wertgebühr" und der „Betragsrahmengebühr" praktische Bedeutung zu, da sich bei Leistungen, die nach der „Zeitgebühr" zu berechnen sind, die Frage der „Gesamtbetrachtung" nicht stellt.

8 **Einzelne Tätigkeiten im Rahmen einer Angelegenheit**

Absatz 6 orientiert sich ausschließlich an der prozessualen Tätigkeit des RA, wobei als typisches Beispiel gelten möge, daß ein RA, der mit mehrfacher Raterteilung und mehreren Einzelschriftsätzen in einem Prozeß (einer Instanz) befaßt wird, in „derselben Angelegenheit dieses Prozesses (dieser Instanz)" für alle diese Einzelleistungen zusammen nicht mehr als eine Prozeßgebühr erhalten kann.
Anwendbar ist die Vorschrift, abgesehen von dem direkten Einwirkungsbereich der BRAGO nach § 45, für das außergerichtliche Rechtsbehelfsverfahren nach den §§ 40 bis 43.
Im übrigen fällt es schwer, Beispiele aus dem Bereich des Steuerrechts anzuführen, die nicht praxisfremd oder „künstlich erfunden" wirken, da solche „Teilaufträge" für einzelne Handlungen (Tätigkeiten) im Bereich der Steuerberatung kaum üblich sind. Ein „Versuch" sei an den zwei Beispielen gemacht:

Beispiel 1:

Ein Steuerpflichtiger hat keine Einkommensteuererklärung abgegeben. Auf die Mahnung des Finanzamtes hin beauftragt er einen StB, „die Angelegenheit mit dem Finanzamt zu regeln" und macht gleichzeitig einige Angaben zu seinen Einkommensverhältnissen. Der StB führt mit dem Finanzamt eine erste Besprechung. Dabei ergibt sich,

daß die Angaben unvollständig sind. In zwei weiteren Besprechungen mit dem Finanzamt werden die Angaben vervollständigt. Das Amt führt daraufhin eine Einkommensteuerveranlagung durch, ohne daß formal eine Einkommensteuererklärung vorliegt.
Die Besprechungen wären nach § 31 mit 5/10 bis 10/10 nach Tabelle A abzugelten. Die Gebühr für die „eine Angelegenheit bildenden“ drei Besprechungen darf nicht höher liegen als die Gebühr für eine Einkommensteuererklärung nach § 24 Absatz 1 Nummer 1 (1/10 bis 6/10 nach Tabelle A) unter Beachtung der Tatsache bei der Wahl des Rahmensatzes, daß eine schriftliche Ausfertigung der Erklärung nicht erforderlich war.

Beispiel 2:

Ein Steuerpflichtiger möchte seine Vermögensaufstellung zur Ermittlung des Einheitswertes des Betriebsvermögens selbst erstellen. Lediglich die Teilwertermittlung des Anlagevermögens und der bewertungsrechtlich richtige Ansatz eines Versorgungsversprechens bereiten ihm Schwierigkeiten. Er beauftragt einen StB, diese Wertermittlungen für ihn durchzuführen.
Da der StB einen „Rat“ nach § 21 erteilt, könnte er nach Absatz 1 Satz 1 dieser Vorschrift eine Gebühr von 1/10 bis 10/10 nach Tabelle A berechnen, abgestellt auf den Wert des Interesses, also den Teilwert des Anlagevermögens und den Wert der Versorgungszusage (auch wenn letzterem ein „Negativcharakter“ zukommt). Hätte ihm bei Fertigung der gesamten Vermögensaufstellung nach § 24 Absatz 1 Nummer 9 unter Berücksichtigung aller „Umstände“ eine Gebühr von 10/20 nach Tabelle A zugestanden, bemessen nach dem gesamten Rohbetriebsvermögen, so begrenzt sich in Anbetracht von § 12 Absatz 6 sein Vergütungsanspruch nach § 21 auf den Gebührenanteil, der dem Verhältnis der beiden genannten Vergütungsteile zum gesamten Rohbetriebsvermögen entspricht.

Maßgeblich für die vorstehende Betrachtungsweise ist die von Absatz 6 geforderte Voraussetzung, daß sich die Gebühr für die Einzeltätigkeit an der Gebühr „für die **gleiche** Tätigkeit“ im Rahmen der Vergütung der **gesamten** „Angelegenheit“ zu orientieren hat.

§ 13 Zeitgebühr

Die Zeitgebühr ist zu berechnen

1. in den Fällen, in denen diese Verordnung dies vorsieht,

2. wenn keine genügenden Anhaltspunkte für eine Schätzung des Gegenstandswerts vorliegen; dies gilt nicht für Tätigkeiten nach § 23 sowie für die Vertretung im außergerichtlichen Rechtsbehelfsverfahren (§§ 40 bis 43), im Verwaltungsvollstreckungsverfahren (§ 44) und in gerichtlichen und anderen Verfahren (§§ 45, 46).

Sie beträgt 37,50 bis 90 Deutsche Mark je angefangene halbe Stunde.

Fassung 3. VOÄStBGebV

Amtliche Begründung zu § 13:

Die Zeitgebühr hat für die Praxis der steuerberatenden Berufe seit jeher eine besondere Bedeutung. Sie findet aus unterschiedlichen Gründen Anwendung, z. B. zur Vereinfachung des Abrechnungsverfahrens, wegen der Unbestimmbarkeit des Gegenstandswerts oder weil sich der Umfang der auszuführenden Tätigkeiten bei Übernah-

me des Auftrags nicht übersehen läßt. Daneben wurde auf die Zeitgebühr zurückgegriffen, wenn nach Ansicht des Berufsangehörigen die jeweiligen Wertgebühren den Zeitaufwand nicht entsprechend abgalten.
Im Interesse einer besseren Transparenz der auf den Auftraggeber zukommenden Gebührenbelastung wird der Anwendungsbereich der Zeitgebühr künftig eingeschränkt.
In Zukunft darf der Steuerberater die Zeitgebühr nur noch in den Fällen anwenden, in denen die Gebührenverordnung dies ausdrücklich vorsieht, oder wenn keine genügenden Anhaltspunkte für eine Schätzung des Gegenstandswerts vorliegen. Letzteres gilt jedoch nicht für Tätigkeiten nach § 23, für das außergerichtliche Rechtsbehelfsverfahren (§§ 40–43), für das Verwaltungsvollstreckungsverfahren (§ 44) und für Verfahren, auf die nach §§ 45, 46 die BRAGO anzuwenden ist.
Bei den Tätigkeiten, für die diese Verordnung eine Abrechnung nach der Zeitgebühr vorsieht, handelt es sich um
- die Anfertigung von Erklärungen zur Feststellung des Einheitswertes von Grundstücken oder Mineralgewinnungsrechten und um Arbeiten zur Feststellung des verrechenbaren Verlustes gemäß § 15 a EStG (§ 24 Abs. 4),
- die erheblich über das übliche Maß hinausgehenden Vorarbeiten bei der Ermittlung des Überschusses der Betriebseinnahmen über die Betriebsausgaben (§ 25 Abs. 2),
- die Prüfung von Steuerbescheiden (§ 28),
- die Teilnahme an Prüfungen (§ 29 Nr. 1),
- die Einrichtung von Buchführungen (§ 32),
- sonstige Tätigkeiten bei der Buchführung (§ 33 Abs. 7),
- sonstige Tätigkeiten bei der Lohnbuchführung (§ 34 Abs. 5),
- die Anfertigung oder Berichtigung von Inventurunterlagen und für sonstige Abschlußvorarbeiten (§ 35 Abs. 3),
- Tätigkeiten im steuerlichen Revisionswesen (§ 36) und
- die Erteilung von steuerlichen Bescheinigungen (§ 38).

Der Gebührenrahmen erstreckt sich von 20 bis 60 DM je angefangene halbe Stunde. Die Bestimmung der Gebühr innerhalb dieses Rahmens kann sowohl von der Schwierigkeit der beruflichen Tätigkeit als auch von der Bedeutung der Angelegenheit als auch davon abhängen, ob die betreffende Tätigkeit vom Berufsträger selbst oder von einem Mitarbeiter ausgeführt wird, der nicht Berufsangehöriger ist.

Amtliche Begründung 1. VOÄ zu § 13:

Die Anhebung der Zeitgebühr von bisher 20 bis 60 DM auf 25 bis 70 DM je angefangene halbe Stunde dient der Anpassung an die wirtschaftliche Entwicklung. Sie berücksichtigt die bei den Berufsangehörigen zwischenzeitlich eingetretenen Kostensteigerungen.
Auf Zeitgebühren entfällt nur ein geringer Anteil am gesamten Honoraraufkommen der Steuerberater, da sie nur für die in § 13 aufgezählten Tätigkeiten angesetzt werden können. Gemessen an dem Gebührenrahmen für die übrigen Leistungen der Steuerberater fallen die durch die Erhöhung bedingten Mehrkosten für die Mandanten der Berater nicht wesentlich ins Gewicht.

Amtliche Begründung 2. VOÄ zu § 13:

Durch die vorgeschlagene Änderung wird der Zeitgebührenrahmen von bisher 25 DM bis 70 DM auf 30 DM bis 77,50 DM je angefangene halbe Stunde angehoben. Die letzte Anhebung erfolgte zum 1. Juli 1988. Mit der jetzt vorgeschlagenen Anhebung werden die zwischenzeitlich eingetretenen Kostensteigerungen zeitnah berücksichtigt.

Die Zeitgebühr findet in der Gebührenpraxis der steuerberatenden Berufe Anwendung
- in Fällen, in denen die Verordnung dies ausdrücklich vorsieht (§ 24 Abs. 4, § 25 Abs. 2, § 28, § 29 Nr. 1, § 32, § 33 Abs. 7, § 34 Abs. 5, § 35 Abs. 3, § 36 Abs. 1 und 2, § 38 Abs. 2),
- als „Hilfsgebühr", wenn keine genügenden Anhaltspunkte für eine Schätzung des Gegenstandswerts vorliegen, unter der Einschränkung des § 13 Nr. 2 und
- als höher zu vereinbarende Vergütung nach Maßgabe des § 4.

Der Anteil der Zeitgebühren an den Gesamteinnahmen ist prozentual gering.
Die zeitnahe Anhebung der Zeitgebühr soll in den vorgesehenen Beratungsfällen ermöglichen, ohne Sondervereinbarung ein leistungsgerechtes Honorar in Rechnung stellen zu können.
Die Bundessteuerberaterkammer hat bei der Anhörung darauf hingewiesen, daß die Begründung, die zur der Anhebung der Zeitgebühr bei Architekten und Ingenieuren (Vierte ÄnderungsVO der Honorarordnung für Architekten und Ingenieure vom 13. Dezember 1990, BGBl. I S. 2707) gegeben wurde, nach den von der Bundessteuerberaterkammer veranlaßten Umfragen und Untersuchungen voll und ganz auf die steuerberatenden Berufe übertragen werden kann. Die bei den Architekten- und Ingenieurbüros feststellbaren Kostensteigerungen (insbesondere Personal-, Raum- und Verwaltungskostensteigerungen) sind im selben Umfang in den Kanzleien der Steuerberater festzustellen. Seit der letzten Erhöhung der Zeitgebühr zum 1. Juli 1988, die auf der Kostensituation bis 1987 beruhte, sind die Personalkosten durchschnittlich um mindestens 13,8 v. H., die Raumkosten durchschnittlich um ca. 16 v. H. und die allgemeinen Verwaltungskosten durchschnittlich um 12,9 v. H. angestiegen. Auch bei Steuerberatern ist es daher erforderlich, die Zeitgebührensätze anzuheben, um kosten- und leistungsgerechte Honorare festzulegen. Die Erhöhung um 10,7% (im oberen Rahmensatz) trägt dem ausreichend Rechnung.

Amtliche Begründung 3. VOÄ zu § 13:

Die Anhebung des unteren Rahmens der Zeitgebühr stellt einen Ausgleich für die gestiegenen Kosten des Steuerberaters (Personalkosten und Sachkosten) sowie der gestiegenen Anforderungen an die Steuerberatungsleistungen dar. Die Personal- und Raumkosten sind im Durchschnitt von 1991 bis 1994 um 40 v. H. gestiegen. Die vorgesehenen Erhöhungen sind angemessen; eine kostenmäßige Überforderung der Mandanten wird nicht eintreten, da die Zeitgebühr nur bei wenigen Angelegenheiten zur Anwendung kommt.

Anmerkungsübersicht

1 Allgemeines

Die Gebührenpraxis des steuerberatenden Berufs in der Vergangenheit hat deutlich gemacht, daß, abweichend von den Gebührenrechtsregelungen für Rechtsanwälte und übereinstimmend mit der gebührenrechtlichen Handhabung der Wirtschaftsprüfer, die Zeitgebühr als selbständige Gebühr neben der Wertgebühr ihren unverzichtbaren Platz hat. Der Verordnungsgeber trug dieser Besonderheit zwar weitgehend, aber noch nicht in vollem Umfang Rechnung; im einzelnen ist das Fehlen einer solchen Regelung bei der Erläuterung der diesbezüglichen Vorschriften angesprochen.
Vordringlich zu wünschen wäre der „eigenständige" Ansatz der Zeitgebühr vor allem noch für die Erteilung von Rat und Auskunft (§ 21) und Besprechungen mit Behörden oder Dritten (§ 31). Einzelheiten hierzu bei den Erläuterungen zu den genannten Vorschriften.
Bedauerlich ist ferner, daß eine langjährig praxiserprobte Regelung keine Aufnahme in die GebV fand, nach der dann an die Stelle der Wertgebühr die Zeitgebühr treten kann, wenn die Wertgebühr nicht in einem angemessenen Verhältnis zum notwendigen Zeitaufwand steht, der zur sachgerechten Bearbeitung erforderlich ist. Man hat den Verzicht auf eine solche Bestimmung mit „gebotener Rücksicht auf das Anwaltsgebührenrecht" begründet, das nun aber gerade im Bereich der „Zeitgebühr" nicht mit dem Steuerberatergebührenrecht vergleichbar ist. Umgekehrt hat dieser Verzicht aber auch zur Folge, daß bei höheren Wertgebühren nicht ein Ansatz der Zeitgebühr verlangt werden kann, wenn die zur Auftragserledigung benötigte Zeit verhältnismäßig gering ist. Hier bedarf es allerdings einer entsprechenden Berücksichtigung bei der Wahl des Rahmensatzes nach Maßgabe der Anmerkung 2.2 zu § 11.
Auf dem langen Weg der Beratungen bis zur Verabschiedung der StBGebV gab es andererseits auch einmal die Absicht, eine Bestimmung in die GebV aufzunehmen, die es ermöglicht hätte, vor Beginn eines Auftrags für praktisch alle Leistungen, ausgenommen Rechtsbehelfe und Strafverfahren, die Zeitgebühr als „alleinige Gebühr" zu vereinbaren. Eine solche „Superzeitgebühr" wäre unaktzeptabel und widerspräche eklatant der Aufgabe und dem Zweck einer gesetzlichen Gebührenordnung, weil die Verordnung mit einer solchen Vorschrift selbst die Möglichkeit schaffen würde, ihre gesamte differenzierte und wohlabgewogene Gebührenregelung nach „Wert", „Betragsrahmen" und „Zeit" außer Kraft zu setzen. Sie würde den Berufsstand auf diesem Wege zum „Zeitlöhner" machen, eine Vergütungsform, die, bei aller Notwendigkeit der Zeitgebühr für bestimmte einzelne Leistungen, für den Steuerberater generell indiskutabel ist. Die Wertgebühr muß für die Bereiche, bei denen sie jetzt Anwendung findet, Bestand haben. Der Steuerberater ist aber nicht gehindert, im Rahmen einer Vereinbarung die Zeitgebühr als höhere Vergütung, als sie sich aus der Verordnung ergibt, zu wählen. So auch entschieden durch das OLG Düsseldorf mit Urteil 13 U 211/93 vom 13. 10. 1984. Danach kann der Steuerberater eine Zeitgebühr nach der StBGebV nur für im einzelnen festgelegte Leistungen, als „Hilfsgebühr" bei fehlenden Anhaltspunkten für eine Schätzung des Gegenstandswertes oder

zur sinngemäßen Anwendung bei fehlender Bestimmung einer Gebühr nach Maßgabe von § 2 und letztlich als höher zu vereinbarende Gebühr im Sinne von § 4 Abs. 1 fordern.
Auch Feiter (Das Honorar des Steuerberaters) räumt dem Steuerberater die Möglichkeit ein, mit dem Mandanten eine höhere Gebühr nach § 4 zu vereinbaren, und zwar auch in den Fällen, in denen die StBGebV eine Abrechnung nach Wertgebühren und nicht nach Zeitaufwand vorsieht. Auch nach Mittelsteiner/Scholz (Anmerkung 5 zu § 4) kann der Steuerberater eine Wertgebühr durch eine Zeitgebühr ersetzen, wenn dadurch weder die Angemessenheit der Gebühr nach § 4 Abs. 2 in Frage gestellt wird, noch eine Unterbietung erfolgt. Demgegenüber vertritt Heinrich (StB 1989, S. 121) mit ausführlicher Begründung die Ansicht, daß nach der Systematik der GebV die vorgeschriebenen Wertgebühren auch nicht über § 4 durch eine (höhere) Zeitgebühr ersetzt werden können. Schall (StB 1991, S. 81) wiederum bejaht die Zulässigkeit einer vereinbarten Zeitgebühr auch dann, wenn sie nicht höher ist als die entsprechende Wertgebühr. Eggesiecker („STEUGO" Rdnr. 13.400) hält aufgrund der Vertragsfreiheit es sogar für möglich, **alle Tätigkeiten** ausschließlich nach Zeitgebühr zu berechnen.

2 Anwendungsbereich

Die Zeitgebühr findet Anwendung
a) als „eigenständige Gebühr", wenn die GebV dies im einzelnen bestimmt,
b) als „Hilfsgebühr" bei Nichtvorliegen genügender Anhaltspunkte für eine Schätzung des Gegenstandswertes oder zur sinngemäßen Anwendung bei fehlender Bestimmung einer Gebühr nach Maßgabe von § 2 und
c) als „höher zu vereinbarende Gebühr" gemäß § 4 Absatz 1.
Einzelheiten ergeben sich aus dem folgenden Schaubild „Anwendungsbereich Zeitgebühr".

Anwendungsbereich Zeitgebühr

§	Absatz	Nummer	Eigenständige Gebühr	Hilfsgebühr	Höher zu vereinbarende Gebühr
2				Sinngemäße Anwendung bei fehlender Bestimmung einer Gebühr	
4	1				Ansatz im Rahmen der Vereinbarung einer höheren Gebühr
13		2		Bei Nichtvorliegen genügender Anhaltspunkte für eine Schätzung des Gegenstandswertes **ausgenommen**	

§	Absatz	Nummer	Eigenständige Gebühr	Hilfsgebühr	Höher zu vereinbarende Gebühr
				§ 23 Sonstige Einzeltätigkeiten § 40 bis § 43 Außergerichtliche Rechtsbehelfsverfahren § 44 Verwaltungsvollstreckungsverfahren und Aussetzung der Vollziehung § 45 Vergütung in gerichtlichen und anderen Verfahren § 46 Vergütung bei Prozeßkostenhilfe	
24	4	1	Anfertigung einer Erklärung zur Hauptfeststellung, Fortschreibung oder Nachfeststellung der Einheitswerte für Grundbesitz oder Mineralgewinnungsrechte		
		2	Arbeiten zur Feststellung des verrechenbaren Verlustes gemäß § 15 a EStG		
		3	Anfertigung einer Meldung über die Beteiligung an ausländischen Körperschaften, Vermögensmassen und Personenvereinigungen und an ausländischen Persongesellschaften		
		4	Anfertigung eines Erstattungsantrags nach § 50 Abs. 5 Satz 4 Nr. 3 des Einkommensteuergesetzes		
		5	Anfertigung einer Anmeldung nach § 50 a Abs. 5 des Einkommensteuer-		

§	Absatz	Nummer	Eigenständige Gebühr	Hilfsgebühr	Höher zu vereinbarende Gebühr
			gesetzes, § 73 e der Einkommensteuer-Durchführungsverordnung		
25	2		Vorarbeiten zur Ermittlung des Überschusses der Betriebseinnahmen über die Betriebsausgaben, die über das übliche Maß erheblich hinausgehen		
28			Prüfung von Steuerbescheiden		
29		1	Teilnahme an einer Prüfung einschließlich der Schlußbesprechung und der Prüfung des Prüfungsberichtes		
32			Einrichtung einer Buchführung		
33	7		Hilfeleistung bei sonstigen Tätigkeiten im Zusammenhang mit der Buchführung		
34	5		Hilfeleistung bei sonstigen Tätigkeiten im Zusammenhang mit dem Lohnsteuerabzug und der Lohnbuchführung		
35	3		Anfertigung oder Berichtigung von Inventurunterlagen und sonstige Abschlußvorarbeiten bis zur abgestimmten Saldenbilanz		
36	1		Prüfung einer Buchführung, einzelner Konten oder einer Überschußrechnung für steuerliche Zwecke und Berichterstattung hierüber		

§	Absatz	Nummer	Eigenständige Gebühr	Hilfsgebühr	Höher zu vereinbarende Gebühr
	2	1	Prüfung einer Bilanz, einer Gewinn- und Verlustrechnung, eines Anhangs, eines Lageberichts oder einer sonstigen Vermögensrechnung für steuerliche Zwecke (neben einer Wertgebühr)		
		2	Berichterstattung über eine Tätigkeit nach Nummer 1		
38	2		Mitwirkung an der Erteilung von Steuerbescheinigungen		

3 Höhe der Zeitgebühr

Die Zeitgebühr betrug DM 20,– bis DM 60,– je angefangene halbe Stunde. Sie wurde durch die 1. VOÄStBGebV mit Wirkung vom 1. 7. 1988 auf DM 25,– bis DM 70,–, durch die 2. VOÄStBGebV mit Wirkung vom 30. 6. 1991 auf DM 30,– bis DM 77,50 und durch die 3. VOÄStBGebV mit Wirkung vom 28. 8. 1998 auf nun DM 37,50 bis DM 90,– je angefangene halbe Stunde erhöht.

Die Festlegung dieser Zeitgebühr war wohl mit die am schwierigsten zu lösende Frage bei der Schaffung der GebV. Unzählige Verhandlungen zwischen dem Berufsstand und dem Bundesminister der Finanzen, zwischen den Ressorts Finanzen, Wirtschaft und Justiz sowie zwischen den Länderfinanzministerien und dem Bundesfinanzministerium führten im Endergebnis zu einer Lösung, die sich zwar deutlich von den Ausgangswerten der Diskussion unterschied, aber doch in der oberen Rahmenbegrenzung nicht voll dem Wunsch des Berufsstandes entsprach. Für die Fülle der Leistungen, die zum Aufgabenbereich des StB zählen, vor allem aber für den Schwierigkeitsgrad, der so manchen dieser Leistungen innewohnt, bietet der ab 28. 8. 1998 gültige Rahmen eine sachangemessenere Lösung. Das OLG München hatte übrigens bereits im Jahr 1979 einem Wirtschaftsprüfer einen Stundensatz von DM 200,– zugebilligt und diesen auch als erstattungsfähig bezeichnet (Beschluß 11 W 922/79 vom 30. 3. 1979 in WPg 1979 S. 349).

Wenn der Gegenstand der beruflichen Leistung Werte über DM 180,– je Stunde bedingt, bedarf es damit der Vereinbarung einer „höheren Gebühr" nach § 4 Absatz 1.

Berechnungseinheit der Zeitgebühr ist die „angefangene halbe Stunde", die gleichzeitig den „Mindeszeitansatz" bildet, vergleichbar etwa dem „Mindest-

betrag einer Gebühr" nach § 3 Absatz 1. Dieser „Mindestbetragsklausel" des § 3 von DM 20,– kommt allerdings im Hinblick auf die untere Rahmenbegrenzung der Gebühr nach § 13 von DM 37,50 für die nach der Zeitgebühr zu bemessenden Leistungen keine praktische Bedeutung zu. Eine Berechnung der Zeitgebühr etwa nach Minuten oder angefangenen Viertelstunden scheidet aus. Die Forderung von Mittelsteiner-Scholz (Steuerberatergebührenverordnung, 4. neubearbeitete und erweitere Auflage) in Anmerkung 2 zu § 13, daß sich ein StB, wenn er „nur einen Bruchteil einer halben Stunde" tätig war, am Mindestrahmen zu orientieren habe, halten wir nicht für gerechtfertigt. Die Rundungsvorschrift und die leistungsbezogene Wahl des Rahmenwertes sind ohne jede Abhängigkeit voneinander.
Erstreckt sich eine nach der „Zeitgebühr" zu honorierende Berufsleistung über mehrere Tage, wie etwa bei der Teilnahme an einer Außenprüfung (§ 29 Nummer 1) oder der Prüfung einer Buchführung (§ 36 Absatz 1), so wird man bezüglich des Halbstundenansatzes jeden vollen Arbeitstag für sich zu sehen, also für sich zu runden haben. Die früher im Wirtschaftsprüferberuf einmal angewandte Berechnung der Zeitgebühr nach „Tagewerken" ist allein schon wegen der unterschiedlichen Auffassung darüber, welcher Zeitaufwand einem „Tagewerk" beizumessen ist, deutlich in den Hintergrund getreten. Für den Steuerberaterberuf ist sie nicht berufsüblich.

4 Personenbezogene Bestimmung des Rahmensatzes

Ausschlaggebend für die Wahl des Rahmensatzes kann bei sachgemäßer Betrachtung neben den sonstigen „Umständen" des § 11 nur der „Schwierigkeitsgrad der Leistung" sein, **nicht aber die Person, die innerhalb einer Praxis die betreffende Tätigkeit ausübt.**
Wenn nun in der Verordnungsbegründung zu § 13, nicht etwa im Verordnungstext selbst, auch die Ausübung einer Tätigkeit durch den Berufsträger einerseits oder durch einen nicht dem Berufsstand angehörenden Mitarbeiter andererseits als „Kannbestimmung" für die Wahl des Rahmensatzes angesprochen ist, dann wird man dieser Auffassung nicht zu folgen vermögen. Während die beiden anderen „Umstände", die man in der Begründung dem Kriterium der Personenbezogenheit voranstellt, nämlich die „Bedeutung der Angelegenheit" und die „Schwierigkeit der beruflichen Tätigkeit", dem Wortlaut des § 11 entlehnt sind, findet sich weder in § 11 noch in der Verordnungsbegründung zu § 11 ein Hinweis auf die „Rahmenbestimmungseigenschaft" von Personen, die eine Tätigkeit in der Praxis eines StB ausüben. Man hat somit, „versteckt" in der Begründung zu § 13, einen „Umstand" erwähnt, der in § 11 selbst, wo er zwingend hätte angesprochen werden müssen, gar keine Stütze findet. Die sozusagen „beiläufig" geäußerte Meinung in der Verordnungsbegründung besagt nun nichts anderes, als daß eine Tätigkeit mit einem bestimmten Schwierigkeitsgrad unterschiedlich zu vergüten sei, je nachdem wer, mehr oder minder „zufällig", diese Tätigkeit ausübt; quasi „Schwierigkeit", sortiert nach „personeller Qualität". Dies ist aber bereits ein Widerspruch in sich, da „Schwierigkeit", etwa aus der Sicht des

Auszubildenden, sich anders ausnimmt als „Schwierigkeit" aus der Sicht des qualifizierten Beraters; gemeint ist aber in § 11, **unabhängig von der Person, die „Schwierigkeit der Sache".** Es scheint, als ob man sich von der „Mitarbeiterzeitgebühr" des § 9 der AllGO, die richtigerweise in die GebV selbst keinen Eingang fand, in der Begründung noch nicht ganz zu lösen vermochte, ein Relikt der Vergangenheit also, das damals bereits unlogisch und falsch war und das trotz seiner „stillen Wiederholung" in der Verordnungsbegründung auch heute keiner anderen Wertung zugänglich ist.

Noch einige ergänzende Ausführungen zur Erläuterung der dargelegten Auffassung:

Das Anlegen von Karteiblättern bei einer Journalbuchführung, einfache Abschlußvorarbeiten, wie etwa die Zusammenstellung der Summenbilanz aus den Kontensummen des Auftraggebers, oder die Prüfung eines einfachen Steuerbescheides, etwa des Einheitswertbescheides des Betriebsvermögens für einen Handelsvertreter, würden, folgte man der Verordnungsbegründung, „niedrig honoriert", wenn sie ein Auszubildender, „höher honoriert", wenn sie ein Fachgehilfe, und „hoch honoriert", wenn sie ein StB ausführt.

Aus dem Bereich des Anwaltsgebührenrechtes gibt es leider durch das Fehlen der „Zeitgebühr" in der BRAGO keine direkt vergleichbaren Sachverhalte, jedoch wird auch bei einem Vergleich der „Wertgebühr" deutlich, daß dort gleichermaßen der Grundsatz der „Personenneutralität" Gültigkeit hat. So führt z. B. ein Mahnbescheidverfahren zu der gleichen Gebühr für den Auftraggeber, unabhängig davon, ob der Bürovorsteher des Rechtsanwalts oder, in einer kleineren Praxis, der Rechtsanwalt selbst die erforderlichen Arbeiten durchführt. Wird ein Rechtsanwalt durch einen Referendar nach § 53 Absatz 4 BRAO vertreten und nimmt dieser für den Rechtsanwalt etwa eine Prozeßvertretung wahr, so erfährt die Vergütung des RA dadurch keine Änderung (§ 4 BRAGO).

Abgesehen von allen weiteren Folgerungen würde die in der Verordnungsbegründung wiedergegebene Auffassung es notwendigerweise bedingen, den jeweils „Leistenden" in der Liquidation namentlich oder zumindest funktionsmäßig zu nennen, weil ja ansonsten eine Prüfung der „Zeitgebühr" für den Auftraggeber gar nicht möglich wäre. Diese Betrachtungsweise würde ferner den Wunsch des Auftraggebers geradezu provozieren, bestimmte Leistungen vom „preisgünstigen" Auszubildenden im dritten Ausbildungsjahr oder vom „nicht so teuren" Gehilfen im zweiten Gehilfenjahr statt vom „teuren Berufsangehörigen" selbst zu erhalten; und welche „verbilligte" Leistung sollte etwa ein junger Berufsangehöriger anbieten, der gerade seine Praxis eröffnet hat und nur über seine eigene Arbeitskraft verfügt?

Eine Leistung im steuerberatenden Beruf kann nur so „teuer" sein wie der Wert, der dieser ordnungsgemäß erbrachten „Leistung" selbst innewohnt, unabhängig davon, wer sie erbringt.

Besonders unterstrichen wird die vertretene Auffassung noch dadurch, daß eine parallele „Personenbezogenheit", wie sie in der Begründung zu § 13 für die Zeitgebühr angesprochen ist, sich für die „Wertgebühr" wie für die „Betragsrahmengebühr" weder in § 11 noch in § 10 noch in deren Begrün-

dung findet. Bei der Fertigung etwa einer Umsatzsteuervoranmeldung würde es im Gegensatz zu den nach der Zeitgebühr zu bemessenden Leistungen, folgte man der Verordnungsbegründung, dann keinen Unterschied in der Gebühr geben können, unabhängig davon, ob diese Voranmeldung der Auszubildende, der Gehilfe oder der StB selbst gefertigt hat, da ja nach § 24 Absatz 1 Nummer 7 hierfür eine „**Wert**gebühr" anzusetzen ist.
Es kann aber schon aus Rechtsgründen keine unterschiedliche Beurteilung der Anwendung des Rahmensatzes bei einer Wertgebühr oder bei einer Betragsrahmengebühr einerseits und der Anwendung des Rahmensatzes bei einer Zeitgebühr andererseits geben; für alle drei Gebührenarten gelten zwingend die gleichen Kriterien des § 11.
Die vorstehend wiedergegebene Auffassung wird geteilt von Feiter (Anmerkung 3.2). Anderer Ansicht ist Eggesiecker („STEUGO" Rdnr. 13.640) und Mittelsteiner/Scholz (Anmerkung 2 zu § 13).

5 **Weitere Kriterien zur Bestimmung des Rahmensatzes**

Versucht man, gestützt auf die bisherige Berufsübung, unter Einbeziehung der Erkenntnisse aus der von der Bundessteuerberaterkammer im Jahre 1978 durchgeführten Erhebung zur Gebührenpraxis der Berufsangehörigen parallel zu der Darstellung in Anmerkung 2.3 zu § 11 zu einer gewissen Klassifizierung für die Rahmenanwendung der Zeitgebühr zu gelangen, so zeigt sich folgendes Bild:

Mindestgebühr	**DM 75,–**
Tätigkeiten mit einfachem Schwierigkeitsgrad	DM 75,– bis unter DM 100,–
Tätigkeiten mit gehobenem Schwierigkeitsgrad	DM 100,– bis unter DM 132,50
Mittelgebühr	**DM 132,50**
Tätigkeiten mit höherem Schwierigkeitsgrad	DM 132,50 bis unter DM 155,–
Tätigkeiten mit hohem Schwierigkeitsgrad	DM 155,– bis DM 180,–
Höchstgebühr	**DM 180,–**

Selbstverständlich hat diese Gliederung keinerlei Ausschließlichkeitsanspruch, sie soll lediglich eine „Hilfe", ein **„Anhalt"** sein.
Bei vorstehender Gruppierung mußte zwangsläufig allein auf die „Schwierigkeit der Tätigkeit" abgestellt werden; alle anderen „Umstände" des § 11, aber auch der Zustand und die Verfügbarkeit der Arbeitsgrundlagen, für die der Auftraggeber verantwortlich zeichnet, konnten dabei verständlicherweise keine Berücksichtigung finden; sie bedingen jeweils Anpassungen nach oben oder unten.
Erfordern die Verhältnisse im Einzelfall eine über DM 180,– liegende Gebühr, bedarf es, wie bereits in Anmerkung 3 dargetan, der „Vereinbarung" nach § 4.

Wird vom Auftraggeber eine Tätigkeit an Samstagen, Sonntagen und Feiertagen oder an Arbeitstagen außerhalb der üblichen Kanzleizeit gewünscht, so berechtigt dies im Falle der Zeitgebührenberechnung zum Ansatz eines entsprechend erhöhten Rahmensatzes, wobei man die Erhöhung des für die berufsübliche Kanzleizeit angemessenen Zeitwertes in Anlehnung an die bisherige Übung etwa mit 10 v. H. (Arbeit außerhalb der Kanzleizeit), 20 v. H. (Arbeit an Samstagen), 30 v. H. (Arbeit an Sonntagen) und 40 v. H. (Arbeit an Feiertagen) bemessen kann. Beim Ansatz der Wertgebühr bedingt der Wunsch des Auftraggebers nach einer Tätigkeit an den genannten Tagen und Zeiten gleichermaßen die Berücksichtigung bei der Wahl des Rahmensatzes. Siehe hierzu Anmerkung 2.6 zu § 11.
Als Zeitgebühr kann auch ein ungerader Betrag, etwa DM 60,50, gewählt werden; berufsüblich sind allerdings in der Regel volle Markbeträge. Siehe hierzu, auch im Vergleich zur Wertgebühr, Anmerkung 3 zu § 11.

6 Berechnung der Reisezeit

Zur „berechnungsfähigen Zeit" bei Leistungen, die nach der Zeitgebühr abgerechnet werden, zählt auch die „Reisezeit", wenn und soweit eine Reise der Ausführung eines „zeithonorierten" Auftrages dient. Dies gilt auch für die Fahrt zu den Geschäftsräumen des Auftraggebers bei einer ganzen oder teilweisen Auftragserledigung im Unternehmen des Mandanten. Gerade im Bereich der Revision, der Abschlußvorarbeiten und der Außenprüfung ist eine Tätigkeit beim Auftraggeber seit vielen Jahren „berufsüblich", ja „berufsnotwendig" geworden. Das Vorgesagte findet bereits seine Bestätigung in dem a. a. O. zitierten Erlaß des ehemaligen Reichswirtschaftsministers vom 11. 4. 1939 zur Gebührenordnung für Pflichtprüfungen. Dort heißt es: „Als Inanspruchnahme gilt auch der Zeitaufwand, den eine Arbeitskraft für den Zu- und Abgang zu dem Tätigkeitsort benötigt, sowie der Zeitaufwand für Besprechungen, Reisen und Berichterstattungen." Analog ist die Reisezeit, etwa bei der Abschlußerstellung, auch beim „Umfang der beruflichen Tätigkeit" als „Umstand" für die Wahl des Rahmensatzes zur Bemessung der „Wertgebühr" zu berücksichtigen.
Bezüglich des Verzichts auf die Berechnung von „Reise**kosten**" bei einer Tätigkeit im Unternehmen des Auftraggebers siehe Anmerkung 1 zu §§ 18–20.

7 Zeitgebühr für die Prüfung von Steuerbescheiden

Wie in Anmerkung 3 ausgeführt, ist die „Mindestberechnungseinheit" der Zeitgebühr die halbe Stunde. Die Prüfung jedes „Steuerbescheides" ist grundsätzlich eine „eigene Angelegenheit" mit der Folge eines gesonderten gerundeten Zeitansatzes. Nur formularmäßig getrennt ausgefertigte Teile eines Gesamtbescheides (etwa beim EDV-Ausdruck) bilden gebührenrechtlich eine Einheit. Werden dagegen formularmäßig mehrere selbständige Bescheide zusammengefaßt, bedingt dies grundsätzlich einen gesonderten Zeitansatz, soweit nicht im Einzelfall „eine Angelegenheit" gegeben ist. Siehe hierzu ergänzend die Ausführungen zu § 28.

8 **Zeitgebühr für fernmündlich erbrachte Leistungen**

Auch für „fernmündlich erbrachte Leistungen", etwa die Erteilung von Rat und Auskunft, erfolgt, soweit die Zeitgebühr Anwendung findet, die Berechnung nach der angefangenen halben Stunde.

9 **Berücksichtigung von Schreibleistungen**

Bedingt eine nach der Zeitgebühr zu berechnende Berufsleistung ergänzende „Schreibleistungen", so etwa die schriftliche Berichterstattung über die Prüfung einer Buchführung oder über eine Bescheidprüfung, so ist diesem Sachverhalt, analog zu der Handhabung bei der „Wertgebühr", durch die Wahl eines entsprechenden (höheren) Rahmensatzes der „Zeitgebühr", nicht etwa durch einen gesonderten Zeitansatz für die Schreibkraft, Rechnung zu tragen. Siehe hierzu auch Anmerkung 2 zu §§ 16–17.

10 **Arbeitsaufzeichnungen**

Zum Nachweis einer ordnungsgemäßen Gebührenberechnung im Rechtsstreit kommt insbesondere bei der Zeitgebühr sorgfältigen „Aufzeichnungen über den Zeitaufwand", getrennt nach den einzelnen „Angelegenheiten", eine besondere Bedeutung zu. Diese Aufzeichnungen sollten eigentlich, auch aus anderen rechtlichen Überlegungen, in keiner Praxis fehlen.

11 **Rechtsprechung zur Gebührenbestimmung**

Nachstehend geben wir die Rechtsprechung zur Gebührenbestimmung bei der „Zeitgebühr" mit den erreichbaren Urteilen, die über den entschiedenen Einzelfall hinaus bedeutsam sind, wieder. Bezüglich der Rechtsprechung zur Gebührenbestimmung bei der „Wertgebühr" siehe Anmerkung 9 zu § 11.

1. Ein StB hatte für die Berufstätigkeiten der Hilfeleistung bei der Einrichtung einer Buchführung (§ 32), der Prüfung einer Buchführung (§ 36 Absatz 1) und für sonstige Beratungstätigkeiten (§ 21 Absatz 1) eine Zeitgebühr von DM 70,– je Stunde berechnet. Das Gericht widersprach, dem Gutachter folgend, der Auffassung des Auftraggebers, daß eine Unterscheidung bei der Höhe der Zeitgebühr danach geboten sei, welche Stellung die Person in der Praxis einnehme, die mit den jeweiligen Tätigkeiten befaßt worden sei, und billigte die in Ansatz gebrachte Zeitgebühr.
   AG Wedding 5 C 25/84 vom 12. 7. 1984
   Anmerkung: Das Gericht bestätigt in vollem Umfang die in Anmerkung 4 wiedergegebene Auffassung.
2. Eine StBG berechnete für „Übergabearbeiten" an den nachfolgenden Berufsangehörigen ihrem Auftraggeber eine Zeitgebühr für 5 Stunden mit DM 120,– je Stunde, also der seinerzeitigen Höchstgebühr. Das Gericht hielt, dem Sachverständigen folgend, diese Arbeiten für berechnungsfähig, reduzierte den Zeitaufwand auf 4 Stunden und billigte der StBG nur die Mittelgebühr mit seinerzeit DM 80,– je Stunde zu.
   AG München 2 C 18 119/84 vom 7. 5. 1985

3. Ein StB führte zusammen mit einem bei ihm im Anstellungsverhältnis tätigen StBv eine Beratung durch und berechnete für einen Zeitaufwand von 2 × 2,5 Stunden, also für 5 Stunden, eine Zeitgebühr von DM 100,– je Stunde. Das Gericht sah den Zeitaufwand für den Mitarbeiter nicht als vergütungsfähig an und reduzierte die Gebühr für den StB auf die Mittelgebühr.
AG Detmold (Aktenzeichen und Datum der Entscheidung nicht bekannt)
Anmerkung: Das nach unserer Auffassung unzureichend begründete Urteil geht auf die Frage des Ansatzes der Wertgebühr für die Beratung (§ 21) überhaupt nicht ein. Im übrigen kann der Auffassung des Gerichts, daß nur die Leistung des Berufsträgers vergütungsfähig sei, nicht die seines Mitarbeiters, in dieser Ausschließlichkeit nicht gefolgt werden. Es ist durchaus berufsüblich, daß bei bestimmten Berufsleistungen der Berufsträger zusammen mit einem oder mehreren Mitarbeitern tätig wird. Die Schlußbesprechung einer größeren Außenprüfung ist ein Beispiel für manchen ähnlichen Anlaß. Es gibt keinen vernünftigen Grund, wenn eine solche Zuziehung von Mitarbeitern sachdienlich ist und Berufsträger und Mitarbeiter gleichermaßen „aktiv" bei der Berufsleistung mitwirken, nur dem StB eine Zeitgebühr zuzubilligen, sie den Mitarbeitern aber zu versagen. Man wird allerdings die Vergütungsfähigkeit auf die qualifizierte Mitwirkung zu beschränken haben; bloße „Hilfsdienste", etwa durch einen Auszubildenden, dem man bei dieser Gelegenheit etwa die Tätigkeit des StB in der Außenprüfung am praktischen Fall darstellen möchte, können sicher keinen zusätzlichen Gebührenanspruch begründen.

4. Ein StB ließ einen Besprechungstermin mit dem Finanzamt über die Stundung eines Steuerrückstandes durch einen Mitarbeiter wahrnehmen und berechnete hierfür eine Wertgebühr nach § 31 von 5/10 nach Tabelle A, also die Mindestgebühr. Der Auftraggeber sah nur einen Zeitaufwand von 1.5 Stunden als berechnungsfähig nach der Zeitgebühr an. Das Gericht akzeptierte die Berechtigung des StB zum Ansatz der Wertgebühr und bestätigte, daß die Tätigkeit des Mitarbeiters, entsprechend der Berufsüblichkeit, gleich der des StB vergütungsfähig sei. Verantwortung und Haftung lägen ohnehin beim Berufsträger.
AG Hildesheim 20 C 322/84 vom 2. 8. 1984
Anmerkung: Der Auffassung des Gerichts ist in vollem Umfang beizupflichten. Bemerkenswert ist, daß als Wert des Interesses für die „Verhandlung", abweichend von der Kostenrechtsprechung, für einen Stundungsantrag nach § 23 Nummer 2, die auf 10 v. H. des begehrten Stundungsbetrages abstellt (Stichwort „Stundung" im „Streitwert-ABC" in Teil IV Abschnitt 2 Anmerkung 4.10), der volle Stundungsbetrag akzeptiert wurde. Zur Frage des Ansatzes einer Gebühr nach § 31 **neben** einer Gebühr nach § 23 siehe Anmerkung 3 zu § 31.

5. Ein StB übernahm gegen ein Pauschalhonorar die Buchführung für ein Einzelhandelsunternehmen (§ 33). Er erstattete die Anzeige der Betriebsaufnahme bei dem zuständigen Finanzamt und stellte Berechnungen für die Ermittlung eines durchschnittlichen Aufschlagsatzes für Zwecke der

Umsatzsteuer (Berlin) an. Für die letztgenannten Berufsleistungen berechnete der StB die Zeitgebühr mit DM 90,– je Stunde. Das Gericht bestätigte, daß die genannten Tätigkeiten einer gesonderten Berechnung neben dem Honorar für die Buchführung zugänglich sind, und akzeptierte auch die Höhe der Zeitgebühr. Ergänzend wies das Gericht darauf hin, daß eine allgemeine Verpflichtung von Berufsgruppen, deren Gebühren durch Gesetz oder Rechtsverordnung geregelt sind, jeweils vor Aufnahme einer bestimmten Tätigkeit, ohne besondere Nachfrage des Auftraggebers, auf die einzelnen Gebührentatbestände hinzuweisen, nicht bestehe.
AG Wedding 3 C 22/85 vom 29. 5. 1985

Anmerkung: Die Aussage zur „Hinweispflicht" des StB ist bei dieser Entscheidung bedeutsam. Ungeachtet dieser auch von uns vertretenen Auffassung dürfte es gerade im steuerberatenden Beruf im Hinblick auf die meist längerfristige Mandatsbeziehung aber zweckmäßig und ratsam sein, den Auftraggeber nicht im unklaren über die mutmaßliche Höhe des Entgelts für die jeweiligen Berufsleistungen zu lassen. Auch hier ist der mehrfach empfohlene schriftliche Beratungsvertrag, ggfs. verbunden mit einer Pauschalvereinbarung, ein geeignetes Mittel, Unstimmigkeiten (und Prozesse) zwischen dem Berater und dem Auftraggeber von vornherein auszuschließen.

6. Ein StB berechnete für eine Ermittlung des Überschusses der Einnahmen über die Werbungskosten bei den Einkünften aus Vermietung und Verpachtung nach § 27 Absatz 2 12/20 nach Tabelle A. Ferner forderte er für eine Aufstellung „Mieten und Kosten" und die Abstimmung von 4 Mietkonten eine Zeitgebühr für 15 Stunden in Höhe von DM 55,– je Stunde. Das Gericht billigte den Ansatz der Wertgebühr, versagte aber die Zeitgebühr, da § 27 im Gegensatz zu § 25 ausdrücklich die zusätzliche Berechnung von „Vorarbeiten" nicht vorsehe. Eine Berücksichtigung solcher Arbeiten sei also nur im Rahmen der Bestimmung des Gebührenansatzes nach § 27 Absatz 2 möglich; ein Ausnahmefall, wie etwa die Ermittlung von Herstellungskosten eines Gebäudes, liege nicht vor.
AG Köln 132 C 1293/84 vom 18. 7. 1985

Anmerkung: Das Gericht vertrat in vollem Umfang die in den Anmerkungen 5 und 11 zu § 27 vertretene Auffassung.

7. Ein StB prüfte die Steuerbescheide seines Auftraggebers (§ 28) und berechnete eine Zeitgebühr von DM 80,– je Stunde. Der Mandant sah die Zeitgebühr als für diese Tätigkeit „zu hoch gewählt", zumal ein anderer StB diese Leistungen zu einem niedrigeren Honorar erbringe. Das Gericht bezeichnete die Prüfung von Steuerbescheiden als eine „wichtige und verantwortungsvolle Tätigkeit ..., die eine ähnliche Sorgfalt und geistige Leistung erfordere wie die ursprüngliche Erarbeitung der entsprechenden Steuererklärungen", und sah die gewählte Mittelgebühr als eine nicht zu korrigierende Gebührenbestimmung an.
LG Mainz 1 O 269/83 vom 29. 5. 1984

8. Ein StB berechnete für, von einer Steuerfachangestellten erledigten, Vorarbeiten für die Gewinnermittlung eine Zeitgebühr von 23 Stunden (für

das Steuerjahr 1991) bzw. 24 Stunden (für das Steuerjahr 1992) mit DM 80,– je Stunde. Nach den Ausführungen im Urteil hält sich der vom StB verlangte Stundensatz im Rahmen des § 13 StBGebV (mit dem damals gültigen Rahmen von DM 30,– bis DM 77,50 je angefangene halbe Stunde) und billigte die in Ansatz gebrachte Zeitgebühr.
LG Aschaffenburg 2 S 289/97 vom 7. 5. 1998
Anmerkung: Das Urteil ist auszugsweise wiedergegeben in Gl 1999 S. 229 mit folgendem Leitsatz: „Vorarbeiten für die Gewinnermittlung können mit der Zeitgebühr nach § 13 StBGebV abgerechnet werden, wenn der Steuerberater nicht die laufende Buchführung übernommen hat. Für eine Steuerfachangestellte ist ein Stundensatz von DM 80,– angemessen."
Hierdurch wird der Eindruck erweckt, für die Bestimmung des angemessenen Rahmensatzes sei auf die Person, die die betreffende Tätigkeit ausübt, abzustellen. Dies steht im Widerspruch zur der in Anmerkung 4 wiedergegebenen Auffassung und ergibt sich in dieser Form nicht aus dem zitierten Urteil.

9. Für die Klärung von Buchungsbelegen hatte eine Steuerberaterin DM 4.560,– (DM 4.000,– + DM 560,– Mehrwertsteuer) berechnet. Nach den Feststellungen des Gerichts handelt es sich bei der Klärung von Buchungsbelegen um Hilfeleistung bei sonstigen Tätigkeiten im Zusammenhang mit der Buchführung. Das Gericht hielt es auch für unschädlich, daß die Gebührenvorschrift des § 33 Abs. 7 StBGebV nicht genannt war, weil die Steuerberaterin das zulässigerweise im Rechtsstreit schriftsätzlich nachgeholt hat. Der erkennende Einzelrichter schätzte den Zeitaufwand für die unstreitige Klärung der Buchungsbelege und die hierdurch bedingten Umbuchungen auf 18 Stunden. Der von der Steuerberaterin angesetzte Mittelwert von DM 50,– je angefangene halbe Stunde erschien dem Gericht als Zeitgebühr nach § 13 Abs. 1 StBGebV als angemessen.
OLG Frankfurt am Main 22 U 183/91 vom 15. 2. 1993

10. Für das Ausfüllen von Fragebogen der BBK und des Arbeitsamtes sowie für das Ausstellen einer Verdienstbescheinigung hat sich die Vergütung des StB nach Ansicht des Gerichts am Mindestsatz der Gebühr nach § 13 StBGebV zu orientieren, da es sich um Leistungen mit nur geringem Schwierigkeitsgrad handelt.
OLG Düsseldorf 13 U 101/93 vom 21. 4. 1994
Anmerkung: Das Gericht bestätigt die in Anmerkung 4 wiedergegebene Auffassung.

§ 14 Pauschalvergütung

(1) **Für einzelne oder mehrere für denselben Auftraggeber laufend auszuführende Tätigkeiten kann der Steuerberater eine Pauschalvergütung vereinbaren. Die Vereinbarung ist schriftlich und für einen Zeitraum von mindestens einem Jahr zu treffen. In der Vereinbarung sind die**

vom Steuerberater zu übernehmenden Tätigkeiten und die Zeiträume, für die sie geleistet werden, im einzelnen aufzuführen.

(2) **Die Vereinbarung einer Pauschalvergütung ist ausgeschlossen für**

1. **die Anfertigung nicht mindestens jährlich wiederkehrender Steuererklärungen;**
2. **die Ausarbeitung von schriftlichen Gutachten (§ 22);**
3. **die in § 23 genannten Tätigkeiten;**
4. **die Teilnahme an Prüfungen (§ 29);**
5. **die Beratung und Vertretung im außergerichtlichen Rechtsbehelfsverfahren (§§ 40 bis 43), im Verwaltungsvollstreckungsverfahren (§ 44) und in gerichtlichen und anderen Verfahren (§ 45).**

(3) **Der Gebührenanteil der Pauschalvergütung muß in einem angemessenen Verhältnis zur Leistung des Steuerberaters stehen.**

Amtliche Begründung zu § 14:

In der Praxis besteht ein Bedürfnis, zur Erleichterung des Abrechnungsverfahrens für wiederkehrende Tätigkeiten anstelle einer Vielzahl von Einzelvergütungen eine Pauschalvergütung vereinbaren zu können. Die Voraussetzungen hierfür sind in Absatz 1 im einzelnen aufgeführt. Danach muß

- es sich um laufend auszuführende Tätigkeiten für denselben Auftraggeber handeln,
- die Vereinbarung schriftlich und für einen Zeitraum von mindestens einem Jahr getroffen werden und
- der Umfang der zu übernehmenden Tätigkeiten und die Zeiträume, für die sie geleistet werden, in der Vereinbarung im einzelnen aufgeführt werden.

Mindestens jährlich wiederkehrende Steuererklärungen und -anmeldungen können in die Pauschalvereinbarungen eingeschlossen werden. Da in der Praxis der Vergütungszeitraum nach dem Kalenderjahr bemessen wird, kommen für die Einbeziehung in die Pauschalvereinbarung jedoch nur solche Steuererklärungen und -anmeldungen in Betracht, die mindestens jährlich abzugeben oder vorzubereiten sind.

Zu den wiederkehrenden Tätigkeiten im Sinne dieser Vorschrift gehört u. a. auch die Fertigung von Vermögensaufstellungen zur Einheitswertermittlung des Betriebsvermögens, weil die entsprechenden Berechnungen jährlich und unabhängig davon durchgeführt werden müssen, ob im Einzelfall die Fortschreibungsgrenzen überschritten werden.

Einzelne, besonders bedeutsame, aber nicht regelmäßig mindestens jährlich wiederkehrende Tätigkeiten eignen sich nicht für eine Pauschalvereinbarung. Sie werden deshalb durch Absatz 2 ausdrücklich ausgeschlossen.

Bei der Pauschalvereinbarung handelt es sich lediglich um eine Vereinfachungsregelung, nicht aber um eine Maßnahme zur Gewährung eines Gebührennachlasses. Aus diesem Grunde verlangt Absatz 3, daß der Gebührenanteil der Pauschalvergütung in einem angemessenen Verhältnis zur Leistung des Steuerberaters stehen muß.

Anmerkungsübersicht

1 Allgemeines

Die Vorschrift ermöglicht die pauschale Honorierung von Leistungen, schränkt aber die Vertragsfreiheit, die bereits durch die in § 4 vorgeschriebene Schriftform eingeengt wird, weiter ein.
Die Formulierung „Pauschalvergütung“ macht deutlich, daß nicht nur „Gebühren“, sondern gleichermaßen auch der „Auslagenersatz“, zusammengefaßt als „Vergütung“, pauschaliert werden können.
Die zu treffende Vereinbarung wird als **„Pauschalvereinbarung“** bezeichnet. Ergänzt um zusätzliche allgemeine vertragliche Regelungen wird man sie als **„Beratungsvertrag mit Pauschalvereinbarung“** klassifizieren können.

2 Anwendungsbereich

§ 14 Absatz 1 läßt **grundsätzlich** die Pauschalierung zu, **untersagt** sie aber, wenn
a) die Tätigkeiten nicht für denselben Auftraggeber ausgeführt werden,
b) es sich nicht um laufend auszuführende Tätigkeiten handelt,
c) die Tätigkeiten nach Absatz 2 von der Pauschalierung ausgeschlossen sind und
d) die formalen Voraussetzungen nicht erfüllt werden.
Zwischen dem Verordnungstext und der Begründung und in gewissem Sinn sogar zwischen den Absätzen 1 und 2 des Verordnungstextes ergibt sich ein Widerspruch:
Absatz 1 von § 14 spricht nur von „laufend auszuführenden Tätigkeiten“. Die weitergehende Forderung nach „mindestens jährlich wiederkehrenden Tätigkeiten“ stellt nur Absatz 2 in Nummer 1, dort aber ausdrücklich beschränkt auf „Steuererklärungen“.
Die Begründung führt im vorletzten Absatz aus, daß sich „einzelne, besonders bedeutsame, aber nicht regelmäßig **mindestens jährlich** wiederkehrende Tätigkeiten“ nicht für eine Pauschalierung eignen. Einmal abgesehen von der eigenwilligen Qualifizierung der in Absatz 2 genannten Tätigkeiten als „besonders bedeutsame Tätigkeiten“ geht die Begründung damit über den Verordnungstext hinaus, wenn sie auch für andere Tätigkeiten, außer der Anfertigung von Steuererklärungen, die **„mindestens jährliche Wiederkehr“** fordert. Der zweite Satz im vorletzten Absatz der Begründung legt die Vermutung nahe, daß sich der erste Satz ausschließlich auf die Verbotsbestimmung des Absatzes 2 beziehen und demzufolge keine weitergehende Einschränkung des Absatzes 1 beinhalten soll, d.h. der erste Satz des vorletzten Absatzes der Begründung wäre damit „mißverständlich formuliert“, aber ohne materielle Auswirkung. Daß dieser erste Satz außerdem auch „falsch formuliert“ ist, ergibt sich daraus, daß auch Absatz 2 durchaus Tätigkeiten beinhaltet, die „regelmäßig“, nur nicht „mindestens jährlich“ wiederkehren, wie etwa Außenprüfungen bei steuerlichen „Großbetrieben“.
Im Zweifelsfall ist der Verordnungstext maßgebend. Dies bedeutet, daß Tätigkeiten, die nicht in Absatz 2 erwähnt sind, nach Absatz 1 in eine Pauschal-

vereinbarung eingeschlossen werden können, wenn sie „laufend“ auszuführen sind, sie müssen **nicht** „jährlich wiederkehren“.

Offensichtlich übersehen bei der Formulierung von Absatz 2 hat der Verordnungsgeber in Nummer 5 die „Vergütung bei Prozeßkostenhilfe“ nach § 46.

Zu weiteren Mißverständnissen führt die Begründung, wenn sie zu den wiederkehrenden Tätigkeiten im Sinne dieser Vorschrift u. a. auch die Fertigung von Vermögensaufstellungen zur Einheitswertermittlung des Betriebsvermögens zählt, weil die entsprechenden Berechnungen jährlich und unabhängig davon durchgeführt werden müssen, ob im Einzelfall die Fortschreibungsgrenzen überschritten werden.

Aus der Begründung könnte geschlossen werden, daß die Anfertigung der Vermögensaufstellung zur Ermittlung des Einheitswertes des Betriebsvermögens pauschalierungsfähig ist. Diese Ansicht trifft jedoch nicht zu. Bei der Vermögensaufstellung handelt es sich um eine Steuererklärung die grundsätzlich nur alle drei Jahre anzufertigen ist. Nur im Bedarfsfalle, wenn beispielsweise feststeht, daß die Fortschreibungsgrenzen überschritten werden, ist eine zusätzliche Erklärung erforderlich. Die Vermögensaufstellung zur Ermittlung des Einheitswertes des Betriebsvermögens zählt somit zwar zu den wiederkehrenden Tätigkeiten (alle drei Jahre); nach § 14 Abs. 2 Nr. 1 ist aber die Vereinbarung einer Pauschalvergütung ausgeschlossen für die Anfertigung nicht **mindestens** jährlich wiederkehrender Steuererklärungen. Auch wenn jährlich und unabhängig davon, ob im Einzelfall die Fortschreibungsgrenzen überschritten werden, entsprechende Berechnungen durchgeführt werden müssen, bedeutet dies nicht, daß mindestens jährlich eine Steuererklärung (Vermögensaufstellung) anzufertigen ist.

Den gleichen Charakter einer „Vermögensaufstellung“ hat zweifellos die „Vermögensteuererklärung für nicht natürliche Personen und Gewerbebetriebe von juristischen Personen des öffentlichen Rechts“ gemäß § 24 Abs. 1 Nr. 10. Darüber hinaus wird man auch bei der „Vermögensteuererklärung für natürliche Personen“ (§ 24 Abs. 1 Nr. 10), der „Erklärung zur gesonderten Feststellung des Vermögens von Gemeinschaften“ (gleichfalls § 24 Abs. 1 Nr. 10) und wohl auch der „Erklärung zur gesonderten Feststellung des gemeinen Wertes nicht notierter Anteile an Kapitalgesellschaften“ (§ 24 Abs. 1 Nr. 11) davon ausgehen müssen, daß diese Erklärungen nicht mindestens jährlich anzufertigen und daher auch nicht pauschalierungsfähig sind. Gleicher Auffassung ist Eggesiecker („STEUGO“ Rdnr. 14.270). Gegenteiliger Ansicht ist Mittelsteiner/Scholz (Anmerkung 5 zu § 14).

Das Schaubild „Anwendungsbereich Pauschalvergütung“ gibt einen vollständigen Überblick über die „zulässige“ und „unzulässige“ Pauschalierung bei allen Leistungen nach Maßgabe der GebV. Wenn unter bestimmten Voraussetzungen eine Vereinbarung möglich ist, wird dies in einer besonderen Spalte verdeutlicht. Die Erläuterungen, um welche „Voraussetzungen“ es sich handelt, finden sich bei der Kommentierung der angeführten Vorschriften.

Im Rahmen der Erläuterungen der Vorschriften der §§ 21 bis 46 ist jeweils zusätzlich in einer besonderen Anmerkung auf die Pauschalierungsfähigkeit hingewiesen.

Anwendungsbereich Pauschalvergütung					
§	Absatz	Nummer	Zulässige Vereinbarung	Unzulässige Vereinbarung	Unter bestimmten Voraussetzungen mögliche Vereinbarung
16			Post- und Telekommunikationsdienstleistungen		
17			Schreibauslagen		
18			Geschäftsreisen		
21	1		Rat und Auskunft als laufend auszuführende Tätigkeiten, ohne Rat und Auskunft in steuerstrafrechtlichen, bußgeldrechtlichen oder sonstigen Angelegenheiten nach § 45 StBGebV	Erstberatung Rat und Auskunft in steuerstrafrechtlichen, bußgeldrechtlichen oder sonstigen Angelegenheiten nach § 45 StBGebV Prüfung der Erfolgsaussichten einer Klage, einer Berufung oder einer Revision bei Zuraten Prüfung der Erfolgsaussichten einer Klage bei Abraten	
	2			Prüfung der Erfolgsaussichten einer Berufung oder einer Revision bei Abraten	
22				Gutachten	
23				Sonstige Einzeltätigkeiten	
24	1	1	Einkommensteuererklärung		
		2	Erklärung zur gesonderten Feststellung der Einkünfte		
		3	Körperschaftsteuererklärung		
		4	Erklärung über die Entwicklung des nach § 30 KStG zu gliedernden verwendbaren Eigenkapitals		
		5	Gewerbesteuererklärung		
		6	Gewerbesteuerzerlegungserklärung		

§	Absatz	Nummer	Zulässige Vereinbarung	Unzulässige Vereinbarung	Unter bestimmten Voraussetzungen mögliche Vereinbarung
		7	Umsatzsteuervoranmeldung		
		8	Umsatzsteuerjahreserklärung		
		9		Vermögensaufstellung zur Ermittlung des Einheitswertes des Betriebsvermögens	
		10		Vermögensteuererklärung	
		11		Erklärung zur gesonderten Feststellung des gemeinen Wertes nicht notierter Anteile an Kapitalgesellschaften	
		12		Erbschaftsteuererklärung	
		13		Schenkungsteuererklärung	
		14			Kapitalertragsteuererklärung
		15	Lohnsteueranmeldung		
		16			Steuererklärung auf dem Gebiet der Zölle und der Verbrauchsteuern, die als Einfuhrabgaben erhoben werden
		17			Anmeldung oder Erklärung auf dem Gebiete der Verbrauchsteuern, die nicht als Einfuhrabgaben erhoben werden
		18			Antrag auf Gewährung einer Verbrauchsteuervergütung oder einer einzelgesetzlich geregelten Verbrauchsteuererstattung

§	Absatz	Nummer	Zulässige Vereinbarung	Unzulässige Vereinbarung	Unter bestimmten Voraussetzungen mögliche Vereinbarung
		19		Antrag auf Gewährung einer Investitionszulage	
		21			Antrag auf Vergütung der abziehbaren Vorsteuerbeträge an im Ausland ansässige Unternehmer
		22			Antrag auf Erstattung von Kapitalertragsteuer und Vergütung der anrechenbaren Körperschaftsteuer
		23		Antrag nach Abschnitt X des Einkommensteuergesetzes	
		24		Antrag nach dem Eigenheimzulagegesetz	
	2			Ermittlung der Zugewinnausgleichsforderung nach § 5 ErbStG	
	3				Antrag Lohnsteuerermäßigung
	4	1		Erklärung zur Hauptfeststellung, Fortschreibung oder Nachfeststellung der Einheitswerte für Grundbesitz	
		2		Feststellung des verrechenbaren Verlustes gemäß § 15 a EStG	
		3		Meldung über die Beteiligung an ausländischen Körperschaften, Vermögensmassen und Personenvereinigungen und an ausländischen Personengesellschaften	

§	Absatz	Nummer	Zulässige Vereinbarung	Unzulässige Vereinbarung	Unter bestimmten Voraussetzungen mögliche Vereinbarung
		4			Erstattungsanspruch nach § 50 Abs. 5 Satz 4 Nr. 3 EStG
		5			Anmeldung nach § 50 a Abs. 5 EStG, § 73 e EStDV
25			Ermittlung des Überschusses der Betriebseinnahmen über die Betriebsausgaben		
26			Ermittlung des Gewinns aus Land- und Forstwirtschaft nach Durchschnittsätzen		
27			Ermittlung des Überschusses der Einnahmen über die Werbungskosten		
28			Prüfung von Steuerbescheiden		
29				Teilnahme an Prüfungen	
30				Selbstanzeige	
31			Besprechungen als laufend auszuführende Tätigkeiten		
32				Einrichtung einer Buchführung	
33			Buchführung		
34			Lohnbuchführung		
35	1	1	Aufstellung eines Jahresabschlusses Erstellung eines Anhangs Erstellung eines Lageberichts		
		2			Aufstellung eines Zwischenabschlusses oder eines vorläufigen Abschlusses
		3	Entwicklung einer Steuerbilanz aus der Handelsbilanz oder Ableitung des		

§	Absatz	Nummer	Zulässige Vereinbarung	Unzulässige Vereinbarung	Unter bestimmten Voraussetzungen mögliche Vereinbarung
			steuerlichen Ergebnisses vom Handelsbilanzergebnis		
		4		Aufstellung einer Eröffnungsbilanz	
		5		Aufstellung einer Auseinandersetzungsbilanz	
		6	Schriftlicher Erläuterungsbericht zu Nummern 1 und 3	Schriftlicher Erläuterungsbericht zu Nummern 4 und 5	Schriftlicher Erläuterungsbericht zu Nummer 2
		7	Beratende Mitwirkung bei der Aufstellung eines Jahresabschlusses		
			Beratende Mitwirkung bei der Erstellung eines Anhangs		
			Beratende Mitwirkung bei der Erstellung eines Lageberichts		
		8	Zusammenstellung eines Jahresabschlusses aus übergebenen Endzahlen		
	3		Anfertigung oder Berichtigung von Inventurunterlagen und sonstige Abschlußvorarbeiten		
36	1				Prüfung einer Buchführung, einzelner Konten oder einer Überschußrechnung für steuerliche Zwecke nebst Berichterstattung
	2				Prüfung einer Bilanz, einer Gewinn- und Verlustrechnung, eines Anhangs, eines Lageberichts oder einer sonstigen Vermögensrechnung für

§	Absatz	Nummer	Zulässige Vereinbarung	Unzulässige Vereinbarung	Unter bestimmten Voraussetzungen mögliche Vereinbarung
					steuerliche Zwecke nebst Berichterstattung
37				Vermögensstatus und Finanzstatus für steuerliche Zwecke	
38	1				Erteilung einer Bescheinigung über die Beachtung steuerrechtlicher Vorschriften in Vermögensübersichten und Erfolgsrechnungen
	2				Mitwirkung an der Erteilung von Steuerbescheinigungen
39	2		Laufende Buchführungsarbeiten für land- und forstwirtschaftliche Betriebe		
	3		Abschlußarbeiten für land- und forstwirtschaftliche Betriebe		
	4			Einrichtung einer Buchführung und Erfassung der Anfangswerte bei Buchführungsbeginn für land- und forstwirtschaftliche Betriebe	
40 bis 43				Verfahren vor Verwaltungsbehörden	
44				Verwaltungsvollstreckungsverfahren und Aussetzung der Vollziehung	
45				Vergütung in gerichtlichen und anderen Verfahren	
46				Vergütung bei Prozeßkostenhilfe	

Hinweise	
1	Bei der Klassifizierung als „Zulässige Vereinbarung" ist unterstellt, daß die Tätigkeiten, entsprechend § 14 Absatz 1, „für denselben Auftraggeber" ausgeübt werden und es sich darüber hinaus um „laufend auszuführende Tätigkeiten" handelt.
2	Die Voraussetzungen für die Klassifizierung „Unter bestimmten Voraussetzungen mögliche Vereinbarung" sind bei der Kommentierung der einzelnen Vorschriften erläutert.
3	Der „Auslagenersatz" nach den §§ 16 bis 18 muß im Zusammenhang mit einer pauschalierungsfähigen „Gebühr" (Tätigkeit) stehen.
4	Hinsichtlich § 21 wird ergänzend auf das Schaubild „Rat und Auskunft" bei Anmerkung 4 zu § 21 verwiesen.

3 Formale Voraussetzungen

Neben den nach der Art der Tätigkeit orientierten Voraussetzungen (Anmerkung 2 Buchstaben a bis c) ergeben sich aus § 14 folgende formale Voraussetzungen für die Anwendung der Pauschalierung (Anmerkung 2 Buchstabe d):

a) Die Vereinbarung bedarf der Schriftform;
b) Die Vereinbarung ist für mindestens ein Jahr zu treffen;
c) In der Vereinbarung ist die „Pauschalvergütung" zu beziffern;
d) In der Vereinbarung sind die zu übernehmenden Tätigkeiten einzeln aufzuführen;
e) In der Vereinbarung sind ferner die Zeiträume, für welche die zu übernehmenden Tätigkeiten geleistet werden, einzeln anzugeben.

Da die „Vereinbarung" in Ermangelung einer einengenden Vorschrift, wie sie § 4 Absatz 1 beinhaltet, auch mit anderen Vereinbarungen verbunden sein kann, dürfte in der Praxis häufig der in Anmerkung 1 angesprochene „Beratungsvertrag mit Pauschalvereinbarung" Anwendung finden. Ungeachtet der Unterzeichnung des Vertrages bzw. der Vereinbarung durch den Auftraggeber und den StB wird in Ermangelung einer Ausnahmevorschrift auch die „Berechnung" zur Einforderung der Pauschalvergütung nach § 9 der Unterzeichnung durch den StB bedürfen; siehe auch Anmerkung 2.4 zu § 9. Daß es sich hierbei nicht um eine formfreie „Vorschußanforderung" handelt, ergibt sich aus den Erläuterungen zu den §§ 8 und 9.

Bei der „Aufführung der Tätigkeiten" in der Pauschalvereinbarung ist es zweckmäßig, sich an die Begriffsbestimmungen und die Leistungsgliederung der GebV anzulehnen.

Der „Angabe der Zeiträume", für welche die pauschal zu übernehmenden Tätigkeiten erbracht werden, kommt große praktische Bedeutung zu, da vor allem bei längerfristigen Verträgen zum Zeitpunkt der Beendigung oftmals Streit darüber entsteht, ob die Vergütung für das „Jahr der üblichen Erledigung" oder für das „Jahr der wirtschaftlichen Zugehörigkeit" gezahlt wurde.

Beispiel:

Eine Pauschalvereinbarung soll am 1. 1. 1999 beginnen und die laufende Buchführung, die Erstellung der Jahresabschlüsse sowie die Anfertigung der Jahressteuererklärungen umfassen.

Für eine klarstellende vertragliche Regelung gibt es zwei praxiserprobte Möglichkeiten:

1. Der StB soll erstmals die Buchführung des Jahres 1999 sowie den Jahresabschluß und die Jahressteuererklärungen 1999 fertigen.
   Hierfür bietet sich folgende Formulierung an:
   „Die pauschale Honorierung erfolgt nach Maßgabe der wirtschaftlichen Zugehörigkeit der Leistungen. Erstmals sind vom Auftragnehmer die Buchführung 1999, der Jahresabschluß 1999 und die Jahressteuererklärungen 1999 zu fertigen. Erbringt der Auftragnehmer zusätzlich Leistungen, die wirtschaftlich die Zeit vor dem 1. 1. 1999 betreffen, bedürfen diese der gesonderten Berechnung nach Maßgabe der StBGebV."
2. Der StB soll erstmals die Buchführung des Jahres 1999, aber bereits den Jahresabschluß und die Jahressteuererklärungen 1998 fertigen.
   Die Formulierung könnte dann lauten:
   „Die pauschale Honorierung erfolgt unter Zugrundelegung des Kalenderjahres der üblichen Erledigung. Erstmals sind vom Auftragnehmer die Buchführung 1999, der Jahresabschluß 1998 und die Jahressteuererklärungen 1998 (Jahr der üblichen Erledigung 1999) zu fertigen. Soll der Auftragnehmer bei Beendigung der Pauschalvereinbarung neben der Buchführung für das letzte Jahr der Gültigkeit der Vereinbarung auch noch den Jahresabschluß und die Jahressteuererklärungen für dieses letzte Jahr fertigen, so bedürfen die beiden letztgenannten Leistungen der gesonderten Berechnung nach Maßgabe der StBGebV."

Ein Steuerpflichtiger hatte im Berufungsverfahren eines Gebührenrechtsstreites die Formvorschriften des § 14 Absatz 1 als unanwendbar, jedenfalls zivilrechtlich unbeachtlich, bezeichnet, weil diese von der Ermächtigungsnorm des § 64 StBerG nicht gedeckt seien. Er bezog sich dabei auf die von Eggesiecker im Bonner Handbuch (E 0022) vertretene Auffassung. Das OLG Köln (20 U 19/85 vom 14. 6. 1985, behandelt in Eckert „Die erste Rechtsprechung zum Steuerberatungsgebührenrecht" in DStR 1987 S. 407) folgte dieser Auffassung nicht. Eggesiecker verkenne den Wirkungszusammenhang von Preisrecht und Vertragsrecht. Formvorschriften seien seit langem als preisrechtliche Mittel anerkannt.

Ist eine „Pauschalvereinbarung" wegen Fehlens der Schriftform formunwirksam, so ist die mündliche Absprache einer Vergütung nach den allgemeinen sonstigen gebührenrechtlichen Bestimmungen zu beurteilen. „Akzeptiert" ein StB die mündlich erörterte Vergütung, so ist dies als Gebührenbestimmung nach § 11 zu werten, und der Berufsangehörige damit, unabhängig von der Nichtanwendungsmöglichkeit des § 14, an diese Vergütung gebunden (LG Osnabrück 10 0 358/85 vom 26. 3. 1987).

4 Empfehlenswerte Vertragsregelungen

Ratsam erscheint es, über die „Pflichtformalien" (Anmerkung 3) hinaus noch folgende Regelungen in die Pauschalvereinbarung aufzunehmen:

a) § 14 fordert nicht, den Gesamtbetrag der Pauschalvergütung in „Gebühr" und „Auslagenersatz" aufzuteilen. Trotzdem erscheint es sehr zweckmäßig, dies zu tun. Eine solche Handhabung vereinfacht z. B. bei später in vermehrtem Umfang geforderten Tätigkeiten außerhalb der Praxisräume, bei einer erheblichen Verteuerung der Kraftfahrzeugkosten oder der Erhöhung der sonstigen Reisekosten Auseinandersetzungen darüber, welcher Betrag nun anteilmäßig auf den „Auslagenersatz" entfällt.

b) § 14 fordert ferner nicht, die „einzelnen Vergütungsteile", also die einzelnen „Gebühren" und den jeweiligen „Auslagenersatz" getrennt nach den einzelnen zu übernehmenden Tätigkeiten in die Vereinbarung selbst aufzunehmen. Man kann eine solche Aufnahme daher unterlassen, aus den Handakten des StB muß die Einzelaufgliederung dessenungeachtet ersichtlich sein. Es gibt andererseits aber auch gute Gründe für eine Aufnahme der einzelnen Vergütungsteile, kann diese doch gerade bei steigenden Gegenstandswerten oder steigendem Zeitaufwand besonders gut verdeutlichen, daß die Voraussetzungen für eine Anpassung der Pauschalvergütung gegeben sind.

c) Das OLG Celle hat in seinem Urteil vom 21. 12. 1984 (3 U 131/84 in DStR 1985 S. 482) im Falle einer Pauschalvereinbarung für Buchführungsleistungen entschieden, daß ein StB, wenn er zusätzliche Arbeiten für die Umstellung der Buchführung auf die elektronische Datenverarbeitung neben der Pauschalvergütung berechnen will, näher darzutun hat, daß diese Pauschalvergütung die vom Auftraggeber verlangte Umstellung nicht beinhalte, also einer gesonderten Vergütung zugänglich ist. Dem steht nicht der Umfang der Arbeiten und auch nicht der Umstand entgegen, daß die Umstellung der Buchführung aufgrund eines späteren Auftrages des Mandanten erfolgte. Selbst bei einem solchen, auf den ersten Blick „selbstverständlichen", Anspruch auf gesonderte Honorierung wird aus dieser Entscheidung deutlich, wie wichtig es ist, bei Pauschalvereinbarungen eine sorgfältige Abgrenzung der pauschalen Leistungen vorzunehmen.

d) Der Zeitpunkt, zu dem jeweils eine „Überprüfung" der Pauschalvergütung zu erfolgen hat, sollte Aufnahme in die Vereinbarung finden.
Zur Vermeidung von Mißverständnissen erscheint es ferner zweckmäßig, auch den Zeitraum, welcher die Grundlage der Überprüfung bildet, deutlich zu machen.
Folgende Formulierung ermöglicht dies:
„Die Anpassung der Pauschalvergütung an eingetretene Änderungen der Verhältnisse erfolgt jeweils im Abstand von zwei Kalenderjahren, wobei jeweils die Verhältnisse des dem Zweijahreszeitraum unmittelbar vorangehenden Kalenderjahres für die Anpassung maßgebend sind".

e) „Besondere Verhältnisse", die bei einer Vergütungsfestsetzung bedeutsam waren, sollten in der Pauschalvereinbarung erwähnt werden. Hatte der Auftraggeber z.B. bestimmte Terminvorstellungen für Teile der Leistungen, etwa eine besonders zeitnahe Fertigung jährlich zu erstellender vorläufiger Abschlüsse einer inländischen Tochtergesellschaft eines ausländischen Mutterunternehmens, und macht die Erfüllung dieser Auflage eine Tätigkeit außerhalb der üblichen Geschäftszeit, insbesondere auch an Samstagen, Sonntagen oder Feiertagen, erforderlich, so erscheint es zweckmäßig und geboten, die hierfür getroffene Sonderregelung in der Pauschalvereinbarung festzuhalten. Ggfs. bedarf es in der Sicht von § 4 Absatz 1 der Aufnahme in eine gesonderte Erklärung.

f) Die Pauschalvergütung sollte im Rahmen der Vereinbarung, abweichend von § 7, zweckmäßig in „Monatsteilbeträgen", mindestens aber in „Quartalsteilbeträgen" zu entrichten sein.

5 Höhe und Überprüfung der Pauschalvergütung

Während die AllGO noch einen „Gebührennachlaß bis zu 20 v.H." beim Abschluß einer Pauschalvereinbarung vorsah, ist eine solche „Rabattierung" zwangsläufig einer gesetzlichen Gebührenverordnung fremd. Die Zusammenfassung verschiedener Leistungen soll der Vereinfachung der Abrechnung dienen, nicht aber „Nachlässe" ermöglichen. Absatz 3 spricht dies mit der Feststellung, die Pauschalierung müsse „in einem angemessenen Verhältnis zur Leistung des StB stehen", an. Deutlicher wird das Gewollte mit der Formulierung im letzten Absatz der Verordnungsbegründung. Ungeachtet dieser Aussage ergeben sich häufig bei der Pauschalierung „stille Nachlässe" dadurch, daß eine Anpassung berufsüblich jeweils erst im Abstand von zwei, spätestens drei Jahren durchgeführt wird, zwischenzeitlich gestiegene Bemessungsgrundlagen also unberücksichtigt bleiben; eine zwangsläufige Folge des Vergütungsverfahrens, die sich aber auch im umgekehrten Fall auswirkt.

An die ordnungsgemäß vereinbarte Pauschalvergütung ist der StB gebunden, auch wenn sich vor dem nächstmöglichen Zeitpunkt der Anpassung nicht vorhersehbare Änderungen der Bemessungsgrundlagen ergeben. Die Begrenzung der Bindung gibt § 242 BGB, soweit nicht ein Wegfall der Geschäftsgrundlage gegeben ist.

Die Ermittlung der Pauschalvergütung geschieht zweckmäßig dergestalt, daß zuerst alle in die Pauschalierung einzubeziehenden Leistungen mit den ihnen im Falle der Einzelberechnung nach der GebV zukommenden „angemessenen" Gebühren in Ansatz gelangen. Schätzungen sind dabei meist unvermeidlich, insbesondere in der Sicht der Gegenstandswerte, des Zeitaufwandes und der Häufigkeit bestimmter Leistungen, z.B. bei Erteilung von „Rat und Auskunft". Zu dem so ermittelten Wert der „Gebühr" ist der voraussichtlich erwachsende „Auslagenersatz" hinzuzurechnen. Das Ergebnis ist die „Pauschalvergütung", zu der zusätzlich noch die „Umsatzsteuer" erhoben wird. Eine besondere Bedeutung kommt bei der Pauschalvergütung der „Nachkalkulation" anhand der Arbeitsaufzeichnungen unter Zugrundelegung der tatsächlichen Gegenstandswerte und der effektiv benötigten Zeit sowie der tatsächlich erwachsenen Auslagen zu. Diese Überprüfung der „Vergangenheit" bietet auch den besten Anhalt bei der jeweiligen Anpassung für die „Zukunft".

Die Bemessung einer Pauschalvergütung „nach dem Gefühl" sollte bei der Fülle der Änderungen des Steuerrechts, bei den unterschiedlichen Gegenstandswerten, bei dem vom Mandanten wie von den eigenen Mitarbeitern her sehr differierenden Zeitaufwand, den nach der Personalsituation des Auftraggebers möglicherweise unterschiedlichen Vorbereitungen, um nur einige Fakten zu nennen, wie auch in der Sicht steigender Auslagen der Vergangenheit angehören.

6 **Einzelfragen zur pauschalen Honorierung von Berufsleistungen**

1. Die bei der Erledigung von **„Buchführungsarbeiten"** oft angewandte Handhabung der Leistung von Akontozahlungen durch den Auftraggeber während des Jahres bei Schlußabrechnung nach Ablauf des Jahres ist keine „Pauschalvereinbarung". Es werden vielmehr „Vorschüsse" nach § 8 erhoben, die dann bei Vorliegen der endgültigen „Berechnung" ihre Abrechnung erfahren (Siehe auch Anmerkung 8 zu §§ 32–33).
2. Unabhängig von einer Aufnahme in die Pauschalvereinbarung selbst ist die **„Ermittlung der Pauschalvergütung"**, wie in Anmerkung 4 bereits erwähnt, aus berufsrechtlicher Sicht in den Unterlagen des StB „aktenkundig" zu machen.
3. Die **Gewährung eines „Nachlasses"** bei sofortiger oder kurzfristiger Begleichung einer Liquidation ist gebührenrechtlich unzulässig und in der Sicht des unlauteren Wettbewerbs auch berufswidrig (Siehe auch Anmerkung 1 zu § 9).
4. In die Vereinbarung einer Pauschalvergütung nach § 14 können nur **Tätigkeiten nach § 33 StBerG** einbezogen werden. Tätigkeiten nach § 57 Absatz 3 StBerG (Siehe Teil III) sind jedoch einer gesonderten Pauschalvereinbarung zugänglich.
5. Es ist nach Auffassung der Bundessteuerberaterkammer zulässig, die **Vorschriften der §§ 14 und 4** zu verknüpfen. In der schriftlichen Vereinbarung für einzelne oder mehrere für denselben Auftraggeber laufend auszuführende Tätigkeiten kann für die Bemessung der Pauschalvergütung vereinbart werden, daß sich z. B. die Gebühren immer nach den jeweils um 20 v. H. erhöhten Höchstwerten der Rahmensätze bemessen. Die besondere Formvorschrift des § 4 Absatz 1, nämlich die schriftliche Erklärung des Auftraggebers, die nicht in der Vollmacht oder in einem Vordruck, der auch andere Erklärungen umfaßt, enthalten ist, muß aber auch in diesem Fall zwingend beachtet werden. Die Anwendung von § 315 BGB scheidet hier aus, da im Falle der Vereinbarung die Vergütung ja durch „beide Vertragsschließende" festgelegt wird, und nicht die Bestimmung durch einen Vertragsschließenden, wie sie dem § 315 BGB zugrunde liegt, erfolgt.
6. Die Kündigungsbestimmung des § 628 Absatz 1 Satz 3 BGB ist dann auf Pauschalvereinbarungen nicht anwendbar, wenn die Kündigungsmöglichkeit des § 627 BGB zulässigerweise vertraglich abbedungen wurde. **Dem Steuerberater steht aus dieser Vereinbarung noch bis zur vertragsgemäßen Beendigung des Steuerberatungsvertrages das Pauschalhonorar zu,** ohne daß er verpflichtet wäre, nach Beendigung des Vertragsverhältnisses noch Leistungen zu erbringen, die das Vertragsverhältnis während der Vertragszeit betreffen. Diese Entscheidung des OLG

Celle 3 U 119/86 vom 8. 4. 1987 ist in Abschnitt 1.3 „Allgemeine Rechtsfragen zum Gebührenrecht" dieses Teils II ausführlich angesprochen.

7. Für die **vorzeitige Beendigung eines Anwaltsvertrages** mit Pauschalhonorarvereinbarung für die Verteidigung eines Mandanten in Strafsachen hat der Bundesgerichtshof mit Urteil III ZR 67/85 vom 16. 10. 1986 (NJW 1985 S. 315) festgestellt, daß ein vereinbartes Pauschalhonorar nach § 628 Absatz 1 Satz 1 BGB auf den Teil herabzusetzen ist, der der bisherigen Tätigkeit des Rechtsanwaltes entspricht, wenn die Kündigungsmöglichkeit des § 627 BGB nicht zulässigerweise vertraglich abbedungen wurde.

8. Den Abschluß einer **„Pauschalvereinbarung mit einem Verband (Verein)"** wird man, analog zu der Regelung für die Anwaltschaft (Anmerkung 1), grundsätzlich als möglich anzusehen haben, allerdings unter Beachtung der berufsrechtlichen Vorschriften. Auftraggeber kann nur der Verband, nicht das einzelne Verbandsmitglied sein. In Betracht kommen wird eine solche Vereinbarung im allgemeinen nur für die Erteilung von „Rat und Auskunft" in branchentypischen Fragen, wie etwa die Beratung in speziellen „Außensteuerfragen" für einen Außenhandelsverband oder die Beratung zu Fragen „Leasing im Steuerrecht" für einen Verband von Leasingunternehmen.

9. Zu der Frage der **Beratung von Betriebsangehörigen** im Rahmen einer Pauschalvereinbarung zwischen dem Unternehmen und dem StB ist eine zum anwaltlichen Standesrecht ergangene Entscheidung des BGH (AnwSt (R) 1/82 vom 17. 5. 1982 in NJW 1982 S. 2329) von Interesse. Danach ist eine Vereinbarung, durch die es der Rechtsanwalt übernimmt, gegen eine Pauschalvergütung alle Betriebsangehörigen eines Unternehmens „in allen Rechtsfragen" zu beraten, standeswidrig.

10. Werden Beratungshonorare pauschal und in einer Summe sowohl für betriebliche als auch für private Beratungen berechnet, so ist der als Betriebsausgaben abzugsfähige Teil durch **Aufteilung** zu ermitteln, notfalls im Wege der Schätzung. Mit diesem Urteil des BFH (VIII R 345/82 vom 31. 7. 1985 in KÖSDI 1986 S. 6252) hat der BFH mit Recht klargestellt, daß das Aufteilungsverbot nicht eingreift, wenn die betriebliche und die private Beratung getrennte Vorgänge sind und nur gemeinsam pauschal abgerechnet werden.

11. In den letzten Jahren hielten es vereinzelt Steuerpflichtige, auch Vereinigungen auf beruflicher Basis, für angebracht, im Rahmen einer **„Ausschreibung"** die Honorarvorstellungen von Berufsangehörigen für bestimmte zu pauschalierende Tätigkeiten zu erkunden, um dann „dem günstigsten Angebot" den „Zuschlag" zu geben. Schon die notwendige Wortwahl zeigt, daß ein solches Verfahren dem Beruf eines StB nicht adäquat ist. Selbstverständlich kann dem Bedürfnis eines einzelnen Interessenten, über die ungefähre Höhe eines Steuerberatungshonorares zuverlässig informiert zu werden, entsprochen werden. Dies setzt aber die umfassende Kenntnis aller für die Gebührenbemessung maßgeblichen „Umstände" voraus, um das Bestimmungsrecht nach § 11 auch wirklich ausüben zu können. Ein Berufsangehöriger kann nur dann zu einem befriedigenden wirtschaftlichen Ergebnis in seiner Praxis kommen, wenn er auch die erforderlichen Pauschalvergütungen hinreichend genau zu bestimmen vermag. Bei einem neu zu übernehmenden Mandat hat sich der Abschluß einer Pauschalvereinbarung etwa ab dem dritten Jahr, bei einer Berechnung der Einzelleistungen nach der StBGebV in den beiden ersten Jahren, als zweckmäßige Lösung erwiesen. Die Entscheidung, sich an „Auftragsausschreibungen" der vorbezeichneten Art nicht zu beteiligen, sollte jedem Berufsangehörigen leichtfallen.

Dritter Abschnitt. Umsatzsteuer, Ersatz von Auslagen

§ 15 Umsatzsteuer

Der Vergütung ist die Umsatzsteuer hinzuzurechnen, die nach § 12 des Umsatzsteuergesetzes auf die Tätigkeit entfällt. Dies gilt nicht, wenn die Umsatzsteuer nach § 19 Abs. 1 des Umsatzsteuergesetzes unerhoben bleibt.

Amtliche Begründung zu § 15:

Nach dieser Vorschrift hat der Steuerberater einen Anspruch auf Zahlung der auf seine Vergütung entfallenden Umsatzsteuer; es sei denn, daß die Umsatzsteuer nach § 19 Abs. 1 des Umsatzsteuergesetzes nicht erhoben wird.

Anmerkungsübersicht

1 Anspruch auf Hinzurechnung der Umsatzsteuer

§ 15 attestiert den Anspruch des StB, zusätzlich zur Gebühr und zum Auslagenersatz, also zusätzlich zu seiner **gesetzlich bemessenen „Vergütung"**, die hierauf entfallende Umsatzsteuer zu erhalten. Dies ist die materiell bedeutsame Aussage der etwas eigentümlich formulierten Vorschrift.
Eingeschränkt wird der Anspruch nur insoweit, als nach § 19 Absatz 1 UStG keine Umsatzsteuer erhoben wird. Mit anderen Worten: Ein StB, der nach § 19 Absatz 1 UStG für ein Jahr keine Umsatzsteuer entrichtet, weil der in § 19 Absatz 1 Satz 2 UStG definierte Umsatz im Vorjahr DM 32.500,– nicht überstieg und im laufenden Jahr DM 100.000,– voraussichtlich nicht übersteigen wird, kann für dieses Jahr seinen Auftraggebern auch keine Umsatzsteuer in Rechnung stellen.
Der Anspruch auf Erhalt der Umsatzsteuer ist begrifflich, wie dies bereits die Überschrift des „Dritten Abschnittes" verdeutlicht, nicht als „Ersatz von Auslagen" anzusehen. Er steht „selbständig" neben den Ansprüchen auf „Gebühren" und „Auslagenersatz". Siehe auch Schaubild zu § 1 Anmerkung 4.

2 **Steuersatz**

Der Steuersatz betrug zum Zeitpunkt des Inkrafttretens der StBGebV 13 v.H., er beträgt beim Erscheinen dieser 3. Auflage des Kommentars 16 v.H.

3 **Sonstige Anmerkungen**

Für den StB gelten im übrigen die gleichen umsatzsteuerlichen Vorschriften wir für jeden anderen „Unternehmer" im Sinne des Umsatzsteuergesetzes. Er kann also insbesondere durch eine Option zur Normalbesteuerung nach § 19 Absatz 2 UStG die Berechtigung zur Umsatzsteuerinrechnungstellung „herbeiführen". Hieraus ergibt sich, daß wohl nur in wenigen Ausnahmefällen StB im Bereich von § 19 Absatz 1 UStG verbleiben werden.
Nicht berührt von der Bestimmung des § 15 sind die umsatzsteuerlichen Tatbestände außerhalb des Bereichs der gesetzlich bemessenen Vergütungen, also insbesondere die Honorare für Tätigkeiten, die nicht unter § 1 Absatz 1 fallen, und für Hilfsumsätze. Hier erscheint es im Hinblick auf die Entscheidung des OLG Karlsruhe vom 17. 11 1978 (DB 1979 S. 447) empfehlenswert, die zusätzliche Inrechnungstellung der Umsatzsteuer ausdrücklich zu vereinbaren.

§ 16 Entgelte für Post- und Telekommunikationsdienstleistungen

Der Steuerberater hat Anspruch auf Ersatz der bei der Ausführung des Auftrags für Post- und Telekommunikationsdienstleistungen zu zahlenden Entgelte. Er kann nach seiner Wahl anstelle der tatsächlich entstandenen Kosten einen Pauschsatz fordern, der 15 vom Hundert der sich nach dieser Verordnung ergebenden Gebühren beträgt, in derselben Angelegenheit jedoch höchstens 40 Deutsche Mark, in Strafsachen und Bußgeldverfahren höchstens 30 Deutsche Mark.

Amtliche Begründung zu § 16:

Diese Vorschrift stellt klar, daß die Post- und Fernmeldegebühren nicht zu den allgemeinen Geschäftskosten im Sinne des § 3 Abs. 2 gehören und daher neben den Gebühren als Auslagen gefordert werden können. Inhaltlich entspricht sie der Regelung des § 26 BRAGO.

Amtliche Begründung 3. VOÄ zu § 16:

Vgl. die Begründung zu § 3 Abs. 3.

§ 17 Schreibauslagen

(1) **Der Steuerberater hat Anspruch auf Ersatz der Schreibauslagen für Abschriften und Ablichtungen**

1. aus Behörden- und Gerichtsakten, soweit deren Herstellung zur sachgemäßen Bearbeitung der Angelegenheit geboten war,

2. für die Unterrichtung von mehr als drei Beteiligten auf Grund einer Rechtsvorschrift oder nach Aufforderung einer Behörde und
3. im übrigen nur, wenn sie im Einverständnis mit dem Auftraggeber zusätzlich, auch zur Unterrichtung Dritter, angefertigt worden sind.

(2) **Die Höhe der Schreibauslagen in derselben Angelegenheit und in gerichtlichen Verfahren in demselben Rechtszug bemißt sich nach den für die gerichtlichen Schreibauslagen im Gerichtskostengesetz bestimmten Beträgen.**

Fassung 3. VOÄStBGebV

Amtliche Begründung zu § 17:

Die Regelung schließt sich sachlich an die entsprechende Vorschrift der BRAGO (§ 27) an.

Amtliche Begründung 1. VOÄ zu § 17:

Die Änderungen dienen der notwendigen Anpassung an entsprechende Bestimmungen der BRAGO.
§ 17 Abs. 2 berücksichtigt ebenso wie § 27 Abs. 2 BRAGO die Änderung des Gerichtskostengesetzes bezüglich der Berechnung der Schreibauslagen durch das Gesetz zur Änderung von Kostengesetzen vom 9. Dezember 1986.

Amtliche Begründung 3. VOÄ zu § 17:

Die Änderung ist redaktioneller Art. Durch sie soll klargestellt werden, daß die im Einverständnis mit dem Auftraggeber gefertigten Abschriften und Ablichtungen, die der Unterrichtung Dritter dienen, ebenfalls beim Auslagenersatz zu berücksichtigen sind. Damit sollen Bedenken ausgeräumt werden, ob der Steuerberater bei der Fertigung der Urschrift nicht genügend Überstücke – z. B. im Durchschlagverfahren – hätte fertigen können. Schließlich soll künftig der Mehraufwand vergütete werden, der durch die Unterrichtung einer ungewöhnlich hohen Zahl an Beteiligten entsteht.

Anmerkungsübersicht

11 Ausweis der Entgelte für Post- und Telekommunikationsdienstleistungen in der Berechnung
12 Pauschalierung

1 Allgemeines

§ 3 Absatz 2 bestimmt, daß die „Allgemeinen Geschäftskosten“ mit den Gebühren nach der GebV abgegolten sind, d.h. hierfür neben der „Gebühr“ kein gesonderter Ersatz gewährt wird. Absatz 3 der genannten Vorschrift läßt als Ausnahme zur **gesonderten Berechnung** neben dem „Zahlungsanspruch für Umsatzsteuer“ nur

▷ Entgelte für Post- und Telekommunikationsdienstleistungen
▷ bestimmte Schreibauslagen und
▷ die Reisekosten

zu.

Die Wahl der Formulierung „Anspruch“ in § 3 Absatz 3, „hat Anspruch“ in § 16 und in § 17 Absatz 1 der GebV geht auf die wortgleiche Fassung von § 25 Absatz 3, § 26 und § 27 Absatz 1 der BRAGO zurück. Der „Anspruch“ der StB auf diesen Auslagenersatz wird damit zweifelsfrei begründet, es wird aber nicht die Frage beantwortet, ob der StB in Anbetracht der Wortwahl den Auslagenersatz geltend machen muß oder darauf verzichten kann. Ein Verzicht würde zur Folge haben, daß der StB auch diese „berechnungsfähigen“ Auslagen, gleich den „allgemeinen Geschäftskosten“, aus seinen „Gebühren“ zu decken hätte, mit der Folge, daß er damit niedrigere Gebühren in Ansatz bringen würde. Aus dieser Folgerung und aus der Fassung von § 1 Absatz 1 wird man, vorbehaltlich einer abweichenden Rechtsprechung, den Schluß zu ziehen haben, daß die Bestimmungen der §§ 17 und 18 keine „Kannvorschrift“, sondern eine „Mußvorschrift“ darstellen, mit den Einschränkungen, die sich aus Anmerkung 3 zu § 4 ergeben. Zustimmend: Eggesiecker „STEUGO“ Rdnr. 16.010; Mittelsteiner/Scholz Anmerkung 1 zu § 16; Feiter S. 38; einheitliche Mitteilungen der Steuerberaterkammern.

2 Wegfall der Pauschalierung gemäß § 28 AllGO

Über mehr als drei Jahrzehnte hat die Gebührenpraxis des Berufsstandes von der Möglichkeit des § 28 AllGO, „Post-, Fernmelde- und Schreibgebühren“ zu pauschalieren, Gebrauch gemacht. Ausgangspunkt war die Überlegung, daß die „Gebühr“ nur die eigentliche (geistige) Berufsleistung abgelten solle, während die Kosten für die „Dokumentation“ dieser Berufsleistung, vor allem also das Schreiben von Abschlüssen, Abschlußberichten, Revisionsberichten, Steuererklärungen, Übersichten, Tabellen u.a.m., zusammen mit den Post- und Fernmeldegebühren **zusätzlich** berechnet werden. Um eine umständliche Einzelermittlung zu vermeiden, gelangte hierfür ein Pauschsatz von 10 v.H., bezogen auf die Gebühr, in Ansatz. Diese Handhabung war fester Bestandteil der Liquidationen von rd. 95 v.H. aller Berufsangehörigen geworden. Trotz eindringlicher Darlegungen des Berufsstandes, eine so bewährte, praktikable und langjährig „üblich“ gewordene Regelung beizubehalten, wurde die Bestimmung nicht in die StBGebV übernommen, letztlich wohl mit dem Blick auf das Anwaltsgebührenrecht. Auch hier ist leider „nicht Vergleichbares" verglichen worden, nachdem der Schreibaufwand einer Steuerberatungspraxis vom Umfang, von der Art, vom Schwierigkeitsgrad, von der Gestaltung und von den Kosten der benötigten Materialien her, abgesehen von weiteren Kriterien, nicht mit dem einer Anwaltspraxis vergleichbar ist. Es bleibt einmal mehr die betrübliche Feststellung, daß man der „Einebnung" dieser Vorschriften über die verschiedenen Berufe hinweg den Vorzug vor der Erhaltung bewährter berufsspezifischer Regelungen gab.

Was bedeutete der Wegfall dieser Pauschalierung für den Berufsangehörigen ab 1. 4. 1982: Nachdem Schreibauslagen nur noch ausnahmsweise neben der Gebühr berechenbar sind und die verbliebene Pauschalierung der Entgelte für Post- und Telekommunikationsdienstleistungen nur noch ein Minimum der bisherigen Pauschalierung ausmacht, mußte mit Inkrafttreten der StBGebV der veränderten gebührenrechtlichen Situation dadurch Rechnung getragen werden, daß der bisherige „Zuschlag" von 10 v. H. bereits bei der Wahl des Rahmensatzes der Wertgebühr, der Zeitgebühr und der Betragsrahmengebühr für jede einzelne Angelegenheit Berücksichtigung fand.

3 **Entgelte für Post- und Telekommunikationsdienstleistungen**

Zu den „Entgelte für Post- und Telekommunikationsdienstleistungen" im Sinne dieser Vorschrift rechnen die Portokosten für Briefe, Päckchen, Pakete mit allen Sonderzuschlägen, Telegrammgebühren, Fernsprechgebühren, Fernschreibgebühren, Telefaxgebühren sowie die Gebühren für vergleichbare Fernmeldeeinrichtungen. Hinsichtlich der Frachtkosten der Bundesbahn oder anderer Transportgebühren siehe Anmerkung 8.

Bei Fernsprech-, Fernschreib- und Fernkopieranschlüssen sind nur die **Kosten der Gebühreneinheiten** (ggfs. mit den höheren Beträgen, wie sie etwa ein Hotel während einer Reise in Rechnung stellt) berechnungsfähig, nicht jedoch die Grundgebühren sowie anteilige Kosten für die Anschaffung und Unterhaltung bzw. die Anmietung der entsprechenden Anlagen. Letztere sind den „Allgemeinen Geschäftskosten" des § 3 Absatz 2 zuzurechnen (Gerold-Schmidt Anmerkung 4 zu § 26 und Hartmann Anmerkung 1 zu § 26).

Der StB kann **nach seiner Wahl**

▷ entweder die im Einzelfall tatsächlich entstandenen Entgelte für Post- und Telekommunikationsdienstleistungen

▷ oder einen Pauschsatz

berechnen. Die Entscheidung steht in seinem freien Ermessen.

Der **Pauschsatz** beträgt 15 v. H. der „Gebühr" nach der GebV, jedoch **höchstens** DM 40,– (in Strafsachen und Bußgeldverfahren höchstens DM 30,–) für **„jede Angelegenheit".** Maßgebend ist also auch hier wieder die Auslegung des Begriffs „Angelegenheit", wobei kein Unterschied zwischen § 12 und § 16 besteht. **Wegen allen Einzelheiten siehe Anmerkung 2 zu § 12.**

Die Pauschalierung setzt im Gegensatz zur Einzelberechnung nicht voraus, daß tatsächlich Entgelte für Post- und Telekommunikationsdienstleistungen in dieser Höhe entstanden sind, eine „Nachweispflicht" besteht nicht. Es müssen aber überhaupt solche Kosten, wenn auch nur in geringer Höhe, gegeben sein, was z. B. in der Regel bei der mündlichen Erteilung von Rat und Auskunft ohne schriftliche Bestätigung nur der Fall sein dürfte, wenn die Raterteilung fernmündlich geschieht (Siehe auch Gerold-Schmidt Anmerkung 5 zu § 26); zustimmend BGH zu § 26 BRAGO (14. 7. 1971 in NJW 1971 S. 1845) und OLG Stuttgart (10 U 208/85 vom 10. 6. 1986, besprochen von Eckert in „Die erste Rechtsprechung zum Steuerberatungsgebührenrecht" in DStR 1987 S. 407).

Nicht erforderlich ist, daß der StB die Regelgebühren nach der GebV berechnet, der Pauschsatz kann auch neben einer höher vereinbarten Gebühr in Ansatz gelangen. Gerold-Schmidt (Anmerkung 5 zu § 26) beschränkt diese Möglichkeit zwar auf die Regelgebühren, jedoch kommt diesem Hinweis, einerseits durch die Höchstbegrenzung des Pauschsatzes und andererseits durch die nach § 4 Absatz 1 ausdrücklich auch für den Auslagenersatz mögliche höhere Vereinbarung, keine praktische Bedeutung zu.

Die im Ermessen des StB stehende, in der Praxis unterschiedlich gehandhabte, Aufnahme mehrerer „Angelegenheiten" in eine „Berechnung" (Liquidation), etwa die gemeinsame Berechnung des Jahresabschlusses und der Jahressteuererklärungen in einer Liquidation, können nicht dazu führen, den Anspruch des StB zu schmälern. Demzufolge ist für jede **einzelne** „Angelegenheit" der Pauschsatz gesondert berechnungsfähig. Dabei bleibt zu prüfen, ob der Höchstbetrag an die Stelle des Vomhundertsatzes tritt.

Bei Gebühren bis zu **DM 266,60 je „Angelegenheit"** bleibt der Pauschsatz von 15 v. H. erhalten. Bei höheren Gebühren reduziert er sich aufgrund der Höchstbetragsvorschrift.

Beispiel:

In einer Berechnung werden ausgewiesen:	DM	DM
1. Aufstellung des Jahresabschlusses 1999		
§ 35 Absatz 1 Nummer 1 Buchstabe a StBGebV		
a) 25/10 aus DM 3.000.000,– Gegenstandswert gemäß § 35 Absatz 2 StBGebV Tabelle B		5.310,–
b) Entgelte für Post- und Telekommunikationsdienstleistungen Pauschsatz mit dem Höchstbetrag	40,–	
2. Vorarbeiten zum Jahresabschluß 1999		
§ 35 Absatz 3 StBGebV		
a) 2 Stunden zu DM 90,– gemäß § 13 StBGebV		180,–
b) Entgelte für Post- und Telekommunikationsdienstleistungen Pauschsatz 15 v. H. aus DM 180,–	27,–	
3. Schriftlicher Erläuterungsbericht zum Jahresabschluß 1999		
§ 35 Absatz 1 Nummer 6 StBGebV		
Übertrag	67,–	5.490,–

	DM	DM
Übertrag	67,–	5.490,–
a) 7/10 aus DM 3.000.000,– Gegenstandswert gemäß § 35 Absatz 2 StBGebV Tabelle B		1.486,80
b) Entgelte für Post- und Telekommunikationsdienstleistungen Pauschsatz mit dem Höchstbetrag	40,–	
4. Erklärung zur gesonderten Feststellung der Einkünfte 1999 § 24 Absatz 1 Nummer 2 StBGebV		
a) 3/10 aus DM 150.000,– Summe der positiven Einkünfte Tabelle A		733,50
b) Entgelte für Post- und Telekommunikationsdienstleistungen Pauschsatz mit dem Höchstbetrag	40,–	
5. Umsatzsteuererklärung 1999 § 24 Absatz 1 Nummer 8 StBGebV		
a) 4/10 aus DM 400.000,– Gegenstandswert (10 v. H. aus DM 4.000.000,– Gesamtbetrag der Entgelte) Tabelle A		1.490,–
b) Entgelte für Post- und Telekommunikationsdienstleistungen Pauschsatz mit dem Höchstbetrag	40,–	
6. Gewerbesteuererklärung 1999 § 24 Absatz 1 Nummer 5 Buchstabe a StBGebV		
a) 2/10 aus DM 200.000,– Gewerbeertrag vor Berücksichtigung des Freibetrages Tabelle A		553,–
b) Entgelte für Post- und Telekommunikationsdienstleistungen Pauschsatz mit dem Höchstbetrag	40,–	
7. Mündliche Erteilung von Rat und Auskunft mit schriftlicher Bestätigung § 21 Absatz 1 StBGebV		
a) 3/10 aus DM 8.000,– Gegenstandswert (Wert des Interesses nach § 10 Absatz 1 Satz 3 StBGebV) Tabelle A		145,50
b) Pauschsatz 15 v. H. aus DM 194,–	21,83	
8. Gebühren		9.898,80
9. Auslagenersatz	248,83	248,83
10. Vergütung		10.147,63
11. Umsatzsteuer 16 v. H.		1.623,62
12. Zu zahlender Betrag		11.771,25

Der Ansatz für die Entgelte für Post- und Telekommunikationsdienstleistungen macht bei diesem Beispiel infolge der meist deutlichen Überschreitung des Grenzwertes von DM 266,60 in fünf von sieben Positionen nur 2,5 v. H. der Gebühren aus. Je niedriger die einzelnen Gebührenansätze liegen, umso näher kommt die Berechnung an die „AllGO-Handhabung" heran. Siehe hierzu auch Steuerberater-Kongreß-Report 1981 „Steuerberatergebührenordnung – Plus und Minus" S. 80.
Ergänzend ist zu vorstehendem Beispiel noch anzumerken:
Bei Ziffer 7 war zu beachten, daß eine Aufrundung des Ansatzes für Entgelte für Post- und Telekommunikationsdienstleistungen auf volle 10 Pfennig nicht möglich ist (Siehe hierzu Anmerkung 10).
Die Änderung der Höhe des Pauschsatzes (und des Höchstbetrages) durch den StB ist nicht möglich; er hat nur die Wahl, den Pauschsatz in der Festlegung von § 16 anzuwenden oder die im Einzelfall tatsächlich entstandenen Entgelte für Post- und Telekommunikationsdienstleistungen in Ansatz zu bringen.
Zu der Frage der Anwendung des Pauschsatzes auf Buchführungsleistungen (§ 33) siehe Anmerkung 8.2 zu §§ 32–33.
Hat ein StB den Pauschsatz in Rechnung gestellt, zeigt sich aber nachträglich, daß seine tatsächlichen Kosten höher sind, ist er an einer Nachforderung nicht gehindert (OLG Stuttgart in NJW 1970 S. 287).
Die Vorschriften der §§ 16 und 17 gelten gleichermaßen für „Verfahren vor Verwaltungsbehörden" (§§ 40 bis 43) und das Verwaltungsvollstreckungsverfahren (§ 44). Ein Rechtsbehelfsverfahren gilt als „eine Angelegenheit" mit der Maßgabe, daß der Pauschsatz ungeachtet der drei Gebühren, die § 40 vorsieht, nur insgesamt bis zur Höhe von DM 40,– in Ansatz gelangen kann.

4 Entgelte für Post- und Telekommunikationsdienstleistungen in Verfahren vor Finanz- und Verwaltungsgerichten

Für Verfahren vor den Gerichten der Finanzgerichtsbarkeit und der Verwaltungsgerichtsbarkeit sind gemäß § 45 die Bestimmungen der BRAGO anzuwenden. Nach § 26 BRAGO kann der Höchstbetrag des Pauschsatzes von gleichfalls DM 40,– für **jeden Rechtszug** in Ansatz gelangen.

5 Entgelte für Post- und Telekommunikationsdienstleistungen in Steuerstrafverfahren und Bußgeldverfahren

Für Steuerstrafverfahren und Bußgeldverfahren sind nach § 45 die Bestimmungen der BRAGO anzuwenden. § 26 BRAGO reduziert den Höchstbetrag des Pauschsatzes von DM 40,– für die genannten Verfahren auf DM 30,–.
Der zusätzliche Hinweis auf den reduzierten Höchstbetrag des Pauschsatzes von DM 30,– in § 16 hat nur für die Erteilung von Rat und Auskunft in steuerstrafrechtlichen und bußgeldrechtlichen Angelegenheiten nach § 21 Absatz 1 Satz 2 praktische Bedeutung.

6 Schreibauslagen

6.1 Berechnungsfähigkeit der Schreibauslagen

Bezüglich der völligen Neuordnung der Berechnung der Schreibauslagen ab 1. 4. 1982 wird auf die Ausführungen unter Anmerkung 2 verwiesen.
Die Vorschrift des § 17 Absatz 1 entspricht § 27 BRAGO. Sie wurde durch die 3. VOÄ neu gefaßt. So hat nun der StB Anspruch auf Ersatz der Schreibauslagen für Abschriften und Ablichtungen aus Behörden- und Gerichtsakten, soweit deren Herstellung zur sachgemäßen Bearbeitung der Angelegenheit geboten war (Absatz 1 Nummer 1). In Betracht kommen hier etwa Ablichtungen aus gemeindlichen Bauakten im Zusammenhang mit der Einheitsbewertung des Grundbesitzes oder Abschriften aus Behördenakten im Zusammenhang mit einem Einspruchsverfahren.
Außerdem hat der StB Anspruch auf Ersatz der Schreibauslagen für die Unterrichtung von mehr als drei Beteiligten aufgrund einer Rechtsvorschrift oder nach Aufforderung einer Behörde (Absatz 1 Nummer 2). Nach der Verordnungsbegründung soll der Mehraufwand vergütet werden, der durch die Unterrichtung einer ungewöhnlich hohen Zahl von Beteiligten entsteht.
Im übrigen hat der StB Anspruch auf Ersatz der Schreibauslagen nur, wenn sie im Einverständnis mit dem Auftraggeber **zusätzlich,** auch zur Unterrichtung Dritter, angefertigt worden sind.
Für die „normalen" Ausfertigungen, Abschriften oder Ablichtungen wird der Aufwand somit den nach § 3 Absatz 2 aus den Gebühren zu deckenden „Allgemeinen Geschäftskosten" zugewiesen.
Da weder § 17 noch die Verordnungsbegründung zu dieser Vorschrift Aufschluß darüber geben, wieviel Ausfertigungen ohne die Möglichkeit der zusätzlichen Auslagenberechnung zu fertigen sind, womit dann eine Definition des Begriffs „zusätzlich" möglich wäre, muß die **„Berufsüblichkeit"** diese Frage beantworten. Danach sind die Urschrift (Original), die in der Regel das Finanzamt erhält, ein Exemplar für den Auftraggeber sowie das für die Akten des StB bestimmte Exemplar, insgesamt also drei Exemplare, **kostenfrei zu fertigen.** Als **„zusätzlich"** haben somit vorbehaltlich anderer Vereinbarungen alle darüber hinausgehenden Ausfertigungen zu gelten. Dies gilt gleichermaßen für Abschlüsse, Steuererklärungen, Revisionsberichte, Rechtsbehelfsschriftsätze im Verfahren vor Verwaltungsbehörden, Anträge und alle sonstigen Schriftsätze.

6.2 Höhe der Schreibauslagen

Die Vorschrift des Absatzes 2 von § 17 wurde durch die 1. VOÄStBGebV mit Wirkung vom 1. 7. 1988 der bereits ab 1. 1. 1987 gültigen Neufassung von § 27 Absatz 2 BRAGO angepaßt.
Die textliche Neufassung gibt insoweit wenig Sinn, als § 17 für „gerichtliche Verfahren" gar keine Gültigkeit hat, nachdem für Verfahren vor Gerichten der Finanzgerichtsbarkeit und der Verwaltungsgerichtsbarkeit, im Strafver-

fahren, im berufsgerichtlichen Verfahren und im Bußgeldverfahren über § 45 ausschließlich die BRAGO Anwendung findet.
Neu ist bestimmt, daß die Berechnung der Auslagen nunmehr wegen der Einführung von zwei mengenabhängigen Gebührensätzen „für jede Angelegenheit" getrennt zu erfolgen hat. Die Höhe der Schreibauslagen richtet sich unverändert nach den Bestimmungen des Gerichtskostengesetzes (GKG). Das GKG in der Fassung der Bekanntmachung vom 15. 12. 1975, zuletzt geändert durch das Gesetz zur Änderung des Einführungsgesetzes zur Insolvenzordnung und andere Gesetze vom 19. 12. 1998, lautet in dem hier in Betracht kommenden Abschnitt der Anlage 1 „Kostenverzeichnis" zu § 11 Absatz 1 GKG wie folgt:

„Nummer 9000 Die Schreibauslagen betragen für jede Seite unabhängig von der Art der Herstellung in demselben Rechtszug
a) für die ersten 50 Seiten DM 1,–
b) für jede weitere Seite DM –,30
Die Höhe der Schreibauslagen ist für jeden Kostenschuldner nach § 56 Abs. 1 GKG gesondert zu berechnen; Gesamtschuldner gelten als ein Schuldner."

Das Abstellen auf eine „Seite" bedeutet, daß bei einer Beschriftung der Vor- und Rückseite für ein „Blatt" DM 2,– bzw. DM –,60 in Ansatz gelangen. Eine angefangene Seite rechnet voll. Das Format, ob DIN A 5, DIN A 4 oder DIN A 3, ändert an der Höhe des Auslagenersatzes nichts.
§ 56 GKG sieht neben den Kostenschuldnern der §§ 49 bis 55 GKG als Kostenschuldner zusätzlich „denjenigen, der die Erteilung der Ausfertigung und Abschriften beantragt hat", an.
Der Zeitpunkt der Anwendung der Neufassung des „Kostenverzeichnisses" des GKG weicht in Anbetracht des Wortlauts der bisherigen Fassung von § 17 Absatz 2 vom Zeitpunkt der Anwendung der neugefaßten Vorschrift, also dem 1. 7. 1988, ab; die Neufassung gilt bereits **ab 1. 1. 1987.** Hier ist also die gleiche Besonderheit festzustellen wie bei der BRAGO, die über die §§ 45 und 46 in ihrer Neufassung bereits ab 1. 1. 1987 auch für den StB Anwendung findet.

7 Schreibauslagen in Verfahren vor Finanz- und Verwaltungsgerichten sowie in Steuerstrafverfahren und Bußgeldverfahren

§ 45 bestimmt, daß für Verfahren vor den Gerichten der Finanzgerichtsbarkeit und der Verwaltungsgerichtsbarkeit die BRAGO Gültigkeit hat. Für die Schreibauslagen in diesen Verfahren und gleichermaßen in Steuerstrafverfahren und Bußgeldverfahren gilt damit § 27 BRAGO, der in Absatz 1 nahezu wortgleich mit § 17 Absatz 1 ist, während sein Absatz 2 mit Absatz 2 von § 17, wie in Anmerkung 6.2 bereits angesprochen, voll übereinstimmt. Die Bestimmung über die Vergütung von Schreibauslagen für Abschriften aus Behörden- und Gerichtsakten ist insbesondere bei der „Akteneinsicht" durch den Prozeßbevollmächtigten oder Verteidiger bedeutsam.

Für Verfahren vor Finanzgerichten und Verwaltungsgerichten ist die nach der FGO bzw. der VwGO notwendige Anzahl Ausfertigungen der Schriftsätze (z. B. § 77 FGO) mit den Gebühren des jeweiligen Rechtszuges abgegolten.

8 Sonstige Auslagen

Dem StB entstehen neben den in den §§ 16 und 17 angesprochenen Auslagen weitere Auslagen, die man nicht den mit der „Gebühr" abgegoltenen „Allgemeinen Geschäftskosten" (§ 3 Absatz 2) zuordnen kann.
Hierzu rechnen z. B. für den Auftraggeber verauslagte Kosten für Geschäftsbücher, Kosten für die Beschaffung (beglaubigter) Urkunden und Auszüge, wie etwa Handelsregisterauszüge, Grundbuchauszüge und Urkunden über letztwillige Verfügungen, Gebühren für Expreßgut und sonstige Gebühren der Bahn (dies sind keine Entgelte für Post- und Telekommunikationsdienstleistungen), Gebühren für Speditionsunternehmen, Taxikosten oder Botengebühren bei der Übermittlung (eiliger) Unterlagen an den Auftraggeber sowie ähnliche Aufwendungen.
Auch „Zubringerleistungen", die „nicht eine Berufstätigkeit nach § 33 StBerG beinhalten" und von Dritten im Auftrag und für Rechnung des StB erbracht werden, sind mit den hierfür anfallenden Kosten gesondert vergütungsfähig, so z. B. die Aufwendungen für die Übersetzung eines in fremder Sprache gehaltenen Prüfungsberichtes, der die Grundlage für eine Leistung des StB ist, oder die Kosten der Ermittlung von Baudaten durch einen Architekten, die zur Fertigung einer Erklärung zur Feststellung eines Grundstückseinheitswertes benötigt werden, oder die Aufwendungen für ein versicherungsmathematisches Gutachten für Pensionsverpflichtungen, soweit dieses nicht, wie es häufig der Fall ist, vom Steuerpflichtigen direkt in Auftrag gegeben wird.
Bei Auslagerung einer „beruflichen Tätigkeit", etwa auf andere Berufsangehörige (Subberater mit Spezialkenntnissen auf bestimmten Rechtsgebieten) oder bei Einholung von Gutachten zu einer dem StB in Auftrag gegebenen Leistung (Anfrage beim DStI), wird man die Kosten nicht gesondert berechnen können. Diese Aufwendungen sind mit der Gebühr abgegolten. Dies gilt gleichermaßen für die Kosten der Inanspruchnahme von Rechenzentren im Bereich der EDV, ausgenommen Leistungen nach § 33 Absatz 4 und § 34 Absatz 4.
Für diese Auslagen gibt § 670 i. V. mit § 675 BGB die Grundlage für einen Ersatzanspruch gegenüber dem Auftraggeber, ohne daß es einer ausdrücklichen Bestimmung in der GebV bedarf. Der Ausweis sollte gesondert von den übrigen Auslagen in der „Berechnung" erfolgen. Bei höheren Aufwendungen empfiehlt sich in jedem Fall die vorherige Abstimmung bezüglich der Kostenübernahme mit dem Auftraggeber.

9 Höhere Vereinbarung

Auch hinsichtlich des „Auslagenersatzes" ist unter den Voraussetzungen des § 4 eine „höhere Vereinbarung" möglich.

10 **Rundung des Auslagenersatzes**

Eine Rundung des Auslagenersatzes bei Inrechnungstellung der tatsächlichen Aufwendungen ist nicht möglich (Anmerkung 4 zu § 3).

11 **Ausweis der Entgelte für Post- und Telekommunikationsdienstleistungen**

§ 9 Absatz 2 ermöglicht es, die Entgelte für Post- und Telekommunikationsdienstleistungen in der Berechnung nur mit dem Gesamtbetrag anzugeben. Der Einzelnachweis, falls nicht der Pauschsatz gewählt wird, braucht somit nur in den Handakten des StB zu erfolgen.

12 **Pauschalierung**

Der „Auslagenersatz" ist, soweit er im Zusammenhang mit pauschalierungsfähigen „Gebühren" steht, gleichermaßen pauschalierungsfähig.

§ 18 Geschäftsreisen

(1) **Für Geschäftsreisen sind dem Steuerberater als Reisekosten die Fahrtkosten und die Übernachtungskosten zu erstatten; ferner erhält er ein Tage- und Abwesenheitsgeld. Eine Geschäftsreise liegt vor, wenn das Reiseziel außerhalb der Gemeinde liegt, in der sich die Kanzlei oder die Wohnung des Steuerberaters befindet.**

(2) **Als Fahrtkosten sind zu erstatten:**

1. **bei Benutzung eines eigenen Kraftfahrzeugs zur Abgeltung der Anschaffungs-, Unterhaltungs- und Betriebskosten sowie der Abnutzung des Kraftfahrzeugs 0,52 DM für jeden gefahrenen Kilometer zuzüglich der durch die Benutzung des Kraftfahrzeugs aus Anlaß der Geschäftsreise regelmäßig anfallenden baren Auslagen, insbesondere der Parkgebühren,**
2. **bei Benutzung anderer Verkehrsmittel die tatsächlichen Aufwendungen, soweit sie angemessen sind.**

(3) **Als Tage- und Abwesenheitsgeld erhält der Steuerberater bei einer Geschäftsreise von nicht mehr als 4 Stunden 30 Deutsche Mark, von mehr als 4 bis 8 Stunden 60 Deutsche Mark und von mehr als 8 Stunden 110 Deutsche Mark; bei Auslandsreisen kann zu diesen Beträgen ein Zuschlag von 50 von Hundert berechnet werden. Die Übernachtungskosten sind in Höhe der tatsächlichen Aufwendungen zu erstatten, soweit sie angemessen sind.**

Fassung 3. VOÄStBGebV

§ 19 Reisen zur Ausführung mehrerer Geschäfte

Dient eine Reise der Ausführung mehrerer Geschäfte, so sind die entstandenen Reisekosten und Abwesenheitsgelder nach dem Verhältnis der Kosten zu verteilen, die bei gesonderter Ausführung der einzelnen Geschäfte entstanden wären.

§ 20 Verlegung der beruflichen Niederlassung

Ein Steuerberater, der seine berufliche Niederlassung nach einem anderen Ort verlegt, kann bei Fortführung eines ihm vorher erteilten Auftrags Reisekosten und Abwesenheitsgelder nur insoweit verlangen, als sie auch von seiner bisherigen beruflichen Niederlassung aus entstanden wären.

Amtliche Begründung zu den §§ 18–20:

Die in diesen Vorschriften getroffenen Regelungen entsprechen den Bestimmungen in den §§ 28, 29 und 30 BRAGO.

Amtliche Begründung 1. VOÄ zu § 18:

Die Änderungen dienen der notwendigen Anpassung an entsprechende Bestimmungen der BRAGO.
§ 18 übernimmt den durch das Gesetz zur Änderung von Kostengesetzen vom 9. Dezember 1986 erhöhten Satz der BRAGO für den Auslagenersatz bei Geschäftsreisen.

Amtliche Begründung 3. VOÄ zu § 18:

Mit den neuen Absätzen 1 und 2 soll die in der Rechtsprechung und Literatur unterschiedlich beantwortete Frage, wann eine Geschäftsreise vorliegt, eindeutig geregelt werden. Dabei wird allein darauf abgestellt, daß das Reiseziel außerhalb der Gemeinde liegt, in der sich die Kanzlei oder Wohnung des Steuerberaters befindet.
In Absatz 2 Nr. 1 wird bei der Benutzung eines eigenen Kraftfahrzeugs zu erstattende Fahrtkostenpauschale an die im Kostenrechtsänderungsgesetz 1994 vorgenommene Regelung angepaßt. Auf die dortige Begründung wird Bezug genommen. Ferner wird auch für die Aufwendungen für die Benutzung anderer Verkehrsmittel als des eigenen Kraftfahrzeugs klargestellt, daß diese nur im Rahmen des Angemessenen zu erstatten sind.
Die Höhe des Tage- und Abwesenheitsgeldes soll entsprechend der Regelungen der im Kostenrechtsänderungsgesetz 1994 vorgenommenen Erhöhung angehoben werden.
Die Neufassung des geltenden Absatzes 2 Satz 2 als Absatz 3 Satz 2 hat klarstellenden Charakter. Sie übernimmt die in Literatur und Rechtsprechung unbestrittene Auslegung, daß die tatsächlichen Übernachtungskosten im Rahmen des Angemessenen zu erstatten sind, unmittelbar in die Verordnung.

Anmerkungsübersicht

1 Allgemeines
2 Geschäftsreise
3 Reise zur Ausführung mehrerer Geschäfte
4 Fahrtauslagen
5 Tage- und Abwesenheitsgeld
6 Übernachtungskosten
7 Verlegung der beruflichen Niederlassung
8 Sonstige Auslagen
9 Höhere Vereinbarung
10 Rundung des Auslagenersatzes
11 Pauschalierung

1 Allgemeines

Nach § 3 Absatz 3 kann der StB neben der „Gebühr" eine **gesonderte Berechnung** für die auf die Vergütung entfallende Umsatzsteuer, die Entgelte für Post- und Telekommunikationsdienstleistungen, bestimmte Schreibauslagen und die Reisekosten vornehmen.
Die Bestimmungen der §§ 18 bis 20 sind praktisch wortgleich mit den Parallelvorschriften in der BRAGO (§§ 28 bis 30). Damit besteht auch kein Unterschied zwischen der Berechnung der Reisekosten für Leistungen nach Maßgabe der §§ 21 bis 44 der GebV und der Berechnung von Reisekosten für Leistungen, die über die §§ 45 und 46 nach der BRAGO abzurechnen sind.
Die §§ 18 bis 20 regeln nur die Inrechnungstellung von Reisekosten gegenüber dem Auftraggeber, **nicht die steuerliche Abzugsfähigkeit** dieser Aufwendungen beim StB.
Durch die Formulierung „erhält" in den Absätzen 1 und 3 von § 18, die bei einer Vielzahl von Gebührenvorschriften der GebV gleichermaßen Anwendung findet, wird verdeutlicht, daß es sich bei der Geltendmachung von Reisekosten nicht um eine „Kannvorschrift", sondern um eine „Mußvorschrift" handelt, mit den Einschränkungen, die sich aus Anmerkung 3 zu § 4 ergeben. Siehe hierzu ergänzend auch Anmerkung 1 zu §§ 16–17 neben der dort vermerkten Rechtsprechung und Literatur.
Eine Ausnahme wird man allerdings zu sehen haben bei **„Reisen zum Auftraggeber im Rahmen der zweckmäßigeren Auftragserledigung durch den StB"**, wo bisher bereits in der Praxis häufig auf eine Berechnung von Reisekosten verzichtet wurde. Die Tätigkeit „vor Ort" erweist sich zur sachgemäßen Auftragsbearbeitung bei bestimmten Tätigkeiten, so insbesondere bei der Abschlußerstellung, der Revision und oft auch bei Buchführungsleistungen, als zweckdienlich und im Interesse des StB liegend. Eine solche Auftragserledigung in den Geschäftsräumen des Auftraggebers wird meist von diesem nicht „verlangt", sondern vom StB als nützlich und arbeitsvereinfachend gewählt. Es kann daher, nach der Entscheidung des StB, in einem solchen Fall der „verlagerten Kanzlei" wohl eine andere Betrachtungsweise wie bei Reisen, welche die Anwesenheit des StB in den Geschäftsräumen des Auftraggebers zwingend erfordern, etwa bei der Außenprüfung, oder bei „sonstigen Reisen" für den Auftraggeber, also etwa zu einem auswärtigen Finanzamt, zu anderen Behörden oder an den Ort einer Gesellschafterversammlung, Platz greifen.
Mit der vorstehend wiedergegebenen Rechtsauffassung ist auch die Übereinstimmung mit der Handhabung des Anwaltsgebührenrechtes gegeben, da der Anwalt vergleichbare Tätigkeiten „vor Ort", von wenigen Sonderfällen abgesehen, nicht kennt.
Dem StB stehen die Gebühren nach der GebV auch dann zu, wenn Beratungsleistungen unter seiner Leitung und Verantwortung von Mitarbeitern ausgeführt werden. Demzufolge sind grundsätzlich auch **Reisekosten von Mitarbeitern** nach Maßgabe der §§ 18 bis 20 berechnungsfähig. Die Sätze

des Tage- und Abwesenheitsgeldes wird man dabei allerdings nur für den StB selbst und Mitarbeiter, die ihrerseits Berufsangehörige sind, in der in § 18 Absatz 2 genannten Höhe anzusetzen haben; für andere Mitarbeiter bedarf es einer angemessenen Reduzierung. Diese Auffassung widerspricht nicht der in Anmerkung 6 zu § 11 und Anmerkung 4 zu § 13 geäußerten Meinung zur Frage einer personenunabhängigen, nur leistungsbezogenen Honorierung für Berufsangehörige und Mitarbeiter, da in den Tage- und Abwesenheitsgeldern nicht ein bestimmter „Leistungsgrad" zum Ausdruck kommt, diese vielmehr in einer Relation zu den Bezügen der Mitarbeiter stehen.
Bei Ansatz der Zeitgebühr ist auch die **Reisezeit** berechnungsfähig. Siehe hierzu Anmerkung 6 zu § 13.

2 Geschäftsreise

Eine „Geschäftsreise" liegt vor, wenn ein StB in Ausübung eines ihm erteilten und nach der GebV zu berechnenden Auftrages ein Geschäft (eine Tätigkeit) außerhalb der Gemeinde, in der sich die Kanzlei oder die Wohnung des StB befindet, ausübt.
Für **Tätigkeiten am Ort der beruflichen Niederlassung** oder am Wohnsitz des StB können Reisekosten nicht berechnet werden.
Die Entfernung des Reiseortes vom Ort der beruflichen Niederlassung ist unerheblich, auch bei **verhältnismäßig geringen Entfernungen** liegt eine „Geschäftsreise" vor; steuerliche Regelungen sind ohne Belang. Den Ersatz von Fahrtkosten (eigenes Kraftfahrzeug oder öffentliche Verkehrsmittel) am Ort der beruflichen Niederlassung wird man nur über § 4 erreichen können.
Reisekosten sind grundsätzlich vom Ort der beruflichen Niederlassung und nicht vom Wohnort aus, soweit dieser vom Ort der beruflichen Niederlassung abweicht, zu berechnen. Tritt der StB allerdings die Reise vom Wohnort aus an oder beendet er die Reise dort und ergibt sich dabei ein geringerer Aufwand als unter Zugrundelegung des Ortes der beruflichen Niederlassung, so sind nur die „tatsächlich entstandenen" Kosten berechnungsfähig.
Auf die Art des benutzten Kraftfahrzeugs (Pkw, Motorrad oder Mofa) kommt es nicht an.

3 Reise zur Ausführung mehrerer Geschäfte

§ 19 ergänzt § 18 und regelt die Verteilung der Reisekosten, wenn bei einer Reise mehrere Geschäfte (Tätigkeiten) erledigt werden. Dies gilt gleichermaßen für mehrere Tätigkeiten für den gleichen Auftraggeber wie auch für mehrere Tätigkeiten für verschiedene Auftraggeber.
Bei **mehreren Tätigkeiten für den gleichen Auftraggeber** wird im Bereich der Steuerberatung in der Regel eine Verteilung entfallen können, es sei denn, die auf eine Tätigkeit entfallenden Reisekosten wären im Verfahren vor Finanzgerichten oder Verwaltungsgerichten (z.B. § 139 FGO) erstattungsfähig.

Bei **mehreren Tätigkeiten für verschiedene Auftraggeber** hat, wie auch aus dem Wortlaut von § 19 ersichtlich, die Verteilung „nach dem Verhältnis der Kosten zu erfolgen, die bei gesonderter Ausführung der einzelnen Tätigkeiten entstanden wären“.

Beispiel:

Ein StB besucht auf einer Reise am Vormittag den Auftraggeber A und am Nachmittag den Auftraggeber B.

Die getrennte Berechnung der Reise zu A ergibt einen berechnungsfähigen Reisekostenaufwand von DM 60,–.

Die gleichfalls getrennte Berechnung für die Reise zu B führt zu einem berechnungsfähigen Reisekostenaufwand von DM 100,–.

Die Gesamtberechnung der durch die Reise tatsächlich angefallenen Kosten ergibt einen Betrag von DM 120,–.

Nach der Formel

$$\frac{\text{Fiktive Reisekosten Einzelreise} \times \text{Tatsächliche Reisekosten Gesamtreise}}{\text{Summe aller fiktiven Reisekosten}}$$

stellt sich die Aufteilung wie folgt dar:

		DM
Reise zu A	$\frac{60 \times 120}{160}$ =	45,–
Reise zu B	$\frac{100 \times 120}{160}$ =	75,–
Tatsächlicher Aufwand Gesamtreise		120,–

Die gleiche Aufteilung dürfte vorzunehmen sein, wenn die Geschäftsreise etwa in Verbindung mit einer nicht mandatsbezogenen Praxisreise oder einer sonstigen Privatreise ausgeführt wird.

4 Fahrtauslagen

Folgende Fahrtauslagen sind berechnungsfähig:

a) Benutzung des eigenen Kraftfahrzeugs

Zur Abgeltung der Anschaffungs-, Unterhaltungs- und Betriebskosten sowie der Abschreibung des Kraftfahrzeugs werden ab 28. 8. 1998 DM –,52 für jeden gefahrenen Kilometer vergütet.

Maßgebend ist die tatsächliche Fahrstrecke, Umleitungen eingeschlossen. Bare Auslagen, also bestimmte Nebenkosten, die aus Anlaß der Geschäftsreise anfallen, sind zusätzlich zu vergüten. Die Verordnung nennt hier beispielsweise die Parkgebühren.

Auch ein langfristig gemietetes oder geleastes Fahrzeug gilt als „eigenes Kraftfahrzeug“.

b) Benutzung anderer Verkehrsmittel

Als andere Verkehrsmittel kommen Bahn, Flugzeug, Taxi und Mietwagen in Betracht. Berechnungsfähig sind, soweit sie angemessen sind, die tatsächlichen Aufwendungen. Während bei den Kraftfahrzeugkosten (Absatz 2 Nummer 1) Angemessenheitserwägungen fehl am Platz sind, sind diese bezüglich der Erstattungsfähigkeit der Aufwendungen für andere Verkehrsmittel (Absatz 2 Nummer 2) von der Verordnung ausdrücklich gefordert. Dies gilt sowohl für die Wahl des „anderen Verkehrsmittels" als auch in Bezug auf die gewählte Klasse. Bei Reisen mit dem Zug dürften die Aufwendungen für die erste Klasse erstattungsfähig sein. Zustimmend: Eggesiecker „STEUGO" Rdnr. 18.410; Mittelsteiner/Scholz Anmerkung 7 zu § 18.

Die Benutzung eines Flugzeugs im innerdeutschen Verkehr wird man von der Dringlichkeit der Reise und der Entfernung des Reiseortes zu sehen haben. Erstattungsfähig in der Sicht von § 670 BGB dürften im innerdeutschen Verkehr die „Economy-Class", im europäischen und kontinentalen Verkehr die unter verschiedenen Bezeichnungen angebotene „Business-Class" oder die „First-Class" sein; eine diesbezügliche, Zweifel ausschließende, Vereinbarung mit dem Auftraggeber (ggfs. nach § 4) ist empfehlenswert. Ergänzend sei darauf hingewiesen, daß das OLG Koblenz für den Fall eines Pflichtverteidigers die Benutzung des Flugzeugs in der ersten Klasse für einen Flug nach Wien anerkannt hat (Beschl. v. 23. 11. 1994 – 1 Ws 742/94).

Die Aufwendungen für die Benutzung eines Taxis für die Anfahrt zum Bahnhof oder zum Flugplatz und die entsprechende Rückfahrt sind berechnungsfähig.

Bei Reisen im Nahbereich muß dies auch im Falle der alleinigen Taxibenutzung gelten, nachdem die Benutzung des eigenen Kraftfahrzeugs nicht zwingend ist und die Taxe als „anderes Verkehrsmittel" im Sinne von § 18 Absatz 2 Nummer 2 gilt.

Ist die kurzfristige Benutzung eines Mietwagens, z.B. im Anschluß an eine Flugreise, zweckdienlich, so ist auch hier die Berechnungsfähigkeit gegeben, ggfs. im Rahmen von § 670 BGB.

Hinsichtlich weiterer Auslagen gilt das in Anmerkung 8 Gesagte.

5 **Tage- und Abwesenheitsgeld**

Als kombiniertes Tage- und Abwesenheitsgeld sind **je Kalendertag** berechnungsfähig:

	1. 7. 1988 bis 27. 8. 1998		Ab 28. 8. 1998	
	Inland	Ausland	Inland	Ausland
	DM	DM	DM	DM
Reisen bis 4 Stunden	25,–	37,50	30,–	45,–
Reisen von mehr als 4 Stunden bis zu 8 Stunden	50,–	75,–	60,–	90,–
Reisen von mehr als 8 Stunden	95,–	142,50	110,–	165,–

Maßgebend sind die tatsächlichen Reisezeiten (Verspätungen der Verkehrsmittel eingeschlossen) vom Verlassen der beruflichen Niederlassung (oder der Wohnung bei Reiseantritt von dort aus) und der Rückkehr zur beruflichen Niederlassung (bzw. der Wohnung).

Das Tage- und Abwesenheitsgeld gilt die gesamten Verpflegungskosten einschließlich des Frühstücks und einschließlich der Einnahme von Erfrischungen während des Tages ab. Es gewährt gleichzeitig eine Entschädigung dafür, daß der StB seinem beruflichen Wirkungskreis vorübergehend im Interesse des Auftraggebers entzogen ist.
Sind die Tage- und Abwesenheitsgelder in Anbetracht der tatsächlichen Kosten der Auftragserledigung nicht ausreichend, können höhere Beträge nur über § 4 in Ansatz gelangen.
Mittelsteiner-Scholz Anmerkung 8 zu § 18 sieht eine Konkurrenz zwischen dem Ansatz der Reisezeit als Arbeitszeit und der Geltendmachung des Tage- und Abwesenheitsgeldes. Er möchte dem StB ein „Wahlrecht" zubilligen. Wir vermögen dieser Auffassung, die offensichtlich nicht berücksichtigt, daß keine Vergleichbarkeit zum Anwaltsgebührenrecht besteht, weil diesem die „Zeitgebühr" fremd ist, nicht zu folgen. In Anmerkung 6 zu § 13 haben wir begründet dargelegt, warum auch die „Reisezeit" beim StB zur „berechnungsfähigen Zeit" zählt. Daneben ist der StB auf jeden Fall berechtigt, Reiseauslagen nach § 18 zu erheben, die ja schon von ihrer Höhe her keineswegs einen Ersatz für die „Reisezeit" bieten können. Allein der Vergleich eines Achtstundentages mit einer angenommenen Reisezeit von insgesamt 3 Stunden und einer Arbeitszeit von 5 Stunden machen dies auch zahlenmäßig deutlich. Für 3 Stunden „Reisezeit" als „Arbeitszeit" würden z. B. DM 300,– (3 Stunden zu DM 100,–) berechnet; das Tage- und Abwesenheitsgeld bei 8 Stunden beträgt im Inland ganze DM 60,–.

6 Übernachtungskosten

Berechnungsfähig sind die **tatsächlichen Übernachtungskosten** im Rahmen des „Angemessenen". Ein **Verzicht auf eine Übernachtung** kann nur dann gefordert werden, wenn dies vom Zeitpunkt des Beginns und der Beendigung der Reise her gesehen „noch zumutbar ist", was der Fall sein dürfte, wenn die Anreise nicht vor 7.00 Uhr angetreten werden muß und die Rückreise bis spätestens 22.00 Uhr beendet ist.
Berechnungsfähig sind auch die Kosten der Übernachtung im Schlafwagen.
Nicht zu den Übernachtungskosten rechnen, insoweit der steuerlichen Handhabung folgend, die Kosten des Frühstücks. Bei „Inklusivpreisen" bedarf es der angemessenen Herausrechnung.
Ergänzend gelten die Ausführungen unter Anmerkung 8.

7 Verlegung der beruflichen Niederlassung

Diese Vorschrift, welche die §§ 18 und 19 ergänzt, in der Praxis aber für den Beruf des StB kaum eine nennenswerte Bedeutung hat, soll gewährleisten, daß der Auftraggeber nur mit den „vorhersehbaren" Reisekosten belastet wird, die unter Zugrundelegung der bei Auftragserteilung gegebenen beruflichen Niederlassung angefallen wären. Sind die tatsächlichen Reisekosten nach Maßgabe der neuen beruflichen Niederlassung geringer, gelangen nur diese in Ansatz. Für Fahrten zwischen dem bisherigen und dem neuen Ort der beruflichen Niederlassung kann Auslagenersatz nicht gewährt werden. Eine entsprechende Vereinbarung nach § 4 ist möglich.

8 **Sonstige Auslagen**

Analog der Anmerkung 8 zu den §§ 16–17 sind auch im Bereich der Geschäftsreisen Aufwendungen zu verzeichnen, welche die GebV nicht ausdrücklich erwähnt, für die aber nach § 670 i. V. mit § 675 BGB ein Erstattungsanspruch gegenüber dem Auftraggeber besteht.
Als **„Reisenebenkosten"** kommen u. a. in Betracht: Kosten für die Beförderung, Aufbewahrung und Versicherung des Reisegepäcks; Kosten der Benutzung von Verkehrsmitteln (auch Taxen) für Fahrten zwischen Hotel und Arbeitsstätte am Reisezielort; Gebühren und Kosten der Inanspruchnahme eines Reisebüros sowie andere „Reisenebenkosten" in angemessener Höhe.

9 **Höhere Vereinbarung**

Für den „Auslagenersatz" gilt unter den Voraussetzungen des § 4, gleich der „Gebühr", die Möglichkeit der „höheren Vereinbarung". Diese kann insbesondere bei Flugreisen oder der Benutzung eines Kraftfahrzeugs, dessen Kosten die vergütungsfähigen DM –,52 je Reisekilometer übersteigen, zweckdienlich sein.

10 **Rundung des Auslagenersatzes**

Entsprechend den Ausführungen in Anmerkung 10 zu §§ 16–17 erfolgt keine Rundung des Auslagenersatzes.

11 **Pauschalierung**

Die Reisekosten sind, soweit sie im Zusammenhang mit pauschalierungsfähigen „Gebühren" stehen, gleichermaßen pauschalierungsfähig.

Vierter Abschnitt. Gebühren für die Beratung und für die Hilfeleistung bei der Erfüllung allgemeiner Steuerpflichten

§ 21 Rat, Auskunft, Erstberatung

(1) **Für einen mündlichen oder schriftlichen Rat oder eine Auskunft, die nicht mit einer anderen gebührenpflichtigen Tätigkeit zusammenhängt, erhält der Steuerberater eine Gebühr in Höhe von 1 Zehntel bis 10 Zehntel der vollen Gebühr nach Tabelle A (Anlage 1). Ist die Tätigkeit nach Satz 1 Gegenstand einer ersten Beratung, so kann der Steuerberater, der erstmals von diesem Ratsuchenden in Anspruch genommen wird, keine höhere Gebühr als 350 Deutsche Mark fordern. Bezieht sich der Rat**

oder die Auskunft nur auf steuerstrafrechtliche, bußgeldrechtliche oder sonstige Angelegenheiten, in denen die Gebühren nicht nach dem Gegenstandswert berechnet werden, so beträgt die Gebühr 37,50 bis 350 Deutsche Mark. Die Gebühr ist auf eine Gebühr anzurechnen, die der Steuerberater für eine sonstige Tätigkeit erhält, die mit der Raterteilung oder Auskunft zusammenhängt.

(2) **Wird ein Steuerberater, der mit der Angelegenheit noch nicht befaßt gewesen ist, beauftragt zu prüfen, ob eine Berufung oder Revision Aussicht auf Erfolg hat, so erhält er 13 Zwanzigstel einer Gebühr nach Tabelle E (Anlage 5), wenn er von der Einlegung der Berufung oder Revision abrät und eine Berufung oder Revision durch ihn nicht eingelegt wird. Dies gilt nicht für die in Absatz 1 Satz 3 genannten Angelegenheiten.**

Amtliche Begründung zu § 21:

Diese Vorschrift entspricht der Regelung in § 20 BRAGO. Ihr Inhalt sind die „Ratgebühr" und die „Abrategebühr".

Die Ratgebühr (Absatz 1) entsteht für die Rat- und Auskunfterteilung. Sie soll nicht zu anderen Gebühren hinzutreten. Erhält der Steuerberater Gebühren für eine sonstige Tätigkeit, die mit der Rat- oder Auskunfterteilung zusammenhängt, so ist die Rat- oder Auskunftgebühr hierauf anzurechnen. Läßt sich ein Gegenstandswert nicht bestimmen, so kann der Steuerberater anstelle der Wertgebühr die Zeitgebühr berechnen (§ 13 Nr. 2).

Die Entstehung der Abrategebühr nach Absatz 2 setzt voraus, daß der Steuerberater
- den Auftrag hatte, die Berufungs- oder Revisionsaussichten zu prüfen,
- dem Auftraggeber von der Einlegung der vorgenannten Rechtsmittel abgeraten hat und
- eines der vorgenannten Rechtsmittel von ihm nicht eingelegt wird.

Auf die Prüfung der Erfolgsaussichten einer Klage ist Absatz 1 anzuwenden. Dies gilt auch für den Fall des Abratens von der Klageerhebung. Erhält der Steuerberater den Auftrag zur Klageerhebung, muß er die ihm nach Absatz 1 Satz 2 zustehende Gebühr auf die Vergütung für die Vertretung im gerichtlichen Verfahren anrechnen.

Amtliche Begründung 1. VOÄ zu § 21:

Die Änderungen dienen der notwendigen Anpassung an entsprechende Bestimmungen der BRAGO.

§ 21 übernimmt den durch das Gesetz zur Änderung von Kostengesetzen vom 9. Dezember 1986 erhöhten Rahmenbetrag für nicht nach dem Gegenstandswert abzurechnende Beratung und Auskunftserteilung.

Amtliche Begründung 3. VOÄ zu § 21:

Zu Abs. 1

Mit dem vorgeschlagenen Absatz 1 Satz 2 soll die Gebühr des Satzes 1 der Höhe nach begrenzt werden, wenn es sich um eine erste Beratung handelt. Nach Satz 1 erhält der Steuerberater für einen mündlichen oder schriftlichen Rat oder eine Auskunft, die nicht mit einer anderen gebührenpflichtigen Tätigkeit zusammenhängt, eine Gebühr in Höhe von 1/10 bis 10/10 der vollen Gebühr. Diese ist nach Satz 3 auf eine Gebühr anzurechnen, die der Steuerberater für eine sonstige Tätigkeit erhält, die mit der Raterteilung oder Auskunft zusammenhängt. Durch die vorgeschlagene Änderung wird

erreicht, daß der Auftraggeber, der sich wegen einer ersten Beratung an den Steuerberater erstmals wendet, im vornhinein übersehen kann, was ihn diese erste Beratung höchstens kosten wird.
Die Regelung des Absatzes 1 Satz 2 bezieht sich nur auf die Gebühr für die erste Beratung. Sie greift nicht ein, wenn nach dem ersten Beratungsgespräch oder dem ersten schriftlichen Rat oder einer solchen Auskunft sich eine weitere Tätigkeit des Steuerberaters anschließt, mag diese auch mit der ersten Beratung in engem Zusammenhang stehen oder diese fortsetzen.
Die Überschrift ist um einen Hinweis auf die Erstberatungsgebühr ergänzt worden. Der Betragsrahmen wird grundsätzlich der Änderung der BRAGO angepaßt. Die untere Grenze des Betragsrahmens im neuen Satz 3 entspricht der unteren Grenze der Zeitgebühr in § 13 Satz 2 in der vorgesehenen Fassung.

Zu Abs. 2
Es handelt sich um eine redaktionelle Folgeänderung zur Änderung des § 21 Abs. 1.

Anmerkungsübersicht

1 Allgemeines

Die Erteilung von „Rat und Auskunft" ist eine bedeutsame Berufstätigkeit des Steuerberaters, die sich sogar in seiner Berufsbezeichnung widerspiegelt. Dessenungeachtet kommt dem § 21 durch die Berechnungsverbote und die Anrechnungsvorschriften bei einer Verbindung mit anderen Leistungen in der Praxis nicht die Bedeutung zu, die man ihm, auch von seiner Einordnung als erste Position der materiellen Gebührenvorschriften der StBGebV, eigentlich zusprechen möchte. Ein Blick auf das Schaubild zu Anmerkung 4 macht dies auch optisch deutlich.
Aus der Verordnungsbegründung geht bereits hervor, daß diese Vorschrift der BRAGO (§ 20) entnommen wurde. Daran knüpft auch die Kritik an, daß man nicht alternativ die „Zeitgebühr" als eigenständige Gebühr für die Berechnung eines Rates oder einer Auskunft zugelassen hat. Die Vielfalt des Steuerrechts und die in der Praxis übliche Zusammenfassung der Rat- und Auskunftserteilung zu mehreren Steuerarten, Sachverhalten und Rechtsformen in einem „Beratungsgespräch" machen es oft kaum möglich, einen zutreffenden Gegenstandwert zu ermitteln. Dies gilt um so mehr, wenn ein solches Gespräch sowohl „Bruttowerte", wie z. B. Bilanzsummen oder Rohbetriebsvermögen, und gleichermaßen „Nettowerte", wie z. B. Steuern oder Reinvermögen, zum Gegenstand hat. Nur wenn „keine genügenden An-

haltspunkte für eine Schätzung des Gegenstandswertes vorliegen", erlaubt § 13 Satz 1 Nummer 2 den Ansatz der Zeitgebühr (mit einschränkenden Ausnahmen).
Im „Normalfall" ist somit eine relativ umständliche Wertgebührenberechnung erforderlich und im „Ausnahmefall" bleibt für den StB die Notwendigkeit, etwa bei einer streitigen Auseinandersetzung, diese Ausnahme auch noch zu beweisen. Eine unbefriedigende Regelung gerade für diese Tätigkeit des Berufsangehörigen.
„Rat und Auskunft" können mündlich, fernmündlich und schriftlich erteilt werden; sie können mit oder ohne Begründung gegeben werden.
„Besprechungen mit dem Auftraggeber" werden in aller Regel die Erteilung von „Rat oder Auskunft" beinhalten, für sie gilt daher § 21. Für „Besprechungen mit Behörden oder mit Dritten" im Auftrag des Mandanten hat dagegen § 31 Gültigkeit.

2 Rat

Bei der „Raterteilung" wird eine abstrakte „Auskunft" ergänzt um eine Empfehlung, in einer konkreten Angelegenheit in einer bestimmten Weise zu verfahren. Der „Rat" kann auch in einem „Abraten" (Anmerkung 6) bestehen.

3 Auskunft

Unter „Auskunft" ist jede Darlegung rechtlicher Gegebenheiten in ihren verschiedensten Erscheinungsformen, losgelöst von einem bestimmten Zweck, im Rahmen des beruflichen Tätigkeitsbereichs des StB nach § 33 StBerG zu verstehen.

4 Anwendungsbereich Rat und Auskunft

Das Schaubild „Rat und Auskunft" verdeutlicht den Anwendungsbereich der Vorschrift mit den gegebenen Beschränkungen.
Die „selbständige" Berechnung einer Gebühr für „Rat und Auskunft" ist nur dann möglich, wenn es sich um eine „selbständige Tätigkeit" handelt, die nicht mit einer anderen gebührenpflichtigen Tätigkeit in Verbindung steht.
Berät beispielsweise ein StB seinen Auftraggeber über die Voraussetzungen und Erfordernisse eines Stundungsantrages, so kann er nach § 21 berechnen, wenn anschließend kein Stundungsantrag von ihm gestellt wird. Beauftragt der Mandant dagegen den StB, die Stundung zu beantragen, so kommt allein eine Gebühr nach § 23 Nummer 2 in Betracht, wobei die vorangegangene Raterteilung sich allerdings bei der Wahl des Zehntel-Satzes auswirken kann.
Erteilt ein StB Auskunft über die Voraussetzungen einer rechtlich wirksamen Selbstanzeige, so erhält er eine Gebühr nach § 21 nur, wenn sich kein von dem Berufsangehörigen betriebenes Verfahren der Selbstanzeige anschließt. Im anderen Fall ist die Auskunftserteilung mit der Gebühr nach § 30 abzugelten, wobei die vorangegangene Auskunftserteilung wiederum bei der Wahl des Rahmensatzes berücksichtigt werden kann.

Rat und Auskunft						
Erteilung von Rat und Auskunft		Zuraten zur Klage, Revision oder Berufung	Abraten von Klage, Revision oder Berufung			
			Prüfung Erfolgsaussichten Klage		Prüfung Erfolgsaussichten Revision oder Berufung	
Steuerstrafrechtliche, bußgeldrechtliche oder sonstige Angelegenheiten, in denen die Gebühren nicht nach dem Gegenstandswert berechnet werden	Alle übrigen Angelegenheiten nach der StBGebV	Prüfung Erfolgsaussichten Klage, Revision oder Berufung	Steuerstrafrechtliche, bußgeldrechtliche oder sonstige Angelegenheiten, in denen die Gebühren nicht nach dem Gegenstandswert berechnet werden	Alle übrigen Angelegenheiten nach der StBGebV	Steuerstrafrechtliche, bußgeldrechtliche oder sonstige Angelegenheiten, in denen die Gebühren nicht nach dem Gegenstandswert berechnet werden	Alle übrigen Angelegenheiten nach der StBGebV
Absatz 1 Satz 3	Absatz 1 Satz 1	Absatz 1 Satz 1	Absatz 1 Satz 3 in Verbindung mit Begründung	Absatz 1 Satz 1 in Verbindung mit Begründung	Absatz 1 Satz 3	Absatz 2
DM 37,50 bis DM 350,–	1/10 bis 10/10	1/10 bis 10/10	DM 37,50 bis DM 350,–	1/10 bis 10/10	DM 37,50 bis DM 350,–	13/20
–	Tabelle A	Tabelle A	–	Tabelle A	–	Tabelle E
–	Hilfsweise Zeitgebühr	Hilfsweise Zeitgebühr	–	Hilfsweise Zeitgebühr	–	Hilfsweise Zeitgebühr
Anrechnung auf eine Gebühr für eine sonstige Tätigkeit, die mit der Erteilung von Rat und Auskunft zusammenhängt	Keine Berechnung, soweit ein Zusammenhang mit einer anderen gebührenpflichtigen Tätigkeit gegeben ist	Keine Berechnung, soweit ein Zusammenhang mit einer anderen gebührenpflichtigen Tätigkeit geben ist	Bei trotzdem erfolgender Klageerhebung Anrechnung auf die Vergütung für die Vertretung im gerichtlichen Verfahren nach § 45 StBGebV	Keine Berechnung, soweit ein Zusammenhang mit einer anderen gebührenpflichtigen Tätigkeit gegeben ist	Anrechnung auf eine Gebühr für eine sonstige Tätigkeit, die mit der Raterteilung zusammenhängt	Keine Berechnung bei trotzdem erfolgender Einlegung einer Revision oder Berufung durch den StB

Für den Bereich der Erteilung von „Rat und Auskunft" in steuerstrafrechtlichen, bußgeldrechtlichen oder ähnlichen Angelegenheiten, also Tätigkeiten nach § 45, verläßt die GebV mit Satz 3 von Absatz 1 die „Gebührensatzrahmengebühr" nach dem Wert und setzt an deren Stelle die „Betragsrahmengebühr", die bis 27. 8. 1998 DM 25,– bis DM 335,– betrug und ab 28. 8. 1998 auf DM 37,50 bis DM 350,– erhöht wurde.

Entgegen dem „Verbot" der Berechnung gemäß Satz 1 von Absatz 1 kann diese Betragsrahmengebühr auch dann berechnet werden, wenn die Erteilung von „Rat und Auskunft" mit einer anderen Tätigkeit zusammenhängt, sie muß jedoch nach Satz 4 von Absatz 1 auf die Gebühr für diese andere Tätigkeit angerechnet werden.

Berät z. B. ein StB seinen Mandanten über Verhaltensweisen, die als Steuerordnungswidrigkeiten (§§ 377 ff. AO) zu klassifizieren sind, so berechnet er hierfür die Gebühr nach § 21 Absatz 1 Satz 3. Übernimmt er dann die Verteidigung dieses Mandanten im Bußgeldverfahren (§ 392 i. V. mit § 410 AO), so hat er die nach § 21 Absatz 1 Satz 3 berechnete Gebühr nach § 21 Absatz 1 Satz 4 auf die Gebühr nach § 45 anzurechnen.

Als Beispiele für Beratungsleistungen, die neben den laufenden, „alltäglichen" Beratungsgegenständen grundsätzlich auch einer Berechnung nach § 21 Absatz 1 Satz 1 mit den vorstehend angesprochenen Einschränkungen zugänglich sind, wären unter dem Vorbehalt, daß ggfs. auch § 22 Platz greift, zu nennen:

a) Voraussetzung für die Förderung nach dem EigZulG;
b) Grunderwerbsteuerliche Fragen im Zusammenhang mit einem Grundstückstausch;
c) Steuerliche Auswirkungen der Veräußerung eines Unternehmens;
d) Steuerliche Auswirkungen einer geplanten Vermögensanlage, auch bei beabsichtigter Beteiligung an einer Bauherrengemeinschaft (Hierzu OLG Düsseldorf 18 U 61/86 vom 3. 7. 1986 in LEXinform);
e) Unterschiedliche steuerliche Belastungen einzelner Unternehmensformen (Steuerbelastungsvergleich);
f) Prüfung eines vorgelegten Vertragsentwurfes in der Sicht seiner steuerlichen Zweckmäßigkeit und der aus den vorgeschlagenen Regelungen resultierenden steuerlichen Auswirkungen;
g) Beratung im Zusammenhang mit einer beabsichtigten vorweggenommenen Erbfolge (Übertagung des Hauses auf die Kinder) mit steuerlicher Würdigung der Schenkung, gemischten Schenkung, Vorbehahltsnießbrauch sowie Gründung einer Vermögensverwaltungsgesellschaft (hierzu AG Duisburg 6 C 134/96 vom 14. 5. 1997).

5 Abgrenzung zu Gutachten

Die Erteilung eines schriftlichen Rates oder einer schriftlichen Auskunft bedarf der Abgrenzung gegenüber einem „Gutachten" nach § 22; siehe hierzu Anmerkung 3 zu § 22.

6 **Abrategebühr**

Das Bedürfnis, von einem mit der Angelegenheit noch nicht befaßten StB ein Urteil über die Aussichten einer „Revision" oder einer „Berufung" zu erhalten, bildet die Grundlage für eine gesonderte „Abrategebühr", die in Absatz 2 angesprochen wird. Als eigenständige, nicht zur Anrechnung verpflichtende, Gebühr entsteht sie dann, wenn

▷ der StB prüft, ob eine Revision oder eine Berufung Aussicht auf Erfolg hat,
▷ der StB von der Einlegung einer Revision oder einer Berufung abrät und
▷ der StB eine Revision oder eine Berufung für seinen Auftraggeber tatsächlich nicht einlegt.

In steuerstrafrechtlichen, bußgeldrechtlichen oder ähnlichen Angelegenheiten (§ 45) kann die „Abrategebühr" nicht gefordert werden. Hier steht nur die Betragsrahmengebühr nach Absatz 1 Satz 3 zur Verfügung.

Für das „Abraten" von der Einlegung einer „Klage", insbesondere bei einem Finanzgericht, gilt ausschließlich Absatz 1, d.h. die besondere „Abrategebühr" des Absatzes 2 wird nur im Zusammenhang mit Verfahren der „Revision" vor dem Bundesfinanzhof (§§ 115ff. FGO) und dem Bundesverwaltungsgericht (§§ 132ff. VwGO) oder der „Berufung" vor einem Oberverwaltungsgericht (Verwaltungsgerichtshof; §§ 124ff. VwGO) gewährt.

Besonders anzumerken ist, daß sich die „Abrategebühr" des Absatzes 2 nach der Tabelle E bemißt, um analog zu § 45 die gleichen Gebühren für StB und RA sicherzustellen.

7 **Gebühr und Gebührenrahmen**

Die Erteilung von „Rat und Auskunft" in „verschiedenen Angelegenheiten" (§ 12) berechtigt dazu, für jede Angelegenheit eine gesonderte Gebühr nach § 21 zu fordern. Dies würde beispielsweise für die Beratung in Fragen der Umsatzsteuer für Auslandsleistungen einerseits und die Ermäßigungsmöglichkeiten der Einkommensteuer nach § 33 EStG andererseits gelten.

Erfolgt die Beratung oder die Auskunftserteilung dagegen „in derselben Angelegenheit", so erhält der StB die Gebühr nur einmal. Hier wäre etwa die Beratung über die Steuerersparnismöglichkeiten beim Abschluß eines Dienstvertrages zwischen einem Familienangehörigen und einer Personengesellschaft hinsichtlich der Ersparnisse an betrieblichen Steuern, der Ersparnisse an Einkommensteuer wie auch der späteren Ersparnisse an Erbschaftsteuer als Beispiel zu nennen.

Erfolgt eine Raterteilung „in mehreren Abschnitten", aber „in derselben Angelegenheit", so begrenzt § 12 Absatz 5 die Gebühren für sämtliche Abschnitte zusammen auf höchstens 10/10 gemäß Absatz 1 Satz 1. Erfolgt aber eine erneute Raterteilung „in derselben Angelegenheit" erst nach mehr als zwei Kalenderjahren, so begründet diese nach dem mit der 3. VOÄ angefügten Satz 2 in § 12 Absatz 5 eine neue Angelegenheit.

Es erhebt sich die Frage, ob man bestimmte „große Beratungskomplexe" in Sonderfällen nicht in „verschiedene Angelegenheiten" aufspalten kann, damit eine angemessene Honorierung ermöglicht wird. Zu denken wäre etwa an den Fall, daß ein Einzelunternehmen die Umwandlung seiner Rechtsform erwägt und nun alle überhaupt gegebenen Möglichkeiten (Errichtung einer OHG, einer KG, einer GmbH & Co KG, einer GmbH & Still, einer GmbH; Eingehen stiller Beteiligungen mit Kindern; Betriebsaufspaltung u. a. m.) eingehend rechtlich dargestellt, gewürdigt und mit ihren Steuerfolgen aufgezeigt werden. In einem solchen Fall wird man, wenn nicht ohnehin eine Gebührenvereinbarung nach § 4 erfolgt, die hier besonders zweckdienlich sein dürfte, zumindest die einzelnen „Unternehmensarten" (z. B. GmbH & Co KG) bzw. „Umwandlungsstrukturen" (z. B. Betriebsaufspaltung) als „verschiedene Angelegenheiten" auffassen können. Ggfs. käme bei entsprechender schriftlicher Ausarbeitung auch die Anwendung der Gebührenregelung für „Gutachten" in Betracht. Siehe hierzu Anmerkung 3 zu § 22.

Die schriftliche Erteilung von „Rat und Auskunft" bedingt einen höheren Ansatz innerhalb des Rahmens als die mündliche Erledigung; auch die Begründung einer vorgetragenen Auffassung wird gegenüber der ausschließlichen Erteilung des Rates oder der Auskunft einen höheren Rahmensatz rechtfertigen.

Bei der Wahl des Rahmensatzes ist ferner zu berücksichtigen, daß die Gebühr auch die Vorbereitungen des StB zur Erteilung von „Rat und Auskunft", wie etwa das Literaturstudium, die Inanspruchnahme einer Steuerrechtsdatenbank und die Aktendurchsicht, abgilt, sämtlich bezogen auf die betreffende „Angelegenheit". Die allgemeine Fachinformation des StB, losgelöst vom spezifischen Fall, kann nach § 3 Absatz 2 keinen Niederschlag bei der Gebührenbemessung finden.

Auf die Entscheidungen des AG Wedding und des AG Detmold, besprochen in Anmerkung 11 zu § 13 (Urteile 1 und 3), sei ergänzend verwiesen.

§ 21 Absatz 1 Satz 2 sieht als Schutzvorschrift für den Mandanten eine Begrenzung der Gebühr nach § 21 Absatz 1 Satz 1 auf höchstens DM 350,– vor, wenn der Steuerberater erstmals von einem Ratsuchenden in Anspruch genommen wird. Die Vorschrift besagt nicht, daß ein StB für eine Erstberatung eine Gebühr von DM 350,– erhält. Die Berechnung erfolgt vielmehr nach § 21 Absatz 1 Satz 1 und kann daher auch niedriger ausfallen. Die Gebühr für eine Erstberatung stellt auch keine zusätzliche Einnahmequelle des Steuerberaters dar, denn sie ist nach § 21 Absatz 1 Satz 4 auf eine Gebühr anzurechnen, die der StB für eine sonstige Tätigkeit erhält, die mit der Raterteilung oder der Auskunft zusammenhängt. Wird beispielsweise die Erstberatung nach einiger Zeit auf ausdrücklichen Wunsch des Mandanten fortgesetzt und vertieft, ist die Raterteilung insgesamt mit einer angemessenen Gebühr zu berechnen. Die bereits erhobene Gebühr für die Erstberatung ist in diesem Fall auf die Gebühr nach § 21 Absatz 1 Satz 1 anzurechnen.

8 **Gegenstandswert**

Für Absatz 1 Satz 1 sowie Absatz 2 bildet der „Wert des Interesses" (§ 10 Absatz 1) den Gegenstandswert.

9 **Pauschalierung**

Die Gebühr nach Absatz 1 Satz 1 ist pauschalierungsfähig, soweit die Erteilung von Rat und Auskunft im Einzelfall als „laufend auszuführende Tätigkeiten" anzusehen sind. Für eine Beratung etwa über die Wahl der Unternehmensform, wie sie in Anmerkung 7 angesprochen ist, wird man die Möglichkeit einer Pauschalierung verneinen müssen.
Die Gebühren nach Absatz 1 Satz 3 und Absatz 2 sind von einer Pauschalierung ausgeschlossen (§ 14 Absatz 2 Nummer 5).

§ 22 Gutachten

Für die Ausarbeitung eines schriftlichen Gutachtens mit eingehender Begründung erhält der Steuerberater eine Gebühr von 10 Zehnteln bis 30 Zehntel der vollen Gebühr nach Tabelle A (Anlage 1).

Amtliche Begründung zu § 22:

Die Vorschrift lehnt sich an § 21 BRAGO an. Abweichend von der BRAGO legt diese Verordnung jedoch für die Berechnung der Gebühren einen Rahmen fest. Die vorgesehenen Bruchteile einer vollen Gebühr entsprechen der bisherigen Gebührenpraxis der Steuerberater.

Anmerkungsübersicht

1 **Allgemeines**

Die Begründung des Verordnungsgebers zu dieser Vorschrift vermag nicht zu überzeugen. Zum einen weicht § 22 vom § 21 BRAGO sowohl hinsichtlich der Qualifikation des Gutachtens wie der Gebührenregelung deutlich ab. Zum anderen war es in der bisherigen Gebührenpraxis des Berufsstandes üblich, Gutachten vor allem nach der Zeitgebühr abzurechnen. Diese Möglichkeit ist jetzt, da man wohl nur in Ausnahmefällen den Gegenstandswert eines Gutachtens nicht zu schätzen vermag, praktisch nur noch im Rahmen einer Gebührenvereinbarung nach § 4 Absatz 1 gegeben.
Zur Klassifizierung eines Gutachtens als „Werkvertrag" gemäß § 631 BGB siehe Anmerkung 1.3.1. zu Abschnitt 1.3 „Allgemeine Rechtsfragen zum Gebührenrecht" in diesem Teil II.
Die BRAGO kennt in § 21a in Ergänzung von § 21 BRAGO noch eine Gutachtengebühr über die „Aussichten einer Revision oder einer Berufung", die allerdings nicht auf steuerstrafrechtliche, bußgeldrechtliche oder sonstige

Angelegenheiten anwendbar ist, bei denen die Gebühren nicht nach dem Gegenstandswert berechnet werden. Dieser Gebührentatbestand findet über § 45 auch für den StB Anwendung.
Zur Erstellung steuerlicher Gutachten durch den StB siehe Küffner in DStR 1983 S. 486, zum steuerlichen Gutachten des Rechtsanwalts siehe Oswald in DStR 1983 S. 490, beide auch mit Ausführungen zur Gebührenbestimmung und zur Bemessung des „Wertes des Interesses".

2 Merkmale eines Gutachtens

Ein Gutachten sollte neben den Ausführungen zur Auftragserteilung und Auftragsdurchführung vor allem enthalten:
▷ Darstellung des Sachverhaltes und der Rechtsproblematik, die den Gegenstand des Auftrages bilden;
▷ Darstellung der Rechtsprechung und des Schrifttums zu dem Gegenstand des Gutachtens;
▷ Kritische Auseinandersetzung mit Rechtsprechung und Schrifttum;
▷ Abschließende Stellungnahme des Gutachters mit Begründung seiner Auffassung;
▷ Darstellung verbleibender Zweifel in rechtlicher oder tatsächlicher Sicht.

Das Gutachten ist zwingend schriftlich zu erstatten und so abzufassen, daß es dem Auftraggeber möglich ist, dieses in tatsächlicher und rechtlicher Beziehung nachprüfen zu lassen. Das Erfordernis der „eingehenden Begründung" dürfte mit einem Gutachten nach Maßgabe vorstehender Darlegungen erfüllt sein. Keinesfalls zwingt die Formulierung von § 22 zu einer besonders umfangreichen Darstellung. Nicht die Zahl der beschriebenen Seiten, sondern das konzentrierte Eingehen auf die genannten wichtigen Bestandteile eines Gutachtens sind bedeutsam.
Bemerkenswert ist, daß § 22 weder eine „juristische Begründung" wie § 21 BRAGO noch eine „wissenschaftliche Begründung" oder eine „eingehende Auseinandersetzung mit der wissenschaftlichen Lehre", etwa im Sinn von § 3 Absatz 3 Buchstabe a des Gesetzes über die Entschädigung von Zeugen und Sachverständigen, fordert.

3 Abgrenzung zu Rat und Auskunft

Das Gutachten grenzt sich gegenüber einem Rat oder einer Auskunft vor allem dadurch ab, daß es den in Anmerkung 2 dargestellten Erfordernissen zu entsprechen hat. Rat und Auskunft unterscheiden sich von einem Gutachten ferner in der Intensität der Ausarbeitung und der Eindringlichkeit der Begründung, wobei die Auseinandersetzung mit Rechtsprechung und Schrifttum den Schwerpunkt bildet. Schließlich können Rat und Auskunft auch mündlich und fernmündlich erteilt werden; das Gutachten bedarf zwingend der Schriftform.
Hinsichtlich eines „großen Beratungskomplexes", wie er beispielhaft in Anmerkung 7 zu § 21 dargestellt ist, wird man bei entsprechender schriftlicher Ausarbeitung meist auch die Gebührenregelung für ein „Gutachten" anwen-

den können, die Abgrenzung ist hier fließend. Die rechtzeitige Klarstellung gegenüber dem Auftraggeber erscheint schon allein im Hinblick auf den sehr unterschiedlichen Gebührenrahmen (§ 21: 1/10 bis 10/10; § 22: 10/10 bis 30/10) empfehlenswert und notwendig.
Die gleichzeitige Erhebung einer Gebühr für eine Raterteilung (Auskunft) und ein Gutachten in derselben „Angelegenheit" schließt § 21 Absatz 1 Satz 1 aus.

4 Gebühr und Gebührenrahmen

Der Rahmen von 10/10 bis 30/10 (Mittelwert 20/10) nach Tabelle A entspricht teilweise der bisherigen Rechtsprechung zu § 21 BRAGO, wobei dort ja von einer nichtbezifferten „angemessenen Gebühr" auszugehen ist (So OLG Stuttgart in „Die Justiz" Amtsblatt des Justizministeriums Baden-Württemberg 1969 S. 104 und Thier in NJW 1966 S. 2300).
Bedeutsam für die Wahl des Rahmensatzes sind neben den allgemeinen Kriterien, die sich aus § 11 ergeben, vor allem der Umfang der Vorarbeiten, die Notwendigkeit besonderer Kenntnisse etwa im Außensteuerrecht oder im Konzernsteuerrecht sowie besondere branchentypische Spezialkenntnisse. Aber auch die Verwendung des Gutachtens, z.B. für mehrere gleichgeartete Fälle, dürfte von Bedeutung für den Rahmensatz sein.
In einer an der Praxis orientierten Einteilung wird man folgende Rahmenzuordnung treffen können, die zwangsläufig die Besonderheiten des Einzelfalles außer acht lassen muß:

Einfache und kurze Gutachten	10/10
Gutachten mit gehobenem Schwierigkeitsgrad	15/10
Gutachten mit höherem Schwierigkeitsgrad	20/10
Schwierige und (oder) sehr umfangreiche Gutachten	30/10

Zur Frage der Rahmenwertbestimmung siehe auch Gerold-Schmidt Anmerkung 13 zu § 21 mit weiteren Nachweisen.
Reicht der Gebührenrahmen von § 22 im Einzelfall nicht aus, ermöglicht § 4 die Vereinbarung einer höheren Gebühr, die im übrigen in der Praxis häufig Anwendung findet.

5 Gegenstandswert

Einen Gegenstandswert nennt die Verordnung nicht, so daß nach § 10 Absatz 1 der „Wert des Interesses" Platz greift. Nach dem Urteil des BGH VII ZR 265/63 (NJW 1966 S. 539) wird man der Ermittlung den Wert zugrunde zu legen haben, „auf den sich das Gutachten bezieht", also nicht etwa einen sich nur an dem Unternehmen selbst orientierenden Wert, wie etwa die „Aktivseite der Bilanz" oder das „Rohvermögen". In der vorbezeichneten Entscheidung, die in der Sache eines WP und StB erging, macht der erkennende Senat des BGH auch deutlich, daß es im Falle der gerichtlichen Auseinandersetzung über die Höhe von Gutachtergebühren nicht angeht, „die Höhe der Honorare ganz außer Betracht zu lassen, die andere Sachverständige für ein Gutachten verlangen", da diese nämlich einen Anhalt dafür bilden, welche Gegenleistung nach Meinung der Fachwelt „der Billigkeit“ entspricht. Wenn die Entscheidung auch nicht auf der Gebührenregelung einer Rechtsverordnung basiert, so bietet sie doch interessante Anhaltspunkte für die Rahmensatzwahl, aber auch für den Fall der Anwendung von § 4 Absatz 1. In diesem Zusammenhang ist auch das Urteil des Landgerichts Magdeburg 8 O 1601/96 vom 23. 10. 1996 von besonderem Interesse. Nach Ansicht des Gerichts handelt es sich bei einem von einem StB erstellten Existenzgründungs- und Beratungsbericht um ein Gutachten wofür eine Gebühr nach § 23 verlangt werden kann. Das Gericht hält es für sachgerecht, die Gebühr nach den Vorschriften der StBGebV zu bemessen, denn es sei Sinn und Zweck dieser Rechtsvorschrift, die Grundlagen der Vergütung für die berufliche Tätigkeit der StB zu regeln. Darüber hinaus sei zu berücksichtigen, daß ein durch einen StB erstelltes Gutachten sowohl steuerliche wie auch betriebswirtschaftliche Probleme zum Gegenstand haben kann. Der Gegenstandswert, auf den sich das Gutachten bezieht, wird nach Ansicht des Gerichts durch den Betrag des in dem Existenzgründungs- und Beratungsberichts ausgewiesenen Rohgewinn gebildet. Bei der Bestimmung des Gegenstandswertes hat sich das Gericht von der Überlegung leiten lassen, daß der Wert des Interesses, der im Ergebnis einer Abwägung der Interessen beider Vertragsteile zu bestimmen ist, nach der Bedeutung des von dem StB für den Auftraggeber erstellten Gutachtens für beide Parteien bestimmt wird. Hierbei fand neben der Tatsache, daß das für die Erarbeitung des Gutachtens zu entrichtende Entgelt ein Äquivalent für die vom StB erbrachte Leistung darstellen muß, das wirtschaftliche Interesse des Auftraggebers Eingang. Dieses wirtschaftliche Interesse wird nach Auffassung des Gerichts in erster Linie durch die Erwartungen im Hinblick auf die Erzielung von Gewinn gekennzeichnet. Ausgehend von diesen Kriterien sei der prognostizierte Rohgewinn, aus welchem die Betriebsausgaben bestritten werden und der Betriebsgewinn entnommen wird, als Gegenstandswert für die auf der Grundlage der StBGebV vorzunehmenden Bestimmung der Gebühr zugrundezulegen.

6 Gutachten für Gerichte und Staatsanwaltschaften

Für die Vergütung von Gutachten, welche durch Gerichte oder Staatsanwaltschaften in Auftrag gegeben werden, bildet das Gesetz über die Entschädigung von Zeugen und Sachverständigen in seiner jeweils gültigen Fassung die Rechtsgrundlage. Eine Anwendung der GebV ist hierfür ausgeschlossen. Dies gilt nicht für Gutachten, die im Auftrag einer Partei erstellt und von ihr dem Gericht oder der Staatsanwaltschaft übergeben werden. Hier ist die Partei Auftraggeber mit der Folge der Anwendung von § 22.

7 Pauschalierung

Die Gebühr ist nach § 14 Absatz 2 Nummer 2 nicht pauschalierungsfähig.

§ 23 Sonstige Einzeltätigkeiten

Die Gebühr beträgt für

1.	**die Berichtigung einer Erklärung (§ 153 der Abgabenordnung)**	**2/10 bis 10/10**
2.	**einen Antrag auf Stundung**	**2/10 bis 8/10**
3.	**einen Antrag auf Anpassung der Vorauszahlungen**	**2/10 bis 8/10**
4.	**einen Antrag auf abweichende Steuerfestsetzung aus Billigkeitsgründen**	**2/10 bis 8/10**
5.	**einen Antrag auf Erlaß von Ansprüchen aus dem Steuerschuldverhältnis**	**2/10 bis 8/10**
6.	**einen Antrag auf Erstattung (§ 37 Abs. 2 der Abgabenordnung)**	**2/10 bis 8/10**
7.	**einen Antrag auf Aufhebung oder Änderung eines Steuerbescheides oder auf Aufhebung einer Steueranmeldung**	**2/10 bis 10/10**
8.	**einen Antrag auf volle oder teilweise Rücknahme oder auf vollen oder teilweisen Widerruf eines Verwaltungsaktes**	**4/10 bis 10/10**
9.	**einen Antrag auf Wiedereinsetzung in den vorigen Stand außerhalb eines Rechtsbehelfsverfahrens**	**4/10 bis 10/10**
10.	**sonstige Anträge, soweit sie nicht in Steuererklärungen gestellt werden**	**2/10 bis 10/10**

einer vollen Gebühr nach Tabelle A (Anlage 1). Soweit Tätigkeiten nach den Nummern 1 bis 10 denselben Gegenstand betreffen, ist nur eine Tätigkeit maßgebend, und zwar die mit dem höchsten oberen Gebührenrahmen.

Amtliche Begründung zu § 23:

Die Vorschrift enthält eine Aufstellung der wichtigsten Einzeltätigkeiten und der für deren Ausführung vorgesehenen Gebühren. Es handelt sich um Rahmengebühren. Maßgeblich ist die Tabelle A.

Anmerkungsübersicht

1 Allgemeines

Die Vorschrift bestimmt die Gebühren für eine Reihe von Einzelleistungen, und zwar vor allem für die Berichtigung von Erklärungen und die Stellung von Anträgen.

Die Anordnung der Vorschrift an dieser Stelle der GebV ist nicht systematisch, wie auch ihre Bezeichnung durch den Inhalt nur zum Teil gedeckt wird. „Anträge gegenüber Behörden" hätte eine zutreffendere Aussage ermöglicht. Auch die ursprünglich in diese Vorschrift einbezogenen „Besprechungen mit Behörden" befinden sich, im nunmehr eigenen § 31, am falschen Platz.

2 Gegenstandswert

Die Vorschrift nennt keine Gegenstandswerte, so daß nach § 10 Absatz 1 der „Wert des Interesses" Anwendung findet. Die Erläuterungen zu den einzelnen Leistungen in Anmerkung 3 gehen jeweils auf den Gegenstandswert ein. Maßgebend ist generell der Betrag, der dem „Antrag" (oder der „Anzeige") zugrunde liegt, nicht der Betrag, den, ggfs. abweichend hiervon, die genehmigende Verfügung ausweist.

3 Erläuterungen zu den einzelnen Tätigkeiten

Nummer 1: Berichtigung einer Erklärung

Die Vorschrift beinhaltet Anzeigen nach § 153 AO zur Berichtigung unrichtiger oder unvollständiger Erklärungen, zur Berichtigung von durch Verwendung von Steuerzeichen oder Steuerstemplern unrichtig entrichteter Steuern und zum Wegfall von Voraussetzungen für Steuervergünstigungen, i. V. mit § 371 Absatz 4 AO.

Für Tätigkeiten nach § 371 Absätze 1 bis 3 AO (Selbstanzeige bei Steuerhinterziehung) und § 378 Absatz 3 AO (Berichtigung, Ergänzung oder Nachholung von Angaben bei leichtfertiger Steuerverkürzung) gilt nicht § 23, sondern § 30.

Die Tätigkeit des StB erstreckt sich u. a. auf

- ▷ Feststellungen über berichtigungsbedürftige Erklärungen, Steuerentrichtungen und Vergünstigungsvoraussetzungen,
- ▷ das beratende Erstgespräch mit dem Steuerpflichtigen und weitere Beratungsgespräche im Zusammenhang mit der Anzeige,
- ▷ die Ermittlung anzuzeigender unrichtiger oder unvollständiger Erklärungsangaben,
- ▷ die Berechnung zu niedrig entrichteter Steuern,
- ▷ die Ermittlung wegfallender Voraussetzungen für Steuervergünstigungen,
- ▷ die Erstattung der Anzeige mit Erläuterungen und
- ▷ die erforderlichen Verhandlungen mit der Finanzverwaltung.

Bezüglich des Ansatzes einer „Besprechungsgebühr" für Verhandlungen mit der Finanzverwaltung siehe Anmerkung 6.

Den „Wert des Interesses" wird man nach den (Brutto) Beträgen der Berichtigung, also etwa den nachgemeldeten Einkünften oder Vermögensgegenständen, den nicht durch Steuerzeichen oder Steuerstemplern entrichteten Steuern oder den weggefallenen Steuervergünstigungen, zu bestimmen haben. Auf Anmerkung 3 zu § 10 wird verwiesen. Gegenstand der beruflichen Tätigkeit des StB ist hier die Berichtigung einer „Erklärung“ und nicht die Ermittlung eines Steuermehrbetrags. Die Auffassung von Eggesiecker „STEUGO“ Rdnr. 23.310, daß nur der zu erwartende Steuermehrbetrag den Gegenstandswert bilde, ist dem Rechtsbehelfsverfahren entlehnt. Hier handelt es sich aber um die Berichtigung einer „Erklärung“, so daß die Gegenstandswerte Anwendung finden müssen, die auch der ursprünglichen Fertigung der fraglichen Erklärung zugrunde liegen. Anderer Ansicht ist auch Schall in StB 1989 Seite 258.

Nummer 2: Antrag auf Stundung

Für die „Stundung“ greift § 222 AO Platz.

Bezüglich der verwandten „Aussetzung der Vollziehung“ siehe Nummer 10 und Anmerkung 3 zu § 44.

Den „Wert des Interesses“ wird man in Anlehnung an den Streitwert im Rechtsbehelfsverfahren mit 10 v. H. des begehrten Stundungsbetrages anzusetzen haben. Siehe hierzu „Streitwert-ABC“ in Abschnitt 2.4 von Teil IV.

Nummer 3: Antrag auf Anpassung der Vorauszahlungen

Die Tätigkeit bestimmt sich nach § 218 AO und den Vorschriften in den Einzelsteuergesetzen.

Der „Wert des Interesses“ ist die Summe der Vorauszahlungen, die antragsgemäß angepaßt werden sollen. Wenn etwa im April eines Jahres die Anpassung der Vorauszahlungen an Körperschaftsteuer bis zum Ende des Folgejahres beantragt wird, so bilden die Unterschiedsbeträge zwischen der seitherigen Festsetzung und der beantragten Festsetzung für insgesamt sieben Vorauszahlungsraten den Gegenstandswert. Siehe auch „Streitwert-ABC“ a. a. O. Gleicher Auffassung Lieffering in StB 1984 S. 1, Schall in StB 1989 Seite 258 und Eggesiecker „STEUGO“ Rdnr. 23.380. Der Auffassung von Mittelsteiner/Scholz Anmerkung 12 zu § 23 Nummer 3, wonach lediglich an das Jahressoll anzuknüpfen sei, ist nicht zuzustimmen. Auf die Entscheidung des BFH in BStBl II 1971 S. 206 sei ergänzend hingewiesen.

Nummer 4: Antrag auf abweichende Steuerfestsetzung aus Billigkeitsgründen

Angesprochen ist § 163 AO.

Den „Wert des Interesses“ bildet der Betrag, um den die Steuer antragsgemäß reduziert werden soll. Auf die Entscheidung des FG Baden-Württemberg 2 K 21/94 vom 9. 8. 1995 wird ergänzend hingewiesen.

Nummer 5: Antrag auf Erlaß von Ansprüchen aus dem Steuerschuldverhältnis

Die Rechtsgrundlage für Tätigkeiten nach Nummer 5 bildet § 227 AO.

Der „Wert des Interesses“ ist identisch mit dem Betrag, für den Erlaß begehrt wird. Ergänzend wird auf die Ausführungen im „Streitwert-ABC“ a. a. O. hingewiesen.

Nummer 6: Antrag auf Erstattung

Der Antrag basiert auf § 37 Absatz 2 AO (Zahlung ohne rechtlichen Grund).

Den „Wert des Interesses" bildet der Betrag, für den der Anspruch auf Erstattung geltend gemacht wird; siehe „Streitwert-ABC" a. a. O.

Nummer 7: Antrag auf Aufhebung oder Änderung eines Steuerbescheides oder auf Aufhebung einer Steueranmeldung

Anträge nach Nummer 7 basieren vor allem auf den §§ 164 und 172 ff. AO. Auch einen Antrag auf Berichtigung einer offenbaren Unrichtigkeit nach § 129 AO dürfte man unter diese Bestimmung subsumieren können.

Für Rechtsbehelfsverfahren vor Verwaltungsbehörden gelten die §§ 40 bis 43.

Den „Wert des Interesses" wird man nach den Grundsätzen, die für den „Streitwert" im Rechtsbehelfsverfahren gelten, zu bestimmen haben. Siehe hierzu „Streitwert-ABC" a. a. O.

Nummer 8: Antrag auf volle oder teilweise Rücknahme oder auf vollen oder teilweisen Widerruf eines Verwaltungsaktes

Diese Bestimmung ergänzt die Nummer 7 und hat Bezug auf die §§ 130 und 131 AO.

Auch hinsichtlich der Bestimmung des „Wertes des Interesses" wird man sich an Nummer 7 orientieren können.

Nummer 9: Antrag auf Wiedereinsetzung in den vorigen Stand außerhalb eines Rechtsbehelfsverfahrens

Maßgebend ist die Vorschrift des § 110 AO in Verbindung mit Sonderregelungen in den Einzelsteuergesetzen. Die Formulierung des Verordnungsgebers macht bereits deutlich, daß es sich nur um einen außerhalb eines Rechtsbehelfsverfahrens gestellten Antrag handeln kann. Innerhalb des Rechtsbehelfsverfahrens zählt ein solcher Antrag zu den durch die „Geschäftsgebühr" (§ 41 als Parallelvorschrift zu § 118 Absatz 1 Nummer 1 BRAGO), innerhalb des finanzgerichtlichen Verfahrens zu den durch die „Prozeßgebühr" (§ 31 Absatz 1 Nummer 1 BRAGO i. V. mit § 114 BRAGO) abgegoltenen Tätigkeiten (Gerold-Schmidt Anmerkung 29 zu § 31).

Als „Wert des Interesses" wird man nach dem der GebV innewohnenden Bruttoprinzip den Betrag anzusehen haben, der dem Steuerpflichtigen „nicht zugute käme", wenn der gestellte Antrag abschlägig beschieden würde.

Nummer 10: Sonstige Anträge, soweit sie nicht in Steuererklärungen gestellt werden

Diese „Sammelvorschrift" findet auf alle Anträge im „Besteuerungsverfahren" Anwendung, die **„außerhalb von Steuererklärungen"** gestellt werden. Als Beispiele seien ein Antrag auf Ansatz des höheren Teilwertes für Grund und Boden (§ 55 Absatz 5 EStG), ein Antrag auf Buchführungserleichterungen gemäß § 148 AO oder Anträge zur Grunderwerbsteuer

(Steuervergünstigung nach § 3 GrEStG; Nichtfestsetzung der Steuer, Aufhebung oder Änderung der Steuerfestsetzung nach § 16 GrEStG) genannt. Nicht unter § 23, sondern unter § 24, ist die „Anzeige zur Grunderwerbsteuer“ nach § 19 GrEStG zu subsumieren, da dieser ausdrücklich der Charakter einer Steuererklärung nach der AO zukommt. Siehe Darstellung „Steuererklärungen, deren Berechnung in Verfolg von § 2 nach § 24 erfolgt“ im Eingangsteil zu § 24. Auch Anträge nach dem Kraftfahrzeugsteuergesetz (etwa nach § 4 KraftStG) wird man Nummer 10 zuordnen können, wobei allerdings Steuererklärungen nach § 3 KraftStDV über § 24 zu berechnen sind. Schließlich fallen unter diese Vorschrift auch Anträge auf Fristverlängerung für die Einreichung von Steuererklärungen, die vom „Auftraggeber“ zu vertreten sind.

Für einen Antrag auf „Aussetzung der Vollziehung“ nach § 361 AO, dem kein Verwaltungsvollstreckungsverfahren (§ 44 Absatz 1) und kein Verfahren vor Verwaltungsbehörden (§ 40) vorausgegangen ist, hat der StB Anspruch auf die Gebühren nach § 44 Absatz 1. Siehe hierzu Anmerkung 3 zu § 44. Wird ein Antrag auf Aussetzung der Vollziehung nicht im Rahmen eines Verwaltungsvollstreckungs- oder Rechtsbehelfsverfahrens gestellt, hat der StB Anspruch auf eine Gebühr nach § 23 Nummer 10 (OLG Koblenz 2 U 1019/93 vom 20. 1. 1995).

Der Gegenstandswert für den jeweiligen Antrag ist nach den Grundsätzen, die sich aus vergleichbaren „Angelegenheiten“ ergeben, zu ermitteln.

4 Berechnungsausschluß bei mehreren Tätigkeiten

In Satz 2 von § 23 wird bestimmt, daß für mehrere Tätigkeiten nach den Nummern 1 bis 10, welche „denselben Gegenstand“ betreffen, nur **eine** Tätigkeit maßgebend, d. h. berechnungsfähig ist, und zwar die mit dem höchsten oberen Gebührenrahmen. Die „Kurzbegründung“ zu § 23 schweigt sich über Sinn und Zweck dieser Vorschrift aus.

In einer Entwurfsfassung der GebV war anstelle „desselben Gegenstandes“ auf „dieselbe Angelegenheit“ abgehoben worden. Nachdem man zutreffend die einzelnen Tätigkeiten des § 23 nicht als „gleiche Angelegenheiten“ werten kann, soll die jetzige Fassung wohl den gewünschten Zweck der „Berechnungsausschlußvorschrift“ des Satzes 2 sicherstellen.

Es verbleibt die Frage, warum der Verordnungsgeber sich zu dieser Vorschrift überhaupt genötigt sah, nachdem die bisherige Gebührenpraxis des steuerberatenden Berufs eine solche Handhabung nicht kannte, jede einzelne Tätigkeit ihren gesonderten eigenen Arbeitsaufwand bedingt und außer der in Anmerkung 7 angesprochenen „Anrechnungsvorschrift“ keine Notwendigkeit für eine derartige Regelung erkennbar ist. Das „Pauschgebührendenken“ der BRAGO, das, abgesehen von den Verfahren gemäß §§ 40 bis 46, keinen Eingang in die GebV finden sollte, hat hier offenbar doch Pate gestanden.

Ein **Beispiel** zur praktischen Auswirkung:

Ein StB stellt nach § 164 Absatz 2 AO einen Antrag auf eine begünstigende Änderung der Steuerfestsetzung. Dies bedingt nach Nummer 7 eine Gebühr von 2/10 bis 10/10 nach Tabelle A. Da er mit diesem Antrag keine Vollziehungsaussetzung erwirken kann, bedarf es in Anbetracht der wirtschaftlichen Verhältnisse des Steuerpflichtigen eines gesonderten Stundungsantrages nach Maßgabe der formalen Voraussetzungen des § 222 AO bis zur Entscheidung über den Änderungsantrag, die ja nach § 164 Absatz 2 AO bis zur „abschließenden Prüfung des Steuerfalls" hinausgeschoben werden kann. Für den Stundungsantrag nennt Nummer 2 eine Gebühr von 2/10 bis 8/10 nach Tabelle A. Unterstellt man der Einfachheit halber, daß die Voraussetzungen für den Ansatz der jeweiligen Höchstgebühr gegeben seien, so erhält der StB aufgrund der Berechnungsausschlußvorschrift des Absatzes 2 anstelle von 18/10 (10/10 zuzüglich 8/10 aus allerdings unterschiedlichen Gegenstandswerten) nur eine Gebühr von 10/10 nach Tabelle A. Diese Gebühr hätte er aber auch erhalten, wenn er nur den Antrag gemäß Nummer 7 gestellt hätte.

5 Gebühr und Gebührenrahmen

Die Wahl der Rahmensätze wird sich insbesondere nach dem Schwierigkeitsgrad der steuerlichen Problematik und dem Zeitaufwand für die Beschaffung und Aufbereitung der Materialien, die zur Antragsbegründung erforderlich sind, richten.
Geht der Berufsleistung nach § 23 ein Rat oder eine Auskunft voraus, die wegen des „Zusammenhanges" mit der Leistung nach § 23 nicht nach § 21 Absatz 1 berechnungsfähig sind, rechtfertigt dies den Ansatz eines höheren Zehntelwertes.

6 Ansatz einer Besprechungsgebühr

Wird im Zusammenhang mit einem Antrag nach § 23 eine Besprechung mit der zuständigen Behörde geführt, so hat der StB **zusätzlich** zu der Gebühr nach § 23 Anspruch auf eine Gebühr nach § 31 von 5/10 bis 10/10 nach Tabelle A. Eine „Anrechnung" der Besprechungsgebühr ist in § 31 nur für ein sich anschließendes außergerichtliches Rechtsbehelfsverfahren (§ 42 Absatz 2) vorgesehen. Insoweit weicht § 31 deutlich von § 21 ab. Eine solche Handhabung ist durchaus gerechtfertigt, nachdem eine Besprechung mit einer Behörde einen zusätzlichen Sach- und Zeitaufwand erfordert und andererseits das „bedingt" vergleichbare außergerichtliche Rechtsbehelfsverfahren auch als „Mehrgebührenverfahren" (§ 40) ausgestaltet ist.

7 Anrechnung der Gebühren

Eine Bestimmung, daß die nach § 23 zur Berechnung gelangenden Gebühren ihrerseits auf andere Gebühren anzurechnen sind, findet sich in § 23 selbst nicht. Zu beachten ist jedoch § 41 Absatz 5, der lautet:

„Erhält der Steuerberater in dem Verwaltungsverfahren, das dem Verfahren nach § 40 vorausgeht, Gebühren nach § 23, so darf die Summe dieser Gebühren und der Gebühr nach Absatz 1 10 Zehntel einer vollen Gebühr nach Tabelle E (Anlage 5) nicht übersteigen."

Bemerkenswert ist, daß sich die Höchstbegrenzung von § 41 Absatz 5 nach der Tabelle E bestimmt, während die Gebühren nach § 23 unter Zugrunde-

legung der (sich über DM 580.000,– abflachenden) Tabelle A berechnet werden.
Siehe hierzu auch das Schaubild „Rechtsbehelfsverfahren vor Verwaltungsbehörden" bei Anmerkung 9 zu § 40.

8 **Pauschalierung**

Die Gebühren des § 23 sind nach § 14 Absatz 2 Nummer 3 sämtlich nicht pauschalierungsfähig.

§ 24 Steuererklärungen

(1) **Der Steuerberater erhält für die Anfertigung**

1. **der Einkommensteuererklärung ohne Ermittlung der einzelnen Einkünfte — 1/10 bis 6/10 einer vollen Gebühr nach Tabelle A (Anlage 1); Gegenstandswert ist die Summe der positiven Einkünfte, jedoch mindestens 12.000 Deutsche Mark;**
2. **der Erklärung zur gesonderten Feststellung der Einkünfte ohne Ermittlung der Einkünfte — 1/10 bis 5/10 einer vollen Gebühr nach Tabelle A (Anlage 1); Gegenstandswert ist die Summe der positiven Einkünfte, jedoch mindestens 12.000 Deutsche Mark;**
3. **der Körperschaftsteuererklärung ohne Entwicklung des nach § 30 des Körperschaftsteuergesetzes zu gliedernden verwendbaren Eigenkapitals — 2/10 bis 8/10 einer vollen Gebühr nach Tabelle A (Anlage 1); Gegenstandswert ist das Einkommen vor Berücksichtigung eines Verlustabzugs, jedoch mindestens 25.000 Deutsche Mark;**
4. **der Erklärung über die Entwicklung des nach § 30 des Körperschaftsteuergesetzes zu gliedernden verwendbaren Eigenkapitals — 1/10 bis 6/10 einer vollen Gebühr nach Tabelle A (Anlage 1); Gegenstandswert ist das verwendbare Eigenkapital, jedoch mindestens 25.000 Deutsche Mark;**
5. **der Erklärung zur Gewerbesteuer**
   a) **nach dem Gewerbeertrag — 1/10 bis 6/10 einer vollen Gebühr nach Tabelle A (Anlage 1); Gegenstandswert ist der Gewerbeertrag vor Berücksichtigung des Freibetrages und eines Gewerbeverlustes, jedoch mindestens 12.000 Deutsche Mark,**
   b) **nach dem Gewerbekapital — 1/20 bis 12/20 einer vollen Gebühr nach Tabelle A (Anlage 1); Gegenstandswert ist das Gewerbekapital vor Berücksichtigung der Freibeträge, jedoch mindestens 18.000 Deutsche Mark;**

6. der Gewerbesteuerzerlegungserklärung — 1/10 bis 6/10
einer vollen Gebühr nach Tabelle A (Anlage 1); Gegenstandswert sind 10 vom Hundert der als Zerlegungsmaßstab erklärten Arbeitslöhne und Betriebseinnahmen, jedoch mindestens 8.000 Deutsche Mark;
7. der Umsatzsteuervoranmeldung — 1/10 bis 6/10
einer vollen Gebühr nach Tabelle A (Anlage 1); Gegenstandswert sind 10 vom Hundert des Gesamtbetrags der Entgelte zuzüglich des Eigenverbrauchs, jedoch mindestens 1.000 Deutsche Mark;
8. der Umsatzsteuerjahreserklärung einschließlich ergänzender Anträge und Meldungen — 1/10 bis 8/10
einer vollen Gebühr nach Tabelle A (Anlage 1); Gegenstandswert sind 10 vom Hundert des Gesamtbetrags der Entgelte zuzüglich des Eigenverbrauchs, jedoch mindestens 12.000 Deutsche Mark;
9. der Vermögensaufstellung zur Ermittlung des Einheitswertes des Betriebsvermögens — 1/20 bis 14/20
einer vollen Gebühr nach Tabelle A (Anlage 1); Gegenstandswert ist das Rohbetriebsvermögen, jedoch mindestens 25.000 Deutsche Mark;
10. der Vermögensteuererklärung oder der Erklärung zur gesonderten Feststellung des Vermögens von Gemeinschaften — 1/20 bis 18/20
einer vollen Gebühr nach Tabelle A (Anlage 1); Gegenstandswert ist das Rohvermögen, jedoch bei natürlichen Personen mindestens 25.000 Deutsche Mark und bei Körperschaften, Personenvereinigungen und Vermögensmassen mindestens 50.000 Deutsche Mark;
11. der Erklärung zur gesonderten Feststellung des gemeinen Wertes nicht notierter Anteile an Kapitalgesellschaften — 1/20 bis 18/20
einer vollen Gebühr nach Tabelle A (Anlage 1); Gegenstandswert ist die Summe der Anteilswerte, jedoch mindestens 50.000 Deutsche Mark;
12. der Erbschaftsteuererklärung ohne Ermittlung der Zugewinnausgleichsforderung nach § 5 des Erbschaftsteuergesetzes — 2/10 bis 10/10
einer vollen Gebühr nach Tabelle A (Anlage 1); Gegenstandswert ist der Wert des Erwerbs von Todes wegen vor Abzug der Schulden und Lasten, jedoch mindestens 25.000 Deutsche Mark;
13. der Schenkungsteuererklärung — 2/10 bis 10/10
einer vollen Gebühr nach Tabelle A (Anlage 1); Gegenstandswert ist der Rohwert der Schenkung, jedoch mindestens 25.000 Deutsche Mark;
14. der Kapitalertragsteuererklärung — 1/20 bis 6/20
einer vollen Gebühr nach Tabelle A (Anlage 1); Gegenstandswert ist die Summe der kapitalertragsteuer-

pflichtigen Kapitalerträge, jedoch mindestens 6.000 Deutsche Mark;

15.	**der Lohnsteueranmeldung einer vollen Gebühr nach Tabelle A (Anlage 1); Gegenstandswert sind 20 vom Hundert der Arbeitslöhne einschließlich sonstiger Bezüge, jedoch mindestens 2.000 Deutsche Mark;**	**1/20 bis 6/20**
16.	**von Steuererklärungen auf dem Gebiet der Zölle und der Verbrauchsteuern, die als Einfuhrabgaben erhoben werden, einer vollen Gebühr nach Tabelle A (Anlage 1); Gegenstandswert ist der Betrag, der sich bei Anwendung der höchsten in Betracht kommenden Abgabensätze auf die den Gegenstand der Erklärung bildenden Waren ergibt, jedoch mindestens 2.000 Deutsche Mark;**	**1/10 bis 3/10**
17.	**von Anmeldungen oder Erklärungen auf dem Gebiete der Verbrauchsteuern, die nicht als Einfuhrabgaben erhoben werden, einer vollen Gebühr nach Tabelle A (Anlage 1); Gegenstandswert ist für eine Steueranmeldung der angemeldete Betrag und für eine Steuererklärung der festgesetzte Betrag, jedoch mindestens 2.000 Deutsche Mark;**	**1/10 bis 3/10**
18.	**von Anträgen auf Gewährung einer Verbrauchsteuervergütung oder einer einzelgesetzlich geregelten Verbrauchsteuererstattung, sofern letztere nicht in der monatlichen Steuererklärung oder Steueranmeldung geltend zu machen ist, einer vollen Gebühr nach Tabelle A (Anlage 1); Gegenstandswert ist die beantragte Vergütung oder Erstattung, jedoch mindestens 2.000 Deutsche Mark;**	**1/10 bis 3/10**
19.	**von Anträgen auf Gewährung einer Investitionszulage einer vollen Gebühr nach Tabelle A (Anlage 1); Gegenstandswert ist die Bemessungsgrundlage;**	**1/10 bis 6/10**
20.	*(aufgehoben)*	
21.	**von Anträgen auf Vergütung der abziehbaren Vorsteuerbeträge an im Ausland ansässige Unternehmer einer vollen Gebühr nach Tabelle A (Anlage 1); Gegenstandswert ist die beantragte Vergütung, jedoch mindestens 2.000 Deutsche Mark;**	**1/10 bis 6/10**
22.	**von Anträgen auf Erstattung von Kapitalertragsteuer und Vergütung der anrechenbaren Körperschaftsteuer einer vollen Gebühr nach Tabelle A (Anlage 1); Gegenstandswert ist die beantragte Erstattung, jedoch mindestens 2.000 Deutsche Mark;**	**1/10 bis 6/10**
23.	**von Anträgen nach Abschnitt X des Einkommensteuergesetzes**	**2/10 bis 10/10**

einer vollen Gebühr nach Tabelle A (Anlage 1); Gegenstandswert ist das beantragte Jahreskindergeld;

24. von Anträgen nach dem Eigenheimzulagengesetz 2/10 bis 10/10 einer vollen Gebühr nach Tabelle A (Anlage 1); Gegenstandswert ist die beantragte Eigenheimzulage.

(2) **Für die Ermittlung der Zugewinnausgleichsforderung nach § 5 des Erbschaftsteuergesetzes erhält der Steuerberater 5 Zehntel bis 15 Zehntel einer vollen Gebühr nach Tabelle A (Anlage 1); Gegenstandswert ist der ermittelte Betrag, jedoch mindestens 25.000 Deutsche Mark.**

(3) **Für einen Antrag auf Lohnsteuerermäßigung (Antrag auf Eintragung von Freibeträgen) erhält der Steuerberater 1/20 bis 4/20 einer vollen Gebühr nach Tabelle A (Anlage 1); Gegenstandswert ist der voraussichtliche Jahresarbeitslohn; er beträgt mindestens 9.000 Deutsche Mark.**

(4) **Der Steuerberater erhält die Zeitgebühr**

1. für die Anfertigung einer Erklärung zur Hauptfeststellung, Fortschreibung oder Nachfeststellung der Einheitswerte für Grundbesitz;

2. für Arbeiten zur Feststellung des verrechenbaren Verlustes gemäß § 15 a des Einkommensteuergesetzes;

3. für die Anfertigung einer Meldung über die Beteiligung an ausländischen Körperschaften, Vermögensmassen und Personenvereinigungen und an ausländischen Personengesellschaften;

4. für die Anfertigung eines Erstattungsantrages nach § 50 Abs. 5 Satz 4 Nr. 3 des Einkommensteuergesetzes;

5. für die Anfertigung einer Anmeldung nach § 50 a Abs. 5 des Einkommensteuergesetzes, § 73 e der Einkommensteuer-Durchführungsverordnung.

Amtliche Begründung zu § 24:

Diese Vorschrift enthält die Rahmensätze und die Gegenstandswerte für die wichtigsten vorkommenden Steuererklärungen. Die Gegenstandswerte sind der Bedeutung der jeweiligen Steuererklärung angepaßt und durch Mindestwerte ergänzt. Die Ergänzung durch Mindestwerte ist insbesondere für die Fälle erforderlich, in denen z. B. negative Einkünfte vorliegen oder sich durch das Zusammentreffen von positiven und negativen Teilbeträgen ein unangemessener Gesamtwert ergeben würde. Grundlage für die Gebührenbemessung bildet die Tabelle A.

Amtliche Begründung 1. VOÄ zu § 24:

Absatz 1 Nummer 5:

Bei der Berechnung der Gewerbesteuer nach dem Gewerbekapital ist nach dem Steueränderungsgesetz 1979 vom 30. 11. 1978 (BGBl. I S. 1849) neben dem allgemeinen Freibetrag nach § 13 Abs. 1 Gewerbesteuergesetz (GewStG) auch ein Freibetrag für Dauerschulden nach § 12 Abs. 2 Nr. 1 GewStG anzusetzen. Durch die Änderung wird klargestellt, daß beide Freibeträge bei der Berechnung der gebührenrechtlichen Bemessungsgrundlage unberücksichtigt bleiben.

Absatz 1 Nummer 6:

Der geltende Absatz 1 Nr. 6 bestimmt als Gegenstandswert für die Gewerbesteuerzerlegung 10 v. H. des einheitlichen Steuermeßbetrages. Die aus dieser Bemessungsgrundlage sich ergebenden Gebühren führen zu einer unzureichenden Honorierung der

Leistung des Steuerberaters. Die Neufassung sieht deshalb die Arbeitslöhne oder Betriebseinnahmen als Gegenstandswert vor, die nach § 29 Gewerbesteuergesetz Zerlegungsmaßstab bei der Gewerbesteuer sind.

Amtliche Begründung 3. VOÄ zu § 24:

Absatz 1 Nummer 8:
Die Erhöhung des Rahmens der Gebühr für die Umsatzsteuerjahreserklärung berücksichtigt die erhöhten Anforderungen, die das Umsatzsteuer-Binnenmarktgesetz an den Steuerberater stellt. Die Erhöhung des Zehntelsatzes berücksichtigt die unterschiedlichen Anforderungen an den Steuerberater in angemessener Weise; es kann daher auf die Einführung spezieller Gebührenvorschriften für Einzeltätigkeiten, die durch das Umsatzsteuer-Binnenmarktgesetz veranlaßt sind, verzichtet werden. Mit dieser Gebühr sind auch die Tätigkeiten für Meldungen die während des Kalenderjahres abzugeben sind, abgegolten.

Absatz 1 Nummer 9:
Die Verminderung der Höchstgebühr für die Vermögensaufstellung trägt der Erleichterung durch Übernahme der Steuerbilanzwerte für die Einheitsbewertung des Betriebsvermögens Rechnung.

Absatz 1 Nummer 16 und 17:
Die Änderungen sind redaktioneller Art.

Absatz 1 Nummer 20:
Die Streichung der Nr. 20 des Absatzes 1 trägt dem Wegfall der Herstellerpräferenzen des Berlinförderungsgesetzes zum 1. Januar 1994 und dem damit verbundenen Wegfall des Antragsverfahrens und der dazu erforderlichen Berechnung der Berliner Wertschöpfungsquote (§ 1 Abs. 7, § 6a des Berlinförderungsgesetz) Rechnung.

Absatz 1 Nummer 21:
Die Änderung ist redaktioneller Art.

Absatz 1 Nummer 23:
Die neue Nr. 23 trägt den durch das Jahressteuergesetz 1996 in das Einkommensteuergesetz eingeführten Kindergeldregelungen Rechnung.

Absatz 1 Nummer 24:
Die neue Nr. 24 trägt den Regelungen des Eigenheimszulagengesetzes Rechnung.

Absatz 3:
Die Änderung trägt dem Wegfall des Lohnsteuer-Jahresausgleichs Rechnung.

Absatz 4 Nummer 1 und 2:
Die Änderungen in den Nummern 1 und 2 sind redaktioneller Art.

Absatz 4 Nummer 3:
Hintergrund der neueingefügten Nummer 3 ist, daß im Zuge der grenzüberschreitenden Betätigung die Beteiligung an ausländischen Körperschaften, Vermögensmassen und Personenvereinigungen und an ausländischen Personengesellschaften zunimmt; die Finanzämter fordern die entsprechenden Meldungen zur steuerlichen Erfassung dieser Auslandsbeteiligungen an. Die Tätigkeiten zur Ermittlung der entsprechenden Sachverhalte sind gebührenpflichtig; die Häufigkeit der Tätigkeit erfordert eine Konkretisierung in der Steuerberatergebührenverordnung. Angesichts des unterschiedlichen Ermittlungsumfanges ist am besten die Zeitgebühr zur Abgeltung geeignet.

Absatz 4 Nummer 4:
Im Rahmen des Jahressteuergesetzes 1997 ist das sog. vereinfachte Steuererstattungsverfahren für beschränkt steuerpflichtige Personen, deren Einkünfte dem Steuerabzug nach § 50a Abs. 4 Nr. 1 oder 2 EStG unterliegen (z. B. Künstler oder Sportler, die im Ausland ihren Wohnsitz haben), eingeführt worden. Die Ergänzung des § 24 Abs. 4 um die Nummer 4 trägt dem Rechnung. Auch hier begründet der unterschiedliche Arbeitsumfang die Abgeltung durch eine Zeitgebühr.

Absatz 4 Nummer 5:
Bisher fehlte ein Gebührentatbestand, der die Anmeldung nach § 50a des Einkommensteuergesetzes berücksichtigt. Diese Lücke wird durch die Einführung der Nummer 5 des § 24 Abs. 4 geschlossen.

Anmerkungsübersicht

1 Vorbemerkungen

Diese umfangreichste Vorschrift der GebV beinhaltet den überwiegenden Teil der in den verschiedenen Einzelsteuergesetzen vorgesehenen Steuererklärungen, ergänzt um weitere „erklärungsähnliche Tätigkeiten". Das **Schaubild „Steuererklärungen"** gibt einen zusammengefaßten Überblick über alle für die Gebührenbemessung bedeutsamen Bestimmungen unter Berücksichtigung der Änderungen durch die 3. VOÄ.

Soweit „Erklärungen" oder „Tätigkeiten" im einzelnen nicht aufgeführt sind, bedarf es nach § 2 der **„sinngemäßen Anwendung"** der Vorschriften, die ihrem Charakter nach der nicht erwähnten „Erklärung bzw. Tätigkeit" am nächsten kommen (Anmerkung 3).

Jede Steuererklärung ist eine gesonderte **„Angelegenheit"**, dies gilt auch, wenn etwa zwei Teilgebühren gewährt werden wie bei der Gewerbesteuererklärung (§ 24 Absatz 1 Nummer 5). Die nachfolgende Prüfung des aufgrund einer Steuererklärung ergehenden Steuerbescheides hat wiederum den Charakter einer selbständigen „Angelegenheit", dies gilt gleichermaßen für einen sich anschließenden Rechtsbehelf.

Die **„Gegenstandswerte"** spiegeln mit wenigen Ausnahmen das „Bruttoprinzip" wider, das der GebV innewohnt, ergänzt um die „Mindestgegenstandswerte".

Für die Wahl des in Betracht kommenden **„Rahmensatzes"** gelten die generellen Kriterien, wie sie in § 11 angesprochen sind. Nachfolgend wird nur

auf „zusätzliche Umstände" eingegangen, soweit diese für die einzelne Erklärung oder Tätigkeit bedeutsam erscheinen.
Für alle **„Anträge, die in Steuererklärungen zu stellen sind"**, gilt nicht § 23 Nummer 10, es bedarf vielmehr der Berücksichtigung bei der Wahl des Rahmensatzes für die betreffende Erklärung nach Maßgabe von § 24.
Zu beachten ist, daß die Anfertigung einer **Steuererklärung „im Zusammenhang" mit der Vertretung im außergerichtlichen Rechtsbehelfsverfahren** (§ 40) zu einer Reduzierung der Geschäftsgebühr nach § 41 führt. Dies gilt wohlbemerkt nicht für Steuererklärungen, die „ohne Zusammenhang" mit einem Rechtsbehelfsverfahren (vorher) gefertigt worden sind. Siehe hierzu auch das Schaubild „Rechtsbehelfsverfahren vor Verwaltungsbehörden" bei Anmerkung 9 zu § 40.
Wünscht ein Auftraggeber die **„Überprüfung"** einer von ihm selbst erstellten Steuererklärung, so wird man in Ermangelung einer anderen Vorschrift der GebV und in Verfolg von § 2 auch für diese „Teiltätigkeit" die jeweilige Vorschrift des § 24 anzuwenden haben, allerdings mit einem entsprechend reduzierten Rahmensatz. Bei der Bestimmung dieses Rahmensatzes kann § 35 Absatz 1 Nummer 7 hilfreich sein. Diese Vorschrift sieht für die (etwa vergleichbare) „beratende Mitwirkung" bei der Aufstellung eines Jahresabschlusses, der Erstellung eines Anhangs und der Erstellung eines Lageberichts einen etwa um zwei Drittel ermäßigten Rahmensatz gegenüber der (eigentlichen) Abschlußerstellung vor.
Hat ein StB die Steuererklärung mit der **berufsüblichen Sorgfalt** erstellt, dann sind Rückfragen des Finanzamts zu dieser Erklärung der Berechnung einer gesonderten Gebühr nach § 31 zugänglich, wobei man (meist fernmündliche) Kurzauskünfte, die keinen besonderen Aufwand erfordern, in der Praxis noch der Erklärungsfertigung zuordnet. Sind allerdings „Nachbesserungen" erforderlich, weil eine fachlich unzureichende Leistung vorliegt, dann ist für die Berechnung einer weiteren Gebühr selbstverständlich ohnehin kein Raum.
Anträge auf Fristverlängerung für die Einreichung von Steuererklärungen, die der Auftraggeber zu vertreten hat, bedingen eine Gebühr nach § 23 Nummer 10; diese Tätigkeit ist also nicht mit der Erklärungsgebühr nach § 24 abgegolten (a. A. Eggesiecker „STEUGO" Rdnr. 17.000). Fristverlängerungen, die von der Arbeitsplanung des StB bestimmt sind, bleiben ohne Berechnung.

2 **Steuererklärungen nach § 24 StBGebV**

Die Kommentierung erfolgt der besseren Übersichtlichkeit halber ausnahmsweise getrennt nach den einzelnen Absätzen und Nummern von § 24.
Vgl. hierzu das Schaubild „Steuererklärungen", abgedruckt auf den Seiten 303 bis 308.

3 **Steuererklärungen in sinngemäßer Anwendung von § 24 StBGebV**

Für die nachgenannten Steuererklärungen ergibt sich in sinngemäßer Anwendung von § 2 die Berechnung über § 24.

3.1 Anzeige zur Grunderwerbsteuer

Die nach § 19 GrEStG zu erstattende „Anzeige" gilt als Steuererklärung im Sinne der AO. Auch hier bietet sich § 24 Absatz 1 Nummer 14 (Kapitalertragsteuererklärung) zur Anwendung über § 2 an, mit der Maßgabe, daß sich der Gegenstandswert nach § 8 GrEStG (Wert der Gegenleistung oder Wert des Grundstückes) bestimmt.

3.2 Steuererklärung zur Kraftfahrzeugsteuer

Für die Steuererklärung nach § 3 KraftStDV erscheint die Zuordnung zu einer nach der Wertgebühr zu vergütenden, „sinngemäß anwendbaren" Erklärung schwer, nicht zuletzt auch in der Sicht des Gegenstandswertes. Selbst § 24 Absatz 1 Nummer 17 mit einer „auf den Steuerbetrag" bezogenen Bemessungsgrundlage eignet sich hier nicht. Es scheint daher vertretbar, analog zu § 24 Absatz 4, die „Zeitgebühr" anzusetzen.

3.3 Nachweisung zur Rennwettsteuer

Für die nach den §§ 16 bis 18 RennwettLottG zu erstellenden „Nachweisungen zur Rennwettsteuer" wird man über § 2 die Bestimmung des § 24 Absatz 1 Nummer 7 anwenden können, mit der Maßgabe, daß 16 2/3 v. H. des „Gesamtbetrages der Wetteinsätze" den Gegenstandswert bilden.

3.4 Anmeldung zur Lotteriesteuer

In analoger Anwendung der Überlegungen zur Rennwettsteuer kann § 24 Absatz 1 Nummer 7 über § 2 Anwendung finden, mit der Maßgabe, daß der Gegenstandswert mit „20 v. H. des planmäßigen Preises (Nennwert sämtlicher Lose ohne Steuer)" in Ansatz gelangt.

3.5 Steueranmeldung zur Versicherungsteuer

Die Berechnung der nach § 8 VersStG zu erstellenden Steueranmeldung wird ihrer Struktur nach gemäß § 2 über § 24 Absatz 1 Nummer 7 erfolgen können. Als Gegenstandswert wären, unabhängig von den drei Steuersätzen nach Maßgabe der (pauschalierten) Wertfindung bei der Umsatzsteuer, gemäß § 6 VersStG 5 v. H. des Versicherungsentgelts in Ansatz zu bringen.

3.6 Steueranmeldung zur Feuerschutzsteuer

In Analogie zur Steueranmeldung für die Versicherungsteuer erscheint es angemessen, die nach § 8 FeuerschStG zu fertigende Steuererklärung gemäß § 2 gleichfalls nach § 24 Absatz 1 Nummer 7 zu berechnen, wobei der Gegenstandswert, wiederum der (pauschalierten) Wertfindung bei der Umsatzsteuer folgend, mit 10 v. H. des Versicherungsentgelts zu bemessen sein wird.

Steuererklärungen								
Ab-satz	Num-mer	Erklärung oder Tätigkeit	Wertgebühr					Zeit-gebühr
			Gegenstandswert	Mindestgegen-standswert in DM	Rahmensatz	Mittel-wert	Tabelle	Je halbe Stunde in DM
1	1	Einkommensteuer-erklärung	Summe der positiven Einkünfte	12.000,–	1/10–6/10	3,5/10	A	–
	2	Erklärung zur gesonder-ten Feststellung der Einkünfte	Summe der positiven Einkünfte	12.000,–	1/10–5/10	3/10	A	–
	3	Körperschaftsteuer-erklärung ohne Entwicklung des nach § 30 KStG zu gliedern-den verwenbaren Ei-genkapitals	Einkommen vor Be-rücksichtigung eines Verlustabzuges	25.000,–	2/10–8/10	5/10	A	–
	4	Erklärung über die Ent-wicklung des nach § 30 KStG zu gliedernden verwendbaren Eigen-kapitals	Verwendbares Eigenkapital	25.000,–	1/10–6/10	3,5/10	A	–
	5	Gewerbesteuer-erklärung						
		a) Gewerbeertrag	Gewerbeertrag vor Berücksichtigung des Freibetrages und eines Gewerbeverlustes	12.000,–	1/10–6/10	3,5/10	A	–
		b) Gewerbekapital	Gewerbekapital vor Berücksichtigung der Freibeträge	18.000,–	1/20–12/20	6,5/20	A	–

Absatz	Nummer	Erklärung oder Tätigkeit	Wertgebühr					Zeitgebühr
			Gegenstandswert	Mindestgegenstandswert in DM	Rahmensatz	Mittelwert	Tabelle	Je halbe Stunde in DM
	6	Gewerbesteuerzerlegungserklärung	10 v. H. der als Zerlegungsmaßstab erklärten Arbeitslöhne und Betriebseinnahmen	8.000,–	1/10–6/10	3,5/10	A	–
	7	Umsatzsteuervoranmeldung	10 v. H. des Gesamtbetrags der Entgelte zuzüglich des Eigenverbrauchs-	1.000,–	1/10–6/10	3,5/10	A	–
	8	Umsatzsteuerjahreserklärung einschließlich ergänzender Anträge und Meldungen	10 v. H. des Gesamtbetrags der Entgelte zuzüglich des Eigenverbrauchs	12.000,–	1/10–8/10	4,5/10	A	–
	9	Vermögensaufstellung zur Ermittlung des Einheitswertes des Betriebsvermögens	Rohbetriebsvermögen	25.000,–	1/20–14/20	7,5/20	A	–
	10	Vermögensteuererklärung	Rohvermögen	Natürliche Personen 25.000,– Körperschaften, Personenvereinigungen und Vermögensmassen 50.000,–	1/20–18/20	9,5/20	A	–
		Erklärung zur gesonderten Feststellung des Vermögens von Gemeinschaften	Rohvermögen	50.000,–	1/20–18/20	9,5/20	A	–

Absatz	Nummer	Erklärung oder Tätigkeit	Wertgebühr					Zeitgebühr
			Gegenstandswert	Mindestgegenstandswert in DM	Rahmensatz	Mittelwert	Tabelle	Je halbe Stunde in DM
	11	Erklärung zur gesonderten Feststellung des gemeinen Wertes nicht notierter Anteile an Kapitalgesellschaften	Summe der Anteilswerte	50.000,–	1/20–18/20	9,5/20	A	–
	12	Erbschaftsteuererklärung ohne Ermittlung der Zugewinnausgleichsforderung nach § 5 ErbStG	Wert des Erwerbs von Todes wegen vor Abzug der Schulden und Lasten	25.000,–	2/10–10/10	6/10	A	–
	13	Schenkungsteuererklärung	Rohwert der Schenkung	25.000,–	2/20–10/10	6/10	A	–
	14	Kapitalertragsteuererklärung	Summe der kapitalertragsteuerpflichtigen Kapitalerträge	6.000,–	1/20–6/20	3,5/20	A	–
	15	Lohnsteueranmeldung	20 v. H. der Arbeitslöhne einschließlich sonstiger Bezüge	2.000,–	1/20–6/20	3,5/20	A	–
	16	Steuererklärungen auf dem Gebiet der Zölle und der Verbrauchsteuern, die als Einfuhrabgaben erhoben werden	Betrag, der sich bei Anwendung der höchsten in Betracht kommenden Abgabensätze auf die den Gegenstand der Erklärung bildenden Waren ergibt	2.000,–	1/10–3/10	2/10	A	–

Absatz	Nummer	Erklärung oder Tätigkeit	Wertgebühr					Zeitgebühr
			Gegenstandswert	Mindestgegenstandswert in DM	Rahmensatz	Mittelwert	Tabelle	Je halbe Stunde in DM
	17	Anmeldungen auf dem Gebiet der Verbrauchsteuern, die nicht als Einfuhrabgaben erhoben werden	Angemeldeter Betrag	2.000,–	1/10–3/10	2/10	A	–
		Erklärungen auf dem Gebiet der Verbrauchsteuern, die nicht als Einfuhrabgaben erhoben werden	Festgesetzter Betrag	2.000,–	1/10–3/10	2/10	A	–
	18	Anträge auf Gewährung einer Verbrauchsteuervergütung oder einer einzelgesetzlich geregelten Verbrauchsteuererstattung, sofern letztere nicht in der monatlichen Steuererklärung oder Steueranmeldung geltend zu machen ist	Beantragte Vergütung oder Erstattung	2.000,–	1/10–3/10	2/10	A	–
	19	Anträge auf Gewährung einer Investitionszulage	Bemessungsgrundlage	–	1/10–6/10	3,5/10	A	–
	20	*(aufgehoben)*						

Ab-satz	Num-mer	Erklärung oder Tätigkeit	Wertgebühr					Zeit-gebühr
			Gegenstandswert	Mindestgegen-standswert in DM	Rahmensatz	Mittel-wert	Tabelle	Je halbe Stunde in DM
	21	Anträge auf Vergütung der abziehbaren Vorsteuerbeträge an im Ausland ansässige Unternehmer	Beantragte Vergütung	2.000,–	1/10–6/10	3,5/10	A	–
	22	Anträge auf Erstattung von Kapitalertragsteuer und Vergütung der anrechenbaren Körperschaftsteuer	Beantragte Erstattung (Vergütung)	2.000,–	1/10–6/10	3,5/10	A	–
	23	Anträge nach Abschnitt X des EStG	Beantragtes Jahreskindergeld	–	2/10–10/10	6/10	A	–
	24	Anträge nach dem Eigenheimzulagengesetz	Beantragte Eigenheimzulage	–	2/10–10/10	6/10	A	–
2		Ermittlung der Zugewinnausgleichsforderung nach § 5 ErbStG	Ermittelter Betrag	25.000,–	5/10–15/10	10/10	A	–
3		Lohnsteuerermäßigung (Antrag auf Eintragung von Freibeträgen)	Voraussichtlicher Jahresarbeitslohn	9.000,–	1/20–4/20	2,5/20	A	–
4	1	Erklärung zur Hauptfeststellung, Fortschreibung oder Nachfeststellung der Einheitswerte für Grundbesitz	–	–	–	–	–	DM 37,50 bis DM 90,–

Absatz	Nummer	Erklärung oder Tätigkeit	Wertgebühr					Zeitgebühr
			Gegenstandswert	Mindestgegenstandswert in DM	Rahmensatz	Mittelwert	Tabelle	Je halbe Stunde in DM
	2	Arbeiten zur Feststellung des verrechenbaren Verlustes gemäß § 15 a EStG	–	–	–	–	–	DM 37,50 bis DM 90,–
	3	Anfertigung einer Meldung über die Beteiligung an ausländischen Körperschaften, Vermögensmassen und Personenvereinigungen und an ausländischen Personengesellschaften	–	–	–	–	–	DM 37,50 bis DM 90,–
	4	Anfertigung eines Erstattungsantrages nach § 50 Abs. 5 Satz 4 Nr. 3 des EStG	–	–	–	–	–	DM 37,50 bis DM 90,–
	5	Anfertigung einer Anmeldung nach § 50 a Abs. 5 des EStG, § 73 e der EStDV	–	–	–	–	–	DM 37,50 bis DM 90,–

§ 24 Abs. 1 Nr. 1:

Der Steuerberater erhält für die Anfertigung der Einkommensteuererklärung ohne Ermittlung der einzelnen Einkünfte 1/10 bis 6/10 einer vollen Gebühr nach Tabelle A (Anlage 1); Gegenstandswert ist die Summe der positiven Einkünfte, jedoch mindestens 12.000 Deutsche Mark.

Anmerkungsübersicht

1 Allgemeines
2 Gegenstandswert
3 Anwendung des Gebührenrahmens
4 Pauschalierung

1 Allgemeines

Die Ermittlung der einzelnen Einkünfte ist einer besonderen Berechnung zugänglich, wobei für die „Gewinneinkünfte" die §§ 25, 26, 35 und 39 Gültigkeit haben, während für die „Überschußeinkünfte" § 27 Platz greift. Zum Leistungsbereich der Anfertigung der „Einkommensteuererklärung" zählen damit insbesondere:

- ▷ Grundsätzliche Feststellungen zur Steuerpflicht und zum Vorliegen steuerlich relevanter Einkünfte;
- ▷ Angaben zur Person des Steuerpflichtigen und seines Ehegatten;
- ▷ Angaben zu Kindern;
- ▷ Wahl der Veranlagungsart;
- ▷ Ansatz von Beteiligungseinkünften;
- ▷ Ausländische Einkünfte und Steuern;
- ▷ Steuerfreie Einnahmen;
- ▷ Nicht abzugsfähige Ausgaben;
- ▷ Darlehen nach § 7a des Fördergebietsgesetzes;
- ▷ Einkommensersatzleistungen;
- ▷ Angaben bei zeitweiser unbeschränkter Steuerpflicht;
- ▷ Sonderausgaben einschließlich Verlustabzug und Steuerbegünstigung der zu eigenen Wohnzwecken genutzten Wohnung;
- ▷ Außergewöhnliche Belastungen;
- ▷ Anzurechnende Steuerabzugsbeträge;
- ▷ Persönliche Freibeträge und Tarif.

Die vom Steuerberater zu treffenden Feststellungen finden größtenteils ihren erklärungsmäßigen Niederschlag im Mantelvordruck ESt 1 A, aber auch in ergänzenden Anlagen. Die äußere Form der Darstellung (Erklärungsvordruck oder Anlagen) ist aber ohne jede Auswirkung auf die Gebührenpflicht und die Gebührenbemessung einer Tätigkeit.

Die Einbeziehung des „Ansatzes von Beteiligungseinkünften" in die nach § 24 Absatz 1 Nummer 1 abgegoltenen Tätigkeiten setzt voraus, daß diese durch einen gesonderten (und einheitlichen) Feststellungsbescheid festgestellt und dem StB mit den übrigen in diesen Feststellungsbescheid einbezogenen Angaben verfügbar gemacht werden. Obliegt es dem StB, die erforderlichen

Angaben erst durch Rückfragen bei der Finanzverwaltung, der Gesellschaft oder Gemeinschaft, auf welche die §§ 179ff. AO Anwendung finden, oder bei einem anderen Berufsangehörigen in Erfahrung zu bringen, dann bedingt dies eine Berücksichtigung bei der Wahl des Zehntelsatzes als einem zu berücksichtigenden „Umstand" nach § 11. Das gleiche wird zu gelten haben, wenn es etwa bei Vorliegen mehrerer geänderter Feststellungen der Ermittlung bedarf, welchen Werten tatsächlich Gültigkeit zukommt. Wenn in einem Ausnahmefall die gesondert (einheitlich) festgestellten Einkünfte, aus welchen Gründen auch immer, noch einer Ergänzung bedürfen, etwa durch den Ansatz noch nicht berücksichtigter Sonderbetriebsausgaben oder Sonderwerbungskosten, so liegt eine Berufsleistung vor, die eine zusätzliche Berechnung nach den §§ 25 bis 27 gerechtfertigt erscheinen läßt. Auf Anmerkung 7 zu § 25 und Anmerkung 8.2 zu § 27 wird verwiesen.
Gebührenrechtliche Besonderheiten für „beschränkt Steuerpflichtige" ergeben sich nicht.

2 Gegenstandswert

Gegenstandswert ist in Verfolg des „Bruttoprinzips" der GebV die „Summe der positiven Einkünfte". Angelehnt an die Systematik des Einkommensteuerrechts stellt sich dieser Wert wie folgt dar:

Gewinn oder Verlust aus Land- und Forstwirtschaft in positiver oder negativer Summe aller Einkunftsteile (Einkunftsquellen)	Einkünfte aus Land- und Forstwirtschaft
Gewinn oder Verlust aus Gewerbebetrieb in positiver oder negativer Summe aller Einkunftsteile (Einkunftsquellen)	Einkünfte aus Gewerbebetrieb
Gewinn oder Verlust aus selbständiger Arbeit in positiver oder negativer Summe aller Einkunftsteile (Einkunftsquellen)	Einkünfte aus selbständiger Arbeit
Überschuß der Einnahmen oder der Werbungskosten aus nichtselbständiger Arbeit in positiver oder negativer Summe aller Einkunftsteile (Einkunftsquellen)	Einkünfte aus nichtselbständiger Arbeit
Überschuß der Einnahmen oder der Werbungskosten aus Kapitalvermögen	

Gegenstandswert	§ 24 Abs. 1 Nr. 1 StBGebV
in positiver oder negativer Summe aller Einkunftsteile (Einkunftsquellen)	Einkünfte aus Kapitalvermögen
Überschuß der Einnahmen oder der Werbungskosten aus Vermietung und Verpachtung	
in positiver oder negativer Summe aller Einkunftsteile (Einkunftsquellen)	Einkünfte aus Vermietung und Verpachtung
Überschuß der Einnahmen oder der Werbungskosten bei den sonstigen Einkünften	
in positiver oder negativer Summe aller Einkunftsteile (Einkunftsquellen)	Sonstige Einkünfte
	Positive oder negative Summe der Einkünfte aus den Einkunftsarten

§ 24 Absatz 1 Nummer 1 nennt als Gegenstandswert „die Summe der positiven Einkünfte“ und nicht die Summe der positiven „steuerpflichtigen“ Einkünfte. In der positiven oder negativen Summe der Einkünfte aus den Einkunftsarten nach vorstehender Aufstellung können daher für die Anwendung der StBGebV auch solche enthalten sein, die aufgrund eines Doppelbesteuerungsabkommens oder aufgrund anderer Vorschriften im EStG steuerfrei bleiben aber für den Progressionsvorbehalt nach § 32b EStG zu erfassen sind.

Diese „Summe der Einkünfte aus den Einkunftsarten“ bildet, ohne weitere Kürzungen oder Hinzurechnungen, wie sie sich etwa in den Randziffern 2ff. der Übersicht in R 3 EStR finden, den Gegenstandswert, allerdings unter **Außerachtlassung** der negativen Einkünfte.

Unbeachtlich für die Gebührenbemessung sind sowohl der „Gesamtbe-trag der Einkünfte“, das „Einkommen“ oder das „Zu versteuernde Einkommen“.

Bleibt der Endbetrag dieser Berechnung unter DM 12.000,–, so findet der „Mindestgegenstandswert“ von DM 12.000,– Ansatz, allerdings nur bezogen auf die „Steuererklärung“ und nicht etwa verdoppelt bei einer Einbeziehung beider Ehegatten.

Besonders verdeutlicht sei noch einmal, daß für die „Ermittlung der Einkünfte“ (§§ 25, 27, 35, 39) die ungeminderten „Einnahmen“ oder die „höheren Ausgaben oder Werbungskosten“ und die besonderen Gegenstandswerte beim Vermögensvergleich maßgebend sind, dagegen für die Anfertigung der Einkommensteuererklärung nur (noch) die „Einkünfte“, also entsprechend niedrigere Beträge, Ansatz finden.

Wendet man vorstehende Überlegungen auf einen **allein veranlagten Steuerpflichtigen** an, so ergeben sich keine Probleme. Hierzu folgendes **Beispiel:**

	DM
Einkünfte aus Gewerbebetrieb	5.000,–
Einkünfte aus selbständiger Arbeit	3.000,–
Einkünfte aus Kapitalvermögen	1.000,–
Negative Einkünfte aus Vermietung und Verpachtung	– 20.000,–
Negative Summe der Einkünfte	– 11.000,–
Gegenstandswert ist die „Summe der positiven Einkünfte"	9.000,–
Infolge des „Mindestgegenstandswertes" gelangen jedoch in Ansatz	12.000,–

Problematischer wird die Frage bei der **Zusammenveranlagung von Ehegatten.** Die Verdeutlichung soll an nachfolgendem **Beispiel** erfolgen:

	Ehemann		Ehefrau		Ehegatten
	DM	DM	DM	DM	DM
1. Landwirtschaftlicher Betrieb A	5.000,–				
Landwirtschaftlicher Betrieb B			4.000,–		
Einkünfte aus Land- und Forstwirtschaft		5.000,–		4.000,–	9.000,–
2. Gewerbebetrieb A	–110.000,–				
Gewerbebetrieb B	40.000,–				
Gewerbebetrieb C			190.000,–		
Gewerbebetrieb D			–60.000,–		
Einkünfte aus Gewerbebetrieb		– 70.000,–		130.000,–	60.000,–
3. Praxis A	60.000,–				
Praxis B			30.000,–		
Einkünfte aus selbständiger Arbeit		60.000,–		30.000,–	90.000,–
4. Dienstverhältnis A	10.000,–				
Dienstverhältnis B			40.000,–		
Einkünfte aus nichtselbständiger Arbeit		10.000,–		40.000,–	50.000,–
Einkünfte aus Kapitalvermögen		10.000,–		8.000,–	18.000,–
Übertrag		15.000,–		212.000,–	227.000,–

	Ehemann		Ehefrau		Ehegatten
	DM	DM	DM	DM	DM
Übertrag		15.000,–		212.000,–	227.000,–
6. Grundstück A	– 20.000,–				
Grundstück B	10.000,–				
Beteiligung C	– 50.000,–				
Grundstück D			3.000,–		
Beteiligung E			– 100.000,–		
Einkünfte aus Vermietung und Verpachtung		– 60.000,–		– 97.000,–	– 157.000,–
7. Rente	5.000,–				
Spekulationsgeschäfte			3.000,–		
Sonstige Einkünfte		5.000,–		3.000,–	8.000,–
Wert I					78.000,–
Wert II					235.000,–
Werte III		– 40.000,–		118.000,–	
Werte IV		90.000,–		215.000,–	
Werte V	140.000,–		278.000,–		

Es ergeben sich nun folgende Möglichkeiten:

a) Geht man von der Auffassung aus, daß beide Ehegatten infolge der Zusammenveranlagung als „ein gemeinsamer Steuerpflichtiger" behandelt werden, dann zeigt sich folgendes Ergebnis:

		DM
Summe der Einkünfte	Wert I	78.000,–
Summe der positiven Einkünfte und damit Gegenstandswert	Wert II	235.000,–

b) § 26b EStG lautet:

„Bei der Zusammenveranlagung von Ehegatten werden die Einkünfte, die die Ehegatten erzielt haben, zusammengerechnet, den Ehegatten gemeinsam zugerechnet und, soweit nichts anderes vorgeschrieben ist, die Ehegatten sodann gemeinsam als Steuerpflichtiger behandelt."

Der Erläuterung von § 26b EStG dient R 174b EStR, der in dem hier interessierenden Teil folgenden Wortlaut hat:

„Die Zusammenveranlagung nach § 26b EStG führt zwar zu einer Zusammenrechnung, nicht aber zu einer einheitlichen Ermittlung der Einkünfte der Ehegatten."

Folgt man der Feststellung, daß unabhängig von der Zusammenveranlagung, die Einkünfte der Ehegatten nicht einheitlich ermittelt werden, dann gelangt man zu folgendem Ergebnis:

		DM	DM
Summe der Einkünfte des Ehemannes	Wert III	– 40.000,–	
Summe der positiven Einkünfte des Ehemannes und damit Gegenstandswert	Wert IV		90.000,–
Summe der Einkünfte der Ehefrau	Wert III	118.000,–	
Summe der positiven Einkünfte der Ehefrau und damit Gegenstandswert	Wert IV		215.000,–
Summe der Einkünfte (übereinstimmend mit Buchstabe a)		78.000,–	
Summe der Gegenstandswerte			305.000,–

c) Sieht man bereits die einzelnen Gewinne, Verluste, Überschüsse der Einnahmen und Überschüsse der Werbungskosten als „Einkünfte" an, so zeigt sich folgendes Bild:

		DM
Summe der positiven Einkunftsteile (Einkunftsquellen) des Ehemannes	Wert V	140.000,–
Summe der positiven Einkunftsteile (Einkunftsquellen) der Ehefrau	Wert V	278.000,–
		418.000,–

Bereits der Umfang der zur Verdeutlichung der unterschiedlichen Betrachtungsweisen erforderlichen Darstellung zeigt die Problematik der GebV, sofern sie allgemein formuliert und nicht auf die Begriffe der Einzelsteuergesetze abstellt.

Berücksichtigt man die wohl eindeutige Rechtslage nach § 26a EStG, wie sie unter Buchstabe a dargestellt ist, so bleibt nur noch die Entscheidung für die Möglichkeiten nach den Buchstaben b oder c.

Wie sich aus der eingangs dieser Anmerkung gegebenen Darstellung zeigt, kann der Begriff der „Summe der (positiven) Einkünfte" gemäß § 24 Absatz 1 Nummer 1 nur in der Sicht von „Einkünften" verstanden werden. Ein „Zurückgehen" auf die einzelnen Einkunftsteile (Einkunftsquellen) erscheint nicht möglich. Ferner nimmt § 2 Absatz 3 EStG eindeutig auf Absatz 1 dieser Vorschrift Bezug, so daß in Verbindung mit der Formulierung der Randziffer 1 in der Darstellung zu R 3 EStR, die „Summe der Einkünfte aus den Einkunfts**arten**" lautet, sich der Begriff „Einkünfte" nur auf sieben „Einkünfte" je Ehegatte, also insgesamt auf maximal vierzehn „Einkünfte" beider Ehegatten, und nicht auf Werte beziehen kann, die diese Einkünfte „erst in ihrer Addition oder Subtraktion bilden".

Somit stellt sich der Gegenstandswert für § 24 Absatz 1 Nummer 1 zutreffend nach **Buchstabe b** des gewählten Beispiels dar. Diese Auffassung ist in der Literatur umstritten. Nach Mittelsteiner/Scholz Anmerkung 19 zu § 24 Absatz 1 Nummer 1 sind innerhalb der einzelnen Einkunftsart positive und

negative Ergebnisse der Ehegatten zu saldieren. Eggesiecker „STEUGO" Rdnr. 24.250ff., Meyer/Muuss § 24, Rdnr. 11 und Feiter Anmerkung 7.2.1 interpretieren die Summe der positiven Einkünfte nicht i.S. der Einkunftsarten nach § 2 EStG, sondern unterteilen die Einkunftsarten noch einmal in verschiedene Einkunftsquellen und sehen das Ergebnis unter Buchstabe c des Beispiels als zutreffend an.
Zur Frage der gebührenrechtlichen Auswirkungen von „Freibeträgen", „Freigrenzen" und „generellen Steuerbefreiungen" siehe ergänzend Anmerkung 4 zu § 24 Absatz 1 Nummer 10.

3 Anwendung des Gebührenrahmens

Während man einfach gelagerten Fällen ohne Besonderheiten mit pauschal bemessenen Sonderausgaben den unteren Rahmen zuzuweisen haben wird, kommt eine Orientierung an den oberen Rahmensätzen insbesondere bei ausländischen Einkünften, umfangreichen Sonderausgaben, außergewöhnlichen Belastungen sowie rechtlich schwierigen Fragen oder aber bei besonders zeitintensiven Tätigkeiten in Betracht.
Auf die Entscheidungen des Amtsgerichts Neuss des OLG Düsseldorf und des LG Frankfurt, besprochen in Anmerkung 9 zu § 11 (Urteile 1, 5 und 16), sei ergänzend verwiesen.

4 Pauschalierung

Die Gebühr ist pauschalierungsfähig.

§ 24 Abs. 1 Nr. 2:

Der Steuerberater erhält für die Anfertigung der Erklärung zur gesonderten Feststellung der Einkünfte ohne Ermittlung der Einkünfte 1/10 bis 5/10 einer vollen Gebühr nach Tabelle A (Anlage 1); Gegenstandswert ist die Summe der positiven Einkünfte, jedoch mindestens 12.000 Deutsche Mark.

Anmerkungsübersicht

1 Allgemeines

Aus dem Leistungsbereich in Anmerkung 1 zu § 24 Absatz 1 Nummer 1 wird man für die „Anfertigung der Erklärung zur gesonderten (einheitlichen) Feststellung der Einkünfte" insbesondere übernehmen können:

- ▷ Grundsätzliche Feststellungen zur Steuerpflicht und zum Vorliegen steuerlich relevanter Einkünfte;
- ▷ Angaben zur Gesellschaft oder Gemeinschaft;
- ▷ Ansatz von Beteiligungseinkünften;
- ▷ Ausländische Einkünfte und Steuern;
- ▷ Steuerfreie Einnahmen;
- ▷ Nicht abzugsfähige Ausgaben;
- ▷ Förderung des Wohneigentums;
- ▷ Spenden und Beiträge;
- ▷ Anzurechnende Steuerabzugsbeträge.

Bezüglich der „Beteiligungseinkünfte" ist auf die ergänzende Erläuterung a. a. O. zu verweisen.

Für die Einkünfte aus nichtselbständiger Arbeit scheidet eine gesonderte Feststellung aus.

2 Gegenstandswert

Nachdem sich im Gegensatz zur Einkommensteuererklärung bei der Feststellungserklärung die Problematik der Zusammenveranlagung von Ehegatten nicht stellt, kann auf die Ausführungen zum „allein veranlagten Steuerpflichtigen" und das dazu gegebene Beispiel in Anmerkung 2 zu § 24 Absatz 1 Nummer 1 verwiesen werden.

Der Mindestgegenstandswert beträgt DM 12.000,–.

3 Anwendung des Gebührenrahmens

Für die Wahl des Rahmensatzes ist neben den allgemeinen Kriterien die Zahl der an der Gesellschaft bzw. Gemeinschaft Beteiligten und der Umfang der aufzuteilenden Werte (Ausländische Einkünfte, Kapitalerträge, Kapitalertragsteuer, Körperschaftsteuer, Freibeträge, Spenden u. ä.) von Bedeutung. Dies wird insbesondere gelten, wenn eine oder mehrere Körperschaften zum Kreis der Gesellschafter zählen, auf welche die Vorschriften des Anrechnungsverfahrens der §§ 27 bis 43 KStG Anwendung finden.

4 Sonstige Anmerkungen

Im Rahmen der steuerlichen Förderung des selbstgenutzten Wohneigentums ab 1. 1. 1987 zu fertigende Erklärungen zur gesonderten (einheitlichen) Feststellung nach §§ 179 und 180 Absatz 1 Nummer 2 Buchstabe a AO für „Abzugsbeträge" und „Aufwendungen" gemäß § 10e Absatz 7 EStG sind einer Berechnung nach § 24 Absatz 1 Nummer 2 zugänglich, wobei die „Summe der Abzugsbeträge und Aufwendungen" den Gegenstandswert bildet.

5 Pauschalierung

Die Gebühr ist pauschalierungsfähig.

§ 24 Abs. 1 Nr. 3:

Der Steuerberater erhält für die Anfertigung der Körperschaftsteuererklärung ohne Entwicklung des nach § 30 des Körperschaftsteuergesetzes zu gliedernden verwendbaren Eigenkapitals 2/10 bis 8/10 einer vollen Gebühr nach Tabelle A (Anlage 1); Gegenstandswert ist das Einkommen vor Berücksichtigung eines Verlustabzugs, jedoch mindestens 25.000 Deutsche Mark.

Anmerkungsübersicht

1 Allgemeines

Die Körperschaftsteuererklärung bietet bedingt eine Parallele zur gebührenrechtlichen Regelung für die Einkommensteuererklärung. Bei Körperschaftsteuerpflichtigen, die zur Führung von Büchern nach dem HGB verpflichtet sind, werden entsprechend § 8 Absatz 2 KStG alle Einkünfte als „Einkünfte aus Gewerbebetrieb" behandelt, für deren Ermittlung somit § 35 Gültigkeit hat. Bei den nicht zur Führung von Büchern nach den handelsrechtlichen Vorschriften verpflichteten Steuerpflichtigen erhebt sich die Frage, ob auch für sie eine gesonderte Berechnung der Ermittlung der Einkünfte erfolgen kann, nachdem die GebV, abweichend von der Einkommensteuererklärung, nicht auf eine solche gesonderte Ermittlung der Einkünfte verweist. Nachdem einmal die §§ 25 und 27 keine Beschränkung auf die Einkommensteuererklärung beinhalten, die durch Vermögensvergleich ermittelten gewerblichen Einkünfte gleichfalls einer gesonderten Berechnung zugänglich sind, und es darüber hinaus keinen erkennbaren Grund für eine unterschiedliche Behandlung gegenüber der Einkommensteuererklärung gibt, wird man, auch gestützt auf § 8 KStG i. V. mit Abschnitt 27 KStR und § 2 Absätze 1 bis 4 EStG, vorbehaltlich einer abweichenden Rechtsprechung, die bisher nicht feststellbar ist, davon auszugehen haben, daß auch für die nicht zur Buchführung nach Handelsrecht verpflichteten Körperschaftsteuerpflichtigen eine gesonderte Berechnung der Ermittlung der (unter Außerachtlassung der Einkünfte aus nichtselbständiger Arbeit auf sechs Einkunftsarten beschränkten) Einkünfte in Betracht kommt.
Für die „Entwicklung des verwendbaren Eigenkapitals" gilt ein gesonderter Gebührenansatz nach § 24 Absatz 1 Nummer 4.
Gebührenrechtliche Besonderheiten für „beschränkt Steuerpflichtige" ergeben sich nicht.
Zur Gebührenbemessung bei Organschaften siehe Klingmann (StB 1982 S. 283).

2 **Gegenstandswert**

Abweichend von der Einkommensteuererklärung, wo die Summe der (positiven) Einkünfte den Gegenstandswert bildet, ist bei der Körperschaftsteuererklärung das „Einkommen" gemäß § 8 Absatz 1 KStG (nicht das „zu versteuernde Einkommen" nach § 7 Absatz 2 KStG) maßgebend, wobei ein vorzunehmender Verlustabzug (Verlustvortrag und Verlustrücktrag) unberücksichtigt bleibt.
Der gegenüber der Einkommensteuererklärung gut verdoppelte „Mindestgegenstandswert" von DM 25.000,– trägt den Besonderheiten des Körperschaftsteuerrechts Rechnung. Er erlangt bei einer Organschaft mit Gewinnabführungsvertrag für die Organgesellschaft besondere Bedeutung. Hat die Organgesellschaft ausnahmsweise eigenes Einkommen, wie etwa bei Ausgleichszahlungen nach § 16 KStG, so ist die Gebührenbemessung nicht auf den „Mindestgegenstandswert" begrenzt.
Zur Frage der gebührenrechtlichen Auswirkungen von „Freibeträgen", „Freigrenzen" und „generellen Steuerbefreiungen" siehe Anmerkung 4 zu § 24 Absatz 1 Nummer 10.

3 **Anwendung des Gebührenrahmens**

Der Gebührenrahmen ist gegenüber der Einkommensteuererklärung bis auf 8/10 ausgedehnt, wobei der Mindestsatz entsprechend dem „Grundaufwand für diese Erklärung" erst bei 2/10 beginnt.
Für einfach gelagerte Fälle, etwa Komplementärgesellschaften einer GmbH & Co KG ohne unternehmerische Aktivitäten außer der Geschäftsführung, wird man sich im unteren Bereich des Gebührenrahmens bewegen. Handelt es sich um Unternehmen mit vielfältigen steuerlich relevanten Tatbeständen, kommen z. B. steuerfreie Einnahmen, ermäßigt besteuerte ausländische Einkünfte, Kürzungen und Hinzurechnungen nach dem Auslandsinvestitionsgesetz in Betracht, sind Doppelbesteuerungsabkommen anzuwenden oder ist Organschaft (bezogen auf den Organträger) gegeben, so deutet dies auf den oberen Bereich des Gebührenrahmens hin.
Soweit bei der Organschaft für den Organträger und die Organgesellschaft verschiedene Berufsangehörige tätig sind, kann es bei größeren Organgesellschaften mit einem beträchtlichen Arbeitsaufwand erforderlich werden, wegen des häufig gegebenen „Nulleinkommens" eine Vereinbarung nach § 4 zu treffen.

4 **Pauschalierung**

Die Gebühr ist pauschalierungsfähig.

§ 24 Abs. 1 Nr. 4:

Der Steuerberater erhält für die Anfertigung der Erklärung über die Entwicklung des nach § 30 des Körperschaftsteuergesetzes zu gliedernden verwendbaren Eigenkapitals 1/10 bis 6/10 einer vollen Gebühr nach

Tabelle A (Anlage 1); Gegenstandswert ist das verwendbare Eigenkapital, jedoch mindestens 25.000 Deutsche Mark.

Anmerkungsübersicht

1 Allgemeines

Die „Erklärung zur gesonderten Feststellung von Besteuerungsgrundlagen" gemäß § 47 KStG hatte in den bis zum 31. 3. 1982 angewandten gebührenrechtlichen Regelungen noch keine Parallele. In Ermangelung einer entsprechenden Bestimmung in der AllGO hatten sich die Berufsangehörigen mit etwa der gleichen Berechnungsart beholfen, die ab 1. 4. 1982 Gegenstand der Verordnung wurde.
Mit der Erklärungsgebühr ist auch die **„Wertermittlung"** abgegolten; eine gesonderte Gebühr, etwa analog zur Körperschaftsteuererklärung, sieht die GebV nicht vor.
Die Gebühr wird nach dem ausdrücklichen Wortlaut von § 24 Absatz 1 Nummer 3 zusätzlich zu der Gebühr für die Körperschaftsteuererklärung erhoben.

2 Gegenstandswert

Das „verwendbare Eigenkapital" zum Schluß des Geschäftsjahres oder, in der Sprache der Erklärung KSt 1 G ausgedrückt, die „Summe der Teilbeträge des verwendbaren Eigenkapitals" bildet den Gegenstandswert, wobei jedoch mindestens DM 25.000,– in Ansatz gelangen. Zu beachten ist, daß die jeweils am Schluß der Berechnung „nachrichtlich" für das Folgejahr zu erklärenden Werte (z. B. Vordruck KSt 1 G/A, KSt 1 G/B) ohne Auswirkung auf den Gegenstandswert des zu berechnenden Jahres bleiben.

3 Anwendung des Gebührenrahmens

Nur für den einfachsten Fall der Kapitalermittlung wird man den mit 1/10 sehr niedrig beginnenden unteren Gebührenrahmen anzuwenden haben. Bei der Fülle der sehr komplizierten Berechnungen dagegen, wie etwa bei Berichtigungsbeträgen nach § 1 AStG, Bildung von Ausgleichsposten beim Organträger nach Abschnitt 91 KStR, Verschmelzung im Sinne von § 38 KStG, Erwerb von Anteilen von einem wesentlich beteiligten nichtanrechnungsberechtigten Anteilseigner, Umwandlung von Rücklagen in Stammkapital, verdeckten Gewinnausschüttungen und den „besonderen" Zerlegungen ermäßigt belasteter Eigenkapitalanteile, wie für ausländische Einkünfte, die sich auch schon rein äußerlich in der Zahl und dem Umfang der in Betracht kommenden Erklärungsvordrucke niederschlagen, dürfte sich die angemessene Wertfindung im oberen Teil des Gebührenrahmens bewegen.

4 **Pauschalierung**

Die Gebühr ist pauschalierungsfähig.

§ 24 Abs. 1 Nr. 5:

Der Steuerberater erhält für die Anfertigung der Erklärung zur Gewerbesteuer

a) nach dem Gewerbeertrag 1/10 bis 6/10 einer vollen Gebühr nach Tabelle A (Anlage 1); Gegenstandswert ist der Gewerbeertrag vor Berücksichtigung des Freibetrages und eines Gewerbeverlustes, jedoch mindestens 12.000 Deutsche Mark,

b) nach dem Gewerbekapital 1/20 bis 12/20 einer vollen Gebühr nach Tabelle A (Anlage 1); Gegenstandswert ist das Gewerbekapital vor Berücksichtigung der Freibeträge, jedoch mindestens 18.000 Deutsche Mark.

Anmerkungsübersicht

1 **Allgemeines**

Nach dieser Vorschrift ist je eine „Teilgebühr" für den „Gewerbeertrag" und das „Gewerbekapital" in Ansatz zu bringen. Beide Gebührenteile werden nebeneinander erhoben. Durch den Wegfall der Gewerbekapitalsteuer ab 1998 ist die „Teilgebühr" für das „Gewerbekapital" nur noch für die Vergangenheit bzw. für „Altfälle" von Bedeutung.
Für die Zerlegung des einheitlichen Steuermeßbetrages gilt § 24 Absatz 1 Nummer 6.
Zur Gebührenbemessung für Organschaften siehe Klingmann (StB 1982 S. 283).

2 **Gegenstandswert**

2.1 Teilgebühr für den Gewerbeertrag

Bei der Gebührenberechnung nach dem „Gewerbeertrag" bildet der „Gewerbeertrag vor Berücksichtigung des Freibetrages und eines Gewerbeverlustes" den Gegenstandswert bei einem Mindestgegenstandswert von DM 12.000,–.

Nachdem die Abrundung des „Gewerbeertrages" erst im Zusammenhang mit der Ermittlung des Steuer**meß**betrages erfolgt (§ 11 GewStG), ist der nicht abgerundete Betrag, also der „Gewerbeertrag" im Sinne der §§ 7 bis 10 GewStG, maßgebend für die Gebührenbemessung.
Zwei Beispiele mögen abschließend die Ermittlung des Gegenstandswertes für § 24 Absatz 1 Nummer 5 Buchstabe a verdeutlichen:

	Beispiel 1	Beispiel 2
	DM	DM
Gewerbeertrag zur Berechnung des Steuermeßbetrages	35.000,–	– 32.050,–
Zurechnung des gekürzten Gewerbeverlustes des Vorjahres (§ 10a GewStG)	+ 20.000,–	–,–
Aufhebung der Rundung (§ 11 Absatz 1 GewStG)	+ 50,–	–,–
Zurechnung des gekürzten allgemeinen Freibetrages (§ 11 Absatz 1 GewStG)	+ 48.000,–	–,–
Summe	103.050,–	– 32.050,–
Gegenstandswert	103.050,–	
Mindestgegenstandswert		12.000,–

2.2 Teilgebühr für das Gewerbekapital

Bei der Bemessung der Gebühr nach dem Gewerbekapital ist nach der ab 1. 7. 1988 gültigen Fassung der Vorschrift das „Gewerbekapital vor Berücksichtigung **der Freibeträge**" maßgebend. Der „Mindestgegenstandswert" beträgt DM 18.000,–.
Der Steuergesetzgeber hatte bei dieser Vorschrift den Verordnungsgeber bereits beim Inkrafttreten der StBGebV überholt. Neben dem „allgemeinen Freibetrag" gemäß § 13 Absatz 1 GewStG von DM 120.000,– wurde bereits für den Veranlagungszeitraum 1981 ein „Freibetrag für Dauerschulden" von DM 50.000,– durch eine Änderung von § 12 Absatz 2 Nummer 1 GewStG eingeführt. Für diesen „weiteren Freibetrag" hatte sich die Meinung herausgebildet, daß in Verfolg des Bruttoprinzips eine Reduzierung der Bemessungsgrundlage nicht in Betracht komme. Es gäbe keinen Sinn, einen Freibetrag von einer Kürzung auszuschließen, bei dem anderen aber, der offensichtlich vom Verordnungsgeber im Hinblick auf den Zeitpunkt der abschließenden Beratungen zur StBGebV noch nicht gesehen werden konnte, den Abzug als notwendig anzusehen.
Die Verhandlungen zur Novellierung führten zur Änderung der Fassung des Buchstabens b von § 24 Absatz 1 Nummer 5 dergestalt, daß durch die Wortwahl nunmehr offiziell **beide** Freibeträge, also der des § 13 Absatz 1 GewStG und der des § 12 Absatz 2 Nummer 1 GewStG, den Gegenstandswert nicht mindern dürfen.
Auch die Abrundung des „Gewerbekapitals" erfolgt erst im Zusammenhang mit der Ermittlung des Steuer**meß**betrages (§ 13 GewStG), so daß als „Gewerbekapital" im Sinne des § 12 GewStG der nicht abgerundete Betrag maßgebend für die Gebührenbemessung ist.

Zwei Beispiele mögen auch hier die zutreffende Ermittlung des Gegenstandswertes nach § 24 Absatz 1 Nummer 5 Buchstabe b verdeutlichen:

	Beispiel 1	Beispiel 2
	DM	DM
Gewerbekapital zur Berechnung des Steuermeßbetrages	70.000,–	–,–
Zurechnung des gekürzten Freibetrages für Dauerschulden (§ 12 Absatz 2 Nummer 1 GewStG)	+ 50.000,–	–,–
Aufhebung der Rundung (§ 13 Absatz 1 GewStG)	+ 900,–	+ 500,–
Zurechnung des gekürzten allgemeinen Freibetrages (§ 13 Absatz 1 GewStG)	+ 120.000,–	+ 16.000,–
Summe	240.900,–	16.500,–
Gegenstandswert	240.900,–	
Mindestgegenstandswert		18.000,–

3 **Anwendung der Gebührenrahmen**

Die Wahl des zutreffenden Rahmensatzes wird sich vor allem an der Zahl und dem Ermittlungsaufwand der vorzunehmenden Hinzurechnungen und Kürzungen zu orientieren haben. Gewerbesteuererklärungen ohne jede Zu- und Abrechnung beim „Gewerbeertrag" und beim „Gewerbekapital" verweisen auf eine Orientierung an den unteren Rahmensätzen. Für die oberen Rahmenwerte sprechen z.B. umfangreiche Arbeiten zur Ermittlung von Dauerschuldzinsen und Dauerschulden, insbesondere im Kontokorrentbereich, die Ermittlung zurechnungspflichtiger Mietanteile für bewegliche Wirtschaftsgüter bei nicht geschlüsselten Gesamtmieten für Grundstücke und Maschinen, die Berechnung des Teiles des Gewerbeertrages, der auf die Verwaltung und Nutzung des eigenen Grundbesitzes entfällt, oder die Ermittlung von Kürzungen nach § 9 Nummer 7 GewStG.

4 **Pauschbetrag für Post- und Telekommunikationsdienstleistungen**

Bei der Berechnung des Auslagenersatzes für die Fertigung einer Gewerbesteuererklärung nach § 16 StBGebV kann der Pauschsatz (15 v.H. der Gebühr, höchstbegrenzt auf DM 40,–) nur einmal in Ansatz gebracht werden, nachdem es sich um „eine Angelegenheit" handelt, deren Gebühr lediglich in Form von zwei Teilgebühren zur Erhebung gelangt.

5 **Pauschalierung**

Die Gebühr ist pauschalierungsfähig.

§ 24 Abs. 1 Nr. 6:

Der Steuerberater erhält für die Anfertigung der Gewerbesteuerzerlegungserklärung 1/10 bis 6/10 einer vollen Gebühr nach Tabelle A (Anlage 1); Gegenstandswert sind 10 vom Hundert der als Zerlegungsmaß-

stab erklärten Arbeitslöhne und Betriebseinnahmen, jedoch mindestens 8.000 Deutsche Mark.

Anmerkungsübersicht

1 Allgemeines

Neben dem „Gewerbeertrag" und dem „Gewerbekapital", die nach § 24 Absatz 1 Nummer 5 ihre gebührenmäßige Berechnung erfahren, berechtigt die „Zerlegung des einheitlichen Steuermeßbetrages", der auch eine eigene Steuererklärung zugrunde liegt, zu einem gesonderten Gebührenansatz.

2 Gegenstandswert

Während sich die Gebührenpraxis bis zum 31. 3. 1982 an der Zerlegungsgrundlage „Arbeitslöhne" und „Betriebseinnahmen" orientierte, bestimmte die GebV den Gegenstandswert mit 10 v.H. des „einheitlichen Steuermeßbetrages". Sie wich damit nicht nur von dem ihr innewohnenden „Bruttoprinzip" ab, sondern wählte auch einen der Höhe nach absolut unzureichenden Ansatz.
Der in der 1. Auflage dieses Buches gegebenen Anregung zu einer Korrektur bei der nächsten Novellierung der GebV ist der Verordnungsgeber erfreulicherweise gefolgt. Ab 1. 7. 1988 sind an die Stelle des „einheitlichen Steuermeßbetrages" die **„als Zerlegungsmaßstab erklärten Arbeitslöhne und Betriebseinnahmen"** getreten.

3 Anwendung des Gebührenrahmens

Für die Einordnung in den Gebührenrahmen sind die Anzahl der zerlegungsberechtigten Gemeinden, der Aufwand für die Ermittlung der zerlegungsspezifischen Arbeitslöhne, die „Doppelberechnung" bei Wareneinzelhandelsunternehmen und eine etwaige „Zerlegung in besonderen Fällen" gemäß § 33 GewStG bedeutsam.

4 Pauschalierung

Die Gebühr ist pauschalierungsfähig.

§ 24 Abs. 1 Nr. 7:

Der Steuerberater erhält für die Anfertigung der Umsatzsteuervoranmeldung 1/10 bis 6/10 einer vollen Gebühr nach Tabelle A (Anlage 1); Gegenstandswert sind 10 vom Hundert des Gesamtbetrags der Entgelte zuzüglich des Eigenverbrauchs, jedoch mindestens 1.000 Deutsche Mark.

§ 24 Abs. 1 Nr. 8:

Der Steuerberater erhält für die Anfertigung der Umsatzsteuerjahreserklärung einschließlich ergänzender Anträge und Meldungen 1/10 bis 8/10 einer vollen Gebühr nach Tabelle A (Anlage 1); Gegenstandswert sind 10 vom Hundert des Gesamtbetrags der Entgelte zuzüglich des Eigenverbrauchs, jedoch mindestens 12.000 Deutsche Mark.

Anmerkungsübersicht

1 Allgemeines

„Umsatzsteuervoranmeldung" und „Umsatzsteuerjahreserklärung" haben den Charakter von „Steueranmeldungen" (§ 150 Absatz 1 AO), d.h. abweichend von den meisten übrigen Steuererklärungen bedarf es hier der „Selbstberechnung" der Steuer durch den Steuerpflichtigen bzw. den von ihm beauftragten StB. Es ist somit ein zusätzlicher Arbeitsaufwand mit diesen Anmeldungen verbunden, der seine Berücksichtigung bei der Gebührenbemessung finden muß.
Die Gebührenberechnung ist für die „Umsatzsteuervoranmeldung" wie für die „Umsatzsteuerjahreserklärung" in gleicher Weise durchzuführen.
Bei „Buchführungsleistungen" gemäß § 33 Absätze 1, 3 und 4 sowie § 39 Absatz 2 Nummern 1, 2 und 3 ist die Gebühr für die Umsatzsteuervoranmeldung bereits mit der Gebühr für die Tätigkeiten nach den genannten Vorschriften abgegolten.
Zur Gebührenbemessung bei Organschaften siehe Klingmann (StB 1982 S. 283).
Durch die 3. VOÄ wurde in Nr. 8 der obere Gebührensatz von 6/10 auf 8/10 erhöht. Nach der Verordnungsbegründung werden hierdurch die erhöhten Anforderungen, die das Umsatzsteuer-Binnenmarktgesetz an den StB stellt, berücksichtigt. Auf die Einführung spezieller Gebührenvorschriften für Einzeltätigkeiten, die durch das Umsatzsteuer-Binnenmarktgesetz veranlaßt sind, wurde verzichtet.

2 Gegenstandswert

Entsprechend dem Bruttoprinzip bildet der „Gesamtbetrag der Entgelte zuzüglich des Eigenverbrauchs" zutreffend die Bemessungsgrundlage des Gegenstandswertes. Dieser Betrag ist identisch mit der Summe der **steuerbaren** Umsätze im Sinne von § 1 Absatz 1 Nummern 1 bis 3 UStG zuzüglich der Entgelte für den innergemeinschaftlichen Erwerb nach § 1 Absatz 1 Nummer 5 UStG. Nicht einzubeziehen sind somit „nicht steuerbare" Umsätze sowie Umsätze nach § 1 Absatz 1 Nummer 4 UStG (Einfuhrumsatzsteuer). A.A. Eggesiecker „STEUGO" Rdnr. 24.379. Ohne Belang für die Bemessungsgrundlage ist der „Gesamtumsatz" nach § 19 Absätze 4 und 5 UStG. In Ansatz gelangt der Umsatz des jeweiligen Erklärungszeitraumes, eine Umrechnung auf einen „Jahresgesamtumsatz", etwa nach § 19 Absatz 4 Satz 3 UStG, entfällt.

Für den Ansatz des Gegenstandswertes mit einem (festen) Satz von nur 10 v.H. der Bemessungsgrundlage gibt es jedoch keinen plausiblen Grund; es ist dies ein „willkürlicher" Wert, möglicherweise beeinflußt von dem Ausgangsregelsteuersatz zum 1. 1. 1968 gleicher Höhe. Der Berufsstand hat den jeweils zu Ende eines Anmeldungszeitraumes geltenden Regelsteuersatz, angewandt auf die Bemessungsgrundlage, als eine zutreffende Bestimmung des Gegenstandswertes angesehen; dieser Wert bildet die Grundlage der Tätigkeit des StB und bestimmt auch den Umfang seines Haftungsrisikos, und zwar unabhängig davon, daß Teile der Bemessungsgrundlage steuerfrei sind oder einem ermäßigten Steuersatz (z.B. § 12 Absatz 2 UStG) unterliegen. Der Verordnungsgeber ist bedauerlicherweise den Überlegungen des Berufsstandes nicht gefolgt. Bei jeder weiteren Anhebung des Regelsteuersatzes wird die Forderung des Berufsstandes, zu einer Änderung dieser Bestimmung zu gelangen, dringlicher.

Der „Gesamtbetrag der Entgelte" bestimmt sich entweder nach den „vereinbarten Entgelten" (§ 16 Absatz 1 Satz 1 UStG) oder, im Falle der Antragstellung nach § 20 UStG, nach den „vereinnahmten Entgelten".

Es kann keinem Zweifel unterliegen, daß sich der Gegenstandswert von 10 v.H. auf den Gesamtbetrag der Entgelte unter (vorheriger) Hinzurechnung des Eigenverbrauchs bezieht, und nicht etwa der Eigenverbrauch in voller Höhe dem Wert von 10 v.H. nur aus dem Gesamtbetrag der Entgelte hinzuzurechnen wäre.

3 Anwendung des Gebührenrahmens

Die Bestimmung des Rahmensatzes wird neben anderen Faktoren vor allem von der Sorgfalt der umsatzsteuerlichen Aufzeichnungen des Auftraggebers, dem zeitlichen Umfang der Vorsteuerverprobung, den Besonderheiten bei Leistungen für ausländische Auftraggeber, den Besonderheiten verschiedener Berufssparten (etwa der Reiseunternehmen), den vorzunehmenden Optionen und der Notwendigkeit der Vornahme von Berichtigungen des Vorsteuerabzugs (§ 15a UStG) abhängen. Bedeutsam sind auch Arbeiten nach Maßgabe von § 14 Absatz 3 UStG.

Einzeltätigkeiten, die durch das Umsatzsteuer-Binnenmarktgesetz veranlaßt sind, bilden zusammen mit den Tätigkeiten für die „Umsatzsteuerjahreserklärung" eine Angelegenheit und können nur im, durch die 3. VOÄ erhöhten Gebührenrahmen, Berücksichtigung finden. So sind nach der Verordnungsbegründung auch Tätigkeiten für Meldungen, die während des Kalenderjahres abzugeben sind (z.B. „Zusammenfassende Meldungen") mit der Gebühr nach § 24 Absatz 1 Nr. 8 abgegolten. Die Beziehung zur „Umsatzsteuervoranmeldung" bzw. zur Finanzbuchführung hätte hier näher gelegen. Dies schafft Probleme bei der Berechnung, wenn beispielsweise ein StB die „Zusammenfassenden Meldungen", ein anderer StB aber die „Umsatzsteuerjahreserklärung" anfertigt. Hier wird man in beiden Fällen nach § 24 Absatz 1 Nr. 8, allerdings bei entsprechend ermäßigtem Gebührenrahmen, abzurechnen haben.

4 Dauerfristverlängerung und Sondervorauszahlung

Das Verfahren der „Dauerfristverlängerung" nach den §§ 46 bis 48 UStDV bietet sich in gebührenrechtlicher Sicht wie folgt dar:
Der nach § 46 UStDV zu stellende Fristverlängerungsantrag ist keine Umsatzsteuervoranmeldung, sondern ein „Antrag auf Dauerfristverlängerung für Umsatzsteuervoranmeldungen", der im Regelfall nur bei der erstmaligen Beantragung der Fristverlängerung zu stellen ist. Auf den ersten Blick wäre die Anwendung von § 23 Nummer 10 geboten. Da diese Vorschrift aber nur Gültigkeit hat, soweit Anträge **nicht** in Steuererklärungen gestellt werden, ergibt sich die Frage nach dem Charakter des „Antrags mit Anmeldung" nach den genannten Vorschriften. Von der rechtlichen Betrachtung wie auch von der Ausgestaltung her wird man das Vorliegen einer „Steuererklärung" zu bejahen haben, so daß § 23 Nummer 10 ausscheidet.
Voraussetzung für die Genehmigung der Fristverlängerung ist die „Selbstberechnung" und „Anmeldung" einer „Sondervorauszahlung" für jedes Jahr. Man wird daher bei der Gesamtwürdigung dieser Überlegungen zu der Feststellung kommen können, daß dem „Antrag mit Anmeldung" nach den §§ 46 und 47 UStDV der Charakter und die Vergütungsfähigkeit einer (dreizehnten) Umsatzsteuervoranmeldung zukommt.

5 Sinngemäße Anwendung

Zu den Erklärungen, für die über § 2 sinngemäß § 24 Absatz 1 Nummer 7 Anwendung findet, wird auf den Eingangsteil zu § 24 Anmerkungen 3.3, 3.4, 3.5 und 3.6 verwiesen.

6 Pauschalierung

Die Gebühr ist pauschalierungsfähig.

§ 24 Abs. 1 Nr. 9:

Der Steuerberater erhält für die Anfertigung der Vermögensaufstellung zur Ermittlung des Einheitswertes des Betriebsvermögens 1/20 bis 14/20 einer vollen Gebühr nach Tabelle A (Anlage 1); Gegenstandswert ist das Rohbetriebsvermögen, jedoch mindestens 25.000 Deutsche Mark.

Anmerkungsübersicht

1 Allgemeines

Die Vorschrift bezieht sich auf die „Vermögensaufstellung zur Ermittlung des Einheitswertes des gewerblichen Betriebs“ für Einzelunternehmen und Personengesellschaften sowie des einem freien Beruf dienenden Vermögens. Sie gilt darüberhinaus auch zur Ermittlung des Einheitswertes des Betriebsvermögens von Kapitalgesellschaften. Keine Gültigkeit hat die Vorschrift für Erklärungen zur Ermittlung des Einheitswertes von Grundbesitz oder Mineralgewinnungsrechten (§ 24 Absatz 4 Nummer 1).

Die Gebühr entsteht bei Erklärungen auf Zwischenstichtage, unabhängig davon, ob die gefertigte Vermögensaufstellung tatsächlich zu einer Fortschreibung des Einheitswertes des Betriebsvermögens nach § 22 BewG führt oder nur der Prüfung des Erfordernisses einer Fortschreibung dient, wenn die „Vermögensaufstellung“ auf Anforderung des Finanzamtes oder im Einverständnis mit dem Auftraggeber gefertigt wird.

Prüft der StB dagegen nur „überschlägig“, ob die Fortschreibungsgrenze erreicht wird, ohne förmlich eine „Vermögensaufstellung“ anzufertigen, wird man nach Maßgabe von § 2 sowohl § 21 Absatz 1 (Rat und Auskunft; 1/10 bis 10/10 nach Tabelle A) als auch Nummer 9 von § 24 Absatz 1 (1/20 bis 14/20 nach Tabelle A) anwenden können. Die Rechtsprechung hat sich zu dieser Frage noch nicht geäußert. Im Falle der Anwendung von § 24 Absatz 1 Nummer 9, der wir wegen der einer Vermögensaufstellung ähnlichen Tätigkeit den Vorzug geben würden, bedarf es allerdings der Berücksichtigung der nur „groben Wertermittlung“ und der nicht auszufertigenden Erklärung bei der Wahl des Rahmensatzes. Nach beiden Maßstäben gelangt man im übrigen zu einem etwa gleichen Ergebnis. Mittelsteiner/Scholz Anmerkung 35 zu § 24 Absatz 1 Nummer 9 aber auch Eggesiecker „STEUGO“ Rdnr. 24.459 halten nur eine Gebühr nach § 21 Absatz 1 für zulässig.

§ 24 Absatz 1 Nummer 9 hat aber durch den Wegfall der Vermögensteuer ab 1. 1. 1997 und der Gewerbekapitalsteuer ab 1. 1. 1998 erheblich an Bedeutung verloren. Zukünftig dürften Einheitsbewertungen für das Betriebsvermögen nur noch für die Bedarfsbewertung des Erbschaftsteuergesetzes erforderlich sein.

2 Gegenstandswert

Nach Maßgabe des Bruttoprinzips bildet das „Rohbetriebsvermögen“, also die Summe der „Besitzposten und der Hinzurechnungen“, den Gegenstandswert bei einem Mindestgegenstandswert von DM 25.000,–. Nicht zu kürzen sind damit sämtliche „Schuldposten“ wie auch die „Abrechnungen“, also die „begünstigten Schachtelbeteiligungen“ nach § 102 BewG und die Abrechnun-

gen zum Ausgleich von Vermögensänderungen zwischen dem Abschlußzeitpunkt und dem Feststellungszeitpunkt nach § 107 BewG.
Lehwald (StB 1984 S. 97) sieht die „Schachtelbeteiligungen" als „überhaupt nicht zum Gewerbebetrieb gehörig" an und möchte daher den Gegenstandswert insoweit mindern. Die Feststellung des § 102 Absatz 1 BewG ist der „besonderen bewertungsrechtlichen Sprache des Gesetzgebers" entlehnt, der z.B. im Vermögensteuergesetz wohl von einem „Freibetrag für begünstigte Schachtelbeteiligungen" gesprochen hätte. Wir sind bei der Kommentierung der GebV sehr zurückhaltend, was die Bezugnahme auf steuerliche Vordrucke anbelangt, weil im Grunde nicht diese, sondern die gesetzlichen Vorschriften maßgebend für die gebührenrechtlichen Regelungen sind. Im vorliegenden Falle kann man aber wohl nicht darüber hinwegsehen, daß in dem Vordruck zur Vermögensaufstellung ausdrücklich bei der Zusammenstellung der „Besitzposten" die „Schachtelbeteiligungen" (in ihrer gesamten Höhe) einzubeziehen sind. Die „begünstigten Schachtelbeteiligungen" (Lehwald unterscheidet, ergänzend vermerkt, die beiden Arten der Schachtelbeteiligungen nicht) werden dann den „Schuldposten" als „Abrechnungen" zugeordnet, und **erst dann** erfolgt die Gegenüberstellung der „Besitzposten und Hinzurechnungen" einerseits und der „Schuldposten und Abrechnungen" andererseits. Wertet man dann noch, daß „beide Arten der Schachtelbeteiligungen" strukturell zum Betriebsvermögen zählen, und daß schließlich die GebV eindeutig dem „Bruttoprinzip" bei der Definition der Gegenstandswerte folgt, dann vermag man die Auffassung von Lehwald nicht zu teilen.

3 Anwendung des Gebührenrahmens

Zur individuelleren Bemessung der Gebühr, insbesondere auch bei hohen Gegenstandswerten, ist der Rahmen nach Zwanzigstel unterteilt und im Rahmen der 3. VOÄ auf höchstens 14/20 vermindert worden. Nach der Verordnungsbegründung wird durch die Verminderung der Höchstgebühr der Erleichterung durch Übernahme der Steuerbilanzwerte Rechnung getragen.
Bei der Wahl des Rahmensatzes kommt es neben den generellen Kriterien des § 11 insbesondere auf den jeweiligen Arbeitsumfang und den Schwierigkeitsgrad der Bewertung der Besitzposten und Schuldposten an. Bedeutsam sind aber auch etwa die Anzahl der Gesellschafter, der Umfang der aufzuteilenden Sondervermögensteile und die Aufteilung des Einheitswertes bei negativen Kapitalkonten.

4 Pauschalierung

Da die Einheitsbewertung für das Betriebsvermögen zukünftig nur noch für die Bedarfsbewertung des Erbschaftssteuergesetzes erforderlich sein dürfte, handelt es sich nicht um eine mindestens jährlich wiederkehrende Steuererklärung, so daß die Gebühr entgegen der Festestellung in der Verordnungsbegründung zu § 14 nicht pauschalierungsfähig ist. Die vorstehend wiedergegebene Auffassung wird geteilt von Eggesiecker „STEUGO" Rdnr. 24.496.

§ 24 Abs. 1 Nr. 10:

Der Steuerberater erhält für die Anfertigung der Vermögensteuererklärung oder der Erklärung zur gesonderten Feststellung des Vermögens von Gemeinschaften 1/20 bis 18/20 einer vollen Gebühr nach Tabelle A (Anlage 1); Gegenstandswert ist das Rohvermögen, jedoch bei natürlichen Personen mindestens 25.000 Deutsche Mark und bei Körperschaften, Personenvereinigungen und Vermögensmassen mindestens 50.000 Deutsche Mark.

Anmerkungsübersicht

1 Allgemeines

Die Vorschrift hat nur noch Bedeutung für eine Übergangszeit, da die Vermögensteuer wegen Verfassungswidrigkeit ab dem 1. 1. 1997 nicht mehr erhoben wird und entsprechende Erklärungen für zukünftige Zeitpunkte nicht mehr anzufertigen sind. Nachstehende Ausführungen sind nur noch für „Altfälle" von Bedeutung.

Der Verordnungsgeber hat dieser Bestimmung zugeordnet:

a) Vermögensteuererklärungen für natürliche Personen, Vereine und Stiftungen;
b) Vermögensteuererklärungen für nicht natürliche Personen und Gewerbebetriebe von juristischen Personen des öffentlichen Rechts;
c) Erklärungen zur gesonderten Feststellung des Vermögens von Gemeinschaften, die nicht als Personengesellschaften im Sinne des § 97 Absatz 1 Nummer 5 BewG anzusehen sind.

Für Vermögensaufstellungen von Einzelunternehmen, Personengesellschaften und Angehörigen freier Berufe sowie für Vermögensaufstellungen von Kapitalgesellschaften gilt § 24 Absatz 1 Nummer 9, für die Erklärungen zur Ermittlung des Einheitswertes von Grundbesitz oder Mineralgewinnungsrechten § 24 Absatz 4 Nummer 1.

Die gesonderte Vermögensfeststellung gemäß Buchstabe c bestimmt sich nach Abschnitt 1 VStR.

Die Ausführungen in den Absätzen 2 (Entstehen der Gebühr unabhängig von der Durchführung einer Fortschreibung seitens der Finanzverwaltung) und 3 (Überschlägige Prüfung der Fortschreibungsgrenzen) der Anmerkung 1 zu § 24 Absatz 1 Nummer 9 gelten sinngemäß für die Erklärungen gemäß Buchstaben a und b.

Gebührenrechtliche Besonderheiten für „beschränkt Steuerpflichtige" ergeben sich nicht.

2 **Gegenstandswert**

Unter „Rohvermögen" ist zu verstehen
bei Erklärungen gemäß Anmerkung 1 Buchstabe a
das „Land- und forstwirtschaftliche Vermögen" (§§ 31, 33 bis 67 BewG) und das „Betriebsvermögen" (§§ 31, 95 bis 109a BewG) unter Ansatz ihrer jeweiligen Einheitswerte, das Grundvermögen (§§ 31, 68 bis 94 BewG) mit seinen Einheitswerten, erhöht um 40 v.H. nach § 121a BewG, sowie das „Sonstige Vermögen" (§§ 110 bis 113 BewG).
bei Erklärungen gemäß Anmerkung 1 Buchstabe b
das „Betriebsvermögen" (das mit dem Einheitswert des Betriebsvermögens der nach § 24 Absatz 1 Nummer 9 zu berechnenden Vermögensaufstellung übereinstimmt) vor Kürzung des steuerfreien Betriebsvermögens (etwa Betriebsvermögen, das einem Krankenhaus des Eigentümers dient, Betriebsvermögen, das unmittelbar der Gewinnung, Lieferung und Verteilung von Wasser zur öffentlichen Versorgung dient, und Betriebsvermögen, das dem öffentlichen Verkehr dient) wie auch vor Kürzung sonstiger Abzüge (wie z.B. des besonderen Abzuges für Betriebe der Land- und Forstwirtschaft),
bei Erklärungen gemäß Anmerkung 1 Buchstabe c
die Vermögenswerte nach Maßgabe von Buchstabe a, allerdings das Grundvermögen ohne die Erhöhung nach § 121a BewG.
Über die Anwendung von Freibeträgen und Freigrenzen wird nicht bei der gesonderten Vermögensfeststellung der Gemeinschaft, sondern erst bei der Veranlagung des Beteiligten entschieden (Abschnitt 1 Absatz 5 VStR). Auch „Sondervermögen" und „Sonderverbindlichkeiten" der Beteiligten gelangen erst bei deren Vermögensteuerveranlagung in Ansatz.
Die „Mindestgegenstandswerte" betragen
bei Erklärungen gemäß Anmerkung 1 Buchstabe a
Natürliche Personen DM 25.000,–
Vereine und Stiftungen DM 50.000,–,
bei Erklärungen gemäß Anmerkung 1 Buchstabe b
DM 50.000,–,
bei Erklärungen gemäß Anmerkung 1 Buchstabe c
DM 50.000,–.

3 **Anwendung des Gebührenrahmens**

Die Unterteilung des Rahmens nach Zwanzigstel, gleich § 24 Absatz 1 Nummer 9, dient der individuellen Berücksichtigung der Verhältnisse des Einzelfalles, insbesondere auch in der Sicht sehr hoher Gegenstandswerte.
Für die Erklärungen gemäß Anmerkung 1 Buchstabe b wird man sich aufgrund des in der Mehrzahl aller Fälle sehr geringen Leistungsumfangs des StB für die Vermögensteuererklärung an einem Gebührenansatz im unteren Bereich des Rahmens zu orientieren haben. Bei der Wahl des Gebührenansatzes für Erklärungen gemäß Anmerkung 1 Buchstaben a und c wird bedeutsam sein, ob sich das Vermögen weitgehend aus „bereits festgestellten Einheitswerten" zusammensetzt, wie zahlreich die Geldguthaben, Forderungen,

Verbindlichkeiten und „anderen Vermögenswerte" sind und welcher Zeitaufwand für ihre Ermittlung entsteht; schließlich ob Sonderberechnungen für bestimmte Kapitalforderungen und Kapitalschulden oder für Ansprüche und Lasten im Zusammenhang mit wiederkehrenden Nutzungen und Leistungen erforderlich werden.
Bei Erklärungen gemäß Anmerkung 1 Buchstabe c ist zusätzlich die Zahl der Beteiligten, auf welche die festzustellenden Werte aufzuteilen sind, von wesentlicher Bedeutung.

4 **Pauschalierung**

Die Gebühr ist nicht pauschlierungsfähig, da es sich nicht mehr um eine mindestens jährlich wiederkehrende Steuererklärung handelt.

§ 24 Abs. 1 Nr. 11:

Der Steuerberater erhält für die Anfertigung der Erklärung zur gesonderten Feststellung des gemeinen Wertes nicht notierter Anteile an Kapitalgesellschaften 1/20 bis 18/20 einer vollen Gebühr nach Tabelle A (Anlage 1); Gegenstandswert ist die Summe der Anteilswerte, jedoch mindestens 50.000 Deutsche Mark.

Anmerkungsübersicht

1 **Allgemeines**

Nach § 11 Absatz 2 BewG sind Anteile an Kapitalgesellschaften mit dem gemeinen Wert anzusetzen. Läßt sich der gemeine Wert nicht aus Verkäufen ableiten, die weniger als ein Jahr zurückliegen, so ist er unter Berücksichtigung des Vermögens und der Ertragsaussichten der Kapitalgesellschaft zu schätzen. Dieser Wert ist im Rahmen einer Selbstberechnung, dem sogenannten Stuttgarter Verfahren, zu ermitteln. Er ist sowohl für die Bedarfsbewertung bei der Erbschaft- und Schenkungsteuer als auch noch für die ab 1. 1. 1997 weggefallene Vermögensteuer von Bedeutung. Dieser vermehrte, und in der Regel nicht geringe, Arbeitsaufwand bedarf der Berücksichtigung bei der Gebührenbemessung.

2 **Gegenstandswert**

Der Gegenstandswert wird mit der „Summe der Anteilswerte" bezeichnet. Dieser Wert ergibt sich aus der Anwendung des in Selbstberechnung ermittelten gemeinen Wertes in v. H. auf das Nennkapital. Bei in Verfolg der Beteiligungshöhe unterschiedlichen gemeinen Werten ist die Summe der dann

getrennt vorzunehmenden Berechnungen maßgebend. Der Mindestgegenstandswert beziffert sich auf DM 50.000,–.
Ändert das Finanzamt im Rahmen des Feststellungsverfahrens die Berechnung des StB, so bleibt dies ohne Auswirkung auf die Gebührenbemessung.

3 **Anwendung des Gebührenrahmens**

Der gleich den Erklärungen zu § 24 Absatz 1 Nummern 9 und 10 breit ausgelegte Rahmen unterstreicht den möglichen Arbeitsumfang und Schwierigkeitsgrad dieser Erklärung; die Verwendung von „Zwanzigstel-Werten" zeigt die „Verwandtschaft" zu den vorgenannten Erklärungen.
Die Werte im unteren Bereich werden nur in Betracht kommen, wenn die Wertermittlung aus Verkäufen abgeleitet wird oder die „Neugründungsbewertung" mit dem Nennwert Platz greift. Bei umfangreichen Zu- und Abrechnungen beim Vermögenswert, insbesondere bei einer Verkehrswertermittlung der Betriebsgrundstücke, bei gleichermaßen umfangreichen Zu- und Abrechnungen beim Ertragswert, bei komplizierten Sonderberechnungen, etwa im Zusammenhang mit eigenen Anteilen oder bei Anteilen mit ungleichen Rechten, sowie bei der Geltendmachung nachhaltig erwarteter unverhältnismäßig geringer Erträge, wird man sich im oberen Rahmenbereich zu orientieren haben.

4 **Pauschalierung**

Die Gebühr ist nicht pauschalierungsfähig.

§ 24 Abs. 1 Nr. 12:

Der Steuerberater erhält für die Anfertigung der Erbschaftsteuererklärung ohne Ermittlung der Zugewinnausgleichsforderung nach § 5 des Erbschaftsteuergesetzes 2/10 bis 10/10 einer vollen Gebühr nach Tabelle A (Anlage 1); Gegenstandswert ist der Wert des Erwerbs von Todes wegen vor Abzug der Schulden und Lasten, jedoch mindestens 25.000 Deutsche Mark;

§ 24 Abs. 1 Nr. 13:

Der Steuerberater erhält für die Anfertigung der Schenkungsteuererklärung 2/10 bis 10/10 einer vollen Gebühr nach Tabelle A (Anlage 1); Gegenstandswert ist der Rohwert der Schenkung, jedoch mindestens 25.000 Deutsche Mark.

Anmerkungsübersicht

1 Allgemeines

Bei der „Erbschaftsteuererklärung" ist zutreffend die Ermittlung des Zugewinnausgleichs nach § 5 ErbStG aus der Erklärungsgebühr herausgenommen und in § 24 Absatz 2 einer gesonderten Gebührenrechnung zugänglich gemacht worden.
Die Besonderheit der Erbschaftsteuer- wie der Schenkungsteuererklärungen liegt darin, daß nach § 31 Absatz 7 ErbStG eine „Selbstberechnung der Steuer" vorzunehmen ist; der Gebührenrahmen mit dem, abgesehen von der Ermittlung der Zugewinnausgleichsforderung, höchsten oberen Rahmensatz des § 24 trägt dieser Besonderheit und damit der Eigenart und dem möglichen Schwierigkeitsgrad der Erklärungen Rechnung.

2 Gegenstandswert

Für die „Erbschaftsteuererklärung" nennt die GebV als Gegenstandswert den „Wert des Erwerbs von Todes wegen vor Abzug der Schulden und Lasten". In der Sprache von § 10 ErbStG ausgedrückt, ist dies der gesamte Vermögensanfall, soweit er der Besteuerung nach dem Gesetz (grundsätzlich) unterliegt, vor Kürzung der Nachlaßverbindlichkeiten und vor Kürzung der steuerfreien Erwerbe (insbesondere Zugewinnausgleichsforderungen gemäß § 5, steuerfreie Erwerbe gemäß § 13, Freibeträge gemäß § 16, besondere Versorgungsfreibeträge nach § 17 und Mitgliederbeiträge nach § 18 ErbStG).
Unter dem Gegenstandswert „Rohvermögen" bei der „Schenkungsteuererklärung" ist der sinngemäß gleiche Wert der „Bruttobereicherung des Erwerbers" zu verstehen.
Für beide Erklärungen beträgt der Mindestgegenstandswert DM 25.000,–.
Nur im Hinblick auf häufig gestellte Fragen von Berufsangehörigen soll noch einmal unterstrichen werden, daß für die Bemessung des Gegenstandswertes ausschließlich die erbschaftsteuerlichen Wertansätze in Betracht kommen, und nicht etwa die bei der zivilrechtlichen Erbauseinandersetzung maßgebenden Verkehrs(zeit)werte, dies vor allem dargetan in der Sicht des Grundvermögens. Der Grundbesitz (§ 19 BewG) ist daher mit dem Grundbesitzwert anzusetzen, der nach dem Vierten Abschnitt des Zweiten Teils des Bewertungsgesetzes (Vorschriften für die Bewertung von Grundbesitz für die Erbschaftsteuer ab 1. Januar 1996 und für die Grunderwerbsteuer ab 1. 1. 1997) auf den Zeitpunkt der Entstehung der Steuer festgelegt wird. Bei Anwendung alten Rechts sind hier 140% des Einheitswerts anzusetzen.
Fallen im Rahmen einer Erbschaft- oder Schenkungsteuererklärung umfangreiche und zeitraubende Arbeiten zur Bedarfsbewertung von Grundstücken an, so stellt sich die Frage, ob dieser Aufwand gesondert zu vergüten ist. Feiter (Anmerkung 7.2.5) empfiehlt eine Gebührenvereinbarung nach § 4. Im Kommentar von Meyer findet sich der Hinweis, daß die Bedarfsbewertung für Grundstücke ab dem 1. 1. 1996 zur Feststellung der Erbschaft-/Schenkungsteuer nach § 24 Absatz 4 in Verbindung mit § 13 mit der Zeitgebühr zu berechnen ist. Auch wir sind dieser Ansicht. Würde der StB im Rahmen der Erbschaft- oder Schenkungsteuererklärung keine oder nur un-

vollständige Angaben zur Ermittlung der Grundstückswerte machen, wäre das Finanzamt gezwungen, nach § 138 Absatz 6 BewG zur Abgabe einer Feststellungserklärung aufzufordern. Für die Anfertigung dieser Erklärung dürfte dann unzweifelhaft über § 2 die Zeitgebühr nach § 13 in Verbindung mit § 24 Absatz 4 Anwendung finden. Es ist daher nur sachgerecht, dem StB, der diese Angaben bereits zur Erbschaft- oder Schenkungsteuererklärung macht, diesen Gebührenanspruch ebenfalls zuzubilligen.
Der Verordnungsgeber hat bei dem Ansatz der Gegenstandswerte das „Bruttoprinzip", das der gesamten GebV innewohnt, in besonders typischer Weise verdeutlicht und damit auch die von uns vertretene Auffassung, daß Freibeträge jeder Art grundsätzlich den Gegenstandswert nicht mindern dürfen (und sollen), bestätigt.

3 **Anwendung des Gebührenrahmens**

Die oft sehr zeitraubenden Ermittlungen aller in Betracht kommenden Vermögenswerte und Nachlaßverbindlichkeiten, die Zusammensetzung des Nachlasses oder der Schenkung, die vom letzten Einheitswert abgeleitete Stichtagsermittlung des Betriebsvermögens, erbrechtliche Besonderheiten mit steuerrechtlicher Auswirkung, vorzunehmende Bewertungen sowie die Feststellung anrechnungspflichtiger früherer Erwerbe sind vor allem Kriterien für die Wahl des Rahmensatzes.

4 **Pauschalierung**

Die Gebühr ist nicht pauschalierungsfähig.

§ 24 Abs. 1 Nr. 14:

Der Steuerberater erhält für die Anfertigung der Kapitalertragsteuererklärung 1/20 bis 6/20 einer vollen Gebühr nach Tabelle A (Anlage 1); Gegenstandswert ist die Summe der kapitalertragsteuerpflichtigen Kapitalerträge, jedoch mindestens 6.000 Deutsche Mark;

§ 24 Abs. 1 Nr. 15:

Der Steuerberater erhält für die Anfertigung der Lohnsteueranmeldung 1/20 bis 6/20 einer vollen Gebühr nach Tabelle A (Anlage 1); Gegenstandswert sind 20 vom Hundert der Arbeitslöhne einschließlich sonstiger Bezüge, jedoch mindestens 2.000 Deutsche Mark.

Anmerkungsübersicht

1 Allgemeines

Bei der **„Kapitalertragsteuererklärung“** handelt es sich um eine „Steueranmeldung“ (§ 150 Absatz 1 AO), die auch in § 45a EStG als solche bezeichnet wird. Sie beinhaltet die Berechnung der Steuer als zusätzliche Leistung zur eigentlichen Erklärungsfertigung.
Die **„Lohnsteueranmeldung“** (§ 41a EStG), gleichfalls als „Steueranmeldung“ unter § 150 Absatz 1 AO zu subsumieren, weist lediglich die Summe der im Rahmen der Lohnbuchführung ermittelten Steuerabzugsbeträge zusammengefaßt für die Arbeitnehmer eines Steuerpflichtigen und für einen Zeitraum aus, beinhaltet somit keine „Berechnung der Steuer“. Für die „Berechnung der Steuer“ gilt gebührenrechtlich § 34. Werden Leistungen gemäß § 34 Absätze 2 bis 4 erbracht, so ist die Gebühr für die Lohnsteueranmeldung mit der Gebühr nach den genannten Vorschriften abgegolten, gelangt also nicht gesondert in Ansatz.

2 Gegenstandswert

Die „Summe der kapitalertragsteuerpflichtigen Kapitalerträge“ ergibt sich aus § 43 Absatz 1 EStG. Sie dient als Gegenstandswert **brutto**orientiert direkt der Fertigung der „Kapitalertragsteuererklärung“. Der Mindestgegenstandswert beträgt DM 6.000,–.
Bei der „Lohnsteueranmeldung“ wurde, ähnlich der Handhabung bei der Umsatzsteuervoranmeldung, ein Pauschalsatz, hier von „20 v.H. der Arbeitslöhne einschließlich sonstiger Bezüge“, als Gegenstandswert gewählt, eine Regelung, die nicht auf die frühere Gebührenpraxis des Berufsstandes zurückgeht, nachdem die AllGO hierfür die Zeitgebühr vorsah. Die Bemessungsgrundlage „Arbeitslöhne“ macht es erforderlich, allein der Gebührenberechnung wegen, in vielen Fällen eine besondere Wertermittlung, zurückgehend auf die Lohnbuchführung, durchzuführen. In Anbetracht der Praktikabilität der GebV hätte sich die Zugrundelegung der in der Anmeldung ausgewiesenen Steuerabzugsbeträge als zweckmäßigere Lösung angeboten, wenn man schon nicht, was bei dieser Art von Anmeldung durchaus zweckdienlich gewesen wäre, auf die Zeitgebühr abstellen wollte. Maßgebend ist jeweils die Summe der Bruttobezüge des Anmeldungszeitraumes (Monat, Kalendervierteljahr oder Jahr). Der Mindestgegenstandswert beträgt DM 2.000,–.

3 Anwendung des Gebührenrahmens

Während sich die Ausschöpfung des Rahmens bei der „Kapitalertragsteuererklärung“ im wesentlichen danach richten wird, inwieweit die zum Teil sehr differenzierten Bestimmungen der §§ 43ff. EStG Anwendung finden, dürfte sich in der Praxis der Rahmensatz für die „Lohnsteueranmeldung“ im wesentlichen nach dem „Mittelwert“ orientieren, wenn nicht die Erklärung etwa nur die Abzugsbeträge sehr weniger Arbeitnehmer umfaßt oder gar eine „Nullanmeldung“ in Betracht kommt, mit der Folge, daß dann die unteren Rahmensätze angemessen wären.

4 **Sinngemäße Anwendung**

Zu den Erklärungen, für die über § 2 sinngemäß § 24 Absatz 1 Nummer 14 Anwendung findet, wird auf den Eingangsteil zu § 24 Anmerkungen 3.1 verwiesen.

5 **Pauschalierung**

Die „Kapitalertragsteuererklärung" ist unter der Voraussetzung pauschalierungsfähig, daß sie jährlich mindestens einmal gefertigt wird (z. B. bei regelmäßigen Ausschüttungen einer GmbH oder regelmäßigen Gewinnvergütungen an einen stillen Gesellschafter).
Die Gebühr für die „Lohnsteueranmeldung" ist generell pauschalierungsfähig.

§ 24 Abs. 1 Nr. 16:

Der Steuerberater erhält für die Anfertigung von Steuererklärungen auf dem Gebiet der Zölle und der Verbrauchsteuern, die als Einfuhrabgaben erhoben werden, 1/10 bis 3/10 einer vollen Gebühr nach Tabelle A (Anlage 1); Gegenstandswert ist der Betrag, der sich bei Anwendung der höchsten in Betracht kommenden Abgabensätze auf die den Gegenstand der Erklärung bildenden Waren ergibt, jedoch mindestens 2.000 Deutsche Mark;

§ 24 Abs. 1 Nr. 17:

Der Steuerberater erhält für die Anfertigung von Anmeldungen oder Erklärungen auf dem Gebiete der Verbrauchsteuern, die nicht als Einfuhrabgaben erhoben werden, 1/10 bis 3/10 einer vollen Gebühr nach Tabelle A (Anlage 1); Gegenstandswert ist für eine Steueranmeldung der angemeldete Betrag und für eine Steuererklärung der festgesetzte Betrag, jedoch mindestens 2.000 Deutsche Mark;

§ 24 Abs. 1 Nr. 18:

Der Steuerberater erhält für die Anfertigung von Anträgen auf Gewährung einer Verbrauchsteuervergütung oder einer einzelgesetzlich geregelten Verbrauchsteuererstattung, sofern letztere nicht in der monatlichen Steuererklärung oder Steueranmeldung geltend zu machen ist, 1/10 bis 3/10 einer vollen Gebühr nach Tabelle A (Anlage 1); Gegenstandswert ist die beantragte Vergütung oder Erstattung, jedoch mindestens 2.000 Deutsche Mark;

§ 24 Abs. 1 Nr. 19:

Der Steuerberater erhält für die Anfertigung von Anträgen auf Gewährung einer Investitionszulage 1/10 bis 6/10 einer vollen Gebühr nach Tabelle A (Anlage 1); Gegenstandswert ist die Bemessungsgrundlage;

§ 24 Abs. 1 Nr. 20:

(aufgehoben)

§ 24 Abs. 1 Nr. 21:

Der Steuerberater erhält für die Anfertigung von Anträgen auf Vergütung der abziehbaren Vorsteuerbeträge an im Ausland ansässige Unternehmer 1/10 bis 6/10 einer vollen Gebühr nach Tabelle A (Anlage 1); Gegenstandswert ist die beantragte Vergütung, jedoch mindestens 2.000 Deutsche Mark;

§ 24 Abs. 1 Nr. 22:

Der Steuerberater erhält für die Anfertigung von Anträgen auf Erstattung von Kapitalertragsteuer und Vergütung der anrechenbaren Körperschaftsteuer 1/10 bis 6/10 einer vollen Gebühr nach Tabelle A (Anlage 1); Gegenstandswert ist die beantragte Erstattung, jedoch mindestens 2.000 Deutsche Mark.

Anmerkungsübersicht

1 Allgemeines und Gegenstandswert

§ 24 Absatz 1 Nummern 16 bis 18
Erklärungen, Anmeldungen und Anträge auf dem Gebiet der Zölle und der Verbrauchsteuern

a) **Nummer 16** umfaßt die Erklärungen für nachstehende Steuern und Abgaben:

aa) **Zölle**

Zölle sind Abgaben, die nach Maßgabe des Zolltarifs beim Verbringen von Waren über die Grenze des Zollgebiets der EU erhoben werden. Sie stehen mit Ausnahme nationaler Verwaltungsanteile der EU zu. Bezugsrahmen ist dabei nicht das deutsche Steuergebiet, sondern das vom Staatsgebiet der Mitgliedstaaten der EU abweichende kleinere Zollgebiet. Es ist definiert in Art. 3 des Zollkodex (ZK). Zölle sind kraft gesetzlicher Definition Steuern i. S. der AO (§ 3 Absatz 1 AO). Da das EU-Recht jedoch seit 1994 im Zollkodex der Europäischen Gemeinschaften nebst Durchführungsverordnung, ZolltarifVO, Präferenzabkommen und ZollbefreiungsVO praktisch vollständig harmonisiert ist, kommt der AO nur noch lückenfüllende Bedeutung zu. Das BMF hat eine Liste der Vorschriften der AO zusammengestellt, die vom ZK oder der ZK-DVO überlagert werden.

Die Entstehung der Einfuhrzollschuld knüpft an am wirtschaftlichen Eingang der Waren in den Wirtschaftskreislauf. Das kann zum einen mittels ordnungsgemäßer Überführung der Waren in den zoll- und steuerrechtlich freien Verkehr erfolgen (Art. 201 Absatz 1 Buchst. a) ZK) oder mittels ordnungsgemäßer Überführung der Waren in die vorübergehende Verwendung (Art. 201 Absatz 1 Buchst. b) ZK) zum anderen aber auch durch pflichtwidriges Verhalten. Beispielhaft seien genannt: Einfuhrschmuggel (Art. 202 ZK), Entziehen der Waren aus der zollamtlichen Überwachung (Art. 203 ZK), Verschwinden von Waren in Freihäfen (Art. 205 ZK). Ausfuhrzollschulden kennt das EU-Recht ebenfalls. Es sind jedoch nur vereinzelt Ausfuhrzollsätze vorgesehen, so daß diese Thematik keiner weiteren Vertiefung bedarf.
Vielfach haben Zollverfahren wie Zollager-, Umwandlungsverfahren oder aktive Veredelung zum Ziel, die Einfuhrabgabenentstehung zu verhindern, zu verzögern oder die Bemessungsgrundlagen zu beeinflussen. In diesen Fällen gehen die Waren nicht, später oder verändert in den Wirtschaftskreislauf ein. Derartige Zollverfahren bedürfen der vorherigen Bewilligung und werden zollamtlich überwacht.
Der Zollkodex regelt auch die Erhebung der Abgaben einschließlich Fälligkeit, Zahlungsaufschub, Sicherheitsleistung und Verjährung. Bei Steuerstraftaten kann es jedoch zu einem Rückgriff auf die 10-Jahresfrist des § 169 AO kommen. Nacherhebung sowie Erlaß/Erstattung von Abgaben sind ebenfalls im Zollkodex geregelt. Die FristenVO regelt Fristen, Daten und Termine.
Das EU-Recht wird ergänzt durch das ZollVG und die ZollV. Auch insoweit wird die AO verdrängt.
Aus der AO verbleiben damit u. a. Restbereiche aus der Sachhaftung (§ 76), Teile des Steuergeheimnisses (§ 30 AO, Art. 15 ZK), das Rechtsbehelfsverfahren, das im ZK nur rudimentär angesprochen ist, Steuerstraf- und Bußgeldrecht. Die Vollstreckungsregelungen sind ebenfalls national geregelt. Gleiches gilt für die Außen- und Betriebsprüfung sowie Zollfahndung.

bb) **Verbrauchsteuern, die als Einfuhrabgaben erhoben werden**

Maßgeblich für die Verbrauchsteuern ist, daß der Verbrauch der in den einzelnen Gesetzen definierten Waren besteuert wird. Wann jedoch ein Verbrauch vorliegt, wird weder in den Verbrauchsteuergesetzen noch in den Durchführungsverordnungen bestimmt. Nach den klassischen Entstehungstatbeständen entsteht die Steuer für verbrauchsteuerpflichtige Waren dadurch, daß sie im Steuerlager zum Verbrauch entnommen werden.
In gleicher Weise muß für derartige Waren eine Steuer entstehen, wenn sie aus Drittländern in das Steuergebiet verbracht werden. Dann können Verbrauchsteuern als Einfuhrabgaben entstehen. Zu den national geregelten Verbrauchsteuern gehören die

- ▷ Einfuhrumsatzsteuer, als Sonderfall der inländischen Umsatzsteuer
- ▷ Mineralölsteuer

▷ Tabaksteuer
▷ Steuern auf Alkohol und alkoholische Getränke
Branntweinsteuer
Schaumwein- und Zwischenerzeugnissteuer
Weinsteuer, die in Deutschland nicht erhoben wird,
Biersteuer
▷ Kaffeesteuer
▷ Erdgassteuer
▷ Stromsteuer

Die letzten drei Steuern sind nicht harmonisiert.

Die Waren werden bei Einfuhr als verbrauchsteuerpflichtige Drittlandswaren und zollrechtliche Nichtgemeinschaftswaren den Regelungen über das Zollrecht unterworfen. Die Verweisungsnormen sind im wesentlichen: § 21 UStG, § 13 BierStG, § 147 BranntwMonG, § 13 KaffeeStG, § 23 MinöStG, § 17 SchaumZwStG und § 21 TabStG. Solange die Waren zollamtlicher Überwachung unterliegen, sind die zollrechtlichen Kontrollmechanismen entscheidend und ausreichend. Werden die Waren in zollrechtliche Nichterhebungsverfahren übergeführt, etwa im Versandverfahren befördert, entstehen keine Einfuhrabgaben, weder Zölle, noch Verbrauchsteuern.

Klassischer Entstehungstatbestand ist bei ordnungsgemäßem Verhalten die Überführung der Waren in den zoll- und steuerrechtlich freien Verkehr. Dabei entsteht die Zollschuld nach Art. 201 Absatz 1 Buchstabe a ZK, die Steuerschuld in entsprechender Anwendung. Einer besonderen Steuererklärung bedarf es dabei nicht. Steuererklärung ist die nach Art. 59ff. ZK abzugebende Zollanmeldung. Dabei ist gem. Art. 5 ZK Stellvertretung möglich und zwar sowohl die in Deutschland übliche direkte, also das Handeln in fremdem Namen für fremde Rechnung, als auch die indirekte, also das Handeln im eigenen Namen für fremde Rechnung.

Üblicherweise wird diese Steuererklärungsarbeit für den grenzüberschreitenden Warenverkehr allerdings kaum von Berufsangehörigen, sondern entweder von den (größeren) importierenden Unternehmen selbst oder von darauf spezialisierten **gewerblichen Unternehmen** (Zolldeklaranten, Zoll-Speditionen) geleistet, denen dies **berufsrechtlich** als (beschränkte) „Hilfeleistung in Eingangsabgabensachen“ erlaubt ist (Vergleiche § 4 Nummer 9 Buchstaben a und b StBerG). Sie sind an die Steuerberatergebührenverordnung nicht gebunden und berechnen ihre Entgelte i.d.R. auch nach anderen Maßstäben.

Gegenstandswert ist der Betrag, der sich bei Anwendung der höchsten in Betracht kommenden Abgabensätze auf die den Gegenstand der Erklärung bildenden Waren ergibt. Der Mindestgegenstandswert beziffert sich auf DM 2.000,–.

b) Unter **Nummer 17** sind Anmeldungen und Erklärungen für Verbrauchsteuern zu subsumieren, soweit sie **nicht** als Einfuhrabgaben, sondern als **inländische** Verbrauchsteuern im Steuergebiet erhoben werden. Darunter fallen vor allem die vorstehend unter Buchstaben bb genannten bundesgesetzlichen Verbrauchsteuern, mit Ausnahme der **Einfuhrumsatzsteuer. Seit 1. 1. 1993:** Umstellung von der Rohproduktbesteuerung beim **Kaffee** (Rohkaffee) auf das Fertigprodukt (Röstkaffee), Folge: **keine Besteuerung** bei der Einfuhr. Eine Eigentümlichkeit dieser Verbrauchsteuern ist, daß sie entgegen ihrer Bezeichnung nicht beim Verbraucher, sondern grundsätzlich beim Hersteller, also beim Eingang in den Wirtschaftskreislauf erhoben werden und dann regelmäßig, allerdings nicht offen ausgewiesen, im Preis auf den Verbraucher, den eigentlichen Steuerträger, abgewälzt werden. Sie sind periodisch, i. d. R. monatlich, durch Steuererklärung mit Selbstberechnung **(Steueranmeldung)**, die einer Steuerfestsetzung unter Vorbehalt der Nachprüfung gleichsteht (§ 168 AO), anzumelden und dann innerhalb bestimmter, einzelsteuergesetzlich allerdings sehr unterschiedlicher, Fristen zur Zahlung fällig. Steuersicherungsmaßnahmen des Fiskus spielen in der Verbrauchsteuerpraxis, insbesondere bei der auf einem **Massengut** lastenden Mineralölsteuer, eine erhebliche Rolle.

Als Gegenstandswert nennt die GebV für eine Steueranmeldung den angemeldeten Betrag und für eine Steuererklärung den festgesetzten Betrag. Der Mindestgegenstandswert beziffert sich auf DM 2.000,–.

c) **Nummer 18** regelt die Gebühren für Anträge auf Gewährung einer Verbrauchsteuervergütung oder Verbrauchsteuererstattung. Verbrauchsteuervergütungen oder Verbrauchsteuererstattungen sind einzelsteuergesetzlich vorgesehen, wenn z. B. versteuerte Waren in ein Steuerlager zurückverbracht, in einen anderen Mitgliedstaat geliefert werden oder aus bestimmtem Anlaß entsteuert werden (z. B. Entlastungstatbestände im Rahmen der ökologischen Steuerreform, §§ 25, 25 a Mineralölsteuergesetz).

Der Gegenstandswert ist die beantragte Vergütung oder Erstattung, mindestens jedoch ein Betrag von DM 2.000,–.

§ 24 Absatz 1 Nummer 19
Anträge auf Gewährung einer Investitionszulage

Maßgebend ist das Investitionszulagengesetz in seiner jeweils gültigen Fassung.

Bei Anträgen auf Investitionszulage wurde auf die Festlegung eines Mindestgegenstandswertes verzichtet, eine nicht ganz verständliche Handhabung im Vergleich zu den übrigen Regelungen der GebV. Ein Ausgleich bei sehr geringen Bemessungsgrundlagen ist damit nur über die Bestimmung des Rahmensatzes möglich.

§ 24 Absatz 1 Nummer 20

(aufgehoben)

Mit dem Wegfall des Berlinförderungsgesetzes und dem damit verbundenen Wegfall des Antragsverfahrens ist auch die Grundlage der Nummer 20 überflüssig geworden und weggefallen.

§ 24 Absatz 1 Nummer 21
Anträge auf Vergütung der abziehbaren Vorsteuerbeträge an im Ausland ansässige Unternehmer

Die dieser Vorschrift zuzuordnenden Anträge bestimmen sich nach § 18 Absatz 9 UStG i.V. mit §§ 51 Absatz 3 Satz 1, 59, 60, 61 und 62 UStDV. Gegenstandswert ist die beantragte Vergütung bei einem Mindestgegenstandswert von DM 2.000,–.

§ 24 Absatz 1 Nummer 22
Anträge auf Erstattung von Kapitalertragsteuer und Vergütung der anrechenbaren Körperschaftsteuer

Die Bestimmung umfaßt Einzel- und Sammelanträge auf Erstattung der Kapitalertragsteuer bzw. Vergütung der anrechenbaren Körperschaftsteuer an das Bundesamt für Finanzen gemäß §§ 44b Absatz 1, 36b und 36c EStG.
Ferner greift die Bestimmung Platz für Anträge auf Erstattung von Kapitalertragsteuer und Vergütung der anrechenbaren Körperschaftsteuer in Sonderfällen durch das für die Einkommensbesteuerung zuständige Finanzamt nach Maßgabe der §§ 44b Absatz 2 und 36d EStG.
Schließlich sind Anträge auf Erstattung von Kapitalertragsteuer nach § 44b Absätze 3 und 4 EStG an das für die Einkommensbesteuerung zuständige Finanzamt und nach § 44c EStG an das Bundesamt für Finanzen unter diese Vorschrift zu subsumieren.
Gegenstandswert ist die beantragte Erstattung, jedoch mindestens ein Betrag von DM 2.000,–.

2 Anwendung des Gebührenrahmens

Der Schwierigkeitsgrad der mit der Erklärungsfertigung bzw. der Antragstellung verbundenen Rechtsfragen und der zeitliche Aufwand zur Ermittlung der Bemessungsgrundlagen sind die wesentlichsten Faktoren für die Anwendung des Gebührenrahmens.

3 Pauschalierung

Eine Pauschalierung ist möglich, wenn „laufend" Erklärungen oder Anmeldungen gefertigt oder Anträge gestellt werden, wobei dies bei „Steuererklärungen" im Sinne von § 14 Absatz 2 Nummer 1 mindestens jährlich der Fall sein muß.
Bei Anträgen auf Gewährung einer Investitionszulage nach § 24 Absatz 1 Nummer 19 scheidet eine Pauschalierung aus. Eggesiecker „STEUGO" Rdnr. 24.762 ist hier allerdings anderer Ansicht.

§ 24 Abs. 1 Nr. 23:

Der Steuerberater erhält für die Anfertigung von Anträgen nach Abschnitt X des Einkommensteuergesetzes 2/10 bis 10/10 einer vollen Gebühr nach Tabelle A (Anlage 1); Gegenstandswert ist das beantragte Jahreskindergeld.

Anmerkungsübersicht

1 Allgemeines

Mit dem Jahressteuergesetz 1996 vom 11. 10. 1995 wurden im Abschnitt X des Einkommensteuergesetzes in den §§ 62 bis 78 umfangreiche Regelungen zur Festsetzung und Zahlung von Kindergeld aufgenommen. Damit ist eine Vertretung durch den StB in Kindergeldfällen möglich geworden. Dem soll die neue Nummer 23 in § 24 Absatz 1 Rechnung tragen. Nach dem Wortlaut der Vorschrift sind alle Anträge, die sich aus Abschnitt X des Einkommensteuergesetzes ergeben, nach dieser Vorschrift zu berechnen. Hierunter fallen:

a) Antrag an die zuständige Familienkasse auf Zahlung von Kindergeld (§ 67 Absatz 1 EStG)
b) Antrag an die zuständige Familienkasse auf Fortzahlung von Kindergeld nach Vollendung des 18. Lebensjahres des Kindes (§ 67 Absatz 2 EStG)
c) Antrag auf Erteilung einer Bescheinigung über das im Kalenderjahr ausgezahlte Kindergeld (§ 68 Absatz 3 EStG)
d) Antrag auf Kostenerstattung im Vorverfahren (§ 77 Absatz 3 EStG).

2 Gegenstandswert

Zahlungszeitraum für das Kindergeld ist der Monat (§ 66 Absatz 1 bzw. § 71 EStG). Gleichwohl schreibt die Verordnung als Gegenstandswert das „beantragte Jahreskindergeld" vor. Für vorgenannte Anträge ist daher das beantragte Kindergeld in einen Jahresbetrag umzurechnen und zwar unabhängig davon, wie lange das Kindergeld tatsächlich zu zahlen ist oder zu zahlen war. Da das Kindergeld und somit das „Jahreskindergeld" unterschiedlich hoch sein kann (§ 66 Absatz 1 EStG) ergeben sich je nach Antragstellung unterschiedliche Gegenstandswerte.

3 Anwendung des Gebührenrahmens

Die Wahl des Rahmensatzes wird bei Anträgen gemäß Anmerkung 1. a), 1. b) und 1. d) neben den allgemeinen Kriterien durch den Umfang und

Schwierigkeitsgrad der jeweiligen Antragstellung bestimmt. Bei Anträgen gemäß Anmerkung 1. c) wird man sich wohl am unteren Rahmensatz zu orientieren haben.

4 Pauschalierung

Die Gebühr ist nicht pauschalierungsfähig.

§ 24 Abs. 1 Nr. 24:

Der Steuerberater erhält für die Anfertigung von Anträgen nach dem Eigenheimzulagengesetz 2/10 bis 10/10 einer vollen Gebühr nach Tabelle A (Anlage 1); Gegenstandswert ist die beantragte Eigenheimzulage.

Anmerkungsübersicht

1 Allgemeines

An die Stelle der steuerlichen Förderung ist durch das Eigenheimzulagengesetz eine antragsgebundene Zulagenförderung getreten. Ähnlich dem Antrag auf Investitionszulage (§ 24 Absatz 1 Nummer 19) handelt es sich um eine reine Subvention durch Zulage. Der fehlenden Gebührenbestimmung betreffend der Anfertigung von Anträgen nach dem Eigenheimzulagengesetz trägt die neue Nummer 24 in § 24 Absatz 1 Rechnung.

2 Gegenstandswert

Gegenstandswert ist die beantragte Eigenheimzulage. Diese umfaßt nach § 9 Eigenheimzulagengesetz den Fördergrundbetrag (einschließlich eventueller ökologischer Zusatzförderung) und die Kinderzulage. Bei der Berechnung ist der gesamte ggf. noch verbleibende Förderzeitraum zugrunde zu legen.

3 Anwendung des Gebührenrahmens

In einfachen Fällen (nur der Fördergrundbetrag nach § 9 Absatz 2 EStG wird aus der vom Auftraggeber mitgeteilten Bemessungsgrundlage beantragt) wird man sich am unteren Rahmensatz zu orientieren haben. Ist der Fördergrundbetrag durch ökologische Zusatzförderung nach § 9 Absätze 3 und 4 EStG oder um die Kinderzulage zu erhöhen oder sind mehrere Anspruchsberechtigte Eigentümer einer Wohnung, kann auch eine Orientierung im mittleren oder oberen Gebührenrahmen geboten sein.

4 Pauschalierung

Die Gebühr ist nicht pauschalierungsfähig.

§ 24 Abs. 2:

Für die Ermittlung der Zugewinnausgleichsforderung nach § 5 des Erbschaftsteuergesetzes erhält der Steuerberater 5 Zehntel bis 15 Zehntel einer vollen Gebühr nach Tabelle A (Anlage 1); Gegenstandswert ist der ermittelte Betrag, jedoch mindestens 25.000 Deutsche Mark.

Anmerkungsübersicht

1 Allgemeines und Gegenstandswert

Die Bestimmung trägt der in § 24 Absatz 1 Nummer 12 getroffenen Regelung Rechnung, daß die Ermittlung der Zugewinnausgleichsforderung nach § 5 ErbStG nicht mit der Gebühr für die Erbschaftsteuererklärung abgegolten ist. Rechtsprechung zu dieser Frage ist bisher nicht bekannt, die Kommentierung hält sich, abgesehen von Erläuterungen zur Zugewinngemeinschaft und zum Zugewinnausgleich in bürgerlich-rechtlicher Sicht sehr in Grenzen.
Gegenstandswert für die Wertgebühr, die einen Rahmen von 5/10 bis 15/10 nach Tabelle A umfaßt, ist der „Ermittelte Betrag der Ausgleichsforderung".

2 Anwendung des Gebührenrahmens

Die Praxis zeigt, daß Leistungen nach § 24 Absatz 2 nach den gegebenen „Umständen" (§ 11) meist auf einen oberen Rahmenwert hindeuten, insbesondere im Falle von § 5 Absatz 2 ErbStG (Beendigung des Güterstandes der Zugewinngemeinschaft unter Lebenden).
Beinhaltet die Ermittlung oder die Bewertung der in Betracht kommenden Anfangs- und Endvermögen ganz besondere Schwierigkeiten oder ist sie mit einem außergewöhnlichen Zeitaufwand verbunden, so empfiehlt sich die Vereinbarung einer höheren Gebühr nach § 4 Absatz 1 (Siehe ergänzend auch koordinierter Ländererlaß [„Einführungs-Erlaß"] vom 20. 12. 1974/10. 3. 1976 in BStBl I 1976 S. 145).

3 Pauschalierung

Die Gebühr ist nicht pauschalierungsfähig.

§ 24 Abs. 3:

Für einen Antrag auf Lohnsteuerermäßigung (Antrag auf Eintragung von Freibeträgen) erhält der Steuerberater 1/20 bis 4/20 einer vollen Gebühr nach Tabelle A (Anlage 1); Gegenstandswert ist der voraussichtliche Jahresarbeitslohn; er beträgt mindestens 9.000 Deutsche Mark.

Anmerkungsübersicht

1 Allgemeines

Da es den Antrag auf Lohnsteuer-Jahresausgleich nicht mehr gibt, wurde folgerichtig Absatz 3 entsprechend geändert. Für einen Antrag auf Lohnsteuerermäßigung erhält der StB aber unverändert 1/20 bis 4/20 einer vollen Gebühr nach Tabelle A. Anträge auf Lohnsteuerermäßigung ergeben sich aus den in § 39a EStG angeführten Ermäßigungspositionen. Die dort angesprochenen Ermäßigungspositionen müssen selbstverständlich nicht sämtlich nebeneinander gegeben sein, es ist gleichermaßen möglich, daß auch nur eine oder zwei dieser Positionen in Betracht kommen; dies beeinträchtigt nicht den Gebührenanspruch, sondern bedarf lediglich der Berücksichtigung bei der Wahl des zutreffenden Rahmensatzes. Für die Ermittlung der „Einkünfte", die bei einer Antragstellung nach § 39a Absatz 1 Nummer 5 EStG erforderlich wird, ist ein (weiterer) Gebührenanspruch (z.B. nach § 25 oder § 27) zu bejahen.
Erfolgt nur eine „Beratung" ohne Antragstellung, so gilt § 21 Absatz 1.

2 Gegenstandswert

Der Bruttobetrag des „voraussichtlichen Jahresarbeitslohnes" (§ 38a Absatz 1 Satz 1 EStG i.V. mit § 2 Absatz 1 LStDV) bietet eine zweckmäßige und sich aus der Berufsleistung bereits ergebende Bemessungsgrundlage der Gebühren.
Der Mindestgegenstandswert ist mit DM 9.000,– bewußt niedrig angesetzt (Gebühr 1/20 nach Tabelle A: DM 27,–), um insbesondere auch den Belangen von Arbeitnehmern mit geringerem Verdienst wie auch Teilzeitbeschäftigten Rechnung zu tragen.

3 Anwendung des Gebührenrahmens

Die Leistungen gemäß § 39a EStG wird man in einer vereinfachenden Form den Bruchteilen der Gebühren etwa wie folgt zuordnen können:

Antragstellung Werbungskosten	1/20
Antragstellung Sonderausgaben	1/20
Antragstellung außergewöhnliche Belastungen	1/20
Antragstellung negative Einkünfte aus Vermietung und Verpachtung sowie sonstige Anträge (Wegen der zusätzlichen Berechnung der Einkünfte siehe Anmerkung 1)	1/20
Gesamtwert bei Stellung sämtlicher Anträge somit	4/20

Selbstverständlich kann der besondere Schwierigkeitsgrad bei einer Ermäßigungsposition und der dadurch bedingte höhere Ansatz das Fehlen einer anderen Position überdecken.

4 **Pauschalierung**

Bei jährlich sich wiederholender Antragstellung ist eine Pauschalierung der Gebühren möglich.

§ 24 Abs. 4:

Der Steuerberater erhält die Zeitgebühr

1. für die Anfertigung einer Erklärung zur Hauptfeststellung, Fortschreibung oder Nachfeststellung der Einheitswerte für Grundbesitz;
2. für Arbeiten zur Feststellung des verrechenbaren Verlustes gemäß § 15 a des Einkommensteuergesetzes;
3. für die Anfertigung einer Meldung über die Beteiligung an ausländischen Körperschaften, Vermögensmassen und Personenvereinigungen und an ausländischen Personengesellschaften;
4. für die Anfertigung eines Erstattungsantrages nach § 50 Abs. 5 Satz 4 Nr. 3 des Einkommensteuergesetzes;
5. für die Anfertigung einer Anmeldung nach § 50 a Abs. 5 des Einkommensteuergesetzes, § 73 e der Einkommensteuer-Durchführungsverordnung.

Anmerkungsübersicht

1 **Einheitswerte für Grundbesitz**

Unter „Grundbesitz“ ist der (inländische) Grundbesitz für „Betriebe der Land- und Forstwirtschaft“ (§§ 33, 48 a und 51 a BewG), für „Grundstücke“ (§§ 68 und 70 BewG) und für „Betriebsgrundstücke“ (§ 99 BewG) zu subsumieren.
Auch die Bewertung von Grundbesitz für die Erbschaftsteuer und für die Grunderwerbsteuer (§ 138 ff. BewG) ist, zumindest über § 2, einer Berechnung nach Nummer 1 zugänglich. Auf Anmerkung 2 zu § 24 Absatz 1 Nummer 13 wird verwiesen.
Da die Vorschriften über die besondere Feststellung von Mineralgewinnungsrechten entfallen sind, wurde der entsprechende Hinweis in Nummer 1 gestrichen.

Die Vielfalt der abzugebenden Erklärungen, der sehr unterschiedliche Schwierigkeitsgrad und vor allem die Besonderheiten und der Umfang der für die Erklärungsfertigung erforderlichen Feststellungen lassen den Ansatz der Zeitgebühr als eine zweckmäßige Gebührenregelung erscheinen.
Die Wahl des zutreffenden Rahmensatzes wird wesentlich von den vorgenannten Kriterien bestimmt.
Für die Einheitsbewertung (inländischer) „Gewerblicher Betriebe" (§ 95 BewG) hat § 24 Absatz 1 Nummer 9 Gültigkeit.

2 § 15 a EStG

Die Fülle der sich aus § 15 a EStG ergebenden Problemstellungen läßt sich auch Jahre nach seiner Einführung noch nicht vollständig übersehen. Für die nach Absatz 4 von § 15 a EStG vorzunehmende „Gesonderte Feststellung des verrechenbaren Verlustes" ist daher der Ansatz einer Zeitgebühr in besonderem Maße angebracht.
Wenn es sich nicht ausnahmsweise um sehr einfach gelagerte Fälle handelt, wird man den mittleren bis oberen Rahmensatz zu wählen haben.
Nicht angesprochen in § 24 Absatz 4 Nummer 2 sind die §§ 13, 18, 20 Absatz 1 Nummer 4 und 21 Absatz 1 EStG, die jeweils auf die „entsprechende" (§§ 13 und 18 EStG) bzw. „sinngemäße" (§§ 20 und 21 EStG) Anwendung von § 15 a EStG verweisen. Nach Maßgabe von § 2 wird man daher § 24 Absatz 4 analog auch für die gesonderte Feststellung der nicht verrechenbaren Verluste bei den Einkünften aus Land- und Forstwirtschaft und selbständiger Arbeit sowie der nicht verrechenbaren Werbungskostenüberschüsse bei den Einkünften aus Kapitalvermögen und Vermietung und Verpachtung anzuwenden haben.
Die Leistungen, die sich außerhalb der „Gesonderten Feststellung der verrechenbaren Verluste bzw. Werbungskostenüberschüsse" noch aus § 15 a (§§ 13, 18, 20 und 21) EStG ergeben, finden Berücksichtigung bei der Wahl des Rahmensatzes für Abschlüsse (§§ 35 und 39) sowie der Ermittlung des Überschusses der Einnahmen über die Werbungskosten (§ 27).

3 Ausländische Körperschaften, Vermögensmassen und Personenvereinigungen und ausländische Personengesellschaften

Steuerpflichtige mit Wohnsitz, gewöhnlichem Aufenthalt, Geschäftsleitung oder Sitz im Geltungsbereich dieses Gesetzes haben nach § 138 Absatz 2 AO dem nach §§ 18 bis 20 zuständigen Finanzamt mitzuteilen:

1. die Gründung und den Erwerb von Betrieben und Betriebstätten im Ausland,
2. die Beteiligung an ausländischen Personengesellschaften,
3. den Erwerb von Beteiligungen an einer Körperschaft, Personenvereinigung oder Vermögensmasse im Sinne des § 2 Absatz 1 Nummer 12 des Körperschaftsteuergesetzes, wenn damit unmittelbar eine Beteiligung von mindestens zehn vom Hundert oder mittelbar eine Beteiligung von min-

destens 25 vom Hundert am Kapital oder am Vermögen der Körperschaft, Personenvereinigung oder Vermögensmasse erreicht wird.

Diese Meldungen bedingen einen sehr unterschiedlichen Ermittlungsumfang. Der Verordnungsgeber hielt daher in der neu geschaffenen Nummer 3 den Ansatz einer Zeitgebühr für zweckmäßig.

Die Wahl des zutreffenden Rahmensatzes wird wesentlich von den Kriterien „Schwierigkeitsgrad" und „Zustand der vom Auftraggeber vorgelegten Unterlagen" bestimmt.

4 § 50 Abs. 5 Satz 4 Nr. 3 EStG

Nach § 50a Absatz 4 Nummer 1 oder 2 EStG (ausländische Künstler, Sportler, Artisten, Schriftsteller usw.) wird die Einkommensteuer bei beschränkt Steuerpflichtigen im Wege des Steuerabzugs erhoben. § 50 Absatz 5 Satz 4 Nummer 3 EStG sieht auf Antrag eine völlige oder teilweise Erstattung dieser einbehaltenen und abgeführten Steuer vor. Der hierfür erforderliche Ermittlungsaufwand kann sehr unterschiedlich sein. Die neue Nummer 4 von § 24 Absatz 4 sieht daher für einen solchen Antrag die Zeitgebühr vor.

Die „Bedeutung der Angelegenheit" der „Schwierigkeitsgrad" und der „Zustand der vom Auftraggeber vorgelegten Unterlagen" bestimmen wesentlich die Wahl des zutreffenden Rahmensatzes.

5 § 50a Abs. 5 EStG, § 73e EStDV

Nach § 50a Absatz 5 EStG unterliegen die Vergütungen beschränkt Steuerpflichtiger bei bestimmten inländischen Betätigungen oder Verwertungen dem Steuerabzug. Der Steuerschuldner hat die Abzugssteuer einzubehalten, anzumelden und abzuführen (§ 73e EStDV). Für die Anfertigung der Anmeldung sieht der neue § 24 Absatz 4 Nummer 5 die Zeitgebühr vor.

Die Wahl des zutreffenden Rahmensatzes wird auch hier wesentlich von den Kriterien „Bedeutung der Angelegenheit", „Schwierigkeitsgrad" und „Zustand der vom Auftraggeber vorgelegten Unterlagen" bestimmt.

6 Sinngemäße Anwendung

Zu den Erklärungen, für die über § 2 sinngemäß § 24 Absatz 4 Anwendung findet, wird auf den Eingangsteil zu § 24 Anmerkdung 3.2 verwiesen.

7 Pauschalierung

Die Gebühren wird man als nicht pauschalierungsfähig anzusehen haben.

§ 25 Ermittlung des Überschusses der Betriebseinnahmen über die Betriebsausgaben

(1) **Die Gebühr für die Ermittlung des Überschusses der Betriebseinnahmen über die Betriebsausgaben bei den Einkünften aus Land- und Forstwirtschaft, Gewerbebetrieb oder selbständiger Arbeit beträgt**

5 Zehntel bis 20 Zehntel einer vollen Gebühr nach Tabelle B (Anlage 2). Gegenstandswert ist der jeweils höhere Betrag, der sich aus der Summe der Betriebseinnahmen oder der Summe der Betriebsausgaben ergibt, jedoch mindestens 25.000 Deutsche Mark.

(2) **Für Vorarbeiten, die über das übliche Maß erheblich hinausgehen, erhält der Steuerberater die Zeitgebühr.**

(3) **Sind bei mehreren Einkünften aus derselben Einkunftsart die Überschüsse getrennt zu ermitteln, so erhält der Steuerberater die Gebühr nach Absatz 1 für jede Überschußrechnung.**

Amtliche Begründung zu § 25:

Diese Vorschrift regelt den Gebührenanspruch für die Ermittlung des Betriebsergebnisses durch Gegenüberstellung der Betriebseinnahmen und der Betriebsausgaben (sog. Gewinneinkünfte). Gegenstandswert ist der jeweils höhere Betrag, der sich aus der Summe der Betriebseinnahmen oder der Summe der Betriebsausgaben ergibt. Maßgeblich ist die Tabelle B. Gehen die für die Anfertigung der Überschußrechnung notwendigen Vorarbeiten über den sonst üblichen Umfang erheblich hinaus, so kann der Steuerberater die hierfür aufgewendete Zeit gesondert in Rechnung stellen.

Anmerkungsübersicht

1 Allgemeines

Die Bestimmungen dieser Vorschrift regeln die Ermittlung der „**Gewinn**einkünfte" durch Gegenüberstellung der „Betriebseinnahmen und der Betriebsausgaben", während für die Ermittlung dieser Einkünfte durch Vermögensvergleich § 35 und im Bereich der Land- und Forstwirtschaft die §§ 39 und 26 (Durchschnittsätze nach § 13a EStG) Gültigkeit haben. Der Ansatz erfolgt, zusätzlich zur Erklärungsgebühr, nachdem § 24 Absatz 1 Nummern 1 und 2 bestimmen, daß zur „Anfertigung" von Einkommensteuererklärungen und Erklärungen zur gesonderten Feststellung von Einkünften nicht die Ermittlung der einzelnen Einkünfte rechnet.

Für die Ermittlung der „**Überschuß**einkünfte" gilt § 27.

Der Verordnungsgeber spricht in Absatz 3 von „mehreren Einkünften aus derselben Einkunftsart". Bezugnehmend auf die ausführlichen Darlegungen

in Anmerkung 2 zu § 24 Absatz 1 Nummer 1 wird man diese Fassung als „mehrere Einkunftsteile (Einkunftsquellen) aus derselben Einkunftsart" zu verstehen haben. Mit der Fassung von § 27 Absatz 2 bestätigt der Verordnungsgeber unsere Argumentation.
Obzwar wirklich selbstverständlich, sei wegen offenbar noch immer bestehender Unklarheiten nochmals ausdrücklich darauf hingewiesen, daß die äußere Form einer Überschußermittlung (Aufnahme in einen amtlichen Vordruck oder gesonderte Darstellung außerhalb eines Vordrucks) ohne jeden Einfluß auf die Gebührenbemessung, und vor allem auf den Charakter einer selbständigen „Angelegenheit", bleibt.

2 Anwendungsbereich

§ 25 ist maßgebend für die Ermittlung des Gewinns nach § 4 Absatz 3 EStG folgender Einkünfte:

a) Einkünfte aus Land- und Forstwirtschaft (§§ 13, 14 und 14a EStG);
b) Einkünfte aus Gewerbebetrieb (§§ 15, 15a, 16 und 17 EStG);
c) Einkünfte aus selbständiger Arbeit (§ 18 EStG).

Die Ermittlung ausländischer Einkünfte im Rahmen des Progressionsvorbehaltes nach § 32b EStG durch eine Überschußrechnung ist, für jede angesprochene Einkunftsart, gesondert nach § 25 berechnungsfähig.

3 Gebühr

Für die eigentliche Überschußermittlung gilt die „Wertgebühr" mit einem Gebührenrahmen von 5/10 bis 20/10. Dieser Rahmen entspricht den hälftigen Werten des Rahmens von § 35 Absatz 1 Nummer 1 Buchstabe a (10/10 bis 40/10) und berücksichtigt damit, daß bei dem Vermögensvergleich eine Bilanz **und** eine Gewinn- und Verlustrechnung zu erstellen sind, während sich § 25 allein auf die Überschußrechnung beschränkt.
Im Gegensatz zu den „Überschußeinkünften", bei denen die Tabelle A Platz greift, gilt hier wegen der Zuordnung zu den „Gewinneinkünften" richtigerweise die Tabelle B.
Für die in Anmerkung 5 angesprochenen „Vorarbeiten" gelangt die Zeitgebühr in Ansatz.

4 Gegenstandswert

Den Gegenstandswert bildet die Summe der Betriebseinnahmen oder der **höheren** Betriebsausgaben nach Maßgabe des Einkommensteuergesetzes. Zu den Einnahmen wie zu den Ausgaben rechnet auch die Umsatzsteuer.
Ergibt die Summe der Betriebseinnahmen oder der höheren Betriebsausgaben einen unter DM 25.000,– liegenden Betrag, so gelangen diese DM 25.000,– als Mindestgegenstandswert in Ansatz. Diese Regelung des Gegenstandswertes verdeutlicht wiederum in besonderer Weise das bereits mehrfach angesprochene „Bruttoprinzip", dem die GebV folgt.

Bei Prüfung der Frage, ob die „Betriebsausgaben" in ihrer gesamten Höhe oder die „Steuerlich abzugsfähigen Betriebsausgaben" als „Gegenstandswert" anzusehen sind, wird man zum einen zu sehen haben, daß § 25 von „Betriebsausgaben" und nicht von „Abzugsfähigen Betriebsausgaben" spricht, und darüber hinaus bei vielen Angelegenheiten der GebV die (nur zum Teil steuerpflichtigen) Bruttowerte als Gegenstandswerte in Ansatz gelangen. Dies bestätigt, daß man von den „Gesamten Betriebsausgaben" auszugehen haben wird. Es ist eine andere Frage, ob sich der möglicherweise zusätzliche Aufwand für die Ermittlung solcher nicht abzugsfähiger Betriebsausgaben nur für die Gebührenbemessung lohnt, abgesehen davon, daß diese weiteren Betriebsausgaben überhaupt nur von Interesse sind, wenn die Betriebseinnahmen niedriger liegen als die Betriebsausgaben und letztere auch den Mindestgegenstandswert übersteigen. In Betracht kommen als „Nicht abzugsfähige Betriebsausgaben", etwa Aufwendungen nach § 4 Absätze 5 und 6 EStG wie auch Schmiergelder oder andere nicht steuermindernde Aufwendungen.
Das zu den „Betriebsausgaben" und den „Abzugsfähigen Betriebsausgaben" Ausgeführte gilt gleichermaßen für „Einnahmen" und „Steuerfreie Einnahmen", sofern letztere in einem Ausnahmefall gegeben sind.

5 Vorarbeiten und Nebenarbeiten

Während § 35 in Absatz 3 für die Gewinnermittlung durch Vermögensvergleich von der „Anfertigung oder Berichtigung von Inventur-Unterlagen und sonstigen Abschlußvorarbeiten bis zur abgestimmten Saldenbilanz" spricht, verwendet § 25 Absatz 2 die allgemeine Bezeichnung „Vorarbeiten", schränkt deren gesonderten Ansatz dann aber mit der Forderung, daß sie „über das übliche Maß erheblich hinausgehen" müssen, in einer nicht verständlichen Weise ein. Bei beiden Gewinnermittlungsarten, der Ermittlung durch Vermögensvergleich wie der Ermittlung durch Gegenüberstellung der Betriebseinnahmen und der Betriebsausgaben, gibt es „Vorarbeiten", die mit der eigentlichen Honorierung für die Gewinnermittlung, schon allein ihrer unterschiedlichen Art und ihres unterschiedlichen Umfanges wegen, nicht gedeckt sein können. Es ist nicht erkennbar, warum für die Überschußrechnung nun die „normalen" („üblichen") Vorarbeiten und die „über das übliche Maß hinausgehenden" Vorarbeiten durch die Gewinnermittlungsgebühr abzugelten sind und nur die „über das übliche Maß **erheblich** hinausgehenden" Vorarbeiten einer gesonderten Berechnung zugänglich sein sollen. Möglicherweise wollte man bei dem völligen Wegfall einer Gebührenposition für „Vorarbeiten" bei den Überschußeinkünften (§ 27) und dem vollen Ansatz der „Vorarbeiten" bei § 35 einen „eingeschränkten Übergang" in § 25 wählen. Unnötige Auseinandersetzungen über eine solche „Feinabstimmung von Vorarbeiten", die sich nur sehr schwer nach diesen „drei Üblichkeitsstufen" aufteilen lassen, sind die Folge dieser von der Sache her ungerechtfertigten und darüber hinaus unpraktikablen Vorschrift.
Unter **„Vorarbeiten"**, die über das übliche Maß „erheblich" hinausgehen, wird man etwa eine umfangreiche Fehlersuche bei den Buchaufzeichnungen

des Auftraggebers (selbstverständlich ohne Berechnung bei Vorliegen eines Buchführungsauftrages für den gleichen StB), die Aufteilung einer größeren Anzahl „wahllos“ gebuchter Ausgaben in solche betrieblicher Art mit Anlagecharakter, betrieblicher Art mit Aufwandcharakter und privater Art oder eine zeitaufwendige Abgleichung der Einnahmen und Ausgaben mit den Geldkonten, um nur einige Beispiele zu nennen, zu verstehen haben.

„Nebenarbeiten“, oft irrtümlich verallgemeinernd auch den „Vorarbeiten“ zugeordnet, die mit dieser Bezeichnung entgegen früheren Entwurfsfassungen der GebV jetzt weder § 25 Absatz 2 noch § 35 Absatz 3 kennen, sind auch bei der Überschußermittlung denkbar. Dies gilt etwa für die Anlage und die Vervollständigung von Inventaraufzeichnungen um die Zugänge, Abgänge und Abschreibungen des betreffenden Geschäftsjahres, soweit der Auftraggeber selbst keine Anlagenbuchführung führt, die Abstimmung des ermittelten Gewinnes mit Richtsätzen der Finanzverwaltung oder die Überschußermittlung begleitende Hinweise für den Auftraggeber, etwa zur steuerlich zweckmäßigeren Gestaltung von Geschäftsvorgängen, oder die formal richtige Ausfertigung von steuerlich relevanten Belegen. Es kann keinem vernünftigen Zweifel unterliegen, daß auch diese „Nebenarbeiten“ nicht mehr mit der Gebühr für die Überschußrechnung gedeckt und daher einer zusätzlichen Berechnung zugänglich sind. Man wird daher gemäß § 2 in „sinngemäßer Anwendung“ der Bestimmung für die „Vorarbeiten“ die Zeitgebühr auch für „Nebenarbeiten“ in Ansatz bringen können, allerdings müssen diese dann auch „über das übliche Maß erheblich hinausgehen“. Nachdem § 21 Absatz 1 über § 13 Nummer 2 auch den Ansatz der Zeitgebühr ermöglicht, erscheint es praktisch, die Gebührenberechnung im Rahmen des § 25 zusammengefaßt als „Vor(Neben)arbeiten“ durchzuführen.

Für die entsprechend der einschränkenden Fassung von Absatz 2 nicht gesondert berechnungsfähigen „Vorarbeiten“ und „Nebenarbeiten“ bedarf es der Berücksichtigung bei der Wahl des Rahmensatzes für die Überschußermittlung.

Zu den Begriffen „Vorarbeiten“, „Nebenarbeiten“ und „Nacharbeiten“, die man zusammengefaßt auch als „Rahmenarbeiten“ bezeichnet, siehe ausführlich auch Anmerkung 5 zu § 35.

6 Einkünfte aus Land- und Forstwirtschaft

§ 25 greift nur Platz, wenn weder eine Gewinnermittlung nach § 4 Absatz 1 EStG noch eine Gewinnermittlung nach Durchschnittsätzen gemäß § 13a EStG in Betracht kommt. Im ersteren Fall gilt § 39; für die Gewinnermittlung nach Durchschnittsätzen findet § 26 Anwendung.

Für Arbeiten zur Feststellung eines verrechenbaren Verlustes gemäß § 15a EStG i.V. mit § 13 EStG gilt § 24 Absatz 4 Nummer 2. Siehe hierzu Anmerkung 2 zu § 24 Absatz 4.

Erfolgt die Überschußermittlung getrennt für mehrere land- und forstwirtschaftliche Betriebe, so hat der StB für jede Überschußrechnung einen gesonderten Gebührenanspruch.

7 Einkünfte aus Gewerbebetrieb

Für die Gewinnermittlung nach § 5 EStG gilt § 35.
Beim Ansatz von „Beteiligungseinkünften“ (Handelsgesellschaften, insbesondere auch „Verlustzuweisungsgesellschaften“) nach § 179 AO kann man begrifflich nicht von der „Ermittlung des Überschusses der Betriebseinnahmen über die Betriebsausgaben“ sprechen, so daß ein gesonderter Ansatz nach § 25 entfällt. Diese Einkünfte sind grundsätzlich mit der Erklärungsgebühr nach § 24 Absatz 1 Nummern 1 und 2 abzugelten. Siehe hierzu Anmerkung 1 zu § 24 Absatz 1 Nummer 1, die auch auf die möglichen Ausnahmen eingeht.
Die Ermittlung von „Sonderbetriebseinnahmen“ und „Sonderbetriebsausgaben“ und deren Bekanntgabe durch den StB im Auftrag des Steuerpflichtigen an Beteiligungsgesellschaften löst die Frage nach einer zutreffenden gebührenrechtlichen Zuordnung aus, zeigt aber auch, daß selbst eine solch umfassend gestaltete Verordnung, wie es die StBGebV zweifellos ist, immer noch eine Reihe von Berufsleistungen ohne eine „direkt zuordnungsfähige Gebühr“ beläßt. Die gleiche Frage stellt sich, wenn in einem Ausnahmefall, aus welchen Gründen auch immer, die nach § 179 AO bereits gesondert (einheitlich) festgestellten Einkünfte nachträglich noch einer Ergänzung um „Sonderbetriebseinnahmen“ oder „Sonderbetriebsausgaben“ bedürfen. Bei diesen Tätigkeiten handelt es sich um „Zubringerleistungen“ des StB zu Abschlußarbeiten eines anderen StB bzw. deren nachträgliche Ergänzung. § 21 Absatz 1 paßt nicht, § 35 Absatz 3 greift nicht, so daß es über § 2 „sinngemäß“ als vertretbare Lösung erscheint, diese Tätigkeiten als „kleine Überschußrechnung für Teileinkünfte aus Gewerbebetrieb“ über § 25 zu berechnen.
Für Arbeiten zur Feststellung eines verrechenbaren Verlustes gemäß § 15a EStG gilt § 24 Absatz 4 Nummer 2. Siehe hierzu Anmerkung 2 zu § 24 Absatz 4.
Werden Überschußermittlungen getrennt für mehrere gewerbliche Betriebe durchgeführt, so erhält der StB für jede dieser Ermittlungen eine gesonderte Gebühr.

8 Einkünfte aus selbständiger Arbeit

Wird der Gewinn aus selbständiger Arbeit nach § 4 Absatz 1 EStG ermittelt, so greift § 35 Platz.
Für Arbeiten zur Feststellung eines verrechenbaren Verlustes gemäß § 15a EStG i. V. mit § 18 EStG gilt § 24 Absatz 4 Nummer 2. Siehe hierzu Anmerkung 2 zu § 24 Absatz 4.
Das unter Anmerkung 7 zum Gebührenanspruch bei der Überschußermittlung für mehrere gewerbliche Betriebe Gesagte gilt gleichermaßen für die Errechnung der Einkünfte aus mehreren getrennt ausgeübten selbständigen Tätigkeiten.

9 Schätzung des Gewinns

Nimmt der StB in Ermangelung entsprechender Buchaufzeichnungen eine Schätzung des Gewinns, etwa nach Richtsätzen, vor, so wird man, nachdem mit dieser Gewinnschätzung in der Regel auch eine Schätzung der Einnahmen verbunden ist, entsprechend § 2 die Vorschrift des § 25 „sinngemäß" anwenden können. Dies gilt unbeschadet der Notwendigkeit, Gewinnschätzungen nur entweder nach § 4 Absatz 1 EStG oder nach § 5 EStG vorzunehmen, da sich die §§ 35 und 39 für eine „sinngemäße Anwendung" verbieten.

Schließt eine Gewinnschätzung die Einnahmenschätzung nicht ein, so ist nach § 13 Nummer 2 die „Zeitgebühr" in Ansatz zu bringen, da dann keine genügenden Anhaltspunkte für eine gebührenrechtliche Schätzung des „Gegenstandswertes" („Einnahmen") vorliegen und das Ergebnis der steuerlichen Schätzung, der „Gewinn", seinerseits keinen Gegenstandswert im gebührenrechtlichen Sinn abgibt.

10 **Wechsel der Gewinnermittlungsart**

Der Übergang von der Gewinnermittlungsart durch Vermögensvergleich zur Gewinnermittlungsart nach § 4 Absatz 3 EStG bedingt, gestützt auf § 2, die Einbeziehung der „Hinzurechnungen" zu den Betriebseinnahmen und der „Abrechnungen" zu den Betriebsausgaben bei gleichzeitigem Ansatz eines die Mehrarbeiten berücksichtigenden höheren Rahmensatzes (Diese Auffassung übernimmt Meyer in Stbg 1985 S. 11 sowie der Verband der steuerberatenden und wirtschaftsprüfenden Berufe in Berlin e. V. in Verbandsnachrichten 1983 Heft 4).

Bezüglich des Wechsels der Gewinnermittlungsart durch Übergang von der Gewinnermittlung nach § 4 Absatz 3 EStG zum Vermögensvergleich, siehe Anmerkung 15 zu § 35.

11 **Veräußerung des Betriebes**

Bei der Veräußerung eines Betriebes, dessen Gewinn nach § 4 Absatz 3 EStG ermittelt wird, bedarf es eines fiktiven Übergangs zum Vermögensvergleich nach § 4 Absatz 1 EStG. Entsprechend § 2 wird man für diese Arbeiten „sinngemäß" § 35 Absatz 1 Nummer 4 (Aufstellung einer Eröffnungsbilanz) anwenden können.

12 **Erstattung eines Berichtes**

Die Erstattung eines Berichtes zu einer Überschußrechnung ist, vielleicht abgesehen von Einzelfällen, bei den Einkünften aus Gewerbebetrieb nicht berufsüblich und demzufolge auch nicht mit der Gebühr nach § 25 abgegolten, abgesehen davon, daß dies dann im Wortlaut der Vorschrift zum Ausdruck kommen müßte.

Über § 2 wird in Anlehnung an § 35 Absatz 1 Nummer 6, unter Berücksichtigung der generellen Abstufung der Gebührenrahmen beider Vorschriften zueinander durch den Verordnungsgeber (siehe Anmerkung 3), ein Satz von 1/10 bis 6/10 nach **Tabelle** B Anwendung finden können. Dieser Ansatz deckt sich auch mit der durchaus vergleichbaren Berichterstattung nach § 37 Nummer 3.

Als Bemessungsgrundlage kann im Hinblick auf das Fehlen des Gegenstandswertes „Berichtigte Bilanzsumme" nach § 35, gestützt auf den reduzierten Gebührenrahmen und auch in der Sicht von § 37 Nummer 3, die Summe der Betriebseinnahmen oder der höheren Betriebsausgaben Platz greifen.

13 **Anwendung des Gebührenrahmens**

Bedeutsam für die Wahl des zutreffenden Rahmensatzes sind neben den generellen Kriterien des § 11 (siehe dortige Erläuterungen) u. a. die Sorgfalt der Aufzeichnungen der Einnahmen und Ausgaben, eine bereits gegebene oder aber noch vorzunehmende Aufteilung der Einnahmen und Ausgaben nach den einzelnen Einnahme- und Ausgabearten, der Umfang der abzuschreibenden Wirtschaftsgüter und die Darstellungsart der Überschußrechnung.
Von wesentlicher Bedeutung für die Gebührenhöhe erscheinen vor allem die oft mit einem nicht geringen Zeitaufwand verbundenen „Besonderheiten", die sich gerade bei dieser Gewinnermittlungsart ergeben; die Anlage zu Abschnitt 17 EStR verdeutlicht dies in besonderem Maße.
Auf die Entscheidungen des Landgerichtes Hildesheim, des Amtsgerichtes Schöneberg und des Amtsgerichtes Landshut (dieses auch auf die Frage der Ermäßigung der Gebühr für die Überschußermittlung wegen eines dem gleichen StB erteilten Buchführungsauftrages eingehend), besprochen in Anmerkung 9 zu § 11 (Urteile 2, 3, 4), sei ergänzend verwiesen.

14 **Pauschalierung**

Die Gebühr ist pauschalierungsfähig.

§ 26 Ermittlung des Gewinns aus Land- und Forstwirtschaft nach Durchschnittsätzen

(1) **Die Gebühr für die Ermittlung des Gewinns nach Durchschnittsätzen beträgt 5 Zehntel bis 20 Zehntel einer vollen Gebühr nach Tabelle B (Anlage 2). Gegenstandswert ist der Ausgangswert nach § 13 a Abs. 4 einschließlich der Summe der Sondergewinne nach § 13 a Abs. 8 des Einkommensteuergesetzes.**
(2) **Sind für mehrere land- und forstwirtschaftliche Betriebe desselben Auftraggebers die Gewinne nach Durchschnittsätzen getrennt zu ermitteln, so erhält der Steuerberater die Gebühr nach Absatz 1 für jede Gewinnermittlung.**

Amtliche Begründung zu § 26:

Diese Vorschrift regelt den Gebührenanspruch für die Fälle, in denen der Gewinn aus Land- und Forstwirtschaft nach Durchschnittsätzen ermittelt wird (§ 13 a EStG). Im Hinblick darauf, daß Grundlage der Gewinnermittlung vor allem der sogenannte Ausgangswert ist, bestimmt sich der Gegenstandswert nach diesem. Maßgeblich ist, wie bei den anderen Gewinneinkünften, die Tabelle B.

Amtliche Begründung 3. VOÄ zu § 26:

Nach Schätzungen ermitteln etwa 65 v. H. sämtlicher land- und forstwirtschaftlicher Betriebe ihren Gewinn nach Durchschnittssätzen gemäß § 13 a EStG. Der Anteil der davon steuerlich beratenen land- und forstwirtschaftlichen Betriebe dürfte ebenfalls ca. 65 v. H. betragen. Dies hat seine Ursache darin, daß diese Betriebe sehr häufig Sondergewinne im Sinne des § 13 a Abs. 8 EStG zu verzeichnen haben, die nach den Vorschriften des § 4 Abs. 1 bzw. Abs. 4 EStG zu ermitteln sind.
Diesen Sondergewinnen kommt wegen verschiedener agrarpolitischer Maßnahmen wie z. B. Zahlungen von direkten und indirekten Einkommensbeihilfen in letzter Zeit immer mehr ertragssteuerliche Bedeutung zu. Das zeigt sich auch anhand der jüngsten Verwaltungsregelungen bei Zahlungen von Wirtschaftsentschädigungen und bei der flächenlosen Übertragung oder Überlassung von Milchanlieferungs-Referenzmengen. Die in diesem Zusammenhang und aufgrund anderer Tatbestände nach § 13 a Abs. 8 EStG zu erfassenden Beträge bewegen sich nicht selten im sechsstelligen Bereich.
Durch die vorgeschlagene Neufassung wird eine weitgehende Angleichung vergleichbarer Gebührentatbestände erreicht.

Anmerkungsübersicht

1 Allgemeines

§ 26 regelt die Ermittlung des Gewinns aus Land- und Forstwirtschaft gemäß § 13 a EStG.
Für die Gewinnermittlung durch Gegenüberstellung der Betriebseinnahmen und der Betriebsausgaben gilt § 25; für die Ermittlung des Gewinns aus Land- und Forstwirtschaft durch Vermögensvergleich (§ 4 Absatz 1 EStG) findet § 39 Anwendung.
Der Ansatz der Gebühr erfolgt zusätzlich zu der Erklärungsgebühr nach § 24 Absatz 1 Nummern 1 und 2.
Nach § 13 a Absatz 3 Nummer 5 i. V. mit Absatz 8 EStG sind in den Durchschnittsatzgewinn auch Gewinne aus Sonderkulturen, Sondernutzungen und besonderen Betriebsvorgängen einzubeziehen. Diese „besonderen Gewinne" sind mithin Teil des Durchschnittsatzgewinns. Die Ermittlung dieser Gewinne nach § 13 a Absatz 8 EStG ist demzufolge mit der Gebühr nach § 26 abgegolten.
Sind für mehrere land- und forstwirtschaftliche Betriebe Gewinnermittlungen nach Durchschnittsätzen vorzunehmen, so erhält der StB für jede dieser Ermittlungen eine gesonderte Gebühr.

2 Gebühr

Die zur Anwendung gelangende „Wertgebühr" zeigt, gleich der Vorschrift des § 25, einen breiten Rahmen von 5/10 bis 20/10, der es ermöglicht,

Umfang und Schwierigkeitsgrad der Leistungen für den einzelnen Betrieb angemessen zu berücksichtigen. Das gilt insbesondere für die Ermittlungen des Ausgangswertes nach § 13a Absatz 4 EStG und der Summe der nach den Vorschriften des § 4 Absatz 1 oder Absatz 4 EStG zu ermittelnden Sondergewinne im Sinne des § 13a Absatz 8 EStG. Gleich § 25 findet die Tabelle B Anwendung.

3 **Gegenstandswert**

Bisher war als Gegenstandswert nur der „Ausgangswert" nach § 13a Absatz 4 EStG anzusetzen. Den Sondergewinnen nach § 13a Absatz 8 EStG hat wegen der agrarpolitisch motivierten Zahlungen direkter und indirekter Einkommensbeihilfen besondere ertragsteuerliche Bedeutung. Daher ist die Summe der Sondergewinne nach § 13a Absatz 8 EStG in den Gegenstandswert einzubeziehen. Daraus folgt, daß die Ermittlung der Sondergewinne als solche beim Ansatz der Rahmengebühr nicht zu berücksichtigen ist. Im Rahmen des § 11 StBGebV sind nur die Umstände zu berücksichtigen, die sich bei der Ermittlung der jeweiligen Sondergewinne selbst ergeben.

4 **Vorarbeiten**

Im Gegensatz zu § 25 kennt § 26 keinen gesonderten Ansatz von Vorarbeiten. Sind im Einzelfall solche Arbeiten zu leisten, bedürfen sie damit der Berücksichtigung bei der Wahl des Rahmensatzes.

5 **Pauschalierung**

Die Gebühr ist pauschalierungsfähig.

§ 27 Ermittlung des Überschusses der Einnahmen über die Werbungskosten

(1) **Die Gebühr für die Ermittlung des Überschusses der Einnahmen über die Werbungskosten bei den Einkünften aus nichtselbständiger Arbeit, Kapitalvermögen, Vermietung und Verpachtung oder sonstigen Einkünften beträgt 1 Zwanzigstel bis 12 Zwanzigstel einer vollen Gebühr nach Tabelle A (Anlage 1). Gegenstandswert ist der jeweils höhere Betrag, der sich aus der Summe der Einnahmen oder der Summe der Werbungskosten ergibt, jedoch mindestens 12.000 Deutsche Mark.**

(2) **Beziehen sich die Einkünfte aus Vermietung und Verpachtung auf mehrere Grundstücke oder sonstige Wirtschaftsgüter und ist der Überschuß der Einnahmen über die Werbungskosten jeweils getrennt zu ermitteln, so erhält der Steuerberater die Gebühr nach Absatz 1 für jede Überschußrechnung.**

(3) *(aufgehoben)*

Amtliche Begründung zu § 27:

Diese Vorschrift regelt den Gebührenanspruch für die Einkunftsermittlung durch Gegenüberstellung der Einnahmen und Werbungskosten (sog. Überschußeinkünfte). Gegenstandswert ist auch hier der jeweils höhere Betrag, der sich aus der Summe der Einnahmen oder der Summe der Werbungskosten ergibt. Im Gegensatz zu den Regelungen in den §§ 25 und 26 richtet sich die Gebührenberechnung jedoch nach der Tabelle A. Die Berechnung einer zusätzlichen Vergütung für über das übliche Maß hinausgehende Vorarbeiten ist im Gegensatz zur Überschußrechnung für Gewinneinkünfte nicht vorgesehen.

Amtliche Begründung 3. VOÄ zu § 27:

Der Gebührentatbestand des § 27 Abs. 3 kann gestrichen werden, da der zugrundeliegende § 21a des Einkommensteuergesetzes letztmals im Veranlagungszeitraum 1986 anzuwenden war.

Anmerkungsübersicht

1 Allgemeines
2 Anwendungsbereich
3 Gebühr
4 Gegenstandswert
5 Vorarbeiten
6 Einkünfte aus nichtselbständiger Arbeit
7 Einkünfte aus Kapitalvermögen
8 Einkünfte aus Vermietung und Verpachtung
8.1 Eigengenutztes Wohneigentum
8.2 Anteilige Einkünfte aus Gemeinschaften und Grundstücksfonds
8.3 Ermittlung der Einkünfte für Gemeinschaften und Grundstücksfonds
8.4 Ermittlung der Einkünfte für Bauherrengemeinschaften
9 Sonstige Einkünfte
10 Erstattung eines Berichtes
11 Anwendung des Gebührenrahmens
12 Pauschalierung

1 Allgemeines

Die Vorschrift regelt die Ermittlung der „**Überschuß**einkünfte" durch Gegenüberstellung der „Einnahmen" und der „Werbungskosten". Der Ansatz erfolgt zusätzlich zur Erklärungsgebühr, nachdem § 24 Absatz 1 Nummern 1 und 2 bestimmen, daß zur Anfertigung von Einkommensteuererklärungen und zur gesonderten Feststellung von Einkünften nicht die Ermittlung der einzelnen Einkünfte selbst gehört.
Für die Ermittlung der „**Gewinn**einkünfte" durch Gegenüberstellung der „Betriebseinnahmen und Betriebsausgaben" trifft § 25 (als „Parallelvorschrift") die erforderliche Regelung.
Gleich § 25 sei auch hier nochmals darauf hingewiesen, daß die äußere Form einer Überschußrechnung (Aufnahme in einen amtlichen Vordruck oder gesonderte Darstellung außerhalb eines Vordruckes) ohne jeden Einfluß auf

die Gebührenbemessung und vor allem auf den Charakter einer selbständigen „Angelegenheit" bleibt.

2 **Anwendungsbereich**

In Betracht kommt die Ermittlung des Überschusses für folgende Einkünfte:

a) Einkünfte aus nichtselbständiger Arbeit (§§ 19 und 19a EStG);
b) Einkünfte aus Kapitalvermögen (§ 20 EStG);
c) Einkünfte aus Vermietung und Verpachtung (§ 21 EStG);
d) Sonstige Einkünfte (§§ 22 und 23 EStG).

Die Ermittlung ausländischer Einkünfte im Rahmen des Progressionsvorbehaltes nach § 32b EStG durch eine Überschußrechnung ist für jede angesprochene Einkunftsart gesondert nach § 27 berechnungsfähig.

3 **Gebühr**

Zur Berechnung gelangt die „Wertgebühr". Sie gewährt einen Rahmen von 1/20 bis 12/20. Die Sätze liegen deutlich unter dem Rahmen des § 25 (5/10 bis 20/10), wobei aber zu berücksichtigen ist, daß für die Gewinneinkünfte die Tabelle B gilt, während hier die **Tabelle A** Anwendung findet.
Zur Anwendung von § 16 siehe Anmerkung 4.

4 **Gegenstandswert**

Gegenstandswert ist die Summe der Einnahmen oder der **höheren** Werbungskosten. Maßgebend sind die Einnahmen und Werbungskosten im Sinne des Einkommensteuerrechtes, zu denen im Optionsfall auch die Umsatzsteuer rechnet. Eine Kürzung von Freibeträgen oder Pauschbeträgen entfällt. In § 27 fehlt eine generelle Parallelvorschrift zu § 25 Absatz 3 (Gesonderte Gebühren für getrennt zu ermittelnde Überschüsse innerhalb einer Einkunftsart). Andererseits wird für die Einkunftsart „Vermietung und Verpachtung" durch Absatz 2 die getrennte Überschußermittlung verbunden mit einer getrennten Gebührenbemessung für jede „Einheit" dieser Einkunftsart ausdrücklich zugelassen.
Aus dem Vorgesagten folgt, daß für die Einkunftsarten gemäß Anmerkung 2 Buchstaben a, b und d der Verordnungsgeber gebührenrechtlich jeweils nur eine (zusammengefaßte) Überschußrechnung sieht und honoriert. Dies wirft bei zusammen zu veranlagenden Ehegatten die Frage auf, ob diese „eine" Überschußrechnung je Einkunftsart auch nur „eine" Überschußrechnung für beide Ehegatten gemeinsam sein kann. In Verfolg der Überlegungen zu § 6 (Anmerkung 2) und § 24 Absatz 1 Nummer 1 (Anmerkung 2) wird man die Auffassung zu vertreten haben, daß die „eine" Überschußermittlung bei den erwähnten Einkünften für jeden Ehegatten getrennt zu sehen ist, somit im Falle der Zusammenveranlagung maximal sechs Überschußrechnungen zu den Einkunftsarten „Nichtselbständige Arbeit", „Kapitalvermögen" und „Sonstige Einkünfte" möglich und gebührenrechtlich vergütungsfähig sind.

Das Vorgesagte hat zur Folge, daß damit, auch bei Anwendung von § 16 im Falle der Zusammenveranlagung, zwei „Angelegenheiten" möglich sind, die beide einen (gesonderten) „Pauschsatz" rechtfertigen.
Erreichen die Einnahmen oder die höheren Werbungskosten für **jede gesondert** berechnungsfähige Überschußermittlung nicht DM 12.000,–, so gelangt dieser Betrag als Mindestgegenstandswert in Ansatz.
Zu der Frage, ob die „Einnahmen" oder die „Steuerpflichtigen Einnahmen" bzw. die „Werbungskosten" oder die „Steuerlich abzugsfähigen Werbungskosten" anzusetzen sind, verweisen wir auf die Ausführungen in Anmerkung 4 zu § 25, die sinngemäß auch für § 27 Anwendung finden können.

5 Vorarbeiten

Eine gesonderte Berücksichtigung von „Vorarbeiten" (und damit auch von „Nebenarbeiten") kennt § 27 im Gegensatz zu § 25 nicht. Es bedarf somit, wenn Arbeiten dieser Art anfallen, ausschließlich der Berücksichtigung bei der Wahl des Rahmensatzes, erforderlichenfalls einer Vereinbarung nach § 4 Absatz 1. Eine Ausdehnung des Absatzes 2 von § 25 über § 2 auf § 27 erscheint nicht möglich. Ergänzend wird allerdings auf Anmerkung 8 verwiesen.
Auf Anmerkung 5 zu § 25 und die Ausführungen zu den Begriffen „Vorarbeiten", „Nebenarbeiten" und „Nacharbeiten", zusammenfassend auch als „Rahmenarbeiten" bezeichnet, in Anmerkung 5 zu § 35 sei der Vollständigkeit halber aufmerksam gemacht.

6 Einkünfte aus nichtselbständiger Arbeit

Maßgebend sind die „Bruttoeinnahmen" gemäß § 19 EStG vor Kürzung von Freibeträgen.
Mehrere Dienstverhältnisse werden zu „einer Überschußrechnung" zusammengefaßt. Im Falle der Zusammenveranlagung erfolgt darüber hinaus **keine** weitere Zusammenrechnung der Dienstverhältnisse und der Einnahmen beider Ehegatten; es liegen somit bei Ehegatten, die beide Einkünfte aus nichtselbständiger Arbeit beziehen, **zwei** Überschußrechnungen vor (Siehe Anmerkung 4). Vorstehende Auffassung wird durch das AG Schöneberg (17 C 62/83 vom 31. 8. 1983) bestätigt.
„Negative Einnahmen" (nicht Einkünfte), z.B. aus der Rückzahlung von Arbeitslohn, der in einem früheren Veranlagungszeitraum Teil der Einnahmen war, in einem späteren Veranlagungszeitraum, wird man, gleich der Rückzahlung irrtümlich erhaltener Einnahmen, als Minderung der Bemessungsgrundlage anzusehen haben (Erlaß Bremen S 2399-A 1/St 1 vom 23. 2. 1968; StEK AO § 150 Nummer 4).
Der Ansatz einer Gebühr ist auch erforderlich und gerechtfertigt, wenn die Ermittlung der Einnahmen einfach ist und Werbungskosten nach Feststellung der tatsächlichen Aufwendungen nur mit dem Pauschbetrag nach § 9a EStG in Ansatz gelangen. Die Wahl eines im unteren Bereich liegenden Rahmensatzes trägt diesem Leistungsumfang angemessen Rechnung. So be-

ziffert sich bei einem Gegenstandswert von beispielsweise DM 60.000,– die Gebühr von 1/20 nach Tabelle A auf DM 78,30.

7 Einkünfte aus Kapitalvermögen

Mehrere Einkunftsteile (Einkunftsquellen) werden zu „einer Überschußrechnung" zusammengefaßt. Haben beide Ehegatten im Falle der Zusammenveranlagung Einkünfte aus Kapitalvermögen, so liegen zwei gesondert berechnungsfähige Überschußrechnungen vor (Siehe Anmerkung 4).
Für „negative Einnahmen", etwa aus der Rückzahlung von Zinsen oder der beim Wertpapierkauf vom Erwerber zu leistenden Stückzinsen, gilt das unter Anmerkung 6 Gesagte gleichermaßen (BFH 13. 12. 1963; BStBl III 1964 S. 184).
„Besondere Werbungskosten" dagegen, wie z.B. die Teilnahme am Verlust aus einer typisch stillen Beteiligung oder Schuldzinsen für Kredite zum Wertpapierkauf bei erst später anfallenden Einnahmen, bedingen im Hinblick auf das Bruttoprinzip, das der GebV zugrunde liegt, keine Minderung der Bemessungsgrundlage (Hierzu auch FG Baden-Württemberg V 42/78 vom 2. 8. 1978 in EFG S. 538 und V 389–390/66 vom 13. 3. 1970 in EFG S. 387 sowie FG Düsseldorf II 626/76 A in EFG S. 418).
Auch einfache Arbeiten bei wenigen Einkunftsquellen und Ansatz nur des Pauschbetrages für Werbungskosten nach § 9a EStG rechtfertigen den Ansatz der Gebühr für diese Überschußrechnung.
Für Arbeiten zur Feststellung eines verrechenbaren Werbungskostenüberschusses gemäß § 15a EStG i.V. mit § 20 Absatz 1 Nummer 4 EStG gilt § 24 Absatz 4 Nummer 2. Siehe hierzu Anmerkung 2 zu § 24 Absatz 4.

8 Einkünfte aus Vermietung und Verpachtung

Für jede bewertungsrechtliche Grundstückseinheit (und für jedes grundstücksgleiche Recht), für die einkommensteuerlich eine gesonderte Ermittlung des Überschusses der Einnahmen über die Werbungskosten zu erfolgen hat, ist auch eine gesonderte Gebührenberechnung geboten.
Das Gesagte gilt gleichermaßen für „Sonstige Wirtschaftsgüter". Hierunter wird man in Verfolg von § 21 Absatz 1 EStG zu verstehen haben: Mineralgewinnungsrechte, Schiffe, bewegliches Betriebsvermögen, Überlassung von Rechten, insbesondere Urheberrechten, gewerblichen Erfahrungen, Gerechtigkeiten und Gefällen, sowie Miet- und Pachtzinsforderungen. Voraussetzung ist, daß die Wirtschaftsgüter keiner anderen Einkunftsart zuzurechnen sind.
Mit der Fassung von Absatz 2 („Beziehen sich ... auf mehrere Grundstükke ...") bestätigt der Verordnungsgeber durch die Nichtverwendung des Begriffes „Einkünfte" unsere Argumentation in Anmerkung 1 Absatz 2 zu § 25.
Die Umsatzsteuer ist im Falle der Option Bestandteil der Einnahmen und der Werbungskosten.
Für Arbeiten zur Feststellung eines verrechenbaren Werbungskostenüberschusses gemäß § 15a EStG i.V. mit § 21 Absatz 1 Satz 2 EStG gilt § 24 Absatz 4 Nummer 2. Siehe hierzu Anmerkung 2 zu § 24 Absatz 4.

Ungeachtet der Notwendigkeit, Vorarbeiten (Nebenarbeiten) ausschließlich mit der Wahl des Rahmensatzes abzugelten, wird man folgendes zu sehen haben:
Sonderleistungen, wie etwa die Ermittlung der Herstellungskosten eines Gebäudes, die für die „Einkünfte aus Vermietung und Verpachtung" von Bedeutung sind, erwähnt die GebV nicht. Eine solche Tätigkeit ist zwangsläufig Voraussetzung für die Ermittlung der Einkünfte, sie kann aber nicht als „Vorarbeit (Nebenarbeit)", so wie sie die GebV versteht, angesehen werden. Demzufolge bedarf es einer gesonderten Berechnung. Da weder „Einnahmen" noch „Werbungskosten" als Gegenstandswert verfügbar sind, wird man, in Ermangelung einer anderen einschlägigen Bestimmung, über § 2 „sinngemäß" § 37 Nummer 1 oder letztlich § 13 Nummer 2 anwenden können. Wir würden (mit einem Blick auf § 35 Absatz 3) der Zeitgebühr den Vorzug geben. Die vorstehend wiedergegebene Auffassung wird geteilt von Feiter Anmerkung 7. 5.1. Anderer Ansicht ist Eggesiecker „STEUGO" Rdnr. 27.530, der über § 2 „sinngemäß" auf § 35 Absatz 1 Nummer 4 zurückgreift. Mittelsteiner/Scholz Anmerkung 6 zu § 25 haben Bedenken, übersehen aber die Entscheidung des AG Köln (Anmerkung 11).

8.1 Eigengenutztes Wohneigentum

1. Die Ermittlung des Nutzungswerts der selbstgenutzten Wohnung (§ 21 a EStG) war letztmalig für das Kalenderjahr 1986 durchzuführen. Mangels Bedarf hat der Verordnungsgeber die entsprechende Gebührenvorschrift in Absatz 3 mit der 3. VOÄ aufgehoben.

2. Mit dem Gesetz zur Neuregelung der steuerrechtlichen Förderung des selbstgenutzten Wohneigentums (Wohnungseigentumsförderungsgesetz) vom 15. 5. 1986 wurde die gesamte steuerrechtliche Behandlung der zu eigenen Wohnzwecken genutzten Wohnung **ab 1. 1. 1987** auf eine neue Grundlage gestellt.

a) Die Eigennutzung des Wohneigentums soll als Teil der persönlichen Lebensgestaltung nicht mehr Gegenstand der Besteuerung sein. Daraus resultiert:

aa) Der pauschalierte Nutzungswert nach § 21 a EStG (Einfamilienhaus, Eigentumswohnung, alleinbewohntes anderes Gebäude) gelangt in Wegfall;

bb) Für die eigengenutzte Wohnung in anderen Häusern (Zweifamilienhaus, Mietwohngrundstück, gemischtgenutztes Grundstück, Geschäftsgrundstück) ist kein Mietwert mehr in Ansatz zu bringen;

cc) Die auf die eigengenutzte Wohnung gemäß Buchstaben bb entfallenden Werbungskosten sind nicht mehr abzugsfähig.

b) Für ab 1. 1. 1987 fertiggestellte oder angeschaffte, zu eigenen Wohnzwecken genutzte Wohnungen (unabhängig davon, ob es sich um Einfamilienhäuser, Eigentumswohnungen, Zweifamilienhäuser oder andere Häuser handelt) erfolgt eine steuerliche Förderung über § 10 e EStG.

c) Steuerpflichtige, welche die Förderung des § 10e (Absätze 1 bis 5) EStG oder des § 15 BerlinFG in Anspruch nehmen, erhalten für jedes zum Haushalt gehörige, berücksichtigungsfähige Kind eine Steuerermäßigung in Form eines Steuerkürzungsbetrages (Kinderkomponente).

d) Als Übergangsregelung kann bei Vorliegen der entsprechenden Voraussetzungen die im Veranlagungszeitraum gültige Besteuerung nach dem Nutzungswert als Überschuß des Mietwertes über die Werbungskosten bis zum Veranlagungszeitraum 1998 beibehalten werden, mit der Möglichkeit des jederzeitigen unwiderruflichen Verzichtes.

e) Soweit die Besteuerung des Nutzungswertes im Veranlagungszeitraum 1986 pauschal nach § 21a EStG erfolgte, gelangt im Rahmen der Übergangsregelung der Grundbetrag nicht mehr in Ansatz, während bestimmte Absetzungsbeträge und der erweiterte Schuldzinsenabzug weiterhin „wie Sonderausgaben" geltend gemacht werden können.

3. Welche **gebührenrechtliche Konsequenzen** ergeben sich aus den aufgezeigten Änderungen **ab 1. 1. 1987:**

a) Entscheidet sich der Eigentümer einer selbstgenutzten Wohnung, die 1986 nach § 21 Absatz 2 EStG besteuert wurde, nach Maßgabe der Übergangsregelung (Ziffer 2 Buchstabe d) für eine Fortführung dieser Besteuerung, so ergibt sich gebührenrechtlich keine Änderung. Der Mietwert ist unverändert Bestandteil der Einnahmen; die anteiligen Werbungskosten sind unverändert Bestandteil der Summe der (höheren) Werbungskosten.

b) Verzichtet der Eigentümer einer selbstgenutzten Wohnung, die 1986 nach § 21 Absatz 2 EStG besteuert wurde, nach § 52 Absatz 21 Satz 3 EStG auf die Nutzungswertbesteuerung, so reduziert sich bei dem fraglichen Grundstück (Gebäude) die Summe der Einnahmen um den Mietwert und die Summe der (höheren) Werbungskosten um die anteiligen Werbungskosten der eigengenutzten Wohnung. Der so reduzierte Gegenstandswert führt zu einer (meist nicht sehr ins Gewicht fallenden) Gebührenminderung. Bei der Wahl des Zehntelsatzes wird der StB andererseits den erhöhten Leistungsaufwand für die Berechnung der auszuscheidenden anteiligen Werbungskosten zu berücksichtigen haben, so daß es sehr wohl möglich ist, daß die angemessene Gebühr für dieses Grundstück letztlich höher liegt als bei einer Weiterführung der bisherigen Besteuerung.

c) Wurde die selbstgenutzte Wohnung eines Steuerpflichtigen im Jahr 1986 nach § 21a EStG besteuert, so gelangt mit dem Wegfall des Nutzungswertes bei der Besteuerung (Ziffer 2 Buchstabe e) auch die Gebühr nach § 27 Absatz 3 in Wegfall. Verbleibende Tätigkeiten zur Inanspruchnahme von Abschreibungen und des Schuldzinsenabzugs im Rahmen der Sonderausgaben sind keiner besonderen Berechnung zugänglich; ihre gebührenrechtliche Abgeltung erfolgt über § 24 Absatz 1 Nummer 1, ggfs. unter Berücksichtigung bei der Bestimmung des Rahmensatzes.

d) Für ab 1. 1. 1987 fertiggestellte oder angeschaffte selbstgenutzte Wohnungen (Ziffer 2 Buchstabe b) erfolgt die „neue steuerliche Förderung" ausschließlich über § 10e EStG. Damit gilt das vorstehend unter Buchstabe c Gesagte gleichermaßen.

e) Sind mehrere Steuerpflichtige Eigentümer einer zu eigenen Wohnzwecken genutzten Wohnung und kommt nach § 10e Absatz 7 EStG eine gesonderte (einheitliche) Feststellung der „Abzugsbeträge" und der „Aufwendungen" nach §§ 179 und 180 Absatz 1 Nummer 2 Buchstabe a AO in Betracht, so ist diese Erklärung gesondert nach § 24 Absatz 1 Nummer 2 berechnungsfähig, mit der Maßgabe, daß die „Summe der festzustellenden Werte" an die Stelle der „Summe der positiven Einkünfte" tritt.

4. Mit dem Eigenheimzulagengesetz in seiner jeweiligen Fassung ist an die steuerliche Förderung (Sonderausgabenabzug nach § 10e EStG) eine Zulagenförderung getreten. Der Gebührenanspruch für Anträge nach dem Eigenheimzulagengesetz ergibt sich aus § 24 Absatz 1 Nummer 24.

8.2 Anteilige Einkünfte aus Gemeinschaften und Grundstücksfonds

Beim Ansatz von „Beteiligungseinkünften" (Grundstücksgemeinschaften, Geschlossene Grundstücksfonds) kann man begrifflich nicht von der „Ermittlung des Überschusses der Einnahmen über die Werbungskosten" sprechen, so daß ein gesonderter Ansatz gemäß § 27 entfällt. Einkünfte dieser Art sind mit der Gebühr nach § 24 Absatz 1 Nummern 1 und 2 abgegolten (Anmerkung 1 zu § 24 Absatz 1 Nummer 1). Dies gilt auch für Rückfragen nach der Höhe solcher Einkünfte bei der Gemeinschaft oder Gesellschaft oder deren StB wie auch für die Klärung gültiger Wertfestsetzungen bei Vorliegen mehrerer Feststellungsbescheide.
Die Ermittlung von „Sondereinnahmen" und „Sonderwerbungskosten" sowie deren Bekanntgabe durch den StB im Auftrag des Steuerpflichtigen an Grundstücksgemeinschaften oder Grundstücksfonds dürfte man nach den in Anmerkung 7 zu § 25 angestellten Überlegungen als „Kleine Überschußermittlung für Teileinkünfte aus Vermietung und Verpachtung" über § 27 berechnen können. Dies hätte auch zu gelten, wenn, wie dort ausgeführt, nach § 179 AO bereits gesondert (einheitlich) festgestellte Einkünfte wegen des Vorliegens von „Sondereinnahmen" oder „Sonderwerbungskosten" nachträglich noch der Ergänzung bedürfen.

8.3 Ermittlung der Einkünfte für Gemeinschaften und Grundstücksfonds

Die Gebühr für die Ermittlung der Einkünfte aus Vermietung und Verpachtung von Grundstücksgemeinschaften und geschlossenen Grundstücksfonds im Rahmen der gesonderten Feststellung bestimmt sich nach den Absätzen 1 und 2 von § 27.

8.4 Ermittlung der Einkünfte für Bauherrengemeinschaften

Für die Ermittlung der Einkünfte aus Vermietung und Verpachtung von Bauherrengemeinschaften empfiehlt sich, in Anbetracht der besonderen Gegebenheiten wie auch meist der Zahl der Beteiligten, die Vereinbarung einer höheren Vergütung nach § 4 Absatz 1. Anzumerken ist, daß nur Steuerberatungsleistungen nach § 33 StBerG in den Geltungsbereich der StBGebV fallen. Für weitere, berufsrechtlich zulässige, Tätigkeiten gilt § 57 Absatz 3 StBerG und somit die „Übliche Vergütung" nach den §§ 612 und 632 BGB (Teil III).

9 Sonstige Einkünfte

Mehrere Einkunftsteile (Einkunftsquellen) eines Ehegatten werden gebührenrechtlich zu einer „Überschußrechnung" zusammengefaßt, auch wenn z.B. für (mehrere) Renten und Spekulationsgeschäfte getrennte Ermittlungen der Einkunftsteile erfolgen. Eggesiecker „STEUGO" Rdnr. 27.830 unterteilt die Einkunftsart „Sonstige Einkünfte" in fünf Untereinkunftsarten für die jeweils eine „separate Überschußrechung" anfallen kann. Dementsprechend könne auch für jede Ermittlung der Einkünfte in einer dieser fünf Untereinkunftsarten eine Gebühr nach § 27 berechnet werden. Dieser Ansicht vermögen wir unter Bezug auf Anmerkung 4 nicht zu folgen. Haben beide Ehegatten „Sonstige Einkünfte", so liegen zwei gesondert berechnungsfähige Überschußrechnungen vor (Siehe Anmerkung 4).
Bei „Leibrenten" bilden die „Einnahmen", nicht die „Ertragsanteile", die Bemessungsgrundlagen, nachdem § 27 Absatz 2 ausdrücklich von der „Summe der **Einnahmen**" spricht und § 22 Nummer 1 EStG nur auf den „Ertragsanteil", also „einen Teil der Einnahmen", abhebt. Der gegenteiligen Meinung von Lehwald (DStR 1982 S. 215), der kurzerhand „Erträge" mit „Einnahmen" gleichsetzt, vermögen wir nicht zu folgen. Nicht zu überzeugen vermögen auch die Ausführungen von Eggesiecker „STEUGO" Rdnr. 27.850, der bei wiederkehrenden Bezügen, insbesondere bei Leibrenten, die vereinnahmten Beträge in einen Teil für Kapitalrückzahlung und in einen Zinsanteil aufspalten möchte. Nur der Zinsanteil, in § 22 Nummer 1 EStG als Ertragsanteil bezeichnet, stelle die positiv zu erfassende Größe im Sinne einer Überschußrechnung nach § 2 Absatz 2 Nummer 2 EStG dar.
Auch bei den übrigen dieser Einkunftsart zuzuordnenden Einkünften, so bei „privaten Veräußerungsgeschäften" (früher Spekulationsgeschäfte) und „Gelegentlichen Vermittlungen", sind die Einnahmen ohne Berücksichtigung von Werbungskosten oder Anschaffungskosten und ohne Beachtung von Freigrenzen der Gebührenbemessung zugrunde zu legen.
Ein Gebührenansatz ist auch dann geboten, wenn ein „Veräußerungsgeschäft" wegen Überschreitens der Spekulationsfristen nach § 23 Absatz 1 Nummer 1 EStG nicht steuerpflichtig ist, der „Spekulationsgewinn" unter DM 1.000,– liegt und damit nach § 23 Absatz 4 EStG steuerfrei bleibt, oder „Spekulationsverluste" zur Gegenrechnung nach § 23 Absatz 4 EStG ermit-

telt werden müssen und der StB zur Prüfung der Steuerpflicht im Rahmen der Sachverhaltsermittlung, der Fristenfeststellung und der Ermittlung der Einnahmen sowie der zugehörigen Werbungskosten tätig wird.

10 **Erstattung eines Berichtes**

Die Erstattung eines schriftlichen Berichtes zu einer Überschußermittlung ist nicht mit der Gebührenbestimmung des § 27 abgegolten. In analoger Anwendung von § 37 Nummer 3 über § 2 wird man ein Honorar von 1/10 bis 6/10 nach Tabelle B in Ansatz bringen können. Die innerhalb des § 27 etwas „artfremde" Anwendung der Tabelle B wird im Hinblick auf die grundsätzlich gleiche Tätigkeit wie bei § 25 hinzunehmen sein. Aus Anmerkung 12 zu § 25 ergeben sich hierzu ergänzende Überlegungen.

11 **Anwendung des Gebührenrahmens**

Als „Umstände" im Sinne von § 11 bei der Bestimmung der Gebührenhöhe wird man neben den dort angeführten generellen Kriterien insbesondere den Schwierigkeitsgrad zu klärender Rechtsfragen, die Vorbereitung durch den Steuerpflichtigen, die Art der Aufzeichnungen sowie die notwendige Beschaffung ausstehender Unterlagen und Bescheinigungen zu sehen haben. Ferner werden besonders umfangreiche Arbeiten, wie etwa beim Kostenansatz für Fahrten zwischen Wohnung und Arbeitsstätte oder berufstypische Besonderheiten, wie sie z. B. bei Künstlern oder Reisemonteuren gegeben sind, die Feststellung noch nicht bekannter Einnahmen (z. B. Sparzinsen), die Zahl der Einkunftsquellen (z. B. Konten, Wertpapiere), die Einbeziehung ausländischer Einkünfte, die Zahl der Mieter von Grundstücken, der Umfang der Werbungskosten, vor allem der Reparaturaufwendungen, neben ähnlichen Faktoren bedeutsam für die Wahl des Rahmensatzes sein.
Auf die Entscheidungen des OLG Düsseldorf, besprochen in Anmerkung 9 zu § 11 (Urteil 5), und des AG Köln, besprochen in Anmerkung 11 zu § 13 (Urteil 6), sei ergänzend verwiesen.

12 **Pauschalierung**

Die Gebühren sind pauschalierungsfähig.

§ 28 Prüfung von Steuerbescheiden

Für die Prüfung eines Steuerbescheids erhält der Steuerberater die Zeitgebühr.

Amtliche Begründung zu § 28:

Für die Prüfung des Steuerbescheids erhält der Steuerberater die Zeitgebühr, und zwar gleichgültig ob er die Steuererklärung, die dem zu prüfenden Steuerbescheid zugrunde liegt, selbst angefertigt hat oder nicht. Der Ansatz einer gesonderten Gebühr auch in den Fällen, in denen der Steuerberater die Steuererklärung selbst vorbereitet hat, erscheint gerechtfertigt, weil die Prüfung des Bescheids nicht nur einen Vergleich der der Veranlagung zugrunde gelegten Beträge mit den Angaben in der Steuererklärung erfordert, sondern daneben eine Prüfung der Kassenabrechnung der Finanzbehörde einschließlich etwaiger Umbuchungen sowie eine Überprüfung der Vorauszahlungen anhand des im Vorauszahlungszeitraum erzielten Betriebsergebnisses notwendig macht. Außerdem kommt es vor, daß die Finanzbehörde Steuerbescheide mehrmals ändert. Auch in diesen Fällen würde die Gebühr für die Anfertigung der Steuererklärung den (zusätzlichen) Arbeitsaufwand des Steuerberaters nicht ausreichend berücksichtigen.

Anmerkungsübersicht

1 Allgemeines

Die Vorschrift bestimmt die „Zeitgebühr" als die uneingeschränkt für die Prüfung von Steuerbescheiden anzuwendende Gebührenregelung. In der hier sehr ausführlichen Verordnungsbegründung kommt die Notwendigkeit zum Ausdruck, auch dann eine gesonderte „Bescheidprüfungsgebühr" vorzusehen, wenn die zugrunde liegende Steuererklärung von dem StB selbst gefertigt wurde. Dieser Auffassung kann aus der Sicht der Berufspraxis und der bisherigen Gebührenhandhabung nur beigepflichtet werden. Eine „Mitabgeltung" der Bescheidprüfung mit der Erklärungsgebühr würde weder dem nicht vorherbestimmbaren Bescheidinhalt noch der Anzahl der im Einzelfall erteilten (geänderten) Bescheide gerecht. Auch würde die Tatsache keine Berücksichtigung finden, daß Steuerbescheide zumeist zusätzliche Angaben über die Vorauszahlungsfestsetzung, die Kassenabrechnung u. ä. enthalten, die zu ihrer Prüfung oft einen nicht unerheblichen Zeitaufwand erfordert.
Das AG Dillingen bestätigt in seiner Entscheidung 1 C 524/84 vom 6. 8. 1985 die Berechtigung zur Berechnung der Bescheidprüfungsgebühr neben der Gebühr für die Fertigung der zugrunde liegenden Steuererklärung.
Der Auftrag zur Prüfung eines Steuerbescheides muß nicht vom Steuerpflichtigen selbst, er kann auch (zulässigerweise) von einem Dritten erteilt worden sein. Diese Prüfung ist dessenungeachtet unter § 33 StBerG zu subsumieren (Auffassung der Bundessteuerberaterkammer).
Der StB hat kein Wahlrecht, ob er die Gebühr für die Bescheidprüfung im Zusammenhang mit dem Veranlagungsverfahren oder dem außergerichtlichen Rechtsbehelfsverfahren liquidieren will. Nach der Stellung der Vorschrift des § 28 in der GebV (Vierter Abschnitt und nicht Sechster Abschnitt) kommt nur eine Berechnung im Veranlagungsverfahren in Betracht (FG des Saarlandes I 176/86 und I 180/86 vom 16. 10. 1986 in LEXinform).
Die Kürzung der Geschäftsgebühr nach § 41 Absatz 3 wegen einer vorangegangenen Bescheidprüfung (siehe auch Anmerkung 4) ist immer dann geboten, wenn der StB die Prüfungsgebühr „verdient" hat. Unbeachtlich ist, ob

die Prüfung vor oder nach der Einlegung des Rechtsbehelfs erfolgte und ob die Prüfungsgebühr bereits vom Steuerberater „gefordert" wurde (FG Münster IX 5371/86 vom 9. 6. 1987 in EFG 1987 S. 583). Gleicher Auffassung ist das Hessische Finanzgericht (2 Ko 433/86 vom 12. 2. 1987 in LEXinform).

2 Anwendungsbereich

Die Vorschrift gilt für alle Steuerbescheide nach Maßgabe der AO (§§ 155 ff.) in Verbindung mit den einzelnen Steuergesetzen, d. h. für die nach § 122 Absatz 1 AO bekanntgegebenen Verwaltungsakte. Hierzu rechnen u. a.:

- ▷ Bescheide über Einzelsteuern (§ 155 AO);
- ▷ Bescheide über Freistellung von Steuern (§ 155 AO);
- ▷ Bescheide über die Ablehnung von Anträgen auf Steuerfestsetzung (§ 155 AO);
- ▷ Bescheide über die Festsetzung von Steuervergütungen (§ 155 AO);
- ▷ Bescheide über eine abweichende Steuerfestsetzung aus Billigkeitsgründen (§ 163 AO);
- ▷ Bescheide über die Steuerfestsetzung unter dem Vorbehalt der Nachprüfung (§ 164 Absätze 1 und 2 AO);
- ▷ Bescheide über die Aufhebung des Vorbehaltes der Nachprüfung (§ 164 Absatz 3 AO);
- ▷ Bescheide über vorläufige Steuerfestsetzungen (§ 165 AO);
- ▷ Steueranmeldungen (§ 168 AO);
- ▷ Bescheide über die gesonderte Feststellung von Besteuerungsgrundlagen (§ 179 AO);
- ▷ Bescheide über die Festsetzung von Steuermeßbeträgen (§ 184 AO);
- ▷ Bescheide über die Zerlegung von Steuermeßbeträgen (§ 188 AO);
- ▷ Zuteilungsbescheide über Steuermeßbeträge (§ 190 AO);
- ▷ Haftungsbescheide und Duldungsbescheide (§ 191 AO);
- ▷ Bescheide über die Festsetzung von Zinsen (§ 239 AO);
- ▷ Aufteilungsbescheide in Vollstreckungssachen (§ 279 AO).

Die Vorschrift gilt gleichermaßen für die „ursprünglichen" Bescheide wie für sämtliche geänderten Bescheide.

Man wird die Bestimmung im übrigen nach § 2 „sinngemäß" auf alle Verwaltungsakte anzuwenden haben, die in „steuerbescheidähnlicher" Form ergehen, wie etwa „Verbindliche Zusagen" (§ 204 AO) oder Verwaltungsakte, durch die steuerliche Nebenleistungen festgesetzt werden (§§ 218, 240, 251 AO).

Auch bei der Prüfung eines „Zinsfestsetzungsbescheides" gemäß § 239 AO hat § 28 Gültigkeit, mit der Folge der Ermäßigung der Gebühr nach § 41 Absatz 3 (FG Nürnberg VI 159/86 vom 14. 10. 1986 in EFG 1987 S. 43).

Die Prüfung einer „Prüfungsanordnung" für eine Außenprüfung (§ 196 AO) führt nicht zu einer Gebühr nach § 28 und berechtigt daher nicht zu einer Kürzung der Gebühr nach § 41 Absatz 3 (FG Berlin V 70/85 vom 1. 7. 1986 in EFG 1986 S. 625).

3 Gebührenrahmen

Die Wahl des Rahmensatzes bestimmt sich vor allem nach dem Schwierigkeitsgrad der Prüfungsleistung. Dies gilt insbesondere bei Bescheiden, deren Feststellungen sich nicht direkt aus der zugrunde liegenden Erklärung ergeben oder die ohne vorangegangene Steuererklärung erteilt werden (z.B. Grunderwerbsteuerbescheide mit komplizierten Fragen der Grunderwerbsteuerpflicht oder Bescheide über die Feststellung von Einheitswerten für Geschäftsgrundstücke nach dem Sachwertverfahren nach § 83 BewG).
Werden mehrere Steuerbescheide „in direkter zeitlicher Folge" geprüft, so ist dessenungeachtet die Prüfung jedes einzelnen Bescheides eine „eigene Angelegenheit" (so wie die Erstellung der zugrunde liegenden Steuererklärungen auch), mit der Folge des gesonderten, nach der Halbstundeneinheit **gerundeten** Zeitansatzes; so auch Lieffering (StB 1984 S. 1). Eine Ausnahme werden Bescheide bilden, die „rechtlich zusammengehören", wie etwa der Gewerbesteuermeßbescheid und der Gewerbesteuerbescheid, wenn sie zusammen zur Prüfung vorgelegt werden. In einigen Bundesländern sind diese Bescheide auch formularmäßig bereits zu einem „gemeinsamen Bescheid" zusammengefaßt. Anderer Auffassung ist Eggesiecker „STEUGO" Rdnr. 28.360.
Die formularmäßige Aufteilung eines Verwaltungsaktes auf mehrere gleichzeitig übersandte Einzelbogen (Einkommensteuerbescheid, Vorauszahlungsfestsetzungsbogen, Zahlungsabrechnungsbogen der Finanzkasse) führt gebührenrechtlich nicht zu „getrennten Angelegenheiten", soweit diese die gleiche Steuerart betreffen.
Der Zeitaufwand für die schriftliche oder mündliche Stellungnahme über das Prüfungsergebnis gegenüber dem Auftraggeber sowie für die Anweisung der sich aus dem Bescheid ergebenden Steuerzahlungen ist zusammen mit dem Zeitaufwand für die eigentliche Prüfung berechnungsfähig.
Unterrichten StB ihre Mandanten bei der Übermittlung von Steuererklärungen über die zu erwartenden Steuerabschluß- oder Steuerüberzahlungen und erfolgt diese Information gegen Berechnung (§ 21), so ergibt sich bei der späteren Bescheidprüfung, soweit der Verwaltungsakt der Erklärung folgt, ein entsprechend reduzierter berechnungsfähiger Zeitaufwand, sofern nicht der ursprünglichen Unterrichtung nur eine „überschlägige" Berechnung zugrunde lag.
Auf die Entscheidung des LG Mainz, besprochen in Anmerkung 11 zu § 13 (Urteil 7), sei ergänzend verwiesen.

4 Angrenzende Tätigkeiten

Tätigkeiten, die sich aus den Erkenntnissen der Bescheidprüfung ergeben, sind gesondert berechnungsfähig. Hierzu rechnen u.a.:

▷ Einspruchs- oder Beschwerdeverfahren (§§ 40 bis 43);
  Zu beachten ist jedoch die Ermäßigungsvorschrift für die Geschäftsgebühr des § 41 Absatz 3 bei einer vorangegangenen Bescheidprüfung durch denselben Steuerberater.

▷ Antrag auf Aufhebung oder Änderung eines Steuerbescheides oder auf Aufhebung einer Steueranmeldung (§ 23 Nummer 7);
▷ Antrag auf Rücknahme oder Widerruf eines Verwaltungsaktes (§ 23 Nummer 8);
▷ Antrag auf Wiedereinsetzung in den vorigen Stand außerhalb eines Rechtsbehelfsverfahrens (§ 23 Nummer 9);
▷ Antrag auf Stundung (§ 23 Nummer 2);
▷ Antrag auf Anpassung der Vorauszahlungen (§ 23 Nummer 3);
▷ Antrag auf abweichende Steuerfestsetzung aus Billigkeitsgründen (§ 23 Nummer 4);
▷ Antrag auf Steuererlaß (§ 23 Nummer 5);
▷ Antrag auf Erstattung gemäß § 37 Absatz 2 AO (§ 23 Nummer 6).

Erteilt ein StB seinen Mandanten unter Zugrundelegung der Vorauszahlungsfestsetzung in Steuerbescheiden zu den einzelnen Fälligkeitszeitpunkten auftragsgemäß „Zahlungsanweisungen“, so ergibt sich der Honoraranspruch hierfür aus § 21.

5 **Pauschalierung**

Die Gebühr ist pauschalierungsfähig. Man wird hierbei die „laufend auszuübende **Tätigkeit**“ (§ 14) in den Vordergrund stellen und demzufolge die „Prüfung von Steuerbescheiden“ als Ganzes sehen können, also nicht noch zwischen der Prüfung „laufend erteilter“ Bescheide und der Prüfung „anderer (einmaliger)“ Bescheide unterscheiden müssen.

§ 29 Teilnahme an Prüfungen

Der Steuerberater erhält

1. **für die Teilnahme an einer Prüfung, insbesondere an einer Außenprüfung (§ 193 der Abgabenordnung) einschließlich der Schlußbesprechung und der Prüfung des Prüfungsberichts, an einer Ermittlung der Besteuerungsgrundlagen (§ 208 der Abgabenordnung) oder an einer Maßnahme der Steueraufsicht (§§ 209 bis 217 der Abgabenordnung) die Zeitgebühr;**
2. **für schriftliche Einwendungen gegen den Prüfungsbericht 5 Zehntel bis 10 Zehntel einer vollen Gebühr nach Tabelle A (Anlage 1).**

Amtliche Begründung zu § 29:

Gegenstand dieser Vorschrift sind die Tätigkeiten im Rahmen einer Außenprüfung (§ 193 AO), einer Prüfung zur Ermittlung der Besteuerungsgrundlagen (§ 208 AO) oder einer Maßnahme der Steueraufsicht (§§ 209 bis 217 AO). Der Anwendungsbereich umfaßt nicht nur die Zeit der Anwesenheit bei der Prüfung, sondern auch den Zeitaufwand für die Vorbereitung auf die Prüfungsteilnahme und für sonstige Mitwirkungshandlungen des Berufsangehörigen oder seiner Mitarbeiter. Maßgebliche Gebührenart ist die Zeitgebühr.

Erhebt der Steuerberater schriftliche Einwendungen gegen den Prüfungsbericht, so erhält er hierfür eine gesonderte Vergütung. Diese ist nach der Tabelle A zu berechnen.

Anmerkungsübersicht

1 Allgemeines

Man wird die Interessenwahrung des Mandanten, gerade bei Außenprüfungen, als eine der vornehmsten und für das Mandatsverhältnis bedeutsamsten Tätigkeiten zu sehen und zu werten haben. Unter Einbeziehung des Umfangs und der Häufigkeit der Außenprüfungen kommt der Bestimmung des § 29 daher für den StB eine besondere Bedeutung zu. Die Notwendigkeit und das Bedürfnis des Auftraggebers, sich gerade bei dieser „direkten Begegnung mit der Finanzverwaltung" sachkundig vertreten oder zumindest beraten zu lassen, ist gewachsen, der Zeitaufwand des StB für diese Tätigkeit aufgrund der kurzfristigen Änderungen und dem wachsenden Schwierigkeitsgrad des Steuerrechts sowie der zunehmenden Prüfungsdauer in gleichem Maße gestiegen.

2 Anwendungsbereich Prüfungsarten

a) Außenprüfung

§§ 193 bis 203 AO

aa) Vollprüfung nach §§ 193 bis 202 AO:
- ▷ Steuerpflichtige, die einen gewerblichen Betrieb unterhalten;
- ▷ Steuerpflichtige, die einen land- und forstwirtschaftlichen Betrieb unterhalten;
- ▷ Steuerpflichtige, die freiberuflich tätig sind;
- ▷ Sonstige Steuerpflichtige nach § 193 Absatz 2 AO.

bb) Abgekürzte Außenprüfung nach § 203 AO:
- ▷ Steuerpflichtige, bei denen eine Außenprüfung in regelmäßigen Zeitabständen nicht für erforderlich gehalten wird.
  Die Prüfung dient auch der Klärung einzelner zweifelhafter, schwieriger und für die Besteuerung erheblicher Sachverhalte.
  Zur „Betriebsnahen Veranlagung" siehe Anmerkung 9.

cc) Liquiditätsprüfung:
- ▷ Steuerpflichtige, die Antrag auf Billigkeitsmaßnahmen gestellt haben.
  Diese Prüfung ist nur mit Zustimmung des Steuerpflichtigen möglich (Siehe auch Anmerkung 2 zu § 37).

b) Lohnsteuer-Außenprüfung

§ 193 AO
§ 194 Absatz 1 Satz 4 AO
§ 42f EStG
Prüfung der Einbehaltung, Übernahme und Abführung der Lohnsteuer bei Arbeitgebern.

c) Kapitalertragsteuerprüfung

§§ 193 bis 203 AO
§ 50b EStG
Prüfung der Verhältnisse, die für die Anrechnung oder Erstattung von Kapitalertragsteuer von Bedeutung sind.

d) Umsatzsteuer-Sonderprüfung

§ 194 Absatz 1 Satz 2 AO
Abschnitt 232 UStR
Sonderprüfung als Erstprüfung und Bedarfsprüfung bei Vorliegen der Prüfungsvoraussetzungen.

e) Außenprüfung für Zölle und Verbrauchsteuern

§§ 193 bis 203 AO
aa) Vollprüfung nach §§ 193 bis 202 AO.
bb) Abgekürzte Außenprüfung nach § 203 AO.
cc) Prüfung der Ursprungs- und Freiverkehrseigenschaft von Waren aufgrund der Rechtsakte der EG.

f) Fahndungsprüfung der Steuer- und Zollfahndung

§ 208 AO
aa) Ermittlung von Besteuerungsgrundlagen im Rahmen der Erforschung von Steuerstraftaten und Steuerordnungswidrigkeiten.
bb) Aufdeckung und Ermittlung unbekannter Steuerfälle.
Auf den Anwendungserlaß zur AO (AEAO) vom 24. 9. 1987 zu § 208 AO wird verwiesen.
Für die Tätigkeit im Steuerstrafverfahren oder im Ordnungswidrigkeitsverfahren gilt § 45.

g) Maßnahmen der Steueraufsicht in besonderen Fällen

§§ 209 bis 217 AO
aa) Maßnahmen der Steueraufsicht nach § 209 AO:
- ▷ Warenverkehr über die Grenze und in den Freizonen und Freilagern;
- ▷ Gewinnung und Herstellung verbrauchsteuerpflichtiger Waren;
- ▷ Sachverhalte gemäß § 209 Absatz 2 AO;
- ▷ Andere gesetzlich bestimmte Sachverhalte gemäß § 209 Absatz 3 AO.

bb) Besondere Aufsichtsmaßnahmen nach § 213 AO.
cc) Sicherstellung im Aufsichtsweg nach § 215 AO.

3 Anwendungsbereich Prüfungstätigkeiten

Im Rahmen der in Anmerkung 2 Buchstaben a bis e angesprochenen Prüfungen ergeben sich im wesentlichen folgende, für die einzelnen Prüfungsarten jeweils unterschiedliche, Tätigkeiten des StB:

▷ Besprechungen mit dem Finanzamt (Zollamt) oder dem beauftragten Prüfer über die Durchführung und Terminierung der Prüfung;
▷ Prüfung der Prüfungsanordnung nach § 196 AO;
▶ Rechtsbehelf gegen die Prüfungsanordnung nach § 347 AO;
▶ Antrag auf Aussetzung der Vollziehung nach § 361 AO und § 69 FGO;
▷ Antrag auf Verlegung der Prüfung nach § 197 Absatz 2 AO;
▷ Vorbereitung der Prüfung beim Auftraggeber und in der Praxis;
▷ Teilnahme an den Prüfungshandlungen unter Miterfüllung der Mitwirkungspflichten des Auftraggebers nach § 200 AO;
▷ Entgegennahme der „Unterrichtung" nach § 199 Absatz 2 AO;
▷ Teilnahme an Zwischenbesprechungen mit dem Prüfer;
▷ Entgegennahme von „Hinweisen" nach § 203 Absatz 2 Satz 1 AO im Falle der abgekürzten Außenprüfung;
▷ Teilnahme an der Schlußbesprechung nach § 201 AO;
▷ Entgegennahme von „Hinweisen" zur straf- und bußgeldrechtlichen Würdigung nach § 201 Absatz 2 AO;
▷ Antrag auf Vorabüberlassung des Prüfungsberichtes nach § 202 Absatz 2 AO;
▷ Prüfung des Prüfungsberichtes nach § 202 Absatz 1 Satz 1 AO;
▷ Prüfung der „Mitteilung" nach § 202 Absatz 1 Satz 3 AO;
▷ Prüfung der steuerlich erheblichen Prüfungsfeststellungen bei einer abgekürzten Außenprüfung nach § 203 Absatz 2 Satz 2 AO;
▶ Stellungnahme zu dem Prüfungsbericht nach § 202 Absatz 2 AO verbunden mit schriftlichen Einwendungen gegen die Prüfungsfeststellungen gegenüber der Finanzverwaltung;
▶ Antrag auf Erteilung einer verbindlichen Zusage nach § 204 AO;
▷ Prüfung der verbindlichen Zusage nach § 205 AO;
▷ Zustimmung zur rückwirkenden Aufhebung oder Änderung der verbindlichen Zusage nach § 207 Absatz 3 AO;
▷ **Beratung des Auftraggebers in allen Phasen und zu allen Fragen sowie zu den Auswirkungen der Prüfung;**
▷ Mündliche oder schriftliche Stellungnahme zur Prüfung und zum Prüfungsbericht gegenüber dem Auftraggeber.

Bei den Prüfungen nach Anmerkung 2 Buchstaben f und g ergeben sich zusätzliche Tätigkeiten, bezogen auf den Sonderzweck der angeführten Vorschriften.

4 Gebühr

Für sämtliche der in Anmerkung 3 genannten Tätigkeiten sieht § 29 die „Zeitgebühr" vor, **mit Ausnahme** folgender, drucktechnisch hervorgehobener, Tätigkeiten:

a) Rechtsbehelf gegen die Prüfungsanordnung nach § 347 AO;
Die Prüfungsanordnung ist ein Verwaltungsakt nach § 118 AO. Der gegen sie gerichtete Einspruch ist als „Verfahren vor Verwaltungsbehörden" nach den §§ 40 bis 43 zu berechnen.

b) Antrag auf Aussetzung der Vollziehung nach § 361 AO und § 69 FGO;
Für die Aussetzung der Vollziehung nach § 361 AO hat § 44 Absatz 2 Gültigkeit; für die Aussetzung nach § 69 (Absatz 3) FGO gelten über § 45 die Bestimmungen der BRAGO.

c) Stellungnahme zu dem Prüfungsbericht nach § 202 Absatz 2 AO verbunden mit schriftlichen Einwendungen gegen die Prüfungsfeststellungen gegenüber der Finanzverwaltung;

§ 29 Nummer 2 sieht für die dort als „Schriftliche Einwendungen gegen den Prüfungsbericht" bezeichnete „Stellungnahme zu dem Prüfungsbericht" eine Wertgebühr von 5/10 bis 10/10 (Mittelwert 7.5/10) nach Maßgabe der Tabelle A vor.

In Ermangelung eines in der GebV genannten Gegenstandswertes wird man als „Wert des Interesses" nach Maßgabe von § 2 in der Sicht des „rechtsbehelfsähnlichen Charakters" der Bestimmung den „strittigen Steuerbetrag" (Verordnungsbegründung zu § 40), also den „Streitwert", anzusetzen haben (Teil IV Abschnitt 2.4).

d) Antrag auf Erteilung einer verbindlichen Zusage nach § 204 AO.
Nach Maßgabe der Überlegungen in Anmerkung 5 dürfte für diesen Antrag, vorbehaltlich einer abweichenden Rechtsprechung, die Wertgebühr nach § 29 Nummer 2 mit 5/10 bis 10/10 nach Tabelle A in Ansatz zu bringen sein.

Leistungen „als Folge einer Außenprüfung" sind gebührenrechtlich gesondert zu behandeln. Siehe hierzu vor allem die Anmerkungen 6, 7 und 8.

Das LG Traunstein hat mit Urteil 3 O 1163/85 vom 23. 6. 1986 einem StB für die Teilnahme an der Außenprüfung eine Zeitgebühr von DM 120,– je Stunde zugebilligt, ausgehend von der Feststellung des Sachverständigen, daß bei der Prüfung „Probleme wegen beträchtlicher Nachforderungen gegeben waren, bei denen meist eine Reihe von schwierigen Fragen auftauchen". Das Gericht hob bei seiner Entscheidung die Bedeutung sorgfältiger und zweifelsfreier Arbeits(zeit)aufzeichnungen besonders hervor.

Eine Tätigkeit des StB im Rahmen einer Außenprüfung, einschließlich der Teilnahme an der Schlußbesprechung, der Prüfung des Prüfungsberichtes und der schriftlichen Einwendungen gegen den Prüfungsbericht, bietet keinen Anlaß für eine Reduzierung der Gebühr nach § 41. Andererseits darf aber auch eine solche Tätigkeit durch den Steuerberater bei der Rahmenbestimmung zu § 41 keine (rahmenerhöhende) Berücksichtigung erfahren (FG Berlin V 470/83 vom 6. 9. 1984 in EFG 1985 S. 196). Auf die weitere Kommentierung dieser Entscheidung in der Sicht von § 11 (Erstattungsfähig-

keit nach § 139 FGO) in Anmerkung 9 zu § 11 (Urteil 6) sei ergänzend verwiesen.
In Anmerkung 9 zu § 11 ist (als Urteil 7) noch eine weitere Entscheidung des FG Berlin (Beschwerde gegen eine Prüfungsanordnung, V 70/85 vom 1. 7. 1986) angesprochen.
Bezüglich der Mitwirkung von Mitarbeitern eines StB bei Außenprüfungen, insbesondere bei gleichzeitiger Anwesenheit des Berufsangehörigen und des Mtarbeiters etwa bei der Schlußbesprechung, siehe Anmerkung 11 zu § 13 (Urteil 3).
Die Mitwirkung bei Außenprüfungen stellt an den StB in aller Regel hohe Anforderungen. Die Überlegungen zur Wahl des Rahmensatzes in Anmerkung 2.3 zu § 11 i. V. mit Anmerkung 5 zu § 13 tragen dem, im Rahmen der verfügbaren Gebührenspanne, Rechnung. Bei Prüfungen mit einer beträchtlichen zeitlichen Ausdehnung, außergewöhnlichem Schwierigkeitsgrad oder einer ganz besonderen Bedeutung für den Auftraggeber wird eine „Höhere Vereinbarung" gemäß § 4 Absatz 1 empfehlenswert sein.
Bei länger andauernden Prüfungen bietet sich die Erhebung von „Gebührenvorschüssen" nach § 8 an.

5 Verbindliche Zusage

Die §§ 204ff. AO geben die Möglichkeit, im Anschluß an eine Außenprüfung eine „Verbindliche Zusage" zu beantragen, wie ein für die Vergangenheit geprüfter und im Prüfungsbericht dargestellter Sachverhalt in Zukunft steuerrechtlich behandelt wird, sofern die Kenntnis der künftigen steuerrechtlichen Behandlung für die geschäftlichen Maßnahmen des Steuerpflichtigen bedeutsam ist.
Stellt der StB einen solchen Antrag für seinen Auftraggeber, so erhebt sich die Frage, mit welcher Gebühr dieser abzugelten ist. Nummer 2 von § 29 gibt insoweit einen Anhalt, als „schriftliche Einwendungen gegen den Prüfungsbericht" bereits nicht mehr mit der Zeitgebühr, sondern mit einer Wertgebühr abzugelten sind. Die „Nähe" zu einem „Einspruch" war für diese Entscheidung maßgebend. Ähnlich wird man den Antrag nach § 204 AO zu sehen haben. Gestützt wird diese Auffassung dadurch, daß ein solcher Antrag „in die Zukunft wirkt" und sich aus der Fassung „im Anschluß an eine Außenprüfung" in Satz 1 von § 204 AO deutlich ergibt, daß zum Zeitpunkt der Antragstellung die Außenprüfung formal als „beendet" gilt. Die Anwendung von § 29 Nummer 2 für den Antrag auf verbindliche Zusage scheint also, auch im Blick auf § 2, gerechtfertigt.
Man könnte noch in § 23 Nummer 10 einen gangbaren Weg sehen, jedoch dürfte die „Nähe" zur Außenprüfung für eine Anwendung von § 29 Nummer 2 sprechen. Im Ergebnis bleibt eine solche Betrachtung ohne Auswirkung, nachdem § 23 Nummer 10 mit 2/10 bis 10/10 den Rahmen von § 29 Nummer 2 mit 5/10 bis 10/10 voll abdeckt.

6 **Geänderte Steuerbescheide als Folge einer Außenprüfung**

Ergehen aufgrund einer Außenprüfung geänderte Steuerbescheide, so gilt deren Prüfung als eine gesonderte „Angelegenheit" mit der Maßgabe des Ansatzes der Zeitgebühr nach § 28.
Bedarf es der „Einlegung von Rechtsbehelfen" gegen Steuerbescheide, die aufgrund einer Außenprüfung geändert wurden, insbesondere weil das Finanzamt der Stellungnahme nach § 202 Absatz 2 AO (Einwendungen gegen die Prüfungsfeststellungen) nicht folgt, so ist die Berechnung nach den §§ 40 bis 43 vorzunehmen.

7 **Anpassung von Bilanzen als Folge einer Außenprüfung**

Machen Änderungen der letzten Bilanz eines Prüfungszeitraumes „zur Anpassung" die Aufstellung einer „neuen Bilanz" erforderlich, kommt in Anlehnung an § 2 hierfür eine Gebühr nach § 35 Absatz 1 Nummer 4 in Betracht. Bei „einfachen Anpassungen" im Rahmen der Folgebilanz, die nicht zu einer neuen Ausfertigung der zu ändernden Bilanz führen, wird man, gleichfalls über § 2, § 35 Absatz 3 für den folgenden Jahresabschluß anwenden können. Siehe hierzu auch Anmerkung 8 zu § 35.

8 **Straf- oder bußgeldrechtliche Folgen einer Außenprüfung**

Zieht die Finanzverwaltung strafrechtliche oder bußgeldrechtliche Folgerungen aus einer Prüfung, so gelten diese Maßnahmen als gesonderte „Angelegenheiten", deren Honorierung sich nach § 45 bestimmt. Die in Anmerkung 3 angesprochene „Entgegennahme von Hinweisen nach § 201 Absatz 2 AO" ist noch der Prüfung zuzurechnen und nach § 29 Nummer 1 zu vergüten. Eine sich an diese Hinweise anschließende Raterteilung in steuerstrafrechtlichen oder bußgeldrechtlichen Fragen durch den StB, etwa hinsichtlich der Änderung der steuerstrafrechtlich relevanten Vorgänge für die Zukunft, bedingt aber bereits den Ansatz einer Gebühr nach § 21 Absatz 1 Satz 3, mit der Maßgabe einer Anrechnung auf die Gebühren für die bereits erwähnten Leistungen nach § 45.

9 **Betriebsnahe Veranlagung**

„Betriebsnahe Veranlagungen" können als „Abgekürzte Außenprüfung" nach § 203 AO zur Durchführung gelangen, wenn sie **aufgrund einer Prüfungsanordnung** (§ 196 AO) durchgeführt werden. Hier gelten die Vorschriften der §§ 193 bis 203 AO mit Ausnahme des § 201 Absatz 1 AO und des § 202 Absatz 2 AO.
Werden „Betriebsnahe Veranlagungen" **ohne Prüfungsanordnung** mit Einverständnis des Steuerpflichtigen an Ort und Stelle durchgeführt, rechnen sie zum Steuerfestsetzungsverfahren. Hierfür gelten die allgemeinen Verfahrensvorschriften über Besteuerungsgrundsätze und Beweismittel (§§ 85, 88 und 90 ff. AO). Wirkt hierbei ein StB mit, so wird man, ungeachtet der Tatsache, daß es sich nicht um eine „Außenprüfung" handelt, über § 2 für eine solche Tätigkeit § 29 Nummer 1 anwenden können.

10 **Pauschalierung**

Die Gebühr ist nach der ausdrücklichen Vorschrift des § 14 Absatz 2 Nummer 4 nicht pauschalierungsfähig.

§ 30 Selbstanzeige

Für die Tätigkeit im Verfahren der Selbstanzeige (§§ 371 und 378 Abs. 3 der Abgabenordnung) einschließlich der Ermittlungen zur Berichtigung, Ergänzung oder Nachholung der Angaben erhält der Steuerberater 10 Zehntel bis 30 Zehntel einer vollen Gebühr nach Tabelle A (Anlage 1).

Amtliche Begründung zu § 30:

Nach §§ 371, 378 AO kann ein Steuerpflichtiger zur Vermeidung eines Steuerstrafverfahrens oder eines Bußgeldverfahrens wegen einer Steuerordnungswidrigkeit unter bestimmten Voraussetzungen die der Besteuerung dienenden Angaben berichtigen oder ergänzen. Für die Hilfeleistung hierbei erhält der Steuerberater Gebühren nach der Tabelle A. Mit diesen Gebühren werden auch alle Ermittlungstätigkeiten abgegolten, die zur Berichtigung, Ergänzung oder Nachholung der steuerlich relevanten Angaben notwendig sind. Bedingt die Selbstanzeige die Anfertigung einer Buchführung, eines Jahresabschlusses, einer Überschußrechnung oder einer Steuererklärung, so erhält der Steuerberater zusätzlich die hierfür vorgesehene Gebühr.

Anmerkungsübersicht

1 **Allgemeines**

Während der Verordnungsgeber für Tätigkeiten im Steuerstrafverfahren und im Bußgeldverfahren über § 45 die Anwendung der BRAGO vorgesehen hat, ist für die „Selbstanzeige", also für die „letztmögliche Tätigkeit zur Erwirkung von Straffreiheit", richtigerweise eine eigenständige Gebührenregelung in die GebV aufgenommen worden.

2 **Anwendungsbereich**

Folgende Anzeigen lassen sich unter § 30 einordnen:

a) Selbstanzeige nach § 371 Absätze 1 bis 3 AO (strafbefreiende Selbstanzeige) für Tatbestände der Steuerhinterziehung nach § 370 AO;

b) Selbstanzeige nach § 378 Absatz 3 AO (bußgeldbefreiende Selbstanzeige) für Tatbestände leichtfertiger Steuerverkürzung nach § 378 Absatz 1 AO.

Für eine Anzeige nach § 153 AO gilt § 23 Nummer 1.

3 Ausschluß der Selbstanzeige

Bei den nachgenannten **Steuerstraftatbeständen** ist die Selbstanzeige ausgeschlossen:

a) § 372 AO (Bannbruch);
b) § 373 AO (Gewerbsmäßiger, gewaltsamer und bandenmäßiger Schmuggel);
c) § 374 AO (Steuerhehlerei).

Ferner ist bei folgenden **Steuerordnungswidrigkeiten** die Selbstanzeige nicht gegeben:

a) § 379 AO (Steuergefährdung);
b) § 380 AO (Gefährdung der Abzugsteuern);
c) § 381 AO (Verbrauchsteuergefährdung);
d) § 382 AO (Gefährdung der Eingangsabgaben).

Eine Tätigkeit des StB im Rahmen der Selbstanzeige kommt für diese straf- und bußgeldbewehrten Tatbestände somit nicht in Betracht.

4 Tätigkeitsbereich

Die Berufsleistung des StB, die nach § 30 honoriert wird, umfaßt, ausgenommen den erweiterten Tätigkeitsbereich nach Anmerkung 5, sämtliche Tätigkeiten im Zusammenhang mit der Selbstanzeige, insbesondere also:

▷ Feststellungen im Vorfeld der Anzeige;
▷ Beratendes Erstgespräch mit dem Steuerpflichtigen und weitere Beratungen im Zusammenhang mit der Anzeige;
▷ Ermittlung der unrichtigen oder unvollständigen Angaben;
▷ Erstattung der Selbstanzeige mit Nachholung der unrichtigen oder unvollständigen Angaben;
▷ Berechnung der hinterzogenen bzw. leichtfertig verkürzten Steuern;
▷ Verhandlungen mit der Finanzverwaltung einschließlich der Verhandlung über die Bestimmung einer angemessenen Frist zur Entrichtung der hinterzogenen bzw. leichtfertig verkürzten Steuern.

5 Erweiterter Tätigkeitsbereich

Ist es zur Erstattung einer wirksamen Selbstanzeige erforderlich, eine Buchführung, einen Jahresabschluß, eine Überschußrechnung oder eine Steuererklärung zu fertigen oder ähnliche Leistungen zu erbringen, so ist diese Tätigkeit nicht mehr mit der Gebühr nach § 30 abgegolten. Sie bedarf in Übereinstimmung mit der Verordnungsbegründung der gesonderten Berechnung nach den jeweiligen Bestimmungen der GebV.

Beispiel 1:

Bei einem Steuerpflichtigen wurden Zinseinnahmen von jährlich DM 9.000,– in den Einkommensteuererklärungen für zwei Kalenderjahre nicht erfaßt.
In der Selbstanzeige werden für die beiden Jahre das „richtige" zu versteuernde Einkommen durch „Zurechnungen" zu den bisher veranlagten Werten ermittelt und die Mehrsteuern errechnet.

In diesem Fall ist die Tätigkeit mit der Gebühr nach § 30 abgegolten.

Beispiel 2:

Ein lohnsteuerpflichtiger Arbeitnehmer hat ohne Erlaubnis der zuständigen Behörde nach § 34c GewO eine Maklertätigkeit für Grundstücke und Mieträume über einen Zeitraum von drei Jahren betrieben, die steuerlich nicht erfaßt worden ist. Den jährlichen Einnahmen zwischen DM 60.000,– und DM 90.000,– stehen entsprechende tätigkeitsbezogene Auslagen einschließlich Unterprovisionen gegenüber. Unterstellt man die Eigenschaft als „Minderkaufmann", so bleibt, wenn man eine Schätzung nach § 4 Absatz 1 EStG vermeiden will, die Notwendigkeit, Buchaufzeichnungen zu erstellen, jährliche Gewinnermittlungen nach § 4 Absatz 1 EStG oder § 4 Absatz 3 EStG vorzunehmen sowie Einkommensteuer-, Umsatzsteuer- und Gewerbesteuererklärungen anzufertigen.

Die vorgenannten Arbeiten des „erweiterten Tätigkeitsbereiches" sind nicht mit der Gebühr nach § 30 abgegolten, sie sind vielmehr einer gesonderten Berechnung nach den jeweiligen Bestimmungen der GebV (§§ 32, 33, 35 oder 25 und 24) zugänglich.
Die so ermittelten Werte (Gewinn, Umsatz, Gewerbeertrag, Gewerbekapital) bilden den Gegenstand der Selbstanzeige mit der sich anschließenden Steuerberechnung. Dieser Teil der Leistungen findet seine Abgeltung in der Gebühr nach § 30.

6 Gebühr und Gegenstandswert

Der breitgehaltene Rahmen von 10/10 bis 30/10 (Mittelwert 20/10) läßt Spielraum für eine ausreichende Berücksichtigung der Verhältnisse des Einzelfalles, die sich gerade in diesem Leistungsbereich nicht „katalogisieren" lassen. Schwierigkeit und Zeitaufwand, die einzelnen „Hinterziehungstatbestände" zu ermitteln, die Rechtsprobleme (z.B. bei ins Ausland verbrachten Einkünften oder Vermögensteilen) und nicht zuletzt die „Bedeutung" für den Auftraggeber sowie die anderen „Umstände" des § 11 bestimmen weitgehend die Einordnung.
Den in der Vorschrift nicht bezeichneten Gegenstandswert, somit den „Wert des Interesses", wird man, sich in Verfolg von § 2 an der „korrekten Handhabung für eine ordnungsgemäße steuerliche Erfassung" orientierend, nach den **Brutto**werten der hinterzogenen „Teil"-Gegenstandswerte, wie sie sich vor allem aus § 24 ergeben (z.B. die zusätzlichen Einkünfte bei der Einkommensteuererklärung), zu ermitteln haben.
Die Richtigkeit dieser Überlegungen zeigt sich schon darin, daß etwa nach Maßgabe des Beispiels 1 in Anmerkung 5 bei ordnungsgemäßer Versteue-

rung ein um DM 9.000,– höherer Gegenstandswert für die Einkommensteuererklärung eines jeden Jahres (Summe der positiven Einkünfte nach § 24 Absatz 1 Nummer 1) zu verzeichnen gewesen wäre. Es gäbe nun aber keinen Sinn, bei einer Steuerhinterziehung und der zu ihrer „Heilung" erstatteten Selbstanzeige etwa nur den „Streitwert" nach Maßgabe eines Rechtsbehelfsverfahrens anzusetzen und damit den Steuerpflichtigen gebührenrechtlich besser zu stellen als bei einer ordnungsgemäßen Erfüllung seiner steuerlichen Pflichten. An die Stelle des hinterzogenen Einnahmebetrages von DM 9.000,– würde damit nur die Einkommensteuer von vielleicht DM 4.000,– treten. Mittelsteiner-Scholz spricht von dem „Betrag der hinterzogenen oder verkürzten Steuer" als Gegenstandswert. Auch Eggesiecker „STEUGO" Rdnr. 30.550 hält die zu erwartenden Mehrsteuern für die Gegenstandswerte für die Gebührenermittlung. Nach seiner Ansicht bestehe die Tätigkeit des Beraters darin, falsche Steuererklärungen zu berichtigen und unterlassene nachzuholen. Aus dieser Erklärungstätigkeit sei der Gegenstandswert abzuleiten (§ 10 Absatz 1 Satz 1). Auch Meyer (Kanzleiführung professionell, 7/99, S. 94) schließt sich dieser Ansicht an und begründet dies mit dem hohen Rahmensatz des § 30. Bei dem Hinweis auf den „Streitwert" übersehen die Kommentatoren neben unserer vorstehend wiedergegebenen Argumentation auch, daß der Verordnungsgeber § 30 dem Vierten Abschnitt der GebV „Gebühren für die Beratung und für die Hilfeleistung bei der Erfüllung allgemeiner Steuerpflichten" zugeordnet hat, und gerade nicht dem Sechsten Abschnitt „Gebühren für die Vertretung im außergerichtlichen Rechtsbehelfsverfahren und im Verwaltungsvollstreckungsverfahren". Nichts hätte näher gelegen, wenn man die Selbstanzeige rechtsbehelfsähnlich gesehen hätte, das Verfahren der Selbstanzeige auch im Sechsten Abschnitt abzuhandeln.

Eine Zusammenrechnung der Teilgegenstandswerte einer Selbstanzeige nach § 10 Absatz 2 ist ausdrücklich ausgeschlossen, so daß für jeden einzelnen Hinterziehungstatbestand (Anzeigetatbestand) eine gesonderte Ermittlung des Gegenstandswertes und der Gebühr zu erfolgen hat. Die Summe dieser (Teil)Gebühren ergibt dann die „Gebühr nach § 30".

Maßgebend ist die Tabelle A, gleichfalls eine Bestätigung unserer vorstehenden Auffassung, da im Falle einer Anlehnung an das Rechtsbehelfsverfahren zweifellos die Tabelle E hätte Platz greifen müssen.

Gerade im Bereich der Selbstanzeige dürfte die Vereinbarung einer „Höheren Vergütung" nach § 4 oft sachangemessen und empfehlenswert sein.

7 Geänderte Steuerbescheide als Folge der Selbstanzeige

Die Prüfung der aufgrund einer Selbstanzeige zu erteilenden (geänderten) Steuerbescheide ist nicht mit der Gebühr nach § 30 als „Tätigkeit im Verfahren der Selbstanzeige" abgegolten anzusehen und demzufolge gesondert nach § 28 mit der Zeitgebühr zu berechnen.

8 **Straf- oder bußgeldrechtliche Verfahren bei nicht gegebener Straffreiheit**

Ist Straffreiheit nicht gegeben und schließt sich an eine unwirksame Selbstanzeige ein Straf- oder Bußgeldverfahren an, so ist dies eine gesonderte „Angelegenheit" mit der Gebührenfolge nach § 45.

9 **Pauschalierung**

Die Gebühr ist nicht pauschalierungsfähig.

§ 31 Besprechungen

Für Besprechungen mit Behörden oder mit Dritten in abgabenrechtlichen Sachen erhält der Steuerberater 5 Zehntel bis 10 Zehntel einer vollen Gebühr nach Tabelle A (Anlage 1). § 42 Abs. 2 gilt entsprechend.

Amtliche Begründung zu § 31:

Diese Vorschrift regelt den Vergütungsanspruch für Besprechungen, die der Steuerberater für seinen Auftraggeber im allgemeinen Verwaltungsverfahren führt. Schließt sich an das allgemeine Verwaltungsverfahren ein außergerichtliches Rechtsbehelfsverfahren an, ist die nach dieser Vorschrift berechnete Gebühr auf die Besprechungsgebühr des § 42 anzurechnen (vgl. Begründung zu § 42 Abs. 3).

Anmerkungsübersicht

1 **Allgemeines**

Während § 21 die Gebühren für den „Rat" und die „Auskunft" bestimmt, die der StB **gegenüber seinem Auftraggeber** oder in dessen Auftrag etwa Familienangehörigen und Mitgesellschaftern erteilt, regelt § 31 die Honorierung der „Besprechungen", die der StB **für seinen Auftraggeber,** oder zusammen mit diesem, mit Behörden oder Dritten führt.

2 **Anwendungsbereich**

Es muß sich um **„Besprechungen"** mit „Behörden oder Dritten" in „abgabenrechtlichen Sachen" handeln. Die Formulierung der Verordnungsbegründung „Besprechungen im allgemeinen Verwaltungsverfahren" ist, sicher ungewollt, zu eng gewählt worden, denn sie würde Besprechungen mit „Dritten", insbesondere in den nachfolgend aufgeführten Beispielsfällen, praktisch ausschließen.

Eine **„Behörde“** ist jede Stelle, die Aufgaben der öffentlichen Verwaltung wahrnimmt (§ 6 Absatz 1 AO).
Als „Behörden“ kommen vor allem in Betracht: Finanzämter; Oberfinanzdirektionen; Finanzministerien oder andere Landesbehörden (die etwa für die Ausstellung steuerlich bedeutsamer Bescheinigungen zuständig sind); Bundesfinanzministerium; Bundesamt für Finanzen; kommunale Steuerämter; Kirchensteuerämter; Bauordnungsämter.
Für Verhandlungen mit „Gerichten“ gilt die Vorschrift nicht.
Als **„Dritte“** wird man alle „Nichtbehörden“ anzusehen haben, mit denen „Besprechungen“ im Rahmen des Anwendungsbereichs des GebV geführt werden, etwa Berufsorganisationen (z.B. zur generellen Klärung von branchentypischen Abschreibungsfragen), Außenhandelskammern (z.B. zur Erörterung steuerlicher Sonderfragen im Außensteuerbereich), Beteiligungsgesellschaften oder deren steuerliche Berater (z.B. zur Besprechung steuerlicher Fragen im Zusammenhang mit der Beteiligung des Mandanten), Unternehmen (z.B. im Zusammenhang mit den Bezügen und den Pensionsansprüchen eines Arbeitnehmers als Auftraggeber des StB), Kreditinstitute (z.B. zur Erläuterung von Wertansätzen in den vom StB erstellten Abschlüssen des Unternehmens) oder Versicherungsgesellschaften (z.B. in Fragen steuerlicher Besonderheiten bestimmter Versicherungsformen).
Auch die Teilnahme an einer Gesellschafterversammlung zur Erläuterung des der Besteuerung zugrunde liegenden Abschlusses oder der Beantwortung steuerrechtlicher Fragen wird man unter § 31 subsumieren können.
Nach Hartmann Anmerkung 3 zu § 18 zählt ein Ehepartner des Auftraggebers, sofern die Ehe intakt ist, nicht zum Kreis der „Dritten“.
Wir sehen die Begrenzung des Begriffs in **„abgabenrechtlichen Sachen“** nicht eng, nachdem „Steuern“ ja der Charakter öffentlich-rechtlicher Abgaben zukommt und die Befassung mit „Steuern“ durch den StB damit weitgehend als in „abgabenrechtlichen Sachen“ erfolgend angesehen werden kann.
Der **Verweis auf § 42 Absatz 2** macht zusätzlich zur Voraussetzung, daß es sich um „tatsächliche oder rechtliche Fragen“ handelt, die den Gegenstand der Besprechung bilden, und daß die Besprechung von der Behörde „angeordnet“ oder, im (ggfs. stillschweigenden) Einverständnis mit dem Auftraggeber, mit der Behörde oder einem Dritten geführt werden muß.
Zu der Forderung, daß **„tatsächliche oder rechtliche Fragen“** den Besprechungsgegenstand bilden müssen, findet sich in der Literatur nur der bescheidene Hinweis, daß es sich um ein „sachbezogenes Gespräch“ handeln müsse, wobei es unerheblich sei, ob der Schwerpunkt bei den „tatsächlichen“ oder den „rechtlichen“ Problemen liege.
Die **„Anordnung“** durch die Behörde kann förmlich erfolgen, etwa durch Bestimmung eines Termins mit Ladung, oder aber auch formlos, etwa aus Anlaß einer fernmündlichen Unterredung.
Auch „fernmündliche Besprechungen“ berechtigen zum Ansatz der Gebühr nach § 31.
Bloße „Nachfragen“, etwa nach dem Stand einer Sache, gleichgültig ob sie mündlich oder fernmündlich erfolgen, sind nicht gesondert berechnungsfähig.

Ergänzend zu dem Vorgesagten wird auf Gerold-Schmidt Anmerkung 8 zu § 118, Eggesiecker „STEUGO" Rdnr. 31.260, Mittelsteiner/Scholz Anmerkung 3 zu § 31 sowie auf die Erläuterungen zu § 42, insbesondere Anmerkung 2, verwiesen.

3 **Gebühr und Gegenstandswert**

Die vorgeschriebene „Wertgebühr" zwingt jeweils zur Bestimmung eines Gegenstandswertes (Wert des Interesses) und läßt nur im Falle des § 13 Nummer 2 die „Zeitgebühr" als „Hilfsgebühr" zu. Der Ansatz der Zeitgebühr als eigenständige Gebühr hätte zum einen der langjährigen Übung des Berufsstandes entsprochen, andererseits hätte es praxisorientiert keiner zeitaufwendigen „Berechnungen" zur Wertermittlung bedurft. Auf die Ausführungen in Anmerkung 1 zu § 21 wird insoweit Bezug genommen.
In „derselben Angelegenheit" entsteht die Gebühr nur einmal, auch wenn hierzu mehrere Besprechungen erforderlich sind (§ 12 Absatz 2). Siehe auch Beispiel 1 in Anmerkung 8 zu § 12.
Die Wahl des zutreffenden Rahmensatzes wird maßgeblich von den „Umständen" „Schwierigkeitsgrad" und „Bedeutung" der Angelegenheit, aber auch von dem zeitlichen Umfang bestimmt.
Das bereits bei § 29 (Anmerkung 4) angesprochene Urteil des LG Traunstein (3 O 1163/85 vom 23. 6. 1986) billigte dem klagenden Steuerberater für die Teilnahme an einer Besprechung mit dem Finanzamt nach dem gegebenen Schwierigkeitsgrad eine Zeitgebühr von DM 120,– je Stunde zu, ohne dabei auf die Frage des an sich erforderlichen Ansatzes einer Wertgebühr einzugehen.
Auf die Entscheidung des AG Hildesheim, besprochen in Anmerkung 11 zu § 13 (Urteil 4), und in Verbindung hierzu auf Eckert „Die erste Rechtsprechung zum Steuerberatungsgebührenrecht" in DStR 1987 S. 407 sei ergänzend hingewiesen.
Hat ein StB eine Steuererklärung mit der berufsüblichen Sorgfalt ordnungsgemäß erstellt (so daß eine „Nachbesserung" wegen einer unzureichenden Berufsleistung ausscheidet), dann berechtigen zusätzliche Arbeiten aufgrund von Rückfragen des Finanzamtes (fernmündlich oder an Amtsstelle) zur Berechnung einer Gebühr nach § 31.
Mittelsteiner-Scholz (Anmerkungen 6 und 7 zu § 31) vertritt die Auffassung, daß für die Bestimmung des Gegenstandswertes die „Streitwerte" maßgeblich seien. Wir verneinen dies mit der gleichen Begründung, die wir bereits in Anmerkung 6 zu § 30 dargelegt haben und auf die wir verweisen. Mittelsteiner-Scholz stellt dann weiterhin fest, daß eine Verhandlung mit dem Finanzamt, bei der sowohl über „Probleme der Umsatzsteuer" als auch über „die Stundung von Einkommensteuerzahlungen" gesprochen werde, „eine Angelegenheit" darstelle, mit der Maßgabe, daß nach § 10 Absatz 2 die Gegenstandswerte zusammenzurechnen seien. Er begründet dies damit, daß beide Fragen „zusammen in einer Besprechung" zur Erörterung gelangten. Wir vermögen dieser Rechtsauffassung nicht zu folgen. Die zufällige Be-

handlung zweifellos völlig getrennter „Angelegenheiten" in einer Besprechung lassen daraus nicht „eine Angelegenheit" werden, mit der Folge des § 10 Absatz 2. Auf die Kommentierung zu dieser Vorschrift wird verwiesen.

4 **Anrechnung der Gebühr**

§ 42 Absatz 3 bestimmt, daß die Gebühr nach § 31, die ein Steuerberater in einem Verwaltungsverfahren erhält, das dem Verfahren nach § 40 vorausgeht, **zusammen** mit der Gebühr nach § 42 (Besprechungsgebühr nach Absatz 1) einen Wert von 10/10 nach Tabelle E nicht überschreiten darf.
Durch den alleinigen Hinweis in der Verordnungsbegründung auf § 42 Absatz 3 wird deutlich, daß zwar die Gebühr nach § 31 bei der Bemessung der „Besprechungsgebühr" nach § 42 „anzurechnen" ist (nicht umgekehrt), daß aber andererseits keine weitere „Anrechnungsvorschrift" und kein „Berechnungsverbot", wie es etwa § 21 Absatz 1 Satz 1 kennt, bestehen. Siehe hierzu auch Anmerkung 4 zu § 10 und Anmerkung 5 zu § 12. Die Gebühr des § 31 hat somit eine weitgehend „selbständige Funktion", d. h. sie tritt jeweils bei geführten Besprechungen mit Behörden oder Dritten in abgabenrechtlichen Sachen **neben** andere Gebühren nach der GebV. Dies gilt z. B. auch für Leistungen nach § 23.
Hinzuweisen ist für den Fall der Anrechnung noch darauf, daß sich die Gebühr des § 31 nach der Tabelle A bestimmt, während die Besprechungsgebühr nach § 42 der Tabelle E zu entnehmen ist.

5 **Pauschalierung**

Wenn im Einzelfall Besprechungen vom Zweck wie von der Terminierung her als „laufend auszuführende Tätigkeiten" anzusehen sind, ist die Pauschalierungsfähigkeit zu bejahen.

Fünfter Abschnitt.
Gebühren für die Hilfeleistung bei der Erfüllung steuerlicher Buchführungs- und Aufzeichnungspflichten

§ 32 Einrichtung einer Buchführung

Für die Hilfeleistung bei der Einrichtung einer Buchführung erhält der Steuerberater die Zeitgebühr.

Amtliche Begründung zu § 32:

Das Honorar für die Einrichtung einer Buchführung ist nach der Zeitgebühr zu berechnen.

§ 33 Buchführung

(1) **Für die Buchführung einschließlich des Kontierens der Belege beträgt die Monatsgebühr einer vollen Gebühr nach Tabelle C (Anlage 3).**	**2/10 bis 12/10**
(2) **Für das Kontieren der Belege beträgt die Monatsgebühr einer vollen Gebühr nach Tabelle C (Anlage 3).**	**1/10 bis 6/10**
(3) **Für die Buchführung nach vom Auftraggeber kontierten Belegen oder erstellten Kontierungsunterlagen beträgt die Monatsgebühr einer vollen Gebühr nach Tabelle C (Anlage 3).**	**1/10 bis 6/10**
(4) **Für die Buchführung nach vom Auftraggeber erstellten Eingaben für die Datenverarbeitung und mit beim Auftraggeber eingesetzten Datenverarbeitungsprogrammen des Steuerberaters erhält der Steuerberater neben der Vergütung für die Datenverarbeitung und für den Einsatz der Datenverarbeitungsprogramme eine Monatsgebühr von einer vollen Gebühr nach Tabelle C (Anlage 3).**	**1/20 bis 10/20**
(5) **Für die laufende Überwachung der Buchführung des Auftraggebers beträgt die Monatsgebühr einer vollen Gebühr nach Tabelle C (Anlage 3).**	**1/10 bis 6/10**

(6) **Gegenstandswert ist der jeweils höchste Betrag, der sich aus dem Jahresumsatz oder der Summe des Aufwandes ergibt.**

(7) **Für die Hilfeleistung bei sonstigen Tätigkeiten im Zusammenhang mit der Buchführung erhält der Steuerberater die Zeitgebühr.**

(8) **Mit der Gebühr nach den Absätzen 1, 3 und 4 sind die Gebühren für die Umsatzsteuervoranmeldung (§ 24 Abs. 1 Nr. 7) abgegolten.**

Amtliche Begründung zu § 33:

In dieser Vorschrift sind die Gebühren für Buchführungsarbeiten geregelt. Anwendung findet dabei die Tabelle C. Ergänzende Leistungen, wie Fertigung der Umsatzsteuervoranmeldung und der Lohnsteueranmeldung sind mit den Gebührensätzen abgegolten.

Die Vielfalt der Buchführungssysteme, der zunehmende Einsatz von EDV-Anlagen bei der Ausführung von Buchführungsarbeiten sowie die Konkurrenz gegenüber den nicht an die Gebührenverordnung gebundenen Rechenzentren bedingen einen sehr weiten Gebührenrahmen mit einem verhältnismäßig niedrigen Mindestwert.

Amtliche Begründung 3. VOÄ zu § 33:

Absatz 4

Die Weiterentwicklung der Datenverarbeitung und der Telekommunikation ermöglicht eine Vielzahl unterschiedlicher Organisationsformen der Techniknutzung zur rationellen Erledigung eines Buchführungsmandats, wobei Teile der anfallenden Buchführungs- und EDV-Aufgaben unmittelbar vom Auftraggeber ausgeführt werden. Dabei kann die Datenverarbeitung beim Steuerberater nach vom Auftraggeber erstellten Eingaben zur Anwendung kommen. Gleichzeitig oder alternativ können vom Auftraggeber auch Datenverarbeitungshilfsmittel genutzt werden, die vom Steuerberater bereitgestellt und überwacht werden. Die vom Steuerberater erbrachten EDV-Dienstleistungen bedingen eine Erstattung der dafür anfallenden EDV-Kosten. Daneben entsteht für die steuerlichen und betriebswirtschaftlichen Beratungs-, Organisations- und Überwachungsleistungen des Steuerberaters bei der Ausführung der Buchführungsarbeiten eine Wertgebühr. Durch einen verhältnismäßig niedrigen Mindestwert und den weiten Gebührenrahmen wird den unterschiedlichen Gestaltungsmöglichkeiten der Buchführungshilfe in der Steuerberatungspraxis Rechnung getragen.

Absatz 6
Buchführungen werden nicht nur als typische Finanzbuchhaltung, sondern auch zu anderen Zwecken und Gelegenheiten gefertigt, so zum Beispiel die Anlagenbuchführung und die Buchführung im Bereich der Vermietung und Verpachtung. Nicht nur in diesen Fällen, in denen vor Beginn der eigentlichen Geschäftstätigkeit noch kein Umsatz oder geringerer Umsatz als der Aufwand erzielt wird, geht die bisherige Definition des Gegenstandswertes als Jahresumsatz ins Leere. Für diese Fälle muß deshalb ein adäquater Maßstab als Gegenstandwert gewählt werden. Hier bietet sich analog zu den Vorschriften des § 25 bzw. 27 an, daß die „Summe des Aufwandes" in diesen Fällen an die Stelle des „Jahresumsatzes" tritt. Letztlich dient diese Vorschrift der Klarstellung, da bereits bisher diese Buchführungsleistungen berechnet wurden, wobei die Rechtsgrundlage aber fraglich war.

Anmerkungsübersicht

1 Allgemeines

Die §§ 32 und 33 finden Anwendung für alle vom StB zu erbringenden Buchführungsleistungen, gleich welcher Einkunftsart oder welchem Zweck **(der aber § 33 StBerG zuzuordnen sein muß)** sie zu dienen bestimmt sind, ausgenommen Buchführungsarbeiten für land- und forstwirtschaftliche Betriebe; hierfür gilt § 39. Die Leistungen im Rahmen der Lohnbuchführung werden nach § 34 honoriert. Diese Auffassung wird durch die amtliche Begründung im Rahmen der 3. VOÄ zu Absatz 6 bestätigt, wenn es dort heißt: „Buchführungen werden nicht nur als typische Finanzbuchführung, sondern auch zu anderen Zwecken und Gelegenheiten gefertigt, so zum Beispiel die Anlagenbuchführung und die Buchführung im Bereich der Vermietung und Verpachtung".

Horn (StB 1983 S. 158) vertritt die Auffassung, daß „durch mehrere Bundesverfassungsgerichtsentscheidungen weite Teile der Arbeitsgebiete Buchführung und Lohnbuchführung nicht mehr den Vorbehaltsaufgaben der steuerberatenden Berufe zuzuordnen seien, und insoweit die §§ 33 und 34 keine Gültigkeit mehr hätten". Hierzu ist festzustellen, daß die §§ 33 und 34 StBGebV materielles Recht sind und die Entscheidungen des Bundesverfassungsgerichtes BVerfGE 54 S. 301 vom 18. 6. 1980 und BVerfGE 59 S. 302 vom 27. 1. 1982 den Aufgabenbereich des StB nicht einschränken und keine Aussage zu den §§ 1 und 33 StBerG enthalten. Die Entscheidungen nehmen nicht etwa die Hilfeleistung bei der Erfüllung von Buchführungspflichten ganz oder teilweise aus dem Begriff der Hilfeleistung in Steuersachen heraus, sondern eröffnen nur für ein Teilgebiet eine Betätigungsmöglichkeit für „Kontierer". Eine indirekte Bestätigung für diese Auffassung ergibt sich auch daraus, daß ansonsten die Begrenzung des neu berechtigten „Kontiererkreises" auf Personen, die eine kaufmännische Gehilfenprüfung bestanden haben, nicht gerechtfertigt wäre. Im übrigen ist ja auch aus der Tatsache, daß auf dem Gebiet der Hilfeleistung in Steuersachen auch Angehörige anderer Berufe tätig sind, nicht zu folgern, daß diese Gebiete nicht mehr zum Aufgabenbereich des Steuerberaters nach § 33 StBerG gehören. Sicher ist die „Ausschließlichkeit" des Vorbehaltes dieser Aufgabe nicht mehr gegeben, die Aufgabe selbst aber blieb erhalten.
Durch die Änderung von Absatz 6 im Rahmen der 3. VOÄ hat der Verordnungsgeber den jeweils höchsten Betrag, der sich aus dem Jahresumsatz oder der Summe des Aufwandes ergibt, zum Gegenstandswert bestimmt. Mit dieser Aussage hat er auch keinen Raum gelassen, etwa Buchführungsleistungen im EDV-Bereich nach der „Anzahl der gebuchten Zeilen" zu berechnen. Dies ist eine Abrechnungsart, die Rechenzentren anwenden, aber keine dem Beruf adäquate Form der Honorierung der Leistungen eines Steuerberaters.

2 Leistungsumfang und Gebührenrahmen

Die mit der Gebühr nach § 33 grundsätzlich abgegoltene Berufsleistung läßt sich im Grundsatz an einem **Beispiel** der **„Finanzbuchführung"** wie folgt darstellen:

Der StB erhält von seinem Auftraggeber die Grundaufzeichnungen in Form von Büchern (Grundbuch, Kassenbuch, Bankgegenbuch u. a.), Hilfsaufzeichnungen (wie Scheckheftverwendungsabschnitte) sowie sämtliche Belege oder Buchungslisten. Er erstellt daraus nach den Grundsätzen ordnungsmäßiger Buchführung auf der Basis eines Kontenplans und der Zuordnung aller Geschäftsvorgänge zu den einzelnen Konten (Kontierung) für einen Gesamtzeitraum (zumeist Geschäftsjahr), unterteilt nach Buchungsabschnitten (zumeist Monat, Halbmonat oder Woche), die „Buchführung". Geschäftsvorgänge, die in Ermangelung von Unterlagen oder ausreichenden Informationen nicht zweifelsfrei verbucht werden können, erfahren eine vorläufige Verbuchung unter „Verwahrung" bei späterer endgültiger Verbuchung. Im Rahmen der einzelnen Buchungshandlungen sich ergebende Zweifelsfragen werden geklärt.

Das Leistungsergebnis steht dem Auftraggeber abgestimmt in Form von Sachkonten und Personenkonten sowie der Summen- und Saldenlisten abschnittsweise zur Verfügung.

Für andere **„Sonderbuchführungen“**, die aber immer § 33 StBerG zuzuordnen sein müssen, gelten vorstehende Ausführungen entsprechend nach Maßgabe der spezifischen Gegebenheiten dieser Bereiche. Hierzu rechnen z.B. Anlagenbuchführung, Lagerbuchführung, Geheimbuchführung, Buchführung für Teilbetriebe und Niederlassungen, Grundstücksbuchführung.
Selbstverständlich rechnen zu dem in Betracht kommenden Leistungsspektrum auch Buchführungsleistungen, die hinsichtlich ihrer Ergebnisermittlung nicht in einen Jahresabschluß mit Bilanz und Gewinn- und Verlustrechnung (zuzüglich Anhang) einmünden, sondern etwa in eine Überschußrechnung (Ermittlung der Einkünfte nach §§ 25 und 27).
Maßgebend für die **Wahl des Rahmensatzes** sind u.a. die Zahl der Konten, insbesondere auch der Kontokorrentkonten, die Zahl der Buchungen, das Verhältnis von Wiederholungsbuchungen für gleichartige Geschäftsvorgänge zu den Einzelbuchungen, der Schwierigkeitsgrad der Kontierung sowie der Zustand der Aufzeichnungen und Belege des Auftraggebers.
Häufig fehlende Belege, unleserliche Belege, fehlende Angaben über die Zweckbestimmung von Einnahmen oder Ausgaben auf den Belegen sowie nicht abgestimmte Grundaufzeichnungen sind, unabhängig von den allgemeinen Kriterien des § 11, „besondere Umstände“, die auf einen höheren Rahmensatz hinweisen.
Die unterschiedlichen **„Buchführungsverfahren“** (Buchführung mit amerikanischem Journal, Handdurchschreibebuchführung, Maschinenbuchführung, Buchführung mit Magnetkonten, Buchführung unter Einsatz der elektronischen Datenverarbeitung) und die verschiedenen **„Buchführungssysteme“** (meist nach dem Hersteller bzw. Anbieter orientiert und bezeichnet), wie etwa das „DATEV-Buchführungssystem“, bedingen eine entsprechende Berücksichtigung bei der Wahl des Rahmensatzes.
Die **„Einrichtung einer Buchführung“** sowie **„Sonstige Tätigkeiten im Zusammenhang mit der Buchführung“** bedingen gesonderte Gebührenansätze; siehe hierzu Anmerkungen 4 und 5.
Die Anfertigung der „Umsatzsteuervoranmeldung“ ist mit der Buchführungsgebühr der Absätze 1, 3 und 4 von § 33 abgegolten und demzufolge nach § 24 Absatz 1 Nummer 7 nur gesondert berechnungsfähig, wenn sie von einem StB vorgenommen wird, dem nicht gleichzeitig der Auftrag zur Buchführung übertragen wurde (Siehe hierzu Anmerkung 1 zu § 24 Absatz 1 Nummern 7 und 8).
Der Hinweis auf die „Lohnsteueranmeldung“ in der Verordnungsbegründung ist irrtümlich zu § 33 erfolgt, er gehört richtig zu § 34.

3 Leistungsbereiche der Buchführung

§ 33 ordnet die Hilfeleistung in Buchführungssachen fünf Leistungsbereichen zu:

Absatz 1: Buchführung einschließlich des Kontierens der Belege

Dieser „Generalposition" sind praktisch sämtliche der in Anmerkung 2 angesprochenen Buchführungsarten, Buchführungsverfahren und Buchführungssysteme zuzuordnen, soweit nicht die Absätze 2 bis 5 von § 33 oder die §§ 34 bzw. 39 Platz greifen.
Dem StB obliegen sämtliche Tätigkeiten nach Maßgabe des Beispiels in Anmerkung 2.
Der Rahmen von 2/10 bis 12/10 (Mittelwert 7/10) macht die notwendige Bandbreite deutlich. Auf die Ausführungen in Satz 3 der Verordnungsbegründung zu § 33 ist in diesem Zusammenhang besonders hinzuweisen.
Für die Wahl des Zehntelsatzes gilt das in Anmerkung 2 Gesagte.

Absatz 2: Kontieren der Belege

Dem StB obliegt das Kontieren der Belege, sei es durch Aufschrift des Buchungssatzes auf den Belegen, durch Eintragung in Buchungslisten oder durch EDV-Erfassung.
Alle übrigen Arbeiten werden vom Auftraggeber erledigt.
Die Halbierung des Gebührenrahmens von Absatz 1 verdeutlicht den reduzierten Leistungsumfang.

Absatz 3: Buchführung nach vom Auftraggeber kontierten Belegen oder erstellten Kontierungsunterlagen

Dieser Leistungsbereich schließt sowohl die Buchführung nach herkömmlichen Buchführungsverfahren (Buchführung mit amerikanischem Journal, Handdurchschreibebuchführung, Maschinenbuchführung, Buchführung mit Magnetkonten) als auch die Buchführung unter Einsatz der elektronischen Datenverarbeitung ein, beides unter Zugrundelegung der vom Auftraggeber vorgenommenen Kontierung.
Am Beispiel der **elektronischen Datenverarbeitung** ergibt sich folgender Arbeitsablauf und folgende Aufteilung der Leistungen zwischen Auftraggeber und Steuerberater:

a) Der Auftraggeber kontiert die Belege oder erstellt Buchungslisten;
b) Der Steuerberater erstellt nach Maßgabe der Kontierung Datenträger für die EDV;
c) Der Steuerberater verarbeitet die von ihm erstellten Datenträger in der EDV;
d) Der Steuerberater klärt Fehler und erledigt ergänzende Arbeiten.

Die „Verarbeitung der Datenträger" kann in einer Rechenanlage des StB oder in seinem Auftrag, aber mit seiner uneingeschränkten Haftung für eine den Grundsätzen ordnungsmäßiger Buchführung entsprechende Auftragsdurchführung, in einem Rechenzentrum erfolgen.
Der gegenüber Absatz 1 halbierte Gebührenrahmen entspricht dem „aufgeteilten" Leistungsbereich.
Die Addition der Rahmenwerte der Absätze 2 und 3 ergibt konsequenterweise den Gebührenrahmen des Absatzes 1.

Absatz 4: Buchführung nach vom Auftraggeber erstellten Eingaben für die Datenverarbeitung und mit beim Auftraggeber eingesetzten Datenverarbeitungsprogrammen des Steuerberaters

Für diese, durch die 3. VOÄ neu gefaßte Position bot die eingetretene Entwicklung im EDV-Bereich Veranlassung zu ihrer Aufnahme in die GebV.
Im Gegensatz zu Absatz 3 bezieht sich der Leistungsbereich ausschließlich auf die elektronische Datenverarbeitung. Durch die Weiterentwicklung der Datenverarbeitung und der Telekommunikation hat sich das Leistungsbild und die Leistungsaufteilung zwischen Auftraggeber und StB gewandelt. So kann der Auftraggeber dem StB die von ihm erfaßten Daten auf Datenträger (z. B. Disketten) oder auf elektronischem Weg (z. B. per e-mail) überlassen. Durch den geänderten Wortlaut des Absatzes 4 (nach vom Auftraggeber erstellten Eingaben) soll diesem Umstand Rechnung getragen werden. Überläßt der StB seinem Auftraggeber Software zur Erfassung und Verarbeitung der Buchführung, so ist auch diese Organisationsform jetzt durch Absatz 4 erfaßt.
Das Leistungsbild und die Leistungsaufteilung zwischen Auftraggeber und Steuerberater stellen sich wie folgt dar:

a) Der Auftraggeber kontiert die Belege oder erstellt Buchungslisten;
b) Der Auftraggeber erstellt nach Maßgabe der Kontierung Datenträger für die EDV;
c) Der Steuerberater verarbeitet die ihm übergebenen Datenträger in der EDV;
d) Der Steuerberater klärt Fehler und erledigt ergänzende Arbeiten;
e) Der Steuerberater berät den Auftraggeber in allen Fragen, die sich aus diesem Leistungsbereich ergeben.

Als Datenträger sind derzeit Klarschriftbelege, Disketten, CDs oder DVDs gebräuchlich. Das Einlesen dieser Datenträger kann auch im Wege der Datenfernübertragung erfolgen. Wenn die 3. VOÄ die Worte „Datenträger oder andere Eingabemittel" durch das Wort „Eingaben" ersetzt hat, ist hiermit keine grundlegende Änderung verbunden. Nach der amtlichen Begründung wurde eine umfassendere Formulierung gewählt, um der technischen Weiterentwicklung Rechnung zu tragen.
Nicht unter § 33 Absatz 4 fällt aber beispielsweise die bloße Übermittlung der Bankauszüge mit Hilfe von Bankenprogrammen oder der DATEV zum StB. Grundaufzeichnungen des Auftraggebers werden hierdurch nicht in Papierform sondern auf elektronischem Wege übermittelt. Dem StB obliegen trotzdem sämtliche Tätigkeiten nach Maßgabe des Beispiels in Anmerkung 2 mit einem Vergütungsanspruch nach Absatz 1. Der ggf. verminderte Erfassungsaufwand bedarf einer Berücksichtigung beim Rahmensatz.
Aufgrund der technischen Weiterentwicklung kommt es zwischenzeitlich auch vor, daß der StB dem Auftraggeber Software zur Erfassung und Verarbeitung der Buchführung überläßt. Dann obliegt dem Auftraggeber nicht nur die Kontierung der Belege sondern auch deren Verarbeitung zur Buchführung. Dem StB verbleiben neben der Überlassung der Software die Tätigkeiten nach d) und e).

Die „Verarbeitung“ kann in einer Rechenanlage des StB oder in seinem Auftrag in einem Rechenzentrum erfolgen. In beiden Fällen obliegt die Haftung für eine den Grundsätzen ordnungsmäßiger Buchführung entsprechende Verarbeitung aber dem StB.
Als Sonderregelung steht dem StB bei einem auf Zwanzigstel geteilten und gegenüber Absatz 3 noch weiter reduzierten Gebührenrahmen **zusätzlich** die „Vergütung für die Datenverarbeitung bzw. den Einsatz der Datenverarbeitungsprogramme“ zu. Darunter sind entweder die anteiligen Kosten der Nutzung der Rechenanlage des StB oder die dem StB vom Rechenzentrum für die Datenverarbeitung berechneten Kosten oder die Anschaffungskosten oder Lizenzgebühren für die Datenverarbeitungsprogramme zu verstehen. Die alleinige Berechnung der „Vergütung für die Datenverarbeitung“ gegenüber dem Auftraggeber ohne Ansatz der „Gebühr“ nach § 33 Absatz 4 würde den Schluß nahelegen, daß der StB keine „selbständige Berufsleistung“ erbringt, sondern nur Rechenzentrumsleistungen gegen Auslagenersatz seinem Mandanten zugänglich macht. Ein solches Handeln ist aber berufsrechtlich unzulässig.

Absatz 5: Laufende Überwachung der Buchführung des Auftraggebers

Findet die Buchführung ihre vollständige Erledigung in der Verantwortung des Auftraggebers, wird der StB aber beauftragt, die „Ordnungsmäßigkeit“ der Buchführung „zu überwachen“, erhält er die im Gebührenrahmen an Absatz 2 orientierte Gebühr.

4 **Einrichtung einer Buchführung**

Für sämtliche Leistungen im Zusammenhang mit der Einrichtung einer Buchführung, gleich welcher Art, welchen Verfahrens oder welchen Systems, gelangt die Zeitgebühr in Ansatz. Der Auffassung von Mittelsteiner-Scholz (Anmerkung zu § 32), daß eine Gebühr für die Einrichtung einer Buchführung nur gewährt werden könne, wenn diese zu einem „Bestandsvergleich“ führe, nicht aber für eine Buchführung, die „nur“ in eine Überschußrechnung einmünde, vermögen wir uns nicht anzuschließen.

5 **Sonstige Tätigkeiten im Zusammenhang mit der Buchführung**

Absatz 7 bietet die Möglichkeit, „Sonstige Tätigkeiten im Zusammenhang mit der Buchführung“ gesondert mit der „Zeitgebühr“ zu berechnen. Man wird diese Regelung in einer gewissen Verwandtschaft zu den „Abschlußvorarbeiten“ des § 35 Absatz 3 zu sehen haben, nur geht die Fassung von § 33 Absatz 7 weiter.
In Betracht kommen für einen solchen Ansatz beispielsweise: Periodische Meldungen an Behörden oder die Deutsche Bundesbank, Ermittlung der Bemessungsgrundlagen für umsatzabhängige Provisionen, Zusatzinformationen über betriebswirtschaftliche Kennzahlen, insbesondere „betriebswirtschaftliche Auswertungen der Buchaufzeichnungen“ und Leistungen für die „Betriebsabrechnung“ in den Bereichen „Kostenartenrechnung“, „Kostenstellenrechnung“ oder „Kostenträgerrechnung“. Denkbar wäre in Ausnahmefällen

auch die Übernahme einzelner Leistungen, die nach der in Anmerkung 3 erläuterten Arbeitsaufteilung dem Auftraggeber obliegen, durch den StB, etwa die vorübergehende Führung von Grundaufzeichnungen bei Erkrankung von Mitarbeitern des Mandanten.
Daß die Anfertigung der Umsatzsteuervoranmeldung nicht zu den „Sonstigen Tätigkeiten" zählt, ergibt sich aus Anmerkung 2.
Die Vornahme der Umbuchungen, der vorbereitenden Abschlußbuchungen und der Abschlußbuchungen durch den StB wird man bei der Erstellung des Abschlusses durch den auch mit der Buchführung (für den gesamten Abschlußzeitraum) beauftragten StB, wie auch bei der Erstellung des Abschlusses durch den Auftraggeber selbst auf der Basis der vom StB gefertigten Buchführung, zu den Leistungen, die mit den Gebühren nach § 33 Absätze 1, 3 und 4 abgegolten sind, zu rechnen haben. Führt diese Buchungen dagegen ein den Abschluß erstellender StB aus, der nicht mit der Erledigung der Buchführungsarbeiten beauftragt ist, so wird für ihn § 33 Absatz 7 Anwendung finden können, nachdem es sich begrifflich um „Buchführungsarbeiten" und nicht um „Abschlußnacharbeiten" handelt.
Für die „Offene-Posten-Buchführung" gilt Anmerkung 10.
Für die Erteilung von „Rat und Auskunft" im Zusammenhang mit Buchführungsfragen wird man, soweit (noch) kein Auftrag zur Erledigung von Buchführungsarbeiten besteht, § 21 Absatz 1, ansonsten § 33 Absatz 7, anzuwenden haben. Siehe hierzu auch Muster „Berechnung Buchführungsleistungen" in Abschnitt 2.3 von Teil V.
Besonders zu beachten bei den „Sonstigen Tätigkeiten" ist, um das eingangs in Anmerkung 1 bereits Gesagte noch einmal zu wiederholen, daß die Anwendung der GebV eine Tätigkeit nach § 33 StBerG zwingend voraussetzt. Die Grenzen sind fließend. Dies gilt insbesondere für betriebswirtschaftliche Leistungen, deren vielschichtige Verbindung zum Rechnungswesen und zum Jahresabschluß mit allen seinen Positionen eine exakte Abgrenzung nicht gerade einfach gestaltet. Ist eine Tätigkeit § 57 Absatz 3 StBerG zuzuordnen, wie etwa Umsatzmeldungen für Fachverbände, statistische Arbeiten u. ä., dann hat die „Übliche Vergütung" nach Maßgabe der §§ 612 und 632 BGB Gültigkeit (Siehe hierzu Teil III).

6 Gegenstandswert und Gebührentabelle

Die 3. VOÄ hat den Gegenstandswert neu definiert. Der früher umstrittene Begriff „Jahresumsatz" wird hierdurch inhaltlich weitgehend festgelegt, obwohl dieser Begriff weiterhin verwendet wird, gleichwohl aber in der StBGebV keine ausdrückliche Klarstellung erfährt. Gegenstandswert ist nun der jeweils höchste Betrag, der sich aus dem Jahresumsatz oder der Summe des (Jahres-)Aufwandes ergibt. Es kommt auf den Jahresumsatz oder die Summe des Aufwandes des laufenden Jahres (nicht etwa des Vorjahres) an. Durch die Neufassung können auch für Buchführungen, die nicht als typische Finanzbuchführungen gefertigt werden, Gegenstandswerte in befriedigender Form festgestellt werden. Für Finanzbuchführungen wird, von Ausnahmen abgesehen, regelmäßig der Jahresumsatz als Gegenstandswert anzusetzen sein. Die im Vergleich zur „Betrieblichen Jahresleistung“ des § 35 Absatz 2 abweichende Formulierung macht bereits deutlich, daß hier, je nach der Art der Buchführung, der sich „aus dieser Buchführung ergebende Jahresumsatz“ maßgeblich sein soll. Dies wird in der Mehrzahl der Fälle die „Betriebliche Jahresleistung“ sein, die sich an § 275 Absatz 2 HGB orientiert, und damit die gesetzlich nur für Kapitalgesellschaften vorgeschriebenen Gestaltungs- und Gliederungsvorschriften des neuen Handelsrechts, insbesondere die Definitionen für „Erlöse“ und „Erträge“, in gebührenrechtlicher Sicht auch für die übrigen nach § 238 HGB buchführungspflichtigen Kaufleute übernimmt. Es ist aber gleichermaßen jeder andere „Umsatzbegriff“ anwendbar, wie etwa die „Mieten und der Auslagenersatz“ bei einer Grundstücksbuchführung oder die „Lagerzugänge“ bei einer Lagerbuchführung oder die „Bruttozugangswerte“ bei einer Anlagenbuchführung.

Es kann sich um einen „Soll-Umsatz“ oder um einen „Ist-Umsatz“, wie etwa bei der Buchführung für freiberuflich Tätige, handeln.

Mit dieser Regelung ist sichergestellt, daß nicht etwa allein zur Ermittlung der Gebühr die Umrechnung eines Umsatzes erforderlich wird, dem Grundsatz folgend, daß sich alle Bemessungsgrundlagen für Gebühren aus den ohnehin verfügbaren Werten der erbrachten Berufsleistung ohne besondere „Zusatzrechnungen“ ergeben sollen.

Bezüglich dessen, was man in der Sicht der Struktur der „Erlöse“ und „Erträge“ unter „Umsatz“ zu verstehen hat, wird man sich direkt an § 35 Absatz 2 orientieren können. Siehe hierzu Anmerkung 10 zu § 35.

Fertigt ein StB in einem Sonderfall **nur die Buchführung für sechs Monate** eines Geschäftsjahres, während die Buchführung für die restlichen sechs Monate anderweitig erledigt wird, so ist dennoch der (ggfs. zu schätzende; siehe hierzu Entscheidung OLG Düsseldorf vom 3. 7. 1986 in Anmerkung 11) „Jahresumsatz“, und nicht etwa der Halbjahresumsatz, maßgebend.

Umfaßt bei Errichtung oder bei Auflösung eines Unternehmens ein Geschäftsjahr **nur einen verkürzten Zeitraum,** so gilt dieser verkürzte Zeitraum als (Geschäfts)Jahr und der darin erzielte Umsatz als „Jahresumsatz“. Für eine „Hochrechnung“ gibt die GebV keine rechtliche Grundlage. Der Verband der steuerberatenden und wirtschaftsprüfenden Berufe in Berlin e. V. (Verbandsnachrichten 1983 Heft 5) begründet seine abweichende Meinung mit einem Vergleich des (vollen) Jahresumsatzes des Folgejahres, übersieht dabei aber, daß es viele vergleichbare Sachverhalte, die nach der Wertgebühr berechnet werden, gibt, bei denen der gleiche Leistungsinhalt wegen des unterschiedlich hohen Gegenstandswertes zu unterschiedlichen Gebühren führt. Auch Meyer (Stbg 1985 S. 11) und Eggesiecker „STEUGO“ Rdnr. 33.845 ist diese Argumentation entgegenzuhalten. Mittelsteiner/Scholz bestätigen in Anmerkung 23 zu § 33 unsere Auffassung, die eine neue und zusätzliche Bestätigung darin findet, daß nach der amtlichen Begründung der 1. VOÄStBGebV zu § 35 auch bei einem Rumpfgeschäftsjahr der Wertteil „Betriebliche Jahresleistung“ ausschließlich unter Zugrundelegung der Gewinn- und Verlustrechnung dieses Rumpfgeschäftsjahres ermittelt wird, also

keine Hochrechnung erfolgt. Nichts anderes kann für ein verkürztes Geschäftsjahr bei der Buchführung gelten. Auch nach Feiter Anmerkung 7.3.4 ist eine Hochrechnung mit dem Wortlaut des § 33 Absatz 6 nicht zu vereinbaren und darüber hinaus willkürlich, da der hochgerechnete Jahresumsatz eine Fiktion wäre.

Der „Jahresumsatz" enthält, gleich den „Umsatzerlösen", als Bestandteil der „Betrieblichen Jahresleistung" keine Umsatzsteuer. Siehe auch § 277 Absatz 1 HGB.

Für sämtliche Gebühren des § 33 gilt mit der „Tabelle C" eine gesonderte „Buchführungstabelle"; für die landwirtschaftliche Buchführung (§ 39) findet die Tabelle D Anwendung.

7 **Gegenstandswert bei fehlendem oder geringem Jahresumsatz**

Erzielt ein Unternehmen zu Beginn seiner Tätigkeit während einer bestimmten Zeit noch **keine Umsätze** oder fallen strukturell „Umsatzerlöse" nur in größeren Zeitabständen (also nicht jedes Jahr) an, so stellte sich die Frage nach einem angemessenen Gegenstandswert. Zu sehen ist dabei, daß die „Erhöhung oder Verminderung des Bestands an fertigen und unfertigen Erzeugnissen" bei der Bemessung der „Betrieblichen Jahresleistung" unberücksichtigt bleibt.

Für diesen Fall hat die 3. VOÄ in analoger Anwendung der Vorschriften zu § 25 bzw. zu § 27 als „Ersatzgegenstandswert" zum Jahresumsatz den höheren Betrag aus der Summe des Aufwandes bestimmt. In der zweiten Auflage zu diesem Kommentar hatten wir bereits im Wege der Auslegung diese Lösung vorgeschlagen, der das OLG Düsseldorf im Urt. v. 17. 6. 1993 – 13 U 232/99 gefolgt war.

Analog zu der in Anmerkung 10 zu § 35 erläuterten Zusammensetzung der „Betrieblichen Jahresleistung" wäre damit als „Höhere Summe des betrieblichen Aufwandes", entsprechend § 275 Absatz 2 HGB, die Summe folgender Aufwendungen in Ansatz zu bringen:

	§ 275 Absatz 2 HGB
Materialaufwand	Nummer 5
Personalaufwand	Nummer 6
Abschreibungen	Nummer 7
Sonstige betriebliche Aufwendungen	Nummer 8
Abschreibungen auf Finanzanlagen und auf Wertpapiere des Umlaufvermögens	Nummer 12
Zinsen und ähnliche Aufwendungen	Nummer 13
Außerordentliche Aufwendungen	Nummer 16

Ähnlich wie beim „Jahresumsatz" ist aber auch jeder andere „Aufwandsbegriff" anwendbar, wie etwa die „Summe der Kosten und neutralen Aufwendungen" bei Überschußrechnung oder die „Lagerabgänge" bei einer Lagerbuchführung oder die „Summe der Abschreibungsbeträge und Anlagenabgänge" bei einer Anlagenbuchführung.

8 Berechnung der Vergütung

8.1 Berechnung der Gebühr

In der Praxis hat sich die Handhabung herausgebildet, in Anbetracht des Gegenstandswertes „Jahresumsatz" die Berechnung der Buchführungsleistungen dergestalt vorzunehmen, daß für die Gebühren nach den Absätzen 1 bis 5 von § 33 monatlich oder vierteljährlich Akontozahlungen zur Erhebung gelangen. Nach Ablauf eines Jahres und endgültiger Feststellung der Bemessungsgrundlage erfolgt dann die Abrechnung, d. h. die „Berechnung im gebührenrechtlichen Sinn" mit anschließendem Ausgleich des Differenzbetrages gegenüber der Summe der Akontozahlungen. Die Akontozahlungen haben den Charakter von „Vorschüssen" gemäß § 8, sind also nicht etwa „Pauschalvergütungen" gemäß § 14. Auch hierzu sei nochmals auf das Muster „Berechnung Buchführungsleistungen" in Abschnitt 2.3 von Teil V verwiesen.

§ 33 sieht für die Buchführung Monatsgebühren vor. Es ist auf die Anzahl der vom StB für seinen Auftraggeber verbuchten Monate abzustellen. Fertigt der StB die Buchführung für ein Kalenderjahr, hat er Anspruch auf 12 Monatsgebühren nach § 33. Ausnahmsweise stehen dem StB auch weniger als 12 Monatsgebühren zu, nämlich dann, wenn er nur für einen Teil des Geschäftsjahres oder gar für ein Rumpfgeschäftsjahr die Buchführung zu erledigen hatte.

8.2 Berechnung des Auslagenersatzes

Für die Berechnung des Auslagenersatzes bei Buchführungsleistungen gelten, gleich allen anderen Berufsleistungen, welche die GebV anspricht, die §§ 16 bis 18, so daß es eigentlich nicht erforderlich wäre, gesondert auf diese Anwendbarkeit hinzuweisen, wenn sich nicht seit dem Inkrafttreten der GebV eine Diskussion zu der Frage der Anwendung des Pauschsatzes nach § 16 ergeben hätte, die deshalb erstaunt, weil sie einen, gemessen an der Erörterung viel bedeutsamerer Vorschriften des Gebührenrechts, unverhältnismäßig großen Umfang angenommen hat.

Stellen wir uns also diesem Problem:

Der Pauschsatz nach § 16 orientiert sich, auch hinsichtlich des Höchstbetrages, an der selbständigen gebührenrechtlichen „Angelegenheit". Es ist damit die Frage zu beantworten, wie bei der „Buchführung" eine solche selbständige „Angelegenheit" zu definieren ist. Für Verwirrung sorgt die Vorschrift des § 33 selbst, weil dort zwar von einem „**Jahres**umsatz" als Gegenstandswert die Rede ist, die Gebühr selbst aber als „**Monats**gebühr" ausgewiesen wird. Daraus resultiert die Frage: Ist der StB berechtigt, bei der Erledigung der Buchführung für ein Kalenderjahr „einen Pauschsatz" oder „zwölf Pauschsätze" in Ansatz zu bringen?

Vom „Auftrag" her gesehen, läßt sich die Frage nicht allein lösen. Selbstverständlich bildet der Auftrag, in einem Sonderfall „die Buchführung für einen Monat zu erledigen", kein Problem. Diese „Monatsbuchführung" ist eine „Angelegenheit", und damit ist analog der Pauschsatz nach § 16 zu berücksichtigen. Erteilt der Mandant aber den Auftrag, „die Buchführung für das Kalenderjahr“ zu erledigen, dann muß man die Frage entscheiden, ob das Kalenderjahr „die Angelegenheit“ bildet. Das OLG Düsseldorf, Urt. v. 20. 2. 1992 – 13 U 134/91 hat diese Frage klar im Sinne der bisher von uns vertretenen Rechtsauffassung beantwortet. Das Gericht führt hierzu folgendes aus: „Nach § 16 StBGebV hat der StB Anspruch auf Ersatz der bei der Ausführung entstandenen Post- und Fernmeldegebühren, er kann in derselben Angelegenheit jedoch höchstens DM 40,– beanspruchen. Das Gesetz verwendet auch in dieser Norm (vgl. § 7 StBGebV) die Begriffe „Auftrag“ und „Angelegenheit“, denen eine unterschiedliche Bedeutung beizumessen ist. Der „Auftrag“ umfaßt in der Regel mehrere selbständige gebührenrechtliche „Angelegenheiten“. Unabhängig davon, was die Parteien im einzelnen vereinbart haben, ob die Klägerin *(der StB)* also auf Dauer oder aber monatlich mit der Erledigung der Buchführungsarbeiten beauftragt worden war, ist jeder Buchungsmonat als eine selbständige „Angelegenheit“ anzusehen. Soweit es um das Honorar für die Buchführungsarbeiten geht, ergibt sich das unzweifelhaft aus dem Wortlaut des § 33 Absatz 1 StBGebV. Für die Berechtigung, Post- und Fernmeldegebühren hinsichtlich einer Angelegenheit fordern zu können, kann nichts anderes gelten.“ Man muß daher wohl die Auffassung vertreten, daß, unabhängig vom Auftrag und seiner Dauer, „jeder einzelne Buchungsmonat“ als eine selbständige „Angelegenheit“ anzusehen ist, mit der Folge, daß § 16 auf jeden dieser Monate Anwendung findet, wobei bis zu einer Monatsgebühr von DM 266,60 der Pauschsatz von 15 v.H. und darüber der Höchstpauschsatz von DM 40,– in Ansatz zu bringen ist.

9 Wartebuchführung

Findet in bestimmten Fällen eine „Wartebuchführung“ Anwendung, d.h. eine Buchführung im EDV-Bereich, bei der zwar laufend die Belege aufbereitet, die Buchungen kontiert, die Daten erfaßt und eingegeben werden, der Ausdruck der gespeicherten Daten in Form von Konten und weiteren Auswertungen aber erst nach einer „Wartezeit“ (Quartal, Halbjahr, Jahr) erfolgt, ergeben sich gebührenrechtliche Folgerungen hieraus für die Absätze 1 und 3 von § 33 nur in der Wahl des Rahmensatzes; bei Anwendung von § 33 Absatz 4 führt das Verfahren zwangsläufig zu niedrigeren Kosten der Datenverarbeitung; bei Anwendung von § 33 Absätze 2 und 5 sind keine Besonderheiten zu verzeichnen.

10 Offene-Posten-Buchführung

Dieses im Bereich der EDV zur Anwendung gelangende, auf der Finanzbuchführung aufbauende, System der „Offenen-Posten-Buchführung“ dient neben dem Ausweis der „offenen Rechnungspositionen“ im Bereich der Debitoren und Kreditoren auch dem Mahnwesen und dem Zahlungsverkehr. Fälligkeitsübersicht und Forderungsaltersreport dienen der Beurteilung der Liquidität; eine Debitorenanalyse der Beurteilung des Zahlungsverhaltens der Kunden.

Die sich aus der Anwendung dieses Systems ergebenden Leistungen des StB sind einer besonderen Berechnung nach Absatz 7 von § 33 als „Sonstige Tätigkeit" zugänglich.

.1 Rechtsprechung zur Gebührenbestimmung und zum Auslagenersatz

1. Bei Buchführungsarbeiten, die keine besondere Schwierigkeit aufweisen, ist bei einem Jahresumsatz von DM 126.419,– und einem monatlichen Beleganfall von 25 bis 30 Belegen eine Gebühr von 6/10 nach § 33 Absatz 1 angemessen.
AG Landshut 1 C 1138/83 vom 25. 4. 1985, das wegen der Gebührenbemessung für eine Überschußrechnung bereits in Anmerkung 9 zu § 11 (Urteil 3) kommentiert ist.

2. Ein monatlicher Pauschsatz für Post- und Fernmeldegebühren von 15 v.H. aus DM 246.40 Gebühr ist berechnungsfähig.
AG Dillingen 1 C 524/84 vom 6. 8. 1985.

3. Die Zugrundelegung einer für den Steuerpflichtigen günstigen (sich zwar später nicht bestätigenden) Rechtsauffassung im Rahmen der Erledigung von Buchführungsarbeiten bei noch nicht abschließend geklärter Rechtslage bietet keinen Anlaß zur Reduzierung der Gebühr.
Bei einer Buchführung für ein Kalenderjahr ist nur ein Pauschsatz nach § 16 gerechtfertigt, es handelt sich um „eine Angelegenheit".
AG Bremen 4 C 416/84 vom 7. 8. 1985.

4. Buchführungsleistungen sind monatlich zu erbringende Leistungen, also „selbständige Angelegenheiten", deren Fälligkeit und Verjährung sich gemäß § 7 nach der Beendigung der „monatlich auszuführenden Tätigkeit" richtet, also nicht etwa nach dem Zeitpunkt der „Einforderung" der Gebühr.
Buchführungsleistungen für die Monate April 1982 bis November 1982, die im Jahr 1982 erbracht wurden, verjähren am 31. 12. 1984, soweit die Verjährung nicht rechtswirksam unterbrochen wird.
Die Rückgabe der Buchführungsunterlagen zusammen mit der Umsatzsteuervoranmeldung auf dem Postweg bestätigt, daß „Post- und Fernmeldegebühren" überhaupt angefallen sind.
OLG Stuttgart 10 U 208/85 vom 24. 6. 1986, unter besonderem Hinweis auf Anmerkung 8.2.

5. Kann ein StB infolge Mandatsentzug nicht den nach § 33 Absatz 6 maßgeblichen Jahresumsatz für seine Gebührenberechnung zugrunde legen, so kann er insoweit auf den Vorjahresumsatz zurückgreifen, soweit keine Abweichungen vom Auftraggeber dargelegt werden.
OLG Düsseldorf 18 U 61/86 vom 3. 7. 1986 in LEXinform, unter besonderem Hinweis auf Anmerkung 6.

6. Das Sortieren ungeordneter Belege gehört im Regelfall zu den Buchführungsleistungen gemäß § 33 Absatz 1 und berechtigt nicht zum zusätzlichen Ansatz einer Zeitgebühr nach § 33 Absatz 7.
OLG Hamm 25 U 282/86 vom 23. 1. 1987.

7. Ist der StB sowohl mit der Buchführung wie auch mit den Abschlußarbeiten beauftragt, so kann er auch umfangreiche Abstimmarbeiten als Vorarbeiten nicht gesondert abrechnen. Diese Arbeiten sind von der Gebühr gem. § 33 Absatz 1 mit umfaßt. Da diese Arbeiten unmittelbar zur Buchführung gehören, können sie auch nicht mit einer Zeitgebühr nach § 33 Absatz 7 als „sonstige Tätigkeit" abgerechnet werden.
LG Bielefeld, Urt. vom 17. 10. 1991

8. Die Wahl des Rahmensatzes einer Buchführungsgebühr hängt u. a. von der Zahl der Konten, insbesondere der Kontokorrentkonten, der Zahl der Buchungen, dem Verhältnis von Wiederholungsbuchungen für gleichartige Geschäftsvorgänge zu Einzelbuchungen, dem Schwierigkeitsgrad der Kontierung sowie dem Zustand der Aufzeichnungen und Belege des Auftraggebers ab. Jeder Buchungsmonat stellt eine selbständige Angelegenheit für den StB dar, so daß er berechtigt ist, jeweils Ersatz der Post- und Fernmeldegebühren gemäß § 16 – höchstens DM 40,– zu beanspruchen.
OLG Düsseldorf 13 U 134/91 vom 20. 2. 1992
Bezüglich der Wahl des Rahmensatzes macht sich das Gericht die Ausführungen unter Anmerkung 2 zu eigen. Auf die ergänzenden Ausführungen unter Anmerkung 8.2 zum Anspruch auf Ersatz der Entgelte für Post- und Telekommunikationsdienstleistungen wird verwiesen.

9. Wird dem StB ein Buchführungsmandat dergestalt übertragen, daß er nach vom Mandanten kontierten Belegen oder erstellten Buchführungsunterlagen die Buchführung zu erledigen hat, so löst diese Tätigkeit allein Gebührenansprüche nach § 33 Absatz 3 aus. Daneben ist für die Gebühr nach § 33 Absatz 5 kein Raum. Denn dieser Gebührenanspruch wäre nur dann ausgelöst, wenn die Buchführung ihre vollständige Erledigung in der Verantwortung des auftraggebenden Mandanten gefunden und der StB lediglich laufende Überwachungstätigkeiten ausgeübt hätte.
LG Stade 3 O 452/91 vom 31. 3. 1992

10. Für die Klärung der Buchungsbelege steht dem Steuerberater nach § 33 Absatz 7 die Zeitgebühr des § 13 zu. Die Klärung der Buchungsbelege ist Hilfeleistung bei sonstigen Tätigkeiten im Zusammenhang mit der Buchführung. Sie gehört nicht zur Buchführung selbst, sondern zu ihrer Vorbereitung, die dem Mandanten obliegt.
OLG Frankfurt 22 U 183/91 vom 15. 2. 1993

11. Die isolierte Berechnung sogenannter „DATEV-Gebühren" sieht die StBGebV nicht vor. Der StB kann die Kosten der Nutzung der eigenen Rechenanlage oder die der Beauftragung eines Rechenzentrums nur nach § 33 Absatz 4 oder § 34 Absatz 4 verlangen.
OLG Düsseldorf 13 U 207/93 vom 16. 6. 1994

12. Ergänzend ist auf die Entscheidung des LG Bremen (Gebührenhöhe für Buchführungsleistungen), besprochen in Anmerkung 9 zu § 11 (Urteil 11), und auf zwei Entscheidungen des AG Wedding (Einrichtung einer Buchführung sowie Leistungsumfang des Buchführungshonorars und Hinweispflicht des StB), besprochen in Anmerkung 11 zu § 13 (Urteile 1 und 5), hinzuweisen.

12 **Pauschalierung**

Die Gebühr nach § 32 kann nicht pauschaliert werden; die Gebühr nach § 33 ist pauschalierungsfähig.

§ 34 Lohnbuchführung

(1) **Für die erstmalige Einrichtung von Lohnkonten und die Aufnahme der Stammdaten erhält der Steuerberater eine Gebühr von 5 Deutsche Mark bis 18 Deutsche Mark je Arbeitnehmer.**

(2) **Für die Führung von Lohnkonten und die Anfertigung der Lohnabrechnung erhält der Steuerberater eine Gebühr von 5 Deutsche Mark bis 30 Deutsche Mark je Arbeitnehmer und Abrechnungszeitraum.**

(3) **Für die Führung von Lohnkonten und die Anfertigung der Lohnabrechnung nach vom Auftraggeber erstellten Buchungsunterlagen erhält der Steuerberater eine Gebühr von 2 Deutsche Mark bis 10 Deutsche Mark je Arbeitnehmer und Abrechnungszeitraum.**

(4) **Für die Führung von Lohnkonten und die Anfertigung der Lohnabrechnung nach vom Auftraggeber erstellten Eingaben für die Datenverarbeitung und mit beim Auftraggeber eingesetzten Datenverarbeitungsprogrammen des Steuerberaters erhält der Steuerberater neben der Vergütung für die Datenverarbeitung und für den Einsatz der Datenverarbeitungsprogramme eine Gebühr von 1 Deutschen Mark bis 5 Deutsche Mark je Arbeitnehmer und Abrechnungszeitraum.**

(5) **Für die Hilfeleistung bei sonstigen Tätigkeiten im Zusammenhang mit dem Lohnsteuerabzug und der Lohnbuchführung erhält der Steuerberater die Zeitgebühr.**

(6) **Mit der Gebühr nach den Absätzen 2 bis 4 sind die Gebühren für die Lohnsteueranmeldung (§ 24 Abs. 1 Nr. 15) abgegolten.**

Amtliche Begründung zu § 34:

Für die Lohnbuchführung sind je nach Art der Tätigkeit die Zeitgebühr oder eine Betragsrahmengebühr vorgesehen.

Amtliche Begründung 3. VOÄ zu § 34:

Die Betragsrahmengebühr zur Abgeltung der Tätigkeiten im Rahmen der Lohnbuchführung ist seit Schaffung der Steuerberatergebührenverordnung nicht geändert worden. Die Gebührenerhöhungen tragen der Kostensteigerung angemessen Rechnung. Sie berücksichtigen insbesondere, daß die personalintensive Tätigkeiten, die in den Absätzen 1 und 2 ihren Niederschlag finden einer stärkeren Erhöhung bedürfen, während die stärker automationsgeprägten Leistungen in Absatz 3 nur eine geringe und in Absatz 4 keine Erhöhung erfahren. Die Erhöhung des oberen Rahmens ist angesichts der Komplexität und des gestiegenen Schwierigkeitsgrades des Lohnsteuerrechts und der mit der Ausdehnung der sozialversicherungsrechtlichen Vorschriften verbundenen erhöhten Anforderungen geboten.

Außerdem wird durch das unveränderte Beibehalten des unteren Betragsrahmens sichergestellt, daß Tätigkeiten einfachster Art weiterhin zu einem kostengünstigen Satz angeboten werden können. Die Neufassung von Absatz 4 trägt der technischen Entwicklung in der Datenverarbeitung und der Gestaltungsvielfalt in der Steuerberatungspraxis bei der Erledigung von Lohnbuchführungsaufgaben Rechnung. Sie ist in Analogie zur Neufassung von § 33 Absatz 4 zu sehen.

Anmerkungsübersicht

1 Allgemeines

§ 34 ist eine der wenigen Vorschriften der GebV, bei der die „Betragsrahmengebühr" in Ansatz gelangt. Da neben dieser Gebühr nur die Zeitgebühr vorgesehen ist, findet für die Arbeiten zur Lohnbuchführung keine Gebührentabelle Anwendung. Durch die 3. VOÄ wurde die seit 1982 unveränderte Betragsrahmengebühr in den Absätzen 1, 2 und 3 maßvoll angehoben. Diese Erhöhung mag der zwischenzeitlich eingetretenen Kostensteigerung angemessen Rechnung tragen. Ob sie aber auch angesichts der des gestiegenen Schwierigkeitsgrades des Lohnsteuer- und Sozialversicherungsrechts zu angemessenen Vergütungen führt, darf bezweifelt werden.

Nicht eindeutig geregelt ist die Frage, ob für die Erteilung von „Rat und Auskunft" in Fragen des Lohnsteuerabzugs und der Lohnbuchführung, die entweder gegenüber dem Auftraggeber oder auf dessen Veranlassung und Kosten gegenüber Arbeitnehmern des Auftraggebers erfolgen kann, § 21 Absatz 1 oder Absatz 5 von § 34 gilt. Nachdem Absatz 5 von § 34 zusätzlich zu der ansonsten gleichen Fassung des Absatzes 7 von § 33 den Hinweis auf den „Lohnsteuerabzug" enthält, wird man die Erteilung von „Rat und Auskunft" gegenüber dem Arbeitgeber, unabhängig davon, ob dem StB auch die Arbeiten zur Lohnbuchführung übertragen wurden, unter § 34 Absatz 5 subsumieren können. Für die Erteilung von „Rat und Auskunft" gegenüber Arbeitnehmern indessen muß, da es an einem direkten Zusammenhang mit dem „Lohnsteuerabzug" und der „Lohnbuchführung" mangelt, § 21 Absatz 1 Anwendung finden.

Anträge auf „Lohnsteuerermäßigung" sind nach § 24 Absatz 3 zu berechnen.

Wegen der von Horn (StB 1983 S. 158) bezweifelten Rechtsgültigkeit der §§ 33 und 34 siehe Anmerkung 1 zu §§ 32–33.

Zu den Aufgaben des StB nach Maßgabe von § 34 Absätze 2, 3 und 4 gehört **in keinem Fall die „Berechnung des Arbeitslohnes"**, gleichgültig, ob es sich hierbei um einfache oder schwierige Berechnungen handelt. Siehe hierzu die Kommentierung in Anmerkung 2 zu Absatz 2, zu Absatz 3 und zu Absatz 4. Wünscht ein Arbeitgeber die „Berechnung des Arbeitslohnes" durch den StB, so handelt es sich in jedem Fall um Leistungen, die nach § 34 Absatz 5 der gesonderten (zusätzlichen) Berechnung zugänglich sind.

Das nachfolgend aufgezeigte Leistungsspektrum macht die enge Verbindung zwischen Steuerrecht und Sozialversicherungsrecht, gerade beim Lohnsteuerabzug und der Lohnbuchführung, deutlich. Ungeachtet der Tatsache, daß Tätigkeiten aus dem Bereich des Sozialversicherungsrechts nicht § 33 StBerG zuzuordnen sind, sondern „Vereinbarte Tätigkeiten" nach § 57 Absatz 3 StBerG darstellen (Teil III), wird man, abgesehen von Sonderleistungen, die in der Folge angesprochenen Regelleistungen als „hilfsberechnungsfähig" nach der GebV anzusehen haben. Eine andere Handhabung wäre wirklichkeitsfremd und im übrigen ohne praktischen Wert, da man die „Übliche Vergütung" in Sicht der §§ 612 und 632 BGB für Tätigkeiten, wie sie hier in Betracht kommen, als „deckungsgleich" mit den Sätzen der GebV anzusehen haben wird.

Das Vorgesagte muß gleichermaßen für andere Bereiche gelten, die auf die Lohnabrechnung, und demzufolge auf die Lohnbuchführung, gesetzesbezogen einwirken.

2 Leistungsbereiche und Gebührenrahmen

Absatz 1: Erstmalige Einrichtung von Lohnkonten und Aufnahme der Stammdaten

Die erstmalige Einrichtung von Lohnkonten und die Aufnahme von Stammdaten bilden die „Basisarbeiten" für den Bereich des Lohnsteuerabzugs, vergleichbar mit der „Einrichtung einer Buchführung" (§ 32).

Es kann sich hierbei sowohl um die handschriftliche Einrichtung konventioneller Lohn- und Gehaltsbücher, um die Einrichtung einer maschinellen Lohnbuchführung als auch um die Datenerfassung für ein EDV-Lohnbuchführungsprogramm handeln.

„Stammdaten" sind alle für einen ordnungsgemäßen Steuerabzug notwendigen, weitgehend gesetzlich vorgeschriebenen, Angaben über einen Arbeitnehmer.

Die Gebühr wird nur für die „erstmalige" Einrichtung und Datenaufnahme gewährt, also nicht etwa für die „Übernahme" von Stammdaten in ein neues Kalenderjahr.

Laufende Änderungen der Stammdaten, z. B. Änderung des Familienstandes oder der Anschrift eines Arbeitnehmers, sind mit den Gebühren nach den Absätzen 2 bis 4 abgegolten. Sollten diese im Einzelfall besonders umfangreich sein, etwa bei der Umstellung eines Entlohnungssystems eines Unternehmens, greift Absatz 5 Platz.

Die Anwendung des Betragsrahmens von **DM 5,– bis DM 18,–** je Arbeitnehmer ist wesentlich vom Buchführungssystem und vom Zeitaufwand für die Beschaffung aller benötigten Daten beeinflußt.

Absatz 2: Führung von Lohnkonten und Anfertigung der Lohnabrechnung

Dieser Bestimmung kommt die Bedeutung einer „Generalposition" für die Lohnbuchführung zu.

Die Buchführungsleistungen können dabei nach herkömmlichen Buchungssystemen oder unter Inanspruchnahme der elektronischen Datenverarbeitung erbracht werden, soweit nicht die Absätze 3 und 4 Platz greifen.
Unter Zugrundelegung des gemäß Absatz 1 eingerichteten Lohnkontos regelt Absatz 2 die Vergütung der **laufenden** Leistungen des StB. Diese umfassen insbesondere:

a) Anwendung der lohnsteuerlichen Vorschriften sowie der weiteren gesetzlichen Vorschriften, insbesondere im Bereich der Sozialversicherung, auf den **vom Auftraggeber** ermittelten Arbeitslohn;
b) Eintragungen im Lohnjournal und im Lohnkonto;
c) Anfertigung der Lohnabrechnung für den Arbeitnehmer;
d) Anfertigung aller erforderlichen Listen und Übersichten für den Auftraggeber;
e) Anfertigung der erforderlichen Nachweise für die Sozialversicherungsträger;
f) Anfertigung der Lohnsteueranmeldung;
g) Abschluß der Lohnkonten.

Bei Beendigung eines Dienstverhältnisses oder am Ende des Kalenderjahrs hat der Arbeitgeber nach § 41 b EStG auf Grund der Eintragungen im Lohnkonto auf der Lohnsteuerkarte des Arbeitnehmers die lohnsteuerlichen Daten zu bescheinigen oder eine besondere Lohnsteuerbescheinigung auszustellen (LStR 135). Hierfür wird eine gesonderte Gebühr nach § 38 gewährt (Siehe Anmerkung 3 zu § 38).
Der Betragsrahmen zeigt eine breite Spanne von **DM 5,– bis DM 30,–** je Arbeitnehmer. Damit soll den unterschiedlichen Verhältnissen des Arbeitnehmers und den unterschiedlich aufwendigen Lohnbuchführungssystemen Rechnung getragen werden. Bedeutsam wird vor allem sein, ob feste sich langfristig nicht verändernde Bezüge oder stets wechselnde Vergütungen (Zeit- und Akkordlohn) gezahlt werden, ob „Sonstige Bezüge" Sonderberechnungen erforderlich machen, ob Lohnteile steuerfrei bleiben, ob Besonderheiten einer Branche zu berücksichtigen sind (z.B. Schlechtwettergeld, Wintergeld), ob es einer Nettolohnhochrechnung bedarf, ob Kurzarbeitergeld in die Berechnung eingeschlossen ist, ob die Steuerpflicht von Sonderzuwendungen, Geschenken und freiwilligen sozialen Aufwendungen zu beurteilen ist und ob etwa besondere sozialversicherungsrechtliche Bestimmungen zu beachten sind.
Auf die Betragsrahmengebühr besteht **je** Arbeitnehmer für **jeden** Abrechnungszeitraum (Woche, Dekade, Monat) Anspruch; dies gilt auch, wenn in Ausnahmefällen eine tägliche Abrechnung (Tagesaushilfskräfte) durchgeführt wird.

Absatz 3: Führung von Lohnkonten und Anfertigung der Lohnabrechnung nach vom Auftraggeber erstellten Buchungsunterlagen

Bei dieser Bestimmung besteht eine „Verwandtschaft" zu Absatz 3 von § 33.
Der Leistungsbereich umfaßt sowohl konventionelle Buchführungssysteme

als auch die Lohnbuchführung unter Einsatz der elektronischen Datenverarbeitung.

Am Beispiel der **elektronischen Datenverarbeitung** werden nachstehend der Arbeitsumfang und die Arbeitsaufteilung zwischen Auftraggeber und Steuerberater dargestellt:

a) Der Auftraggeber wendet die lohnsteuerlichen Vorschriften sowie die weiteren gesetzlichen Vorschriften auf den von ihm ermittelten Arbeitslohn an und erstellt Buchungsunterlagen (Eingabelisten);
b) Der Steuerberater erstellt nach Maßgabe der Buchungsunterlagen (Eingabelisten) Datenträger für die EDV;
c) Der Steuerberater verarbeitet die von ihm erstellten Datenträger in der EDV zu vollständigen Auswertungen (Lohnkonto, Lohnabrechnung und alle ergänzenden Auswertungen);
d) Der Steuerberater fertigt die Lohnsteueranmeldung;
e) Der Steuerberater klärt Fehler und erledigt ergänzende Arbeiten.

Die „Verarbeitung der Datenträger" kann in einer Rechenanlage des StB oder in seinem Auftrag in einem Rechenzentrum erfolgen. Auch im letzteren Fall verbleibt die uneingeschränkte Haftung für eine ordnungsgemäße Auftragserfüllung beim StB.

Der gegenüber Absatz 2 reduzierte Betragsrahmen von **DM 2,– bis DM 10,–** je Arbeitnehmer entspricht dem „aufgeteilten" Leistungsbereich.

Absatz 4: Führung von Lohnkonten und Anfertigung der Lohnabrechnung nach vom Auftraggeber erstellten Eingaben für die Datenverarbeitung und mit beim Auftraggeber eingesetzten Datenverarbeitungsprogrammen des Steuerberaters

Die Vorschrift wurde durch die 3. VOÄ umformuliert und ergänzt. Aufgrund der „Verwandtschaft" zu Absatz 4 von § 33 gelten die dort unter Anmerkung 3 gemachten Ausführungen entsprechend. Leistungsbild und Tätigkeitsaufteilung zwischen Auftraggeber und Steuerberater stellen sich wie folgt dar:

a) Der Auftraggeber wendet die lohnsteuerlichen Vorschriften sowie die weiteren gesetzlichen Vorschriften auf den von ihm ermittelten Arbeitslohn an und erstellt Buchungsunterlagen (Eingabelisten);
b) Der Auftraggeber erstellt nach Maßgabe der Buchungsunterlagen (Eingabelisten) Datenträger für die EDV;
c) Der Steuerberater verarbeitet die ihm übergebenen Datenträger in der EDV zu vollständigen Auswertungen (Lohnkonto, Lohnabrechnung und alle ergänzenden Auswertungen);
d) Der Steuerberater fertigt die Lohnsteueranmeldung;
e) Der Steuerberater klärt Fehler und erledigt ergänzende Arbeiten;
f) Der Steuerberater berät den Auftraggeber in allen Fragen, die sich aus diesem Leistungsbereich ergeben.

Bezüglich des Begriffs „Datenträger oder andere Eingabemittel" siehe Anmerkung 3 zu §§ 32–33 (Absatz 4 von § 33).

Die „Verarbeitung der Datenträger" kann in einer Rechenanlage des StB oder in seinem Auftrag in einem Rechenzentrum erfolgen, mit der Maßgabe, daß, unabhängig von der gewählten Verarbeitungsart, die Haftung für die ordnungsgemäße Auftragserfüllung dem StB obliegt. Aufgrund der technischen Weiterentwicklung kann der StB, wie bei der Buchführung, seinem Auftraggeber Software zur Erfassung und Verarbeitung der Lohnbuchführung überlassen. Auch dieser Fall ist nun von § 34 Absatz 4 erfaßt. Dem Auftraggeber obliegen hier die Tätigkeiten nach a) bis d), so daß hier dem StB die Tätigkeiten nach e) und f) verbleiben.

Dem gegenüber Absatz 3 nochmals verringerten Tätigkeitsumfang trägt ein auf **DM 1,– bis DM 5,–** je Arbeitnehmer reduzierter Betragsrahmen Rechnung, wobei der StB als Sonderregelung **zusätzlich** die „Vergütung für die Datenverarbeitung" erhält, unter der entweder die anteiligen Kosten der Nutzung der Rechenanlage des StB oder die dem StB vom Rechenzentrum für die Datenverarbeitung berechneten Kosten oder die Anschaffungskosten oder Lizenzgebühren für die Datenverarbeitungsprogramme zu verstehen sind.

Bezüglich der alleinigen Berechnung der „Vergütung für die Datenverarbeitung" gegenüber dem Auftraggeber sei besonders auf die Ausführungen in Anmerkung 3 zu §§ 32–33 (Absatz 4 von § 33 am Ende) hingewiesen.

3 Sonstige Tätigkeiten im Zusammenhang mit dem Lohnsteuerabzug und der Lohnbuchführung

Absatz 5 gewährt für die „Hilfeleistung bei sonstigen Tätigkeiten im Zusammenhang mit dem Lohnsteuerabzug und der Lohnbuchführung" die Möglichkeit der Berechnung der Zeitgebühr.

Als Tätigkeiten dieser Art wird man alle Leistungen anzusehen haben, die **zusätzlich** zu dem in Anmerkung 2 umschriebenen Leistungsbild im Einzelfall von der Struktur des Unternehmens her oder auf Wunsch des Auftraggebers erbracht werden. Hierzu dürften zu rechnen sein: die Anmeldung und Abmeldung von Mitarbeitern bei Sozialversicherungsträgern; die während und am Ende eines Dienstverhältnisses auszufertigenden Nachweise für die Rentenversicherungsträger; die **ausschließlich dem Arbeitgeber obliegende** Berechnung des „Arbeitslohnes als solchem" nach den betrieblichen oder tariflichen Regelungen (Grundlohn, leistungs- oder zeitbezogene Zuschläge, sonstige Zuschläge); Anträge an Behörden auf Gewährung von Lohnzuschüssen, auch im Forschungsbereich; Meldungen an Berufsverbände über Lohnwerte; Fertigung des Jahresentgeltsnachweises für die Berufsgenossenschaft, Erstellung von Lohnartenlisten, Kostenstellenlisten, Kostenträgerlisten und Arbeiten ähnlicher Art.

Für die Ausschreibung der Lohnsteuerkarte oder der besonderen Lohnsteuerbescheinigung, die bereits unter Anmerkung 2 angesprochen wurden, wird eine gesonderte Gebühr nach § 38 gewährt, die sich allerdings gleichfalls nach dem Zeitaufwand bemißt (Siehe Anmerkung 3 zu § 38).

Die Anfertigung der Lohnsteueranmeldung zählt nicht zu den „Sonstigen Tätigkeiten", sie ist mit der Gebühr nach den Absätzen 2 bis 4 abgegolten.

In der Verordnungsbegründung ist dieser Hinweis irrtümlich zu § 33 gegeben. Nur bei Anfertigung der Lohnsteueranmeldung durch einen nicht mit der Lohnbuchführung beauftragten StB gilt § 24 Absatz 1 Nummer 15.
Die monatlichen Beitragsnachweisungen für die Sozialversicherungsträger sind in der GebV nicht erwähnt. Analog zur Lohnsteueranmeldung wird man sie gleichfalls als durch die Gebühr nach den Absätzen 2 bis 4 abgegolten anzusehen haben.
Soweit die voraufgezeigten oder andere „Sonstige Tätigkeiten" im Einzelfall nicht mehr dem in § 33 StBerG wiedergegebenen Tätigkeitsinhalt des StB zuzuordnen sind, hat über § 57 Absatz 3 StBerG für diese die „Übliche Vergütung" nach den §§ 612 und 632 BGB Gültigkeit; auf Anmerkung 1 ist ergänzend hinzuweisen.

4 Mindestbetrag einer Betragsrahmengebühr

§ 3 bestimmt den „Mindestbetrag einer Gebühr" mit DM 20,–. Die Verordnungsbegründung sagt hierzu: „Die Bestimmung der Mindestgebühr hat nur für die Fälle Bedeutung, in denen ein Satzrahmen für einzelne Tätigkeiten Gebühren unter DM 12,– (nunmehr DM 20,–) vorsieht." Diese Fassung der Begründung läßt durchaus, insbesondere wegen der Formulierung „für einzelne Tätigkeiten" den Schluß zu, alle Gebühren des § 34 müßten nun „mindestens" DM 20,– je Arbeitnehmer ausmachen. Eine solche Folgerung würde nicht nur einzelne Bestimmungen des § 34 gänzlich ad absurdum führen (etwa die Absätze 1, 3 und 4), sondern auch den Willen des Verordnungsgebers falsch interpretieren. Es handelt sich um eine mißverständliche Fassung der Begründung zu § 3. Als „Einzelne Tätigkeit" muß hier vielmehr jeweils „die Summe" der Betragsrahmengebühren für alle Arbeitnehmer eines Abrechnungszeitraumes (Anmerkung 2 zu Absatz 2) angesehen werden. Nur wenn dieser Betrag unter DM 20,– liegt (etwa bei zwei Arbeitnehmern zu DM 5,– gemäß Absatz 1 oder vier Arbeitnehmern zu DM 2,– gemäß Absatz 3), gelangt der Mindestbetrag von DM 20,– in Ansatz.

5 Berechnung des Auslagenersatzes

In Anmerkung 8.2 zu §§ 32–33 ist ausführlich die Diskussion um den zutreffenden Ansatz des Pauschsatzes für Entgelte für Post- und Telekommunikationsdienstleistungen nach § 16 angesprochen. Eigenartigerweise ist die gleiche Frage im Zusammenhang mit der Lohnbuchführung bisher kaum irgendwo aufgegriffen worden. Dessenungeachtet wird man die gleichen Grundsätze, wie sie zu § 33 dargestellt wurden, auch auf die Leistungen nach § 34 anzuwenden haben, mit der Maßgabe, daß der Höchstpauschsatz von DM 40,– jeweils nur, analog zur Anmerkung 4, auf die „Summe der Betragsrahmengebühren für alle Arbeitnehmer eines Abrechnungszeitraums" Anwendung findet. Neben den „Monat" bei der Buchführung nach § 33 muß für die „Lohnbuchführung" gleichberechtigt die „Dekade" oder die „Woche" treten, falls diese Zeiträume die Grundlage für die Lohnabrechnung eines Unternehmens bilden.
Für die übrigen Auslagen (§§ 17 und 18) ergeben sich keine Besonderheiten.

6 **Pauschalierung**

Die Gebühr ist pauschalierungsfähig.

§ 35 Abschlußarbeiten

(1) **Die Gebühr beträgt für**

1. a) die Aufstellung eines Jahresabschlusses (Bilanz und Gewinn- und Verlustrechnung)	**10/10 bis 40/10**
b) die Erstellung eines Anhangs	**2/10 bis 12/10**
c) die Erstellung eines Lageberichts	**2/10 bis 12/10**
2. die Aufstellung eines Zwischenabschlusses oder eines vorläufigen Abschlusses (Bilanz und Gewinn- und Verlustrechnung)	**5/10 bis 12/10**
3. die Entwicklung einer Steuerbilanz aus der Handelsbilanz oder die Ableitung des steuerlichen Ergebnisses vom Handelsbilanzergebnis	**5/10 bis 12/10**
4. die Aufstellung einer Eröffnungsbilanz	**5/10 bis 12/10**
5. die Aufstellung einer Auseinandersetzungsbilanz	**5/10 bis 20/10**
6. den schriftlichen Erläuterungsbericht zu Tätigkeiten nach den Nummern 1 bis 5	**2/10 bis 12/10**
7. a) die beratende Mitwirkung bei der Aufstellung eines Jahresabschlusses (Bilanz und Gewinn- und Verlustrechnung)	**2/10 bis 10/10**
b) die beratende Mitwirkung bei der Erstellung eines Anhangs	**2/10 bis 4/10**
c) die beratende Mitwirkung bei der Erstellung eines Lageberichts	**2/10 bis 4/10**
8. die Zusammenstellung eines Jahresabschlusses (Bilanz und Gewinn- und Verlustrechnung) aus übergebenen Endzahlen (ohne Vornahme von Prüfungsarbeiten)	**2/10 bis 6/10**

einer vollen Gebühr nach Tabelle B (Anlage 2).

(2) **Gegenstandswert ist**

1. **in den Fällen des Absatzes 1 Nr. 1 bis 3, 7 und 8 das Mittel zwischen der berichtigten Bilanzsumme und der betrieblichen Jahresleistung;**
2. **in den Fällen des Absatzes 1 Nr. 4 und 5 die berichtigte Bilanzsumme;**
3. **in den Fällen des Absatzes 1 Nr. 6 der Gegenstandswert, der für die dem Erläuterungsbericht zugrunde liegenden Abschlußarbeiten maßgeblich ist.**

Die berichtigte Bilanzsumme ergibt sich aus der Summe der Posten der Aktivseite der Bilanz zuzüglich Privatentnahmen und offener Ausschüttungen, abzüglich Privateinlagen, Kapitalerhöhungen durch Einlagen und Wertberichtigungen. Die betriebliche Jahresleistung umfaßt Umsatzerlöse, sonstige betriebliche Erträge, Erträge aus Beteiligungen, Erträge aus anderen Wertpapieren und Ausleihungen des Finanzanlagevermögens, sonstige Zinsen und ähnliche Erträge, Veränderungen des Bestands an fertigen und unfertigen Erzeugnissen, andere aktivierte Eigenleistungen sowie außerordentliche Erträge. Ist der betriebliche

Jahresaufwand höher als die betriebliche Jahresleistung, so ist dieser der Berechnung des Gegenstandswerts zugrunde zu legen. Betrieblicher Jahresaufwand ist die Summe der Betriebsausgaben einschließlich der Abschreibungen. Bei der Berechnung des Gegenstandswerts ist eine negative berichtigte Bilanzsumme als positiver Wert anzusetzen. Übersteigen die betrieblich Jahresleistung oder der höhere betriebliche Jahresaufwand das 5fach der berichtigten Bilanzsumme, so bleibt der übersteigende Betrag bei der Ermittlung des Gegenstandswerts außer Ansatz. Der Gegenstandswert besteht nur aus der berichtigten Bi-lanzsumme, wenn die betriebliche Jahresleistung geringer als 6.000 Deutsche Mark ist. Der Gegenstandswert besteht nur aus der betrieblichen Jahresleistung, wenn die berichtigte Bilanzsumme geringer als 6.000 Deutsche Mark ist.

(3) **Für die Anfertigung oder Berichtigung von Inventurunterlagen und für sonstige Abschlußvorarbeiten bis zur abgestimmten Saldenbilanz erhält der Steuerberater die Zeitgebühr.**

Fassung 3. VOÄStBGebV

Amtliche Begründung zu § 35:

Die in dieser Vorschrift enthaltenen Gebührenansätze für die verschiedenen Abschlußarbeiten haben sehr unterschiedliche Rahmen. Die unterschiedlichen Weiten der Gebührenrahmen sind durch den unterschiedlichen Umfang und den Schwierigkeitsgrad dieser Arbeiten geboten.

In der bisherigen Praxis der Gebührenberechnung durch die steuerberatenden Berufe gelangte als Gegenstandswert in der Regel die Aktivseite der Bilanz zuzüglich der Privatentnahmen abzüglich der Wertberichtigung in Ansatz. Da der Abschluß nicht nur die Vermögensermittlung auf den Bilanzstichtag, sondern auch die Ermittlung des Aufwands und des Ertrags für den jeweiligen Abschlußzeitraum beinhaltet, erscheint es folgerichtig, auch den wirtschaftlichen Umsatz in die Wertgrundlage einzubeziehen. Um dem Faktor Umsatz jedoch kein unangemessen hohes Gewicht zu verleihen, findet er nur insoweit Berücksichtigung, als er nicht das Fünffache der berichtigten Aktivseite der Bilanz übersteigt.

Die nach dieser Vorschrift zu vergütenden Abschlußarbeiten setzen das Vorliegen einer abgestimmten Saldenbilanz und ordnungsgemäßer Inventurunterlagen voraus. Muß der Steuerberater diese erst vervollständigen oder berichtigen, so kann er nach Absatz 3 den hierfür erforderlichen Zeitaufwand gesondert in Rechnung stellen.

Amtliche Begründung 1. VOÄ zu § 35:

1. Die Erweiterung der Gebührentatbestände für Abschlußarbeiten in Absatz 1 Nr. 1 und Nr. 7 wurde erforderlich, weil nach der durch das Bilanzrichtlinien-Gesetz neu gefaßten Vorschrift des § 264 Handelsgesetzbuch (HGB) Kapitalgesellschaften nunmehr ihren Jahresabschluß um einen Anhang erweitern müssen sowie einen Lagebericht aufzustellen haben. Diese Unterlagen sind auch für die Besteuerung von Bedeutung (§ 140 AO, § 60 EStDV).
2. Die gestiegenen Büro- und Personalkosten erfordern eine Erhöhung der Gebühren für die Erstellung des Jahresabschlusses. Die Werte der für Abschlußarbeiten maßgeblichen Tabelle B werden daher um 4 v.H. angehoben. Daneben sieht Absatz 1 Nr. 1 Buchstabe a eine Erhöhung des oberen Gebührenrahmens um 6 Zehntel auf 36 Zehntel vor. Bei Abschlußarbeiten ergeben sich von Fall zu Fall erhebliche Unterschiede im Hinblick auf Umfang und Schwierigkeitsgrad. Die Kombination von

Erweiterung des Gebührenrahmens und Erhöhung der Tabellensätze in geringerem Umfang trägt den bei der Bemessung des Honorars zu berücksichtigenden Umständen des Einzelfalls besser Rechnung als eine alleinige Anhebung der Gebühren der Tabelle B. Inwieweit sich dadurch die Erstellung des Jahresabschlusses um mehr als 4 v. H. verteuert, läßt sich wegen der unterschiedlichen Ausgestaltung jedes Einzelfalles nicht mit hinreichender Sicherheit vorausbestimmen.

3. In Absatz 2 wurde der Begriff „wirtschaftlicher Umsatz", der in der Praxis zu Auslegungsschwierigkeiten geführt hat, durch den Begriff „betriebliche Jahresleistung" ersetzt und näher erläutert. Die betriebliche Jahresleistung setzt sich danach aus den Erlösen und Erträgen zusammen, die nach § 275 Abs. 2 HGB in der Gewinn- und Verlustrechnung gesondert auszuweisen sind. Außer Betracht bleiben die Erhöhung oder Verminderung des Bestands an fertigen und unfertigen Erzeugnissen sowie andere aktivierte Eigenleistungen. Durch die Anlehnung an § 275 HGB wird ferner klargestellt, daß sich die betriebliche Jahresleistung immer nach der zugrunde liegenden Gewinn- und Verlustrechnung bestimmt, unabhängig davon, ob es sich um ein vom Kalenderjahr abweichendes Wirtschaftsjahr oder um ein Rumpfwirtschaftsjahr handelt.

   Der bei der Definition der berichtigten Bilanzsumme verwendete Begriff „Aktivwerte der Bilanz" wurde durch den Begriff „Posten der Aktivseite der Bilanz" ersetzt. Damit wird klargestellt, daß auf der Aktivseite ausgewiesene negative Kapitalkonten oder nicht durch Eigenkapital gedeckte Fehlbeträge von Kapitalgesellschaften nicht zu einer Minderung der berichtigten Bilanzsumme führen.

   Die Ermittlung des Gegenstandswertes hat im Fall einer negativen berichtigten Bilanzsumme in der Praxis zu Schwierigkeiten geführt. Durch den neu eingeführten Satz 4 wird klargestellt, daß zur Ermittlung der gebührenrechtlichen Bemessungsgrundlage ein negativer Wert wie ein positiver Wert zu behandeln ist. Satz 6 stellt klar, daß in den Fällen, in denen eine betriebliche Jahresleistung nicht vorhanden ist oder weniger als 6.000 DM beträgt (zum Beispiel bei Geschäftseröffnung), allein die berichtigte Bilanzsumme den Gegenstandswert darstellt.

Amtliche Begründung 3. VOÄ zu § 35:

Absatz 1 Nummer 1 a

Die Erhöhung des obersten Rahmens von 36/10 auf 40/10 für die Tätigkeiten im Zusammenhang mit der Aufstellung eines Jahresabschlusses berücksichtigt die gestiegenen Anforderungen und den gestiegen Schwierigkeitsgrad bei der Bilanzerstellung und bietet damit Raum, gerade die schwierigen Bilanzierungsarbeiten, so z. B. auch bei Auslandaktivitäten oder im Konzernbund, einigermaßen zu honorieren.

Absatz 2

Bereits durch die erste Änderungsverordnung konnte eine Lücke bei der Bestimmung des Gegenstandswertes geschlossen werden, wenn keine betriebliche Jahresleistung vorliegt. Zwischenzeitlich hat sich gezeigt, daß auch der umgekehrte Fall vorkommen kann, nämlich daß die berichtigte Bilanzsumme annähernd null DM beträgt. Solche Fälle können dann eintreten, wenn die Aktivseite der Bilanz aufgrund von Privateinlagen oder Kapitalerhöhungen zu mindern ist. In diesen Fällen führt die geltende Vorschrift der Ermittlung des Gegenstandswertes, insbesondere auch durch die Höchstbeschränkung des Ansatzes der betrieblichen Jahresleistung auf das Fünffache der berichtigten Bilanzsumme zu Gegenstandswerten, die bei null DM liegen. Solche und andere unlogische Ergebnisse soll die vorgeschlagene Ergänzung des Absatzes 2 vermeiden. Außerdem wurde die Definition der betrieblichen Jahresleistung dem § 275 des Handelsgesetzbuches angepaßt. Insgesamt führt die angestrebte Änderung zu einer sachgerechten Lösung parallel zu der bereits bei der ersten Änderungsverordnung gefundenen Regelung.

Anmerkungsübersicht

1 Allgemeines

§ 35 regelt die Gebührenansprüche für einen außerordentlich bedeutsamen Bereich der Berufsarbeit des StB. Die Vorschrift unterlag einer mehrfachen grundlegenden Änderung gegenüber der bisherigen Gebührenpraxis bei der Bestimmung des Gegenstandswertes.

§ 35 AllGO kannte als Wertgrundlage für die Abschlußarbeiten nur die „Summe der Aktivwerte zuzüglich der Privatentnahmen abzüglich der Wertberichtigungen“. Die GebV vervollständigte in ihrer ab 1. 4. 1982 geltenden Fassung die Ermittlung der „Berichtigten Bilanzsumme“ um die konsequenterweise noch einzubeziehenden Werte „Ausschüttungen“, „Privateinlagen“ und „Kapitalerhöhungen durch Einlagen“ und stellte damit auch eine Gleichbehandlung der Abschlüsse von Personen- und Kapitalgesellschaften her. Darüber hinaus schuf sie einen neuen Begriff des Gegenstandswertes, der sich nicht mehr auf die „Berichtigte Bilanzsumme“ beschränkte, sondern den „Wirtschaftlichen Umsatz“ einbezog. Bei Höchstbegrenzung des Umsatzes auf das Fünffache der „Berichtigten Bilanzsumme“ bildete das „Mittel“ zwischen diesen beiden Wertteilen den neuen „Gegenstandswert“.

Der Einbeziehung des Wertteils „Wirtschaftlicher Umsatz“ lag die Überlegung zugrunde, daß ein Jahresabschluß nicht nur auf der statischen Ermittlung des Vermögens zu einem „Stichtag“, sondern gleichermaßen auch auf den Erträgen und Aufwendungen eines „Zeitraumes“ (des Geschäftsjahres) basiert. Die Positionen der Gewinn- und Verlustrechnung sind keineswegs nur das Zwangsprodukt der Ermittlung der Bilanzwerte, sondern bedingen vielfältige eigene (zusätzliche) Leistungen für ihre zutreffende Ermittlung. Die ferner aus spezifisch steuerlichen Vorschriften hinzukommenden Arbeiten, wie etwa die Ermittlung der abzugsfähigen Aufwendungen gemäß § 4 Absatz 5 EStG, um nur ein Beispiel zu nennen, unterstreichen die Richtigkeit dieser Überlegungen.
Soweit nur eine „Vermögensermittlung“ erfolgt, also bei der Eröffnungsbilanz oder der Auseinandersetzungsbilanz, verblieb es bei der Bemessungsgrundlage „Berichtigte Bilanzsumme“ mit den gleichen bereits angesprochenen Ergänzungen.
Mit der 1. VOÄStBGebV wurde der Wertteil „Wirtschaftlicher Umsatz“ durch den Wertteil „Betriebliche Jahresleistung“ ersetzt, verbunden mit weiteren Änderungen, die einerseits auf das Bilanzrichtlinien-Gesetz zurückgehen, andererseits der Beseitigung festgestellter Lücken und Mängel der bisherigen Wertermittlungsvorschriften dienen, sowie verbunden mit der Erhöhung der Wertgebühr gemäß Tabelle B. Wegen Einzelheiten siehe Anmerkung 3. Mit der 3. VOÄStBGebV wurde die Definition „Betriebliche Jahresleistung“ dem § 275 HGB angepaßt, verbunden mit weiteren Änderungen, die der Beseitigung festgestellter Lücken der Wertermittlungsvorschriften nach der 1. VOÄStBGebV dienen.
Für die Abschlüsse im Bereich der Land- und Forstwirtschaft hat § 39 Gültigkeit.
Wurde einem StB neben der Erstellung eines Abschlusses die Erledigung der Buchführung eines Unternehmens (§ 33) übertragen, so ist für den Ansatz eines geringeren Rahmensatzes bei der Abschlußerstellung aus diesem Grund kein Raum.

2 Auswirkungen des Bilanzrichtlinien-Gesetzes

Am 1. 1. 1986 ist das „Bilanzrichtlinien-Gesetz“ vom 19. 12. 1985 (BGBl I 1985 S. 2355) in Kraft getreten. Damit hat der deutsche Gesetzgeber die IV. und VII. Richtlinie des Rates der Europäischen Gemeinschaften im Rahmen der Maßnahmen zur Harmonisierung des Gesellschaftsrechts in nationales Recht umgesetzt. Das Gesetz ist zwar förmlich als Artikelgesetz ausgestaltet, aber es hat letztlich den Charakter eines „Rechnungslegungsgesetzes“ erhalten, mit der Folge einer grundlegenden Reform der Rechnungslegungsvorschriften des Handelsrechts.
Im neugefaßten Dritten Buch des HGB wurden im Ersten Abschnitt (§§ 238 bis 263) Vorschriften für alle Kaufleute erlassen; der Zweite Abschnitt (§§ 264 bis 335) ergänzt diese allgemeinen Vorschriften um zusätzliche Regelungen für Kapitalgesellschaften (AG, KGaA und GmbH); der Dritte Abschnitt (§§ 336 bis 339) regelt ergänzend Fragen der Genossenschaft.

Die Vorschriften des Aktiengesetzes und des Gesetzes betreffend die Gesellschaften mit beschränkter Haftung enthalten jetzt nur noch wenige gesellschaftsformspezifische Bestimmungen zur Rechnungslegung, welche die Regelungsvorschriften des HGB ergänzen. Es sind dies

im Aktiengesetz vom 6. 9. 1965	§ 58 Ausweis von Gewinnrücklagen,
	§ 150 Gesetzliche Rücklage, Kapitalrücklage,
	§ 152 Vorschriften zur Bilanz,
	§ 158 Vorschriften zur Gewinn- und Verlustrechnung,
	§ 160 Vorschriften zum Anhang,
im Gesetz betreffend die Gesellschaften mit beschränkter Haftung vom 20. 4. 1892	§ 29 Ausweis von Gewinnrücklagen,
	§ 42 Bilanzierungsgrundsätze.

Das neugefaßte Dritte Buch des HGB konkretisiert die bisher sehr allgemein gehaltenen Vorschriften für **alle Kaufleute**

zur Buchführung	§§ 238 und 239
zum Inventar	§§ 240 und 241
zur Eröffnungsbilanz und zum Jahresabschluß mit	
Allgemeinen Vorschriften	§§ 242 bis 245
Ansatzvorschriften	§§ 246 bis 251
Bewertungsvorschriften	§§ 252 bis 256
Vorschriften zur Aufbewahrung und Vorlage	§§ 257 bis 261
Vorbehalt landesrechtlicher Vorschriften	§ 263

Für die nach drei Bestimmungsgrößen klassifizierten **Kapitalgesellschaften** hat das Gesetz eigene Regelungen in folgender Gliederung getroffen:

Allgemeine Vorschriften	§§ 264 und 265
Bilanz	§§ 266 bis 274 a
Gewinn- und Verlustrechnung	§§ 275 bis 278
Bewertungsvorschriften	§§ 279 bis 283
Anhang	§§ 284 bis 288
Lagebericht	§ 289
Konzernabschluß und Konzernlagebericht	§§ 290 bis 315
Prüfung	§§ 316 bis 324
Offenlegung	§§ 325 bis 329
Sonstige Vorschriften	§§ 330 bis 335
Ergänzende Vorschriften für eingetragene Genossenschaften	§§ 336 bis 339

Die Gliederung der Bilanz und der Gewinn- und Verlustrechnung wird zwingend vorgeschrieben, der Jahresabschluß um einen „Anhang" ergänzt und zusätzlich die Erstattung eines Lageberichts gefordert. Detailliert geregelt wird der Konzernabschluß und der Konzernlagebericht; Vorschriften über die Prüfung und die Offenlegung der Jahresabschlüsse ergänzen die ausführliche neue Reglementierung des Rechtes der Kapitalgesellschaft.
Der Tätigkeitsbereich des StB bei der Abschlußerstellung erstreckt sich auf alle Rechtsformen und Branchen, auch über die dem Handelsrecht zuzuordnenden Unternehmen hinaus, auf land- und forstwirtschaftliche Betriebe (für die § 39 gilt) und bilanzierende Angehörige freier Berufe.
Es oblag mit dem Inkrafttreten des Bilanzrichtlinien-Gesetzes dem Verordnungsgeber zu prüfen, welche Änderung des Gebührenrechts des StB die Neuordnung des Handelsrechts zwingend gebietet. Er ist bei dieser Anpassung sehr behutsam vorgegangen und hat sich auf folgende Regelungen beschränkt:
▷ Die „Betriebliche Jahresleistung" ist an die Stelle des „Wirtschaftlichen Umsatzes" getreten, mit einer an § 275 Absatz 2 HGB orientierten Definition des Begriffsinhaltes;
▷ Es fanden Bestimmungen über die Erstellung eines Anhangs und die beratende Mitwirkung bei der Erstellung eines Anhangs Aufnahme;
▷ Es wurden ferner Regelungen für die Erstellung eines Lageberichts und die beratende Mitwirkung bei der Erstellung eines Lageberichts getroffen.
Ergänzend ist die Vorschrift des § 36 auf die Prüfung des Anhangs und des Lageberichts ausgedehnt worden.
Sämtliche Berufsleistungen im Zusammenhang mit der vom Gesetzgeber neu eingeführten (bzw. neu gestalteten) gesetzlichen Prüfungspflicht für mittelgroße und große Kapitalgesellschaften (§§ 316 bis 324 HGB) konnte der Verordnungsgeber, aus dem Wissen, daß diese Tätigkeiten zum Berufsbild des Wirtschaftsprüfers und des (wieder aktivierten) vereidigten Buchprüfers rechnen und somit § 57 Absatz 3 StBerG und nicht § 33 StBerG zuzuordnen sind, bei der Novellierung der GebV unberücksichtigt lassen.

3 Änderungen durch die Novellierung 1988 und 1998

Im einzelnen stellen sich die Änderungen des § 35 wie folgt dar:
▷ Der Leistungsinhalt von Absatz 1 Nummer 1 wurde dergestalt erweitert, daß neben der (bisherigen) „Aufstellung eines Jahresabschlusses mit Bilanz und Gewinn- und Verlustrechnung" die „Erstellung eines Anhangs" und die „Erstellung eines Lageberichts" neu Aufnahme fanden. Für jeden der neuen Gebührentatbestände ist ein Gebührenrahmen von 2/10 bis12/10 nach Tabelle B vorgesehen.
▷ Der Gebührenrahmen für die „Aufstellung eines Jahresabschlusses mit Bilanz und Gewinn- und Verlustrechnung" (Absatz 1 Nummer 1 Buchstabe a) wurde auf 10/10 bis 40/10 nach Tabelle B ausgeweitet.
▷ In Absatz 1 Nummer 7 hat, analog zu Nummer 1, zusätzlich die „Beratende Mitwirkung bei der Erstellung eines Anhangs" und die „Beratende

Mitwirkung bei der Erstellung eines Lageberichts" Eingang gefunden. Der hierfür ausgewiesene Gebührenrahmen beträgt je 2/10 bis 4/10 nach Tabelle B.

▷ Bei der Definition des Wertteiles „Berichtigte Bilanzsumme" in Absatz 2 ist die „Summe der Posten der Aktivseite der Bilanz" an die Stelle der Fassung „Summe der Aktivwerte der Bilanz" getreten. Damit soll, ausweislich der Verordnungsbegründung, klargestellt werden, daß auf der Aktivseite ausgewiesene negative Kapitalkonten (Einzelunternehmen und Personengesellschaften) oder „Ausstehende Einlagen auf das gezeichnete Kapital" sowie „Nicht durch Eigenkapital gedeckte Fehlbeträge" (Kapitalgesellschaften) **nicht** zu einer Minderung der „Berichtigten Bilanzsumme" führen.

▷ An die Stelle des Wertteiles „Wirtschaftlicher Umsatz" in Absatz 2 Nummer 1 ist der neugestaltete Wertteil „Betriebliche Jahresleistung" getreten.
Nach der neuen Definition der „Betrieblichen Jahresleistung" durch die 3. VOÄStBGebV umfaßt dieser Wertteil nun auch die Veränderungen des Bestandes an fertigen und unfertigen Erzeugnissen und andere aktivierte Eigenleistungen.

▷ An die Stelle der „Betrieblichen Jahresleistung" tritt für die Berechnung des Gegenstandswertes der zusätzlich definierte „Betriebliche Jahresaufwand", wenn dieser höher als die „Betriebliche Jahresleistung" ist.
Nach der Verordnungsbegründung führt diese Änderung durch die 3. VOÄStBGebV zu einer sachgerechteren Lösung.

▷ Eine sich ergebende „Negative berichtigte Bilanzsumme" ist nach der Fassung von Absatz 2 als „Positiver Wert" anzusetzen.

▷ Fehlt es an dem Wertteil „Betriebliche Jahresleistung" überhaupt, ist dieser Wertteil negativ oder bleibt ein positiver Wertteil unter DM 6.000,– (dem Eingangswert der Tabelle B), dann entfällt nach Absatz 2 die „Mittelung" und der Gegenstandswert besteht ausschließlich aus dem Wertteil „Berichtigte Bilanzsumme".

▷ Fehlt es an dem Wertteil „Berichtigte Bilanzsumme" überhaupt oder bleibt dieser Wertteil unter DM 6.000,–, dann entfällt nach der Neufassung von Absatz 2 ebenfalls die „Mittelung" und der Gegenstandswert besteht ausschließlich aus dem Wertteil „Betriebliche Jahresleistung".
Die beiden letztgenannten Vorschriften lösen bei der Verabschiedung der StBGebV noch nicht gesehene Probleme und beseitigt eine unbillige Minderung der Bemessungsgrundlage des Honorars des StB.

4 Schaubild „Abschlußarbeiten"

Das auf den Seiten 414 und 415 wiedergegebene Schaubild soll den Inhalt des § 35 unter Einbeziehung der Änderungen, die sich aus den Anmerkungen 2 und 3 ergeben, optisch anschaulich darstellen.

Abschlußarbeiten							
§ 35		Jahresabschluß: Bilanz mit Gewinn- und Verlustrechnung	Jahresabschluß: Anhang	Lagebericht	§ 35		Bilanz
Absatz 1	Tabelle B				Absatz 1	Tabelle B	
Nummer	Zehntel				Nummer	Zehntel	
1 a	10–40	Aufstellung eines Jahresabschlusses			3	5–12	Aufstellung einer selbständigen Steuerbilanz
b	2–12		Erstellung eines Anhangs		4	5–12	Aufstellung einer Eröffnungsbilanz
c	2–12			Erstellung eines Lageberichts	5	5–20	Aufstellung einer Auseinandersetzungsbilanz
2	5–12	Aufstellung eines Zwischenabschlusses Aufstellung eines vorläufigen Abschlusses			6	2–12	Schriftlicher Erläuterungsbericht zu Tätigkeiten nach Nummern 3 bis 5
3	5–12	Entwicklung einer Steuerbilanz aus der Handelsbilanz Ableitung des steuerlichen Ergebnisses vom Handelsbilanzergebnis					
6	2–12	Schriftlicher Erläuterungsbericht zu Tätigkeiten nach Nummern 1 bis 3	Schriftlicher Erläuterungsbericht zu Tätigkeit nach Nummer 1 Buchstabe b	Schriftlicher Erläuterungsbericht zu Tätigkeit nach Nummer 1 Buchstabe c			
7 a	2–10	Beratende Mitwirkung bei der Aufstellung eines Jahresabschlusses					
b	2–4		Beratende Mitwirkung bei der Erstellung eines Anhangs				

<table>
<tr><td>8</td><td>2–6</td><td colspan="2">Zusammenstellung eines Jahresabschlusses aus übergebenen Endzahlen ohne Vornahme von Prüfungsarbeiten</td><td></td><td>bei der Erstellung eines Lageberichts</td><td></td><td></td><td colspan="2"></td></tr>
<tr><td>Absatz 2
Nummer 1</td><td colspan="7">Gegenstandswert</td><td>Absatz 2
Nummer 2</td><td>Gegenstandswert</td></tr>
<tr><td colspan="8">Mittel zwischen</td><td colspan="2" rowspan="3">Berichtigte Bilanzsumme</td></tr>
<tr><td colspan="3" rowspan="2">Berichtigte Bilanzsumme</td><td colspan="5">Betriebliche Jahresleistung</td></tr>
<tr><td colspan="2">Betriebliche Jahresleistung</td><td colspan="3">Betrieblicher Jahresaufwand, wenn höher als die betriebliche Jahresleistung</td></tr>
<tr><td colspan="3" rowspan="2">Summe der Posten der Aktivseite
+ Privatentnahmen
+ Offene Ausschüttungen
– Privateinlagen
– Kapitalerhöhungen durch Einlagen
– Wertberichtigungen</td><td colspan="2">Umsatzerlöse
+ Sonstige betriebliche Erträge
+ Erträge aus Beteiligungen
+ Erträge aus anderen Wertpapieren und Ausleihungen des Finanzanlagevermögens
+ Sonstige Zinsen und ähnliche Erträge
+/– Veränderungen des Bestandes an fertigen und unfertigen Erzeugnissen
+ Andere aktivierte Eigenleistungen
+ Außerordentliche Erträge</td><td colspan="3">Summe der Betriebsausgaben einschließlich der Abschreibungen</td><td colspan="2" rowspan="2">Summe der Posten der Aktivseite
– Wertberichtigungen

In der Regel nicht gegeben:
Privatentnahmen
Offene Ausschüttungen
Privateinlagen
Kapitalerhöhungen durch Einlagen</td></tr>
<tr><td colspan="5">Höchstbegrenzung auf das Fünffache der Berichtigten Bilanzssumme</td></tr>
<tr><td>Absatz 3</td><td>DM 37.50 bis DM 70.– je halbe Stunde</td><td colspan="8">Anfertigung oder Berichtigung von Inventurunterlagen und sonstige Abschlussvorarbeiten bis zur abgestimmten Saldenbilanz</td></tr>
</table>

5 **Rahmenarbeiten als Vorarbeiten, Nebenarbeiten und Nacharbeiten**

Die Berücksichtigung dieser von Fall zu Fall äußerst unterschiedlichen und in ihrer Abgrenzung ineinander übergehenden Tätigkeiten in der GebV hatte im Reigen der vielen Entwürfe eine wechselvolle Geschichte zu verzeichnen.
Zuerst soll der Versuch unternommen werden, die unter dem Gesamtbegriff **„Rahmenarbeiten“** ausgewiesenen drei Arbeitsgruppierungen ihrem Inhalt nach in etwa zu definieren:

a) Vorarbeiten

Den „Vorarbeiten“ wird man die Erstellung der Summen- und Saldenbilanz aus den Konten des Auftraggebers, die Erstellung von Debitorenlisten und Kreditorenlisten, das Ergänzen einer vorgelegten Inventur der Vorräte um die zutreffenden Bewertungsfaktoren (Anschaffungs- und Herstellungskosten, Teilwerte) sowie das Ausrechnen der Inventurwerte, die Fertigung einer Inventurreinschrift aus den Grundaufzeichnungen des Auftraggebers, die Zusammenstellung von Urlaubsansprüchen u. a. m. zuordnen können, insgesamt also Tätigkeiten, die eigentlich zum Aufgabenbereich des Unternehmers im Rahmen der Errichtung des in § 240 HGB vorgeschriebenen Inventars rechnen, aber vom StB ausgeführt werden. Auch die oft sehr zeitraubende Klärung von Abstimmungsdifferenzen im Bereich der Summenbilanz, des Kontokorrents oder der Geldkonten zählt hierzu, allerdings nur, wenn die Buchführung nicht von dem mit der Abschlußerstellung beauftragten StB geführt wurde. Ist dies der Fall, so zählen diese Leistungen zur ordnungsgemäßen Erledigung des Buchführungsauftrages.

b) Nebenarbeiten

Als „Nebenarbeiten“ lassen sich nach der Berufsüblichkeit u. a. nennen: Die Anlage eines Inventarverzeichnisses des Anlagevermögens (Buch, Kartei) bei Unternehmensbeginn und die Vervollständigung dieses Inventarverzeichnisses um Zugänge, Abgänge und Abschreibungen des Abschlußjahres, soweit keine Anlagenbuchführung geführt wird (Zur Anlagenbuchführung siehe Anmerkung 2 zu §§ 32–33); Hinweise zur steuerlich richtigen Gestaltung von Bewirtungsbelegen sowie sonstige Gestaltungshinweise und Hinweise auf gesetzliche Vorschriften gegenüber dem Auftraggeber oder seinen Mitarbeitern, die sich **direkt** aus und bei der Bearbeitung einzelner Positionen im Rahmen der Abschlußerstellung ergeben.
Auch nach Feiter Anmerkung 7.5.3, ist die erstmalige Erstellung eines Anlageverzeichnisses nebst Ermittlung der Anschaffungskosten, die steuerliche Gestaltung der Abschreibungsdauer und Abschreibungsmethode, die Entwicklung des Anlagevermögens unter Berücksichtigung von Zu- und Abgängen einer gesonderten Berechnung zugänglich. Eggesiecker „STEUGO“ Rdnr. 35.720 ist anderer Ansicht.

c) Nacharbeiten

„Nacharbeiten“ sind Folgearbeiten aus dem fertiggestellten Abschluß, wie etwa die „Aufgabe“ der Umbuchungen, vorbereitenden Abschlußbuchungen

und Abschlußbuchungen zur Verbuchung durch den Unternehmer, die **mündliche** Erläuterung des Abschlusses, die gesonderte Zusammenstellung von Unternehmenszahlen, die sich aus dem Abschluß ergeben, zur Information des Auftraggebers, die Ermittlung betriebswirtschaftlicher Kennzahlen aus dem Abschluß, wie Entwicklung des Rohertrages, Pro-Kopf-Umsatz, Bewegungsbilanz, Cash Flow, Verhältnis des Reingewinnes zu Umsatz und Kapital. Auch bei dieser Aufzählung ist gleich Buchstabe a unterstellt, daß dem mit der Abschlußerstellung beauftragten StB nicht gleichzeitig ein Auftrag zur Erledigung der Buchführung des Unternehmens übertragen wurde. Ist dies der Fall, so gelten die Erläuterungen zu § 33 Absatz 7 (Anmerkung 5 zu §§ 32–33).
Für die Zuordnung der Arbeiten zur „Durchführung" von Umbuchungen, vorbereitenden Abschlußbuchungen und Abschlußbuchungen bei der gleichzeitigen Beauftragung eines StB mit der Buchführung und der Abschlußerstellung wie auch bei einem nur auf die Abschlußerstellung gerichteten Auftrag wird auf die Erläuterungen in Anmerkung 5 zu §§ 32–33 verwiesen.

d) Rahmenarbeiten

Sowohl die bisherige berufsübliche Handhabung wie die Praktikabilität sprechen eindeutig dafür, diese in den drei sich „ergänzenden" Arbeitsgruppierungen dargestellten „Rahmenarbeiten" unter Ansatz einer Zeitgebühr gesondert neben der Gebühr für die Abschlußerstellung (Bilanzerstellung) vergütungsfähig zu machen. Absatz 3 schloß daher noch in den Entwurfsfassungen der GebV Ende des Jahres 1980 neben den „Vorarbeiten" auch die „Nebenarbeiten" und die „Nacharbeiten" ein.
Es sind endgültig nur die „Vorarbeiten" verblieben, wobei dem Verordnungsgeber noch ein Fehler bei der Textierung unterlief, als er zwar offenkundig „Inven**tar**-Unterlagen" gemäß dem seinerzeitigen § 39 HGB meinte, aber „Inven**tur**-Unterlagen" in Absatz 3 einfügte. Man wird daher den „Vorarbeiten" analog zu der vorstehenden Definition alle die Arbeiten zuzuordnen haben, die vom StB (anstelle des Unternehmers) erbracht werden, um über ein „vollständiges Inventar" nach Maßgabe von § 240 HGB zu verfügen.
Nachdem sowohl die „Nebenarbeiten" wie die „Nacharbeiten" begrifflich nicht zur „Aufstellung eines Abschlusses (einer Bilanz)" zählen, ändert auch die unterlassene Aufnahme dieser Arbeitsgruppierungen in Absatz 3 nichts daran, daß sie mit den Gebühren nach Absatz 1 nicht abgegolten werden können, und es somit eines gesonderten Ansatzes bedarf. Nicht unerwähnt soll bleiben, daß man offensichtlich auch beim Verordnungsgeber die Grenzen zwischen diesen drei Gruppierungen, die ja in der Tat keineswegs „absolut" bestimmbar sind, nicht so genau abgesteckt hat und damit durchaus auch vorstehend als „Nebenarbeiten" oder „Nacharbeiten" gekennzeichnete Leistungen noch zu den „Vorarbeiten" (nach Auffassung des Verordnungsgebers) gerechnet werden könnten.
Ungeachtet des Vorgesagten wird man bis zu einer Klärung durch die Rechtsprechung die Problematik nur so zu lösen vermögen, daß man über

§ 2 „sinngemäß“ Absatz 3 auch für die „Nebenarbeiten“ und die „Nacharbeiten“ als anwendbar ansieht.
Eine nahezu gleiche Problematik ergibt sich auch bei § 25, wobei allerdings der dortige Wortlaut „über das übliche Maß erheblich hinausgehend“ eine andere Folgerung gebietet, wie auch „Nacharbeiten“ praktisch bei § 25 kaum gegeben sein werden. Siehe hierzu im einzelnen Anmerkung 5 zu § 25. Gehen bestimmte Leistungen, insbesondere im Bereich der „Nacharbeiten“, über den Umfang der direkten „Abschlußinformation“ bzw. der „ergänzenden Information“ hinaus, so kommt ggfs. eine gesonderte Berechnung für „Rat und Auskunft“ nach § 21 oder eine solche für außerhalb der GebV im Bereich der vereinbaren Tätigkeiten anzusiedelnde Leistungen nach der „Üblichen Vergütung“ der §§ 612 und 632 BGB in Betracht (Hinweis auf Teil III).

6 Aufstellung eines Jahresabschlusses, einer Bilanz, eines Lageberichts und abschlußergänzende Tätigkeiten

6.1 Aufstellung eines Jahresabschlusses mit Bilanz und Gewinn- und Verlustrechnung sowie Aufstellung einer Bilanz

Die Gebühr für die **„Aufstellung eines Abschlusses“** (Bilanz mit Gewinn- und Verlustrechnung) beinhaltet die Erarbeitung des Abschlusses nach Maßgabe der Vorschriften der §§ 242 bis 256 HGB, dessen Darstellung nach der branchenüblichen, zweckbezogenen, im Einzelfall vorgeschriebenen oder freiwillig an den gesetzlichen Vorschriften für Kapitalgesellschaften (§§ 266 und 275 HGB) orientierten Gliederung, mit dem „Abschlußvermerk“ versehen und in Reinschrift ausgefertigt.
Die „Erarbeitung“ erfolgt ausgehend von den vom Auftraggeber zur Verfügung zu stellenden Unterlagen, wie
▷ Vorjahresabschlüsse,
▷ Kontenplan,
▷ Finanzbuchführung und Nebenbuchführungen,
▷ Anlagenbuchführung oder Inventarverzeichnis des Anlagevermögens,
▷ Belege und Aufzeichnungen,
▷ Abgestimmte Summenbilanz,
▷ Abgestimmte Debitoren- und Kreditorenlisten,
▷ Niederschrift über die Aufnahme des Vorratsvermögens mit Bewertung und Berechnung,
▷ Aufzeichnungen über notwendige Abgrenzungen und Rückstellungen, insbesondere soweit deren Verbuchung noch nicht erfolgt ist,
▷ Sonstige Inventarunterlagen,
▷ Verträge,
▷ Registerauszüge und
▷ Andere zur Abschlußerstellung benötigte Bücher, Unterlagen und Schriften, unter Beachtung der Grundsätze ordnungsmäßiger Buchführung und Rechnungslegung.

Soweit Teile dieser Unterlagen von dem mit der Abschlußerstellung beauftragten StB erst anzufertigen sind, bedürfen sie der gesonderten Berechnung als „Vorarbeiten" (Anmerkung 5 Buchstabe a).

Zur Abgrenzung gegenüber den im Rahmen der Buchführung zu erbringenden Leistungen für den Fall, daß der StB sowohl mit der Erledigung der Buchführungsarbeiten wie mit der Aufstellung des Abschlusses beauftragt ist, siehe auch Anmerkungen 2 und 5 zu §§ 32–33, insbesondere auch zur Frage der Zuordnung von Umbuchungen, vorbereitenden Abschlußbuchungen und Abschlußbuchungen.

Der nach Maßgabe der „Hinweise der Bundessteuerberaterkammer zu Abschlußvermerken und Prüfungsvermerken von Steuerberatern und Steuerbevollmächtigten" vom 21./22. 2. 1992 (abgedruckt im Berufsrechtlichen Handbuch) zu erteilende „Abschlußvermerk" bedingt keine gesonderte Gebühr, er ist Bestandteil der „Aufstellung des Abschlusses". Wegen der Abgrenzung zu „Bescheinigungen" siehe Erläuterungen zu § 38.

Der Auftraggeber hat Anspruch auf zwei kostenfrei zu fertigende Reinschriften, für weitere Exemplare gilt § 17 (Anmerkung 6.1 zu §§ 16–17).

Die Gebührenbemessung bestimmt sich nach Absatz 1 Nummer 1 Buchstabe a.

Das Vorgesagte gilt analog für die Aufstellung einer **„Bilanz"**, also einer Eröffnungsbilanz oder einer Auseinandersetzungsbilanz. Zur Aufstellung einer fiktiven „Eröffnungsbilanz im Zusammenhang mit der Veräußerung eines Betriebs", dessen Gewinn nach § 4 Absatz 3 EStG ermittelt wurde, siehe Anmerkung 11 zu § 25.

Die Gebührenbemessung erfolgt nach Absatz 1 Nummern 4 und 5.

Bezüglich der „Entwicklung einer Steuerbilanz aus der Handelsbilanz" siehe Anmerkung 6.4. Wird im Einzelfall eine gesonderte (selbständige, also nicht abgeleitete) Steuerbilanz erstellt, so wird man Absatz 1 Nummer 3 gleichermaßen anwenden können, nachdem eine besondere Position hierfür nicht vorgesehen ist, und andererseits die über § 2 „sinngemäß anwendbare" vergleichbare Leistungsposition „Aufstellung einer Eröffnungsbilanz" den gleichen Gebührenrahmen wie Absatz 1 Nummer 3 ausweist.

6.2 Aufstellung eines Jahresabschlusses mit Bilanz, Gewinn- und Verlustrechnung und Anhang

§ 264 HGB hat den Jahresabschluß für Kapitalgesellschaften um einen „Anhang" erweitert. Diesem „Anhang" wurden in den §§ 284 und 285 HGB **Pflicht**angaben zugewiesen; die §§ 286 bis 288 gewähren bestimmte, auch größenabhängige, Erleichterungen. Die äußere Form, der Aufbau und der Umfang des Anhangs müssen so erschöpfend, übersichtlich und aussagefähig sein, daß der Anhang aus sich heraus verständlich ist. Um dieser Forderung Rechnung zu tragen, bietet sich in etwa folgende Strukturierung des Anhangs an:

▷ Bilanzierung-, Bewertungs- und Umrechnungsmethoden;
▷ Erläuterungen zum Jahresabschluß;

▷ Zusätzliche Angaben nach § 264 Absatz 2 HGB
Erläuterungen der Bilanz
Erläuterungen der Gewinn- und Verlustrechnung
Darstellung der Ergebnisverwendung

▷ Sonstige Angaben.
Haftungsverhältnisse und sonstige finanzielle Verpflichtungen
Beziehungen zu verbundenen Unternehmen
Organkredite und Aufwendungen für Organe
Weitere Angaben

Verschiedene Angaben können nach Wahl des Unternehmers entweder in der Bilanz und der Gewinn- und Verlustrechnung oder im Anhang Aufnahme finden.

Sowohl vom Umfang, von den Gegebenheiten des Unternehmens und von der getroffenen Zuordnung der wahlweise in den „Anhang" aufgenommenen Angaben her zeigt sich ein sehr differenziertes Leistungsbild für den StB, das unter besonderer Würdigung der Umstände „Schwierigkeit" und „Zeitaufwand" die Wahl des Rahmensatzes bestimmt.

Bei der Gebührenbemessung wird Absatz 1 Nummer 1 Buchstabe a in Anbetracht der zusätzlich zu erbringenden Berufsleistung um Buchstabe b **ergänzt,** übrigens eine sehr praxisbezogene Lösung, welche der Verordnungsgeber hier gewählt hat.

Bezüglich der Aufstellung der Bilanz und der Gewinn- und Verlustrechnung gelten die Erläuterungen zu Anmerkung 6.1 gleichermaßen.

6.3 Aufstellung eines Lageberichts

Neben dem zum Jahresabschluß selbst gehörenden „Anhang" haben Kapitalgesellschaften nach § 289 HGB auch einen „Lagebericht" zu erstellen, der den Geschäftsverlauf und die Lage des Unternehmens so darlegen soll, daß ein den tatsächlichen Verhältnissen entsprechendes Bild vermittelt wird, wobei auch auf Vorgänge nach Ablauf des Geschäftsjahres, für das der Lagebericht Gültigkeit hat, einzugehen ist.

Im wesentlichen werden im Lagebericht anzusprechen sein:

▷ Marktstellung des Unternehmens;
▷ Auftragseingang und Auftragsbestand;
▷ Absatzmengen und Marktanteile;
▷ Vorratspolitik und Lagerhaltung;
▷ Produktions- und Absatzprogramm mit evtl. geplanten Änderungen;
▷ Beschäftigungsgrad;
▷ Entwicklung von Kosten und Leistungen;
▷ Geplante Investitionen und deren Finanzierung;
▷ Liquidität;
▷ Kreditpolitik;
▷ Rentabilität;
▷ In Erwägung gezogene Betriebserweiterungen oder Betriebsstillegungen;
▷ Gründung von Zweigniederlassungen;

▷ Ereignisse bei verbundenen Unternehmen im Ausland;
▷ Umweltschäden;
▷ Gravierende Unglücksfälle;
▷ Bedeutsame schwebende Geschäfte;
▷ Wichtige Rechtsstreitigkeiten;
▷ Angaben zu Mitarbeitern in Sicht der Sozialleistungen.

Kleine Kapitalgesellschaften (§ 267 Abs. 1 HGB) brauchen den Lagebericht nicht aufzustellen.

Der Umfang der Darlegungen (je nachdem, ob es sich um ein am Markt aktives Unternehmen oder im Gegensatz hierzu um eine persönlich haftende Gesellschafterin einer GmbH & Co KG, die sich ausschließlich auf diesen Zweck beschränkt, handelt) wird wesentlich die Wahl des zutreffenden Rahmensatzes bestimmen.

Bei der Gebührenbemessung wird Absatz 1 Nummer 1 Buchstabe a, bereits ergänzt um Buchstabe b gemäß Anmerkung 6.2, nochmals um Buchstabe c ergänzt.

Für die Aufstellung der Bilanz und der Gewinn- und Verlustrechnung gelten wiederum die Erläuterungen in Anmerkung 6.1, für die Aufstellung des Anhangs die Kommentierung zu 6.2.

6.4 Abschlußergänzende Tätigkeiten

„Schriftliche Erläuterungen" zu einem Abschluß bestehend aus Bilanz und Gewinn- und Verlustrechnung, einem Abschluß bestehend aus Bilanz, Gewinn- und Verlustrechnung und Anhang, einer Bilanz oder einem Lagebericht erlauben eine gesonderte Berechnung nach Absatz 1 Nummer 6, wobei der Umfang der Erläuterungen (Darstellung der Entwicklung nur einiger Positionen bis zur Fertigung eines umfassenden, alle Positionen ansprechenden Berichtes) die Wahl des Rahmenwertes wesentlich bestimmt. Bezüglich der **„mündlichen** Erläuterungen" siehe Anmerkung 5 Buchstabe c.

Die Berichterstattung nach Absatz 6 dürfte sich in der Sicht des neuen Handelsrechts künftig weitgehend auf den aus Bilanz und Gewinn- und Verlustrechnung bestehenden Abschluß der Einzelunternehmen und Personengesellschaften beschränken. Hinzu kommen könnte, wenn es sich nicht um eine ausgesprochene „Kleingesellschaft" handelt, in zunehmendem Maße auch die Berichterstattung für kleine Kapitalgesellschaften, da hier keine gesetzliche Prüfungspflicht gegeben ist. Bei der mittelgroßen und großen Kapitalgesellschaft wird man dagegen wohl davon auszugehen haben, daß in Anbetracht der Prüfungspflicht und des hierdurch bedingten erhöhten Honoraraufwandes auf eine (zusätzliche) Berichterstattung über die „Erstellung" der zu prüfenden Abschlüsse weitgehend verzichtet werden dürfte.

Für die „Entwicklung einer Steuerbilanz aus der Handelsbilanz" ergeben sich nach dem Leistungsbild dieser Tätigkeit gebührenrechtlich keine Besonderheiten. Für eine selbständig errichtete, also nicht aus der Handelsbilanz entwickelte, „Steuerbilanz" siehe Anmerkung 6.1. An die Stelle der aus der Handelsbilanz entwickelten „Steuerbilanz" tritt in der Praxis oft die Ablei-

tung des steuerlichen Ergebnisses, etwa des körperschaftsteuerlichen Einkommens, vom handelsbilanzmäßigen Ergebnis. Hierfür gilt Nummer 3 von Absatz 1, wobei eine solche „Ableitung" im unteren Rahmenbereich, eine gesonderte Steuerbilanz, entsprechend ihrem Schwierigkeitsgrad, im oberen Rahmenbereich einzuordnen sein dürfte.
Für „Arbeiten zur Feststellung des verrechenbaren Verlustes gemäß § 15a EStG" gilt § 24 Absatz 4 Nummer 2. Siehe hierzu auch Anmerkung 2 zu § 24 Abs. 4.
Bezüglich einer „Schätzung des Gewinns" nach § 5 oder § 4 Absatz 1 EStG sei auf Anmerkung 9 zu § 25 verwiesen.

7 Beratende Mitwirkung bei Aufstellung eines Jahresabschlusses und eines Lageberichts

Die Tätigkeiten des Steuerberaters bei der Abschlußerstellung wie auch bei der Erstellung eines Lageberichts können sich auch auf eine „Beratende Mitwirkung" beschränken. Die Gebührenbestimmung für die beratende Mitwirkung bei der Aufstellung eines aus Bilanz und Gewinn- und Verlustrechnung bestehenden Jahresabschlusses in Absatz 1 Nummer 7 wurde, analog zu Absatz 1 Nummer 1, um die Leistungspositionen „Beratende Mitwirkung bei der Erstellung eines Anhangs" und „Beratende Mitwirkung bei der Erstellung eines Lageberichts" ergänzt.
Wenn, was die Regel sein dürfte, die Beratung im wesentlichen für schwierige Fragen der Abschlußerstellung in Anspruch genommen wird, dann orientiert sich die Gebührenbestimmung am oberen Rahmen; bedeutsam ist in jedem Fall der benötigte Zeitaufwand.
Bei Leistungen, die sich auf den Lagebericht beziehen, dürfte schon von dessen Inhalt her (Anmerkung 6.3) der „beratenden Mitwirkung" durch den StB der Vorzug vor der „Erstellung" durch den StB zu geben sein.

8 Gebühr und Gebührenrahmen

Der, durch die 3. VOÄStBGebV erhöhte Gebührenrahmen des Absatzes 1 kann als angemessen angesehen werden, wobei insbesondere die Rahmenbreite bei Nummer 1 Buchstabe a (Aufstellung – eines Jahresabschlusses bestehend aus Bilanz und Gewinn- und Verlustrechnung) von nunmehr 10/10 bis 40/10 (Mittelwert 25/10) der Unterschiedlichkeit und dem Schwierigkeitsgrad der hier einzuordnenden Anwendungsfälle Rechnung trägt. Die Erhöhung des obersten Gebührenrahmens bietet nach der Verordnungsbegründung auch Raum, gerade die schwierigen Bilanzierungsarbeiten, so z.B. auch bei Auslandsaktivitäten oder im Konzernbund, einigermaßen zu honorieren. Angemessen ist auch der zusätzliche Gebührenrahmen in den Buchstaben b (Erstellung eines Anhangs) und c (Erstellung eines Lageberichts).
Die Wahl des „zutreffenden Rahmensatzes" ist neben den bereits angesprochenen Kriterien abhängig von der Rechtsform des Unternehmens, der Art des Unternehmens (Produktionsbetrieb, Handelsunternehmen, Dienstlei-

stungsunternehmen), dem Umfang des Geschäftsbetriebes, der Zahl der Niederlassungen, dem Vorhandensein ausländischer Betriebsstätten, dem Rechnungswesen, dem Umfang des Anlagevermögens, der Höhe der Vorräte und der Bewertungsprobleme, der Zahl der Debitoren und Kreditoren, dem Schwierigkeitsgrad der Wertermittlung einzelner Bilanzpositionen (etwa der Bewertung „In Errichtung befindlicher Bauten“ bei Bauunternehmen oder der Aktivierung von Baukörpern mit fest verbundenen Produktionsanlagen im Bereich der Stahlerzeugung oder der Chemie) und der Zugehörigkeit zu einem Organkreis, um nur einige „Umstände“ zu nennen.
Auf die Anwendung des Gebührenrahmens beim „Anhang“ und beim „Lagebericht“ wurde bereits in den Anmerkungen 6.2 und 6.3 eingegangen; dies gilt auch für die „Abschlußergänzenden Tätigkeiten“ und die „Beratende Mitwirkung“ in den Anmerkungen 6.4 und 7.
Neben diesen „abschlußbezogenen“ und „schwierigkeitsorientierten“ Kriterien sind die sonstigen „Umstände“ des § 11 zu berücksichtigen. Auf Anmerkung 2, vor allem auf die „Klassifizierung“ in Teilanmerkung 2.3, zu § 11 wird besonders verwiesen.

9 Berichtigte Bilanzsumme

Die „Summe der Posten der Aktivseite“ der jeweiligen Bilanz wird durch die Vornahme der im Schaubild „Abschlußarbeiten“ dargestellten und in Anmerkung 1 bereits angesprochenen „Zu- und Abrechnungen“ zur „Berichtigten Bilanzsumme“.
Die „Wertberichtigungen“, die vom Verordnungsgeber in diesem Zusammenhang als passive Korrekturposten zu Aktivwerten gesehen wurden, reduzieren die Aktivseite auf ihren wirklichen Wert. Die Pflichtgliederung des § 266 HGB zeigt keinen Ausweis mehr für Wertberichtigungen auf der Passivseite. Der Korrekturposition „Wertberichtigungen“ kommt damit nur noch in Sonderfällen, etwa bei Abschlüssen für freiberuflich Tätige, praktische Bedeutung zu. Sind in Ausnahmefällen aktive Wertberichtigungsposten zu Passivwerten zu verzeichnen, so wären diese, um dem Zweck der Vorschrift zu entsprechen, gleichermaßen zu kürzen.
Die weiteren Korrekturposten haben die ausschließliche Aufgabe, eingetretene Vermögensminderungen (Privatentnahmen, Offene Ausschüttungen) oder Vermögenserhöhungen (Privateinlagen, Kapitalerhöhungen durch Einlagen), die nicht das Geschäftsergebnis berühren, gebührenrechtlich „rückgängig zu machen“, um so für das jeweilige Geschäftsjahr ein von Dispositionen des Inhabers (der Gesellschafter) im Kapitalbereich „unberührtes“ Schlußvermögen zu erhalten.
Die Korrekturposten sind so gewählt, daß die Bilanzen von Einzelunternehmen, Personengesellschaften, freiberuflich Tätigen und Kapitalgesellschaften gebührenrechtlich gleichbehandelt werden.
Ein auf der Aktivseite ausgewiesenes „Negatives Kapital“ (Negatives Kapital(Privat)konto des Unternehmers oder eines Gesellschafters; ausstehende Einlagen auf das gezeichnete Kapital und nicht durch Eigenkapital gedeckter

Fehlbetrag bei Kapitalgesellschaften) führt zu **keiner** Reduzierung der Aktivseite.
Durch die 1. VOÄStBGebV ist ferner auch die Frage nach einer sinnvollen Lösung bei Vorliegen einer „negativen berichtigten Bilanzsumme" in der Form einer (zweckmäßigen) Beantwortung zugeführt worden, als sich nun in Absatz 2 die Bestimmung findet, daß eine negative berichtigte Bilanzsumme „als positiver Wert anzusetzen ist".
Von wesentlicher Bedeutung ist ferner die neue Regelung in Absatz 2 für den Fall, daß der Wertteil „Berichtigte Bilanzsumme" überhaupt fehlt oder nur einen Wert von unter DM 6.000,– ausmacht. In diesen Fällen wird auf die „Mittelung" verzichtet, so daß der Gegenstandswert ausschließlich aus der (nicht halbierten) „Betrieblichen Jahresleistung" besteht.

10 Betriebliche Jahresleistung

10. 1 Betriebliche Jahresleistung

Der Verordnungsgeber hatte durch die 1. VOÄStBGebV den Wertteil „Umsatz" neu definiert. An die Stelle des „Wirtschaftlichen Umsatzes" ist die „Betriebliche Jahresleistung" getreten. Diese lehnt sich direkt an § 275 Absatz 2 HGB an (Begründung zu § 35 der 1. VOÄStBGebV) und beseitigt damit die aufgetretenen Auslegungsschwierigkeiten des bisherigen Wertbegriffes. Der gewählte Weg hat auch den Vorzug, alle Einzelfragen zur Definition dieses Wertteiles dem Handelsrecht überlassen und entnehmen zu können, ohne daß es, wie bisher, nicht immer einfacher, zusätzlicher „gebührenrechtlicher Überlegungen" bedarf. Im Rahmen der Änderungen durch die 3. VOÄStBGebV sind nun auch die Veränderungen des Bestandes an fertigen und unfertigen Erzeugnissen und andere aktivierte Eigenleistungen beim Wertteil „Betriebliche Jahresleistung" zu berücksichtigen.
Durch die Bezugnahme auf § 275 Absatz 2 HGB wurde auch die bisher strittige Frage gelöst, welcher Umsatz bei einem Rumpfwirtschaftsjahr oder einem vom Kalenderjahr abweichenden Wirtschaftsjahr die Bemessungsgrundlage bildet; es ist jetzt „die dem Abschluß zugrunde liegende Gewinn- und Verlustrechnung" mit ihren Werten der „Betrieblichen Jahresleistung" (Begründung zu § 35 der 1. VOÄStBGebV).
Von wesentlicher Bedeutung ist ferner die Regelung in Absatz 2 für den Fall, daß der Wertteil „Betriebliche Jahresleistung" überhaupt fehlt, dieser negativ ist oder nur einen positiven Wert unter DM 6.000,– (Eingangsstufe der Tabelle B) ausmacht. In diesen Fällen wird auf die „Mittelung" verzichtet, so daß der Gegenstandswert ausschließlich aus der (nicht halbierten) „Berichtigten Bilanzsumme" besteht.
Im einzelnen stellt sich die **Zusammensetzung des neuen Wertteiles „Betriebliche Jahresleistung"** wie folgt dar:

§ 275 Absatz 2 HGB

Nummer 1 Umsatzerlöse

Auszuweisen sind Erlöse aus „gewöhnlicher Geschäftstätigkeit“ (der eigentlichen Betriebsleistung) des Unternehmens wie Erlöse aus dem Verkauf, der Vermietung oder Verpachtung von für die gewöhnliche Geschäftstätigkeit typischen Erzeugnissen und Waren sowie aus Dienstleistungen, die für die Geschäftstätigkeit typisch sind.

Der Kürzung bedürfen Erlösschmälerungen (Preisnachlässe, Zurückgewährte Entgelte, Kundenskonti, Warenrücksendungen) und die Umsatzsteuer.

Was sich als „gewöhnliche Geschäftstätigkeit“ darstellt, bestimmt sich nach dem tatsächlichen Erscheinungsbild des Unternehmens. Als **Beispiele** seien folgende Umsatzerlöse genannt:

- ▷ Erlöse aus dem Verkauf der eigentlichen Enderzeugnisse, aus Handelswaren, Halbfabrikaten oder Zwischenerzeugnissen;
- ▷ Erlöse aus geschäftszweigüblichen Verkäufen von nicht mehr benötigten Roh-, Hilfs- und Betriebsstoffen;
- ▷ Erlöse aus dem Verkauf von zwangsläufig durch die Produktion anfallendem Schrott oder sonstiger Abfallprodukte;
- ▷ Miet- und Pachteinnahmen bei Wohnungsunternehmen, Grundstücksgesellschaften und Leasingunternehmen (Mieteinnahmen aus Werkswohnungen sind als „Sonstige betriebliche Erträge“ zu erfassen);
- ▷ Patent- und Lizenzeinnahmen;
- ▷ Erträge aus Dienstleistungen, die Hauptleistungen sind (Nebenleistungen sind unter „Sonstige betriebliche Erträge“ auszuweisen);
- ▷ Versicherungsentschädigungen für veräußerte Erzeugnisse;
- ▷ Provisionen aus Vermittlungs- und Kommissionsgeschäften.

Nummer 2	Erhöhung (oder Verminderung) des Bestandes an fertigen und unfertigen Erzeugnissen	Diese Position ist nun aufgrund der Änderungen durch die 3. VOÄStBGebV zu berücksichtigen.
Nummer 3	Andere aktivierte Eigenleistungen	Auch diese Position ist nun aufgrund der Änderungen durch die 3. VOÄStBGebV zu berücksichtigen.
Nummer 4	Sonstige betriebliche Erträge	Unter dieser Position werden Erträge aus der gewöhnlichen Geschäftstätigkeit ausgewiesen, für die nicht eine andere Ertragsposition vorgesehen ist. Es handelt sich um eine „Sammelposition", in die Eingang finden: ▷ Erträge aus dem Abgang von Gegenständen des Anlagevermögens; ▷ Erträge aus der Zuschreibung zu Gegenständen des Anlagevermögens; ▷ Erträge aus der Zuschreibung zu Forderungen wegen Herabsetzung der Pauschalwertberichtigung zu Forderungen; ▷ Erträge aus der Auflösung von Rückstellungen (aber wohl ohne Rückstellungen für Steuern); ▷ Übrige sonstige betriebliche Erträge ohne „Außerordentliche Erträge".
Nummer 9	Erträge aus Beteiligungen	In Ansatz gelangen die laufenden Gewinnanteile aus den im Finanzanlagevermögen ausgewiesenen Anteilen an verbundenen Unternehmen und Beteiligungen (Aktiva-A-III-1 und 3). Der Ausweis hat brutto, ohne Kürzung von Kapitalverkehrsteuer und anrechenbarer Körperschaftsteuer, zu erfolgen.
Nummer 10	Erträge aus anderen Wertpapieren und Ausleihungen des Finanzanlagevermögens	Diese Erträge ergeben sich aus dem Finanzanlagevermögen, soweit nicht die Erfassung unter Nummer 9 geboten ist (Aktiva-A-III-2, 4, 5 und 6). Der Ausweis hat, gleich Nummer 9, brutto zu erfolgen.
Nummer 11	Sonstige Zinsen und ähnliche Erträge	Ihren Ausweis finden: ▷ Zinsen für Einlagen bei Kreditinstituten und für Forderungen an Dritte wie Bankguthaben, Darlehen (nicht Finanzanlagen) und Außenstände;

▷ Zinsen und Dividenden auf Wertpapiere des Umlaufvermögens;

▷ Aufzinsungsbeträge für unverzinsliche oder niedrig verzinsliche Forderungen (nicht Finanzanlagen) einschließlich Forderungen aus Lieferungen und Leistungen.

Eine Saldierung von Zinserträgen mit Zinsaufwendungen ist unzulässig.

Keinen Ausweis finden Lieferantenskonti.

Nummer 15 — Außerordentliche Erträge

Unter dieser Position erfolgt, abweichend von der früheren aktienrechtlichen Regelung, der Ausweis der Erträge, die „außerhalb der gewöhnlichen Geschäftstätigkeit des Unternehmens anfallen". Die Erträge müssen „ungewöhnlich" und „selten" sein, „mit ihrer Wiederholung darf in absehbarer Zukunft nicht gerechnet werden".

„Periodenfremde Posten" sind nicht nur wegen ihrem Bezug auf ein anderes Geschäftsjahr „außerordentlich", sie müssen zusätzlich die vorgenannten Eigenschaften aufweisen.

Vorstehende Voraussetzungen sind z. B. erfüllt bei:

▷ Gewinne aus dem Verkauf eines Teilbetriebs;

▷ Außergewöhnliche ertragserhöhende Ergebnisse langandauernder Gerichtsverfahren;

▷ Ungewöhnliche Erträge aus langfristiger Auftragsfertigung.

Keinen Ausweis finden z. B. Kantinenerlöse, Kursgewinne, Steuererstattungen, Gewinne aus dem Verkauf von Anlagegütern, Erträge aus der Herabsetzung der Pauschalwertberichtigung zu Forderungen.

Außer Betracht bleiben folgende Ertragspositionen:

Einordnung nach Ermessen — Aufgrund einer Gewinngemeinschaft, eines Gewinnabführungsvertrages oder eines Teilgewinnabführungsvertrages erhaltene Gewinne.

Nummer 4 — Erträge aus der Auflösung von Rückstellungen für Steuern; Nachdem der Steueraufwand eines Unternehmens ohne Auswirkung auf die „Betriebliche Jahresleistung" bleibt, erscheint es richtig, auch die „Erträge aus der Auflösung von Rückstellungen für Steuern", die nicht unter den Nummern 18 und 19, sondern unter Nummer 4 ihren Ausweis finden, bei der Berechnung der Bemessungsgrundlage der „Betrieblichen Jahresleistung" unberücksichtigt zu lassen. Dies gilt für „Steuern vom Einkommen und vom Ertrag" (Nummer 18) und „Sonstige Steuern" (Nummer 19).

Einordnung nach Ermessen

Erträge aus Verlustübernahme.

Soweit die Gewinn- und Verlustrechnungen von Einzelunternehmen, Personengesellschaften und freiberuflich Tätigen nicht (auch nicht freiwillig) nach Maßgabe von § 275 Absatz 2 HGB gegliedert sind, müssen die den jeweiligen Erlösen und Erträgen **„entsprechenden"** Ertragspositionen aus den Gewinn- und Verlustrechnungen der eingangs genannten Auftraggeber entnommen werden.

10.2 Betrieblicher Jahresaufwand

Durch die Neufassung im Rahmen der 3. VOÄStBGebV kann der „Betriebliche Jahresaufwand" der Berechnung des Gegenstandswertes zugrunde gelegt werden, dann nämlich, wenn der „Betriebliche Jahresaufwand" höher ist als die „Betriebliche Jahresleistung". Die Verordnung definiert den Wertteil „Betrieblicher Jahresaufwand als „Summe der Betriebsausgaben einschließlich der Abschreibungen". Hat sich der Verordnungsgeber bezüglich der „Betrieblichen Jahresleistung" an § 275 Absatz 2 HGB angelehnt (s. Anmerkung 10.1), so orientiert er sich beim „Betrieblichen Jahresaufwand" mit „Summe der Betriebsausgaben" am Einkommensteuerrecht. Nach § 4 Absatz 4 EStG sind Betriebsausgaben Aufwendungen, die durch den Betrieb veranlaßt sind. Auch wenn der „Betriebliche Jahresaufwand" mit „Summe der Betriebsausgaben einschließlich der Abschreibungen" definiert ist, dürfen daher die Abschreibungen nicht (nochmals) hinzugerechnet werden, da die Betriebsausgaben bereits die Abschreibungen beinhalten. Allerdings ist die „Summe der Betriebsausgaben" auch nicht wegen eventuell steuerlich nichtabzugsfähiger Beträge (z.B. im Bereich der Bewirtungskosten) zu kürzen.
Auch hier gilt die Regelung, daß dann wenn der „Betriebliche Jahresaufwand" an die Stelle des Wertteils „Betriebliche Jahresleistung" tritt und nur einen Wert unter DM 6.000.– ausmacht, auf die „Mitteilung" verzichtet wird und der Gegenstandswert nur aus der (nicht halbierten) „Berichtigten Bilanzsumme" besteht.

11 Mittel zwischen Berichtigter Bilanzsumme und Betrieblicher Jahresleistung

Der aus der Summe der beiden Wertteile „Berichtigte Bilanzsumme" und „Betriebliche Jahresleistung" gebildete Gesamtwert wird durch hälftige Teilung zum **„Mittel"** gemäß Absatz 2 Nummer 1.

Beispiel 1:

Für ein Produktionsunternehmen in der Rechtsform einer Personengesellschaft errechnet sich der Gegenstandswert wie folgt:

	DM	DM
a) Berichtigte Bilanzsumme		
Summe der Posten der Aktivseite	3.000.000,–	
+ Privatentnahmen aller Gesellschafter	300.000,–	
– Privateinlagen aller Gesellschafter	50.000,–	
– Wertberichtigungen	100.000,–	3.150.000,–
b) Betriebliche Jahresleistung		
Wert nach Maßgabe von Anmerkung 10.1	18.500.000,–	
Höchstbegrenzung auf das Fünffache der „Berichtigten Bilanzsumme		15.750.000,–
c) Summe der beiden Wertteile		18.900.000,–
d) „Mittel“ als Gegenstandswert		9.450.000,–

Beispiel 2:

Für eine Vermögensverwaltungsgesellschaft in der Rechtsform einer Kapitalgesellschaft zeigt die Ermittlung des Gegenstandswertes folgende Zahlen:

	DM	DM
a) Berichtigte Bilanzsumme		
Summe der Posten der Aktivseite einschließlich eines nicht durch Eigenkapital gedeckten Fehlbetrags von DM 1.000.000.–	18.000.000,–	
+ Offene Ausschüttungen	200.000,–	
– Kapitalerhöhung durch Einlagen	500.000,–	17.700.000,–
b) Betriebliche Jahresleistung		
Wert nach Maßgabe von Anmerkung 10.1	2.000.000,–	
Höchstbegrenzung nicht wirksam		2.000.000,–
c) Summe der beiden Wertteile		19.700.000,–
d) „Mittel“ als Gegenstandswert		9.850.000,–

Das „Beispiel 1“ soll den beträchtlichen Unterschied gegenüber der bis 31. 3. 1982 gültigen Bemessungsgrundlage der AllGO deutlich machen. Einem nach der AllGO zu berechnenden Gegenstandswert von DM 3.200.000,– (DM 3.000.000,– + DM 300.000,– – DM 100.000,–) steht ein Gegenstandswert nach der GebV von DM 9.450.000,– gegenüber.

Das „Beispiel 2“ zeigt die „ausgleichende“ Gegenwirkung bei einem hohen „Vermögenswert“ im Vergleich zu einem niedrigen „Umsatzwert“. Der AllGO-Gegenstandswert würde hier (bei Außerachtlassung von § 13 Absatz 3 AllGO) DM 17.900.000,– (DM 18.000.000,– – DM 100.000,–) betragen haben, gegenüber dem Gegenstandswert nach der GebV von DM 9.850.000,–.

Beispiel 3:

Bei einer Handelsgesellschaft in der Rechtsform einer Personengesellschaft ergeben sich für die Ermittlung des Gegenstandswertes folgende Zahlen:

	DM	DM
a) Berichtigte Bilanzsumme		
Summe der Posten der Aktivseite	1.000.000,–	
+ Privatentnahmen aller Gesellschafter	100.000,–	
– Privateinlagen aller Gesellschafter	1.600.000,–	
– Wertberichtigungen	50.000,–	
	– 550.000,–	
Entsprechend der Neufassung von Absatz 2 ist eine negative „Berichtigte Bilanzsumme" als positiver Wert anzusetzen		550.000,–
b) Betriebliche Jahresleistung		
Wert nach Maßgabe von Anmerkung 10.1	3.000.000,–	
Höchstbegrenzung auf das Fünffache der „Berichtigten Bilanzsumme"		2.750.000,–
c) Summe der beiden Wertteile		3.300.000,–
d) „Mittel" als Gegenstandswert		1.650.000,–

Ohne die Novellierung von § 35 im Rahmen der 1. VOÄStBGebV hätte sich nach altem Recht ein Gegenstandswert von nur DM 1.100.000,– (DM 2.750.000,– – DM 550.000,– : 2) ergeben.

Beispiel 4:

Bei einer neu errichteten Gesellschaft mit beschränkter Haftung für Entwicklungen in der Hochtechnologie zeigen sich folgende Zahlen zur Ermittlung des Gegenstandswertes:

	DM	DM
a) Berichtigte Bilanzsumme		
Summe der Posten der Aktivseite einschließlich ausstehender Einlagen auf das gezeichnete Kapital von DM 500.000,–	3.000.000,–	
– Kapitalerhöhung durch Einlagen	2.000.000,–	1.000.000,–
b) Betriebliche Jahresleistung		
Wert nach Maßgabe von Anmerkung 10.1 (Nur Zinsen aus Kapitaleinlage)	2.000,–	
Nach Maßgabe der Neufassung von Absatz 2 besteht der Gegenstandswert nur aus der „Berichtigten Bilanzsumme", da die „Betriebliche Jahresleistung" geringer ist als DM 6.000,–		–,–
c) Summe der beiden Wertteile		1.000.000,–
d) Gegenstandswert ohne „Mittelung"		1.000.000,–

Der Gegenstandswert würde nach altem Recht DM 501.000,– (DM 1.000.000,– + DM 2.000,– : 2) betragen haben.

12 Änderung von Abschlüssen

Erfolgt eine „Änderung" eines Abschlusses, die der StB nicht zu vertreten hat, im direkten Anschluß an die Fertigstellung, bevor dieser Dritten zugänglich gemacht wurde, so wird man die aus Anlaß der Änderung erforderliche zusätzliche Leistung mit einer entsprechend höheren Wahl des Rahmensatzes abgelten können, falls es nicht, da bereits der obere Rahmensatz Anwendung findet, einer Vereinbarung nach § 4 Absatz 1 bedarf. In der Praxis ergeben sich solche Änderungen meist durch vom Auftraggeber dem StB nachträglich mitgeteilte, vorher nicht erkennbare, Sachverhalte mit Änderungswirkung, oft ausgelöst durch die Erörterung des fertiggestellten Abschlusses mit dem Auftraggeber. Voraussetzung für diese Handhabung ist, daß der „unrichtige" Abschluß „nicht existent bleibt", sondern der „richtige" Abschluß an seine Stelle tritt.

Wird die „Änderung" eines Abschlusses, die vom StB nicht zu vertreten ist, zu einem späteren Zeitpunkt erforderlich, so ist der geänderte Abschluß als „neuer Abschluß" anzusehen, mit der Gebührenfolge nach § 35. Hierbei wird allerdings der in aller Regel deutlich geringere Zeitaufwand gegenüber einem erstmals zu erstellenden Abschluß seinen Ausdruck in der Wahl des Rahmensatzes finden.

Als „Änderung" im Sinne vorstehender Darlegungen sind sowohl handelsrechtliche „Bilanzänderungen" als auch steuerliche „Bilanzberichtigungen" und „Bilanzänderungen" zu verstehen.

Wird eine Handels- oder Steuerbilanz durch Aufstellung einer „neuen Bilanz" an das Ergebnis einer Außenprüfung angepaßt, so berechtigt dies zu einer gesonderten Gebührenberechnung nach § 35 Absatz 1. Handelt es sich nur um wenige „einfache" Anpassungen, die nicht zu einer neuen Ausfertigung der geänderten Bilanz führen, sondern sich nur im Darstellungsbild der Folgebilanz widerspiegeln, so wird man diese Tätigkeit über § 2 als „Vorarbeit" der Folgebilanz ansehen und nach Absatz 3 mit der Zeitgebühr berechnen können. Siehe ergänzend Anmerkung 7 zu § 29.

3 Ergänzende Abschlüsse und Konzernabschlüsse

Bedarf es neben der eigentlichen Abschlußerstellung eines Unternehmens der Fertigung ergänzender Abschlüsse oder Bilanzen, so sind diese grundsätzlich einer eigenen Berechnung nach § 35 zugänglich.

Das Vorgesagte gilt insbesondere bei „Steuerlichen Ergänzungsabschlüssen" oder „Steuerlichen Ergänzungsbilanzen" von Gesellschaftern einer Personengesellschaft. Die Wahl des Rahmensatzes bringt den Arbeitsaufwand und den Schwierigkeitsgrad (z.B. sehr umfangreiche „Mehrwerte beim Anlagevermögen" im Falle des Erwerbs einer Unternehmensbeteiligung oder nur wenige Positionen ohne Veränderungen im Zusammenhang mit der Beteiligung von Kommanditisten einer GmbH & Co KG an der Komplementär-GmbH) zum Ausdruck.

Für **„Konzernabschlüsse"** ergeben sich hinsichtlich der Berechnung nach § 35 keine Besonderheiten. Auf Klingmann (StB 1982 S. 283) sei hingewiesen.

Hinsichtlich der Ermittlung und der Bekanntgabe von „Sonderbetriebseinnahmen" und „Sonderbetriebsausgaben" an Beteiligungsgesellschaften im Auftrag des Steuerpflichtigen durch den StB siehe Anmerkung 7 zu § 25.

14 **Abweichendes Geschäftsjahr**

Vom Kalenderjahr abweichende oder verkürzte Geschäftsjahre begründen keine gebührenrechtlichen Besonderheiten. Der Wertteil „Betriebliche Jahresleistung" bestimmt sich jeweils nach der zugrunde liegenden „Gewinn- und Verlustrechnung". Siehe Anmerkung 10.1.

15 **Wechsel der Gewinnermittlungsart**

Beim Übergang von der Gewinnermittlungsart nach § 4 Absatz 3 EStG zum Vermögensvergleich dürfte es § 2 entsprechen, die „Berichtigte Bilanzsumme" beim ersten Bestandsvergleich um die jeweils höhere Summe der Hinzurechnungen oder der Abrechnungen zu erhöhen. Gleicher Auffassung ist der Verband der steuerberatenden und wirtschaftsprüfenden Berufe in Berlin e. V. (Verbandsnachrichten 1983 Heft 4).
Bezüglich des Wechsels der Gewinnermittlungsart durch Übergang vom Vermögensvergleich zur Gewinnermittlung nach § 4 Absatz 3 EStG siehe Anmerkung 10 zu § 25.

16 **Revisionsarbeiten**

Die Arbeiten zur Aufstellung eines Abschlusses oder einer Bilanz beinhalten, abgesehen von Leistungen gemäß Absatz 1 Nummer 8, zwangsläufig Prüfungshandlungen zur Findung der zutreffenden Wertansätze im Vermögens-, Aufwands- und Ertragsbereich. Diese Tätigkeit wird mit der Abschlußgebühr abgegolten; nicht eingeschlossen in diese Gebühr sind jedoch „Revisionsarbeiten" der Buchführung oder Teile derselben.
Erfolgt etwa im Rahmen der Abschlußerstellung auftragsgemäß die Revision der **Finanzbuchführung** des Unternehmens, eine in der Praxis immer häufiger anzutreffende Verbindung, so gilt für diese Prüfungsarbeiten § 36 Absatz 1 mit dem Ansatz der „Zeitgebühr". Da in einem solchen Fall die Auftragsteile „Abschlußerstellung" und „Revision" nicht „getrennt hintereinander", sondern „kombiniert nebeneinander" für die einzelnen Abschlußpositionen zur Durchführung gelangen, ist eine Trennung dieser Auftragsteile in den Arbeitsaufzeichnungen für eine zutreffende Gebührenermittlung bedeutsam.
Erfolgt die Prüfung eines vom Unternehmer selbst oder von einem Dritten erstellten **Abschlusses** durch den StB, so hat ausschließlich § 36 Absatz 2 Gültigkeit; „Abschlußarbeiten" fallen hierbei nicht an.

17 **Pauschalierung**

Die Gebühren nach Absatz 1 Nummern 1, 3, 6 (in Verbindung mit 1 und 3), 7 und 8 sowie Absatz 3 sind pauschalierungsfähig, vorausgesetzt, es handelt sich um „laufend" auszuführende Tätigkeiten.
Die Gebühr nach Absatz 1 Nummern 2 und 6 (in Verbindung mit 2) kann bei „laufender Ausübung" pauschaliert werden.
Die Möglichkeit einer Pauschalierung der Gebühren nach Absatz 1 Nummern 4, 5 und 6 (in Verbindung mit 4 und 5) ist nicht gegeben.

§ 36 Steuerliches Revisionswesen

(1) **Der Steuerberater erhält für die Prüfung einer Buchführung, einzelner Konten oder einer Überschußrechnung für steuerliche Zwecke und für die Berichterstattung hierüber die Zeitgebühr.**

(2) **Der Steuerberater erhält**

1. **für die Prüfung einer Bilanz, einer Gewinn- und Verlustrechnung, eines Anhangs, eines Lageberichts oder einer sonstigen Vermögensrechnung für steuerliche Zwecke 2/10 bis 10/10 einer vollen Gebühr nach Tabelle B (Anlage 2) sowie die Zeitgebühr;**
2. **für die Berichterstattung über eine Tätigkeit nach Nummer 1 die Zeitgebühr. Der Gegenstandswert bemißt sich nach § 35 Abs. 2.**

Fassung 3. VOÄStBGebV

Amtliche Begründung zu § 36:

Ist der Steuerberater beauftragt, eine Buchführung oder einzelne Konten der Buchführung für steuerliche Zwecke zu prüfen, so erhält er nach Absatz 1 hierfür ausschließlich die Zeitgebühr.
Ist Gegenstand des Auftrages die Prüfung von Bilanzen oder Erfolgsrechnungen für steuerliche Zwecke, so erhält der Steuerberater für die Prüfungstätigkeit die Zeitgebühr und für die Berichterstattung über das Prüfungsergebnis eine Wertgebühr nach Tabelle B.

Amtliche Begründung 1. VOÄ zu § 36:

Die Erweiterung der Gebührentatbestände für das steuerliche Revisionswesen wurde erforderlich, weil nach der durch das Bilanzrichtlinien-Gesetz neu gefaßten Vorschrift des § 264 HGB Kapitalgesellschaften nunmehr ihren Jahresabschluß um einen Anhang erweitern müssen sowie einen Lagebericht aufzustellen haben.

Amtliche Begründung 3. VOÄ zu § 36:

Der Absatz 2 des § 36 erfordert eine Anpassung der Gebührenvorschriften an die übliche Vergütung, wie sie für Wirtschaftsprüferleistungen erfolgt. Für die Prüfung einer Bilanz, einer Gewinn- und Verlustrechnung, eines Anhangs, eines Lageberichtes oder einer sonstigen Vermögensrechnung tritt neben der Zeitgebühr eine Wertgebühr, die insbesondere die Bedeutung der Angelegenheit, des Umfangs und der Schwierigkeit angemessen berücksichtigt.
In der Nr. 2 kann auf die Wertgebühr verzichtet werden, da für die Berichterstattung üblicherweise die Zeitgebühr zum Ansatz kommen wird.

Anmerkungsübersicht

1 Allgemeines

Die entlehnte Bezeichnung „Steuerliches Revisionswesen" soll deutlich machen, daß die GebV infolge ihrer Begrenzung auf den Tätigkeitsinhalt des § 33 StBerG nur eine Regelung für Revisionsarbeiten treffen kann, die steuerlichen Zwecken dienen. Der „steuerliche Zweck" kann dabei direkt (Prüfung eines Abschlusses) oder indirekt (Prüfung einer Lagerbuchführung) gegeben sein.
Dient im Einzelfall eine Revision nichtsteuerlichen Zwecken, so gilt hierfür die „Übliche Vergütung" nach §§ 612 und 632 BGB. Siehe hierzu auch „Steuerberatung als Dienstleistung oder Werkleistung" in Abschnitt 1.3.2 von Teil II und Teil III.

2 Anwendungsbereich

Soweit StB zur Durchführung **„gesetzlicher Prüfungen"** befugt sind, findet § 36 Anwendung, wenn diese Prüfungen „steuerlichen Zwecken" (ggfs. im weiteren Sinne) dienen, d.h. wenn der Prüfungsgegenstand in einem Zusammenhang mit einem (nachfolgenden) steuerlichen Zweck steht.
Dies wird man bei Gründungsprüfungen gemäß § 33 AktG (insbesondere in der Sicht der Prüfung der Sacheinlagen oder Sachübernahmen), bei Nachgründungsprüfungen gemäß § 52 AktG, bei Gründungsprüfungen im Zusammenhang mit Umwandlungen nach dem Umwandlungsgesetz und bei Prüfungen von Kapitalerhöhungen mit Sacheinlagen gemäß § 183 AktG um nur einige zu nennen, bejahen können.
Ohne einen solchen „steuerlichen Zweck" sind wohl Sonderprüfungen nach §§ 142ff. AktG und Prüfungen nach § 34c GewO i.V. mit § 16 MaBV zu sehen. Hierfür greift dann die „Übliche Vergütung" Platz (Siehe Teil III).
Einen bedeutend größeren Umfang in der Praxis haben die **„freiwilligen Prüfungen"**, zu denen vor allem zu zählen sind:

- ▷ Prüfung einer Finanzbuchführung;
- ▷ Prüfung einer Lohnbuchführung;
- ▷ Prüfung einer Anlagenbuchführung;
- ▷ Prüfung einer Lagerbuchführung;
- ▷ Prüfung einer Sonderbuchführung (z.B. Leergutbuchführung);
- ▷ Prüfung einer Teilbuchführung (Niederlassungen, Teilbetriebe, Geheimbücher);
- ▷ Prüfung einzelner Konten;
- ▷ Prüfung einer Überschußrechnung zu den einzelnen Einkunftsarten;
- ▷ Prüfungen aus dem Leistungsbereich von § 35 Absatz 1;

  Jahresabschluß bestehend aus Bilanz und Gewinn- und Verlustrechnung
  Jahresabschluß bestehend aus Bilanz, Gewinn- und Verlustrechnung und Anhang (Insbesondere bei kleinen Kapitalgesellschaften)
  Lagebericht
  Eröffnungsbilanz
  Auseinandersetzungsbilanz

Die Prüfung eines **„Anhangs“** und eines **„Lageberichts“** ist durch die 1. VOÄStBGebV mit Wirkung vom 1. 7. 1988 in § 36 Absatz 2 Nummer 1 aufgenommen worden.

▷ Prüfung eines Status für steuerliche Zwecke.

Die **Prüfungen eines Jahresabschlusses sowie eines Lageberichts** haben nach den Grundsätzen handelsrechtlicher Pflichtprüfungen (§§ 316ff. HGB) zu erfolgen. Die Einbeziehung der Prüfung der Buchführung ist hierbei obligatorisch.

Grenzfälle, zu denen § 36 keine Aussage macht, die aber gerade für steuerliche Zwecke von besonderer Bedeutung sein können, wird man im Einzelfall zu entscheiden haben. Für die „Prüfung einer Kostenrechnung“ beispielsweise, die ihrerseits die Basis für eine ordnungsgemäße Bewertung der Vorräte bildet, dürfte, vorbehaltlich einer abweichenden Rechtsprechung, eine Einbeziehung in § 36 mit dem Blick auf § 2 zu bejahen sein.

Prüfungen, die nur indirekt eine steuerliche Auswirkung haben, wie z. B. „Untreueprüfungen“ hinsichtlich etwaiger steuerlicher Folgen aus den Prüfungsfeststellungen, wird man nicht unter § 36 zu subsumieren haben.

Für den Bereich der land- und forstwirtschaftlichen Betriebe tritt an die Stelle von § 36 Absatz 2 die Vorschrift von § 39 Absatz 3 Nummer 5, auch für die in § 39 nicht gesondert ausgewiesene Berichterstattung über eine Prüfungstätigkeit. Ungeachtet der Tatsache, daß § 39 die Prüfung einer Buchführung nicht vorsieht, erscheint es in Anbetracht der Besonderheiten land- und forstwirtschaftlicher Betriebe nach Maßgabe von § 2 richtiger, anstelle von § 36 Absatz 1 (was nach dessen Wortlaut möglich wäre) § 39 Absatz 2 Nummer 4 „sinngemäß“ anzuwenden.

Für die Mitwirkung des StB bei „steuerlichen Prüfungen“ (Außenprüfung nach §§ 193 bis 203 AO, Prüfung zur Ermittlung von Besteuerungsgrundlagen nach § 208 AO, Maßnahmen der Steueraufsicht gemäß §§ 209 bis 217 AO sowie die weiteren in Anmerkung 2 zu § 29 bezeichneten Prüfungen) gilt ausschließlich § 29.

Wird die Erstellung eines Abschlusses mit der Revision der Buchführung verbunden, so haben die Ausführungen in Anmerkung 16 zu § 35 Gültigkeit. Es versteht sich von selbst, daß der prüfende StB bei der Anfertigung des „Prüfungsgegenstandes“ in keiner Weise mitgewirkt haben darf, der „Prüfungsgegenstand“ also vom Auftraggeber selbst oder von einem anderen Berufsangehörigen erarbeitet sein muß.

3 **Gebühr, Gebührenrahmen und Gegenstandswert**

Für Prüfungen einschließlich der Berichterstattung hierüber nach **Absatz 1** bietet die Zeitgebühr eine sachgerechte Honorierung.

Vor Änderung durch die 3. VOÄStBGebV entsprach die bei Prüfungen gemäß Absatz 2 vorgenommenen Trennung nach den „eigentlichen Prüfungshandlungen“ und der „Berichterstattung“ nicht der langjährigen Gebührenpraxis der steuerberatenden Berufe. Diese sah vielmehr in Anlehnung an die „Gebührenordnung für Pflichtprüfungen“ des ehemaligen Reichswirtschaftsministers (Erlaß vom 11. 4. 1939) für den **gesamten** Zeitaufwand einer Prüfung, also die eigentlichen Prüfungshandlungen **und** die Berichterstattung, eine Zeitgebühr und zusätzlich eine Wertgebühr nach der Tabelle der genannten Gebührenordnung vor, ohne daß die Wertgebühr von der Berichterstattung abhängig gewesen wäre. Bei der alten Regelung (vor Änderung durch die 3. VOÄStBGebV) entfiel die Zeitgebühr für die Berichterstattung völlig, diese konnte nur mit der Wertgebühr abgegolten werden. Bei den oft sehr umfangreichen Berichtsausführungen und dem daraus resultierenden Zeitbedarf ergab sich hieraus für den StB eine deutliche Verschlechterung seines Gebührenanspruches.

Erfolgte andererseits ausnahmsweise auf ausdrücklichen Wunsch des Auftraggebers keine Berichterstattung oder beschränkte sich diese auftragsgemäß nur auf eine kurze Feststellung des Ergebnisses, dann hatte der StB überhaupt keinen Anspruch auf eine Wertgebühr.

In den Beratungen zur Novellierung der StBGebV durch die 3. VOÄStB-GebV war es nun möglich, den Verordnungsgeber zu einer Änderung seiner bisherigen Auffassung zu bewegen und damit, wie in der Verordnungsbegründung ausgeführt, eine Anpassung der Gebührenvorschriften an die übliche Vergütung, wie sie für Wirtschaftsprüferleistungen erfolgt, erreicht werden. StB erhalten nun für die Prüfung einer Bilanz, einer Gewinn- und Verlustrechnung, eines Anhangs, eines Lageberichts oder einer sonstigen Vermögensrechnung für steuerliche Zwecke neben der Zeitgebühr auch eine Wertgebühr von 2/10 bis 10/10 einer vollen Gebühr nach Tabelle B. Dafür ist die Wertgebühr in der Nummer 2 des Absatzes 2 für die Berichterstattung über eine Tätigkeit nach Nummer 1 entfallen. Mit Inkrafttreten der 3. VOÄStBGebV wird hierfür die Zeitgebühr gewährt.

Die Bestimmung des Rahmensatzes für die „Prüfungshandlungen" ergibt sich insbesondere aus der Struktur des Unternehmens, dem Schwierigkeitsgrad der Prüfungsmaterie und der Beschaffenheit der Prüfungsunterlagen neben den übrigen Kriterien des § 11.

Die Wahl des Rahmensatzes der Zeitgebühr für die „Berichterstattung" bestimmt sich vor allem nach dem Schwierigkeitsgrad der Prüfungsleistung und den Prüfungsbedingungen.

Der das Prüfungsergebnis zusammenfassende „Bestätigungsvermerk" („Prüfungsvermerk") oder die „Bescheinigung" sind Bestandteil des Prüfungsberichts und bedingen keinen besonderen Gebührenansatz. Wegen der Abgrenzung zu „Bescheinigungen" siehe Erläuterungen zu § 38.

Das AG Schöneberg (10 C 229/83 aus dem Jahre 1984) hat bei der Prüfung einer sehr einfach gelagerten Buchführung eines kleinen Unternehmens (Jahresumsatz DM 191.215.–) eine Zeitgebühr für den Berufsangehörigen von DM 80.– je Stunde als angemessen akzeptiert. Auf die Entscheidung des AG Wedding zum Ansatz einer unterschiedlichen Zeitgebühr bei der Prüfung einer Buchführung, besprochen in Anmerkung 11 zu § 13 (Urteil 1), sei ergänzend verwiesen.

4 Prüfungserschwernisse

Ein Unternehmen ist dann „prüfbereit", wenn alle personellen und sachlichen Voraussetzungen dafür geschaffen sind, daß die Prüfung ohne vermeidbare Verzögerungen durchgeführt werden kann.
Es ist davon auszugehen, daß dem Prüfer die Unterlagen vollständig und rechtzeitig vorgelegt werden, die berufsüblich die Voraussetzung für die Durchführung der Prüfungshandlungen bilden. Die für eine Mitwirkung und Auskunftserteilung in Betracht kommenden Mitarbeiter des Auftraggebers müssen informiert, zur Auskunftserteilung ermächtigt und während der Prüfung verfügbar sein. Ferner sind die räumlichen Voraussetzungen für die Prüfung in den Geschäftsräumen des Auftraggebers zu treffen.
Mangelt es an diesen Prüfungsvoraussetzungen, sei es, daß Unterlagen lückenhaft sind, erst verspätet vorgelegt werden und damit ein zusätzlicher Arbeitsaufwand verbunden ist, oder daß bestimmte ergänzende Feststellungen erst durch den Prüfer im Benehmen mit dem Auftraggeber getroffen werden müssen (z.B. eine zutreffende Rückstellungsbildung oder Abgrenzung), oder daß festgestellte Fehler während der Prüfung durch den Auftraggeber der Berichtigung bedürfen (etwa bei der Vorratsbewertung), so ergibt sich durch den Ansatz der Zeitgebühr zwangsläufig die Abgeltung des hieraus resultierenden erhöhten Zeitaufwandes. Diese Erschwernisse sind dann aber bei der Wahl des Rahmensatzes für die Wertgebühr zu berücksichtigen.

5 Pauschalierung

Die Gebühren nach den Absätzen 1 und 2 sind nur pauschalierungsfähig, wenn es sich um „laufend auszuführende Tätigkeiten" handelt, die Prüfungen also z.B. regelmäßig jährlich stattfinden.

§ 37 Vermögensstatus, Finanzstatus für steuerliche Zwecke

Die Gebühr beträgt für

1. die Erstellung eines Vermögensstatus oder Finanzstatus	**5/10 bis 15/10**
2. die Erstellung eines Vermögensstatus oder Finanzstatus aus übergebenen Endzahlen (ohne Vornahme von Prüfungsarbeiten)	**2/10 bis 6/10**
3. den schriftlichen Erläuterungsbericht zu den Tätigkeiten nach Nummer 1	**1/10 bis 6/10**

einer vollen Gebühr nach Tabelle B (Anlage 2). Gegenstandswert ist für die Erstellung eines Vermögensstatus die Summe der Vermögenswerte, für die Erstellung eines Finanzstatus die Summe der Finanzwerte.

Amtliche Begründung zu § 37:

In Fällen größerer Steuernachzahlungen werden Stundungen oder Teilzahlungsbewilligungen von der Vorlage eines Vermögensstatus oder eines Finanzstatus abhängig gemacht. Stellt ein Steuerberater einen solchen Vermögensstatus oder Finanzstatus auf, so erhält er dafür Gebühren nach Maßgabe dieser Vorschrift. Die Gebührenberechnung richtet sich nach der Tabelle B.

Anmerkungsübersicht

1 Allgemeines

Die Begrenzung des Anwendungsbereichs der GebV nach § 1 auf den Tätigkeitsinhalt des § 33 StBerG bedingt die Einschränkung der Anwendung dieser Vorschrift nur für „steuerliche Zwecke".
Der „Status" unterscheidet sich von einem „Abschluß (Zwischenabschluß, Vorläufiger Abschluß) dadurch, daß er lediglich die Vermögenswerte oder Finanzmittel auf einen bestimmten Stichtag darlegt, ohne „Zusammenhang" mit einer Vermögensermittlung auf einen vorangehenden Stichtag und ohne „Ergebnisermittlung" für einen bestimmten Zeitraum durch eine „Gewinn- und Verlustrechnung". Ein „Finanzstatus" schließt in der Regel die Gliederung der ausgewiesenen Werte nach ihrer Fälligkeit ein.

2 Anwendungsbereich

Über die in der Begründung genannten Einzelfälle der „Stundung" (§ 222 AO) und der „Teilzahlungsbewilligung" (hier ist offenbar an eine „Nebenbestimmung zum Verwaltungsakt" nach § 120 AO gedacht) hinaus wird u. a. ein Vermögens- oder Finanzstatus auch bei einem Antrag auf einstweilige Einstellung oder Beschränkung der Vollstreckung nach § 258 AO, einem Antrag auf abweichende Steuerfestsetzung aus Billigkeitsgründen nach § 163 AO und einem Antrag auf Erlaß von Ansprüchen aus einem Steuerschuldverhältnis nach § 227 AO bedeutsam sein können. Auch für das nach § 284 AO im Vollstreckungsverfahren geforderte „Verzeichnis des Vermögens" dürfte § 37 in Betracht kommen.
Für diese Anträge ist jeweils die Antragstellung nebst Begründung mit der zutreffenden Gebühr nach § 23 bzw. § 44 abzugelten. Der zur Bekräftigung der Begründung erstellte Status erfährt nach § 37 seine Berechnung, analog etwa einem Zwischenabschluß nach § 35 Absatz 1 Nummer 2 zur Unterstützung eines Antrages auf Anpassung der Vorauszahlungen gemäß § 23 Nummer 3.
Bezüglich der Prüfung der Liquiditätsverhältnisse durch die Finanzverwaltung bei Steuerpflichtigen, die Antrag auf Billigkeitsmaßnahmen gestellt haben, sei noch angemerkt, daß § 193 AO keine Regelung über die Zulässigkeit einer Liquiditätsprüfung enthält. Eine solche Prüfung kann also nur mit Zustimmung des Steuerpflichtigen erfolgen. Der Vorlage eines Finanzstatus kommt in diesem Zusammenhang eine besondere Bedeutung zu.

Für die Prüfung eines vom Auftraggeber selbst oder einem Dritten erstellten Status durch den StB gilt § 36 Absatz 2 (Siehe Anmerkung 2 zu § 36).

3 **Gebührenrahmen und Gegenstandswert**

Für die Erstellung eines Status einschließlich der erforderlichen Arbeiten zur Ermittlung zutreffender Werte gelten 5/10 bis 15/10 (Mittelwert 10/10), also ein gegenüber der „Eröffnungsbilanz" (§ 35 Absatz 1 Nummer 4) etwas ausgeweiteter und gegenüber der „Auseinandersetzungsbilanz" (§ 35 Absatz 1 Nummer 5) etwas eingeschränkter Rahmen. Für einen schriftlichen Erläuterungsbericht hierzu ist ein zusätzlicher Ansatz mit 1/10 bis 6/10, also den hälftigen Werten eines Erläuterungsberichtes zu einer „Eröffnungsbilanz" bzw. einer „Auseinandersetzungsbilanz" vorgesehen.
Obliegt dem StB dagegen nur die „Zusammenstellung übergebener Endzahlen" ohne Vornahme von Prüfungsarbeiten, so reduziert sich der Rahmen auf 2/10 bis 6/10 (Mittelwert 4/10).
Als Gegenstandswert wird die „Summe der Vermögenswerte" bzw. die „Summe der Finanzwerte" bezeichnet. Der Verordnungsgeber hat damit eine nicht sehr präzise Ausdrucksweise gewählt. „Vermögenswerte" können bei einem Status auch „negative Vermögenswerte", „Finanzwerte" auch „Schulden" sein. Bei der Auslegung dieser Begriffe wird man zum einen das Bruttoprinzip, das der GebV innewohnt, zu sehen haben, zum anderen aber auch berücksichtigen müssen, daß die Addition positiver und negativer Werte wiederum der GebV fremd ist. Sie kennt nur „die Eliminierung negativer Werte" (z. B. § 24 Absatz 1 Nummern 1 und 2) oder den Ansatz des höheren negativen Wertes (z. B. §§ 25 und 27). Geht man von diesen grundsätzlichen Betrachtungen aus und sieht dann ergänzend, daß § 246 HGB der Bilanz „**Vermögens**gegenstände", „Schulden" und „Rechnungsabgrenzungsposten" zuordnet, dann wird man unter der „Summe der Vermögenswerte" die „positiven Vermögenswerte" und unter der „Summe der Finanzwerte" die „positiven Ansätze" eines Finanzstatus zu sehen haben, und zwar unabhängig davon, ob etwa im einen Fall die „Schulden" oder im anderen Fall die „negativen Ansätze" die positiven Werte übersteigen, da es ja dem § 37 an einem, den §§ 25 und 27 nachgebildeten, „Wahlgegenstandswert" fehlt und auch eine Umwandlungsvorschrift für negative Werte, wie sie in § 35 Absatz 2 hinsichtlich der „Negativen Bilanzsumme" Aufnahme fand, dem § 37 nicht zugeordnet wurde.
Sachgerecht findet die Tabelle B Anwendung.
Dient ein Status „nichtsteuerlichen" Zwecken, dient er also etwa als Grundlage für eine Kreditverhandlung mit einer Bank, so handelt es sich bei dessen Erstellung um eine Tätigkeit nach § 57 Absatz 3 StBerG mit der Folge, daß die „Übliche Vergütung" nach Maßgabe der §§ 612 und 632 BGB in Ansatz zu bringen ist; siehe hierzu Teil III.
Zu den „Gebühren des steuerlichen Beraters für Finanzplanungen" Hinweis auf Lehwald (StB 1983 S. 221).

4 **Pauschalierung**

Die Gebühr ist nicht pauschalierungsfähig.

§ 38 Erteilung von Bescheinigungen

(1) **Der Steuerberater erhält für die Erteilung einer Bescheinigung über die Beachtung steuerrechtlicher Vorschriften in Vermögensübersichten und Erfolgsrechnungen 1 Zehntel bis 6 Zehntel einer vollen Gebühr nach Tabelle B (Anlage 2). Der Gegenstandswert bemißt sich nach § 35 Abs. 2.**

(2) **Der Steuerberater erhält für die Mitwirkung an der Erteilung von Steuerbescheinigungen die Zeitgebühr.**

Fassung 1. VOÄStBGebV

Amtliche Begründung zu § 38:

Für die Erteilung von Bescheinigungen über bestimmte steuerliche Sachverhalte (z.B. über die Beachtung steuerlicher Vorschriften in Erfolgsrechnungen und Vermögensübersichten – § 57 Abs. 3 Nr. 3 StBerG –) und für die Mitwirkung an der Erteilung von Bescheinigungen (z.B. nach § 44 KStG, § 45a EStG oder über die einbehaltene Lohnsteuer) steht dem Steuerberater auch dann eine Gebühr nach Maßgabe dieser Vorschrift zu, wenn er die der Bescheinigung zugrunde liegenden Unterlagen erstellt oder geprüft und hierfür Gebühren erhalten hat.

Amtliche Begründung 1. VOÄ zu § 38:

Bescheinigungen über die Beachtung steuerrechtlicher Vorschriften in Vermögensübersichten und Erfolgsrechnungen sind wegen ihrer erheblichen Auswirkungen finanzieller und haftungsrechtlicher Art im Wirtschaftsleben von großer Bedeutung. Absatz 1 sieht daher zur Abgeltung dieser Leistungen die Wertgebühr vor. Absatz 2 entspricht der bisherigen Regelung, wonach der Steuerberater für die Mitwirkung an der Erteilung von Steuerbescheinigungen die Zeitgebühr erhält.

Anmerkungsübersicht

1 **Allgemeines**

Die in der vom Verordnungsgeber beim Erlaß der StBGebV gegebenen Begründung erwähnte Vorschrift des § 57 Absatz 3 Nummer 3 StBerG lautet:

„Mit dem Beruf eines Steuerberaters oder eines Steuerbevollmächtigten sind insbesondere vereinbar eine wirtschaftsberatende, gutachtliche oder treuhänderische Tätigkeit sowie die Erteilung von Bescheinigungen über die Beachtung steuerrechtlicher Vorschriften in Vermögensübersichten und Erfolgsrechnungen."

Bereits der Wortlaut des § 38 bestätigt die unrichtige Zuordnung der „Erteilung von Bescheinigungen über die Beachtung steuerrechtlicher Vorschriften in Vermögensübersichten und Erfolgsrechnungen" sowie die „Mitwirkung an der Erteilung von Steuerbescheinigungen" zu § 57 Absatz 3 StBerG, da die genannten Leistungen als originäre, für den Berufsträger geschützte, steuerliche Tätigkeiten keine „vereinbaren Tätigkeiten" bilden, sondern zweifelsfrei § 33 StBerG zuzuordnen sind.
Der Verordnungsgeber hat erfreulicherweise die nachhaltigen Einwendungen des Berufsstandes gegen die bisherige Fassung der Vorschrift akzeptiert und diese durch die 1. VOÄStBGebV grundlegend geändert. Die auch in der Begründung zur 1. VOÄ unterstrichene große Bedeutung einer „Bescheinigung über die Beachtung steuerrechtlicher Vorschriften" in finanzieller und haftungsrechtlicher Sicht hat nun auch eine angemessene Honorierung durch die Zuordnung einer „Wertgebühr" anstelle der bisherigen „Zeitgebühr" erfahren. Für die „Erteilung von Steuerbescheinigungen" konnte es bei der „Zeitgebühr" verbleiben.

2 Erteilung einer Bescheinigung über die Beachtung steuerrechtlicher Vorschriften

Der neue Absatz 1 findet, wie sein Wortlaut verdeutlicht, nur Anwendung auf „Bescheinigungen über die Beachtung steuerrechtlicher Vorschriften". Es handelt sich also um ein **„Steuerrechtliches Testat"** für Vermögensübersichten und Erfolgsrechnungen.
So kann z.B. die Bestätigung über eine Prüfung nach § 34c GewO i.V. mit § 16 MaBV nicht nach der GebV vergütet werden; siehe hierzu auch Anmerkung 2 zu § 36.
Ferner findet die Vorschrift keine Anwendung auf „Abschlußvermerke" (Anmerkung 6.1 zu § 35) und „Bestätigungsvermerke" („Prüfungsvermerke") (Anmerkung 2 zu § 36), da diese „Bestandteil" der in den §§ 35 und 36 subsumierten Leistungen und damit keinem gesonderten gebührenrechtlichen Ansatz zugänglich sind.
Es verbleiben somit Bescheinigungen, die etwa für eine Behörde, für ein Kreditinstitut, für den Erwerber eines Betriebes oder für ähnliche Zwecke benötigt werden und Aufschluß über die „Beachtung steuerrechtlicher Vorschriften in Vermögensübersichten und Erfolgsrechnungen" geben.
Denkbar ist im Ausnahmefall, daß ein StB auch für Abschlüsse nach § 35, die vom Auftraggeber selbst oder von einem anderen Beufsangehörigen gefertigt wurden, eine Bescheinigung erteilen soll. Hierfür würde die Gebühr nach § 38 in Ansatz gelangen.
Die Gebühr nach § 38 versteht sich im übrigen für die Bescheinigung selbst, also die rechtsverbindliche Aussage, daß alle steuerrechtlichen Vorschriften in einer Vermögensübersicht oder einer Erfolgsrechnung beachtet sind. Dies bedingt im Regelfall, daß die fragliche Vermögensaufstellung oder Erfolgsrechnung vom StB selbst gefertigt und gesondert berechnet worden ist. Muß dagegen die Vermögensübersicht oder die Erfolgsrechnung erst erstellt wer-

den, um die Bescheinigung erteilen zu können, so ist die Erstellung selbständig vergütungsfähig. Hier gilt das gleiche wie bei der Erstellung eines Finanzstatus (§ 37 Nummer 1) zur Begründung eines Stundungsantrags nach § 23, wobei der Stundungsantrag wie der Status nebeneinander berechenbar sind. Im übrigen ergibt sich das Vorgesagte bereits aus der Verordnungsbegründung selbst.

3 **Mitwirkung an der Erteilung von Steuerbescheinigungen**

Mit Absatz 2 wird die „Mitwirkung an der Erteilung von Steuerbescheinigungen" in den Kreis der vergütungsfähigen Leistungen einbezogen. Hier handelt es sich im Vergleich zu Absatz 1 also nicht um ein „Testat", d.h. die Versicherung der richtigen Anwendung steuerrechtlicher Vorschriften, sondern um die „Ausfertigung einer Bescheinigung", die „bereits gegebene Sachverhalte" beinhaltet und die, statt vom Auftraggeber selbst, in dessen Auftrag vom StB gefertigt wird.
Die Verordnungsbegründung nennt hier die „Bescheinigung der ausschüttenden Körperschaft" nach § 44 KStG, die gleichzeitig auch die anrechenbare Kapitalertragsteuer beinhaltet, ferner die gesonderte „Bescheinigung über die anrechenbare Kapitalertragsteuer" nach § 45a Absatz 2 EStG.
Als „Bescheinigung über die einbehaltene Lohnsteuer" im Sinne der Verordnungsbegründung wird man die „Lohnsteuerbescheinigung auf der Lohnsteuerkarte" nach § 41b EStG und die „Besondere Lohnsteuerbescheinigung" (LStR 135) zu Ende eines Kalenderjahres oder bei vorzeitiger Beendigung des Dienstverhältnisses zu verstehen haben.
Für „Bescheinigungen", die keine „Steuerbescheinigungen" sind, gilt die „Übliche Vergütung".

4 **Gebühr und Gegenstandswert**

Das in Absatz 1 angesprochene „Steuerrechtliche Testat" beinhaltet eine für den Auftraggeber bedeutsame Aussage, die sehr oft auch die Grundlage für weitreichende Entscheidungen des Adressaten mit entsprechenden finanziellen Auswirkungen bildet. Das „Testat" beinhaltet demzufolge auch ein nicht unbeträchtliches Haftungsrisiko für den StB. Der Gebührenrahmen „Wertgebühr" ist zwar mit 1/10 bis 6/10 ein wenig eng geraten, aber doch eine „angemessenere" Vergütung als die frühere „Zeitgebühr".
Zum Wert des Gegenstandes wird auf § 35 Absatz 2 verwiesen, d.h., daß bei einem „Abschluß" das Mittel zwischen der „Berichtigten Bilanzsumme" und der „Betrieblichen Jahresleistung" und für eine Bilanz die „Berichtigte Bilanzsumme" in Ansatz gelangen.
Anwendung findet zutreffend die Tabelle B.
Für die in Absatz 2 angesprochene „Mitwirkung an der Erteilung von Steuerbescheinigungen" ist die „Zeitgebühr" zweckangemessen und ausreichend.

5 **Pauschalierung**

Die Gebühr nach Absatz 1 ist nicht pauschalierungsfähig. Bei „laufend“ gegebener Mitwirkung an der Erteilung von Steuerbescheinigungen kann eine Pauschalierung erfolgen.

§ 39 Buchführungs- und Abschlußarbeiten für land- und forstwirtschaftliche Betriebe

(1) **Für Angelegenheiten, die sich auf land- und forstwirtschaftliche Betriebe beziehen, gelten abweichend von den §§ 32, 33, 35 und 36 die Absätze 2 bis 7.**

(2) **Die Gebühr beträgt für**

1. laufende Buchführungsarbeiten einschließlich Kontieren der Belege jährlich	**3/10 bis 20/10**
2. die Buchführung nach vom Auftraggeber kontierten Belegen oder erstellten Kontierungsunterlagen jährlich	**3/20 bis 20/20**
3. die Buchführung nach vom Auftraggeber erstellten Datenträgern oder anderen Eingabemitteln für die Datenverarbeitung neben der Vergütung für die Datenverarbeitung und für den Einsatz der Datenverarbeitungsprogramme jährlich	**1/20 bis 16/20**
4. die laufende Überwachung der Buchführung jährlich	**1/10 bis 6/10**

einer vollen Gebühr nach Tabelle D (Anlage 4). Die volle Gebühr ist die Summe der Gebühren nach Tabelle D Teil a und Tabelle D Teil b.

(3) **Die Gebühr beträgt für**

1. die Abschlußvorarbeiten	**1/10 bis 5/10**
2. die Aufstellung eines Abschlusses	**3/10 bis 10/10**
3. die Entwicklung eines steuerlichen Abschlusses aus dem betriebswirtschaftlichen Abschluß oder aus der Handelsbilanz oder die Ableitung des steuerlichen Ergebnisses vom Ergebnis des betriebswirtschaftlichen Abschlusses oder der Handelsbilanz	**3/20 bis 10/20**
4. die beratende Mitwirkung bei der Erstellung eines Abschlusses	**1/20 bis 10/20**
5. die Prüfung eines Abschlusses für steuerliche Zwecke	**1/10 bis 8/10**
6. den schriftlichen Erläuterungsbericht zum Abschluß	**1/10 bis 8/10**

einer vollen Gebühr nach Tabelle D (Anlage 4). Die volle Gebühr ist die Summe der Gebühren nach Tabelle D Teil a und Tabelle D Teil b.

(4) **Die Gebühr beträgt für**

1. die Hilfeleistung bei der Einrichtung einer Buchführung	**1/10 bis 6/10**
2. die Erfassung der Anfangswerte bei Buchführungsbeginn	**3/10 bis 15/10**

einer vollen Gebühr nach Tabelle D Teil a (Anlage 4).

(5) **Gegenstandswert ist für die Anwendung der Tabelle D Teil a die Betriebsfläche. Gegenstandswert für die Anwendung der Tabelle D Teil b ist der Jahresumsatz zuzüglich der Privateinlagen, mindestens jedoch die Höhe der Aufwendungen zuzüglich der Privatentnahmen. Im Falle des Absatzes 3 vermindert sich der 200.000 Deutsche Mark übersteigende Betrag auf die Hälfte.**

(6) **Bei der Errechnung der Betriebsfläche (Absatz 5) ist**

1. bei einem Jahresumsatz bis zu 2.000 Deutsche Mark je Hektar — das Einfache,

2. bei einem Jahresumsatz über 2.000 Deutsche Mark je Hektar — das Vielfache, das sich aus dem durch 2.000 geteilten Betrag des Jahresumsatzes je Hektar ergibt,

3. bei forstwirtschaftlich genutzten Flächen — die Hälfte,

4. bei Flächen mit bewirtschafteten Teichen — die Hälfte,

5. bei durch Verpachtung genutzten Flächen — ein Viertel

der tatsächlich genutzten Flächen anzusetzen.

(7) **Mit der Gebühr nach Absatz 2 Nr. 1, 2 und 3 ist die Gebühr für die Umsatzsteuervoranmeldungen (§ 24 Abs. 1 Nr. 7) abgegolten.**

Amtliche Begründung zu § 39:

Die Besonderheiten der Buchführung und Abschlüsse von land- und fortwirtschaftlichen Betrieben machen es erforderlich, die gebührenrechtlichen Vorschriften abweichend von den Bestimmungen für Gewerbetreibende, freie Berufe und sonstige Steuerpflichtige zu regeln. Die einzelnen Bestimmungen sind in dieser Vorschrift, die durch eine besondere Tabelle (Tabelle D) ergänzt wird, zusammengefaßt worden.
Die Sondervorschriften beschränken sich auf die Buchführung und die Abschlußarbeiten. Für alle sonstigen Leistungen gelten auch bei Land- und Forstwirten die allgemeinen Gebührenvorschriften.

Amtliche Begründung 3. VOÄ zu § 39:

Es handelt sich um eine Klarstellung.

Anmerkungsübersicht

1 Allgemeines

Gebühren für Buchführungs- und Abschlußarbeiten sind bereits in den §§ 33 und 35 geregelt. Die Besonderheiten der Buchführungen und Abschlüsse für land- und forstwirtschaftliche Betriebe machen es erforderlich, hierfür eine Sonderregelung in § 39 als lex specialis zu treffen.

§ 39 ist anzuwenden, wenn es sich um Angelegenheiten handelt, die sich auf land- und forstwirtschaftliche Betriebe beziehen. Das gilt für die Einrichtung einer Buchführung, die Erledigung der Buchführungs- und der Abschlußarbeiten und anstelle von § 36 für das steuerliche Revisionswesen.

Für Angelegenheiten, die die Lohnbuchführung betreffen (§ 34), für die Erstellung eines Vermögensstatus oder eines Finanzstatus (§ 37) oder für die Erteilung von Bescheinigungen (§ 38) sind, auch wenn sich diese Tätigkeiten auf land- und forstwirtschaftliche Betriebe beziehen, keine Sonderregelungen vorgesehen; dies gilt gleichermaßen für alle übrigen in Absatz 1 von § 39 nicht genannten Vorschriften.

Folgende Besonderheiten der Buchführungen und Abschlüsse für land- und forstwirtschaftliche Betriebe machen es erforderlich, die gebührenrechtlichen Vorschriften abweichend von den Bestimmungen für Gewerbetreibende, freie Berufe und sonstige Steuerpflichtige zu regeln. § 33 sieht für Buchführungsarbeiten eine Monatsgebühr vor. Wenn auch bei Anwendung der Tabelle C in diesen Fällen als Gegenstandswert der Jahresumsatz maßgebend ist, so entsteht doch für die Tätigkeit in einem einzelnen Monat bereits eine Gebührenforderung. Bei der Produktion in land- und forstwirtschaftlichen Betrieben, deren Dauer, wie z.B. bei der Bodenproduktion, von der Vegetationsperiode abhängig ist, wäre eine auf die einzelnen Monate bezogene Gebühr als Leistungsentgelt nicht angemessen. Daher wurde auch bisher die Buchführungsgebühr für land- und forstwirtschaftliche Betriebe als Jahresgebühr vereinbart. Diesem trägt die Sonderregelung in § 39 Absatz 2 Rechnung.

Für Abschlußarbeiten im Rahmen des § 35 ist bei der Gebührenberechnung als Gegenstandswert das Mittel zwischen der „Berichtigten Bilanzsumme" und der „Betrieblichen Jahresleistung" zugrunde zu legen. Die Aktivwerte der Bilanz geben in diesen Fällen im wesentlichen die tatsächlichen Werte des Betriebsvermögens wieder. Anders ist es bei den Aktivwerten in der Bilanz eines land- und forstwirtschaftlichen Betriebes. Der Grund und Boden als größtes Anlagevermögen ist in der Regel mit dem Pauschalwert gemäß § 55 Absatz 2 EStG in die Bilanz aufgenommen. Feldinventar und stehende Ernte brauchen bei jährlicher Fruchtfolge nicht aktiviert zu werden (R 131 Absatz 2 EStR). Das gleiche gilt für selbstgewonnene, nicht zum Verkauf bestimmte Vorräte, wie z. B. Heu, Stroh, Dünger, Gülle.
Die Bestandsaufnahme braucht sich nicht auf das stehende Holz zu erstrekken (§ 141 Absatz 1 AO). Das Vieh kann mit Durchschnittswerten bewertet werden (R 125a EStR). Hinzu kommen weitere Vereinfachungsregelungen für die Bewertung insbesondere von Umlaufvermögen, z. B. für Baumschulen sowie für den Blumen- und Zierpflanzenbau. Für land- und forstwirtschaftliche Betriebe ist mithin die Summe der Aktivwerte der Bilanz nicht als einer der Faktoren für die Errechnung des Gegenstandswertes geeignet. § 39 bestimmt daher für die Anwendung der Tabelle D Teil a als Gegenstandswert die modifizierte Betriebsfläche (Siehe Anmerkung 6.1).

2 Anwendungsbereich

§ 39 findet auf Angelegenheiten Anwendung, die sich auf land- und forstwirtschaftliche Betriebe beziehen. Nach § 1 bemißt sich die Vergütung des StB für seine selbständig ausgeübte Berufstätigkeit nach dieser Verordnung. § 33 StBerG bestimmt, daß zu einer selbständig ausgeübten Berufstätigkeit eines StB u. a. die Hilfeleistung bei der Erfüllung steuerlicher Buchführungs- und Aufzeichnungspflichten gehört. Land- und forstwirtschaftliche Betriebe, für die derartige Angelegenheiten zu erledigen sind, sind mithin nur solche, denen steuerliche Buchführungs- und Aufzeichnungspflichten auferlegt sind, also für die gemäß § 141 Absatz 1 Nummern 1, 3 oder 5 AO Bücher zu führen und Abschlüsse zu machen sind, für die der Gewinn durch Errechnung des Überschusses der Betriebseinnahmen über die Betriebsausgaben nach § 4 Absatz 3 EStG zu ermitteln ist oder die nach § 13a Absatz 2 EStG beantragt haben, daß ihr Gewinn durch Betriebsvermögensvergleich oder durch Vergleich der Betriebseinnahmen mit den Betriebsausgaben ermittelt werden soll. Da der steuerliche Gewinn land- und forstwirtschaftlicher Betriebe zu ermitteln ist, handelt es sich um Betriebe, die Einkünfte aus Land- und Forstwirtschaft im Sinne des § 13 EStG erzielen.
Die Besonderheiten der Buchführung und des Abschlusses von land- und forstwirtschaftlichen Betrieben (siehe Anmerkung 1 Absätze 4 bis 6) können auch bei Betrieben mit land- und forstwirtschaftlicher Produktion, die aber keine Einkünfte aus Land- und Forstwirtschaft erzielen, vorliegen. Es handelt sich dabei um Betriebe, die wegen erhöhten Zukaufs (R 134 EStR) oder als Gewerbebetriebe kraft Rechtsform gewerbliche Einkünfte erzielen. Die An-

wendung insbesondere der §§ 33 und 35 auf die Erledigung von Buchführungs- und Abschlußarbeiten für diese Betriebe würde, ebenso wie bei Betrieben mit Einkünften aus Land- und Forstwirtschaft, zu unzutreffenden, dem Umfang und der Schwierigkeit der Tätigkeit des StB nicht entsprechenden Gebühren führen.
Der Verordnungsgeber wollte den „Besonderheiten“ durch die abweichende Regelung in § 39 Rechnung tragen. Diesen wird man dann gerecht, wenn als land- und forstwirtschaftliche Betriebe im Sinne dieser Bestimmung solche mit land- und forstwirtschaftlicher Produktion, d.h. mit Bodenbewirtschaftung und der im landwirtschaftlichen Rahmen zulässigen Veredelungswirtschaft, angesehen werden.
Bei Betrieben mit land- und forstwirtschaftlicher Produktion, die jedoch wegen besonderer Umstände, z.B. wegen erhöhten Zukaufs, Einkünfte aus Gewerbebetrieb erzielen, würden die Betriebsgrundstücke, losgelöst von ihrer Zugehörigkeit zu dem gewerblichen Betrieb, einen Betrieb der Land- und Forstwirtschaft bilden. Das Bewertungsgesetz zieht hieraus die Folgerung, daß diese Betriebsgrundstücke wie land- und forstwirtschaftliches Vermögen (§§ 33ff. BewG) zu bewerten sind (§ 99 BewG).
Die Definition des Begriffs land- und forstwirtschaftlicher Betrieb in diesem Sinne würde dem Anliegen des Verordnungsgebers, Besonderheiten bei der Gebührenregelung zu berücksichtigen, Rechnung tragen.
Land- und forstwirtschaftliche Betriebe im Sinne von § 39 sind mithin Betriebe mit Einkünften aus Land- und Forstwirtschaft (§ 13 EStG) und Betriebe, deren Betriebsgrundstücke, losgelöst von ihrer Zugehörigkeit zum gewerblichen Betrieb, einen Betrieb der Land- und Forstwirtschaft bilden würden (§ 99 BewG).

3 Buchführungsarbeiten

3.1 Laufende Buchführungsarbeiten

Die Gebühr umfaßt alle Buchführungsarbeiten, die vom Beginn bis zum Ende eines Wirtschaftsjahres anfallen. Der Umfang dieser Buchführungsarbeiten bestimmt sich nach den Grundsätzen der Ordnungsmäßigkeit der Buchführung. Hierzu gehört die Erfassung aller Geschäftsvorfälle, aber auch der innerbetrieblichen Vorgänge, wie die Führung des Vieh- und Naturalregisters und des Ernteverzeichnisses. Auch wenn diese Aufzeichnungen für eine ordnungsmäßige steuerliche Buchführung nicht mehr gefordert werden, so dienen sie doch dem Steuerpflichtigen als Beweis für die vollständige Erfassung der Geschäftsvorfälle und damit auch steuerlichen Zwecken.
Anders als in § 33 Absätze 1 und 2 wird nicht zwischen der Buchführung einschließlich der Belegkontierung einerseits und der Belegkontierung andererseits unterschieden. Für landwirtschaftliche Betriebe dürfte die alleinige Belegkontierung ohne die Übernahme der laufenden Buchführungsarbeiten kaum vorkommen. In den Ausnahmefällen ist der Gebührenrahmen ausreichend, um die angemessene Gebühr für die Belegkontierung ohne die laufenden Buchführungsarbeiten nach Maßgabe des § 2 zu ermitteln.

Der Gebührenrahmen von 3/10 bis 20/10 ist sehr weit gefaßt. Das gibt die Möglichkeit, die angemessene Gebührenhöhe zutreffend zu ermitteln. Dabei sind insbesondere zu berücksichtigen: Der Umfang und die Qualität der vom Steuerpflichtigen geleisteten Vorarbeiten, wie die Erstellung des Geldberichtes oder die Sammlung der Belege mit oder ohne Kontierung durch den Steuerpflichtigen; der Umfang der laufenden Buchführung; ob, in welchem Ausmaß und unter welchem Schwierigkeitsgrad bei Einzelbuchungen bereits steuerliche Entscheidungen zu treffen sind; ob und in welchem Umfang innerbetriebliche Vorgänge erfaßt werden.

3.2 Buchführung nach kontierten Belegen

Wird der StB mit der Buchführung nach vom Auftraggeber kontierten Belegen beauftragt, so hat er neben der technischen Herstellung des Buchführungswerkes die Kontierung nach steuerlichen Gesichtspunkten zu überprüfen. Gleiches gilt für die Buchführung nach vom Auftraggeber auf andere Weise erstellten Kontierungsunterlagen, z.B. Buchungslisten. Anwendbar erscheint die Vorschrift auch auf die Fertigung eines Geldberichtes bei Kontierung durch den Auftraggeber.
Unerheblich ist das vom StB angewandte Buchführungsverfahren.
Der Gebührenrahmen sieht gegenüber Nummer 1 nur die hälftigen Werte vor und entspricht damit dem verminderten Leistungsbereich. Die vom Auftraggeber geübte Sorgfalt bei der Kontierung ist für die Wahl des Rahmensatzes bestimmend.

3.3 Buchführung nach erstellten Datenträgern

Stellt der Auftraggeber selbst die Datenträger für die elektronische Datenverarbeitung her, so beschränkt sich die Tätigkeit des StB zunächst auf die technische Erstellung der Buchführung. Die Überprüfung der Richtigkeit der Datenerfassung einschließlich der Kodierung kann an Hand der Datenträger nicht erfolgen. Der StB hat aber zu prüfen, ob das angewandte System der Datenerfassung den Anforderungen an eine steuerliche Buchführung genügt und hat den Auftraggeber in allen mit dieser Datenerfassung zusammenhängenden Fragen zu beraten.
Andere Eingabemittel sind alle, auch künftige, Medien zur Vermittlung von Daten an eine Datenverarbeitungsanlage.
Der Umfang der technischen Verarbeitung durch den StB – ohne die Kosten der Datenverarbeitung selbst und des Einsatzes der Datenverarbeitungsprogramme – und Umfang und Schwierigkeit der Prüfungs- und Beratungstätigkeit bestimmen die Höhe der anzuwendenden Rahmengebühr.
Ist der StB zusätzlich beauftragt, die Erstellung der Datenträger zu überwachen – einschließlich der Kontrolle der Datenerfassung und der Kodierung –, so ist neben der Gebühr nach Nummer 3 eine Gebühr für die laufende Überwachung der Buchführung (Nummer 4) zu berechnen.

3.4 Laufende Überwachung der Buchführung

Bei der laufenden Überwachung der durch den Steuerpflichtigen selbst gefertigten Buchführung ist die richtige Zuordnung der Geschäftsvorfälle zu den einzelnen Ertrags- und Aufwandskonten zu prüfen. Die Belege und die Kassenbuchführung sind stichprobenweise zu überprüfen. Zu- und Verkäufe sind insbesondere dann zu verproben, wenn Vieh- und Naturalregister und vielleicht auch Ernteverzeichnisse in dem Betrieb geführt werden. Bei periodisch wiederkehrenden Aufwendungen und Erträgen ist die vollständige Erfassung festzustellen.
Für die Anwendung des Gebührenrahmens kommt es auf den Umfang der Buchführung, die vom Steuerpflichtigen bei der Aufstellung ausgeübte Sorgfalt und auch darauf an, ob bei der Überwachung der Buchführung vom Steuerpflichtigen getroffene steuerrechtliche Entscheidungen mit zu überprüfen sind.

3.5 Gebühr

Für die Gebührenberechnung ist Tabelle D anzuwenden. Die volle Gebühr ist die Summe beider Tabellenteile, der Betriebsflächengebühr (Teil a) und der (bereinigten) Jahresumsatzgebühr (Teil b).
Während § 33 (Buchführung) die Anwendung der Tabelle C vorschreibt und als Gegenstandswert den Jahresumsatz bestimmt, dagegen § 35 (Abschlußarbeiten) die Tabelle B und als Gegenstandswert einen aus „Berichtigter Bilanzsumme" und „Betrieblicher Jahresleistung" errechneten Wert, wird im Rahmen des § 39 die Gebühr sowohl für Buchführungsarbeiten als auch für Abschlußarbeiten nach der gleichen Tabelle D und dem gleichen Gegenstandswert errechnet.

4 Abschlußarbeiten

4.1 Abschlußvorarbeiten

Hierzu gehören alle Tätigkeiten, die nicht den eigentlichen Abschlußarbeiten zuzurechnen sind und auch nicht bei den laufenden Buchführungsarbeiten oder der laufenden Überwachung der Buchführung mit zu erledigen waren. Die Gebühr für Abschlußvorarbeiten ist auch dann zu berechnen, wenn bereits Gebühren für die laufenden Buchführungsarbeiten oder die laufende Überwachung der Buchführung und für die Aufstellung eines Abschlusses angesetzt werden.

4.2 Aufstellung des Abschlusses

Die Aufstellung eines Abschlusses umfaßt die Erstellung der Bilanz und der Gewinn- und Verlustrechnung. Auch das Gespräch mit dem Auftraggeber gehört zu der Erstellung des Abschlusses. Hierbei wird es sich z.B. um Fragen handeln, ob Sonderabschreibungsmöglichkeiten in Anspruch genommen werden sollen, ob das Vieh mit Durchschnittswerten oder mit den tatsächlichen Anschaffungs- oder Herstellungskosten bewertet werden soll. Auch sonstige schwierige Bewertungsfragen sind im Rahmen der Aufstellung des Abschlusses zu prüfen und zu entscheiden. Die Ermittlung der angemessenen Gebühr bei Anwendung des vorgegebenen Gebührenrahmens von 3/10 bis 10/10 erfolgt unter Berücksichtigung des Umfangs und der Schwierigkeit der zu entscheidenden Bewertungsfragen, der Anwendung der möglichen Abschreibungssätze und des Umfangs der Positionen für die Bilanz und Gewinn- und Verlustrechnung.

§ 35 Absatz 1 Nummer 1 spricht von der Aufstellung eines Jahresabschlusses und sieht hierfür einen mit einer vollen Gebühr beginnenden Gebührenrahmen vor. daher bedurfte es besonderer Gebührenregelungen für die Aufstellung eines Zwischenabschlusses, einer Eröffnungsbilanz oder einer Auseinandersetzungsbilanz. Diese Unterscheidung war im Rahmen des § 39 nicht erforderlich. Hier wird die Gebühr für die Aufstellung eines Abschlusses, nicht Jahresabschlusses, geregelt, wobei es auf den Zeitpunkt und den Zweck der Abschlußerstellung nicht ankommt. Außerdem ist in Absatz 4 Nummer 2 eine besondere Gebühr für die Erfassung der Anfangswerte, die auch für die Eröffnungsbilanz erforderlich wird, vorgesehen.

Der in Absatz 3 Nummer 2 vorgesehene Gebührenrahmen von 3/10 bis 10/10 ist ausreichend weit gefaßt, für jede der verschiedenen Abschlußarten die angemessene Gebühr zu ermitteln.

4.3 Entwicklung oder Ableitung des Abschlusses

Liegt bereits ein aus anderen Gründen, also nicht für Zwecke der Besteuerung, erstellter Abschluß vor, so ist die völlige Neuerstellung eines steuerlichen Abschlusses nicht erforderlich. Der aus anderen als steuerlichen Gründen erstellte Abschluß entspricht in manchen Positionen allerdings nicht den steuerrechtlichen Bestimmungen, insoweit ist eine Anpassung an steuerrechtliche Normen erforderlich. Zumeist wird es sich um Bewertungsfragen handeln, um die Höhe der Absetzung für Abnutzung, die Inanspruchnahme von steuerrechtlich zulässigen Sonderabschreibungen, um die Zuordnung von Aufwendungen zum aktivierungspflichtigen Herstellungsaufwand oder zum Erhaltungsaufwand oder auch um Fragen der Rechnungsabgrenzung.

Bei einem bereits vorliegenden betriebswirtschaftlichen Abschluß kann es sich um den Abschluß eines sogenannten Testbetriebes handeln, der Buchführung und Abschluß für den Agrarbericht der Bundesregierung erstellt.

Hat ein Land- oder Forstwirt von seinem Wahlrecht nach § 3 Absatz 2 HGB Gebrauch gemacht und wurde er in das Handelsregister eingetragen, so ist er als Kaufmann zur Führung von Büchern und Erstellung eines Jahresabschlusses verpflichtet (§§ 238 ff. HGB). Auch in diesen Fällen braucht eine steuerliche Bilanz nicht originär erstellt zu werden. Der steuerliche Abschluß läßt sich aus der Handelsbilanz entwickeln.

Der Gebührenrahmen von 3/20 bis 10/20 gilt gleichermaßen, ob es sich um die Entwicklung des steuerlichen Abschlusses aus dem betriebswirtschaftlichen Abschluß oder aus der Handelsbilanz handelt, also insoweit ein neuer

Abschluß erstellt wurde, oder ob das steuerliche Ergebnis durch Mehr- und Minderrechnungen vom Ergebnis des betriebswirtschaftlichen Abschlusses oder der Handelsbilanz abgeleitet wurde. In beiden Fällen kommt es jeweils auf den Umfang und die Schwierigkeit der erforderlichen Arbeiten an. Ob ein neuer Abschluß erstellt wird oder nur eine Veränderung des Ergebnisses durch Ableitung erfolgt, ist technischer Natur. Der hier zumeist geringe Unterschied beim Umfang des Arbeitsaufwandes ist bei der Wahl des angemessenen Gebührensatzes zu berücksichtigen.
Wird zunächst ein steuerlicher Abschluß erstellt und daraus ein betriebswirtschaftlicher Abschluß oder eine Handelsbilanz entwickelt, so ist für den steuerlichen Abschluß die Gebühr nach Absatz 3 Nummer 2 zu berechnen. Für die Entwicklung des betriebswirtschaftlichen Abschlusses oder der Handelsbilanz aus dem steuerlichen Abschluß gilt Absatz 3 Nummer 3 jedoch nicht. Nach § 1 Absatz 1 ist die GebV bei der vom StB nach § 33 StBerG ausgeübten Berufstätigkeit anzuwenden. § 33 StBerG bezieht sich insoweit nur auf die Hilfeleistung bei der Erfüllung von Buchführungspflichten, die aufgrund von Steuergesetzen bestehen, insbesondere auf die Aufstellung von Steuerbilanzen und deren steuerliche Beurteilung. In den genannten Fällen liegt bereits ein steuerlicher Abschluß vor. Die Entwicklung eines betriebswirtschaftlichen Abschlusses oder einer Handelsbilanz daraus ist mithin nicht Teil einer steuerberatenden Tätigkeit. Es bleibt jedoch dem StB unbenommen, mit dem Landwirt auch in diesen Fällen die Anwendung des § 39 Absatz 3 Nummer 3 für die Berechnung des Leistungsentgeltes vertraglich zu vereinbaren.

4.4 Beratende Mitwirkung

Die beratende Mitwirkung des StB bei der Erstellung eines Abschlusses durch den Steuerpflichtigen erfolgt z. B. bei Bewertungsfragen, Fragen der Rechnungsabgrenzung, der Zuordnung der Aufwendungen zum Herstellungs- oder Erhaltungsaufwand, dem Verbleib oder der Aufnahme von Wirtschaftsgütern als gewillkürtes Betriebsvermögen und der Inanspruchnahme der Sonderabschreibungsmöglichkeiten. Es handelt sich also nicht nur um die Anwendung steuerrechtlicher Bestimmungen bei der Aufstellung des Abschlusses, sondern auch um die Beurteilung, wie ein vom Steuerrecht gewährtes Wahlrecht unter Berücksichtigung der sich aus der jeweiligen Entscheidung ergebenden steuerrechtlichen und wirtschaftlichen Folgen ausgeübt werden soll.
Umfang und Schwierigkeit sind bei dieser Tätigkeit oder bei der Entwicklung eines steuerlichen Abschlusses aus dem betriebswirtschaftlichen Abschluß oder aus der Handelsbilanz vergleichbar. Daher sehen auch die Nummern 3 und 4 von Absatz 3 gleiche Sätze (10/20) für die obere Grenze des Gebührenrahmens vor. Die beratende Mitwirkung bei der Erstellung eines Abschlusses kann sich auch auf einzelne Fragen beziehen, ohne daß eine Mitwirkung bei der gesamten Erstellung des Abschlusses erfolgt. Dem wird dadurch Rechnung getragen, daß der Gebührenrahmen bereits bei 1/20 beginnt.

4.5 Abschlußprüfung

Die Prüfung eines Abschlusses für steuerliche Zwecke erstreckt sich auf sämtliche Abschlußdaten. Es ist zu prüfen, ob sie richtig übernommen und zutreffend ermittelt wurden. Ziel einer derartigen Prüfung ist also die Feststellung, ob das in dem Abschluß ausgewiesene Ergebnis der Besteuerung zugrunde gelegt werden kann oder welche Änderungen und Berichtigungen vorzunehmen sind.

Die Abschlußprüfung kann einfach gelagerte Sachverhalte betreffen, dann sind auch Umfang und Schwierigkeitsgrad gering. Handelt es sich hingegen um einen Abschluß mit vielen Positionen und sind hierbei in erheblichem Umfange schwierige steuerrechtliche Fragen zu beurteilen und müssen wegen fehlerhafter Abschlußdaten Änderungen und Berichtigungen vorgenommen werden, so kann die Erledigung dieser Angelegenheit nach Bedeutung, Umfang und Schwierigkeit der Aufstellung eines Abschlusses sehr nahe kommen. Daher beginnt der Gebührenrahmen für die Abschlußprüfung bereits bei 1/10, ist aber dann genausoweit gefaßt wie der Gebührenrahmen für die Aufstellung eines Abschlusses.

Die Berichterstattung über eine Abschlußprüfung ist im Gegensatz zu § 36 Absatz 2 Nummer 2 in § 39 nicht als gesonderte Leistungsposition ausgewiesen. Sie ist daher mit der Gebühr von § 39 Absatz 3 Nummer 5 abzugelten und bei der Rahmenbestimmung entsprechend zu berücksichtigen.

Hat der StB die vom Auftraggeber selbst erstellte Buchführung zu überprüfen, so erscheint es in Ermangelung einer Parallelvorschrift zu § 36 Absatz 1 in Anbetracht der Besonderheiten land- und forstwirtschaftlicher Betriebe richtiger, anstelle von § 36 Absatz 1 (was nach dessen Wortlaut möglich wäre) Absatz 2 Nummer 4 von § 39 (laufende Überwachung der Buchführung) über § 2 „sinngemäß" anzuwenden.

4.6 Erläuterungsbericht

Der Erläuterungsbericht zum Abschluß kann sich auf der Zahl nach unterschiedliche Abschlußpositionen beziehen und wenige oder ausführliche Darlegungen erfordern, die ihrerseits weitere, nicht unmittelbar aus dem Abschluß herzuleitende Feststellungen durch den StB verlangen. Daher ist der Gebührenrahmen von 1/10 bis 8/10 entsprechend weit gefaßt.

4.7 Gebühr

Die volle Gebühr ist die Summe der Betriebsflächengebühr (Teil a) und der (bereinigten) Jahresumsatzgebühr (Teil b). Vergleiche Anmerkung 3.5. Es ist die Berechnung einer Wertgebühr vorgeschrieben.

4.8 Verschiedenes

Für Arbeiten zur Feststellung eines verrechenbaren Verlustes gemäß § 15a EStG i. V. mit § 13 Absatz 5 EStG gilt § 24 Absatz 4 Nummer 2. Siehe hierzu die Anmerkung zu § 24 Absatz 4 Nr. 2.

Die Ermittlung der außerordentlichen Holznutzung und insbesondere der Einkünfte aus den einzelnen Holznutzungen nach § 34b EStG ist weder den Buchführungsarbeiten nach § 39 Absatz 2 zuzuordnen noch der Überschußrechnung nach § 25. Diese Tätigkeiten sind Teil der Einkommensteuererklärung und sind bei der Anwendung der Rahmengebühr in § 24 Absatz 1 Nummer 1 zu berücksichtigen.
Auch für die Ermittlung des besonderen Abzuges durch buchführende Land- und Forstwirte nach § 118 Absatz 1 Nummer 3 BewG ist keine besondere Gebühr nach § 25 oder gar nach § 39 zu erheben, da die laufenden Betriebseinnahmen und die laufenden Betriebsausgaben für den maßgebenden Zeitraum aus der vorhandenen Buchführung entnommen werden können. Die Gebühr für diese Arbeitserledigung bestimmt sich durch Anwendung der entsprechenden Rahmengebühr in § 24 Absatz 1 Nummer 10.

5 Buchführungsbeginn

5.1 Einrichtung einer Buchführung

Die Hilfeleistung bei der Einrichtung einer Buchführung kann sich als Tätigkeit bei der Buchführungseinrichtung darstellen oder sich auf die Beratung für die Einrichtung oder gelegentlich der Einrichtung der Buchführung beschränken.
Zu den Fragen, auf die sich diese Hilfeleistung erstreckt, gehören u.a.: Beabsichtigt der Landwirt die Buchführung selbst zu erstellen oder den StB damit zu beauftragen; welches Buchführungssystem soll gewählt werden; soll auch der Naturalbereich im Betrieb durch entsprechende Registerführung erfaßt werden; sollen die Grundaufzeichnungen durch den Land- und Forstwirt durch Führung eines Geldberichtes oder durch ordnungsgemäße Belegsammlung erfolgen; welcher Kontenrahmen soll angewendet werden; wie soll die Ablage für die aufbewahrungspflichtigen Unterlagen organisiert werden?
Der Gebührenrahmen von 1/10 bis 6/10 im Sinne des Absatzes 4 wird den Unterschieden hinsichtlich der Schwierigkeit und insbesondere beim Umfang der Hilfeleistung bei der Einrichtung einer Buchführung gerecht.

5.2 Erfassung der Anfangswerte

Der Umfang der Tätigkeit des StB bei der Erfassung der Anfangswerte bei Buchführungsbeginn wird u.a. von der jeweiligen Betriebsorganisation und der damit zusammenhängenden Ausstattung des Betriebes mit Maschinen, Geräten, Vieh und Vorratsvermögen bestimmt. Auch der Umfang und die Schwierigkeit der in diesem Zusammenhang zu entscheidenden Bewertungsfragen ist sehr unterschiedlich. Der Umfang der Tätigkeit wird auch wesentlich durch die vom Land- und Forstwirt geleisteten Vorarbeiten oder dessen Mitarbeit bei der Erfassung der Anfangswerte beeinflußt. Wegen dieser in der Praxis sehr großen Unterschiede beim Umfang und der Schwierigkeit der Tätigkeit des StB ist der sehr weit gefaßte Gebührenrahmen von 3/10 bis 15/10 erforderlich.

5.3 Gebühr

Die volle Gebühr für Hilfeleistung bei Buchführungsbeginn wird nur nach der Betriebsfläche (Tabelle D Teil a) errechnet. Eine Umsatzgebühr (Teil b) ist nicht anzusetzen, denn Umfang und Schwierigkeit der Hilfeleistung bei Buchführungsbeginn werden nicht von der Höhe des im Betrieb erzielten Umsatzes beeinflußt.

Bei Buchführungsbeginn ist der Umsatz des Betriebes als Grundlage für die Berechnung der anzusetzenden Betriebsfläche (siehe Anmerkung 6.1.1) noch nicht bekannt. Daher erfolgt die Gebührenberechnung erst nach Ende des Wirtschaftsjahres zusammen mit der Abschlußgebühr bei Anforderung eines angemessenen Vorschusses (§ 8). Ist die Gebühr unmittelbar nach Beendigung der Hilfeleistung bei Buchführungsbeginn zu berechnen, weil sich z. B. der Auftrag an den StB nur auf diese Tätigkeit und nicht auch auf Buchführung und Abschluß erstreckt hat, so ist zur Errechnung des Vervielfachers gemäß Absatz 6 Nummer 2 der im Betrieb erzielte Umsatz je ha zu schätzen.

6 Gegenstandswert

Die Tabelle D enthält zwei Tabellenteile. Der Teil a bezieht sich auf die Betriebsfläche, der Teil b auf den Jahresumsatz.

6.1 Betriebsfläche

Bei der Betriebsfläche als Gegenstandswert für die Anwendung der Tabelle D Teil a handelt es sich nicht um die tatsächlich im land- und forstwirtschaftlichen Betrieb nach der jeweiligen Hektargröße bestimmte Fläche, sondern um eine fiktive Betriebsfläche, die durch Anwendung eines Vervielfachers oder eines Teilers auf die im Betrieb tatsächlich genutzten Flächen errechnet wird. Berechnungsfaktor ist also die tatsächlich genutzte Fläche. Damit ist nicht die regelmäßig genutzte Fläche gemeint, sondern die Fläche, die in dem Wirtschaftjahr, für das Buchführung und Abschluß erstellt werden, tatsächlich genutzt wurde. Die Nutzung kann auch durch Verpachtung erfolgt sein. Zu den genutzten Flächen gehören nicht nur die eigenen Flächen, sondern auch die zugepachteten Flächen. Ungenutzte Flächen, wie Unland und in aller Regel auch Geringstland, werden nicht mit einbezogen, auch wenn sie im Abschluß mit ihrem Wert als Anlagevermögen aufgeführt sind.

Werden Flächen nicht bewirtschaftet oder nur gepflegt, ohne daß sie aus dem land- und forstwirtschaftlichen Betriebsvermögen entnommen werden oder entnommen werden müssen, so kommt es darauf an, ob für die Nichtbewirtschaftung oder die Grundstückspflege ein Entgelt bezahlt wird. Erhält der Land- und Forstwirt kein Entgelt, so werden die Grundstücke wie ungenutzte Flächen behandelt und nicht mit einbezogen. Erhält er ein Entgelt, so wird man gemäß § 2 die Fläche wie durch Verpachtung genutzte Flächen nach Absatz 6 Nummer 5 ansetzen. Letztlich wird es aber in diesen Fällen auf den Umfang der Tätigkeiten im jeweiligen Einzelfall ankommen.

6.1.1 Errechnung der Betriebsfläche

Außer bei forstwirtschaftlich genutzten Flächen, bei Flächen mit bewirtschafteten Teichen und bei durch Verpachtung genutzten Flächen wird die Betriebsfläche durch Vervielfachung der tatsächlich genutzten Fläche berechnet. Der Vervielfacher ist die Zahl, die sich aus dem durch 2000 geteilten Jahresumsatz ergibt. Dabei bleiben die Umsätze aus Forstwirtschaft, Teichwirtschaft und aus Verpachtung außer Ansatz.

Beispiel:

Tatsächlich genutzte Fläche 50 ha
Jahresumsatz DM 225.000,–

$$\frac{225.000}{50 \times 2000} = 2{,}25 \text{ Vervielfacher}$$

50 ha mal 2,25 Vervielfacher ergibt 112,50 ha Gegenstandswert „Betriebsfläche".

Bei einem Jahresumsatz bis zu DM 2.000,– kommt ein Vervielfacher mit einer Dezimalstelle nicht in Betracht. Daher ist als Gegenstandswert mindestens die tatsächlich genutzte Fläche als Betriebsfläche anzusetzen (Absatz 6 Nummer 1).
Die DM 2.000,– je ha sind weder als unterer noch als mittlerer Jahresumsatz je ha in einem land- und forstwirtschaftlichen Betrieb mit nur landwirtschaftlicher Nutzung anzusehen. Dieser Betrag ist lediglich ein fiktiver Rechnungsfaktor. Er muß daher auch nicht bei Änderung der Wert- und Preisverhältnisse im Wege der Änderung der GebV angepaßt werden.

6.1.2 Forstwirtschaftliche Flächen

Für die Betriebsfläche als Gegenstandswert sind die tatsächlich forstwirtschaftlich genutzten Flächen nur zur Hälfte anzusetzen. Während die Anwendung eines Vervielfachers durch den fiktiven Berechnungsfaktor DM 2.000,– je ha ein dynamisches Element enthält, ist der Gegenstand „Betriebsfläche" bei forstwirtschaftlich genutzten Flächen statisch. Die Flächengebühr erfährt auch bei Veränderung der Preis- und Wertverhältnisse bei gleichbleibender Hektargröße keine Änderung. Dies kann aus Vereinfachungsgründen hingenommen werden. Aus den gleichen Gründen wurde auch auf eine stärkere Differenzierung durch Anwendung mehrerer Teiler verzichtet.

6.1.3 Teichflächen

Bei Flächen mit bewirtschafteten Teichen ist nur die Hälfte der tatsächlich genutzten Flächen, d. h. der Wasseroberflächen, anzusetzen. Es gilt hier das bereits unter 6.1.2 Ausgeführte.

6.1.4 Verpachtete Flächen

Durch Verpachtung genutzte Flächen sind nur dann anzusetzen, wenn sie sich noch weiterhin im Betriebsvermögen des land- und forstwirtschaftlichen Betriebes befinden. Sind diese Flächen in das Privatvermögen überführt worden, so handelt es sich bei den Pachteinnahmen um Einkünfte aus Vermietung und Verpachtung. Es findet dann § 27 Anwendung.

Die durch Verpachtung genutzten Flächen sind mit einem Viertel ihrer Größe anzusetzen, denn Umfang und Schwierigkeit bei Buchführungs- und Abschlußarbeiten sind bei durch Verpachtung genutzten Flächen geringer als bei selbstbewirtschafteten Flächen.

6.2 Jahresumsatz

Gegenstandswert für die Anwendung der Tabelle D Teil b ist der „bereinigte" Jahresumsatz.

Zum Jahresumsatz gehören nur die Erlöse aus der gewöhnlichen betrieblichen Tätigkeit, nicht außerordentliche Erträge, z.B. aus der Veräußerung von Grundstücken.

6.2.1 Ermittlung des Jahresumsatzes

Als Gegenstandswert sind dem erzielten Jahresumsatz die Privateinlagen hinzuzurechnen.

Wenn infolge von Witterungseinflüssen oder durch andere Umstände der Jahresumsatz in einem Wirtschaftsjahr erheblich zurückgegangen ist, so sind gleichwohl Umfang und Schwierigkeit der Tätigkeit für Buchführungs- und Abschlußarbeiten nicht in dem gleichen Maße geringer geworden. Es ist daher als Gegenstandswert mindestens die Summe der Aufwendungen zuzüglich der Privatentnahmen anzusetzen.

6.2.2 Jahresumsatz bei Abschlußarbeiten

Absatz 5 Satz 3 bestimmt, daß im Falle der Abschlußarbeiten nach Absatz 3 der DM 200.000,– übersteigende Betrag sich um die Hälfte vermindert. Diese Begrenzung des Gegenstandswertes betrifft nur die Ermittlung des Jahresumsatzes als Gegenstandswert für die Anwendung der Tabelle D Teil b. Die Begrenzung findet beim Ansatz des fiktiven Jahresumsatzes je ha für die Errechnung der Betriebsfläche nach Teil a keine Anwendung. Das folgt schon daraus, daß der nach der Betriebsfläche errechnete Gegenstandswert nicht in DM, sondern in ha ausgedrückt ist.

Mit dieser Begrenzung des Gegenstandswertes für die Anwendung der Tabelle D Teil b wird dem Umstand Rechnung getragen, daß der erzielte Jahresumsatz für Umfang und Schwierigkeit der Tätigkeit des StB bei Abschlußarbeiten nicht die gleiche Bedeutung hat wie der nach der Betriebsfläche berechnete Gegenstandswert. Ohne die vorgesehene Halbierung des Gegenstandswertes, soweit er über den Betrag von DM 200.000,– hinausgeht, würde die volle Gebühr für Abschlußarbeiten unangemessen hoch sein.

Beispiel:

	DM
Jahresumsatz zuzüglich Privateinlagen	580.000,–
Gegenstandswert für Tabelle D Teil b	
Grundwert	200.000,–
$+\ \frac{580.000 - 200.000}{2}$	190.000,–
	390.000,–

7 **Umsatzsteuervoranmeldung**

Nach Absatz 7 ist mit der Gebühr für die laufenden Buchführungsarbeiten (Absatz 2 Nummern 1 bis 3) die an sich nach § 24 Absatz 1 Nummer 7 anzusetzende Gebühr für die Umsatzsteuervoranmeldungen abgegolten. Diese Regelung entspricht dem § 33 Absatz 8. Sie kommt nur für land- und forstwirtschaftliche Betriebe zur Anwendung, die bei der Umsatzsteuer nach § 24 Absatz 4 UStG zur Regelbesteuerung optiert haben. Ist das der Fall, so werden die auf die einzelnen Geschäftsvorfälle entfallenden Umsatzsteuern und Vorsteuern bereits bei der Erledigung der laufenden Buchführungsarbeiten ausgewiesen, wie es auch bei anderen umsatzsteuerpflichtigen Betrieben der Fall ist, die nicht eine dem § 24 UStG vergleichbare Pauschalierung der Vorsteuer in Anspruch nehmen können. Bei diesen optierenden land- und fortwirtschaftlichen Betrieben ist durch die zusätzliche Aufzeichnung der Umsatzsteuer und Vorsteuer der Umfang der Tätigkeit bei der laufenden Buchführung erhöht, so daß der Gebührensatz bei Anwendung der Rahmengebühr nach Absatz 2 entsprechend anzupassen ist.

8 **Pauschalierung**

Gebühren nach den Absätzen 2 und 3 sind pauschalierungsfähig; eine Pauschalierung der Gebühren nach Absatz 4 ist ausgeschlossen.

Sechster Abschnitt. Gebühren für die Vertretung im außergerichtlichen Rechtsbehelfsverfahren und im Verwaltungsvollstreckungsverfahren

Amtliche Begründung vor §§ 40 bis 43:

Die Vorschriften über die Gebühren für die Vertretung im außergerichtlichen Rechtsbehelfsverfahren entsprechen den Bestimmungen in § 118 BRAGO. Danach erhalten die Steuerberater im Verwaltungsverfahren je nach Umfang ihrer Tätigkeit die Geschäftsgebühr, die Besprechungsgebühr und die Beweisaufnahmegebühr. Entstehen kann auch die Erledigungsgebühr des § 40 Absatz 2 StBGebV. Diese Vorschrift ist dem § 24 BRAGO nachgebildet.

Nicht übernommen wurde die Regelung des § 119 BRAGO, nach der das außergerichtliche Rechtsbehelfsverfahren und das vorangehende Verwaltungsverfahren als eine Angelegenheit anzusehen sind. Der Übernahme steht insbesondere entgegen, daß sich der Gegenstandswert für die Hilfeleistung bei der Vorbereitung und Erstellung einer Steuererklärung nicht nach der Höhe der Steuer richtet (vgl. § 24). Eine Ausrichtung der Gebührenberechnung nach der Höhe der Steuer könnte für Steuerberater zu einer Interessenkollision führen, denn je erfolgreicher die Tätigkeit sich für den Auftraggeber auswirkt, um so geringer würde das Honorar des Steuerberaters sein.

Es kann jedoch nicht übersehen werden, daß der Steuerberater, der den Steuerbescheid geprüft hat, bei der Vertretung im außergerichtlichen Rechtsbehelfsverfahren einen geringeren Arbeitsaufwand hat als derjenige, dem das Vertretungsmandat erstmals übertragen worden ist. Insbesondere erspart er die Information über den Streitgegenstand. Um dem Rechnung zu tragen, sieht die Verordnung in diesen Fällen für die Geschäftsgebühr und für die Besprechungsgebühr geringere Gebührenrahmensätze und damit niedrigere Gebühren vor.

Literatur: Feiter „Gebühren des Steuerberaters für die Vertretung im außergerichtlichen Rechtsbehelfverfahren und im Verwaltungsvollstreckungsverfahren" INF 1996, 406ff.; Lappe „Die Steuerberatergebührenverordnung" in NJW 1982 S. 1436ff.; Schall „Die neue Steuerberatergebührenverordnung im Steuerprozeß und im außergerichtlichen Vorverfahren" in BB Beilage 4/1984, Ergänzung mit Beilage 17; Hermanns „Die Rechnung des Steuerberaters und Rechtsanwalts im Finanzverwaltungs- und Finanzgerichtsverfahren" in LSW Gruppe 21 Seite 107.

§ 40 Verfahren vor Verwaltungsbehörden

(1) **Für die Vertretung im Rechtsbehelfsverfahren vor Verwaltungsbehörden erhält der Steuerberater**

1. die Geschäftsgebühr (§ 41),
2. die Besprechungsgebühr (§ 42),
3. die Beweisaufnahmegebühr (§ 43).

(2) **Erledigt sich eine Angelegenheit ganz oder teilweise nach Rücknahme, Widerruf, Aufhebung, Änderung oder Berichtigung des mit einem Rechtsbehelf angefochtenen Verwaltungsaktes, so erhält der Steuerberater, der bei der Erledigung mitgewirkt hat, eine Gebühr von 10/10 einer vollen Gebühr nach Tabelle E (Anlage 5).**

Amtliche Begründung zu § 40:

Die Aufzählung der Gebühren für die Vertretung im Verfahren vor Verwaltungsbehörden entspricht der Regelung in § 118 Abs. 1 und in § 24 BRAGO. Im Hinblick auf die Ausrichtung der gem. § 139 Abs. 3 FGO für die Vertretung im Vorverfahren erstattungsfähigen Kosten nach der BRAGO ist auch für die sich aus dieser Verordnung ergebenden außergerichtlichen Rechtsbehelfsgebühren die Gebührentabelle der BRAGO maßgeblich. Sie ist dieser Verordnung als Tabelle E (Anlage 5) beigefügt. Gegenstandswert ist jeweils der strittige Steuerbetrag.

Anmerkungsübersicht

1 Allgemeines

§ 40 StBGebV bestimmt die Gebühren, die der StB für seine Vertretung im außergerichtlichen Rechtsbehelfsverfahren (vergleiche §§ 347 ff. AO) erhalten kann. Es sind die gleichen Gebühren, die der Rechtsanwalt für seine Tätigkeit gemäß § 118 BRAGO erhält. Es sind also Rahmengebühren. Auch wenn die §§ 40 bis 44 StBGebV den Bestimmungen der BRAGO nachgebildet sind, so sind sie doch selbständig. Die BRAGO hat ausschließlich Bedeutung für die §§ 45 und 46 StBGebV. Deswegen wurden auch die Vorschriften der §§ 40 bis 44 ohne Hinweis auf die BRAGO ausgebildet. Aus dem gleichen Grund wurde die Tabelle E angefügt. Das außergerichtliche Rechtsbehelfsverfahren beginnt mit der Entscheidung der Behörde, die mit dem Rechtsbehelf angefochten wird (z. B. Erlaß des Steuerbescheids), und endet mit der Erhebung der Klage oder mit der Anerkennung der letzten außergerichtlichen Entscheidung.
Außergerichtliche Rechtsbehelfe sind insbesondere der „Einspruch" (§ 347 AO). Hierzu gehören aber auch die nichtförmlichen Rechtsbehelfe, wie die „Gegenvorstellung" oder die „Dienstaufsichtsbeschwerde".
Die Vergleichsgebühr (§ 23 BRAGO) kann im außergerichtlichen Rechtsbehelfsverfahren nicht anfallen.

2 Voraussetzung

Der StB muß in einem Rechtsbehelfsverfahren tätig geworden sein mit dem Ziel, die Stellungnahme der Verwaltungsbehörde abzuändern. Diese muß also einen ungünstigen VA erlassen oder den Erlaß eines begünstigenden VA abgelehnt haben. § 40 StBGebV ist jedoch über seinen Wortlaut hinaus ausdehnend auszulegen.
Auch die Tätigkeit des StB, die dieser vor dem Erlaß (der Ablehnung) des VA in Richtung auf den erwünschten Erfolg entwickelt, wird durch die in § 40 StBGebV aufgeführten Gebühren abgegolten.
Nicht ausreichend für das Entstehen der Gebühren nach §§ 40 ff. StBGebV ist ein Antrag oder eine Anregung auf eine sogenannte schlichte Änderung eines Verwaltungsaktes oder eines Steuerbescheides (z. B. nach §§ 129 ff. oder 172 ff. AO). Denn solchen Anträgen oder Anregungen zur schlichten Änderung eines Verwaltungsaktes oder eines Steuerbescheides kann nicht ohne weiteres ein Rechtsschutzgesuch unterstellt werden (vgl. Mittelsteiner/Scholz Anmerkung 5 vor §§ 40 bis 43). Liegen allerdings besondere Umstände vor, wonach der Antrag oder die Anregung auf schlichte Änderung als Einspruch auszulegen sind, so löst der Antrag/die Anregung auf Änderung die Gebühren des § 40 ff. StBGebV aus. Es muß dann allerdings der unbedingte Wille des Steuerpflichtigen, Rechtsschutz zu suchen, aus dem Antrag/der Anregung hervorgehen (vgl. Mittelsteiner/Scholz a. a. O.). Insbesondere wenn der StB klarstellt, daß sein Antrag/seine Anregung auf schlichte Änderung des Verwaltungsaktes oder des Steuerbescheides als Rechtsbehelf anzusehen ist, entstehen Gebühren gem. §§ 40 ff. StBGebV.

Für einen Antrag auf Änderung eines Steuerbescheides erhält der StB gem. § 23 Absatz 1 Nummer 7 StBGebV eine Gebühr zwischen 2/10 und 10/10. Zwischen dem Gebührenrahmen des § 23 Absatz 1 Nummer 7 StBGebV und dem des § 41 Absatz 1 StBGebV (5/10 bis 10/10) besteht also kein erheblicher Unterschied. Zu beachten ist allerdings, daß für die Gebühr des § 23 Absatz 1 Nummer 7 StBGebV die Tabelle A (Anlage 1) maßgebend ist, während für die Gebühr des § 41 StBGebV die Tabelle E (Anlage 5) maßgebend ist. Die Gebühren der beiden Tabellen sind bis zu einem Gegenstandswert von DM 580.000,00 identisch. Bei darüber liegenden Werten sind die Gebühren nach der Tabelle E (Anlage 5) höher.

3 Außergerichtliche Tätigkeit

Der StB erhält die Gebühren der §§ 41 bis 43 StBGebV, solange er keinen Klageauftrag erhalten hat. Im anderen Falle wird seine Tätigkeit durch die in § 45 StBGebV bestimmten Gebühren abgegolten.

Beispiel

Der StB verhandelt nach Erhalt des Klageauftrages nochmals mit der Behörde. Er hat Anspruch auf die Prozeßgebühr des § 31 Absatz 1 Nummer 1 BRAGO, welcher über § 45 StBGebV anwendbar ist (nicht auf die Geschäftsgebühr und auch nicht auf die Besprechungsgebühr).

Abgrenzungsschwierigkeiten kommen vor, wenn der StB zunächst eine gütliche Regelung außerhalb des Prozesses sucht und später Klage erhebt. Ausschlaggebend ist der konkrete Auftrag. Hat der StB den Auftrag, einen Prozeß zu führen, so erhält er die in § 45 StBGebV bestimmten Gebühren, auch wenn es zur Klageerhebung nicht mehr kommt.

4 Pauschgebühren

Die Gebühren sind Pauschgebühren. Sie gelten die gesamte Tätigkeit des StB ab, die sich auf die in Frage stehende Angelegenheit bezieht. Insbesondere werden auch Nebentätigkeiten abgegolten. Die Gebühren können je Angelegenheit nur einmal geltend gemacht werden. Also: mehrere Besprechungen in demselben Rechtsbehelfsverfahren lösen die Besprechungsgebühr des § 42 Absatz 1 StBGebV nicht mehrfach aus. Sämtliche Besprechungen werden mit der einen Besprechungsgebühr gebührenrechtlich abgegolten. Allerdings ist gem. § 11 StBGebV auch der Umfang der beruflichen Tätigkeit des StB bei der Höhe des in Ansatz zu bringenden Gebührensatzes zu berücksichtigen. Haben zahlreiche Besprechungen stattgefunden, an welchem der StB für seinen Mandanten teilgenommen hat, so ist unter Umständen eine 10/10 Gebühr gerechtfertigt, also ein höherer Gebührensatz, als wenn nur eine Besprechung stattgefunden hätte.

5 Gesamtauftrag oder Einzelauftrag

Es ist gleichgültig, ob der StB einen Gesamtauftrag oder nur einen Einzelauftrag erhalten hat. In beiden Fällen hat er Anspruch auf die Gebühren, soweit ihr Tatbestand erfüllt ist. Der unterschiedliche Umfang der Tätigkeit ist durch die Bemessung der Gebühr innerhalb des Gebührenrahmens auszugleichen.

6 **Mehrere Vorverfahren**

Ein nach Durchführung des Vorverfahrens mit Klageerhebung angefochtener VA kann von der Verwaltungsbehörde geändert oder ersetzt werden. Der Kläger hat zwei Möglichkeiten. Er kann gemäß § 68 FGO beantragen, den neuen VA zum Gegenstand des Klageverfahrens zu machen. Er kann aber auch gegen den neuen VA Einspruch einlegen und auf diese Weise ein zweites Vorverfahren herbeiführen. Die Verwaltungsbehörde hat über den Einspruch zu entscheiden, wobei ihre Entscheidung wieder mit einer Klage angefochten werden kann (die erste Klage ist in diesem Falle als in der Hauptsache erledigt zu erklären). Entstehen nun in diesem zweiten Vorverfahren die Gebühren der §§ 40ff. StBGebV nochmals? Diese Frage ist zu bejahen. Es liegt ein neues Rechtsbehelfsverfahren vor.
Möglich ist auch, daß das FG den Bescheid über den Rechtsbehelf, etwa wegen grober Verfahrensmängel, aufhebt und die Sache an die Verwaltungsbehörde zurückverweist. Die Verwaltungsbehörde muß nunmehr das Rechtsbehelfsverfahren erneut durchführen. Entstehen in diesem wiederholten Rechtsbehelfsverfahren erneut Gebühren? Der BFH (BStBl III 1960 S. 499 = NJW 1963 S. 1472) hat die Frage für das Anwaltsgebührenrecht mit Billigung von Riedel/Sußbauer Anmerkung 10 zu § 15 verneint, weil es sich um dieselbe Angelegenheit handele. Die Frage ist jedoch zu bejahen. Es liegt ein neuer Rechtszug vor, der neue Gebühren entstehen läßt. Die StBGebV trennt die einzelnen Verfahrensstadien noch viel schärfer. Während nach § 119 BRAGO im Rechtsbehelfsverfahren nach dem Vorverfahren keine zusätzlichen Gebühren entstehen, hat die StBGebV diese Bestimmung nicht übernommen. Das Rechtsbehelfsverfahren ist ein eigenes Verfahren mit eigenen Gebühren. Wird also ein zweites Verfahren durchgeführt, können auch neu die Gebühren gefordert werden (vergleiche Gerold/Schmidt Anmerkung 12 zu § 15; so auch Mittelsteiner/Scholz Anmerkung 11 vor §§ 40–43).

7 **Kostenerstattung**

Wird die Angelegenheit mit dem Rechtsbehelfsverfahren beendet, ist für eine Kostenerstattung kein Raum. Das gilt auch dann, wenn der Steuerpflichtige in vollem Umfange obsiegt hat.
Nur wenn es zur Erhebung der Klage kommt, sind gemäß § 139 FGO auch die Kosten des Vorverfahrens erstattungsfähig. Soweit allerdings die Kosten die Vergütung eines Bevollmächtigten betreffen, muß das Gericht gemäß § 139 Absatz 3 FGO die Zuziehung des Bevollmächtigten für notwendig erklären. Die Notwendigkeit ist in der Regel zu bejahen, da der Bürger ohne kundigen Rat nur in Ausnahmefällen materiell- und verfahrensrechtlich in der Lage ist, seine Rechte gegenüber der Finanzverwaltung ausreichend zu wahren (siehe hierzu auch Teil IV „Steuerliches Kostenrecht“ 3 Kostenerstattung).

Rechtsbehelfsverfahren			
Gebühr	Gebührentatbestand	§	Absatz
Geschäftsgebühr	Regelwert bei einem Auftraggeber	41	1
	Bei vorangegangener Einzeltätigkeit nach § 23 ist die Summe der Gebühren nach § 41 Absatz 1 und § 23 höchstbegrenzt auf 10/10 nach Tabelle E		5
	Regelwert bei mehreren Auftraggebern		6
	Bei vorangegangener Bescheidprüfung nach § 28 und einem Auftraggeber		3
	Bei vorangegangener Bescheidprüfung nach § 28 und mehreren Auftraggebern		6
	Bei Erklärungsfertigung nach § 24 im Zusammenhang mit dem Verfahren und einem Auftraggeber		4
	Bei Erklärungsfertigung nach § 24 im Zusammenhang mit dem Verfahren und mehreren Auftraggebern		6
Besprechungsgebühr	Regelwert bei einem oder mehreren Auftraggebern	42	1
	Bei vorangegangener Besprechung nach § 31 ist die Summe der Gebühren nach § 42 Absatz 1 und § 31 höchstbegrenzt auf 10/10 nach Tabelle E		3
Beweisaufnahmegebühr	Regelwert bei einem oder mehreren Auftraggebern	43	1
	Die Gebühr entfällt, wenn lediglich in den Händen des Auftraggebers oder der Behörde befindliche Urkunden vorgelegt werden		3
	Die Gebühr entfällt, wenn beigezogene Akten oder Urkunden nicht erkennbar zum Beweis beigezogen oder als Beweis verwertet werden		4
Erledigungsgebühr	Regelwert bei einem oder mehreren Auftragebern	40	2

Schaubild (Zu Anmerkung 9)

vor Verwaltungsbehörden							
Regelwert		Ermäßigte Gebühr		Erhöhte Gebühr			
Mindestsatz	Höchstsatz	Mindestsatz	Höchstsatz	Erhöhung je weiterer Auftraggeber	Höchstbetrag der Erhöhung	Höchster Mindestsatz	Höchster Höchstsatz
5/10	10/10						
				3/10	20/10	25/10	30/10
		3/10	8/10				
				2/10	16/10	14/10	24/10
		1/10	3/10				
				1/10	6/10	7/10	9/10
5/10	10/10						
5/10	10/10						
	10/10 (fester Gebührensatz)						

Die Mindestgebührenregelung des § 3 Absatz 1 Satz 1 StBGebV ist auf jede selbständige Gebühr anzuwenden, die nach Maßgabe der Bestimmung des Gebührenrahmens für eine Angelegenheit in Betracht kommt. Die Mindestgebühr beträgt DM 20,–.

8 Pauschalierung

Eine Pauschalierung im außergerichtlichen Rechtsbehelfsverfahren ist nach § 14 Absatz 2 Nummer 5 StBGebV ausgeschlossen.

9 Schaubild „Rechtsbehelfsverfahren vor Verwaltungsbehörden"

Das auf den Seiten 462 und 463 abgebildete Schaubild soll einen Überblick geben über alle im Bereich des Rechtsbehelfsverfahrens vor Verwaltungsbehörden in Frage kommenden Gebührentatbestände und ihre Gebührensätze. Dabei ist insbesondere dargestellt, welche Auswirkungen vorangegangene Tätigkeiten in derselben Angelegenheit auf die Gebührenhöhe haben. Schließlich ist noch erwähnt, welche Erhöhung der Gebühren eintritt, wenn der Steuerberater für mehrere Auftraggeber in derselben Angelegenheit tätig wird.

10 Abrechnungsbeispiele

Beispiel 1: Vertretung im Rechtsbehelfsverfahren vor dem FA

Im Auftrage des Mandanten legt der StB gegen einen Steuerbescheid Einspruch ein. Der Einspruch wird zurückgewiesen. In dem Rechtsbehelfsverfahren fand keine Besprechung mit der Behörde oder einem Dritten und auch keine Beweisaufnahme statt. Der Gegenstandswert beträgt DM 5.000,–.

Die Honorarrechnung des StB müßte wie folgt aufgebaut werden:

Honorarrechnung für die Tätigkeit in dem Rechtsbehelfsverfahren vor dem FA ... zu Steuernummer/Aktenzeichen ... gegen den Bescheid vom ...

Gegenstandswert: DM 5.000,–.

1. 7,5/10 Geschäftsgebühr gem. § 41 Absatz 1 Nummer 1 StBGebV – Tabelle E –	DM 240,00
2. Pauschsatz für Post- und Telekommunikationsdienstentgelte gem. § 16 Satz 2 StBGebV	DM 36,00
3. 16% Umsatzsteuer gem. § 15 Satz 1 StBGebV	DM 44,16
Summe:	DM 320,16.

Da es sich um eine durchschnittliche Angelegenheit gehandelt hat, rechtfertigen die Merkmale des § 11 StBGebV den Ansatz der Mittelgebühr.

Beispiel 2: Vertretung im Rechtsbehelfsverfahren mit Rücksprache beim FA

Der StB wird von dem Mandanten beauftragt, gegen einen Steuerbescheid Einspruch einzulegen. Im Einverständnis mit dem Mandanten führt der StB mit dem Sachbearbeiter bei dem FA mehrere Besprechungen. Dennoch weist das FA den Einspruch zurück. Der Gegenstandswert beläuft sich auf DM 10.000,–.

Die Honorarrechnung des StB müßte wie folgt aufgebaut werden:

Honorarrechnung für die Tätigkeit in dem Rechtsbehelfsverfahren vor dem FA ... zu Steuernummer/Aktenzeichen ... gegen den Bescheid vom ...

Gegenstandswert: DM 10.000,–.

1. 10/10 Geschäftsgebühr gem. § 41 Absatz 1 Nummer 1 StBGebV – Tabelle E –	DM	595,00
2. 10/10 Besprechungsgebühr gem. § 42 Absatz 1 Nummer 1 StBGebV – Tabelle E –	DM	595,00
3. Pauschsatz für Post- und Telekommunikationsdienstentgelte gem. § 16 Satz 2 StBGebV	DM	40,00
4. 16% Umsatzsteuer gem. § 15 Satz 1 StBGebV	DM	196,80
Summe:	DM	1.426,80.

Der StB ist in dem Rechtsbehelfsverfahren umfangreich tätig geworden. Es handelte sich zudem um eine schwierige Sach- und Rechtslage. Die Merkmale des § 11 StBGebV rechtfertigen den Ansatz des höchsten Gebührensatzes (10/10).

11 Gegenstandswert

Wegen des Gegenstandswerts vergleiche die Ausführungen in Teil IV „Steuerliches Kostenrecht", 2.4 Streitwert.

12 Erledigungsgebühr

Gem. § 40 Absatz 2 StBGebV kann auch im Rechtsbehelfsverfahren eine Erledigungsgebühr entstehen. Nachdem dies jetzt ausdrücklich in § 40 Absatz 2 StBGebV bestimmt ist, ist die frühere Diskussion, ob im Rechtsbehelfsverfahren über eine analoge Anwendung des § 24 BRAGO der StB eine Erledigungsgebühr verlangen kann, überholt.
Die Erledigungsgebühr fällt gem. § 40 Absatz 2 StBGebV stets als volle (10/10) Gebühr nach der Tabelle E (Anlage 5) an. Für die Erledigungsgebühr legt § 40 Absatz 2 StBGebV also nicht einen Satzrahmen fest, wie z.B. § 41 Absatz 1 StBGebV für die Geschäftsgebühr (5/10 bis 10/10).
Der § 40 Absatz 2 StBGebV ist dem § 24 BRAGO nachgebildet. § 40 Absatz 2 StBGebV ist aber etwas weiter gefaßt, als § 24 BRAGO. So fällt die Gebühr nach § 40 Absatz 2 StBGebV an, wenn sich der mit einem Rechtsbehelf angefochtene Verwaltungsakt ganz oder teilweise durch **Rücknahme, Widerruf, Aufhebung, Änderung oder Berichtigung** erledigt.
Erste Voraussetzung für den Anfall der Erledigungsgebühr nach § 40 Absatz 2 StBGebV ist, daß ein Verwaltungsakt (z.B. ein Steuerbescheid) durch einen Rechtsbehelf (z.B. durch Einspruch) angefochten wurde. Vgl. hierzu auch: Vorstehende Anmerkung 2 zu § 40 StBGebV.
Zweite Voraussetzung ist, daß sich der angefochtene Verwaltungsakt und damit auch die Angelegenheiten durch Rücknahme, Widerruf, Aufhebung, Änderung oder Berichtigung erledigt. Der Begriff der Erledigung wird in Literatur und Rechtsprechung nicht einheitlich gesehen. Da der § 40 Absatz 2 StBGebV dem § 24 BRAGO nachgebildet ist, darf, um unnötige Wiederholungen zu vermeiden, zunächst einmal auf die nachfolgende Kommentierung Anmerkung 2 zu § 24 BRAGO verwiesen werden. Ergänzend hierzu sei noch folgendes ausgeführt: Auch wenn sich das Rechtsbehelfsverfahren aufgrund eines in einer anderen Sache geführten Musterprozesses erledigt, fällt die Erledigungsgebühr an. Hierbei reicht die tatsächliche Erledi-

gung des Rechtsbehelfsverfahrens aus. Nicht erforderlich ist eine Änderung des Verwaltungsaktes (Mittelsteiner/Scholz Anmerkung 10 zu § 40 unter Hinweis auf FG Baden-Württemberg EFG 1982, 543; anderer Ansicht: Hess.FG, EFG 1969, 255). Auch wenn das FA z.B. aufgrund eines Musterprozesses ohnehin schon entschlossen war, den Steuerbescheid entsprechend dem Einspruch zu ändern, fällt die Erledigungsgebühr an (Mittelsteiner/Scholz Anmerkung 10 zu § 40 unter Hinweis auf Hess.FG, EFG 1969, 503). Nicht als ausreichend für den Anfall der Erledigungsgebühr des § 40 Absatz 2 StBGebV wird es angesehen, wenn das FA seine Entscheidung gefällt hat, also der Bescheid über den Einspruch vorliegt und der StB dann dem Mandant rät, keine Klage zu erheben und sich mit dem Bescheid zufrieden zu geben (so Mittelsteiner/Scholz Anmerkung 10 zu § 40).
Dritte Voraussetzung für das Entstehen der Erledigungsgebühr gem. § 40 Absatz 2 StBGebV ist, daß der StB bei der Erledigung mitgewirkt hat. Umstritten ist in Rechtsprechung und Literatur, wie weit der StB bei der Erledigung mitgewirkt haben muß, damit die Gebühr anfällt. Auch hier darf verwiesen werden auf die nachfolgende umfangreiche Kommentierung Anmerkung 3 zu § 24 BRAGO. Grundsätzlich bleibt festzuhalten, daß nach ganz überwiegender Meinung die Begründung des Rechtsbehelfs, auch wenn diese noch so gut ist und aufgrund dieser Begründung die Finanzbehörde einen abgeänderten Bescheid erläßt und sich damit die Sache erledigt, nicht zum Entstehen der Erledigungsgebühr führt. Der StB muß vielmehr über das übliche hinaus im Hinblick auf die Erledigung tätig geworden sein (siehe hierzu Literatur und Rechtsprechungsnachweise in der nachfolgenden Kommentierung Anmerkung 3 zu § 24 BRAGO).
Gegenstandswert der Erledigungsgebühr ist m.E. der Wert des Gegenstandes, der Gegenstand des Rechtsbehelfsverfahrens ist, welches sich i.S.d. § 40 Absatz 2 StBGebV erledigt. War also Gegenstand des Rechtsbehelfsverfahrens ein Steuerbetrag in Höhe von DM 10.000,– und ändert das FA im Rechtsbehelfsverfahren den Bescheid ab, wonach der Mandant nur noch DM 7.000,– zu zahlen hat, erledigt sich durch diese abändernde Entscheidung unter Mitwirkung des StB das Rechtsbehelfsverfahren insgesamt, so ist m.E. Gegenstandswert für die Geschäfts-, Besprechungs- und Beweisaufnahmegebühr und auch für die Erledigungsgebühr der ursprünglich im angefochtenen Bescheid festgesetzte Steuerbetrag in Höhe von DM 10.000,–. Bei einer Teilerledigung mag dies möglicherweise anders ein. Hier wird die Auffassung vertreten, daß dann der Gegenstandswert für die Erledigungsgebühr nur der Wert des Teils des Gegenstandes ist, der sich i.S.d. § 40 Absatz 2 StBGebV erledigt hat (siehe hierzu: Mittelsteiner/Scholz Anmerkung 12 zu § 40; Gerold/Schmidt Anmerkung 10 zu § 24).

§ 41 Geschäftsgebühr

(1) **Die Geschäftsgebühr beträgt 5 Zehntel bis 10 Zehntel einer vollen Gebühr nach Tabelle E (Anlage 5).**

(2) **Durch die Geschäftsgebühr wird das Betreiben des Geschäfts einschließlich der Information, der Einreichung und der Begründung des Rechtsbehelfs abgegolten.**

(3) **Die Geschäftsgebühr ermäßigt sich auf 3 bis 8 Zehntel einer vollen Gebühr nach Tabelle E (Anlage 5), wenn der Steuerberater in dem Verwaltungsverfahren, das dem Verfahren nach § 40 vorausgeht, Gebühren nach § 28 erhält.**

(4) **Die Geschäftsgebühr ermäßigt sich auf 1 bis 3 Zehntel einer vollen Gebühr nach Tabelle E (Anlage 5), wenn der Steuerberater im Zusammenhang mit dem Verfahren nach § 40 Gebühren nach § 24 erhält.**

(5) **Erhält der Steuerberater in dem Verwaltungsverfahren, das dem Verfahren nach § 40 vorausgeht, Gebühren nach § 23, so darf die Summe dieser Gebühren und der Gebühr nach Absatz 1 10 Zehntel einer vollen Gebühr nach Tabelle E (Anlage 5) nicht übersteigen.**

(6) **Wird der Steuerberater in derselben Angelegenheit für mehrere Auftraggeber tätig und ist der Gegenstand der beruflichen Tätigkeit derselbe, so erhöht sich die Geschäftsgebühr durch jeden weiteren Auftraggeber um 3 Zehntel, in den Fällen des Absatzes 3 um 2 Zehntel und in den Fällen des Absatzes 4 um 1 Zehntel. Die Erhöhung wird nach dem Betrag berechnet, an dem die Auftraggeber gemeinschaftlich beteiligt sind. Mehrere Erhöhungen dürfen den Betrag von 20 Zehnteln, in den Fällen des Absatzes 3 den Betrag von 16 Zehnteln und in den Fällen des Absatzes 4 den Betrag von 6 Zehnteln einer vollen Gebühr nach Tabelle E (Anlage 5) nicht übersteigen.**

Amtliche Begründung zu § 41:

Die Absätze 1 und 2 legen den Gebührenrahmen und den Abgeltungsbereich der Geschäftsgebühr fest. Der Gebührenrahmen beträgt 5/10 bis 10/10 einer vollen Gebühr.

Absatz 3 regelt den Fall, in dem der Steuerberater, der mit der Vertretung im außergerichtlichen Rechtsbehelfsverfahren beauftragt worden ist, den Steuerbescheid geprüft hat. In diesem Fall vermindert sich der Gebührenrahmen auf 3/10 bis 8/10 einer vollen Gebühr.

Nach Absatz 4 verringert sich der Gebührenanspruch auf 1/10 bis 3/10 einer vollen Gebühr, wenn der Steuerberater im Zusammenhang mit der Vertretung im außergerichtlichen Rechtsbehelfsverfahren Gebühren für die Anfertigung der Steuererklärung erhält. Dies ist z.B. dann der Fall, wenn der Steuerberater die Steuererklärung erst nach erfolgter Schätzung seines Auftraggebers durch das Finanzamt zur Begründung des Rechtsbehelfs einreicht.

Absatz 5 begrenzt den Gebührenanspruch auch für andere Fälle, in denen der Steuerberater für die Vertretung seines Auftraggebers in dem dem außergerichtlichen Rechtsbehelfsverfahren vorangegangenen Verwaltungsverfahren Gebühren erhalten hat. Hat z.B. der Steuerberater für die Stellung eines Stundungsantrags eine Gebühr nach § 23 Nummer 2 StBGebV erhalten, so darf die Summe dieser Gebühr und der Geschäftsgebühr für die Vertretung in dem sich anschließenden Beschwerdeverfahren 10/10 einer vollen Gebühr nicht übersteigen. Mit dieser Begrenzung soll eine Gleichstellung mit den §§ 118 Absatz 1 Nummer 1, 119 Absatz 1 BRAGO erreicht werden, nach denen der Rechtsanwalt für die Tätigkeit im Verwaltungsverfahren und im sich anschließenden außergerichtlichen Rechtsbehelfsverfahren als Geschäftsgebühr insgesamt nicht mehr als 10/10 einer vollen Gebühr fordern darf.

Die Regelung in Absatz 6 entspricht im Grundsatz der Vorschrift des § 6 Abs. 1 BRAGO. Gegenstand ist die Erhöhung der Gebühren in den Fällen, in denen der Steuerberater in derselben Angelegenheit gleichzeitig für mehrere Auftraggeber tätig ist und der Gegenstand der Tätigkeit derselbe ist. Auf die Begründung zu den Absätzen 3 und 4 wird Bezug genommen.

Anmerkungsübersicht

1 Allgemeines

Die Geschäftsgebühr ist die Grundgebühr. Sie entsteht als Betriebsgebühr immer dann, wenn der StB aufgrund des Auftrages als Vertreter im außergerichtlichen Rechtsbehelfsverfahren tätig geworden ist. Die Tätigkeit beginnt regelmäßig mit der Entgegennahme der Information. Sie gilt alle Besprechungen mit dem Auftraggeber sowie den gesamten Schriftverkehr, sei es mit dem Auftraggeber, sei es mit Behörden oder Dritten, ab. Die Besprechungsgebühr und die Beweisaufnahmegebühr können nicht allein entstehen. Vielmehr muß in allen Fällen auch die Geschäftsgebühr als allgemeine Betriebsgebühr anfallen.

Auch dann, wenn der StB – der mit der Einlegung eines Rechtsbehelfes beauftragt ist – dem Mandanten abrät, einen Rechtsbehelf einzulegen, verbleibt es bei der Geschäftsgebühr, die mit der Entgegennahme der Information entstanden ist. Sie wandelt sich nicht in die Ratsgebühr des § 21 StBGebV um. Der geringere Umfang der Tätigkeit ist innerhalb des Gebührenrahmens zu bewerten. Die Ratsgebühr fällt nur an, wenn sich der Auftrag von vornherein auf die Erteilung eines Rates beschränkt (kein Auftrag zur Vertretung).

2 Nebentätigkeiten

Durch die Geschäftsgebühr werden auch alle Nebentätigkeiten, soweit für sie nicht besondere Gebühren vorgesehen sind, mit abgegolten.

Beispiel

Einsicht in Akten, Schriftwechsel, Erklärungen usw.

3 Höhe der Gebühr

Die Geschäftsgebühr beträgt im Grundsatz 5/10 bis 10/10 der vollen Gebühr nach Tabelle E. Der StB hat die Gebühr im Einzelfall gemäß § 11 StBGebV unter Berücksichtigung aller Umstände, insbesondere der Bedeutung der Angelegenheit sowie des Umfangs und der Schwierigkeit der beruflichen Tätigkeit nach billigem Ermessen, zu bestimmen. Zum Begriff „Umstände" vergleiche die Ausführungen bei § 11 StBGebV und § 12 BRAGO. Nach FG Rheinland-Pfalz (EFG 1987 S. 323) ist eine volle Ausschöpfung des Gebührenrahmens nach oben gerechtfertigt, wenn der Wert sehr niedrig ist und der Umfang sowie die Bedeutung der beruflichen Tätigkeit über dem Durchschnitt liegen.

Fraglich kann sein, welche Gebühr im Einzelfall zu bestimmen ist. Im Anwaltsgebührenrecht, dessen § 12 BRAGO der § 11 StBGebV nachgebildet ist, hat sich die sog. Mittelgebühr durchgesetzt (vergleiche Gerold-Schmidt Anmerkung 7 zu § 12). Die Mittelgebühr gilt für Angelegenheiten durchschnittlicher Bedeutung, durchschnittlichen Umfangs und durchschnittlicher Schwierigkeit. Sie wird errechnet, indem man die Mindest- und die Höchstgebühr addiert und das Ergebnis durch 2 teilt:

$$5/10 + 10/10 = 15/10 : 2 = 7{,}5/10.$$

Zu Beginn der Beratung zu dieser Verordnung ging man noch davon aus, daß es mit dem Zweck einer Rahmengebühr nicht vereinbar sei, grundsätzlich von der Mittelgebühr auszugehen (Vergleiche Begründung zu dem Entwurf S. 4). Im Laufe des Verfahrens sind jedoch diese Bedenken fallen gelassen worden. Trotzdem wird man bei Steuerberatern die Mittelgebühr nicht als Ausgangsgebühr ansehen können. Vielmehr muß im außergerichtlichen Rechtsbehelfsverfahren noch mehr als im gerichtlichen Verfahren jeder Fall gesondert beurteilt werden (Vergleiche auch die vorstehenden Ausführungen in Anmerkung 3.3 zu § 11 StBGebV; **a. M.** Schall in BB Beilage 4/1984 S. 3; FG Berlin in EFG 1981 S. 366).

4 Ermäßigung der Gebühr

Der StB, der den Sachverhalt aus früherer Tätigkeit kennt, erhält ermäßigte Gebühren. Dies ist gerechtfertigt, weil durch die Vorkenntnis sich Umfang und Schwierigkeit der Tätigkeit ermäßigen gegenüber der Tätigkeit eines StB, der sich neu mit der Angelegenheit befassen muß.

Der Gebührenrahmen ermäßigt sich gemäß Absatz 3 auf **3/10** bis **8/10,** wenn der StB bereits vorher die Gebühren des § 28 StBGebV – **Prüfung von Steuerbescheiden** – verdient hat. Unerheblich ist dabei, ob der Bevollmächtigte die Gebühr von seinem Mandanten tatsächlich erhalten hat (Hessisches FG in EFG 1987 S. 323; dass. in EFG 1987 S. 583; FG Münster in EFG 1987 S. 583; **a. A.** FG Rheinland-Pfalz in EFG 1987 S. 323). Eine Verknüpfung mit dem tatsächlichen Zufluß der Zahlung besteht nicht. In § 28 steht das Wort „erhält" für „zustehen" und nicht für „zufließen". Diese Formulierung hat ihre Wurzel in der BRAGO, die der StBGebV in weitem

Maß als Vorbild diente. Ist dort die Rede davon, daß der Rechtsanwalt eine Gebühr „erhält", so heißt das immer, daß er eine Gebühr verdient hat ohne Rücksicht auf den Zufluß des Geldes. Die Mittelgebühr beträgt 5,5/10. Die Gebühren des § 28 StBGebV werden aber auf die Gebühr des § 41 StBGebV nicht angerechnet. Sie bleiben bestehen.
Der Gebührenrahmen ermäßigt sich gemäß Absatz 4 noch weiter auf **1/10** bis **3/10,** wenn der StB **im unmittelbaren Zusammenhang mit** dem Auftrag zur Vertretung im außergerichtlichen **Rechtsbehelfsverfahren** den **Auftrag** erhält, die **Steuererklärung anzufertigen.** Das ist z.B. dann der Fall, wenn der StB die Steuererklärung erst nach erfolgter Schätzung durch das FA zur Begründung des Rechtsbehelfs einreicht. Entsprechend der amtlichen Begründung der StBGebV soll die Ermäßigung also nur eintreten, wenn der StB die Steuererklärung erst **während** des Rechtsbehelfsverfahrens erstellt (ebenso: FG Baden-Württemberg in EFG 1987 S. 634; FG Münster in EFG 1987 S. 583; Niedersächsisches FG in EFG 1987 S. 43; Schleswig-Holsteinisches FG in EFG 1986 S. 361; **a. A.** FG Berlin in EFG 1985 S. 414; Lappe in NJW 1982 S. 1439; Hermanns in LSW Heft 8 S. 114). Der gegenteiligen Auffassung kann nicht gefolgt werden, weil sie zum einen durch eine unzulässige richterliche Rechtsfortbildung die Bestimmung über seinen Wortsinn hinaus (hier die Wörter: „im Zusammenhang") auslegt. Zum anderen ist zu berücksichtigen, daß nach der Systematik der StBGebV das Rechtsbehelfsverfahren im Verhältnis zum vorangegangenen Verwaltungsverfahren vor dem FA gebührenrechtlich eine eigene Angelegenheit darstellt. Eine Ermäßigung tritt also nicht ein bei Erstellung der ESt-Erklärung im Veranlagungsverfahren.

Beispiel 1

Der StB hat zunächst im Auftrage des Mandanten die Steuererklärung gefertigt. Später wird er von dem Mandanten beauftragt, gegen den ungünstigen Steuerbescheid Einspruch einzulegen. Auftragsgemäß vertritt der StB den Mandanten auch im Rechtsbehelfsverfahren, welches ohne Besprechung und ohne Beweisaufnahme endet.
Der StB kann berechnen:
- **für die Anfertigung der Steuererklärung**
  Gebühren gem. § 24 StBGebV nach Tabelle A (Anlage 1)
- **für die Vertretung im Rechtsbehelfsverfahren**
  Geschäftsgebühr gem. § 41 Absatz 1 StBGebV 5/10 bis 10/10 nach Tabelle E (Anlage 5).

Beispiel 2

Der StB wird von dem Mandanten beauftragt, ihn in dem Rechtsbehelfsverfahren zu vertreten. Gegen den für den Mandanten ungünstigen Bescheid legt er Einspruch ein. Der Mandant beauftragt den StB dann, im Rahmen des Rechtsbehelfsverfahrens die bis dahin nicht abgegebenen Steuererklärungen anzufertigen und einzureichen. Mit der Einreichung der Steuererklärung soll im Rechtsbehelfsverfahren dargelegt werden, daß die bisherigen Schätzungen des FA vollkommen überhöht sind.
Der StB kann berechnen:
- **für das Rechtsbehelfsverfahren**
  Geschäftsgebühr gem. § 41 Absatz 1, ermäßigt nach Absatz 4 StBGebV 1/10 bis 3/10 nach Tabelle E (Anlage 5)

– **für die Anfertigung der Steuererklärungen**
  Gebühren gem. § 24 StBGebV nach Tabelle A (Anlage 1).

Die Gebühr(en) für die Erstellung der Steuererklärungen gem. § 24 StBGebV erhält der StB neben der ermäßigten (1/10 bis 3/10) Geschäftsgebühr des § 41 Absatz 1 i. V. mit Absatz 4 StBGebV, auch dann, wenn er die Steuererklärung(en) im unmittelbaren Zusammenhang mit dem außergerichtlichen Rechtsbehelfsverfahren anfertigt.
Die Mittelgebühr bei dem Gebührenrahmen nach Absatz 4 beträgt 2/10.
Absatz 5 bringt eine **weitere Ermäßigung.** Hat der StB für **Einzeltätigkeiten nach § 23 StBGebV** Gebühren erhalten, so darf die **Summe dieser Gebühren** nach Tabelle A **und** die **Geschäftsgebühr** nach § 41 StBGebV **10/10 einer vollen Gebühr nach Tabelle E nicht übersteigen.**

Beispiel

Gegenstandswert DM 50.000.–	
5/10-Gebühr aus § 23 StBGebV (Tabelle A)	DM 712,50
7/10-Gebühr aus § 40 StBGebV (Tabelle E)	DM 997,50
Höchstgebühr nach Absatz 5	
10/10-Gebühr nach Tabelle E	DM 1.425,00

Mit dieser Begrenzung soll eine Gleichstellung mit den §§ 118 Absatz 1, 119 Absatz 1 BRAGO erreicht werden.
Der Erhalt einer Gebühr nach § 29 StBGebV stellt keinen Anlaß für eine Ermäßigung nach § 41 StBGebV dar (Vergleiche FG Berlin in DStR 1987 S. 410).

5 Mehrere Auftraggeber

5.1 Allgemeines

§ 6 Absatz 1 StBGebV bestimmt ausdrücklich, daß, wenn der StB in derselben Angelegenheit für mehrere Auftraggeber tätig wird, er die Gebühren nur einmal erhält. Es tritt also keine allgemeine Erhöhung der Gebühren ein, wenn der StB für mehrere Auftraggeber tätig wird. § 41 **Absatz 6** StBGebV regelt für das Rechtsbehelfsverfahren eine Ausnahme: Vertritt der StB in derselben Angelegenheit mehrere Auftraggeber wegen desselben Gegenstandes, tritt eine Erhöhung der Gebühren ein. Für die Vergütung eines Rechtsanwaltes besteht eine ähnliche Bestimmung in § 6 Absatz 1 BRAGO. Diese gilt allerdings allgemein für außergerichtliche und gerichtliche Tätigkeiten und ist nicht, wie § 41 Absatz 6 StBGebV auf das Rechtsbehelfsverfahren beschränkt.

5.2 Voraussetzungen

Damit eine Erhöhung gem. § 41 Absatz 6 StBGebV eintritt, müssen folgende Voraussetzungen erfüllt sein:

1. der StB muß für **mehrere Auftraggeber** tätig werden,
2. der StB muß für mehrere Auftraggeber in **derselben Angelegenheit** tätig werden,

3. der StB muß für die mehreren Auftraggeber in derselben Angelegenheit **wegen desselben Gegenstandes** tätig werden,
4. schließlich muß er für die mehreren Auftraggeber **gleichzeitig** tätig werden.

Nur wenn alle diese Voraussetzungen erfüllt sind, kann sich die Geschäftsgebühr erhöhen.

5.3 Mehrheit von Auftraggebern

Eine Mehrheit von Auftraggebern ist dann gegeben, wenn derselbe StB für verschiedene **natürliche** oder **juristische** Personen auftragsgemäß gleichzeitig tätig wird. Es ist nicht erforderlich, daß die Aufträge dem StB gleichzeitig erteilt werden. Die Aufträge können auch zeitlich versetzt nacheinander erfolgen.

Allerdings muß der StB für mehrere Auftraggeber in demselben Verfahren **gleichzeitig** tätig werden. Wird der StB nicht gleichzeitig, sondern nacheinander für mehrere Auftraggeber in dem Rechtsbehelfsverfahren tätig, tritt keine Erhöhung ein. Die Erhöhung tritt also nicht ein, wenn der StB von dem zweiten Auftraggeber erst beauftragt wird, nachdem der frühere – erste – Auftraggeber aus dem Rechtsbehelfsverfahren ausgeschieden ist (vgl. Meyer/Goez Anmerkung 9 zu § 41 Rubrik „Rechtsbehelfe"; Gerold/Schmidt Anmerkung 2 zu § 6). Eine Mehrheit von Auftraggebern sind also z. B.

- Ehegatten
- die Gesellschafter einer Gesellschaft des bürgerlichen Rechts (GbR)
- Erbengemeinschaften

(Gerold/Schmidt Anmerkungen 7 ff. zu § 6 mit zahlreichen weiteren Beispielen; Meyer/Goez Anmerkung 11 zu § 41 Rubrik „Rechtsbehelfe"; Mittelsteiner/Scholz Anmerkung 8 zu § 41).

Bei juristischen Personen kommt es darauf an, wer den StB beauftragt hat. Hat z. B. die OHG als Gesellschaft den StB beauftragt, so hat er nur einen Auftraggeber, nämlich die OHG. Haben dagegen die einzelnen Gesellschafter der OHG den StB mit der Durchführung des Rechtsbehelfsverfahrens beauftragt (z. B. weil sich die Steuerbescheide auch gegen sie persönlich richten), so hat der StB so viele Auftraggeber, wie Gesellschafter ihn beauftragt haben. Schwierig zu beurteilen sind die Fälle, in denen das Steuerrecht anders als das Zivilrecht von einer Teilrechtsfähigkeit ausgeht, wie z. B. bei der Umsatzsteuer, wenn eine Gesellschaft bürgerlichen Rechts (GbR) Unternehmer ist. Die Rechtsprechung ist hier uneinheitlich. So hat das FG Niedersachsen (EFG 1986, 202) in einem Umsatzsteuerfall auf die zivilrechtliche Beurteilung abgestellt: Es hat bei einer GbR auf die Zahl der Gesellschafter abgestellt. Mittelsteiner/Scholz (Anmerkung 9 zu § 42) gehen mit dem FG Köln (EFG 1994, 59) in diesen Fällen bei einer Gesellschaft bürgerlichen Rechts (GbR) nur von einem Auftraggeber aus (so auch Schall, StB 1995, 398 m. w. N.).

5.4 Derselbe Gegenstand

Eine Erhöhung gem. § 41 Absatz 6 StBGebV tritt nur ein, wenn der StB wegen desselben Gegenstandes für mehrere Auftraggeber tätig wird. Hauptanwendungsfall ist wohl die Zusammenveranlagung von Ehegatten. Werden die Eheleute getrennt veranlagt ist der Gegenstand, wegen welcher der StB dann für die Eheleute tätig wird, nicht derselbe. Werden in einem Rechtsbehelfsverfahren verschiedene Gegenstände mehrerer Auftraggeber behandelt, so tritt keine Erhöhung gem. § 41 Absatz 6 StBGebV ein. Vielmehr sind dann die Werte der einzelnen Gegenstände zu addieren und die Gebühren entstehen danach nur einmal.
Werden unterschiedliche Gegenstände von mehreren Auftraggebern in getrennten Rechtsbehelfsverfahren behandelt, entstehen in jedem Rechtsbehelfsverfahren gesonderte Gebühren, völlig unabhängig von den Gebühren, die in dem weiteren Rechtsbehelfsverfahren entstehen. Jedes Rechtsbehelfsverfahren ist gebührenrechtlich eine gesonderte Angelegenheit.
Auch die einheitliche Feststellung von Einkünften, insbesondere bei der Gesellschaft bürgerlichen Rechts (GbR) oder einer Erbengemeinschaft kann die Erhöhung gem. § 41 Absatz 6 StBGebV auslösen, wenn der StB von mehreren Gesellschaftern der GbR oder der Erbengemeinschaft beauftragt ist.

5.5 Umfang der Erhöhung

Der Umfang der Erhöhung ist in § 41 Absatz 6 StBGebV recht kompliziert geregelt. So erhöht sich die Geschäftsgebühr des § 41 **Absatz 1** StBGebV durch jeden weiteren Auftraggeber um **3/10.** Mehrere Erhöhungen dürfen 20/10 nicht übersteigen.
Die ermäßigte Gebühr gem. § 41 **Absatz 3** StBGebV erhöht sich durch jeden weiteren Auftraggeber um **2/10.** Mehrere Erhöhungen dürfen den Betrag von 16/10 nicht übersteigen.
Die Geschäftsgebühr des § 41 **Absatz 4** StBGebV erhöht sich durch jeden weiteren Auftraggeber um **1/10.** Mehrere Erhöhungen dürfen den Betrag von 6/10 nicht übersteigen.
Auf das Schaubild im Anschluß an die Anmerkung 9 zu § 40 StBGebV wird verwiesen.

Beispiel 1

Der StB vertritt Eheleute, die zusammen veranlagt worden sind in einem Rechtsbehelfsverfahren.
Nach § 11 StBGebV bestimmt der StB die Geschäftsgebühr des § 41 Absatz 1 StBGebV auf 7/10. Gem. § 41 Absatz 6 StBGebV erhöht sich die Geschäftsgebühr um 3/10 für den zweiten Auftraggeber, so daß im Ergebnis eine 10/10 – erhöhte – Geschäftsgebühr berechnet werden kann.

Beispiel 2

Der StB vertritt eine Hausgemeinschaft, an der A, B, C und D beteiligt sind. Im Auftrag aller vier Miteigentümer hat der StB Rechtsbehelf gegen denselben Bescheid, der gegenüber allen Miteigentümer gemeinschaftlich ergangen ist, eingelegt.

Nach § 11 StBGebV hat der StB die Geschäftsgebühr des § 41 Absatz 1 StBGebV auf 10/10 bestimmt. Da der StB drei weitere Auftraggeber hat, erhöht sich die Gebühr um 3 × 3/10. Im Ergebnis kann also eine (10/10 + 3/10 + 3/10 + 3/10 =) 19/10 Gebühr verlangt werden.

Wären noch mehrere Miteigentümer vorhanden, könnte sich die Geschäftsgebühr noch weiter erhöhen, maximal aber um 20/10, so daß im Ergebnis 10/10 für den ersten Auftraggeber + 20/10 Erhöhungen für die weiteren Auftraggeber = 30/10 berechnet werden können. Mehr als sieben Auftraggeber wirken sich also gebührenrechtlich nicht mehr aus.

Es erhöht sich gem. § 41 Absatz 6 StBGebV **nur die Geschäftsgebühr.** Die Erhöhung tritt also nicht bei der Besprechungsgebühr, auch nicht bei der Beweisaufnahmegebühr und auch nicht bei der Erledigungsgebühr ein.

5.6 Berechnung der Erhöhung

Für § 6 Absatz 1 **BRAGO** ist in Rechtsprechung und Literatur durchgängig anerkannt, daß sich die Erhöhung immer von der Ausgangsgebühr berechnet. Eine 10/10 Prozeßgebühr erhöht sich um 3/10, eine 5/10 Prozeßgebühr – als Ausgangsgebühr – erhöht sich allerdings nur um 15/100 oder 1,5/10 (3/10 von 5/10) (vgl. Gerold/Schmidt Anmerkung 33 zu § 6). Anders wird dies wohl gesehen für die Erhöhung nach § 41 Absatz 6 **StBGebV:** Die Geschäftsgebühr erhöht sich immer um den Gebührensatz, der in § 41 Absatz 6 StBGebV bestimmt ist. Also auch, wenn es sich bei der Ausgangsgebühr gem. § 41 Absatz 1 StBGebV um eine 5/10 Gebühr handelt, beträgt die Erhöhung also 3/10, so daß im Ergebnis eine 8/10 (und nicht nur 5/10 + 1,5/10 = 6,5/10) verlangt werden kann.

Die ermäßigte Geschäftsgebühr gem. § 41 Absatz 3 StBGebV erhöht sich also effektiv um 2/10. Hat der StB eine 6/10 Gebühr – unter Berücksichtigung der Merkmale des § 11 StBGebV – bestimmt, so beträgt die erhöhte Geschäftsgebühr also 8/10 (6/10 + 2/10) (so auch Lappe, NJW 1982, 1436–1439; Schall in BB Beilage 4/1982 Seite 4). Lappe und Hermanns (Lappe in NJW 1982, 1436–1439; Hermanns in LSW Heft 8 Seite 115) sehen hierin im Verhältnis zu § 6 BRAGO eine gegen den Gleichheitssatz verstoßene Ungleichbehandlung gleicher Sachverhalte. Meyer/Goez (Anmerkung 14 zu § 41, Rubrik „Rechtsbehelfe") vertreten die Auffassung, daß die Erhöhung sich immer nach der Höhe der Geschäftsgebühr, also der Ausgangsgebühr richtet. Sie berechnen die Erhöhung also von der Ausgangsgebühr, so wie die Erhöhung nach § 6 Absatz 1 BRAGO zu berechnen ist (vgl. vorstehende Ausführung).

M.E. ist in den Fällen des § 41 Absatz 6 StBGebV um den dort vorgeschriebenen Gebührensatz zu erhöhen. Es ist also nicht die Erhöhung von der Ausgangsgebühr zu berechnen, sondern die Erhöhung beträgt z.B. im Falle der Geschäftsgebühr gem. § 41 Absatz 1 StBGebV für jeden weiteren Auftraggeber 3/10, also Grundgebühr 5/10 + 3/10, so daß im Ergebnis 8/10 berechnet werden können. Denn in § 41 Absatz 6 StBGebV ist doch schon eine Abstufung der Erhöhungen vorgesehen. So beträgt die Erhöhung doch nur bei der Geschäftsgebühr des § 41 Absatz 1 StBGebV

3/10, während die Erhöhung bei der Geschäftsgebühr nach § 41 Absatz 3 StBGebV nur noch 2/10 und bei der Geschäftsgebühr des § 41 Absatz 4 StBGebV nur noch 1/10 für jeden weiteren Auftraggeber beträgt (niedrigere Ausgangsgebühren – niedrigere Erhöhungen). Hätte der Gesetzgeber gewollt, daß sich die Erhöhung nur von der Ausgangsgebühr berechnet, so hätte er sich die Staffelung der Erhöhungen ersparen können. Denn dann wäre die niedrigere Erhöhung automatisch erfolgt, weil die Erhöhung ja nur von der niedrigeren Ausgangsgebühr berechnet worden wäre. Allein schon aus diesem Grund ist m. E. die jeweilige Geschäftsgebühr um den Gebührensatz für jeden weiteren Auftraggeber zu erhöhen, den § 41 Absatz 6 StBGebV vorschreibt. Die Erhöhung berechnet sich m. E. nicht von der Ausgangsgebühr.

6 Zeitgebühr

Der Ansatz einer Zeitgebühr anstelle der Wertgebühr ist nach § 13 Nummer 2 StBGebV unzulässig.

7 Pauschalierung

Eine Pauschalierung ist nach § 14 Absatz 2 Nummer 5 StBGebV ausgeschlossen.

8 Gegenstandswert

Wegen des Gegenstandswertes vergleiche die Ausführungen in Teil IV „Steuerliches Kostenrecht" 4 Streitwert.

§ 42 Besprechungsgebühr

(1) **Die Besprechungsgebühr beträgt 5 Zehntel bis 10 Zehntel einer vollen Gebühr nach Tabelle E (Anlage 5).**

(2) **Die Besprechungsgebühr entsteht, wenn der Steuerberater an einer Besprechung über tatsächliche oder rechtliche Fragen mitwirkt, die von der Behörde angeordnet ist oder im Einverständnis mit dem Auftraggeber mit der Behörde oder einem Dritten geführt wird. Der Steuerberater erhält diese Gebühr nicht für eine mündliche oder fernmündliche Nachfrage.**

(3) **Erhält der Steuerberater in dem Verwaltungsverfahren, das dem Verfahren nach § 40 vorausgeht, eine Gebühr nach § 31, so darf die Summe dieser Gebühr und der Gebühr nach Absatz 1 10 Zehntel einer vollen Gebühr nach Tabelle E (Anlage 5) nicht übersteigen.**

Amtliche Begründung zu § 42:

Absatz 1 legt den Gebührenrahmen für die Besprechungsgebühr fest.
Um die Besprechungsgebühr ansetzen zu dürfen, muß der Steuerberater an einer Besprechung mit der für das außergerichtliche Rechtsbehelfsverfahren zuständigen Behörde, mit einer anderen Behörde oder mit einem Dritten über tatsächliche oder

rechtliche Fragen teilgenommen haben. Soweit die Besprechung nicht von der Behörde angeordnet wird, ist das Einverständnis des Auftraggebers dazu erforderlich. Das Einverständnis kann auch nachträglich oder stillschweigend gegeben werden. Eine mündliche oder fernmündliche Anfrage (z. B. nach dem Sachstand) reicht nicht aus.
Die Regelung des Absatzes 3 entspricht der des § 41 Absatz 5 und betrifft die Fälle, in denen der Steuerberater bereits in dem dem außergerichtlichen Rechtsbehelfsverfahren vorangegangenen Verwaltungsverfahren Verhandlungen mit der Behörde geführt und hierfür Gebühren nach § 31 erhalten hat. Mit der hier vorgesehenen Begrenzung soll eine Gleichstellung mit der Regelung in § 118 Absatz 1 Nummer 2 BRAGO erreicht werden, nach der der Rechtsanwalt für seine Tätigkeit im Verwaltungsverfahren und im anschließenden außergerichtlichen Rechtsbehelfsverfahren als Besprechungsgebühr insgesamt nicht mehr als 10/10 einer vollen Gebühr fordern darf.

Anmerkungsübersicht

1 Allgemeines
2 Besprechung mit einer Behörde
3 Besprechung über tatsächliche oder rechtliche Fragen
4 Fernmündliche Besprechung
5 Mitwirken des StB
6 Höhe der Gebühr
7 Ermäßigung der Gebühr
8 Zeitgebühr
9 Pauschalierung
10 Gegenstandswert

1 Allgemeines

Der StB, der eine Besprechung auf Anordnung der Behörde oder im Einverständnis mit seinem Auftraggeber mit der Behörde oder Dritten führt, erhält zusätzlich zu der Geschäftsgebühr (sie entsteht auf jeden Fall) eine Besprechungsgebühr. Sie soll die mit der Besprechung verbundene Mehrarbeit abgelten. Es ist nicht notwendig, daß die Besprechung mit der beteiligten Finanzbehörde geführt wird. So reicht z. B. die Besprechung mit einem Dritten (z. B. einem Zeugen) der von der Angelegenheit nicht betroffen ist, aus. Durch eine Besprechung mit dem Auftraggeber des StB wird allerdings die Besprechungsgebühr nicht ausgelöst. § 42 StBGebV enthält mehrere Voraussetzungen, die erfüllt sein müssen, wenn die Besprechungsgebühr entstehen soll.
Die Besprechungsgebühr fällt an,
- wenn der StB an einer von einer Behörde **angeordneten** Besprechung mitwirkt
- oder wenn der StB – mit **Einverständnis seines Auftraggebers** – mit der **Behörde** eine Besprechung führt
- oder wenn der StB – mit **Einverständnis seines Auftraggebers** – mit einem **Dritten** eine Besprechung führt.

Es ist ausreichend, wenn eine der drei Alternativen erfüllt ist. In jedem Fall muß der StB aber an der Besprechung **mitgewirkt** haben. Grundvoraussetzung ist, daß die Besprechung im Rahmen eines **Rechtsbehelfsverfahrens** stattgefunden hat.

Erfolgt die Besprechung erst nach Rücknahme des Rechtsbehelfes oder seiner Erledigung, kann die Besprechungsgebühr nach § 42 Absatz 1 StBGebV nicht mehr entstehen. Dann kann aber die Besprechungsgebühr des § 31 StBGebV anfallen.
Gemäß § 12 Absatz 2 StBGebV kann der StB in derselben Angelegenheit nur einmal eine Besprechungsgebühr erhalten, und zwar selbst dann, wenn mehrere Besprechungen stattfinden. Es erfolgt auch keine Erhöhung, wenn er für mehrere Auftraggeber tätig wird.

2 Besprechung mit einer Behörde

Die Besprechung muß mit einer Behörde oder einem Dritten geführt werden. Besprechungen mit dem Auftraggeber lösen die Gebühr nicht aus. Der Angestellte des Auftraggebers ist ebenfalls nicht „Dritter", wenn es sich um Besprechungen handelt, die Fragen seines Arbeitgebers betreffen und er anstelle dessen dem StB die nötigen Informationen erteilt. Dabei ist unerheblich, ob das Arbeitsverhältnis zum Zeitpunkt der Besprechung noch bestand (FG Bremen in EFG 1986 S. 362; Bonner Handbuch [E 4220]). Die Besprechung muß ferner von der Behörde angeordnet sein **oder** im Einverständnis mit dem Auftraggeber erfolgen. Die Behörde muß den StB aufgefordert haben, bei ihr zu einer Besprechung zu erscheinen. Geht der StB ohne Aufforderung zur Behörde, um mit ihr eine Angelegenheit zu besprechen, muß der Auftraggeber einverstanden sein. Ob das Einverständnis stillschweigend erteilt werden kann, war streitig. Der BFH (BStBl II 1970 S. 253) fordert: „Das Einverständnis kann nur aus dem Verhalten des Auftraggebers und nicht etwa aus dem Erfordernis einer verantwortungsbewußten oder sachgemäßen Bearbeitung der Angelegenheit entnommen werden." Nach der Verordnungsbegründung ist ein stillschweigendes Einverständnis des Ratsuchenden denkbar. Nach Gerold/Schmidt (Gerold/Schmidt Anmerkung 8 zu § 118) kann das Einverständnis erzielt werden durch ausdrückliche oder stillschweigende, vorherige oder nachträgliche Bewilligung des Auftraggebers. Das Einverständnis kann sich auch aus den Umständen ergeben. Trotzdem ist es ratsam, das Einverständnis ausdrücklich einzuholen, um spätere Schwierigkeiten zu vermeiden.

3 Besprechung über tatsächliche oder rechtliche Fragen

Die Besprechung muß über tatsächliche oder rechtliche Fragen eines noch anhängigen Rechtsbehelfs geführt werden. Es muß damit ein Sachgespräch erfolgen. Eine Besprechung über Verfahrensfragen (z.B. Antrag auf Verlängerung der Abgabefrist für Steuererklärungen) reicht aus (Aufgabe der gegenteiligen Auffassung in der 2. Auflage unter Hinweis auf Gerold/Schmidt Anmerkung 8 zu § 118). § 42 StBGebV ist dem § 118 Absatz 1 Nummer 2 BRAGO nachgebildet. Die Besprechungsgebühr entspricht, wenn auch nicht völlig, der Verhandlungsgebühr in einem gerichtlichen Verfahren. Nach § 33 Absatz 2 BRAGO erhält der RA/StB aber auch eine halbe Verhandlungsgebühr für Anträge nur zur Prozeß- und Sachleitung. Also muß

auch eine Besprechung über Verfahrensfragen die Besprechungsgebühr auslösen (so: Gerold/Schmidt Anmerkung 8 zu § 118). Dem Umstand, daß im gerichtlichen Verfahren bei Anträgen nur zur Prozeß- und Sachleitung nur eine halbe Verhandlungsgebühr entsteht, kann durch den Ansatz einer entsprechend niedrigeren Gebühren innerhalb des in § 42 Absatz 1 StBGebV festgelegten Satzrahmens Rechnung getragen werden.
Nicht erforderlich für den Anfall der Besprechungsgebühr ist, daß Argumente und Gegenargumente ausgetauscht werden. Die Besprechung kann auch im Einvernehmen geführt werden. Es muß sich nur um ein sachbezogenes, verfahrensförderndes Gespräch oder eine Erörterung tatsächlicher oder rechtlicher Fragen handeln, die mit dem Streitgegenstand, der im Rechtsbehelfsverfahren anhängig ist, zusammenhängen, d.h., ihn unmittelbar berühren (Mittelsteiner/Scholz Anmerkung 2 zu § 42).
Wie schon in § 42 Absatz 2 StBGebV festgelegt, entsteht die Besprechungsgebühr nicht für eine mündliche oder fernmündliche Nachfrage (etwa nach dem Sachstand).

4 Fernmündliche Besprechung

Die Besprechung kann auch fernmündlich erfolgen. Auch ein kurzes Ferngespräch kann die Besprechungsgebühr auslösen. Auf die Dauer des Gespräches kommt es für den Anfall der Gebühr nicht an. Die Dauer der Besprechung wird sich aber möglicherweise über die Höhe der in Ansatz zu bringenden Gebühr innerhalb des Satzrahmens auswirken müssen (nur kurzes Gespräch – Ansatz der Mindestgebühr 5/10). Allerdings löst eine fernmündliche Nachfrage nur nach dem Stand des Verfahrens oder wann mit einer Entscheidung der Behörde zu rechnen ist, die Besprechungsgebühr nicht aus.

5 Mitwirken des StB

Für den Anfall der Besprechungsgebühr ist es erforderlich, daß der StB an der Besprechung mitgewirkt hat. Mitwirkung des StB an der Besprechung ist gegeben, wenn der StB das persönliche oder fernmündliche Gespräch mit der Behörde oder dem Dritten selbst geführt hat. Ausreichend ist aber auch, wenn der StB der Besprechung nur beiwohnt. Es ist nicht erforderlich, daß er in der Besprechung selbst das Wort ergreift. Sondern es ist z.B. ausreichend, wenn der StB der Besprechung des Mandanten mit dem Sachbearbeiter bei der Finanzbehörde beiwohnt, wobei wohl unterstellt werden kann, daß der StB die Besprechung des Mandanten mit dem Sachbearbeiter der Finanzbehörde verfolgt und, wenn die Interessen seines Mandanten dies erfordern, in das Gespräch eingreift (vgl. Mittelsteiner/Scholz Anmerkung 2b zu § 42; Gerold/Schmidt Anmerkung 8 zu § 118).

6 Höhe der Gebühr

Die Besprechungsgebühr beträgt im Grundsatz wie die Geschäftsgebühr 5/10 bis 10/10 der vollen Gebühr nach Tabelle E. Innerhalb dieses in § 42

Absatz 1 StBGebV festgelegten Satzrahmens hat der StB die Höhe des Gebührensatzes unter Berücksichtigung der Merkmale des § 11 StBGebV zu bestimmen. Grundsätzlich kann hier auf die vorstehende Kommentierung zu § 11 StBGebV verwiesen werden.
Finden im Rechtsbehelfsverfahren mehrere Besprechungen statt, so fällt die Besprechungsgebühr des § 42 StBGebV nur einmal an. Allerdings ist der Umstand, daß sich durch mehrere Besprechungen auch der Umfang der Tätigkeit des StB erhöht, über die Höhe des in Ansatz zu bringenden Gebührensatzes zu berücksichtigen (mehrere Besprechungen = höherer Gebührensatz, als wenn nur eine Besprechung stattgefunden hätte). Andererseits kann ein nur kurzes Gespräch oder eine Besprechung nur über Verfahrensfragen dazu führen, daß nur die Mindestgebühr oder eine geringfügig darüber liegende Gebühr in Ansatz gebracht wird.
Die Besprechungsgebühr erhöht sich nicht bei gleichzeitiger Vertretung mehrerer Auftraggeber im Rechtsbehelfsverfahren.

7 Ermäßigung der Gebühr

Hat der StB in dem Verfahren, das dem Rechtsbehelfsverfahren nach § 40 StBGebV vorausgeht, Verhandlungen mit Behörden in abgaberechtlichen Sachen geführt, wird auf diese Weise die Gebühr des § 31 StBGebV verdient. Verdient er sodann in der gleichen Angelegenheit die Besprechungsgebühr des § 42 StBGebV, dürfen beide Gebühren nach Absatz 3 zusammen 10/10 der vollen Gebühr nach Tabelle E (nicht A) nicht übersteigen.

Beispiel:

Gegenstandswert DM 50.000,–. Es sind entstanden:

6/10 nach § 31 StBGebV aus Tabelle A	DM 855,–
6/10-Besprechungsgebühr nach § 42 StBGebV aus Tabelle E	DM 855,–
Beide Gebühren dürfen 10/10 der Tabelle E nicht übersteigen.	DM 1425,–

Der StB erhält insgesamt DM 1425,– für beide Tätigkeiten.
Wenn in dem Verwaltungsverfahren, das dem Rechtsbehelfsverfahren vorausgegangen ist, die Besprechungsgebühr des § 31 StBGebV nach einem höheren Gegenstandswert entstanden ist, als die Besprechungsgebühr, die in dem Rechtsbehelfsverfahren gem. § 42 Absatz 1 StBGebV entsteht, so gilt als Obergrenze nach § 42 Absatz 2 StBGebV die 10/10 Gebühr aus dem Gesamtwert nach der Tabelle E (so auch Meyer/Goez Anmerkung 8 zu § 42 Rubrik „Rechtsbehelfe").

8 Zeitgebühr

Der Ansatz einer Zeitgebühr anstelle der Wertgebühr ist nach § 13 Nummer 2 StBGebV unzulässig.

9 Pauschalierung

Eine Pauschalierung ist nach § 14 Absatz 2 Nummer 5 StBGebV ausgeschlossen.

10 **Gegenstandswert**

Wegen des Gegenstandswertes vergleiche die Ausführungen im Teil IV „Steuerliches Kostenrecht" 4 Steitwert.
Grundsätzlich entsteht die Besprechungsgebühr nach dem Wert des Gegenstandes, der im Rechtsbehelfsverfahren zu behandeln ist. Erfolgt die Besprechung allerdings nur über einen Teil dieses Gegenstandes, entsteht die Besprechungsgebühr nur nach dem Wert des Teils des Gegenstandes, über welchen die Besprechung geführt worden ist.

§ 43 Beweisaufnahmegebühr

(1) **Die Beweisaufnahmegebühr beträgt 5 Zehntel bis 10 Zehntel einer vollen Gebühr nach Tabelle E (Anlage 5).**
(2) **Die Beweisaufnahmegebühr entsteht, wenn der Steuerberater bei einer Beweisaufnahme mitwirkt, die von einer Behörde angeordnet worden ist.**
(3) **Der Steuerberater erhält die Beweisaufnahmegebühr nicht, wenn die Beweisaufnahme lediglich in der Vorlegung der in den Händen des Auftraggebers oder der Behörde befindlichen Urkunden besteht.**
(4) **Werden Akten oder Urkunden beigezogen, so erhält der Steuerberater die Beweisaufnahmegebühr nur, wenn die Akten oder Urkunden erkennbar zum Beweis beigezogen oder als Beweis verwertet werden.**

Amtliche Begründung zu § 43:

Absatz 1 legt den Gebührenrahmen für die Beweisaufnahmegebühr fest.
Die Absätze 2 bis 4 bestimmen die Voraussetzungen, unter denen eine Beweisaufnahmegebühr gefordert werden darf. Diese entsprechen den Vorschriften in § 118 Abs. 1 Nr. 3 sowie in § 34 BRAGO.

Anmerkungsübersicht

1 Allgemeines
2 Beweisaufnahme
3 Anordnung durch Behörde
4 Mitwirkung des Steuerberaters
5 Vorlegung von Urkunden
6 Aktenbeiziehung
7 Höhe der Gebühr
8 Zeitgebühr
9 Pauschalierung

1 **Allgemeines**

Mitunter müssen die Behörden in Angelegenheiten, die sie zu entscheiden haben, erst Beweis erheben, um den Sachverhalt zu klären. Der StB, der an der Beweisaufnahme teilnimmt, erhält dafür neben der Geschäftsgebühr, die für seine Tätigkeit in der Angelegenheit als Betriebsgebühr auf jeden Fall entsteht, eine zusätzliche Gebühr, die Beweisaufnahmegebühr. Die Entstehung der Gebühr ist an mehrere Voraussetzungen geknüpft. Die Gebühr fällt an, wenn

- eine Beweisaufnahme vorliegt, die **von** einer **Behörde angeordnet** wurde,
- der StB dabei **mitgewirkt** hat und
- es sich **nicht lediglich um Vorlegung von Urkunden** handelt.

Gemäß § 12 Absatz 2 StBGebV kann der StB in derselben Angelegenheit nur einmal eine Beweisaufnahmegebühr erhalten, und zwar selbst dann, wenn mehrere Beweisaufnahmen stattfinden. Es erfolgt auch keine Erhöhung im Sinne von § 6 BRAGO oder § 41 Absatz 6 StBGebV, wenn er für mehrere Auftraggeber an einer Beweisaufnahme teilnimmt.

2 Beweisaufnahme

Es muß eine Beweisaufnahme im Rahmen eines Rechtsbehelfsverfahrens erfolgen. Es handelt sich dabei um die Tätigkeit einer Behörde innerhalb eines behördlichen Verfahrens, die zum Ziele hat, beweisbedürftige (als beweisbedürftig angesehene) erhebliche Umstände, die in der Regel tatsächlicher Art sind, mittels Beweisaufnahme zu klären, d.h. die Behörde von der Wahrheit oder Unwahrheit einer Tatsache oder der Richtigkeit oder Unrichtigkeit eines anderen Umstandes zu überzeugen.

Verschafft die Behörde sich von Amts wegen Tatsachenkenntnis über erhebliche Tatsachen durch Anhörung von Informationen, so liegt eine Beweisaufnahme im Sinne von § 43 StBGebV vor (so: Mittelsteiner/Scholz Anmerkung 3 zu § 43). Allerdings fällt keine Beweisaufnahmegebühr an, „wenn das FA sich eine bessere Anschauung über unstreitige Tatsachen verschaffen will oder wenn es nur um das Verständnis technischer Probleme geht und deshalb die Zuziehung von Sachverständigenwissen erfolgt" (zitiert nach Mittelsteiner/Scholz Anmerkung 3 zu § 43).

Beweismittel sind u.a. Augenscheinseinnahme, Einholung von Auskünften, Rechtsgutachten, Zeugen. Bilden Fotos auch ohne Beweisaufnahmeabsicht einen Verhandlungsgegenstand und stützt sich die Behörde bei der Rechtsbehelfsbegründung zu Beweiszwecken auf diese, so entsteht die Beweisgebühr, wenn der StB, z.B. durch Vorlage dieser Bilder mitgewirkt hat" (zitiert nach Mittelsteiner/Scholz Anmerkung 3 zu § 43).

3 Anordnung durch Behörde

Die Beweisaufnahme muß von der Behörde angeordnet sein. Ein ausdrücklicher Beweisbeschluß ist jedoch nicht unbedingt erforderlich (Aufgabe der in der 2. Auflage vertretenen Auffassung unter Hinweis auf Mittelsteiner/Scholz Anmerkung 2 zu § 43). Es genügt die Anordnung der Zeugenladung oder die Einholung einer Auskunft. Auch wenn der zuständige Beamte des FA zur Klärung beweisbedürftiger Umstände Fragen an den persönlich erschienenen Steuerpflichtigen stellt, dürfte eine Beweisaufnahme i.S. des § 43 Absatz 1 StBGebV vorliegen. Dies auch dann, wenn die Anhörung des Steuerpflichtigen formlos erfolgt. Allerdings ist nicht bereits die bloße Anordnung

des persönlichen Erscheinens des Steuerpflichtigen in einem Termin vor der Behörde schon Beweisaufnahme i.S. des § 43 Absatz 1 StBGebV (vgl. Mittelsteiner/Scholz Anmerkung 2 zu § 43).
Die eigene Beweisaufnahme durch den StB löst die Beweisaufnahmegebühr nach § 43 Absatz 1 StBGebV nicht aus.

Beispiel 1

Der StB hört in seinem Büro Zeugen an. Die Bekundungen der Zeugen arbeitet er in seiner Rechtsbehelfsbegründung ein.
Keine Beweisgebühr nach § 43 Absatz 1 StBGebV.

Beispiel 2

Der StB holt auftragsgemäß ein Sachverständigengutachten ein. Das Sachverständigengutachten legt er zur Rechtsbehelfsbegründung vor.
Keine Beweisgebühr gem. § 43 Absatz 1 StBGebV.

In beiden vorgenannten Beispielen handelt es sich nicht um eine von einer Behörde angeordnete Beweisaufnahme, so daß der Tatbestand der Beweisgebühr des § 43 Absatz 1 StBGebV nicht erfüllt ist.

4 Mitwirkung des Steuerberaters

Der StB muß an der Beweisaufnahme mitwirken. Dies bedeutet, daß er irgendwie bei der Beweisaufnahme tätig wird. Dazu ist erforderlich, aber auch ausreichend, die Anwesenheit bei der Beweisaufnahme. Der StB braucht selbst nicht aktiv tätig zu werden. So braucht er an den Zeugen keine Fragen zu stellen und in einem Ortstermin keine Anregungen zu geben.
Dagegen reicht es nicht aus, wenn der StB von einer abgeschlossenen Beweisaufnahme Kenntnis und zu ihr evtl. Stellung nimmt. Die Beweisaufnahme ist beendet bei der Vernehmung von Sachverständigen oder Zeugen mit der Beendigung der Befragung. Sie ist beendet bei der Beiziehung von Sachverständigengutachten mit dem Eingang des Gutachtens und bei Auskünften mit deren Eingang. Nimmt der StB z.B. zu einem Sachverständigengutachten Stellung, so geschieht das nach dem Ende der Beweisaufnahme (vgl.: Mittelsteiner/Scholz Anmerkung 3 zu § 43; Gerold/Schmidt Anmerkung 10 zu § 118; Meyer/Goez Anmerkung 6 zu § 43). Veranlaßt allerdings die Stellungnahme den Gutachter zu einer Ergänzung des Gutachtens, so wird die abgeschlossene Beweisaufnahme wieder eröffnet. In diesem Falle erhält der StB für seine Tätigkeit noch die Beweisaufnahmegebühr. Das gleiche gilt, wenn auf die Stellungnahme des StB ein Zeuge nochmals vernommen wird oder er ersucht wird, ergänzend schriftlich Stellung zu nehmen (Meyer/Goez Anmerkung 6 zu § 43). Zu beachten ist jedoch, daß die Beweisaufnahmegebühr bereits früher verdient sein kann.

Beispiel

Dem StB wird mitgeteilt, daß ein Zeuge vernommen oder ein Gutachten beigezogen wird. Veranlaßt der StB hierauf etwas (z.B. Unterrichtung des Auftraggebers, Schriftsatz mit dem Ersuchen, der Sachverständige oder Zeuge möge zu bestimmten Fragen Stellung nehmen), so entsteht durch seine Tätigkeit die Beweisaufnahmegebühr bereits zu diesem Zeitpunkt.

Für die Beweisgebühr des Rechtsanwaltes im gerichtlichen Verfahren gem. § 31 Absatz 1 Nummer 3 BRAGO ist unbestritten, daß die Beweisgebühr schon dadurch ausgelöst wird, daß der Rechtsanwalt den Beweisbeschluß entgegen nimmt und auf Vollständigkeit und Richtigkeit prüft (vgl. Gerold/ Schmidt Anmerkung 124 zu § 31). Nach ganz überwiegender Meinung in der Vergangenheit reicht dies aber für das Entstehen der Beweisaufnahmegebühr nach § 118 Absatz 1 Nummer 3 BRAGO, dem der § 43 StBGebV nachgebildet ist, nicht aus. Vielmehr wurde hier in der Vergangenheit eine Tätigkeit des Rechtsanwaltes in der Beweisaufnahme selbst für erforderlich angesehen. Nach neuerer Meinung sind die Voraussetzungen für den Anfall der Beweisgebühr nach § 31 Absatz 1 Nummer 3 BRAGO und § 118 Absatz 1 Nummer 3 BRAGO gleich zu setzen. Dies bedeutet, daß die Beweisaufnahmegebühr des § 118 Absatz 1 Nummer 3 BRAGO auch dann bereits entsteht, wenn der Rechtsanwalt den Beweisbeschluß entgegennimmt und ihn auf Vollständigkeit und Richtigkeit prüft (vgl. Madert in AGS 1999, 33; Gerold/Schmidt Anmerkung 10 zu § 118; OLG Bamberg, JurBüro 1998, 640; Göttlich/Mümmler „Sonstige Angelegenheiten" 2.32). Übertragen auf die dem § 118 Absatz 1 Nummer 3 BRAGO nachgebildete Vorschrift des § 43 StBGebV bedeutet dies, daß dem StB die Beweisgebühr im Rechtsbehelfsverfahren nach § 43 StBGebV auch bereits dann entsteht, wenn er den Beweisbeschluß oder die Beweisanordnung der Behörde entgegennimmt und diese auf Vollständigkeit und Richtigkeit prüft.

5 **Vorlegung von Urkunden**

Werden von dem StB, dem Steuerpflichtigen oder der Behörde Urkunden vorgelegt, die sich in **ihren Händen** befinden, entsteht die Beweisaufnahmegebühr nicht (§ 43 Absatz 3 StBGebV). Urkunden sind in Wort- oder Schriftzeichen abgefaßte Schriftstücke. Gegenstand des Urkundenbeweises ist demgemäß der durch die Urkunde verbürgte Gedankeninhalt. Solche Urkunden sind z. B. Briefe, Zeugnisse, eidesstattliche Versicherungen, Handelsregisterauszüge, Kontenauszüge.
Keine Urkunden sind Lichtbilder, Zeichnungen, Modelle und Pläne. Ein mit ihnen geführter Beweis ist kein Urkundenbeweis, sondern Beweis durch Augenschein. Die Beweisaufnahme löst in diesem Falle die Beweisaufnahmegebühr aus, auch wenn das Beweismittel vom Auftraggeber oder StB vorgelegt wird.
§ 43 Absatz 3 StBGebV (also keine Beweisgebühr) behandelt die Fälle, in denen die Urkunden sich in den Händen des Auftraggebers, des StB oder der Behörde befinden. Auf die Eigentumsverhältnisse an der Urkunde kommt es nicht an. Ebenso ist es gleichgültig, ob die Urkunde erst angefertigt werden muß.

Beispiel

Die Behörde fordert den StB auf, einen Handelsregisterauszug vorzulegen. Der Auftraggeber läßt sich den Auszug vom Amtsgericht zusenden und legt ihn sodann vor. Keine Beweisaufnahmegebühr, da die Beweisaufnahme in der Vorlegung der in den

Händen des Auftraggebers befindlichen Urkunde besteht. Keine Rolle spielt dabei, daß die Urkunde erst besorgt werden muß.

Vergleiche im einzelnen auch die Kommentierung zu § 34 BRAGO, etwa Gerold/Schmidt Anmerkung 1 bis 10 zu § 34 BRAGO.

6 **Aktenbeiziehung**

Eine Beweisaufnahmegebühr entsteht also nicht, wenn die Beweisaufnahme lediglich in der Vorlegung der in den Händen des Auftraggebers oder der Behörde befindlichen Urkunden besteht (§ 43 Absatz 3 StBGebV – siehe vorangehende Anmerkung 5 zu § 43). Dagegen kann die Beweisaufnahmegebühr gem. § 43 **Absatz 4** StBGebV entstehen, wenn **Akten oder Urkunden erkennbar zum Beweis beigezogen oder als Beweis verwertet werden.** Eine Beiziehung im Sinne des § 43 Absatz 4 StBGebV liegt nur vor, wenn die Partei die Urkunden oder die Akten nicht selbst in Händen hat und auch nicht selbst beschaffen kann. Hat die Partei die Urkunden oder die Akten nämlich in Händen und könnte diese vorlegen, so handelt es sich um einen Fall des § 43 Absatz 3 StBGebV mit der Folge, daß keine Beweisaufnahmegebühr entsteht (vgl. Gerold/Schmidt Anmerkung 12 zu § 34). Wenn das Gericht Akten oder Urkunden beizieht, die die Partei nicht selbst in Händen hat oder beschaffen kann, so kann nach § 43 Absatz 4 StBGebV eine Beweisaufnahmegebühr entstehen. Voraussetzung hierfür ist, daß

- **die Akten oder Urkunden erkennbar zum Beweis beigezogen**
- **oder als Beweis verwertet werden.**

Eine Beiziehung von Akten oder Urkunden erkennbar zum Beweis liegt immer dann vor, wenn die Behörde die Beiziehung durch **Beweisbeschluß** angeordnet hat. Dann ist dem StB, der an der Beweisaufnahme irgendwie mitgewirkt (z. B. durch Prüfung des Beweisbeschlusses auf Vollständigkeit und Richtigkeit) die Beweisaufnahmegebühr des § 43 Absatz 1 StBGebV entstanden.

Eine Beiziehung von Akten oder Urkunden **erkennbar zum Beweis** liegt dann vor, wenn sich das Gericht durch die Beiziehung Gewißheit über die Wahrheit oder Unwahrheit streitiger beweisbedürftiger Tatsachen verschafft hat (Gerold/Schmidt Anmerkung 16 zu § 34; Hansens Anmerkung 12 zu § 34; siehe auch nachfolgende Kommentierung Anmerkung 3 zu § 34 BRAGO).

Eine Beweisaufnahme im Sinne des § 43 StBGebV liegt auch dann vor, wenn die Behörde im Rahmen des Rechtsbehelfsverfahrens die beigezogenen Akten oder Urkunden **als Beweis verwertet** hat. Dies ist der Fall, wenn sich das Gericht durch die beigezogenen Akten oder Urkunden Gewißheit über die Wahrheit oder Unwahrheit einer streitigen oder sonst für beweisbedürftig angesehenen Tatsachen verschafft hat. Umstritten ist, ob sich die Verwertung als Beweis in den Gründen der Entscheidung im Rechtsbehelfsverfahren niederschlagen muß (Gerold/Schmidt Anmerkung 17 zu § 34; nachfolgende Kommentierung Anmerkung 3 zu § 34 BRAGO).

Werden Akten oder Urkunden nur zum Zwecke der Information beigezogen (z. B. welcher Sachverhalt ist dort vorgetragen worden? Wie ist die

Rechtslage – etwa durch den BFH – dort beurteilt worden?) liegt keine Beweisaufnahme i.S. des § 43 Absatz 4 StBGebV vor, so daß die Beweisaufnahmegebühr nicht entsteht.
Mittelsteiner/Scholz (Anmerkung 5 zu § 43) sehen es nicht als Beweisaufnahme (i.S. des § 43 Absatz 4 StBGebV an, wenn die Behörde Akten beizieht, die sich in Händen unterstellter Behörden befinden (z.B. die Oberfinanzdirektion zieht die Akten des FA bei). Mittelsteiner/Scholz (a.a.O.) sehen darin einen Fall des § 43 Absatz 3 StBGebV, mit der Folge, daß die Beweisaufnahmegebühr dadurch nicht ausgelöst wird. M.E. ist aber zu bedenken, daß § 43 Absatz 3 StBGebV ausdrücklich nur **Urkunden** behandelt, also keine Beweisaufnahmegebühr entstehen läßt, wenn die Beweisaufnahme lediglich in der Vorlegung der in Händen der Behörde befindlichen Urkunden besteht. Akten und Urkunden sind aber etwas anderes i.S. des § 43 StBGebV, deshalb auch die Unterscheidung bzw. die Erwähnung beider in § 43 Absatz 4 StBGebV. M.E. entsteht auch dann die Beweisaufnahmegebühr, wenn die Behörde, die zur Entscheidung über den Rechtsbehelf befugt ist, Akten der eigenen oder untergebenen Behörde beizieht und diese zu Beweiszwecken verwertet oder die Beiziehung erkennbar zum Beweis erfolgt ist. Werden Akten **anderer** Behörden zu Beweiszwecken i.S. des § 43 Absatz 4 StBGebV beigezogen, liegt auch nach Mittelsteiner/Scholz (a.a.O.) eine Beweisaufnahme vor.

7 **Höhe der Gebühr**

Die Beweisaufnahmegebühr beträgt immer 5/10 von 10/10 der vollen Gebühr nach Tabelle E.
Welche Gebühr im Einzelfall aus dem Rahmen zu bestimmen ist, ergibt sich aus § 11 StBGebV. Dort ist aufgeführt, unter Berücksichtigung welcher Umstände der StB die Gebühr innerhalb des festgelegten Satzrahmens zu bestimmen hat.
Auch wenn mehrere Beweisaufnahmen in demselben Rechtsbehelfsverfahren stattfinden, fällt die Beweisaufnahmegebühr nur einmal an. Der mit mehreren Beweisaufnahmen verbundene Umfang der Tätigkeit des StB kann über eine höhere Gebühr innerhalb des festgelegten Satzrahmens berücksichtigt werden.
Die Beweisaufnahmegebühr erhöht sich nicht bei gleichzeitiger Tätigkeit für mehrere Auftraggeber wegen desselben Gegenstandes in demselben Verfahren.

Zeitgebühr

Der Ansatz einer Zeitgebühr anstelle der Wertgebühr ist nach § 13 Nummer 2 StBGebV unzulässig.

Pauschalierung

Eine Pauschalierung ist nach § 14 Absatz 2 Nummer 5 StBGebV ausgeschlossen.

§ 44 Verwaltungsvollstreckungsverfahren, Aussetzung der Vollziehung

(1) **Im Verwaltungsvollstreckungsverfahren erhält der Steuerberater je 3 Zehntel der vollen Gebühr nach Tabelle E (Anlage 5) als Geschäftsgebühr, Besprechungsgebühr und Beweisaufnahmegebühr.**

(2) **Das Verwaltungsverfahren auf Aussetzung der Vollziehung oder auf Beseitigung der aufschiebenden oder hemmenden Wirkung ist zusammen mit den in Absatz 1 und in § 40 genannten Verfahren eine Angelegenheit.**

Amtliche Begründung zu § 44:

Für die Tätigkeit im Verwaltungsvollstreckungsverfahren können je eine Geschäftsgebühr, eine Besprechungsgebühr und eine Beweisaufnahmegebühr entstehen. Es handelt sich jeweils um feste Drei-Zehntel-Sätze, die nicht erhöht oder vermindert werden können (Absatz 1).

Für die Vertretung im Verwaltungsverfahren wegen Aussetzung der Vollziehung oder auf Beseitigung der aufschiebenden oder hemmenden Wirkung steht dem Berufsangehörigen keine (zusätzliche) Vergütung zu, wenn er für die Vertretung im außergerichtlichen Rechtsbehelfsverfahren oder im Vollstreckungsverfahren Gebühren nach Absatz 1 oder nach den §§ 40 bis 43 erhält (Absatz 2).

Anmerkungsübersicht

1 Allgemeines

§ 44 StBGebV behandelt die Vergütung des StB für zwei Tätigkeiten im Verwaltungsvollstreckungsverfahren. Absatz 1 befaßt sich mit der Tätigkeit des StB, der im Verwaltungsvollstreckungsverfahren tätig ist. Absatz 2 bestimmt, daß die auf Aussetzung der Vollziehung oder auf Beseitigung der aufschiebenden oder hemmenden Wirkung gerichtete Tätigkeit keine zusätzliche Vergütung auslöst. Diese Tätigkeit wird durch andere Gebühren (z.B. die Gebühr des § 44 Absatz 1 StBGebV oder die Gebühren der §§ 40ff., 44ff. StBGebV) mit abgegolten.

2 Verwaltungsvollstreckungsverfahren

Entspricht die Tätigkeit des StB im Verwaltungsvollstreckungsverfahren den in den §§ 41 bis 43 StBGebV behandelten Tätigkeiten, erhält er gleichfalls die in diesen Bestimmungen enthaltenen Gebühren (Geschäftsgebühr, Besprechungsgebühr, Beweisaufnahmegebühr). Die Vergütung unterscheidet sich nur insoweit von den Gebühren der §§ 41 bis 43 StBGebV, daß sie

keine Rahmengebühr (5/10 bis 10/10), sondern eine feste Gebühr (3/10) ist. Diese Gebühr wird weder ermäßigt (bei geringem Umfang der Tätigkeit) noch erhöht (bei sehr erheblichem Umfang und/oder großer Schwierigkeit). Die Gebühr des § 44 Absatz 1 StBGebV entsteht neben den Gebühren der §§ 41 bis 43 StBGebV, wenn das Verwaltungsvollstreckungsverfahren getrennt von dem Verwaltungsverfahren (außergerichtlichen Rechtsbehelfsverfahren) durchgeführt wird. Dagegen entsteht die Gebühr des § 44 Absatz 1 StBGebV nicht neben den Gebühren der §§ 41 bis 43 StBGebV, wenn das Verfahren gleichzeitig die Grundverfügung und die Vollstreckung betrifft.
Auch die einstweilige Aussetzung der Vollziehung auf Veranlassung des StB nach § 262 AO, § 769 Absatz 2 ZPO und die einstweilige Einstellung nach § 258 AO fallen unter diese Bestimmung. Der StB erhält die Gebühren des § 44 Absatz 1 StBGebV, der **nur** mit diesem Antrag beauftragt ist.

3 Verwaltungsverfahren wegen Aussetzung der Vollziehung

Beantragt der StB, **der den Auftraggeber im außergerichtlichen Rechtsbehelfsverfahren oder im Vollstreckungsverfahren vertritt,** die Aussetzung der Vollziehung des VA (z.B. nach § 69 Absatz 2 FGO), erhält er nur die Gebühren für diese Verfahren (§§ 41 bis 43, 44 Absatz 1 StBGebV). Für seine Tätigkeit auf Aussetzung der Vollziehung oder auf Beseitigung der aufschiebenden oder hemmenden Wirkung erhält er keine zusätzliche Vergütung: Mittelsteiner/Scholz Anmerkung 2 zu § 44; Bittner-Rudek Anmerkung 4 zu § 44; **a. M.** Bonner Handbuch (E 4431.f.). Allerdings können die Gebühren der §§ 41 bis 43 StBGebV wegen der Mehrarbeit innerhalb des Gebührenrahmens erhöht werden (dagegen keine Erhöhung der Gebühr des § 44 Absatz 1 StBGebV); **a. M.** Bonner Handbuch (E 4433f.), wonach § 12 Absatz 6 StBGebV nicht außer acht gelassen werden darf. Wird der StB ausnahmsweise **nur** in dem Verwaltungsverfahren wegen Aussetzung der Vollziehung tätig (§ 361 AO), hat er Anspruch auf die Gebühr des § 44 Absatz 1 StBGebV. Diese mit der Kommentierung zu § 119 Absatz 3 BRAGO übereinstimmende Auffassung wird auch vom Verordnungsgeber (Schreiben IV A 5 – S 0804 – 48/81 vom 5. 2. 1982) geteilt.

4 Zeitgebühr

Der Ansatz einer Zeitgebühr ist nach § 13 Nummer 2 StBGebV unzulässig.

5 Pauschalierung

Eine Pauschalierung ist nach § 14 Absatz 2 Nummer 5 StBGebV ausgeschlossen.

Siebenter Abschnitt. Gerichtliche und andere Verfahren

§ 45 Vergütung in gerichtlichen und anderen Verfahren

Auf die Vergütung des Steuerberaters im Verfahren vor den Gerichten der Finanzgerichtsbarkeit und der Verwaltungsgerichtsbarkeit, im Strafverfahren, berufsgerichtlichen Verfahren, Bußgeldverfahren und in Gnadensachen sind die Vorschriften der Bundesgebührenordnung für Rechtsanwälte singgemäß anzuwenden.

Amtliche Begründung zu § 45:

Um Doppelregelungen für dieselben Tätigkeiten zu vermeiden, verweist diese Verordnung hinsichtlich der Vergütung für gerichtliche und andere Verfahren auf die entsprechenden Bestimmungen der BRAGO. Es sind dies für

- das finanzgerichtliche und das verwaltungsgerichtliche Verfahren §§ 114, 117 und der Dritte Abschnitt der BRAGO,
- das Steuerstrafverfahren der Sechste Abschnitt der BRAGO,
- das berufsgerichtliche Verfahren der Zehnte Abschnitt der BRAGO,
- das Bußgeldverfahren wegen einer Steuerordnungswidrigkeit oder einer Ordnungswidrigkeit nach dem Steuerberatungsgesetz der Siebente Abschnitt der BRAGO und
- das Verfahren in Gnadensachen § 93 der BRAGO.

Anmerkungsübersicht

1 Allgemeines

Da der StB für eine Tätigkeit in gerichtlichen und anderen Verfahren die gleiche Vergütung wie ein Rechtsanwalt erhalten soll, verweist die StBGebV, um Doppelregelungen zu vermeiden, auf die Vergütungsvorschriften der BRAGO.

Die amtliche Begründung (siehe vorstehend) führt eine Reihe von Bestimmungen der BRAGO auf, die auch für die Vergütung des StB gelten.

Der Wortlaut des § 45 StBGebV ist jedoch derart allgemein gehalten, daß auch auf weitere Bestimmungen der BRAGO verwiesen ist, soweit diese für gerichtliche und andere Verfahren gelten.

Dabei sind folgende Abschnitte zu unterscheiden:

a) Allgemeine und gemeinsame Vorschriften. Es handelt sich dabei um die §§ 1 bis 30 BRAGO.

b) Verfahren vor Gerichten der Finanz- und Verwaltungsgerichtsbarkeit. Es handelt sich dabei um die §§ 31 bis 61 BRAGO ohne die §§ 36, 36 a, 38, 39, 41 bis 47, 50, 57 bis 60 BRAGO.

Zu berücksichtigen ist jedoch, daß für diese Verfahren die §§ 114 und 117 BRAGO abweichende Regelungen enthalten. Es müssen deshalb zunächst diese Sondervorschriften überprüft werden, ehe man auf die Gebührenvorschriften des Dritten Abschnitts kommt.

c) Steuerstrafverfahren. Es handelt sich dabei um die §§ 83 bis 92 und 95 bis 103 BRAGO.

d) Berufsgerichtliche Verfahren. Gebührenrechtlich ist dies in § 110 BRAGO geregelt.

e) Bußgeldverfahren. Die gebührenrechtliche Regelung ist in § 105 BRAGO enthalten.

f) Gnadensachen. Die gebührenrechtliche Regelung findet sich in § 93 BRAGO.

Gesondert geregelt ist die Prozeßkostenhilfe. Insoweit wird auf die Ausführungen zu § 46 StBGebV verwiesen.
Auf das Schaubild „Sinngemäß anzuwendende Vorschriften der BRAGO" bei Anmerkung 8 der Vorbemerkungen zu Abschnitt 2 „Bundesgebührenordnung für Rechtsanwälte" wird ergänzend verwiesen.

2 Erläuterung der Bestimmungen der BRAGO

Die Erläuterung der entsprechenden Bestimmungen ist in Abschnitt 2 „Bundesgebührenordnung für Rechtsanwälte" von Teil II enthalten.
Die Gebühren im Gerichtsverfahren sind vergleichbar mit denen im außergerichtlichen Verfahren. Die Begriffsbestimmungen sind jedoch zum Teil geringfügig unterschiedlich.

Außergerichtliches Rechtsbehelfsverfahren	Gerichtliches Rechtsbehelfsverfahren
Geschäftsgebühr	Prozeßgebühr
Besprechungsgebühr	Verhandlungsgebühr Erörterungsgebühr
Beweisaufnahmegebühr	Beweisgebühr

Der Gegenstandswert im gerichtlichen Verfahren heißt Streitwert. Dieser ergibt sich über § 8 Absatz 1 Satz 1 BRAGO aus den Wertvorschriften des Gerichtskostengesetzes. Der Gerichtskostenwert ist grundsätzlich auch für die Gebühren des StB maßgebend. Wegen Einzelheiten vergleiche bei § 8 BRAGO.

3 Zeitgebühr

Der Ansatz einer Zeitgebühr anstelle der Wertgebühren für die unter § 45 StBGebV fallenden Leistungen ist nach § 13 Nummer 2 StBGebV unzulässig.

4 Pauschalierung

Eine Pauschalierung der nach § 45 StBGebV zu erbringenden Leistungen ist nach § 14 Absatz 2 Nummer 5 StBGebV ausgeschlossen.

§ 46 Vergütung bei Prozeßkostenhilfe

Für die Vergütung des im Wege der Prozeßkostenhilfe beigeordneten Steuerberaters gelten die Vorschriften der Bundesgebührenordnung für Rechtsanwälte sinngemäß.

Amtliche Begründung zu § 46:

Nach § 65 des Steuerberatungsgesetzes kann der Steuerberater im Wege der Prozeßkostenhilfe einem Steuerpflichtigen zur Wahrung seiner Rechte im finanzgerichtlichen Verfahren beigeordnet werden. Sein Vergütungsanspruch richtet sich nach den Vorschriften der BRAGO. Die entsprechenden Bestimmungen sind dort im Dreizehnten Abschnitt enthalten.

Anmerkungsübersicht

1 Allgemeines

Nach § 142 FGO und § 166 VwGO gelten die Vorschriften der ZPO über die Prozeßkostenhilfe (§§ 114 bis 127 ZPO) sinngemäß. Einem Verfahrensbeteiligten kann daher im Verfahren der Finanzgerichtsbarkeit und der Verwaltungsgerichtsbarkeit Prozeßkostenhilfe bewilligt werden. Im Wege der Prozeßkostenhilfe kann einem Steuerpflichtigen zur Wahrung seiner Rechte in dem Verfahren ein StB beigeordnet werden (§ 65 StBerG, § 142 FGO). Auf die ausführlichen Erläuterungen in Teil IV Abschnitt 2 Anmerkung 5 wird hingewiesen.

2 Bestimmungen der ZPO

Eine Partei, die nach ihren persönlichen und wirtschaftlichen Verhältnissen die Kosten der Prozeßführung nicht, nur zum Teil oder nur in Raten aufbringen kann, erhält gemäß § 114 ZPO auf Antrag Prozeßkostenhilfe, es sei denn, daß die beabsichtigte Rechtsverfolgung oder -verteidigung keine hinreichende Aussicht auf Erfolg bietet oder mutwillig ist. Der Antrag ist gemäß § 117 ZPO bei dem Prozeßgericht zu stellen. In dem Antrag ist das Streitverhältnis unter Angabe der Beweismittel darzulegen. Eine Erklärung der Partei über ihre persönlichen und wirtschaftlichen Verhältnisse ist mit entsprechenden Belegen beizufügen. Die Bewilligung der Prozeßkostenhilfe

bewirkt gemäß § 122 ZPO u.a., daß Gerichtskosten nicht zu zahlen sind und daß der beigeordnete Rechtsanwalt (StB) Ansprüche auf Vergütung gegen die Partei nicht geltend machen kann. Der Rechtsanwalt (StB) erhält dafür eine Vergütung aus der Bundes- oder Landeskasse. Für das finanzgerichtliche Verfahren kann prozeßkostenhilfebegünstigter Bevollmächtigter nach § 142 FGO i.V. mit § 121 ZPO auch ein Steuerberater sein.
Wenn die Partei in der Lage ist, Ratenzahlungen zu leisten, sind diese nach näherer Bestimmung des Gerichts an die Bundes- oder Landeskasse zu entrichten (§ 120 ZPO). Gemäß § 126 Absatz 1 ZPO sind die für die Partei bestellten Rechtsanwälte und StB berechtigt, ihre Gebühren und Auslagen von dem in die Prozeßkosten verurteilten Gegner im eigenen Namen beizutreiben. Gemäß § 126 Absatz 2 ZPO ist eine Einrede aus der Person der Partei nicht zulässig. Der Gegner kann jedoch mit Kosten aufrechnen, die nach der in demselben Rechtsstreit über die Kosten erlassenen Entscheidung von der Partei zu erstatten sind.
Der StB kann, wenn der Auftraggeber obsiegt und eine entsprechende Kostenentscheidung ergeht, die **vollen** Kosten gegen den unterlegenen Gegner geltend machen.
Für das Prozeßkostenhilfeverfahren kann Prozeßkostenhilfe nicht gewährt werden (BGH in BGHZ 91 S. 311 = NJW 1984 S. 2106). Ausnahmsweise kann Prozeßkostenhilfe für das Prozeßkostenhilfebewilligungsverfahren gewährt werden, wenn in diesem ein Vergleich zur Hauptsache abgeschlossen wird (Gerold/Schmidt Anmerkung 8 vor § 121). Ob im finanzgerichtlichen Verfahren im Prozeßkostenhilfebewilligungsverfahren ein Vergleich abgeschlossen werden kann, erscheint fraglich.

3 Bestimmungen der BRAGO

Es gelten die Vorschriften des Dreizehnten Abschnitts der BRAGO mit den §§ 121 bis 130.
Gemäß § 121 BRAGO erhält der beigeordnete StB die gesetzliche Vergütung aus der Bundes- bzw. Landeskasse. Bei höheren Gegenstandswerten werden jedoch die Gebühren gemäß § 123 BRAGO herabgesetzt. Sie berechnen sich nach einer besonderen Tabelle, die § 123 BRAGO enthält. Diese endet bei einem Gegenstandswert von DM 50.000.– mit einer vollen Gebühr von DM 765,–.
§ 122 BRAGO bestimmt den Umfang der Beiordnung. Sind dem Auftraggeber Ratenzahlungen aufgegeben und übersteigen diese die Gerichtskosten und die gemäß § 121 BRAGO an den StB aus der Staatskasse gezahlten Beträge, ist der überschießende Betrag nach dem Ende des Verfahrens nach näherer Bestimmung des § 124 BRAGO an den StB auszuzahlen. § 126 BRAGO trifft eine Regelung über die Auslagen des StB. Gemäß § 127 BRAGO kann der StB für die bereits entstandenen Gebühren und die Auslagen Vorschuß aus der Bundes- oder Landeskasse fordern. § 128 BRAGO enthält Bestimmungen über den Rechtsweg. Die an den StB zu zahlende Vergütung wird auf Antrag durch den Urkundsbeamten der Geschäftsstelle

des Gerichts des Rechtszuges festgesetzt. In § 129 BRAGO ist bestimmt, wie Vorschüsse und Zahlungen, die der StB erhalten hat, auf seine Vergütung anzurechnen sind. § 130 BRAGO trifft Vorschriften über den Übergang von Ansprüchen auf die Bundes- oder Landeskasse.
Wegen der Einzelheiten vergleiche die nachstehenden Kommentierungen bei §§ 121 ff. BRAGO und die Ausführungen in Teil IV Abschnitt 2.

4 **Zeitgebühr**

Der Ansatz einer Zeitgebühr anstelle der Wertgebühren für die im Rahmen der Prozeßkostenhilfe erbrachten Leistungen ist nach § 13 Nummer 2 StBGebV unzulässig.

5 **Pauschalierung**

Eine Pauschalierung entfällt bereits von der Sache her.

Achter Abschnitt. Übergangs- und Schlußvorschriften

§ 47 Anwendung

(1) **Diese Verordnung ist erstmals anzuwenden auf**

1. **Angelegenheiten, mit deren Bearbeitung nach dem Inkrafttreten dieser Verordnung begonnen wird,**
2. **die Vertretung in Verfahren vor Verwaltungsbehörden, wenn das Verfahren nach Inkrafttreten dieser Verordnung beginnt.**

(2) **Hat der Steuerberater vor der Verkündung der Verordnung mit dem Auftraggeber schriftliche Vereinbarungen getroffen, die den Vorschriften dieser Verordnung nicht entsprechen, so ist insoweit diese Verordnung spätestens zwei Jahre nach ihrem Inkrafttreten anzuwenden.**

Amtliche Begründung zu § 47:

Der Anwendungszeitpunkt der neuen Gebührenvorschriften richtet sich danach, ob der Steuerberater mit seinem Auftraggeber längerfristige Vereinbarungen getroffen hat. Ist dies nicht der Fall, so ist die Gebührenverordnung erstmals auf alle Angelegenheiten anzuwenden, mit deren Erledigung der Steuerberater nach Inkrafttreten der Verordnung beginnt. Bestehen längerfristige Vereinbarungen, so kann die Anwendung hinausgeschoben werden, höchstens jedoch um einen Zeitraum, der 2 Jahre nach dem Inkrafttreten der Verordnung endet.

§ 47 a Übergangsvorschrift für Änderungen dieser Verordnung

Die Vergütung ist nach bisherigem Recht zu berechnen, wenn der Auftrag zur Erledigung der Angelegenheit vor dem Inkrafttreten einer Änderung der Verordnung erteilt worden ist. Hat der Steuerberater mit dem Auftraggeber schriftliche Vereinbarungen über auszuführende Tätigkeiten mit einer Geltungsdauer von mindestens einem Jahr getroffen

oder eine Pauschalvergütung im Sinne des § 14 vereinbart und tritt während der Geltungsdauer dieser Vereinbarung eine Änderung der Verordnung in Kraft, so ist die Vergütung bis zum Ablauf des Jahres, in dem eine Änderung der Verordnung in Kraft tritt, nach bisherigem Recht zu berechnen. Die Sätze 1 und 2 gelten auch, wenn Vorschriften geändert werden, auf die diese Verordnung verweist.

Fassung 1. VOÄStBGebV

Amtliche Begründung 1. VOÄ zu § 47 a:

Mit dieser Bestimmung wird eine allgemeine Übergangsvorschrift eingefügt, die für diese und künftige Änderungen der Steuerberatergebührenverordnung gelten soll.
Danach gilt das bisherige Recht noch für Angelegenheiten, mit deren Erledigung der Steuerberater vor Inkrafttreten einer Änderungsverordnung beauftragt worden ist, längstens jedoch bis zum Ablauf des Jahres, in dem eine Änderungsverordnung in Kraft getreten ist.
Durch Satz 3 wird sichergestellt, daß die Übergangsvorschrift auch dann anwendbar ist, wenn eine Vorschrift geändert wird, auf die die Steuerberatergebührenverordnung verweist.

§ 48 Berlin-Klausel

(aufgehoben)

§ 49 Inkrafttreten

Diese Verordnung tritt am 1. April 1982 in Kraft.

Amtliche Begründung zu § 49:

Mit der Festlegung des Inkrafttretens auf einen Zeitpunkt, der mehrere Monate nach der voraussichtlichen Verkündung der Verordnung liegt, soll erreicht werden, daß den Berufsangehörigen ein ausreichender Zeitraum für die Umstellung auf das neue Gebührenberechnungsverfahren zur Verfügung steht.

Anmerkungsübersicht

Allgemeines

Aufgabe der Übergangs- und Schlußvorschriften ist die Klarstellung, ab wann erstmals die GebV Anwendung findet. Dieser Regelung kommt insoweit eine besondere Bedeutung zu, als abweichend von Änderungen oder Ergänzungen bestehender Vorschriften, wie sie häufiger zu verzeichnen sind, für den StB **ab 1. 4. 1982** erstmals eine „gesetzliche Gebührenregelung" Anwendung fand und damit ein völlig neuer Abschnitt in der Honorierung seiner Leistungen begann.

2 **Erstmalige Anwendung der Verordnung im Regelfall**

Die Bestimmungen der GebV waren erstmals für „Angelegenheiten" anzuwenden, mit deren „Bearbeitung" der StB nach dem Inkrafttreten der GebV **begann.** Für die Vertretung in einem Verfahren vor Verwaltungsbehörden sollte gleichfalls der Beginn des Verfahrens maßgebend sein. Entscheidend war somit nicht die Auftragserteilung, sondern der „Beginn der Bearbeitung" bzw. des Verfahrens.

Es ergaben sich folgende Möglichkeiten:

a) Auftragserteilung **vor** dem Inkrafttreten und Bearbeitungs- oder Verfahrensbeginn **vor** dem Inkrafttreten	Keine Anwendung der GebV
b) Auftragserteilung **vor** dem Inkrafttreten und Bearbeitungs- oder Verfahrensbeginn **nach** dem Inkrafttreten	Anwendung der GebV
c) Auftragserteilung **nach** dem Inkrafttreten und Bearbeitungs- oder Verfahrensbeginn **nach** dem Inkrafttreten	Anwendung der GebV

Als „Beginn der Bearbeitung" wird man die erste Tätigkeit nach der Erteilung des Auftrages anzusehen haben, also etwa die Entgegennahme der ersten Information über den Sachverhalt oder die Übernahme von Unterlagen und die Einsichtnahme in diese.
Auch bei Verfahren vor Verwaltungsbehörden „beginnt" das Verfahren mit der ersten Information zur Ausübung des Vertretungsauftrages.
Für die erstmalige Anwendung der GebV bei den unter § 45 subsumierten Tätigkeiten fehlt eine unmittelbare Bestimmung, wie sie § 47 Absatz 1 Nummer 2 für das außergerichtliche Rechtsbehelfsverfahren beinhaltet. Der Verordnungsgeber gab damit nicht direkt zu erkennen, ob die von den Bestimmungen des Absatzes 1 von § 47 abweichende Regelung beim Übergang vom alten Anwaltsgebührenrecht zur BRAGO in der Fassung vom 26. 7. 1957 Anwendung finden oder etwa die seinerzeit letzte Übergangsregelung bei der Änderung der BRAGO durch das Fünfte Gesetz zur Änderung der Bundesgebührenordnung für Rechtsanwälte vom 18. 8. 1980 Platz greifen sollte. Siehe hierzu § 3 Absatz 4 von Artikel XI des Rahmengesetzes vom 26. 7. 1957 (BGBl I 1957 S. 861) und Riedel-Sußbauer Anmerkungen 7 ff. zu „Vorbemerkungen"; letzterer zugleich auch für die unterschiedlichen Be-

stimmungen nach Maßgabe der einzelnen Änderungsgesetze zur BRAGO. Die Antwort auf diese Frage, die auch vom Rechtsausschuß des Bundesrates gestellt worden war, gab die „Empfehlung des Finanzausschusses des Bundesrates" vom 20. 11. 1981 (BR-Drucksache 419/81). Es heißt dort:

„Nach § 47 Absatz 1 Nummer 1 ist die Verordnung erstmals anzuwenden auf Angelegenheiten, mit deren Bearbeitung nach dem Inkrafttreten dieser Verordnung begonnen wird. Da nach § 45 auf die Vergütung des Steuerberaters im gerichtlichen Verfahren die BRAGO sinngemäß Anwendung findet, gilt auch § 13 BRAGO. Nach § 13 Absatz 2 Satz 2 BRAGO ist jeder Rechtszug eines gerichtlichen Verfahrens eine besondere Angelegenheit. Beginnt daher die Tätigkeit des Steuerberaters im ersten Rechtszug eines gerichtlichen Verfahrens vor Inkrafttreten der Verordnung, findet die neue Gebührenverordnung auf diesen Rechtszug keine Anwendung. Wird der Steuerberater nach Inkrafttreten der Verordnung in den nachfolgenden Rechtsmittelzügen tätig, so gilt nach § 47 Absatz 1 Nummer 1 hierfür die neue Gebührenverordnung, da entgegen der Auffassung des Rechtsausschusses nicht das gesamte gerichtliche Verfahren, sondern jeder Rechtszug eine Angelegenheit ist.
Die Ergänzung der Übergangsvorschrift des § 47 um eine besondere Regelung für gerichtliche Verfahren wird auch deswegen für entbehrlich gehalten, weil Übergangsprobleme kaum auftreten dürften. Die BRAGO, deren sinngemäße Anwendung § 45 ausdrücklich vorschreibt, ist bereits seit jeher Maßstab für die Kostenerstattung bei der Vertretung durch einen Steuerberater im finanz- und verwaltungsgerichtlichen Verfahren (vgl. für den Bereich der Finanzgerichtsbarkeit § 139 FGO). Insoweit führt deshalb die neue Gebührenverordnung ohnehin nicht zu einer Änderung des bisherigen Rechtszustandes."

Auch wenn man über § 2 die Vorschrift des § 47 Absatz 1 Nummer 2 „sinngemäß" anwendet, gelangt man zu dem gleichen Ergebnis wie der Finanzausschuß des Bundesrates, dessen Auffassung auch durch die unveränderte Annahme der Verordnungsvorlage am 27. 11. 1981 ihre Bestätigung erfahren hat. Die Rechtsauffassung unter Buchstabe c und die hierauf bezugnehmenden weiteren Ausführungen werden vom OLG Düsseldorf (18 U 279/84 vom 1. 4. 1985 in LEXinform) bestätigt.

3 Erstmalige Anwendung der Verordnung bei schriftlichen Vereinbarungen

Für den Fall, daß der StB
▷ vor Verkündung der Verordnung,
▷ schriftlich,
▷ Vereinbarungen, welche der Verordnung nicht entsprechen,
mit seinem Auftraggeber getroffen hatte, war die Verordnung erstmalig bei Beendigung dieser Vereinbarungen, spätestens aber zwei Jahre nach dem Inkrafttreten der Verordnung, anzuwenden. Man wollte mit dieser Regelung bestehende vertragliche Vereinbarungen, die oft langjährig das Verhältnis zwischen Auftraggeber und StB regeln, nicht „ad hoc" beenden. Zu beachten ist besonders, daß die Vereinbarungen vor **„Verkündung"** der Verordnung, nicht etwa erst vor deren „Inkrafttreten", getroffen sein müssen und mündliche Vereinbarungen nicht ausreichen.

Die StBGebV datiert vom 17. 12. 1981 und wurde am 22. 12. 1981 im Bundesgesetzblatt 1981 Teil I S. 1442 verkündet, in Kraft getreten ist sie am 1. 4. 1982.
Spätestens ab 1. 4. 1984 war damit bei allen Mandatsverhältnissen die Anwendung der GebV geboten.
Einer nur **mündlich** am 8. 1. 1982 abgeschlossenen Pauschalvereinbarung hat das OLG Düsseldorf (18 U 257/84 vom 9. 5. 1985 in StB 1985 S. 307) nur eine Gültigkeit bis zum Ablauf des 1. 4. 1982 zugebilligt, da § 47 Absatz 2 zwingend die „schriftliche Vereinbarung" vorschreibt. Die gleiche Auffassung vertritt das OLG Köln (20 U 19/85 vom 14. 6. 1985).
Auch die Fortsetzung der Anwendung der AllGO über den 31. 3. 1982 hinaus ist nur möglich, wenn eine **schriftliche** Vereinbarung vorliegt (AG Dillingen 1 C 524/84 vom 6. 8. 1985).

4 Übergangsvorschrift für Änderungen der Verordnung

Mit der 1. VOÄStBGebV wurde die GebV erstmals geändert. Der im Rahmen dieser Änderung neu in die GebV eingefügte § 47a soll generell klarstellen, wann künftig eine „geänderte Fassung" Anwendung findet.
Dafür ergeben sich folgende Möglichkeiten:

a) Erteilung eines **Auftrages vor** dem Inkrafttreten der Änderungsverordnung	Anwendung **bisherige** Fassung
b) Erteilung eines **Auftrages nach** dem Inkrafttreten der Änderungsverordnung	Anwendung **geänderte** Fassung
c) Schriftliche Vereinbarung mit Angabe der Tätigkeiten und einer Geltungsdauer von mindestens einem Jahr (Beratungsvertrag), getroffen **vor** dem Inkrafttreten der Änderungsverordnung	Anwendung **bisherige** Fassung bis zum Ablauf des Jahres, in dem die Änderungsverordnung in Kraft tritt
d) Pauschalvereinbarung mit einer Geltungsdauer von mindestens einem Jahr (ohnehin Voraussetzung nach § 14), (Beratungsvertrag mit Pauschalvereinbarung), abgeschlossen **vor** dem Inkrafttreten der Änderungsverordnung	Anwendung **bisherige** Fassung bis zum Ablauf des Jahres, in dem die Änderungsverordnung in Kraft tritt

Die 1. VOÄStBGebV ist am 1. 7. 1988 die 2. VOÄStBGebV am 30. 6. 1991 und die 3. VOÄStBGebV am 28. 8. 1998 in Kraft getreten.
Die Übergangsvorschrift hebt, analog zu der Übergangsvorschrift der BRAGO anläßlich der letzten zum 1. 1. 1987 in Kraft getretenen Novellierung, auf den „Zeitpunkt der Auftragserteilung" ab. Der „Beginn der Bearbeitung", noch beim Inkrafttreten der GebV zum 1. 4. 1982 von Belang, bleibt ohne Auswirkung.

Für die §§ 45 und 46 ist § 134 BRAGO maßgebend und bereits seit 1. 1. 1987 gültig. Die Vorschrift hat folgenden Wortlaut:

„(1) Die Vergütung ist nach bisherigem Recht zu berechnen, wenn der unbedingte Auftrag zur Erledigung derselben Angelegenheit im Sinne des § 13 vor dem Inkrafttreten einer Gesetzesänderung erteilt oder der Rechtsanwalt vor diesem Zeitpunkt gerichtlich bestellt oder beigeordnet worden ist. Ist ein gerichtliches Verfahren im Zeitpunkt des Inkrafttretens einer Gesetzesänderung noch anhängig, so ist die Vergütung nach neuem Recht nur für das Verfahren über ein Rechtsmittel zu berechnen, das nach diesem Zeitpunkt eingelegt worden ist. Die Sätze 1 und 2 gelten auch, wenn Vorschriften geändert werden, auf die dieses Gesetz verweist.
(2) Sind Gebühren nach dem zusammengerechneten Wert mehrerer Gegenstände zu bemessen, gilt für die gesamte Vergütung das bisherige Recht auch dann, wenn dies nach Absatz 1 nur für einen der Gegenstände gelten würde."

§ 47 a gilt, wie ausgeführt, auch für künftige Änderungen der GebV, mit der Maßgabe, daß die Vorschrift auch dann Platz greift, wenn eine Bestimmung geändert wird, auf welche die StBGebV verweist. Letzteres würde etwa hinsichtlich § 15 Gültigkeit haben, der auf das Umsatzsteuergesetz Bezug nimmt.

5 **Berlin-Klausel**

§ 48 enthielt die Berlin-Klausel, die durch die Wiedervereinigung Deutschlands gegenstandslos geworden ist.

6 **Inkrafttreten**

Das Inkrafttreten der GebV zum 1. 4. 1982 sollte sicherstellen, daß den Berufsangehörigen trotz der um fast drei Monate gegenüber der letzten Planung verspäteten Verabschiedung noch eine gewisse Zeit blieb, sich in organisatorischer und rechtlicher Sicht auf das neue Gebührenrecht einzustellen. Die Wahl eines Jahresbeginns, aus praktischen Erwägungen angestrebt, ließ sich durch die mehrfach eingetretenen Verzögerungen in der letzten Beratungsphase mit den beteiligten Ministerien bedauerlicherweise nicht ermöglichen. Auch die 1. VOÄStBGebV konnte nicht zu Beginn des Jahres 1988, sondern erst zum 1. 7. 1988 in Kraft treten. Die 2. VOÄStBGebV ist dann am 30. 6. 1991 und die 3. VOÄStBGebV am 28. 8. 1998 in Kraft getreten.

1.5 Anwendungsbereich Wertgebühren und Betragsrahmengebühren

1.5.1 Anwendungsbereich Wertgebühren

Anmerkungsübersicht

1 Allgemeines

Die Tabellen sind in Teil V in einer praxisorientierten Bearbeitung aufgenommen. Dabei wurden die Gegenstandswerte durch Hochrechnung und die Rahmensätze durch Aufnahme der nach Maßgabe der einzelnen Bestimmungen der GebV möglichen Bruchteile einer vollen Gebühr den Bedürfnissen der Praxis angepaßt.

2 Schaubilder

Die nachgenannten Schaubilder geben den Anwendungsbereich der Wertgebühren, unter Einbeziehung der BRAGO, wieder.

Anwendungsbereich	Bezeichnung der Tabelle
Tabelle A	Beratungstabelle
Tabelle B	Abschlußtabelle
Tabelle C	Buchführungstabelle
Tabelle D	Buchführungs- und Abschlußtabelle für land- und forstwirtschaftliche Betriebe
Tabelle E	Rechtsbehelfstabelle
Tabellen BRAGO	Tabelle zu § 11 BRAGO Tabelle zu § 123 BRAGO

Anwendungsbereich Tabelle A

Beratungstabelle			
§	Absatz	Nummer	Tätigkeit
21	1		Rat und Auskunft (ohne Rat und Auskunft in steuerstrafrechtlichen, bußgeldrechtlichen oder sonstigen Angelegenheiten)
22			Gutachten
23			Sonstige Einzeltätigkeiten

Beratungstabelle			
§	Ab-satz	Num-mer	Tätigkeit
24	1		Steuererklärungen
	2		Ermittlung der Zugewinnausgleichsforderung nach § 5 ErbStG
	3		Lohnsteuerermäßigung
27	1		Ermittlung des Überschusses der Einnahmen über die Werbungskosten
29		2	Schriftliche Einwendungen gegen den Prüfungsbericht
30			Selbstanzeige
31			Besprechungen

Die Gebühren nach § 21 Absatz 1 dürfen im Rahmen einer erstmaligen Beratung DM 350,– nicht übersteigen (§ 21 Absatz 1 Satz 2)

Anwendungsbereich Tabelle B

Abschlußtabelle			
§	Ab-satz	Num-mer	Tätigkeit
25	1		Ermittlung des Überschusses der Betriebseinnahmen über die Betriebsausgaben
26			Ermittlung des Gewinns aus Land- und Forstwirtschaft nach Durchschnittsätzen
35	1		Abschlußarbeiten
36	2	2	Prüfung einer Bilanz, einer Gewinn- und Verlustrechnung oder einer sonstigen Vermögensrechnung für steuerliche Zwecke
37			Vermögensstatus und Finanzstatus für steuerliche Zwecke
38	1		Erteilung einer Bescheinigung über die Beachtung steuerrechtlicher Vorschriften in Vermögensübersichten und Erfolgsrechnungen

Anwendungsbereich Tabelle C

Buchführungstabelle			
§	Ab-satz	Num-mer	Tätigkeit
33	1 bis 5		Buchführung

Anwendungsbereich Tabelle D

Buchführungs- und Abschlußtabelle für land- und forstwirtschaftliche Betriebe			
§	Absatz	Nummer	Tätigkeit
39	2 bis 4		Buchführungs- und Abschlußarbeiten für land- und forstwirtschaftliche Betriebe

Anwendungsbereich Tabelle E

Rechtsbehelfstabelle			
§	Absatz	Nummer	Tätigkeit
21	2		Prüfung der Erfolgsaussichten einer Berufung oder Revision bei Abraten und Nichteinlegung
40 bis 43			Verfahren vor Verwaltungsbehörden
44			Verwaltungsvollstreckungsverfahren und Aussetzung der Vollziehung

Die Gebühren nach § 21 Absatz 2 und § 44 sind „feste" Wertgebühren, da für sie kein „Rahmen" verfügbar ist.

Anwendungsbereich Tabellen BRAGO

Tabellen BRAGO				
§	Absatz	Nummer	Tätigkeit	Tabelle
45			Vergütung in gerichtlichen und anderen Verfahren	Zu § 11
46			Vergütung bei Prozeßkostenhilfe	Zu § 123

1.5.2 Anwendungsbereich Betragsrahmengebühren

1 Schaubild

Das nachstehende Schaubild gibt den Anwendungsbereich der Betragsrahmengebühren in der GebV wieder. Dieser in der BRAGO sehr häufig zur Anwendung gelangenden Gebührenart wurde vom Verordnungsgeber in der GebV neben den Wertgebühren und der Zeitgebühr bisher nur ein sehr bescheidener Anwendungsbereich zugeordnet.

Betragsrahmengebühren					
§	Absatz	Nummer	Tätigkeit	Betragsrahmen von	bis
				DM	DM
21	1		Rat und Auskunft in steuerstrafrechtlichen, bußgeldrechtlichen oder sonstigen Angelegenheiten	37,50	350,—
34	1		Erstmalige Einrichtung von Lohnkonten und Aufnahme der Stammdaten	5,—	18,—
	2		Führung von Lohnkonten und Anfertigung der Lohnabrechnung	5,—	30,—
	3		Führung von Lohnkonten und Anfertigung der Lohnabrechnung nach vom Auftraggeber erstellten Buchungsunterlagen	2,—	10,—
	4		Führung von Lohnkonten und Anfertigung der Lohnabrechnung nach vom Auftraggeber erstellten Eingaben für die Datenverarbeitung und mit beim Auftraggeber eingesetzten Datenverarbeitungsprogrammen des Steuerberaters	1,—	5,—

Anwendungsbereich Zeitgebühr

Darstellung mit Schaubild in Anmerkung 2 zu § 13

1.6 Kommentierung Tabellen

Kommentierung Tabelle A **Beratungstabelle**

Amtliche Begründung zu Tabelle A:

Diese Tabelle ist aus der Tabelle der BRAGO (Anlage zu § 11) entwickelt worden. Bis zu einem Gegenstandswert von 200.000 DM sind dieselben Gebühren vorgesehen. Bei Gegenstandswerten über 200.000 DM fällt die Tabelle A gegenüber der Anwaltstabelle progressiv um 0,66 v. H. je Wertstufe ab. Die Minderung erreicht bei Gegenstandswerten von 1 bis 10 Mio DM 20 v. H. und steigert sich für die weiteren Wertstufen bis auf 66,6 v. H.

Amtliche Begründung 1. VOÄ zu Tabelle A:

Die bisherige Tabelle A entsprach bis zu einem Gegenstandswert von 200.000 DM der Tabelle zu § 11 BRAGO. Da es sich bei verschiedenen nach dieser Tabelle abzurechnenden Leistungen um Tätigkeiten handelt, bei denen die Steuerberater in Wettbewerb mit den Rechtsanwälten stehen, ist die neue Tabelle A bis zu einem Gegenstandswert von 400.000 DM den durch das Gesetz zur Änderung von Kostengesetzen vom 9. Dezember 1986 geänderten Werten der Tabelle zu § 11 BRAGO angepaßt worden.
Bis zu einem Gegenstandswert von 200.000 DM steigen daher die Gebühren im gleichen Umfang wie bei der Anwaltstabelle. Im Bereich von 200.000 bis 400.000 DM ergeben sich bei der neuen Tabelle A stärkere Erhöhungen als bei der Tabelle zu § 11 BRAGO, da die bisherige Tabelle A gegenüber der Anwaltstabelle ab einem Wert von 200.000 DM progressiv um 0,66 v. H. je Wertstufe abfiel. Bei einem Gegen-

standswert von 1.000.000 DM beträgt die Reduzierung gegenüber der Anwaltstabelle wie bisher 20 v. H.

Die bisherigen und die neuen Gebühren bei Gegenstandswerten von 200.000 bis 1.000.000 für die Wertstufen, die sowohl in der alten als auch in der neuen Tabelle A enthalten sind, ergeben sich aus folgender Übersicht:

Gegenstandswert bis DM	Bisherige Gebühr DM	Neue Gebühr DM	Veränderung in v. H.
200.000,—	2.130,—	2.414,—	+ 13,3
220.000,—	2.235,—	2.489,—	+ 11,3
280.000,—	2.540,—	2.789,—	+ 9,8
340.000,—	2.831,—	3.089,—	+ 9,1
400.000,—	3.108,—	3.389,—	+ 9,0
430.000,—	3.197,—	3.451,—	+ 7,9
460.000,—	3.284,—	3.513,—	+ 7,0
490.000,—	3.370,—	3.575,—	+ 6,1
520.000,—	3.454,—	3.637,—	+ 5,3
550.000,—	3.537,—	3.699,—	+ 4,6
580.000,—	3.618,—	3.761,—	+ 4,0
610.000,—	3.697,—	3.823,—	+ 3,4
640.000,—	3.775,—	3.885,—	+ 2,9
670.000,—	3.851,—	3.947,—	+ 2,5
700.000,—	3.926,—	4.010,—	+ 2,1
730.000,—	3.999,—	4.072,—	+ 1,8
760.000,—	4.070,—	4.134,—	+ 1,6
790.000,—	4.140,—	4.196,—	+ 1,4
820.000,—	4.208,—	4.258,—	+ 1,2
850.000,—	4.275,—	4.320,—	+ 1,1
880.000,—	4.340,—	4.382,—	+ 1,0
910.000,—	4.403,—	4.444,—	+ 1,0
940.000,—	4.465,—	4.506,—	+ 1,0
970.000,—	4.525,—	4.569,—	+ 1,0
1.000.000,—	4.584,—	4.631,—	+ 1,0

Bei Gegenstandswerten von 1.000.000,– DM bis 50.000.000,– DM fällt die neue Tabelle gegenüber der Anwaltstabelle in gleichem Maße wie bisher ab. Im Unterschied zur alten Tabelle beträgt die Reduzierung gegenüber der Anwaltstabelle auch bei Gegenstandswerten über 100.000.000,– DM konstant 53,33 v. H.

Amtliche Begründung 3. VOÄStBGebV zu Tabelle A:

Um Wettbewerbsverzerrungen zwischen Steuerberater und Rechtsanwalt zu vermeiden, muß die Tabelle A an die geänderte Tabelle zu § 11 BRAGO angepaßt werden, so daß beide Tabellen einen weitgehend identischen Verlauf aufweisen; der Erhöhungsumfang beträgt durchschnittlich 18,5 v. H. Die Parallelität der beiden Tabellen ist bisher bis zu einem Gegenstandswert von 400.000,– DM gegeben. Die Wettbewerbssituation erfordert es jedoch, daß die Tabellen bis wenigstens zu einem Gegenstandswert von 600.000,– DM einen identischen Verlauf aufweisen müssen.

Die bisher vorgesehene Abflachung der Tabelle A setzt ab einem Betrag von 600.000,– DM ein und erreicht ab einem Gegenstandswert von 1.200.000,– DM den bisherigen Reduzierungsfaktor.

Bei Gegenstandswerten von 1.200.000,– DM fällt die neue Tabelle A gegenüber der Anwaltstabelle in gleichem Maße wie bisher ab.

Anmerkungen

Die Tabelle A folgt der Tabelle zu § 11 BRAGO ab 28. 8. 1998 bis zu einem Wert von DM 580.000,– (gegenüber DM 400.000,– bis 27. 8. 1998). Darüber hinaus reduzieren sich die Gebühren nach der Tabelle A deutlich gegenüber der Tabelle zu § 11 BRAGO.

Der Verordnungsgeber begründet die Abweichungen der Tabelle A gegenüber der Tabelle zu § 11 BRAGO ab 1. 4. 1982 bis 30. 6. 1988 (beginnend über DM 200.000,–), ab 1. 7. 1988 (beginnend über DM 400.000,–) und ab 28. 8. 1998 (beginnend über DM 580.000,–) mit den Überlegungen des Bundesrates aus Anlaß der Ablehnung des ersten Entwurfes einer gesetzlichen „Gebührenordnung für Steuerberater und Steuerbevollmächtigte" im Jahre 1965 (BR-Drucksache 350/65). Der Bundesrat hatte in seiner 286. Sitzung am 16. 7. 1965, der Empfehlung seines Rechtsausschusses folgend, zur Frage des Verhältnisses der Vergütung der Steuerberater und Steuerbevollmächtigten zur Vergütung der Rechtsanwälte folgendes ausgeführt:

„Es erscheint erforderlich, die Vergütung der steuerberatenden Berufe von der Vergütung der Rechtsanwälte formell und sachlich zu trennen. Von einer Bezugnahme auf die Bundesgebührenordnung für Rechtsanwälte sollte daher grundsätzlich abgesehen werden. Vor allem ist die Tabelle zu § 11 BRAGO für die steuerberatenden Berufe nicht angemessen. Die Staffelung dieser Tabelle beruht auf der Erwägung, daß der Rechtsanwalt bei höheren Streitwerten einen Ausgleich für seine Tätigkeit bei geringeren Streitwerten erhalten muß. Bei den steuerberatenden Berufen spielen geringe Gegenstandswerte nur eine ganz untergeordnete Rolle; ein Ausgleich ist daher nicht in der gleichen Weise erforderlich wie bei den Rechtsanwälten. Hieraus ergibt sich die Notwendigkeit, für die steuerberatenden Berufe eine Gebührentabelle nach anderen Gesichtspunkten zu schaffen, welche insbesondere bei höheren Gegenstandswerten erheblich niedrigere Gebühren vorsieht als die Tabelle zu § 11 BRAGO."

Abgesehen davon, daß nicht erkennbar ist, woher der Rechtsausschuß des Bundesrates seinerzeit seine Auffassung ableitete, im steuerberatenden Beruf würden geringe Gegenstandswerte nur eine ganz untergeordnete Rolle spielen, eine Feststellung, die in dieser kategorischen Form jedenfalls unzutreffend ist, müssen die Erwägungen, die man für den Rechtsanwalt hinsichtlich des Ausgleichs geringerer Gegenstandswerte durch höhere Gegenstandswerte angestellt hat, im gleichen Maße für den StB gelten.
Selbst wenn man aber der Forderung des Bundesrates folgt, obzwar sich der Verordnungsgeber dem Wunsch des Bundesrates, von einer Bezugnahme auf die BRAGO in der StBGebV abzusehen, verschlossen hat, kann man diese Forderung nicht so weit auslegen, wie dies in der Tabelle A in der bis zum 30. 6. 1988 gültigen Fassung geschah. „Zumindest bis zu einer Höhe von etwa DM 400.000,– (als „Grenzwert" für die seinerzeitige Definition „höherer Gegenstandswert" des Bundesrates) wäre eine unveränderte Übernahme der Werte der BRAGO geboten gewesen", dies war die Forderung des Berufsstands bei der Verabschiedung der GebV im Dezember 1981 und der

Wortlaut unserer Kommentierung in der ersten Auflage dieses Buches. Darüber hinaus sei aber auch, so meinten wir seinerzeit, die Forderung nach „erheblich niedrigeren Gebühren" bei den höheren Gegenstandswerten übermäßig strapaziert worden, nachdem die Gebühren des StB ab DM 50.000.000,– weniger als die Hälfte und ab DM 100.000.000,– nur noch ein Drittel der Anwaltsgebühren ausmachen.
Nun, unsere Wünsche blieben erfreulicherweise nicht ohne Beachtung. Mit der 1. VOÄStBGebV hat der Verordnungsgeber die neue Tabelle A bis zu DM 400.000,– ohne Reduzierung gegenüber der bereits ab 1. 1. 1987 geänderten Tabelle zu § 11 BRAGO parallel zu dieser gestaltet, die nachfolgenden Wertstufen im Verhältnis der Anpassung der BRAGO-Tabelle erhöht und die letzte Reduzierungsstufe ab DM 100.000.000,– gestrichen, so daß jetzt die Reduzierung der Werte der Tabelle A gegenüber der BRAGO-Tabelle ab DM 50.000.000,– einheitlich 53,33 v. H. beträgt, nichtsdestoweniger damit aber immer noch unter der Hälfte der Erhöhungswerte des Rechtsanwalts bleibt.
Mit der 3. VOÄStBGebV wurde die Tabelle A erneut an die Tabelle zu § 11 BRAGO angepaßt, bis zu DM 580.000,– parallel zu dieser gestaltet und die nachfolgenden Wertstufen im Verhältnis der Anpassung der BRAGO-Tabelle erhöht.

Kommentierung Tabelle B — Abschlußtabelle

Amtliche Begründung zu Tabelle B:

Diese Tabelle weicht in ihren Werten von den bisher in der Praxis angewandten Tabellen ab. Dies ergibt sich einmal daraus, daß der wirtschaftliche Umsatz in den Gegenstandswert einbezogen worden ist, zum anderen daraus, daß die Tabelle eine zweckmäßigere Stufeneinteilung und damit einen ausgeglicheneren Verlauf der Steigerungswerte enthält.

Amtliche Begründung 1. VOÄ zu Tabelle B:

Die Sätze der Tabelle B werden um 4 v. H. erhöht (vgl. Begründung zu § 35).

Amtliche Begründung 3. VOÄ zu Tabelle B:

Die gestiegenen Büro- und Personalkosten erfordern eine Erhöhung der Gebühren für die Abschlußarbeiten. Die Werte der für Abschlußarbeiten maßgeblichen Tabelle B sollen daher um 5 v. H. angehoben werden. Mit diesem Anhebungssatz werden die zwischenzeitlich eingetretenen Kostensteigerungen ausgeglichen (Kostensteigerung im Durchschnitt 1991–1994 ca. 40 v. H., Umsatzsteigerung im Durchschnitt ca. 35 v. H.).

Anmerkungen

Die Tabelle B entspricht in ihrem Anwendungsbereich in etwa der Tabelle B der AllGO. Der letzten (sechsten) Auflage der AllGO lagen die Verhältnisse der Jahre 1966/67 zugrunde. Folgender Überblick zeigt, daß die Werte der

Tabelle B der GebV zum Zeitpunkt ihres Inkrafttretens trotz des zeitlichen Abstandes von mehr als fünfzehn Jahren nur in geringem Umfang die Sätze der AllGO überstiegen, ja bei einzelnen Stufen sogar niedriger lagen.

Gegenstandswert	Tabelle B StBGebV	Tabelle B AllGO	Abweichung StBGebV gegenüber AllGO	
DM	DM	DM	DM	vH
10.000,—	126,—	105,—	+ 21,—	20,—
100.000,—	384,—	405,—	– 21,—	5,19
200.000,—	542,—	570,—	– 28,—	4,91
500.000,—	899,—	855,—	+ 44,—	5,15
1.000.000,—	1.223,—	1.133,—	+ 90,—	7,94
5.000.000,—	2.524,—	2.280,—	+ 244,—	10,70
10.000.000,—	3.420,—	3.225,—	+ 195,—	6,05
50.000.000,—	7.099,—	6.600,—	+ 499,—	7,56
100.000.000,—	10.171,—	9.976,—	+ 195,—	1,95

Diese Übersicht macht deutlich, daß allein der Hinweis auf die nach § 35 günstigere Bemessungsgrundlage für Abschlüsse es nicht rechtfertigte, die Tabellenwerte 1966/67 nur in einem völlig unzureichenden Umfang zur Übernahme in die GebV zu erhöhen oder sogar noch zu reduzieren.
Bei vielen Unternehmen weichen die „Berichtigte Bilanzsumme" und die „Betriebliche Jahresleistung" gar nicht oder nur gering voneinander ab, bei anderen Unternehmen sind Preisentwicklungen zu verzeichnen, bei denen die Produktpreise etwa des Jahres 1987 deutlich niedriger liegen, als die Preise vor fünf, zehn oder mehr Jahren. In diesen Fällen kann die neue Bemessungsgrundlage gar nicht oder nur ungenügend greifen.
Die Berufsangehörigen hatten die Tabelle B der AllGO im Hinblick auf die seit 1966/67 eingetretenen Kostensteigerungen und die laufend erhöhten Lebenshaltungskosten mit einem entsprechenden Zuschlag angewandt. Eine von der Bundessteuerberaterkammer im Jahre 1978 durchgeführte Erhebung bestätigt diese Handhabung. Auch die Untersuchungen von Eggesiecker in DStR 1977 S. 347 kommen zu einem ähnlichen Ergebnis. Nach Horn in StB 1980 S. 249 beträgt der Zuschlag zur Tabelle B der AllGO für die Jahre 1980 und 1981 70 v.H.
Der Forderung des Berufsstandes im Verlauf der Verhandlungen zur Gestaltung der GebV, die Werte der Tabelle B zumindest um 20 v.H. höher anzusetzen, ist mit der endgültigen Fassung im Jahre 1981 nicht, mit der 1. VOÄStBGebV nur in Höhe von linear 4 v.H. und mit der 3. VOÄStBGebV nur in Höhen von weiteren 5 v.H. entsprochen worden. Diese Anhebungen können aber den eingetretenen Wertverfall nicht ausgleichen. Man darf hierbei jedoch die weiteren Änderungen des § 35 als der für die Anwendung der Tabelle B bedeutsamsten Vorschrift durch die 1. und 3. VOÄStBGebV nicht übersehen. Auf Anmerkung 3 zu § 35 sei diesbezüglich verwiesen.

Da die Tabelle B keiner „Zwangsanpassung" wie etwa die Tabelle A (in der Sicht des Anwaltsgebührenrechtes) unterliegt, wäre es sicher angemessen und begrüßenswert, auch bei künftigen Novellierungen jeweils die Tabelle B in eine notwendige Anpassung mit einzubeziehen, damit die seinerzeitige „Benachteiligung" dieser Tabelle, wenigstens in bescheidenen Schritten, einen Ausgleich erfährt.
Eine Rundung der Gegenstandswerte ist bei der Tabelle B nicht vorgesehen.

Kommentierung Tabelle C — Buchführungstabelle

Amtliche Begründung zu Tabelle C:

Diese Tabelle gilt nur für die Ausführung von Buchführungsarbeiten. Maßgebliches Anwendungskriterium ist der Jahresumsatz.

Amtliche Begründung 3. VOÄ zu Tabelle C:

Die Tabellenwerte der Buchführungstabelle und der Tabelle für Buchführungs- Abschlußarbeiten für land- und forstwirtschaftliche Betriebe sind seit Schaffung der Steuerberatergebührenverordnung nicht verändert worden. Die vorgesehene Erhöhung um 5 v.H. berücksichtigt die in den letzten 13 Jahren eingetretenen Kostensteigerungen in der Steuerberatungspraxis. Die Anhebung berücksichtigt allerdings die nur geringe Belastungsfähigkeit der betroffenen Betriebe. Eine Anhebung zu dem genannten Prozentsatz ist jedoch erfreulich, um eine angemessene Vergütung für die entsprechenden Steuerberatungsleistungen sicherzustellen.

Anmerkungen

Ein direkter Vergleich der Tabelle C mit der AllGO ist nicht möglich, da die Bemessungsgrundlage der AllGO im Buchführungsbereich nicht nur nach dem Gegenstandswert „Jahresumsatz" orientiert war, sondern zusätzlich noch die Faktoren „Personenkonten" und „Reingewinn" als Teil-Gegenstandswerte kannte.
Versucht man einen Vergleich mit „Durchschnittswerten" der AllGO, so ergeben sich folgende Zahlen:

Gegenstandswert	Tabelle C StBGebV	Tabelle D AllGO	Abweichung StBGebV gegenüber AllGO	
DM	DM	DM	DM	vH
30.000,—	116,—	90,—	+ 26,–	28,89
50.000,—	162,—	120,—	+ 42,–	35,—
100.000,—	219,—	173,—	+ 46,–	26,59
500.000,—	508,—	405,—	+ 103,–	25,43
1.000.000,—	820,—	705,—	+ 115,–	16,31
2.000.000,—	1.400,—	1.455,—	– 55,–	3,78

Die starke Abflachung der Erhöhung bei Gegenstandswerten zwischen DM 500.000,– und DM 1.000.000,–, vor allem aber die Gebührenreduzierung ab DM 1.000.000,– gegenüber der AllGO sind nicht sachangemessen; der Ansatz niedrigerer Gebühren ist unbillig.
Im Rahmen der Novellierung der GebV durch die 1. VOÄStBGebV wurde die Tabelle C **nicht geändert.** Mit der 3. VOÄStBGebV haben die Gebühren der Tabelle C erstmals eine bescheidene Anhebung erfahren.
Eine Rundung der Gegenstandswerte sieht die Tabelle nicht vor.

Kommentierung Tabelle D — Buchführungs- und Abschlußtabelle für land- und forstwirtschaftliche Betriebe

Amtliche Begründung zu Tabelle D:

Diese Tabelle ist auf die besonderen Bedürfnisse der land- und forstwirtschaftlichen Betriebe abgestellt (vgl. Begründung zu § 39).

Amtliche Begründung 3. VOÄ zu Tabelle D:

Siehe „zu Tabelle C“.

Anmerkungen

Die mit „Landwirtschaftliche Buchführung“ überschriebene Tabelle muß in Anlehnung an die Bezeichnung von § 39 vollständig (und richtig) mit „Buchführungs- und Abschlußtabelle für land- und forstwirtschaftliche Betriebe“ bezeichnet werden.
Die Tabelle enthält zwei Teile, aus denen in der Regel jeweils die Teilgebühr zu ermitteln ist; durch Addition wird sodann die Gesamtgebühr errechnet. Lediglich für die in § 39 Absatz 4 aufgeführten Tätigkeiten (Buchführungsbeginn) ist nur ein Gebührenteil (Teil a) anzuwenden.
Für den Tabellenteil a (Betriebsfläche) gilt folgendes:
Als volle Gebühr sind mindestens DM 578.– anzusetzen. Diese Gebühr gilt für alle Betriebe, deren errechnete fiktive Betriebsfläche (siehe § 39 Anmerkung 6.1) 40 ha oder weniger beträgt. Sie weist in der Betriebsflächenstaffel Steigerungen von 5 ha bis zur Größe von 100 ha aus. Bis 300 ha betragen die Steigerungen jeweils 10 ha, bis 700 ha dann 20 ha und darüber bis 1000 ha schließlich 50 ha. Für die 1000 ha übersteigende fiktive Betriebsfläche ist je ha ein bestimmter Betrag hinzuzurechnen.
Die Staffel der vollen Gebühren in DM ist dadurch degressiv gestaltet, daß der Zurechnungsbetrag für die jeweils nachfolgende Zeile vermindert wurde. Bei einer anzusetzenden Betriebsfläche über 1000 ha oder über 6000 ha (Fälle, die kaum vorkommen dürften), sind der vollen Gebühr für 1000 ha, nämlich DM 2.753,–, für jeden weiteren ha bis zu den nächsten vollen 1000 ha DM 2.52 hinzuzurechnen. Dieser Zurechnungsbetrag vermindert sich für die jeweils nächsten 1000 ha um DM –,23.

Die am Ende der Tabelle a wiedergegebene Übersicht erleichtert die Ermittlung der Gebühr nach Maßgabe der Betriebsfläche.
Für den Tabellenteil b (Jahresumsatz) ist folgendes anzumerken:
Bei einem Jahresumsatz unter DM 80.000,– beträgt die volle Gebühr DM 615,–. Die Umsatzstaffel enthält Steigerungen von DM 5.000,– bzw. DM 10.000,–, ab DM 800.000,– Jahresumsatz DM 20.000,– und ab DM 1.000.000,– DM 100.000,–.
Auch die Gebührenstaffel in DM ist wie die der Betriebsflächengebühr degressiv gestaltet. Allerdings ist die Kurve bei der Umsatzgebühr flacher als bei der Betriebsflächengebühr. Darin kommt die generell stärkere Abhängigkeit des Umfangs der Tätigkeit von dem Umsatz des Betriebes zum Ausdruck.
Bei einem Jahresumsatz über DM 1.000.000,– ist für je angefangene DM 100.000,– des DM 1.000.000,– übersteigenden Jahresumsatzes zu dem letzten Betrag in der Gebührenstaffel in Höhe von DM 4.570,– ein Betrag von DM 263,– hinzuzurechnen.
Der Berechnungshinweis am Ende der Tabelle b erleichtert diese Ermittlung.
Die Tabelle D wurde erstmals mit der 3. VOÄStBGebV angehoben.
Eine Rundung der Gegenstandswerte sieht die Tabelle nicht vor.

Kommentierung Tabelle E — Rechtsbehelfstabelle

Amtliche Begründung zu Tabelle E:

Inhalt dieser Tabelle ist die Gebührentabelle der BRAGO. Wegen der Notwendigkeit, die Rechtsanwaltsgebührentabelle dieser Verordnung beizufügen wird auf die Begründung zu § 40 Bezug genommen.

Amtliche Begründung 1. VOÄ zu Tabelle E:

Die Tabelle E ist identisch mit der Tabelle zu § 11 BRAGO. Durch die Neufassung wird die Tabelle E an die durch das Gesetz zur Änderung von Kostengesetzen geänderten Werte der Anwaltstabelle angepaßt.

Amtliche Begründung 3. VOÄ zu Tabelle E:

Die Tabelle E ist identisch mit der Tabelle zu § 11 BRAGO. Durch die Neufassung wird die Tabelle E an die durch das Kostenrechtsänderungsgesetz 1994 geänderten Werte der Anwaltstabelle angepaßt.

Anmerkungen

Die BRAGO-Tabelle zu § 11 hat eine **„Doppelfunktion".** Sie findet als „Tabelle E" direkt Anwendung bei den §§ 21 Absatz 2, 40 bis 43 und 44 der StBGebV, ferner, voll identisch aber „eigenständig", als „BRAGO-Tabelle zu § 11" bei Berufsleistungen nach § 45 der StBGebV.
Eine automatische Anpassungsnotwendigkeit für diese Tabelle an jede Änderung der Tabelle zu § 11 BRAGO ergibt sich zwangsläufig aus den Über-

legungen des Verordnungsgebers wie des Berufsstandes, die für die Parallelität mit der BRAGO bzw. die direkte Anwendung der BRAGO bei den vorgenannten Vorschriften der StBGebV maßgebend waren. Hinsichtlich der „Tabelle E" bedarf es dabei einer eigenen Änderungsverordnung, hinsichtlich der Tabelle zu § 11 BRAGO ergibt sich diese Anpassung „automatisch" aus der Änderung der BRAGO.
Im Rahmen der ersten Novellierung der GebV ist die wenig befriedigende Besonderheit festzustellen, daß die Tabelle zu § 11 BRAGO über § 45 auch für den StB bereits ab 1. 1. 1987 (Stichtag der Novellierung der BRAGO) gilt, während die „neue" Tabelle E erst, gleich den anderen Änderungen der 1. VOÄStBGebV, ab 1. 7. 1988 Anwendung findet.
Diese Besonderheit ergibt sich nun auch im Rahmen der 3. VOÄStBGebV. Während die Änderung der BRAGO-Tabelle bereits zum 1. 7. 1984 in Kraft getreten ist, findet die Änderung der Tabelle E erst ab dem 28. 8. 1998, also ca. vier Jahre später, ihre Anwendung.
Die Gegenstandswerte über DM 1.000.000,– sind auf volle DM 100.000,– aufzurunden.

2. Bundesgebührenordnung für Rechtsanwälte

2.1 Vorbemerkungen

Anmerkungsübersicht

1 **Allgemeines**

§ 45 verweist hinsichtlich der Vergütung (Gebühren und Auslagenersatz) des StB für seine Tätigkeit im Verfahren vor den Gerichten der Finanzgerichtsbarkeit und der Verwaltungsgerichtsbarkeit, im Strafverfahren, berufsgerichtlichen Verfahren, Bußgeldverfahren, und in Gnadensachen auf die BRAGO. Der StB soll für die Tätigkeit die gleiche Vergütung wie ein Rechtsanwalt erhalten. Die Begründung zu § 45 verweist auf einige Vorschriften der BRAGO (siehe vorstehend bei § 45). Die Vorschrift selbst ist jedoch allgemein gehalten. Es sind deshalb weitere Vorschriften anzuwenden, soweit dies durch die Sachlage geboten ist.

Es finden umgekehrt auch nicht alle Bestimmungen der BRAGO Anwendung, so z.B. nicht §§ 36, 36a und 41 BRAGO, die das Ehescheidungsverfahren behandeln. Diese Bestimmungen sind nachstehend nicht mitkommentiert.

2 **Rechtsstreitigkeiten**

§ 114 Absatz 1 BRAGO verweist in Verfahren vor Gerichten der Verwaltungsgerichtsbarkeit und der Finanzgerichtsbarkeit auf die Vorschriften des Dritten Abschnitts. Es gelten für diese Verfahren jedoch auch die Bestimmungen des Ersten und Zweiten Abschnitts der BRAGO. Ehe jedoch diese Bestimmungen angewandt werden können, muß immer erst geprüft werden, ob §§ 114ff. BRAGO Besonderheiten enthalten.

Kernnorm des Dritten Abschnitts ist § 31 BRAGO, der bestimmt, daß der Prozeßbevollmächtigte drei Gebühren erhalten kann:

- die Prozeßgebühr für das Betreiben des Geschäfts einschließlich der Einholung von Informationen,
- die Verhandlungsgebühr für die mündliche Verhandlung,
- die Beweisgebühr für die Vertretung im Beweisaufnahmeverfahren,

▷ die Erörterungsgebühr für die Erörterung der Sache (Verhandlungs- und Erörterungsgebühr können in derselben gebührenrechtlichen Angelegenheit nicht nebeneinander entstehen; sie sind aufeinander anzurechnen, § 31 Absatz 2 BRAGO. D.h. es kann dann nur eine Gebühr berechnet werden).

Die §§ 32 bis 35 BRAGO enthalten Abweichungen von § 31 BRAGO. § 37 BRAGO bestimmt, was zum Rechtszug gehört, also durch die Gebühren des § 31 BRAGO abgegolten wird. § 40 BRAGO regelt die Vergütung in den Arrest- und einstweiligen Verfügungssachen. § 48 BRAGO betrifft die Vergütung des StB im gerichtlichen Beweisverfahren (§ 82 FGO). In § 51 BRAGO ist die Vergütung des StB im Verfahren über die Prozeßkostenhilfe niedergelegt. § 52 BRAGO behandelt die Vergütung des StB, der den Verkehr zwischen dem Auftraggeber und dem Prozeßbevollmächtigten vermittelt. § 53 BRAGO behandelt die Vergütung des StB, der – ohne Prozeßbevollmächtigter zu sein – den Auftraggeber in der mündlichen Verhandlung vertritt. § 54 BRAGO regelt die Vergütung des StB, der den Auftraggeber – ohne Prozeßbevollmächtigter zu sein – bei einer Beweisaufnahme vertritt. In § 56 BRAGO ist geregelt, welche Gebühren der StB erhält, der – ohne Prozeßbevollmächtigter zu sein – in gerichtlichen Verfahren Einzeltätigkeiten ausübt. § 57 BRAGO behandelt die Gebühren in der Zwangsvollstreckung und § 59 BRAGO die Vergütung des StB bei seiner Tätigkeit in Arrestvollziehungssachen. § 61 BRAGO regelt die Vergütung in Beschwerdeverfahren.

3 **Steuerstrafverfahren**

Der StB, der den Angeklagten verteidigt und im gesamten Verfahren tätig ist, erhält im ersten Rechtszug die Gebühr des § 83 BRAGO. Wird der StB im vorbereitenden Verfahren oder nur im gerichtlichen Verfahren außerhalb der Hauptverhandlung tätig, erhält er die Gebühr des § 84 BRAGO. Im Berufungsverfahren fallen die Gebühren des § 85 BRAGO an. Für die Revision gilt die Vorschrift des § 86 BRAGO. In § 87 BRAGO ist geregelt, daß die Gebühren in Strafsachen Pauschgebühren sind. § 88 BRAGO enthält die Vergütung des StB, der bei Einziehung und verwandten Maßnahmen tätig ist. § 90 BRAGO behandelt die Vergütung bei einer Tätigkeit im Wiederaufnahmeverfahren. § 91 BRAGO bestimmt die Gebühren für einzelne Tätigkeiten. § 93 BRAGO enthält eine Bestimmung über die Gebühren bei Vertretung in Gnadensachen.

4 **Berufsgerichtliches Verfahren**

§ 110 BRAGO bestimmt die Vergütung, die der StB erhält, der im Verfahren vor Berufsgerichten wegen Verletzung einer Berufspflicht tätig wird.

5 **Bußgeldverfahren**

Die Vergütung des StB, der den Betroffenen im Bußgeldverfahren vertritt, ist in § 105 BRAGO geregelt. Obwohl diese Bestimmung der BRAGO vor der des berufsgerichtlichen Verfahrens aufgeführt wird, erwähnt sie § 45 StBGebV in der umgekehrten Reihenfolge.

6 Gnadensachen

Obwohl die BRAGO für dieses Verfahren keinen eigenen Abschnitt gemacht hat, erwähnt § 45 StBGebV dieses Verfahren gesondert. Die Gebühren in Gnadensachen bestimmen sich nach § 93 BRAGO.

7 Vergütung bei Prozeßkostenhilfe

Die §§ 121 ff. BRAGO enthalten die Vorschriften über die Vergütung des StB, wenn dem Auftraggeber Prozeßkostenhilfe bewilligt und der StB beigeordnet worden ist.

8 Übersicht der anwendbaren BRAGO-Bestimmungen

Die nachstehende Aufstellung soll einen vollständigen Überblick geben über die sinngemäß anzuwendenden Vorschriften der BRAGO.

Sinngemäß anzuwendende Vorschriften der BRAGO					
StBGebV		BRAGO			
§	Tätigkeit	Abschnitt	§	Absatz	Bezeichnung
1 bis 9	Allgemeine Vorschriften	1	1	1	Geltungsbereich
			2		Sinngemäße Anwendung des Gesetzes
10 bis 14	Gebührenberechnung		3	1 u. 4	Vereinbarung der Vergütung
			4		Vergütung für Tätigkeiten von Vertretern des Rechtsanwalts
15	Umsatzsteuer		5		Mehrere Rechtsanwälte
bis	Ersatz von		6		Mehrere Auftraggeber
20	Auslagen		7	1 u. 2	Gegenstandswert
			8		Wertvorschriften
			9		Wertfestsetzung für die Gerichtsgebühren
			10		Wertfestsetzung für die Rechtsanwaltsgebühren
			11		Volle Gebühr, Mindestbetrag einer Gebühr
			12	1	Rahmengebühren
			13		Abgeltungsbereich der Gebühren
			14		Verweisung, Abgabe
			15	1	Zurückverweisung
			16		Fälligkeit
			17		Vorschuß
			18		Berechnung
			19		Festsetzung der Vergütung
		2	20		Rat, Auskunft
			21 a		Gutachten über die Aussichten einer Berufung oder einer Revision

StBGebV		BRAGO			
§	Tätigkeit	Abschnitt	§	Absatz	Bezeichnung
			22		Hebegebühr
			23		Vergleichsgebühr
			24		Erledigungsgebühr
			25		Ersatz von Auslagen
			26		Entgelte für Post- und Telekommunikationsdienstleistungen
			27		Schreibauslagen
			28		Geschäftsreisen
			29		Reisen zur Ausführung mehrerer Geschäfte
			30		Verlegung der Kanzlei
45	Verfahren vor den Gerichten der Finanzgerichtsbarkeit und Verwaltungsgerichtsbarkeit	11	114		Verfahren vor den Gerichten der Verwaltungs- und Finanzgerichtsbarkeit
			117		Besonderheiten für Verfahren vor Gerichten der Finanzgerichtsbarkeit
		3	31	1 u. 2	Prozeßgebühr, Verhandlungsgebühr, Beweisgebühr, Erörterungsgebühr
			32		Vorzeitige Beendigung des Auftrags
			33		Nichtstreitige Verhandlung, Übertragung des mündlichen Verhandelns
			34		Vorlegung von Urkunden, Beiziehung von Akten oder Urkunden
			35		Entscheidung ohne mündliche Verhandlung
			37		Rechtszug
			40		Arrest, einstweilige Verfügung
			48		Sicherung des Beweises
			49		Vorläufige Einstellung, Beschränkung oder Aufhebung der Zwangsvollstreckung, Vollstreckbarerklärung von Teilen des Urteils
			51		Verfahren über die Prozeßkostenhilfe
			52		Gebühren des Verkehrsanwalts
			53		Vertretung in der mündlichen Verhandlung, Ausführung der Parteirechte
			54		Vertretung in der Beweisaufnahme
			55		Abänderung von Entscheidungen von beauftragten oder ersuchten Richtern, von Rechtspflegern und Urkundsbeamten
			56		Sonstige Einzeltätigkeiten
			61		Beschwerde, Erinnerung
45	Strafverfahren	6	83		Erster Rechtszug
			84		Verfahren außerhalb der Hauptverhandlung
			85		Berufungsverfahren
			86		Revisionsverfahren
			87		Pauschgebühren

StBGebV		BRAGO			
§	Tätigkeit	Abschnitt	§	Absatz	Bezeichnung
			88		Einziehung u. verwandte Maßnahmen
			90		Wiederaufnahmeverfahren
			91		Gebühren für einzelne Tätigkeiten
			92		Mehrerer einzelne Tätigkeiten
45	Gnadensachen		93		Gnadengesuche
			95		Vertretung eines Nebenklägers und anderer Verfahrensbeteiligter
			96		Kostenfestsetzung, Zwangsvollstreckung
			96 a		Abtretung des Kostenerstattungsanspruchs
			97		Anspruch gegen die Staatskasse
			98		Festsetzung der Gebühren
			99		Strafsachen besonderen Umfangs
			100		Anspruch gegen den Beschuldigten
			101		Anrechnung, Rückzahlung
			103		Bundeskasse, Landeskasse
45	Bußgeldverfahren	7	105		Bußgeldverfahren
45	Berufsgerichtliche Verfahren	10	110		Ehren- und berufsgerichtliche Verfahren
46	Prozeßkostenhilfe	13	121		Vergütung aus der Bundes- oder Landeskasse
			122		Umfang der Beiordnung
			123		Gebühren des Rechtsanwalts
			124		Weitere Vergütung
			125		Verschulden eines beigeordneten Rechtsanwalts
			126		Auslagen
			127		Vorschuß
			128		Rechtsweg
			129		Anrechnung von Vorschüssen und Zahlungen
			130		Übergang von Ansprüchen auf die Bundes- oder Landeskasse
		15	134		Übergangsvorschrift

2.2 Kommentierung der anzuwendenden Vorschriften der BRAGO

Erster Abschnitt. Allgemeine Vorschriften

§ 1 Geltungsbereich

(1) **Die Vergütung (Gebühren und Auslagen) des Rechtsanwalts für seine Berufstätigkeit bemißt sich nach diesem Gesetz. Die Rechtsan-**

waltsgesellschaft steht dem Rechtsanwalt im Sinne dieses Gesetzes gleich.

(2) ... (findet keine Anwendung)

1 **Einzelanmerkung**

Die Vorschriften der BRAGO gelten gemäß § 45 **nur** für die Tätigkeit des StB im Verfahren vor den Gerichten der Finanzgerichtsbarkeit und der Verwaltungsgerichtsbarkeit, im Strafverfahren, berufsgerichtlichen Verfahren, Bußgeldverfahren, und in Gnadensachen sinngemäß. Für eine Anwendung der StBGebV ist insoweit kein Raum. Für die Vertretung im außergerichtlichen Rechtsbehelfsverfahren (siehe §§ 40–43) und im Verwaltungsvollstreckungsverfahren (siehe § 44) gelten dagegen die Vorschriften der StBGebV unmittelbar und ausschließlich.

§ 45 StBGebV bestimmt, daß auf die **Vergütung** des StB in den zuvor genannten gerichtlichen Verfahren die Vorschriften der BRAGO sinngemäß anzuwenden sind. Sowohl § 1 der StBGebV als auch § 1 der BRAGO verstehen unter der Vergütung die **Gebühren** und **Auslagen**. Folglich richten sich nicht nur die Gebühren des StB in den zuvor genannten gerichtlichen Verfahren nach der BRAGO, sondern auch der Auslagenersatz. Letztlich kann aber dahingestellt bleiben, ob der StB seinen Auslagenersatz nach der BRAGO oder nach der StBGebV berechnet, denn die Vorschriften sind im wesentlichen gleich. Die Auslagenvorschriften der StBGebV sind denen der BRAGO nachgebildet; die Höhe der Auslagensätze sind identisch (vgl. etwa § 16 StBGebV mit § 26 BRAGO für die Entgelte für Post- und Telekommunikationsdienstleistungen; vgl. § 17 StBGebV mit § 27 BRAGO für die Schreibauslagen; vgl. § 18 StBGebV mit § 28 BRAGO für Geschäftsreisen). Die Umsatzsteuer kann sowohl der Rechtsanwalt nach § 25 Absatz 2 BRAGO als auch der StB nach § 15 StBGebV noch zusätzlich zu seinen Gebühren und Auslagen verlangen.

§ 1 Absatz 2 BRAGO regelt, daß die BRAGO nicht gilt, wenn der Rechtsanwalt als Vormund, Betreuer, Pfleger, Verfahrenspfleger, Testamentsvollstrecker, Insolvenzverwalter, Sachverwalter, Mitglied des Gläubigerausschusses, Nachlaßverwalter, Zwangsverwalter, Treuhänder, Schiedsrichter oder in ähnlicher Stellung tätig wird. Er ist im Zusammenhang mit der Tätigkeit eines StB in den vorerwähnten Verfahren also nicht von Bedeutung.

§ 2 Sinngemäße Anwendung des Gesetzes

Ist in diesem Gesetz über die Gebühren für eine Berufstätigkeit des Rechtsanwalts nichts bestimmt, so sind die Gebühren in sinngemäßer Anwendung der Vorschriften dieses Gesetzes zu bemessen.

Einzelanmerkung

Der § 2 ist dem § 2 BRAGO nachgebildet. Wegen der Erläuterungen kann deshalb auf die vorstehenden Anmerkungen zu § 2 verwiesen werden.

§ 3 Vereinbarung der Vergütung

(1) **Aus einer Vereinbarung kann der Rechtsanwalt eine höhere als die gesetzliche Vergütung nur fordern, wenn die Erklärung des Auftraggebers schriftlich abgegeben und nicht in der Vollmacht oder in einem Vordruck, der auch andere Erklärungen umfaßt, enthalten ist. Hat der Auftraggeber freiwillig und ohne Vorbehalt geleistet, so kann er das Geleistete nicht deshalb zurückfordern, weil seine Erklärung der Vorschrift des Satzes 1 nicht entspricht. Vereinbarungen über die Vergütung nach Absatz 5 sollen schriftlich getroffen werden; ist streitig, ob es zu einer solchen Vereinbarung gekommen ist, so trifft die Beweislast den Auftraggeber.**

(2) ... (findet keine Anwendung)

(3) ... (findet keine Anwendung)

(4) **Durch eine Vereinbarung, nach der ein im Wege der Prozeßkostenhilfe beigeordneter Rechtsanwalt eine Vergütung erhalten soll, wird eine Verbindlichkeit nicht begründet. Hat der Auftraggeber freiwillig und ohne Vorbehalt geleistet, so kann er das Geleistete nicht deshalb zurückfordern, weil eine Verbindlichkeit nicht bestanden hat.**

(5) **In außergerichtlichen Angelegenheiten kann der Rechtsanwalt Pauschalvergütungen und Zeitvergütungen vereinbaren, die niedriger sind als die gesetzlichen Gebühren. Handelt es sich bei dem Auftraggeber um einen Verband oder Verein, so gilt dies auch für die Beratung seiner Mitglieder im Rahmen des satzungsgemäßen Aufgabenbereiches des Verbandes oder Vereins. Der Rechtsanwalt kann sich für gerichtliche Mahnverfahren und Zwangsvollstreckungsverfahren nach den §§ 803 bis 863 und 899 bis 915 der Zivilprozeßordnung verpflichten, daß er, wenn der Anspruch des Auftraggebers auf Erstattung der gesetzlichen Vergütung nicht beigetrieben werden kann, einen Teil des Erstattungsanspruchs an Erfüllungs Statt annehmen werde. Der nicht durch Abtretung zu erfüllende Teil der gesetzlichen Vergütung und die sonst nach diesem Absatz vereinbarten Vergütungen müssen in angemessenem Verhältnis zu Leistung, Verantwortung und Haftungsrisiko des Anwalts stehen.**

Anmerkungsübersicht

1 Allgemeines

Für seine Tätigkeit in einem der in § 45 StBGebV genannten Verfahren kann der StB mit dem Mandanten eine Honorarvereinbarung abschließen. Da für die in § 45 StBGebV genannten Verfahren die Vorschriften der BRAGO sinngemäß anzuwenden sind, ist für die Honorarvereinbarung § 3 BRAGO zu beachten. § 4 StBGebV ist dem § 3 BRAGO nachgebildet, so daß grundsätzlich auf die Kommentierung zu § 4 StBGebV verwiesen werden kann.

§ 3 BRAGO deckt grundsätzlich nur die Vereinbarung eines **höheren** Honorars, als die BRAGO es vorsieht. Dem Rechtsanwalt ist gem. § 49b Absatz 1 Satz 1 BRAO (Bundesrechtsanwaltsordnung) untersagt, geringere Gebühren und Auslagen zu vereinbaren und zu fordern, als die BRAGO sie vorsieht (Gerold/Schmidt Anmerkung 2 zu § 3). Dem StB ist es aber wohl nicht untersagt, eine niedrigere Vergütung zu berechnen, als das Gesetz es vorsieht (vgl. vorstehende Kommentierung zu § 4 StBGebV Anmerkung 2).

Unbedingt zu beachten ist, daß vereinbartes Honorar in der Regel von der unterlegenen Behörde **nicht zu erstatten** ist. Auch in Strafsachen wird im Falle eines Freispruches vereinbartes Honorar nicht aus der Staatskasse erstattet. In der Regel werden nur die gesetzlichen Gebühren des StB im Falle des Obsiegens von der unterlegenen Behörde bzw. der unterlegenen Partei erstattet.

2 Form

Aus einer Vereinbarung kann der StB eine höhere als die gesetzliche Vergütung nur fordern, wenn er die Formvorschrift des § 3 Absatz 1 Satz 1 BRAGO beachtet hat. Dieser schreibt für eine entsprechende Honorarvereinbarung die Schriftform vor. Er fordert die Schriftform allerdings nur für die **Erklärung des Auftraggebers,** also nicht für die (Gegen-)erklärung des StB (Gerold/Schmidt Anmerkung 5 zu § 3). Es muß sich um eine gesonderte Erklärung handeln, d.h., die Vereinbarung über das Honorar darf nicht in einer Vollmacht oder in einem Vordruck, der auch andere Erklärungen umfaßt, enthalten sein (ausführlich: Kommentierung zu § 4 Anmerkung 4.1).

Hat der Auftraggeber allerdings freiwillig und ohne Vorbehalt geleistet, so kann er das Geleistete nicht deshalb zurückfordern, weil seine Erklärung der Vorschrift des Satzes 1 des § 3 Absatz 1 BRAGO nicht entspricht.

3 Art der vereinbarten Vergütung

Welche Art von Honorar der StB mit seinem Auftraggeber vereinbart, bleibt seiner Wahl überlassen, auch für eine Tätigkeit in den in § 45 StBGebV genannten Verfahren. Der StB kann also mit seinem Auftraggeber ein Pauschalhonorar, ein Stundenhonorar, einen höheren Gegenstandswert, einen höheren Rahmen der entstehenden Wertgebühren oder ähnliches vereinbaren (siehe hierzu auch die Kommentierung zu § 4 StBGebV Anmerkung 4.2). Lediglich ein Erfolgshonorar darf nicht vereinbart werden (§ 9 StBerG).

Im eigenen Interesse sollte der StB in die von dem Auftraggeber unterzeichneten Honorarvereinbarung immer aufnehmen, daß **mindestens die gesetzlichen Gebühren nach der BRAGO** geschuldet werden. Denn sonst könnte die vereinbarte Vergütung geringer ausfallen, als die gesetzliche Vergütung nach der BRAGO (z.B. wenn ein Zeithonorar vereinbart ist und die Sache sich mit relativ geringem Zeitaufwand erledigen läßt).

Auch sollte in die Honorarvereinbarung unbedingt aufgenommen werden, daß neben dem vereinbarten Honorar entweder Auslagen in vereinbarter oder in gesetzlicher Höhe und die **Umsatzsteuer** zu zahlen ist.

Umstritten ist, ob eine **unangemessen hoch vereinbarte Vergütung** wegen ihres Verstoßes gegen die guten Sitten nur zur Nichtigkeit der Honorarvereinbarung führt (und der Vertrag zu den gesetzlichen Gebühren fortbesteht) oder ob dies auch zur Nichtigkeit des Anwaltsvertrages führt (vgl. Gerold/Schmidt Anmerkung 15 zu § 3 m. w. N.; Hansens Anmerkung 17 zu § 3).

„Unangemessen hoch ist eine Vergütung erst dann, wenn bei objektiver Betrachtung ein Festhalten des Auftraggebers an der Honorarvereinbarung unter Berücksichtigung aller Umstände gegen Treu und Glauben verstößt." (zitiert nach Hansens Anmerkung 17 zu § 3, der auf OLG München in NJW 1967, 1571 verweist). Nicht unangemessen hoch ist z. B. das 6-fache der gesetzlichen Gebühren in BTM-Sachen (LG Berlin in AnwBl 1982, 262 – zitiert nach Hansens Anmerkung 17 zu § 3); DM 3.000,– je Verhandlungstag in einer Strafsache (LG Karlsruhe in AnwBl 1983, 178 – zitiert nach Hansens Anmerkung 17 zu § 3); DM 200,– bis DM 400,– Stundenhonorar; für Fälle mit Auslands- oder wirtschaftlichem Bezug DM 400,– bis DM 500,– je Stunde; für Umwandlung, Fusionen und Sanierungen durch renommierte Wirtschaftsanwälte sogar DM 500,– bis DM 750,– je Stunde (so Hansens Anmerkung 17 zu § 3).

4 **Nicht anwendbar: § 3 Abs. 2, 3 und 5 BRAGO**

Da die StB der Rechtsanwaltskammer nicht unterstehen, finden die Vorschriften betreffend die Rechtsanwaltskammer keine Anwendung. Die Bestimmung der Vergütung kann also nicht der Rechtsanwaltskammer überlassen werden (§ 3 Absatz 2 BRAGO). Ebenso ist bei Streit über die Höhe der Vergütung kein Gutachten der Rechtsanwaltskammer beizuholen (§ 3 Absatz 3 BRAGO). Die entsprechende Heranziehung der Steuerberaterkammer ist in der StBGebV nicht vorgesehen. Damit ist jedoch nicht gesagt, daß diese nicht gutachtlich befragt werden kann. Nach § 76 Absatz 2 Ziffer 7 StBerG gehört es u. a. zu den Aufgaben der Berufskammern, Gutachten zu erstatten, die ein Gericht anfordert (vergleiche Gehre Anmerkung 33 zu § 76). Eine Anhörung dürfte vielmehr sogar sinnvoll und empfehlenswert sein, da die Kammer am ehesten berufen ist, über die Angemessenheit einer Gebühr eine sachkundige und unabhängige Auskunft zu geben. Eine entsprechende Aufnahme einer solchen Regelung in die StBGebV – wie dies bei der BRAGO geschehen ist – dürfte vor allem deshalb nicht erfolgt sein, weil die Verordnung als Rechtsgrundlage nicht ausreichend sein dürfte. Die BRAGO ist hingegen ein Gesetz.

§ 3 Absatz 5 BRAGO dürfte ebenfalls nicht anwendbar sein. § 3 Absatz 5 BRAGO erlaubt dem RA, ausnahmsweise in außergerichtlichen Angelegenheiten Pauschalvergütungen und Zeitvergütungen zu vereinbaren, die niedriger sind als die gesetzlichen Gebühren. Diese Vorschrift betrifft aber nur außergerichtliche Angelegenheiten, während § 45 StBGebV die Vergütung regelt für gerichtliche Verfahren, Strafverfahren, berufsgerichtliche Verfahren, Bußgeldverfahren und Gnadensachen, also alles Verfahren, die entweder vor Gericht oder einer Behörde stattfinden. Auch die weiteren Regelungen in § 3 Absatz 5 BRAGO können auf die Tätigkeit eines StB in den in § 45 StBGebV genannten Angelegenheiten nicht sinngemäß angewandt werden.

5 Prozeßkostenhilfe

Auch der im Wege der Prozeßkostenhilfe beigeordnete StB darf nach § 3 Absatz 4 BRAGO eine Vergütung vereinbaren. Durch eine solche Vereinbarung wird aber eine Verbindlichkeit nicht begründet. Hat jedoch der Auftraggeber freiwillig und ohne Vorbehalt geleistet, so kann er das Geleistete nicht deshalb zurückfordern, weil eine Verbindlichkeit nicht bestanden hat. Die Partei braucht also die eingegangene Verpflichtung selbst dann nicht zu erfüllen, wenn Ratenzahlungen (§ 120 ZPO) angeordnet worden sein sollten und der StB seine volle Regelgebühr erhält (§ 124 BRAGO), soweit sie durch die Vereinbarung die Verpflichtung zur Zahlung einer höheren als der gesetzlichen Vergütung übernommen hat (Gerold/Schmidt Anmerkung 32 zu § 3).

§ 4 Vergütung für Tätigkeiten von Vertretern des Rechtsanwalts

Die Vergütung für eine Tätigkeit, die der Rechtsanwalt nicht persönlich vornimmt, wird nach diesem Gesetz bemessen, wenn der Rechtsanwalt durch einen Rechtsanwalt, den allgemeinen Vertreter oder einen zur Ausbildung zugewiesenen Referendar vertreten wird.

Anmerkungsübersicht

1 Allgemeines

Diese Vorschrift hat keine Parallele in der StBGebV.

Der StB hat gemäß § 613 BGB seine Dienste im Zweifel in Person zu leisten. Da dies jedoch nicht immer möglich ist, bedurfte es einer Regelung, wie eine zulässige, durch einen Vertreter ausgeübte Tätigkeit zu vergüten ist. § 4 BRAGO schafft die Möglichkeit, daß der StB die Gebühren der BRAGO auch dann erhält, wenn er sich durch einen anderen StB (z.B. einen bei ihm angestellten StB) vertreten läßt.

Die Frage der Zulässigkeit einer Stellvertretung ist regelmäßig nach bürgerlichem Recht zu beurteilen. Maßgebend ist insbesondere der mit dem Auftraggeber geschlossene Vertrag. Er kann beinhalten, daß der StB selbst tätig werden muß. Im allgemeinen wird jedoch davon auszugehen sein, daß der Auftraggeber die bei StB übliche Vertretung hinzunehmen hat.

2 **Vertretung durch Nicht-Steuerberater**

Anderen Personen, insbesondere Kanzleiangestellten, darf der StB seine Vertretung im Zweifel nur dann übertragen, wenn der Auftraggeber ausdrücklich oder stillschweigend damit einverstanden ist. Wegen der Vertretung eines StB durch Personen, die nicht zur geschäftsmäßigen Hilfeleistung in Steuersachen befugt sind, vergleiche Gehre Anmerkungen 3 bis 9 zu § 60.
Bei Vertretung durch Nicht-StB kann der StB kraft Gesetzes keine Vergütung nach der BRAGO berechnen.
Darauf, ob der Auftraggeber der Vertretung durch solche Personen zugestimmt hat, kommt es bei dem Vergütungsanspruch nicht an. Für die Tätigkeit durch solche Hilfspersonen kann daher nur nach § 612 BGB die vereinbarte oder angemessene Vergütung berechnet werden. In Rechtsprechung und Literatur ist umstritten, in welcher Höhe eine angemessene Vergütung i. S. des § 612 BGB zu bestimmen ist. Die Skala reicht von „nichts" über Bruchteile der vollen Gebühren nach der BRAGO bis hin zur vollen Gebühr nach der BRAGO (Gerold/Schmidt Anmerkung 10 zu § 4 m. w. N.; Hansens Anmerkung 6 zu § 4 m. w. N.).
Zu beachten ist jedoch, daß bei Arbeiten in der Kanzlei (z. B. der Angestellte entwirft die Klage zum FG, die sodann der StB unterzeichnet) die vollen Gebühren der BRAGO anfallen.
Um unliebsame Auseinandersetzungen zu vermeiden, ist dringend zu empfehlen, mit dem Auftraggeber zu vereinbaren, daß der StB auch dann seine Vergütung nach der BRAGO berechnen darf, wenn er sich im Einzelfall durch eine andere Person vertreten läßt.

§ 5 Mehrere Rechtsanwälte

Ist der Auftrag mehreren Rechtsanwälten zur gemeinschaftlichen Erledigung übertragen, so erhält jeder Rechtsanwalt für seine Tätigkeit die volle Vergütung.

Einzelanmerkung

§ 5 StBGebV ist dem § 5 BRAGO nachgebildet. Wegen der Erläuterungen kann deshalb auf die vorstehenden Anmerkungen zu § 5 StBGebV verwiesen werden. Etwas irreführend ist der Begriff „Auftrag". Die StBGebV verwendet in § 5 den Begriff „Angelegenheit". Gemeint ist wohl auch in § 5 BRAGO die gebührenrechtliche Angelegenheit.
§ 5 BRAGO regelt die Fälle, in denen für denselben Auftraggeber in derselben gebührenrechtlichen Angelegenheit mehrerer StB in der gleichen Art und Weise nebeneinander tätig werden.

Beispiel:

Der Mandant läßt sich in dem Rechtsstreit vor dem Finanzgericht von zwei StB als Prozeßbevollmächtigte vertreten, die nicht in einer Sozietät miteinander verbunden sind. Dann hat jeder StB den vollen Anspruch auf die Gebühren nach der BRAGO.

Läßt der Mandant sich in einer Steuerstrafsache sowohl von einem RA als auch einem StB in der Hauptverhandlung verteidigen, so stehen sowohl dem StB als auch dem RA jeweils für die Verteidigung in der Hauptverhandlung die Hauptverhandlungsgebühr des § 83 Absatz 1 BRAGO in vollem Umfange zu. Anders kann es dann sein, wenn nach Einleitung des Steuerstrafverfahrens der StB lediglich mit der Erstellung der bis dahin nicht abgegebenen Steuererklärung beauftragt ist und der RA nur beauftragt ist, den Mandanten in dem Steuerstrafverfahren zu verteidigen. Dann erhält der StB lediglich die Vergütung für die Erstellung der Steuererklärung nach der StBGebV und der RA die Vergütung für die Verteidigung in dem Steuerstrafverfahren nach der BRAGO (siehe hierzu auch Anmerkung 2 der Kommentierung zu § 5 StBGebV).

§ 6 Mehrere Auftraggeber

(1) **Wird der Rechtsanwalt in derselben Angelegenheit für mehrere Auftraggeber tätig, so erhält er die Gebühren nur einmal. Ist der Gegenstand der anwaltlichen Tätigkeit derselbe, so erhöhen sich die Geschäftsgebühr (§ 118 Abs. 1 Nr. 1) und die Prozeßgebühr (§ 31 Abs. 1 Nr. 1) durch jeden weiteren Auftraggeber um drei Zehntel; die Erhöhung wird nach dem Betrag berechnet, an dem die Auftraggeber gemeinschaftlich beteiligt sind; mehrere Erhöhungen dürfen den Betrag von zwei vollen Gebühren nicht übersteigen. Bei Gebühren, die nur dem Mindest- und Höchstbetrag nach bestimmt sind, erhöhen sich der Mindest- und Höchstbetrag durch jeden weiteren Auftraggeber um drei Zehntel; mehrere Erhöhungen dürfen das Doppelte des Mindest- und Höchstbetrages nicht übersteigen.**

(2) **Der Rechtsanwalt erhält auch Schreibauslagen für Abschriften und Ablichtungen, die in derselben Angelegenheit zur notwendigen Unterrichtung von mehr als zehn Auftraggebern gefertigt werden.**

(3) **Jeder der Auftraggeber schuldet dem Rechtsanwalt die Gebühren und Auslagen, die er schulden würde, wenn der Rechtsanwalt nur in seinem Auftrag tätig geworden wäre; Schreibauslagen schuldet jeder jedoch nur für Abschriften und Ablichtungen, die zu seiner Unterrichtung gefertigt werden. Der Rechtsanwalt kann aber insgesamt nicht mehr als die nach Absatz 1 berechneten Gebühren und die nach Absatz 2 berechneten Schreibauslagen fordern; die übrigen Auslagen kann er nur einmal fordern.**

Anmerkungsübersicht

1 Allgemeines

Wird derselbe StB in derselben gebührenrechtlichen Angelegenheit für mehrere Auftraggeber tätig, so erhält er die Gebühren grundsätzlich nur einmal (siehe hierzu auch die Kommentierung zu § 6 StBGebV).
Wird der StB in derselben Angelegenheit für mehrere Auftraggeber wegen desselben Gegenstandes tätig, so erhöhen sich die Prozeßgebühr, die Geschäftsgebühr und ähnliche Betriebsgebühren um 3/10 für jeden weiteren Auftraggeber.

2 Voraussetzung der Erhöhung

Die Prozeßgebühr, die Geschäftsgebühr und ähnliche Betriebsgebühren erhöhen sich dann um 3/10, wenn der StB
- für **mehrere Auftraggeber**
- in derselben Angelegenheit **wegen desselben Gegenstandes gleichzeitig** tätig wird.

Mehrere Auftraggeber sind vorhanden, wenn z.B. mehrere natürliche Personen den StB in der Angelegenheit beauftragen. Auch wenn der Auftrag von mehreren juristischen Personen getätigt wird, liegt eine Auftraggebermehrheit i.S. des § 6 BRAGO vor. Allerdings liegt keine Auftraggebermehrheit vor, wenn z.B. eine GmbH zwei Geschäftsführer hat und die beiden Geschäftsführer gemeinsam den RA beauftragen, für die GmbH tätig zu werden (ausführlich: Gerold/Schmidt Anmerkung 4 und 7ff. zu § 6).
Weitere, ganz entscheidende Voraussetzung ist, daß der StB für die mehreren Auftraggeber **wegen desselben Gegenstandes** tätig wird.

Beispiel 1:
Zusammenveranlagte Eheleute beauftragen den StB mit einer Klage vor dem Finanzgericht. Der StB wird wegen desselben Gegenstandes für die mehreren Auftraggeber (Eheleute) tätig, so daß sich die Prozeßgebühr gem. § 6 BRAGO um 3/10 erhöht (Madert/Hellstab Anmerkung 7 zu § 5, Seite 158 unter Hinweis auf: FG Bremen EFG 77, 563; FG Nürnberg EFG 80, 298; Nds. FG EFG 84, 140).

Ist der **Gegenstand nicht derselbe,** wegen welchen der StB für mehrere Auftraggeber in derselben Angelegenheit tätig wird, so tritt **keine Erhöhung** gem. § 6 BRAGO ein. Wird der StB in derselben Angelegenheit für mehrere Auftraggeber wegen verschiedener Gegenstände tätig, so sind die **Werte der einzelnen Gegenstände zu addieren** und nach der Summe der Werte entstehen die Gebühren nur einmal, wobei keine Erhöhung gem. § 6 BRAGO eintritt.

Beispiel 2:
Die Eheleute werden getrennt veranlagt. Gegen die einzelnen Bescheide wurde erfolglos ein Einspruchsverfahren durchgeführt. Nunmehr beauftragen beide Eheleute den StB, Klage zum Finanzgericht zu erheben. Auftragsgemäß erhebt der StB eine Klage zum Finanzgericht, in welcher beide Entscheidungen angefochten werden. In diesem Fall sind die Werte zu addieren und nach der Summe der Werte entstehen die Gebühren nur einmal, eine Erhöhung gem. § 6 BRAGO tritt nicht ein, da der StB nicht wegen desselben Gegenstandes für beide Eheleute tätig wird.

Wären jeweils für den Ehemann und die Ehefrau eine eigene Klage – getrennt voneinander – erhoben worden, so würde es sich um zwei verschiedene gebührenrechtliche Angelegenheiten handeln. Dann würden die Gebühren für jedes gerichtliche Verfahren zweimal entstehen und zwar unabhängig voneinander und ohne das diese aufeinander anzurechnen wären. Die Gebühren würden dann allerdings nur nach dem Gegenstandswert entstehen, der für die einzelnen Angelegenheit in Ansatz zu bringen ist.

Zur Gleichheit des Gegenstandes vgl. Gerold/Schmidt Anmerkung 25 zu § 6.

3 Welche Gebühren erhöhen sich

Nach dem Wortlaut des § 6 Absatz 1 Satz 2 BRAGO erhöht sich nur die Prozeßgebühr des § 31 Absatz 1 Nummer 1 BRAGO und die Geschäftsgebühr des § 118 Absatz 1 Nummer 1 BRAGO. Nach Rechtsprechung und Kommentierung hierzu erhöhen sich aber nicht nur die Prozeß- und die Geschäftsgebühr, sondern auch den diesen **ähnliche Betriebsgebühren,** wie z. B.
- die Prozeßgebühr des § 32 Absatz 1 BRAGO – vorzeitige Erledigung des Auftrages –
- die Prozeßgebühr des § 32 Absatz 2 BRAGO – mitvergleichen nicht anhängiger Ansprüche –
- die Korrespondenzgebühr gem. § 52 BRAGO
- die Prozeßgebühr des § 53 BRAGO – für den Unterbevollmächtigten –
- die Prozeßgebühr, die in einstweiligen Verfügungssachen über § 40 BRAGO entsteht,
- usw. (siehe auch Gerold/Schmidt Anmerkung 29 zu § 6).

Es erhöht sich aber immer nur die Prozeßgebühr oder die dieser ähnliche Betriebsgebühr. Es erhöhen sich **nicht** die in einer gebührenrechtlichen Angelegenheit weiter entstehenden Gebühren, wie z. B. die Verhandlungsgebühr, die Erörterungsgebühr, die Beweisgebühr und auch nicht die Vergleichsgebühr.

Erhöhen können sich auch die Rahmengebühren in Straf- und Bußgeldsachen (§§ 83, 84ff. BRAGO). Die Erhöhung tritt dann ein, wenn der StB tatsächlich mehrere Beschuldigte/Angeklagte in demselben Verfahren wegen derselben Tat verteidigt. Zu berücksichtigen ist aber § 146 StPO, wonach ein Verteidiger – und damit wohl auch nicht der StB in Steuerstrafsachen – gleichzeitig mehrere derselben Tat Beschuldigte verteidigen kann. In der Praxis ist für den StB kaum ein Fall denkbar, in welchem sich eine Rahmengebühr gem. § 6 BRAGO erhöht. Für den RA erhöht sich eine Rahmengebühr gem. § 6 BRAGO dann, wenn dieser mehrere andere am Strafverfahren Beteiligte (z. B. mehrere Nebenkläger) gleichzeitig vertritt.

4 Berechnung der Erhöhung

Die Erhöhung berechnet sich immer von der Ausgangsgebühr. Eine 10/10 Prozeßgebühr erhöht sich um 3/10. Die 5/10 Prozeßgebühr erhöht sich um 15/100 = 1,5/10 (3/10 von 5/10) (Hansens Anmerkung 9 zu § 6).

Die Erhöhung der Grundgebühr tritt für jeden **weiteren Auftraggeber** des StB ein. Hat der StB insgesamt vier Auftraggeber, so würde sich eine 10/10 Prozeßgebühr wie folgt erhöhen:
10/10 + 3/10 + 3/10 + 3/10 = 19/10.
Mehrere Erhöhungen dürfen den Betrag von zwei vollen Gebühren nicht übersteigen (§ 6 Absatz 1 Satz 2, letzter Halbsatz BRAGO). Dies bedeutet, daß sich eine 10/10 Prozeßgebühr um maximal 20/10 erhöhen darf, der StB also insgesamt eine 30/10 Prozeßgebühr berechnen kann. Eine 5/10 Prozeßgebühr kann sich um maximal 10/10 erhöhen, so daß der StB bei einer entsprechenden Vielzahl von Auftraggebern maximal eine 15/10 Prozeßgebühr berechnen kann, wenn die Ausgangsgebühr eine 5/10 Prozeßgebühr ist (Hansens Anmerkung 13 zu § 6).
Sollte sich tatsächlich einmal eine Rahmengebühr erhöhen, weil der StB mehrere Auftraggeber vertritt, so sind der Mindestbetrag und der Höchstbetrag um 3/10 für jeden weiteren Auftraggeber zu erhöhen. Mehrere Erhöhungen dürfen das Doppelte des Höchstbetrages nicht übersteigen (§ 6 Absatz 1 Satz 3 BRAGO; Gerold/Schmidt Anmerkung 37 zu § 6).

5 Haftung der einzelnen Auftraggeber

Gem. § 6 Absatz 3 Satz 1 BRAGO haftet jeder Auftraggeber dem StB nur für die Gebühren und Auslagen, die er schulden würde, wenn der StB nur in seinem Auftrag tätig geworden wäre. Jeder Auftraggeber haftet also nur für maximal eine 10/10 Prozeßgebühr und nicht für die Erhöhung derselben gem. § 6 BRAGO (Gerold/Schmidt Anmerkung 50 zu § 6). Hat ein Auftraggeber eine 10/10 Prozeßgebühr und die weiter entstandenen Gebühren und Auslagen an den StB gezahlt, so haftet er für die Erhöhung der Prozeßgebühr nicht mehr. Wegen der Erhöhungsbeträge muß der StB sich dann an einen der weiteren Auftraggeber wenden, falls der erste Auftraggeber, der die 10/10 Prozeßgebühr und die übrigen Gebühren und Auslagen gezahlt hat, die Zahlung der Erhöhung verweigert. Er haftet auch dann nicht mehr für die Erhöhung gem. § 6 BRAGO, wenn der Anspruch bei den übrigen – weiteren – Auftraggebern nicht beizutreiben ist.

6 Schreibauslagen bei mehr als 10 Auftraggebern

Da sich die Erhöhung der Prozeßgebühr gem. § 6 BRAGO bei mehr als 8 Auftraggebern nicht mehr auswirkt, (denn mehrere Erhöhungen dürfen den Betrag von zwei vollen Gebühren nicht übersteigen) hat der Gesetzgeber in § 6 Absatz 2 BRAGO einen Ausgleich geschaffen, wenn der StB mehr als 10 Auftraggeber hat. Hat der StB in derselben Angelegenheit mehr als 10 Auftraggeber, so kann er für die Abschriften und Ablichtungen, die er zur notwendigen Unterrichtung dieser Auftraggeber herstellt, Schreibauslagen im Sinne des § 27 BRAGO verlangen. Normalerweise gehört die Herstellung von Abschriften zur Unterrichtung des Auftraggebers zum Betreiben des Geschäfts und löst gem. § 27 BRAGO keine Schreibauslagen aus. Aufgrund der Ausnahmevorschrift des § 6 Absatz 2 BRAGO kann der StB für Abschriften und Ablichtungen, die er seinen Auftraggebern zur notwendigen Unterrichtung übersendet, Schreibauslagen verlangen. Für die ersten 50 Seiten kann der StB DM 1,– berechnen, ab der 51. Seite allerdings nur noch DM –,30 pro Seite. Schreibauslagen in dieser Höhe kann er auch dann verlangen, wenn er die Abschrift für den 11. und alle weiteren Auftraggeber nicht per Fotokopie, sondern per Mehrdruck ausstellt.

§ 7 Gegenstandswert

(1) **Die Gebühren werden, soweit dieses Gesetz nichts anderes bestimmt, nach dem Wert berechnet, den der Gegenstand der anwaltlichen Tätigkeit hat (Gegenstandswert).**

(2) **In derselben Angelegenheit werden die Werte mehrerer Gegenstände zusammengerechnet.**

(3) ... (findet keine Anwendung)

Anmerkungsübersicht

1 Allgemeines

Die Tätigkeit des StB in gerichtlichen Verfahren kann auf verschiedene Art vergütet werden:

a) Der StB erhält feste Gebühren, die sich nach dem Wert des Gegenstandes richten (Klagen vor dem FG – §§ 31ff. BRAGO).
b) Der StB erhält für seine Tätigkeit Betragsrahmengebühren (in Straf- und Bußgeldverfahren – §§ 83ff. und § 105 BRAGO). In diesem Falle spielt der Wert des Gegenstandes, soweit ein solcher überhaupt vorhanden ist, keine Rolle.

§ 7 befaßt sich mit den Gebühren, die nach dem Gegenstandswert berechnet werden.

2 Gegenstand

Gegenstand der Tätigkeit des StB ist das Recht oder Rechtsverhältnis, auf das sich die Tätigkeit des StB erstreckt. Der Gegenstand wird durch den Auftrag des Auftraggebers bestimmt.
Weitere Ausführungen über die Berechnung der Gegenstände finden sich in § 8 BRAGO.
Vergleiche im einzelnen auch die Ausführungen in Teil IV „Steuerliches Kostenrecht" (KostR), 2. Kommentierung, 4 Streitwert.

3 Zusammenrechnung

Betrifft die Tätigkeit des StB in **demselben** gerichtlichen Verfahren mehrere Gegenstände (z.B. Einkommen- und Umsatzsteuer), so werden deren Werte zusammengerechnet. Die Gebühren werden grundsätzlich aus den zusammengerechneten Werten entnommen. Ausnahme: Wird z.B. nur über einen Gegenstand Beweis erhoben, entsteht die Beweisgebühr nur aus dem Wert dieses Gegenstandes.
Bearbeitet der StB **mehrere** – getrennt voneinander anhängige – gerichtliche Verfahren, so werden die Werte der einzelnen Verfahren nicht zusammen addiert. Mehrere gerichtliche Verfahren, auch wenn sie für denselben Mandanten betrieben werden, stellen aus gebührenrechtlicher Sicht mehrere Angelegenheiten dar. Dies bedeutet, in jeder Angelegenheit kann der StB gesondert Gebühren berechnen. Diese gesonderten Gebühren richten sich nach dem Wert, der in dem einzelnen Verfahren zur Anwendung kommt. Wenn getrennte gerichtliche Verfahren vorliegen, werden die Gegenstandswerte also nicht addiert.

§ 8 Wertvorschriften

(1) **Soweit sich die Gerichtsgebühren nach dem Wert richten, bestimmt sich der Gegenstandswert im gerichtlichen Verfahren nach den für die Gerichtsgebühren geltenden Wertvorschriften. Diese Wertvorschriften gelten sinngemäß auch für die Tätigkeit außerhalb eines gerichtlichen Verfahrens, wenn der Gegenstand der Tätigkeit auch Gegenstand eines gerichtlichen Verfahrens sein könnte.**
(2) **Soweit sich aus diesem Gesetz nichts anderes ergibt, gelten in anderen Angelegenheiten für den Gegenstandswert § 18 Abs. 2, §§ 19 bis 23, 24 Abs. 1, 2, 4, 5, 6, §§ 25, 39 Abs. 2 der Kostenordnung sinngemäß. Soweit sich der Gegenstandswert aus diesen Vorschriften nicht ergibt und auch sonst nicht feststeht ist er nach billigem Ermessen zu bestimmen; in Ermangelung genügender tatsächlicher Anhaltspunkte für eine Schätzung und bei nicht vermögensrechtlichen Gegenständen ist der Gegenstandswert auf 8000 Deutsche Mark, nach Lage des Falles niedriger oder höher, jedoch nicht über eine Million Deutsche Mark anzunehmen. Betrifft die Tätigkeit eine einstweilige Anordnung der in § 620 Satz 1 Nr. 1, 2 oder 3 der Zivilprozeßordnung bezeichneten Art, so ist von einem Wert von 1000 Deutsche Mark auszugehen.**

Anmerkungsübersicht

1 Allgemeines

§ 7 BRAGO bestimmt, daß sich die Gebühren des StB nach dem Gegenstandswert richten. § 8 BRAGO regelt in Ausführung des § 7 BRAGO, wie dieser Gegenstandswert zu berechnen ist.

2 **Gegenstandswert im gerichtlichen Verfahren**

Im gerichtlichen Verfahren – somit auch in den Rechtsstreitigkeiten vor dem FG und dem BFH – bestimmt sich der Gegenstandswert **nach den für die Gerichtsgebühren geltenden Wertvorschriften.** Die für Gerichtsgebühren geltenden Wertvorschriften findet man in den §§ 12 bis 25 GKG. Wenn sich aus diesen speziellen Vorschriften keine Wertvorschrift für das betreffende Verfahren ergibt, gelten die §§ 3 bis 9 ZPO. Für das finanzgerichtliche und auch für das verwaltungsgerichtliche Verfahren findet sich eine spezielle Vorschrift in **§ 13 GKG.** Nach § 13 Absatz 1 Satz 1 GKG ist in Verfahren vor den Gerichten der Verwaltungs- und der Finanzgerichtsbarkeit der Streitwert nach der sich aus dem **Antrag des Klägers für ihn ergebenden Bedeutung der Sache nach Ermessen** zu bestimmen. Betrifft der Antrag des Klägers **eine bezifferte Geldleistung** oder einen hierauf gerichteten Verwaltungsakt, so ist **deren Höhe maßgebend** (§ 13 Absatz 2 GKG). Nur wenn der Sach- und Streitgegenstand für die Bestimmung des Wertes keine genügende Anhaltspunkte bietet, ist von einem Streitwert von DM 8.000,– auszugehen. Über § 45 StBGebV und die Verweise auf § 8 Absatz 1 Satz 1 BRAGO, § 12 Absatz 1 Satz 1 GKG und § 13 GKG finden diese Wertvorschriften auch für die Gebühren des StB Anwendung, die dieser in analoger Anwendung der BRAGO für Tätigkeiten in Verfahren vor den Gerichten der Finanz- und der Verwaltungsgerichtsbarkeit erhält. Gleichgültig ist, ob der StB Prozeßbevollmächtigter oder Unterbevollmächtigter (§ 53 BRAGO) ist, oder ob er nur die Korrespondenz zwischen einem Prozeßbevollmächtigten am Finanz- oder Verwaltungsgericht und der Mandantschaft führt (§ 52 BRAGO). Der Umstand, daß der StB vor dem Gericht nicht in Erscheinung tritt, z.B. weil er nur die Korrespondenz zwischen dem Prozeßbevollmächtigten und der Mandantschaft führt, ist unerheblich.
Ausführlich kommentiert ist die Berechnung des Gegenstandswertes in **Teil IV „Steuerliches Kostenrecht" (KostR) 2. Kommentierung, 4 Streitwert.**

3 **Gegenstandswert bei vorgerichtlicher Tätigkeit**

Für den StB bestimmt § 45 StBGebV die sinngemäße Anwendung der BRAGO nur für das gerichtliche Verfahren vor einem Finanz- oder Verwaltungsgericht. Der Gegenstandswert bei vorgerichtlicher Tätigkeit des StB bestimmt sich nicht nach der BRAGO, sondern nach § 10 StBGebV (siehe hierzu: die Kommentierung zu § 10 StBGebV in Teil II und Teil IV „Steuerliches Kostenrecht" (KostR) 2. Kommentierung 4 Streitwert).
Für den RA ergibt sich der Wert bei außergerichtlicher Tätigkeit aus § 8 Absatz 1 Satz 2 BRAGO. Hiernach sind die für die Gerichtskosten geltenden Wertvorschriften sinngemäß anzuwenden, wenn der Gegenstand der vorgerichtlichen Tätigkeit auch Gegenstand eines gerichtlichen Verfahrens **sein könnte.** Wenn die vorgerichtliche Tätigkeit aber nicht Gegenstand eines gerichtlichen Verfahrens sein kann, wie z.B. beim Entwurf eines Vertrages, dann bestimmt sich der Anwaltsgebührenwert nach § 8 Absatz 2 BRAGO

(zum Gegenstandswert **für den RA** bei Entwurf eines Dienst- oder Mietvertrages – Enders, JurBüro 1996, 1; bei Entwurf eines Testamentes, Erbvertrages und Erbverzichtes – Enders, JurBüro 1996, 169, bei Entwurf von Musterverträgen/allgemeinen Geschäftsbedingungen – Enders, JurBüro 1996, 225).

§ 9 Wertfestsetzung für die Gerichtsgebühren

(1) **Wird der für die Gerichtsgebühren maßgebende Wert gerichtlich festgesetzt, so ist die Festsetzung auch für die Gebühren des Rechtsanwalts maßgebend.**

(2) **Der Rechtsanwalt kann aus eigenem Recht die Festsetzung des Werts beantragen und Rechtsmittel gegen die Festsetzung einlegen. Rechtsbehelfe, die gegeben sind, wenn die Wertfestsetzung unterblieben ist, kann er aus eigenem Recht ergreifen.**

Anmerkungsübersicht

1 Allgemeines

§ 9 BRAGO zieht die Folgerungen aus § 8 BRAGO, wonach sich in gerichtlichen Verfahren der Gegenstandswert (auch Streitwert genannt) für die Berechnung der Gebühren des Rechtsanwalts/Steuerberaters nach den für die Gerichtsgebühren geltenden Wertvorschriften bestimmt. Diese Vorschrift ist auch anwendbar auf die Wertfestsetzung der Finanzgerichte. Gem. § 25 Absatz 2 Satz 1 letzter Halbsatz GKG erfolgt in Verfahren vor den Gerichten der Finanzgerichtsbarkeit die Festsetzung des Gegenstandwertes nur dann, wenn das Gericht sie für angemessen erachtet oder wenn ein Beteiligter oder die Staatskasse die Festsetzung des Gegenstandswertes **beantragen.** Dieser vom Kostenbeamten oder vom Gericht festgesetzte Gegenstandswert ist dann auch für die Gebühren des StB in dem gerichtlichen Verfahren maßgebend (siehe hierzu aber auch nachfolgende Anmerkung 2).

2 Übereinstimmung der Gegenstände

Der vom Gericht festgesetzte Wert ist dann für die Gebühren des StB maßgebend, wenn die Gegenstände der gerichtlichen Tätigkeit und der des StB übereinstimmen, was in der Regel der Fall sein wird.
Die Gegenstände können jedoch auch auseinanderfallen.

Beispiel 1:

Der Mandant beauftragt den StB, wegen eines Betrages von DM 10.000,– Klage zum FG zu erheben. Der StB rät wegen eines Betrages von DM 4.000,– ab und erhebt Klage wegen DM 6.000,–; Streitwert für den StB: DM 10.000,– (Prozeßgebühr 10/10 aus DM 6.000,– gemäß § 31 Absatz 1 Nummer 1 BRAGO, 5/10 aus DM 4.000,–

gemäß § 32 BRAGO, wobei die Summe der beiden Einzelgebühren nicht höher sein darf, als eine 10/10 Gebühr aus dem Gesamtwert – siehe Kommentierung zu § 13 Absatz 3 BRAGO).

Beispiel 2:

Vor dem FG ist ein Rechtsstreit zweier Streitgenossen mit verschiedenen Gegenständen anhängig. Für das Gericht werden die Werte zusammengerechnet. Für den StB, der nur einen Streitgenossen vertritt, gilt der Wert des Anspruches dieses Streitgenossen.

3 Antrag des Steuerberaters

Sofern das Gericht den Streitwert noch nicht von Amts wegen festgesetzt hat, ist der StB berechtigt, von sich aus die Festsetzung des Streitwertes zu beantragen. § 9 Absatz 2 Seite 1 BRAGO gibt dem StB das Recht, den Wertfestsetzungsantrag im eigenen Namen zu stellen. Er ist nicht verpflichtet, einen Wert anzugeben. In der Regel ist es jedoch zu empfehlen, daß der StB den von ihm als angemessen angesehenen Betrag erwähnt.

4 Änderung der Streitwertfestsetzung/Rechtsbehelf/Rechtsmittel

Kommt das Gericht zu dem Ergebnis, daß es den Streitwert unzutreffend festgesetzt hat, muß es seinen Beschluß von Amts wegen ändern (Gräber Anmerkung 39 vor § 135). Die Änderung ist allerdings nur innerhalb einer Frist von sechs Monaten zulässig, nachdem die Entscheidung in der Hauptsache Rechtskraft erlangt oder das Verfahren sich anderweitig erledigt hat. Innerhalb dieser Frist kann der StB auch die Änderung der Streitwertfestsetzung beantragen.
Hat der **Kostenbeamte** im Rahmen des Kostenansatzes oder des Kostenfestsetzungsverfahrens den Streit- bzw. Gegenstandswert festgesetzt, so kann hiergegen Erinnerung eingelegt werden (Gräber Anmerkung 40 vor § 135). Die Erinnerung ist an keine Frist gebunden. Über sie entscheidet das Gericht, bei dem das Kostenansatz- oder Kostenfestsetzungsverfahren stattgefunden hat (Gräber Anmerkung 17ff. vor § 135). Gegen die **gerichtliche Festsetzung** des Streit- bzw. Gegenstandswertes ist im **finanzgerichtlichen** Verfahren ein Rechtsmittel **nicht** gegeben. Denn nach § 25 Absatz 3 Satz 1 i. V. mit § 5 Absatz 2 Seite 3 GKG ist die Beschwerde gegen die Streitwertfestsetzung des **Finanzgerichtes** ausgeschlossen (Gräber Anmerkung 40 vor § 135). Zulässig ist, gegen die Streitwertfestsetzung durch das Finanzgericht **Gegenvorstellung** zu erheben. Die Gegenvorstellung kann dann vom Gericht als Anregung aufgefaßt werden, seine Entscheidung von Amts wegen zu überprüfen und ggfs. zu ändern. Die Änderung ist aber nur zulässig, wie bereits erwähnt, innerhalb von sechs Monaten nachdem die Entscheidung in der Hauptsache Rechtskraft erlangt oder das Verfahren sich anderweitig erledigt hat. Die Gegenvorstellung sollte daher vor Ablauf dieser Frist erhoben werden.

§ 10 Wertfestsetzung für die Rechtsanwaltsgebühren

(1) **Berechnen sich die Gebühren für die anwaltliche Tätigkeit in einem gerichtlichen Verfahren nicht nach dem für die Gerichtsgebühren maßgebenden Wert oder fehlt es an einem solchen Wert, so setzt das Gericht des Rechtszugs den Wert des Gegenstands der anwaltlichen Tätigkeit auf Antrag durch Beschluß selbständig fest.**

(2) **Der Antrag ist erst zulässig, wenn die Vergütung fällig ist. Antragsberechtigt sind der Rechtsanwalt, der Auftraggeber und ein erstattungspflichtiger Gegner; wenn Prozeßkostenhilfe bewilligt ist, auch die Bundes- oder Landeskasse. Vor der Entscheidung sind die Beteiligten zu hören. Das Verfahren ist gebührenfrei. Der Rechtsanwalt erhält in dem Verfahren keine Gebühren.**

(3) **Gegen die Entscheidung kann Beschwerde eingelegt werden, wenn der Beschwerdegegenstand einhundert Deutsche Mark übersteigt. Eine Beschwerde an einen obersten Gerichtshof des Bundes ist nicht zulässig. Die Beschwerde ist binnen zwei Wochen nach Zustellung der Entscheidung einzulegen. Im übrigen sind die für die Beschwerde in der Hauptsache geltenden Verfahrensvorschriften anzuwenden. Die weitere Beschwerde ist statthaft, wenn sie das Beschwerdegericht wegen der grundsätzlichen Bedeutung der zur Entscheidung stehenden Frage zuläßt. Die weitere Beschwerde kann nur darauf gestützt werden, daß die Entscheidung auf einer Verletzung des Gesetzes beruht; die §§ 550 und 551 der Zivilprozeßordnung gelten sinngemäß.**

(4) **Anträge, Erklärungen und Beschwerden können zu Protokoll der Geschäftsstelle gegeben oder schriftlich ohne Mitwirkung eines Rechtsanwalts eingereicht werden.**

Anmerkungsübersicht

1 Allgemeines

Es ist denkbar, daß sich die Gebühren des StB nicht nach dem für die Gerichtsgebühren geltenden Streitwert berechnen; vergleiche vorstehend § 9 BRAGO. § 10 BRAGO gewährt dem StB in diesem Falle die Möglichkeit, den Antrag zu stellen, den für ihn maßgebenden Streitwert festzusetzen. Das gilt jedoch nur für den Wert des bei Gericht anhängigen Gegenstandes (vergleiche das in Anmerkung 2 zu § 9 BRAGO gebildete Beispiel 2). Der Streitwert des nicht anhängigen Gegenstandes kann vom Gericht nicht festgesetzt werden (vergleiche das in Anmerkung 2 zu § 9 BRAGO gebildete Beispiel 1).

Möglich ist aber, daß ein nicht anhängiger Gegenstand vom Gericht im Rahmen eines Wertfestsetzungsverfahrens nach § 10 BRAGO bewertet wird, wenn die Parteien sich über einen in einem gerichtlichen Verfahren anhängigen Gegenstand außergerichtlich verglichen haben und in den außergerichtlichen Vergleich auch ein Gegenstand einbezogen wurde, welcher noch nicht bei Gericht anhängig war (Gerold/Schmidt Anmerkung 2 zu

§ 10). Eine derartige Fallkonstellation im Rahmen der Tätigkeit eines StB in einem finanz- oder verwaltungsgerichtlichen Verfahren dürfte aber nur in den seltensten Fällen vorkommen, wenn dies überhaupt denkbar ist.

Für ein Festsetzungsverfahren nach § 10 BRAGO ist es nicht erforderlich, daß der StB im Rahmen seiner Tätigkeit in dem gerichtlichen Verfahren gegenüber dem Gericht in Erscheinung getreten ist. Es reicht z.B. auch aus, wenn der StB die Korrespondenz zwischen dem Mandanten und dem Prozeßbevollmächtigten geführt hat (§ 52 BRAGO). Auch in diesem Falle kann der StB den Gegenstandswert für seine Korrespondenztätigkeit nach § 10 BRAGO festsetzen lassen.

In Frage kommt die Regelung des § 10 BRAGO auch, wenn eine Wertfestsetzung für die Gerichtsgebühren nicht erfolgt (z.B. weil das gerichtliche Verfahren gebührenfrei ist). Das Wertfestsetzungsverfahren ist gebührenfrei. Der StB erhält in diesen Verfahren keine Gebühren.

Lappe (NJW 1982 S. 1439) und Bonner Handbuch (E 931) sowie das FG München mit Anmerkung von Roderich von Rhein (BB 1986 S. 315) stellen zu Unrecht in Zweifel, § 64 StBerG reiche als Ermächtigungsgrundlage für §§ 10ff. BRAGO nicht aus. Die Ermächtigung des § 64 StBerG beschränkt sich nämlich nicht nur auf „selbstverständliche" (also unabdingbar notwendige) Teile einer Gebührenordnung, sondern auch auf nicht unbedingt notwendige, aber sinnvolle und praktikable Regelungen (ebenso Schall in BB 1984 Beilage 4 S. 11; Eberl in DStR 1983 S. 573). Nach FG Berlin (EFG 1985 S. 414) stellt die StBGebV sogar eine gesetzliche Gebührenregelung dar.

2 Antrag

Der Antrag ist erst zulässig, wenn die Vergütung fällig ist. Wegen der Fälligkeit vergleiche Anmerkung zu § 16 BRAGO. Der Antrag kann gemäß Absatz 4 formlos gestellt werden. Antragsberechtigt sind der StB, der Auftraggeber, ein evtl. erstattungspflichtiger Gegner und in Prozeßkostenhilfeverfahren auch die Bundes- und Landeskasse.

3 Vorschrift des Absatzes 3

In finanzgerichtlichen Verfahren ist die Beschwerde gegen die Streitwertfestsetzung gemäß § 10 Absatz 3 BRAGO nicht gegeben. Über die Beschwerde müßte der BFH entscheiden. Eine Beschwerde an einen Obersten Gerichtshof des Bundes ist jedoch nach § 10 Absatz 3 Satz 2 BRAGO nicht zulässig. Der StB kann jedoch gegen den Streitwertbeschluß, wenn er ihn für unrichtig hält, Gegenvorstellungen erheben, die zweckmäßigerweise zu begründen sind.

§ 11 Volle Gebühr, Mindestbetrag einer Gebühr

(1) **Die volle Gebühr bei einem Gegenstandswert bis 600 DM beträgt 50 DM. Die Gebühr erhöht sich bei einem**

Gegenstandswert bis (DM)	für jeden angefangenen Betrag von weiteren (DM)	um (DM)
3 000	600	40
10 000	1 000	55
20 000	2 000	70
50 000	5 000	80
100 000	10 000	140
400 000	30 000	160
1 000 000	60 000	250
über 1 000 000	100 000	300

Eine Gebührentabelle für Gegenstandswerte bis eine Million Deutsche Mark ist diesem Gesetz als Anlage beigefügt. Im Berufungs- und Revisionsverfahren erhöhen sich die Beträge der sich aus Satz 1 und 2 ergebenden Gebühren um drei Zehntel. Im Revisionsverfahren erhöht sich die Prozeßgebühr jedoch um zehn Zehntel, soweit sich die Parteien nur durch einen beim Bundesgerichtshof zugelassenen Rechtsanwalt vertreten lassen können. In Verfahren vor dem Rechtsmittelgericht über die Zulassung des Rechtsmittels gelten die Sätze 4 und 5 entsprechend.

(2) **Der Mindestbetrag einer Gebühr ist 20 Deutsche Mark. Pfennigbeträge sind auf zehn Deutsche Pfennig aufzurunden.**

Anmerkungsübersicht

Allgemeines

1 Absatz 1 Satz 1 bestimmt, was unter einer vollen Gebühr zu verstehen ist. Eine volle Gebühr ist eine 10/10 Gebühr. Das Gesetz bestimmt den Gegenstandswert und die Höhe des Gebührensatzes. Kennt man den Gegenstandswert und den Gebührensatz, so ergibt sich der Betrag, den der StB liquidieren kann aus der Tabelle, die der BRAGO als Anlage beigefügt ist. (Diese Tabelle entspricht der Tabelle E – Anlage 5 –. Es kann deshalb auf diese Tabelle verwiesen werden.) Die Gebühren beruhen dabei auf einer Abstufung nach den Gegenstandswerten, die dem System der Wertklasse folgt, also nicht Wertprozente angibt. Der Gebührenverlauf ist dabei degressiv. Beträgt die Gebühr nur einen Bruchteil einer vollen Gebühr, ist der Betrag als Bruchteil der vollen Gebühr zu errechnen. Absatz 2 bestimmt den Mindestbetrag einer vollen Gebühr auf DM 20,–, Pfennigbeträge sind auf DM –,10 aufzurunden. Jede einzelne Gebühr ist für sich aufzurunden. Auslagen (mit Ausnahme der Postgebührenpauschale) sind nicht aufzurunden.

2 **Finanzgericht**

Die frühere Streitfrage, welche Gebühr der StB für die Vertretung vor dem FG erhält, ist nunmehr in § 114 Absatz 2 BRAGO ausdrücklich geregelt. Er erhält die volle Gebühr des erstinstanzlichen Verfahrens, also 10/10, Die Gebührenordnung läßt insoweit unberücksichtigt, daß es im Hinblick auf die FGO zweifelhaft ist, ob dieses Verfahren wirklich dem erstinstanzlichen Verfahren vor einem VG entspricht (vergleiche hierzu FG Hamburg in BB 1968 S. 1067). Das gilt auch für das FG Berlin (BFH in BStBl III 1961 S. 342 = BB 1962 S. 27).

3 **Bundesfinanzhof**

Der StB, der den Auftraggeber vor dem BFH als Rechtsmittelgericht vertritt, erhält die um 3/10 erhöhte Gebühr des Absatzes 1 Satz 2, also 13/10-Gebühren. Es erhöhen sich alle Gebühren, die in dem Verfahren vor dem Rechtsmittelgericht anfallen, also nicht nur die Prozeßgebühr, sondern auch die Verhandlungs-, Erörterungs-, Beweis- oder auch die Erledigungsgebühr.
§ 11 Absatz 1 Satz 5 BRAGO, wonach sich im Verfahren vor dem Bundesgerichtshof die Prozeßgebühr um 10/10 erhöht, wenn sich die Parteien nur durch einen beim BGH zugelassenen Rechtsanwalt vertreten lassen können, gilt für das Verfahren vor dem Bundesfinanzhof und dem Bundesverwaltungsgericht nicht.
Das Verfahren über eine **Beschwerde** ist stets eine gesonderte gebührenrechtliche Angelegenheit. Es gilt § 61 Absatz 1 Nummer 1 BRAGO. Danach können im Beschwerdeverfahren die in § 31 BRAGO bestimmten Gebühren, also die Prozeß-, Verhandlungs-, Erörterungs- und die Beweisgebühr entstehen. Die Gebühren fallen im Beschwerdeverfahren allerdings nicht in voller Höhe an, sondern nur in Höhe von **5/10** (Ausnahmen: siehe nachfolgend auch Kap. 4).
Gem. § 128 Absatz 1 FGO kann gegen Entscheidungen des Finanzgerichts, des Vorsitzenden oder des Berichtserstatters, die nicht Urteile oder Gerichtsbescheide sind, Beschwerde an den Bundesfinanzhof eingelegt werden, soweit in der FGO nichts anderes bestimmt ist. Da dieses Rechtsbeschwerdeverfahren in den Verfahren vor den Finanzgerichten dem Revisionsverfahren entspricht, entstehen die nach § 11 Absatz 1 Satz 4 BRAGO um 3/10 erhöhten Gebühren (so: Gerold/Schmidt Anmerkung 18 zu § 114; Göttlich/Mümmler „Finanzgericht“ 1.21; a.A. Hansens Anmerkung 17 zu § 114). Dies würde bedeuten, daß sich die 5/10 Gebühren der §§ 61 Absatz 1 Nummer 1, 31 Absatz 1 BRAGO um 3/10 erhöhen und im Ergebnis eine **13/20** Gebühr berechnet werden kann.

4 **Nichzulassungsbeschwerde**

Im Verfahren über die Beschwerde gegen die Nichtzulassung eines Rechtsmittels können über § 61 Absatz 1 Nummer 1 BRAGO alle Gebühren des

§ 31 Absatz 1 BRAGO entstehen, also – natürlich vorausgesetzt die entsprechenden Gebührentatbestände werden erfüllt – die Prozeß-, Verhandlungs-, Erörterungs- und die Beweisgebühr. Die 5/10 Gebühren erhöhen sich gem. § 11 Absatz 1 Satz 6 BRAGO um 3/10; es fallen also **13/20** Gebühren an (Gerold/Schmidt Anmerkung 6 zu § 61; FG Rheinland-Pfalz JurBüro 1996, 639; BVerwG, JurBüro 1996, 416) Das Verfahren über die Beschwerde gegen die Nichtzulassung eines Rechtsmittels ist stets eine gesonderte gebührenrechtliche Angelegenheit (§ 14 Absatz 2 Satz 1 BRAGO).

5 **Zulassung eines Rechtsmittels**

Im Verfahren über die Zulassung eines Rechtsmittels entstehen gem. § 114 Absatz 4 BRAGO grundsätzlich die Gebühren, die auch in dem – mit der Zulassung begehrten – Rechtsmittelverfahren entstehen würden. Es entstehen also die Gebühren des § 31 Absatz 1 BRAGO, also – vorausgesetzt die entsprechenden Gebührentatbestände sind erfüllt – die Prozeß-, Verhandlungs-, Erörterungs- und die Beweisgebühr. Die Gebühren entstehen auch in der Höhe, in welcher sie in dem Rechtsmittelverfahren anfallen würden, also in Höhe von **13/10.**

Das Verfahren über die Zulassung eines Rechtsmittels gehört gem. § 14 Absatz 2 Satz 2 BRAGO zum Rechtszug, bildet also mit diesem eine gebührenrechtliche Angelegenheit (siehe hierzu auch die nachfolgende Kommentierung zu § 14 Absatz 2 Satz 2 BRAGO).

6 **Auftrag zur Einlegung des Rechtsmittels – vorzeitige Erledigung**

Für den Anfall der Prozeßgebühr (10/10) ist nicht erforderlich, daß das Verfahren bereits bei Gericht anhängig ist. Es genügt, wenn der StB beauftragt ist, eine Klage vor dem FG zu erheben. Kommt es aber nicht zur Klageerhebung, ermäßigt sich die Gebühr allerdings gemäß § 32 BRAGO auf die Hälfte (5/10). Ebenso entsteht die Gebühr für das Revisionsverfahren bereits dann, wenn der StB den Auftrag erhält, Revision einzulegen und den Auftraggeber vor dem BFH zu vertreten. Kommt es aber zu keiner Revisionseinlegung, ermäßigt sich die Gebühr ebenfalls um die Hälfte, in diesem Falle auf 13/20.

§ 12 Rahmengebühren

(1) **Bei Rahmengebühren bestimmt der Rechtsanwalt die Gebühr im Einzelfall unter Berücksichtigung aller Umstände, insbesondere der Bedeutung der Angelegenheit, des Umfangs und der Schwierigkeit der anwaltlichen Tätigkeit sowie der Vermögens- und Einkommensverhältnisse des Auftraggebers, nach billigem Ermessen. Ist die Gebühr von einem Dritten zu ersetzen, so ist die von dem Rechtsanwalt getroffene Bestimmung nicht verbindlich, wenn sie unbillig ist.**

(2) ... (findet keine Anwendung)

Anmerkungsübersicht

1 Allgemeines

Bei Wertgebühren ist im Gesetz genau definiert, wie der Gegenstandswert zu bestimmen und welcher Gebührensatz in Ansatz zu bringen ist. Mit diesen beiden Komponenten kann dann der Betrag, den der StB letztlich seinem Mandanten für seine Tätigkeit in Rechnung stellt, genau aus der Tabelle zu § 11 BRAGO abgelesen werden. Im Gegensatz dazu bestimmt das Gesetz bei den Rahmengebühren nur einen Mindest- und einen Höchstbetrag, also einen Rahmen. Innerhalb dieses Rahmens hat der StB dann den Betrag, den er letztlich dem Mandanten in Rechnung stellt, zu bestimmen. § 12 BRAGO gibt ihm für die Tätigkeiten, die nach der BRAGO vergüten werden und für die das Gesetz Rahmengebühren vorschreibt Anhaltspunkte, in welcher Höhe die Gebühr zu bestimmen ist.
(Betrag-)Rahmengebühren berechnet der StB für seine Tätigkeiten, die nach der BRAGO vergütet werden in Strafverfahren (§§ 83, 84ff. BRAGO), Bußgeldsachen (§ 105 BRAGO), berufgerichtlichen Verfahren (§ 110 BRAGO) und in Gnadensachen (§ 93 BRAGO).
Da § 11 StBGebV den § 12 BRAGO nachgebildet ist, kann grundsätzlich auf die vorstehende Kommentierung zu § 11 StBGebV verwiesen werden. Dennoch soll nachstehend noch einmal kurz auf das wesentliche eingegangen werden.

2 Bestimmung der Gebühr

Die Rahmengebühr hat der StB innerhalb des im Gesetz festgelegten Rahmens unter Berücksichtigung aller Umstände nach billigem Ermessen zu bestimmen. Insbesondere hat er bei der Bestimmung der Gebühr zu berücksichtigen:

– **die Bedeutung der Angelegenheit für den Auftraggeber;**
  hier ist zu fragen: „Welche Auswirkung hat die Angelegenheit für den Auftraggeber, was ist sein persönliches, ideelles oder wirtschaftliches Interesse am Ausgang der Angelegenheit im Hinblick auf den von ihm erhofften bzw. erzielten Erfolg. In Betracht kommt in der Regel nur die Bedeutung, die die Angelegenheit für den Auftraggeber hat" (zitiert nach Gerold/Schmidt Anmerkung 11 zu § 12). Hat in einer Strafsache der Mandant eine Freiheitsstrafe zu erwarten, die nicht einmal zur Bewährung ausgesetzt wird, so hat die Sache für ihn in der Regel eine höhere Bedeutung, als wenn er nur mit einer Geldstrafe oder einem Bußgeld rechnen muß. Eine höhere Bedeutung für den Auftraggeber bedeutet für den StB, daß er eine Gebühr in Ansatz bringen kann, die über der Mittelgebühr liegt.

Siehe auch vorstehende Kommentierung zu § 11 StBGebV Anmerkung zu 2.1.

- **die Vermögens- und Einkommensverhältnisse des Auftragebers;**
  auszugehen ist von den Verhältnissen, die dem Durchschnitt der Bevölkerung entsprechen. Liegen die Einkommens- und Vermögensverhältnisse des Mandanten über dem Durchschnitt der Bevölkerung, kann der StB eine höhere Gebühr in Ansatz bringen. Umgekehrt wirken sich schlechtere Einkommens- und Vermögensverhältnisse des Auftraggebers gebührenmindernd aus (vgl. Gerold/Schmidt Anmerkung 14 zu § 12).
  Siehe auch vorstehende Kommentierung zu § 11 StBGebV Anmerkung 2.4.
- **der Umfang der Tätigkeit des StB;**
  ein ganz wesentliches Merkmal bei der Bestimmung der Höhe der Gebühr dürfte der Umfang der Tätigkeit des StB in der zu bewertenden Angelegenheit sein. Unter Umfang versteht man den zeitlichen Aufwand, den der StB auf die Sache verwandt hat. In einer Strafsache z.B. ist nicht nur die Dauer der Hauptverhandlung zu berücksichtigen, sondern auch Vorbereitungszeiten des StB, Besprechungen mit dem Mandanten, Zeiten für Aktenstudium, Zeiten für Literatur- und Rechtsprechungstudium, Zeiten für Besprechungen mit dem Mandanten nach dem Urteil, z.B. ob dieses akzeptiert oder Berufung eingelegt wird usw. (vgl. Gerold/Schmidt Anmerkung 12 zu § 12).
  Siehe auch vorstehende Kommentierung zu § 11 StBGebV Anmerkung 2.2
- **die Schwierigkeit der Tätigkeit des StB;**
  entscheidend ist hier, daß die Sache objektiv schwierig ist und nicht, ob sie subjektiv für den bearbeitenden StB schwierig ist. „Schwierig ist die Tätigkeit z.B. dann, wenn erhebliche, im Normalfall nicht auftretende Probleme auftauchen, sei es, daß sie auf juristischem Gebiet liegen ..." (zitiert nach Gerold/Schmidt Anmerkung 13 zu § 12). Auch wenn Probleme auftreten, die nicht auf juristischem und nicht auf steuerlichem Gebiet liegen, kann die Sache für den bearbeitenden StB überdurchschnittlich schwierig sein.
  Siehe auch vorstehende Kommentierung zu § 11 StBGebV Anmerkung 2.3

Sind alle der vorgenannten Merkmale durchschnittlich, so ist in der Regel von der Mittelgebühr auszugehen (siehe auch vorstehende Kommentierung zu § 11 StBGebV Anmerkung 3.3). Die Mittelgebühr errechnet sich wie folgt:

$$\frac{\text{Mindestgebühr} + \text{Höchstgebühr}}{2}$$

Die Mittelgebühr für die Verteidigung in einer Strafsache, anhängig bei einem Amtsgericht berechnet sich wie folgt:
§ 83 Absatz 1 Nummer 3 BRAGO:

100,– DM + 1.300,– DM = 1.400,– DM : 2 = 700,– DM.

Um einen Betrag liquidieren zu können, der die Mittelgebühr überschreitet, reicht es aus, daß eines der vorgenannten Merkmale überdurchschnittlich ist. Allerdings können ein oder mehrere unterdurchschnittliche Merkmale eine überdurchschnittliches Merkmal kompensieren, so daß es letztlich bei der Mittelgebühr bleibt (Gerold/Schmidt Anmerkung 7 zu § 12).

Beispiel 1:

Die Angelegenheit war zwar für den Auftraggeber von überdurchschnittlicher Bedeutung. Der Auftraggeber lebt aber in sehr schlechten Einkommens- und Vermögensverhältnissen. Die schlechten Einkommens- und Vermögensverhältnisse kompensieren die hohe Bedeutung der Angelegenheit für den Mandanten. Wenn auch die übrigen Merkmale durchschnittlich sind dürfte der Ansatz der Mittelgebühr angemessen sein.

Der Ansatz der Höchtsgebühr ist sicherlich nicht nur dann angebracht, wenn alle Umstände für die Höchstgebühr sprechen.

Beispiel 2:

Der Mandant lebt in durchschnittlichen Einkommens- und Vermögensverhältnissen. Die Sache ist für ihn von durchschnittlicher Bedeutung. Für den bearbeitenden StB ist die Sache äußerst umfangreich und schwierig. Der Ansatz der Höchstgebühr könnte allein deshalb gerechtfertigt sein, weil die Tätigkeit des StB umfangreich und schwierig war.

3 Einwendungen

In der Praxis kommt es vor, daß die Höhe der vom StB bestimmten Rahmengebühr beanstandet wird. In diesem Falle ist zu unterscheiden:
Im **Verhältnis StB zu seinem Mandanten/Auftraggeber** ist die getroffene Bestimmung gem. § 315 Absatz 3 BGB nur verbindlich, wenn sie der Billigkeit entspricht. Entspricht sie nicht der Billigkeit, so wird die Bestimmung in dem vom StB anzustrengenden Gebührenprozeß gegen seinen Mandanten durch Urteil getroffen. Der StB hat in diesem Fall zu beweisen, daß die von ihm getroffene Bestimmung der Billigkeit entspricht (Gerold/Schmidt Anmerkung 6b zu § 12).
Ist die Gebühr **von einem Dritten zu ersetzen,** so ist die vom StB getroffene Bestimmung nicht verbindlich, wenn sie unbillig ist (§ 12 Absatz 1 Satz 2 BRAGO). Dritte sind am Verfahren Beteiligte, die aufgrund einer Kostenentscheidung einem anderen – hier dem Mandanten des StB – dessen Gebühren und Auslagen zu ersetzen haben (z.B. auch die Staatskasse im Falle des Freispruches des Angeklagten). Literatur und Rechtsprechung billigen dem RA in der Regel eine Toleranzgrenze von 20% zu (Gerold/Schmidt Anmerkung 6 und 9 zu § 12; Hansens Anmerkung 15 zu § 12; Göttlich/Mümmler „Rahmengebühren" 2.4 – jeweils m.w.N. –). Dies muß auch für den StB gelten. Dies bedeutet, daß die vom StB getroffene Bestimmung nicht unbillig ist, wenn sie die vom dem Dritten als angemessene Gebühr nicht um mehr als 20% überschreitet.

Beispiel:

Der StB hat für die Strafverteidigung vor dem Amtsgericht die Mittelgebühr in Höhe von DM 700,– in Ansatz gebracht. Der Rechtspfleger hält eine Gebühr in Höhe von DM 600,– für angemessen. Die Toleranzgrenze von 20% (DM 600,– + 20% – DM 120,– = DM 720,–) wird nicht überschritten, so daß nach überwiegender Meinung in Rechtsprechung und Literatur die von dem StB auf DM 700,– bestimmte Gebühr nicht unbillig – und somit nicht zu beanstanden ist.

4 § 12 Absatz 2 BRAGO

Nach § 12 Absatz 2 BRAGO ist in dem Gebührenrechtsstreit des Rechtsanwalts gegen seinen Mandanten, in dem die Höhe einer Rahmengebühr streitig ist, ein Gutachten des Vorstandes der Rechtsanwaltskammer einzuholen. Diese Bestimmung ist bei StB nicht anzuwenden. Ein Gutachten ist somit nicht einzuholen. Dem StB bleibt es jedoch unbenommen, ein Gutachten eines Gebührensachverständigen vorzulegen und mit ihm nachzuweisen, daß die von ihm bestimmte Gebühr nicht unbillig ist.
Zu der Frage, ob die Steuerberaterkammer ein Gutachten erstellen kann, vergleiche die vorstehenden Ausführungen in Anmerkung 7 zu § 11 und Anmerkung 4 zu § 3 BRAGO.

§ 13 Abgeltungsbereich der Gebühren

(1) **Die Gebühren entgelten, soweit dieses Gesetz nichts anderes bestimmt, die gesamte Tätigkeit des Rechtsanwalts vom Auftrag bis zur Erledigung der Angelegenheit.**

(2) **Der Rechtsanwalt kann die Gebühren in derselben Angelegenheit nur einmal fordern. In gerichtlichen Verfahren kann er die Gebühren in jedem Rechtszug fordern.**

(3) **Sind für Teile des Gegenstands verschiedene Gebührensätze anzuwenden, so erhält der Rechtsanwalt für die Teile gesondert berechnete Gebühren, jedoch nicht mehr als die aus dem Gesamtbetrag der Wertteile nach dem höchsten Gebührensatz berechnete Gebühr.**

(4) **Auf bereits entstandene Gebühren ist es, soweit dieses Gesetz nichts anderes bestimmt, ohne Einfluß, wenn sich die Angelegenheit vorzeitig erledigt oder der Auftrag endigt, bevor die Angelegenheit erledigt ist.**

(5) **Wird der Rechtsanwalt, nachdem er in einer Angelegenheit tätig geworden ist, beauftragt, in derselben Angelegenheit weiter tätig zu werden, so erhält er nicht mehr an Gebühren, als er erhalten würde, wenn er von vornherein hiermit beauftragt worden wäre. Ist der frühere Auftrag seit mehr als zwei Kalenderjahren erledigt, gilt die weitere Tätigkeit als neue Angelegenheit.**

(6) **Ist der Rechtsanwalt nur mit einzelnen Handlungen beauftragt, so erhält er nicht mehr an Gebühren als der mit der gesamten Angelegenheit beauftragte Rechtsanwalt für die gleiche Tätigkeit erhalten würde.**

Anmerkungsübersicht

1 Allgemeines

§ 13 BRAGO stimmt mit § 12 der StBGebV überein bis auf eine Abweichung, die nur für gerichtliche Verfahren Bedeutung hat. Es fehlt in § 12 StBGebV ein Absatz 2 Satz 2, der sich nur mit den gerichtlichen Verfahren befaßt.

Die Vorschrift regelt mehrere Fragen:

a) die Gebühr gilt die gesamte Tätigkeit ab, für die sie gewährt wird (Absatz 1),
b) der StB kann die Gebühr grundsätzlich in derselben gebührenrechtlichen Angelegenheit nur einmal fordern (Absatz 2), in gerichtlichen Verfahren fallen die Gebühren in jedem Rechtszug erneut an,
c) Absatz 3 regelt die Anwendung verschiedener Gebührensätze auf Teile des Gegenstandes,
d) die vorzeitige Erledigung der Angelegenheit oder des Auftrages läßt die bereits entstandenen Gebühren grundsätzlich unberührt (Absatz 4),
e) Absatz 5 behandelt die wiederholte Erteilung eines Auftrages in derselben Angelegenheit,
f) der mit mehreren Einzelhandlungen beauftragte StB erhält nicht mehr an Gebühren als der mit einem Gesamtauftrag beauftragte StB (Absatz 6).

Die Gebühren sind sogenannte Pauschgebühren. Damit hat es folgende Bewandnis:

(1) Der StB erhält nicht für jede einzelne Tätigkeit, z. B. für jeden Schriftsatz, jede mündliche Verhandlung, eine besondere Gebühr (sogenannte Einzelaktgebühr). Vielmehr werden gleichartige Tätigkeiten zu Gruppen zusammengefaßt. Der StB erhält für jede Tätigkeitsgruppe nur eine Gebühr, z. B. mehrere Beweisaufnahmen in demselben Verfahren lösen nur eine Beweisgebühr aus.

(2) Hat der StB eine Tätigkeit entfaltet, die nach den Bestimmungen der BRAGO zu einer Tätigkeitsgruppe gehört, so hat er die für die ganze Tätigkeitsgruppe bestimmte Gebühr verdient. Die Gebühr erhöht sich also nicht, wenn der StB viele gleichartige Tätigkeiten entfalten muß, sie ermäßigt sich auch nicht, wenn sich der StB mit einer Tätigkeit begnügen kann.

Die Gebühren entstehen zwar laufend mit jeder gleichartigen Tätigkeit, der StB kann die Gebühr aber nur einmal fordern. Das gilt auch für die Bruchteilsgebühren, so daß also nur 1/2 Gebühr verdient wird, wenn mehrmals nichtstreitig verhandelt wird.

2 Abgeltungsbereich der Gebühren (Absatz 1)

Gem. § 13 Absatz 1 Satz 1 BRAGO entgelten die Gebühren, soweit die BRAGO nichts anderes bestimmt, die gesamte Tätigkeit des RA vom Auftrag bis zur Erledigung der Angelegenheit. So wird z. B. durch die Prozeßgebühr des § 31 Absatz 1 Nummer 1 BRAGO, die in voller Höhe erst ausgelöst wird durch die Einreichung der Klage- oder Antragschrift bei Gericht, auch abgegolten die Entgegennahme der Informationen und die Vorbereitung und Fertigung der Klage- oder Antragschrift. Mit der Prozeßgebühr auch abgegolten sind z. B. außergerichtliche Besprechungen mit der Gegenseite (vgl. hierzu auch § 37 Nummer 2 BRAGO) oder auch sämtliche Besprechungen mit dem Mandanten während des laufenden Verfahrens. Auch noch mit der Prozeßgebühr abgegolten sind Nebentätigkeiten nach Vorliegen des Urteils, wie z. B. Einholung eines Rechtskraftzeugnisses, Abwicklung des Kostenfestsetzungsverfahrens. Natürlich können immer dann weitere Gebühren entstehen, wenn die BRAGO dies vorsieht, wie z. B. für eine Tätigkeit in einer mündlichen Verhandlung die Verhandlungsgebühr des § 31 Absatz 1 Nummer 2 BRAGO entsteht oder für eine Tätigkeit in einer Beweisaufnahme die Beweisaufnahmegebühr des § 31 Absatz 1 Nummer 3 BRAGO anfällt.

3 Eine gebührenrechtliche Angelegenheit (Absatz 2 Satz 1)

Gem. § 13 Absatz 2 Satz 1 BRAGO kann der RA die Gebühren **in derselben Angelegenheit** nur einmal fordern. Dies gilt auch für den StB. Daher ist stets genaustens zu prüfen, ob nur eine gebührenrechtliche Angelegenheit vorliegt, oder ob es sich etwa um mehrere gebührenrechtliche Angelegenheiten handelt. Denn wenn es sich um mehrere gebührenrechtliche Angelegenheiten handelt, können die Gebühren auch mehrfach entstehen, nämlich **für jede gebührenrechtliche Angelegenheit gesondert!**
Für das gerichtliche Verfahren gilt folgendes: **Alles was bei Gericht ein eigenes – gesondertes – Verfahren ist, ist auch gebührenrechtlich als eigene, gesonderte Angelegenheit zu behandeln** (z. B. Arrest und einstweiliges Verfügungsverfahren neben dem Hauptsacheprozeß – § 40 BRAGO –; Beschwerdeverfahren neben dem Hauptverfahren – § 61 BRAGO –; das weitere Verfahren über die Höhe der Ansprüche nach Zurückverweisung – unter den Voraussetzungen des § 15 Absatz 1 BRAGO –).
In den Fällen, in denen das Gericht die Gegenstände in verschiedenen getrennten Verfahren behandelt, ist klar, daß es sich auch für den StB um mehrere gebührenrechtliche Angelegenheiten handelt. Auch klar ist, daß es sich um eine gesonderte gebührenrechtliche Angelegenheit handelt, wenn die BRAGO dies bestimmt. Für Fälle, in denen es zweifelhaft sein kann, ob es sich um eine oder mehrere gebührenrechtliche Angelegenheiten handelt, haben Rechtsprechung und Literatur folgende Grundsätze herausgearbeitet:

Um dieselbe – also eine – gebührenrechtliche Angelegenheit handelt es sich immer dann, wenn folgende drei Voraussetzungen gegeben sind:

1. Es muß ein **einheitlicher Auftrag** des Mandanten an den StB vorliegen. Ein einheitlicher Auftrag ist auch dann noch gegeben, wenn der StB zu verschiedenen Zeiten beauftragt worden ist, aber zwischen StB und Mandant Einigkeit besteht, daß die Ansprüche gemeinsam – z. B. in einem Verfahren – behandelt werden sollen.
2. Es muß **der gleiche Rahmen** bei der Verfolgung der mehreren Ansprüche eingehalten werden. Dieses Erfordernis ist z. B. erfüllt, wenn mehrere Gegenstände in einer Klage zusammengefaßt werden. Nicht erfüllt ist dieses Erfordernis, wenn ein Gegenstand außergerichtlich, z. B. in einem Widerspruchs- oder Einspruchsverfahren behandelt wird und wegen eines anderen Gegenstandes bereits Klage erhoben worden ist.
3. Es muß zwischen den einzelnen Gegenständen ein **innerer objektiver Zusammenhang** bestehen (Göttlich/Mümmler „Angelegenheit" 2.; Gerold/Schmidt Anmerkung 5 zu § 13; Hansens Anmerkungen 6 bis 10 zu § 13).

Nur wenn **alle drei der vorgenannten Erfordernisse** erfüllt sind, ist von einer gebührenrechtlichen Angelegenheit auszugehen. Wenn bereits eines der drei vorgenannten Erfordernisse nicht erfüllt ist, handelt es sich um zwei gebührenrechtliche Angelegenheiten.

4 **In jedem Rechtszug neue Gebühren (Absatz 2 Satz 2)**

§ 13 Absatz 2 Satz 2 BRAGO durchbricht den Grundsatz, daß der StB die Gebühren in derselben Angelegenheit nur einmal fordern kann. Diese Vorschrift bestimmt, daß im gerichtlichen Verfahren **jeder Rechtszug eine eigene gebührenrechtliche Angelegenheit** ist. Der StB, der die Mandantschaft sowohl in dem Rechtsstreit vor dem Finanzgericht vertritt als auch in dem anschließenden Rechtsmittelverfahren vor dem Bundesfinanzhof erhält also zweimal Gebühren, nämlich

- einmal die Gebühren der §§ 31 ff. BRAGO in Höhe von 10/10 für das Verfahren vor dem Finanzgericht zzgl. Auslagen (auch Pauschsatz gem. § 26 Satz 2 BRAGO) und Umsatzsteuer
- und daneben für die Tätigkeit in dem Rechtsmittelverfahren vor dem Bundesfinanzhof ebenfalls die Gebühren der §§ 31 ff. BRAGO in Höhe von 13/10 (§ 11 Absatz 1 Satz 4 BRAGO) ebenfalls zzgl. Auslagen (auch einen gesonderten Pauschsatz gem. § 26 Satz 2 BRAGO) und Umsatzsteuer.

Allerdings deckt sich der prozeßrechtliche Begriff des Rechtszuges (Klage bis Urteil) nicht ganz mit dem gebührenrechtlichen Begriff des Rechtszuges. Zum gebührenrechtlichen Rechtszug gehören auch – wie schon unter vorstehender Anmerkung 2 ausgeführt – die Tätigkeiten vor der Klage, also Entgegennahme der Informationen, Aufbereitung derselben für das gerichtliche Verfahren und schließlich auch die Vorbereitung und die Fertigung der Klage- oder Antragschrift. Nebentätigkeiten, die sich am Ende des Rechts-

zuges (an das Urteil) anschließen, wie z.B. Einholung eines Rechtskraftvermerkes, Betreiben des Kostenfestsetzungsverfahrens sind ebenfalls noch mit den im Prozeß entstandenen Gebühren gem. §§ 31ff. BRAGO abgegolten und lösen noch keine neuen Gebühren aus.
Der nächste Rechtszug, also das Rechtsmittelverfahren beginnt für den StB mit dem **Auftrag** des Mandanten, das **Rechtsmittel einzulegen.** Für Tätigkeiten nach diesem Auftrag können also neue Gebühren entstehen (Gerold/Schmidt Anmerkung 20 zu § 31). Die 13/10 Prozeßgebühr für die Vertretung im Rechtsmittelverfahren wird bei dem RA des Rechtsmittelführers erst ausgelöst mit Einreichung der Rechtsmittelschrift oder eines Antrages auf Zulassung des Rechtsmittels (siehe hierzu: Anmerkung 2 zu § 31 BRAGO). Für den Prozeßbevollmächtigten des Rechtsmittelgegners wird die 13/10 Prozeßgebühr des § 31 Absatz 1 Nummer 1 BRAGO ausgelöst durch die Einreichung eines Schriftsatzes mit Sachanträgen beim Rechtsmittelgericht.
Hat der StB, der den Mandanten auch bereits in dem Verfahren vor dem Finanzgericht vertreten hat, den Auftrag, gegen das Urteil des Finanzgerichtes Rechtsmittel zum Bundesfinanzhof einzulegen, kommt es aber nicht zur Rechtsmitteleinlegung, weil der Mandant nach Beratung durch den StB erkennt, daß die notwendigen Erfolgsaussichten für das Rechtsmittelverfahren fehlen, so entsteht eine 13/20 Prozeßgebühr gem. § 32 Absatz 1 BRAGO. Denn der Auftrag, das Rechtsmittel einzulegen, hat sich vorzeitig erledigt, also bevor eine Tätigkeit ausgeübt wurde, die die volle (13/10) Prozeßgebühr entstehen läßt. Auch die 5/10 Prozeßgebühr des § 32 Absatz 1 BRAGO erhöht sich um 3/10 auf 13/20, da der Auftrag, das Rechtsmittel einzulegen bereits erteilt war, und damit der neue Rechtszug für den StB gebührenrechtlich beginnt.
Werden zwei oder mehrere Verfahren miteinander verbunden, bleiben die in den einzelnen Verfahren entstandenen Gebühren aus dem Wert der einzelnen Verfahren bestehen. Nach der Verbindung entstehen die Gebühren bei Erfüllung des Gebührentatbestandes aus dem Gesamtstreitwert. Sind die Gebühren sowohl vor wie auch nach der Verbindung entstanden, bleibt es bei den vor der Verbindung entstandenen Gebühren. Die Summe dieser Einzelgebühren aus den einzelnen Werten – entstanden vor der Verbindung – ist auch höher als die nach Verbindung entstehende eine Gebühr aus dem Gesamtwert.

5 Verschieden hohe Gebühren (Absatz 3)

Sind für Teile des Gegenstandes verschiedene Gebührensätze anzuwenden, so erhält nach Absatz 3 der StB für die Teile gesondert berechnete Gebühren, jedoch nicht mehr als die aus dem gesamten Gegenstand nach dem höchsten Gebührensatz berechneten Gebühren.

Beispiel 1:

Der StB erhält den Auftrag, den Steuerbescheid wegen eines Betrages von DM 20.000,– anzufechten. Mit der ersten Tätigkeit (Aufnahme zur Information) ist die Prozeßgebühr entstanden; zunächst allerdings nur zur Hälfte (§ 32 BRAGO). Nach Prüfung der Rechtslage rät er, den Rechtsstreit nur wegen DM 7.000,– durchzuführen. Er erhebt Klage wegen DM 7.000,–. Mit der Einreichung der Klage erwächst die Gebühr wegen dieser DM 7.000,– zur vollen Gebühr. Wegen der restlichen DM 13.000,– verbleibt es bei der halben Gebühr. Der StB erhält hiernach:

10/10 Prozeßgebühr gem. § 31 Absatz 1 Nummer 1 BRAGO aus DM 7.000,–	DM 430,–
5/10 Prozeßgebühr gem. § 32 Absatz 1 BRAGO aus DM 13.000,–	DM 367,50
	DM 797,50
Gem. § 13 Absatz 3 BRAGO darf die vorstehende Summe der beiden Einzelgebühren aber nicht höher sein als eine 10/10 Gebühr aus DM 20.000,– =	DM 945,–
Da die Summe der beiden Einzelgebühren mit niedriger ist, kann der RA die beiden Einzelgebühren voll berechnen.	DM 797,50

Beispiel 2:

In dem Rechtsstreit wird über einen Betrag in Höhe DM 12.000,– streitig verwandelt und die über restlichen, anhängigen Gegenstände mit einem Wert von DM 2.000,– nichtstreitig. Der StB erhält folgende Verhandlungsgebühren:

10/10 Verhandlungsgebühr gem. § 31 Absatz 1 Nummer 2 BRAGO aus DM 12.000,–	DM 665,—
5/10 Verhandlungsgebühr gem. § 33 Absatz 1 Satz 1 BRAGO aus DM 2.000,–	DM 85,—
	DM 750,—

Gem. § 13 Absatz 3 BRAGO darf die Summe der beiden Einzelgebühren nicht höher sein als eine

10/10 Gebühr aus dem Gesamtwert von DM 14.000,– =	DM 735,—

In diesem Fall ist die Summe der beiden Einzelgebühren höher. Der StB darf die Summe der beiden Einzelgebühren nicht voll berechnen, sondern maximal – gem. § 13 Absatz 3 BRAGO – DM 735,–.

Ist die Summe der beiden Einzelgebühren aus den Teilwerten niedriger als eine Gebühr nach dem höchsten Gebührensatz aus dem Gesamtwert, so können die beiden Einzelgebühren in vollem Umfange vom StB berechnet werden (siehe vorstehendes Beispiel 1).
Ist die Summe der beiden Einzelgebühren aus den Teilwerten höher als eine Gebühr nach dem höchsten Gebührensatz aus dem Gesamtwert, so darf der StB maximal die Gebühr nach dem höchsten Gebührensatz aus dem Gesamtwert berechnen (vgl. auch Gerold/Schmidt Anmerkung 46 zu § 13 mit weiteren Beispielen).

6 Vorzeitige Erledigung (Absatz 4)

Erledigt sich die Angelegenheit vorzeitig (**Beispiel:** Klagerücknahme oder Erlaß des begehrten Bescheides durch das FA) oder endet der Auftrag (**Beispiel:** Während des Verfahrens wird der dem StB erteilte Auftrag gekündigt), verbleibt es bei den bisher entstandenen Gebühren. D. h. der StB kann die

bis zur vorzeitigen Beendigung entstandenen Gebühren von dem Auftraggeber verlangen.
Auch vereinbartes Honorar kann der StB trotz vorzeitiger Beendigung der Angelegenheit verlangen. Unter Umständen ist jedoch eine Ermäßigung des vereinbarten Honorars entsprechend dem geringeren Umfang der Tätigkeit angebracht. Anders kann sich die Rechtslage evtl. dann darstellen, wenn der Mandant das Mandat gekündigt hat, wegen vertragswidrigem Verhalten des StB. Der StB behält zwar auch in diesem Fall seinen Anspruch auf Zahlung der bis zur Kündigung entstandenen Gebühren. Möglicherweise hat der Mandant aber einen Schadensersatzanspruch gegen den StB, mit dem er gegenüber dem Honoraranspruch des StB aufrechnen kann mit der Folge, daß der Honoraranspruch des StB durch die Aufrechnung erloschen ist.
Auch wenn die dem Mandanten gewährten Prozeßkostenhilfe aufgehoben worden ist, hat der dem Mandanten im Rahmen der Prozeßkostenhilfe beigeordnete StB Anspruch auf Erstattung der Gebühren aus der Staatskasse, die bereits während der Beiordnung entstanden sind.

7 Weitere Tätigkeit (Absatz 5)

Nach § 13 Absatz 5 Satz 1 BRAGO soll der StB nicht mehr an Gebühren beanspruchen können, als er erhalten haben würde, wenn er von Anfang an bis zur Erledigung der Sache bestellt gewesen wäre. Wird zum Beispiel nach einer Kündigung der StB erneut beauftragt und weiter tätig, erhält er die entsprechenden Gebühren nur einmal (also z. B. die Prozeßgebühr nur einmal).
Das gilt auch, wenn der StB zunächst nur mit Einzeltätigkeiten im gerichtlichen Verfahren beauftragt ist und später dann zum Prozeßbevollmächtigten bestellt wird. Er erhält dann insgesamt nicht mehr an Gebühren, als er erhalten würde, wenn er von Anfang an zum Prozeßbevollmächtigten bestellt gewesen wäre.
Nach § 13 Absatz 5 Satz 2 BRAGO gilt die weitere Tätigkeit aber dann als neue Angelegenheit im gebührenrechtlichen Sinn, wenn der erste Auftrag seit mehr als zwei Kalenderjahren erledigt ist. Der Auftrag ist i. S. des § 13 Absatz 5 Satz 2 BRAGO erledigt, wenn die Gebühren gem. § 16 BRAGO fällig geworden sind (so: OLG Karlsruhe JurBüro 1998, 26; Hansens Anmerkung 33 zu § 13; Hartmann, Anmerkung 97 zu § 13; Göttlich/Mümmler „Angelegenheit" 5.). Wann die Gebühren fällig werden, ergibt sich aus § 16 BRAGO. Gem. § 16 Absatz 1, letzter Halbsatz BRAGO werden die Gebühren auch fällig, wenn das Verfahren länger als drei Monate ruht.

Beispiel 1:

Nach Klageeinreichung wird in einer mündlichen Verhandlung vor Gericht streitig verhandelt. Anschließend wird eine Beweisaufnahme durchgeführt. Danach wird das Ruhen des Verfahrens im März 1997 angeordnet. Nachdem das Verfahren drei Monate geruht hat kann der StB abrechnen:
– 10/10 Prozeßgebühr gem. § 31 Absatz 1 Nummer 1 BRAGO
– 10/10 Verhandlungsgebühr gem. § 31 Absatz 1 Nummer 2 BRAGO

– 10/10 Beweisgebühr gem. § 31 Absatz 1 Nummer 3 BRAGO
+ Pauschsatz des § 26 Satz 2 BRAGO, Umsatzsteuer etc.

Das Verfahren wird dann im Februar 2000 wieder aufgenommen und fortgesetzt. Es findet erneut eine mündliche Verhandlung statt, in welcher streitig verhandelt wird. Es werden erneut Beweise erhoben. Da zwischen Erledigung des ersten Auftrages und Fortsetzung des Verfahrens mehr als zwei Kalenderjahre liegen, gilt die Tätigkeit nach Fortsetzung des Verfahrens als neue gebührenrechtliche Angelegenheit (§ 13 Absatz 5 Satz 2 BRAGO). Der StB kann also für seine Tätigkeit nach Fortsetzung des Verfahrens im Februar 2000 folgende weitere Gebühren berechnen, ohne das diese auf die Gebühren, die er schon erhalten hat, anzurechnen wären:

– 10/10 Prozeßgebühr gem. § 31 Absatz 1 Nummer 1 BRAGO
– 10/10 Verhandlungsgebühr gem. § 31 Absatz 1 Nummer 2 BRAGO
– 10/10 Beweisgebühr gem. § 31 Absatz 1 Nummer 3 BRAGO
+ Pauschsatz gem. § 26 Satz 2 BRAGO, Umsatzsteuer etc.

Zwischen Erledigung des früheren Auftrages und Fortsetzung der Angelegenheit müssen mindestens **zwei volle Kalenderjahre** liegen. Die Frist berechnet sich wie bei § 198 BGB.

Beispiel 2:

Der frühere Auftrag endet im April 1998. Die Sache setzt sich dann im Mai 2000 fort. § 13 Absatz 5 BRAGO kommt nicht zur Anwendung, da zwischen Ende der früheren Tätigkeit und Fortsetzung der Angelegenheit nicht zwei volle Kalenderjahre liegen.

Beispiel 3:

Der frühere Auftrag endet im April 1998. Die Sache setzt sich im Januar 2001 fort. In diesem Fall kommt § 13 Absatz 5 Satz 2 BRAGO zur Anwendung, da zwischen Ende des ersten Auftrages und Fortsetzung der Angelegenheit zwei volle Kalenderjahre liegen, nämlich die Jahre 1999 und 2000.

Die 2-Jahresfrist des § 13 Absatz 5 Satz 2 BRAGO beginnt also immer erst am Ende des Jahres, in welchem der Gebührenanspruch nach Erledigung des ersten Auftrages fällig geworden ist (Gerold/Schmidt Anmerkung 93 zu § 13).

8 Mehrere Einzeltätigkeiten (Absatz 6)

Wird der StB nicht zum Prozeßbevollmächtigten bestellt, sondern nur mit einzelnen Tätigkeiten beauftragt (z. B. mit dem Entwurf der Klage oder der Fertigung mehrerer Schriftsätze), so erhält er die Gebühren des § 56 BRAGO, insgesamt jedoch nicht mehr als die Gebühr, die er als Prozeßbevollmächtigter erhalten hätte. Es ist also immer der Grundsatz zu beachten, daß dem StB nicht mehr an Gebühren zusteht, als er erhalten würde, wenn er von Anfang an als Prozeßbevollmächtigter oder sonst mit der Erledigung der Sache beauftragt worden wäre.

§ 14 Verweisung, Abgabe, Zulassung von Rechtsmitteln

(1) **Wird eine Sache an ein anderes Gericht verwiesen oder abgegeben, so sind die Verfahren vor dem verweisenden oder abgebenden und vor dem übernehmenden Gericht ein Rechtszug. Wird eine Sache an ein**

Gericht eines niedrigeren Rechtszugs verwiesen oder abgegeben, so ist das weitere Verfahren vor diesem Gericht ein neuer Rechtszug.

(2) **Wird das Rechtsmittel in Verfahren über die Beschwerde gegen seine Nichtzulassung zugelassen, so ist das Verfahren über das zugelassene Rechtsmittel ein neuer Rechtszug. Alle sonstigen Verfahren über die Zulassung des Rechtsmittels gehören zum Rechtszug des Rechtsmittels.**

Anmerkungsübersicht

1 Allgemeines

§ 14 BRAGO bildet ebenso wie § 15 BRAGO eine Ergänzung zu § 13 Absatz 2 Satz 2 BRAGO. Beide Bestimmungen umreißen den Begriff des Rechtszuges näher für den Fall der Verweisung oder Zurückverweisung. Durch § 14 BRAGO wird klargestellt, daß eine Verweisung grundsätzlich nicht zu neuen Gebühren führt, wenn sie auf einer instanzlichen Ebene erfolgt. In seinem Absatz 2 regelt § 14 BRAGO ob die Nichtzulassungsbeschwerde und die sonstigen Verfahren auf Zulassung eines Rechtsmittels einen neuen gebührenrechtlichen Rechtszug bilden.

2 Verweisung auf einer instanzlichen Ebene

Wird die Sache von einem Gericht an ein anderes Gericht **der gleichen instanzlichen Ebene,** also innerhalb desselben Rechtszuges verwiesen, so bildet das Verfahren vor dem verweisenden Gericht und das Verfahren vor dem Gericht, an das verwiesen wird, gebührenrechtlich einen Rechtszug. Dies bedeutet, daß die Gebühren insgesamt nur einmal entstehen können.

Beispiel 1:

Die Klage wird vor dem Amtsgericht erhoben. Nach Erörterung der Sach- und Rechtslage stellt das Amtsgericht fest, das es nicht zuständig ist und verweist den Rechtsstreit an das zuständige Finanzgericht. In dem Verfahren vor dem Finanzgericht wird erneut streitig verhandelt. Es folgt eine Beweisaufnahme. Anschließend ergeht ein Urteil. Der Prozeßbevollmächtigte, der in dem Verfahren vor dem Amtsgericht und nach Verweisung vor dem Finanzgericht vertreten hat, erhält die Gebühren insgesamt nur einmal, nämlich:
– 10/10 Prozeßgebühr gem. § 31 Absatz 1 Nummer 1 BRAGO
– 10/10 Verhandlungsgebühr gem. § 31 Absatz 1 Nummer 2 BRAGO
– 10/10 Beweisgebühr gem. § 31 Absatz 1 Nummer 3 BRAGO
+ Auslagen, Pauschsatz gem. § 26 Satz 2 BRAGO, Umsatzsteuer pp.

Beispiel 2:

Das Finanzgericht verweist den Rechtsstreit nach Klageerhebung an das Arbeitsgericht. Auch hier findet die Verweisung auf einer instanzlichen Ebene statt, so daß der

Bevollmächtigte, der in beiden Verfahren vertritt, die Gebühren insgesamt nur einmal erhalten kann.

Beispiel 3:
Das erstinstanzliche angerufene Landgericht verweist an das zuständige Finanzgericht. Auch hier handelt es sich um eine Verweisung auf einer instanzlichen Ebene, so daß die Gebühren nur einmal entstehen können.

Vgl. zu Vorstehendem: Gerold/Schmidt Anmerkung 4 und 5 zu § 14.
Wenn mit oder nach der Verweisung ein Wechsel in der Person des Bevollmächtigten eintritt, kann der neue Bevollmächtigte natürlich alle Gebühren in vollem Umfang erhalten, ohne Rücksicht darauf, welche Gebühren der erste Bevollmächtigte bereits vor Verweisung erhalten hat (siehe hierzu auch die folgende Anmerkung 6).

3 Verweisung an ein Gericht eines niedrigeren Rechtszuges

Nach § 14 Absatz 1 Satz 2 BRAGO handelt es sich gebührenrechtlich dann um einen neuen Rechtszug, wenn die Sache an ein Gericht eines niedrigeren Rechtszuges verwiesen oder abgegeben wird. Dies ist z.B. der Fall, wenn das erstinstanzliche Gericht seine Zuständigkeit bejaht hat, das Rechtsmittelgericht diese aber verneint und in einen anderen Instanzenzug hinein verweist. Dann ist das weitere Verfahren vor dem Gericht, an das verwiesen wird, eine neue gebührenrechtliche Angelegenheit.

Beispiel:
Die Klage war erhoben beim Amtsgericht Hamburg. Dieses hatte seine Zuständigkeit bejaht. Nach Vorliegen des Urteils wird Berufung eingelegt. Das Landgericht Hamburg sieht die Zuständigkeit des Amtsgerichts Hamburg nicht als gegeben an und verweist die Sache an das zuständige Finanzgericht. Der Prozeßbevollmächtigte kann gesonderte Gebühren verlangen für
- das Verfahren vor dem Amtsgericht Hamburg,
- das Berufungsverfahren vor dem Landgericht Hamburg,
- das Verfahren vor dem zuständigen Finanzgericht.

In allen drei Verfahren können gesonderte Gebühren völlig unabhängig voneinander entstehen und ohne das diese aufeinander anzurechnen wären.

Vgl. hierzu Gerold/Schmidt Anmerkung 7 zu § 14.

4 Nichtzulassungsbeschwerde

Gem. § 14 Absatz 2 Satz 2 BRAGO ist das Verfahren über die Beschwerde gegen die Nichtzulassung eines Rechtsmittels gebührenrechtlich stets eine gesonderte Angelegenheit. Dies bedeutet, die in dem Verfahren über die Beschwerde gegen die Nichtzulassung des Rechtsmittels entstehenden Gebühren fallen unabhängig von den Gebühren an, die dem Bevollmächtigten bereits in dem I. Rechtszug entstehen und auch von den Gebühren, die in dem II. Rechtszug – nach Zulassung des Rechtsmittels – entstehen.
In dem Verfahren über die Beschwerde gegen die Nichtzulassung des Rechtsmittels entstehen gem. § 61 Absatz 1 Nummer 1 BRAGO die Gebühren des

§ 31 Absatz 1 BRAGO in Höhe von 13/20 (siehe hierzu Anmerkung 4 zu § 11 BRAGO).

Beispiel:

Der StB hat die Mandantschaft schon in dem I. Rechtszug vertreten. Nach streitiger mündlicher Verhandlung und Beweisaufnahme ergeht ein Urteil. Das Gericht hat ein Rechtsmittel gegen das Urteil in diesem nicht zugelassen. Gegen die Nichtzulassung des Rechtsmittels legt der StB auftragsgemäß Beschwerde ein. Auf die Beschwerde hin wird das Rechtsmittel gegen das erstinstanzliche Urteil zugelassen.
Der StB legt nunmehr das Rechtsmittel ein und vertritt die Mandantschaft auch im dem Rechtsmittelverfahren, in welchem nach streitiger mündlicher Verhandlung ein Urteil ergeht.
Der StB kann berechnen:
I. für das Verfahren vor dem Gericht des I. Rechtszuges
– 10/10 Prozeßgebühr gem. § 31 Absatz 1 Nummer 1 BRAGO
– 10/10 Verhandlungsgebühr gem. § 31 Absatz 1 Nummer 2 BRAGO
– 10/10 Beweisgebühr gem. § 31 Absatz 1 Nummer 3 BRAGO
+ Auslagen, Pauschsatz gem. § 26 Satz 2 BRAGO, Umsatzsteuer pp.
II. für das Verfahren über die Beschwerde gegen die Nichtzulassung des Rechtsmittels
– 13/20 Prozeßgebühr gem. §§ 31 Absatz 1 Nummer 1, 61 Absatz 1 Nummer 1, 14 Absatz 2 Satz 1 BRAGO
+ Auslagen, Pauschsatz gem. § 26 Satz 2 BRAGO, Umsatzsteuer pp.
III. für das Verfahren über das Rechtsmittel
– 13/10 Prozeßgebühr gem. §§ 31 Absatz 1 Nummer 1, 11 Absatz 1 Satz 4 BRAGO
– 13/10 Verhandlungsgebühr gem. §§ 31 Absatz 1 Nummer 2, 11 Absatz 1 Satz 4 BRAGO
+ Auslagen, Pauschsatz gem. § 26 Satz 2 BRAGO, Umsatzsteuer pp.
Die Gebühren entstehen unabhängig voneinander und sind nicht aufeinander anzurechnen.

5 Zulassung des Rechtsmittels

Gem. § 14 Absatz 2 Satz 2 BRAGO gehören alle sonstigen Verfahren – mit Ausnahme der Nichtzulassungsbeschwerde – über die Zulassung eines Rechtsmittels zum Rechtszug des Rechtsmittels. Dies bedeutet:
Für das Verfahren über die Zulassung des Rechtsmittels entstehen dem StB zwar gesonderte Gebühren. Diese Gebühren sind aber, wenn das Rechtsmittel auf Antrag zugelassen wird und der StB dann auch in dem Rechtsmittelverfahren weiter vertritt, anzurechnen auf die in dem Rechtsmittelverfahren entstehenden Gebühren, können also nicht daneben entstehen.
Gem. § 114 Absatz 4 BRAGO entstehen in dem Verfahren über den Antrag auf Zulassung des Rechtsmittels dieselben Gebühren, die der StB im Rechtsmittelverfahren berechnen kann.

Beispiel:

Der StB hat die Mandantschaft bereits in dem Klageverfahren vor dem erstinstanzlichen Gericht vertreten. Nach streitiger mündlicher Verhandlung und Beweisaufnahme ergeht ein Urteil, wonach die Klage abgewiesen wird.

Auftragsgemäß stellt der StB nach Vorliegen des schriftlich abgesetzten Urteils einen Antrag auf Zulassung des Rechtsmittels gegen dieses Urteil. Diesem Antrag wird stattgegeben.
Auch in dem II. Rechtszug vertritt der StB die Mandantschaft. In dem Verfahren wird streitig mündlich verhandelt und anschließend ergeht ein Urteil.
Der StB kann berechnen:
I. für das Verfahren des I. Rechtszuges
– 10/10 Prozeßgebühr gem. § 31 Absatz 1 Nummer 1 BRAGO
– 10/10 Verhandlungsgebühr gem. § 31 Absatz 1 Nummer 2 BRAGO
– 10/10 Beweisgebühr gem. § 31 Absatz 1 Nummer 3 BRAGO
+ Auslagen, Pauschsatz gem. § 26 Satz 2 BRAGO, Umsatzsteuer pp.
II. für das Verfahren über die Zulassung der Berufung
– 13/10 Prozeßgebühr gem. §§ 31 Absatz 1 Nummer 1, 11 Absatz 1 Satz 4, 114 Absatz 4 BRAGO.
III. für das Rechtsmittelverfahren
– 13/10 Prozeßgebühr gem. §§ 31 Absatz 1 Nummer 1, 14 Absatz 1 Satz 2, 11 Absatz 1 Satz 4 BRAGO
– 13/10 Verhandlungsgebühr gem. §§ 31 Absatz 1 Nummer 2, 11 Absatz 1 Satz 4 BRAGO
+ Auslagen, Pauschsatz gem. § 26 Satz 2 BRAGO, Umsatzsteuer pp.

Die für das Verfahren auf Zulassung der Berufung entstandene 13/10 Prozeßgebühr kann der StB nicht gesondert neben den ihm in dem Rechtsmittelverfahren entstehenden Gebühren verlangen. Die 13/10 Prozeßgebühr aus dem Verfahren über die Zulassung des Rechtsmittels ist anzurechnen auf die in dem Rechtsmittelverfahren selbst entstandene Prozeßgebühr, da das Verfahren über die Zulassung des Rechtsmittels zum Rechtszug gehört (§ 14 Absatz 2 Satz 2 BRAGO).

6 Wechsel des Prozeßbevollmächtigten

Wird der Mandant in dem Verfahren vor dem verweisenden Gericht und in dem Verfahren vor dem Gericht, an das verwiesen wird, nicht von demselben Prozeßbevollmächtigten (StB oder RA) vertreten, so entstehen die Gebühren natürlich zweimal, nämlich einmal bei dem StB, der den Mandanten in dem Verfahren vor dem verweisenden Gericht vertreten hat und einmal bei dem StB, der den Mandanten vor dem Gericht, an das verwiesen worden ist, vertreten hat. Hier findet keine Anrechnung der Gebühren statt, die in dem Verfahren vor dem verweisenden Gericht entstanden sind auf die Gebühren, die in dem Verfahren vor dem Gericht entstehen, an das verwiesen wird. Dies gilt auch, wenn der Mandant in dem Verfahren über die Zulassung eines Rechtsmittels von einem anderen StB/RA vertreten wird, als in dem Verfahren über das Rechtsmittel selbst. Dann entstehen natürlich dem StB/RA, der den Mandanten in dem Verfahren über die Zulassung des Rechtsmittels vertreten hat, gesonderte Gebühren, die nicht anzurechnen sind auf die Gebühren des StB, der den Mandanten in dem Rechtsmittelverfahren selbst vertritt.
Bei einem Wechsel des Prozeßbevollmächtigten könnte es allerdings Probleme geben bei der Erstattung der „Mehrkosten“, die dadurch bedingt sind, daß ein Wechsel in der Person des Bevollmächtigten eingetreten ist (vgl. Gerold/Schmidt Anmerkung 10 zu § 14).

§ 15 Zurückverweisung

(1) **Wird eine Sache an ein untergeordnetes Gericht zurückverwiesen, so ist das weitere Verfahren vor diesem Gericht ein neuer Rechtszug. Die Prozeßgebühr erhält der Rechtsanwalt jedoch nur, wenn die Sache an ein Gericht zurückverwiesen ist, das mit der Sache noch nicht befaßt war.**

(2) ... (findet keine Anwendung)

Anmerkungsübersicht

1 Allgemeines

§ 15 BRAGO ergänzt – wie § 14 BRAGO – den § 13 Absatz 2 Satz 2 BRAGO. Er regelt die Gebührenfrage bei einer Zurückverweisung der Sache durch das Rechtsmittelgericht an die untere Instanz dahingehend, daß das Verfahren nach der Zurückverweisung als neuer Rechtszug gilt; demzufolge erhält der StB, der vor und nach der Zurückverweisung tätig war, mehrfach Gebühren. Satz 2 macht nur insoweit eine Einschränkung, als die Prozeßgebühr im Regelfall nicht nochmals gefordert werden kann. Das gilt auch für das Finanzgerichtsverfahren (BFH in BFHE 113 S. 45). Voraussetzung für die Anwendung des Satzes 2 ist, daß der StB in der gleichen Instanz bereits vor der Zurückverweisung tätig war und die Prozeßgebühr verdient hat. Tritt ein **anderer** StB neu auf, erhält er selbstverständlich auch die Prozeßgebühr. Eine Zurückverweisung liegt immer dann vor, wenn ein Rechtsmittelgericht (z.B. der BFH) durch eine den Rechtszug beendende Entscheidung einem in dem Instanzenzug untergeordneten Gericht die abschließende Entscheidung überträgt. Zurückverweisung im Sinne des § 15 BRAGO liegt z.B. auch dann vor, wenn das BVerfG ein Urteil des BFH aufhebt und die Sache an ihn zurückverweist. Allerdings findet § 15 BRAGO keine Anwendung bei Zurückverweisung an die Behörde, da es sich bei letzterer um kein „Gericht" handelt. Bei anschließender Anfechtung des neuen Verwaltungsaktes entstehen vor dem FG wieder neue Gebühren (**a. M.:** BFH in BStBl III 1960 S. 499).

2 Das weitere Verfahren

Das weitere Verfahren vor dem Gericht, an das zurückverwiesen worden ist, bildet einen neuen Rechtszug i.S. des § 13 Absatz 2 Satz 2 BRAGO. Dies bedeutet, daß nach **Zurückverweisung alle Gebühren – mit Ausnahme der Prozeßgebühr – neu entstehen können,** unabhängig davon, ob sie schon in dem ursprünglichen Verfahren vor Einlegung des Rechtsmittels in derselben Instanz entstanden sind. Es entstehen also unabhängig voneinander:

– die Gebühren der §§ 31 ff. BRAGO **in dem gerichtlichen Verfahren bis zum Urteil**
– die **Gebühren für das Rechtsmittelverfahren**
– **nach Zurückverweisung** in der unteren Instanz erneut die Gebühren der **§§ 31 ff. BRAGO.**

Die Prozeßgebühr entsteht gem. § 15 Absatz 1 Satz 2 BRAGO **nach Zurückverweisung** in dem weiteren Verfahren vor dem unteren Gericht **nur dann neu, wenn die Sache an ein Gericht zurückverwiesen wird, das mit der Sache noch nicht befaßt war** (z.B. Finanzgericht – Urteil – Rechtsmittel – Bundesfinanzhof verweist an ein Verwaltungsgericht zurück).

Eine Zurückverweisung i.S. des § 15 BRAGO liegt nur dann vor, wenn das Rechtsmittelgericht eine Sachentscheidung getroffen hat. Hat das Rechtsmittelgericht das Rechtsmittel aus irgendwelchen formellen Gründen als unzulässig verworfen, liegt keine Zurückverweisung i.S. des § 15 BRAGO vor. Es entstehen dann auch in dem Verfahren nach Zurückverweisung keine neuen zusätzlichen Gebühren. Insbesondere liegt keine Zurückverweisung i.S. des § 15 BRAGO vor, wenn

a) gegen das (Grund-)Urteil überhaupt kein Rechtsmittel eingelegt wird, dieses also rechtskräftig wird, und anschließend z.B. über die Höhe des Anspruchs entschieden wird;
b) das Rechtsmittel zurückgenommen wurde;
c) die Berufung als unzulässig verworfen wurde;
d) die gegen ein Teilurteil eingelegte Berufung zurückgewiesen und anschließend das Verfahren in I. Instanz fortgesetzt wird (Hansens Anmerkung 4 zu § 15; Gerold/Schmidt Anmerkung 5 und 6 zu § 15).

Wenn keine Zurückverweisung i.S. des § 15 BRAGO vorliegt, können in dem weiteren Verfahren vor dem unteren Gericht auch keine Gebühren entstehen, die schon in dem Verfahren vor diesem Gericht vor Einlegung des Rechtsmittels entstanden sind. Es können dann in dem Verfahren vor dem unteren Gericht nach Zurückverweisung nur noch Gebühren entstehen, die in dem Verfahren vor dem unteren Gericht bis zur Einlegung des Rechtsmittels noch nicht angefallen sind.

3 **Gebühren**

Die Verhandlungs- und Beweisgebühr kann der StB nach der Zurückverweisung erneut berechnen, wenn nach der Zurückverweisung bei dem untergeordneten Gericht noch einmal verhandelt und Beweis erhoben wird. Selbstverständlich entstehen neue Gebühren für solche Tätigkeiten, die der StB erst nach der Zurückverweisung vorgenommen hat (z. B nach Zurückverweisung erledigt sich das Verfahren, durch Änderung des mit der Klage angefochtenen Verwaltungsaktes; der StB erhält im Falle einer Mitwirkung die Erledigungsgebühr des § 24 BRAGO). Nur die Prozeßgebühr kann der StB, der schon vor Anrufung des Rechtsmittelgerichts vor dem unteren Gericht tätig war, nicht nochmals berechnen. Auf den Umfang der Tätigkeit, die nach der Zurückverweisung entwickelt werden muß, kommt es nicht an.

Die Prozeßgebühr entsteht also auch dann nicht neu, wenn nunmehr eingehende Ausführungen zur Sache erforderlich werden. Tritt aber ein anderer StB erstmals nach der Zurückverweisung auf, so kann er auch die Prozeßgebühr fordern.
Die Prozeßgebühr ist im Falle eines Obsiegens des Auftraggebers auch erstattungsfähig, wenn ein Wechsel eintreten mußte.
Erhöht sich der Streitwert nach der Zurückverweisung, kann der StB den Unterschied zwischen der Prozeßgebühr aus dem alten und der Gebühr aus dem neuen Streitwert fordern.

4 **Verkehrsgebühr**

Die Verkehrsgebühr ist die Prozeßgebühr des im Verkehr mit dem Prozeßbevollmächtigten tätigen StB (§ 52 BRAGO). Für ihn gilt deshalb § 15 Absatz 1 Satz 2 BRAGO entsprechend. Die Folge ist, daß der StB, der die Korrespondenz zwischen dem Prozeßbevollmächtigten und der Partei führt, bei einer Zurückverweisung grundsätzlich keine weitere Verkehrsgebühr erhält.

§ 16 Fälligkeit

Die Vergütung des Rechtsanwalts wird fällig, wenn der Auftrag erledigt oder die Angelegenheit beendigt ist. Ist der Rechtsanwalt in einem gerichtlichen Verfahren tätig, so wird die Vergütung auch fällig, wenn eine Kostenentscheidung ergangen oder der Rechtszug beendigt ist oder wenn das Verfahren länger als drei Monate ruht.

Anmerkungsübersicht

1 **Allgemeines**

Der § 7 StBGebV ist dem § 16 Satz 1 BRAGO nachgebildet. Insoweit kann wegen der Erläuterungen auf die vorstehenden Anmerkungen zu § 7 StBGebV verwiesen werden. Vergleiche hierzu auch BGH in AnwBl 1985 S. 257. § 16 Satz 2 BRAGO bringt darüber hinaus drei weitere Fälligkeitstatbestände. Sie betreffen aber nur gerichtliche Verfahren.
Eggesiecker (Bonner Handbuch [E 1630 ff.]) geht davon aus, daß § 16 BRAGO ersatzlos zu streichen sei. Eine so weitgehende Unterstellung erscheint gewagt, auch wenn er erhebliche Gründe vorzubringen vermag.

2 **Fälligkeit bei Vertretung im gerichtlichen Verfahren**

§ 16 Satz 2 BRAGO bestimmt, daß wenn der StB in einem gerichtlichen Verfahren tätig ist, die Vergütung neben den in Satz 1 normierten Tatbeständen auch fällig wird,

– **wenn eine Kostenentscheidung ergangen ist**
– **der Rechtszug beendet ist**
– **das Verfahren länger als drei Monate ruht.**

Eine Kostenentscheidung ist ergangen, sobald das Gericht in der Sache in einem Urteil oder Beschluß über die Kosten erkannt hat (Gerold/Schmidt Anmerkung 7 zu § 16).

Der Rechtszug endet mit der Verkündung des Urteils, also nicht erst mit dessen Zustellung an den StB und auch nicht erst mit Beendigung des Kostenfestsetzungsverfahrens. Der Rechtszug endet auch durch Rücknahme der Klage oder des Rechtsmittels, ferner durch beiderseitige Erklärung, daß die Hauptsache erledigt sei. Auch der Abschluß eines Vergleiches beendigt den Rechtszug aus gebührenrechtlicher Sicht (Gerold/Schmidt Anmerkung 8 zu § 16). Auch wenn das gerichtliche Verfahren länger als drei Monate ruht, tritt Fälligkeit der Gebühren ein. Nach Gerold/Schmidt (Anmerkung 17 zu § 16) ist als Ruhen des Verfahrens der Zustand anzusehen, daß mehr als drei Monate lang nichts veranlaßt wird, also das tatsächliche Ruhen reicht aus. Das Ruhen des Verfahrens muß nach Gerold/Schmidt (a. a. O.) nicht förmlich vom Gericht angeordnet sein.

Dem StB ist anzuraten, sofort nach Fälligkeit der Gebühren seine Berechnung dem Mandanten zu übermitteln und zu überwachen, daß die Gebühren auch gezahlt werden. Denn Fälligkeit der Gebühren setzt die Verjährungsfrist des § 196 Nummer 15 BGB in Lauf und nicht erst die Übermittlung der Berechnung an den Auftraggeber. Berechnet der StB z. B. seine Gebühren für den I. Rechtszug erst, nachdem das Rechtsmittelverfahren abgeschlossen ist, so läuft er Gefahr, daß die Gebührenansprüche für die Tätigkeit in dem I. Rechtszug bereits schon verjährt sind (z. B. wenn das Verfahren vor dem Bundesfinanzhof mehrere Jahre gelaufen ist). Zur Verjährung siehe auch: Anmerkung 1.3.14 vor § 1 StBGebV.

§ 17 Vorschuß

Der Rechtsanwalt kann von seinem Auftraggeber für die entstandenen und die voraussichtlich entstehenden Gebühren und Auslagen einen angemessenen Vorschuß fordern.

Einzelanmerkung

§ 8 StBGebV stimmt mit § 17 BRAGO überein. Wegen der Erläuterungen kann deshalb auf die vorstehenden Anmerkungen zu § 8 verwiesen werden.

Im Gegensatz zu § 8 StBGebV ist § 17 BRAGO voll wirksam. Das Vorschußrecht besteht, solange der StB die gesetzliche oder vertragliche Vergütung noch nicht nach § 18 BRAGO fordern kann (BGH in NJW 1985 S. 2264).

Da der StB von seinem Auftraggeber für die entstandenen und voraussichtlich entstehenden Gebühren und Auslagen einen angemessenen Vorschuß fordern kann, empfiehlt es sich, für ein gerichtliches Verfahren stets eine 30/10 Gebühr als Vorschuß zzgl. Pauschsatz gem. § 26 Satz 2 BRAGO und zzgl. Umsatzsteuer anzufordern (10/10 Prozeß-, 10/10 Verhandlungs- und 10/10 Beweisgebühr = 30/10).

§ 18 Berechnung

(1) **Der Rechtsanwalt kann die Vergütung nur auf Grund einer von ihm unterzeichneten und dem Auftraggeber mitgeteilten Berechnung einfordern. Der Lauf der Verjährungsfrist ist von der Mitteilung der Berechnung nicht abhängig.**

(2) **In der Berechnung sind die Beträge der einzelnen Gebühren und Auslagen, Vorschüsse, eine kurze Bezeichnung des jeweiligen Gebührentatbestands, die Bezeichnung der Auslagen sowie die angewandten Kostenvorschriften und bei Gebühren, die nach dem Gegenstandswert berechnet sind, auch dieser anzugeben. Bei Entgelten für Post- und Telekommunikationsdienstleistungen genügt die Angabe des Gesamtbetrags.**

(3) **Hat der Auftraggeber die Vergütung gezahlt, ohne die Berechnung erhalten zu haben, so kann er die Mitteilung der Berechnung noch fordern, solange der Rechtsanwalt zur Aufbewahrung der Handakten verpflichtet ist.**

Einzelanmerkung

§ 9 StBGebV ist dem § 18 BRAGO im wesentlichen nachgebildet. Die Abweichungen bringen keine sachliche Änderung. Wegen der Erläuterung kann deshalb auf die vorstehenden Anmerkungen zu § 9 StBGebV verwiesen werden.

§ 18 Absatz 1 Satz 2 BRAGO (diese Regelung fehlt in § 9) bestimmt ausdrücklich, daß der Lauf der Verjährungsfrist von der Mitteilung der Berechnung nicht abhängig ist. Der Steuerberater kann also den Beginn der Verjährung nicht verschieben, indem er seine Berechnung erst nach längerer Zeit aufstellt.

§ 19 Festsetzung der Vergütung

(1) **Die gesetzliche Vergütung, die dem Rechtsanwalt als Prozeßbevollmächtigten, Beistand, Unterbevollmächtigten oder Verkehrsanwalt (§ 52) zusteht, wird auf Antrag des Rechtsanwalts oder des Auftraggebers durch das Gericht des ersten Rechtszuges festgesetzt. Getilgte Beträge sind abzusetzen.**

(2) **Der Antrag ist erst zulässig, wenn die Vergütung fällig ist. Vor der Festsetzung sind die Beteiligten zu hören. Die Vorschriften der Zivilprozeßordnung über das Kostenfestsetzungsverfahren und die Zwangsvollstreckung aus Kostenfestsetzungsbeschlüssen gelten sinngemäß. Das**

Verfahren ist gebührenfrei. Der Rechtsanwalt erhält in dem Verfahren über den Antrag keine Gebühr.

(3) **Im Verfahren vor den Gerichten der Verwaltungsgerichtsbarkeit der Finanzgerichtsbarkeit und der Sozialgerichtsbarkeit wird die Vergütung von dem Urkundsbeamten der Geschäftsstelle festgesetzt. Die für die jeweilige Gerichtsbarkeit geltenden Vorschriften über die Erinnerung im Kostenfestsetzungsverfahren gelten sinngemäß.**

(4) **Wird der vom Rechtsanwalt angegebene Gegenstandswert von einem Beteiligten bestritten, so ist das Verfahren auszusetzen, bis das Gericht (§§ 9, 10, 113 a Abs. 1) hierüber entschieden hat.**

(5) **Die Festsetzung ist abzulehnen, soweit der Antragsgegner Einwendungen oder Einreden erhebt, die nicht im Gebührenrecht ihren Grund haben. Hat der Auftraggeber bereits dem Rechtsanwalt gegenüber derartige Einwendungen oder Einreden erhoben, so ist die Erhebung der Klage nicht von der vorherigen Einleitung des Festsetzungsverfahrens abhängig.**

(6) **Anträge, Erklärungen und Beschwerden können zu Protokoll der Geschäftsstelle gegeben oder schriftlich ohne Mitwirkung eines Rechtsanwalts eingereicht werden.**

(7) **Durch den Antrag auf Festsetzung der Vergütung wird die Verjährung wie durch Klageerhebung unterbrochen.**

(8) **Die Absätze 1 bis 7 gelten nicht bei Rahmengebühren.**

Anmerkungsübersicht

1 Allgemeines

§ 19 BRAGO ermöglicht dem StB, auf schnellem, einfachem und billigem Wege einen Titel gegen den die Vergütung nicht zahlenden Auftraggeber zu erwirken (FG Berlin in EFG 1985 S. 197 und Hessisches FG in EFG 1987 S. 523; Gerold/Schmidt Anmerkung 8 zu § 19; **a. A.** FG München in BB 1986 S. 315). Die Rechtsprechung hat die sich aus § 45 ergebende Notwendigkeit der Gleichbehandlung von StB und RA also voll bestätigt. Wegen der Bedenken, § 64 StBerG reiche als Ermächtigungsgrundlage für § 19

BRAGO nicht aus, vergleiche die ausführlichen Hinweise bei Anmerkung 1 zu § 10 BRAGO. Die dort gemachten Ausführungen gelten auch hier. Das FG Berlin (EFG 1985 S. 414) hat sogar den Standpunkt vertreten, die StBGebV sei eine gesetzliche Gebührenregelung, da sie mit dem § 64 StBerG eine den Voraussetzungen des § 139 Absatz 3 Satz 2 FGO genügende gesetzliche Grundlage habe. Voraussetzung für die Festsetzung ist, daß die Angelegenheit bei Gericht anhängig ist oder war. Die Festsetzung kann nur hinsichtlich der in dem gerichtlichen Verfahren entstehenden Vergütung erfolgen.
§ 19 BRAGO ermöglicht weiter dem StB und dem Auftraggeber, bei Streit über die Entstehung von Gebühren eine schnelle Entscheidung herbeizuführen.

Beispiel:

Der StB hat eine Beweisgebühr angesetzt. Der Auftraggeber bestreitet die Entstehung der Beweisgebühr. Sowohl der StB als auch der Auftraggeber können die Festsetzung der Vergütung beantragen. In dem Verfahren ist zu entscheiden, ob die Beweisgebühr angefallen ist.
Soweit eine Festsetzung nach § 19 BRAGO möglich ist, besteht für eine Gebührenklage kein Raum. Sie wäre als unzulässig abzuweisen.

2 **Außergerichtliche Tätigkeit**

Eine im Verfahren vor den Verwaltungsbehörden (vergleiche §§ 40ff.) entstandene Vergütung kann nicht nach § 19 BRAGO festgesetzt werden. Das gilt auch dann, wenn anschließend ein gerichtliches Verfahren betrieben wird.

3 **Strafverfahren**

Gemäß § 19 Absatz 8 BRAGO gilt § 19 BRAGO nicht für Rahmengebühren. Die Gebühren in Strafsachen und Bußgeldverfahren sind Betragsrahmengebühren. Bei Streit müssen sie eingeklagt oder im gerichtlichen Mahnverfahren (Antrag auf Erlaß eines Mahnbescheides) geltend gemacht werden.

4 **Gesetzliche Vergütung**

Nur die gesetzliche Vergütung – Gebühren und Auslagen – kann gemäß § 19 BRAGO festgesetzt werden.
Hat der StB ein die gesetzliche Vergütung übersteigendes Honorar vereinbart, so kann dieses vereinbarte Honorar nicht gem. § 19 BRAGO gegenüber dem Auftraggeber des StB festgesetzt werden. Im Falle einer Honorarvereinbarung kann auch nicht der Teil des vereinbarten Honorars, der der gesetzlichen Vergütung entspricht, gem. § 19 BRAGO gegenüber dem Auftraggeber festgesetzt werden (Aufgabe der bisherigen anderen Meinung der Vorauflage unter Hinweis auf Gerold/Schmidt Anmerkung 15 zu § 19).

5 **Antragsteller**

Das Antragsrecht nach § 19 BRAGO steht dem StB zu, der als Prozeßbevollmächtigter oder Beistand (neben dem Auftraggeber), als Unterbevollmächtigter (§§ 53, 54 BRAGO) oder als Verkehrssteuerberater (§ 52 BRAGO) tätig gewesen ist. Jeder der Berechtigten kann nur die bei ihm entstandene Vergütung geltend machen.

Der nur mit Einzeltätigkeiten beauftragte StB (§ 56 BRAGO) kann die Festsetzung seiner Vergütung nach § 19 BRAGO nicht betreiben (so Riedel/Sußbauer Anmerkung 15 zu § 19; **a. M.** Gerold/Schmidt Anmerkung 5 zu § 19; Hansens Anmerkung 7 zu § 19; Göttlich/Mümmler „Kostenfestsetzung" II 2.21).

Außerdem ist der Auftraggeber antragsberechtigt. Er kann die Festsetzung gegen jeden der vorstehend aufgeführten Bevollmächtigten betreiben.

6 **Antragsgegner**

Betreibt der Auftraggeber das Verfahren, ist der StB, dessen Vergütung festgesetzt werden soll, Antragsgegner. Dieser ist vor der Kostenfestsetzung zu hören.

Wird das Verfahren von dem StB betrieben, ist der Auftraggeber Antragsgegner. Ist der Auftraggeber verstorben, kann das Verfahren auch gegen die Erben betrieben werden. Der Eintritt der Rechtsnachfolge braucht nicht durch Urkunden belegt zu werden. Es reicht aus, wenn der StB dieses vorträgt. Bestreiten die als Erben bezeichneten Personen allerdings die Rechtsnachfolge, führt dies zu Ablehnung des Antrages auf Kostenfestsetzung gem. § 19 Absatz 5 BRAGO (Gerold/Schmidt Anmerkung 14 zu § 19).

Wenn eine offene Handelsgesellschaft Auftraggeber ist, ist der Gesellschafter nicht stets schon wegen seiner Beteiligung neben der Gesellschaft Auftraggeber (Gerold/Schmidt Anmerkung 12 zu § 19; OLG Schleswig in SchlHA 1985 S. 31).

7 **Antrag**

Der Antrag kann schriftlich oder zu Protokoll der Geschäftsstelle des Gerichts gestellt werden. Der Antrag ist zu stellen bei dem Gericht des I. Rechtszuges. Dies auch dann, wenn der StB nur in dem höheren Rechtszug, also z. B. nur in dem Verfahren vor dem Bundesfinanzhof tätig war. In den Antrag einzustellen ist eine Berechnung der Vergütung, deren Festsetzung begehrt wird. Die Berechnung muß der Form des § 18 BRAGO entsprechen. Bei den Postgebühren genügt – bis zum Bestreiten – gemäß § 18 Absatz 2 Satz 2 BRAGO die Angabe des Gesamtbetrages.

8 **Fälligkeit**

Der Antrag ist erst zulässig, wenn die Vergütung fällig ist. Vergleiche wegen der Fälligkeit die Ausführungen zu § 16 BRAGO. Die Berechnung nach § 18 BRAGO muß vorher dem Auftraggeber mitgeteilt oder zumindest dem Antrag beigefügt sein.

9 **Einwendungen**

Der Auftraggeber kann zwei Arten von Einwendungen erheben:

a) gebührenrechtliche
oder
b) nicht gebührenrechtliche.

Erhebt er gebührenrechtliche Einwendungen, ist über sie in dem Verfahren nach § 19 BRAGO zu entscheiden.

Beispiel 1:

Der Auftraggeber bestreitet die Entstehung der Beweisgebühr oder die Notwendigkeit der Fertigung von Ablichtungen.

Erhebt er nichtgebührenrechtliche Einwendungen, ist die Festsetzung nach § 19 Absatz 5 BRAGO abzulehnen und der StB auf den Klageweg zu verweisen (Hessisches FG in EFG 1987 S. 523).

Beispiel 2:

Der Auftraggeber wendet ein: Er habe die Vergütung bereits vollständig bezahlt. Er habe mit dem Steuerberater vereinbart, daß dieser aus Freundschaft für ihn unentgeltlich tätig werde.

Ein nicht gebührenrechtlicher Einwand, der offensichtlich aus der Luft gegriffen, gänzlich haltlos oder vollkommen unverständlich ist, ist im Kostenfestsetzungsverfahren nach § 19 BRAGO nicht zu berücksichtigen und führt nicht zu einer Ablehnung der Kostenfestsetzung nach § 19 Absatz 5 BRAGO (vgl. Gerold/Schmidt Anmerkung 35 zu § 19). Nach § 19 Absatz 5 BRAGO genügt es aber, daß der Antragsgegner nicht gebührenpflichtige Einwendungen oder Einreden „erhebt". Die Einwendung oder Einrede bedarf weder der näheren Substantiierung noch der Schlüssigkeit, die in einem bürgerlichen Rechtsstreit erforderlich wäre (Gerold/Schmidt Anmerkung 34 zu § 19). Auch die Einrede der Verjährung ist ein nicht gebührenrechtlicher Einwand (Gerold/Schmidt Anmerkung 32 zu § 19).
Werden außergebührenrechtliche Einwendungen nur gegen einen Teil des Vergütungsanspruches erhoben, ist der Restbetrag festzusetzen und der Steuerberater nur wegen des Teilbetrages auf den Klageweg zu verweisen (Gerold/Schmidt Anmerkung 33 zu § 19).

Beispiel 3:

Der StB macht einen Vergütungsanspruch von DM 1.500,– geltend. Der Auftraggeber wendet ein, er habe darauf DM 500,– gezahlt. Wegen DM 1.000,– ist dem Festsetzungsantrag stattzugeben und nur wegen DM 500,– die Festsetzung abzulehnen.

0 **Entscheidung**

Über den Festsetzungsantrag entscheidet in der Finanz-, Verwaltungs- und Sozialgerichtsbarkeit der Urkundsbeamte der Geschäftsstelle des Gerichts des I. Rechtszuges (§ 19 Absatz 3 Satz 1 BRAGO).

In der ordentlichen Gerichtsbarkeit (Verfahren vor dem Amts- und Landgericht, Oberlandesgericht und Bundesgerichtshof) und in Arbeitsgerichtssachen entscheidet über den Kostenfestsetzungsantrag nach § 19 BRAGO der Rechtspfleger.
Von Bedeutung ist dies, wenn es darum geht, Rechtsmittel gegen den ergangenen Beschluß einzulegen (siehe nachfolgende Anmerkung 11).

11 Rechtsmittel

Hat in der Finanz-, Verwaltungs- oder Sozialgerichtsbarkeit der Urkundsbeamte in dem Kostenfestsetzungsverfahren gem. § 19 BRAGO den Beschluß erlassen, so gelten gem. § 19 Absatz 3 Satz 2 BRAGO die für die jeweilige Gerichtsbarkeit geltenden Vorschriften über die Erinnerung im Kostenfestsetzungsverfahren sinngemäß. In **Finanzgerichts**sachen ist gegen die Entscheidung des Urkundsbeamten des Gerichts die **Erinnerung** gegeben (§ 149 FGO). Die Frist zur Einlegung der Erinnerung beträgt zwei Wochen seit Zustellung der Entscheidung, die angefochten werden soll. Eine Beschwerde gegen den Beschluß, in welchem über die Erinnerung entschieden worden ist, ist nicht möglich (§ 128 Absatz 4 FGO).
In Sachen vor dem **Verwaltungsgericht** kann der Beschluß über die Vergütungsfestsetzung des Urkundsbeamten der Geschäftsstelle gem. §§ 165, 151 VwGO innerhalb von zwei Wochen nach Zustellung der anzufechtenden Entscheidung die **Entscheidung des Gerichts beantragt** werden.
In der **Sozialgerichtsbarkeit** kann der Beschluß, der im Vergütungsfestsetzungsverfahren nach § 19 BRAGO ergangen ist, ebenfalls angefochten werden mit einem Antrag auf **Entscheidung durch das Gericht.** Die Frist beträgt hier einen Monat (vgl. Gerold/Schmidt Anmerkung 45a zu § 19 unter Hinweis auf §§ 197 Absatz 2, 178 SGG).
In bürgerlichen Rechtsstreitigkeiten der **ordentlichen Gerichtsbarkeit** kann gegen die Vergütungsfestsetzung des Rechtspflegers **sofortige Beschwerde** eingelegt werden. Die sofortige Beschwerde ist nur zulässig, wenn der Wert des Beschwerdegegenstandes mindestens DM 100,– beträgt (§ 567 Absatz 2 Satz 2 ZPO). Die Beschwerde ist binnen einer Frist von zwei Wochen seit Zustellung der anzufechtenden Entscheidung einzulegen. Übersteigt der Wert des Beschwerdegegenstandes DM 100,– nicht, so kann gegen die Entscheidung des Rechtspflegers Erinnerung gem. § 11 Absatz 2 RPflG eingelegt werden. Dies ist ebenfalls binnen einer Frist von zwei Wochen seit Zustellung der anzufechtenden Entscheidung einzulegen.

12 Gebührenklage

Solange die Kostenfestsetzung nach § 19 BRAGO möglich ist, besteht kein Rechtsschutzbedürfnis für eine Gebührenklage oder einen Antrag auf Erlaß eines Mahnbescheides über die Gebühren des StB. Solange also ein Kostenfestsetzungsverfahren gem. § 19 BRAGO möglich ist, muß der StB dieses Verfahren zunächst betreiben.

Ist ein Kostenfestsetzungsverfahren gem. § 19 BRAGO nicht möglich oder wurde der Antrag abgelehnt, weil der Antragsgegner nicht gebührenrechtliche Einwendungen erhoben hat, kann der StB Klage auf Zahlung der Vergütung gegen den Auftraggeber erheben. Alternativ kann er auch den Erlaß eines gerichtlichen Mahnbescheides wegen seiner Gebühren gegenüber dem Auftraggeber stellen.

Der StB kann die Gebührenklage bei dem ordentlichen Gericht erheben, daß für seinen Kanzleisitz zuständig ist – Gerichtsstand des Erfüllungsortes gem. § 29 ZPO (vgl. Zöller Anmerkung 25 zu § 29, Stichwort: „Steuerberater"; Baumbach/Lauterbach Anmerkung 31 zu § 29, Stichwort „Steuerberatervertrag" – jeweils m. w. N. –).

Hat der Auftraggeber die Einwendungen bereits vor der Einleitung des Verfahrens nach § 19 BRAGO erhoben, braucht der StB das Verfahren nach § 19 BRAGO nicht zu betreiben. Er kann sofort Klage erheben.

13 **Verjährung**

Durch die Einreichung des Antrags wird die Verjährung des Vergütungsanspruches unterbrochen. Das gilt auch dann, wenn der Antrag dem Antragsgegner erst nach Ablauf der Verjährungsfrist mitgeteilt wird (BGH in BB 1981 S. 1183; Gerold/Schmidt Anmerkung 61 zu § 19).

Zweiter Abschnitt. Gemeinsame Vorschriften über Gebühren und Auslagen

§ 20 Rat, Auskunft, Erstberatung

(1) **Für einen mündlichen oder schriftlichen Rat oder eine Auskunft, die nicht mit einer anderen gebührenpflichtigen Tätigkeit zusammenhängen, erhält der Rechtsanwalt eine Gebühr in Höhe von einem Zehntel bis zehn Zehnteln der vollen Gebühr. Ist die Tätigkeit nach Satz 1 Gegenstand einer ersten Beratung, so kann der Rechtsanwalt keine höhere Gebühr als 350 Deutsche Mark fordern. Bezieht sich der Rat oder die Auskunft nur auf strafrechtliche, bußgeldrechtliche oder sonstige Angelegenheiten, in denen die Gebühren nicht nach dem Gegenstandswert berechnet werden, so beträgt die Gebühr 30 bis 350 Deutsche Mark. Die Gebühr ist auf eine Gebühr anzurechnen, die der Rechtsanwalt für eine sonstige Tätigkeit erhält, die mit der Raterteilung oder Auskunft zusammenhängt.**

(2) **Wird ein Rechtsanwalt, der mit der Angelegenheit noch nicht befaßt gewesen ist, beauftragt, zu prüfen, ob eine Berufung oder Revision Aussicht auf Erfolg hat, so erhält er eine halbe Gebühr nach § 11 Abs. 1 Satz 4, wenn er von der Einlegung eines Rechtsmittels abrät und ein Rechtsmittel durch ihn nicht eingelegt wird. Dies gilt nicht in den im Absatz 1 Satz 2 genannten Angelegenheiten.**

Anmerkungsübersicht

1 Allgemeines

§ 20 BRAGO stimmt mit § 21 StBGebV überein. Wegen der Erläuterungen kann deshalb auf die ausführlichen Darlegungen zu § 21 verwiesen werden. Abweichungen gelten hier nicht.

2 Anwendungsbereich

Zum Teil wird vertreten (z.B. in Bonner Handbuch zu § 20 BRAGO), daß der StB nicht § 20 BRAGO, sondern ausschließlich § 21 StBGebV anzuwenden haben. Das solle auch für die Abrategebühr nach Absatz 2 gelten. Diese Aussage gilt nur für steuerberaterliche Verfahren sowie für außergerichtliche Rechtsbehelfsverfahren. Für gerichtliche und andere Verfahren ist diese Bestimmung jedoch unmittelbar anzuwenden, da diese über §§ 45 und 46 StBGebV auch für StB gilt. Von einer Ausschließlichkeit des § 21 StBGebV kann deshalb nicht gesprochen werden.

3 Anrechnung

Eine Ratgebühr ist nach § 20 Absatz 1 Satz 4 BRAGO auf die Gebühr für andere Tätigkeiten anzurechnen, die mit der Raterteilung oder der Auskunft zusammenhängen. „Sonstige“ Tätigkeiten sind die mit dem Rat oder Auskunft innerlich zusammenhängenden Tätigkeiten, die durch eine andere Gebühr als die Ratgebühr abgegolten werden. (Wegen der Einzelheiten vergleiche Riedel/Sußbauer Anmerkung 17f. zu § 20; Gerold/Schmidt Anmerkung 19 zu § 20).
Die rechnerische Durchführung der Anrechnung soll an nachfolgenden Beispielen verdeutlicht werden:

Beispiel 1:

Der StB war zunächst beratend tätig. Das Ergebnis der mündlichen Beratung hat er schriftlich zusammengefaßt und dem Mandanten noch einmal übermittelt. Der Mandant beauftragt den StB dann, Klage vor dem Finanzgericht zu erheben. In dem finanzgerichtlichen Verfahren ergeht nach mündlicher streitiger Verhandlung ein Urteil.
Der Gegenstandswert beläuft sich auf DM 10.000,–

Für die Beratung kann der StB berechnen:

Gegenstandswert: DM 10.000,–

a) 5/10 Beratungsgebühr gem. § 21 Absatz 1 Satz 1 StBGebV nach Tabelle A	DM	297,50
b) Pauschsatz gem. § 16 Satz 2 StBGebV	DM	40,–
c) 16% Umsatzsteuer	DM	54,–
	DM	391,50

Für die Tätigkeit als Prozeßbevollmächtigter in dem Verfahren vor dem Finanzgericht:

Wert: DM 10.000,–	
a) 10/10 Prozeßgebühr gem. §§ 45 StBGebV, 31 Absatz 1 Nummer 1 BRAGO	DM 595,–
hierauf anzurechnen gem. § 21 Absatz 1 Satz 4 StBGebV – alternativ § 20 Absatz 1 Satz 4 BRAGO – die 5/10 Beratungsgebühr mit	**DM 297,50**
es bleiben bestehen:	**DM 297,50**
b) 10/10 Verhandlungsgebühr gem. §§ 45 StBGebV, 31 Absatz 1 Nummer 2 BRAGO	DM 595,–
c) Pauschsatz gem. § 26 Satz 2 BRAGO	DM 40,–
d) 16% Umsatzsteuer gem. § 25 Absatz 2 BRAGO	DM 149,20
	DM 1.081,70

Selbst wenn man die Auffassung vertritt, daß dem StB für die Beratung, da diese im Hinblick auf ein anzustrengendes gerichtliches Verfahren erfolgt ist, eine Gebühr gem. § 20 Absatz 1 Satz 1 BRAGO über § 45 StBGebV entsteht, bleibt dies im Ergebnis dasselbe, wie bei vorstehender Berechnung.
In einer Beratungsangelegenheit kann der Pauschsatz des § 16 Satz 2 StBGebV – alternativ § 26 Satz 2 BRAGO – dann berechnet werden, wenn im Rahmen des Beratungsmandates tatsächlich Entgelte für Post- und Telekommunikationsdienstleistungen angefallen sind. Die Übersendung der Honorarabrechnung des StB an den Mandanten läßt den Pauschsatz des § 26 Satz 2 BRAGO nicht entstehen. Der Pauschsatz des § 26 Satz 2 BRAGO ist in keinem Fall mit anzurechnen (Enders JurBüro 1996, 561 und JurBüro 1999, 563 – Heft 11/99 –).

Von der Beratungsgebühr können dann Gebührenteile verbleiben, wenn der Gebührensatz oder der Gegenstandswert der Beratung höher ist, als der Gebührensatz oder der Gegenstandswert der nachfolgenden Tätigkeit.

Beispiel 2:

Der StB wird zunächst beratend tätig wegen eines Gegenstandswertes in Höhe von DM 7.000,–. Die Beratung erfolgt nur mündlich. Entgelte für Post- und Telekommunikationsdienstleistungen sind im Rahmen der Beratung nicht angefallen.
Da der StB dem Mandanten angeraten hat, den Bescheid nicht in vollem Umfange, sondern nur wegen eines Teils in Höhe von DM 3.000,– anzufechten, erteilt der Mandant auch nur den Auftrag, Klage wegen DM 3.000,– vor dem Finanzgericht zu erheben. Nach streitiger mündlicher Verhandlung ergeht ein Urteil.
Der StB kann berechnen:

Für die Beratung:

Gegenstandswert: DM 7.000,–	
a) 5/10 Beratungsgebühr gem. § 21 Absatz 1 Satz 1 StBGebV nach Tabelle A	DM 215,—
b) 16% Umsatzsteuer	DM 34,40
	DM 249,40

Für die Tätigkeit in dem Verfahren vor dem Finanzgericht

Gegenstandswert: DM 3.000,–	
a) 10/10 Prozeßgebühr gem. §§ 45 StBGebV, 31 Absatz 1 Nummer 1 BRAGO	DM 210,—

hierauf anzurechnen gem. § 21 Absatz 1 Satz 4 StBGebV – alternativ § 20 Absatz 1 Satz 4 BRAGO – die 5/10 Beratungsgebühr nach Wert: DM 3.000,–	**DM**	**105,—**
verbleiben:	**DM**	**105,—**
b) 10/10 Verhandlungsgebühr gem. §§ 45 StBGebV, 31 Absatz 1 Nummer 2 BRAGO	DM	210,—
c) Pauschsatz gem. § 26 Satz 2 BRAGO	DM	40,—
d) 16% Umsatzsteuer gem. § 25 Absatz 2 BRAGO	DM	56,80
	DM	411,80

Klarstellend sei darauf hingewiesen, daß keine Beratungsgebühr anfällt, wenn der StB sofort beauftragt wird, Klage zu erheben. Lautet der Auftrag an den StB Klage zu erheben wegen eines Gegenstandes in Höhe von DM 10.000,– und stellt der StB dann fest, daß die Klage nur wegen eines Betrages in Höhe von DM 4.000,– Erfolg hat, so daß letztlich die Klage auch nur wegen des Gegenstandes von DM 4.000,– eingereicht wird, so entsteht nach dem Gegenstandswert von DM 6.000,– eine 5/10 Prozeßgebühr gem. § 32 Absatz 2 BRAGO und nach dem Gegenstandswert in Höhe von DM 4.000,– eine 10/10 Prozeßgebühr gem. § 31 Absatz 1 Nummer 1 BRAGO. Beide Gebühren dürfen infolge der Bestimmung des § 13 Absatz 3 BRAGO nicht höher sein, als eine 10/10 Gebühr aus dem Gesamtwert, hier: DM 10.000,–. In diesem Falle entsteht also keine Beratungsgebühr, weil dem StB direkt der Auftrag erteilt war, Klage zu erheben.

§ 21 Gutachten

... (findet keine Anwendung)

§ 21 a Gutachten über die Aussichten einer Berufung oder einer Revision

Für die Ausarbeitung eines schriftlichen Gutachtens über die Aussichten einer Berufung oder einer Revision erhält der Rechtsanwalt eine volle Gebühr nach § 11 Abs. 1 Satz 4; dies gilt nicht in den in § 20 Abs. 1 Satz 3 genannten Angelegenheiten. Die Gebühr ist auf eine Prozeßgebühr, die im Berufungs- oder Revisionsverfahren entsteht, anzurechnen.

Anmerkungsübersicht

1 Allgemeines
2 Gutachter
3 Gebühren
4 Anrechnung

1 Allgemeines

§ 21 a BRAGO betrifft einen Sonderfall des § 21 BRAGO. Wegen des Begriffs Gutachten kann deshalb auf § 22 StBGebV verwiesen werden.

Der StB muß beauftragt sein, ein Gutachten über die Aussichten einer Berufung oder Revision zu erstellen. Hier wird vor allem das Gutachten über die Aussichten der Revision zum BFH in Fragen kommen.
Die Verweisung auf § 20 Absatz 1 Satz 3 BRAGO, der dem § 21 Absatz 1 Satz 3 StBGebV entspricht, bedeutet, daß die Vorschrift nicht für Gutachten in steuerstrafrechtlichen, bußgeldrechtlichen und sonstigen Angelegenheiten, in denen die Gebühren nicht nach dem Gegenstandswert berechnet werden, gilt.

2 **Gutachter**

Gutachter kann jeder StB sein, also der Prozeßbevollmächtigte vor dem FG, der für die Revision beim BFH vorgesehene StB, aber auch jeder dritte StB.

3 **Gebühren**

Die Gutachtergebühr beträgt 13/10 der vollen Gebühr.

4 **Anrechnung**

Wird der StB mit der Durchführung der Revision beauftragt, ist die Gutachtergebühr auf die Prozeßgebühr für das Revisionsverfahren anzurechnen (§ 21 a Satz 2 BRAGO). Dies bedeutet, daß der StB, der zunächst auftragsgemäß ein Gutachten erstellt und dann als Prozeßbevollmächtigter in dem Rechtsmittelverfahren tätig wird, die 13/10 Gebühr für das Gutachten über die Aussichten des Rechtsmittelverfahrens gem. § 21 a BRAGO nicht noch neben der 13/10 Prozeßgebühr des § 31 Absatz 1 Nummer 1 BRAGO erhält, die er für die Tätigkeit in dem Rechtsmittelverfahren verdient. Der StB, der die 13/10 Gebühr gem. § 21 a BRAGO für das Gutachten über die Erfolgsaussichten des Rechtsmittels bereits dem Mandanten berechnet und von diesem kassiert hat, kann also dem Mandanten nicht noch daneben die 13/10 Prozeßgebühr des § 31 Absatz 1 Nummer 1 BRAGO in Rechnung stellen für seine Tätigkeit in dem Rechtsmittelverfahren. Dagegen kann er weitere, in dem Rechtsmittelverfahren entstehenden Gebühren, wie z. B. Verhandlungs- oder Erörterungsgebühr dem Mandanten noch in Rechnung stellen.
Der StB, der nicht mit der Erstellung eines Gutachtens über die Aussichten einer Berufung oder einer Revision beauftragt war, sondern nur mit einer **Beratung** über die Erfolgsaussichten des Rechtsmittels, wird keine Gebühr gem. § 21 a BRAGO beanspruchen können. Ihm entsteht für die Beratung eine Gebühr gem. § 20 Absatz 1 Satz 1 BRAGO – alternativ eine Gebühr gem. § 21 Absatz 1 Satz 1 StBGebV – (im Ergebnis dasselbe). Wenn die Voraussetzungen des § 20 Absatz 2 BRAGO bzw. des § 21 Absatz 2 StBGebV vorliegen, kann der StB auch die dort beschriebene Gebühr in Höhe von 13/20 berechnen.
Hat der StB bereits den Auftrag, das Rechtsmittel einzulegen und stellt er dann fest, daß die notwendigen Erfolgsaussichten nicht gegeben sind, mit der

Folge, daß ihm dann der Auftrag von dem Mandanten gekündigt wird und das Rechtsmittel nicht eingelegt wird, so erhält der StB eine 13/20 Prozeßgebühr gem. § 32 Absatz 1 BRAGO.

§ 22 Hebegebühr

(1) **Werden an den Rechtsanwalt Zahlungen geleistet, so erhält er für die Auszahlung oder Rückzahlung bei Beträgen**

bis zu 5 000 Deutsche Mark einschließlich	**1 vom Hundert,**
von dem Mehrbetrag bis zu 20 000 Deutsche Mark einschließlich	**0,5 vom Hundert,**
von dem Mehrbetrag über 20 000 Deutsche Mark	**0,25 vom Hundert.**

Unbare Zahlungen stehen baren Zahlungen gleich. Der Rechtsanwalt kann die Gebühr bei der Ablieferung an den Auftraggeber entnehmen.

(2) **Ist das Geld in mehreren Beträgen gesondert ausgezahlt oder zurückgezahlt, so wird die Gebühr von jedem Betrag besonders erhoben.**

(3) **Die Mindestgebühr beträgt eine Deutsche Mark.**

(4) **Für die Ablieferung oder Rücklieferung von Wertpapieren und Kostbarkeiten erhält der Rechtsanwalt die in den Absätzen 1 bis 3 bestimmte Gebühr nach dem Wert.**

(5) **Der Rechtsanwalt erhält die in den Absätzen 1 bis 3 bestimmten Gebühren nicht, soweit er Kosten an ein Gericht oder eine Behörde weiterleitet oder eingezogene Kosten an den Auftraggeber abführt oder eingezogene Beträge auf seine Vergütung verrechnet.**

Anmerkungsübersicht

1 Allgemeines

Mit der Hebegebühr soll eine Entschädigung gewährt werden für die verantwortungsvolle Tätigkeit des Vereinnahmen, Verwalten und Auszahlen von Geldern. Sie ist eine selbständige Einzelgebühr. Eine Anrechnung auf andere Gebühren, insbesondere auf die Prozeßgebühr, findet nicht statt. Eine praktische Anwendung dürfte kaum bestehen, da Zahlungen unmittelbar zwischen FA und Steuerpflichtigen erfolgen. Die Weiterleitung von Kosten an das Gericht löst keine Hebegebühr aus.

2 Begriffserklärung

Die Hebegebühr kann in allen Fällen berechnet werden, in denen die Aus- oder Rückzahlung erhaltener Gelder oder die Aus- bzw. Rücklieferung erhaltener Wertpapiere oder Kostbarkeiten mit der Berufstätigkeit des StB in

Verbindung steht. Erhält er die Gelder oder die vorgenannten Gegenstände in anderer Eigenschaft, z.B. als Testamentsvollstrecker oder Treuhänder, fällt diese Gebühr nicht an.
Die Gelder oder Wertpapiere bzw. Kostbarkeiten müssen gerade zum Zwecke der Verwahrung in die Verfügungsgewalt des StB gelangt sein. Alleinverfügungsgewalt ist nicht erforderlich. Es genügt, wenn er zusammen mit einem Beteiligten verfügen kann. Eine Weiterreichung außerhalb seiner Verfügungsgewalt, sei es auch auf seine Anweisung hin, löst die Hebegebühr nicht aus.

3 Höhe der Gebühr

Die Hebegebühr berechnet sich nach dem Geldbetrag, der aus- oder zurückgezahlt, oder nach dem Wert des Wertpapiers bzw. der Kostbarkeit, die ab- oder zurückgeliefert werden soll.
Bei Wertpapieren erfolgt die Berechnung nach dem Kurswert. Bei Kostbarkeiten gelten die sonstigen wirklichen Werte.
Inzwischen angelaufene Zinsen sind bei der Berechnung mit zu berücksichtigen.
Erfolgt die Aus- oder Rückzahlung in Teilbeträgen, ist die Gebühr von jedem einzelnen Teilbetrag zu berechnen. In welchen Teilbeträgen die Gelder eingezahlt wurden, spielt bei der Berechnung keine Rolle. Gleiches gilt für die Wertpapiere und Kostbarkeiten.
Die Hebegebühr wird erst ausgelöst, durch das Auszahlen der vereinnahmten Gelder. Behält der StB von den vereinnahmten Geldern seine Vergütung ein, berechnet sich die Hebegebühr nur nach dem nach Abzug der Vergütung verbleibenden Betrag, der also letztlich an den Mandanten ausgezahlt wird.
Die Hebegebühr beträgt entsprechend der Staffelung des § 22 BRAGO:

a) bis DM 5.000,– einschließlich 1 v.H.;
b) von dem Mehrbetrag bis DM 20.000,– einschließlich 0,5 v.H., also 0,5 v.H. des Gesamtbetrages + DM 25,–;
c) von dem Mehrbetrag über DM 20.000,– 0,25 v.H., also 0,25 v.H. des Gesamtbetrages + DM 75,–.

Die so errechnete Gebühr ist nach § 11 Absatz 2 BRAGO auf volle DM –,10 aufzurunden. Sie beträgt abweichend von § 11 Absatz 2 Satz 1 BRAGO mindestens DM 1,–.
Neben der Hebegebühr hat der StB Anspruch auf Erstattung seiner Auslagen, z.B. Postgebühren, Bankspesen, nicht aber Anspruch auf Ersatz seiner allgemeinen Geschäftskosten. Die Hebegebühr ist bei der Berechnung des Pauschsatzes des § 26 Satz 2 BRAGO für Post- und Telekommunikationsdienstleistungen mit zu berücksichtigen (vgl. Enders, JurBüro 1998, 131).
Bei größeren Beträgen haben sich für die Berechnung der Hebegebühr zwei Methoden bewährt, die anhand eines Beispiels erklärt werden sollen.

Aus- oder Rückzahlungsbetrag: DM 151.610,–

Methode 1:	DM
Hebegebühr aus DM 20.000,–	125,—
Überschießender Betrag DM 131.610,– (151.610,– ./. 20.000,–)	
Dieser Betrag mal 0,25 v. H.	329,03
	454,03
Aufgerundet nach § 11 BRAGO	454,10

Methode 2:

DM 151.610,–. Dieser Betrag mal 0,25 v. H.	379,03
+ einmalig	75,—
	454,03
Aufgerundet nach § 11 BRAGO	454,10

4 Hebegebührentabelle

Die nachfolgende auszugsweise Tabelle soll die Auffindung der Gebühren erleichtern. Wegen weiterer Beträge wird entweder auf die vorstehenden Methoden verwiesen oder auf die im Fachhandel angebotenen Tabellen.

Wert bis DM	Gebühr 1 v. H. DM	Wert bis DM	Gebühr 1 v. H. DM	Wert bis DM	Gebühr 1 v. H. DM	Wert bis DM	Gebühr 1 v. H. DM
100	1,—						
110	1,10	360	3,60	610	6,10	860	8,60
120	1,20	370	3,70	620	6,20	870	8,70
130	1,30	380	3,80	630	6,30	880	8,80
140	1,40	390	3,90	640	6,40	890	8.90
150	1,50	400	4,—	650	6,50	900	9,—
160	1,60	410	4,10	660	6,60	910	9,10
170	1,70	420	4,20	670	6,70	920	9,20
180	1,80	430	4,30	680	6,80	930	9,30
190	1,90	440	4,40	690	6,90	940	9,40
200	2,—	450	4,50	700	7,—	950	9,50
210	2,10	460	4,60	710	7,10	960	9,60
220	2,20	470	4,70	720	7,20	970	9,70
230	2,30	480	4,80	730	7,30	980	9,80
240	2,40	490	4,90	740	7,40	990	9,90
250	2,50	500	5,—	750	7,50	1000	10,—
260	2,60	510	5,10	760	7,60	1010	10,10
270	2,70	520	5,20	770	7,70	1020	10,20
280	2,80	530	5,30	780	7,80	1030	10,30
290	2,90	540	5,40	790	7,90	1040	10,40
300	3,—	550	5,50	800	8,—	1050	10,50
310	3,10	560	5,60	810	8,10	1060	10,60
320	3,20	570	5,70	820	8,20	1070	10,70
330	3,30	580	5,80	830	8,30	1080	10,80
340	3,40	590	5,90	840	8,40	1090	10,90
350	3,50	600	6,—	850	8,50	1100	11,—

Wert bis DM	Gebühr 1 v. H. DM	Wert bis DM	Gebühr 1 v. H. DM	Wert bis DM	Gebühr 1 v. H. DM	Wert bis DM	Gebühr 1 v. H. DM
1110	11,10	1560	15,60	2010	20,10	2460	24,60
1120	11,20	1570	15,70	2020	20,20	2470	24,70
1130	11,30	1580	15,80	2030	20,30	2480	24,80
1140	11,40	1590	15,90	2040	20,40	2490	24,90
1150	11,50	1600	16,—	2050	20,50	2500	25,—
1160	11,60	1610	16,10	2060	20,60	2510	25,10
1170	11,70	1620	16,20	2070	20,70	2520	25,20
1180	11,80	1630	16,30	2080	20,80	2530	25,30
1190	11,90	1640	16,40	2090	20,90	2540	25,40
1200	12,—	1650	16,50	2100	21,—	2550	25,50
1210	12,10	1660	16,60	2110	21,10	2560	25,60
1220	12,20	1670	16,70	2120	21,20	2570	25,70
1230	12,30	1680	16,80	2130	21,30	2580	25,80
1240	12,40	1690	16,90	2140	21,40	2590	25,90
1250	12,50	1700	17,—	2150	21,50	2600	26,—
1260	12,60	1710	17,10	2160	21,60	2610	26,10
1270	12,70	1720	17,20	2170	21,70	2620	26,20
1280	12,80	1730	17,30	2180	21,80	2630	26,30
1290	12,90	1740	17,40	2190	21,90	2640	26,40
1300	13,—	1750	17,50	2200	22,—	2650	26,50
1310	13,10	1760	17,60	2210	22,10	2660	26,60
1320	13,20	1770	17,70	2220	22,20	2670	26,70
1330	13,30	1780	17,80	2230	22,30	2680	26,80
1340	13,40	1790	17,90	2240	22,40	2690	26,90
1350	13,50	1800	18,—	2250	22,50	2700	27,—
1360	13,60	1810	18,10	2260	22,60	2710	27,10
1370	13,70	1820	18,20	2270	22,70	2720	27,20
1380	13,80	1830	18,30	2280	22,80	2730	27,30
1390	13,90	1840	18,40	2290	22,90	2740	27,40
1400	14,—	1850	18,50	2300	23,—	2750	27,50
1410	14,10	1860	18,60	2310	23,10	2760	27,60
1420	14,20	1870	18,70	2320	23,20	2770	27,70
1430	14,30	1880	18,80	2330	23,30	2780	27,80
1440	14,40	1890	18,90	2340	23,40	2790	27,90
1450	14,50	1900	19,—	2350	23,50	2800	28,00
1460	14,60	1910	19,10	2360	23,60	2810	28,10
1470	14,70	1920	19,20	2370	23,70	2820	28,20
1480	14,80	1930	19,30	2380	23,80	2830	28,30
1490	14,90	1940	19,40	2390	23,90	2840	28,40
1500	15,—	1950	19,50	2400	24,—	2850	28,50
1510	15,10	1960	19,60	2410	24,10	2860	28,60
1520	15,20	1970	19,70	2420	24,20	2870	28,70
1530	15,30	1980	19,80	2430	24,30	2880	28,80
1540	15,40	1990	19,90	2440	24,40	2890	28,90
1550	15,50	2000	20,—	2450	24,50	2900	29,—

Wert bis DM	Gebühr 1 v. H. DM	Wert bis DM	Gebühr 1 v. H. DM	Wert bis DM	Gebühr 1 v. H. DM	Wert bis DM	Gebühr 1 v. H. DM
2910	29,10	3110	31,10	3310	33,10	3510	35,10
2920	29,20	3120	31,20	3320	33,20	3520	35,20
2930	29,30	3130	31,30	3330	33,30	3530	35,30
2940	29,40	3140	31,40	3340	33,40	3540	35,40
2950	29,50	3150	31,50	3350	33,50	3550	35,50
2960	29,60	3160	31,60	3360	33,30	3560	35,60
2970	29,70	3170	31,70	3370	33,70	3570	35,70
2980	29,80	3180	31,80	3380	33,80	3580	35,80
2990	29,90	3190	31,90	3390	33,90	3590	35,90
3000	30,—	3200	32,—	3400	34,—	3600	36,—
3010	30,10	3210	32,10	3410	34,10	3610	36,10
3020	30,20	3220	32,20	3420	34,20	3620	36,20
3030	30,30	3230	32,30	3430	34,30	3630	36,30
3040	30,40	3240	32,40	3440	34,40	3640	36,40
3050	30,50	3250	32,50	3450	34,50	3650	36,50
3060	30,60	3260	32,60	3460	34,60	3660	36,60
3070	30,70	3270	32,70	3470	34,70	3670	36,70
3080	30,80	3280	32,80	3480	34,80	3680	36,80
3090	30,90	3290	32,90	3490	34,90	3690	36,90
3100	31,—	3300	33,—	3500	35,—	3700	37,—

Einige weitere Werte seien erwähnt

5 000	50	20 000	125	100 000	325
10 000	75	50 000	200	500 000	1 325
				1 000 000	2 575

§ 23 Vergleichsgebühr

(1) **Für die Mitwirkung beim Abschluß eines Vergleichs (§ 779 des Bürgerlichen Gesetzbuchs) erhält der Rechtsanwalt fünfzehn Zehntel der vollen Gebühr (Vergleichsgebühr). Der Rechtsanwalt erhält die Vergleichsgebühr auch dann, wenn er nur bei den Vergleichsverhandlungen mitgewirkt hat, es sei denn, daß seine Mitwirkung für den Abschluß des Vergleichs nicht ursächlich war. Soweit über den Gegenstand des Vergleichs ein gerichtliches Verfahren anhängig ist, erhält der Rechtsanwalt die Vergleichsgebühr nur in Höhe einer vollen Gebühr; das gleiche gilt, wenn ein Verfahren über die Prozeßkostenhilfe anhängig ist.**

(2) **Für die Mitwirkung bei einem unter einer aufschiebenden Bedingung oder unter dem Vorbehalt des Widerrufs geschlossenen Vergleich erhält der Rechtsanwalt die Vergleichsgebühr, wenn die Bedingung eingetreten ist oder der Vergleich nicht mehr widerrufen werden kann.**

(3) **Soweit über die Ansprüche vertraglich verfügt werden kann, gelten die Absätze 1 und 2 auch bei Rechtsverhältnissen des öffentlichen Rechts.**

Anmerkungsübersicht

1 Allgemeines

Gem. § 23 Absatz 3 BRAGO gelten die Absätze 1 und 2 auch bei Rechtsverhältnissen des öffentlichen Rechts. Dies aber nur dann, wenn – im öffentlichen Recht – über den Anspruch vertraglich verfügt werden kann. „Wegen des Grundsatzes der Gleichmäßigkeit der Besteuerung wird jedoch teilweise heute noch in Steuersachen grundsätzlich ein Vergleich als nicht zulässig angesehen (Madert/Hellstab Anmerkung 12 zu § 5 – Seite 163 – unter Hinweis auf Hübschmann/Hepp/Spitaler Anmerkung 12 zu § 79). Wenn kein Vergleich geschlossen werden kann, kann auch keine Vergleichsgebühr entstehen. Möglicherweise wird eine Erledigungsgebühr anfallen (siehe hierzu die Kommentierung zu dem nachfolgenden § 24 BRAGO).

Wenn aber die Beteiligten über den öffentlich-rechtlichen Gegenstand durch Vertrag verfügen können, kann auch in finanzgerichtlichen Verfahren die Vergleichsgebühr des § 23 Absatz 1 BRAGO anfallen. Nach Madert/Hellstab (a.a.O.) ist dies z.B. in Zulassungs- und Prüfungssachen von StB möglich (vgl. Riedel/Sußbauer Anmerkung 23 zu § 114; Hartmann Anmerkung 19 zu § 114 BRAGO).

2 Vergleich

Eine Vergleichsgebühr gem. § 23 BRAGO kann nur anfallen, wenn ein Vergleich zwischen den Beteiligten unter Mitwirkung des StB abgeschlossen wird. Für den Begriff des Vergleiches nimmt § 23 Absatz 1 Satz 1 BRAGO auf § 779 BGB bezug. Danach liegt ein Vergleich vor, wenn

– zwischen den Parteien ein Rechtsverhältnis besteht
– über dieses Rechtsverhältnis Streit, Ungewißheit oder Unsicherheit bzgl. der Verwirklichung eines Anspruches herrscht
– der Streit, die Ungewißheit oder die Unsicherheit bzgl. der Verwirklichung des Anspruches durch Vertrag zwischen den Parteien beendet wird
– und im Rahmen des Vertrages ein gegenseitiges Nachgeben beider Parteien erfolgt ist

(Gerold/Schmidt Anmerkung 5 bis 9 zu § 23; Hansens Anmerkung 2 bis 8 zu § 23).

Wird ein Vergleich mit einem Widerrufsvorbehalt abgeschlossen und widerruft einer der Beteiligten den Vergleich, so daß dieser letztlich nicht zustande kommt, entsteht auch keine Vergleichsgebühr.

3 **Mitwirken des StB**

Damit dem StB die Vergleichsgebühr erwächst, muß er an dem Zustandekommen des Vergleiches mitgewirkt haben. Seine Tätigkeit muß für den Abschluß des Vergleiches ursächlich – zumindest mitursächlich – gewesen sein. Dies bedeutet, daß der StB mit dem Ziel, einen Vergleich abzuschließen, tätig geworden sein muß. Nicht erforderlich ist, daß der StB den Vergleich selbst abschließt oder beim Abschluß zugegen ist. Es ist auch nicht erforderlich, daß er den Vergleich mit der Gegenseite „ausgehandelt" hat. Die Vergleichsgebühr wird bereits dadurch ausgelöst, daß der StB z.B. den Vergleichsvorschlag der Gegenseite prüft und den Mandanten hierzu berät (Gerold/Schmidt Anmerkung 29 zu § 23; Hansens Anmerkung 9 zu § 23). Wenn der StB hinsichtlich des Vergleiches nur beratend tätig war, ist natürlich Voraussetzung, daß der Vergleich dann auch später tatsächlich abgeschlossen wird.

4 **Gegenstandswert**

Als Gegenstandswert für die Vergleichsgebühr ist der Wert der Gegenstände anzunehmen, die durch den Vergleich erledigt werden. Es ist nicht das Ergebnis maßgebend, also nicht der Betrag, auf den sich die Parteien letztlich verglichen haben. Sondern maßgebend ist der Betrag/der Gegenstand, über den das gerichtliche Verfahren anhängig war und der durch den Vergleich „erledigt" wird (Gerold/Schmidt Anmerkung 41ff. zu § 23; Hansens Anmerkung 17 zu § 23).

5 **Höhe der Gebühr**

Ist über die Ansprüche/die Gegenstände über die sich verglichen wird ein gerichtliches Verfahren **nicht** anhängig, so entsteht die Vergleichsgebühr in Höhe von **15/10**. Ist über die Ansprüche/die Gegenstände, über welche sich verglichen wird ein gerichtliches Verfahren anhängig, so entsteht die Vergleichsgebühr in Höhe von 10/10. Es kommt also nicht darauf an, ob der Vergleich außergerichtlich oder gerichtlich abgeschlossen wird, sondern entscheidend ist, ob über den Gegenstand, über den sich verglichen ist, ein gerichtliches Verfahren anhängig ist.
Haben die Parteien in einem gerichtlichen Verfahren anhängige Gegenstände und nicht anhängige Gegenstände zusammen verglichen, so entsteht nach dem Wert der Gegenstände, die gerichtlich anhängig sind eine 10/10 Vergleichsgebühr gem. § 23 Absatz 1 Satz 3 BRAGO. Nach dem Wert der Ansprüche, die nicht gerichtlich anhängig sind, aber dennoch in dem Vergleich miterledigt wurden, entsteht eine 15/10 Vergleichsgebühr gem. § 23 Absatz 1 Satz 1 BRAGO. Gem. § 13 Absatz 3 BRAGO dürfen die beiden Vergleichsgebühren addiert aber nicht höher sein als eine 15/10 Gebühr aus dem Gesamtwert (Summe aus dem Wert der gerichtlich anhängigen und der nicht anhängigen Ansprüche [ausführlich: Enders, Die BRAGO für Anfänger, Anmerkung 479ff.]).

§ 24 Erledigungsgebühr

Erledigt sich eine Rechtssache ganz oder teilweise nach Zurücknahme oder Änderung des mit einem Rechtsbehelf angefochtenen Verwaltungsaktes, so erhält der Rechtsanwalt, der bei der Erledigung mitgewirkt hat, eine volle Gebühr.

Anmerkungsübersicht

1 Allgemeines

Ein intensives Bemühen des StB, eine Finanzangelegenheit für den Auftraggeber zu einem günstigen Ende zu führen, ohne daß erst eine gerichtliche Entscheidung herbeigeführt wird, ist für den Auftraggeber von besonderem Nutzen. Dem Auftraggeber werden Unannehmlichkeiten, Unsicherheiten, Zeitaufwand, Nervenkraft und Kostenrisiko erspart, die mit der Durchführung jedes Rechtsstreits verbunden sind. Es ist deshalb gerechtfertigt, dem StB für den erzielten Erfolg eine besondere Gebühr zuzubilligen. Die Erledigungsgebühr stellt eine Art Ersatz für die Vergleichsgebühr dar, die in Steuersachen nur in Ausnahmefällen entstehen kann.

2 Erledigung

Die Erledigungsgebühr des § 24 BRAGO fällt an, wenn sich eine Rechtssache ganz oder teilweise nach Zurücknahme oder Änderung des mit einem Rechtsbehelf angefochtenen Verwaltungsaktes erledigt. Nicht erforderlich ist, daß bereits eine Klage anhängig ist. Es reicht aus, wenn ein Verwaltungsakt mit einem Einspruch, Widerspruch oder einem sonstigen Rechtsbehelf angefochten wurde und sich das Verfahren dann erledigt. Allerdings erwächst die Erledigungsgebühr nicht, wenn die Verwaltungsbehörde alsbald einen von dem Mandanten beantragten Verwaltungsakt erläßt. Voraussetzung für das Entstehen der Erledigungsgebühr gem. § 24 BRAGO ist, daß die Verwaltungsbehörde zunächst einen für den Auftraggeber des RA/StB ungünstigen Standpunkt eingenommen hat, also einen belastenden Verwaltungsakt erlassen oder einen begünstigenden Verwaltungsakt abgelehnt hat (Gerold/Schmidt Anmerkung 5 zu § 24).
Im außergerichtlichen Rechtsbehelfsverfahren entsteht dem StB die Erledigungsgebühr nach § 40 Absatz 2 StBGebV (siehe auch vorstehende Kommentierung Anmerkung 12 zu § 40 StBGebV).
Die Verwaltungsangelegenheit muß sich durch Zurücknahme oder Änderung des mit einem Rechtsbehelf angefochtenen Verwaltungsaktes erledigt haben. Notwendig ist, daß die Verwaltungsbehörde bereits einen bestimmten, für den Mandanten des StB ungünstigen Standpunkt eingenommen hat

und daß es dem StB durch seine Tätigkeit gelungen ist, diesen Standpunkt, der sich auch aus einem negativen Verhalten ergeben kann, zugunsten seines Auftraggebers zu ändern. Die Verwaltungsbehörde muß also ihre bisherige Entscheidung ganz oder teilweise geändert haben. Keine Erledigung i.S. des § 24 BRAGO liegt vor, wenn die Erledigung lediglich darauf beruht, daß alle von der Behörde geforderten Unterlagen von dem Mandanten vorgelegt oder sonstige geforderten Voraussetzungen von dem Mandanten erfüllt werden (Gerold/Schmidt Anmerkung 4 zu § 24).

Die Verwaltungsangelegenheit ist erledigt i.S. des § 24 BRAGO, wenn der Auftraggeber des StB durch die Aufhebung oder Änderung des Verwaltungsaktes zufrieden gestellt ist. Eine Erledigung liegt auch dann vor, wenn sich der Auftraggeber mit weniger zufrieden gibt, als er zunächst begehrte (Gerold/Schmidt Anmerkung 6 zu § 24).

Nicht unstreitig ist, ob die Erledigungsgebühr auch dann zuzuerkennen ist, wenn sich eine Verwaltungsangelegenheit durch den Erlaß eines früher abgelehnten Verwaltungsaktes erledigt. M.E. ist dies zu bejahen (vgl. Gerold/Schmidt Anmerkung 4 zu § 24).

3 Mitwirkung

Die Erledigungsgebühr des § 24 BRAGO fällt an, wenn folgende zwei Voraussetzungen erfüllt sind:

- **Erledigung der Rechtssache (**siehe vorstehende Anmerkung 2)
- **Mitwirken des StB** bei der Erledigung (siehe die nachfolgenden Ausführungen).

Der Begriff der Mitwirkung ist streitig. Nach einer Auffassung (vergleiche insbesondere Gerold/Schmidt Anmerkungen 7 und 8 zu § 24 und Anmerkung 13 zu § 114) ist die Erledigungsgebühr eine Erfolgsgebühr. Die normale Tätigkeit des StB wird durch eine andere Gebühr (z.B. die Prozeßgebühr oder die Verhandlungsgebühr bzw. die Geschäftsgebühr oder die Besprechungsgebühr) abgegolten. Hat der StB durch seine Tätigkeit dazu beigetragen, daß sich die Rechtssache erledigt hat, erhält er für den erzielten Erfolg eine Gebühr, die Erledigungsgebühr (ebenso FG Berlin in EFG 1980 S. 307). Nach der in der Praxis überwiegend, insbesondere auch von dem BFH in ständiger Rechtsprechung (vergleiche z.B. BStBl III 1968 S. 772 = NJW 1969 S. 334; ebenso FG Rheinland-Pfalz in EFG 1987 S. 322; Hessisches FG in EFG 1987 S. 263 und Mittelsteiner/Scholz Anmerkung II 5 h dd zu § 46 sowie Schall in BB 1984 Beilage 4 S. 6), vertretenen Auffassung muß der StB „eine besondere, auf die Erledigung ohne Urteil gerichtete Tätigkeit" entfaltet haben. Der StB muß hiernach eine ausdrücklich auf die Erledigung gerichtete Tätigkeit entwickelt haben. Es reicht nicht aus, wenn er durch seine übrige Tätigkeit zu dem Erfolg beigetragen hat.

Dagegen steht die Meinung, daß auch die bloße Vornahme von Verfahrenshandlungen (z.B. Begründung der Klage) ausreicht, um die Erledigungsgebühr auszulösen. Diese Meinung stützt sich auf den Wortlaut des Gesetzes, der die Entstehung der Gebühr lediglich davon abhängig macht, daß ein bestimmter Erfolg (Erledigung durch Zurücknahme oder Änderung des Verwaltungsaktes) eintritt und daß der StB bei der Erledigung mitgewirkt haben muß. Die Erledigungsgebühr vergüte quasi nur den Erfolg (Gerold/Schmidt Anmerkung 7 zu § 24 unter Hinweis auf FG Baden-Württemberg in EFG 82, 534; Hartmann Anmerkung 9 zu § 24 BRAGO; Riedel/Sußbauer Anmerkung 18ff. zu § 24; Hansens Anmerkung 4 zu § 24; Göttlich/Mümmler „Erledigungsgebühr“ 4.).

Nach der ganz überwiegenden Meinung reicht also die Begründung der Klage, auch wenn diese noch so gut ist und aufgrund dieser guten Klagebegründung die beklagte Finanzbehörde einen abgeänderten Bescheid erläßt und sich damit die Sache erledigt, nicht zum Entstehen der Erledigungsgebühr. Der StB muß vielmehr über das übliche hinaus im Hinblick auf die Erledigung tätig geworden sein, wie z. B.

- Führung von Verhandlungen mit der beklagten Behörde während des laufenden Rechtsstreites, die dann schließlich zu der Erledigung führen (Hansens Anmerkung 4 zu § 24 unter Hinweis auf BFH NJW 69, 344 = JurBüro 69, 134 und FG Hamburg EFG 76, 98 und FG Hamburg EFG 71, 222)
- Hinweis auf ein einschlägiges BFH-Urteil (Hansens Anmerkung 4 zu § 24 unter Hinweis auf FG Saarland EFG 83, 253)
- Telefonischer Hinweis des StB gegenüber dem Finanzamt auf die Rechtslage (Hansens Anmerkung 4 zu § 24 unter Hinweis auf FG Saarland EFG 89, 254 und die ablehnende Meinung von Schall in StB 90, 20, 21)
- Mitwirkung im gerichtlichen Erörterungstermin oder an einer tatsächlichen Verständigung (Hansens Anmerkung 4 zu § 24 unter Hinweis auf Hess. FG EFG 82, 155; BFH BStBl II 85, 354; FG Münster EFG 91, 566)
- Besprechung eines gerichtlichen oder behördlichen Erledigungsvorschlages mit dem Auftraggeber und Herbeiführung von dessen Zustimmung (Hansens, Anmerkung 4 zu § 24 unter Hinweis auf Hess. FG EFG 88, 388 und FG Düsseldorf EFG 94, 318)
- Erklärung der Hauptsache für erledigt, nachdem die Behörde den Verwaltungsakt in geringerem Umfang als vom Kläger beantragt geändert hat (Hansens Anmerkung 4 zu § 24 unter Hinweis auf FG Hamburg EFG 81, 594)
- Vorlegung einer eidesstattlichen Versicherung auf Verlangen der Behörde (Hansens Anmerkung 4 zu § 24 unter Hinweis auf FG Bremen EFG 90, 596);

diese vorstehende Aufzählung ist keinesfalls abschließend. Es wird hingewiesen auf die weiteren Rechtsprechungs- und Literaturnachweise bei Gerold/Schmidt, Hartmann, Göttlich/Mümmler und Riedel/Sußbauer, jeweils a. a. O.).

4 Gebühren

Die Erledigungsgebühr ist stets eine volle Gebühr, auch wenn die Betriebsgebühr geringer ist (Beispiel: Prozeßgebühr nur 5/10 bei Erledigung vor

Einreichung der Klage). Die volle Gebühr ist bei dem FA und dem FG die 10/10-Gebühr, beim BFH die 13/10-Gebühr.
Neben der Erledigungsgebühr erhält der StB selbstverständlich auch die anderen Gebühren (Prozeßgebühr, Verhandlungsgebühr, Beweisgebühr), wenn ihr Tatbestand erfüllt ist. Die Gebühr nach § 23 Nummern 7 oder 8 StBGebV scheidet jedoch neben § 24 BRAGO aus. Führt die Mitwirkung zur Erledigung der Klage und zur Erledigung eines selbständigen Nebenverfahrens (z.B. nach § 69 Absatz 3 FGO), so wird die Gebühr für beide Verfahren verdient.

5 **Gegenstandswert**

Der Gegenstandswert, aus dem die Erledigungsgebühr zu errechnen ist, richtet sich nach dem Wert des Gegenstandes, der durch die Aufhebung oder Abänderung des VA erledigt worden ist. Bei Teilerledigungen ist der erledigte Teil maßgebend. Teilerledigung liegt aber nicht vor, wenn die Verwaltungsbehörde den VA teilweise abändert und der Auftraggeber sich mit dieser teilweisen Abänderung zufrieden gibt. Denn dann ist die gesamte Angelegenheit erledigt (Gerold/Schmidt Anmerkung 10 zu § 24).

6 **Kostenerstattung**

Die Erledigungsgebühr gehört zu den Kosten, die durch das Betreiben der Angelegenheit entstanden sind. Werden diese Kosten der Bundeskasse oder Staatskasse auferlegt, hat diese auch die Erledigungsgebühr zu erstatten.

§ 24a

... (findet keine Anwendung)

§ 25 Ersatz von Auslagen

(1) **Mit den Gebühren werden auch die allgemeinen Geschäftsunkosten entgolten.**

(2) **Der Rechtsanwalt hat Anspruch auf Ersatz der auf seine Vergütung entfallenden Umsatzsteuer, sofern diese nicht nach § 19 Abs. 1 des Umsatzsteuergesetzes unerhoben bleibt.**

(3) **Der Anspruch auf Ersatz der für Post- und Telekommunikationsdienstleistungen zu zahlenden Entgelte, der Schreibauslagen und der Reisekosten bestimmt sich nach den folgenden Vorschriften.**

Einzelanmerkung

§ 25 Absatz 1 BRAGO entspricht § 3 Absätze 2 und 3 sowie § 15 StBGebV. Insoweit wird auf die vorstehende Kommentierung zu diesen Vorschriften verwiesen.

§ 26 Entgelte für Post- und Telekommunikationsdienstleistungen

Der Rechtsanwalt hat Anspruch auf Ersatz der bei der Ausführung des Auftrags für Post- und Telekommunikationsdienstleistungen zu zahlenden Entgelte. Er kann nach seiner Wahl an Stelle der tatsächlich entstandenen Kosten einen Pauschsatz fordern, der fünfzehn vom Hundert der gesetzlichen Gebühren beträgt, in derselben Angelegenheit und in gerichtlichen Verfahren in demselben Rechtszug jedoch höchstens 40 Deutsche Mark, in Strafsachen und Bußgeldverfahren höchstens 30 Deutsche Mark. § 11 Abs. 2 Satz 2 gilt sinngemäß.

Einzelanmerkung

§ 26 BRAGO entspricht dem § 16 StBGebV. Es kann daher wegen der Erläuterungen auf die Anmerkungen zu § 16 StBGebV verwiesen werden.
Der einzige Unterschied besteht darin, daß in gerichtlichen Verfahren § 11 Absatz 2 Satz 2 BRAGO anzuwenden ist. Das heißt: Pfennigbeträge sind auf zehn Deutsche Pfennige aufzurunden.
Der Pauschsatz kann in gerichtlichen Verfahren für jeden Rechtszug in Ansatz gebracht werden. Finden auf einer instanzlichen Ebene mehrere gerichtliche Verfahren statt, die jede für sich eine eigene gebührenrechtliche Angelegenheit darstellen, so kann der Pauschsatz für jedes Verfahren gesondert berechnet werden (Bsp.: Hauptsacheverfahren und Verfahren auf Aussetzung oder Aufhebung der Vollziehung).

§ 27 Schreibauslagen

(1) **Der Rechtsanwalt hat Anspruch auf Ersatz der Schreibauslagen für Abschriften und Ablichtungen**

1. aus Behörden- und Gerichtsakten, soweit deren Herstellung zur sachgemäßen Bearbeitung der Rechtssache geboten war,
2. für die Unterrichtung von mehr als drei Gegnern oder Beteiligten auf Grund einer Rechtsvorschrift oder nach Aufforderung des Gerichts und
3. im übrigen nur, wenn sie im Einverständnis mit dem Auftraggeber zusätzlich, auch zur Unterrichtung Dritter, angefertigt worden sind.

(2) **Die Höhe der Schreibauslagen in derselben Angelegenheit und in gerichtlichen Verfahren in demselben Rechtszug bemißt sich nach den für die gerichtlichen Schreibauslagen im Gerichtskostengesetz bestimmten Beträgen.**

Anmerkungsübersicht

1 **Allgemeines**

§ 27 BRAGO entspricht dem § 17 StBGebV. Wegen der Erläuterungen kann deshalb auf die Anmerkungen zu § 17 StBGebV verwiesen werden.

2 **Erstattungsfähigkeit**

In der Praxis wird häufig die Erstattungsfähigkeit von Schreibauslagen unter Berufung auf die Entscheidung des Bundesverfassungsgerichts (BVerfG in NJW 1996, 382) in Zweifel gezogen, insbesondere dann, wenn es sich bei den Fotokopien um Anlagen zu Schriftsätzen an das Gericht handelt. Das Bundesverfassungsgericht vertritt die Auffassung, daß durch die Herstellung von Fotokopien, die als Anlagen zu Schriftsätzen bei Gericht eingereicht werden, keine Schreibauslagen entstehen, „wenn der Gegenstand der Ablichtung zum Sachvortrag der Partei gehört und (eigentlich oder ansonsten) in den Schriftsatz einzuarbeiten gewesen wäre". In diesen Fällen seien die Fotokopierkosten als zur üblichen, ordentlichen Geschäftstätigkeit des StB gehörend anzusehen. Sie würden unter die allgemeinen Geschäftsunkosten fallen und seien folglich als solche gem. § 25 Absatz 1 BRAGO bereits mit den Gebühren des StB abgegolten. Unter den vorliegenden Voraussetzungen würden keine Schreibauslagen gem. § 27 BRAGO entstehen, folglich seien auch keine erstattungsfähig.

In der obergerichtlichen Rechtsprechung der Zivilgerichtsbarkeit wird dies teilweise anders vertreten. Nach einigen OLG-Entscheidungen ist differenzierter zu betrachten: Legt der RA die Anlage zum Schriftsatz nur vor, um sich weiteren Sachvortrag zu ersparen, so entstehen keine Schreibauslagen. Wenn es aber auf das Urkundenbild oder den Gesamtinhalt einer Urkunde oder eines Schriftstückes ankommt, dann entstehen auch Schreibauslagen gem. § 27 BRAGO, wenn diese Urkunde/dieses Schriftstück als Anlage zu einem Schriftsatz bei Gericht eingereicht wird (SchlHOLG, Beschluß vom 20. 3. 1998 – 9 W 33/98 – und auch schon in JurBüro 1978, 1512; OLG Karlsruhe, JurBüro 1998, 579 = AnwBl. 1998, 541; OLG München, Beschluß vom 26. 10. 1998 – 11 W 2387/98; OLG Koblenz, JurBüro 1999, 300). Diese Grundsätze sind m. E. auch auf ein finanzgerichtliches Verfahren übertragbar.

§ 28 Geschäftsreisen

(1) **Für Geschäftsreisen sind dem Rechtsanwalt als Reisekosten die Fahrtkosten und die Übernachtungskosten zu erstatten; ferner erhält er ein Tage- und Abwesenheitsgeld. Eine Geschäftsreise liegt vor, wenn das Reiseziel außerhalb der Gemeinde liegt, in der sich die Kanzlei oder die Wohnung des Rechtsanwalts befindet.**

(2) **Als Fahrtkosten sind zu erstatten**

1. **bei Benutzung eines eigenen Kraftfahrzeugs zur Abgeltung der Anschaffungs-, Unterhaltungs- und Betriebskosten sowie der Abnutzung des Kraftfahrzeugs 0,52 Deutsche Mark für jeden gefahrenen Kilo-**

meter zuzüglich der durch die Benutzung des Kraftfahrzeugs aus Anlaß der Geschäftsreise regelmäßig anfallenden baren Auslagen, insbesondere der Parkgebühren,

2. bei Benutzung anderer Verkehrsmittel die tatsächlichen Aufwendungen, soweit sie angemessen sind.

(3) **Als Tage- und Abwesenheitsgeld erhält der Rechtsanwalt bei einer Geschäftsreise von nicht mehr als 4 Stunden 30 Deutsche Mark, von mehr als 4 bis 8 Stunden 60 Deutsche Mark und von mehr als 8 Stunden 110 Deutsche Mark; bei Auslandsreisen kann zu diesen Beträgen ein Zuschlag von 50 vom Hundert berechnet werden. Die Übernachtungskosten sind in Höhe der tatsächlichen Aufwendungen zu erstatten, soweit sie angemessen sind.**

Einzelanmerkung

§ 28 BRAGO entspricht dem § 18 StBGebV. Wegen der Erläuterungen kann deshalb auf die Anmerkungen zu § 18 StBGebV verwiesen werden.

§ 29 Reisen zur Ausführung mehrerer Geschäfte

Dient eine Reise mehreren Geschäften, so sind die entstandenen Reisekosten und Abwesenheitsgelder nach dem Verhältnis der Kosten zu verteilen, die bei gesonderter Ausführung der einzelnen Geschäfte entstanden wären.

Einzelanmerkung

§ 29 BRAGO entspricht dem § 19 StBGebV. Wegen der Erläuterungen kann deshalb auf die Anmerkungen zu § 19 StBGebV verwiesen werden.

§ 30 Verlegung der Kanzlei

Ein Rechtsanwalt, der seine Kanzlei nach einem anderen Ort verlegt, kann bei Fortführung eines ihm vorher erteilten Auftrags Reisekosten und Abwesenheitsgelder nur insoweit verlangen, als sie auch von seiner bisherigen Kanzlei aus entstanden wären.

Einzelanmerkung

§ 30 BRAGO entspricht dem ihm nachgebildeten § 20 StBGebV. Wegen der Erläuterungen kann deshalb auf die Anmerkungen zu § 20 StBGebV verwiesen werden.
Einziger sprachlicher Unterschied zwischen beiden Bestimmungen besteht darin, daß in § 30 BRAGO von „Kanzlei" und in § 20 StBGebV von „beruflicher Niederlassung" gesprochen wird. Ein sachlicher Unterschied ergibt sich jedoch daraus nicht.

Dritter Abschnitt. Gebühren in bürgerlichen Rechtsstreitigkeiten und in ähnlichen Verfahren

1. Vorbemerkungen

Der Dritte Abschnitt enthält die Bestimmungen über die Gebühren in bürgerlichen Rechtsstreitigkeiten und in ähnlichen Verfahren. Über § 114 BRAGO ist er auch maßgebend für die Verfahren vor den Gerichten der Verwaltungs- und der Finanzgerichtsbarkeit.

§§ 114 und 117 BRAGO enthalten von den §§ 31 ff. BRAGO abweichende Regelungen. Es sind deshalb immer erst diese Bestimmungen aus dem Elften Abschnitt zu überprüfen, ehe man zu den Vorschriften des Dritten Abschnitts kommt.

§ 114 Verfahren vor Gerichten der Verwaltungs- und Finanzgerichtsbarkeit

(1) **In Verfahren vor den Gerichten der Verwaltungsgerichtsbarkeit und der Finanzgerichtsbarkeit gelten die Vorschriften des Dritten Abschnitts sinngemäß.**

(2) **Der Rechtsanwalt erhält im erstinstanzlichen Verfahren vor dem Bundesverwaltungsgericht und vor einem Oberverwaltungsgericht (Verwaltungsgerichtshof) Gebühren nach § 11 Abs. 1 Satz 4, im Verfahren vor dem Finanzgericht Gebühren nach § 11 Abs. 1 Satz 1 und 2.**

(3) **Im Verfahren nach § 84 Abs. 1 Satz 2 der Verwaltungsgerichtsordnung und im Verfahren nach § 130 a Satz 2 in Verbindung mit § 125 Abs. 2 Satz 3 der Verwaltungsgerichtsordnung erhält der Rechtsanwalt eine halbe Verhandlungsgebühr.**

(4) **Im Verfahren über den Antrag auf Zulassung des Rechtsmittels erhält der Rechtsanwalt die für das Verfahren über das zuzulassende Rechtsmittel bestimmten Gebühren.**

(5) **Ist die Klage nach § 45 der Finanzgerichtsordnung als außergerichtlicher Rechtsbehelf zu behandeln, wird auf die Prozeßgebühr die neu entstehende oder eine in demselben Verwaltungsverfahren bereits entstandene Geschäftsgebühr angerechnet.**

(6) **Im Verfahren auf Aussetzung oder Aufhebung der Vollziehung des Verwaltungsakts, auf Anordnung oder Wiederherstellung der aufschiebenden Wirkung und in Verfahren auf Erlaß einer einstweiligen Anordnung gilt § 40 sinngemäß. Bei Vollziehung einer einstweiligen Anordnung gilt § 59 sinngemäß.**

(7) **Im gerichtlichen Verfahren über einen Akt der Zwangsvollstreckung (des Verwaltungszwangs) erhält der Rechtsanwalt drei Zehntel der in § 31 bestimmten Gebühren. Die Vorschriften des § 32 und des § 33 Abs. 1 und 2 gelten nicht.**

Anmerkungsübersicht

1 Allgemeines

In § 114 BRAGO ist die Vergütung des Rechtsanwalts und des StB geregelt, der seinen Auftraggeber in Verfahren vor Gerichten der Verwaltungs- und Finanzgerichtsbarkeit vertritt.
Notwendig ist eine Tätigkeit vor Gerichten der Verwaltungs- und Finanzgerichtsbarkeit. Ist der StB nur vor Verwaltungs- oder Finanz**behörden** tätig, ist § 114 BRAGO nicht anzuwenden. Es gelten dann die §§ 40 bis 44 StBGebV.

2 Verwaltungsgerichte

Die Verwaltungsgerichtsbarkeit ist durch die Verwaltungsgerichtsordnung (VwGO) geregelt. Es gibt in den Ländern Verwaltungs- und Oberverwaltungsgerichte (in Bayern: Verwaltungsgerichtshof), im Bund das Bundesverwaltungsgericht mit dem Sitz in Berlin.
Durch Klage kann die Aufhebung eines VA, die Verurteilung zum Erlaß eines abgelehnten oder unterlassenen VA begehrt werden (§ 42 VwGO).

3 Verfahren vor den Finanzgerichten

Das Verfahren vor den FG ist durch die FGO geregelt. Gerichte der Finanzgerichtsbarkeit sind die FG der Länder als erstinstanzliche Gerichte und der BFH in München als Rechtsmittelgericht (§ 37 FGO).
Der Finanzrechtsweg ist gegeben für die in § 33 FGO genannten Streitigkeiten. Das Verfahren beginnt mit der Erhebung der Klage. Über die Klage ist im allgemeinen gemäß § 95 FGO durch Urteil zu entscheiden. Das Finanzgericht kann in geeigneten Fällen ohne mündliche Verhandlung durch Gerichtsbescheid entscheiden (§ 90a FGO).

4 Gebühren

Für die Gebühren gelten die Vorschriften des Dritten Abschnitts gemäß § 114 Absatz 1 BRAGO sinngemäß.

Der dritte Abschnitt der BRAGO umfaßt die §§ 31 bis 67 BRAGO. In der Regel werden nur die Gebühren des § 31 Absatz 1 BRAGO in Ansatz kommen, also
- die Prozeßgebühr § 31 Absatz 1 Nummer 1 BRAGO
- die Verhandlungsgebühr § 31 Absatz 1 Nummer 2 BRAGO
- die Erörterungsgebühr § 31 Absatz 1 Nummer 4 BRAGO
- die Beweisgebühr § 31 Absatz 1 Nummer 3 BRAGO.

Natürlich fällt eine Gebühr nur an, wenn der entsprechende Gebührentatbestand erfüllt ist. Unter welchen Voraussetzungen die vorgenannten Gebühren entstehen, ergibt sich aus den nachfolgenden Kommentierungen zu den §§ 31ff. BRAGO.

Neben den in dem dritten Abschnitt der BRAGO geregelten Gebühren der §§ 31ff. BRAGO können im gerichtlichen Verfahren vor dem Verwaltungs- und Finanzgericht noch entstehen eine Vergleichsgebühr gem. § 23 BRAGO oder eine Erledigungsgebühr gem. § 24 BRAGO. Diese beiden Gebühren sind zwar im zweiten Abschnitt der BRAGO geregelt. Da es sich beim zweiten Abschnitt der BRAGO aber um „Gemeinsame Vorschriften über Gebühren und Auslagen" handelt, gelten diese Vorschriften auch im finanz- und verwaltungsgerichtlichen Verfahren, obwohl § 114 Absatz 1 BRAGO nur auf den dritten Abschnitt verweist.

Neben den Gebühren kann der StB auch für eine Tätigkeit in einem gerichtlichen Verfahren selbstverständlich noch die Entgelte für Post- und Telekommunikationsdienstleistungen (§ 26 BRAGO), Schreibauslagen (§ 27 BRAGO), Reisekosten (§ 28 BRAGO) und die Umsatzsteuer (§ 25 BRAGO) auf seine Auslagen und Gebühren berechnen. Wegen den näheren Einzelheiten darf auf die Kommentierung zu diesen BRAGO-Vorschriften verwiesen werden.

Eine Besonderheit für das finanzgerichtliche Verfahren regelt § 117 BRAGO: Auch wenn in dem finanzgerichtlichen Verfahren keine mündliche Verhandlung stattfindet erhält der StB die gleichen Gebühren wie in einem Verfahren mit mündlicher Verhandlung (vgl. die nachfolgende Kommentierung zu § 117 BRAGO).

5 Höhe der Gebühren

Gem. § 114 Absatz 2 BRAGO erhält der StB im Verfahren vor dem Finanz- und Verwaltungsgericht die Gebühren in Höhe von 10/10 (§ 114 Absatz 2, letzter Halbsatz verweist auf § 11 Absatz 1 Satz 1 und 2).

Im Berufungs- und Revisionsverfahren vor einem Oberverwaltungsgericht (Verwaltungsgerichtshof), dem Bundesverwaltungsgericht oder dem Bundesfinanzhof erhöhen sich die Gebühren gem. § 11 Absatz 1 Satz 4 BRAGO um 3/10, so daß der StB die anfallenden Gebühren nicht nur in Höhe von 10/10 erhält, sondern in Höhe von 13/10. Es erhöht sich nicht nur die Prozeßgebühr im Berufungs- und Revisionsverfahren auf 13/10, sondern alle anfallenden Gebühren, also auch die Verhandlungsgebühr, die Beweisgebühr und auch die Erledigungsgebühr.

Die Erhöhung um 3/10 fällt auch dann an, wenn das Bundesverwaltungsgericht oder ein Oberverwaltungsgericht (Verwaltungsgerichtshof) erstinstanzlich entscheiden (§ 114 Absatz 2, erster Halbsatz BRAGO).
Ob die erhöhten 13/10 Gebühren auch entstehen, wenn beim Berufungsgericht als Gericht der Hauptsache ein Verfahren auf Anordnung oder Aussetzung der Vollziehung oder auf Erlaß einer einstweiligen Anordnung anhängig gemacht wird, ist umstritten (siehe Gerold/Schmidt Anmerkung 8 zu § 114).
Im Verfahren nach § 84 Absatz 1 Satz 2 VwGO und im Verfahren nach § 130a Satz 2 i. V. mit § 125 Absatz 2 Satz 3 VwGO erhält der RA nur eine halbe (5/10) Verhandlungsgebühr (§ 114 Absatz 3 BRAGO). Es handelt sich hierbei um die Verfahren, wenn das Verwaltungsgericht ohne mündliche Verhandlung durch Gerichtsbescheid entscheidet oder das Oberverwaltungsgericht über die Berufung durch Beschluß entscheidet. In dem Verfahren vor dem Oberverwaltungsgericht erhöht sich natürlich auch die halbe Verhandlungsgebühr von 5/10 um 3/10 (3/10 von 5/10 = 1,5/10) auf 6,5/10 oder 13/20. Dagegen fällt im finanzgerichtlichen Verfahren die Verhandlungsgebühr in voller Höhe (10/10) an, wenn das Finanzgericht ohne mündliche Verhandlung oder durch Gerichtsbescheid entscheidet. Dies ist in § 117 BRAGO ausdrücklich so geregelt (siehe hierzu auch nachfolgende Kommentierung zu § 117 BRAGO).

6 **Zulassung eines Rechtsmittels**

Im Verfahren über die Zulassung eines Rechtsmittels entstehen gem. § 114 Absatz 4 BRAGO grundsätzlich die Gebühren, die auch in dem – mit der Zulassung begehrten – Rechtsmittelverfahren entstehen würden. Es können also die Gebühren des dritten Abschnittes der BRAGO, insbesondere die Gebühren des § 31 Absatz 1 BRAGO entstehen, also die Prozeß-, Verhandlungs-, Erörterungs- und die Beweisgebühr. Die Gebühren entstehen in der Höhe, in welcher sie auch in dem Rechtsmittelverfahren anfallen würden, also in Höhe von 13/10 (vgl. hierzu Anmerkung 5 zu § 11). § 14 Absatz 2 Satz 2 BRAGO bestimmt aber, daß das Verfahren auf Zulassung des Rechtsmittels zum Rechtszug gehört. Wenn das Rechtsmittel zugelassen wird, können die Gebühren in dem Zulassungsverfahren und in dem anschließenden Rechtsmittelverfahren selbst insgesamt nur einmal entstehen, d.h., das Zulassungsverfahren und das anschließende Rechtsmittelverfahren bilden eine gebührenrechtliche Angelegenheit (siehe hierzu Anmerkung 5 zu § 14).
Dagegen ist eine **Nichtzulassungsbeschwerde** stets eine gesonderte gebührenrechtliche Angelegenheit. In dem Verfahren über die Nichtzulassungsbeschwerde können gem. § 61 Absatz 1 Nummer 1 BRAGO die Gebühren des § 31 Absatz 1 BRAGO in Höhe von 13/20 entstehen. Die Gebühren sind nicht anzurechnen auf die in dem I. Rechtszug entstandenen Gebühren oder die in dem Rechtsmittelverfahren entstehenden Gebühren (vgl. Anmerkung 4 zu § 11 und Anmerkung 4 zu § 14).

7 Klage/außergerichtlicher Rechtsbehelf

Gem. § 45 Absatz 2 FGO kann das Finanzgericht eine Klage durch Beschluß an die zuständige Behörde zur Durchführung des Vorverfahrens abgeben, wenn eine weitere Sachaufklärung notwendig ist, die nach Art oder Umfang erhebliche Ermittlungen erfordert und die Abgabe unter Berücksichtigung der Belange der Beteiligten sachdienlich ist. Die Klage ist dann als außergerichtlicher Rechtsbehelf zu behandeln (§ 45 Absatz 3 FGO).
Durch die Klageerhebung ist die Prozeßgebühr des § 31 Absatz 1 Nummer 1 BRAGO entstanden. In dem weiteren Verfahren vor der Behörde entsteht die Geschäftsgebühr, dem Anwalt nach § 118 Absatz 1 Nummer 1 BRAGO und dem StB nach § 41 StBGebV. Die in dem gerichtlichen Verfahren entstandene Prozeßgebühr und die in dem behördlichen Verfahren entstehende Geschäftsgebühr sind aufeinander anzurechnen, d.h., beide können nicht nebeneinander entstehen. Es wird dann letztlich nur die im Gebührensatz höchste Gebühr berechnet werden können (Gerold/Schmidt, Anmerkung 14 zu § 114).

Beispiel:

Für die Klageschrift ist eine 10/10 Prozeßgebühr entstanden.
Für das Verfahren vor der Behörde entsteht eine 7,5/10 Geschäftsgebühr.
Der StB wird eine 10/10 Prozeßgebühr berechnen.

M.E. besteht kein Zweifel, daß diese Anrechnungsvorschrift des § 114 Absatz 5 BRAGO auch für die Gebühren des StB gilt. Zweifel könnten aufkommen, weil der StB für das Verfahren vor der Behörde keine Gebühren nach der BRAGO, sondern nach § 41 StBGebV erhält. Da aber nach § 45 StBGebV die Vorschriften der BRAGO für ein Verfahren vor dem Finanzgericht sinngemäß anzuwenden sind, kommt m.E. § 114 Absatz 5 BRAGO auch für die Gebühren des StB zur Anwendung, denn ansonsten wäre der StB bei gleicher Tätigkeit gebührenrechtlich besser gestellt als ein RA. Die Anrechnung findet natürlich nur dann statt, wenn derselbe StB sowohl im gerichtlichen Verfahren als auch in dem behördlichen Verfahren vertritt. Wird der Mandant im gerichtlichen und in dem behördlichen Verfahren von unterschiedlichen StB vertreten, so findet natürlich keine Anrechnung statt.

8 Aussetzung oder Aufhebung der Vollziehung

Im Verfahren auf Aussetzung oder Aufhebung der Vollziehung des Verwaltungsaktes, auf Anordnung oder Wiederherstellung der aufschiebenden Wirkung und im Verfahren auf Erlaß einer einstweiligen Anordnung gilt § 40 BRAGO sinngemäß. Die Verfahren gelten sonach als besondere Angelegenheiten, die eigene Gebühren entstehen lassen (Gerold/Schmidt Anmerkung 15 zu § 114). Dies bedeutet, daß die Gebühren in dem Verfahren auf Aussetzung der Vollziehung und in den anderen in Absatz 6 des § 114 BRAGO genannten Verfahren völlig unabhängig von den Gebühren entstehen können, die in dem Hauptsacheverfahren anfallen.

Beispiel:

In dem Hauptsacheverfahren entstehen dem StB
a) 10/10 Prozeßgebühr gem. §§ 114 Absatz 1, 31, Absatz 1 Nummer 1 BRAGO
b) 10/10 Verhandlungsgebühr gem. §§ 114 Absatz 1, 31 Absatz 1 Nummer 2 BRAGO
\+ Pauschsatz gem. § 26 Satz 2 BRAGO und Umsatzsteuer gem. § 25 Absatz 2 BRAGO

Daneben ist ein Verfahren auf Aussetzung der Vollziehung des Verwaltungsaktes anhängig. In diesem Verfahren entstehen unabhängig von den in der Hauptsache entstandenen Gebühren z. B. folgende weitere Gebühren:
a) 10/10 Prozeßgebühren gem. §§ 114 Absatz 6, 40, 31 Absatz 1 Nummer 1 BRAGO
b) 10/10 Verhandlungsgebühr gem. §§ 114 Absatz 6, 40, 31 Absatz 1 Nummer 2 BRAGO
\+ Pauschsatz gem. § 26 Satz 2 BRAGO und Umsatzsteuer gem. § 25 Absatz 2 BRAGO.

Eine Anrechnung der in dem Hauptsacheverfahren entstandenen Gebühren auf die in dem Verfahren auf Aussetzung oder Aufhebung der Vollziehung entstandenen Gebühren findet nicht statt.

In den in § 114 Absatz 6 BRAGO genannten Verfahren können auch die Gebühren der §§ 23 (Vergleichsgebühr) und 24 (Erledigungsgebühr) BRAGO entstehen.
Für die **Vollziehung einer einstweiligen Anordnung** gilt § 59 BRAGO sinngemäß, d. h. der StB kann über § 57 Absatz 1 BRAGO die Gebühren des § 31 Absatz 1 BRAGO in Höhe von 3/10 verdienen.
Wegen der Einzelheiten sei auf die Anmerkungen zu §§ 40, 59 BRAGO verwiesen.

9 Zwangsvollstreckung

Im gerichtlichen Verfahren über einen Akt der Zwangsvollstreckung erhält der StB nach § 114 Absatz 7 BRAGO 3/10 der in § 31 Absatz 1 BRAGO bestimmten Gebühren. Vorgesehen sind die Gebühren des Absatzes 7 zu § 114 BRAGO für die Fälle, in denen sich der StB mit einer Klage für seinen Mandanten gegen einen behördlichen Akt der Zwangsvollstreckung wendet. Da in diesem Fall eine Nachprüfung nicht in der Sache, sondern nur hinsichtlich der Vollstreckungsmaßnahmen erfolgt, entstehen zwar ebenso wie bei einer Klage zur Hauptsache die Gebühren des § 31 Absatz 1 BRAGO, also Prozeß-, Verhandlungs-, Erörterungs- und/oder Beweisgebühr aber nur in Höhe von 3/10.
Bruchteile von dieser 3/10 Gebühr sind ausgeschlossen, da gem. § 114 Absatz 7 Satz 2 BRAGO die Vorschriften der §§ 32 und 33 BRAGO nicht gelten.
Auch in einem gerichtlichen Verfahren über einen Akt der Zwangsvollstreckung kann die Erledigungsgebühr des § 24 BRAGO entstehen. Diese entsteht dann allerdings in Höhe von 10/10.

§ 114 Absatz 7 BRAGO betrifft nicht die Vollstreckungsabwehrklage nach § 173 VwGO oder § 151 Absatz 1 FGO i.V. mit § 771 ZPO. Hierfür entstehen volle (10/10) Gebühren nach § 31 BRAGO.
Richtet sich die Klage sowohl gegen den Bescheid in der Hauptsache als auch gegen die Androhung oder Festsetzung von Zwangsmitteln, so entstehen neben den 10/10 Gebühren nach §§ 114 Absatz 1, 31 Absatz 1 BRAGO keine gesonderten Gebühren für die Tätigkeit hinsichtlich des Aktes der Zwangsvollstreckung.
Vgl. auch Gerold/Schmidt Anmerkung 17 zu § 114.

10 **Kostenerstattung**

Im Kostenerstattungsverfahren gelten folgende Vorschriften:
im Verfahren vor den Verwaltungsgerichten § 162 VwGO,
im Verfahren vor den Finanzgerichten § 139 FGO.

§ 117 Besonderheiten für Verfahren vor Gerichten der Finanzgerichtsbarkeit

Wird durch Urteil ohne mündliche Verhandlung oder als Urteil wirkenden Gerichtsbescheid entschieden, erhält der Rechtsanwalt die gleichen Gebühren wie in einem Verfahren mit mündlicher Verhandlung.

Anmerkungsübersicht

1 **Allgemeines**

Die Vergütung, die der StB für eine Tätigkeit in Verfahren vor den Gerichten der Finanzgerichtsbarkeit zu beanspruchen hat, ist in § 114 BRAGO geregelt. Vergleiche hierzu die vorstehenden Ausführungen zu dieser Bestimmung.
§ 117 BRAGO enthält insoweit für das finanzgerichtliche Verfahren eine Besonderheit, da der StB die Verhandlungsgebühr auch dann erhält, wenn ohne mündliche Verhandlung entschieden wird. § 117 BRAGO ergänzt also die in § 114 BRAGO getroffene Regelung, nach der auch in Verfahren vor Gerichten der Finanzgerichtsbarkeit die Vorschriften des Dritten Abschnitts gelten.

2 **Entscheidung**

Wird ohne mündliche Verhandlung entschieden, erhält der StB die gleichen Gebühren wie in einem Verfahren mit mündlicher Verhandlung, also **auch die Verhandlungsgebühr.** Notwendig ist aber, daß das FG eine Sachentscheidung (nicht notwendig Endentscheidung) erläßt. Solange das Gericht nicht entschieden hat, erhält der StB die Verhandlungsgebühr nicht. Ihm steht die Verhandlungsgebühr also nicht zu, wenn er nur Schriftsätze einreicht.

Entscheidung i. S. des § 117 BRAGO ist nicht nur das Urteil, sondern auch:

- Gerichtsentscheide, die als Urteil gelten, wenn sie nicht angefochten werden
- Beschluß, durch den der BFH die Revision einstimmig als unbegründet zurückweist (Gerold/Schmidt Anmerkung 3 zu § 117 unter Hinweis auf FG Münster EFG 86, 625; a. A. FG Baden-Württemberg, EFG 96, 1240)
- Verweisungsbeschluß nach § 34 Absatz 4 FGO
- Beweisbeschlüsse, Beweisanordnungen, auch Beweisbeschlüsse die im finanzgerichtlichen Verfahren nach § 81 Absatz 2 FGO vor der mündlichen Verhandlung erlassen werden (Gerold/Schmidt Anmerkung 3 zu § 117; a. A. FG Berlin, EFG 87, 474).

Dagegen genügen als Entscheidung i. S. des § 117 BRAGO nicht:

- Kostenentscheidung nach Erledigung der Hauptsache nach § 138 Absatz 1 FGO (Gerold/Schmidt Anmerkung 4 zu § 117 unter Hinweis auf BFH, NJW 69, 712).
- Aussetzung der Vollziehung nach § 69 Absatz 3 FGO (Gerold/Schmidt Anmerkung 4 zu § 117 unter Hinweis auf BFH in NJW 1970, 2263)
- Verwerfung der Revision als unzulässig nach § 126 Absatz 1 FGO (Gerold/Schmidt Anmerkung 4 zu § 117; Hartmann Anmerkung 2 zu § 117; a. A. FG Hannover, EFG 82, 46)
- Aufklärungsbeschlüsse (Gerold/Schmidt Anmerkung 4 zu § 117; BFH in NJW 1974, 1216; Aufgabe der gegenteiligen Ansicht in der 2. Auflage)
- Vorbereitende Anordnung des Vorsitzenden oder Berichterstatters nach § 79 FGO (Gerold/Schmidt Anmerkung 4 zu § 117; FG Kassel EFG 69, 551; FG München EFG 71, 144).

3 Ohne mündliche Verhandlung

Das Finanzgericht entscheidet, soweit nichts anderes bestimmt ist, aufgrund mündlicher Verhandlung. Entscheidungen des Gerichts, die nicht Urteile sind, können ohne mündliche Verhandlung ergehen (§ 90 Absatz 1 FGO).

Mit **Einverständnis der Beteiligten** kann das Gericht ohne mündliche Verhandlung entscheiden (§ 90 Absatz 2 FGO). Haben sich die Parteien mit einer Entscheidung ohne mündliche Verhandlung einverstanden erklärt, so entsteht, wenn tatsächlich eine Entscheidung ergeht (siehe hierzu Anmerkung 2) die Verhandlungsgebühr auch schon über § 35 BRAGO. Bei dieser Fallgestaltung besteht zwischen §§ 35 und 117 BRAGO kein wesentlicher Unterschied (Gerold/Schmidt Anmerkung 2 zu § 117).

Nach § 90a FGO kann das Gericht ohne mündliche Verhandlung durch Gerichtsbescheid entscheiden. Entscheidet das Gericht durch Gerichtsbescheid gem. § 90a FGO, kommt § 117 BRAGO zur Anwendung. Auf das vorherige Einverständnis der Beteiligten (wie bei § 35 BRAGO) kommt es nicht an. Wenn das Gericht durch Gerichtsbescheid entscheidet, entsteht also

die Verhandlungsgebühr, auch wenn keine mündliche Verhandlung stattgefunden hat. Nach § 90a Absatz 3 FGO gilt der Gerichtsbescheid als nicht ergangen, wenn rechtzeitig mündliche Verhandlung beantragt wird. Wird nach einem Gerichtsbescheid rechtzeitig mündliche Verhandlung beantragt, „entfällt" die über 117 BRAGO entstandene Verhandlungsgebühr des § 31 Absatz 1 Nummer 2 BRAGO. Es entsteht dann für die Tätigkeit des StB in der danach stattfindenden mündlichen Verhandlung die Verhandlungsgebühr über §§ 114 Absatz 1, 31 Absatz 1 Nummer 2 BRAGO. Die Verhandlungsgebühr fällt also in diesem Fall nicht doppelt an (Hansens Anmerkung 4 zu § 117; Hartmann Anmerkung 4 zu § 117).
Nach § 94a FGO kann das FG sein Verfahren nach billigem Ermessen bestimmen. Bestimmt das Gericht ohne mündliche Verhandlung zu entscheiden und ergeht dann auch tatsächlich eine Entscheidung (siehe Anmerkung 2) erhält der StB die Verhandlungsgebühr wie in einem Verfahren mit mündlicher Verhandlung (Hansens Anmerkung 3 zu § 117).

2. Vorbemerkungen vor §§ 31ff. BRAGO

Anmerkungsübersicht

1 Allgemeines

§ 31 BRAGO enthält die Regelgebühr in Rechtsstreitigkeiten. Er wird ergänzt für die Prozeßgebühr durch § 32 BRAGO, für die Verhandlungsgebühr durch die §§ 33 und 35 BRAGO (vergleiche auch vorstehend § 117 BRAGO) und für die Beweisgebühr durch § 34 BRAGO. Die Gebühr ist in der Regel die volle Gebühr, d.h. im Verfahren vor dem FG die 10/10-Gebühr und vor dem BFH die 13/10-Gebühr.

2 Beispiele für Honorarabrechnungen in Verfahren vor dem FG

Beispiel 1:
Der StB hat den Auftrag, Klage zum Finanzgericht zu erheben. Bei Fertigung der Klageschrift erkennt er, daß die notwendigen Erfolgsaussichten fehlen. Er bittet den Mandanten erneut zu einem Beratungsgespräch. Nach dem Beratungsgespräch nimmt der Mandant den Auftrag zur Klageerhebung zurück.

Die Honorarrechnung des StB müßte wie folgt aufgebaut werden:
Honorarrechnung für die Tätigkeit nach Klageauftrag/vorzeitige Erledigung

Gegenstandswert: DM 10.000,–
(gem. § 45 StBGebV gelten die Vorschriften der BRAGO sinngemäß)

1. 5/10 Prozeßgebühr gem. §§ 11, 31 Absatz 1 Nummer 1, 32 Absatz 2 BRAGO	DM	297,50
2. Pauschsatz für Post- und Telekommunikationsentgelte gem. § 26 Satz 2 BRAGO	DM	40,—

3. 16% Umsatzsteuer gem. § 25 Absatz 2 BRAGO	DM	54,—
Summe:	DM	391,50

Beispiel 2:

Der StB ist als Prozeßbevollmächtigter in dem Rechtsstreit vor dem Finanzgericht tätig. Er hat die Klage erhoben. Das Gericht entscheidet durch Gerichtsbescheid. Eine Beweisaufnahme fand nicht statt.

Die Honorarrechnung des StB müßte wie folgt aufgebaut werden:

Honorarrechnung für die Tätigkeit als Prozeßbevollmächtigter in dem Rechtsstreit vor dem Finanzgericht ... Az. ...

Gegenstandswert: DM 10.000,–
(gem. § 45 StBGebV gelten die Vorschriften der BRAGO sinngemäß)

1. 10/10 Prozeßgebühr gem. §§ 114 Absatz 1, 11, 31 Absatz 1 Nummer 1 BRAGO	DM	595,—
2. 10/10 Verhandlungsgebühr gem. §§ 114 Absatz 1, 117, 11, 31 Absatz 1 Nummer 2 BRAGO	DM	595,—
3. Pauschsatz für Post- und Telekommunikationsentgelte gem. § 26 Satz 2 BRAGO	DM	40,—
4. Schreibauslagen gem. § 27 Absatz 1 Nummer 3 BRAGO 10 Fotokopien á DM 1,–	DM	10,—
5. 16% Umsatzsteuer gem. § 25 Absatz 2 BRAGO	DM	198,40
Summe:	DM	1.438,40

§ 31 Prozeßgebühr, Verhandlungsgebühr, Beweisgebühr, Erörterungsgebühr

(1) **Der zum Prozeßbevollmächtigten bestellte Rechtsanwalt erhält eine volle Gebühr**

1. **für das Betreiben des Geschäfts einschließlich der Information (Prozeßgebühr),**
2. **für die mündliche Verhandlung (Verhandlungsgebühr),**
3. **für die Vertretung im Beweisaufnahmeverfahren oder bei der Anhörung oder Vernehmung einer Partei nach § 613 der Zivilprozeßordnung (Beweisgebühr),**
4. **für die Erörterung der Sache, auch im Rahmen eines Versuchs zur gütlichen Beilegung (Erörterungsgebühr).**

(2) **Erörterungsgebühren und Verhandlungsgebühren, die denselben Gegenstand betreffen und in demselben Rechtszug entstehen, werden aufeinander angerechnet.**

(3) ... (findet keine Anwendung)

Anmerkungsübersicht

1 Prozeßbevollmächtigter

Der zum Prozeßbevollmächtigten bestellte StB erhält die in § 31 BRAGO bestimmten Gebühren. Voraussetzung des Gebührenanspruchs nach dieser Vorschrift ist, daß der StB zur Führung des ganzen Rechtsstreits einen Auftrag erhalten hat. Wird der Rechtsstreit durch mehrere Instanzen geführt, also vor dem FG und dem BFH, ist jeder Rechtszug für sich eine gesonderte gebührenrechtliche Angelegenheit. Prozeßbevollmächtigter wird der StB mit der Erteilung des Auftrags, den Auftraggeber vor dem Gericht (FG oder BFH) zu vertreten. Diese Bevollmächtigung kann formlos erfolgen. § 62 Absatz 3 FGO, wonach die Vollmacht schriftlich zu erteilen ist, hat lediglich für die Legitimation des Bevollmächtigten gegenüber dem Gericht Bedeutung, nicht jedoch für die Entstehung des Gebührenanspruchs. Der Rechtsstreit braucht auch noch nicht anhängig zu sein. Die Tätigkeit des Bevollmächtigten beginnt – wie § 37 Nummer 1 BRAGO besagt – bereits mit der Vorbereitung der Klage. Prozeßbevollmächtigter kann ein StB nur so lange werden, als der Prozeß noch nicht beendet ist (vergleiche OLG München in AnwBl 1985 S. 44). Da gemäß § 13 Absatz 2 Satz 2 BRAGO jeder Rechtszug eine selbständige Angelegenheit ist, endet der Prozeß im Sinne der vorstehenden Ausführungen mit dem Ende der Instanz. Sie ist in der Regel beendet mit dem Erlaß des letzten im gleichen Rechtszuge ergehenden Urteils (also nicht mit dem Erlaß eines Zwischenurteils), dem Erlaß der Kostenentscheidung im Falle einer übereinstimmenden Erklärung, die Hauptsache habe sich erledigt, oder der Klage- bzw. Rechtsmittelrücknahme. Diese Grenze darf jedoch nicht darüber hinwegtäuschen, daß der bereits bestellte Prozeßbevollmächtigte auch nach dem Ende der Instanz tätig werden muß, ohne daß er dafür eine besondere Vergütung beanspruchen kann (vergleiche z. B. die in § 37 BRAGO aufgeführten Tätigkeiten).

Ist der StB von vornherein nur mit der Vertretung in bestimmten Einzelabschnitten des Verfahrens oder nur mit Einzelhandlungen beauftragt, so ist er nicht Prozeßbevollmächtigter i. S. des § 31, und zwar auch dann nicht, wenn ihm eine Prozeßvollmacht erteilt worden ist (es kommt also nicht auf die Vollmacht, sondern auf den Auftrag an). Er hat in diesem Falle keinen Anspruch auf die Gebühren des § 31 Absatz 1 BRAGO. Für solche Aufträge gelten vielmehr besondere Gebührenbestimmungen. Als solche Sonderbestimmungen kommen z.B. in Frage die §§ 52ff. BRAGO, welche die Gebühren des Verkehrsanwalts, die Vertretung in der mündlichen Verhandlung und in einer Beweisaufnahme betreffen. Diese Beschränkung kommt in den entsprechenden Bestimmungen durch die bei der Umschreibung des Gebührentatbestandes gebrauchten Wörter „lediglich", „nur", „beschränkt" zum Ausdruck. Nicht notwendig ist, daß der StB, um Prozeßbevollmächtigter zu sein, den Rechtsstreit von seinem Beginn bis zur Erledigung geführt hat.

2 Prozeßgebühr

Die Prozeßgebühr gilt den gesamten mit dem Verfahren zusammenhängenden Geschäftsbetrieb in **einem** Rechtszug ab. Abgegolten werden insbesondere die Entgegennahme der Information, die Beratung des Auftraggebers, Besprechungen mit Dritten oder dem Gericht, Einsicht in Akten und Urkunden, die Anfertigung und Einreichung von Schriftsätzen, der Schriftverkehr mit dem Gegner, die Entgegennahme von eidesstattlichen Versicherungen, die Besprechung des Urteils mit dem Auftraggeber (allerdings nicht die Besprechung über die Aussichten der Revision; diese Tätigkeit wird durch die Ratsgebühr des § 20 BRAGO abgegolten – siehe hierzu Enders, JurBüro 1997, 113–115 –), die Kostenfestsetzung. Nicht abgegolten durch die Prozeßgebühr werden die Tätigkeiten, für die andere Gebühren vorgesehen sind, z.B. die Verhandlungsgebühr/Erörterungsgebühr und die Beweisgebühr oder Reisekosten und Abwesenheitsgelder. Das Gleiche gilt von der Tätigkeit in anderen Verfahren, z.B. im Verfahren auf Erlaß einer einstweiligen Anordnung oder im Verfahren auf Aussetzung der Vollziehung des Verwaltungsaktes.

Die Prozeßgebühr ist entstanden, sobald der StB von seinem Auftraggeber zum Prozeßbevollmächtigten bestellt worden ist und eine unter die Prozeßgebühr fallende Tätigkeit ausgeübt hat. Auf die Bedeutung und den Umfang der ausgeübten Tätigkeit kommt es nicht an. Im Regelfall wird hiernach die Prozeßgebühr mit der Entgegennahme der Erstinformation nach der Erteilung des Auftrags entstehen. Es kommt nicht darauf an, wann sich der StB bei Gericht bestellt hat. Endet allerdings der Auftrag unter den Voraussetzungen des § 32 BRAGO, erwächst die Prozeßgebühr nur zur Hälfte (im Rechtsmittelverfahren zu 13/20). Die volle (10/10) Prozeßgebühr wird bei dem StB, der in dem gerichtlichen Verfahren den Antragsteller oder Kläger vertritt, ausgelöst mit Einreichung der Antrags- oder Klageschrift bei Gericht. Vertritt der StB den Beklagten oder Antragsgegner, wird die volle Prozeßgebühr ausgelöst mit Einreichung eines Schriftsatzes mit Sachanträgen bei Gericht. Sachanträge sind Anträge, durch die der Antragsteller erklärt, welchen Inhalt der Tenor der von ihm erstrebten gerichtlichen Entscheidung haben soll. Sowohl bei Vertretung des Antragstellers/Klägers als auch bei Vertretung des Antragsgegners/Beklagten wird die volle Prozeßgebühr auch ausgelöst, wenn der StB die Partei in einer mündlichen Verhandlung vor Gericht vertritt.

Wird der mit der Vermittlung (§ 52 BRAGO) beauftragte StB nach der Verweisung des Rechtsstreits Prozeßbevollmächtigter, so erwächst für ihn mit der ersten Tätigkeit als Prozeßbevollmächtigter die Prozeßgebühr. Diese ist jedoch mit der Verkehrsgebühr so eng verwandt, daß beide Gebühren als eine Gebühr i. S. des § 13 Absatz 2 BRAGO gelten, d. h. der StB kann nur eine Gebühr, sei es als Verkehrsgebühr, sei es als Prozeßgebühr, fordern. Das gleiche gilt für den in der Beweisaufnahme (§ 54 BRAGO) beauftragten StB, der im Laufe des Rechtsstreits Prozeßbevollmächtigter wird. Er erhält zu der halben Prozeßgebühr des § 54 BRAGO nicht nochmals die volle Prozeßgebühr. Vielmehr wird die halbe Prozeßgebühr nur zur vollen Prozeßgebühr aufgefüllt.

Die Prozeßgebühr berechnet sich nach dem **höchsten** Streitwert des Verfahrens. Sie kann allerdings höher sein, wenn der Auftrag über einen höherwertigen Gegenstand lautet.

Beispiel:

Der Auftraggeber erteilt den Auftrag, einen Steuerbescheid wegen eines Betrages von DM 100.000,– anzufechten. Nach Beratung, daß eine Klage nur wegen DM 70.000,– Aussicht auf Erfolg hat, wird Klage in Höhe von DM 70.000,– erhoben. Der StB kann folgende Prozeßgebühren berechnen:

1. 5/10 Prozeßgebühr gem. § 32 Absatz 2 BRAGO nach Wert: DM 30.000,–	DM 552,50
2. 10/10 Prozeßgebühr gem. § 31 Absatz 1 Nummer 1 BRAGO nach Wert: DM 70.000,–	DM 1.705,—
Summe ber beiden Einzelgebühren:	DM 2.257,50
Gem. § 13 Absatz 3 BRAGO darf die Summe der beiden Einzelgebühren nicht höher sein als eine 10/10 Gebühr aus DM 100.000,–	DM 2.125,—
Der StB darf also insgesamt nur Prozeßgebühren in Höhe von berechnen.	DM 2.125,—

Es erfolgt keine Anrechnung der in verschiedenen Angelegenheiten entstandenen Prozeßgebühren aufeinander, selbst wenn sie denselben Gegenstand betreffen.

Die Gebühr beträgt grundsätzlich **10/10**; im Rechtsmittelverfahren **13/10.** Die Gebühr **erhöht** sich nach § 6 BRAGO um **3/10 für jeden weiteren Auftraggeber.**

Die übrigen Gebühren des § 31 BRAGO (Verhandlungs- bzw. Erörterungs- und Beweisgebühr) können niemals ohne die Prozeßgebühr entstehen. Sind die Tatbestände dieser Gebühren erfüllt, fällt auch die Prozeßgebühr als Betriebsgebühr an. Die allgemeinen Geschäftskosten sind durch diese Gebühr mit Ausnahme der Schreibauslagen, der Reisekosten und der Post- und Telekommunikationsentgelte abgegolten.

Wegen der Prozeßgebühr im Kostenfestsetzungsverfahren vergleiche Anmerkung 6 zu § 37 BRAGO.

3 Verhandlungsgebühr

Die Verhandlungsgebühr erhält der StB für die Vertretung des Auftraggebers in der „mündlichen Verhandlung". Sie ist nur gegeben bei einer Verhandlung vor dem Senat, in der die Streitsache tatsächlich oder rechtlich mit den Beteiligten erörtert wird. Nicht ausreichend ist ein Erörterungstermin vor dem Vorsitzenden oder dem gemäß § 79 FGO bestimmten Richter (BGH in BStBl II 1968 S. 826 und 1970 S. 432; Schall in BB 1975 S. 601). In dem Erörterungstermin kann aber die Erörterungsgebühr (s.u.) anfallen.
Die Verhandlungsgebühr entsteht, wenn der StB nach Beginn der Verhandlung an der Erörterung der Sach- und Rechtslage teilnimmt und/oder Ausführungen zur Sache macht. Die mündliche Verhandlung beginnt im finanzgerichtlichen Verfahren nach dem Aufruf der Sache damit, daß der Vorsitzende oder der Berichterstatter den wesentlichen Inhalt der Akten vorträgt (§ 92 Absatz 2 FGO). Ohne diesen Sachvortrag gibt es keine mündliche Verhandlung und kann folglich auch keine Verhandlungsgebühr gem. § 31 Absatz 1 Nummer 2 BRAGO entstehen (Madert/Hellstab Anmerkung 8 zu § 5; Gerold/Schmidt Anmerkung 10 zu § 114).
Anders als im Zivilprozeß (§ 137 I ZPO) kommt es wegen des Amtsbetriebs nicht auf die Stellung von Anträgen an. Bloße Anwesenheit in dem Verhandlungstermin reicht allerdings nicht aus. Der StB muß tätig geworden sein. Es genügt, wenn der StB in einer mündlichen Verhandlung nach dem Aktenvortrag des Vorsitzenden oder Berichterstatters Ausführungen zur Sache macht. Bereits durch diese Ausführung zur Sache wird die volle (10/10) Verhandlungsgebühr ausgelöst (Madert/Hellstab a.a.O.; Gerold/Schmidt a.a. O).
Durch die Abgabe von Prozeßerklärungen wird die Verhandlungsgebühr nicht ausgelöst. Wird also z.B. in der mündlichen Verhandlung die Rücknahme der Klage oder der Revision erklärt, so entsteht dadurch keine Gebühr. Gleiches gilt für die gemeinsame Erklärung, die Hauptsache habe sich erledigt.
Im Verfahren vor dem Finanzgericht herrscht Amtsbetrieb. Auch wenn in der mündlichen Verhandlung nur der Prozeßbevollmächtigte einer Partei auftritt, hat trotz des Nichterscheinens der anderen Partei eine Sachentscheidung zu ergehen. Daher entsteht für den StB, der in der mündlichen Verhandlung erschienen ist auch dann die volle (10/10) Verhandlungsgebühr, wenn die Gegenseite nicht erschienen ist oder nicht verhandelt. Voraussetzung ist natürlich, daß der erschienene StB Ausführungen zur Sache macht. Auch dem StB, der dem Vorbringen der anderen Partei zustimmt, entsteht die volle Verhandlungsgebühr (Madert/Hellstab a.a.O.; Gerold/Schmidt a.a.O.). Stellt allerdings ein Beteiligter sofort einen Antrag zur Prozeß- oder Sachleitung und vertagt das Gericht sofort die Verhandlung, entsteht die volle Verhandlungsgebühr nicht, sondern nur eine halbe Gebühr für die Verhandlung zur Prozeß- und Sachleitung gemäß § 33 Absatz 2 BRAGO.
Auch wenn mehrere Verhandlungen stattfinden, erhält der StB nur maximal eine volle Verhandlungsgebühr.

Unter welchen Umständen sich die Verhandlungsgebühr auf die halbe Gebühr ermäßigt, ergibt sich aus § 33 BRAGO.
Unter Umständen kann die Verhandlungsgebühr auch ohne mündliche Verhandlung entstehen. Vergleiche hierzu §§ 35 und 117 BRAGO.
Ist die Verhandlungsgebühr entstanden, so hat der weitere Ablauf des Verfahrens darauf keinen Einfluß. Sie bleibt deshalb auch bestehen, wenn sich der Rechtsstreit danach z. B. in der Hauptsache erledigt.
Die Höhe der Verhandlungsgebühr richtet sich nach dem Streitwert des Gegenstandes, über den verhandelt worden ist. Die Verhandlungsgebühr kann nie höher als die Prozeßgebühr sein. Wird über einen Teil des Streitgegenstandes streitig und über einen anderen Teil nichtstreitig verhandelt, sind die Gebühren getrennt zu berechnen, wobei jedoch die Grundsätze des § 13 BRAGO zu beachten sind (siehe hierzu vorstehende Kommentierung in Anmerkung 5 – Beispiel 2 – zu § 13 Absatz 3 BRAGO).
Verhandlungs- und Erörterungsgebühr können nicht nebeneinander entstehen. Die letztere wird vielmehr auf die erstere angerechnet.
Die Gebühr beträgt grundsätzlich 10/10, in Revisionsverfahren 13/10. Die Gebühr erhöht sich nach § 6 BRAGO nicht bei weiteren Auftraggebern.

4 **Beweisgebühr**

Kapp „Die Beweisgebühr im Steuerprozeß“ in DStR 1987 S. 31 ff.

4.1 Allgemeines

Die Beweisgebühr entsteht für die Vertretung in einem Beweisaufnahmeverfahren, sofern diese nicht nur in der Vorlegung einer in den Händen des Beweisführers oder des Gegners befindlichen Urkunde besteht. Die Gebühr soll dem Mehraufwand an Zeit, Tätigkeit und Verantwortung Rechnung tragen, den eine Beweisaufnahme unzweifelhaft mit sich bringt. Die Vorschrift des § 31 Absatz 1 Nummer 3 BRAGO wird ergänzt durch die Bestimmung des § 34 BRAGO. Die Beweisgebühr entsteht nicht, wenn die Beweisaufnahme mit Urkunden durchgeführt wird, die von den Parteien vorgelegt worden sind. Besondere Regelungen enthält § 34 Absatz 2 BRAGO, wenn Urkunden oder Akten beigezogen werden. Ein Beweisbeschluß löst keine Verhandlungsgebühr aus, da auch im finanzgerichtlichen Verfahren ein Beweisbeschluß nicht grundsätzlich nach mündlicher Verhandlung ergeht (FG Berlin in EFG 1987 S. 474).

4.2 Begriff

Beweisaufnahme ist die Tätigkeit des Gerichts innerhalb eines gerichtlichen Verfahrens (vergleiche §§ 81 bis 89 FGO), die zum Ziel hat, beweisbedürftige, erhebliche Umstände mittels den gesetzlich zugelassenen Beweismitteln zu klären (d. h. das Gericht von der Wahrheit oder Unwahrheit einer Tatsache oder Richtigkeit oder Unrichtigkeit eines anderen Umstandes zu überzeugen) bzw. dort, wo Glaubhaftmachung ausreicht, die Umstände glaubhaft zu machen. Die Beweisaufnahme muß von dem Gericht angeordnet sein. In

der Regel wird ein Beweisbeschluß verkündet. Indes reicht es aus, daß der Wille des Gerichts, Beweis erheben zu wollen, deutlich und nach außen erkennbar wird (BFH in BStBl II 1973 S. 229). So ist ein solcher Beschluß nicht notwendig, wenn die Beweisaufnahme unmittelbar erfolgen kann (**Beispiel:** die Zeugen, die vernommen werden sollen, sind bereits anwesend. Es genügt, daß mit ihrer Vernehmung zur Sache begonnen wird). Auf die Vorstellung des Gerichts, keinen Beweis erhoben zu haben, kommt es nicht an, wenn sich eine Beweisaufnahme objektiv feststellen läßt (Hanseatisches OLG Hamburg in JurBüro 1986 S. 1669). Auch dann, wenn sich das Gericht nicht bewußt war, daß es Beweis erhoben hat oder wenn es keinen Beweis erheben wollte, liegt eine Beweisaufnahme vor, vorausgesetzt, die objektiven Voraussetzungen des § 31 Absatz 1 Nummer 3 BRAGO sind erfüllt (OLG Frankfurt in JurBüro 1983 S. 1041). Gleichgültig ist, ob die Anordnung von Amts wegen getroffen wird oder auf Antrag eines Beteiligten (Beweisantritt) zurückgeht. Die Durchführung des Beweisbeschlusses ist zur Entstehung der Gebühr nicht erforderlich. Es braucht also kein Beweis erhoben worden zu sein. Hat eine Beweisaufnahme stattgefunden, so kommt es umgekehrt nicht darauf an, ob sie zu Unrecht geschehen ist oder überflüssig war. Deshalb läßt auch eine prozeßrechtswidrige Beweiserhebung dem Prozeßbevollmächtigten bei Mitwirkung eine Beweisgebühr anfallen (BFH in BB 1976 S. 1445).
Ist ein förmlicher Beweisbeschluß verkündet worden, so wird durch ihn auch dann ein Beweisaufnahmeverfahren eingeleitet, wenn die getroffene Anordnung nicht nur Beweiszwecken dient, sondern auch zu anderen Zwecken erlassen worden ist.
Nicht nur die Tatsacheninstanzen erheben Beweis, auch im Revisionsverfahren kann es zu einer Beweisaufnahme kommen.

Beispiel:
Der BFH erhebt Beweis über die Rechtzeitigkeit der Revisionseinlegung.

4.3 Beginn der Beweisaufnahme

Die Beweisaufnahme beginnt mit dem Erlaß des Beweisbeschlusses oder – wenn ein solcher Beschluß nicht erlassen wird – mit dem Beginn der Beweiserhebung (z. B. ein erschienener Zeuge wird vernommen).
Ein bedingter Beweisbeschluß leitet erst dann ein Beweisaufnahmeverfahren ein, wenn die Bedingung eingetreten ist. Nicht zu verwechseln ist der aufschiebend bedingte Beweisbeschluß mit dem unbedingt erlassenen Beweisbeschluß, dessen Durchführung jedoch vorbehalten oder von dem Eintritt weiterer Voraussetzungen abhängig gemacht worden ist.
Im letzteren Falle ist die Beweisaufnahme begonnen worden.

4.4 Augenscheinseinnahme

Die Einnahme eines Augenscheins kann Beweisaufnahme sein. Sie ist es dann nicht, wenn das Gericht die Augenscheinseinnahme zur Erlangung der nötigen Sachkenntnisse zwecks besseren Verständnisses des Parteivortrages

vornimmt. In diesem Falle kann keine Beweisgebühr entstehen. Beweisaufnahme liegt also nur dann vor, wenn die Einnahme eines richterlichen Augenscheins zur Feststellung der Richtigkeit oder Unrichtigkeit **streitiger** Parteibehauptungen entweder aufgrund Beweisantritts oder von Amts wegen erfolgte (Hanseatisches OLG Hamburg in JurBüro 1986 S. 1669). Voraussetzung ist weiter, daß die Vorlage oder die Besichtigung durch einen Beweisbeschluß angeordnet worden ist. Es kommt also auf den Willen des Gerichts an. Ist die Anordnung nicht durch förmlichen Beweisbeschluß erfolgt, so ist aus dem Inhalt der Sitzungsniederschrift, des Urteilstatbestandes und der Entscheidungsgründe zu ermitteln, ob das Gericht den Willen hatte, eine Beweisaufnahme vorzunehmen.
Die Besichtigung von Lichtbildern ist Augenscheinseinnahme, nicht Urkundenbeweis. Sie löst deshalb die Beweisgebühr aus, wenn mit der Besichtigung etwas bewiesen werden soll.

4.5 Zeugenvernehmung

Zeugenvernehmung ist stets Beweisaufnahme. Die Vernehmung beginnt mit der Befragung des Zeugen über seine Personalien. Dagegen liegen die Wahrheitsermahnung und die Eidesbelehrung vor der Vernehmung und damit vor dem Beginn der Beweisaufnahme. Ein Beweisbeschluß auf Zeugenvernehmung liegt auch dann vor, wenn das Gericht gemäß § 377 Absatz 3 oder Absatz 4 ZPO anordnet, der Zeuge brauche zum Termin nicht zu erscheinen, wenn er vorher eine schriftliche Beantwortung der Beweisfrage oder eine eidesstattliche Versicherung ihrer Richtigkeit einreiche.
Die vorsorgliche Ladung zur mündlichen Verhandlung von Zeugen durch den Vorsitzenden gemäß § 79 FGO i.V. mit § 273 Absatz 2 ZPO begründet noch keine Beweisgebühr. Sie entsteht erst mit der Anhörung des Zeugen zur Sache.
Das Verlesen des Entschuldigungsschreibens eines Zeugen, das zugleich Angaben zum Beweisthema enthält, ist nur dann Beweisaufnahme, wenn der Inhalt im Wege des Urkundenbeweises anstelle der persönlichen Vernehmung des Zeugen verwertet werden soll. Hat bereits ein Beweisbeschluß vorgelegen, ist die Beweisgebühr aber unabhängig hiervon angefallen.

4.6 Sachverständigenbeweis

Für den Sachverständigenbeweis gilt folgendes: Wird der Sachverständige alsbald – d.h. ohne vorherige Einholung eines schriftlichen Gutachtens – vernommen, gilt das zum Zeugenbeweis Gesagte in gleicher Weise. Die Beweisaufnahme beginnt sonach – falls nicht ein Beweisbeschluß erlassen wird – mit der Vernehmung des Sachverständigen zur Person. Wird ein schriftliches Gutachten eingeholt, beginnt die Beweisaufnahme mit dem Erlaß der Anordnung auf Beiziehung des Gutachters. In der Vernehmung eines Gutachters zur Erläuterung seines Gutachtens ist ebenfalls eine Beweisaufnahme zu sehen.

Wird in einem Verfahren, das besondere Sachkunde erfordert, von vornherein ein Sachverständiger zugezogen, so dient seine Zuziehung dazu, dem Gericht den Vortrag der Beteiligten besser verständlich zu machen. Eine Beweisaufnahme ist dies jedoch nicht. Die Beweisgebühr entsteht erst dann, wenn der Sachverständige zum Zwecke der Beweisaufnahme über strittige Punkte vernommen wird.

4.7 Vernehmung eines Beteiligten

Gemäß § 81 FGO kann das Gericht Beteiligte vernehmen. Diese Vernehmung ist Beweisaufnahme, wenn durch sie Beweis erbracht werden soll. Zu unterscheiden von dieser Vernehmung ist die bloße Anhörung der Beteiligten, durch die der Sachverhalt näher geklärt werden soll. Anordnungen nach § 79 FGO bezwecken in der Regel eine weitere Sachaufklärung oder bereiten eine Beweisaufnahme vor. Sie sind deshalb selbst keine Beweisaufnahme und lösen demgemäß keine Beweisgebühr aus.

4.8 Subjektive Voraussetzungen

Um die Beweisgebühr zu erhalten, muß der StB den Auftraggeber im Beweisaufnahmeverfahren vertreten. Die Voraussetzungen an die Vertretung sind allerdings sehr gering. Es genügt z. B, wenn der StB den Beweisbeschluß auf seine Richtigkeit und Vollständigkeit hin geprüft hat (OLG Köln in AnwBl 1982 S. 531). Der StB entfaltet hingegen eine auf die Beweisaufnahme gerichtete, die Beweisgebühr auslösende Tätigkeit noch nicht durch sein Erscheinen in einem Beweisaufnahmetermin, sondern erst mit dem Beginn der Durchführung der Beweisaufnahme (Schleswig-Holsteinisches OLG in JurBüro 1986 S. 65). Tätigkeiten zur Vermeidung der Beweisaufnahme oder Tätigkeiten, die nach dem Ende der Beweisaufnahme liegen, reichen jedoch nicht aus. Die bloße Mitteilung des StB an seinen Auftraggeber, ein Beweisbeschluß sei ergangen, löst ebenfalls keine Beweisgebühr aus.

Ein Tätigwerden nach Abschluß des Beweisaufnahmeverfahrens begründet keine Beweisgebühr. Beim Zeugenbeweis oder bei der mündlichen Vernehmung des Sachverständigen ist die Beweisaufnahme mit der Entlassung des Zeugen oder Sachverständigen beendet, unter Umständen auch vorher, nämlich dann, wenn das Gericht zu erkennen gibt, daß es die Vernehmung des Zeugen bzw. des Sachverständigen als beendet ansieht. Bei der Beiziehung eines schriftlichen Sachverständigengutachtens ist die Beweisaufnahme beendet, sobald das Gericht das Gutachten in der mündlichen Verhandlung vorgetragen hat. Das Gleiche gilt bei der Beiziehung von amtlichen Auskünften und schriftlichen Zeugenbekundungen. Die Augenscheinseinnahme ist in dem Augenblick beendet, in dem das Gericht die Kenntnisnahme beendet. Die Verhandlung über das Beweisergebnis und die Beweiswürdigung gehören nicht mehr zum Beweisaufnahmeverfahren, sondern werden durch die Prozeß- und die Verhandlungsgebühr abgegolten (OLG München in JurBüro 1982 S. 864).

Die Beweisgebühr entfällt nicht, weil der Sachverhalt, der Gegenstand der Beweisaufnahme war, vor oder nach Durchführung der Beweisaufnahme unstreitig geworden ist.
Der StB erhält auch dann nur eine Gebühr, wenn mehrere Beweisaufnahmen erfolgen, z.B. mehrere Zeugen in verschiedenen Terminen vernommen werden.

4.9 Höhe der Gebühr und Streitwert

Die Beweisgebühr ist die 10/10-Gebühr in erster und die 13/10-Gebühr in der Revisionsinstanz.
Der Streitwert der Beweisaufnahme richtet sich nach dem Wert des Gegenstandes, über den Beweis erhoben worden ist. Dieser kann niemals höher als der Streitwert des Verfahrens, wohl aber niedriger sein. Ist z.B. innerhalb eines Verfahrens die Teilwertabschreibung eines Grundstücks streitig, so ist – wenn lediglich über die Teilwertabschreibung Beweis erhoben wird – die Beweisgebühr nach dem Streitwert der Teilwertabschreibung zu berechnen.

5 Erörterungsgebühr

Der Text ist außerordentlich weit gefaßt. Er spricht nur von der Erörterung der Sache. Die Gerichte haben jedoch sehr enge Grenzen gesetzt.

5.1 Allgemeines

Die Erörterungsgebühr und deren Anrechnung ist durch das KostÄndG 1975 in die BRAGO eingeführt worden. Die Erörterungsgebühr hat ihren Zweck darin, dem Prozeßbevollmächtigten für eine Leistung, die der Tätigkeit in der mündlichen Verhandlung gleichzustellen ist, prozeßrechtlich jedoch keine mündliche Verhandlung ist, eine Gebühr zu gewähren, die der Verhandlungsgebühr entspricht.

5.2 Voraussetzungen

Die Erörterungsgebühr entsteht nur durch die Erörterung in einem Termin – zur mündlichen Verhandlung – vor Gericht. Bei außergerichtlichen Erörterungen entsteht die Erörterungsgebühr also nicht. Nicht notwendig ist allerdings, daß der Termin zur mündlichen Verhandlung bestimmt ist. Die Erörterungsgebühr entsteht auch in Erörterungsterminen des § 87 VwGO oder § 79 FGO (Hessisches FG in EFG 1982 S. 155; Hartmann Anmerkung 2 C zu § 114; Schall in BB 1975 S. 602; derselbe in BB 1984 Beilage 4 S. 5; Tipke/Kruse Tz. 72 vor § 135 FGO). Demgegenüber vertritt das FG Baden-Württemberg (EFG 1987 S. 523) die Auffassung, die Erörterungsgebühr könne nicht anfallen. § 31 Absatz 1 Nummer 4 BRAGO müsse in teleologischer Auslegung eingeschränkt werden. Diese Auffassung überzeugt jedoch nicht. Die Entstehungsgeschichte des § 31 Absatz 1 Nummer 4 BRAGO und das Verhältnis der Erörterungsgebühr zur Verhandlungsgebühr erweisen, daß erstere immer dann anfällt, wenn die Erörterung allgemein in einem

Gerichtstermin zu einem Abschluß des Verfahrens ohne Anfall einer Verhandlungsgebühr führt (ebenso LG Kleve in AnwBl 1987 S. 291).
Bei einer bloßen Besprechung in einer formlosen Zusammenkunft zwischen dem Gericht und dem StB entsteht die Erörterungsgebühr nicht.
Weiter ist erforderlich, daß der Anspruch rechtshängig ist (vergleiche Gerold/Schmidt Anmerkung 149 zu § 31). Es können also zur Entstehung der Erörterungsgebühr nur die Ansprüche behandelt werden, die mit der Klage geltend gemacht worden sind. Das Einbeziehen anderer Ansprüche reicht nicht aus.
Die Erörterung des anhängigen Anspruchs braucht sich allerdings nicht auf materiellrechtliche Fragen zu beschränken. Auch die Erörterung der Zuständigkeit oder Zulässigkeit der Klage löst die Erörterungsgebühr aus. Die Zielrichtung der Erörterung ist gleichgültig. Es ist also möglich, daß das Gericht das FA veranlaßt, einen neuen Bescheid zu erteilen, oder daß es sich an den Kläger wendet mit dem Anheimgeben, die Klage zurückzunehmen.

5.3 Beteiligung

Die Verfahrensbeteiligten müssen sich an dem Gespräch beteiligen. Nicht notwendig ist, daß das Gericht in die Erörterung eingreift. Jedoch wird das Gericht in der Regel an der Erörterung teilnehmen. Die Erörterung muß zwischen und mit beiden Beteiligten erfolgen. Es genügt jedoch, daß das Gericht die Sache mit einem der Beteiligten, z.B. dem Kläger, erörtert und der andere Beteiligte zuhört. Auch Zuhören unter der Voraussetzung, da einzugreifen, wo dies notwendig ist, reicht für die Entstehung der Erörterungsgebühr aus (Gerold/Schmidt Anmerkung 156cc zu § 31). Dagegen entsteht die Erörterungsgebühr nicht, wenn das Gericht den Klägern anheimgibt, die Klage zurückzunehmen und diese daraufhin sofort die Klage zurücknehmen.

5.4 Beteiligte

Die Erörterungsgebühr entsteht für den Prozeßbevollmächtigten, wenn er sich in der Verhandlung an der Erörterung beteiligt, sei es auch nur durch aufmerksames Zuhören. Aber auch der Unterbevollmächtigte des § 53 BRAGO, der zu dem Verhandlungstermin erschienen ist und sich an der Erörterung beteiligt, kann die Erörterungsgebühr verdienen.

5.5 Höhe der Gebühr

Die Erörterungsgebühr ist die volle Gebühr. Sie beträgt also in erster Instanz 10/10 und in der Revisionsinstanz 13/10.

5.6 Nachweis der Erörterung

Regelmäßig wird das Sitzungsprotokoll ausweisen, ob eine Erörterung stattgefunden hat. Fehlt jedoch ein solcher Hinweis, kann der Nachweis auch auf andere Weise geführt werden, z.B. durch eine dienstliche Äußerung des Richters.

5.7 Anrechnungsvorschrift des Absatzes 2

Wegen ihrer Verwandtschaft mit der Verhandlungsgebühr ist die Erörterungsgebühr auf die Verhandlungsgebühr anzurechnen. Wird also die Sache zunächst erörtert, sodann nach Abbruch der Erörterung streitig verhandelt, so sind sowohl die Erörterungs- als auch die Verhandlungsgebühr erwachsen. Zu berechnen ist aber nur die volle Verhandlungsgebühr.
Die Vertagungsgebühr des § 33 Absatz 2 BRAGO ist eine Verhandlungsgebühr. Fällt daneben eine Erörterungsgebühr aus dem gleichen Streitwert an, so greift die Anrechnungsvorschrift des § 31 Absatz 2 BRAGO ein mit der Folge, daß der StB insgesamt nicht mehr als eine volle Gebühr berechnen kann.
Neben der Erörterungsgebühr kann die Erledigungsgebühr nach § 24 BRAGO entstehen, wenn nämlich die Erörterung zu einer Erledigung der Sache führt und der StB dabei mitgewirkt hat (Hessisches FG in EFG 1982 S. 155; FG Baden-Württemberg in EFG 1987 S. 523; Schall in BB 1984 Beilage 4 S. 5).

6 Pauschalvergütung

Die Vereinbarung einer Pauschalvergütung ist nach § 14 Absatz 2 Nummer 5 StBGebV ausgeschlossen.

§ 32 Vorzeitige Beendigung des Auftrags

(1) **Endigt der Auftrag, bevor der Rechtsanwalt die Klage, den ein Verfahren einleitenden Antrag oder einen Schriftsatz, der Sachanträge, die Zurücknahme der Klage oder die Zurücknahme des Antrags enthält, eingereicht oder bevor er für seine Partei einen Termin wahrgenommen hat, so erhält er nur eine halbe Prozeßgebühr.**

(2) **Das gleiche gilt, soweit lediglich beantragt ist, eine Einigung der Parteien zu Protokoll zu nehmen.**

Anmerkungsübersicht

1 Allgemeines

§ 32 BRAGO ergänzt § 31 BRAGO hinsichtlich der Höhe der Prozeßgebühr. Er bestimmt in seinem Absatz 1, daß unter genau angegebenen Umständen die Prozeßgebühr nur in Höhe der Hälfte erwächst. § 32 BRAGO setzt wie § 31 BRAGO voraus, daß der StB Klageauftrag bzw. den Auftrag erhalten hat, den Mandanten gegen eine Klage zu vertreten. Liegt nur ein Auftrag vor, den Auftraggeber außergerichtlich – z. B. in einem Verfahren vor einer Verwaltungsbehörde – zu vertreten, ist eine Angelegenheit der §§ 40 ff. StBGebV gegeben.

Zur Entstehung der vollen Prozeßgebühr ist Voraussetzung, daß der Prozeßbevollmächtigte vor Erledigung seines Auftrages entweder die Klage oder einen Schriftsatz, der Sachanträge oder die Zurücknahme der Klage enthält, eingereicht oder für seine Partei einen Termin wahrgenommen hat. Eine dieser Voraussetzungen muß erfüllt sein, wenn die halbe Prozeßgebühr zur vollen Prozeßgebühr anwachsen soll. Eine weitere Tätigkeit des StB ist andererseits nicht erforderlich.

Die volle Gebühr entsteht auch dann, wenn das FA dem Klagebegehren durch Berichtigung nach § 172 AO entspricht, bevor es die Klage an das FG weiterleitet. Eine Klageschrift ist nämlich bereits dann eingereicht, wenn sie bei dem FA eingeht. Die Vereinbarung einer Pauschalvergütung ist gemäß § 14 Absatz 2 Nummer 5 ausgeschlossen.

Zusammenfassend bleibt festzuhalten:

Vertritt der StB den **Kläger/Antragsteller** als Prozeßbevollmächtigten, entsteht ihm die volle Prozeßgebühr mit

- Einreichung der Klage/oder Antragschrift bei Gericht oder dem Finanzamt
- Wahrnehmung eines Gerichtstermins zur Erörterung, mündlicher Verhandlung oder Beweisaufnahme
- Einreichung eines Schriftsatzes mit Zurücknahme der Klage (z.B. wenn die Mandantschaft die Klage selbst erhoben hat).

Vertritt der StB den **Beklagten/Antragsgegner** als Prozeßbevollmächtigter, so entsteht ihm die volle Prozeßgebühr mit

- Einreichung eines Schriftsatzes mit Sachanträgen (Sachanträge sind solche Anträge, durch die der Antragsteller erklärt, welchen Inhalt der Tenor der von ihm begehrten Entscheidungen haben soll)
- Wahrnehmung eines Gerichtstermins zur Erörterung, mündlichen Verhandlung oder Beweisaufnahme.

2 Vorzeitige Erledigung des Auftrags

Die vorzeitige Erledigung des Auftrags ist nach § 13 Absatz 4 BRAGO auf bereits entstandene Gebühren ohne Einfluß, soweit das Gesetz nichts anderes bestimmt. § 32 BRAGO enthält eine solche andere Bestimmung für die Prozeßgebühr des zum Prozeßbevollmächtigten bestellten StB. Er ordnet die Entstehung nur in Höhe der Hälfte an, und zwar in den Fällen, in denen die volle Gebühr als zu hoch angesehen wird, weil die Tätigkeit des StB noch nicht nach außen in Erscheinung getreten ist. Zur Entstehung der vollen Gebühr genügt es aber nicht, daß die Tätigkeit auf irgend eine Weise nach außen in Erscheinung tritt, sondern § 32 BRAGO erfordert ganz bestimmte äußere Erscheinungsformen. Gewählt sind solche, die einen gewissen Umfang der bereits entfalteten Tätigkeit voraussetzen oder doch vermuten lassen. Fehlen diese Merkmale, so erhält der StB nur die halbe Prozeßgebühr. Das gilt auch dann, wenn die Tätigkeit im Einzelfall sehr umfangreich war. Erledigt sich der Auftrag zu einem späteren Zeitpunkt, so gilt § 13 Absatz 4 BRAGO, d.h. eine Ermäßigung der Prozeßgebühr tritt nicht ein.

Eine Ermäßigung gemäß § 32 BRAGO tritt nicht ein, wenn die Prozeßgebühr mit Rücksicht auf den geringeren Umfang der Tätigkeit des StB bereits gekürzt ist. Anwendungsfälle: Die Prozeßgebühr des nur mit der Verhandlung beauftragten StB (§ 53 BRAGO) und des nur mit der Beweisaufnahme beauftragten StB (§ 54 BRAGO) bleiben auch bei vorzeitiger Erledigung bestehen. Es fällt nur die Verhandlungs- bzw. die Beweisgebühr weg.

Nach Beendigung des Auftrags durch Kündigung kann der Anspruch auf die volle Gebühr auch durch eine der in § 32 BRAGO genannten Tätigkeiten grundsätzlich nicht mehr entstehen. Erlischt der Auftrag in anderer Weise als durch Kündigung, so gilt er zugunsten des StB gleichwohl als fortbestehend, bis der StB von dem Erlöschen Kenntnis erlangt oder das Erlöschen kennen muß (§ 674 BGB) (vergleiche hierzu OLG Schleswig in AnwBl 1984 S. 620).

Beispiel:

Der StB reicht bei dem BFH einen Schriftsatz ein mit dem Antrag, die Revision des FA zurückzuweisen, nachdem das FA die Revision bereits zurückgenommen hat. Mit der Rücknahme war an sich der Auftrag erledigt. Der StB erhält aber trotzdem die volle Prozeßgebühr, wenn er die Rücknahme weder kannte noch kennen mußte.

3 Protokollierung einer Einigung über nicht anhängige Gegenstände

Der klassische Fall des § 32 Absatz 2 BRAGO liegt dann vor, wenn in einem Zivilprozeß nicht anhängige Ansprüche mitverglichen werden. Die Prozeßgebühr des § 31 Absatz 1 Nummer 1 BRAGO (10/10) kann immer nur nach dem Gegenstandswert der in dem gerichtlichen Verfahren anhängigen Ansprüche entstehen. Nach dem Gegenstandswert der mitverglichenen nicht anhängigen Ansprüche entsteht eine 5/10 Prozeßgebühr nach § 32 Absatz 2 BRAGO.

Die 10/10 Prozeßgebühr des § 31 Absatz 1 Nummer 1 BRAGO
und die 5/10 Prozeßgebühr des § 32 Absatz 2 BRAGO nach dem Wert der nicht anhängigen Ansprüche
dürfen addiert nicht höher sein, als eine 10/10 Gebühr aus dem Gesamtwert – § 13 Absatz 3 BRAGO (wegen der Berechnung siehe vorstehende Kommentierung – Beispiel 1 – der Anmerkung 5 zu § 13) –.

In finanz- oder verwaltungsgerichtlichen Angelegenheiten ist kaum denkbar, daß in einem anhängigen Verfahren nicht anhängige Gegenstände mitverglichen werden (zur Problematik eines Vergleiches im finanz- bzw. verwaltungsgerichtlichen Verfahren siehe Anmerkung 1 zu § 23). Zu beachten ist aber, daß der Anfall der 5/10 Prozeßgebühr des § 32 Absatz 2 BRAGO nicht unbedingt die Protokollierung eines Vergleiches fordert. Ausreichend ist, wenn eine **Einigung** der Parteien über nicht anhängige Gegenstände zu Protokoll des Gerichts genommen wird. Eine Einigung erfordert vom Begriff her weniger als ein Vergleich, so ist z.B. für eine Einigung kein gegenseitiges Nachgeben erforderlich (Gerold/Schmidt Anmerkung 22 zu § 32).

Wenn also in einem finanz- oder verwaltungsgerichtlichen Verfahren eine Einigung der Parteien über in diesem Verfahren nicht anhängige Gegenstände mit zu Protokoll des Gerichts genommen wird, so kann der StB zusätzlich zu der von ihm verdienten 10/10 Prozeßgebühr des § 31 Absatz 1 Nummer 1 BRAGO nach dem Wert der anhängigen Ansprüche noch eine 5/10 Prozeßgebühr gem. § 32 Absatz 2 BRAGO nach dem **Wert der nicht anhängigen Gegenstände** – über die Einigung erfolgt ist und zu Protokoll des Gerichts genommen wurde – berechnen. § 13 Absatz 3 BRAGO ist zu beachten (siehe vorstehende Ausführungen).

§ 33 Nichtstreitige Verhandlung, Übertragung des mündlichen Verhandelns

(1) **Für eine nichtstreitige Verhandlung erhält der Rechtsanwalt nur eine halbe Verhandlungsgebühr. Dies gilt nicht, wenn**

1. eine Entscheidung nach Lage der Akten (§ 331a der Zivilprozeßordnung) beantragt wird,
2. der Berufungskläger oder Revisionskläger ein Versäumnisurteil beantragt oder
3. ... (findet keine Anwendung)

(2) **Stellt der Rechtsanwalt in der mündlichen Verhandlung Anträge nur zur Prozeß- oder Sachleitung, so erhält er fünf Zehntel der Verhandlungsgebühr.**

(3) **Der Prozeßbevollmächtigte, der im Einverständnis mit der Partei die Vertretung in der mündlichen Verhandlung einem anderen Rechtsanwalt übertragen hat, erhält eine Gebühr in Höhe von fünf Zehnteln der diesem zustehenden Verhandlungs- oder Erörterungsgebühr, mindestens jedoch drei Zehntel der vollen Gebühr. Diese Gebühr wird auf die Verhandlungs- oder Erörterungsgebühr des Prozeßbevollmächtigten angerechnet.**

Anmerkungsübersicht

1 Allgemeines

§ 33 BRAGO ergänzt § 31 Absatz 1 Nummer 2 BRAGO. Er betrifft also die Verhandlungsgebühr des Prozeßbevollmächtigten. Die Vorschrift enthält drei Tatbestände:

a) Die Verhandlungsgebühr entsteht im Grundsatz nur zur Hälfte, wenn die Verhandlung nichtstreitig geführt wird.
b) Wird nicht zur Sache selbst, sondern nur zur Prozeßleitung verhandelt, entsteht die Verhandlungsgebühr nur zu 5/10. Dabei ist gleichgültig, ob die Verhandlung streitig oder nichtstreitig geführt wird.

c) Schließlich wird der Fall geregelt, daß der Prozeßbevollmächtigte die Verhandlung nicht selbst führt, sondern die Verhandlung im Einverständnis mit der Partei einem anderen StB oder einem Rechtsanwalt überträgt.

Zu beachten ist, daß immer verhandelt werden muß, soll eine Verhandlungsgebühr – sei es auch nur nach § 33 BRAGO ermäßigt – erwachsen. Die Abgabe von Prozeßerklärungen (z.B. Klagerücknahme, Rechtsmittelrücknahme) stellt sich nicht als Verhandlung dar, auch nicht als eine solche zur Prozeßleitung. Durch die Abgabe derartiger Erklärungen erwächst daher keine Verhandlungsgebühr.

Entstehen in derselben gebührenrechtlichen Angelegenheit für eine nichtstreitige Verhandlung eine 5/10 Verhandlungsgebühr gem. § 33 Absatz 1 Satz 1 BRAGO und für eine streitige Verhandlung eine 10/10 Verhandlungsgebühr gem. § 31 Absatz 1 Nummer 2 BRAGO nach demselben Gegenstand, so können diese beiden Gebühren in derselben gebührenrechtlichen Angelegenheit nicht nebeneinander berechnet werden. Die 5/10 Verhandlungsgebühr ist dann auf die 10/10 Verhandlungsgebühr anzurechnen, geht also unter.

Eine 5/10 Verhandlungsgebühr gem. § 33 Absatz 1 Satz 1 BRAGO und eine 10/10 Verhandlungsgebühr gem. § 31 Absatz 1 Nummer 2 BRAGO können dann in derselben gebührenrechtlichen Angelegenheit nebeneinander entstehen, wenn sie jeweils nur Teile der anhängigen Gegenstände betreffen (z.B. es wird über einen Teil des bei Gericht anhängigen Gegenstandes nichtstreitig und über den anderen Teil streitig verhandelt. Die 5/10 Verhandlungsgebühr und die 10/10 Verhandlungsgebühr nach den jeweiligen Teilwerten dürfen dann addiert nicht höher sein als eine 10/10 Gebühr aus dem Gesamtwert. Dies ergibt sich aus § 13 Absatz 3 BRAGO (siehe hierzu vorstehende Kommentierung – Beispiel 2 – Anmerkung 5 zu § 13).

Die Vereinbarung einer Pauschalvergütung ist gemäß § 14 Absatz 2 Nummer 5 StBGebV ausgeschlossen.

2 Nichtstreitige Verhandlung

Im Regelfall des Absatzes 1 steht dem StB für eine nichtstreitige Verhandlung nur eine halbe Verhandlungsgebühr zu. Voraussetzung ist aber stets, daß der StB überhaupt verhandelt. In Verfahren, in denen Amtsbetrieb herrscht (besonders soweit darauf die FGO Anwendung findet), ist § 33 Absatz 1 Satz 2 Nummer 3 BRAGO sinngemäß anzuwenden, und zwar dann, wenn eine mündliche Verhandlung stattgefunden hat und in dem Termin nur der Prozeßbevollmächtigte einer Partei, insbesondere des Klägers, aufgetreten ist, da in diesen Fällen trotz des Nichterscheinens der anderen Partei eine Sachentscheidung zu ergehen hat (Gerold/Schmidt Anmerkung 13 zu § 33). Der StB hat also die **volle** Verhandlungsgebühr zu beanspruchen.

Im Regelfall wird dem StB als Prozeßbevollmächtigten in einem finanz- oder verwaltungsgerichtlichen Verfahren aus vorstehenden Gründen die volle Verhandlungsgebühr entstehen, obwohl nur eine nichtstreitige – und keine streitige – mündliche Verhandlung stattgefunden hat (Gerold/Schmidt

Anmerkung 10 zu § 114; vorstehende Kommentierung Anmerkung 3 zu § 31). Voraussetzung ist, daß zur Sache selbst verhandelt wird und nicht zur Prozeß- und Sachleistung. Wenn zur Prozeß- und Sachleistung streitig verhandelt wird, entsteht nur eine 5/10 Gebühr gem. § 33 Absatz 2 BRAGO (siehe nachfolgendes Kapitel 3).

3 Anträge nur zur Prozeß- und Sachleitung

Zur Prozeß- oder Sachleitung gehören alle Anträge, die nur den Gang des Verfahrens betreffen, nicht aber das Streitverhältnis selbst, z.B. die Anordnung des persönlichen Erscheinens einer Partei, die Unterbrechung oder Aussetzung des Verfahrens, die Verbindung mehrerer Rechtsstreitigkeiten oder die Trennung der Verhandlung, das Ruhen des Verfahrens oder die Vertagung der Verhandlung. Wird nur zur Prozeß- und Sachleitung verhandelt, entsteht die Verhandlungsgebühr nur zur Hälfte, d.h. vor dem FG in Höhe von 5/10 und vor dem BFH in Höhe von 13/20. Auch bei mehreren Verhandlungen zur Prozeß- und Sachleitung entsteht – sofern sie den gleichen Streitgegenstand betreffen – eine halbe Gebühr nur einmal (also z.B. bei mehreren Vertagungen). Keine Verhandlungsgebühr nach § 33 Absatz 2 BRAGO fällt an, wenn die Entscheidung über die Prozeß- und Sachleitung, z.B. die Vertagung von Amts wegen, erfolgt. Der Fall wird allerdings kaum vorkommen, da sich der StB in der Regel zu der Frage der Vertagung geäußert haben wird (was zum Anfall der Gebühr ausreicht). Der Antrag muß in der mündlichen Verhandlung gestellt werden, die bloße schriftliche Ankündigung oder Antragstellung reicht nicht zur Entstehung dieser Gebühr aus.
Ist die volle Verhandlungsgebühr bereits angefallen (z.B. durch Verhandlung im ersten Termin), entsteht durch die Verhandlung zur Prozeßleitung im zweiten Termin (z.B. durch Verhandlung über eine nochmalige Vertagung) die Gebühr nicht zusätzlich. Wird nach der Vertagung im nächsten Termin zur Sache verhandelt, erwächst die halbe Gebühr des § 33 Absatz 2 BRAGO zur vollen Gebühr des § 31 Absatz 1 Nummer 2 BRAGO (Chemnitz in AnwBl 1981 S. 160). Der StB erhält also die Gebühr des § 33 Absatz 2 BRAGO nicht neben der Gebühr des § 31 Absatz 1 Nummer 2 BRAGO.

4 Übertragung der Verhandlung

Der prozeßbevollmächtigte StB muß die Vertretung in der mündlichen Verhandlung im Einverständnis mit der Partei übertragen. Das Einverständnis braucht nicht ausdrücklich erklärt zu werden. Es genügt vielmehr, daß die Übertragung zweckmäßig war und dem erkennbaren Willen der Parteien nicht widerspricht. Dies gilt z.B. dann, wenn die Partei, weil sich die Beauftragung eines zweiten StB oder RA von selbst verstand, stillschweigend damit einverstanden ist, daß noch ein zweiter StB oder ein RA auf ihre Kosten in der Verhandlung tätig wird. Dennoch ist zu empfehlen, daß der prozeßbevollmächtigte StB mit seiner Mandantschaft abstimmt, wenn er einen zweiten StB oder RA beauftragen möchte, die anstehenden Gerichtstermine wahrzunehmen oder in Untervollmacht tätig zu werden. Dies insbesondere wegen der Mehrkosten, die durch die Einschaltung eines zweiten StB oder RA entstehen. Insbesondere ist zu empfehlen, daß der prozeßbevollmächtigte StB – zur eigenen Absicherung – dem zweiten StB oder RA den Auftrag ausdrücklich im Namen des Mandanten erteilt.

Beispiel:

Das FG hat seinen Sitz weitab vom Wohnort des StB. Hier kann es zweckmäßig sein, daß der StB einen StB oder RA am Sitz des Gerichts mit der Vertretung in der mündlichen Verhandlung beauftragt.
Der StB, der die Vertretung in der mündlichen Verhandlung einem anderen StB oder RA überträgt, erhält selbstverständlich zunächst die Prozeßgebühr, da er ja Prozeßbevollmächtigter ist. Er hat weiter Anspruch auf eine halbe Verhandlungsgebühr, wenn der Unterbevollmächtigte (§ 53 BRAGO) die volle Verhandlungsgebühr erhält. Steht dem Unterbevollmächtigten die Verhandlungsgebühr nur zu 5/10 zu, weil er z. B. nur zur Prozeß- und Sachleitung verhandelt, erhält der Prozeßbevollmächtigte nur 3/10 der vollen Gebühr. Erhält der Unterbevollmächtigte die Erörterungsgebühr, erhält der Prozeßbevollmächtigte auch eine halbe Erörterungsgebühr.

5 **Anrechnung**

Ein StB soll an Verhandlungsgebühren nicht mehr erhalten, als wenn er selbst sämtliche Verhandlungen geführt hätte. Die dem prozeßbevollmächtigten StB nach § 33 Absatz 3 BRAGO zustehende Verhandlungsgebühr wird ihm somit nach § 33 Absatz 2 Satz 3 BRAGO voll auf eine ihm selbst zustehende Verhandlungsgebühr angerechnet. Soweit der prozeßbevollmächtigte StB durch seine eigene Tätigkeit (z. B. Erörterung der Zuständigkeit des Gerichts mit nachfolgender Verweisung) nur eine Erörterungsgebühr erhält, ist sie ebenfalls auf die ihm gemäß § 33 Absatz 3 BRAGO anfallende Verhandlungsgebühr voll anzurechnen. Entsteht die Verhandlungsgebühr nur in Höhe von 5/10, verbleibt es bei der 10/10 Erörterungsgebühr.

§ 34 Vorlegung von Urkunden, Beiziehung von Akten oder Urkunden

(1) **Der Rechtsanwalt erhält die Beweisgebühr nicht, wenn die Beweisaufnahme lediglich in der Vorlegung der in den Händen des Beweisführers oder des Gegners befindlichen Urkunden besteht.**

(2) **Werden Akten oder Urkunden beigezogen, so erhält der Rechtsanwalt die Beweisgebühr nur, wenn die Akten oder Urkunden durch Beweisbeschluß oder sonst erkennbar zum Beweis beigezogen oder als Beweis verwertet werden.**

Anmerkungsübersicht

1 Allgemeines

§ 34 BRAGO ergänzt den § 31 BRAGO über die Beweisgebühr. Die Bestimmung befaßt sich mit dem Beweis durch Akten oder andere Urkunden.
§ 34 BRAGO regelt drei Fälle:

a) Beweis wird erhoben durch Urkunden, die von den Parteien vorgelegt worden sind: Es entsteht keine Beweisgebühr. Das gilt auch dann, wenn die Urkunden bei der Entscheidung zum Zwecke des Beweises ausgewertet werden.
b) Akten werden vom Gericht durch Beweisbeschluß oder sonst erkennbar zu Beweiszwecken beigezogen: Die Beweisgebühr entsteht.
c) Nicht gemäß Buchstabe b beigezogene Akten (z. B. zu Informationszwecken beigezogene Akten) oder Urkunden werden aber tatsächlich zu Beweiszwecken verwendet: Die Beweisgebühr entsteht.

Die Aufzählung ergibt ferner negativ, daß die Beiziehung oder Verwertung von Akten oder sonstigen Urkunden zu anderen Zwecken (z. B. zur Ergänzung des Sachvortrages der Parteien, zur Information des Gerichts) die Beweisgebühr nicht auslöst (überwiegend zitiert nach Gerold/Schmidt Anmerkung 1 zu § 34).
Die Vereinbarung einer Pauschalvergütung ist gemäß § 14 Absatz 2 Nummer 5 StBGebV ausgeschlossen.

2 Vorlegung von Urkunden durch die Parteien

Besteht die Beweisaufnahme lediglich in der **Vorlegung der in den Händen des Beweisführers oder des Gegners befindlichen Urkunden,** so erhält der StB nach § 34 Absatz 1 BRAGO **keine** Beweisgebühr. Urkunden sind nur in Wort- oder in Schriftzeichen abgefaßte Schriftstücke (zitiert nach Gerold/Schmidt Anmerkung 2 zu § 34).
In den Händen des Beweisführers oder des Gegners müssen sich die Urkunden befinden. Dies trifft zu, wenn die Partei ihre eigenen Akten vorlegt und die darin enthaltenen Urkunden vorgetragen werden. Eine Vorlage ist auch dann gegeben, wenn sich die Partei die Urkunden erst von einem Dritten beschaffen muß (vergleiche BFH in BStBl II 1970 S. 82 mit weit. Nachw. und OLG Hamburg in MDR 1987 S. 68; **a. A.** Kapp in DStR 1985 S. 80). Wenn die Partei in der Lage wäre, sich die Urkunde selbst zu beschaffen, ist dieser Vorgang so zu bewerten, als ob sich die Urkunde in Händen der Partei befunden hätte (Hartmann Anmerkung 9 zu § 34 mit weit. Nachw.). Deshalb löst auch die Vorlegung von Handelsregister- oder Grundbuchauszügen oder die Vorlage von eidesstattlichen Versicherungen keine Beweisgebühr aus. Auch wenn eine am Rechtsstreit beteiligte Behörde ihre Sachakten vorlegt und diese zu Beweiszwecken verwertet werden, entsteht keine Beweisgebühr (Gerold/Schmidt Anmerkung 5 zu § 34). Auf das Eigentum an der Urkunde kommt es dabei nicht an. Es genügt, daß der Beweisführer oder sein Gegner die tatsächliche Verfügungsgewalt hat. Die Parteien können somit auch im fremden Eigentum stehende Urkunden vorlegen.

Es kommt deshalb nicht darauf an, ob das Gericht der Partei die Vorlegung aufgegeben hat, z. B. die Vorlegung ihrer Geschäftsbücher, oder ob sich die Partei erst den Besitz der Urkunde beschaffen muß. Die Beweisgebühr fällt auch dann bei Vorlegung der in den Händen des Beweisführers oder seines Gegners befindlichen Urkunden nicht an, wenn das Gericht die Vorlegung der Urkunden durch Beweisbeschluß angeordnet hat (Gerold/Schmidt Anmerkung 5 zu § 34). Legt das FA die Akten einer anderen Dienststelle vor, so entsteht dadurch keine Beweisgebühr. Für die Finanzverwaltung gelten insoweit die Akten anderer Dienststellen als erreichbar.
Eine Beweisgebühr entsteht auch dann nicht, wenn das Gericht Urkunden beizieht, die eine Partei hätte beschaffen und vorlegen können (Hansens Anmerkung 7 zu § 34).

3 Beiziehung von Akten und Urkunden durch das Gericht

Akten können von einem Gericht aus mehreren Gründen beigezogen werden:

a) Es ist möglich, daß sich das Gericht über den Inhalt früherer Akten „informieren" will. (Welcher Sachverhalt ist dort vorgetragen und als festgestellt angesehen worden? Wie hat eine andere Behörde diese Rechtsfrage entschieden? Wie ist die Rechtslage seinerzeit – etwa durch das Revisionsgericht – beurteilt worden?)
b) Es ist weiter möglich, daß die Akten zur Ergänzung und Erläuterung des Parteivorbringens beigezogen worden sind. (Der Kläger führt aus, was er im Vorprozeß dargelegt habe, soll auch Gegenstand dieses Rechtsstreites sein.)
c) Schließlich ist möglich, daß die beigezogenen Akten Beweiszwecken dienen sollen.

In den Fällen der Buchstaben a und b werden die Akten nicht „zum Beweis" zugezogen. Ihre Beiziehung läßt deshalb die Beweisgebühr nicht entstehen. Die Beweisgebühr fällt sonach bei der Beiziehung von Akten nur dann an, wenn die Akten Beweiszwecken dienen oder dienen sollen. Kein „Beiziehen" i. S. des § 34 Absatz 2 BRAGO ist die Aufforderung an eine Partei, Akten vorzulegen. Legt die Partei sodann die Akten vor, stellt sich dies als Vorlegung von „in den Händen des Beweisführers oder Gegners befindlichen Urkunden" i. S. des § 34 Absatz 1 BRAGO dar. Die Folge ist, daß die Beweisgebühr nicht entsteht.
Eine **Beiziehung** i. S. des § 34 Absatz 2 BRAGO liegt dann vor, wenn sich die Partei die Urkunden und Akten nicht selbst beschaffen und vorlegen kann, sondern das Gericht die Akten oder Urkunden beiziehen muß (Hansens Anmerkung 9 zu § 34; Gerold/Schmidt Anmerkung 12 zu § 34). Wenn die Partei sich nämlich die Akten oder Urkunden selbst beschaffen und vorlegen kann, würde ein Fall des § 34 Absatz 1 BRAGO vorliegen und es könnte dann keine Beweisgebühr anfallen. Ist dies aber nicht möglich und kann nur das Gericht die Akten oder Urkunden beiziehen, entsteht eine Beweisgebühr, vorausgesetzt einer der nachgenannten drei Tatbestände ist er-

füllt und das Gericht hat die Akten nicht nur zu Informationszwecken beigezogen.
Es ist häufig nicht eindeutig, zu welchen Zwecken Akten oder Urkunden beigezogen werden. § 34 Absatz 2 BRAGO hat zur Klärung dieser Zweifel Beweisregeln aufgestellt. Die Beweisgebühr entsteht nur, wenn entweder

a) ein Beweisbeschluß auf Beiziehung der Akten oder Urkunden ergangen ist oder
b) die Akten oder Urkunden „sonst erkennbar" zum Beweis beigezogen worden sind oder
c) die Akten oder Urkunden als Beweis verwertet worden sind.

Ausreichend ist, wenn einer dieser drei Tatbestände erfüllt ist.

Beispiel:
Die Akten oder Urkunden sind durch **Beweisbeschluß** beigezogen worden. Hier ist die Beweisgebühr selbstverständlich entstanden. Ist die Beiziehung durch Beweisbeschluß angeordnet worden, so wird dadurch stets ein Beweisaufnahmeverfahren eingeleitet. Darauf, ob das Gericht die beigezogenen Akten auch zu Beweiszwecken verwertet, kommt es dann nicht mehr an. Die Beweisaufnahme hat mit dem Erlaß des Beweisbeschlusses begonnen.

Erkennbar zum Beweis beigezogen sind Akten oder Urkunden dann, wenn der Wille des Gerichts, Beweis zu erheben, irgendwie zu erkennen ist (vergleiche BFH in BFHE 107 S. 357). Ein förmlicher Beweisbeschluß braucht nicht vorzuliegen (FG Rheinland-Pfalz in EFG 1987 S. 632). Am klarsten ist die Lage, wenn das Gericht sich ausdrücklich erklärt und dies in der Sitzungsniederschrift festgehalten wird: z.B. „Die Akten werden zu Beweiszwecken zum Gegenstand der mündlichen Verhandlung gemacht." Steht in der Sitzungsniederschrift, bestimmte Akten hätten vorgelegen und seien zu Beweiszwecken Gegenstand der mündlichen Verhandlung gewesen, dann ergibt sich daraus bis zum Beweis des Gegenteils, daß das Gericht Beweis erhoben hat (Gerold/Schmidt Anmerkung 14 zu § 34).
Eine Beweisgebühr kann gem. § 34 Absatz 2 BRAGO auch dann entstehen, wenn die beigezogenen Akten oder Urkunden **als Beweis verwertet** wurden. Von einer Verwertung der beigezogenen Akten oder Urkunden als Beweis ist auszugehen, wenn sich das Gericht hierdurch Gewissheit über die Wahrheit oder Unwahrheit streitiger, beweisbedürftiger Tatsachen verschafft hat (Gerold/Schmidt Anmerkung 16 zu § 34; Hansens Anmerkung 12 zu § 34). Umstritten ist, ob sich die Verwertung als Beweis in den Gründen der gerichtlichen Entscheidung wieder finden muß. Nach dem Wortlaut und Zweck des § 34 Absatz 2 BRAGO dürfte dies für den Anfall der Beweisgebühr nicht unbedingt erforderlich sein. Denn möglich ist, daß durch die Beiziehung von Akten oder Urkunden bis dahin zwischen den Parteien streitiges Vorbringen unstreitig wird. Auch dann wurden die beigezogenen Akten oder Urkunden als Beweis „verwertet", so daß die Beweisgebühr m.E. entstehen kann (so auch Hansens Anmerkung 13 zu § 34).

Ist die Beiziehung formlos oder durch eine nicht als Beweisbeschluß bezeichnete Entscheidung erfolgt, so bedarf es einer besonderen Prüfung, ob das Gericht den Willen gehabt hat, die Akten oder Urkunden zum Beweis beizuziehen oder sie als Beweis zu verwerten. Geben weder das Urteil noch ein Verhandlungsprotokoll verläßlich Auskunft, wird nichts Anderes übrig bleiben, als im Kostenfestsetzungsverfahren eine Äußerung des Gerichts darüber herbeizuziehen, zu welchen Zwecken die Akten eingeholt und verwertet worden sind. Dabei ist das Gericht im Kostenfestsetzungsverfahren an eine irrige Ansicht des Prozeßgerichts über die Verwertung von Akten zu Beweiszwecken nicht gebunden (OLG Celle in AnwBl 1980 S. 78).
Unumgängliche Voraussetzung ist weiter, daß der StB in dem Beweisaufnahmeverfahren tätig geworden ist. Die Tätigkeit kann allerdings sehr gering sein. So genügt die Entgegennahme des Beweisbeschlusses und Überprüfung auf Richtigkeit und Vollständigkeit (vergleiche vorstehend in Anmerkung 4.8 zu § 31 BRAGO).

§ 35 Entscheidung ohne mündliche Verhandlung

Wird in einem Verfahren, für das mündliche Verhandlung vorgeschrieben ist, im Einverständnis mit den Parteien oder gemäß § 128 Abs. 3, § 307 Abs. 2, § 331 Abs. 3 oder § 495 a Abs. 1 der Zivilprozeßordnung ohne mündliche Verhandlung entschieden, so erhält der Rechtsanwalt die gleichen Gebühren wie in einem Verfahren mit mündlicher Verhandlung.

Einzelanmerkung

Grundsätzlich entsteht die Verhandlungsgebühr des § 31 Absatz 1 Nummer 2 BRAGO nur durch Verhandeln in der mündlichen Verhandlung. § 35 BRAGO durchbricht diesen Grundsatz, indem er die Verhandlungsgebühr auch ohne mündliche Verhandlung entstehen läßt. Voraussetzung ist jedoch, daß

a) an sich eine mündliche Verhandlung vorgeschrieben ist (nicht nur freigestellt),
b) die Parteien ihr Einverständnis erklärt haben, daß von einer mündlichen Verhandlung abgesehen wird, oder ein Fall des § 128 Absatz 3, § 307 Absatz 2, § 331 Absatz 3 oder § 495 Absatz 1 ZPO vorliegt.
c) das Gericht daraufhin eine Entscheidung erläßt.

Die mündliche Verhandlung – richtig gehandhabt – trägt im allgemeinen zur Klärung der Sach- und Rechtslage bei. Wird von einer mündlichen Verhandlung abgesehen, trifft den StB eine erhöhte Verantwortung. Er muß seinen Vortrag noch genauer als sonst prüfen. Zum Ausgleich hierfür soll er die Verhandlungsgebühr erhalten. Die Einreichung von Schriftsätzen reicht nicht aus, um die Verhandlungsgebühr entstehen zu lassen. Notwendig ist, daß noch eine Entscheidung ergeht. Dabei muß es sich entweder um eine

Endentscheidung oder um eine solche Entscheidung handeln, durch welche die Endentscheidung sachlich vorbereitet wird.

Als Entscheidung i. S. des § 35 BRAGO gelten:

- Urteile
- Gerichtsbescheide, die als Urteile gelten,
- Beschlüsse, durch die der BFH die Revision gem. Art. 1 Nummer 7 BFHEntlG einstimmig als unbegründet zurückweist
- Verweisungsbeschluß nach § 17 a Absatz 4 GVG
- Beweisbeschlüsse
- Beweisanordnung
- auch Beweisbeschlüsse, die im finanzgerichtlichen Verfahren nach § 82 FGO vor der mündlichen Verhandlung erlassen werden.

Dagegen genügen als Entscheidung i. S. des § 35 BRAGO **nicht:**

- vorbereitete Anordnung des Vorsitzenden oder Berichterstatters nach § 79 FGO
- Aufklärungsbeschlüsse
- Kostenentscheidung nach Erledigung der Hauptsache nach § 138 Absatz 1 FGO
- Aussetzung der Vollziehung nach § 69 Absatz 3 FGO
- Verwerfung der Revision als unzulässig nach § 126 Absatz 1 FGO

zitiert nach Madert/Hellstab Anmerkung 9 zu § 5 – siehe auch dort m. w. N. –.

Die Gebührenhöhe ergibt sich nicht aus § 35 BRAGO. Diese Frage richtet sich danach, ob in dem tatsächlich ohne mündliche Verhandlung stattgefundenen Verfahren streitige Sachanträge gestellt wurden oder nicht (KG Berlin in AnwBl 1984 S. 508). Grundsätzlich – vor allem in Zivilprozessen – gilt folgendes: Werden im schriftlichen Verfahren nichtstreitige Anträge gestellt, entsteht nur eine halbe (5/10)Verhandlungsgebühr gem. § 33 Absatz 1 Satz 1 BRAGO. Werden im schriftlichen Verfahren streitige Anträge gestellt, fällt die volle (10/10) Verhandlungsgebühr des § 31 Absatz 1 Nummer 2 BRAGO an. Im **finanz- oder verwaltungsgerichtlichen Verfahren** wird auch, wenn nur nichtstreitig verhandelt wird, eine volle (10/10) Verhandlungsgebühr entstehen. Denn in den Verfahren herrscht Amtsbetrieb; § 33 Absatz 1 Satz 2 Nummer 3 BRAGO ist sinngemäß anwendbar. Auch bei nichtstreitiger oder einseitiger Verhandlung fällt die Verhandlungsgebühr in voller Höhe (10/10) an (vgl. Gerold/Schmidt Anmerkung 10 zu § 114; vorstehende Kommentierung Anmerkung 3 zu § 31; Anmerkung 2 zu § 33).

§ 35 BRAGO wird bedeutsam für Prozesse vor Verwaltungsgerichten; für Verfahren vor Gerichten der Finanzgerichtsbarkeit gilt eine eigene Bestimmung, § 117 BRAGO. Vergleiche insoweit die Anmerkungen zu § 117 BRAGO.

Die Vereinbarung einer Pauschalvergütung ist gemäß § 14 Absatz 2 Nummer 5 StBGebV ausgeschlossen.

§ 37 Rechtszug

Zum Rechtszug gehören insbesondere

1. die Vorbereitung der Klage, des Antrags oder der Rechtsverteidigung, soweit kein besonderes gerichtliches oder behördliches Verfahren stattfindet;

2. außergerichtliche Vergleichsverhandlungen;

3. Zwischenstreite, die Bestimmung des zuständigen Gerichts, das selbständige Beweisverfahren, das Verfahren über die Prozeßkostenhilfe, die vorläufige Einstellung, Beschränkung oder Aufhebung der Zwangsvollstreckung, wenn nicht eine abgesonderte mündliche Verhandlung hierüber stattfindet, Verfahren wegen der Rückgabe einer Sicherheit (§ 109 Abs. 1 und 2, § 715 der Zivilprozeßordnung), die Bestellung von Vertretern durch das Prozeßgericht oder das Vollstreckungsgericht, die Ablehnung von Richtern, Rechtspflegern, Urkundsbeamten der Geschäftsstelle oder Sachverständigen, die Zulassung einer Zustellung zur Nachtzeit, an einem Sonntag oder an einem allgemeinen Feiertag (§ 188 der Zivilprozeßordnung), die Festsetzung des Streitwerts;

4. das Verfahren vor dem beauftragten oder ersuchten Richter und die Änderung seiner Entscheidungen;

5. die Änderung von Entscheidungen des Urkundsbeamten der Geschäftsstelle oder des Rechtspflegers;

6. die Berichtigung oder Ergänzung der Entscheidung oder ihres Tatbestandes; die Festsetzung des für die Begründung von Rentenanwartschaften in einer gesetzlichen Rentenversicherung zu leistenden Betrages nach § 53e Abs. 2 des Gesetzes über die Angelegenheiten der freiwilligen Gerichtsbarkeit;

6a. die für die Geltendmachung im Ausland vorgesehene Vervollständigung der Entscheidung;

7. die Zustellung oder Empfangnahme von Entscheidungen oder Rechtsmittelschriften und ihre Mitteilung an den Auftraggeber, die Einwilligung zur Sprungrevision (§ 566a Abs. 2 der Zivilprozeßordnung), der Ausspruch über die Verpflichtung, die Kosten zu tragen oder eines Rechtsmittels verlustig zu sein (§§ 91a, 269 Abs. 3 Satz 2, § 515 Abs. 3 Satz 1, § 566 der Zivilprozeßordnung), die Vollstreckbarerklärung eines Urteils (§§ 534, 560 der Zivilprozeßordnung), die Erteilung des Notfristzeugnisses, Rechtskraftzeugnisses, die erstmalige Erteilung der Vollstreckungsklausel, wenn deswegen keine Klage nach § 731 der Zivilprozeßordnung erhoben wird, die Kostenfestsetzung (§§ 104, 107 der Zivilprozeßordnung) ausschließlich der Erinnerung gegen den Kostenfestsetzungsbeschluß, die Einforderung der Vergütung (§§ 18, 19), die Herausgabe der Handakten oder ihre Übersendung an einen anderen Rechtsanwalt.

Anmerkungsübersicht

1 Allgemeines

§ 37 BRAGO umschreibt – ergänzt durch mehrere Vorschriften, insbesondere durch § 40 BRAGO – den für die Gebühren des StB maßgebenden Begriff des Rechtszuges i. S. des § 13 Absatz 2 Satz 2 BRAGO. Er bestimmt, welche Tätigkeiten mit den in § 31 Absatz 1 BRAGO bestimmten Gebühren abgegolten werden. Der Rechtszug (Instanz) in diesem Sinne stimmt mit der Instanz im Sinne des Prozeßrechts nicht überein. Der Gebührenrechtszug beginnt mit dem Auftrag (§ 13 Absatz 1 BRAGO), also schon vor der Inanspruchnahme des Gerichts. Er endet erst nach dem Erlaß der die Gerichtsinstanz abschließenden Entscheidung, da zum Gebührenrechtszug z. B. auch die Kostenfestsetzung gehört. Der Rechtszug bleibt auch dann der gleiche, wenn auf Seiten einer Partei andere Personen in den Rechtsstreit eintreten (z. B. die Erben anstelle des verstorbenen Erblassers, der Insolvenzverwalter an die Stelle des Schuldners). Der StB, der den Rechtsstreit für die Nachfolger fortführt, erhält keine neuen Gebühren. Bei Eintritt mehrerer Erben anstelle des Erblassers tritt jedoch eine Erhöhung der Prozeßgebühr gemäß § 6 Absatz 1 Satz 2 BRAGO ein (nicht unstreitig, siehe Gerold/Schmidt Anmerkungen 16 und 9 zu § 6).
Nachstehend seien einige wichtige Bestimmungen des § 37 BRAGO hervorgehoben, enthalten in den nachfolgenden Gliederungspunkten:

2 Vorbereitung der Klage

Alle Tätigkeiten, die der StB nach dem Abschluß des Rechtsbehelfsverfahrens nach Erhalt des Klageauftrags zum Zwecke der Erhebung der Klage ausführt, gehören zum Rechtszug. Dazu gehört insbesondere die Entgegennahme von Informationen.

3 Verhandlungen

Führt der StB nach Erhalt des Klageauftrags **außerhalb des gerichtlichen Verfahrens Verhandlungen** mit der Finanzbehörde, um sie etwa zur Rücknahme des Steuerbescheides oder zu einer Änderung zu veranlassen, so wird diese Tätigkeit durch die Prozeßgebühr abgegolten. Es entsteht daneben nicht etwa die Besprechungsgebühr des § 42 StBGebV. Will der StB, daß sein Auftraggeber die Verhandlungen außerhalb des gerichtlichen Verfahrens mit dem Finanzamt gesondert vergütet, muß er eine Honorarvereinbarung mit diesem abschließen. Es könnte z. B. vereinbart werden, daß zusätzlich zu den Gebühren, die im finanzgerichtlichen Verfahren entstehen, die Besprechungsgebühr des § 42 StBGebV für die außergerichtlichen Verhandlungen anfällt und vom Mandanten zu zahlen ist.

4 **Prozeßkostenhilfe**

Bemüht sich der StB **nach Erhalt des Klageauftrags** beim Gericht um die Bewilligung von Prozeßkostenhilfe, so wird diese Tätigkeit ebenfalls durch die Prozeßgebühr abgegolten. Der StB erhält keine zusätzliche Vergütung. Hatte er keinen Klageauftrag, sondern nur den Auftrag, zunächst einen Antrag auf Gewährung von Prozeßkostenhilfe für das anzustrengende gerichtliche Verfahren zu stellen, so erhält er Gebühren gem. § 51 BRAGO, die aber dann wieder auf die gleichartigen Gebühren einer nachfolgenden gerichtlichen Auseinandersetzung anzurechnen sind (siehe hierzu aber auch die Kommentierung zu § 51 BRAGO).

5 **Entgegennahme von Rechtsmittelschriften**

Hat der von dem StB vertretene Auftraggeber in erster Instanz obsiegt und legt das FA gegen die Entscheidung Revision ein, so gehört die **Entgegennahme** der Revisionsschrift und der Begründung noch zur ersten Instanz. Der StB erhält hierfür keine zusätzliche Vergütung. Diese erhält er erst dann, wenn ihn der Auftraggeber mit der Vertretung im Revisionsverfahren beauftragt hat.

6 **Kostenfestsetzungsverfahren**

Für die Vertretung des Auftraggebers im Kostenfestsetzungsverfahren erhält der StB keine zusätzliche Vergütung. Diese Tätigkeit wird ebenfalls durch die Prozeßgebühr abgegolten. Im Verfahren über die Erinnerung gegen die Kostenfestsetzung entsteht jedoch die Gebühr des § 61 Absatz 1 Nummer 2 BRAGO.

Der StB, der **nur** die Kostenfestsetzung betreibt, erhält keine Prozeßgebühr (**a. A.** LG Köln in JurBüro 1963 S. 101 mit ablehnender Anmerkung von Schmidt). Hierin kann auch keine Zwangsvollstreckung wegen der Kosten i. S. des § 57 BRAGO gesehen werden. Der StB, der nur im Kostenfestsetzungsverfahren tätig ist, erhält hierfür eine 5/10-Gebühr nach § 56 Absatz 1 BRAGO aus dem Wert der berechneten Kosten.

§ 40 Arrest, einstweilige Verfügung

(1) **Das Verfahren über einen Antrag auf Anordnung, Abänderung oder Aufhebung eines Arrestes oder einer einstweiligen Verfügung gilt als besondere Angelegenheit.**

(2) **Das Verfahren über einen Antrag auf Abänderung oder Aufhebung eines Arrestes oder einer einstweiligen Verfügung bildet mit dem Verfahren über den Antrag auf Anordnung des Arrestes oder der einstweiligen Verfügung eine Angelegenheit.**

(3) **Ist das Berufungsgericht als Gericht der Hauptsache anzusehen (§ 943 der Zivilprozeßordnung), so erhält der Rechtsanwalt die Gebühren nach § 11 Abs. 1 Satz 1 und 2.**

Anmerkungsübersicht

1 Allgemeines

Gemäß § 324 AO kann die für die Steuerfestsetzung zuständige Steuerbehörde dinglichen Arrest anordnen. Die Vollziehung erfolgt durch die Vollstreckungsbehörde.
Nach § 325 AO ist die Arrestanordnung aufzuheben, wenn nach ihrem Erlaß Umstände bekannt werden, die die Arrestanordnung nicht mehr gerechtfertigt erscheinen lassen.
Gemäß § 326 AO kann auf Antrag der für die Steuerfestsetzung zuständigen Finanzbehörde das AG einen persönlichen Sicherheitsarrest anordnen, wenn er erforderlich ist, um die gefährdete Vollstreckung in das Vermögen des Pflichtigen zu sichern.
Die Vereinbarung einer Pauschalvergütung ist gemäß § 14 Absatz 2 Nummer 5 StBGebV ausgeschlossen.

2 Gebühren im dinglichen Arrestverfahren

Da die Steuerbehörde den Arrest ohne vorherige Ankündigung erläßt, wird der StB in der Regel erst nach dem Erlaß des Arrestes tätig. Die Gebühren für seine Tätigkeit richten sich nach dem Rechtsbehelf, der ergriffen wird. Legt der StB auftragsgemäß Einspruch ein, können die Gebühren der §§ 41–44 StBGebV entstehen, also die Geschäfts-, Besprechungs- und Beweisaufnahmegebühr.
Erhebt er Anfechtungsklage, entstehen die Gebühren der §§ 31ff. BRAGO (siehe die Anmerkungen zu den §§ 31ff. BRAGO). Zunächst entsteht die Prozeßgebühr in Höhe von 10/10. Erledigt sich der Auftrag, bevor die Erfordernisse des § 32 BRAGO erfüllt sind, entsteht die Prozeßgebühr jedoch nur in Höhe von 5/10. Bei Wahrnehmung eines anberaumten Verhandlungstermins fällt die Verhandlungsgebühr an. Wird Beweis erhoben (z.B. Zeugen wurden vernommen), entsteht auch die Beweisgebühr (vergleiche hierzu die Anmerkungen zu § 31 Absatz 1 Nummer 3 BRAGO). Die Verhandlungs- und die Beweisgebühr können ebenfalls in voller Höhe gefordert werden.
Wird der StB beauftragt, die Aufhebung des dinglichen Arrestes gemäß § 325 AO zu beantragen, z.B. weil der Schuldner freiwillig Sicherheit leistet, entsteht für den StB die Prozeßgebühr des § 31 BRAGO. Hat der StB die Prozeßgebühr bereits verdient (z.B. durch die Anfechtungsklage), entsteht die Prozeßgebühr nicht noch einmal. Die Gebühren gelten nämlich die gesamte Tätigkeit vom Beginn bis zum Ende des Arrestverfahrens ab. Sie entstehen aber gesondert neben den Gebühren des Hauptprozesses.

3 **Gebühren im persönlichen Sicherheitsarrestverfahren (§ 326 AO)**

Das Verfahren richtet sich vollständig nach den Vorschriften der ZPO. Daraus folgt, daß § 40 BRAGO in vollem Umfange anzuwenden ist. Gegen den Arrest ist der Widerspruch zulässig, der die Prozeßgebühr des § 31 BRAGO auslöst. In dem darauf anberaumten Termin entsteht die Verhandlungsgebühr und evtl. die Beweisgebühr.

4 **Verfahren nach § 114 FGO**

Auch das Verfahren über einen Antrag auf Erlaß einer einstweiligen Anordnung nach § 114 FGO gilt als besondere Angelegenheit. Die Höhe der Gebühr beträgt gemäß § 31 BRAGO 10/10, bei Vollziehung einer einstweiligen Anordnung gemäß § 114 Absatz 6 Satz 2 BRAGO i.V. mit §§ 59 und 57 BRAGO 3/10 der in § 31 BRAGO genannten Gebühren. Eine Verhandlungsgebühr entsteht jedoch nur dann, wenn eine mündliche Verhandlung stattgefunden hat.
Die Aussetzung oder Aufhebung der Vollziehung des angefochtenen Verwaltungsaktes sowie die Anordnung oder Wiederherstellung der aufschiebenden Wirkung seiner Anfechtung (vergleiche § 69 FGO) lassen unter Berücksichtigung, daß diese Verfahren wegen ihrer Bedeutung und Schwierigkeiten denen der einstweiligen Anordnung gleichstehen, dem StB ebenfalls Gebühren in voller Höhe für jedes Verfahren erwachsen (§ 114 Absatz 6 Satz 1 BRAGO).

§ 48 Selbstständiges Beweisverfahren

Im selbständigen Beweisverfahren erhält der Rechtsanwalt die in § 31 bestimmten Gebühren.

Anmerkungsübersicht

1 **Allgemeines**

§ 82 FGO erklärt die Vorschriften der §§ 485 bis 494 ZPO für sinngemäß anwendbar. Folglich ist es auch möglich, vor dem Finanzgericht ein selbständiges Beweisverfahren durchzuführen (vgl. Gräber Anmerkung 48 ff. zu § 82). Das selbständige Beweisverfahren gehört gem. § 37 Nummer 3 BRAGO zum Rechtszug. Dies bedeutet: Ist das selbständige Beweisverfahren neben der Hauptsache anhängig, so bilden das selbständige Beweisverfahren und das Hauptsacheverfahren gebührenrechtlich einen Rechtszug = eine Angelegenheit (siehe hierzu auch nachfolgende Anmerkung 3). Im selbständigen Beweisverfahren kann der StB alle Gebühren gem. § 31 Absatz 1 BRAGO in voller (10/10) Höhe verdienen (siehe hierzu nachfolgende Anmerkung 2).

2 **Gebühren**

Gem. § 48 BRAGO können im selbständigen Beweisverfahren dem StB die in § 31 Absatz 1 BRAGO bestimmten Gebühren entstehen, also
- die Prozeßgebühr § 31 Absatz 1 Nummer 1 BRAGO
- die Verhandlungsgebühr § 31 Absatz 1 Nummer 2 BRAGO
- die Beweisgebühr § 31 Absatz 1 Nummer 3 BRAGO
- die Erörterungsgebühr § 31 Absatz 1 Nummer 4 BRAGO.

Die Gebühren entstehen unter den gleichen Voraussetzungen, wie auch sonst im ordentlichen Zivilprozeß bzw. im finanzgerichtlichen Verfahren (vgl. Kommentierung zu § 31). In der Regel wird nur die Prozeßgebühr und die Beweisgebühr entstehen. Eine mündliche Verhandlung ist nicht vorgeschrieben und wird daher nur ausnahmsweise stattfinden. Wenn eine mündliche Verhandlung vor Gericht stattfindet, kann natürlich auch die Verhandlungs- oder Erörterungsgebühr entstehen. Wenn keine mündliche Verhandlung stattfindet, fällt die Verhandlungsgebühr nicht über § 35 BRAGO und auch nicht über § 117 BRAGO an. Die Anwendung des § 35 BRAGO scheitert daran, daß für das selbständige Beweisverfahren keine mündliche Verhandlung vorgeschrieben ist. § 117 BRAGO kommt nur dann zum Tragen, wenn das Finanzgericht durch Urteil oder einen als Urteil wirkenden Gerichtsbescheid entscheidet. Im selbständigen Beweisverfahren endet das gerichtliche Verfahren aber regelmäßig mit der Beweisanordnung in Form eines Beweisbeschlusses, also weder mit einem Urteil noch mit einem Gerichtsbescheid, der wie ein Urteil wirkt.
Wird in dem selbständigen Beweisverfahren ein Vergleich zur Hauptsache gemacht oder erledigt sich die Hauptsache i. S. des § 24 BRAGO, können auch die Vergleichsgebühr (§ 23 BRAGO) oder die Erledigungsgebühr (§ 24) entstehen.

3 **Selbständiges Beweisverfahren gehört zum Rechtszug**

Gem. § 37 Nummer 3 BRAGO gehört das selbständige Beweisverfahren zum Rechtszug. Dies bedeutet, daß die Hauptsache und das daneben anhängige selbständige Beweisverfahren für den StB, der die Mandantschaft in beiden Verfahren vertritt, eine gebührenrechtliche Angelegenheit bilden. Die Gebühren können von dem StB also insgesamt nur einmal berechnet werden. Selbstverständlich kann eine Gebühr, die im selbständigen Beweisverfahren entstanden ist und in der später anhängig werdenden Hauptsache nicht mehr entsteht, berechnet werden. Entstandene Gebühren bleiben bestehen, sie können nur nicht doppelt berechnet werden.

Beispiel:

Der StB vertritt die Mandantschaft in einem selbständigen Beweisverfahren vor dem Finanzgericht. Nach Antragstellung erläßt das Gericht die begehrte Beweisanordnung in einem Beweisbeschluß. Nach Durchführung der Beweisaufnahme ist das selbstständige Beweisverfahren abgeschlossen. Zwei Monate später wird die Hauptsache bei dem Finanzgericht vom StB anhängig gemacht. In der Hauptsache ergeht ein Gerichtsbescheid, ohne das es zu weiteren Beweiserhebungen kommt. Der Gegenstandswert für das selbständige Beweisverfahren und für die Hauptsache wird vom Gericht auf DM 30.000,– festgesetzt. Der StB kann für seine Tätigkeit in dem selbständigen Beweisverfahren und in dem Hauptsacheverfahren vor dem Finanzgericht berechnen:

Gegenstandswert: DM 30.000,–

1. 10/10 Prozeßgebühr gem. §§ 11, 114 Absatz 1, 31 Absatz 1 Nummer 1 BRAGO	DM 1.105,—
2. 10/10 Verhandlungsgebühr gem. §§ 11, 114 Absatz 1, 117, 31 Absatz 1 Nummer 2 BRAGO	DM 1.105,—
3. 10/10 Beweisgebühr gem. §§ 11, 114 Absatz 1, 48, 31 Absatz 1 Nummer 3 BRAGO	DM 1.105,—
4. Pauschsatz gem. § 26 Satz 2 BRAGO	DM 40,—
5. 16% Umsatzsteuer gem. § 25 Absatz 2 BRAGO	DM 536,80
	DM 3.891,80.

Vorstehendes gilt natürlich nur, wenn derselbe StB den Mandanten im selbständigen Beweisverfahren und im Hauptsacheverfahren vertritt. Wird der Mandant von StB A im selbständigen Beweisverfahren und von StB C im Hauptsacheverfahren vertreten, so kann natürlich StB A die vollen Gebühren für das Beweisverfahren berechnen, während StB C völlig unabhängig davon die vollen – entstandenen – Gebühren des Hauptsacheverfahrens berechnen kann.

Hauptsacheverfahren und selbständiges Beweisverfahren bilden auch nur dann einen – gebührenrechtlichen – Rechtszug, wenn Identität zwischen den Gegenständen der beiden Verfahren und den Parteien der beiden Verfahren besteht (vgl. hierzu: Gerold/Schmidt Anmerkung 11 c zu § 48).

Die Kosten des selbständigen Beweisverfahrens folgen denen der Hauptsache, sie sind also ggfs. auf der Grundlage der Kostenentscheidung erstattbar, die in dem Hauptverfahren ergangen ist.

4 Gegenstandswert

In Literatur und Rechtsprechung ist umstritten, ob als Gegenstandswert für das selbständige Beweisverfahren der volle Wert der Hauptsache anzunehmen ist oder nur ein Bruchteil desselben (vgl. Gerold/Schmidt Anmerkung 9 zu § 48; Schneider/Herget Streitwert-Kommentar für den Zivilprozeß Stichwort „Selbständiges Beweisverfahren“, Anmerkung 4024 a ff. mit zahlreichen weiteren Nachweisen).

Der Streitwert in einem selbständigen Beweisverfahren richtet sich nach dem Wert der Gegenstände, die im Rahmen des selbständigen Beweisverfahrens beweismäßig gesichert werden sollen. Wenn in dem selbständigen Beweisverfahren nicht alle Gegenstände, die in der Hauptsache anhängig sind, beweismäßig gesichert werden sollen, muß der Wert des selbständigen Beweisverfahrens m. E. geringer sein als der Wert der Hauptsache. Er richtet sich dann nur nach den Gegenständen, die im Rahmen des selbständigen Beweisverfahrens beweismäßig gesichert werden sollen.

5 **Verwertung des Ergebnisses im Hauptsacheverfahren – Beweisgebühr?**

Für den StB, der die Mandantschaft sowohl in dem selbständigen Beweisverfahren als auch in dem Hauptsacheverfahren vertreten hat, stellt sich das nachstehend beschriebene Problem nicht. Denn er hat die Beweisgebühr schon durch seine Tätigkeit in dem selbständigen Beweisverfahren verdient und diese Beweisgebühr bleibt ihm auch erhalten.
Für den StB, der die Partei in dem Hauptsacheverfahren vertritt aber nicht in dem selbständigen Beweisverfahren, stellt sich die Frage, ob er durch das Einbringen des Ergebnisses des selbständigen Beweisverfahrens in das Hauptsacheverfahren die Beweisgebühr verdient. Die Frage dürfte grundsätzlich zu verneinen sein (vgl. Gerold/Schmidt Anmerkung 13 zu § 48). Denn die Beweisaufnahme fand in dem selbständigen Beweisverfahren statt und nicht in der Hauptsache. Auch über § 34 BRAGO fällt die Beweisgebühr nicht an. Denn der StB erhält die Beweisgebühr gem. § 34 Absatz 1 BRAGO nicht, wenn die Beweisaufnahme lediglich in der Vorlegung der in den Händen der Parteien befindlichen Urkunden besteht. Das Ergebnis des selbständigen Beweisverfahrens hat die Partei in Händen in Form eines Sachverständigengutachtens, eines Protokolls über die Vernehmung des Zeugen oder ähnliches. Auch wenn das Gericht die Akten des Beweisverfahrens beizieht, entsteht die Beweisgebühr nicht, auch nicht über § 34 Absatz 2 BRAGO. Denn nach § 34 Absatz 2 BRAGO entsteht die Beweisgebühr nur, wenn die Parteien nicht in der Lage sind, die vom Gericht beigezogenen Akten oder Urkunden selbst vorzulegen. Da die Parteien aber das Ergebnis des selbständigen Beweisverfahrens vorliegen haben, sind sie auch in der Lage, dieses dem Gericht zu übermitteln. Die Beweisgebühr könnte über § 34 Absatz 2 BRAGO entstehen, wenn keine der Parteien des Hauptsacheverfahrens an dem selbständigen Beweisverfahren beteiligt war und somit die Parteien des Hauptsacheverfahrens keinen Zugriff auf das selbständige Beweisverfahren bzw. das Beweisergebnis haben.

§ 49 Vorläufige Einstellung, Beschränkung oder Aufhebung der Zwangsvollstreckung, Vollstreckbarerklärung von Teilen eines Urteils

(1) **Im Verfahren über die vorläufige Einstellung, Beschränkung oder Aufhebung der Zwangsvollstreckung erhält der Rechtsanwalt, wenn eine abgesonderte mündliche Verhandlung hierüber stattfindet, drei Zehntel der in § 31 bestimmten Gebühren. Wird der Antrag beim Vollstreckungsgericht und beim Prozeßgericht gestellt, so erhält der Rechtsanwalt die Prozeßgebühr nur einmal. Die Vorschriften des § 32 und des § 33 Abs. 1 und 2 gelten nicht.**

(2) **Im Verfahren auf Vollstreckbarerklärung der durch Rechtsmittelanträge nicht angefochtenen Teile eines Urteils (§§ 534, 560 der Zivilprozeßordnung) erhält der Rechtsanwalt drei Zehntel der vollen Gebühr.**

Anmerkungsübersicht

1 Anmerkung zu Absatz 1

Gemäß § 69 Absatz 3 FGO kann das Gericht oder der Vorsitzende auf Antrag die Vollziehung ganz oder teilweise aussetzen. Das Aussetzungsverfahren gehört zum Hauptverfahren und wird durch die Gebühren für das Hauptverfahren (insbesondere die Prozeßgebühr) mit abgegolten. Nur dann, wenn **eine abgesonderte Verhandlung** stattfindet – also nicht, wenn gleichzeitig über die Hauptsache verhandelt wird –, erhält der StB 3/10 der Prozeßgebühr und der Verhandlungsgebühr zusätzlich. Der Fall wird jedoch praktisch nicht vorkommen.

2 Anmerkung zu Absatz 2

Die Vollstreckbarerklärung des durch Rechtsmittelanträge nicht angefochtenen Teils eines Urteils gehört zum Rechtszuge, und zwar zu dem Rechtszuge, in dem der Antrag gestellt wird, also z. B. zum Berufungsverfahren, wenn beantragt wird, das erstinstanzliche Urteil zum Teil für vollstreckbar zu erklären.

Ist der StB in dem Verfahren auf Vollstreckbarerklärung der durch Rechtsmittelanträge nicht angefochtenen Teil eines Urteils tätig, so erhält er hierfür **eine** 3/10 Gebühr gem. § 49 Absatz 2 BRAGO. Diese 3/10 Gebühr erhöht sich gem. § 11 Absatz 1 Satz 4 BRAGO um 3/10, da das Verfahren zum Berufungs- bzw. Revisionsverfahren gehört. Die Gebühr beträgt infolge dieser Erhöhung 3,9/10 oder **39/100** (Gerold/Schmidt Anmerkung 15 zu § 49; Hansens Anmerkung 11 zu § 49). Mit dieser einen 39/100 Gebühr ist die gesamte Tätigkeit des StB in dem Verfahren auf Vollstreckbarerklärung des durch Rechtsmittelanträge nicht angefochtenen Teiles eines Urteils abgegolten. Auch dann, wenn ausnahmsweise über diesen Antrag auf Vollstreckbarerklärung eine mündliche Verhandlung stattfindet, fällt nicht etwa noch zusätzlich eine Verhandlungsgebühr an.

Die 39/100 Gebühr entsteht unabhängig von den Gebühren, die der StB als Prozeßbevollmächtigter in dem I. Rechtszug verdient hat und auch unabhängig von den Gebühren, die er in dem II. Rechtszug verdient (Gerold/Schmidt a. a. O.; anderer Meinung: Hansens a. a. O., der der Auffassung ist, daß die 39/100 Gebühr und die 13/10 Prozeßgebühr des Rechtsmittelverfahrens gem. § 13 Absatz 3 BRAGO nicht höher sein dürfen als eine volle Gebühr aus dem Gesamtwert).

§ 49 Absatz 2 BRAGO kommt nicht zur Anwendung, es entsteht also keine zusätzliche 39/100 Gebühr, wenn

- „der Rechtsmittelkläger sein Rechtsmittel auf den ursprünglich nicht angefochtenen Teil erweitert;
- er das zunächst unbeschränkte Rechtsmittel nachträglich beschränkt

oder

- sich die Parteien über den gem. § 534 ZPO für vorläufig vollstreckbar erklärten Teil nachträglich vergleichen" (zitiert nach Hansens Anmerkung 10 zu § 49).

§ 51 Verfahren über die Prozeßkostenhilfe

(1) **Im Verfahren über die Prozeßkostenhilfe erhält der Rechtsanwalt fünf Zehntel der in § 31 bestimmten Gebühren. In mehreren Verfahren dieser Art erhält der Rechtsanwalt die Gebühren in jedem Rechtszug nur einmal. Die Vorschriften des § 32 und des § 33 Abs. 1 und 2 gelten nicht.**

(2) **Im Verfahren über die Bewilligung der Prozeßkostenhilfe oder die Aufhebung der Bewilligung nach § 124 Nr. 1 der Zivilprozeßordnung bestimmt sich der Gegenstandswert nach dem für die Hauptsache maßgebenden Wert; im übrigen ist er nach dem Kosteninteresse nach billigem Ermessen zu bestimmen.**

Anmerkungsübersicht

1 Allgemeines

Die Vorschrift regelt den Gebührenanspruch des StB, **der in einem Verfahren über die Prozeßkostenhilfe tätig wird,** und zwar in einem Verfahren um die Bewilligung oder die Aufhebung der Bewilligung der Prozeßkostenhilfe. Dieses Verfahren hat im Steuerprozeß nur geringe Bedeutung. Zum einen werden im Steuerprozeß keine Gerichtskostenvorschüsse verlangt. Zum anderen ist der, der einen Steuerprozeß führt, in der Regel nicht „arm". § 51 BRAGO erleidet jedoch eine Einschränkung durch § 37 Nummer 3 BRAGO. Danach gehört das Verfahren über die Prozeßkostenhilfe zum Rechtszug. Ein StB erhält sonach die Gebühr des § 51 BRAGO nicht gesondert, wenn er die entsprechenden Gebühren des § 31 Absatz 1 BRAGO als Prozeßbevollmächtigter des gleichen Rechtszugs verdient hat oder verdient. Dagegen erhält der StB, der den Auftraggeber vor dem FG vertreten hat, die Gebühr des § 51 BRAGO, wenn er für den Auftraggeber die Bewilligung der Prozeßkostenhilfe für die Revisionsinstanz beantragt.

Nach § 142 FGO gelten die Vorschriften der ZPO für die Prozeßkostenhilfe sinngemäß. Demgemäß kann einem Beteiligten, sofern ihm Prozeßkostenhilfe bewilligt worden ist, anstatt eines Rechtsanwalts auch ein StB beigeordnet werden. Prozeßkostenhilfe erhält nach § 114 ZPO eine Partei, die nach ihren persönlichen und wirtschaftlichen Verhältnissen die Kosten der Prozeßführung nicht, nur zum Teil oder nur in Raten aufbringen kann, auf Antrag, wenn die beabsichtigte Rechtsverfolgung oder Rechtsverteidigung hinreichend Aussicht auf Erfolg bietet und nicht mutwillig erscheint. Wegen der Einzelheiten wird auf die nachstehende zusammenfassende Darstellung der Prozeßkostenhilfe verwiesen (siehe Teil IV – Steuerliches Kostenrecht – 2. Kommentierung 5).

§ 51 BRAGO regelt nur die Gebühren in einem Verfahren über die Prozeßkostenhilfe, also in einem Bewilligungs- oder einem Aufhebungsverfahren. Wird dem Mandanten Prozeßkostenhilfe bewilligt und der StB dem Mandanten **im Rahmen der Prozeßkostenhilfe als Prozeßbevollmächtigter beigeordnet,** so erhält der StB die vollen (10/10) Gebühren der §§ 31 ff. BRAGO. Allerdings richten sich diese Gebühren nicht nach der Tabelle zu § 11 BRAGO, sondern nach der Tabelle zu § 123 BRAGO. Die Prozeßkostenhilfegebühren nach der Tabelle zu § 123 BRAGO sind geringer, als die Gebührensätze nach der Wahlanwaltsgebührentabelle zu § 11 BRAGO.

2 Gebühren

Der StB, der im Verfahren über die Prozeßkostenhilfe tätig wird, erhält 5/10 der in § 31 BRAGO bestimmten Gebühren in der Rechtsmittelinstanz, also 5/10 der auf 13/10 erhöhten Gebühr, somit 13/20. Eine Ermäßigung der jeweils 5/10-Gebühr ist ausgeschlossen. Es entsteht also auch bei vorzeitiger Endigung des Auftrags die Prozeßgebühr stets in Höhe von 5/10, ebenso die Verhandlungsgebühr bei nichtstreitiger Verhandlung oder Verhandlung nur über die Prozeß- und Sachleitung. An Gebühren können im Prozeßkostenhilfeverfahren die Prozeßgebühr und – je nach Lage des Falles – die Erörterungs- oder Verhandlungsgebühr anfallen. Werden Beweise erhoben, entsteht auch die Beweisgebühr.

Die Vereinbarung einer Pauschalvergütung ist gemäß § 14 Absatz 2 Nummer 5 StBGebV ausgeschlossen.

3 Anrechnung der Gebühren

Wird der StB zum Prozeßbevollmächtigten bestellt und erhält er im Rechtsstreit die Gebühren des § 31 BRAGO (regelmäßig in voller Höhe), werden die Gebühren des § 51 BRAGO auf die Gebühren des § 31 BRAGO angerechnet, d. h. die Prozeßgebühr des § 51 BRAGO auf die Prozeßgebühr des § 31 BRAGO, die Verhandlungsgebühr des § 51 BRAGO auf die Verhandlungsgebühr bzw. Erörterungsgebühr des § 31 BRAGO und die Beweisgebühr des § 51 BRAGO auf die Beweisgebühr des § 31 BRAGO.

§ 51 Absatz 1 BRAGO kommt vor allem dann zum Tragen, wenn der StB **nur** in dem Verfahren über die Bewilligung oder die Aufhebung der Prozeßkostenhilfe vertritt. Dann entstehen die Gebühren des § 31 Absatz 1 BRAGO in Höhe von 5/10 über § 51 BRAGO. Sie bleibt dem StB dann auch erhalten, da er in derselben Sache dann nicht weiter als Prozeßbevollmächtigter tätig wird.

Beispiel 1:

Der StB erhält den Auftrag, für den Mandanten einen Antrag auf Bewilligung von Prozeßkostenhilfe für ein Klageverfahren vor dem Finanzgericht zu stellen. Der RA stellt den Antrag auftragsgemäß. Das Finanzgericht lehnt die Bewilligung von Prozeßkostenhilfe ab. Damit ist die Sache erledigt.

Der StB kann eine 5/10 Prozeßgebühr gem. §§ 51 Absatz 1, 31 Absatz 1 Nummer 1 BRAGO zzgl. Pauschsatz gem. § 26 Satz 2 BRAGO und Umsatzsteuer gem. § 25 Absatz 2 BRAGO berechnen.

Beispiel 2:

Der StB hat den Auftrag, Klage beim Finanzgericht zu erheben. Er reicht die Klage ein. Gleichzeitig stellt er auftragsgemäß für den Mandanten einen Antrag auf Bewilligung von Prozeßkostenhilfe. Die Prozeßkostenhilfe wird abgelehnt. Der Mandant bittet den StB, das Verfahren nicht weiter zu betreiben und die Klage zurückzunehmen.

Der StB kann eine 10/10 Prozeßgebühr gem. § 31 Absatz 1 Nummer 1 BRAGO zzgl. Pauschsatz gem. § 26 Satz 2 BRAGO und Umsatzsteuer gem. § 25 Absatz 2 BRAGO berechnen.

Da vorliegend Klageauftrag erteilt wurde und der StB die Klage auch bereits eingereicht hat, ist die volle Prozeßgebühr des § 31 Absatz 1 Nummer 1 BRAGO entstanden. Zusätzliche Gebühren für den Antrag auf Prozeßkostenhilfe erhält er in diesem Fall nicht.

4 Prozeßbevollmächtigter

Ist der StB bereits zum Prozeßbevollmächtigten bestellt, erhält er neben den Gebühren des § 31 BRAGO nicht zusätzlich die Gebühren des § 51 BRAGO. Die Gebühren des § 51 BRAGO entstehen nur, wenn der StB im Rechtsstreit die entsprechende Gebühr des § 31 BRAGO nicht erhält.

Beispiel:

Im Verfahren über die Prozeßkostenhilfe wird Beweis erhoben, im Rechtsstreit danach nicht. Dann erhält der StB im Rechtsstreit keine Beweisgebühr; er kann dafür die Beweisgebühr des § 51 BRAGO fordern. Der StB, der für den Verkehr die Gebühr des § 52 BRAGO verdient, erhält daneben nicht die Prozeßgebühr des § 51 BRAGO.

5 Gegenstandswert

Im Verfahren auf Bewilligung oder die Aufhebung der Bewilligung, wenn diese nach § 124 Nummer 1 ZPO erfolgen soll, bestimmt sich der Gegenstandswert für die Gebühren des § 51 Absatz 1 BRAGO nach dem für die Hauptsache maßgebenden Wert (§ 51 Absatz 2 BRAGO). Der Wert richtet sich also nach dem Anspruch/dem Gegenstand, um den es in dem Rechtsstreit, für den Prozeßkostenhilfe begehrt wird, geht.

Der Wert der Hauptsache ist nicht maßgebend, wenn es sich um ein Verfahren auf Aufhebung der Prozeßkostenhilfebewilligung nach § 124 Absatz 2 bis 4 ZPO handelt. In diesen Fällen richtet sich der Gegenstandswert nach dem Kosteninteresse der Partei. Das Kosteninteresse wird in der Regel darin liegen, welche Kosten auf die Partei zukommt, wenn die Aufhebung der Prozeßkostenhilfe erfolgt. Die Partei hätte dann nämlich die Gerichtskosten und die Kosten ihres eigenen Prozeßbevollmächtigten zu tragen bzw. soweit die Staatskasse die Kosten bereits gezahlt hat, an diese zurückzuzahlen.

§ 52 Gebühren des Verkehrsanwalts

(1) **Der Rechtsanwalt, der lediglich den Verkehr der Partei mit dem Prozeßbevollmächtigten führt, erhält hierfür eine Gebühr in Höhe der dem Prozeßbevollmächtigten zustehenden Prozeßgebühr.**

(2) **Der Rechtsanwalt, der im Einverständnis mit dem Auftraggeber mit der Übersendung der Akten an den Rechtsanwalt des höheren Rechtszuges gutachtliche Äußerungen verbindet, erhält hierfür die in Absatz 1 bestimmte Gebühr.**

Anmerkungsübersicht

1 Allgemeines

Verkehrsanwalt ist der StB, der den Schriftverkehr der Partei mit dem Prozeßbevollmächtigten in bezug auf das gerichtliche Verfahren vermittelt. Der Hauptfall dürfte in finanzgerichtlichen Verfahren der sein, daß der Prozeß an einem auswärtigen Gericht schwebt. Der in zivilrechtlichen Verfahren übliche Hauptfall der Vermittlung des Verkehrs zwischen Partei und dem Anwalt im Rechtsmittelverfahren durch den erstinstanzlichen Anwalt kommt mangels Zulassungszwangs in finanzgerichtlichen Verfahren, und zwar auch beim BFH, selten vor.

2 Verkehrsgebühr

Die Verkehrsgebühr entsteht, sobald der StB nach Auftragserteilung in und zur Ausführung des Auftrags irgendwie tätig geworden ist.
In der Regel wird die Verkehrsgebühr also bereits entstehen mit der Aufnahme der Informationen durch den StB, die dieser vom Mandanten erteilt erhält. Die Gebühr kann auch schon entstehen, bevor ein Prozeßbevollmächtigter vorhanden ist, wenn der Auftrag dahin geht, einen solchen für den Auftraggeber zu bestellen.
Der Auftrag des Mandanten muß auf die Vermittlung des Verkehrs, d.h., die Führung des Schriftverkehrs mit dem bereits bestellten oder noch zu bestellenden Prozeßbevollmächtigten gerichtet sein.

3 **Rechtsmittelverfahren**

Für die Revision zum BFH entsteht die Verkehrsgebühr noch nicht dadurch, daß der Verkehrsanwalt der unteren Instanz die anzufechtende Entscheidung mit der Partei bespricht und sie über das zulässige Rechtsmittel belehrt. Diese Tätigkeit fällt noch unter die Verkehrsgebühr des ersten Rechtszuges.
Verbindet der StB im Einverständnis mit dem Auftraggeber mit der Übersendung der Akten an den mit dem Revisionsverfahren vor dem BFH bestellten StB gutachtliche Äußerungen, so erhält er nach § 52 Absatz 2 BRAGO ebenso die Verkehrsgebühr. Der Fall wird allerdings kaum praktisch werden, da der vor dem BFH auftretende StB die Rechtslage selbständig beurteilen kann.

4 **Gebühren**

Die dem Verkehrsanwalt zustehende Gebühr ist eine Pauschgebühr. Sie ähnelt der Prozeßgebühr. Sie beträgt sonach im ersten Rechtszug 10/10, im Revisionsverfahren vor dem BFH 13/10 der vollen Gebühr. Kommt es nicht zur Bestellung des Prozeßbevollmächtigten, entsteht die Verkehrsgebühr nur zur Hälfte (bei FG also 5/10, bei BFH 13/20).
Eine Ermäßigung der Prozeßgebühr führt auch zur Ermäßigung der Verkehrsgebühr. Entsteht z.B. mit Rücksicht auf § 32 BRAGO die Prozeßgebühr nur zur Hälfte, entsteht auch die Verkehrsgebühr nur zur Hälfte.
Für die Verkehrsgebühr gilt § 6 Absatz 1 BRAGO. Sie erhöht sich also um je 3/10, wenn der Verkehrsanwalt mehrere Auftraggeber vertritt.
Die Vereinbarung einer Pauschalvergütung ist gemäß § 14 Absatz 2 Nummer 5 StBGebV ausgeschlossen.

5 **Abgegoltene Tätigkeit**

Abgegolten wird durch die Verkehrsgebühr die gesamte Tätigkeit des Verkehrsanwalts, soweit sie als Tätigkeit des Prozeßbevollmächtigten unter die Prozeßgebühr fallen würde, so z.B. die Beratung der Partei, die Akteneinsicht, die Anfertigung einer eidesstattlichen Versicherung und überhaupt alle Tätigkeiten, die nach § 37 BRAGO zum Rechtszug gehören. Wesentlich ist vor allen Dingen die Führung des Schriftverkehrs zwischen dem Auftraggeber und dem Prozeßbevollmächtigten.
Der Verkehrssteuerberater kann zwar begrifflich nicht Prozeßbevollmächtigter sein. Er kann jedoch Termine zur mündlichen Verhandlung oder Beweisaufnahme anstelle oder neben dem Prozeßbevollmächtigten wahrnehmen. Neben der Verkehrsgebühr stehen ihm dann die entstehenden Gebühren (Verhandlungs- bzw. Erörterungs- und Beweisgebühr, nicht jedoch die Prozeßgebühr) zu (siehe hierzu: Gerold/Schmidt Anmerkung 13ff. zu § 52).
Die Verkehrsgebühr erwächst in jedem Rechtszug gesondert. Erfolgt jedoch eine Zurückverweisung an ein untergeordnetes Gericht, so entsteht im Ge-

gensatz zur Verhandlungsgebühr hier keine neue Verkehrsgebühr (wie der Prozeßbevollmächtigte, der die Prozeßgebühr gleichfalls nicht zweimal erhält; vergleiche § 15 BRAGO).

6 **Erstattungspflicht**

Gemäß § 139 Absatz 1 FGO sind die zur zweckentsprechenden Rechtsverfolgung oder Rechtsverteidigung notwendigen Aufwendungen der Beteiligten zu erstatten. § 139 Absatz 3 FGO findet keine Anwendung. Die Kosten des Verkehrssteuerberaters sind also nur zu erstatten, wenn seine Zuziehung zur zweckentsprechenden Rechtsverfolgung notwendig war. Die Rechtsprechung, insbesondere die des BFH (vergleiche z. B. BStBl II 1973 S. 664), hält die Zuziehung eines Verkehrssteuerberaters nicht für notwendig und deshalb die Gebühren des Verkehrssteuerberaters nicht für erstattungsfähig. Sehr engherzig auch Rück in StB 1983 S. 65. In dieser Allgemeinheit ist die Versagung der Erstattung der Verkehrsgebühr sicher nicht richtig. Wäre der im ersten Rechtszug tätig gewesene StB zur Verhandlung vor dem BFH gefahren, wären Reisekosten entstanden. Diese Reisekosten sind auf jeden Fall zu erstatten, zumindest in Höhe der fiktiven Reisekosten des Auftraggebers zu dem vor dem BFH mit der Vertretung beauftragten StB. Es gelten hier dieselben Argumente wie beim Verkehrsanwalt (vergleiche dazu OLG Frankfurt in AnwBl 1985, 211; OLG München in AnwBl 1985, 47; OLG Oldenburg in AnwBl 1983, 559). Außerdem ist wohl in aller Regel eine Ratsgebühr zu erstatten. Der Auftraggeber wird seinen im ersten Rechtszug tätig gewesenen StB um Rat bitten müssen, ob es angebracht ist, Revision einzulegen. Diese sachliche Beratung wird durch die Prozeß- oder Verkehrsgebühr für den ersten Rechtszug nicht abgegolten.
Die Partei kann neben Verkehrssteuerberaterkosten grundsätzlich keine eigenen Reisekosten zur Information des Prozeßbevollmächtigten erstattet verlangen (OLG München in MDR 1987 S. 333).
Wenn die Partei nicht in der Lage ist, schriftlich die Korrespondenz mit einem am Ort des Prozeßgerichts ansässigen Prozeßbevollmächtigten zu führen, geht die Rechtsprechung zumindest in der Zivilgerichtsbarkeit dahin, daß dann die Kosten eines Verkehrsanwaltes in der Höhe erstattungsfähig sind, wie dadurch Kosten der Partei für notwendige Informationsreisen erspart wurden.
Zur Problematik der Erstattungsfähigkeit von Korrespondenzanwaltskosten siehe Gerold/Schmidt Anmerkung 26 ff. zu § 52; Hansens Anmerkung 17 ff. zu § 52; Göttlicher/Mümmler „Verkehrsanwalt" Kapitel B.

§ 53 Vertretung in der mündlichen Verhandlung, Ausführung der Parteirechte

Der Rechtsanwalt, dem die Partei oder mit deren Einverständnis der Prozeßbevollmächtigte nur für die mündliche Verhandlung die Vertretung oder die Ausführung der Parteirechte übertragen hat, erhält neben

der Verhandlungs- oder Erörterungsgebühr eine halbe Prozeßgebühr. Diese Prozeßgebühr erhält er auch dann, wenn der Auftrag vor der mündlichen Verhandlung erledigt ist. Erstreckt sich die Vertretung auf eine mit der mündlichen Verhandlung verbundene Beweisaufnahme, so erhält der Rechtsanwalt außerdem die Beweisgebühr.

Anmerkungsübersicht

1 Allgemeines

§ 53 BRAGO befaßt sich mit den Gebühren des StB, der die Partei anstelle des Prozeßbevollmächtigten in der mündlichen Verhandlung vertritt oder der neben dem Prozeßbevollmächtigten in der mündlichen Verhandlung auftritt. Zu unterscheiden hiervon ist der Verkehrssteuerberater.
Es sind folgende zwei Hauptfälle denkbar:

a) Da der StB bei allen FG auftreten kann, kann er sich auch für einen bei einem auswärtigen FG anhängigen oder anhängig zu machenden Rechtsstreit zum Prozeßbevollmächtigten bestellen lassen. Er hat dann Anspruch auf die Gebühren des § 33 Absatz 3 BRAGO, falls er die Vertretung in der mündlichen Verhandlung einem anderen StB überträgt. Beauftragt er einen anderen (z.B. am Sitze des FG wohnhaften) StB mit der Vertretung in der mündlichen Verhandlung, erhält dieser die Gebühren des § 53 BRAGO.
b) Es geht in dem Rechtsstreit um eine schwierige Rechtsfrage aus einem Spezialgebiet. Ein Spezialist auf diesem Sondergebiet tritt in der mündlichen Verhandlung neben dem Prozeßbevollmächtigten auf. Dieser Spezialist erhält die Gebühren des § 53 BRAGO.

Zu unterscheiden ist zwischen dem StB, der nur mit der Vertretung in der mündlichen Verhandlung beauftragt ist und dem StB, dem Untervollmacht erteilt wurde. Wurde dem StB Untervollmacht ganz allgemein erteilt, ist der unterbevollmächtigte StB auch ermächtigt, Ladungen, Schriftsätze, Entscheidungen usw. entgegen zu nehmen und den Auftraggeber insoweit voll zu vertreten, als der Prozeßbevollmächtigte wegen der Entfernung des Prozeßgerichts an der Vertretung verhindert ist. Der Unterbevollmächtigte ist insbesondere auch zur Vertretung in einer Beweisaufnahme berechtigt, ohne daß ihm ein zusätzlicher Auftrag hierzu erteilt worden ist (Gerold/Schmidt Anmerkung 16 zu § 53). Gebührenrechtlich ist der mit der Vertretung in der mündlichen Verhandlung beauftragte StB und der zum Unterbevollmächtigten bestellte StB gleich zu behandeln. Unterschiede können sich beim Anfall der Beweisgebühr ergeben (siehe hierzu die Ausführung im nachfolgenden Kapitel 3).

2 **Auftrag**

Der Auftrag kann sowohl von der Partei selbst wie von dem Prozeßbevollmächtigten erteilt werden. Die Regel wird sein, daß der zum Prozeßbevollmächtigten bestellte StB den Auftrag – im Namen des Mandanten – erteilt. Voraussetzung ist, daß die Partei mit der Erteilung des Auftrags einverstanden ist.
Der StB sollte in seinem Auftragsschreiben an den Unterbevollmächtigten unbedingt darauf achten, daß darin formuliert ist, daß er den Auftrag **im Namen des Mandanten** erteilt. Andernfalls besteht die Gefahr, daß der StB persönlich von dem Unterbevollmächtigten wegen der bei diesem entstandenen Kosten in Anspruch genommen wird, falls der Mandant zahlungsunfähig ist.

3 **Gebühren des Vertreters in der mündlichen Verhandlung/Unterbevollmächtigten**

Der Vertreter in der mündlichen Verhandlung erhält zunächst eine halbe (5/10) Prozeßgebühr (in der Revisionsinstanz 13/20) als Betriebsgebühr. Mit dieser Gebühr wird der Verkehr mit dem Prozeßbevollmächtigten wie auch die Einarbeitung in den Sachverhalt usw. abgegolten. Der mit der Vertretung in der mündlichen Verhandlung beauftragte StB erhält außerdem die Verhandlungsgebühr. Ihre Höhe ist die gleiche wie die Verhandlungsgebühr, die der Prozeßbevollmächtigte erhalten würde, wenn er in der mündlichen Verhandlung auftreten würde. Er erhält also bei streitiger Verhandlung die volle Verhandlungsgebühr, bei nichtstreitiger Verhandlung die halbe und bei Verhandlung nur zur Prozeß- und Sachleitung ebenfalls die halbe Gebühr. Im Revisionsverfahren beträgt die Verhandlungsgebühr 13/10. Für mehrere Verhandlungen im gleichen Rechtszug kann er, ebenso wie der Prozeßbevollmächtigte, nach § 13 Absatz 2 BRAGO die Verhandlungsgebühr nur einmal beanspruchen. Der Anspruch auf die Verhandlungsgebühr entsteht, wenn der StB in dem Verhandlungstermin für den Auftraggeber auftritt. Endigt der Auftrag vor der Verhandlung, so entsteht kein Anspruch auf die Verhandlungsgebühr. Aber die halbe Prozeßgebühr als Betriebsgebühr bleibt auf jeden Fall bestehen. Das gilt auch bei Durchführung des Rechtsstreits im schriftlichen Verfahren (LG Tübingen in AnwBl 1986 S. 42).
Vorstehendes zur Prozeß- und Verhandlungsgebühr gilt sowohl für den mit der Vertretung in der mündlichen Verhandlung beauftragten StB als auch für den zum Unterbevollmächtigten bestellten StB.
Unterschiede können sich bei der Entstehung der Beweisgebühr ergeben. Dem **Unterbevollmächtigten** wird die Beweisgebühr unter den gleichen Voraussetzungen entstehen, wie dem Prozeßbevollmächtigten. Da der Beweisbeschluß aber in der Regel dem Prozeßbevollmächtigten zugestellt wird und dieser ihn auf Vollständigkeit und Richtigkeit prüft und dann an die Partei weiterleitet, wird bei dem Unterbevollmächtigten die Beweisgebühr nicht bereits durch Entgegennahme und Prüfung des Beweisbeschlusses auf Vollständigkeit und Richtigkeit ausgelöst werden. Der Unterbevollmächtigte

wird also in der Regel sonst irgendwie in dem Beweisaufnahmeverfahren tätig werden müssen, damit ihm die Beweisgebühr entsteht. Bei ihm könnte die Beweisgebühr ausgelöst werden z.B. durch Anwesenheit bei der Vernehmung der Zeugen in der mündlichen Verhandlung bei Gericht, bei Anhörung des Sachverständigen in der mündlichen Verhandlung vor Gericht oder ähnlichem. Wenn bei dem Unterbevollmächtigten die Beweisgebühr entsteht, fällt sie in voller Höhe (10/10) an.

Der **nur mit der Vertretung in der mündlichen Verhandlung beauftragte StB** verdient die Beweisgebühr nur, wenn er – auftragsgemäß – in einer mit einer mündlichen Verhandlung verbundenen Beweisaufnahme tätig wird (§ 53 Absatz 1 Satz 2 BRAGO). Ihm erfällt die Beweisgebühr also nicht schon dadurch, daß er z.B. den Beweisbeschluß auf Vollständigkeit und Richtigkeit prüft. Sondern er muß effektiv in einer mündlichen Verhandlung mit Beweisaufnahme tätig geworden sein (Gerold/Schmidt Anmerkung 12 zu § 53; Hansens Anmerkung 7 zu § 53). Auch der nur mit der Vertretung in der mündlichen Verhandlung beauftragte StB wird die Beweisgebühr in Höhe von 10/10 berechnen können, wenn die vorstehend erwähnten Voraussetzungen vorliegen und ihm die Beweisgebühr überhaupt entsteht.

Findet eine Beweisaufnahme in einem besonderen Termin vor dem **ersuchten oder beauftragten Richter** statt und werden der Unterbevollmächtigte oder der Terminssteuerberater dann – gesondert – beauftragt, auch diesen Termin vor dem ersuchten Richter wahrzunehmen und an der Beweisaufnahme teilzunehmen, so entsteht ihnen die Beweisgebühr nur in Höhe von 5/10 gem. § 54 BRAGO (Hansens Anmerkung 7 zu § 53). Sie entsteht aber in voller Höhe, wenn der Unterbevollmächtigte oder der Terminsanwalt sonst noch irgendwie im Beweisaufnahmeverfahren vor dem Prozeßgericht tätig werden.

Sowohl dem Unterbevollmächtigten als auch dem nur mit der Vertretung in der mündlichen Verhandlung beauftragten StB können zusätzlich noch die Vergleichs- oder Erledigungsgebühr (§§ 23, 24 BRAGO) entstehen, wenn sie an dem Zustandekommen des Vergleiches oder der Erledigung der Sache i.S. des § 24 BRAGO mitgewirkt haben. Für den Anfall der Vergleichs- oder Erledigungsgebühr müssen dieselben Voraussetzungen vorliegen, wie bei dem Prozeßbevollmächtigten (siehe hierzu vorstehende Kommentierung zu § 23 und 24 BRAGO).

4 Gebühren des Prozeßbevollmächtigten/Hauptbevollmächtigten

Der StB, der den Kollegen oder RA mit Kanzleisitz am Ort des Prozeßgerichtes beauftragt hat, in Untervollmacht oder als Vertreter in der mündlichen Verhandlung tätig zu werden, bleibt Prozeßbevollmächtigter. Er wird auch Hauptbevollmächtigter genannt.

Dem Prozeßbevollmächtigten ist durch die Einreichung der Klage bei dem Prozeßgericht die Prozeßgebühr des § 31 Absatz 1 Nummer 1 BRAGO in voller Höhe (10/10) entstanden. Diese bleibt ihm auch erhalten.

Die Verhandlungsgebühr erhält der Prozeßbevollmächtigte allerdings nicht in voller Höhe, wenn er einen anderen StB mit der Vertretung in der mündlichen Verhandlung beauftragt oder einen anderen StB zum Unterbevollmächtigten bestellt hat. In diesem Falle erhält der Prozeßbevollmächtigte die Verhandlungsgebühr nur in Höhe der Hälfte, wie sie dem Kollegen entsteht, den er mit der Vertretung der Parteirechte in der mündlichen Verhandlung beauftragt oder zum Unterbevollmächtigten bestellt hat. Dies ergibt sich aus § 33 Absatz 3 BRAGO. Wird vor Gericht also streitig verhandelt, erhält der Prozeßbevollmächtigte die Verhandlungsgebühr nur in Höhe von 5/10. Entsteht dem StB, der mit der Vertretung der Partei in der mündlichen Verhandlung beauftragt oder zum Unterbevollmächtigten bestellt ist, nur eine halbe Verhandlungsgebühr (5/10) etwa weil nur zu Prozeß- und Sachleitung verhandelt wurde, so erhält der Prozeßbevollmächtigte wieder nur die Hälfte hiervon. Ihm würde also eine 2,5/10 Gebühr entstehen. Da in § 33 Absatz 3 Satz 1, letzter Halbsatz BRAGO bestimmt ist, daß der Prozeßbevollmächtigte mindestens eine 3/10 Verhandlungsgebühr erhält, kann er in diesem Fall nicht nur eine 2,5 sondern eine 3/10 Verhandlungsgebühr berechnen.
Die Beweis-, Vergleichs- und die Erledigungsgebühr erhält der Prozeßbevollmächtigte in voller Höhe, auch wenn er einen Kollegen mit der Vertretung in der mündlichen Verhandlung beauftragt oder zum Unterbevollmächtigten bestellt hat. Diese Gebühren fallen unter den gleichen Voraussetzungen wie auch sonst an (siehe Kommentierung zu §§ 23, 24 und 31).

5 **Erstattung**

Für die Erstattung gilt das zur Gebühr des Verkehrssteuerberaters Gesagte in gleicher Weise (vergleiche Anmerkung 5 zu § 52 BRAGO).
Anwendbar ist sonach ebenfalls § 139 Absatz 1 FGO. Nur die zur zweckentsprechenden Rechtsverfolgung notwendigen Aufwendungen sind zu erstatten. Notwendig sind grundsätzlich nur die Aufwendungen für **einen** StB. Es ist also zu ermitteln, welche Kosten entstanden wären, wenn nur ein StB in dem Verfahren aufgetreten wäre. Hätte der Prozeßbevollmächtigte den Verhandlungstermin wahrgenommen, wären erstattungsfähig gewesen seine Prozeßgebühr, seine Verhandlungsgebühr und zusätzlich seine Reisekosten. Letzteres ist allerdings streitig. Es wird verlangt, daß der Auftraggeber zu einem StB am Sitze des FG fährt und diesen unmittelbar instruiert. Erstattungsfähig sind die fiktiven Reisekosten des Auftraggebers, da diese wahrscheinlich geringer sind als die Reisekosten des StB.
Zur Problematik der Erstattungsfähigkeit der Kosten eines nur mit der Vertretung in der mündlichen Verhandlung beauftragten RA bzw. eines Unterbevollmächtigten siehe Enders, JurBüro Sonderheft 1999, Seite 1 ff.

§ 54 Vertretung in der Beweisaufnahme

Der Rechtsanwalt, dessen Tätigkeit sich auf die Vertretung in der Beweisaufnahme beschränkt, erhält für den Rechtszug je fünf Zehntel der Prozeß- und der Beweisgebühr. Der Rechtsanwalt erhält die Beweisgebühr nicht, wenn sich der Auftrag ohne Wahrnehmung eines Termins erledigt.

Anmerkungsübersicht

1 Allgemeines

Gemäß § 81 Absatz 1 Satz 1 FGO erhebt das FG Beweis in der mündlichen Verhandlung. Das ist jedoch nicht immer möglich oder angebracht. Dies gilt insbesondere bei auswärtigem Wohnort eines Zeugen. Möglich ist zwar, den Zeugen zur mündlichen Verhandlung nach dem Ort des anhängigen Finanzverfahrens zu laden. Ist dies nicht angebracht oder nicht möglich (der Zeuge ist z.B. nicht reisefähig), erfolgt die Beweisaufnahme durch einen beauftragten Richter oder ersuchten Richter (des FG am Sitze des Zeugen). In diesem Falle bei auswärtiger Beweisaufnahme ist es u.U. nicht möglich oder nicht angebracht, daß der Prozeßbevollmächtigte selbst zur Beweisaufnahme fährt. Er kann einen StB an dem Ort, an dem die Beweisaufnahme durchgeführt wird, mit der Vertretung in der Beweisaufnahme beauftragen. Dieser StB erhält die Gebühren des § 54 BRAGO.

2 Gebühren

Der mit der Vertretung in der Beweisaufnahme beauftragte StB erhält in jedem Falle eine halbe (5/10, im Berufungs- und Revisionsverfahren 13/20) Prozeßgebühr (§§ 54 Absatz 1 Satz 1, 31 Absatz 1 Nummer 1 BRAGO) als Betriebsgebühr. Mit dieser Prozeßgebühr wird der Verkehr mit dem Prozeßbevollmächtigten und die Einarbeitung in die Akten vergütet.
Nimmt der mit der Vertretung in der Beweisaufnahme beauftragte StB dann an der Beweisaufnahme teil, erhält er zusätzlich eine halbe (5/10, im Berufungs- und Revisionsverfahren 13/20) Beweisgebühr. Bei dieser halben Beweisgebühr bleibt es auch dann, wenn der StB an mehreren Beweisaufnahmen teilnimmt. Endet sein Auftrag vor der Beweisaufnahme, erhält er keine Beweisgebühr. Er behält aber die halbe Prozeßgebühr als Betriebsgebühr. Hat er die Prozeßgebühr, sei es ganz (z.B. als Verkehrssteuerberater nach § 52 BRAGO), sei es zur Hälfte (z.B. als Vertreter in der mündlichen Verhandlung nach § 53 BRAGO) verdient, erhält er die Prozeßgebühr des § 54 BRAGO nicht zusätzlich.

3 **Erstattung**

Auch für die Vertretung in der Beweisaufnahme gilt die Regelung des § 139 Absatz 1 FGO. Es sind deshalb nur die zur zweckentsprechenden Rechtsverfolgung notwendigen Aufwendungen zu ersetzen. Ist es dem Prozeßbevollmächtigten zuzumuten, zur Beweisaufnahme zu fahren, sind nur seine Reisekosten zusätzlich zu erstatten (die Prozeßgebühr und die Beweisgebühr hat er bereits vorher verdient). Die Reise wird ihm z.B. zuzumuten sein, wenn ein Richter des FG die Beweiserhebung an dem auswärtigen Ort vornimmt. Ersucht das FG ein auswärtiges Gericht um die Durchführung der Beweisaufnahme, wird es in der Regel angebracht sein, daß auch der Prozeßbevollmächtigte einen auswärtigen Vertreter beauftragt. In diesem Falle sind die zusätzlichen Kosten erstattungsfähig.
Zur Problematik der Erstattungsfähigkeit der Kosten eines Beweissteuerberaters siehe auch Gerold/Schmidt Anmerkung 13 bis 19 zu § 54.

4 **Gegenstandswert**

Maßgebend ist der Wert desjenigen Teils des Klageanspruchs, über den eine Beweisaufnahme stattfindet. Bei mehreren Beweisterminen und verschiedenen Beweisgegenständen muß eine Zusammenrechnung vorgenommen werden (Gerold/Schmidt Anmerkung 10 zu § 54).

§ 55 Abänderung von Entscheidungen von beauftragten oder ersuchten Richtern, von Rechtspflegern und Urkundsbeamten

Der Rechtsanwalt, dessen Tätigkeit sich auf ein Verfahren auf Änderung einer Entscheidung des beauftragten oder ersuchten Richters, des Rechtspflegers oder des Urkundsbeamten der Geschäftsstelle (§ 576 der Zivilprozeßordnung) beschränkt, erhält drei Zehntel der im § 31 bestimmten Gebühren. Die Vorschriften des § 32 und des § 33 Abs. 1 und 2 gelten nicht.

Einzelanmerkung

Das Verfahren des § 576 ZPO auf Änderung einer Entscheidung des beauftragten oder ersuchten Richters, des Rechtspflegers oder des Urkundsbeamten der Geschäftsstelle (vergleiche § 133 FGO) gehört zum Rechtszug. Die Gebühren des § 55 BRAGO kann daher nur ein StB beanspruchen, dessen Tätigkeit sich auf ein solches Verfahren **beschränkt.** Ein solcher Fall wird nur selten vorkommen. Die Erinnerung gegen den Kostenfestsetzungsbeschluß, gegen den Kostenansatz sowie gegen die Festsetzung der StB-Gebühren (§ 19 BRAGO) fallen nicht unter § 55 BRAGO. Die Gebühren dafür sind in § 61 Absatz 1 Nummer 2 BRAGO bestimmt und betragen 5/10 der in § 31 Absatz 1 BRAGO bestimmten Gebühren.
Hat der StB **nur** den Auftrag, den Mandanten in einem Verfahren auf Abänderung einer Entscheidung des beauftragten oder des ersuchten Richters, des

Rechtspflegers oder des Urkundsbeamten der Geschäftsstelle zu vertreten, so erhält er die in § 31 Absatz 1 BRAGO bestimmten Gebühren. Allerdings entstehen die Gebühren nur in Höhe von 3/10. Die Gebühren entstehen unter den gleichen Voraussetzungen wie auch sonst (vgl. vorstehende Kommentierung zu § 31 BRAGO). Wenn also die entsprechenden Tatbestände erfüllt sind, kann der StB, dessen Auftrag auf eine Tätigkeit in den in § 55 BRAGO genannten Verfahren beschränkt ist, alle Gebühren des § 31 Absatz 1 BRAGO verdienen, also

- 3/10 Prozeßgebühr
- 3/10 Verhandlungs- oder Erörterungsgebühr
- 3/10 Beweisgebühr.

§ 56 Sonstige Einzeltätigkeiten

(1) **Der nicht zum Prozeßbevollmächtigten bestellte Rechtsanwalt erhält, soweit in diesem Abschnitt nichts anderes bestimmt ist, eine halbe Gebühr für**

1. die Einreichung, Anfertigung oder Unterzeichnung von Schriftsätzen,
2. die Wahrnehmung von anderen als zur mündlichen Verhandlung oder zur Beweisaufnahme bestimmten Terminen.

(2) **Endigt der Auftrag, bevor der Rechtsanwalt den Schriftsatz ausgehändigt oder eingereicht oder der Termin begonnen hat, so erhält der Rechtsanwalt nur drei Zehntel der vollen Gebühr.**

(3) **§ 120 gilt sinngemäß.**

Anmerkungsübersicht

1 Allgemeines

Führt der Steuerpflichtige den Rechtsstreit vor dem FG selbst und beauftragt er den StB nur mit Einzeltätigkeiten, erhält dieser nicht die Gebühren der §§ 31, 52, 53 und 54 BRAGO, sondern nur die Gebühren des § 56 BRAGO.

Beispiel:

Der StB wird, ohne daß er zum Prozeßbevollmächtigten bestellt wird, beauftragt, dem Mandanten nur die Klage zum Finanzgericht zu entwerfen. Er entwirft die Klageschrift und der Mandant reicht diese unter seinem Namen bei dem Finanzgericht ein.

Der StB erhält eine 5/10 Gebühr gem. § 56 Absatz 1 Nummer 1 BRAGO zzgl. Pauschsatz gem. § 26 Satz 2 BRAGO und Umsatzsteuer gem. § 25 Absatz 2 BRAGO.

2 Gebühren

Der StB erhält für seine Tätigkeit eine halbe (5/10) Gebühr. Bei dieser halben Gebühr verbleibt es auch dann, wenn er mehrere Schriftsätze anfertigt oder wenn er mehrere Termine wahrnimmt. Im gleichen Rechtszug können aber sowohl die Gebühren des § 56 Absatz 1 Nummer 1 als auch die der Nummer 2 BRAGO entstehen.

Beispiel:

Ohne das er zum Prozeßbevollmächtigten bestellt wird, wird der StB beauftragt, für den Mandanten eine Klageschrift zu fertigen, die dieser dann selbst bei dem zuständigen Finanzgericht einreichen möchte. Der StB fertigt die Klageschrift, die der Mandant dann beim Finanzgericht unter seinem eigenen Namen einreicht.
Später wird der StB beauftragt, bei einem Besichtigungstermin, den dann das Finanzgericht bestimmt hat, zugegen zu sein. Die Besichtigung soll nicht zu Beweiszwecken, sondern ausdrücklich nur Informationszwecken dienen.
Der StB kann berechnen:

1. 5/10 Gebühr gem. § 56 Absatz 1 Nummer 1 BRAGO
2. 5/10 Gebühr gem. § 56 Absatz 1 Nummer 2 BRAGO
3. Pauschsatz gem. § 26 Satz 2 BRAGO
4. 16% Umsatzsteuer gem. § 25 Absatz 2 BRAGO.

Wäre im vorliegenden Fall der StB mit der Vertretung in einer mündlichen Verhandlung beauftragt worden, so wäre ihm anstelle der Gebühr des § 56 Absatz 1 Nummer 2 BRAGO die Verhandlungsgebühr des § 53 Absatz 1 BRAGO entstanden in Höhe von 10/10, es sei denn, es wäre nur zu Prozeß- und Sachleitung mündlich verhandelt worden (siehe Kommentierung zu § 53 BRAGO).
Wäre der StB mit der Vertretung in einem Termin beauftragt worden, in dem eine Beweisaufnahme stattgefunden hätte, so wäre ihm die Beweisgebühr des § 31 Absatz 1 Nummer 3 BRAGO über § 53 Absatz 1 Satz 2 BRAGO entstanden. Diese wäre dann als volle (10/10) Gebühr entstanden. Hätte die Beweisaufnahme vor einem ersuchten oder beauftragten Richter stattgefunden, so wäre nur eine halbe (5/10) Beweisgebühr über § 54 BRAGO entstanden.

Ist das Verfahren, für welches der StB den Schriftsatz fertigen soll, vor einem Rechtsmittelgericht, etwa dem BFH anhängig, so erhöhen sich die 5/10 Gebühren des § 56 auf 13/20 Gebühren.
Endigt der Auftrag, bevor der StB einen Schriftsatz entworfen oder an einem Termin teilgenommen hat, erhält er nur 3/10 der vollen Gebühr.
Beschränkt sich die Tätigkeit des StB auftragsgemäß auf einfache Schreiben, erhält er statt der Gebühr des § 56 Absatz 1 Nummer 1 BRAGO nur die Gebühren des § 120 BRAGO. Bei Schreiben einfacher Art, die weder schwierige rechtliche Ausführungen noch größere sachliche Auseinandersetzungen enthalten, bekommt der StB nur 2/10 der vollen Gebühr. Beschränkt sich seine Tätigkeit auf ein Schreiben, das nur dem äußeren Betrieb des Verfahrens dient, erhält er nur eine Gebühr in Höhe von DM 20,–.

3 Erstattung

Wird der Steuerpflichtige nicht durch einen Prozeßbevollmächtigten vertreten, sondern beauftragt er einen StB nur mit Einzeltätigkeiten, sind die Gebühren im Rechtsstreit geringer als bei der Beauftragung eines Prozeßbevollmächtigten. Die insoweit entstandenen Kosten sind deshalb bis zur Höhe der Kosten eines Prozeßbevollmächtigten erstattungsfähig.

§ 61 Beschwerde, Erinnerung

(1) **Fünf Zehntel der im § 31 bestimmten Gebühren erhält der Rechtsanwalt**

1. im Beschwerdeverfahren;

2. im Verfahren über die Erinnerung gegen die Kostenfestsetzung und gegen den Kostenansatz.

(2) **In derselben Angelegenheit erhält der Rechtsanwalt die in Absatz 1 Nr. 2 bezeichneten Gebühren nur einmal.**

(3) **Die Vorschriften des § 32 und des § 33 Abs. 1 und 2 gelten nicht.**

Anmerkungsübersicht

1 Allgemeines

Diese Vorschrift ist im finanzgerichtlichen Verfahren sinngemäß anzuwenden (§ 114 BRAGO). Sie ist erforderlich, da das Beschwerde- und das Erinnerungsverfahren nicht zum Rechtszug i.S. des § 37 BRAGO gehören. Sie bilden eine besondere Angelegenheit. Der StB, der in diesem Verfahren tätig wird, hat deshalb Anspruch auf eine anderweite Vergütung.

2 Beschwerdeverfahren

Soweit gegen Entscheidungen des FG oder des Vorsitzenden des Senats die Beschwerde zulässig ist, entscheidet über sie gemäß § 36 FGO der BFH. Der im Beschwerdeverfahren tätige StB erhält die Gebühren des § 31 BRAGO in Höhe von 5/10. Gleichgültig ist, ob er einen Gesamtauftrag hat oder nur eine Einzeltätigkeit ausübt. Eine Erhöhung der 5/10 Gebühren tritt nicht ein, da § 61 BRAGO ausdrücklich bestimmt, daß der StB im Beschwerdeverfahren nur 5/10 Gebühren erhält. Lediglich im Verfahren über die Nichtzulassungsbeschwerde erhöht sich die 5/10 Gebühr um 3/10 auf eine 13/20 Gebühr (§ 11 Absatz 1 Satz 6 BRAGO – siehe auch vorstehende Kommentierung Anmerkung 4 zu § 11 und Anmerkung 4 zu § 14).
Der StB kann an sich alle Gebühren des § 31 BRAGO erhalten. Da in der Regel jedoch keine Verhandlung und Beweisaufnahme stattfindet, wird der StB praktisch nur die Prozeßgebühr (in Höhe von 5/10) verdienen können. Mehrere Beschwerden lösen mehrere Gebühren aus.

3 Erinnerungsverfahren

Der StB, der nur im Verfahren betreffend die Kostenfestsetzung oder den Kostenansatz tätig wird, erhält neben der Prozeßgebühr keine zusätzliche Vergütung, da diese Tätigkeit durch die Prozeßgebühr mit abgegolten wird.

Der StB, der **nur** im Kostenfestsetzungsverfahren tätig wird (etwa weil der Prozeßbevollmächtigte nach Instanzende verstorben ist), erhält die Gebühr des § 56 BRAGO.
Wird der StB dagegen beauftragt, gegen den Kostenansatz (der Gerichtskosten) oder gegen die Kostenfestsetzung Erinnerung einzulegen (vergleiche § 149 FGO), erhält er neue Gebühren, d.h. die Gebühren des § 61 Absatz 2 Nummer 2 BRAGO in Höhe von 5/10. Da im Erinnerungsverfahren praktisch keine Verhandlung und keine Beweisaufnahme erfolgt, erhält der StB nur die Prozeßgebühr in Höhe von 5/10. Die Erinnerungsgebühr erhält der StB auch dann, wenn der Urkundsbeamte der Erinnerung abhilft. Mit der Abhilfe hat der Urkundsbeamte auch über die Kosten des Erinnerungsverfahrens zu entscheiden. Wird sowohl gegen den Kostenansatz wie gegen die Kostenfestsetzung Erinnerung eingelegt, erhält der StB nur eine Gebühr, diese allerdings aus den zusammengerechneten Werten (vgl. Gerold/Schmidt Anmerkung 25 zu § 61).

4 **Ermäßigung der Gebühr**

Die Vorschriften des § 32 BRAGO und des § 33 Absätze 1 und 2 BRAGO finden keine Anwendung (Gerold/Schmidt Anmerkung 26 zu § 61). Der StB erhält demgemäß die 5/10-Gebühr auch dann, wenn er Auftrag hatte, Beschwerde oder Erinnerung einzulegen, sich der Auftrag aber vor Einlegung der Erinnerung erledigt.

Vierter Abschnitt. Gebühren im Verfahren der Zwangsversteigerung und der Zwangsverwaltung

Der Vierte Abschnitt findet keine Anwendung.

Fünfter Abschnitt. Gebühren in Insolvenzverfahren und schiffartsrechtlichen Verteilungsverfahren

Der Fünfte Abschnitt findet keine Anwendung.

Sechster Abschnitt. Gebühren in Strafsachen und in Verfahren nach dem Strafrechtlichen Rehabilitierungsgesetz

Vorbemerkungen

Anmerkungsübersicht

1 Allgemeines

Für Steuerstraftaten gelten die allgemeinen Gesetze über das Strafrecht, soweit die Strafvorschriften der Steuergesetze nichts Anderes bestimmen (§ 369 AO). Es findet also auch die Strafprozeßordnung (StPO) Anwendung (abgedruckt in Schönfelder „Deutsche Gesetze" unter Nummer 90). Nach § 138 dieses Gesetzes können zu Verteidigern in Steuerstrafverfahren die bei einem deutschen Gericht zugelassenen Rechtsanwälte sowie die Rechtslehrer an deutschen Hochschulen gewählt werden. Abweichend hiervon bestimmt § 392 Absatz 1 AO, daß auch StB, Steuerbevollmächtigte, Wirtschaftsprüfer und vereidigte Buchprüfer (im folgenden Text immer „StB" nur genannt) zu Verteidigern gewählt werden können, soweit die Finanzbehörde das Verfahren selbständig durchführt; im übrigen können sie die Verteidigung nur in Gemeinschaft mit einem Rechtsanwalt oder einem Rechtslehrer an einer deutschen Hochschule führen. § 392 Absatz 2 AO bestimmt jedoch, daß § 138 Absatz 2 StPO unberührt bleibt. § 138 Absatz 2 StPO bestimmt: „Andere Personen (zu ergänzen: als Rechtsanwälte und Rechtslehrer, also auch StB) können nur mit Genehmigung des Gerichts und, wenn der Fall einer notwendigen Verteidigung vorliegt und der Gewählte nicht zu den Personen gehört, die zu Verteidigern bestellt werden dürfen, nur in Gemeinschaft mit einer solchen als Wahlverteidiger zugelassen werden." Die notwendige Verteidigung ist in § 140 StPO geregelt. Nach dieser Bestimmung kommt in der Regel in Steuerstrafverfahren eine notwendige Verteidigung nicht in Betracht. Der StB kann also in diesen Verfahren mit Genehmigung des Gerichts allein als Verteidiger auftreten. Wegen der Genehmigungsbedürftigkeit empfiehlt es sich also, möglichst frühzeitig um die Genehmigung nachzusuchen, um bei einer Ablehnung unnötige Arbeiten zu vermeiden.

2 Ergänzende Vorschriften

Die Vorschriften des Sechsten Abschnitts der BRAGO werden ergänzt durch die Vorschriften des Ersten und Zweiten Abschnitts, die den Allgemeinen Teil der BRAGO darstellen.
Nach den allgemeinen Bestimmungen richten sich insbesondere Honorarvereinbarungen (§ 3 BRAGO), Bemessung der Rahmengebühren (§ 12 BRAGO), Abgeltungsbereich der Gebühren neben § 87 BRAGO (§ 13 BRAGO), Zurückverweisungen (§ 15 BRAGO), Fälligkeit der Gebühren (§ 16 BRAGO), Vorschuß (§ 17 BRAGO), Berechnung der Gebühren (§ 18 BRAGO) und Auslagen (§§ 25ff. BRAGO). Außerdem sind Vorschriften sonstiger Abschnitte anwendbar, soweit auf sie verwiesen wird, wie z.B. in § 96 BRAGO auf § 61 BRAGO.

3 **Gebühren**

Die Gebühren des Verteidigers sind in den §§ 83ff. BRAGO geregelt. Der Verteidiger erhält die Gebühr des

§ 83 BRAGO für die Verteidigung im ersten Rechtszug, wenn er die Hauptverhandlung wahrnimmt,

§ 84 BRAGO für das Verfahren außerhalb der Hauptverhandlung, und zwar

a) im vorbereitenden Verfahren,

b) im gerichtlich anhängigen Verfahren, in dem er nur außerhalb der Hauptverhandlung tätig wird oder in einem Verfahren, in dem eine Hauptverhandlung nicht stattfindet,

§ 85 BRAGO für die Tätigkeit im Berufungsverfahren,

§ 86 BRAGO für die Tätigkeit im Revisionsverfahren.

§ 87 BRAGO bestimmt, daß die Gebühren der §§ 83ff. BRAGO Pauschgebühren sind.

§ 88 BRAGO bestimmt die Vergütung für die Tätigkeit des Verteidigers bei Einziehung und anderen Maßnahmen.

§ 90 BRAGO bestimmt die Vergütung des Verteidigers im Wiederaufnahmeverfahren.

§ 91 BRAGO bestimmt die Vergütung für einzelne Tätigkeiten.

§ 92 BRAGO bestimmt, welche Gebühren der StB erhält, der mehrere einzelne Tätigkeiten ausübt.

§ 93 BRAGO bestimmt die Gebühren für Tätigkeiten in Gnadensachen.

In §§ 97ff. BRAGO sind die Gebühren des gerichtlich bestellten Verteidigers geregelt.

Der Verteidiger in Straf- und Bußgeldsachen erhält Pauschgebühren.

Diese richten sich nicht nach einem Wert, sondern es handelt sich um Betrags-Rahmengebühren. In den einzelnen Vorschriften der §§ 83ff. BRAGO ist jeweils der Mindest- und der Höchstbetrag der Gebühr, also der Betragsrahmen festgelegt. Innerhalb dieses Betragsrahmens muß der StB als Verteidiger den Gebührenbetrag bestimmen, den er letztlich dem Mandanten in Rechnung stellt.

Beispiel 1:

§ 83 Absatz 1 Nummer 3 BRAGO bestimmt, daß der StB für die Verteidigung in einer Hauptverhandlung vor dem Strafrichter (Amtsgericht) eine Gebühr zwischen DM 100,– (Mindestbetrag) und DM 1.300,– (Höchstbetrag) erhält.

Innerhalb dieses Rahmens muß der StB als Verteidiger die Höhe der Gebühr bestimmen, die er letztlich dem Mandanten in Rechnung stellt (z.B. die Mittelgebühr in Höhe von DM 700,–).

Hierbei hat er die Merkmale des § 12 BRAGO zu berücksichtigen (siehe vorstehende Kommentierung zu § 12 BRAGO und nachfolgende Anmerkung 4).

Welcher Gebührenrahmen zur Anwendung kommt, bestimmt sich zum einen nach der Tätigkeit des StB als Verteidiger.

Beispiel 2:

Der StB war auftragsgemäß als Verteidiger in dem vorbereitenden Verfahren tätig.
Für diese Tätigkeit kann der StB eine Gebühr gem. § 84 Absatz 1, 1. Alternative BRAGO berechnen. § 84 Absatz 1 BRAGO verweist wegen des anzuwendenden Gebührenrahmens auf § 83 Absatz 1 BRAGO und bestimmt, daß die Hälfte der dort bestimmten Gebührenrahmen für das vorbereitende Verfahren zur Anwendung kommt.

Beispiel 3:

Der StB war als Verteidiger in der Hauptverhandlung tätig. Der Gebührenrahmen bestimmt sich nach § 83 Absatz 1 BRAGO.

Zum anderen ist dafür, welcher Gebührenrahmen anzuwenden ist, maßgebend, vor welchem Gericht die Sache anhängig geworden ist bzw. anhängig geworden wäre.

Beispiel 4:

Es wird Anklage erhoben zum Schöffengericht (Amtsgericht).
Maßgebend, auch für das vorbereitende Verfahren (für das vorbereitende Verfahren allerdings nur die Hälfte dieses Gebührenrahmens) ist der in § 83 Absatz 1 Nummer 3 BRAGO bestimmte Gebührenrahmen.

Vergleiche hierzu im einzelnen das Schaubild auf den Seiten 640 und 641.

Gebühren des Wahlverteidigers und des Pflichtverteidigers						
	Für den ersten Tag der Hauptverhandlung		Für jeden weiteren Tag der Hauptverhandlung [1]		Im vorbereitenden Verfahren und für Tätigkeiten nur außerhalb der Hauptverhandlung [4]	
	Wahl-verteidiger (§ 83 Absatz 1 BRAGO) [2]	Pflicht-verteidiger (§ 97 BRAGO) [3]	Wahl-verteidiger (§ 83 Absatz 2 BRAGO)	Pflicht-verteidiger (§ 97 BRAGO)	Wahl-verteidiger (§ 84 Absatz 1 BRAGO) [2, 4]	Pflicht-verteidiger (§ 97 BRAGO) [3, 4]
	DM	DM	DM	DM	DM	DM
Erster Rechtszug (§§ 83, 84 BRAGO)						
Amtsgericht (Strafrichter, Jugendrichter, Schöffengericht, Jugendschöffengericht)	100,— bis 1.300,—	400,—	100,— bis 650,—	325,—	50,— bis 650,—	200,—
Landgericht (Großen Strafkammer und vor der Jugendkammer	120,— bis 1.520,—	480,—	120,— bis 760,—	380,—	60,— bis 760,—	240,—
Oberlandesgericht, dem Schwurgericht und vor der Jugendkammer, soweit diese in Sachen entscheidet, die nach allgemeinen Vorschriften zur Zuständigkeit des Schwurgerichts gehören	170,— bis 2.540,—	680,—	170,— bis 1.270,—	635,—	85,— bis 1.270,—	340,—

Gebühren des Wahlverteidigers und des Pflichtverteidigers						
	Für den ersten Tag der Hauptverhandlung		Für jeden weiteren Tag der Hauptverhandlung [1]		Im vorbereitenden Verfahren und für Tätigkeiten nur außerhalb der Hauptverhandlung[4]	
	Wahlverteidiger (§ 83 Absatz 1 BRAGO) [2]	Pflichtverteidiger (§ 97 BRAGO) [3]	Wahlverteidiger (§ 83 Absatz 2 BRAGO)	Pflichtverteidiger (§ 97 BRAGO)	Wahlverteidiger (§ 84 Absatz 1 BRAGO) [2, 4]	Pflichtverteidiger (§ 97 BRAGO) [3, 4]
	DM	DM	DM	DM	DM	DM
Berufungsverfahren (§ 85 BRAGO)	120,— bis 1.520,—	480,—	120,— bis 760,—	380,—	§ 85 Absatz 3 BRAGO 60,— bis 760,—	240,—
Revisionsverfahren (§ 86 BRAGO)					§ 86 Absatz 3 BRAGO	
1. Oberlandesgericht	120,— bis 1.520,—	480,—	120,— bis 760,—	380,—	60,— bis 760,—	240,—
2. Bundesgerichtshof	170,— bis 2.540,—	680,—	170,— bis 1.270,—	635,—	85,— bis 1.270,—	340,—

1. Bei Neubeginn des Verfahrens gelten für den ersten Tag der neuen Hauptverhandlung die Gebührensätze für den ersten Tag der Hauptverhandlung (§§ 83 Absatz 2, 85 Absatz 2, 86 Absatz 2 BRAGO).

2. Ohne mögliche Erhöhung des Gebührenrahmens um 25% gem. § 83 Absatz 3 BRAGO, wenn Mandant in Haft ist.

3. Ist der Mandant in Haft, erhält der StB als Pflichtverteidiger nicht nur das 4-fache der Mindestsätze, sondern das 5-fache; diese Erhöhung ist in vorstehender Tabelle **nicht** berücksichtigt!

4. Ohne mögliche Erhöhung des Gebührenrahmens, wenn einer der Voraussetzungen des § 84 Absatz 2 BRAGO oder die des § 105 Absatz 2 Satz 2 BRAGO eintritt; dann gilt der volle Gebührenrahmen (siehe Spalte „Für den ersten Tag der Hauptverhandlung").

4 **Höhe der Gebühren**

Der StB als Verteidiger hat die Höhe der Gebühr innerhalb des in der jeweiligen gesetzlichen Vorschrift der §§ 83ff. BRAGO bestimmten Gebührenrahmen zu bestimmen. Bei der Bestimmung der Gebühr hat er die Vorschrift des § 12 BRAGO und die dort festgelegten Merkmale zu berücksichtigen. Nach § 12 BRAGO ist die Gebühr im Einzelfall unter Berücksichtigung aller Umstände nach billigem Ermessen zu bestimmen. Insbesondere hat der StB als Verteidiger bei der Bestimmung der Höhe der Gebühr zu berücksichtigen:
- die Bedeutung der Angelegenheit für den Auftraggeber
- den Umfang seiner Tätigkeit als Verteidiger
- den Schwierigkeitsgrad seiner Tätigkeit als Verteidiger
- die Vermögens- und Einkommensverhältnisse seines Auftragebers.

Wegen der näheren Einzelheiten darf auf die vorstehende Kommentierung zu § 12 BRAGO verwiesen werden.

Im Verhältnis StB zu seinem Mandanten/Auftraggeber ist die von dem StB getroffene Bestimmung der Gebühr gem. § 315 Absatz 3 BGB nur verbindlich, wenn sie der Billigkeit entspricht.

Ist die Gebühr von einem Dritten zu ersetzen, so ist die vom StB getroffene Bestimmung nicht verbindlich, wenn sie unbillig ist. Literatur und Rechtsprechung billigen hier dem RA in der Regel eine Toleranzgrenze von 20% zu. Dies muß auch für den StB gelten. Wegen der näheren Einzelheiten hierzu darf auf die vorstehende Kommentierung zu § 12 BRAGO verwiesen werden.

Der StB kann nicht mehr nachliquidieren, wenn er die Höhe der Gebühr unter Berücksichtigung aller Umstände und seines Tätigkeitsumfanges bestimmt hat. Die Bestimmung der Höhe der Gebühr durch den StB ist rechtsgestaltender Natur, ihre Angabe somit Ausübung des Gestaltungsrechts. Das Gestaltungsrecht ist durch seine Ausübung verbraucht. Ausübung ist gem. § 315 Absatz 2 BGB die Mitteilung der Bestimmung gegenüber dem anderen Teil, hier also die Erteilung der Abrechnung gegenüber dem Mandanten. Die Bestimmung des StB dürfte wirksam werden mit dem Zugang bei dem Mandanten und kann dann nicht mehr geändert werden (siehe hierzu Enders, JurBüro 1995, 561ff.).

Beispiel 1:

Der StB hat für die Hauptverhandlung eine Mittelgebühr in Höhe von DM 700,– in Ansatz gebracht und dem Mandanten hierüber eine Kostennote erteilt. Nach drei Wochen ist er der Ansicht, daß diese Gebühr doch eigentlich zu gering bemessen war und will noch DM 200,– nachliquidieren.
Dies ist aus vorstehenden Gründen nicht möglich.

Beispiel 2:

Der StB hat den Mandanten im vorbereitenden Verfahren und in der Hauptverhandlung vertreten. Versehentlich bringt er in seiner Kostennote nur die Gebühr für die Hauptverhandlung in Ansatz.

Die Gebühr für das vorbereitende Verfahren kann nachliquidiert werden, denn insoweit hat der StB kein Ermessen ausgeübt, sondern hat einfach versehentlich eine Gebühr insoweit nicht liquidiert.

Gem. § 83 Absatz 3 BRAGO kann der „normale" Gebührenrahmen des § 83 Absatz 1 BRAGO **um 25% überschritten werden,** wenn der **Mandant sich in Haft** befindet. Voraussetzung ist, daß der „normale" Gebührenrahmen des § 83 Absatz 1 BRAGO nicht ausreicht, um die Tätigkeit des StB als Verteidiger angemessen zu vergüten. Reicht der „normale" Gebührenrahmen des § 83 Absatz 1 BRAGO aus, um die Tätigkeit des StB als Verteidiger angemessen zu vergüten, bleibt es bei dem in Absatz 1 festgelegten Rahmen. Ist der Mandant aber in Haft und reicht deshalb der in § 83 Absatz 1 BRAGO festgelegte Gebührenrahmen nicht aus, um die Tätigkeit des StB angemessen zu vergüten, so kann dieser Gebührenrahmen um bis zu 25% überschritten werden (§ 83 Absatz 3 BRAGO). Aus welchem Grund und in welcher Sache sich der Mandant in Haft befindet, ist unerheblich. Die Erhöhung kann also auch dann eintreten, wenn der Mandant sich in anderer Sache in Haft befindet. Ebenso unerheblich ist, ob der Mandant sich in Strafhaft oder in Untersuchungshaft oder wegen krankhafter Störung in einer geschlossenen Anstalt befindet.
Es kann aber immer nur der Gebührenrahmen um bis 25% überschritten werden, der die Gebühren für den Tätigkeitsabschnitt regelt, während welchem der Mandant in Haft war.

Beispiel 3:
Der Mandant befindet sich nur während des vorbereitenden Verfahrens in Haft. Bevor Anklage erhoben worden ist, befindet er sich wieder auf freiem Fuß. Der StB vertritt ihn in dem vorbereitenden Verfahren und in der Hauptverhandlung.
Nur der Gebührenrahmen für das vorbereitende Verfahren kann um bis zu 25% überschritten werden, da der Mandant sich nur während des vorbereitenden Verfahrens in Haft befand. Der Gebührenrahmen für die Hauptverhandlung kann nicht um 25% gem. § 83 Absatz 3 BRAGO überschritten werden.

Zu alle dem siehe auch Enders, JurBüro 1995, 617 „Erhöhung des Gebührenrahmens bei inhaftierten Mandanten".

5 Kostenerstattung

Nach § 467 Absatz 1 StPO sind die notwendigen Auslagen eines freigesprochenen Angeschuldigten der Staatskasse aufzuerlegen. Zu den notwendigen Auslagen eines Beteiligten gehören gemäß § 464a StPO auch die Gebühren und Auslagen eines Rechtsanwalts (nach den vorstehenden Ausführungen also auch eines „StB"), soweit sie nach § 91 Absatz 2 ZPO zu erstatten sind. Ein höher vereinbartes Honorar bleibt also außer Betracht. Darüber hinaus bestimmt § 408 AO:

„Notwendige Auslagen eines Beteiligten im Sinne des § 464a Absatz 2 Nummer 2 der Strafprozeßordnung sind in Strafverfahren wegen einer Steuerstraftat auch die gesetzlichen Gebühren und Auslagen eines Steuerberaters, Steuerbevollmächtigten, Wirtschaftsprüfers oder vereidigten Buchprüfers. Sind Gebühren und Auslagen gesetzlich nicht geregelt, so können sie bis zur Höhe der gesetzlichen Gebühren und Auslagen eines Rechtsanwalts erstattet werden."

Wird der Auftraggeber nur durch einen StB verteidigt, ist im Falle des Freispruchs die Vergütung des StB voll aus der Staatskasse zu erstatten. Wird der Auftraggeber sowohl durch einen Rechtsanwalt als auch durch einen StB verteidigt, erhebt sich die Frage, ob im Falle des Freispruchs die Staatskasse die Kosten beider Verteidiger zu erstatten hat. Die weitaus überwiegende Meinung geht dahin, daß nur die Kosten eines Verteidigers zu erstatten sind, also entweder die Vergütung des Rechtsanwalts oder die des StB. (Der Auftraggeber hat selbstverständlich die Kosten **beider** Verteidiger zu tragen. Es geht hier nur darum, ob er die Erstattung der Auslagen beider Verteidiger aus der Staatskasse fordern kann.) Die h. M. (vergleiche die Nachweise bei Gerold/Schmidt Anmerkung 46 zu § 3 und Anmerkung 2 zu § 5) beruft sich auf § 91 Absatz 2 ZPO, wonach nur die Kosten eines Rechtsanwalts zu erstatten sind. Diese Ansicht dürfte nicht richtig sein. § 91 Absatz 2 ZPO stellt nur einen Grundsatz auf. So sind die Kosten eines Beweisanwalts oder Verkehrsanwalts zu erstatten, falls deren Zuziehung neben der Beauftragung eines Prozeßbevollmächtigten erforderlich ist. Die Bestimmung „gehören auch" in § 464a Absatz 2 StPO läßt also auch die Erstattung der Vergütung mehrerer Verteidiger zu. Es kommt auf die Notwendigkeit der Zuziehung mehrerer Verteidiger an. War die Zuziehung sowohl eines Rechtsanwalts als auch eines StB als Verteidiger notwendig, sind die Kosten beider Verteidiger aus der Staatskasse zu erstatten (ebenso Mittelsteiner/Scholz Anmerkung IV 1 zu §§ 45 und 46; KG in NStZ 1982, 207 m. w. N.).

6 Abrechnungsbeispiele

Beispiel 1:

Der StB hat den Mandanten in einer Steuerstrafsache verteidigt. Er war sowohl im vorbereitenden Verfahren als auch in der Hauptverhandlung tätig. Das Verfahren fand vor dem Strafrichter des Amtsgerichts statt.

Die Honorarrechnung des StB müßte wie folgt aufgebaut werden:

Honorarrechnung für die Tätigkeit als Verteidiger in dem Steuerstrafverfahren gegen ... vor dem Amtsgericht ... – Az.: ...

(Gem. § 45 StBGebV gelten die Vorschriften der BRAGO sinngemäß.)

1. Gebühr für vorbereitendes Verfahren gem. §§ 12, 84 Absatz 1, 1. Alternative, 83 Absatz 1 Nummer 3 BRAGO	DM 350,—
2. Gebühr für Hauptverhandlung vom ... gem. §§ 12, 83 Absatz 1 Nummer 3 BRAGO	DM 700,—
3. Pauschsatz für Post- und Telekommunikationsentgelte gem. § 26 Satz 2 BRAGO	DM 30,—
4. Schreibauslagen gem. § 27 Absatz 1 Nummer 1 BRAGO 25 Fotokopien á DM 1,–	DM 25,—
5. 16% Umsatzsteuer gem. § 25 Absatz 2 BRAGO	DM 176,80
Summe:	DM 1.281,80

(Es wurden jeweils Mittelgebühren in Ansatz gebracht.)

Beispiel 2:

Der StB ist von seinem Mandanten mit der Verteidigung in einer Steuerstrafsache beauftragt worden. Er ist zunächst im vorbereitenden Verfahren tätig. Dann ergeht gegenüber dem Mandanten ein Strafbefehl. Gegen diesen Strafbefehl legt er auftragsgemäß Einspruch ein. Drei Wochen vor dem Hauptverhandlungstermin, der vor dem Arbeitsgericht stattfinden sollte, nimmt er den Einspruch gegen den Strafbefehl zurück.

Die Honorarrechnung des StB müßte wie folgt aufgebaut werden:

Honorarrechnung für die Tätigkeit als Verteidiger in dem Steuerstrafverfahren gegen ... vor dem Amtsgericht ... – Az.: ...

(Gem. § 45 StBGebV gelten die Vorschriften der BRAGO sinngemäß.)

1. Gebühr für vorbereitendes Verfahren gem. §§ 12, 84 Absatz 1, 1. Alternative, 83 Absatz 1 Nummer 3 BRAGO	DM 350,—
2. Gebühr für gerichtliches Verfahren ohne Hauptverhandlung gem. §§ 12, 84 Absatz 1, 3. Alternative, 84 Absatz 2 Nummer 3, 83 Absatz 1 Nummer 3 BRAGO	DM 700,—
3. Pauschsatz für Post- und Telekommunikationsentgelte gem. § 26 Satz 2 BRAGO	DM 30,—
4. Schreibauslagen gem. § 27 Absatz 1 Nummer 1 BRAGO 30 Fotokopien á DM 1,–	DM 30,—
5. 16% Umsatzsteuer gem. § 25 Absatz 2 BRAGO	DM 177,60
Summe:	DM 1.287,60

(Es wurden jeweils Mittelgebühren in Ansatz gebracht.)

Beispiel 3:

Der StB ist zum Verteidiger in einem gegenüber dem Mandanten anhängigen Bußgeldverfahren von diesem bestellt worden. Gegen den Bußgeldbescheid legt er Einspruch ein. Nachdem er eine umfangreiche Einspruchsbegründung gefertigt hat, nimmt die Verwaltungsbehörde den Bußgeldbescheid zurück.

Die Honorarrechnung des StB müßte wie folgt aufgebaut werden:

Honorarrechnung für die Tätigkeit als Verteidiger in der Bußgeldsache gegen ... vor der Verwaltungsbehörde ... – Az.: ...

(Gem. § 45 StBGebV gelten die Vorschriften der BRAGO sinngemäß.)

1. Gebühr für vorbereitendes Verfahren gem. §§ 12, 105 Absatz 1, 84 Absatz 1, 1. Alternative, 83 Absatz 1 Nummer 3 BRAGO	DM 350,—
2. Pauschsatz für Post- und Telekommunikationsentgelte gem. § 26 Satz 2 BRAGO	DM 30,—
3. Schreibauslagen gem. § 27 Absatz 1 Nummer 1 BRAGO 18 Fotokopien á DM 1,–	DM 18,—
4. 16% Umsatzsteuer gem. § 25 Absatz 2 BRAGO	DM 63,68
Summe:	DM 461,68

(Es wurde die Mittelgebühr in Ansatz gebracht.)

Beispiel 4:

Der StB ist von dem Mandanten beauftragt, diesen in einem Bußgeldverfahren zu verteidigen. Der StB gibt gegenüber der Verwaltungsbehörde eine Stellungnahme ab. Daraufhin ergeht ein Bußgeldbescheid. Gegen den Bußgeldbescheid wird Einspruch eingelegt. In dem anschließenden Hauptverhandlungstermin vor dem Amtsgericht vertritt der StB den Beschuldigten. Am Ende der Hauptverhandlung verkündet das

Amtsgericht ein Urteil, wonach gegen den Beschuldigten die bereits im Bußgeldbescheid festgesetzte Geldbuße ausgesprochen wird.

Die Honorarrechnung des StB müßte wie folgt aufgebaut sein:

Honorarrechnung für die Tätigkeit als Verteidiger in der Bußgeldsache gegen ... vor dem Amtsgericht ... – Az.: ...

(Gem. § 45 StBGebV gelten die Vorschriften der BRAGO sinngemäß.)

1. Gebühr für vorbereitendes Verfahren gem. §§ 12, 105 Absatz 1, 84 Absatz 1, 1. Alternative, 83 Absatz 1 Nummer 3 BRAGO	DM	350,—
2. Gebühr für die Tätigkeit in der Hauptverhandlung vom ... gem. §§ 12, 105 Absatz 1, 83 Absatz 1 Nummer 3 BRAGO	DM	700,—
3. Pauschsatz für Post- und Telekommunikationsentgelte gem. § 26 Satz 2 BRAGO	DM	30,—
4. Schreibauslagen gem. § 27 Absatz 1 Nummer 1 BRAGO 34 Fotokopien á DM 1,–	DM	34,—
5. 16% Umsatzsteuer gem. § 25 Absatz 2 BRAGO	DM	178,24
Summe:	DM	1.292,24

(Es wurden jeweils Mittelgebühren in Ansatz gebracht.)

1. Gebühren des gewählten Verteidigers und anderer gewählter Vertreter

§ 83 Erster Rechtszug

(1) **Der Rechtsanwalt erhält im ersten Rechtszug als Verteidiger in der Hauptverhandlung folgende Gebühren:**

1. Im Verfahren vor dem Oberlandesgericht, dem Schwurgericht und vor der Jugendkammer, soweit diese in Sachen entscheidet, die nach den allgemeinen Vorschriften zur Zuständigkeit des Schwurgerichts gehören,
170 bis 2.540 Deutsche Mark

2. im Verfahren vor der großen Strafkammer und vor der Jugendkammer, soweit sich die Gebühr nicht nach Nummer 1 bestimmt,
120 bis 1.520 Deutsche Mark;

3. im Verfahren vor dem Schöffengericht, dem Jugendschöffengericht, dem Strafrichter und dem Jugendrichter
100 bis 1.300 Deutsche Mark.

(2) **Erstreckt sich die Hauptverhandlung über einen Kalendertag hinaus, so erhält der Rechtsanwalt für jeden weiteren Verhandlungstag in den Fällen des Absatzes 1**

Nr. 1 170 bis 1.270 Deutsche Mark,
Nr. 2 120 bis 760 Deutsche Mark,
Nr. 3 100 bis 650 Deutsche Mark.

Wird jedoch mit dem Verfahren von neuem begonnen, so gelten für den ersten Tag der neuen Hauptverhandlung die Vorschriften des Absatzes 1.

(3) **Befindet sich der Beschuldigte nicht auf freiem Fuß und reicht der Gebührenrahmen des Absatzes 1 deshalb nicht aus, um die gesamte Tätigkeit des Rechtsanwalts angemessen zu entgelten, so kann der Gebührenrahmen um bis zu 25 vom Hundert überschritten werden.**

Anmerkungsübersicht

1 Allgemeines

§ 83 BRAGO regelt die Gebühren, die der StB erhält, wenn er den Mandanten **in der Hauptverhandlung** verteidigt. § 83 Absatz 1 BRAGO bestimmt die Gebührenrahmen für den ersten Hauptverhandlungstermin (wenn in der Strafsache mehrere Hauptverhandlungstermine stattfinden) oder die eintägige Hauptverhandlung (wenn in einer Strafsache die Hauptverhandlung nur an einem Tag stattfindet). § 83 Absatz 2 BRAGO bestimmt die Gebührenrahmen für die Fortsetzungsverhandlungen, also wenn sich die Hauptverhandlung in derselben Strafsache an mehreren Tagen fortsetzt. Die Gebührenrahmen des § 83 Absatz 1 BRAGO können sich gem. § 83 Absatz 3 BRAGO erhöhen, wenn der Mandant sich in Haft befindet.
Bei den in § 83 BRAGO bestimmten Gebühren handelt es sich um sogenannte Betragsrahmengebühren. Im Gesetz festgelegt ist lediglich der Mindest- und der Höchstsatz. Innerhalb dieses Rahmens muß der zum Verteidiger bestellte StB dann unter Berücksichtigung der Merkmale des § 12 BRAGO die Gebühr, also den Betrag den er dem Mandanten letztlich in Rechnung stellt, nach billigem Ermessen bestimmen (siehe hierzu die vorstehende Kommentierung zu § 12 BRAGO).
Wie bereits erwähnt, sind die Gebühren nach der BRAGO in Strafsachen Pauschgebühren, d. h., sie gelten die Tätigkeit für einen bestimmten Verfahrensabschnitt ab. Die Gebühr gem. § 83 Absatz 1 BRAGO gilt die Tätigkeit des StB als Verteidiger in der **Hauptverhandlung in dem I. Rechtzug** ab. Neben dieser Gebühr können dem StB als Verteidiger im I. Rechtszug noch entstehen

- eine Gebühr für das vorbereitende Verfahren, wenn er denn in dem vorbereitenden Verfahren tätig war (siehe hierzu die nachfolgende Kommentierung zu § 84 BRAGO)
- und eine Gebühr für jede weitere Fortsetzungsverhandlung, die in dem I. Rechtszug stattgefunden und in der er den Mandanten verteidigt hat.

Selbstverständlich erhält der StB neben diesen Gebühren, die in dem I. Rechtszug entstehen können, noch die Auslagen der §§ 25 bis 28 BRAGO gesondert erstattet, soweit sie dann angefallen sind.

2 Entstehung der Gebühr

Erste Voraussetzung für das Entstehen der Gebühr gem. § 83 Absatz 1 BRAGO ist, daß der StB vom Mandanten einen allgemeinen Vertretungs- genauer: **Verteidigungsauftrag** für die diesem gegenüber anhängige Strafsache erhalten hat. Ist der Auftrag nur auf einzelne Tätigkeiten beschränkt, wie z.B. auf eine Beistandsleistung, so kann keine Gebühr gem. § 83 Absatz 1 BRAGO entstehen. Einzelne Tätigkeiten des StB bei beschränktem Vertretungsauftrag sind gem. § 91 BRAGO zu vergüten.

Zweite Voraussetzung ist, daß überhaupt **eine Hauptverhandlung stattgefunden** hat. Wenn keine Hauptverhandlung stattfindet, der StB aber dennoch im gerichtlichen Verfahren tätig ist, entsteht ihm eine Gebühr gem. § 84 Absatz 1, 2. oder 3. Alternative BRAGO (siehe Anmerkung 3 der nachfolgenden Kommentierung zu § 84 BRAGO).

Dritte Voraussetzung ist, daß **der StB als Verteidiger in der Hauptverhandlung anwesend** war.

Die Hauptverhandlung beginnt nach § 243 Absatz 1 StPO mit dem Aufruf der Sache. War der StB im Zeitpunkt des Beginns der Hauptverhandlung in seiner Eigenschaft als Verteidiger anwesend, ist ihm die Hauptverhandlungsgebühr entstanden. Sie entsteht ihm also bereits dann, wenn das Gericht nach Aufruf der Sache feststellt, daß z.B. der Angeklagte nicht erschienen ist und deshalb die Hauptverhandlung vertagt. Es ist also nicht erforderlich, daß der StB in eine sachliche Verhandlung eingetreten und in ihr tätig geworden ist (Gerold/Schmidt Anmerkung 8 zu § 83). Der Umstand, daß die Sache sofort nach Aufruf vertagt worden ist, wird dann bei der Höhe der in Ansatz zu bringenden Gebühr zu berücksichtigen sein. Für die Hauptverhandlung, die direkt nach Aufruf der Sache vertagt worden ist wird der StB nicht eine so hohe Gebühr in Ansatz bringen können, als wenn die Hauptverhandlung durchgeführt worden wäre, also Zeugen vernommen worden wären, plädiert worden wäre und das Gericht am Schluß das Urteil verkündet hätte.

Vorstehendes gilt auch für die Fortsetzungsverhandlung und die durch sie ausgelöste Gebühr des § 83 Absatz 2 BRAGO.

3 Höhe der Gebühr

§ 83 Absatz 1 BRAGO sieht drei Gebührenrahmen vor. Es ist zu unterscheiden, vor welchem Gericht die Sache anhängig war, also die Hauptverhandlung stattgefunden hat.

Hat die Hauptverhandlung also vor dem Amtsgericht – Schöffengericht – stattgefunden, gilt der Betragsrahmen des § 83 Absatz 1 Nummer 3 BRAGO. Der StB hat die Gebühr für seine Tätigkeit dann innerhalb dieses Gebührenrahmens zu bestimmen. Auch für die Fortsetzungsverhandlung gilt dasselbe. Entscheidend ist also, vor welchem Gericht die Fortsetzungsverhandlung stattgefunden hat. Innerhalb des maßgeblichen Betragsrahmens hat der StB dann die Höhe der Gebühr, also den Betrag, den er letztlich dem Mandanten in Rechnung stellt, nach billigem Ermessen unter Berücksichtigung der Merkmale des § 12 BRAGO zu bestimmen (siehe hierzu vorstehende Kommentierung zu § 12 BRAGO und Anmerkung 1 zu § 83 Absatz 1).

Befindet sich der Mandant in Haft, kann gem. § 83 Absatz 3 BRAGO der Gebührenrahmen um bis zu 25% überschritten werden (siehe hierzu nachfolgende Kommentierung Anmerkung 6 zu § 83).

Bei Verweisung oder Zurückverweisung siehe Gerold/Schmidt Anmerkung 12 zu § 83.

4 **Abgeltungsbereich**

Die Gebühr für die Hauptverhandlung gilt die gesamte Tätigkeit des StB als Verteidiger ab vom Ende des vorbereitenden Verfahrens bis zur Verkündung des Urteils im I. Rechtszug.
Wann das vorbereitende Verfahren, in dem eine Gebühr gem. § 84 Absatz 1 BRAGO zusätzlich zu der Gebühr des § 83 BRAGO entstehen kann, endet, ergibt sich aus § 84 Absatz 1 BRAGO (siehe nachfolgende Kommentierung Anmerkung 2 zu § 84).
Auch die Einlegung der Berufung wird noch durch die Gebühr des § 83 Absatz 1 oder § 83 Absatz 2 BRAGO abgegolten. Eine Gebühr gem. § 85 BRAGO für die Berufung entsteht erst, wenn der StB als Verteidiger im Berufungsverfahren tätig geworden ist (siehe hierzu nachfolgende Kommentierung Anmerkung 1 zu § 85). Abgegolten durch die Gebühr des § 83 Absatz 1 BRAGO wird insbesondere die Informationsaufnahme, die Beratung des Auftraggebers, die Besprechungen mit dem Auftraggeber, dem Finanzamt, der Staatsanwaltschaft, dem Gericht oder einem Dritten (z.B. einem Sachverständigen), das Fertigen und Einreichen von Schriftsätzen, sämtliche Tätigkeiten im Hauptverhandlungstermin selbst, die Entgegennahme des Urteils, die Besprechung des Urteils mit dem Mandanten usw. (Gerold/Schmidt Anmerkung 9 zu § 83). Mit der Hauptverhandlungsgebühr abgegolten ist auch die Tätigkeit des StB als Verteidiger in einem gesonderten Termin zur Zeugenvernehmung vor einem ersuchten oder beauftragten Richter und auch die in einem gesonderter Haftprüfungstermin, der während des gerichtlichen Verfahrens außerhalb der Hauptverhandlung stattfindet. Auch ein Beschwerdeverfahren bildet, im Gegensatz zu den bürgerlichen Rechtsstreitigkeiten, in Strafsachen keine besondere Angelegenheit d.h., auch die Tätigkeit des StB in dem Beschwerdeverfahren wird durch die Gebühr des § 83 Absatz 1 BRAGO abgegolten. Weitere Gebühren können aber dann entstehen, wenn es sich um eine mehrtägige Hauptverhandlung handelt.

5 **Fortsetzungsverhandlung**

Für **jede Fortsetzungsverhandlung,** in welcher er seinen Mandanten als Verteidiger vertritt, erhält der StB eine gesonderte Gebühr gem. § 83 Absatz 2 BRAGO. Da der Gebührenrahmen des § 83 Absatz 2 BRAGO wesentlich geringer ist, als der des § 83 Absatz 1 BRAGO ist es wichtig zu unterscheiden, ob es sich um eine erste Hauptverhandlung handelt, die nach § 83 Absatz 1 BRAGO zu vergüten ist oder um eine Fortsetzungsverhandlung, für die nur ein Entgelt gem. § 83 Absatz 2 BRAGO verlangt werden kann. Gem. § 229 StPO ist das Verfahren von neuem zu beginnen, wenn zwischen zwei Hauptverhandlungsterminen ein Zeitraum von mehr als 10 Kalendertagen liegt. Hat die Hauptverhandlung bereits an mindestens

10 Tagen stattgefunden, so darf sie einmal bis zu 30 Tagen unterbrochen werden (§ 229 Absatz 2 Satz 1 StPO). Wenn die Hauptverhandlung gem. § 229 StPO von neuem zu beginnen ist, erhält der StB als Verteidiger auch für die erste Hauptverhandlung wieder eine Gebühr nach dem höheren Gebührenrahmen des § 83 Absatz 1 BRAGO.

Beispiel:

Der StB ist von seinem Mandanten zum Verteidiger in der diesem gegenüber anhängigen Steuerstrafsache bestellt worden. Er hat den Mandanten in folgenden Hauptverhandlungsterminen vertreten:
Hauptverhandlung vom 10. 1.
Hauptverhandlung vom 12. 1.
Hauptverhandlung vom 15. 1.
Hauptverhandlung vom 12. 2.
Hauptverhandlung vom 15. 2.

Der StB kann für die Hauptverhandlungen, die vor dem Amtsgericht – Schöffengericht – stattgefunden haben, nach folgenden Vorschriften folgende Gebühren berechnen, wobei von Mittelgebühren ausgegangen wird:

1. Hauptverhandlung vom 10. 1.
   Gebühr gem. § 83 Absatz 1 Nummer 3 BRAGO DM 700,—
2. Hauptverhandlung vom 12. 1.
   Gebühr gem. § 83 Absatz 2 Nummer 3 BRAGO DM 375,—
3. Hauptverhandlung vom 15. 1.
   Gebühr gem. § 83 Absatz 2 Nummer 3 BRAGO DM 375,—
4. Hauptverhandlung vom.12. 2.
   Gebühr gem. § 83 Absatz 1 Nummer 3 BRAGO DM 700,—
   (die Hauptverhandlung war für mehr als 10 Tage unterbrochen, so daß sie gem. § 229 StPO von neuem zu beginnen war)
5. Hauptverhandlung vom 15. 2.
   Gebühr gem. § 83 Absatz 2 Nummer 3 BRAGO DM 375,—
   zzgl. Auslagen, Schreibauslagen Umsatzsteuer etc.

Um eine Fortsetzungsverhandlung handelt es sich immer dann, wenn die Hauptverhandlung über einen Kalendertag hinausgeht.

6 Erhöhung bei Haft

Reicht der in Absatz 1 des § 83 BRAGO festgelegte Gebührenrahmen nicht aus, um die Tätigkeit des StB als Verteidiger angemessen zu entgelten, so kann der Gebührenrahmen um bis zu 25% überschritten werden, wenn sich der **Beschuldigte nicht auf freiem Fuß** befindet. Reicht der „normale" in Absatz 1 des § 83 BRAGO geregelte Gebührenrahmen aus, um die Tätigkeit des StB als Verteidiger trotz „haftbedingter Mehrarbeit" angemessen zu entgelten, so bleibt es bei diesem Rahmen. Die Gebühr ist dann innerhalb des Rahmens zu bestimmen. Wenn aber die „haftbedingte Mehrarbeit" so umfangreich ist, daß der Gebührenrahmen des § 83 Absatz 1 BRAGO nicht ausreicht, kann dieser um 25% überschritten werden.

Es ist unerheblich, ob sich der Beschuldigte in Untersuchungshaft, in Strafhaft oder in einer geschlossenen Anstalt wegen irgendwelchen Krankheiten

befindet. Es kommt auch nicht darauf an, in welcher Sache sich der Beschuldigte in Haft befindet. Also auch dann, wenn der Haftbefehl/die Unterbringungsanordnung in einer anderen Sache ergangen ist, als in der, in welcher der StB den Beschuldigten verteidigt, kann der Gebührenrahmen um bis zu 25% überschritten werden (Hansens Anmerkung 10 zu § 83; LG Köln, JurBüro 1995, 640). Die Gebühr für die Fortsetzungsverhandlung kann sich nicht gem. § 83 Absatz 3 BRAGO erhöhen (Hansens Anmerkung 10 zu § 83; Riedel/Sußbauer Anmerkung 31 zu § 84; Hans. OLG Hamburg, JurBüro 1995, 640).
Siehe auch Enders, JurBüro 1995, 617 „Erhöhung des Gebührenrahmens bei inhaftierten Mandanten".

§ 84 Verfahren außerhalb der Hauptverhandlung

(1) **Soweit nichts anderes bestimmt ist, erhält der Rechtsanwalt im vorbereitenden Verfahren (Verfahren bis zum Eingang der Anklageschrift oder des Antrags auf Erlaß des Strafbefehls bei Gericht), im gerichtlich anhängigen Verfahren, in dem er nur außerhalb der Hauptverhandlung tätig ist, und in einem Verfahren, in dem eine Hauptverhandlung nicht stattfindet, die Hälfte der Gebühren des § 83 Abs. 1; § 83 Abs. 3 ist anzuwenden.**

(2) **Der Rechtsanwalt, durch dessen Mitwirkung eine Hauptverhandlung entbehrlich wird, erhält die Gebühren des § 83 Abs. 1, wenn**

1. **das Verfahren nicht nur vorläufig eingestellt wird oder**
2. **das Gericht beschließt, das Hauptverfahren nicht zu eröffnen, oder**
3. **sich das gerichtliche Verfahren durch Zurücknahme des Einspruchs gegen einen Strafbefehl erledigt; ist bereits ein Termin zur Hauptverhandlung bestimmt, jedoch nur, wenn der Einspruch früher als zwei Wochen vor Beginn des Tages, der für die Hauptverhandlung vorgesehen war, zurückgenommen wird.**

Satz 1 gilt nicht, wenn ein Beitrag des Rechtsanwalts zur Förderung des Verfahrens nicht ersichtlich ist. § 83 Abs. 3 ist anzuwenden.

(3) **Ist das Verfahren nicht gerichtlich anhängig geworden, so bestimmt sich die Gebühr nach der Ordnung des Gerichts, das für das Hauptverfahren zuständig gewesen wäre.**

Anmerkungsübersicht

1 Allgemeines

§ 84 BRAGO regelt die Gebühren des Verteidigers in einer Strafsache im vorbereitenden Verfahren oder für eine Tätigkeit im gerichtlichen Verfahren ohne Hauptverhandlung. Er bezieht sich auf die Gebührenrahmen des § 83 Absatz 1 BRAGO. Grundsätzlich ist nur die Hälfte dieses Gebührenrahmens maßgebend für die in § 84 Absatz 1 BRAGO genannten Tätigkeiten im Vorverfahren und im gerichtlichen Verfahren ohne Hauptverhandlung. Unter den Voraussetzungen des § 84 Absatz 2 BRAGO kann die Gebühr aber innerhalb des vollen Gebührenrahmens bestimmt werden. Der Gebührenrahmen kann um bis zu 25% überschritten werden, wenn der Mandant in Haft ist und der „normale" Gebührenrahmen nicht ausreicht, um die Tätigkeit angemessen zu vergüten.

2 Vorbereitendes Verfahren

Das vorbereitende Verfahren beginnt mit dem Zeitpunkt, an dem eine strafrechtliche Untersuchung eingeleitet wird und dauert bis zum Beginn des gerichtlichen Verfahrens. Vor allen Dingen fällt hierunter das Ermittlungsverfahren. Von wem das Ermittlungsverfahren eingeleitet wird, also vom Finanzamt, von der Staatsanwaltschaft oder von der Schutz- oder Kriminalpolizei ist unerheblich.
Ist der StB, dem die Verteidigung vom Mandanten übertragen worden ist, im vorbereitenden Verfahren tätig geworden, so erhält er eine Gebühr gem. § 84 **Absatz 1, 1. Alternative** BRAGO. Die Gebühr des § 84 Absatz 1 BRAGO entsteht, sobald der StB einen Verteidigungsauftrag für das zu erwartende Ermittlungsverfahren erhalten hat und in Ausführung des Auftrages irgendwie tätig geworden ist. Aufnahme der Informationen von dem Beschuldigten und Besprechung der Sach- und Rechtslage mit diesem sind bereits ausreichend, um die Gebühr auszulösen (Gerold/Schmidt Anmerkung 14 zu § 84).
Die Gebühr gem. § 84 Absatz 1 BRAGO gilt die gesamte Tätigkeit des zum Verteidiger bestellten StB ab von der Informationsaufnahme bei Beginn des Ermittlungsverfahrens bis zum Ende des vorbereitenden Verfahrens, oder anders ausgedrückt bis zum Beginn des gerichtlichen Verfahrens. Wann das vorbereitende Verfahren endet bzw. das gerichtliche Verfahren beginnt, ist ebenfalls in § 84 Absatz 1 BRAGO geregelt. Das **vorbereitende Verfahren endet,**

- mit dem Eingang der Anklageschrift bei Gericht
- oder mit dem Eingang des Antrages auf Erlaß des Strafbefehls bei Gericht (§ 84 Absatz 1 Satz 1 BRAGO).

In Bußgeldverfahren endet das vorbereitende Verfahren mit Eingang der Akten bei Gericht nach Einspruch gegen den Bußgeldbescheid (§ 105 Absatz 2 Satz 3 BRAGO). Auch wenn im vorbereitenden Verfahren ein mündlicher Haftprüfungstermin stattfindet, fällt hierfür keine gesonderte Gebühr an. Auch diese Tätigkeit in einem mündlichen Haftprüfungstermin während des vorbereitenden Verfahrens ist abgegolten mit der Gebühr des § 84 Absatz 1, 1. Alternative BRAGO.

3 Gerichtliches Verfahren ohne Hauptverhandlung

Die Hauptverhandlungsgebühr des § 83 Absatz 1 BRAGO kann nur entstehen, wenn der StB als Verteidiger in einem Hauptverhandlungstermin tätig wird. § 84 Absatz 1 BRAGO regelt in einer **2. und 3. Alternative** die Gebühren des StB als Verteidiger, wenn dieser im gerichtlichen Verfahren
– nur außerhalb der Hauptverhandlung tätig ist (2. Alternative)
– oder wenn eine Hauptverhandlung nicht stattfindet (3. Alternative).
Ist der StB im gerichtlichen Verfahren nur außerhalb der Hauptverhandlung tätig oder findet eine Hauptverhandlung nicht statt, so erhält er eine Gebühr gem. § 84 Absatz 1, 2. oder 3. Alternative BRAGO. War er auch bereits im vorbereitenden Verfahren tätig, so kann er die Gebühr des § 84 Absatz 1, 1. Alternative BRAGO neben einer Gebühr gem. der 2. oder 3. Alternative des § 84 Absatz 1 BRAGO erhalten.

Beispiel 1:

Der StB wird von dem Mandanten mit der Verteidigung in einem Steuerstrafverfahren beauftragt. Er bestellt sich für den Mandanten bei der ermittelnden Finanzbehörde und fordert die amtliche Ermittlungsakte zum Zwecke der Einsichtnahme an. Ihm wird auch Akteneinsicht gewährt. Er fertigt für den Mandanten eine Stellungnahme und reicht diese zur amtlichen Ermittlungsakte. Anschließend wird der Erlaß eines Strafbefehles bei dem zuständigen Amtsgericht beantragt. Der Strafbefehl ergeht antragsgemäß. Mit dem Mandanten wird nach Zustellung des Strafbefehls ausführlich besprochen, ob gegen den Strafbefehl Einspruch eingelegt werden soll oder nicht. Man kommt schließlich überein, daß der Mandant den Strafbefehl akzeptiert und kein Einspruch eingelegt werden soll.
Der StB kann berechnen:

1. Gebühr für vorbereitendes Verfahren gem. §§ 12, 84 Absatz 1, 1. Alternative, 83 Absatz 1 Nummer 3 BRAGO	DM 350,—
2. Gebühr für gerichtliches Verfahren – ohne Hauptverhandlung – gem. §§ 12, 84 Absatz 1, 3. Alternative, 83 Absatz 1 Nummer 3 BRAGO	DM 350,—
+ Auslagen, Schreibauslagen, Umsatzsteuer etc.	

Die Besprechung mit dem Mandanten, ob der Strafbefehl akzeptiert oder gegen diesen Einspruch eingelegt wird, fand statt, nach Beendigung des vorbereitenden Verfahrens. Denn das vorbereitende Verfahren endet mit Eingang des Antrages auf Erlaß des Strafbefehls bei Gericht. Folglich erhält der StB als Verteidiger für diese Tätigkeit im Stadium des gerichtlichen Verfahrens die gesonderte Gebühr gem. § 84 Absatz 1 3. Alternative BRAGO (s. a. Enders in JurBüro 2000, 281 ff.).
Vorliegend wurden Mittelgebühren in Ansatz gebracht.

Beispiel 2:

Der StB ist von dem Mandanten mit der Verteidigung in einer diesem gegenüber anhängigen Steuerstrafsache beauftragt worden. Er gibt für den Mandanten eine Einlassung gegenüber der ermittelten Behörde ab. Schließlich wird Anklage erhoben, das Hauptverfahren wird eröffnet. Nach dem Eröffnungsbeschluß bespricht der StB noch einmal ausführlich den Sach- und Streitgegenstand mit dem Mandanten. Es wird Termin zur Hauptverhandlung bestimmt. Vor dem Hauptverhandlungstermin kündigt der Mandant dem StB das Mandat.
Der StB als Verteidiger kann berechnen:

1. Gebühr für vorbereitendes Verfahren gem. §§ 12, 84 Absatz 1, 1. Alternative, 83 Absatz 1 Nummer 3 BRAGO DM 350,—
2. Gebühr für gerichtliches Verfahren – Tätigkeit nur außerhalb der Hauptverhandlung – gem. §§ 12, 84 Absatz 1, 2. Alternative, 83 Absatz 1 Nummer 3 BRAGO DM 350,—

\+ Auslagen, Schreibauslagen, Umsatzsteuer etc.
Es wurden Mittelgebühren in Ansatz gebracht.

Wenn der StB für seine Tätigkeit im gerichtlichen Verfahren die Gebühr des § 83 Absatz 1 BRAGO erhält, weil er in einem Hauptverhandlungstermin tätig war, kann daneben die Gebühr des § 84 Absatz 1, 2. oder 3. Alternative, BRAGO nicht entstehen. Die Gebühr für das vorbereitende Verfahren gem. § 84 Absatz 1, 1. Alternative BRAGO kann natürlich neben der Hauptverhandlungsgebühr des § 83 Absatz 1 BRAGO entstehen.

4 Höhe der Gebühr

§ 84 Absatz 1 BRAGO erklärt die Gebührenrahmen des § 83 Absatz 1 BRAGO für entsprechend anwendbar, bestimmt allerdings, daß nur die **Hälfte der Gebührenrahmen des § 83 Absatz 1 BRAGO** zur Anwendung kommt. Entscheidend dafür, welche der drei Gebührenrahmen des § 83 Absatz 1 BRAGO zur Anwendung kommt, ist, vor welchem Gericht die Sache anhängig wird. Wird die Sache nicht vor einem Gericht anhängig, weil z.B. schon im vorbereitenden Verfahren eine Einstellung erfolgt, so bestimmt sich die Gebühr nach dem Rahmen des Gerichts, das für das Hauptverfahren zuständig gewesen wäre (§ 84 Absatz 3 BRAGO).
Die Hälfte des Gebührenrahmens errechnet man ganz einfach dadurch, indem man den Mindestbetrag und den Höchstbetrag jeweils durch zwei dividiert und so den neuen, halbierten Gebührenrahmen erhält. An dieser Stelle kann auch verwiesen werden auf die Übersicht auf Seite 640, 641.
Unter den Voraussetzungen des § 84 **Absatz 2** BRAGO erhält der zum Verteidiger bestellte StB nicht nur eine Gebühr nach dem halben Gebührenrahmen, sondern eine Gebühr nach dem **vollen** Gebührenrahmen des § 83 Absatz 1 BRAGO (siehe hierzu nachfolgende Anmerkung 5).
Ist der Mandant in **Haft** und reicht deshalb der „normale" Gebührenrahmen nicht aus, um die Tätigkeit des StB als Verteidiger angemessen zu vergüten, so kann der normale Gebührenrahmen **um bis zu 25% überschritten** werden. Sowohl § 84 Absatz 1 als auch § 84 Absatz 2 BRAGO erklären den § 83 Absatz 3 BRAGO für entsprechend anwendbar (siehe hierzu auch vorstehende Kommentierung Anmerkung 6 zu § 83).
Voraussetzung für die Erhöhung des Gebührenrahmens um 25% ist natürlich, daß der Mandant auch während des betreffenden Verfahrensabschnittes in Haft war. Wird der Mandant erst nach Anklageerhebung, also während des gerichtlichen Verfahrens in Haft genommen, kann der Gebührenrahmen für das vorbereitende Verfahren nicht um 25% überschritten werden. Bestand die Haft nur während des vorbereitenden Verfahrens, kann der Gebührenrahmen für die Hauptverhandlungsgebühr nicht überschritten werden.

5 **Voller Gebührenrahmen in den Fällen des § 84 Absatz 2 BRAGO**

In den in § 84 Absatz 2 BRAGO genannten Fällen kann der StB seine Gebühr gem. § 84 Absatz 1 BRAGO für das vorbereitende Verfahren oder das gerichtliche Verfahren, in dem eine Hauptverhandlung nicht stattfindet, nicht nur innerhalb des halben Gebührenrahmens bestimmen, sondern innerhalb des **vollen** Gebührenrahmens des § 83 Absatz 1 BRAGO. Dies ist der Fall, wenn

- das Verfahren nicht nur vorläufig eingestellt wird (§ 84 Absatz 2 Satz 1 Nummer 1 BRAGO)
- das Gericht beschließt, das Hauptverfahren nicht zu eröffnen (§ 84 Absatz 2 Satz 1 Nummer 2 BRAGO)
- sich das gerichtliche Verfahren durch Zurücknahme des Einspruchs mindestens zwei Wochen vor dem Hauptverhandlungstermin gegen einen Strafbefehl erledigt (§ 84 Absatz 2 Satz 1 Nummer 3 BRAGO).

Weitere Voraussetzung ist, daß der StB als Verteidiger an der vorbeschriebenen Erledigung des Verfahrens mitgewirkt hat.

Damit der volle Gebührenrahmen des § 83 Absatz 1 BRAGO über § 84 Absatz 2 BRAGO zur Anwendung kommt, muß das Verfahren **endgültig eingestellt** werden. Eine nur vorläufige Einstellung reicht nicht aus. Eine vorläufige Einstellung des Verfahrens gem. § 153a StPO – gegen Erfüllung einer Auflage – wird erst dann endgültig i. S. des § 84 Absatz 2 BRAGO, wenn die Auflage erfüllt worden ist und danach die endgültige Einstellung des Verfahrens erfolgt.

Der volle Gebührenrahmen kommt auch dann zur Anwendung, wenn das Gericht nach Anklageerhebung beschließt, das Hauptverfahren nicht zu eröffnen (§ 84 Absatz 2 Nummer 2 BRAGO). Dasselbe gilt, wenn die Ermittlungsbehörde die Anklage zurücknimmt (OLG Düsseldorf in AGS 1999, 120). Auch wenn der Antrag auf Erlaß eines Strafbefehls oder der Strafbefehl selbst zurückgenommen wird, liegt ein Fall des § 84 Absatz 2 BRAGO vor (LG Osnabrück, JurBüro 1999, 131 – AGS 1999, 136 mit Anmerkung Madert).

Schließlich liegt auch dann ein Fall des § 84 Absatz 2 BRAGO vor, wenn der **Einspruch gegen einen Strafbefehl zurückgenommen** wird. Die Rücknahme muß allerdings mindestens zwei Wochen vor Beginn des Tages erfolgen, an welchem die Hauptverhandlung stattfinden soll. Ist noch kein Hauptverhandlungstermin bestimmt, ist diese Frist auch noch nicht in Lauf gesetzt. Dasselbe gilt, wenn der Einspruch gegen einen Bußgeldbescheid oder die Berufung mindestens zwei Wochen vor Beginn des Tages, welche für die Hauptverhandlung vorgesehen war, zurückgenommen werden. Wird der Einspruch oder wird die Berufung erst später als zwei Wochen vor dem Hauptverhandlungstermin zurückgenommen, kommt § 84 Absatz 2 BRAGO nicht mehr zur Anwendung. Ebenso liegt kein Fall des § 84 Absatz 2 BRAGO vor, wenn der Einspruch oder die Berufung erst im Hauptverhandlungstermin zurückgenommen werden.

Weitere Voraussetzung ist, daß der StB an der Erledigung des Verfahrens ohne Hauptverhandlung **mitgewirkt** hat. Es muß ein Beitrag des StB zur

Förderung des Verfahrens im Hinblick auf das Ziel: Erledigung ohne Hauptverhandlung durch eine der in § 84 Absatz 2 BRAGO genannten Alternativen ersichtlich sein. Die Frage, wann ein StB an der Erledigung des Verfahrens ohne Hauptverhandlung i. S. des § 84 Absatz 2 BRAGO mitgewirkt hat und wann nicht, ist nicht kleinlich zu beurteilen. Einem StB, der als Verteidiger für seinen Mandanten eine Stellungnahme/Einlassung gegenüber der Ermittlungsbehörde abgibt oder ein aufklärendes Gespräch mit dem Sachbearbeiter bei der Ermittlungsbehörde führt wird man sicherlich Mitwirkung i. S. des § 84 Absatz 2 BRAGO unterstellen können. M. E. kann auch dann, wenn der StB zunächst den Gang der Ermittlungen abwartend beobachtet oder gesetzliche bzw. richterliche Fristen ausnutzen, nicht eine Mitwirkung i. S. des § 84 Absatz 2 BRAGO abgesprochen werden. Denn es darf nicht verkannt werden, daß der StB als Verteidiger des Angeschuldigten zunächst einmal dessen Interessen zu wahren hat und es nicht seine Aufgabe ist, das Ermittlungsverfahren zu fördern (zur Frage der „Mitwirkung" i. S. des § 84 Absatz 2 BRAGO siehe auch: Gerold/Schmidt Anmerkung 11 zu § 84; Enders „Die BRAGO für Anfänger", Rdnr. 912 jeweils m. w. N.).
Nach überwiegender Ansicht löst § 84 Absatz 2 BRAGO keine **weitere Gebühr,** etwa eine Art Erfolgsgebühr aus, sondern er bestimmt lediglich, daß sich die nach § 84 Absatz 1, 1., 2. oder 3. Alternative BRAGO angefallene Gebühr nicht innerhalb des halben Gebührenrahmens bestimmt, sondern innerhalb des vollen Gebührenrahmens des § 83 Absatz 1 BRAGO.

Beispiel 1:

Der StB vertritt den Mandanten im Ermittlungsverfahren. Nach Akteneinsicht reicht er eine Einlassung bei der Finanzbehörde ein. Diese stellt das Verfahren daraufhin endgültig ein.
Der StB kann berechnen:

1. Gebühr für vorbereitendes Verfahren gem. §§ 12, 84 Absatz 1, 1. Alternative, 84 Absatz 2, 83 Absatz 1 Nummer 3 BRAGO	DM	700,—

zzgl. Auslagen, Schreibauslagen, Umsatzsteuer, etc.

Beispiel 2:

Nachdem der StB für seinen Mandanten eine umfangreiche Einlassung getätigt hat, erhebt die ermittelnde Finanzbehörde Anklage. Die Anklage wird dem Mandanten vom Amtsgericht zugestellt. Der StB erhebt für den Mandanten Einwendung gegen die Eröffnung des Hauptverfahrens und regt Einstellung des Verfahrens an. Das Amtsgericht stellt das Verfahren endgültig ein.
Der StB kann berechnen:

1. Gebühr für vorbereitendes Verfahren gem. §§ 12, 84 Absatz 1, 1. Alternative, 83 Absatz 1 Nummer 3 BRAGO	DM	350,—
2. Gebühr für gerichtliches Verfahren – ohne Hauptverhandlung – gem. §§ 84 Absatz 1, 3. Alternative, 84 Absatz 2, 83 Absatz 1 Nummer 3 BRAGO	DM	700,—

zzgl. Auslagen, Schreibauslagen, Umsatzsteuer, etc.

Auch aus der Begründung des Gesetzes ergibt sich, daß der eingeführte Absatz 2 zu § 84 BRAGO eine andere Bestimmung i. S. von § 84 Absatz 1 ist, also die Gebühr des § 84 Absatz 2 BRAGO nicht neben der Gebühr des § 84

Absatz 1 BRAGO entsteht, sondern **anstelle der Gebühr nach § 84 Absatz 1 BRAGO** zu zahlen ist (Gerold/Schmidt Anmerkung 12 zu § 84).

§ 85 Berufungsverfahren

(1) **Der Rechtsanwalt erhält im Berufungsverfahren als Verteidiger 120 bis 1.520 Deutsche Mark.**

(2) **Erstreckt sich die Hauptverhandlung über einen Kalendertag hinaus, so erhält der Rechtsanwalt für jeden weiteren Verhandlungstag 120 bis 760 Deutsche Mark. Wird jedoch mit dem Verfahren von neuem begonnen, so gelten für den ersten Tag der neuen Hauptverhandlung die Vorschriften des Absatzes 1.**

(3) **Ist der Rechtsanwalt im Berufungsverfahren nur außerhalb der Hauptverhandlung tätig oder findet eine Hauptverhandlung vor dem Berufungsgericht nicht statt, so erhält er die Hälfte der Gebühr des Absatzes 1.**

(4) **§ 83 Abs. 3 und, im Fall des Absatzes 3, auch § 84 Abs. 2 sind entsprechend anzuwenden.**

Anmerkungsübersicht

1 Allgemeines

Die Vorschrift regelt die Gebühren des StB im Berufungsverfahren. Es handelt sich dabei um eine Rahmenpauschgebühr. Mit deren Anfall sind somit alle Tätigkeiten, wie Fertigung von Schriftsätzen, Führung von Besprechungen und Wahrnehmung von Terminen, abgegolten.

Im Gegensatz zu den Zivilverfahren erhält der StB, der bereits in der unteren Instanz tätig war, im Strafverfahren nach § 87 Satz 2 BRAGO für die Einlegung des Rechtsmittels (ohne Begründung) keine besondere Gebühr. Für den StB beginnt daher die gebührenrechtliche Berufungsinstanz erst dann, wenn er über die Einlegung der Berufung aufgrund des Auftrags hinaus tätig wird. Es reicht aber aus, wenn er den Angeklagten über die Erfolgsaussichten der Berufung berät und mit ihm zusammen erörtert, ob das Berufungsverfahren nun tatsächlich durchgeführt oder nicht doch besser die Berufung zurückgenommen wird. Auch eine Rücknahme des Rechtsmittels reicht aus, um eine Gebühr gem. § 85 BRAGO entstehen zu lassen. Ebenso entsteht eine Gebühr gem. § 85 BRAGO, wenn der StB das Rechtsmittel schriftlich begründet (vgl. Gerold/Schmidt Anmerkung 6 zu § 85). War hingegen der StB in der unteren Instanz nicht als Voll-Verteidiger tätig, beginnt gebührenrechtlich die Berufungsinstanz mit dem Auftrag, in dieser Instanz als Verteidiger tätig zu werden.

2 **Gebühren im Verfahren mit Hauptverhandlung**

Ist der StB als Verteidiger in einer Strafsache vor dem Berufungsgericht tätig, so erhält er die Gebühr des § 85 Absatz 1 BRAGO. Voraussetzung ist, daß vor dem Berufungsgericht **eine Hauptverhandlung stattgefunden** und der StB in ihr **tätig geworden** ist. Findet im Berufungsverfahren keine Hauptverhandlung statt oder wird der StB nur außerhalb der Hauptverhandlung vor dem Berufungsgericht tätig, so erhält er eine Gebühr nach § 85 Absatz 3 BRAGO (siehe hierzu nachfolgende Anmerkung 3 zu § 85 BRAGO).

Wenn der StB als Verteidiger im Berufungsverfahren in der Hauptverhandlung tätig war gilt die Gebühr des § 85 Absatz 1 BRAGO seine gesamte Tätigkeit in dem Berufungsverfahren ab. Wird der StB als Verteidiger im Berufungsverfahren auch außerhalb der Hauptverhandlung tätig (z. B. durch Einreichung von Schriftsätzen, Stellungnahmen, Besprechungen mit der Finanzbehörde, dem Gericht oder der Staatsanwaltschaft oder ähnliches) so erhält er hierfür keine gesonderten Gebühren neben der des § 85 Absatz 1 BRAGO.

Er kann nur dann im Berufungsverfahren eine weitere Gebühr neben der Gebühr des § 85 Absatz 1 BRAGO erhalten, wenn sich die Hauptverhandlung über einen Kalendertag hinaus erstreckt. **Für jede Fortsetzungsverhandlung** erhält der StB als Verteidiger, wenn er in dieser tätig geworden ist, eine gesonderte Gebühr gem. § 85 Absatz 2 Satz 1 BRAGO. Zu beachten ist, daß der § 85 Absatz 2 Satz 1 BRAGO für die Fortsetzungsverhandlung einen geringeren Gebührenrahmen bestimmt, als § 85 Absatz 1 BRAGO für die erste Hauptverhandlung. Wird jedoch das Verfahren von neuem begonnen, so gilt für die erste Hauptverhandlung nach Neubeginn wieder der höhere Gebührenrahmen des § 85 Absatz 1 BRAGO (siehe hierzu vorstehende Kommentierung Anmerkung 5 zu § 83 Absatz 2 BRAGO). Dies ist in § 85 Absatz 2 Satz 2 BRAGO ausdrücklich so bestimmt. Gem. § 229 StPO ist die Hauptverhandlung immer von neuem zu beginnen, wenn sie um mehr als 10 Tage unterbrochen wird. Hat die Hauptverhandlung bereits an mindestens 10 Tagen stattgefunden, so darf sie einmal auch bis zu 30 Tagen unterbrochen werden (§ 229 Absatz 2 Satz 1 StPO).

Ist der Mandant während des Berufungsverfahrens in Haft, so gilt § 83 Absatz 3 BRAGO entsprechend (§ 85 Absatz 4 BRAGO). Dies bedeutet, daß der „normale" Gebührenrahmen des 85 Absatz 1 BRAGO um bis zu 25% überschritten werden kann, wenn dieser nicht ausreicht, um die Tätigkeit des StB angemessen zu vergüten (siehe hierzu auch vorstehende Kommentierung Anmerkung 6 zu § 83).

Sowohl bei der Gebühr des § 85 Absatz 1 BRAGO als auch bei der Gebühr des § 85 Absatz 2 BRAGO handelt es sich um Betragsrahmengebühren. Innerhalb des im Gesetz festgelegten Rahmens muß der StB unter Berücksichtigung der Merkmale des § 12 BRAGO die Höhe der Gebühr, die er letztlich in Ansatz bringt, nach billigem Ermessen bestimmen.

3 **Gebühren im Verfahren ohne Hauptverhandlung**

Wird der StB im Berufungsverfahren nur außerhalb der Hauptverhandlung tätig oder findet eine Hauptverhandlung im Berufungsverfahren nicht statt, so erhält er eine Gebühr gem. § 85 Absatz 3 BRAGO. Wegen des Gebührenrahmens bezieht sich § 85 Absatz 3 BRAGO auf § 85 Absatz 1 BRAGO und bestimmt, daß die Hälfte dieses Rahmens anzuwenden ist.
Auch die Gebühr des § 85 Absatz 3 BRAGO gilt die gesamte Tätigkeit des StB in dem Berufungsverfahren, in welchem er nur außerhalb der Hauptverhandlung tätig ist oder in welchem eine Hauptverhandlung nicht stattfindet, ab. Wenn eine Hauptverhandlung stattfindet, fällt anstelle der Gebühr nach Absatz 3 die Gebühr des § 85 Absatz 1 BRAGO an. Die beiden Gebühren können nicht nebeneinander anfallen.
§ 85 Absatz 4 BRAGO erklärt den § 84 Absatz 2 BRAGO für anwendbar. Dies bedeutet, daß die Gebühr nicht nur innerhalb dem **halben** Gebührenrahmen des § 85 Absatz 1 BRAGO bestimmt werden kann, sondern innerhalb des **vollen** Gebührenrahmens, wenn die Voraussetzungen des § 84 Absatz 2 BRAGO vorliegen. Wird also z.B. im Berufungsverfahren das Verfahren endgültig eingestellt ohne daß eine Hauptverhandlung stattfindet erhält der StB, der an der endgültigen Einstellung mitgewirkt hat, eine Gebühr, die er innerhalb des vollen Gebührenrahmens des § 85 Absatz 1 BRAGO bestimmen kann. Gleiches gilt, wenn der StB die Berufung mindestens zwei Wochen vor Beginn des Tages, für welchen die Hauptverhandlung über die Berufung bestimmt war, zurücknimmt.
Siehe hierzu auch: Vorstehende Kommentierung Anmerkung 5 zu § 84 BRAGO.

4 **Kostenerstattung**

Die Gebühren werden – sofern eine Kostenerstattungspflicht besteht – im üblichen Verfahren festgesetzt. Lautet die Kostenentscheidung im Berufungsverfahren, daß die Kosten des Rechtsmittelverfahrens (und die notwendigen Auslagen des Angeklagten) der Staatskasse zur Last fallen, hat diese die Kosten der Verteidigung zu erstatten. Andernfalls hat der Auftraggeber die Kosten zu tragen.
Streitig ist die Frage der Kostenerstattung in folgendem Falle: Die Staatsanwaltschaft legt gegen das erstinstanzliche Urteil Berufung ein. Daraufhin beauftragt der Angeklagte den StB mit seiner Verteidigung auch im Berufungsverfahren. Der StB wird tätig. Sodann nimmt die Staatsanwaltschaft die von ihr eingelegte Berufung zurück. Eine Auffassung (vergleiche OLG Koblenz in MDR 1985 S. 344; OLG Karlsruhe in „Die Justiz" 1981 S. 288; LG Wuppertal in JurBüro 1980 S. 1208) geht dahin, die Beauftragung des Verteidigers im Berufungsverfahren sei noch nicht notwendig gewesen, der Angeklagte hätte die Begründung der Berufung abwarten können. Daraus folge, daß die Vergütung des StB im Berufungsverfahren nicht erstattungsfähig sei. In dieser Allgemeinheit kann der – allerdings überwiegend vertretenen – Auffassung (LG Bayreuth in JurBüro 1986 S. 737; LG Berlin in AnwBl 1987

S. 53; Gerold/Schmidt Anmerkung 10 zu § 85 mit weit. Nachw.) nicht beigetreten werden. Beschränkt sich die Tätigkeit des StB darauf, die Verwerfung der Berufung der Staatsanwaltschaft zu beantragen, kann der überwiegenden Auffassung noch beigetreten werden. Anders ist die Lage wohl zu beurteilen, wenn der Auftraggeber den StB bittet, ihn eingehend über die Aussichten der Berufung der Staatsanwaltschaft zu unterrichten. Diese Beratung muß als notwendig angesehen werden, so daß die Kosten erstattungsfähig sind. Diese Tätigkeit sollte im Kostenfestsetzungsgesuch angegeben werden.

§ 86 Revisionsverfahren

(1) **Der Rechtsanwalt erhält im Revisionsverfahren als Verteidiger folgende Gebühren:**

1. Im Verfahren vor dem Bundesgerichtshof 170 bis 2.540 Deutsche Mark;

2. im Verfahren vor dem Oberlandesgericht 120 bis 1.520 Deutsche Mark.

(2) **Erstreckt sich die Hauptverhandlung über einen Kalendertag hinaus, so erhält der Rechtsanwalt für jeden weiteren Verhandlungstag in den Fällen des Absatzes 1**

Nr. 1 170 bis 1.270 Deutsche Mark,
Nr. 2 120 bis 760 Deutsche Mark.

Wird jedoch mit dem Verfahren von neuem begonnen, so gelten für den ersten Tag der neuen Hauptverhandlung die Vorschriften des Absatzes 1.

(3) **Ist der Rechtsanwalt im Revisionsverfahren als Verteidiger nur außerhalb der Hauptverhandlung tätig oder findet eine Hauptverhandlung vor dem Revisionsgericht nicht statt, so erhält er die Hälfte der Gebühren des Absatzes 1.**

(4) **§ 83 Abs. 3 ist entsprechend anzuwenden.**

Anmerkungsübersicht

1 Allgemeines

Diese Vorschrift regelt die Gebühren im Revisionsverfahren. Hinsichtlich der Tätigkeit des Verteidigers und der hierauf anzuwendenden Bestimmungen des § 86 BRAGO gelten die Ausführungen des § 85 BRAGO entsprechend.

Zu beachten ist jedoch, daß die Revisionsbegründungsschrift durch einen Rechtsanwalt zu unterzeichnen ist. Der StB kann deshalb in der Praxis nur neben einem Rechtsanwalt tätig werden. Diese Doppeltätigkeit (Rechtsanwalt und StB) kann allerdings mitunter geboten sein, z. B. wenn schwierige steuerrechtliche Fragen in der Revision zu behandeln sind.

Notwendig ist, daß der StB einen Gesamtauftrag erhalten hat, also beauftragt worden ist, den Auftraggeber im Revisionsverfahren insgesamt zu vertreten. Erhält er nur einen Einzelauftrag, entsteht die Gebühr des § 86 BRAGO nicht. In diesem Falle steht ihm nur die Gebühr des § 91 BRAGO zu.

2 Gebühren

Wird der StB im Revisionsverfahren in der Hauptverhandlung tätig, so erhält er eine Gebühr gem. § 86 Absatz 1 BRAGO. Diese Gebühr gilt die gesamte Tätigkeit des StB als Verteidiger im Revisionsverfahren ab. Welcher Gebührenrahmen des § 86 Absatz 1 BRAGO zur Anwendung kommt, bestimmt sich danach, vor welchem Gericht das Revisionsverfahren durchgeführt wird.
Eine weitere Gebühr neben der Gebühr des § 86 Absatz 1 BRAGO kann nur entstehen, wenn die Hauptverhandlung über einen Kalendertag hinausgeht. Dann kann der StB als Verteidiger im Revisionsverfahren für jeden weiteren Verhandlungstag zusätzlich die Gebühr des § 86 Absatz 2 BRAGO erhalten. Wird das Verfahren allerdings wieder von neuem begonnen, so gelten für den ersten Tag der neuen Hauptverhandlung die Gebührenrahmen des Absatzes 1 des § 86 BRAGO (§ 86 Absatz 2 Satz 2 BRAGO). Das Verfahren ist von neuem zu beginnen, wenn die Hauptverhandlung für mehr als 10 Tage unterbrochen war (siehe hierzu auch vorstehende Kommentierung Anmerkung 5 zu § 83 BRAGO.
Ist der StB im Revisionsverfahren als Verteidiger nur außerhalb der Hauptverhandlung tätig oder findet eine Hauptverhandlung vor dem Revisionsgericht nicht statt, so erhält er eine Gebühr gem. § 86 Absatz 3 BRAGO. § 86 Absatz 3 BRAGO bezieht sich wegen der Gebührenrahmen auf den Absatz 1 des § 86 BRAGO und bestimmt, daß nur die Hälfte der dort genannten Gebührenrahmen maßgebend ist, wenn im Revisionsverfahren keine Hauptverhandlung stattfindet oder der StB als Verteidiger nur außerhalb der Hauptverhandlung im Revisionsverfahren tätig ist. Die Gebühr des § 86 Absatz 3 BRAGO kann nicht neben der Gebühr des § 86 Absatz 1 oder 86 Absatz 2 BRAGO entstehen.
Die Gebühren der § 86 Absatz 1 und 3 BRAGO können um bis zu 25% überschritten werden, wenn der Mandant sich während des Revisionsverfahrens in Haft befindet und deshalb der „normale" Gebührenrahmen nicht ausreicht, um die Tätigkeit des StB als Verteidiger im Revisionsverfahren angemessen zu vergüten (§ 86 Absatz 4 BRAGO verweist ausdrücklich auf § 83 Absatz 3 BRAGO – siehe auch die vorstehende Kommentierung Anmerkung 6 zu § 83 BRAGO).

3 Tätigkeit in früherer Instanz

Der StB, der den Auftraggeber bereits in den Vorinstanzen vertreten hat, erhält die Gebühr des § 86 BRAGO neben den Gebühren für die Vorinstanzen. Beschränkt sich allerdings die Tätigkeit des bereits in der Vorinstanz tätig gewesenen StB darauf, den Auftraggeber zu beraten, ob gegen das Urteil

Revision eingelegt werden soll, wird diese Tätigkeit durch die Gebühr der Vorinstanz mit abgegolten. Ist bereits Revision eingelegt worden und berät der StB den Auftraggeber darüber, ob die Revision durchgeführt werden oder ob sie zurückgenommen werden soll, entsteht die Gebühr des § 86 BRAGO (Gerold/Schmidt Anmerkung 7 zu § 86).

§ 87 Pauschgebühren

Durch die Gebühren der §§ 83 bis 86 wird die gesamte Tätigkeit des Rechtsanwalts als Verteidiger entgolten. Hierzu gehören auch Tätigkeiten im Rahmen des Täter-Opfer-Ausgleichs, soweit der Gegenstand nicht vermögensrechtlich ist, und die Einlegung von Rechtsmitteln bei dem Gericht desselben Rechtszuges.

Anmerkungsübersicht

1 Allgemeines

Die Gebühren der §§ 83 bis 86 BRAGO sind Pauschgebühren. Sie gelten die gesamte Tätigkeit des Verteidigers vom Anfang bis zur Erledigung ab, für die der betreffende Gebührenrahmen vorgesehen ist. § 87 BRAGO wiederholt den bereits in § 13 Absatz 1 BRAGO allgemein ausgesprochenen Grundsatz der Abgeltung der gesamten Tätigkeit des Verteidigers.

2 Einlegung von Rechtsmitteln

Auch die Einlegung von Rechtsmitteln ohne Begründung bei dem Gericht desselben Rechtszuges wird nach der ausdrücklichen Vorschrift des § 87 BRAGO durch die Gebühren des § 83 BRAGO (Einlegung der Berufung) bzw. § 85 BRAGO (Einlegung der Revision) abgegolten, vorausgesetzt, der StB war in der Vorinstanz als Verteidiger tätig. Endet die Tätigkeit des Verteidigers mit der Einlegung der Rechtsmittel, erhält er die Gebühren für die Rechtsmittelverfahren nicht. Andererseits erhält der Verteidiger die Gebühren für die Vorinstanz nicht, wenn er erst im Rechtsmittelverfahren beauftragt wird.

Beispiel 1:

Der Auftraggeber hat sich in erster Instanz selbst verteidigt und beauftragt den StB, ihn nunmehr im Berufungsverfahren zu vertreten. Für die Einlegung der Berufung erhält der StB als Tätigkeit in der Berufungsinstanz die Gebühr des § 85 BRAGO, nicht etwa zusätzlich noch die Gebühr des § 83 BRAGO.

Die Beratung des Rechtsmittelgegners über die Aussichten des eingelegten Rechtsmittels gehört bereits zur Rechtsmittelinstanz (Gerold/Schmidt Anmerkung 2 zu § 87).

Beispiel 2:

Der Verteidiger, der den Angeklagten über die Aussichten der von der Staatsanwaltschaft eingelegten Berufung berät, verdient die Gebühr des § 85 Absatz 3 BRAGO.

Die Begründung des Rechtsmittels wird durch die Gebühr für die Verteidigung im Rechtsmittelverfahren mit abgegolten.

3 **Beschwerdeverfahren**

Das Beschwerdeverfahren selbst ist, anders als in bürgerlichen Rechtsstreitigkeiten, keine besondere Angelegenheit (Hartmann Anmerkung 2 B cc zu § 87 mit weit. Nachw.). Daher wird die Vertretung im Beschwerdeverfahren durch die Rahmengebühr mit abgegolten, die der StB in demjenigen Verfahrensabschnitt erhält, in dem die Entscheidung ergangen ist, gegen die sich die Beschwerde richtet (Gerold/Schmidt Anmerkung 3 zu § 87).

Beispiel:

Der StB hat im Auftrag des Angeklagten den Strafrichter als befangen abgelehnt. Gegen den die Ablehnung zurückweisenden Beschluß legt er Beschwerde ein. Diese gesamte Tätigkeit wird durch die Gebühr des § 83 BRAGO mit abgegolten.

Die Tätigkeit wird durch eine entsprechende Erhöhung der Gebühr für die Vorinstanz abgegolten. Beschränkt sich allerdings der Auftrag des StB darauf, Beschwerde einzulegen, erhält er die Einzelgebühr des § 91 BRAGO.

4 **Beschwerde über Kosten**

Die Beschwerde über die Kosten und die notwendigen Auslagen gemäß § 464 Absatz 3 StPO eröffnet keine neue Instanz. Das Beschwerdeverfahren gehört vielmehr gebührenrechtlich zu der Instanz, deren Kostenentscheidung angefochten wird (Gerold/Schmidt Anmerkung 5 zu § 87).

§ 88 Einziehung und verwandte Maßnahmen

Wenn der Rechtsanwalt eine Tätigkeit für den Beschuldigten ausübt, die sich auf die Einziehung oder den Verfall, die Vernichtung, die Unbrauchbarmachung, die Abführung des Mehrerlöses oder auf eine diesen Zwecken dienende Beschlagnahme bezieht, so ist bei den nach § 12 maßgebenden Umständen auch der Gegenstandswert (§ 7) angemessen zu berücksichtigen. Der Gebührenrahmen kann um einen Betrag bis zu einer nach diesem Gegenstandswert berechneten vollen Gebühr (§ 11) überschritten werden, soweit der Rahmen nicht ausreicht, um die gesamte Tätigkeit des Rechtsanwalts angemessen zu entgelten. Übt der Rechtsanwalt eine Tätigkeit für den Beschuldigten aus, die sich auf das Fahrverbot oder die Entziehung der Fahrerlaubnis erstreckt, und reicht der Gebührenrahmen nicht aus, um die gesamte Tätigkeit des Rechtsanwalts angemessen zu entgelten, so kann er bis zu 25 vom Hundert überschritten werden.

Einzelanmerkung

Ist eine Steuerhinterziehung, ein Bannbruch nach § 372 Absatz 2, § 373 AO oder eine Steuerhehlerei begangen worden, so können die Erzeugnisse, Waren und andere Sachen, auf die sich die Hinterziehung von Verbrauchsteuer oder Zoll, der Bannbruch oder die Steuerhehlerei bezieht, und die Beförderungsmittel, die zur Tat benutzt worden sind, gemäß § 375 AO eingezogen werden. Sind diese Gegenstände nicht mehr vorhanden oder nicht greifbar, kann gemäß § 74c StGB auf Einziehung des Wertersatzes erkannt werden. Erstreckt sich die Tätigkeit des Verteidigers auf diese Maßnahmen, wird sie durch die Gebühr für die Verteidigung mit abgegolten. Bei der im gegebenen Fall innerhalb des Rahmens festzustellenden Höhe der Gebühr ist jedoch der Gegenstandswert angemessen zu berücksichtigen, für den entweder der Geldwert oder der objektive Sachwert maßgebend ist. Die erhöhte Mühewaltung wird also durch eine Erhöhung der Gebühr abgegolten. Reicht die Höchstgebühr der entsprechenden Gebührenvorschrift nicht aus, um die Tätigkeit des Verteidigers in bezug auf die Einziehung und verwandte Maßnahmen angemessen zu entgelten, kann die Gebühr überschritten werden. Die so ermittelte Gesamtgebühr darf jedoch nicht höher sein als der Höchstsatz der in Frage kommenden Rahmengebühr und einer vollen Gebühr nach § 11 BRAGO von dem Gegenstandswert (§ 88 Satz 2 BRAGO).

Beispiel:

Zu der Tat ist ein LKW im Werte von DM 50.000,– benutzt worden, dessen Einziehung in Frage steht. In diesem Fall kann die Höchstgebühr von DM 1.300,– z.B. vor dem Strafrichter – um DM 1.425,– (= 10/10-Gebühr von DM 50.000,–) überschritten werden, so daß eine Vergütung von insgesamt DM 2.725,– möglich ist. Voraussetzung für eine Erhöhung der Höchstgebühr ist allerdings, daß der normale Gebührenrahmen für sich allein nicht ausreicht, um die gesamte Tätigkeit des Verteidigers angemessen zu entgelten. Ist z.B. die Tätigkeit des Verteidigers vor dem Strafrichter mit einer Vergütung bis zur Höhe von DM 1.300,– angemessen abgegolten, ist für eine Anwendung des § 88 BRAGO kein Raum (vergleiche im einzelnen Gerold/Schmidt Anmerkung 6 zu § 88).

§ 88 BRAGO gilt nicht nur für den ersten Rechtszug, sondern auch für das Berufungs- und Revisionsverfahren.

§ 90 Wiederaufnahmeverfahren

(1) **Für die Vorbereitung eines Antrags auf Wiederaufnahme des Verfahrens, die Stellung eines solchen Antrags und die Vertretung in dem Verfahren zur Entscheidung über den Antrag gelten die in § 83 Abs. 1 bestimmten Gebühren; § 83 Abs. 3 ist entsprechend anzuwenden. Die Gebühren gelten auch dann, wenn der Rechtsanwalt von der Stellung eines Antrags auf Wiederaufnahme des Verfahrens abrät.**

(2) **Der Gebührenrahmen bestimmt sich nach der Ordnung des Gerichts, das im ersten Rechtszug entschieden hat.**

Anmerkungsübersicht

1 Allgemeines

Die Überschrift des § 90 BRAGO geht über den Inhalt der Vorschrift hinaus. Mit der Gebühr des § 90 BRAGO wird nicht die Tätigkeit des Verteidigers im gesamten Wiederaufnahmeverfahren abgegolten, sondern nur das Verfahren vom Antrag bis zur Entscheidung über diesen (Verwerfung wegen Unzulänglichkeit gemäß § 368 StPO oder wegen Unbegründetheit gemäß § 370 Absatz 1 StPO oder Anordnung der Wiederaufnahme des Verfahrens gemäß § 370 Absatz 2 StPO). Der Antrag auf Wiederaufnahme des Verfahrens (§ 366 StPO) leitet einen neuen Rechtszug ein. Dies bedeutet, daß in dem Verfahren über den Antrag auf Wiederaufnahme des Verfahrens die Gebühr der §§ 90, 83 Absatz 1 BRAGO unabhängig von den Gebühren entsteht, die

- dem StB schon durch seine Tätigkeit als Verteidiger in dem alten Strafverfahren, das wieder aufgenommen werden soll entstanden sind
- und auch unabhängig von den Gebühren, die dem StB als Verteidiger in dem neuen Verfahren entstehen, das sich an die Anordnung der Wiederaufnahme des Verfahrens anschließt.

Die Gebühren für das Verfahren über den Antrag auf Wiederaufnahme des Verfahrens sind also weder anzurechnen auf die in dem vorangegangenen alten Strafverfahren entstandenen Gebühren, noch auf die in dem sich evtl. anschließenden neuen Strafverfahren entstehenden Gebühren.

2 Gebühren

Die Gebühr des § 90 BRAGO ist eine Verfahrenspauschgebühr. Durch sie wird die gesamte Tätigkeit des StB in dem Verfahren **über den Antrag auf Wiederaufnahme des Verfahrens** bis zur Entscheidung über den Antrag abgegolten. Wird der StB beauftragt, einen Antrag auf Wiederaufnahme des Verfahrens zu stellen, rät er aber von der Stellung eines Antrags ab, erhält er ebenfalls die Gebühren des § 90 BRAGO (§ 90 Absatz 1 Satz 2 BRAGO).

§ 90 Absatz 1 Satz 1 BRAGO bezieht sich wegen der Höhe der Gebühr auf die in § 83 Absatz 1 BRAGO bestimmten Gebührenrahmen. Welcher der dort festgelegten drei Gebührenrahmen maßgebend ist, bestimmt § 90 Absatz 2 BRAGO: Es gilt der in § 83 Absatz 1 BRAGO festgelegte Gebührenrahmen für das Gericht, das im I. Rechtszug entschieden hat. Hat im I. Rechtszug also das Amtsgericht entschieden und stellt der StB danach einen Antrag auf Wiederaufnahme des Verfahrens so gilt der für das Amtsgericht maßgebende Gebührenrahmen des § 83 Absatz 1 Nummer 3 BRAGO (Gerold/Schmidt Anmerkung 5 zu § 90).

Nach § 90 Absatz 1 Satz 1, letzter Halbsatz BRAGO gilt § 83 Absatz 3 BRAGO entsprechend. Dies bedeutet: Befindet sich der Mandant in Haft und reicht der „normale" Gebührenrahmen des § 83 Absatz 1 BRAGO deshalb nicht aus, um die durch die Haft bedingte Mehrarbeit des StB als Verteidiger angemessen zu entgelten, so kann der „normale" Gebührenrahmen bis zu 25% überschritten werden (vgl. die vorstehende Kommentierung Anmerkung 6 zu § 83 BRAGO).

Ist der StB nur mit einer Einzeltätigkeit beauftragt, z.B. mit der Unterzeichnung des Wiederaufnahmeantrages, so richtet sich seine Gebühr nach § 91 BRAGO.

3 Wiederaufgenommenes Verfahren

Ist die Wiederaufnahme des Verfahrens angeordnet und wird der StB auch in dem folgenden Verfahren tätig, erhält er für dieses wiederaufgenommene Verfahren zusätzlich die Gebühren der §§ 83ff. BRAGO, also z.B., wenn eine Hauptverhandlung in dem wiederaufgenommenen Verfahren stattfindet, die Gebühr des § 83 Absatz 1 BRAGO, wenn eine Hauptverhandlung nicht stattfindet, die Gebühr des § 84 Absatz 1 3. Alternative BRAGO.

Beispiel:

Der StB ist zum Verteidiger in einer Steuerstrafsache bestellt. Er vertritt den Mandanten zunächst im vorbereitenden Verfahren. Es wird Anklage erhoben. Das Amtsgericht bestimmt Termin zu Hauptverhandlung. In diesem Hauptverhandlungstermin vertritt der StB den Angeklagten. Am Ende der Hauptverhandlung ergeht ein Urteil.

Nach drei Monaten stellt der StB auftragsgemäß einen Antrag auf Wiederaufnahme des Verfahrens. Dem Antrag wird stattgegeben und die Wiederaufnahme des Verfahrens angeordnet.

In dem neuen Hauptverhandlungstermin wird der Angeklagte ebenfalls von dem StB verteidigt. Durch Urteil wird der Angeklagte am Ende des ersten Hauptverhandlungstermins vor dem Amtsgericht freigesprochen.

Der StB als Verteidiger kann folgende Gebühren berechnen:

Für seine Tätigkeit im ersten Verfahren:

1. Gebühr für vorbereitendes Verfahren gem. §§ 12, 84 Absatz 1, 1. Alternative, 83 Absatz 1 Nummer 3 BRAGO — DM 350,—
2. Gebühr für Hauptverhandlungen gem. §§ 12, 83 Absatz 1 Nummer 3 BRAGO — DM 700,—

zzgl. Auslagen, Schreibauslagen, Reisekosten, Umsatzsteuer etc.

Für seine Tätigkeit im Verfahren über den Antrag auf Wiederaufnahme des Verfahrens:

1. Gebühr für Wiederaufnahmeverfahren gem. §§ 12, 90, 83 Absatz 1 Nummer 3 BRAGO — DM 700,—

zzgl. Auslagen, Schreibauslagen, Reisekosten, Umsatzsteuer etc.

Für seine Tätigkeit nach der angeordneten Wiederaufnahme des Verfahrens:

1. Gebühr für Hauptverhandlungen gem. §§ 12, 83 Absatz 1 Nummer 3 BRAGO — DM 700,—

zzgl. Auslagen, Schreibauslagen, Reisekosten, Umsatzsteuer etc.

Es wurden jeweils Mittelgebühren in Ansatz gebracht.

§ 91 Gebühren für einzelne Tätigkeiten

Beschränkt sich die Tätigkeit des Rechtsanwalts, ohne daß ihm sonst die Verteidigung übertragen ist, auf

1. die Einlegung eines Rechtsmittels, die Anfertigung oder Unterzeichnung anderer Anträge, Gesuche oder Erklärungen oder eine andere nicht in den Nummern 2 oder 3 erwähnte Beistandsleistung;

2. die Anfertigung oder Unterzeichnung einer Schrift zur Rechtfertigung der Berufung oder zur Beantwortung der von dem Staatsanwalt, Privatkläger oder Nebenkläger eingelegten Berufung, die Führung des Verkehrs mit dem Verteidiger, die Beistandsleistung für den Beschuldigten bei einer staatsanwaltschaftlichen oder richterlichen Vernehmung oder einer mündlichen Verhandlung oder einer Augenscheinseinnahme außerhalb der Hauptverhandlung oder die Beistandsleistung im Verfahren zur gerichtlichen Erzwingung der Anklage (§ 172 Abs. 2 bis 4, § 173 der Strafprozeßordnung);

3. die Anfertigung oder Unterzeichnung einer Schrift zur Begründung der Revision oder zur Erklärung auf die von dem Staatsanwalt, Privatkläger oder Nebenkläger eingelegte Revision;

so erhält er in den Fällen der
Nummer 1 eine Gebühr
von 30 bis 340 Deutsche Mark,
Nummer 2 eine Gebühr
von 50 bis 640 Deutsche Mark,
Nummer 3 eine Gebühr
von 70 bis 1.010 Deutsche Mark.

Anmerkungsübersicht

1 Allgemeines

Der StB, der zum Verteidiger bestellt worden ist, erhält die Gebühren des § 91 BRAGO nicht. Ihm stehen die Verfahrensgebühren der §§ 83 ff. BRAGO zu. Das gilt auch dann, wenn er nur einzelne Tätigkeiten ausübt.

Beispiel:

Der StB ist beauftragt worden, gegen das Urteil der ersten Instanz Berufung einzulegen. Nach Einlegung der Berufung stirbt der Auftraggeber. Damit hat sich das Verfahren erledigt. Der StB erhält trotzdem nicht nur die Gebühr des § 91 Nummer 1 BRAGO, sondern die Gebühr des § 85 BRAGO, wenn er in der ersten Instanz noch nicht tätig gewesen ist. War er auch in der ersten Instanz als Verteidiger tätig, verbleibt es gemäß § 87 BRAGO dabei, daß er nur die Gebühr des § 83 BRAGO erhält. Die Gebühren des § 91 BRAGO erhält also nur der StB, der ausschließlich mit den einzelnen Tätigkeiten beauftragt worden ist.

2 Pauschgebühr

Die Gebühren des § 91 BRAGO sind ebenfalls Pauschgebühren, und zwar insofern, als durch sie alle diejenigen Tätigkeiten abgegolten werden, die zur Ausführung des erteilten Auftrags erforderlich sind.

3 Aufgezählte Tätigkeiten

§ 91 BRAGO gliedert die einzelnen Tätigkeiten in drei verschiedene Gruppen, je nach ihrer Bedeutung und ihrem Umfang. Die einzelnen Gruppen werden durch verschiedene Gebühren abgegolten. Wegen der Frage, welche Tätigkeiten in die einzelnen Gruppen aufgenommen worden sind, sei auf den Gesetzestext verwiesen. Einzeltätigkeiten, die nicht in den Nummern 2 und 3 aufgezählt sind, werden durch die Gebühren der Nummer 1 abgegolten (Gerold/Schmidt Anmerkung 8 zu § 91). Werden Tätigkeiten allerdings durch eine besondere Gebührenvorschrift vergütet, ist für eine Anwendung des § 91 BRAGO kein Raum.

Beispiel:

Tätigkeit in Gnadensachen = Gebühr nach § 93 BRAGO
Tätigkeit im Erinnerungsverfahren in der Kostenfestsetzung = Gebühr nach § 96 BRAGO.

4 Gebühren

§ 91 BRAGO bestimmt am Ende selbst die Gebührenrahmen für die in Nummer 1 bis Nummer 3 im einzelnen aufgeführten Tätigkeiten. Es findet also keine Verweisung auf eine andere Vorschrift des sechsten Abschnitts der BRAGO statt. Für jede der in § 91 Absatz 1 Nummer 1 bis Nummer 3 BRAGO genannten Tätigkeitsgruppen wird in § 91 BRAGO ein eigener Gebührenrahmen bestimmt. Wegen der Gebührenrahmen und ihrer Zuordnung wird auf den vorangehend abgedruckten Gesetzestext verwiesen. Innerhalb der in § 91 BRAGO festgelegten Gebührenrahmen hat der StB die Gebühr, die er letztlich dem Mandanten in Rechnung stellt, unter Berücksichtigung der Merkmale des § 12 BRAGO nach billigem Ermessen im Einzelfall zu bestimmen (siehe hierzu auch vorstehende Kommentierung Anmerkung 2 zu § 12 BRAGO).
Vertritt der StB wegen einer in § 91 BRAGO aufgeführten Tätigkeit gleichzeitig mehrere Auftraggeber, kann der Gebührenrahmen um 3/10 für jeden weiteren Auftraggeber erhöht werden (vgl. hierzu die vorstehende Kommentierung zu § 6 BRAGO).
Der StB kann für jede in § 91 BRAGO bezeichnete Tätigkeit eine gesonderte Gebühr erhalten, d.h., in derselben Angelegenheit können mehrere Gebühren gem. § 91 BRAGO entstehen. Allerdings wird der StB gem. § 13 Absatz 6 BRAGO insgesamt nicht mehr an Gebühren erhalten können, als der StB, der von vornherein mit der gesamten Angelegenheit beauftragt ist, für die gleiche Tätigkeit erhalten würde (siehe hierzu nachstehende Kommentierung Anmerkung 3 zu § 92 BRAGO).

5 **Erstattung**

Ist die Gebühr des Vollverteidigers erstattungsfähig, ist auch die Gebühr des mit Einzeltätigkeiten beauftragten StB erstattungsfähig. Die Vergütung eines neben einem Vollverteidiger mit Einzeltätigkeiten beauftragten StB ist jedenfalls in der Höhe erstattungsfähig, in der höhere Kosten des Verteidigers entstanden wären, wenn dieser die Einzeltätigkeit zusätzlich ausgeübt hätte.

§ 92 Mehrere einzelne Tätigkeiten

(1) **Mit der Gebühr für die Rechtfertigung der Berufung oder die Begründung der Revision ist die Gebühr für die Einlegung des Rechtsmittels entgolten.**

(2) **Im übrigen erhält der Rechtsanwalt mit der Beschränkung des § 13 für jede der in § 91 bezeichneten Tätigkeiten eine gesonderte Gebühr. Wird ihm die Verteidigung übertragen, so werden die Gebühren des § 91 auf die dem Rechtsanwalt als Verteidiger zustehenden Gebühren angerechnet.**

Anmerkungsübersicht

1 **Allgemeines**

§ 92 BRAGO ist eine ergänzende Bestimmung zu § 91 BRAGO. Er regelt, welche Gebühren entstehen, wenn der StB – ohne mit der Verteidigung insgesamt beauftragt zu sein – in derselben Sache mehrere einzelne Tätigkeiten vornimmt.

2 **Einlegung des Rechtsmittels und Begründung desselben**

Der StB, dem die Verteidigung in einer Straf- oder Bußgeldsache insgesamt übertragen ist, erhält für die Einlegung und Begründung des Rechtsmittels eine Gebühr gem. § 85 BRAGO (im Berufungsverfahren) oder gem. § 86 BRAGO (im Revisionsverfahren). Die Einlegung des Rechtsmittels ist sogar noch mit der Gebühr für den I. Rechtszug abgegolten, wenn der StB den Mandanten bereits in dem I. Rechtszug verteidigt hat. War der StB im I. Rechtszug noch nicht zum Verteidiger bestellt, so entsteht ihm mit der Einlegung des Rechtsmittels eine Gebühr gem. § 85 oder § 86 BRAGO. Einlegung und Begründung des Rechtsmittels werden aber mitabgegolten durch die Gebühr gem. § 85 Absatz 1 oder § 86 Absatz 1 BRAGO für die Verteidigung in der Hauptverhandlung. Wenn keine Hauptverhandlung stattfindet, wird die Gebühr für die Einlegung und Begründung des Rechtsmittels abgegolten mit der Gebühr des § 85 Absatz 3 oder § 86 Absatz 3 BRAGO.

Ist der StB – ohne das ihm die Verteidigung insgesamt übertragen ist – **nur mit der Einlegung des Rechtsmittels beauftragt,** so erhält er eine Gebühr gem. § 91 Absatz 1 Nummer 1 BRAGO. Wird er dann in derselben Sache beauftragt, eine Schrift zur Rechtfertigung der Berufung oder zur Beantwortung der von dem Staatsanwalt eingelegten Berufung zu fertigen, so könnte er eine weitere Gebühr gem. § 91 Absatz 1 Nummer 2 BRAGO erhalten. Gleiches gilt dann, wenn der StB nur beauftragt ist, die eingelegte Revision zu begründen. Dann würde er eine weitere Gebühr gem. § 91 Absatz 1 Nummer 3 BRAGO erhalten. § 92 Absatz 1 BRAGO bestimmt aber, daß die Gebühren des § 91 Absatz 1 **Nummer 1** BRAGO – für die Einlegung des Rechtsmittels – **nicht neben** den Gebühren des § 91 Absatz 1 **Nummer 2 und 3** BRAGO – für die Begründung/Rechtfertigung des Rechtsmittels entstehen können. **Ist der dem StB erteilte Auftrag beschränkt auf die Einlegung und Begründung/Rechtfertigung des Rechtsmittels, so erhält er nur eine Gebühr gem. § 91 Absatz 1 Nummer 2 oder 3 BRAGO** (Gerold/Schmidt Anmerkung 2 zu § 92).

Die Mehrtätigkeit durch die Einlegung des Rechtsmittels kann der StB dadurch berücksichtigen, daß er einen höheren Betrag innerhalb der in § 91 Absatz 1 Nummer 2 oder Nummer 3 BRAGO festgelegten Rahmen in Ansatz bringt, als wenn er nur mit der Rechtfertigung/Begründung des Rechtsmittels beauftragt worden wäre.

3 Mehrere einzelne Tätigkeiten

Grundsätzlich erhält der StB, der nur mit einzelnen Tätigkeiten beauftragt ist und dem nicht die Verteidigung insgesamt übertragen wurde, für jede einzelne Tätigkeit die Gebühr des § 91 Absatz 1 Nummer 1 BRAGO (Gerold/Schmidt Anmerkung 3 zu § 92). Allerdings dürfen mehrere Gebühren nach § 91 Absatz 1 BRAGO, die für mehrere einzelne Tätigkeiten entstanden sind, gem. § 13 Absatz 6 BRAGO nicht höher sein, als wenn der StB mit der Verteidigung insgesamt beauftragt worden wäre. § 92 Absatz 2 Satz 1 BRAGO nimmt insoweit auf § 13 BRAGO Bezug.

Beispiel:

Dem StB ist die Verteidigung des Mandanten in dem diesem gegenüber anhängigen Strafverfahren nicht insgesamt übertragen. Der StB wird beauftragt, ein Gesuch einzureichen. Zwei Wochen später wird der StB in derselben Angelegenheit beauftragt, ein weiteres Gesuch bei dem zuständigen Amtsgericht einzureichen. Beide Gesuche erfolgen, bevor Anklage erhoben worden ist.

Der StB könnte berechnen:

Für das erste Gesuch:

1. Gebühr gem. § 91 Absatz 1 Nummer 1 BRAGO	DM	185,—
+ Auslagen, Schreibauslagen, Umsatzsteuer		

Für das zweite Gesuch:

1. Gebühr gem. § 91 Absatz 1·Nummer 1 BRAGO	DM	185,—
+ Auslagen, Schreibauslagen, Umsatzsteuer.		

Gem. § 92 Absatz 2 Satz 1 i.V.m. § 13 Absatz 6 BRAGO kann der StB jedoch nicht mehr berechnen, als wenn ihm die Verteidigung insgesamt übertragen worden wäre. Dann wäre ihm entstanden:

1. Gebühr für Vorverfahren gem. § 84 Absatz 1, 1. Alternative BRAGO DM 350,—

\+ Auslagen, Schreibauslagen, Umsatzsteuer.

Geht man davon aus, daß jeweils Mittelgebühren gerechtfertigt wären, könnte der StB also nicht mehr verdienen, als die DM 350,— zzgl. Auslagen, Schreibauslagen, Umsatzsteuer etc.

Vgl. auch Gerold/Schmidt, Anmerkung 4 und 5 zu § 92.

4 **Führung des Verkehrs mit Verteidiger**

Ist der StB beauftragt, den Schriftverkehr zwischen dem Mandanten und dem Verteidiger zu führen, so erhält er hierfür gem. § 91 Absatz 1 Nummer 2 BRAGO eine Gebühr innerhalb des in dieser Vorschrift festgelegten Gebührenrahmens. Diese Gebühr gilt die gesamte Tätigkeit des StB im Rahmen der Führung des Schriftverkehrs zwischen dem Mandanten und dem StB ab. Er erhält also nicht, wenn er mit der Führung des Schriftverkehrs zwischen Mandanten und Verteidiger beauftragt ist, für jedes Schriftstück eine gesonderte Gebühr (Gerold/Schmidt Anmerkung 6 zu § 92).

Die Gebühr des § 91 Absatz 1 Nummer 2 BRAGO für die Führung des Schriftwechsels zwischen Mandant und Verteidiger kann aber in jedem Rechtszug gesondert entstehen, wenn der StB jeweils für den betreffenden Rechtszug den Auftrag erhalten hat, den Schriftverkehr zwischen dem Mandanten und dem Verteidiger zu führen.

5 **Übertragung der Verteidigung**

Der StB, der zunächst nur mit verschiedenen einzelnen Tätigkeiten beauftragt worden ist und dann später zum Verteidiger insgesamt bestellt wird, erhält die Gebühren des § 91 BRAGO für seine einzelnen Tätigkeiten nicht noch zusätzlich zu den Gebühren, die er als Verteidiger gem. §§ 83, 84ff. BRAGO verdient. Die Gebühren für die einzelnen Tätigkeiten gehen dann in den Gebühren, die der StB für die Verteidigung erhält unter, d.h., sie werden auf diese Gebühren angerechnet.

Betreffen die einzelnen Tätigkeiten, mit denen der StB zunächst beauftragt war aber einen anderen Rechtszug, als den, in dem er zum Verteidiger insgesamt bestellt worden ist, können die Gebühren für einzelne Tätigkeiten neben den Gebühren, die der StB als Verteidiger erhält entstehen.

§ 93 Gnadengesuche

Für die Vertretung in einer Gnadensache erhält der Rechtsanwalt eine Gebühr von 40 bis 500 Deutsche Mark. Sie steht ihm auch dann zu, wenn ihm die Verteidigung übertragen war.

Anmerkungsübersicht

1 Allgemeines

In § 45 StBGebV wird dieser Abschnitt nach dem berufsgerichtlichen Verfahren und dem Bußgeldverfahren erwähnt. Wegen der Übersichtlichkeit soll § 93 BRAGO an der Stelle kommentiert werden, an der er in der BRAGO auch aufgeführt ist.

2 Gnadensachen

Der Geltungsbereich des § 93 BRAGO beschränkt sich auf die in den Gnadenordnungen geregelten Gnadenverfahren. Der StB erhält die Gebühr des § 93 BRAGO, sobald er beauftragt ist, ein Gnadengesuch zu fertigen, und daraufhin tätig wird. Die Tätigkeit in Gnadensachen ist eine eigene Angelegenheit. Deshalb steht auch dem Verteidiger, der die Gebühren der §§ 83 ff. BRAGO erhalten hat, bei Erteilung des Auftrags, ein Gnadengesuch zu fertigen, die Gebühr des § 93 BRAGO **zusätzlich** zu. Die Gnadensache endet mit der Entscheidung der Gnadenbehörde. Jedoch gehört auch das Verfahren über eine Beschwerde gegen die Ablehnung noch zur gleichen Sache.

3 Keine Gnadensachen

Keine Gnadensachen sind Gesuche, die an das Gericht, die Vollstreckungsbehörde oder an den Vollstreckungsleiter gerichtet und von diesem vorzubescheiden sind. Tätigkeiten, die Gesuche um Strafaussetzung, Stundung und Geldstrafen oder Gewährung von Ratenzahlungen und Strafaufschub betreffen, werden somit nicht durch die Gebühr des § 93 BRAGO vergütet. Wird die auf diese Gesuche gerichtete Tätigkeit innerhalb des Strafverfahrens ausgeführt (z.B. Antrag in der Hauptverhandlung, dem Angeklagten Ratenzahlungen zu bewilligen) und ist über sie durch das Urteil zu befinden, so ist sie durch die Verteidigergebühren abgegolten. Wird die Tätigkeit außerhalb des Strafverfahrens entwickelt, hat der Verteidiger Anspruch auf die Gebühr des § 91 Nummer 1 BRAGO. Zu beachten ist jedoch, daß dann eine Gnadensache vorliegt, wenn die Bewilligung der Bewährungsfrist oder die Gewährung von Strafaufschub im Gnadenwege von der Gnadenbehörde erbeten wird (zitiert nach Gerold/Schmidt Anmerkung 4 zu § 93).

4 Gebühren

Die Gebühr beträgt DM 40,– bis DM 500,– mit der Mittelgebühr von DM 270,–. Fertigt der StB mehrere Gnadengesuche, erhält er die Gebühr des § 93 BRAGO mehrfach.
Die Gebühr entsteht mit der ersten Tätigkeit nach Erteilung des Auftrags.

5 **Einzeltätigkeit**

Wird dem StB nicht die gesamte Vertretung in einer Gnadensache übertragen, sondern wird er vielmehr nur mit einer Einzeltätigkeit beauftragt, erhält er nicht die Gebühr des § 93 BRAGO, sondern nur die Gebühr des § 91 Nummer 1 BRAGO.

§ 95 Vertretung eines Nebenklägers und anderer Verfahrensbeteiligter

Für die Tätigkeit als Beistand oder Vertreter eines Nebenklägers, eines Einziehungs- oder Nebenbeteiligten sowie eines Verletzten gelten die Vorschriften der §§ 83 bis 93 sinngemäß; für die Tätigkeit als Beistand oder Vertreter des Verletzten erhält der Rechtsanwalt die Hälfte der Gebühren.

Anmerkungsübersicht

1 Allgemeines
2 Gebühren
3 Erstattung

1 **Allgemeines**

Ist eine Steuerhinterziehung, ein Bannbruch oder eine Steuerhehlerei begannen worden, so können die Erzeugnisse, Waren und andere Sachen, auf die sich die Hinterziehung von Verbrauchsteuern oder Zöllen, der Bannbruch oder die Steuerhehlerei bezieht, und die Beförderungsmittel, die zur Tat benutzt worden sind, eingezogen werden (§ 375 Absatz 2 AO). Gemäß § 74a StGB dürfen Gegenstände, die nicht dem Täter gehören, eingezogen werden, wenn derjenige, dem sie zur Zeit der Entscheidung gehören oder zustehen, wenigstens leichtfertig dazu beigetragen hat, daß die Sache oder das Recht Mittel oder Gegenstand der Tat und ihrer Vorbereitung gewesen ist, oder die Gegenstände in Kenntnis der Umstände, welche die Einziehung zugelassen hätten, in verwerflicher Weise erworben hat. Gehört der Gegenstand zwar dem Täter, bestehen aber an dem Gegenstand Rechte Dritter, so bleiben diese Rechte bestehen. Das Gericht kann jedoch gemäß § 74e StGB das Erlöschen dieser Rechte – gegen oder ohne Entschädigung (§ 74f StGB) – anordnen. Die Eigentümer und die Personen, denen Rechte zustehen, sind gemäß § 431 StPO an dem Verfahren zu beteiligen. Sie sind Einziehungsbeteiligte i. S. des § 95 BRAGO. Beauftragt ein solcher Einziehungsbeteiligter einen StB mit seiner Vertretung, erhält dieser die Gebühr des § 95 BRAGO.

2 **Gebühren**

Die Gebühren, auf die der Beistand oder Vertreter eines Beteiligten Anspruch hat, sind die gleichen wie die eines gewählten Verteidigers in dem in

Frage kommenden Verfahren. Hat der StB den Einziehungs- oder Nebenbeteiligten in dem vorbereitenden Verfahren vertreten, so erhält er eine Gebühr gem. § 84 Absatz 1, 1. Alternative BRAGO. Vertritt er den Einziehungs- oder Nebenbeteiligten auch in dem gerichtlichen Verfahren – außerhalb der Hauptverhandlung – so erhält er neben der Gebühr für das Vorverfahren noch eine weitere Gebühr gem. § 84 Absatz 1, 2. oder 3. Alternative BRAGO. Der Gebührenrahmen bestimmt sich – in der Regel – auf die Hälfte der Gebührenrahmen des § 83 Absatz 1 BRAGO (es sei denn, es wird eine der Voraussetzungen des § 84 Absatz 2 BRAGO erfüllt, was allerdings in der Praxis kaum vorstellbar ist). Hat der StB den Einziehungs- oder Nebenbeteiligten auch – ausnahmsweise – in der Hauptverhandlung vertreten, so erhält er neben der Gebühr für das vorbereitende Verfahren (natürlich vorausgesetzt, er hat im vorbereitenden Verfahren vertreten) auch die Gebühr des § 83 Absatz 1 BRAGO für die Hauptverhandlung.
Gelegentlich wird die Auffassung (vergleiche LG Karlsruhe in DAR 1982 S. 19 mit ablehnender Anmerkung von Schmidt) vertreten, die Tätigkeit des beteiligten Vertreters sei grundsätzlich von geringerer Bedeutung als die des Verteidigers. Für eine solche Auffassung ist kein Raum (Gerold/Schmidt Anmerkung 7 zu § 95 mit weit. Nachw.; Hartmann Anmerkung 7 zu § 95). Das Gesetz hat dem Vertreter des Beteiligten die gleichen Gebühren wie dem Verteidiger zugebilligt. Im Einzelfall kann allerdings die Gebühr des Vertreters niedriger sein als die des Verteidigers, z. B. wenn der StB erst kurz vor der Hauptverhandlung als Vertreter des Beteiligten bestellt wurde (während der Verteidiger bereits lange vor dem Termin umfangreich tätig geworden ist).

3 **Erstattung**

Wird der Gegenstand eingezogen oder werden die Rechte für erloschen erklärt und die Zahlung einer Entschädigung abgelehnt, so hat der Beteiligte seine notwendigen Auslagen (die Vergütung des StB) selbst zu tragen. Wird die Einziehung abgelehnt oder wird dem Dritten eine angemessene Entschädigung gewährt, so fallen die notwendigen Auslagen des Beteiligten der Staatskasse zur Last. Soweit das Gericht den einen Angeklagten freigesprochen, den anderen verurteilt hat, ist derjenige Betrag erstattungsfähig, der dann entstanden wäre, wenn der StB den Nebenkläger nur gegen den Verurteilten vertreten hätte (OLG Karlsruhe in Rpfleger 1982 S. 238).

§ 96 Kostenfestsetzung, Zwangsvollstreckung

(1) **Dem Rechtsanwalt stehen besondere Gebühren zu**

1. im Verfahren über die Erinnerung oder die Beschwerde gegen einen Kostenfestsetzungsbeschluß (§ 464 b der Strafprozeßordnung), im Verfahren über die Erinnerung gegen den Kostenansatz und im Verfahren über die Beschwerde gegen die Entscheidung über diese Erinnerung;

2. in der Zwangsvollstreckung aus Entscheidungen, die über einen aus der Straftat erwachsenen vermögensrechtlichen Anspruch oder die Erstattung von Kosten ergangen sind (§§ 406 b, 464 b der Strafprozeßordnung), für die Mitwirkung bei der Ausübung der Veröffentlichungsbefugnis und im Beschwerdeverfahren gegen eine dieser Entscheidungen.

(2) **Die Gebühren bestimmen sich nach den Vorschriften des Dritten Abschnitts.**

Anmerkungsübersicht

1 Kostenfestsetzung

Die Erstattung der Kosten ist in den §§ 464 ff. StPO geregelt. Voraussetzung der prozessualen Erstattungspflicht ist das Vorliegen einer Kostenentscheidung. Die Stellung des Kostenfestsetzungsgesuches gehört zu den Aufgaben des Rechtsanwalts bzw. des StB, die mit der allgemeinen Verfahrensgebühr abgegolten sind (etwa der Gebühr des § 83 Absatz 1 BRAGO). Der StB kann deshalb für das Kostenfestsetzungsverfahren keine besondere Gebühr fordern. Erhält er allerdings die Verfahrensgebühr nicht, etwa, weil er nur mit dem Kostenfestsetzungsverfahren beauftragt worden ist, hat er Anspruch auf die Gebühr des § 56 Absatz 1 Nummer 1 BRAGO.

2 Erinnerung und Beschwerde im Kostenfestsetzungsverfahren

Legt der StB gegen den ergangenen Kostenfestsetzungsbeschluß Erinnerung oder Beschwerde ein, hat er gemäß § 96 Absatz 1 Nummer 1 BRAGO Anspruch auf eine besondere Gebühr, und zwar auch dann, wenn er die Verfahrenspauschgebühr zu beanspruchen hat. Die Gebühr ist gemäß § 96 Absatz 2 BRAGO i.V. mit § 61 Absatz 1 Nummer 1 oder 2 BRAGO eine 5/10-Gebühr.

Vertritt der StB den Auftraggeber im selbständigen Beschwerdeverfahren (z.B. die Staatskasse hat gegen den Beschluß des Gerichts Beschwerde eingelegt), erhält er für die Vertretung im Beschwerdeverfahren ebenfalls eine Gebühr in Höhe von 5/10 gem. §§ 61 Absatz 1 Nummer 1, 96 Absatz 2 BRAGO.

Der Ordnung halber sei darauf hingewiesen, daß gem. § 61 BRAGO im Erinnerungs- und Beschwerdeverfahren alle in § 31 bestimmten Gebühren in Höhe von 5/10 entstehen können, da § 61 Absatz 1 Satz 1 BRAGO hierauf verweist. In der Regel wird nur eine 5/10 Prozeßgebühr entstehen, da keine mündliche Verhandlung stattfindet. Findet aber ausnahmsweise im Erinnerungs- oder Beschwerdeverfahren eine mündliche Verhandlung statt, kann auch eine 5/10 Verhandlungs- oder Erörterungsgebühr gem. § 31 Absatz 1 Nummer 2 oder Nummer 4 BRAGO entstehen.

3 **Kostenansatz**

Gegen den Ansatz von Gerichtskosten (Gebühren und Auslagen) ist gemäß § 5 GKG die Erinnerung gegeben. Für die Überprüfung der Kostenrechnung erhält der StB, der die Verfahrenspauschgebühr zu beanspruchen hat, keine zusätzliche Vergütung. Diese Tätigkeit gehört auch in den Kreis der Tätigkeiten, die gemäß § 87 BRAGO durch die Pauschgebühren abgegolten werden. Dagegen erhält der StB, der Erinnerung einlegt oder als Gegner – etwa bei Erinnerung der Staatskasse – Stellung nimmt, gemäß § 96 Absatz 2 BRAGO i.V. mit § 61 Absatz 1 Nummer 2 BRAGO eine 5/10-Gebühr.
Unter den Voraussetzungen des § 5 Absatz 2 GKG kann gegen die Entscheidung über die Erinnerung Beschwerde eingelegt werden. Ist der StB sowohl im Erinnerungs- als auch in dem nachfolgenden Beschwerdeverfahren tätig, so erhält er die Gebühren des § 61 Absatz 1 Nummer 1 BRAGO für das Beschwerdeverfahren neben denen des § 61 Absatz 1 Nummer 2 BRAGO für das Erinnerungsverfahren. In diesem Fall können die Gebühren für das Erinnerungs- und Beschwerdeverfahren also völlig unabhängig voneinander entstehen und sind auch nicht aufeinander anzurechnen (Gerold/Schmidt Anmerkung 24 zu § 61).

4 **Höhe der Gebühr**

Die Höhe der Gebühr beträgt nach § 61 BRAGO sowohl für das Erinnerungsverfahren wie für das Beschwerdeverfahren 5/10. Gegenstandswert ist der Betrag, um den sich der Erinnerungsführer (Beschwerdeführer) beschwert fühlt.
Wird sowohl gegen die Kostenfestsetzung wie gegen den Kostenansatz Erinnerung eingelegt, entsteht die Erinnerungsgebühr nur einmal aus den zusammengerechneten Werten (§ 61 Absatz 2 BRAGO). Werden gegen die Erinnerungsentscheidungen Beschwerden eingelegt, entstehen die Gebühren getrennt – also zweimal – aus den Einzelwerten (Gerold/Schmidt Anmerkung 7 zu § 96 BRAGO).

§ 96a Abtretung des Kostenerstattungsanspruchs

Tritt der Angeschuldigte den Anspruch gegen die Staatskasse auf Erstattung von Anwaltskosten als notwendige Auslagen (§§ 464b, 464a Abs. 2 Nr. 2 der Strafprozeßordnung) an den Rechtsanwalt ab, so ist eine von der Staatskasse gegenüber dem Angeschuldigten erklärte Aufrechnung insoweit unwirksam, als sie den Anspruch des Rechtsanwalts vereiteln oder beeinträchtigen würde.

Anmerkungsübersicht

1 Allgemeines

Infolge der Erweiterung der Erstattungspflicht der Staatskasse hat sich in neuerer Zeit häufig der Fall ergeben, daß sich Geldansprüche der Staatskasse (z.B. auf Geldstrafe oder Gerichtskosten) und des Angeklagten (auf Erstattung seiner notwendigen Auslagen) gegenüberstanden. In einem solchen Falle hatte die Staatskasse regelmäßig gegen den Anspruch auf Erstattung der notwendigen Auslagen aufgerechnet, und zwar auch dann, wenn der Erstattungsanspruch an den Verteidiger abgetreten war. Die Gerichte haben überwiegend die Aufrechnung auch im Falle der Abtretung für zulässig erachtet. Die Folge war, daß der Verteidiger das Nachsehen hatte. Dieser Nachteil ist durch § 96a BRAGO beseitigt worden. Der Verteidiger hat seit 1975 den Vorrang vor der Staatskasse.

2 Abtretung

Der Angeschuldigte muß seinen Erstattungsanspruch an den StB abgetreten haben. Die Aufrechnung ist also weiterhin zulässig, wenn der Angeschuldigte den Erstattungsanspruch selbst geltend macht. Dies gilt auch für ein vereinbartes Honorar, das die gesetzlichen Gebühren übersteigt. Nach jetzt h.M. (OLG Karlsruhe in Rpfleger 1985 S. 125; Gerold/Schmidt Anmerkung 2 zu § 96a mit weit. Nachw.; **a.A.** OLG Hamburg in AnwBl 1986 S. 42; OLG Karlsruhe in Rpfleger 1986 S. 71) ist es unerheblich, ob die Abtretung vor oder nach der Aufrechnungserklärung der Staatskasse erfolgt ist. Im letzten Fall lebt der untergegangene Erstattungsanspruch des Angeschuldigten wieder auf. Um Schwierigkeiten zu vermeiden, empfiehlt es sich auf alle Fälle, den eventuellen Erstattungsanspruch bereits bei Erteilung des Mandats sich abtreten zu lassen.

3 Kosten des Steuerberaters

Das Privileg des § 96a BRAGO gilt nur für die Kosten des StB (Gebühren und Auslagen) im gegenwärtigen Verfahren, soweit sie als notwendige Auslagen entstanden sind. Abgetretene Ansprüche auf Erstattung eigener Auslagen des Angeschuldigten (etwaige eigene Reisekosten) sind gegen die Aufrechnung nicht geschützt.

4 Nachteil des Steuerberaters

Die Aufrechnung ist nur insoweit unwirksam, als sie den Anspruch des StB vereiteln oder beeinträchtigen würde. Dem StB müssen also noch Kostenansprüche aus dem gegenwärtigen Verfahren gegen seinen Auftraggeber zustehen. Eine Abtretung wegen anderer Ansprüche (etwa aus einem Darlehen) ist gegen die Aufrechnung nicht geschützt. Der StB, der einer Aufrechnung unter Hinweis auf die Abtretung widerspricht, wird deshalb angeben müssen, daß ihm noch Ansprüche auf Gebühren und Auslagen aus dem gegenwärtigen Verfahren zustehen.

2. Gebühren des gerichtlich bestellten und des beigeordneten Rechtsanwalts

Anmerkung zur Frage der Anwendbarkeit

Gemäß § 140 Absatz 2 StPO bestellt der Vorsitzende u.a. auf Antrag oder von Amts wegen einen Verteidiger, wenn wegen der Schwere der Tat oder wegen der Schwierigkeit der Sach- oder Rechtslage die Mitwirkung eines Verteidigers geboten erscheint oder wenn ersichtlich ist, daß sich der Beschuldigte nicht selbst verteidigen kann.
Gemäß § 142 Absatz 1 StPO wird der zu bestellende Verteidiger durch den Vorsitzenden des Gerichts möglichst aus der Zahl der bei einem Gericht des Gerichtsbezirks zugelassenen Rechtsanwälte ausgewählt. Früher war streitig (vergleiche Kleinknecht/Meyer, Kommentar „Strafprozeßordnung" 35. Auflage 1981 Anmerkung 6 zu § 142 StPO: „Angehörige der steuerberatenden Berufe können nicht als Verteidiger bestellt werden"), ob § 142 Absatz 1 StPO dahin auszulegen ist, daß nur RA zu Verteidigern gerichtlich bestellt werden können oder ob auch andere Personen, insbesondere Rechtslehrer an deutschen Hochschulen, herangezogen werden können. Inzwischen ist einhellige Auffassung, daß ein StB als Verteidiger gerichtlich bestellt werden kann. So kann ein Beteiligter, der Prozeßkostenhilfe bewilligt erhalten hat, auch einen StB beigeordnet bekommen. Über § 107 StBerG kann in berufsgerichtlichen Verfahren eine Bestellung eines StB als Verteidiger durch den Gerichtsvorsitzenden in Betracht kommen. Wird er bestellt, hat er Anspruch auf die Gebühren der §§ 97 ff. BRAGO.

§ 97 Anspruch gegen die Staatskasse

(1) **Ist der Rechtsanwalt gerichtlich bestellt worden, so erhält er anstelle der gesetzlichen Gebühr das Vierfache der in den §§ 83 bis 86, 90 bis 92, 94 und 95 bestimmten Mindestbeträge aus der Staatskasse, jedoch nicht mehr als die Hälfte des Höchstbetrages. Im Falle des § 90 Abs. 1 Satz 2 gilt dies nur dann, wenn der Rechtsanwalt nach § 364 b Abs. 1 Satz 1 der Strafprozeßordnung bestellt worden ist oder das Gericht die Feststellung nach § 364 b Abs. 1 Satz 2 der Strafprozeßordnung getroffen hat. Befindet sich der Beschuldigte nicht auf freiem Fuß, erhält der Rechtsanwalt in den Fällen des § 83 Abs. 1, der §§ 84, 85 Abs. 1, des § 86 Abs. 1 oder des § 90 anstelle des Vierfachen das Fünffache der Mindestgebühr. In den Fällen der §§ 23, 89, 96 c ist § 123 anzuwenden.**

(2) **Der Rechtsanwalt erhält ferner Ersatz der Auslagen aus der Staatskasse. § 126 Abs. 1 Satz 1, Abs. 2 gilt sinngemäß; die Feststellung nach § 126 Abs. 2 kann auch für andere Auslagen als Reisekosten getroffen werden. Auslagen, die durch Nachforschungen zur Vorbereitung eines Wiederaufnahmeverfahrens entstehen, werden einem Rechtsanwalt nach Maßgabe der Sätze 1 und 2 vergütet, wenn er nach § 364 b Abs. 1 Satz 1 der Strafprozeßordnung bestellt worden ist oder wenn das Gericht die Feststellung nach § 364 b Abs. 1 Satz 2 der Strafprozeßordnung getroffen hat.**

(3) **Wird der Rechtsanwalt im ersten Rechtszug bestellt, erhält er die Vergütung auch für seine Tätigkeit als Verteidiger vor dem Zeitpunkt seiner Bestellung einschließlich seiner Tätigkeit vor Erhebung der öffentlichen Klage.**

(4) **Wegen des Vorschusses gelten § 127 Satz 1, § 98 sinngemäß.**

Anmerkungsübersicht

1 Allgemeines

Der in einer Strafsache gerichtlich bestellte Verteidiger erwirbt mit seiner Bestellung durch das Gericht einen Vergütungsanspruch gegenüber der Staatskasse. Grundsätzlich erhält der zum Verteidiger bestellte StB dieselben Gebühren wie der vom Mandanten beauftragte Verteidiger (Wahlverteidiger). Die Ansprüche des gerichtlich bestellten Verteidigers (Pflichtverteidiger) sind aber der Höhe nach begrenzt und können von dem StB, der zum Verteidiger bestellt ist, nicht innerhalb des im Gesetz festgelegten Gebührenrahmens unter Berücksichtigung der Merkmale des § 12 BRAGO bestimmt werden.

§ 97 BRAGO bestimmt in Absatz 1, welche Gebührenvorschriften des 6. Abschnitts der BRAGO auch für den gerichtlich bestellten Verteidiger zur Anwendung kommen und in welcher Höhe die Gebühren entstehen. § 97 Absatz 2 BRAGO regelt den Auslagenersatz des zum Verteidiger bestellten StB.

Nach § 97 Absatz 3 BRAGO wirkt die Bestellung zum Verteidiger auch für das vorbereitende Verfahren.

Die in § 97 BRAGO bestimmten Gebühren können in einer besonders umfangreichen oder schwierigen Strafsache überschritten werden. Dem StB kann dann gem. § 99 BRAGO eine Pauschvergütung gewährt werden (siehe Kommentierung zu § 99 BRAGO). Ist der Beschuldigte in der Lage, ohne Beeinträchtigung des für ihn und seine Familie notwendigen Unterhaltes selbst volle Wahlanwaltsgebühren zu zahlen, so kann der StB diese Wahlanwaltsgebühren unter den Voraussetzungen des § 100 BRAGO dem Beschuldigten in Rechnung stellen. Dies gilt auch, wenn der Beschuldigte freigesprochen wurde und folglich einen Kostenerstattungsanspruch gegenüber der Staatskasse hat (siehe Kommentierung zu § 100 BRAGO).

2 Gebühren

Hinsichtlich der Gebühren des bestellten Verteidigers gilt das zu den §§ 83 bis 86, 90 bis 92 und 94 Gesagte. Der Pflichtverteidiger erhält dieselbe Gebühr wie der Wahlverteidiger, jedoch anstelle der gesetzlichen Gebühren nur in Höhe des **Vierfachen** der in den §§ 83 bis 86, 90 bis 92, 94 und 95 BRAGO bestimmten **Mindestbeträge** der Rahmengebühren, jedoch **nicht mehr als** die **Hälfte des Höchstbetrages.**

Beispiel 1:

Der StB ist als bestellter Verteidiger in der Hauptverhandlung vor dem Amtsgericht tätig. § 83 Absatz 1 Nummer 3 BRAGO bestimmt hierfür einen Gebührenrahmen in Höhe von DM 100,– (Mindestbetrag) bis DM 1.300,– (Höchstbetrag). Der gerichtlich bestellte Verteidiger erhält: 4 × DM 100,– (Mindestbetrag). Die Hälfte des Höchstbetrages (DM 1.300,– : 2 =) DM 650,– wird nicht erreicht.

Beispiel 2:

Der zum Verteidiger gerichtlich bestellte StB wird in einer Fortsetzungsverhandlung vor dem Amtsgericht tätig. Für die Fortsetzungsverhandlung bestimmt § 83 Absatz 2 Nummer 3 BRAGO einen Gebührenrahmen in Höhe von DM 100,– (Mindestbetrag) bis DM 650,– (Höchstbetrag). Für die Tätigkeit in der Fortsetzungsverhandlung kann der StB berechnen: 4 × DM 100,– (Mindestbetrag) = DM 400,–, jedoch nicht mehr als die Hälfte des Höchstbetrages (DM 650,– : 2 =) DM 325,–. Der StB erhält für seine Tätigkeit in der Fortsetzungsverhandlung also nur DM 325,– aus der Staatskasse erstattet.

Befindet sich der Beschuldigte, zu dessen Pflichtverteidiger der StB bestellt wurde in **Haft** – also nicht auf freiem Fuß – so erhält der StB das **5-fache** der Mindestgebühr (§ 97 Absatz 1 Satz 3 BRAGO). Von welchen Gebühren der StB das 5-fache der Mindestgebühr verlangen kann, ist in § 97 Absatz 1 Satz 3 BRAGO abschließend aufgezählt. Es handelt sich um folgende Gebühren:

- § 83 Absatz 1 BRAGO – Gebühr für die Hauptverhandlung
- § 84 Absatz 1 BRAGO – Gebühr für vorbereitendes Verfahren/gerichtliches Verfahren ohne Hauptverhandlung
- § 84 Absatz 2 BRAGO – endgültige Einstellung/Nichteröffnung des Hauptverfahrens/Rücknahme des Einspruchs mindestens zwei Wochen vor dem Hauptverhandlungstermin
- § 85 Absatz 1 BRAGO – Berufungsverfahren
- § 86 Absatz 1 BRAGO – Revisionsverfahren
- § 90 BRAGO – Wiederaufnahmeverfahren.

Das 5-fache der Mindestgebühr, wenn der Beschuldigte in Haft ist, erhält der gerichtlich bestellte Verteidiger **anstelle** des 4-fachen der Mindestgebühr (§ 97 Absatz 1 Satz 3 BRAGO). Er erhält das 5-fache der Mindestgebühr also nicht noch zusätzlich zu dem 4-fachen der Mindestgebühr.

3 **Tätigkeit vor Eröffnung des Hauptverfahrens**

Sowohl bei dem gerichtlich bestellten Verteidiger als auch bei dem im Rahmen der Prozeßkostenhilfe beigeordneten StB gilt grundsätzlich, daß die Gebühren nur für die Tätigkeiten aus der Staatskasse zu zahlen sind, die nach Bestellung/Beiordnung erfolgen. Diesen Grundsatz durchbricht für den Pflichtverteidiger § 97 Absatz 3 BRAGO. Im I. Rechtszug erhält der zum Pflichtverteidiger bestellte StB auch Gebühren für Tätigkeiten aus der Staatskasse erstattet, die vor dem Zeitpunkt seiner Bestellung zum Pflichtverteidiger erfolgt sind. Auch wenn der StB also erst nach Anklageerhebung zum Pflichtverteidiger vom Gericht bestellt wird, er aber bereits im vorbereitenden Verfahren tätig war, erhält er die Gebühr für seine Tätigkeit im vorbereitenden Verfahren aus der Staatskasse erstattet. Voraussetzung ist natürlich, daß der StB vor dem Zeitpunkt seiner Bestellung zum Pflichtverteidiger schon entsprechend tätig geworden ist und diese Tätigkeiten eigene Gebührentatbestände (etwa die des § 84 Absatz 1 BRAGO) ausgelöst haben.

Beispiel 3:

Der StB ist als Verteidiger im vorbereitenden Verfahren tätig. Er fertigt eine Stellungnahme, die er bei der Ermittlungsbehörde für den Mandanten einreicht. Es wird dann schließlich Anklage erhoben. Das Gericht eröffnet das Hauptverfahren. Danach wird der StB zum Pflichtverteidiger vom Gericht bestellt. In der anschließenden Hauptverhandlung vor dem Amtsgericht verteidigt der StB den Angeklagten.

Der zum Verteidiger gerichtlich bestellte StB kann aus der **Staatskasse** folgende Gebühren erstattet verlangen:

1. Gebühr für vorbereitendes Verfahren gem. §§ 97 Absatz 3, 97 Absatz 1 Satz 1, 84 Absatz 1 1. Alternative BRAGO (4 × DM 50,– =)	DM 200,—
2. Gebühr für Tätigkeit in der Hauptverhandlung gem. §§ 97 Absatz 1 Satz 1, 83 Absatz 1 Nummer 3 BRAGO (4 × DM 100,– =)	DM 400,—
+ Auslagen, Schreibauslagen, Umsatzsteuer pp.	

Umstritten ist ob der StB der z.B. erst in dem vierten Hauptverhandlungstermin zum Pflichtverteidiger bestellt wird, auch die Gebühren für die ersten drei Hauptverhandlungstermine, in denen er ebenfalls tätig war, aus der Staatskasse erstattet erhalten kann (Madert in Gerold/Schmidt Anmerkung 15 zu § 97 bejaht dies; anderer Meinung: Hansens Anmerkung 10 zu § 97; siehe auch: Göttlich/Mümmler „Pflichtverteidiger“ 4.22; Hartmann Anmerkung 43 zu § 97).

Streitig ist, welche Gebühren der Pflichtverteidiger für die Anfertigung oder Unterzeichnung einer Schrift zur Begründung der Revision oder die Erklärung auf die von dem StA, dem Privatkläger oder dem Nebenkläger eingelegte Revision beanspruchen kann. Der Streit ist dadurch veranlaßt, daß die Gebühr des § 91 BRAGO teilweise höher ist als die Gebühr des § 86 BRAGO. Vergleiche hierzu im einzelnen Gerold/Schmidt Anmerkung 12 zu § 97.

3 **Auslagen**

Der StB hat für seine Tätigkeit als bestellter Verteidiger Anspruch auf die ihm erwachsenen Auslagen (auch der im Wege der Prozeßkostenhilfe beigeordnete StB). Ihr Ersatz aus der Staatskasse richtet sich nach § 126 Absatz 1 Satz 1 und Absatz 2 BRAGO. Wegen der Einzelheiten vergleiche dort. Die Auslagen werden nicht vergütet, soweit sie zur sachgemäßen Wahrnehmung der Interessen des Beschuldigten nicht erforderlich waren. Die Auslagen müssen während der Zeit der Beiordnung entstanden sein. Es genügt aber auch, wenn sie in einem Zeitraum entstanden sind, für den der StB nach § 97 Absatz 3 BRAGO ohne Rücksicht auf den Termin seiner Bestellung vergütet wird. Auch Reisekosten sind zu ersetzen, wenn die Reise zur sachgemäßen Wahrnehmung der Interessen des Beschuldigten erforderlich war.

4 **Vorschuß**

Der bestellte Verteidiger hat gegen die Staatskasse einen Anspruch auf Vorschuß für Gebühren und Auslagen nach Maßgabe des § 127 Satz 1 BRAGO. Dieser ist durch Erinnerung und Beschwerde gegen die ablehnende Entscheidung der Urkundsbeamten verfolgbar.

§ 98 Festsetzung der Gebühren

(1) **Die aus der Staatskasse zu gewährende Vergütung wird auf Antrag des Rechtsanwalts von dem Urkundsbeamten der Geschäftsstelle des Gerichts des ersten Rechtszuges festgesetzt. § 104 Abs. 2 der Zivilprozeßordnung gilt sinngemäß.**

(2) **Über die Erinnerung des Rechtsanwalts oder der Staatskasse gegen die Festsetzung nach Absatz 1 entscheidet der Vorsitzende des Gerichts des ersten Rechtszuges durch Beschluß.**

(3) **Gegen den Beschluß ist Beschwerde nach den Vorschriften der §§ 304 bis 310, 311 a der Strafprozeßordnung zulässig.**

(4) **Das Verfahren über die Erinnerung und über die Beschwerde ist gebührenfrei. Kosten werden nicht erstattet.**

Einzelanmerkung

Die Vorschrift regelt die Festsetzung der aus der Staatskasse zu gewährenden Vergütung. Sie gilt nicht für den Anspruch des gerichtlich bestellten StB gegen den Beschuldigten. Schließlich gilt die Vorschrift nicht für die Festsetzung der Kosten, die von einem Beteiligten einem anderen Beteiligten zu erstatten sind.

Der StB muß einen Antrag auf Festsetzung der Vergütung stellen. Anzugeben sind die Beträge der einzelnen Gebühren unter Angabe der angewandten Gebührenvorschriften. Der Antrag ist immer an den Urkundsbeamten der Geschäftsstelle des Gerichts des ersten Rechtszuges zu richten. Das

gilt auch dann, wenn der StB von dem Gericht der höheren Instanz bestellt worden ist. Hat der BFH den Verteidiger bestellt und gemäß § 103 BRAGO die Bundeskasse die Vergütung zu zahlen, hat der Urkundsbeamte der Geschäftsstelle des Gerichts des ersten Rechtszuges die Durchschrift des Festsetzungsgesuches dem BFH zur Erteilung der Auszahlungsanordnung zu übersenden. Gegen den Festsetzungsbeschluß ist die unbefristete Erinnerung gegeben.
Über die Erinnerung entscheidet der Vorsitzende des Gerichts des I. Rechtszuges durch Beschluß. Gegen diesen Beschluß ist nach den Vorschriften der §§ 304 bis 310, 311 a der StPO Beschwerde zulässig. Nach § 304 Absatz 3 Satz 2 StPO ist die Beschwerde aber nur zulässig, wenn der Wert des Beschwerdegegenstandes DM 100,– übersteigt. Der StB kann also gegen den Beschluß des Vorsitzenden über die Erinnerung nur Beschwerde einlegen, wenn er mit der Beschwerde erreichen will, daß mindestens DM 100,01 an Kosten mehr festgesetzt werden (Gerold/Schmidt Anmerkung 7 zu § 98).
Eine Vergütung erhält der StB für die Verfahren der Absätze 1 bis 3 nicht, also auch nicht im Erinnerungs- und Beschwerdeverfahren.

§ 99 Strafsachen besonderen Umfangs

(1) **In besonders umfangreichen oder schwierigen Strafsachen ist dem gerichtlich bestellten Rechtsanwalt für das ganze Verfahren oder für einzelne Teile des Verfahrens auf Antrag eine Pauschvergütung zu bewilligen, die über die Gebühren des § 97 hinausgeht.**

(2) **Über den Antrag entscheidet das Oberlandesgericht, zu dessen Bezirk das Gericht gehört, bei dem die Strafsache im ersten Rechtszug anhängig ist oder war. Der Bundesgerichtshof ist zur Entscheidung berufen, soweit er den Rechtsanwalt bestellt hat. In dem Verfahren ist die Staatskasse zu hören.**

Einzelanmerkung

Die Vergütung, die der Pflichtverteidiger für seine Tätigkeit gemäß § 97 BRAGO aus der Staatskasse erhält, liegt – wie die Vergütung des im Wege der Prozeßkostenhilfe beigeordneten StB – unter den Normalgebühren. Für den Regelfall kann diese geringe Vergütung hingenommen werden. In besonders umfangreichen oder schwierigen Verfahren kann sich die Vergütung des § 97 BRAGO jedoch als zu niedrig erweisen. § 99 BRAGO gewährt deshalb die Möglichkeit, eine höhere Pauschvergütung zu bewilligen. Zweck der Vorschrift ist es, eine Ausgleichsmöglichkeit für solche Fälle zu schaffen, in denen die gesetzlichen Gebühren die Arbeit des bestellten Verteidigers nicht ausreichend abgelten.
Für die Bewilligung einer Pauschvergütung ist es nicht Voraussetzung, daß beide in § 99 Absatz 1 Satz 1 BRAGO genannten Merkmale erfüllt sind. Es ist ausreichend, daß es sich um ein besonders umfangreiches **oder** besonders schwieriges Strafverfahren handelt.

Bei dem Umfang der Sache sind zu berücksichtigen der zeitliche Aufwand, den der StB auf die Sache verwenden muß. Liegt dieser zeitliche Aufwand erheblich über dem Zeitaufwand, den der StB einer „normalen" Sache vor dem Gericht der gleichen Ordnung zu widmen hat, so kann von einer besonders umfangreichen Strafsache i. S. des § 99 BRAGO ausgegangen werden. Anzeichen für eine besonders umfangreiche Strafsache sind auch der Umfang der Akten, die Dauer der Hauptverhandlung, die Anzahl der Fortsetzungsverhandlungen, die Dauer des Verfahrens insgesamt usw. (Gerold/Schmidt Anmerkung 3 zu § 99).

Eine besonders schwierige Strafsache i. S. des § 99 BRAGO liegt vor, wenn die Sache aus tatsächlichen oder aus rechtlichen Gründen schwieriger ist, als vergleichbare Verfahren vor dem Gericht derselben Ordnung (Gerold/Schmidt Anmerkung 4 und 5 zu § 99). Zur Höhe der Pauschvergütung kommt es auf den Einzelfall an. Die Pauschvergütung bewegt sich in der Regel im Rahmen der im Gesetz festgelegten Wahlanwaltsgebühren. Sie kann aber auch die im Gesetz festgelegten Höchstbeträge übersteigen (Gerold/Schmidt Anmerkung 10 zu § 99).

Durch die Pauschvergütung wird nur der Gebührenanspruch des StB abgegolten. Die Auslagen sind gesondert festzusetzen.

Das Verfahren auf Bewilligung der Pauschvergütung ist ein formales gerichtliches Verfahren, in dem den Beteiligten das rechtliche Gehör gewährt werden muß.

Die Entscheidung des Gerichts ergeht durch Beschluß, der unanfechtbar ist. Gegenvorstellungen sind jedoch zulässig.

§ 100 Anspruch gegen den Beschuldigten

(1) **Der gerichtlich bestellte Rechtsanwalt kann von dem Beschuldigten die Zahlung der Gebühren eines gewählten Verteidigers verlangen; er kann jedoch keinen Vorschuß fordern. Der Anspruch gegen den Beschuldigten entfällt insoweit, als die Staatskasse nach den §§ 97 und 99 Gebühren gezahlt hat.**

(2) **Der Anspruch kann nur insoweit geltend gemacht werden, als dem Beschuldigten ein Erstattungsanspruch gegen die Staatskasse zusteht, oder das Gericht des ersten Rechtszugs auf Antrag des Rechtsanwalts nach Anhörung des Beschuldigten feststellt, daß dieser ohne Beeinträchtigung des für ihn und seine Familie notwendigen Unterhalts zur Zahlung in der Lage ist. Ist das Verfahren nicht gerichtlich anhängig geworden, so entscheidet das Gericht, das den Verteidiger bestellt hat. Gegen den Beschluß ist sofortige Beschwerde nach den Vorschriften der §§ 304 bis 311 a der Strafprozeßordnung zulässig.**

(3) **Der für den Beginn der Verjährung maßgebende Zeitpunkt tritt mit der Rechtskraft der das Verfahren abschließenden gerichtlichen Entscheidung, in Ermangelung einer solchen mit der Beendigung des Verfahrens ein. Von der in Absatz 2 Satz 1 vorgesehenen Feststellung des Gerichts ist der Lauf der Verjährungsfrist nicht abhängig.**

Anmerkungsübersicht

1 Allgemeines

Es handelt sich um eine Vorschrift, die dem gerichtlich bestellten Verteidiger unter bestimmten Umständen einen Anspruch gegen den Beschuldigten auf Zahlung der angemessenen Wahlverteidigergebühr gibt. Auch dann, wenn der Pflichtverteidiger neben einem Wahlanwalt bestellt worden ist, hat er einen Anspruch gegen den Beschuldigten.

2 Anspruch gegen den Beschuldigten

Der gerichtlich bestellte Verteidiger kann nach § 100 BRAGO von dem Beschuldigten die Zahlung der Gebühren eines gewählten Verteidigers verlangen. Der Gebührenanspruch gegen den Beschuldigten tritt kraft Gesetzes neben den Vergütungsanspruch gegen die Staatskasse. Anders als beim im Wege der Prozeßkostenhilfe beigeordneten StB entspringt der Gebührenanspruch des bestellten Verteidigers gegen den Beschuldigten nicht einem Geschäftsbesorgungsvertrag, sondern hat seine Grundlage im öffentlichen Recht.
Den Anspruch auf Zahlung der Wahlverteidigergebühren kann der StB gegenüber dem Beschuldigten jedoch nur geltend machen, wenn dieser ohne Beeinträchtigung des für ihn und seine Familie notwendigen Unterhaltes zur Zahlung der Wahlverteidigervergütung in der Lage ist (siehe hierzu auch nachfolgende Anmerkung 3).
Der StB hat also zunächst bei dem Gericht des I. Rechtszuges den Antrag zu stellen:
In pp … beantrage ich, festzustellen, daß der Beschuldigte in der Lage ist, ohne Beeinträchtigung des für ihn und seine Familie notwendigen Unterhaltes Wahlverteidigergebühren zu zahlen.
Erst wenn das Gericht diesen Antrag dann positiv beschieden hat, kann der StB den Beschuldigten die Wahlverteidigergebühren in Rechnung stellen. Beträge die er aus der Staatskasse gem. § 97 oder § 99 BRAGO erhalten hat, hat er abzusetzen.
Eines vorherigen Antrages auf Feststellung, daß der Beschuldigte in der Lage ist, die Wahlverteidigergebühren zu zahlen, bedarf es nicht, wenn der Angeklagte freigesprochen worden ist und einen Kostenerstattungsanspruch gegenüber der Staatskasse hat. In diesem Fall kann der StB sofort Festsetzung der Wahlverteidigergebühren gegenüber der Staatskasse im Namen des Angeklagten beantragen. Es empfiehlt sich, daß der StB sich den Kostenerstattungsanspruch des früheren Angeklagten – zur Absicherung seines Vergütungsanspruches – abtreten läßt.

3 **Leistungsfähigkeit**

Die Leistungsfähigkeit des Beschuldigten ist nach § 100 Absatz 2 BRAGO Voraussetzung des Anspruchs auf Zahlung der Gebühr eines gewählten Verteidigers. Maßgebend sind die wirtschaftlichen Verhältnisse des Beschuldigten im Zeitpunkt der Entscheidung des Gerichts. Bei der Feststellung der Leistungsfähigkeit des Beschuldigten ist auch zu prüfen, ob dem Beschuldigten Ansprüche gegen dritte Personen zustehen. Zuständig für die Entscheidung über die Leistungsfähigkeit des Beschuldigten ist nach § 100 Absatz 2 Satz 1 BRAGO das Gericht des ersten Rechtszugs. Wie bereits in der vorangegangenen Anmerkung 2 erwähnt, muß der StB zunächst bei Gericht beantragen, daß der Beschuldigte ohne Beeinträchtigung des für ihn und seine Familie notwendigen Unterhaltes zur Zahlung der Wahlverteidigergebühren in der Lage ist. In dem Antrag wird der StB Ausführungen zur Leistungsfähigkeit, des Beschuldigten machen müssen (Gerold/Schmidt Anmerkung 7 zu § 100).

Der Angeklagte ist immer leistungsfähig, ohne Rücksicht auf seine persönlichen und wirtschaftlichen Verhältnisse, wenn er im Rahmen eines Freispruches den Kostenerstattungsanspruch gegenüber der Staatskasse hat. Dann kann der StB direkt im Namen des Angeklagten die Wahlverteidigervergütung zur Festsetzung gegenüber der Staatskasse beantragen.

§ 101 Anrechnung, Rückzahlung

(1) **Vorschüsse und Zahlungen, die der Rechtsanwalt vor oder nach der gerichtlichen Bestellung für seine Tätigkeit in der Strafsache von dem Beschuldigten oder einem Dritten nach dieser Gebührenordnung oder auf Grund einer Vereinbarung erhalten hat, sind auf die von der Staatskasse zu zahlenden Gebühren anzurechnen. Hat der Rechtsanwalt von dem Beschuldigten oder einem Dritten Zahlungen empfangen, nachdem er Gebühren aus der Staatskasse erhalten hat, so ist er zur Rückzahlung an die Staatskasse verpflichtet.**

(2) **Die Anrechnung oder Rückzahlung unterbleibt, soweit der Rechtsanwalt durch diese insgesamt weniger als den doppelten Betrag der ihm nach § 97 zustehenden Gebühr erhalten würde.**

(3) **Vorschüsse und Zahlungen, die für die Anrechnung oder die Pflicht zur Rückzahlung nach den Absätzen 1 und 2 von Bedeutung sind, hat der Rechtsanwalt der Staatskasse anzuzeigen.**

Einzelanmerkung

Die Vorschrift des § 101 BRAGO, die der ähnlichen Vorschrift des § 129 BRAGO entspricht, aber einen weiteren Umfang hat, ist mit Rücksicht auf die Möglichkeit des § 100 BRAGO getroffen worden. Sie regelt die Anrechnung von Vorschüssen und Zahlungen, die der Pflichtverteidiger – sei es vor, sei es nach der Bestellung – von dem Beschuldigten oder einem Dritten erhalten hat. Es sind jedoch nur solche Zahlungen anzurechnen, die Tätig-

keiten betreffen, für die dem bestellten Verteidiger auch ein Gebühren- oder Pauschvergütungsanspruch gegen die Staatskasse zusteht. Nur in derselben Strafsache erhaltene Beträge sind anzurechnen oder zurückzuzahlen. Für eine Anrechnung ist selbstverständlich kein Raum, wenn der Beschuldigte oder ein erstattungspflichtiger Gegner die Pflichtverteidigergebühr der Staatskasse erstattet hat. Auf mehr als die Rückzahlung verauslagter Pflichtverteidigergebühren hat die Staatskasse keinen Anspruch.
Die Anrechnung oder Rückzahlung unterbleibt nach § 101 Absatz 2 BRAGO, soweit der StB durch diese insgesamt weniger als das Doppelte der ihm nach § 97 BRAGO zustehenden Gebühr erhalten würde. Die Entscheidung, ob und welche Beträge zurückzuzahlen sind, ist gemäß § 98 BRAGO zu treffen.

Beispiel 1:
Der StB war als Pflichtverteidiger in der Hauptverhandlung vor dem Amtsgericht tätig. Er hat einen Vorschuß in Höhe von DM 350,– von dem Angeklagten erhalten.
Der StB kann abrechnen:

Gebühr für Hauptverhandlung gem. §§ 97, 83 Absatz 1 Nummer 3 BRAGO	DM 400,—
zzgl. Auslagen, Schreibauslagen, Umsatzsteuer. pp.	
Das Doppelte der dem StB zustehenden Pflichtverteidigergebühren beträgt: (DM 400,– + DM 400,– =)	DM 800,—

Dieser Betrag darf nicht überschritten werden. Dieser Betrag wird auch nicht überschritten:
Vorschuß DM 350,– + Vergütung aus der Staatskasse DM 400,– = DM 750,–.

Beispiel 2:
– Sachverhalt wie bei Beispiel 1, jedoch hat der StB einen Vorschuß in Höhe von DM 500,– von dem Angeklagten erhalten.
Das Doppelte der Pflichtverteidigergebühren beträgt (DM 400,– + DM 400,– =) DM 800,–. Gem. § 101 Absatz 2 BRAGO unterbleibt die Anrechnung dann, soweit der RA durch diese insgesamt weniger als den doppelten Betrag der ihm nach § 97 BRAGO zustehenden Gebühren erhalten würde. Weniger als das Doppelte wäre hier: DM 799,99.
Der StB hat bereits als Vorschuß von dem Angeklagten erhalten: DM 500,–.

Er darf maximal erhalten:	DM 799,99.
Er kann folglich noch aus der Staatskasse beanspruchen:	DM 299,99

zzgl. Auslagen, Schreibauslagen, Umsatzsteuer pp.
(so auch: Gerold/Schmidt Anmerkung 6 zu § 101).

Teilweise wird in der Literatur eine andere Auffassung vertreten: Nach dieser Auffassung ist nur der Teil des Vorschusses auf die aus der Staatskasse zu zahlende Vergütung anzurechnen, der das Doppelte der Pflichtverteidigergebühren **übersteigt** (Hansens Anmerkung 5 zu § 101 mit Beispielen; Hartmann, Kostengesetze, Anmerkung 13 zu § 101 BRAGO; Göttlicher/Mümmler „Pflichtverteidiger" 15.2).

§ 103 Bundeskasse, Landeskasse

(1) **Staatskasse im Sinne dieser Vorschriften ist die Bundeskasse, wenn ein Gericht des Bundes, die Landeskasse, wenn ein Gericht des Landes den Rechtsanwalt bestellt oder beigeordnet hat.**

(2) **Hat zuerst ein Gericht des Bundes und sodann ein Gericht des Landes den Rechtsanwalt bestellt oder beigeordnet, so zahlt die Bundeskasse die Vergütung, die der Rechtsanwalt während der Dauer der Bestellung oder Beiordnung durch das Gericht des Bundes verdient hat, die Landeskasse die dem Rechtsanwalt darüber hinaus zustehende Vergütung. Dies gilt sinngemäß, wenn zuerst ein Gericht des Landes und sodann ein Gericht des Bundes den Rechtsanwalt bestellt oder beigeordnet hat.**

Anmerkungsübersicht

1 Allgemeines

Die Vorschrift dient der Klarstellung der zur Erstattung der Kosten bei Bestellung oder Beiordnung eines StB verpflichteten Kasse.

2 Anwendung

Für die Bestimmung der zahlungspflichtigen Kasse kommt es auf den Bestellungsakt an, d. h. welches Gericht die Bestellung ausgesprochen hat. Die Bundeskasse ist danach zahlungspflichtig, wenn der BFH den StB bestellt oder beigeordnet hat.
Welche Stelle als Bundes- oder Landeskasse jeweils in Frage kommt und welcher Beamte für die Empfangnahme der Zahlungsanzeige zuständig ist, ergibt sich aus dem Gesetz nicht. Da der BFH und auch die FG einen eigenen Haushalt für diese Kosten haben, sind die Anzeigen an die jeweiligen Gerichte zu richten. Zuständig dürfte der festsetzende Urkundsbeamte bzw. Rechtspfleger sein.
Für die Aufspaltung nach Absatz 2 kommt es darauf an, welche Gebühren und Auslagen der StB während der Dauer seiner Bestellung durch das erste Gericht bereits „verdient" hat. Wenn eine besondere Pauschvergütung nach § 99 BRAGO bewilligt wurde, entscheidet die Tätigkeit, die während der Dauer der ersten oder zweiten Bestellung entfaltet wurde. Nach dem Maß dieser Tätigkeit ist die Pauschvergütung auf die beiden Kassen zu verteilen.

Siebenter Abschnitt. Gebühren in Bußgeldverfahren

§ 105 Bußgeldverfahren

(1) **Im Bußgeldverfahren sind die Vorschriften des Sechsten Abschnitts entsprechend anzuwenden.**

(2) **Der Gebührenrahmen bestimmt sich nach § 83 Abs. 1 Nr. 3. Dies gilt auch, wenn das Gericht im schriftlichen Verfahren nach § 72 des Gesetzes über Ordnungswidrigkeiten entscheidet. Für das Verfahren vor der Verwaltungsbehörde und dem sich anschließenden Verfahren bis zum Eingang der Akten bei Gericht ist § 84 entsprechend anzuwenden.**

Anmerkungsübersicht

1 **Allgemeines**

Steuerordnungswidrigkeiten (Zollordnungswidrigkeiten) und Ordnungswidrigkeiten der StB werden im Bußgeldverfahren verfolgt. Sie sind Zuwiderhandlungen, die nach den Steuergesetzen mit Geldbuße geahndet werden können. Hierzu zählen insbesondere die leichtfertige Steuerverkürzung (§ 378 AO), die Steuergefährdung (§ 379 AO), die Gefährdung der Abzugssteuern (§ 380 AO), die Verbrauchsteuergefährdung (§ 381 AO), die Gefährdung der Eingangsabgaben (§ 382 AO), der unzulässige Erwerb von Steuererstattungs- und -vergütungsansprüchen (§ 383 AO). Das Bußgeldverfahren ist in dem Gesetz über Ordnungswidrigkeiten (OWiG) geregelt. Für die Anwendung des § 105 BRAGO kommt es ausschlaggebend darauf an, ob das Verfahren von dem FA als Bußgeldverfahren betrieben wird oder nicht. Dagegen ist es für den Gebührentatbestand des § 105 BRAGO unerheblich, ob das dem Betroffenen vorgeworfene Verhalten tatsächlich eine Ordnungswidrigkeit darstellt oder nicht.
Ergänzend gelten die in § 410 AO aufgeführten Vorschriften der AO. Zuständige Verwaltungsbehörde ist das FA. Dieses ermittelt und erläßt ggfs. einen Bußgeldbescheid, gegen den Einspruch eingelegt werden kann. Zur Entscheidung ist sodann der Strafrichter zuständig. Dieser entscheidet nach einer Hauptverhandlung durch Urteil. Hält er eine Hauptverhandlung nicht für erforderlich, so kann er durch Beschluß entscheiden, wenn der Betroffene und die Staatsanwaltschaft diesem Verfahren nicht widersprechen. Der Strafrichter weist sie zuvor auf die Möglichkeit eines solchen Verfahrens und des Widerspruchs hin und gibt ihnen Gelegenheit, sich zu äußern. Gegen die

Entscheidung des Strafrichters ist unter den Voraussetzungen des § 72 OWiG die Rechtsbeschwerde zulässig.
In diesem Verfahren kann ein StB gemäß §§ 410, 392 AO abweichend von § 138 Absatz 1 StPO zum Verteidiger gewählt werden. Der Betroffene kann sich dabei in jeder Lage des Verfahrens eines StB als Verteidiger bedienen.

2 Verfahren vor dem Finanzamt

Das Bußgeldverfahren vor dem FA beginnt mit der Aufnahme der Ermittlungen. Der StB, der nach dem Beginn tätig wird, hat Anspruch auf die Gebühr des § 105 Absatz 2 Satz 3 BRAGO. Dieser erklärte § 84 BRAGO für entsprechend anwendbar. Der StB, der im Bußgeldverfahren vor der Verwaltungsbehörde tätig wird, erhält also eine Gebühr gem. § 84 Absatz 1, 1. Alternative BRAGO innerhalb des Gebührensatzrahmens des § 83 Absatz 1 Nummer 3 BRAGO. Gem. § 84 Absatz 1 Satz 1 BRAGO ist die Gebühr aber innerhalb des **halben** Gebührenrahmen des § 83 Absatz 1 Nummer 3 BRAGO zu bestimmen. Der halbe Gebührenrahmen beläuft sich von DM 50,– bis DM 650,–; die Mittelgebühr beträgt DM 350,–. Liegt eine der Voraussetzungen des § 84 Absatz 2 BRAGO vor, und hat der StB entsprechend mitgewirkt, so ist die Gebühr für das vorbereitende Verfahren innerhalb des **vollen** Gebührenrahmens des § 83 Absatz 1 Nummer 3 BRAGO zu bestimmen. Der volle Gebührenrahmen beläuft sich von DM 100,– bis DM 1.300,–, Mittelgebühr also DM 700,–. In Bußgeldverfahren kann insbesondere § 84 Absatz 2 Satz 1 Nummer 1 BRAGO zur Anwendung kommen: Der StB kann seine Gebühr für das Bußgeldverfahren also innerhalb des vollen Gebührenrahmens bestimmen, wenn das Verfahren endgültig **eingestellt wird.**

Beispiel 1:

Der StB vertritt den Mandanten in einem diesem gegenüber anhängigen Bußgeldverfahren. Er fertigt eine Stellungnahme und reicht diese bei der Finanzbehörde, bei welcher das Verfahren geführt wird, ein. Die Finanzbehörde erlässt einen Bußgeldbescheid, gegen den kein Einspruch eingelegt wird. Der StB kann berechnen:

1. Gebühr für Verfahren vor der Verwaltungsbehörde gem. §§ 12, 105 Absatz 2 Satz 3, 84 Absatz 1, 1. Alternative, 83 Absatz 1 Nummer 3 BRAGO	DM 350,—

\+ Auslagen, Schreibauslagen, Umsatzsteuer pp.
Es wurde die Mittelgebühr in Ansatz gebracht.

Beispiel 2:

Der StB vertritt den Mandanten in dem Bußgeldverfahren vor der Finanzbehörde. Er fertigt eine umfangreiche Stellungnahme und reicht diese bei der Finanzbehörde ein. Die Finanzbehörde stellt daraufhin das Bußgeldverfahren endgültig ein.
Der StB kann berechnen:

1. Gebühr für Bußgeldverfahren vor der Verwaltungsbehörde gem. §§ 12, 105 Absatz 2 Satz 3, 84 Absatz 1, 1. Alternative i. V. mit Absatz 2, 83 Absatz 1 Nummer 3 BRAGO	DM 700,—

\+ Auslagen, Schreibauslagen, Umsatzsteuer pp.

Es wurde die Mittelgebühr in Ansatz gebracht. Da das Verfahren endgültig eingestellt wurde, kann der StB seine Gebühr innerhalb des vollen Gebührenrahmens des § 83 Absatz 1 Nummer 3 BRAGO bestimmen. Dies ergibt sich aus § 84 Absatz 2 Nummer 1 BRAGO, der entsprechend anwendbar ist.

Das Verfahren vor der Verwaltungsbehörde endet – im gebührenrechtlichen Sinne – mit Eingang der Akten bei Gericht. Bis zu diesem Zeitpunkt gilt die eine Gebühr des § 84 Absatz 1 BRAGO die Tätigkeit des StB ab.

3 Verfahren vor dem Amtsgericht

Das Verfahren vor dem AG beginnt eindeutig nach Änderung des § 105 Absatz 1 BRAGO mit dem Eingang der Akten bei Gericht und endet mit dem Erlaß eines Urteils bei Durchführung einer Hauptverhandlung oder mit dem Erlaß eines Beschlusses, wenn eine Hauptverhandlung nicht stattfindet.

Hat der StB in einer **Hauptverhandlung** den Mandanten verteidigt, so erhält er gem. § 105 Absatz 1 BRAGO die Gebühr des § 83 Absatz 1 Nummer 3 BRAGO. Die Gebühr ist innerhalb des dort festgelegten Gebührenrahmens von DM 100,– bis DM 1.300,– (Mittelgebühr DM 700,–) unter Berücksichtigung der Merkmale des § 12 BRAGO zu bestimmen. Für eine **Fortsetzungsverhandlung** erhält der StB die Gebühr des § 83 Absatz 2 Nummer 3 BRAGO, die innerhalb eines dort festgelegten Gebührenrahmens von DM 100,– bis DM 650,– (Mittelgebühr als DM 375,–) unter Berücksichtigung der Merkmale des § 12 BRAGO zu bestimmen ist.

Ist der StB im Verfahren vor dem Amtsgericht nur **außerhalb der Hauptverhandlung tätig** oder **findet eine Hauptverhandlung nicht statt,** so erhält er eine Gebühr gem. § 84 Absatz 1, **2. oder 3. Alternative** BRAGO. Diese Gebühr bestimmt sich, wenn die Voraussetzungen des § 84 Absatz 2 BRAGO oder die des § 105 Absatz 2 Satz 2 BRAGO nicht vorliegen, innerhalb des halben Gebührenrahmens des § 83 Absatz 1 Nummer 3 BRAGO. Der halbe Gebührenrahmen beträgt: DM 50,– bis DM 650,– (Mittelgebühr DM 300,–). Liegen dagegen die Voraussetzungen des § 84 Absatz 2 BRAGO oder die des § 105 Absatz 2 Satz 2 BRAGO vor, so gilt das in den nachfolgenden beiden Absätzen Gesagte.

Findet im Verfahren vor dem Amtsgericht eine Hauptverhandlung nicht statt oder ist der StB nur außerhalb der Hauptverhandlung tätig, und liegt eine der **Voraussetzungen des § 84 Absatz 2 BRAGO vor,** so kann der StB die Gebühr des § 84 Absatz 1, 2. oder 3. Alternative BRAGO innerhalb des **vollen** Gebührenrahmens des § 83 Absatz 1 Nummer 3 BRAGO bestimmen. Der Gebührenrahmen ist dann derselbe, wie wenn der StB in einer Hauptverhandlung verteidigt. In Betracht kommen hier die Vorschriften des § 84 Absatz 2 Nummer 1 BRAGO – **endgültige Einstellung** des Verfahrens – und die Vorschrift des § 84 Absatz 2 Nummer 3 BRAGO. Danach erhält der StB eine Gebühr innerhalb des vollen Gebührenrahmens, wenn der **Einspruch gegen den Bußgeldbescheid** mindestens zwei Wochen vor dem Hauptverhandlungstermin **zurückgenommen wird.**

Eine Gebühr innerhalb des vollen Gebührenrahmens des § 83 Absatz 1 Nummer 3 BRAGO erhält der StB auch dann, wenn das **Gericht im schriftlichen Verfahren nach § 72 OWiG** entscheidet, also aus diesem Grund keine Hauptverhandlung stattfindet. Dies ergibt sich aus § 105 Absatz 2 Satz 2 BRAGO. Die Gebühren für das gerichtliche Verfahren können neben den Gebühren entstehen, die dem StB für seine Tätigkeit im Bußgeldverfahren vor der Verwaltungsbehörde anfallen.

Beispiel 1:

Der StB vertritt den Beschuldigten in dem Bußgeldverfahren vor der Behörde. Die Behörde erlässt einen Bußgeldbescheid. Gegen den Bußgeldbescheid wird Einspruch eingelegt. Die Sache wird an das Gericht abgegeben. Nachdem die Sache an das Gericht abgegeben worden ist, fertigt der StB eine weitere Stellungnahme für seinen Mandanten und reicht diese zur Akte. Daraufhin stellt das Gericht das Verfahren endgültig ein.
Der StB kann berechnen:

1.	Gebühr für Bußgeldverfahren gem. §§ 12, 105 Absatz 2 Satz 3, 84 Absatz 1, 1. Alternative, 83 Absatz 1 Nummer 3 BRAGO	DM 350,—
2.	Gebühr für gerichtliches Verfahren ohne Hauptverhandlung gem. §§ 12, 105 Absatz 1, 84 Absatz 1 3. Alternative i. V. mit §§ 84 Absatz 2 Nummer 1, 83 Absatz 1 Nummer 3 BRAGO	DM 700,—

\+ Auslagen, Schreibauslagen, Umsatzsteuer pp.
Es wurden jeweils Mittelgebühren in Ansatz gebracht.

Beispiel 2:

Der StB vertritt den Mandanten in dem Bußgeldverfahren vor der Finanzbehörde. Nachdem er eine Stellungnahme für seinen Mandanten bei der Bußgeldstelle der Behörde eingereicht hat, erlässt diese einen Bußgeldbescheid. Gegen den Bußgeldbescheid wird Einspruch eingelegt. In dem anschließenden Hauptverhandlungstermin vor dem Amtsgericht verteidigt der StB seinen Mandanten. Der StB kann berechnen:

1.	Gebühr für Bußgeldverfahren gem. §§ 12, 105 Absatz 2 Satz 3, 84 Absatz 1, 1. Alternative, 83 Absatz 1 Nummer 3 BRAGO	DM 350,—
2.	Gebühr für Hauptverhandlung gem. §§ 12, 105 Absatz 1, 83 Absatz 1 Nummer 3 BRAGO	DM 700,—

\+ Auslagen, Schreibauslagen, Umsatzsteuer pp.
Es wurden jeweils Mittelgebühren in Ansatz gebracht.

Beispiel 3:

Der StB vertritt den Mandanten in einem Bußgeldverfahren. Er reicht für den Mandanten eine Stellungnahme bei der Bußgeldstelle der Finanzbehörde ein. Die Bußgeldstelle erlässt einen Bußgeldbescheid. Gegen den Bußgeldbescheid legt der StB für seinen Mandanten Einspruch ein. Die Bußgeldstelle gibt die Akten an das Amtsgericht ab. Das Gericht bestimmt Hauptverhandlungstermin. Drei Wochen vor dem Termin wird der Einspruch gegen den Bußgeldbescheid zurückgenommen.
Der StB kann berechnen:

1.	Gebühr für Bußgeldverfahren gem. §§ 12, 105 Absatz 2 Satz 3, 84 Absatz 1, 1. Alternative, 83 Absatz 1 Nummer 3 BRAGO	DM 350,—
2.	Gebühr für gerichtliches Verfahren, Tätigkeit nur außerhalb der Hauptverhandlung gem. §§ 12, 105 Absatz 2 Satz 3, 84 Absatz 1	

3. Alternative i. V. mit §§ 84 Absatz 2 Nummer 3, 83 Absatz 1 Nummer 3 BRAGO DM 700,—
+ Auslagen, Schreibauslagen, Umsatzsteuer pp.
Vorliegend wurden Mittelgebühren in Ansatz gebracht.

4 Rechtsbeschwerdeverfahren

Das Rechtsbeschwerdeverfahren entspricht dem Revisionsverfahren. Der StB erhält für seine Tätigkeit im Rechtsbeschwerdeverfahren die Gebühren des § 86 BRAGO.
Hat im Rechtsbeschwerdeverfahren vor dem Oberlandesgericht eine Hauptverhandlung stattgefunden und hat der StB in dieser Hauptverhandlung den Beschuldigten verteidigt, so entsteht ihm eine Gebühr gem. § 86 Absatz 1 Nummer 2 BRAGO. Diese ist innerhalb des dort festgelegten Gebührenrahmens von DM 120,– bis DM 1.520,– zu bestimmen. Die Mittelgebühr beträgt DM 820,–.
Hat in dem Rechtsbeschwerdeverfahren keine Hauptverhandlung stattgefunden, so bestimmt sich die Gebühr des StB für seine Tätigkeit in dem Rechtsbeschwerdeverfahren – ohne eine Tätigkeit in einer Hauptverhandlung – gem. § 86 Absatz 3 BRAGO. Der RA erhält hiernach die Hälfte der Gebühren des § 86 Absatz 1 BRAGO. Er hat seine Gebühr also innerhalb eines Gebührenrahmens von DM 60,– bis 760,–, Mittelgebühr DM 410,– zu bestimmen.

5 Sinngemäße Anwendung der Vorschriften des Sechsten Abschnitts

Für das Bußgeldverfahren gelten auch alle anderen Vorschriften des Sechsten Abschnittes, soweit sich nicht aus der Verfahrensgestaltung im Bußgeldverfahren etwas Anderes ergibt. So sind insbesondere anwendbar die Bestimmungen des § 87 BRAGO (Pauschgebühren), § 90 BRAGO (Wiederaufnahmeverfahren), § 91 BRAGO (Gebühren für einzelne Tätigkeiten), § 92 BRAGO (Mehrere Einzeltätigkeiten), § 93 BRAGO (Gnadengesuche), § 96 BRAGO (Kostenfestsetzung).
So kann auch in Bußgeldverfahren der Gebührenrahmen um 25% überschritten werden, wenn der Beschuldigte in Haft ist. Da § 105 Absatz 1 BRAGO die Vorschriften des sechsten Abschnittes entsprechend für anwendbar erklärt, gilt auch § 83 Absatz 3 BRAGO entsprechend, wonach die vorstehend beschriebene Erhöhung des Gebührenrahmens erfolgen kann, wenn der „normale" Gebührenrahmen nicht ausreicht, um die Tätigkeit des StB angemessen zu vergüten.

6 Höhe der Gebühren

Die Höhe der Gebühr ist von dem StB gemäß § 12 BRAGO zu bestimmen. Zu beachten ist hierbei insbesondere, daß § 105 BRAGO den Rahmen der §§ 83ff. BRAGO voll übernommen hat. In dem Verfahren vor den Gerichten gilt der Rahmen der §§ 83, 86 BRAGO ohne Beschränkung. Es ist deshalb unrichtig, im Bußgeldverfahren grundsätzlich von einer geringeren Vergütung auszugehen. Die Höhe der Gebühr bemißt sich im Einzelfall vielmehr unter Berücksichtigung aller Umstände, insbesondere der Bedeutung der Angelegenheit, des Umfangs und der Schwierigkeit der steuerberaterlichen Tätigkeit sowie der Vermögens- und Einkommensverhältnisse des Auftraggebers nach billigem Ermessen. Vergleiche hierzu auch die Ausführungen bei § 12 BRAGO. Ausgangspunkt ist grundsätzlich die Mittelgebühr des jeweils in Betracht kommenden Rahmens (vergleiche Hartmann Anmerkung 17 zu § 105 mit weit. Nachw.).

7 Kostenentscheidung und Kostenfestsetzung

Stellt das FA das Bußgeldverfahren ein, fallen die Ermittlungskosten der Staatskasse zur Last. Der Betroffene hat die ihm erwachsenen Auslagen selbst zu tragen. Für eine Erstattung der StB-Kosten durch die Staatskasse ist kein Raum. Hat allerdings das FA einen Bußgeldbescheid erlassen und nimmt es ihn auf Einspruch des Betroffenen zurück oder stellt es das Verfahren ein, fallen die Kosten des Verfahrens gemäß § 105 OWiG, § 467 a StPO der Staatskasse zur Last. In diesem Falle hat die Staatskasse die entsprechenden Auslagen des Betroffenen, insbesondere die Verteidigerkosten des StB, zu erstatten.
Hat das FA die Kosten des Betroffenen der Staatskasse auferlegt, so sind die Kosten gemäß § 106 OWiG auf Antrag des Betroffenen durch das FA festzusetzen. Gegen den Festsetzungsbeschluß kann gemäß § 108 OWiG binnen zwei Wochen nach Zustellung des Bescheides Antrag auf gerichtliche Entscheidung gestellt werden.

Achter Abschnitt. Gebühren in Verfahren nach dem Gesetz über die innerdeutsche Rechts- und Amtshilfe in Strafsachen

Der Achte Abschnitt findet keine Anwendung.

Neunter Abschnitt. Gebühren in Verfahren nach dem Gesetz über die internationale Rechtshilfe in Strafsachen

Der Neunte Abschnitt findet keine Anwendung.

Zehnter Abschnitt. Gebühren im Disziplinarverfahren, im Verfahren nach der Wehrbeschwerdeordnung vor den Wehrdienstgerichten, im ehren- und berufsgerichtlichen Verfahren, bei der Untersuchung von Seeunfällen und bei Freiheitsentziehungen

§ 110 Ehren- und berufsgerichtliche Verfahren

(1) **Im Verfahren vor Ehrengerichten oder anderen Berufsgerichten wegen Verletzung einer Berufspflicht gelten die Vorschriften des Sechsten Abschnitts sinngemäß. Die Gebühren richten sich in der ersten Instanz nach den für das Verfahren vor dem Amtsgericht und im weiteren Verfahren in jedem Rechtszug nach den für das Berufungsverfahren geltenden Vorschriften.**

(2) **Soweit es sich nicht um die Verletzung einer Berufspflicht handelt, gilt die Vorschrift des § 114 über das verwaltungsgerichtliche Verfahren sinngemäß.**

Anmerkungsübersicht

1 Berufsgerichtliches Verfahren

§ 110 BRAGO behandelt die Vergütung des StB, der vor Berufsgerichten tätig wird. Diese Gerichte können dabei in zweifacher Hinsicht entscheiden: Einmal als Disziplinargerichte über Verletzung der Berufspflichten, zum anderen als eine Art VG, z.B. über die Rücknahme oder den Widerruf oder Bestellung zum StB. Dementsprechend richtet sich die Vergütung einmal nach den Gebühren in Strafsachen (Absatz 1), zum anderen nach den Gebühren, die der StB vor den VG erhält (Absatz 2). Berufsgerichte sind die Kammer für StB- und Steuerbevollmächtigtensachen beim LG (§ 95 StBerG), ein Senat für StB- und Steuerbevollmächtigtensachen beim OLG (§ 96 StBerG) und der Senat für StB- und Steuerbevollmächtigtensachen beim BGH (§ 97 StBerG).

2 Berufsgerichtliche Ahndung von Pflichtverletzungen

Die berufsgerichtliche Ahndung von Pflichtverletzungen ist in den §§ 89ff. StBerG geregelt.

3 Gebühren in Verfahren wegen Verletzung einer Berufspflicht

Im Verfahren wegen Verletzung einer Berufspflicht vor Ehrengerichten oder anderen Berufsgerichten gelten die Vorschriften des 6. Abschnittes sinngemäß. Der StB, der einen anderen StB in einem Verfahren wegen einer Verletzung einer Berufspflicht verteidigt, erhält Gebühren gem. §§ 83, 84ff. BRAGO. Gem. ausdrücklicher Bestimmung in § 110 Absatz 1 Satz 2 BRAGO kommt in dem Verfahren des I. Rechtszuges vor einem Ehrengericht oder anderen Berufsgerichten der Gebührensatzrahmen des § 83 Absatz 1 Nummer 3 BRAGO zur Anwendung.

Der StB kann für die verschiedenen Tätigkeitsbereiche, natürlich vorausgesetzt er ist in dem jeweiligen Verfahrensabschnitt auch tätig geworden, folgende Gebühren berechnen:

- für das Vorverfahren, vorausgesetzt ein derartiges findet überhaupt statt, Gebühr gem. § 84 Absatz 1 Satz 1, 1. Alternative BRAGO
  DM 50,– bis DM 650,–
  Mittelgebühr: DM 350,–
- für eine Hauptverhandlung
  Gebühr gem. § 83 Absatz 1 Nummer 3 BRAGO
  DM 100,– bis DM 1.300,–
  Mittelgebühr: DM 700,–
- für eine Fortsetzungsverhandlung gem. § 83 Absatz 2 Nummer 3 BRAGO
  DM 100,– bis DM 650,–
  Mittelgebühr: DM 375,–
- für eine Tätigkeit im gerichtlichen Verfahren, in dem eine Hauptverhandlung nicht stattfindet oder der StB als Verteidiger nur außerhalb der Hauptverhandlung tätig ist gem. § 84 Absatz 1 Satz 1, 2. oder 3. Alternative BRAGO
  DM 50,– bis DM 600,–
  Mittelgebühr: DM 350,–.

Für die Gebühren des § 84 Absatz 1 Satz 1, 1., 2. oder 3. Alternative BRAGO kann § 84 Absatz 2 BRAGO zur Anwendung kommen. Dies bedeutet, daß die Gebühr innerhalb des vollen Gebührenrahmens des § 83 Absatz 1 Nummer 3 BRAGO zu bestimmen ist, wenn eine der Voraussetzungen des § 84 Absatz 2 BRAGO eintritt (siehe hierzu Anmerkung 5 der vorstehenden Kommentierung zu § 84 BRAGO).

M. E. kann der Gebührenrahmen auch um bis zu 25% überschritten werden, wenn der StB, gegen den sich das Verfahren wegen Verletzung einer Berufspflicht richtet, sich in Haft befindet (siehe Anmerkung 6 der vorstehenden Kommentierung zu § 83 BRAGO).

Im Verfahren vor einer **höheren Instanz** des Ehrengerichtes oder eines anderen Berufsgerichtes richtet sich der Gebührenrahmen nach § 85 BRAGO (§ 110 Absatz 1 Satz 2, letzter Halbsatz BRAGO). Der StB, der also in einem höheren Rechtszug vor einem Ehren- oder anderem Berufsgericht verteidigt, kann natürlich entsprechende Tätigkeiten vorausgesetzt – folgende Gebühren erhalten:

- für die Tätigkeit in einer Hauptverhandlung gem. § 85 Absatz 1 BRAGO
  DM 120,– bis DM 1.520,–
  Mittelgebühr: DM 820,–
- für eine Fortsetzungsverhandlung gem. § 85 Absatz 2 Satz 1 BRAGO

DM 120,– bis DM 760,–
Mittelgebühr: DM 440,–

– Tätigkeit nur außerhalb einer Hauptverhandlung oder wenn eine Hauptverhandlung vor dem höheren Gericht nicht stattfindet gem. § 85 Absatz 3 BRAGO
DM 60,– bis DM 760,–
Mittelgebühr: DM 410,–.

Die Gebühren erhält der StB als Verteidiger in **jedem Rechtszug gesondert.** Vertritt der StB mehrere Beteiligte, erhöhen sich gemäß § 6 BRAGO die ihm zustehenden Mindest- und Höchstsätze um je 3/10, höchstens jedoch auf das Doppelte der Mindest- und Höchstsätze. Im Gegensatz zu dem Straf- und Bußgeldverfahren ist in diesen Verfahren die Vertretung mehrerer Auftraggeber zulässig.

4 **Einspruchsverfahren gegen eine Rüge**

Gemäß § 81 StBerG kann der Vorstand das Verhalten eines Mitglieds der Berufskammer, durch das dieses ihm obliegende Pflichten verletzt hat, rügen. Gegen den Rügebescheid kann das Mitglied Einspruch einlegen. Über den Einspruch entscheidet der Vorstand. Wird der Einspruch gegen den Rügebescheid durch den Vorstand der Berufskammer zurückgewiesen, so kann das Mitglied die Entscheidung der Kammer für StB- und Steuerbevollmächtigtensachen bei dem LG beantragen. Ein StB, der das Mitglied in diesem Verfahren vor der Berufskammer (Steuerberaterkammer) vertritt, erhält die Gebühren des § 118 BRAGO. Es sind dies die Geschäfts-, die Besprechungs- und die Beweisaufnahmegebühren. Diese Gebühren entsprechen denen des § 40 StBGebV. Es kann deshalb auf die Anmerkungen zu §§ 41 ff. StBGebV verwiesen werden. Die Gebühren des § 118 BRAGO gelten ab die Tätigkeit bis zu dem Antrag auf gerichtliche Entscheidung durch das Landgericht (Kammer für Steuerberater- und Steuerbevollmächtigtensachen) gem. § 82 StBerG.

Vertritt der StB in einem Verfahren über einen Antrag auf gerichtliche Entscheidung durch das Landgericht (Kammer für Steuerberater- und Steuerberaterbevollmächtigtensachen), nachdem der Einspruch gegen einen Rügebescheid durch den Vorstand der Berufskammer zurückgewiesen worden ist, so entstehen in diesem Verfahren Gebühren gem. § 110 Absatz 1 BRAGO, also die Gebühren der §§ 83, 84 BRAGO – siehe vorstehende Kommentierung unter Anmerkung 3 – (Gerold/Schmidt Anmerkung 4 zu § 110; Riedel/Sußbauer Anmerkung 11 zu § 110). Die Gebühren gem. § 110 BRAGO entstehen in diesem Fall m. E. gesondert neben den Gebühren gem. § 118 BRAGO für die Tätigkeit in dem Verfahren über die Rüge oder den Einspruch gegen die Rüge vor dem Vorstand der Berufskammer.

5 **Gebühren in anderweitigen Verfahren**

Unter den Voraussetzungen des § 46 StBerG kann die Bestellung zum StB zurückgenommen oder widerrufen werden. Die Rücknahme bzw. der

Widerruf der Bestellung sind ein Verwaltungsakt. Gegen ihn ist zunächst Beschwerde zu erheben. Bleibt die Beschwerde erfolglos, kann die Rücknahme bzw. der Widerruf der Bestellung mit der Anfechtungsklage angegriffen werden. Der StB erhält für seine Vertretung im Beschwerdeverfahren die Gebühren der §§ 40ff. StBGebV. Im Verfahren über die Anfechtungsklage richten sich die Gebühren gemäß § 110 Absatz 2 BRAGO nach § 114 BRAGO, d.h. der StB erhält die Gebühren des § 31 BRAGO (Gerold/Schmidt Anmerkung 9 zu § 110).

Elfter Abschnitt. Gebühren in Verfahren vor Gerichten der Verfassungsgerichtsbarkeit, vor dem Gerichtshof der Europäischen Gemeinschaften, vor Gerichten der Verwaltungs-, Sozial- und Finanzgerichtsbarkeit

§ 114 Verfahren vor Gerichten der Verwaltungs- und Finanzgerichtsbarkeit

Aus systematischen Gründen ist diese Bestimmung vor § 31 BRAGO kommentiert.

§ 117 Besonderheiten für Verfahren vor Gerichten der Finanzgerichtsbarkeit

Aus systematischen Gründen ist diese Bestimmung vor § 31 BRAGO kommentiert.

Zwölfter Abschnitt. Gebühren in sonstigen Angelegenheiten

Der Zwölfte Abschnitt findet keine Anwendung.

Dreizehnter Abschnitt. Vergütung bei Prozeßkostenhilfe

§ 121 Vergütung aus der Bundes- oder Landeskasse

Der im Wege der Prozeßkostenhilfe oder nach § 11a des Arbeitsgerichtsgesetzes beigeordnete Rechtsanwalt erhält, soweit in diesem Abschnitt nichts anderes bestimmt ist, die gesetzliche Vergütung in Verfahren vor Gerichten des Bundes aus der Bundeskasse, in Verfahren vor Gerichten eines Landes aus der Landeskasse.

Anmerkungsübersicht

1 Allgemeines

Gemäß § 142 FGO finden im finanzgerichtlichen Verfahren die Vorschriften der ZPO (§§ 114ff. ZPO) über die Prozeßkostenhilfe sinngemäße Anwendung. Danach kann einem Steuerpflichtigen die Prozeßkostenhilfe gewährt werden, wenn er die Kosten der Prozeßführung nicht, nur zum Teil oder nur in Raten aufbringen kann und die Rechtsverfolgung hinreichend Aussicht auf Erfolg besitzt. Einem Beteiligten, dem Prozeßkostenhilfe bewilligt ist, kann gemäß § 142 Absatz 2 FGO auch ein StB beigeordnet werden, wenn die Vertretung durch eine solche Person erforderlich ist.

Beigeordneter StB ist derjenige StB, den das FG einem Beteiligten zur Wahrnehmung seiner Rechte zugewiesen hat. Er erhält die Vergütung für seine Tätigkeit aus der Bundes- oder Landeskasse. Er ist somit von dem beauftragten StB als Wahlvertreter zu unterscheiden. Der beigeordnete StB kann allerdings auch der StB des Vertrauens des Beteiligten sein. Das ist z.B. dann der Fall, wenn der Beteiligte das Gericht bittet, ihm einen bestimmten StB beizuordnen, den er vielleicht bereits schon beauftragt hat, und das Gericht seine Bitte erfüllt, oder der bereits beauftragte StB namens des Steuerpflichtigen beantragt, ihn im Wege der Prozeßkostenhilfe beizuordnen.

Im allgemeinen wird der StB für den gesamten Rechtszug beigeordnet (Gebühren: §§ 31ff. BRAGO). Wenn besondere Umstände dies erfordern, kann dem Beteiligten allerdings auf seinen Antrag hin auch ein zur Vertretung bereiter StB seiner Wahl zur Wahrnehmung eines Termins zur Beweisaufnahme vor dem ersuchten Gericht (Gebühr: § 54 BRAGO) oder zur Vermittlung des Verkehrs mit dem Prozeßbevollmächtigten (Gebühr: § 52 BRAGO) beigeordnet werden (vergleiche § 121 Absatz 3 ZPO). Zur Wahrnehmung eines Termins zur Beweisaufnahme wird die Beiordnung eines anderen StB notwendig sein, wenn die Beweisaufnahme weitab von dem Sitz des FG stattfindet, so daß die Reisekosten des StB unangemessen hoch sind. Für die Beiordnung eines StB als Verkehrsanwalt ist allerdings nur selten Raum. Der StB, der z.B. den Beteiligten vor dem BFH vertritt, bedarf kaum der Unterstützung eines Verkehrsanwalts.

Die Prozeßkostenhilfe kann zu jedem Zeitpunkt wieder entzogen werden, wenn sich ergibt, daß eine der Voraussetzungen der Bewilligung nicht vorhanden war oder nicht mehr vorhanden ist (vgl. § 124 ZPO).

2 Beiordnung

Die Beiordnung erfolgt durch Beschluß des Prozeßgerichts. Ist das Verfahren in einem höheren Rechtszug anhängig, so ist das Gericht dieses Rechtszuges

zuständig. Das Gericht ist nicht gehindert, auf einen rechtzeitig – unter Umständen auch stillschweigend – gestellten Beiordnungsantrag nachträglich mit rückwirkender Kraft die Beiordnung auszusprechen. Ausnahmsweise kann auch für das Prozeßkostenhilfeverfahren selbst ein StB beigeordnet werden. Die Auswahl des beizuordnenden StB erfolgt durch den Vorsitzenden des Gerichts. Wünsche des Beteiligten hinsichtlich der Auswahl sind nach Möglichkeit zu berücksichtigen. Wirksam wird der Beiordnungsbeschluß grundsätzlich mit seiner Bekanntgabe, und zwar dem Beteiligten gegenüber, sobald ihm die Beiordnung bekanntgegeben wird. Rechte und Pflichten erwachsen dem StB in dem Zeitpunkt der Bekanntgabe an ihn.
Rückwirkende Kraft kann der Beiordnung beigelegt werden. Das muß aber ausdrücklich ausgesprochen werden oder sich zumindest aus den Umständen einwandfrei ergeben. Als Zeitpunkt, auf den die Beiordnung zurückwirkt, ist derjenige Termin anzugeben, an dem bei ordnungsgemäßem Verfahrensverlauf die Entscheidung über die Prozeßkostenhilfe getroffen worden wäre. Frühester Zeitpunkt ist der der Einreichung des Antrags. Nach Beendigung der Instanz, selbst nach Rechtskraft des Urteils, kann noch rückwirkende Beiordnung erfolgen, wenn der Antrag rechtzeitig vor Beendigung der Instanz gestellt worden ist (vergleiche OLG Düsseldorf in JurBüro 1986 S. 933; OLG Hamm in JurBüro 1986 S. 1730).

3 Vergütungsanspruch gegen die Bundes- oder Landeskasse

Der Vergütungsanspruch des beigeordneten StB gegen die Staatskasse entsteht erst dann, wenn zu der Beiordnung durch das Gericht noch ein bürgerlich-rechtliches Verhältnis hinzutritt (vergleiche LG München in AnwBl 1984 S. 508). Dieses bürgerlich-rechtliche Verhältnis wird in der Regel der zwischen dem StB und den Beteiligten abzuschließende Geschäftsbesorgungsvertrag sein. Durch die Beiordnung wird der Auftrag des Beteiligten nicht ersetzt. Es entsteht daher kein Vergütungsanspruch, wenn der beigeordnete StB anzeigt, daß der Beteiligte die Erteilung des Auftrags verweigert. Bei Vornahme unaufschiebbarer Verhandlungen durch den beigeordneten StB vor Auftragserteilung entsteht ein Vergütungsanspruch gegen den Beteiligten aus dem Gesichtspunkt der Geschäftsführung ohne Auftrag, z. B. bei Einlegung eines Rechtsmittels zur Fristwahrung. Die Haftung der Staatskasse ist beschränkt auf den Umfang der Bewilligung der Prozeßkostenhilfe und der Beiordnung. Allerdings hat der StB keinen Anspruch auf die Bezahlung solcher Gebühren, die er wegen einer offensichtlich zwecklosen oder gar unzulässigen Handlung entstehen ließ (OLG Karlsruhe in NJW-Rechtsprechungs-Report 1987 S. 63 mit weit. Nachw.).
Der privatrechtliche Vergütungsanspruch des StB muß auf einer Tätigkeit beruhen, die dem Wirksamwerden der Beiordnung entfaltet worden ist (Gerold/Schmidt Anmerkung 9 und 10 zu § 121). Der StB hat also keinen Anspruch auf eine Vergütung gegenüber der Bundes- oder Landeskasse, die durch eine Tätigkeit entstanden ist, die er vor Wirksamwerden seiner Beiordnung ausgeführt hat.

Die gesetzliche Vergütung erhält der beigeordnete StB aus der Bundes- oder Landeskasse, soweit in diesem Abschnitt nichts Anderes bestimmt ist. Gesetzliche Vergütung ist diejenige, die dem StB als wahlweise bestellter StB nach den Bestimmungen der BRAGO zustehen. Die Höhe der Gebühren wird jedoch durch § 123 BRAGO beschränkt. Auch die Erstattung der Auslagen ist gemäß § 126 BRAGO beschränkt. Für verschuldeten Wechsel des StB gilt die Sondervorschrift des § 125 BRAGO. Die Fälligkeit richtet sich nach § 16 BRAGO (OLG München in AnwBl 1985 S. 597).

§ 122 Umfang der Beiordnung

(1) **Der Anspruch des Rechtsanwalts bestimmt sich nach den Beschlüssen, durch die die Prozeßkostenhilfe bewilligt und der Rechtsanwalt beigeordnet worden ist.**

(2) **Der Rechtsanwalt erhält Vergütung aus der Bundes- oder Landeskasse, wenn er für eine Berufung oder Revision beigeordnet ist, auch für die Rechtsverteidigung gegen eine Anschlußberufung oder eine Anschlußrevision und, wenn er für die Erwirkung eines Arrests oder einer einstweiligen Verfügung beigeordnet ist, auch für die Vollziehung des Arrests oder der einstweiligen Verfügung. Dies gilt nicht, wenn der Beiordnungsbeschluß ausdrücklich bestimmt, daß der Rechtsanwalt für die Rechtsverteidigung gegen die Anschlußberufung oder Anschlußrevision oder für die Vollziehung des Arrests oder der einstweiligen Verfügung nicht beigeordnet ist.**

(3) ... (findet keine Anwendung bis Satz 2)

In anderen Angelegenheiten, die mit dem Hauptprozeß nur zusammenhängen, erhält der für den Hauptprozeß beigeordnete Rechtsanwalt Vergütung aus der Bundes- oder Landeskasse nur dann, wenn er ausdrücklich auch hierfür beigeordnet ist. Dies gilt insbesondere für

1. **die Zwangsvollstreckung (den Verwaltungszwang);**
2. **das Verfahren über den Arrest, die einstweilige Verfügung und die einstweilige Anordnung;**
3. **das selbständige Beweisverfahren;**
4. **das Verfahren über die Widerklage, ausgenommen die Rechtsverteidigung gegen die Widerklage in Ehesachen.**

Anmerkungsübersicht

1 Allgemeines

Der Anspruch des StB auf Vergütung aus der Staatskasse bestimmt sich nach den Beschlüssen, durch die die Prozeßkostenhilfe bewilligt und der StB beigeordnet ist. Für eine Tätigkeit außerhalb der Bewilligung der Prozeßkostenhilfe und der Beiordnung hat der StB keinen Anspruch auf Vergütung

aus der Staatskasse. Der Zeitpunkt der Beiordnung ist von ausschlaggebender Bedeutung, weil der Vergütungsanspruch nur für solche Tätigkeiten besteht, die nach dem Wirksamwerden der Beiordnung vorgenommen worden sind. Über die Möglichkeit einer rückwirkenden Beiordnung vergleiche Anmerkung 2 zu § 121 BRAGO. Die Beiordnung erstreckt sich nur auf den Rechtszug, für den die Prozeßkostenhilfe bewilligt worden ist (§ 119 Absatz 1 ZPO). Ist der StB von dem FG für den ersten Rechtszug beigeordnet worden, muß bei dem BFH also neu um die Bewilligung von Prozeßkostenhilfe und Beiordnung nachgesucht werden. Es gilt der prozessuale Begriff des „Rechtszuges". Daher wirkt bei einer Verweisung an ein anderes Gericht die vorher bewilligte Prozeßkostenhilfe fort (Zöller Anmerkung 26 zu § 119 ZPO). Dies gilt auch bei der Zurückverweisung in die untere Instanz (Zöller Anmerkung 5 zu § 119 ZPO). Hier wirkt die frühere Beiordnung beim unteren Gericht fort. Die Bewilligung der Prozeßkostenhilfe und die Beiordnung erfolgen in der Regel für einen bestimmten Anspruch, und zwar zur Geltendmachung desselben oder zur Verteidigung gegen denselben. Erweitert die hilfebedürftige Partei die Klage oder erhebt der hilfebedürftige Beklagte Widerklage, so gelten Prozeßkostenhilfe und Beiordnung dafür nicht.
Geht also die Tätigkeit des StB über den Umfang der Beiordnung hinaus, so hat er insoweit keinen Anspruch gegen die Staatskasse. Die Beiordnung endet mit dem Tod des Beteiligten, dem Prozeßkostenhilfe bewilligt und dem der StB beigeordnet worden ist. Handelt der beigeordnete StB nach dem Tode des Beteiligten in Unkenntnis dieses Umstandes, so ist auf seinen Vergütungsanspruch gegen die Staatskasse § 674 BGB entsprechend anzuwenden. Danach gilt die Beiordnung solange als fortbestehend, bis der StB von dem Tode Kenntnis erlangt oder das Erlöschen seines Auftrages kennen muß. Die Beiordnung endet weiter mit der Aufhebung der Bewilligung der Prozeßkostenhilfe. Diese Wirkung tritt mit der Bekanntgabe ein. Vorher entstandene Vergütungsansprüche bleiben unberührt.

2 Sonderfälle des § 122 Absatz 2 BRAGO

Ist der StB für die Revision beigeordnet, so erhält er die Vergütung aus der Staatskasse auch für die Verteidigung gegen eine Anschlußrevision. Ist der Auftraggeber dagegen Rechtsmittelbeklagter, bedarf es zur Einlegung eines Anschlußrechtsmittels oder eines selbständigen Rechtsmittels stets einer besonderen Bewilligung der Prozeßkostenhilfe und einer Beiordnung.
Eine Ausnahme von der Regel des § 122 Absatz 2 Satz 1 BRAGO gilt nach Absatz 2 Satz 2 nur dann, wenn der Beiordnungsbeschluß ausdrücklich bestimmt, daß der StB für die Rechtsverteidigung gegen eine Anschlußrevision nicht beigeordnet ist.

3 Sonderfälle des § 122 Absatz 3 BRAGO

In den Angelegenheiten, die mit dem Hauptprozeß nur zusammenhängen, erhält der für den Hauptprozeß beigeordnete StB Vergütung aus der Bundes-

oder Landeskasse nur dann, wenn er ausdrücklich auch hierfür beigeordnet ist. Das gilt insbesondere für die in Absatz 3 Ziffern 1, 2 und 3 genannten Verfahren.

§ 123 Gebühren des Rechtsanwalts

Aus der Staatskasse (§ 121) werden bei einem Gegenstandswert von mehr als 6.000 Deutsche Mark anstelle der vollen Gebühr (§ 11 Abs. 1 Satz 1 und 2) folgende Gebühren vergütet:

Gegenstandswert bis ... DM	Gebühr ... DM	Gegenstandswert bis ... DM	Gebühr ... DM
7.000	390	25.000	525
8.000	405	30.000	565
9.000	420	35.000	605
10.000	435	40.000	645
12.000	445	45.000	685
14.000	455	50.000	725
16.000	465	über	
18.000	475	50.000	765
20.000	485		

Anmerkungsübersicht

1 Allgemeines

Gemäß § 121 BRAGO erhält der im Wege der Prozeßkostenhilfe beigeordnete StB aus der Staatskasse die gesetzliche Vergütung, soweit nichts Anderes bestimmt ist. Solche abweichenden Bestimmungen enthält § 123 BRAGO. Er bestimmt, daß

a) der beigeordnete StB bei Werten über DM 6.000,– niedrigere Gebühren erhält,
b) der beigeordnete StB bei Werten über DM 50.000,– eine Festgebühr erhält.

Der beigeordnete StB erhält hiernach in den Fällen, in denen die Gebühren bis zu einem Wert von DM 6.000,– anhängen, die Gebühren eines gewählten StB, und bei höheren Werten die gekürzten Gebühren nach § 123 BRAGO. Honorarvereinbarungen mit dem Auftraggeber sind der Staatskasse gegenüber bedeutungslos.

Diese Beschränkung der Gebühren ist mit dem Grundgesetz vereinbar, verstößt insbesondere nicht gegen den Gleichheitsgrundsatz. Darüber hinaus hat der beigeordnete StB gegenüber der Staatskasse Anspruch auf eine weitere Vergütung bis zur Höhe der „Regelgebühr" unter den in § 124 BRAGO genannten Voraussetzungen. Hat die Partei, der Prozeßkostenhilfe bewilligt worden ist, in dem Rechtsstreit obsiegt, so hat sie gegenüber dem unterlegenen Gegner den ganz „normalen" prozeßrechtlichen Kostenerstattungsanspruch. Sie kann vom unterlegenen Gegner aber nicht nur die geringeren Prozeßkostenhilfegebühren ersetzt verlangen, sondern volle Wahlanwaltsgebühren gem. der Tabelle zu § 11 BRAGO. Gem. § 126 ZPO ist der der hilfebedürftigen Partei im Rahmen der Prozeßkostenhilfe beigeordnete StB berechtigt, seine vollen Wahlanwaltsgebühren und Auslagen gegenüber dem unterlegenen Prozeßgegner **im eigenen Namen** geltend zu machen. Gegenüber diesem Kostenerstattungsanspruch kann der Gegner dann nur mit Kosten aufrechnen, die nach der in demselben Rechtsstreit über die Kosten erlassenen Entscheidung von der Partei zu erstatten sind (§ 126 Absatz 2 Satz 2 ZPO).
Wegen der Auslagen vergleiche § 126 BRAGO.

2 Bruchteile der vollen Gebühr

Stehen dem beigeordneten StB nur Bruchteile der vollen Gebühr zu, so erhält er die entsprechenden Bruchteile von dem in § 123 Absatz 1 BRAGO genannten Betrag. Das gilt auch bei Gegenstandswerten von mehr als DM 50.000,–. Hier beträgt z. B. die halbe Gebühr DM 382,50. Es ist also nicht etwa zuerst die volle Gebühr nach § 11 Absatz 1 Satz 2 BRAGO zu berechnen, um die Hälfte zu kürzen und für den beigeordneten StB dann diejenige Gebühr einzusetzen, die der so errechneten halben Gebühr entspricht, sondern der StB kann bei Gegenstandswerten über DM 50.000,– als volle Gebühr stets nur DM 765,– erhalten.

3 Höchstgebühr

Die Höchstgebühr von DM 765,– kann nur überschritten werden, in den Fällen des § 6 Absatz 1 Satz 2 BRAGO und in den Fällen des § 11 Absatz 1 Satz 4 und Satz 5 BRAGO.
Hat der StB also mehrere Auftraggeber denen er gleichzeitig im Rahmen der diesen bewilligten Prozeßkostenhilfe beigeordnet worden ist, so erhöht sich die 10/10 Prozeßgebühr um 3/10 unter der Voraussetzung des § 6 Absatz 1 Satz 2 BRAGO (vgl. vorstehende Kommentierung Anmerkung 2 zu § 6 BRAGO). Die 3/10 Erhöhung berechnet sich in diesem Fall von der 10/10 Ausgangsgebühr, die aus der Tabelle zu § 123 BRAGO zu entnehmen ist. Ergeben Ausgangsgebühr und die Erhöhung gem. § 6 Absatz 1 Satz 2 BRAGO einen Betrag, der DM 765,– übersteigt, so kann dieser über der Höchstgebühr liegende Betrag in Ansatz gebracht werden (möglich z. B. bei mehreren Erhöhungen aufgrund einer Vielzahl von Auftraggebern).

Im Berufungs- und Revisionsverfahren erhöht sich die 10/10 Grundgebühr um 3/10 (§ 11 Absatz 1 Satz 4 BRAGO). Auch diese Erhöhung ist zu berechnen ausgehend von den Gebühren der Tabelle zu § 123 BRAGO. Auch in diesem Fällen kann die Höchstgebühr in Höhe von DM 765,– überschritten werden.
Die Höchstgebühr in Höhe von DM 765,– kann aber dann nicht überschritten werden, wenn z.B. in einem gerichtlichen Verfahren nicht anhängige Ansprüche mitverglichen werden und sich hierdurch rechnerisch für die Prozeßgebühren (nach § 31 Absatz 1 Nummer 1 und § 32 Absatz 1 BRAGO) ein Betrag ergeben würde, der über DM 765,– liegt (vgl. Gerold/Schmidt Anmerkung 3 zu § 123).
Anders ist dies m.E. für die Vergleichsgebühr zu sehen. Die Summe der 10/10 Vergleichsgebühr des § 23 Absatz 1 Satz 3 BRAGO nach dem Wert der anhängigen Ansprüche und die der 15/10 Vergleichsgebühr des § 23 Absatz 1 Satz 1 BRAGO nach dem Wert der nichtanhängigen Ansprüche darf nicht höher sein als eine 15/10 Gebühr aus dem Gesamtwert. 15/10 aus DM 50.000,– nach der Tabelle zu § 123 BRAGO sind DM 1.147,50.
Auch wenn der Gegenstandswert DM 50.000,– übersteigt, ist eine 10/10 Gebühr der Tabelle zu § 123 BRAGO immer auf DM 765,– begrenzt.

4 Revisionsverfahren

Im Revisionsverfahren erhöhen sich die Gebühren gemäß § 11 Absatz 1 Satz 4 BRAGO um 3/10. Die 13/10-Gebühr bei Werten über DM 50.000,– beträgt sonach DM 765,– + 3/10 = DM 229,50, die 13/10 Gebühr beträgt also DM 994,50.

5 Anwendung des § 11 Absatz 2 BRAGO

Der Mindestbetrag einer Gebühr beträgt DM 20,–. Pfennigbeträge sind auf zehn Deutsche Pfennige aufzurunden.

6 Gebühren für den Antrag

Vertritt der StB **nur** in einem Verfahren über einen Antrag auf Bewilligung von Prozeßkostenhilfe oder in einem Verfahren auf Entziehung der Prozeßkostenhilfe, so erhält er hierfür gesonderte Gebühren gem. § 51 Absatz 1 BRAGO. Er kann in diesen Fällen 5/10 der in § 31 BRAGO bestimmten Gebühren erhalten. Die Gebühren für die Vertretung in dem Prozeßkostenhilfebewilligungs- oder -aufhebungsverfahren richten sich aber nach der Wahlanwaltsgebührentabelle des § 11 BRAGO. Denn in der Regel ist für das Prozeßkostenhilfebewilligungsverfahren noch keine Prozeßkostenhilfe bewilligt. Nur in ganz wenigen Ausnahmefällen, nämlich dann, wenn in dem Prozeßkostenhilfebewilligungsverfahren bereits ein Vergleich über die Hauptsache geschlossen wird, kann für den Abschluß dieses Vergleiches im Prozeßkostenhilfebewilligungsverfahren bereits Prozeßkostenhilfe gewährt werden. Dies ist in Fällen der Finanzgerichtsbarkeit aber kaum denkbar.

Wird der Rechtsanwalt aber auftragsgemäß in einem Prozeßkostenhilfebewilligungs- oder -aufhebungsverfahren tätig und ist er gleichzeitig Prozeßbevollmächtigter in der Hauptsache, so entstehen für die Tätigkeit im Rahmen des Prozeßkostenhilfebewilligungs- oder -aufhebungsverfahrens keine gesonderten Gebühren. Denn das Prozeßkostenhilfebewilligungs- oder -aufhebungsverfahren gehört zum Rechtszug (§ 37 Nummer 3 BRAGO). Siehe hierzu auch vorstehende Kommentierung zu § 51 BRAGO.
Für die Tätigkeit in einem Prozeßkostenhilfeaufhebungsverfahren (§ 124 ZPO) können dem StB dann gesonderte Gebühren, neben den Gebühren, die er in dem Hauptsacheverfahren bereits als Prozeßbevollmächtigter erhalten hat, entstehen, wenn zwischen Beendigung der Tätigkeit in der Hauptsache und dem Verfahren auf Aufhebung der Prozeßkostenhilfebewilligung mehr als zwei volle Kalenderjahre liegen. Denn nach § 13 Absatz 5 Satz 2 BRAGO gilt eine weitere Tätigkeit als neue Angelegenheit, wenn der frühere Auftrag seit mehr als zwei Kalenderjahren erledigt ist (vgl. vorstehende Kommentierung Anmerkung 7 zu § 13 BRAGO). Die Gebühren der §§ 31 ff. BRAGO für seine Tätigkeit als Prozeßbevollmächtigter in dem Hauptsacheverfahren, in welchem dem Mandanten Prozeßkostenhilfe bewilligt worden war, erhält der StB aus der Staatskasse erstattet (Gebühren nach der Tabelle zu § 123 BRAGO). Die Gebühren für die Tätigkeit in dem Verfahren über die Aufhebung der Prozeßkostenhilfebewilligung nach § 51 Absatz 1 BRAGO nach der Wahlanwaltsgebührentabelle des § 11 BRAGO kann der StB nicht gegenüber der Staatskasse geltend machen. Diese sind ihm vom Mandanten zu zahlen.

7 Geltendmachung des Erstattungsanspruchs

Der im Rahmen der dem Mandanten gewährten Prozeßkostenhilfe beigeordnete StB erhält die Vergütung aus der Staatskasse nicht automatisch, sondern nur auf Antrag erstattet. Zum Verfahren: siehe die nachfolgende Kommentierung zu § 128 BRAGO.
Die Differenz zwischen den Prozeßkostenhilfegebühren (Tabelle zu § 123 BRAGO) und den Wahlanwaltsgebühren (Tabelle zu § 11 BRAGO) kann der dem Mandanten im Rahmen der Prozeßkostenhilfe beigeordnete StB nicht gegenüber dem Mandanten geltend machen. Unter den Voraussetzungen des § 124 BRAGO hat der StB möglicherweise einen Anspruch auf Erstattung dieser Differenz, den er aber nur gegenüber der Staatskasse geltend machen kann. Die Staatskasse zieht dann im Rahmen evtl. angeordneter Ratenzahlungen diese Differenz mit ein. Siehe hierzu nachfolgende Kommentierung zu § 124 BRAGO.
Hat die Partei, der Prozeßkostenhilfe bewilligt wurde, in dem Rechtsstreit obsiegt, so hat sie den „normalen" prozeßrechtlichen Kostenerstattungsanspruch gegenüber dem unterlegenen Gegner. Wie schon unter Anmerkung 1 der vorstehenden Kommentierung zu § 123 BRAGO erörtert, hat der unterlegene Gegner Wahlanwaltsgebühren gem. der Tabelle zu § 11 BRAGO zu erstatten. Es bleibt dem im Rahmen der Prozeßkostenhilfe beigeordneten

StB überlassen, ob er direkt Festsetzung der Wahlanwaltsgebühren – im eigenen Namen gem. § 126 ZPO – gegenüber dem unterlegenen Gegner beantragt. Beschreitet er diesen Weg, und sind die festgesetzten Gebühren dann vom unterlegenen Gegner nicht beitreibbar, kann der StB dann später immer noch die Prozeßkostenhilfegebühren aus der Staatskasse erstattet erhalten. Auf dem Kostenfestsetzungsbeschluß wird dann kenntlich gemacht, daß der Anspruch in Höhe der an den StB gezahlten Prozeßkostenhilfegebühren auf die Staatskasse übergegangen ist.
Der StB kann aber auch zunächst die Prozeßkostenhilfegebühren gegenüber der Staatskasse abrechnen und nur die Differenz zu den Wahlanwaltsgebühren (Tabelle zu § 11 BRAGO) gegenüber dem unterlegenen Gegner – im eigenen Namen gem. § 126 ZPO – festsetzen lassen.

§ 124 Weitere Vergütung

(1) **Gebühren bis zur Höhe der Regelgebühren erhält der Rechtsanwalt, soweit die von der Bundes- und der Landeskasse eingezogenen Beträge den Betrag übersteigen, der zur Deckung der in § 122 Abs. 1 Nr. 1 der Zivilprozeßordnung bezeichneten Kosten und Ansprüche erforderlich ist. Die weitere Vergütung wird aus der Staatskasse gewährt, an die die Zahlungen nach § 120 Abs. 2 der Zivilprozeßordnung zu leisten waren.**

(2) **Der beigeordnete Rechtsanwalt soll eine Berechnung seiner Vergütung unverzüglich zu den Prozeßakten mitteilen.**

(3) **Die weitere Vergütung wird erst festgesetzt, wenn das Verfahren durch rechtskräftige Entscheidung oder in sonstiger Weise beendet ist und die von der Partei zu zahlenden Beträge beglichen sind oder eine Zwangsvollstreckung in das bewegliche Vermögen der Partei erfolglos geblieben ist oder aussichtslos erscheint.**

(4) **Waren mehrere Rechtsanwälte beigeordnet, so bemessen sich die auf die einzelnen Rechtsanwälte entfallenden Beträge nach dem Verhältnis der jeweiligen Unterschiedsbeträge zwischen den Gebühren nach § 123 und den Regelgebühren; dabei sind Zahlungen, die nach § 129 auf den Unterschiedsbetrag anzurechnen sind, von diesem abzuziehen.**

Anmerkungsübersicht

1 Allgemeines

Auch wenn die hilfsbedürftige Partei in der Lage ist, die Kosten der Prozeßführung zum Teil oder in Raten aufzubringen, ist ihr gemäß § 114 ZPO Prozeßkostenhilfe zu bewilligen. Die Partei ist jedoch zu einer Erstattung entsprechend ihren Verhältnissen verpflichtet. Mit der Bewilligung der Prozeßkostenhilfe setzt das Gericht deshalb gemäß § 120 ZPO die zu zahlenden Monatsraten oder die aus dem Vermögen zu zahlenden Beträge fest. Die

Zahlungen sind gemäß § 120 Absatz 2 ZPO an die Landeskasse bzw. an die Bundeskasse zu leisten. Die gezahlten Beträge sind zunächst zur Deckung der in § 122 Absatz 1 Nummer 1 ZPO aufgeführten Kosten zu verwenden, also zur Deckung der Gerichtskoten und der bereits an den Prozeßkostenbevollmächtigten gezahlten Prozeßkostenhilfegebühren. Falls darüber hinaus weitere Gelder zur Verfügung stehen, werden diese an den beigeordneten StB – über die bereits nach § 121 BRAGO gezahlte Prozeßkostenhilfevergütung hinaus – bis zur Höhe der Wahlanwaltskosten ausgezahlt. Das Verfahren bestimmt § 124 BRAGO. Diese weitere Vergütung wird durch die Staatskasse gezahlt, an die die Zahlungen von dem Auftraggeber geleistet worden sind.
Der bestellte StB erhält durch die Vorschrift des § 124 BRAGO somit unter den dort festgelegten Voraussetzungen einen gesetzlichen Anspruch gegen die Staatskasse auf die Erstattung der „weiteren Vergütung“ bis zur Höhe der „Wahlanwaltsgebühren“. Unter dem Begriff „Wahlanwaltsgebühren“ ist dabei die ungekürzte Gebühr des gewählten – vom Mandanten „frei“ beauftragten – Prozeßbevollmächtigten zu verstehen (Gebühren nach der Tabelle zu § 11 BRAGO). Unter dem Begriff „weitere Vergütung“ versteht man die Differenz zwischen den gemäß § 123 BRAGO gekürzten Prozeßkostenhilfegebühren des beigeordneten Prozeßbevollmächtigten und den Wahlanwaltsgebühren nach der Tabelle zu § 11 BRAGO.
Die Staatskasse ist verpflichtet, die bei Prozeßkostenhilfebewilligung oder nachträglich angeordneten Beträge und Raten einzuziehen, bis nicht nur die in § 122 Absatz 1 Nummer 1 BRAGO bezeichneten Gebühren und Auslagen, sondern auch die weitere Vergütung des beigeordneten StB gedeckt sind (Gerold/Schmidt Anmerkung 2 zu § 124 m. w. N.).
Gem. § 115 Absatz 4 ZPO hat die Partei, wenn im Rahmen der ihr gewährten Prozeßkostenhilfe Ratenzahlungen angeordnet sind, die Ratenzahlung grundsätzlich solange zu leisten, bis die Gerichtskosten, die an ihren Prozeßbevollmächtigten gezahlte Prozeßkostenhilfegebühren und auch die weitere Vergütung nach § 124 BRAGO gedeckt sind. Höchstens hat sie gem. § 115 Absatz 4 ZPO jedoch **48 Raten** zu zahlen. Reichen die 48 Raten nicht aus, um auch die weitere Vergütung vollständig abzudecken, so erhält der der Partei im Rahmen der Prozeßkostenhilfe beigeordnete StB nur den Betrag, der nach Deckung der Gerichtskosten und der Prozeßkostenhilfegebühren verbleibt. Der beigeordnete StB kann die Differenz bis zu den vollen Wahlanwaltsgebühren dann nicht noch gegenüber dem Mandanten persönlich geltend machen. Reichen die von der Partei gezahlten Raten nicht aus, um die Gerichtskosten und die Prozeßkostenhilfegebühren zu decken, so kann der StB keine weiteren Zahlungen auf die weitere Vergütung gem. § 124 BRAGO aus der Staatskasse – und auch nicht von dem Mandantenverlangen.

2 Berechnung der Vergütung

Hat der Auftraggeber Zahlungen von Monatsraten oder einen Teilbetrag aus seinem Vermögen zu leisten, ist damit zu rechnen, daß weitere Beträge an den beigeordneten Vertreter/Prozeßbevollmächtigten auf die weitere Ver-

gütung gem. § 124 BRAGO erfolgen werden. Der StB hat in diesem Falle gemäß § 124 Absatz 2 BRAGO zur Vorbereitung der Verteilung der eingezogenen Beträge nach Beendigung der Instanz eine Berechnung seiner Wahlanwaltsgebühren nach der Tabelle zu § 11 BRAGO zu den Prozeßakten mitzuteilen. Die ihm als beigeordnetem Prozeßbevollmächtigten gezahlte Prozeßkostenhilfevergütung ist abzuziehen.
Gem. § 128 Absatz 2 BRAGO kann der Urkundsbeamte der Geschäftsstelle dem Prozeßbevollmächtigten eine Frist von einem Monat zur Einreichung der Berechnung der Differenz zwischen den Wahlanwaltsgebühren und den Prozeßkostenhilfegebühren gem. § 124 BRAGO setzen. Diese Frist ist unbedingt einzuhalten. Kommt der StB dieser Aufforderung innerhalb der Frist nicht nach, erlischt sein Anspruch auf Zahlung der weiteren Vergütung gem. § 124 BRAGO aus der Staatskasse.

3 **Festsetzung**

Die weitere Vergütung kann erst festgesetzt werden, wenn zwei Voraussetzungen erfüllt sind:

a) Das Verfahren muß beendet sein, weil erst dann die Vergütungsberechnung eingereicht werden kann (der vom BFH beigeordnete StB kann erst dann seine Rechnung einreichen, wenn das Verfahren vor dem BFH erledigt ist).
b) Es müssen die von der hilfebedürftigen Partei an die Staatskasse zu zahlenden Beträge vollständig eingegangen sein bzw. es muß festgestellt sein, daß weitere Beträge nicht zu erlangen sind.

Sind die beiden vorgenannten Voraussetzungen erfüllt, setzt die Staatskasse auf Antrag die weitere Vergütung zugunsten des beigeordneten StB fest und nach Festsetzung und Zahlung der Raten kann die Auszahlung an den beigeordneten StB erfolgen.
Wurden Ratenzahlungen angeordnet, kann sich die Auszahlung der weiteren Vergütung also um Monate, ggfs. um Jahre verzögern. Denn die weitere Vergütung wird erst dann ausgezahlt, wenn die Mandantschaft so viele Monatsraten gezahlt hat, daß auch die weitere Vergütung gedeckt ist.
Von der hilfebedürftigen Partei nicht beitreibbare Raten hat die Staatskasse nicht von sich aus zu erstatten.
Sind mehrere StB beigeordnet, wird der zu verteilende Betrag unter den verschiedenen StB in der aus Absatz 4 ersichtlichen Weise verteilt.

§ 125 Verschulden eines beigeordneten Rechtsanwalts

Hat der beigeordnete Rechtsanwalt durch schuldhaftes Verhalten die Beiordnung eines anderen Rechtsanwalts veranlaßt, so kann er Gebühren, die auch für den anderen Rechtsanwalt entstehen, nicht fordern.

Anmerkungsübersicht

1 **Allgemeines**

§ 125 BRAGO will verhindern, daß die Bundes- oder Landeskasse die gleichen Gebühren an mehrere Rechtsvertreter oder StB bezahlen muß, wenn die Beiordnung eines weiteren Rechtsvertreters wegen **Verschuldens** des zuerst beigeordneten Rechtsvertreters erforderlich wird.
Diese Vorschrift regelt also nicht allgemein die Frage, ob dem beigeordneten Vertreter wegen eines Verschuldens die Vergütung überhaupt versagt werden kann, sondern nur den Fall, daß infolge des schuldhaften Verhaltens des Prozeßbevollmächtigten ein anderer Vertreter beigeordnet werden muß. Die Staatskasse kann deshalb auch nicht mit Schadensersatzansprüchen der Partei gegen den Vergütungsanspruch des StB aufrechnen.
Ist der Partei durch Verschulden des StB ein Schaden entstanden, so kann der StB in gleicher Weise auf Schadenersatz in Anspruch genommen werden, wie wenn er diese als Wahlvertreter vertreten hätte. Der Staatskasse stehen aber nicht wie einem Bürgen die Einreden des § 768 BGB zu. Sie kann auch nicht mit Schadenersatzansprüchen der Partei gegen den Vergütungsanspruch des StB aufrechnen.

2 **Umfang des Gebührenverlustes**

Der StB, der den Wechsel verschuldet hat, geht seines Gebührenanspruchs nur insoweit verlustig, als die Gebühren in der Person des zweiten StB oder Rechtsanwalts noch einmal entstehen.

Beispiel:

Vor dem Wechsel ist Beweis erhoben worden, danach nicht mehr. Der erste StB behält den Anspruch auf die Beweisgebühr.

Bis feststeht, inwieweit der Anspruch des Ausscheidenden durch die Vergütung des nachfolgend bestellten StB oder Rechtsanwalts beeinträchtigt ist, kann die Festsetzung für den ausscheidenden StB ausgesetzt werden.

§ 126 Auslagen

(1) **Auslagen, insbesondere Reisekosten, werden nicht vergütet, wenn sie zur sachgemäßen Wahrnehmung der Interessen der Partei nicht erforderlich waren. Nicht zu vergüten sind die Mehrkosten, die dadurch entstehen, daß der Rechtsanwalt seinen Wohnsitz oder seine Kanzlei nicht an dem Ort hat, an dem sich das Prozeßgericht oder eine auswärtige Abteilung dieses Gerichts befindet; dies gilt nicht, wenn ein Rechtsanwalt beigeordnet wird, der weder bei dem Prozeßgericht noch bei einem Gericht zugelassen ist, das sich an demselben Ort wie das Prozeßgericht befindet.**

(2) **Ob eine Reise erforderlich ist, stellt das Gericht des Rechtszugs auf Antrag vor Antritt der Reise fest. Die Feststellung, daß die Reise erforderlich ist, ist für das Festsetzungsverfahren (§ 128) bindend.**

Anmerkungsübersicht

1 Allgemeines

Gemäß § 121 BRAGO erhält der im Wege der Prozeßkostenhilfe beigeordnete StB aus der Staatskasse die „gesetzliche Vergütung", soweit nicht etwas Anderes bestimmt ist. Zur gesetzlichen Vergütung gehören außer den Gebühren auch die Auslagen. Der StB hat danach Anspruch auf vollen Ersatz seiner Auslagen. Das gilt auf jeden Fall für die Entgelte für Post- und Telekommunikationsdienstleistungen, die Schreibauslagen und die Reisekosten. Der Ersatz dieser Auslagen aus der Staatskasse ist nur insoweit eingeschränkt, als es nicht auf den Auftrag oder das Einverständnis des Auftraggebers ankommt, sondern darauf, ob die Auslagen zur sachgemäßen Wahrnehmung der Interessen der Partei erforderlich waren.
Die allgemeinen Geschäftsunkosten gehören nicht zu den Auslagen i. S. des § 126 BRAGO. Sie werden vielmehr mit den Gebühren abgegolten.
Aus der Staatskasse werden nach § 126 Absatz 1 Satz 1 BRAGO Auslagen, insbesondere Reisekosten, nicht vergütet, wenn diese zur sachgemäßen Wahrnehmung der Interessen der Partei nicht erforderlich waren, mögen sie auch mit dem Willen der Partei erwachsen sein. Die Ersatzpflicht der Partei und die der Staatskasse unterscheiden sich hiernach wie folgt: Die Partei muß die Auslagen erstatten, die sie gewünscht hat, auch wenn diese nicht unbedingt zur sachgemäßen Wahrnehmung ihrer Interessen erforderlich waren.

Beispiel:

Der auswärts wohnende Auftraggeber läßt sich fernmündlich unterrichten. Notwendig sind in der Regel nur die Briefporti. Den Unterschied muß die Partei zahlen. Die Staatskasse ist hingegen nicht verpflichtet, die Kosten für unnötige Sonderwünsche der Partei zu übernehmen. Soweit die Staatskasse für auftragsgemäß entstandene Auslagen nicht aufkommt, ist der Ersatzanspruch gegen die Partei durch die Bewilligung der Prozeßkostenhilfe nicht aufgehoben.

Zu den dem beigeordneten StB zu erstattenden Auslagen gehört auch die Umsatzsteuer.

2 Auslagen

Entgelte für Post- und Telekommunikationsdienstleistungen sind zu ersetzen, soweit sie der StB für erforderlich halten durfte (keine kleinliche Nachrechnerei). Die Pauschale des § 26 Satz 2 BRAGO für Post- und Telekommunikationsdienstleistungsentgelte ist dabei **nach der Höhe der Wahlanwaltskosten,** nicht jedoch nach den niedrigeren Gebühren des § 123 BRAGO zu bestimmen (KG Berlin in JurBüro 1980 S. 1198).

Schreibauslagen, die dem StB für zusätzlich gefertigte Abschriften und Ablichtungen zustehen, kann der beigeordnete StB aus der Staatskasse ebenfalls berechnen, wenn die Fertigung zur sachgemäßen Wahrnehmung der Interessen der Partei erforderlich war.

Kosten für die Beschaffung von Prozeßstoff sind grundsätzlich nicht zu ersetzen, da dies Sache der Partei ist, z.B. nicht die Kosten für die Beschaffung von Zeugenanschriften.

Reisen zur Wahrnehmung von Terminen vor dem Prozeßgericht sind erforderlich und deshalb erstattungsfähig. Hat der beigeordnete StB seinen Wohnsitz oder seine Kanzlei an dem Ort, an dem sich das Prozeßgericht befindet, so entstehen solche Auslagen in der Regel nur dann, wenn das Prozeßgericht Termine an einem anderen Ort abhält. Einen solchen Termin kann der beigeordnete StB wahrnehmen. In diesem Falle sind die Reisekosten zu erstatten (Gerold/Schmidt Anmerkung 15 zu § 126). Hat der StB allerdings seine Wohnung oder seine Kanzlei nicht an dem Ort, an dem sich das Prozeßgericht befindet, so sind nach § 126 Absatz 1 Satz 2 BRAGO die dadurch entstehenden Mehrkosten nicht zu vergüten (Gerold/Schmidt Anmerkung 22 zu § 126). Reist der StB jedoch zu seiner Partei, so entstehen in der Regel keine erstattungsfähigen Kosten. Der Partei an sich zufallende Auslagen können nicht dadurch auf die Staatskasse abgewälzt werden, daß sie der beigeordnete StB übernimmt.

3 Beweislast

„Die Beweislast dafür, daß die Auslagen zur sachgemäßen Wahrnehmung der Interessen der Partei nicht erforderlich waren, hat, wie aus der negativen Fassung des Absatzes 1 Satz 1 hervorgeht, die Staatskasse. Die unabhängige Stellung des beigeordneten StB soll nicht durch kleinliche Handhabung der Ersatzfrage beeinträchtigt werden. Es müssen wichtige, auf Tatsachen beruhende, Anhaltspunkte dafür bestehen, daß der StB unnötige Auslagen gemacht hat, bevor von ihm die Darlegung der Notwendigkeit gefordert wird" (zitiert nach Gerold/Schmidt Anmerkung 3 zu § 126). Die Fassung des § 126 Absatz 1 Satz 1 BRAGO soll nur dazu dienen, augenscheinlichen Mißbräuchen zu begegnen, und verhindern, daß nicht nötige Sonderwünsche der Partei aus der Staatskasse zu zahlen sind (OLG Saarbrücken in JurBüro 1986 S. 1213; OLG Schleswig in JurBüro 1985 S. 249). Im Zweifel ist die Notwendigkeit der Auslagen anzuerkennen. Es ist nicht Aufgabe des die Gebühren festsetzenden Beamten und des Gerichts, seine eigene Auffassung an die Stelle der Meinung des StB zu setzen.

4 Vorabentscheidung

Der beigeordnete StB hat ein Interesse daran, vor Antritt der Reise zu erfahren, ob er für seine Reise aus der Staatskasse entschädigt wird. Er kann deshalb vor Antritt der Reise durch das Gericht feststellen lassen, ob dieses seine Reise für erforderlich erachtet. Die getroffene Feststellung (die Reise ist notwendig) ist dann für das Festsetzungsverfahren bindend. Verneint das

Prozeßgericht die Notwendigkeit der Reise, so ist diese Feststellung ohne Wirkung. Im Festsetzungsverfahren (§ 128 BRAGO) kann diese Frage erneut zur Entscheidung gestellt werden (Gerold/Schmidt Anmerkung 26 zu § 126). Ein Rechtsmittel gegen eine ablehnende Entscheidung des Prozeßgerichts ist nach überwiegender Auffassung (vergleiche die Übersicht bei Gerold/Schmidt Anmerkung 27 zu § 126) nicht gegeben. Der StB kann jedoch gemäß § 127 BRAGO Reisekostenvorschuß fordern und gegen die Ablehnung Beschwerde einlegen. Er kann also eine Entscheidung des Beschwerdegerichts erreichen. Eine Beschwerde an den BFH ist allerdings unzulässig.

§ 127 Vorschuß

Für die entstandenen Gebühren (§ 123) und die entstandenen und voraussichtlich entstehenden Auslagen kann der Rechtsanwalt aus der Bundes- oder Landeskasse angemessenen Vorschuß fordern. § 128 gilt sinngemäß.

Einzelanmerkung

Der beigeordnete StB kann für seine Vergütung Vorschuß fordern. Das wird allerdings im allgemeinen nur dann in Betracht kommen, wenn das Verfahren sich länger hinzieht oder erhebliche Kosten entstanden sind. Voraussetzung ist weiter, daß die Gebühren bereits entstanden sind. Bei den Auslagen genügt es, daß sie voraussichtlich entstehen werden.

Beispiel:

Der in Hamburg wohnende StB muß zu einer Beweisaufnahme nach München fahren. Der StB sollte zunächst gem. § 126 Absatz 2 BRAGO vom Gericht feststellen lassen, daß diese Reise erforderlich ist. Er kann dann mit einem weiteren Antrag einen Vorschuß auf die entstehenden Reisekosten aus der Staatskasse verlangen.

Will der StB einen Vorschuß verlangen, so hat er einen entsprechenden Antrag bei dem Gericht des Rechtszuges einzureichen. Der Urkundsbeamte setzt dann auf den Antrag des StB den Vorschuß fest und anschließend zahlt die Staatskasse den Vorschuß an den StB aus. Für das Antrags-/Festsetzungs- und Rechtsbehelfsverfahren gilt § 128 BRAGO entsprechend.

§ 128 Rechtsweg

(1) **Die aus der Bundes- oder Landeskasse zu gewährende Vergütung wird auf Antrag des Rechtsanwalts von dem Urkundsbeamten der Geschäftsstelle des Gerichts des Rechtszuges festgesetzt; jedoch setzt eine aus der Landeskasse zu gewährende Vergütung, wenn das Verfahren durch rechtskräftige Entscheidung oder in sonstiger Weise beendet ist, der Urkundsbeamte des Gerichts des ersten Rechtszuges fest. § 104 Abs. 2 der Zivilprozeßordnung gilt sinngemäß. Der Antrag hat die Erklärung zu enthalten, ob und welche Zahlungen der Rechtsanwalt von**

der Partei oder einem Dritten bis zum Tage der Antragstellung erhalten hat; Zahlungen, die er nach diesem Zeitpunkt erhalten hat, hat er unverzüglich anzuzeigen.

(2) **Der Urkundsbeamte kann vor einer Festsetzung nach § 124 einen Rechtsanwalt auffordern, innerhalb einer Frist von einem Monat bei der Geschäftsstelle des Gerichts, dem der Urkundsbeamte angehört, Anträge auf Festsetzung der Vergütungen, für die ihm noch Ansprüche gegen die Bundes- oder Landeskasse zustehen, einzureichen oder sich zu den empfangenen Zahlungen (Absatz 1 Satz 3) zu erklären. Kommt der Rechtsanwalt der Aufforderung nicht nach, erlöschen seine Ansprüche.**

(3) **Über Erinnerungen des Rechtsanwalts und der Bundes- oder Landeskasse gegen die Festsetzung entscheidet das Gericht des Rechtszuges, bei dem die Vergütung festgesetzt ist, durch Beschluß. § 10 Abs. 4 gilt sinngemäß.**

(4) **Gegen den Beschluß ist die Beschwerde zulässig, wenn der Beschwerdegegenstand einhundert Deutsche Mark übersteigt. § 10 Abs. 3 Satz 2, 4 und Absatz 4 gilt sinngemäß. Eine weitere Beschwerde findet nicht statt.**

(5) **Das Verfahren über die Erinnerung und über die Beschwerde ist gebührenfrei. Kosten werden nicht erstattet.**

Anmerkungsübersicht

1 Allgemeines

§ 128 BRAGO sieht vor, daß die aus der Bundes- oder Landeskasse zu gewährende Vergütung auf Antrag des StB von dem Urkundsbeamten der Geschäftsstelle des Gerichts des entsprechenden Rechtszuges festgesetzt wird. Im üblichen Kostenfestsetzungsverfahren nach den §§ 103ff. ZPO erfolgt die Festsetzung hingegen bei dem Gericht des ersten Rechtszuges (vergleiche AG Lübeck in Rpfleger 1984 S. 75).

Dies gilt auch für die weitere Vergütung i. S. von § 124 BRAGO. Gegen die Festsetzung ist die Erinnerung und (jedoch nicht in den Verfahren vor den FG) gegen die Erinnerungsentscheidung die Beschwerde gegeben. Klargestellt ist, daß der StB für das Verfahren über die Erinnerung und die Beschwerde keine gesonderte Vergütung aus der Staatskasse erstattet erhalten kann. Das Verfahren ist gerichtsgebührenfrei. Die Festsetzung der Vergütung, die dem beigeordneten StB aus der Bundes- oder Landeskasse zu gewähren ist, erfolgt auf Antrag. Die Festsetzung der Vergütung kann jedoch von Amts wegen berichtigt werden. Antragsberechtigt ist sowohl der als Prozeßbevollmächtigter beigeordnete StB als auch der besondere Vertreter, der nur für die Wahrnehmung eines Termins zur Beweisaufnahme oder zur Vermittlung des Verkehrs mit dem Prozeßbevollmächtigten beigeordnet worden ist. Ist der StB verstorben, so sind an seiner Stelle seine Erben antragsberechtigt.

Der Anspruch des beigeordneten StB gegen die Staatskasse verjährt gemäß § 196 Ziffer 15 BGB in zwei Jahren. Die Verjährung beginnt mit dem Schluß des Kalenderjahres, in dem der Anspruch fällig geworden ist.

2 Entscheidung/Zuständigkeit

Die Entscheidung über den Antrag trifft der Urkundsbeamte der Geschäftsstelle des Gerichts des Rechtszuges. Gericht des Rechtszuges ist das Gericht, bei dem das Verfahren, für das der StB beigeordnet ist, anhängig ist oder war. Da die Beiordnung stets nur für den jeweils in Frage kommenden Rechtszug gilt, ist für die Festsetzung der in dem höheren Rechtszug zu gewährenden Vergütung der Urkundsbeamte der Geschäftsstelle des höheren Rechtszuges zuständig. Ist also der StB für das Verfahren vor dem BFH beigeordnet worden, ist der Urkundsbeamte der Geschäftsstelle des BFH für die Entscheidung zuständig. Bei Verweisung des Rechtsstreits an ein anderes Gericht ist als Gericht i. S. des § 128 BRAGO das anzusehen, an das der Rechtsstreit verwiesen worden ist.

Die Bestimmung, daß dann, wenn das Verfahren durch rechtskräftige Entscheidung oder in sonstiger Weise beendigt ist, der Urkundsbeamte des Gerichts des ersten Rechtszuges zuständig ist, trifft für die Finanzgerichtsbarkeit nicht zu. Denn die Vergütung des vor dem BFH beigeordneten StB wird nicht aus der Landeskasse, sondern aus der Bundeskasse gezahlt.

Ist mit Nachtragszahlungen gemäß § 124 BRAGO zu rechnen, kann der Urkundsbeamte dem StB eine Frist von einem Monat zur Einreichung seines Gesuches auf Erstattung seiner Vergütung setzen. Reicht der StB innerhalb eines Monats sein Festsetzungsgesuch nicht ein, erlöschen seine Ansprüche.

3 Anwendung des § 104 Absatz 2 ZPO

§ 104 Absatz 2 ZPO ist sinngemäß anzuwenden. Zur Berücksichtigung eines Ansatzes genügt also, daß er glaubhaft gemacht wird. Hinsichtlich der dem StB erwachsenen Auslagen für Post- und Telekommunikationsdienstleistungen genügt die Versicherung des StB, daß diese Auslagen entstanden sind.

Macht der StB den Pauschsatz des § 26 Satz 2 BRAGO geltend, so entfällt die Versicherung, daß Auslagen in dieser Höhe entstanden sind.

4 Angabe von Zahlungen

Gemäß § 129 BRAGO ist der beigeordnete StB verpflichtet, sich Vorschüsse oder Zahlungen im bestimmten Umfang auf die aus der Staatskasse zu zahlende Vergütung anrechnen zu lassen. Der StB ist deshalb verpflichtet, bereits erhaltene Vorschüsse oder Zahlungen in dem Festsetzungsgesuch anzugeben. Er hat auch solche Beträge anzugeben, die er nach § 129 BRAGO behalten darf. Hat der StB nach der Festsetzung Beträge erhalten, hat er die Zahlungen unverzüglich dem Gericht anzuzeigen.

5 **Prüfungspflicht**

Der Urkundsbeamte hat zu prüfen, ob der Vergütungsanspruch besteht, insbesondere, ob der Vergütungsanspruch durch den Umfang der Beiordnung gedeckt ist (§ 122 BRAGO), ob er nach § 123 BRAGO richtig berechnet ist und ob berechnete Auslagen zur sachgemäßen Wahrnehmung der Interessen der armen Partei erforderlich waren (§ 126 BRAGO). Er hat insoweit eigenverantwortlich von Amts wegen zu prüfen und dazu den Sachverhalt zu erforschen. Entscheidungen des Prozeßgerichts binden den Urkundsbeamten nur insoweit, als sie sich auf den Umfang der Beiordnung oder auf von diesem zu entscheidende Vorfragen beziehen. Der Urkundsbeamte und die im Festsetzungsverfahren entscheidenden Gerichte sind an die Bewilligung der Prozeßkostenhilfe und die Beiordnung gebunden (OLG München in JurBüro 1986 S. 769).

6 **Erinnerungen**

Gegen die Entscheidung ist unbefristete Erinnerung gegeben. Über sie entscheidet nach § 128 Absatz 3 Satz 1 BRAGO das Gericht des Rechtszuges durch Beschluß. Erinnerungsberechtigt ist sowohl die Staatskasse als auch der beigeordnete StB.

7 **Anwendung des § 10 Absatz 4 BRAGO**

Da § 10 Absatz 4 BRAGO sinngemäß anzuwenden ist, können Anträge, Erklärungen und Beschwerden zu Protokoll der Geschäftsstelle gegeben oder schriftlich eingereicht werden.

8 **Änderung der Entscheidung**

Eine Änderung der Entscheidung von Amts wegen kann nicht erfolgen. Der Urkundsbeamte kann seine Entscheidung nur im Rahmen einer eingelegten Erinnerung abändern (vgl. Gerold/Schmidt Anmerkung 18 zu § 128 m. w. N.; anderer Meinung: OLG Stuttgart, AnwBl. 78, 462 = JurBüro 79, 383).

9 **Beschwerde**

Gegen den Beschluß ist gemäß § 128 Absatz 4 BRAGO die Beschwerde zulässig, wenn der Beschwerdegegenstand DM 100,– übersteigt. Zur Zeit ist jedoch die Beschwerde durch das Gesetz zur Änderung des Gesetzes zur Entlastung des BFH ausgeschlossen (vergleiche Gesetz vom 8. 7. 1975 [BGBl I 1975 S. 1861] und letzte Änderung dieses Gesetzes vom 17. 12. 1999 [BGBl I 1999 S. 2447]).

10 **Kosten**

Gemäß § 128 Absatz 5 BRAGO ist das Verfahren gebührenfrei d. h., es fallen keine Gerichtsgebühren an. Kosten werden nicht erstattet. Der StB erhält für seine Tätigkeit in einem Erinnerungs- oder Beschwerdeverfahren also keine Gebühren aus der Staatskasse erstattet. Dies auch dann nicht, wenn er in dem Erinnerungsverfahren obsiegt.

§ 129 Anrechnung von Vorschüssen und Zahlungen

Vorschüsse und Zahlungen, die der Rechtsanwalt von seinem Auftraggeber oder einem Dritten vor oder nach der Beiordnung erhalten hat, sind zunächst auf die Vergütungen anzurechnen, für die ein Anspruch gegen die Bundes- oder Landeskasse nicht oder nur unter den Voraussetzungen des § 124 besteht.

Anmerkungsübersicht

1 **Allgemeines**

Der beigeordnete StB ist in § 129 BRAGO besser gestellt als der Pflichtverteidiger in § 101 BRAGO. Während der Pflichtverteidiger Vorschüsse und Zahlungen sich grundsätzlich auf seine Pflichtverteidigergebühr anrechnen lassen muß (nur die Einschränkung des § 101 Absatz 2 BRAGO besteht), kann der beigeordnete StB Vorschüsse und Zahlungen zunächst auf den Unterschied zwischen den Anwaltskosten des § 123 BRAGO und den Gebühren des § 11 BRAGO sowie auf die Auslagen, für die die Staatskasse gemäß § 126 BRAGO nicht haftet, verrechnen.

2 **Verrechnung**

Auf die Vergütung, für die kein Anspruch gegen die Staatskasse besteht, sind Vorschüsse und Zahlungen zunächst zu verrechnen. Der Vergütungsanspruch des beigeordneten StB ist in der Regel geringer als der Vergütungsanspruch des frei gewählten StB. Die Staatskasse zahlt nach § 123 BRAGO nur einen Teil der vollen gesetzlichen Gebühren und ersetzt nach § 126 BRAGO auch die Auslagen nur in begrenztem Umfang, nämlich, soweit die Auslagen zur sachgemäßen Wahrnehmung der Interessen erforderlich waren (richtiger formuliert: alle Auslagen mit Ausnahme derjenigen, die nicht erforderlich waren). Sonderwünsche der Partei braucht die Staatskasse nicht zu bezahlen. Vorschüsse und Zahlungen sind in erster Linie auf die Vergütung zu verrechnen, für die die Staatskasse nicht haftet.

Die Haftung der Staatskasse wird durch Vorschüsse und Zahlungen erst dann gemindert, wenn diese den Unterschied zwischen dem Gesamtbetrag der nach den allgemeinen Vorschriften berechneten Gebühren und Auslagen einerseits und der aus der Staatskasse zu zahlenden Vergütung andererseits übersteigen (Gerold/Schmidt Anmerkung 2 zu § 129).

Beispiel:

Für den ersten Rechtszug wird dem Kläger Prozeßkostenhilfe bewilligt und der StB als Prozeßbevollmächtigter beigeordnet. Nach streitiger Verhandlung ergeht ein Urteil, wonach die Klage abgewiesen wird. Das Gericht setzt den Gegenstandswert auf DM 25.000,– fest. Der Kläger hatte an den ihm beigeordneten StB einen Vorschuß in Höhe von DM 1.300,– gezahlt.

Die **Wahlanwaltsgebühren** betragen:

1. 10/10 Prozeßgebühr gem. §§ 31 Absatz 1 Nummer 1, 11 BRAGO nach DM 25.000,–	DM 1.025,—
2. 10/10 Verhandlungsgebühr gem. §§ 31 Absatz 1 Nummer 2, 11 BRAGO nach DM 25.000,–	DM 1.025,—
3. Pauschsatz gem. § 26 Satz 2 BRAGO	DM 40,—
4. 16% Umsatzsteuer gem. § 25 Absatz 2 BRAGO	DM 334,40
	DM 2.424,40

Die **Prozeßkostenhilfegebühren** betragen:

1. 10/10 Prozeßgebühr gem. §§ 31 Absatz 1 Nummer 1, 123 BRAGO nach DM 25.000,–	DM 525,—
2. 10/10 Verhandlungsgebühr gem. §§ 31 Absatz 1 Nummer 2, 123 BRAGO nach DM 25.000,–	DM 525,—
3. Pauschsatz gem. § 26 Satz 2 BRAGO	DM 40,—
4. 16% Umsatzsteuer gem. § 25 Absatz 2 BRAGO	DM 174,40
	DM 1.264,40

Also die **Differenz** zwischen den **Wahlanwaltsgebühren** und den **Prozeßkostenhilfegebühren** beträgt:

Wahlanwaltsgebühren	DM 2.424,40
./. Prozeßkostenhilfegebühren	DM 1.264,40
	DM 1.160,—.

Auf diese Differenz kann der Vorschuß in Höhe von DM 1.300,– zunächst verrechnet werden, so daß verbleiben (DM 1.300,– abzüglich DM 1.160,– =)	DM 140,—.

Nur dieser Überschuß ist auf die aus der Staatskasse zu zahlenden Gebühren anzurechnen. Der StB kann also aus der Staatskasse noch erstattet erhalten:

Prozeßkostenhilfegebühren	DM 1.264,40
./. Differenz/Überschuß des gezahlten Vorschusses	DM 140,—
	DM 1.124,40.

3 Vereinbarte Vergütung

Auf eine vereinbarte Vergütung, soweit sie die gesetzliche Gebühr übersteigt, darf der StB die Vorschüsse und Zahlungen nicht verrechnen. Die Zahlungspflicht der Staatskasse kann durch eine Vergütungsvereinbarung nicht erweitert werden (Gerold/Schmidt Anmerkung 3 zu § 129).

4 **Vereinbarung über die Anrechnung**

Vereinbarungen über die Verrechnung zwischen dem StB und der Partei können die Anrechnungspflicht zwar erweitern, aber nicht einschränken. Eine Vereinbarung des StB mit seinem Mandanten, wonach ein von dem Mandanten gezahlter Vorschuß an diesen zurückzuzahlen ist, wenn Prozeßkostenhilfe bewilligt wird, wirkt nicht zu Lasten der Staatskasse. Auch wenn die Vereinbarung schon vor der Prozeßkostenhilfebewilligung und Beiordnung getroffen wurde, ist der vom Mandanten gezahlte Vorschuß auf die aus der Staatskasse zu erstattenden Prozeßkostenhilfegebühren anzurechnen, soweit er die Differenz zwischen den Wahlanwaltsgebühren und den Prozeßkostenhilfegebühren übersteigt (so: Gerold/Schmidt Anmerkung 5 zu § 129; siehe aber auch: Riedel/Sußbauer Anmerkung 8 zu § 129; Hartmann Anmerkung 12 zu § 129).

5 **Gleiche Angelegenheit**

Nur in der gleichen Angelegenheit erhaltene Vorschüsse und Zahlungen sind anzurechnen, nicht solche für eine Vertretung in einer anderen Angelegenheit. Dabei ist der Begriff der „anderen Angelegenheit" kostenrechtlich zu verstehen. Was gebührenrechtlich selbständig ist, stellt eine eigene – andere – Angelegenheit dar.

Beispiel 1:

Der StB hat den Mandanten bereits in dem I. Rechtszug vor dem Finanzgericht vertreten. Für seine Tätigkeit als Prozeßbevollmächtigter in dem I. Rechtszug hat der Mandant dem StB einen Gebührenvorschuß in Höhe von DM 1.200,– gezahlt. In dem Revisionsverfahren wird dem Mandanten auf Antrag Prozeßkostenhilfe bewilligt und der StB wird ihm als Prozeßbevollmächtigter für das Revisionsverfahren beigeordnet.

Der für den I. Rechtszug gezahlte Vorschuß in Höhe von DM 1.200,– ist auf die aus der Staatskasse für das Revisionsverfahren vor dem BFH zu erstattenden Prozeßkostenhilfegebühren nicht anzurechnen. Der StB kann die Gebühren für den I. Rechtszug (Wahlanwaltsgebühren) neben den Prozeßkostenhilfegebühren für den II. Rechtszug vor dem BFH vereinnahmen. Da in dem I. Rechtszug keine Prozeßkostenhilfe bewilligt war, wird er die Wahlanwaltsgebühren mit dem Mandanten abrechnen können, während er seine Prozeßkostenhilfegebühren für den II. Rechtszug aus der Staatskasse erstattet erhält.

Beispiel 2:

Der StB vertritt den Mandanten in dem Rechtsstreit A vor dem Finanzgericht. In diesem Verfahren wurde dem Mandanten Prozeßkostenhilfe bewilligt und der StB wurde dem Mandanten beigeordnet. In einem weiteren Rechtsstreit B vertritt der StB ebenfalls den Mandanten vor dem Finanzgericht. In diesem Rechtsstreit B wurde dem Mandanten keine Prozeßkostenhilfe bewilligt. Für das Verfahren B hat der Mandant an den StB einen Kostenvorschuß in Höhe von DM 1.500,– gezahlt.

Der für das Verfahren B gezahlte Kostenvorschuß ist m. E. nicht anzurechnen auf die in dem Verfahren A aus der Staatskasse zu erstattenden Prozeßkostenhilfegebühren. Dies auch dann nicht, wenn der Kostenvorschuß die gesetzlichen Gebühren, die in dem Verfahren B entstehen, übersteigen würde und sich ein Guthaben zugunsten des Mandanten ergäbe.

Etwas anderes kann m. E nur dann gelten, wenn der Vorschuß ganz allgemein für die Vertretung an den StB gezahlt worden ist und der Mandant nicht bestimmt hat, daß der Vorschuß auf die Sache zu verrechnen ist, in welcher keine Prozeßkostenhilfe bewilligt wurde (vgl. hierzu Gerold/ Schmidt Anmerkung 8 zu § 129).

§ 130 Übergang von Ansprüchen auf die Bundes- oder Landeskasse

(1) **Soweit dem Rechtsanwalt wegen seiner Vergütung ein Anspruch gegen die Partei oder einen ersatzpflichtigen Gegner zusteht, geht der Anspruch mit der Befriedigung des Rechtsanwalts durch die Bundes- oder Landeskasse auf diese über. Der Übergang kann nicht zum Nachteil des Rechtsanwalts geltend gemacht werden.**

(2) **Für die Geltendmachung des Anspruchs gelten die Vorschriften über die Einziehung der Kosten des gerichtlichen Verfahrens sinngemäß. Ansprüche der Staatskasse werden bei dem Gericht des ersten Rechtszugs angesetzt. Ist das Gericht des ersten Rechtszugs ein Gericht des Landes und ist der Anspruch auf die Bundeskasse übergegangen, so wird er insoweit bei dem jeweiligen obersten Gerichtshof des Bundes angesetzt. Für die Entscheidung über eine gegen den Ansatz gerichtete Erinnerung und über die Beschwerde gilt § 5 des Gerichtskostengesetzes entsprechend.**

Anmerkungsübersicht

1 Zweck der Vorschrift

Zweck der Vorschrift des § 130 BRAGO ist es, der Staatskasse einen Ausgleich für ihre Aufwendungen zugunsten der Partei, der Prozeßkostenhilfe bewilligt worden ist, zu gewähren. § 130 BRAGO verschafft der Staatskasse eine Art Rückgriffsanspruch gegen diejenigen, die von dem beigeordneten StB zur Zahlung einer Vergütung herangezogen werden können.

Die häufigsten Fälle, in denen Ansprüche auf die Bundes- oder Landeskasse übergehen, sind die, in denen die Partei, der Prozeßkostenhilfe bewilligt worden ist, obsiegt hat. Dann hat die hilfebedürftige Partei einen Kostenerstattungsanspruch gegenüber dem unterlegenen Gegner. Der unterlegene Gegner hat stets volle Wahlanwaltsgebühren zu erstatten. Diesen Kostenerstattungsanspruch kann der beigeordnete StB im eigenen Namen gem. § 126 ZPO gegenüber dem unterlegenen Gegner geltend machen. Soweit er bereits Prozeßkostenhilfegebühren aus der Staatskasse erhalten hat, ist er wegen seinen Gebühren befriedigt. Insoweit geht der Kostenerstattungsanspruch gegenüber dem unterlegenen Gegner auf die Bundes- oder Landeskasse über gem. § 130 BRAGO.

2 Übergang

Mit der Befriedigung des StB durch die Bundes- oder Landeskasse gehen die dem StB wegen seiner Vergütung zustehenden Ansprüche gegen die Partei und einem ersatzpflichtigen Gegner auf die Bundes- oder Landeskasse über. Es handelt sich um einen gesetzlichen Übergang im Sinne des § 412 BGB. Mit der Zahlung – nicht bereits mit der Festsetzung – geht ein etwaiger Anspruch des Rechtsanwalts auf die Staatskasse über.

3 Nachteil des Steuerberaters

Zum Nachteil des StB darf der Übergang nicht geltend gemacht werden. Deckt der aus der Staatskasse gezahlte Betrag nur einen Teil der dem StB gegen seinen Auftraggeber zustehenden Wahlanwaltsgebühren, so darf sich der StB aus dem nach § 126 ZPO auf ihn übergegangenen Anspruch auf Erstattung der Kosten durch die unterlegene Gegenpartei zunächst befriedigen, ehe die Staatskasse den Forderungsübergang geltend machen darf.

4 Anspruch des Steuerberaters

Das Bestehen eines Anspruchs des StB oder der hilfebedürftigen Partei gegen einen ersatzpflichtigen Gegner ist Voraussetzung des Übergangs. Hat der StB keinen Anspruch, kann auch nichts übergehen.

5 Aufhebung der Bewilligung der Prozeßkostenhilfe

Wenn die Prozeßkostenhilfe aufgehoben wird entfallen die Beschränkungen des § 122 ZPO. Der StB kann dann die „normalen“ Wahlanwaltsgebühren nach der Tabelle zu § 11 BRAGO gegenüber dem Mandanten liquidieren. Natürlich hat er die ihm bereits aus der Staatskasse erstatteten Prozeßkostenhilfegebühren abzusetzen. Insoweit ist der Anspruch auf die Bundes- oder Landeskasse übergegangen. Dies hat zur Folge, daß die Bundes- oder Landeskasse die an den Prozeßbevollmächtigten der Partei gezahlten Prozeßkostenhilfegebühren von der Partei, der ursprünglich Prozeßkostenhilfe bewilligt war, zurückfordern kann.
Die Aufhebung der Bewilligung der Prozeßkostenhilfe gemäß § 124 ZPO ist Voraussetzung für die Geltendmachung des auf die Staatskasse übergegangenen Anspruches des StB gegen die Partei. Vorher kann weder der StB noch die Staatskasse den Anspruch gegen die Partei geltend machen.

Vierzehnter Abschnitt. Vergütung für die Beratungshilfe

Der Vierzehnte Abschnitt findet keine Anwendung.

Fünfzehnter Abschnitt. Übergangs- und Schlußvorschriften

§ 134 Übergangsvorschrift

(1) **Die Vergütung ist nach bisherigem Recht zu berechnen, wenn der unbedingte Auftrag zur Erledigung derselben Angelegenheit im Sinne des § 13 vor dem Inkrafttreten einer Gesetzesänderung erteilt oder der Rechtsanwalt vor diesem Zeitpunkt gerichtlich bestellt oder beigeordnet worden ist. Ist der Rechtsanwalt im Zeitpunkt des Inkrafttretens einer Gesetzesänderung in derselben Angelegenheit und, wenn ein gerichtliches Verfahren anhängig ist, in demselben Rechtszug bereits tätig, so ist die Vergütung für das Verfahren über ein Rechtsmittel, das nach diesem Zeitpunkt eingelegt worden ist, nach neuem Recht zu berechnen. Die Sätze 1 und 2 gelten auch, wenn Vorschriften geändert werden, auf die dieses Gesetz verweist.**

(2) **Sind Gebühren nach dem zusammengerechneten Wert mehrerer Gegenstände zu bemessen, gilt für die gesamte Vergütung das bisherige Recht auch dann, wenn dies nach Absatz 1 nur für einen der Gegenstände gelten würde.**

Anmerkungsübersicht

1 Allgemeines

Bisher hat der Gesetzgeber bei fast jeder Änderung des Gesetzes besondere Übergangsregelungen geschaffen, die meist von den vorherigen Regelungen abwichen. Dies hat dazu geführt, daß wegen des oft unklaren Gesetzeswortlautes Zweifelsfragen entstanden, die zu erheblichen Schwierigkeiten in der praktischen Anwendung des Gesetzes führten. Um dieses Problem zu lösen, hat der Gesetzgeber die Übergangsregelungen in das Gesetz selbst aufgenommen. Die nunmehrige Fassung des § 134 BRAGO soll für diese und **künftige** Änderungen gelten.

2 Einzeldarlegung

Die Übergangsregelung knüpft an die Regelungen in dem KostÄndG vom 26. 7. 1957 und an jene des KostÄndG vom 20. 8. 1975 an. Es wird auf den dem StB erteilten Auftrag abgestellt, um altes von neuem Recht zu trennen. Danach ist die Vergütung nach altem Recht zu berechnen, „wenn der unbedingte Auftrag zur Erledigung derselben Angelegenheit" im Sinne von § 13 BRAGO vor dem Inkrafttreten der Gesetzesänderung erteilt oder der StB vor diesem Zeitpunkt gerichtlich bestellt oder beigeordnet worden ist. Ist ein gerichtliches Verfahren im Zeitpunkt des Inkrafttretens der Gesetzesänderung noch anhängig, so ist die Vergütung nach neuem Recht nur für das Verfahren über ein Rechtsmittel zu berechnen, das nach diesem Zeitpunkt einge-

legt worden ist. Der Nachteil, daß über längere Zeit hinweg das alte und das neue Recht nebeneinander anzuwenden sind, ist bewußt in Kauf genommen worden.
Die Anwaltsgebühren wurden zuletzt durch das am **1. 7. 1994** in Kraft getretene Kostenrechtsänderungsgesetz 1994 vom 24. 6. 1994 (BGBl. I 1994 Nummer 38 vom 29. 6. 1994, Seite 1325 ff.) angehoben. Auch danach sind noch einige Änderungen zur BRAGO erfolgt, die Gebührensätze blieben aber unverändert.

Beispiel 1:

Der StB wurde am 15. 6. 1994 beauftragt, Klage einzureichen. Er erhebt die Klage am 28. 6. 1994.
Seine Gebühren richten sich nach den alten, bis zum 30. 6. 1994 geltenden Gebührensätze; der unbedingte Auftrag wurde vor dem Stichtag: 1. 7. 1994 erteilt.

Beispiel 2:

Der StB wurde am 15. 6. 1994 beauftragt, Klage zu erheben. Er reicht die Klage am 10. 7. 1994 beim Finanzgericht ein.
Der StB kann seine Gebühren nur nach den alten, bis zum 30. 6. 1994 geltenden Gebührensätzen berechnen. Es kommt auf den Auftrag an und nicht darauf, wann die Klage eingereicht wird!

Beispiel 3:

Der StB ist zunächst im Rechtsbehelfsverfahren tätig. Der Mandant hat dem StB am 10. 6. 1994 den Auftrag erteilt, für den Fall, daß die Finanzbehörde dem Einspruch nicht statt gab, Klage zum Finanzgericht zu erheben.
Ein entsprechender Bescheid ergeht am 10. 8. 1994. Der StB reicht im Namen seines Mandanten am 30. 8. 1994 Klage beim Finanzgericht ein.
In diesem Fall kann der StB für das Verfahren vor dem Finanzgericht die Gebühren nach neuem, ab dem 1. 7. 1994 geltenden Gebührensätzen berechnen. Vor dem 1. 7. 1994 wurde nur ein bedingter Klageauftrag erteilt, nämlich die Klage nur dann zu erheben, wenn die Finanzbehörde dem Einspruch nicht statt gibt. Die Bedingung (negativer Bescheid über den Einspruch) ist erst nach dem 1. 7. 1994 eingetreten. Erst mit Eintritt dieser Bedingung lag ein unbedingter Klageauftrag vor, so daß neues Gebührenrecht zur Anwendung kommt.

Beispiel 4:

Der StB hat den Auftrag zur Klageeinreichung beim Finanzgericht am 10. 5. 1994 erhalten. Das Finanzgericht weist die Klage kostenpflichtig ab. Der StB erhält den Auftrag Revision einzulegen am 15. 1. 1996.
Für den I. Rechtszug vor dem Finanzgericht gelten die alten Gebührensätze, für das Verfahren vor dem BFH gelten die neuen Gebührensätze, da der Auftrag für das Revisionsverfahren erst nach dem 1. 7. 1994 erteilt wurde.

Wird der StB im Rahmen der Prozeßkostenhilfe für den Mandanten tätig, ist zu unterscheiden:
Wurde dem StB der Auftrag erteilt, Klage unabhängig davon zu erheben, ob Prozeßkostenhilfe bewilligt wird oder nicht, so ist nur auf die Erteilung des – hier unbedingten – Auftrages abzustellen.
Wurde der StB beauftragt, zunächst Prozeßkostenhilfe zu beantragen und nur für den Fall der Bewilligung der Prozeßkostenhilfe Klage zu erheben, so

liegt zunächst nur ein bedingter Auftrag (Klage nur für den Fall der Bewilligung der Prozeßkostenhilfe zu erheben) vor. Erst mit der Bewilligung der Prozeßkostenhilfe wandelt sich der zunächst bedingte Auftrag in einen unbedingten Auftrag. Wird in diesen Fällen die Prozeßkostenhilfe erst nach dem Stichtag der Gesetzesänderung (z.B. 1. 7. 1994) bewilligt, und der StB beigeordnet, erhält er Gebühren nach neuem Recht (vgl. Gerold/Schmidt Anmerkung 14 zu § 134; Enders, Die BRAGO für Anfänger Rn. 46).

Wird der StB dem Mandanten in einem Strafverfahren als Pflichtverteidiger beigeordnet, kommt es nur auf den Zeitpunkt der gerichtlichen Bestellung an. Erfolgt die gerichtliche Bestellung zum Pflichtverteidiger vor dem Stichtag der Gesetzesänderung gilt altes Gebührenrecht. Erfolgt die gerichtliche Bestellung nach dem Stichtag zur Gesetzesänderung gilt neues Gebührenrecht.

Die StBGebV hat in § 47a StBGebV eine eigene Übergangsvorschrift. Auch dort wird auf den Auftrag abgestellt. Die Vergütung ist nach altem Recht zu berechnen, wenn der Auftrag zur Erledigung der Angelegenheit vor dem Inkrafttreten eine Änderung der StBGebV erteilt worden ist.

§ 135 Berlin-Klausel *(gegenstandslos)*

Teil III

Gebühren für vereinbare Tätigkeiten

1. Vereinbare Tätigkeiten

2. Texte und Kommentierung

Vorbemerkung

Rechtsgrundlagen

A Steuerberatungsgesetz vom 16. 8. 1961 (BGBl I S. 1301) i. d. F. der Bekanntmachung vom 4. 11. 1975 (BGBl I S. 2735), zuletzt geändert am 24. 6. 2000 (BGBl I S. 874, ber. S. 1389)

§ 57 StBerG Allgemeine Berufspflichten

...

(3) **Mit dem Beruf eines Steuerberaters oder eines Steuerbevollmächtigten sind insbesondere vereinbar**

1. **die Tätigkeit als Wirtschaftsprüfer, Rechtsanwalt, niedergelassener europäischer Rechtsanwalt oder vereidigter Buchprüfer;**
2. **eine freiberufliche Tätigkeit, die die Wahrnehmung fremder Interessen einschließlich der Beratung zum Gegenstand hat;**
3. **eine wirtschaftsberatende, gutachtliche oder treuhänderische Tätigkeit sowie die Erteilung von Bescheinigungen über die Beachtung steuerrechtlicher Vorschriften in Vermögensübersichten und Erfolgsrechnungen;**
4. **die Tätigkeit eines Lehrers an Hochschulen und wissenschaftlichen Instituten; dies gilt nicht für Lehrer an staatlichen verwaltungsinternen Fachhochschulen mit Ausbildungsgängen für den öffentlichen Dienst;**
5. **eine freie schriftstellerische Tätigkeit sowie eine freie Vortrags- und Lehrtätigkeit;**
6. **die Durchführung von Lehr- und Vortragsveranstaltungen zur Vorbereitung auf die Steuerberaterprüfung sowie die Prüfung als Wirtschaftsprüfer und vereidigter Buchprüfer und zur Fortbildung der Mitglieder der Steuerberaterkammern und deren Mitarbeiter.**

...

B Bürgerliches Gesetzbuch vom 18. 8. 1896 (RGBl S. 195), zuletzt geändert am 27. 6. 2000 (BGBl I S. 897)

§ 315 BGB Bestimmung der Leistung durch eine Partei

(Wiedergegeben in Abschnitt 3 von Teil I)

§ 316 BGB Bestimmung der Gegenleistung

(Wiedergegeben in Abschnitt 3 von Teil I)

§ 612 BGB Vergütung

(Wiedergegeben in Abschnitt 3 von Teil I)

§ 632 BGB Vergütung

(Wiedergegeben in Abschnitt 3 von Teil I)

Erläuterungen

Der sachliche Geltungsbereich der Steuerberatergebührenverordnung beschränkt sich nach § 1 Absatz 1 auf die selbständig ausgeübte Berufstätigkeit, wie sie in § 33 StBerG umschrieben ist, das heißt die **Steuerberatung** im **„eigentlichen"** Sinne.

Zu den Tätigkeiten, die ein Berufsangehöriger ausüben darf und für die ihm auch eine Vergütung zusteht, gehören darüber hinaus auch die **vereinbaren Tätigkeiten** nach § 57 Absatz 3 StBerG.

Erbringt der Berufsangehörige für seinen Mandanten sowohl Leistungen, die nach der Steuerberatergebührenverordnung abzurechnen sind, wie solche, die in den Bereich der vereinbaren Tätigkeiten fallen, so ist es zweckmäßig, nach den jeweiligen Leistungsbereichen **getrennte Liquidationen** zu erstellen, also nicht Leistungen nach § 33 StBerG und solche nach § 57 Absatz 3 StBerG in die gleiche Berechnung aufzunehmen.

Der Kreis der vereinbaren Tätigkeiten ist vielgestaltig. Hierzu zählen zum einen Tätigkeiten, die fest umrissen und in einer eigenen **Berufsordnung** geregelt sind, und die ein Steuerberater nur ausüben darf, wenn er gleichzeitig auch über die Zulassung (Bestellung) zu dem entsprechenden Beruf verfügt. Hierzu zählt etwa die Tätigkeit als Rechtsanwalt oder als Wirtschaftsprüfer oder als vereidigter Buchprüfer. Die Vergütung für solche Tätigkeiten ist nicht selten in einer **Gebührenordnung** geregelt. Die sich aus dieser Gebührenordnung ergebende Vergütung ist dann die **taxmäßige Vergütung** im Sinne der §§ 612 Absatz 2 und 632 Absatz 2 BGB.

Wenn es, wie bei der Mehrzahl der vereinbaren Tätigkeiten, an einer entsprechenden Taxe, das heißt einer einschlägigen amtlichen Gebührenordnung, fehlt, wird nach §§ 612 Absatz 2 und 632 Absatz 2 BGB die **übliche Vergütung** geschuldet, wenn nicht, was zur Vermeidung von Unklarheiten und möglichen späteren Auseinandersetzungen mit dem Mandanten stets anzuraten ist, im Rahmen des Zulässigen eine Vereinbarung über die Höhe der Vergütung getroffen wird.

Allerdings kann auch die Ausübung von Tätigkeiten, für die es keine Berufsordnung gibt, einer besonderen Genehmigung bedürfen, etwa einer Zulassung als Rechtsbeistand. Für Rechtsbeistände, die Mitglieder einer Rechtsanwaltskammer sind, hat dagegen die BRAO Gültigkeit.

Ist die Vergütung der Höhe nach nicht festgelegt, so bestimmt nach §§ 316 und 315 BGB der Auftragnehmer, das heißt der Berufsangehörige, diese nach **billigem Ermessen.** Diese Bestimmung ist gerichtlich nachprüfbar. Entspricht sie nicht der Billigkeit, kann sie durch Urteil festgesetzt werden.

Aber auch da, wo die Vergütung in einer „Taxe" geregelt ist, kann es sein, daß die dort festgelegten Sätze durch die allgemeine wirtschaftliche Entwicklung und die Preisentwicklung überholt wurden, und diese deshalb nur in angepaßter Form in Ansatz gebracht werden können, oder daß besonderen Umständen durch Zu- und Abschläge Rechnung getragen werden kann. Als Beispiel für den ersten Fall sei die „Verordnung über die Vergütung des Konkursverwalters, des Vergleichsverwalters, der Mitglieder des Gläubigerausschusses und der Mitglieder des Gläubigerbeirats" (VergütVO) vom 25. 5. 1960 i. d. F. der vierten Änderungsverordnung vom 11. 6. 1979 genannt, die die Festlegung der Vergütung für Tätigkeiten im Konkurs- oder Vergleichsverfahren regelte. Zur zweiten Fallgruppe zählt die „Insolvenzrechtliche Vergütungsverordnung" (InsVV) vom 19. 8. 1998, die als Nachfolgeregelung der VergütVO nunmehr die Grundlage für die Vergütungsansprüche der im Insolvenzverfahren Tätigen bildet.

Die Bestimmung der angemessenen Vergütung ist deshalb oft recht schwierig. Weil im Streitfalle die Gerichte über die Angemessenheit entscheiden, orientiert sich der nachfolgende Überblick über die Vergütung von vereinbaren Tätigkeiten soweit als möglich an der hierzu ergangenen Rechtsprechung.

Die Erörterung folgt dem Alphabet. Ihr jeweils vorangestellt sind die Bestimmungen, nach denen sich die Vergütung für die einzelne Tätigkeit bemißt.

Die Vorschriften der §§ 612 und 632 BGB bilden jedoch nicht nur für die nachfolgend im einzelnen angesprochenen Tätigkeiten die Grundlage für die Vergütung der von einem Berufsangehörigen erbrachten Leistungen. Über diese Regelungen findet vielmehr auch in einer Reihe von Fällen, in denen eine **direkte** Anwendung der **Steuerberatergebührenverordnung** ausscheidet, weil es sich bei den abzurechnenden Tätigkeiten nicht um solche handelt, die in den Anwendungsbereich des § 33 StBerG fallen, die StBGebV als **„übliche Vergütung"** entsprechende Anwendung.

Es sind dies solche unter § 57 Absatz 3 StBerG einzuordnende Tätigkeiten, die mit Berufsleistungen im eigentlichen Sinne in engem Zusammenhang stehen und auch in das Leistungsbild einer Bestimmung der StBGebV passen.

Hierzu zählt beispielsweise die Teilnahme eines StB an einer durch einen Sozialversicherungsträger bei einem Mandanten durchgeführten Prüfung der Einhaltung sozialversicherungsrechtlicher Pflichten. In einem solchen Falle kommt eine Abrechnung nach dem Zeitaufwand in Betracht, wobei über § 612 BGB der Rahmensatz des § 13 der Berechnung entsprechend zugrunde gelegt werden kann.

Auf weitere Fälle einer **entsprechenden Anwendung** der **StBGebV** als der **„üblichen Vergütung"** ist im Rahmen der Kommentierung der einzelnen Vorschriften der StBGebV in Teil II jeweils gesondert hingewiesen.

1 Abwickler (Notabwickler) und Praxisabwickler nach § 70 StBerG

Rechtsgrundlagen

A Bürgerliches Gesetzbuch vom 18. 8. 1896 (RGBl S. 195), zuletzt geändert am 27. 6. 2000 (BGBl I S. 897)

§ 29 BGB Notbestellung durch Amtsgericht

Soweit die erforderlichen Mitglieder des Vorstandes fehlen, sind sie in dringenden Fällen für die Zeit bis zur Behebung des Mangels auf Antrag eines Beteiligten von dem Amtsgericht zu bestellen, das für den Bezirk, in dem der Verein seinen Sitz hat, das Vereinsregister führt.

§ 48 BGB Liquidatoren

(1) **Die Liquidation erfolgt durch den Vorstand. Zu Liquidatoren können auch andere Personen bestellt werden; für die Bestellung sind die für die Bestellung des Vorstandes geltenden Vorschriften maßgebend.**
...

§ 670 BGB Ersatz von Aufwendungen

(Wiedergegeben in Abschnitt 3 von Teil I)

B Steuerberatungsgesetz vom 16. 8. 1961 (BGBl I S. 1301), i.d.F. der Bekanntmachung vom 4. 11. 1975 (BGBl I S. 2735), zuletzt geändert am 24. 6. 2000 (BGBl I S. 874, ber. S. 1389)

§ 70 StBerG Bestellung eines Praxisabwicklers

(1) **Ist ein Steuerberater oder Steuerbevollmächtigter gestorben, kann die zuständige Steuerberaterkammer einen Steuerberater oder Steuerbevollmächtigten zum Abwickler der Praxis bestellen. Der Abwickler ist in der Regel nicht länger als für die Dauer eines Jahres zu bestellen. Auf Antrag des Abwicklers ist die Bestellung jeweils höchstens um ein Jahr zu verlängern, wenn er glaubhaft macht, daß schwebende Angelegenheiten noch nicht zu Ende geführt werden konnten.**

(2) **Dem Abwickler obliegt es, die schwebenden Angelegenheiten abzuwickeln. Er führt die laufenden Aufträge fort. Zur Annahme neuer Aufträge ist er nicht berechtigt. Ihm stehen im Rahmen der eigenen Befugnisse die Befugnisse zu, die der verstorbene Steuerberater oder Steuerbevollmächtigte hatte.**

(3) **§ 69 Abs. 2 und 4 gilt entsprechend.**

(4) **Die Bestellung kann jederzeit widerrufen werden.**

(5) **Ein Abwickler kann auch für die Praxis eines früheren Steuerberaters oder Steuerbevollmächtigten bestellt werden, dessen Bestellung nach § 45 Abs. 1 Nr. 2, 3 oder 4 erloschen oder nach § 46 zurückgenommen oder widerrufen ist.**

Erläuterungen

1.1 Hat das Registergericht für einen aufgelösten Verein einen **Abwickler** (sogenannten Notabwickler) bestellt, so steht diesem aus dem zwischen ihm und dem Verein aufgrund seiner Bestellung nach den §§ 48 Absatz 1 und 29 BGB begründeten Zwangsdienstvertrag ein **Vergütungsanspruch** gemäß

§ 612 BGB zu (AG Hamburg 66 HRA 54611 vom 20. 1. 1969 in MDR 1969 S. 847; LG Hamburg 71 T 38/70 vom 12. 11. 1970 in MDR 1971 S. 298). Die Festsetzung der angemessenen Vergütung erfolgt auf Antrag des Abwicklers durch das Gericht. Bei der Berechnung von deren Höhe wurden in der vorgenannten Rechtsprechung die Regelungen über die Vergütung des Konkursverwalters in der „Verordnung über die Vergütung des Konkursverwalters, des Vergleichsverwalters, der Mitglieder des Gläubigerausschusses und der Mitglieder des Gläubigerbeirats" (VergütVO) herangezogen, wobei wegen der Unterschiedlichkeit der Aufgaben den Umständen des Einzelfalles besondere Bedeutung beikam. Nachdem die VergütVO zwischenzeitlich von der InsVV abgelöst wurde, dürften nunmehr deren Bestimmungen entsprechend anzuwenden sein. (Zur Vergütung des Konkursverwalters/Insolvenzverwalters vergleiche die Anmerkungen unter Nummer 6). In **besonders** gelagerten Fällen kann, wenn nach den Umständen eine ehrenamtliche Tätigkeit zu erwarten war, ein Vergütungsanspruch auch nicht gegeben sein und lediglich ein Anspruch auf **Aufwendungsersatz** nach § 670 BGB bestehen (Palandt Rz. 9 zu § 29).

1.2 Wird ein Berufsangehöriger von der zuständigen Berufskammer nach § 70 Absatz 1 StBerG zum **Abwickler der Praxis eines verstorbenen StB oder StBv** bestellt, so hat er nach § 70 Absatz 3 StBerG i. V. mit § 69 Absatz 4 StBerG Anspruch auf eine angemessene Vergütung. Der Vergütungsanspruch richtet sich gegen die Erben des Verstorbenen.
Es ist zu empfehlen, über die Höhe der Vergütung vor Beginn der Tätigkeit eine Vereinbarung zu treffen. Erfolgt keine solche Absprache, kann der Abwickler seine Vergütung gemäß § 316 BGB nach billigem Ermessen selbst festlegen.
Bleibt im Falle eines von Amts wegen bestellten Abwicklers die Höhe der Vergütung zwischen den Beteiligten streitig, wird diese von der Berufskammer festgesetzt.
Bei der Bemessung der Vergütung ist in der Regel der Zeitaufwand ausschlaggebend. Die Höhe des Stundensatzes richtet sich nach den Umständen des Einzelfalles, wobei der Rahmensatz des § 13 zugrunde gelegt werden kann (so wohl auch Gehre Anmerkung 10 zu § 70; ebenso Kuhls Randnummer 15 vor §§ 69–71).
Bei einer sich über einen längeren Zeitraum erstreckenden Abwicklung einer Rechtsanwaltspraxis hat der Bundesgerichtshof in seiner Entscheidung AnwZ (B) 27/92 vom 30. November 1992 die Festsetzung einer monatlichen Pauschalvergütung für angemessen angesehen. Hierbei wurden als Kriterien der Zeitaufwand, die berufliche Erfahrung, die Schwierigkeit und die Dauer der Abwicklung berücksichtigt. Bei der Bemessung dieser monatlichen Pauschalvergütung hat sich der BGH desweiteren an dem Gehalt orientiert, das in dem regionalen Umfeld üblicherweise für einen Angestellten oder einen freien Mitarbeiter gezahlt wurde. Diese für den Anwaltsbereich aufgestellten Grundsätze dürften auch auf die Abwicklung einer Steuerberaterpraxis anwendbar sein.

Daneben hat der Praxisabwickler Anspruch auf Ersatz seiner Aufwendungen. Hierzu zählen auch die während der Zeitdauer der Abwicklung in der Praxis anfallenden Personalkosten.
Das für den Abwickler der Praxis eines verstorbenen Berufsangehörigen Gesagte gilt entsprechend auch für den Abwickler der Praxis eines StB oder StBv, dessen **Bestellung erloschen** oder **zurückgenommen** oder **widerrufen** worden ist.

2 Anderkonten- und Depotverwalter

Rechtsgrundlagen

A Bundesgebührenordnung für Rechtsanwälte vom 26. 7. 1957 (BGBl I S. 907), zuletzt geändert am 27. 6. 2000 (BGBl I S. 897)

§ 22 BRAGO Hebegebühr

(Wiedergegeben in Abschnitt 2 von Teil I)

Erläuterungen

2.1 Für die Verwaltung eines **Anderkontos** kann ein Berufsangehöriger eine Vergütung verlangen, deren Höhe sich an der in § 22 BRAGO geregelten **Hebegebühr** orientiert (So OLG Celle 11 U 141/61 vom 2. 2. 1962 in StB 1962 S. 75).
Die Hebegebühr beläuft sich bei Beträgen

bis einschließlich DM 5.000,– auf	1 v. H.
von dem Mehrbetrag bis einschließlich DM 20.000,– auf	0,5 v. H.
von dem Mehrbetrag über DM 20.000,– auf	0,25 v. H.

Ergänzend sei in diesem Zusammenhang noch auf die „Bedingungen für Anderkonten und Anderdepots (Treuhänder) von Angehörigen der öffentlich bestellten wirtschaftsprüfenden und wirtschafts- und steuerberatenden Berufe“ verwiesen, die auch im „Berufsrechtlichen Handbuch“ abgedruckt sind.

2.2 Für die Verwaltung eines **Wertpapierdepots** erscheint die Vergütung angemessen, die Banken ihrerseits für die Depotverwaltung fordern (So auch Gerold-Schmidt Anmerkung 34 zu § 1).

3 Ehrenamtlicher Richter

Rechtsgrundlagen

A Gesetz über die Entschädigung der ehrenamtlichen Richter i. d. F. vom 1. 10. 1969 (BGBl I S. 1753), zuletzt geändert am 24. 6. 1994 (BGBl I S. 1325)

§ 1 EhrRiEG Geltungsbereich und Grundsatz der Entschädigung

Die ehrenamtlichen Richter bei den ordentlichen Gerichten und den Gerichten für Arbeitssachen sowie bei den Gerichten der Verwaltungs-, der Finanz- und der Sozialgerichtsbarkeit erhalten eine Entschädigung für

1. Zeitversäumnis (§ 2),
2. Fahrtkosten und Fußwegstrecken (§ 3),
3. Aufwand (§§ 4 und 5).

§ 2 EhrRiEG Entschädigung für Zeitversäumnis

(1) **Die ehrenamtlichen Richter erhalten eine Entschädigung von 8 Deutsche Mark für jede Stunde.**

(2) **Entsteht dem ehrenamtlichen Richter ein Verdienstausfall, so erhält er ferner für jede Stunde der versäumten Arbeitszeit höchstens 30 Deutsche Mark. Als versäumt gilt auch die Zeit, während welcher der ehrenamtliche Richter seiner gewöhnlichen Beschäftigung infolge seiner Heranziehung nicht nachgehen kann. Die Entschädigung richtet sich nach dem regelmäßigen Bruttoverdienst einschließlich der vom Arbeitgeber zu tragenden Sozialversicherungsbeiträge. Wer nicht erwerbstätig ist und einen eigenen Haushalt für mehrere Personen führt, erhält neben der Entschädigung nach Absatz 1 20 Deutsche Mark je Stunde. Satz 4 gilt entsprechend für Teilzeitbeschäftigte, die außerhalb ihrer vereinbarten regelmäßigen Arbeitszeit herangezogen werden. Die Entschädigung nach Satz 4 und 5 wird nicht gewährt, soweit dem ehrenamtlichen Richter Kosten einer notwendigen Vertretung erstattet werden.**

(3) **Als Entschädigung nach Absatz 2 kann nach billigem Ermessen unter Berücksichtigung des Verdienstausfalls ein Betrag bis zu 60 Deutsche Mark für jede Stunde gewährt werden, wenn der ehrenamtliche Richter innerhalb eines Zeitraums von mindestens dreißig Tagen an sechs Tagen oder häufiger seiner regelmäßigen Erwerbstätigkeit entzogen oder wenn er in einem Verfahren an mehr als zwanzig Tagen herangezogen wird. Wird er in einem Verfahren an mehr als fünfzig Tagen herangezogen, so tritt an die Stelle des Betrages von 60 Deutsche Mark ein Betrag von 80 Deutsche Mark.**

(4) **Die Entschädigungen werden für höchstens zehn Stunden je Tag gewährt, die Entschädigung nach Absatz 2 Satz 4 jedoch für höchstens acht Stunden je Tag; Teilzeitbeschäftigten wird die Entschädigung nach Absatz 2 Satz 4 höchstens für die Zeitdauer gewährt, die zusammen mit der vereinbarten regelmäßigen Arbeitszeit acht Stunden je Tag nicht überschreitet. Die letzte, bereits begonnene Stunde wird voll gerechnet.**

§ 3 EhrRiEG Fahrtkosten

(1) **Ehrenamtlichen Richtern werden die Fahrtkosten bis zur Höhe der Kosten für die Benutzung des preisgünstigsten öffentlichen Beförderungsmittels oder bei einer Gesamtstrecke bis zu 200 Kilometern bis zur**

Höhe der Kosten für die Benutzung eines eigenen oder unentgeltlich von einem Dritten zur Verfügung gestellten Kraftfahrzeuges ersetzt. Höhere Fahrtkosten werden ersetzt, soweit durch die Benutzung eines anderen als durch die Benutzung des preisgünstigsten öffentlichen Beförderungsmittels die Entschädigung insgesamt nicht höher wird oder höhere Fahrtkosten wegen besonderer Umstände notwendig sind.

(2) **Bei Benutzung von öffentlichen, regelmäßig verkehrenden Beförderungsmitteln werden die wirklichen Auslagen einschließlich der Kosten für die Beförderung des notwendigen Gepäcks bis zur Höhe der Tarife, bei Benutzung der Eisenbahn oder von Schiffen bis zum Fahrpreis der ersten Wagen- oder Schiffsklasse, ersetzt. Die Mehrkosten für zuschlagpflichtige Züge werden erstattet.**

(3) **Bei Benutzung eines eigenen oder unentgeltlich von einem Dritten zur Verfügung gestellten Kraftfahrzeugs sind zur Abgeltung der Anschaffungs-, Unterhaltungs- und Betriebskosten sowie der Abnutzung des Kraftfahrzeugs 0,52 Deutsche Mark für jeden gefahrenen Kilometer zuzüglich der durch die Benutzung des Kraftfahrzeugs aus Anlaß der Reise regelmäßig anfallenden baren Auslagen, insbesondere der Parkgebühren, zu erstatten.**

(4) **Für Reisen während der Tagung werden Fahrtkosten nur insoweit ersetzt, als Mehrbeträge an Entschädigung erspart werden, die beim Verbleiben am Sitzungsort gewährt werden müßten.**

(5) **Tritt der ehrenamtliche Richter die Reise zum Sitzungsort von einem anderen als seinem Wohnort an oder fährt er nach der Sitzung zu einem anderen Ort als seinem Wohnort, so werden die Fahrtkosten bis zur Höhe der bei der Fahrt von und zum Wohnort zu erstattenden Kosten ersetzt. Mehrkosten werden nach billigem Ermessen ersetzt, wenn der ehrenamtliche Richter zu diesen Fahrten durch besondere Umstände genötigt war.**

§ 4 EhrRiEG Entschädigung für Aufwand

(1) **Die ehrenamtlichen Richter erhalten eine Entschädigung für den mit ihrer Dienstleistung verbundenen Aufwand.**

(2) **Ehrenamtliche Richter, die innerhalb der Gemeinde, in der die Sitzung stattfindet, weder wohnen noch berufstätig sind, erhalten für die Zeit, während der sie aus Anlaß der Dienstleistung von ihrem Wohnort abwesend sein müssen, ein Tagegeld in Höhe des Satzes, der Richtern in der Reistekostenstufe B nach den Vorschriften über die Reisekostenvergütung der Richter im Bundesdienst zusteht. Bei Abwesenheit bis zu sechs Stunden werden die notwendigen Auslagen bis zu 6 Deutsche Mark erstattet.**

(3) **Ehrenamtliche Richter, die innerhalb der Gemeinde, in der die Sitzung stattfindet, wohnen oder berufstätig sind, erhalten ein Tagegeld von 6 Deutsche Mark, wenn sie an einer Sitzung mehr als sechs Stunden teilnehmen. Übersteigen ihre Auslagen diesen Betrag, so werden die notwendigen Auslagen bis zur Höhe des in Absatz 2 vorgesehenen Tagegeldes erstattet. Bei einer Sitzungsdauer bis zu sechs Stunden werden die notwendigen Auslagen bis zu 6 Deutsche Mark ersetzt.**

(4) Ist eine auswärtige Übernachtung notwendig, so wird ein Übernachtungsgeld in Höhe des Satzes für Richter im Bundesdienst in der Reisekostenstufe B gewährt.

§ 5 EhrRiEG Ersatz sonstiger Aufwendungen

Auch die in den §§ 3 und 4 nicht besonders genannten baren Auslagen werden, soweit sie notwendig sind, dem ehrenamtlichen Richter ersetzt. Dies gilt besonders für die Kosten einer notwendigen Vertretung und für die Kosten notwendiger Begleitpersonen.

§ 6 EhrRiEG *(weggefallen)*

§ 7 EhrRiEG Ehrenamtliche Richter bei den obersten Gerichtshöfen des Bundes

Die ehrenamtlichen Richter bei den obersten Gerichtshöfen des Bundes erhalten im Falle des § 4 Abs. 2 Satz 1 ein Tagegeld und im Falle des § 4 Abs. 4 ein Übernachtungsgeld in Höhe des Satzes für Richter im Bundesdienst in der Reisekostenstufe C.

§ 8 EhrRiEG Entschädigung in besonderen Fällen

Die Entschädigung nach den §§ 1 bis 7 wird auch gewährt,

a) wenn die ehrenamtlichen Richter von der zuständigen staatlichen Stelle zu Einführungs- und Fortbildungstagungen herangezogen werden,

b) wenn die ehrenamtlichen Richter bei den Gerichten für Arbeitssachen und den Gerichten der Sozialgerichtsbarkeit in dieser Eigenschaft an der Wahl von gesetzlich für sie vorgesehenen Ausschüssen oder an den Sitzungen solcher Ausschüsse teilnehmen (§§ 29, 38 des Arbeitsgerichtsgesetzes, §§ 23, 35 Abs. 1, § 47 des Sozialgerichtsgesetzes).

§ 9 EhrRiEG Aufrundung

Die dem ehrenamtlichen Richter zu zahlende Gesamtentschädigung wird auf zehn Deutsche Pfennig aufgerundet.

§ 10 EhrRiEG Vorschuß

Den ehrenamtlichen Richtern ist auf Antrag ein angemessener Vorschuß zu bewilligen.

§ 11 EhrRiEG Erlöschen des Anspruchs

Der Anspruch auf Entschädigung erlischt, wenn er nicht binnen eines Jahres nach Beendigung der Dienstleistung bei der Stelle geltend gemacht wird, welche die Entschädigung anzuweisen hat.

§ 12 EhrRiEG Gerichtliche Festsetzung

(1) **Die dem ehrenamtlichen Richter zu gewährende Entschädigung wird durch gerichtlichen Beschluß festgesetzt, wenn der ehrenamtliche Richter oder die Staatskasse die richterliche Festsetzung beantragt. Zuständig ist das Gericht, bei dem der ehrenamtliche Richter mitgewirkt hat.**

(2) **Gegen die richterliche Festsetzung ist die Beschwerde zulässig, wenn der Wert des Beschwerdegegenstandes einhundert Deutsche Mark übersteigt. Beschwerdeberechtigt sind nur der ehrenamtliche Richter und die Staatskasse. Die Beschwerde ist nicht an eine Frist gebunden. Eine Beschwerde an einen obersten Gerichtshof des Bundes ist nicht zulässig. Die Beschwerde wird bei dem Gericht eingelegt, das die angefochtene Entscheidung erlassen hat. Das Gericht kann der Beschwerde abhelfen.**

(3) **Die Entscheidung trifft das Gericht ohne die Hinzuziehung der ehrenamtlichen Richter.**

(4) **Anträge, Erklärungen und Beschwerden können zu Protokoll der Geschäftsstelle gegeben oder schriftlich ohne Mitwirkung eines Rechtsanwalts eingereicht werden.**

(5) **Das Verfahren über die Beschwerde ist gebührenfrei. Kosten werden nicht erstattet.**

§ 13 EhrRiEG Entschädigung der Vertrauensleute

(1) **Nach den §§ 2 bis 5 sowie 9 bis 11 werden entschädigt**

1. die Vertrauenspersonen in den Ausschüssen zur Wahl von Schöffen;

2. die Vertrauensleute in den Ausschüssen zur Wahl der ehrenamtlichen Richter bei den Gerichten der Verwaltungsgerichtsbarkeit;

3. die Vertrauensleute in den Ausschüssen zur Wahl der ehrenamtlichen Richter bei den Gerichten der Finanzgerichtsbarkeit.

(2) **§ 12 gilt entsprechend. Für die gerichtliche Festsetzung ist das Gericht zuständig, bei dem der Ausschuß gebildet ist.**

§ 14 EhrRiEG Besondere Regelungen

Die Bestimmungen über die Entschädigung von Personen, die als ehrenamtliche Richter bei den in § 1 genannten Gerichten in ehren- oder berufsgerichtlichen Verfahren mitwirken, bleiben unberührt. Das gleiche gilt für die Bestimmungen über die Entschädigung der ehrenamtlichen Richter bei Dienst- und Dienststrafgerichten.

Erläuterungen

3.1 Wird ein Berufsangehöriger zum **ehrenamtlichen Richter** bei den ordentlichen Gerichten und den Gerichten für Arbeitssachen sowie bei den Gerichten der Verwaltungs-, der Finanz- und der Sozialgerichtsbarkeit berufen, so erhält er eine **Entschädigung,** die sich nach den Bestimmungen des **„Gesetzes über die Entschädigung der ehrenamtlichen Richter“** bemißt. Die Entschädigung wird gewährt für die Zeitversäumnis (§ 2), die

Fahrtkosten (§ 3) und den mit der Ausübung der Tätigkeit verbundenen Aufwand (§§ 4 und 5).

3.2 Nach § 104 StBerG gelten die Vorschriften des Gesetzes über die Entschädigung der ehrenamtlichen Richter auch für die im **berufsgerichtlichen** Verfahren tätigen ehrenamtlichen Richter bei den Kammern und Senaten für Steuerberater- und Steuerbevollmächtigtensachen.

4 Fiskalvertreter

Rechtsgrundlagen

Umsatzsteuergesetz vom 9. 6. 1999 (BGBl I S. 1270), zuletzt geändert am 24. 6. 2000 (BGBl I S. 874)

§ 22a UStG Fiskalvertretung

(1) **Ein Unternehmer, der weder im Inland noch in einem der in § 1 Abs. 3 genannten Gebiete seinen Wohnsitz, seinen Sitz, seine Geschäftsleitung oder eine Zweigniederlassung hat und im Inland ausschließlich steuerfreie Umsätze ausführt und keine Vorsteuerbeträge abziehen kann, kann sich im Inland durch einen Fiskalvertreter vertreten lassen.**

(2) **Zur Fiskalvertretung sind die in den § 3 Nr. 1 bis 3 und § 4 Nr. 9 Buchstabe c des Steuerberatungsgesetzes genannten Personen befugt.**

(3) **Der Fiskalvertreter bedarf der Vollmacht des im Ausland ansässigen Unternehmers.**

§ 22b UStG Rechte und Pflichten des Fiskalvertreters

(1) **Der Fiskalvertreter hat die Pflichten des im Ausland ansässigen Unternehmers nach diesem Gesetz als eigene zu erfüllen. Er hat die gleichen Rechte wie der Vertretene.**

(2) **Der Fiskalvertreter hat unter der ihm nach § 22d Abs. 1 erteilten Steuernummer eine Steuererklärung (§ 18 Abs. 3 und 4) abzugeben, in der er die Besteuerungsgrundlagen für jeden von ihm vertretenen Unternehmer zusammenfaßt. Dies gilt für die Zusammenfassende Meldung entsprechend.**

(3) **Der Fiskalvertreter hat die Aufzeichnungen im Sinne des § 22 für jeden von ihm vertretenen Unternehmer gesondert zu führen. Die Aufzeichnungen müssen Namen und Anschrift der von ihm vertretenen Unternehmer enthalten.**

Erläuterungen

4.1 Ein ausländischer Unternehmer kann sich im Inland unter den in § 22a UStG genannten Voraussetzungen durch einen Fiskalvertreter vertreten lassen. Der Fiskalvertreter hat dabei die umsatzsteuerlichen Pflichten des im

Ausland ansässigen Unternehmers als eigene zu erfüllen (§ 22b Absatz 1 UStG).

4.2 Eine ausdrückliche Regelung über die Vergütung der Tätigkeit des Fiskalvertreters besteht nicht. Es erhebt sich deshalb die Frage, ob ihrer Berechnung die Regelungen der Steuerberatergebührenverordnung zugrunde zu legen sind oder ob von der üblichen Vergütung nach § 612 bzw. § 632 BGB auszugehen ist. Zu den Aufgaben des Fiskalvertreters zählen insbesondere die
- Führung von Aufzeichnungen im Sinne des § 22 UStG
- Führung von Nachweisen für steuerfreie Umsätze
- Aufnahme der von den vertretenen Unternehmen erbrachten Inlandsumsätze in einer Umsatzsteuererklärung
- Aufnahme der von den vertretenen Unternehmen erbrachten innergemeinschaftlichen Lieferungen in eine Zusammenfassende Meldung
- Erteilung von Auskünften gegenüber der Finanzverwaltung.

Es handelt sich hierbei ausschließlich um Tätigkeiten aus dem unmittelbaren Berufsfeld des Steuerberaters, so daß für die Berechnung der Vergütung der Leistungen die Bestimmungen der StBGebV heranzuziehen sind, also etwa § 24 Absatz 1 Nummer 8 StBGebV für die Erstellung der Umsatzsteuerjahreserklärung.
Daß zur Fiskalvertretung über § 4 Nummer 9 StBerG auch Personen befugt sind, die nicht zum Kreis der in § 3 genannten gehören, ist hier ohne Belang, wie ein vergleichender Blick etwa auf den Bereich der Tätigkeiten zeigt, die von Lohnsteuerhilfevereinen ausgeübt werden, und auf die, wenn sie von Steuerberatern erbracht werden, die StBGebV Anwendung findet (anderer Ansicht Meyer/Goez in „Die Gebühren der steuerberatenden Berufe", Kennzahl 4200 Tz. 7, die ohne nähere Begründung für die Vergütung der Tätigkeit des Fiskalvertreters den Ansatz der üblichen Vergütung nach § 612 bzw. § 632 BGB in Form einer Abrechnung nach Zeitaufwand vorschlagen).

5 Mitglied im Gläubigerausschuß und im Gläubigerbeirat

Rechtsgrundlagen

A Konkursordnung vom 10. 2. 1877 (RGBl S. 351) i. d. F. der Bekanntmachung vom 20. 5. 1898 (RGBl S. 612), zuletzt geändert am 25. 7. 1994 (BGBl I S. 1744)

§ 91 KO Auslagen, Vergütung

(1) **Die Mitglieder des Gläubigerausschusses haben Anspruch auf Erstattung angemessener barer Auslagen und auf Vergütung für ihre Geschäftsführung. Die Festsetzung der Auslagen und der Vergütung erfolgt nach Anhörung der Gläubigerversammlung durch das Konkursgericht.**

...

B Vergleichsordnung vom 26. 2. 1935 (RGBl S. 321, ber. S. 356), zuletzt geändert am 28. 10. 1996 (BGBl I S. 1546)

§ 45 VerglO Rechte und Pflichten der Mitglieder des Gläubigerbeirats

...

(2) **Die Mitglieder des Gläubigerbeirats können von dem Schuldner die Erstattung angemessener barer Auslagen sowie angemessenen Ersatz für Zeitversäumnis verlangen. Die Vorschriften des § 43 Abs. 2 bis 5 finden entsprechende Anwendung.**

C Verordnung über die Vergütung des Konkursverwalters, des Vergleichsverwalters, der Mitglieder des Gläubigerausschusses und der Mitglieder des Gläubigerbeirats vom 25. 5. 1960 (BGBl I S. 329) i. d. F. der vierten Änderungsverordnung vom 11. 6. 1979 (BGBl I S. 637)

§ 13 VergütVO

(1) **Die Vergütung der Mitglieder des Gläubigerausschusses im Konkursverfahren richtet sich nach der Art und dem Umfang ihrer Tätigkeit. Maßgebend ist im allgemeinen der erforderliche Zeitaufwand. Die Vergütung beträgt regelmäßig 15 DM je Stunde. Dies gilt auch für die Teilnahme an einer Gläubigerausschußsitzung und für die Vornahme einer Kassenprüfung.**

(2) **Der Anspruch der Mitglieder des Gläubigerbeirats auf Ersatz für Zeitversäumnis im Vergleichsverfahren bestimmt sich nach dem erforderlichen Zeitaufwand. Abs. 1 Satz 3 und 4 gilt entsprechend.**

D Gesetz über die Entschädigung von Zeugen und Sachverständigen i. d. F. der Bekanntmachung vom 1. 10. 1969 (BGBl I S. 1756), zuletzt geändert am 17. 12. 1997 (BGBl I S. 3108)

§ 3 ZSEG Entschädigung von Sachverständigen

(Wiedergegeben bei Nummer 13)

E Insolvenzordnung vom 5. 10. 1994 (BGBl I S. 2866), zuletzt geändert am 8. 12. 1999 (BGBl I S. 2384)

§ 73 InsO Vergütung der Mitglieder des Gläubigerausschusses

(1) **Die Mitglieder des Gläubigerausschusses haben Anspruch auf Vergütung für ihre Tätigkeit und auf Erstattung angemessener Auslagen. Dabei ist dem Zeitaufwand und dem Umfang der Tätigkeit Rechnung zu tragen.**

(2) **Die §§ 64 und 65 gelten entsprechend.**

F Insolvenzrechtliche Vergütungsverordnung vom 19. 8. 1998 (BGBl I S. 2205)

§ 17 InsVV Berechnung der Vergütung

(1) **Die Vergütung der Mitglieder des Gläubigerausschusses beträgt regelmäßig zwischen DM 50,– und DM 100,– je Stunde.**

(2) **Bei der Festsetzung des Stundensatzes ist insbesondere der Umfang der Tätigkeit zu berücksichtigen.**

Vorbemerkung

Mit der am 1. 1. 1999 in Kraft getretenen Insolvenzordnung (InsO), die die Konkursordnung (KO) und die Vergleichsordnung (VerglO) abgelöst hat, hat das Konkursverfahren/Insolvenzverfahren eine neue rechtliche Grundlage erhalten. Dies gilt gleichermaßen für die Regelungen über die Vergütung der Leistungen der im Konkurs/Insolvenzverfahren Tätigen. Hier hat die Insolvenzrechtliche Vergütungsverordnung (InsVV) die Verordnung über die Vergütung des Konkursverwalters, des Vergleichsverwalters, der Mitglieder des Gläubigerausschusses und der Mitglieder des Gläubigerbeirats (VergütVO) ersetzt.
Die InsVV ist auf alle Verfahren anzuwenden, in denen nach dem 31. 12. 1998 der Eröffnungsantrag gestellt wurde. Für die anderen Verfahren gelten nach wie vor die Bestimmungen der Konkursordnung, der Vergleichsordnung und der VergütVO. Deshalb sollen in dieser Auflage nachfolgend sowohl der „alte" Rechtsstand bis zum 31. 12. 1998 (Anmerkungen 5.1 bis 5.4), wie auch der „neue" ab 1. 1. 1999 (Anmerkungen 5.5 und 5.6) dargestellt werden.

Erläuterungen zum Rechtsstand bis 31. 12. 1998

5.1 Die Mitglieder des **Gläubigerausschusses** haben nach § 91 Absatz 1 KO Anspruch auf Erstattung barer Auslagen und auf Vergütung für ihre Geschäftsführung. Die Festsetzung erfolgt nach Anhörung der Gläubigerversammlung durch das Konkursgericht.
Die Mitglieder des **Gläubigerbeirats** können nach § 45 Absatz 2 VerglO von dem Schuldner die Erstattung angemessener barer Auslagen sowie angemessenen Ersatz für Zeitversäumnis verlangen. Die Festsetzung erfolgt durch das Vergleichsgericht.

5.2 Nach § 13 der vorstehend auszugsweise wiedergegebenen **„Verordnung über die Vergütung des Konkursverwalters, des Vergleichsverwalters, der Mitglieder des Gläubigerausschusses und der Mitglieder des Gläubigerbeirats"** (VergütVO) bemißt sich die Vergütung für die Mitglieder des Gläubigerausschusses im Konkursverfahren nach der Art und dem Umfang ihrer Tätigkeit. Grundlage ist im allgemeinen der **Zeitaufwand,** wobei die VergütVO von einem Stundensatz von DM 15,– ausgeht.
Entsprechendes gilt auch für die Mitglieder des Gläubigerbeirats.

5.3 Diese Sätze sind nicht mehr angemessen. Das LG Trier 4 T 23/83 vom 16. 6. 1983 (Rpfleger 1984 S. 365) geht deshalb davon aus, daß eine Bindung an den Regelstundensatz von DM 15,– nicht mehr besteht. In dieser Entscheidung hat es deshalb in entsprechender Anwendung der Vorschrift für die Entschädigung von Sachverständigen festgestellt, daß ein Stundensatz bis DM 50,– festgesetzt werden kann. Da das **„Gesetz über die Entschädigung von Zeugen und Sachverständigen"** (ZSEG) zwischenzeitlich in diesem Bereich Änderungen erfahren hat, ist bei Anwendung dieser Grundsätze entsprechend § 3 Absatz 2 ZSEG derzeit von einem Stundensatz bis DM 100,– auszugehen (Zur Vergütung des **Sachverständigen** vergleiche die Anmerkungen unter Nummer **13**). Dieser Ansatz liegt auch dem Beschluß des LG Aachen 3 T 265/91 vom 20. 7. 1992 (ZIP 1993, S. 137) zugrunde, in dem festgestellt wird, daß § 3 ZSEG für die Entschädigung der Gläubigerausschußmitglieder einen Richtwert gibt. Die Vergütung im Einzelfall ist unter Berücksichtigung von Art und Umfang der Tätigkeit, der Schwierigkeiten tatsächlicher und rechtlicher Art des Verfahrens, der Verantwortung und der Haftungsrisiken sowie der Qualifikation des Ausschußmitglieds festzusetzen. Die besondere Sachkunde eines Ausschußmitglieds und der durch seine Mitwirkung erzielte Erfolg kann auch einen Stundensatz von DM 180,– rechtfertigen.

5.4 In **besonders** gelagerten Fällen kann das Gericht dann, wenn dies im Hinblick auf die Größe und den Umfang des Konkursverfahrens und die damit verbundenen besonderen Probleme und Schwierigkeiten tatsächlicher und rechtlicher Art angezeigt ist, auch eine vom Zeitaufwand unabhängige **pauschale** Abgeltung der Tätigkeit festsetzen und diese auch bereits im Wege einer Vorschußzahlung gewähren (AG Elmshorn 6 N 7/81 vom 25. 6. 1982 in ZIP 1982 S. 981; AG Mannheim N 187/84 vom 6. 2. 1985 in ZIP 1985 S. 301; AG Gummersbach 16 N 58/85 vom 24. 3. 1986 in ZIP 1986 S. 659; ähnlich AG Köln 71 VN 3/92 vom 9. 9. 1992 in KTS 1993 S. 127, das den Mitgliedern eines Gläubigerausschusses als Ersatz für Zeitversäumnis eine an den Besonderheiten des Einzelfalls ausgerichtete pauschale Entschädigung zubilligt).

Erläuterungen zum Rechtsstand ab 1. 1. 1999

5.5 Nach § 73 InsO haben die Mitglieder des Gläubigerausschusses Anspruch auf Vergütung für ihre Tätigkeit und auf Erstattung angemessener Auslagen. Bei der Festsetzung, die durch das Insolvenzgericht erfolgt, sind der Zeitaufwand und der Umfang zu berücksichtigen.

§ 17 InsVV konkretisiert § 73 Absatz 1 InsO dahingehend, daß die zeitbezogene Vergütung der Ausschußmitglieder regelmäßig zwischen DM 50,– und DM 100,– je Stunde beträgt. Abweichungen von diesem Regelstundensatz sind im Einzelfall sowohl nach oben wie nach unten möglich, wobei dabei insbesondere dem Umfang der Tätigkeit der Ausschußmitglieder Bedeutung zukommt (§ 17 Absatz 2 InsVV). Daneben sind, wie bisher, in Abstimmung mit der Gläubigerversammlung beziehungsweise dem Insolvenzgericht auch

Pauschalvergütungen denkbar, die entweder frei bestimmt oder als Bruchteil der Verwaltervergütung festgelegt werden können.

5.6 Die Ausschußmitglieder haben auch Anspruch auf Erstattung angemessener Auslagen, die nach § 18 Absatz 1 InsVV ohne die Möglichkeit einer Pauschalierung einzeln zu belegen sind. Zusätzlich zur Vergütung und zur Erstattung der Auslagen wird nach § 18 Absatz 2 in Verbindung mit § 7 InsVV ein Betrag in Höhe der vom Mitglied des Gläubigerausschusses zu zahlenden Umsatzsteuer festgesetzt.
Gegen den Festsetzungsbeschluß über die Vergütung kann jedes einzelne Gläubigerausschußmitglied als Antragsteller, der Schuldner und jeder Insolvenzgläubiger sofortige Beschwerde erheben, soweit der Beschwerdewert DM 200,– übersteigt (§ 64 Absatz 3 InsO, § 567 Absatz 2 Satz 3 ZPO).

6 Konkursverwalter und Insolvenzverwalter

Vorbemerkung

Am 1. 1. 1999 ist die „Insolvenzrechtliche Vergütungsverordnung" vom 24. 8. 1998 (InsVV) in Kraft getreten. Sie hat die „Verordnung über die Vergütung des Konkursverwalters, des Vergleichsverwalters, der Mitglieder des Gläubigerausschusses und der Mitglieder des Gläubigerbeirates" vom 25. 5. 1960 in der Fassung vom 11. 6. 1969 abgelöst. Die Regelungen der InsVV gelten nur für Insolvenzverfahren, die nach dem 31. 12. 1998 beantragt wurden. Für Verfahren, die noch nach der Konkursordnung, der Vergleichsordnung oder Gesamtvollstreckungsverordnung abgewickelt werden, bleiben nach Artikel 103 EGInsO die bisherigen Vergütungsgrundsätze maßgebend.
Aus diesem Grund sollen in dieser Auflage sowohl die „alten" Vergütungsregelungen nach der VergütVO wie die „neuen" nach der InsVV dargestellt werden. Dementsprechend wird nachstehend auch bei der Aufführung der Rechtsgrundlagen verfahren; diese enthält unter A und B eine Wiedergabe der einschlägigen Vorschriften der Konkursordnung und der VergütVO sowie unter C und D eine solche der Insolvenzordnung und der InsVV.

Rechtsgrundlagen

A Konkursordnung vom 10. 2. 1877 (RGBl S. 351) i. d. F. der Bekanntmachung vom 20. 5. 1898 (RGBl S. 612), zuletzt geändert am 25. 7. 1994 (BGBl I S. 1744)

§ 85 KO Auslagen, Vergütung

(1) **Der Verwalter hat Anspruch auf Erstattung angemessener barer Auslagen und auf Vergütung für seine Geschäftsführung. Die Festsetzung der Auslagen und der Vergütung erfolgt durch das Konkursgericht.**

...

B Verordnung über die Vergütung des Konkursverwalters, des Vergleichsverwalters, der Mitglieder des Gläubigerausschusses und der Mitglieder des Gläubigerbeirats vom 25. 5. 1960 (BGBl I S. 329) i. d. F. der vierten Änderungsverordnung vom 11. 6. 1979 (BGBl I S. 637)

§ 1 VergütVO

(1) **Die Vergütung des Konkursverwalters wird nach der Teilungsmasse berechnet, auf die sich die Schlußrechnung erstreckt.**

(2) **Ist der Gesamtbetrag der Konkursforderung geringer, so ist dieser maßgebend.**

§ 2 VergütVO

Die Teilungsmasse ist im einzelnen wie folgt zu bestimmen:

1. **Massegegenstände, die mit Absonderungsrechten (z. B. Hypotheken, Vertrags- oder Pfändungspfandrechten, Rechten aus einer Sicherungsübereignung) belastet sind, werden nur insoweit berücksichtigt, als aus ihnen ein Überschuß zur Masse geflossen ist oder voraussichtlich noch fließen wird. Gegenstände, die dem Vermieterpfandrecht unterliegen, werden jedoch voll berücksichtigt, auch wenn aufgrund des Pfandrechts Zahlungen aus der Masse an den Vermieter geleistet sind.**
2. **Werden Aus- oder Absonderungsrechte abgefunden, so wird die aus der Masse hierfür gewährte Leistung vom Sachwert der Gegenstände, auf die sich diese Rechte erstreckten, abgezogen.**
3. **Massekosten und Masseschulden werden nicht abgesetzt. Beträge, die der Konkursverwalter als Rechtsanwaltsgebühren aus der Masse erhält, werden jedoch in Abzug gebracht.**
   Gehen verauslagte Prozeß- oder Vollstreckungskosten wieder ein, so werden sie gegen die verauslagten Kosten verrechnet.
4. **Steht einer Forderung eine Gegenforderung gegenüber, so wird lediglich der bei einer Verrechnung sich ergebende Überschuß berücksichtigt.**
5. **Wird das Geschäft des Gemeinschuldners weitergeführt, so ist aus den Einnahmen nur der Überschuß zu berücksichtigen, der sich nach Abzug der Ausgaben ergibt.**
6. **Ein zur Durchführung des Verfahrens von einem anderen als dem Gemeinschuldner geleisteter Vorschuß oder ein zur Erfüllung eines Zwangsvergleichs zur Masse geleisteter Zuschuß bleibt außer Betracht. Gleiches gilt für den Verzicht eines Gläubigers auf seine Forderung.**

§ 3 VergütVO

(1) **Der Konkursverwalter erhält in der Regel**

von den ersten	**10.000 DM**	**der Teilungsmasse**	**15 v. H.**
von dem Mehrbetrag bis zu	**50.000 DM**	**der Teilungsmasse**	**12 v. H.**
von dem Mehrbetrag bis zu	**100.000 DM**	**der Teilungsmasse**	**6 v. H.**
von dem Mehrbetrag bis zu	**500.000 DM**	**der Teilungsmasse**	**2 v. H.**

von dem Mehrbetrag bis zu 1.000.000 DM der Teilungsmasse 1 v.H.
von dem darüber hinausgehenden Betrag $^1/_2$ v.H.

(2) **Die Vergütung soll in der Regel mindestens 400 DM betragen.**

(3) **Sind mehrere Konkursverwalter nebeneinander bestellt, so sind die Vergütungen so zu berechnen, daß sie zusammen den Betrag nicht übersteigen, der in dieser VO als Vergütung für einen Konkursverwalter vorgesehen ist.**

§ 4 VergütVO

(1) **Die Vergütung ist abweichend vom Regelsatz (§§ 1 bis 3) festzusetzen, wenn Besonderheiten der Geschäftsführung des Konkursverwalters es erfordern.**

(2) **Eine den Regelsatz übersteigende Vergütung ist insbesondere festzusetzen, wenn**

a) die Bearbeitung von Aus- und Absonderungsrechten einen erheblichen Teil der Verwaltertätigkeit ausgemacht hat, ohne daß die Teilungsmasse entsprechend größer geworden ist, oder
b) der Verwalter zur Vermeidung von Nachteilen für die Konkursmasse das Geschäft weitergeführt oder er Häuser verwaltet hat und die Teilungsmasse nicht entsprechend größer geworden ist.

(3) **Ein Zurückbleiben hinter dem Regelsatz kann insbesondere gerechtfertigt sein, wenn**

a) der Konkursverwalter in einem früheren Vergleichsverfahren als Vergleichsverwalter erhebliche Vorarbeiten für das Konkursverfahren geleistet und dafür eine entsprechende Vergütung erhalten hat oder
b) die Masse bereits zu einem wesentlichen Teil verwertet war, als der Konkursverwalter das Amt übernahm, oder
c) das Konkursverfahren vorzeitig beendet wird (etwa durch Aufhebung des Eröffnungsbeschlusses oder durch Einstellung des Verfahrens) oder
d) die Teilungsmasse groß war und die Geschäftsführung verhältnismäßig geringe Anforderungen an den Konkursverwalter stellte.

(4) **Ob und in welcher Höhe Nachtragsverteilungen besonders vergütet werden, bestimmt das Gericht nach billigem Ermessen unter Berücksichtigung der Umstände des Einzelfalles.**

(5) **In der Vergütung ist die vom Konkursverwalter zu zahlende USt enthalten. Wird für die Leistung des Konkursverwalters jedoch eine USt nach § 12 Abs. 1 UStG erhoben, so erhält er einen Ausgleich in Höhe der Hälfte des Betrages, der sich aus der Anwendung des allgemeinen Steuersatzes auf sonstige Vergütungen ergibt.**

§ 5 VergütVO

(1) **Durch die Vergütung sind die allgemeinen Geschäftsunkosten abgegolten. Zu den allgemeinen Geschäftsunkosten gehört der Büroaufwand des Konkursverwalters. Schreibgebühren und Gehälter von Angestellten, die im Rahmen ihrer laufenden Arbeiten auch bei der Konkursver-**

waltung beschäftigt werden, können der Masse daher nicht – auch nicht anteilig – in Rechnung gestellt werden. Gleiches gilt für die Kosten einer Haftpflichtversicherung.

(2) **Zu den allgemeinen Geschäftsunkosten gehören nicht die besonderen Unkosten, die dem Verwalter im Einzelfall (z. B. durch die Einstellung von Hilfskräften für bestimmte Aufgaben im Rahmen der Konkursverwaltung oder durch Reisen) tatsächlich erwachsen. Durch Abs. 1 wird nicht ausgeschlossen, daß diese besonderen Unkosten als Auslagen erstattet werden, soweit sie angemessen sind.**

§ 6 VergütVO

(1) **Vergütung und Auslagen werden auf Antrag des Konkursverwalters vom Konkursgericht festgesetzt. Die Festsetzung erfolgt für Vergütung und Auslagen gesondert.**

(2) **Der Antrag soll tunlichst gestellt werden, wenn die Schlußrechnung an das Konkursgericht übersandt wird.**

(3) **In dem Antrag ist anzugeben und näher darzulegen, inwieweit die in der Schlußrechnung ausgewiesenen Einnahmen als Teilungsmasse anzusehen sind.**

(4) **Auslagen hat der Konkursverwalter einzeln anzuführen und zu belegen. Ist zweifelhaft, ob eine Aufwendung als Masseschuld nach § 59 KO oder als eine nach § 85 KO zu erstattende Auslage anzusehen ist, so hat er den Posten zu erläutern. Dies kann erforderlich werden, wenn Entschädigungen an Hilfskräfte gezahlt worden sind, die zur Beaufsichtigung des Geschäfts, zur Ordnung des Lagers oder zur Bestandsaufnahme herangezogen wurden; hatte der Verwalter diese Aufgaben eigenen Angestellten übertragen, so ist dies anzugeben.**

§ 7 VergütVO

Der Konkursverwalter kann aus der Masse einen Vorschuß auf die Vergütung und Auslagen entnehmen, wenn das Konkursgericht es genehmigt. Die Genehmigung soll erteilt werden, wenn das Konkursverfahren ungewöhnlich lange dauert oder besonders hohe Auslagen erforderlich werden.

C Insolvenzordnung vom 5. 10. 1994 (BGBl I S. 2866), zuletzt geändert am 8. 12. 1999 (BGBl I S. 2384)

§ 63 InsO Vergütung des Insolvenzverwalters

(1) **Der Insolvenzverwalter hat Anspruch auf Vergütung für seine Geschäftsführung und auf Erstattung angemessener Auslagen.**

(2) **Der Regelsatz der Vergütung wird nach dem Wert der Insolvenzmasse zur Zeit der Beendigung des Insolvenzverfahrens berechnet.**

(3) **Dem Umfang und der Schwierigkeit der Geschäftsführung des Verwalters wird durch Abweichungen vom Regelsatz Rechnung getragen.**

D Insolvenzrechtliche Vergütungsverordnung vom 19. 8. 1998 (BGBl I S. 2205)

§ 1 InsVV Berechnungsgrundlage

(1) **Die Vergütung des Insolvenzverwalters wird nach dem Wert der Insolvenzmasse berechnet, auf die sich die Schlußrechnung bezieht. Wird das Verfahren nach Bestätigung eines Insolvenzplans aufgehoben oder durch Einstellung vorzeitig beendet, so ist die Vergütung nach dem Schätzwert der Masse zur Zeit der Beendigung des Verfahrens zu berechnen.**

(2) **Die maßgebliche Masse ist im einzelnen wie folgt zu bestimmen:**

1. **Massegegenstände, die mit Absonderungsrechten belastet sind, werden berücksichtigt, wenn sie durch den Verwalter verwertet werden. Der Mehrbetrag der Vergütung, der auf diese Gegenstände entfällt, darf jedoch 50 vom Hundert des Betrages nicht übersteigen, der für die Kosten ihrer Feststellung in die Masse geflossen ist. Im übrigen werden die mit Absonderungsrechten belasteten Gegenstände nur insoweit berücksichtigt, als aus ihnen der Masse ein Überschuß zustehe.**
2. **Werden Aus- und Absonderungsrechte abgefunden, so wird aus der Masse hierfür gewährte Leistung vom Sachwert der Gegenstände abgezogen, auf die sich diese Rechte erstrecken.**
3. **Steht einer Forderung eine Gegenforderung gegenüber, so wird lediglich der Überschuß berücksichtigt, der sich bei einer Verrechnung ergibt.**
4. **Die Kosten des Insolvenzverfahrens und die sonstigen Masseverbindlichkeiten werden nicht abgesetzt. Es gelten jedoch folgende Ausnahmen:**
   a) **Beträge, die der Verwalter nach § 5 als Vergütung für den Einsatz besonderer Sachkunde erhält, werden abgezogen.**
   b) **Wird das Unternehmen des Schuldners fortgeführt, so ist nur der Überschuß zu berücksichtigen, der sich nach Abzug der Ausgaben von den Einnahmen ergibt.**
5. **Ein Vorschuß, der von einer anderen Person als dem Schuldner zur Durchführung des Verfahrens geleistet worden ist, und ein Zuschuß, den ein Dritter zur Erfüllung eines Insolvenzplans geleistet hat, bleiben außer Betracht.**

§ 2 InsVV Regelsätze

(1) **Der Insolvenzverwalter erhält in der Regel**

von der ersten 50.000 Deutsche Mark der Insolvenzmasse	**40 vom Hundert,**
von dem Mehrbetrag bis zu 100.000 Deutsche Mark	**25 vom Hundert,**
von dem Mehrbetrag bis zu 500.000 Deutsche Mark	**7 vom Hundert,**
von dem Mehrbetrag bis zu 1.000.000 Deutsche Mark	**3 vom Hundert,**

von dem Mehrbetrag bis zu 50.000.000 Deutsche Mark 2 vom Hundert,

von dem Mehrbetrag bis zu 100.000.000 Deutsche Mark 1 vom Hundert,

von dem darüber hinausgehenden Betrag 0,5 vom Hundert.

(2) **Die Vergütung soll in der Regel mindestens 1.000 Deutsche Mark betragen.**

§ 3 InsVV Zu- und Abschläge

(1) **Eine den Regelsatz übersteigende Vergütung ist insbesondere festzusetzen, wenn**

a) die Bearbeitung von Aus- und Absonderungsrechten einen erheblichen Teil der Tätigkeit des Insolvenzverwalters ausgemacht hat, ohne daß ein entsprechender Mehrbetrag nach § 1 Abs. 2 Nr. 1 angefallen ist,

b) der Verwalter das Unternehmen fortgeführt oder Häuser verwaltet hat und die Masse nicht entsprechend größer geworden ist,

c) die Masse groß war und die Regelvergütung wegen der Degression der Regelsätze keine angemessene Gegenleistung dafür dargestellt, daß der Verwalter mit erheblichem Arbeitsaufwand die Masse vermehrt oder zusätzliche Masse festgestellt hat,

d) arbeitsrechtliche Fragen zum Beispiel in bezug auf das Insolvenzgeld, den Kündigungsschutz oder einen Sozialplan den Verwalter erheblich in Anspruch genommen haben oder

e) der Verwalter einen Insolvenzplan ausgearbeitet hat.

(2) **Ein Zurückbleiben hinter dem Regelsatz ist insbesondere gerechtfertigt, wenn**

a) ein vorläufiger Insolvenzverwalter im Verfahren tätig war,

b) die Masse bereits zu einem wesentlichen Teil verwertet war, als der Verwalter das Amt übernahm,

c) das Insolvenzverfahren vorzeitig beendet wird oder das Amt des Verwalters vorzeitig endet, oder

d) die Masse groß war und die Geschäftsführung geringe Anforderungen an den Verwalter stellte.

§ 4 InsVV Geschäftskosten, Haftpflichtversicherung

(1) **Mit der Vergütung sind die allgemeinen Geschäftskosten abgegolten. Zu den allgemeinen Geschäftskosten gehört der Büroaufwand des Insolvenzverwalters einschließlich der Gehälter seiner Angestellten, auch soweit diese anläßlich des Insolvenzverfahrens eingestellt worden sind. Unberührt bleibt das Recht des Verwalters, zur Erledigung besonderer Aufgaben im Rahmen der Verwaltung für die Masse Dienst- oder Werkverträge abzuschließen und die angemessene Vergütung aus der Masse zu zahlen.**

(2) **Besondere Kosten, die dem Verwalter im Einzelfall, zum Beispiel durch Reisen, tatsächlich entstehen, sind als Auslagen zu erstatten.**

(3) **Mit der Vergütung sind auch die Kosten einer Haftpflichtversicherung abgegolten. Ist die Verwaltung jedoch mit einem besonderen**

Haftungsrisiko verbunden, so sind die Kosten einer angemessenen zusätzlichen Versicherung als Auslagen zu erstatten.

§ 5 InsVV Einsatz besonderer Sachkunde

(1) **Ist der Insolvenzverwalter als Rechtsanwalt zugelassen, so kann er für Tätigkeiten, die ein nicht als Rechtsanwalt zugelassener Verwalter angemessenerweise einem Rechtsanwalt übertragen hätte, nach Maßgabe der Bundesgebührenordnung für Rechtsanwälte Gebühren und Auslagen gesondert aus der Insolvenzmasse entnehmen.**

(2) **Ist der Verwalter Wirtschaftsprüfer oder Steuerberater oder besitzt er eine andere besondere Qualifikation, so gilt Absatz 1 entsprechend.**

§ 6 InsVV Nachtragsverteilung, Überwachung der Erfüllung eines Insolvenzplans

(1) **Für eine Nachtragsverteilung erhält der Insolvenzverwalter eine gesonderte Vergütung, die unter Berücksichtigung des Werts der nachträglich verteilten Insolvenzmasse nach billigem Ermessen festzusetzen ist. Satz 1 gilt nicht, wenn die Nachtragsverteilung voraussehbar war und schon bei der Festsetzung der Vergütung für das Insolvenzverfahren berücksichtigt worden ist.**

(2) **Die Überwachung der Erfüllung eines Insolvenzplans nach den §§ 260 bis 269 der Insolvenzordnung wird gesondert vergütet. Die Vergütung ist unter Berücksichtigung des Umfangs der Tätigkeit nach billigem Ermessen festzusetzen.**

§ 7 InsVV Umsatzsteuer

Zusätzlich zur Vergütung und zur Erstattung der Auslagen wird ein Betrag in Höhe der vom Insolvenzverwalter zu zahlenden Umsatzsteuer festgesetzt.

§ 8 InsVV Festsetzung von Vergütung und Auslagen

(1) **Die Vergütung und die Auslagen werden auf Antrag des Insolvenzverwalters vom Insolvenzgericht festgesetzt. Die Festsetzung erfolgt für Vergütung und Auslagen gesondert. Der Antrag soll gestellt werden, wenn die Schlußrechnung an das Gericht gesandt wird.**

(2) **In dem Antrag ist näher darzulegen, wie die nach § 1 Abs. 2 maßgebliche Insolvenzmasse berechnet worden ist und welche Dienst- oder Werkverträge für besondere Aufgaben im Rahmen der Insolvenzverwaltung abgeschlossen worden sind (§ 4 Abs. 1 Satz 3).**

(3) **Der Verwalter kann nach seiner Wahl anstelle der tatsächlich entstandenen Auslagen einen Pauschsatz fordern, der im ersten Jahr 15 vom Hundert, danach 10 vom Hundert der gesetzlichen Vergütung, höchstens jedoch 500 Deutsche Mark je angefangenen Monat der Dauer der Tätigkeit des Verwalters beträgt.**

§ 9 InsVV Vorschuß

(1) **Der Insolvenzverwalter kann aus der Insolvenzmasse einen Vorschuß auf die Vergütung und die Auslagen entnehmen, wenn das Insolvenzgericht zustimmt. Die Zustimmung soll erteilt werden, wenn das Insolvenzverfahren länger als sechs Monate dauert oder wenn besonders hohe Auslagen erforderlich werden.**

...

§ 18 InsVV Auslagen, Umsatzsteuer

(1) **Auslagen sind einzeln anzuführen und zu belegen.**

(2) **Soweit Umsatzsteuer anfällt, gilt § 7 entsprechend.**

Erläuterungen zum Rechtsstand bis 31. 12. 1998

6.1 Nach § 85 Absatz 1 KO hat der **Konkursverwalter** Anspruch auf Erstattung angemessener barer Auslagen und auf Vergütung für seine Geschäftsführung. Die Festsetzung der Auslagen und der Vergütung erfolgt durch das Konkursgericht. Grundlage für die Bemessung der Vergütung ist die, ausgehend von der Ermächtigung in § 85 Absatz 2 KO erlassene, **„Verordnung über die Vergütung des Konkursverwalters, des Vergleichsverwalters, der Mitglieder des Gläubigerausschusses und der Mitglieder des Gläubigerbeirats“** (VergütVO) vom 25. 5. 1960 (BGBl I S. 329) i. d. F. der vierten Änderungsverordnung vom 11. 6. 1979 (BGBl I S. 637), welche vorstehend auszugsweise wiedergegeben ist.

6.2 Berechnungsgrundlage für die Vergütung des Konkursverwalters ist nach § 1 VergütVO die **Teilungsmasse,** für die § 2 VergütVO eine entsprechende Begriffsbestimmung enthält.
Problematisch ist die Bemessungsgrundlage, wenn keine Teilungsmasse nach § 1 Absatz 1 VergütVO vorhanden ist. Da es unbillig und verfassungsrechtlich auch nicht haltbar wäre, dem Konkursverwalter in diesem Falle eine Vergütung zu verweigern, ist bei deren Festsetzung in entsprechender Anwendung der vorgenannten Vorschrift eine andere Bemessungsgrundlage heranzuziehen. Denkbar sind etwa die Summe der realisierten Sicherheiten oder die Absonderungsmasse, wenn der Konkursverwalter den Absonderungsberechtigten einen erheblichen Erlös verschafft (Kilger-Karsten Schmidt „Konkursordnung“ 17. Auflage 1997 Anmerkung 1 a zu § 85 KO).

6.3 Nach § 3 VergütVO orientiert sich die Höhe der Vergütung des Konkursverwalters am Umfang der Teilungsmasse und wird gestaffelt nach **Vomhundertsätzen** berechnet.
Danach beträgt die **Regelvergütung,** die sich auf mindestens DM 400,– belaufen soll:
15 v. H., mindestens jedoch DM 400,–, bei einer Teilungsmasse bis zu DM 10.000,–;
DM 1.500,– + 12 v. H. des DM 10.000,– übersteigenden Betrages bei einer Teilungsmasse über DM 10.000,– bis DM 50.000,–;

DM 6.300,– + 6 v. H. des DM 50.000,– übersteigenden Betrages bei einer Teilungsmasse über DM 50.000,– bis zu DM 100.000,–;
DM 9.300,– + 2 v. H. des DM 100.000,– übersteigenden Betrages bei einer Teilungsmasse über DM 100.000,– bis zu DM 500.000,–;
DM 17.300,– + 1 v. H. des DM 500.000,– übersteigenden Betrages bei einer Teilungsmasse über DM 500.000,– bis zu DM 1.000.000,– und
DM 22.300,– + 0,5 v. H. des DM 1.000.000,– übersteigenden Betrages bei einer Teilungsmasse von mehr als DM 1.000.000,–.
(Vergleiche zu den Beträgen im einzelnen auch die „Tabelle der Regelvergütung" bei Kuhn-Uhlenbruck „Konkursordnung" 11. Auflage 1994 Anmerkung 4d zu § 85 KO.)

6.4 Sind **mehrere Konkursverwalter** nebeneinander bestellt, so sind die Vergütungen so zu berechnen, daß sie zusammen den Betrag nicht übersteigen, der in der Verordnung als Vergütung für einen Konkursverwalter vorgesehen ist (§ 3 Absatz 3 VergütVO).

6.5 § 4 VergütVO läßt **Abweichungen** von diesen Regelsätzen zu, wenn **Besonderheiten** der Geschäftsführung des Konkursverwalters dies erfordern. Eine den Regelsatz **übersteigende Vergütung** ist insbesondere dann festzusetzen, wenn die Bearbeitung von Aus- und Absonderungsrechten einen erheblichen Teil der Verwaltertätigkeit ausgemacht hat, ohne daß die Teilungsmasse entsprechend größer geworden ist, oder der Verwalter zur Vermeidung von Nachteilen für die Konkursmasse das Geschäft weitergeführt oder er Häuser verwaltet hat, und die Teilungsmasse nicht entsprechend größer geworden ist (Vergleiche hierzu auch die Beispiele bei Anmerkung 6.9).

6.6 Es entspricht der einhelligen Meinung, daß die vorgenannten Regelsätze **nicht mehr** eine **angemessene Vergütung** für die Tätigkeit des Konkursverwalters darstellen (Kilger-Karsten Schmidt a. a. O.; Kuhn-Uhlenbruck Anmerkung 4a zu § 85; jeweils mit weiteren Nachweisen). Dies ist insbesondere in der seit der letzten Änderung der Vergütungsverordnung eingetretenen wirtschaftlichen Entwicklung, die eine beträchtliche Steigerung der allgemeinen Geschäftsunkosten mit sich gebracht hat, und der Ausweitung der Aufgaben des Konkursverwalters, etwa durch das Arbeitsförderungsgesetz und das Betriebsrentengesetz sowie dem mit der Zunahme von Globalsicherungen durch Banken und Lieferanten einhergehenden Anwachsen der zu bearbeitenden Aussonderungs- und Absonderungsrechte, begründet. Auch darf nicht verkannt werden, daß nur bei einer ausreichenden und nicht kleinlichen Honorierung qualifizierte Insolvenzverwalter gefunden werden können. Die Bestellung nicht ausreichend befähigter Personen jedoch wird den Interessen der an einem Konkursverfahren Beteiligten nicht gerecht.

6.7 Die von den Konkursgerichten hieraus in der Praxis gezogenen Folgerungen sind nicht einheitlich.
Die überwiegende Mehrzahl der Gerichte billigt dem Konkursverwalter in Sicht dieser Umstände ein **Mehrfaches** des **„einfachen" Regelsatzes** zu.

So gewährt das LG Hamburg 76 T 26/80 vom 31. 7. 1981 (ZIP 1981 S. 1116) als **„Regelvergütung"** grundsätzlich den **4fachen Regelsatz** und erhöht diesen noch bei Vorliegen besonderer Erschwernisse. Gleichfalls vom **4fachen Regelsatz** für ein „Normalverfahren" geht das AG Frankfurt 81 N 401/75 vom 6. 5. 1981 (ZIP 1981 S. 891) aus, das in dem entschiedenen Fall diesen Regelsatz bei dem Großkonkurs einer eingetragenen Genossenschaft in Sicht der besonderen Umstände auf die 10fache Regelvergütung angehoben hat. Ausgehend von dem **4- bis 5fachen Regelsatz** im „Normalfall" hat das AG Ahrensburg 6 N 46/76 vom 27. 6. 1983 (ZIP 1983 S. 1103) gleichfalls in einem sehr umfangreichen Verfahren den 11fachen Regelsatz gewährt. In Höhe des **3- bis 4fachen Regelsatzes** ist nach LG Stade 2 T 540/83 vom 23. 12. 1983 (KTS 1984 S. 310) die Vergütung des Konkursverwalters im Regelfall anzusetzen; ähnlich auch das LG Mönchen-Gladbach 5 T 382/86 vom 23. 10. 1986 (ZIP 1986 S. 1588), das für ein „Normalverfahren" vom **4fachen Regelsatz** ausgeht. Auch das LG Köln sieht in seiner Entscheidung 19 T 118/90 vom 8. 5. 1990 (ZIP 1990 S. 877) den vierfachen Staffelsatz als Regelvergütung an, wobei der Multiplikator jeweils nach der Verfahrensdauer zu erhöhen ist. Demgegenüber billigt das LG Berlin in seinem Beschluß 81 T 269/88 vom 24. 8. 1988 nur eine Verdoppelung des Regelsatzes zu.

In einer Entscheidung des AG Tübingen (VN 2/73 = N 25/73 vom 19. 11. 1974 in KTS 1975 S. 135) wurde als Richtgröße für die Verwaltervergütung im Konkurs einer Aktiengesellschaft für die ersten beiden Jahre nach der Eröffnung des Konkursverfahrens je ein etwa den Bezügen eines Vorstandsvorsitzenden eines Betriebes dieser Größe entsprechender Betrag und für die folgenden Jahre je etwa 1/5 dieser Bezüge als angemessen angesehen. Diese Entscheidung ist in der Literatur auf Ablehnung gestoßen, weil das Gericht dort außer acht gelassen hat, daß die VergütVO auf die Teilungsmasse als Bemessungsgrundlage für die Vergütung des Konkursverwalters abstellt (Kuhn-Uhlenbruck Anmerkung 5d zu § 85).

6.8 Demgegenüber wird in der Rechtsprechung auch die Meinung vertreten, daß es nicht Aufgabe der Gerichte sei, die zweifelsfrei nicht mehr angemessenen Regelsätze des § 3 VergütVO durch eine generelle Vervielfachung dieser Sätze anzuheben, sondern daß hier der Verordnungsgeber gefordert sei. Eine Erhöhung der Vergütung des Konkursverwalters wird danach nur bei Vorliegen der in § 4 VergütVO angesprochenen Umstände für zulässig erachtet, zu denen die Veränderung der wirtschaftlichen Entwicklung nicht zu rechnen sein soll (So LG Lüneburg 4 T 49/69 vom 15. 10. 1969 in KTS 1970 S. 236; LG Düsseldorf 25 T 747/79 vom 25. 11. 1980 in KTS 1981 S. 267; LG Düsseldorf 25 T 425/84 vom 5. 7. 1984 in Rpfleger 1984 S. 429).

Von diesem Ansatz geht auch das LG Frankfurt in seinem Beschluß 2/9 T 1102/86 vom 11. 2. 1987 (NJW 1987 S. 2024) aus, wenn es feststellt, daß die Bindung der Gerichte an Gesetz und Recht (Artikel 20 Absatz 3 GG) es verbietet, für unangemessen gehaltene Vergütungsregelungen ohne rechtli-

che Grundlage wegen veränderter wirtschaftlicher Verhältnisse durch Zuschläge **„aufzuwerten"**. Nach seiner Auffassung stellen die §§ 4 und 5 VergütVO keine Rechtsgrundlage dafür dar, wegen veränderter wirtschaftlicher Verhältnisse **„Regelzuschläge"** auf die Regelvergütung der Konkursverwalter zu gewähren.
Eine wesentliche Abweichung von der Auffassung in den vorstehend angesprochenen Entscheidungen des LG Lüneburg und des LG Düsseldorf besteht jedoch darin, daß das LG Frankfurt § 3 Absätze 1 und 2 VergütVO wegen Verstoßes gegen die Freiheit der Berufsausübung (Artikel 12 Absatz 1 GG) als **verfassungswidrig** ansieht und deshalb **eigene Regelsätze** aufgestellt hat, die bis zur Neuregelung der Konkursverwaltervergütung angewendet werden sollen.
Danach erhält der Konkursverwalter in der Regel

von den ersten DM 10.000,– der Teilungsmasse	45 v. H.,
von dem Mehrbetrag bis zu DM 50.000,–	40 v. H.,
von dem Mehrbetrag bis zu DM 100.000,–	33 v. H.,
von dem Mehrbetrag bis zu DM 500.000,–	7 v. H.,
von dem Mehrbetrag bis zu DM 1.000.000,–	3 v. H.,
von dem darüber hinausgehenden Betrag	1 v. H.

Die Mindestvergütung soll in der Regel DM 2.500,– betragen.
Mit der Frage der Verfassungsmäßigkeit der Vergütungsregelung in § 3 VergütVO hat sich das Bundesverfassungsgericht in seinem Beschluß 1 BvR 165/87 vom 9. 2. 1989 auseinandergesetzt. Es hat diese bejaht und festgestellt, daß die Vergütungsverordnung keine unzulässige Einschränkung der Berufsausübung enthält. Sie biete ausreichende Möglichkeiten, den Vergütungsanspruch aus § 85 Absatz 1 KO zu konkretisieren und dem Einzelfall angemessene Beträge festzusetzen. Dabei sei in verfassungskonformer Auslegung von § 3 Absatz 1 und § 4 Absatz 1 VergütVO festzustellen, was gegenwärtig als „Regel"-fall zu betragen und welche „Besonderheiten der Geschäftsführung" derzeit in Betracht kämen. Die allgemeine „Veränderung der wirtschaftlichen Verhältnisse" und der Anstieg der „Allgemeinen Geschäftsunkosten" stellen nach diesem Spruch des Bundesverfassungsgerichts allerdings keine Besonderheiten der Geschäftsführung dar, welche eine Erhöhung der Regelvergütung nach § 4 Absatz 1 VergütVO gebieten.

6.9 Gleichwohl ist unbestritten, daß die „Regelvergütung" nicht mehr der „regelmäßigen Vergütung" entspricht. Auch in sogenannten „Normalverfahren" wird in der herrschenden Gerichtspraxis die übliche Vergütung des Konkursverwalters aus einem Mehrfachen des Regelsatzes berechnet, wobei bereits die sich aus dem erweiterten Aufgabenbereich ergebenden allgemeinen Erhöhungskriterien die Festsetzung des 4fachen des Regelsatzes als angemessen erscheinen lassen. Im Bereich der Gesamtvollstreckungsordnung ist als generelle Zusatzerschwernis zu berücksichtigen, daß dem Verwalter das Anmeldeverfahren nebst Tabellenführung obliegt. Dies rechtfertigt eine Anhebung des Satzes für ein Normalverfahren auf die 5-fache Staffelvergütung (Eickmann „VergVO Kommentar zur Vergütung im Insolvenzverfahren",

2. Auflage 1997 Rz. 16 zu § 3). Besonderheiten der Geschäftsführung rechtfertigen darüber hinaus weitere Erhöhungen.

Als Beispiele für die weitere Erhöhung der Konkursverwaltervergütung wegen Hinzutretens besonderer Umstände und Erschwernisse seien folgende Entscheidungen genannt:

AG Otterndorf 4 N 4/76 vom 6. 4. 1978 (KTS 1978 S. 260), das den **7fachen Regelsatz** in einem Verfahren mit großem Umfang und erheblichem Aufwand für die Bearbeitung von Aus- und Absonderungsrechten gewährt hat;

AG Frankfurt 81 N 401/75 a.a.O., das bei einem Großkonkurs über das Vermögen einer eingetragenen Genossenschaft die **10fache Regelvergütung** für angemessen angesehen hat;

LG Hildesheim 5 T 929 und 534/82 vom 30. 11. 1982 (ZIP 1983 S. 346), das wegen der Besonderheiten des Verfahrens und des außergewöhnlichen Einsatzes des Konkursverwalters diesem den **10fachen Regelsatz** als Vergütung zugebilligt hat.

In der bereits angesprochenen Entscheidung des AG Ahrensburg 6 N 46/76 a.a.O. wird die dem Konkursverwalter für die Abwicklung eines Großkonkurses gewährte **11fache Regelvergütung** wie folgt aufgegliedert:

a) 3facher Regelsatz als allgemeiner Zuschlag zur Regelvergütung;
b) 3facher Regelsatz als Erschwerniszuschlag für die Bearbeitung der Aus- und Absonderungsrechte;
c) 1facher Regelsatz für die kurzfristige Geschäftsführung durch den Ausverkauf von Warenlagern;
d) 1facher Regelsatz als Erschwerniszuschlag für rechtsintensive Verfahren;
e) 2facher Regelsatz als Erschwerniszuschlag für Umfang und Dauer des Verfahrens.

Das LG Köln hat in seinem Beschluß 19 T 277/87 vom 23. 9. 1987 (ZIP 1990 S. 877) die Festsetzung einer 12-fachen Regelvergütung als insbesondere dann gerechtfertigt angesehen, wenn der Gemeinschuldner bei Konkurseröffnung flüchtig war, das Verfahren insgesamt rund neun Jahre gedauert hat, schwierige Steuererstattungsansprüche zu realisieren waren, die Verwertung von Unternehmensbeteiligungen des Gemeinschuldners umfangreich und die Abwehr von Lieferantenforderungen mit erheblichem Aufwand verbunden war. Als ohne Einfluß auf diese Erhöhungsfaktoren wurde es dabei angesehen, daß sich der Konkursverwalter bei der Erstellung der Bilanzen einer Steuerberatungsgesellschaft bedient hat, deren Kosten der Masse belastet wurden.

Für die einen besonderen Arbeitsaufwand erfordernde Bearbeitung von **Aus- und Absonderungsrechten** haben das AG Mannheim N 219/81 vom 13. 1. 1984 (ZIP 1984 S. 207) eine Erhöhung der Konkursverwaltervergütung um den **2½fachen Regelsatz** auf den 5fachen Regelsatz und das AG Heidelberg 51 VN 4/84 vom 28. 8. 1985 (ZIP 1985 S. 1155) den **4fachen Regelsatz** gewährt.

Das LG Mönchen-Gladbach 5 T 382/86 a.a.O. hat bei einer kurzfristigen schwierigen Betriebsfortführung, ausgehend vom **4fachen Regelsatz** für ein

„Normalverfahren“, den **10fachen Regelsatz** als angemessen angesehen.
(Vergleiche zu der Gesamtproblematik auch Uhlenbruck „Die Vergütung des im Konkursverfahren tätigen Steuerberaters“ in DStR 1979 S. 123 und Schmidt „Die Vergütung des Insolvenzverwalters“ in KTS 1981 S. 65 sowie Eickmann „VergVO Kommentar zur Vergütung im Insolvenzverfahren“ 2. Auflage 1997.)

6.10 Nach § 4 Absatz 3 VergütVO ist auch eine **Unterschreitung** des Regelsatzes möglich, und zwar insbesondere dann, wenn

a) der Konkursverwalter in einem früheren Vergleichsverfahren als Vergleichsverwalter erhebliche Vorarbeiten für das Konkursverfahren geleistet und dafür eine entsprechende Vergütung erhalten hat oder
b) die Masse bereits zu einem wesentlichen Teil verwertet war, als der Konkursverwalter das Amt übernahm, oder
c) das Konkursverfahren vorzeitig beendet wird (etwa durch Aufhebung des Eröffnungsbeschlusses oder durch Einstellung des Verfahrens) oder
d) die Teilungsmasse groß war und die Geschäftsführung verhältnismäßig geringe Anforderungen an den Konkursverwalter stellte.

Diese Aufzählung ist nicht abschließend, sondern steht nur beispielhaft für Fälle einer einfachen und weniger umfangreichen Tätigkeit des Konkursverwalters (LG Oldenburg T 462/70 vom 29. 10. 1970 in KTS 1971 S. 229). Wird in einem solchen Fall eine Kürzung vorgenommen, ist nach LG Stade 2 T 540/83 a. a. O. von dem zugrunde gelegten **Mehrfachen des Regelsatzes** auszugehen, das in dieser Entscheidung mit dem 3- bis 4fachen angesetzt wurde.

6.11 Ob und in welcher Höhe **Nachtragsverteilungen** besonders vergütet werden, bestimmt das Gericht nach billigem Ermessen und unter Berücksichtigung der Umstände des Einzelfalles (§ 4 Absatz 4 VergütVO). Eine solche **zusätzliche Vergütung** für seine Tätigkeit im Nachtragsverteilungsverfahren steht dem Konkursverwalter zu, wenn diese Verteilung eine durch die Vergütung im (Haupt-)Konkursverfahren nicht abgegoltene Arbeitsbelastung mit sich bringt (LG Düsseldorf 15 T 73/71 vom 7. 9. 1971 in KTS 1972 S. 126; AG Bad Homburg 6 a N 24/73 vom 10. 1. 1980 in ZIP 1980 S. 105; AG Mannheim 2 N 44/69 vom 17. 3. 1983 in ZIP 1983 S. 479). Auch im Nachtragsverteilungsverfahren ist eine Erhöhung der Regelvergütung unter Ansatz der im Konkursverfahren üblichen **Multiplikatoren** vorzunehmen (AG Bad Homburg 6 a N 24/73 a. a. O.; AG Mannheim 2 N 44/69 a. a. O.).

6.12 In der Vergütung ist die vom Konkursverwalter zu zahlende **Umsatzsteuer** enthalten. Wird für seine Leistung Umsatzsteuer erhoben, so erhält er einen Ausgleich in Höhe der Hälfte des Betrages, der sich aus der Anwendung des allgemeinen Steuersatzes auf sonstige Vergütungen ergibt (§ 4 Absatz 5 VergütVO).
Die Masse kann die an den Konkursverwalter gezahlte Umsatzsteuer als Vorsteuer geltend machen (BFH, Urteil V R 16/81 vom 20. 2. 1986 in

NJW 1986 S. 2970). Der Konkursverwalter muß in diesem Zusammenhang diese der Masse gegenüber in gesonderter Rechnungstellung ausweisen, auch wenn sie das Konkursgericht in einem Gesamtbetrag festgesetzt hat (BFH a. a. O.; Kilger-Karsten Schmidt Anmerkung 1 f zu § 85 KO).

6.13 Nach § 5 VergütVO sind durch die Vergütung die **allgemeinen Geschäftsunkosten** abgegolten. Zu diesen allgemeinen Geschäftsunkosten gehört der Büroaufwand des Konkursverwalters. Schreibgebühren und Gehälter von Angestellten, die im Rahmen ihrer laufenden Arbeiten auch bei der Konkursverwaltung beschäftigt werden, können der Masse daher nicht, auch nicht anteilig, in Rechnung gestellt werden. Gleiches gilt für die Kosten der allgemein üblichen Haftpflichtversicherung. Hat der Konkursverwalter jedoch wegen des besonderen Risikos seiner Tätigkeit in einer bestimmten Konkurssache eine besondere Haftpflichtversicherung abgeschlossen, können die Prämien als Auslagen geltend gemacht werden (Schmidt a. a. O.).
Nicht zu den allgemeinen Geschäftsunkosten gehören die **besonderen Unkosten,** die dem Verwalter im Einzelfall, z. B. durch die Einstellung von Hilfskräften für bestimmte Aufgaben im Rahmen der Konkursverwaltung oder durch Reisen, tatsächlich erwachsen (§ 5 Absatz 2 VergütVO).

6.14 § 7 VergütVO bestimmt, daß der Konkursverwalter mit Genehmigung des Konkursgerichts aus der Masse einen **Vorschuß** auf die Vergütung und Auslagen entnehmen kann. Diese Genehmigung soll erteilt werden, wenn das Konkursverfahren ungewöhnlich lange dauert oder besonders hohe Auslagen erforderlich werden. Dabei kann dem Konkursverwalter eine vervielfachte Vorschußleistung zugestanden werden, wenn eine entsprechende Vervielfachung der Gesamtvergütung über die Regelvergütung hinaus zu erwarten ist (LG Wiesbaden 1 T 166/72 vom 14. 9. 1972 in KTS 1972 S. 76; AG Otterndorf 4 N 4/76 a. a. O.; AG Aachen 19 N 160/80 vom 5. 3. 1982 in ZIP 1983 S. 102; AG Mannheim N 61/83 vom 14. 12. 1983 in ZIP 1984 S. 208; LG Köln 19 T 118/90 a. a. O.). Nach Schmidt a. a. O. soll von der Vergütung, die der Konkursverwalter in etwa bis zur Bewilligung des Vorschusses verdient hat, ein Teilbetrag in Höhe von etwa 70 v. H. als Vorschuß gewährt werden.
Der Vorschuß ist insbesondere in massearmen Verfahren ein wichtiges Sicherungsmittel für die Ansprüche des Verwalters (vergleiche zum massenarmen Verfahren auch Eickmann Rz. 72 ff. vor § 1 und § 1 Rz. 20 ff.).

6.15 Nach dem Urteil des Bundesgerichtshof IX ZR 275/90 vom 5. 12. 1991 (BB 1992 S. 232) entsteht der Anspruch des Konkursverwalters aus § 85 KO schon mit der Tätigkeit, nicht erst mit der Festsetzung des Betrages durch das Konkursgericht. Vergütung und Auslagen für die Durchführung der Liquidation, die auf den Zeitraum ab Feststellung der Masseunzulänglichkeit entfallen, sind vor den übrigen Masseverbindlichkeiten zu berichtigen. Das Konkursgericht hat in diesem Falle den dem Konkursverwalter zustehenden Anspruch auf die Zeit ab Entstehung der Masseunzulänglichkeit und dem davor liegenden Zeitraum aufzuteilen. Bezüglich der Vergütung sind zeitlicher Umfang und wirtschaftliche Bedeutung der Tätigkeit in beiden Abschnitten gegeneinander abzuwägen.

6.16 Ist der Konkursverwalter Berufsangehöriger und ist er bei der Abwicklung des Konkurses als StB tätig, so hat er neben seiner Konkursverwaltervergütung Anspruch auf eine **Vergütung** für diese **Berufstätigkeit.** Er kann diese Vergütung der Masse entnehmen. Entsprechendes gilt auch für Konkursverwalter, die Wirtschaftsprüfer oder Rechtsanwalt sind. Die Vorschrift des § 1835 Absatz 2 BGB gilt insoweit entsprechend (Schmidt a. a. O. S. 71).
Ob im Einzelfall die entfaltete Tätigkeit Berufstätigkeit ist, kann zweifelhaft sein, da häufig Dienste geleistet werden, die ohne weiteres auch von anderen Personen erbracht werden könnten. Grundsätzlich kann davon ausgegangen werden, daß eine besonders zu vergütende berufliche Tätigkeit dann gegeben ist, wenn ein geschäftserfahrener, in rechtlichen Dingen einigermaßen versierter Laie als Konkursverwalter in der gleichen Angelegenheit einen Berufsträger beiziehen würde (Kilger Anmerkung 2 zu § 85; Kuhn-Uhlenbruck Anmerkungen 11a und 14 zu § 85; Schmidt a. a. O.). Die Gebührenansprüche aus der Berufstätigkeit sind **Massekosten** nach § 58 KO.
Führt ein Berufsangehöriger, der Konkursverwalter ist, einen **Prozeß** vor dem Finanzgericht als Partei kraft Amtes, so besteht ein Anspruch auf Kostenerstattung nach § 139 FGO (BFH VII 116/62 S vom 22. 6. 1965 in BStBl III S. 463).

Erläuterungen zum Rechtsstand ab 1. 1. 1999

6.17 Die Insolvenzrechtliche Vergütungsverordnung lehnt sich an den bisherigen Rechtszustand an, klärt einige Zweifelsfragen aus der Vergangenheit und schließt dabei auch Lücken in Bereichen, die bisher noch keine ausdrückliche Regelung gefunden hatten, wie die Vergütung des Sequesters, jetzt vorläufiger Insolvenzverwalter (vergleiche hierzu die Anmerkungen unter Nummer **16**).

6.18 Nach § 1 InsVV wird die **Regelvergütung** des **Insolvenzverwalters** nach dem **Wert** der **Insolvenzmasse** berechnet, auf die sich die Schlußabrechnung bezieht. Wie auch bereits in der Vergangenheit können der Umfang und die Schwierigkeit der Geschäftsführung des Verwalters zu Abweichungen vom Regelsatz führen. Die Höhe der **Vergütung** und die zu erstattenden **Auslagen** des Insolvenzverwalters werden nach § 64 Absatz 1 InsO, § 8 InsVV durch das **Insolvenzgericht** festgesetzt. Diese Entscheidung kann vom Verwalter, dem Schuldner und jedem Insolvenzgläubiger mit der sofortigen Beschwerde angefochten werden, sofern der Wert des Beschwerdegegenstandes DM 100,– übersteigt (§ 64 Absatz 3 InsO).
Der **Regelsatz** des Insolvenzverwalters errechnet sich nach einer degressiv gestaffelten **Tabelle**, deren Degression bei sehr großen Insolvenzmassen wesentlich stärker ausgestaltet ist als in der Vergangenheit. Insgesamt ist festzustellen, daß die neuen Vergütungssätze nach § 2 Absatz 1 InsVV bei einer Insolvenzmasse bis zu DM 1.000.000,– geringer sind als dies unter der Gel-

tung der VergütVO der Fall war, wenn man bei der Gegenüberstellung von dem (üblichen) Ansatz der vierfachen Regelvergütung der alten Vergütungsverordnung, bereinigt um die Mehrwertsteuer, ausgeht. Dies machen die bei Eickmann a. a. O. Rz. 29a zu § 3 und bei Blersch, „Insolvenzrechtliche Vergütungstabellen" 1. Auflage 1999, S. 15 wiedergegebenen Gegenüberstellungen eindrucksvoll deutlich.

Erst in dem Bereich zwischen den Werten von DM 1.000.000,– bis DM 50.000.000,– ergeben sich Zunahmen bei den Vergütungssätzen in unterschiedlicher Höhe, um dann jenseits von DM 50.000.000,– wieder ins Minus überzugehen.

6.19 Nach § 2 Absatz 1 InsVV errechnet sich die **Regelvergütung** wie folgt:

Der Insolvenzverwalter erhält

von den ersten	DM 50.000,–	der Insolvenzmasse	40 v. H.,
von dem Mehrbetrag bis	DM 100.000,–		25 v. H.,
von dem Mehrbetrag bis	DM 500.000,–		7 v. H.,
von dem Mehrbetrag bis	DM 1.000.000,–		3 v. H.,
von dem Mehrbetrag bis	DM 50.000.000,–		2 v. H.,
von dem Mehrbetrag bis	DM 100.000.000,–		1 v. H.,
von dem darüber hinausgehenden Betrag			0,5 v. H.

Die Vergütung soll in der Regel mindestens DM 1.000,– betragen (§ 2 Absatz 2 InsVV).

Bei der Berechnung der Insolvenzmasse werden Massegegenstände, die mit Pfandrechten oder anderen Absonderungsrechten belastet sind, nur insoweit berücksichtigt, wie sich bei der Verwertung ein Überschuß ergibt. Bei einer Beendigung des Verfahrens vor der Schlußverteilung ist der Regelsatz nach dem Schätzwert der Masse zur Zeit der Beendigung des Verfahrens zu berechnen. Ab- und Aussonderungsrechte und Aufrechnungen, die zu einer Minderung der Masse geführt haben, werden nicht berücksichtigt (§ 1 Absatz 2 InsVV). Ihre Bearbeitung wird allerdings durch einen Zuschlag zur Regelvergütung ausgeglichen. Weitere **Zuschläge** sind beispielsweise dann gerechtfertigt, wenn der Verwalter das Unternehmen fortgeführt hat, oder wenn er in größerem Umfang mit arbeitsrechtlichen Fragen befaßt war oder einen Insolvenzplan aufgestellt hat. Ein weiterer Zuschlag soll auch erfolgen, wenn die errechnete Vergütung keine angemessene Vergütung dafür darstellt, daß der Verwalter mit erheblichen Arbeitsaufwand die Masse vermehrt oder zusätzliche Masse festgestellt hat (§ 3 Absatz 1 InsVV).

Daneben ist auch ein **Zurückbleiben** hinter dem **Regelsatz** möglich. Dies ist insbesondere dann gerechtfertigt, wenn ein vorläufiger Insolvenzverwalter tätig war und dadurch dem nachfolgenden Verwalter eine erhebliche Arbeit erspart worden ist oder wenn die Abwicklung nur kurzzeitig und unkompliziert war (§ 3 Absatz 2 InsVV).

6.20 Mit der Vergütung des Insolvenzverwalters sind die **allgemeinen Geschäftskosten** abgegolten. Hierzu zählen auch die Gehälter seiner Angestellten, selbst wenn diese anläßlich des Insolvenzverfahrens eingestellt wur-

den (§ 4 Absatz 1 Satz 2 InsVV). **Besondere Kosten**, die dem Verwalter im Einzelfall, beispielsweise durch Reisen entstehen, sind jedoch als **Auslagen** zu erstatten. Gleiches gilt für eine Zusatzversicherung zur Abdeckung besonderer Haftungsrisiken oder für die Erledigung besonderer Aufgaben durch fachkompetente Dritte.
Handelt es sich bei dem Insolvenzverwalter um einen Steuerberater, Wirtschaftsprüfer oder Rechtsanwalt, so stehen ihm auch Gebühren für Tätigkeiten zu, die angemessenerweise einem fachkompetenten Dritten übertragen worden wären.
Außerdem wird die auf die Vergütung entfallene **Umsatzsteuer** erstattet (§ 7 InsVV). Zur Vereinfachung der Abrechnung bezüglich der Auslagen kann auch ein Pauschsatz in Höhe von 15 v.H. im ersten Jahr, danach 10 v.H. der gesetzlichen Vergütung, höchstens jedoch DM 500,– je angefangenen Monat der Dauer der Tätigkeit in Ansatz gebracht werden (§ 8 Absatz 3 InsVV). Ein Anspruch auf Vorschuß entsteht nach 6 Monaten (§ 9 InsVV).

7 Liquidator

Rechtsgrundlagen

A Handelsgesetzbuch vom 10. 5. 1897 (RGBl S. 219), zuletzt geändert am 27. 6. 2000 (BGBl I S. 897)

§ 146 HGB Bestellung der Liquidatoren

(1) **Die Liquidation erfolgt, sofern sie nicht durch Beschluß der Gesellschafter oder durch den Gesellschaftsvertrag einzelnen Gesellschaftern oder anderen Personen übertragen ist, durch sämtliche Gesellschafter als Liquidatoren. Mehrere Erben eines Gesellschafters haben einen gemeinsamen Vertreter zu bestellen.**

...

B Aktiengesetz vom 6. 9. 1965 (BGBl I S. 1089), zuletzt geändert am 24. 2. 2000 (BGBl I S. 154)

§ 265 AktG Abwickler

...

(4) **Die gerichtlich bestellten Abwickler haben Anspruch auf Ersatz angemessener barer Auslagen und auf Vergütung für ihre Tätigkeit. Einigen sich der gerichtlich bestellte Abwickler und die Gesellschaft nicht, so setzt das Gericht die Auslagen und die Vergütung fest. Gegen die Entscheidung ist die sofortige Beschwerde zulässig. Die weitere Beschwerde ist ausgeschlossen. Aus der rechtskräftigen Entscheidung findet die Zwangsvollstreckung nach der Zivilprozeßordnung statt.**

...

Erläuterungen

7.1 Der Gesellschafter einer offenen Handelsgesellschaft, dem nach § 146 Absatz 1 HGB durch Beschluß die Liquidation übertragen worden ist, hat grundsätzlich keinen Anspruch auf eine besondere Vergütung (BGH Urteil IV ZR 7/55 vom 21. 5. 1955 in BGHZ 17 S. 301). Eine solche kann ihm allerdings durch Gesellschafterbeschluß bewilligt werden. Diese Bewilligung kann ausdrücklich oder durch schlüssige Handlung erfolgen (OLG Hamm 15 W 305/60 vom 29. 9. 1960 in BB 1960 S. 1355).

Auch für den **Liquidator** einer OHG, der gemäß § 145 Absatz 1 FGG durch das Registergericht bestellt wird, sieht das Gesetz weder eine Vergütung noch die Erstattung von Auslagen vor. Es ist jedoch allgemeine Meinung, daß dem Liquidator einer OHG, der nicht Gesellschafter ist, auch ohne besondere Absprache eine Vergütung und Erstattung von Auslagen zustehen und daß diese Erstattungsbeträge von dem Prozeßgericht festgesetzt werden (OLG Hamburg 11 U 141/71 vom 2. 6. 1972 in MDR 1973 S. 54; Baumbach-Hopt „Handelsgesetzbuch" 30. Auflage 2000 Anmerkung 1 zu § 149 HGB). Bei einer ungewöhnlich schwierigen und umfangreichen Abwicklung kann der Liquidator einen Vorschuß verlangen. Die Höhe der Vergütung ist in entsprechender Anwendung der **„Verordnung über die Vergütung des Konkursverwalters, des Vergleichsverwalters, der Mitglieder des Gläubigerausschusses und der Mitglieder des Gläubigerbeirats"** (VergütVO) zu bestimmen (OLG Hamburg 11 U 141/71 a. a. O; so im Erebnis auch BGH IX ZR 237/97 vom 17. 9. 1998 in NJW 1998 S. 3567). Nachdem die VergütVO zwischenzeitlich von der InsVV abgelöst wurde, dürften nunmehr deren Bestimmungen entsprechend anwendbar sein.

Zur Vergütung des Konkursverwalters/Insolvenzverwalters vergleiche Nummer 6.

7.2 Entsprechendes gilt auch für die übrigen Personengesellschaften sowie die Genossenschaft.

7.3 Der gerichtlich bestellte **Abwickler** einer **Aktiengesellschaft** hat nach § 265 Absatz 4 AktG Anspruch auf eine angemessene Vergütung und Auslagenersatz. Die Festsetzung trifft erforderlichenfalls das Gericht. Bei der Bemessung der Höhe der Vergütung kann in entsprechender Anwendung auf die Regelungen der § 85 Absatz 3 AktG zur Notbestellung eines Vorstandsmitglieds und auf § 87 Absatz 1 AktG, der Grundsätze für die Bezüge des Vorstandsmitglieds einer Aktiengesellschaft aufstellt, zurückgegriffen werden (BGH III ZR 113/95 (KG) vom 13. 6. 1996 in NJW 1996 S. 2499). Unwirksam ist die Vereinbarung zwischen einem gerichtlich zur Abwicklung einer AG bestellten Rechtsanwalt und einem Aktionär, in welchem dem Abwickler für den Fall der Realisierung von Forderungen der Aktiengesellschaft ein Erfolgshonorar versprochen wird (BGH a. a. O.). Entsprechendes wird auch für einen als Abwickler eingesetzten Steuerberater zu gelten haben.

8 **Nachlaßverwalter**

Rechtsgrundlagen

A Bürgerliches Gesetzbuch vom 18. 8. 1896 (RGBl S. 195), zuletzt geändert am 27. 6. 2000 (BGBl I S. 897)

§ 1835 BGB Ersatz von Aufwendungen

...

(3) **Als Aufwendungen gelten auch solche Dienste des Vormundes oder des Gegenvormundes, die zu seinem Gewerbe oder seinem Berufe gehören.**

...

§ 1836 BGB Vergütung des Vormunds und Betreuers

...

(2) **Liegen die Voraussetzungen des Absatzes 1 Satz 2 vor, so hat das Vormundschaftsgericht dem Vormund oder Gegenvormund eine Vergütung zu bewilligen. Die Höhe der Vergütung bestimmt sich nach den für die Führung der Vormundschaft nutzbaren Fachkenntnissen des Vormundes sowie nach dem Umfang und der Schwierigkeit der vormundschaftlichen Geschäfte. Der Vormund kann Abschlagszahlungen verlangen. Der Vergütungsanspruch erlischt, wenn er nicht binnen 15 Monaten nach seiner Entstehung beim Vormundschaftsgericht geltend gemacht wird; das Vormundschaftsgericht kann in sinngemäßer Anwendung von § 15 Absatz 3 Satz 1 bis 5 des Gesetzes über die Entschädigung von Zeugen und Sachverständigen eine abweichende Frist bestimmen.**

...

§ 1985 BGB Pflichten und Haftung des Nachlaßverwalters

(1) **Der Nachlaßverwalter hat den Nachlaß zu verwalten und die Nachlaßverbindlichkeiten aus dem Nachlasse zu berichtigen.**

(2) **Der Nachlaßverwalter ist für die Verwaltung des Nachlasses auch den Nachlaßgläubigern verantwortlich. Die Vorschriften des § 1978 Abs. 2 und der §§ 1979, 1980 finden entsprechende Anwendung.**

§ 1987 BGB Vergütung des Nachlaßverwalters

Der Nachlaßverwalter kann für die Führung seines Amtes eine angemessene Vergütung verlangen.

Erläuterungen

8.1 Der **Nachlaßverwalter,** dessen Aufgabe es nach § 1985 BGB ist, den Nachlaß zu verwalten und die Nachlaßverbindlichkeiten aus dem Nachlaß zu berichtigen, hat nach § 1987 BGB Anspruch auf eine angemessene Vergütung. Diese wird vom Nachlaßgericht nach billigem Ermessen unter Berücksichtigung der Nachlaßmasse, des Umfangs und der Bedeutung der Verwaltergeschäfte, der Dauer der Verwaltung und dem Maß der Verantwortung des Verwalters festgesetzt (OLG Hamm 15 W 67/65 vom 12. 7. 1965 in Rpfleger 1966 S. 180; BayObLG BReg 1 Z 84/71 vom 24. 4. 1972 in MDR 1972 S. 692). Auszugehen ist hierbei vom **Aktivnachlaß** ohne Abzug der Verbindlichkeiten; daneben kann auch der Reinnachlaß berücksichtigt werden (BayObLG 1 Z 34/85 vom 12. 6. 1985 in Rpfleger 1985 S. 402).

8.2 Für die Vergütung des Nachlaßverwalters können weder die Vergütungssätze für Konkursverwalter noch die Sätze der Gebührenordnung des Berufsstandes, dem der Nachlaßverwalter angehört, unmittelbar herangezogen werden; diese können jedoch **Anhaltspunkt** zur Bestimmung der angemessenen Entschädigung sein (BayObLG 1 Z 84/71 a. a. O.).
Auch sind grundsätzlich keine feststehenden vH-Sätze des Vermögens zuzubilligen, wenngleich sich eine gewisse Übung gebildet hat, bei kleineren Nachlässen 3–5% und bei größeren 1–2% des Aktivnachlasses zu gewähren (BayObLG I a Z 69/90 vom 20. 12. 1990 in FamRZ 1991 S. 861).
Nach Palandt (Anmerkung 2 zu § 1987 BGB) ist die Vergütung des Nachlaßverwalters für Tätigkeiten seit dem 1. 1. 1999 nach dem Zeitaufwand und unter Zugrundelegung einer angemessenen, das heißt auf den Einzelfall und den Beruf des Verwalters abgestellten Stundensatz zu berechnen. Begründet wird dies mit der durch die Änderung des § 1836 Absatz 2 BGB erfolgten Neuregelung der Vergütung des Berufsvormunds, die auf die vorgenannten Kriterien abhebt und auch für den Nachlaßverwalter gelten soll.
Zur Vergütung des Vormunds und Betreuers vergleiche die Anmerkungen unter Nummer 26.

8.3 Tätigkeiten, die zur **Berufsarbeit** des Nachlaßverwalters gehören und über die bloße Verwaltertätigkeit hinausgehen, begründen einen Anspruch auf Ersatz der Aufwendungen und Honorierung nach der berufsüblichen Gebührenordnung, bei Steuerberatern nach der StBGebV. § 1835 Absatz 2 BGB gilt insoweit für die Berufstätigkeit des Nachlaßverwalters entsprechend (Gerold-Schmidt Anmerkung 29 zu § 1 BRAGO).

9 Notgeschäftsführer

Erläuterungen

9.1 Die Übernahme der Funktion eines **Notgeschäftsführers** durch einen Berufsangehörigen ist aus **berufsrechtlichen** Gründen nur in **Ausnahmefällen** zulässig und darf auch nicht in einem Anstellungsverhältnis erfolgen. Nach § 39 Absatz 2 BOStB ist eine solche Tätigkeit auch dann nur aufgrund gerichtlicher Bestellung statthaft. Übt ein StB danach in zulässiger Weise eine Notgeschäftsführertätigkeit aus, so hat er Anspruch auf eine angemessene Vergütung.

9.2 Eine entsprechende Vergütungsregelung durch Gesetz oder Verordnung besteht nicht.
Der Anspruch des gerichtlich bestellten Geschäftsführers einer Gesellschaft mit beschränkter Haftung auf Vergütung für seine Tätigkeit richtet sich allein gegen die Gesellschaft. Eine Festsetzung der Vergütung durch das Registergericht zu Lasten der Staatskasse oder zu Lasten desjenigen, der die Bestellung des Geschäftsführers durch das Gericht beantragt hatte, ist ausgeschlossen. Durch die Annahme der Bestellung seitens des gerichtlich Bestellten kommt zwischen ihm und der Gesellschaft ein Geschäftsführungsvertrag nach §§ 611 und 675 BGB zustande, aufgrund dessen der Notgeschäftsführer den Anspruch auf eine Vergütung gemäß § 612 BGB gegen die Gesellschaft erwirbt (BayObLG BReg 2 Z 9/75 vom 11. 7. 1975 in BB 1975 S. 1037; OLG Hamm 15 W 399/95 vom 4. 12. 1995).
Entsprechendes gilt auch für die übrigen juristischen Personen des Handelsrechts.
Die Berechnung der Vergütung erfolgt üblicherweise nach dem **Zeitaufwand,** wobei für die Bemessung der Höhe des Stundensatzes die Umstände des Einzelfalles, insbesondere Umfang, Bedeutung und Schwierigkeit der übernommenen Aufgabe, von wesentlicher Bedeutung sind.
(Vergleiche zu dem Gesamtkomplex auch Vogel „Die Vergütung des Notgeschäftsführers" in GmbHR 1951 S. 45.)

10 Pfleger und Nachlaßpfleger

Rechtsgrundlagen

A Bürgerliches Gesetzbuch vom 18. 8. 1896 (RGBl S. 195), zuletzt geändert am 27. 6. 2000 (BGBl I S. 897)

§ 1915 BGB Anwendung des Vormundschaftsrechts

(1) **Auf die Pflegschaft finden die für die Vormundschaft geltenden Vorschriften entsprechende Anwendung, soweit sich nicht aus dem Gesetz ein anderes ergibt.**

(2) **Die Bestellung eines Gegenvormundes ist nicht erforderlich.**

(3) **§ 1793 Abs. 2 findet auf die Pflegschaft für Volljährige keine Anwendung.**

§ 1835 BGB Ersatz von Aufwendungen

(Wiedergegeben bei Nummer 26)

§ 1836 BGB Vergütung des Vormundes

(Wiedergegeben bei Nummer 26)

B Gesetz über die Angelegenheiten der freiwilligen Gerichtsbarkeit vom 17. 5. 1898 (RGBl. I S. 189), zuletzt geändert am 24. 4. 2000 (BGBl I S. 154)

§ 67 FGG Bestellung eines Pflegers

(1) **Soweit dies zur Wahrnehmung der Interessen des Betroffenen erforderlich ist, bestellt das Gericht dem Betroffenen einen Pfleger für das Verfahren. Die Bestellung ist in der Regel erforderlich, wenn**

1. **nach § 68 Absatz 2 von der persönlichen Anhörung des Betroffenen abgesehen werden soll,**
2. **Gegenstand des Verfahrens die Bestellung eines Betreuers zur Besorgung aller Angelegenheiten des Betroffenen oder die Erweiterung des Aufgabenkreises hierauf ist; dies gilt auch, wenn der Gegenstand des Verfahrens die in § 1896 Absatz 4 und § 1905 des Bürgerlichen Gesetzbuchs bezeichneten Angelegenheiten nicht erfaßt.**

Von der Bestellung kann in den Fällen des Satzes 2 abgesehen werden, wenn ein Interesse des Betroffenen an der Bestellung des Verfahrenspflegers offensichtlich nicht besteht. Die Nichtbestellung ist zu begründen. Die Bestellung ist stets erforderlich, wenn Gegenstand des Verfahrens die Genehmigung einer Einwilligung des Betreuers in die Sterilisation (§ 1905 Absatz 2 des Bürgerlichen Gesetzbuchs) ist. Die Bestellung soll unterbleiben oder aufgehoben werden, wenn der Betroffene von einem Rechtsanwalt oder von einem anderen geeigneten Verfahrensbevollmächtigten vertreten wird.

(2) **Die Bestellung erfolgt für jeden Rechtszug gesondert, erfaßt jedoch auch die Einlegung und Begründung eines Rechtsmittels.**

(3) **Der Aufwendungsersatz und die Vergütung des Pflegers für das Verfahren sind aus der Staatskasse zu zahlen. Sie bestimmen sich in entsprechender Anwendung der §§ 1908e bis 1908i, mit Ausnahme der dort in Bezug genommenen § 1835 Absatz 3 und 4, §§ 1835a, 1836b Satz 1 Nummer 2, des Bürgerlichen Gesetzbuchs; die Höhe der zu bewilligenden Vergütung ist stets nach Maßgabe des § 1 des Gesetzes über die Vergütung von Berufsvormündern zu bemessen. Im übrigen gilt § 56g Absatz 1 und 5 entsprechend.**

C Gesetz über die Vergütung von Berufsvormündern vom 25. Juni 1998 (BGBl I S. 1586), zuletzt geändert am 27. 6. 2000 (BGBl. I S. 897)

(Wiedergegeben bei Nummer 26)

Erläuterungen

10.1 Nach § 1915 BGB finden die für den **Vormund** geltenden Vorschriften entsprechende Anwendung auf den **Pfleger,** soweit sich aus dem Gesetz nichts anderes ergibt. Damit gelten die Bestimmungen des § 1835 BGB zum Auslagenersatz und des § 1836 BGB zur Vergütung des Vormundes sinngemäß auch für den Pfleger (Zur Honorierung der Tätigkeit von Vormund und Betreuer vergleiche die Anmerkungen unter Nummer 26). Das bedeutet, daß auch hier zwischen Vergütung und Auslagenersatz zu unterscheiden ist, wobei der Grundsatz der Unentgeltlichkeit der Amtsführung ebenfalls für den Pfleger gilt.

10.2 Allerdings kann dem Pfleger unter den gleichen Voraussetzungen wie dem Vormund eine Vergütung bewilligt werden. Aus dem Umstand, daß ein Berufsangehöriger zum Pfleger bestellt wird, kann man grundsätzlich ableiten, daß die Voraussetzungen für die Gewährung einer Vergütung gegeben sind, da ein Steuerberater, der wegen seiner beruflichen Qualifikation in dieses Amt berufen wird, als **Berufspfleger** anzusehen ist.
Die Höhe der Vergütung des **Berufspflegers** bestimmt sich nach der Neufassung des § 1836 BGB durch das Betreuungsrechtsänderungsgesetz seit dem 1. 1. 1999 nach seiner für die Führung der Pflegschaft nutzbaren Fachkenntnisse sowie nach Umfang und Schwierigkeit der Pflegschaftsgeschäfte. Dementsprechend werden in der Praxis den Berufspflegern von **vermögenden Betroffenen** auch in der jeweiligen Qualifikation des Pflegers begründete unterschiedliche Stundensätze zugebilligt. Wegen der Einzelheiten wird auf Nummer **26** Anmerkung 26.4 verwiesen.

10.3 Auch bei der Bemessung der Vergütung des **Nachlaßpflegers** spielt das Nachlaßvermögen grundsätzlich keine Rolle mehr. Ihm kann aber insoweit Bedeutung zukommen, als es Umfang und Schwierigkeit der Geschäfte beeinflußt (Palandt Rz. 28 zu § 1960 BGB).

10.4. Im Falle der **Mittellosigkeit** des **Betroffenen** sind die Vergütungssätze für die Tätigkeiten des Berufspflegers gesetzlich festgelegt (§ 1836 a BGB). § 1 des Gesetzes über die Vergütung von Berufsvormündern (BVormVG), auf den diese Vorschrift verweist, beinhaltet drei Stufen von Stundensätzen. Diese reichen von DM 35,– für einen Vormund ohne Fachkenntnisse, über DM 45,– für einen Vormund mit abgeschlossener Lehre oder vergleichbarer Ausbildung, bis zu DM 60,– für einen Vormund, der über eine abgeschlossene Ausbildung an einer Hochschule verfügt. Wegen weiterer Einzelheiten wird auf Nummer **26** Anmerkung 26.6 verwiesen.

10.5 § 67 Absatz 3 FGG enthält eine Vergütungsvorschrift für den **Verfahrenspfleger.** Dort wird für die Höhe der zu bewilligenden Vergütung gleichfalls auf § 1 BVormVG verwiesen.

10.6 Von dem möglichen Anspruch des Pflegers auf eine Vergütung für seine Tätigkeit zu unterscheiden ist sein Anspruch auf Ersatz der **Aufwendungen,** die er zum Zwecke der Führung der Pflegschaft macht. Als Aufwendungen gelten auch solche Dienste, die zum Beruf des Pflegers oder Gegenpflegers gehören (§ 1835 Absatz 3 BGB). Ein zum Pfleger oder Gegenpfleger bestellter Berufsangehöriger kann mithin für solche Berufsleistungen, für die ein Nicht-Steuerberater üblicherweise einen Berufsangehörigen heranziehen würde, einen auf der Grundlage der Steuerberatergebührenverordnung zu berechnenden Erstattungsanspruch geltend machen.
Ist der Betroffene mittellos, so kann der Pfleger Vorschuß und Ersatz aus der Staatskasse verlangen (§ 1835 Absatz 4 BGB).

11 Rechtsanwalt

Rechtsgrundlagen

A Bundesrechtsanwaltsordnung vom 1. 8. 1959 (BGBl I S. 565), zuletzt geändert am 9. 3. 2000 (BGBl I S. 182)

§ 1 BRAO Stellung des Rechtsanwalts in der Rechtspflege

Der Rechtsanwalt ist ein unabhängiges Organ der Rechtspflege.

§ 3 BRAO Recht zur Beratung und Vertretung

(1) **Der Rechtsanwalt ist der berufene unabhängige Berater und Vertreter in allen Rechtsangelegenheiten.**

(2) **Sein Recht, in Rechtsangelegenheiten aller Art vor Gerichten, Schiedsgerichten oder Behörden aufzutreten, kann nur durch ein Bundesgesetz beschränkt werden.**

(3) **Jedermann hat im Rahmen der gesetzlichen Vorschriften das Recht, sich in Rechtsangelegenheiten aller Art durch einen Rechtsanwalt seiner Wahl beraten und vor Gerichten, Schiedsgerichten oder Behörden vertreten zu lassen.**

Erläuterungen

11.1 Der Rechtsanwalt ist ein unabhängiges Organ der Rechtspflege (§ 1 BRAO). Er ist der berufene unabhängige Berater und Vertreter in allen Rechtsangelegenheiten (§ 3 Absatz 1 BRAO).

11.2 Grundlage der Vergütung (Gebühren und Auslagen) des Rechtsanwalts für seine Berufstätigkeit ist die **„Bundesgebührenordnung für Rechtsanwälte“** (BRAGO). Nach § 1 Absatz 2 BRAGO findet diese keine Anwendung, wenn der Rechtsanwalt als Vormund, Betreuer, Pfleger, Verfahrenspfleger, Testamentsvollstrecker, Insolvenzverwalter, Sachwalter, Mitglied des Gläubigerausschusses, Nachlaßverwalter, Zwangsverwalter, Treuhänder, Schiedsrichter oder in ähnlicher Stellung tätig wird, also eine mit dem Beruf des Rechtsanwalts vereinbare Tätigkeit ausübt.
Soweit eine Kommentierung der einzelnen Bestimmungen der BRAGO nicht im Zusammenhang mit der Kommentierung der §§ 45 und 46 in Abschnitt 2 von Teil II erfolgt, weil die entsprechenden Vorschriften auf die Berufstätigkeit des StB nicht anwendbar sind, darf auf die einschlägigen Kommentare zur BRAGO verwiesen werden. Genannt seien insbesondere:
Gerold-Schmidt-v. Eiken-Madert „Bundesgebührenordnung für Rechtsanwälte“ 14. Auflage 1999;
Göttlich-Mümmler „Bundesgebührenordnung für Rechtsanwälte“ 19. Auflage 1997;
Riedel-Sußbauer „Bundesgebührenordnung für Rechtsanwälte“ 7. Auflage 1995;
Schumann-Geißinger „Bundesgebührenordnung für Rechtsanwälte“ 2. Auflage 1974ff.

12 Rechtsbeistand

Rechtsgrundlagen

A Gesetz zur Änderung und Ergänzung kostenrechtlicher Vorschriften i. d. F. von Artikel 2 des Fünften Gesetzes zur Änderung der Bundesgebührenordnung für Rechtsanwälte vom 18. 8. 1980 (BGBl I S. 1503)

Artikel IX

(1) **Die Bundesgebührenordnung für Rechtsanwälte gilt für die Vergütung von Personen, denen die Erlaubnis zur geschäftsmäßigen Besorgung fremder Rechtsangelegenheiten erteilt worden ist, sinngemäß. Eine Vereinbarung, durch die die Höhe der Vergütung vom Ausgang der Sache oder sonst vom Erfolg der Tätigkeit abhängig gemacht wird, ist nichtig. Für die Erstattung der Vergütung gelten die Vorschriften der Verfahrensordnungen über die Erstattung der Vergütung eines Rechtsanwalts sinngemäß.**
(2) **Absatz 1 Satz 1 und 2 gilt nicht für Frachtprüfer und Inkassobüros.**

Erläuterungen

12.1 Seit dem 1. 1. 1981 wird die Erlaubnis zur geschäftsmäßigen Besorgung fremder Rechtsangelegenheiten, einschließlich der Rechtsberatung, unter Einziehung fremder oder zu Einziehungszwecken abgetretener Forderungen gemäß Artikel 1 § 1 Rechtsberatungsgesetz (RBerG) nur noch für bestimmte Sachbereiche erteilt, und zwar

a) Rentenberatern,
b) Frachtprüfern für die Prüfung von Frachtrechnungen und die Verfolgung der sich hierbei ergebenden Frachterstattungsansprüche,
c) Vereidigten Versteigerern, soweit es für die Wahrnehmung der Aufgaben als Versteigerer erforderlich ist,
d) Inkassounternehmen für die außergerichtliche Einziehung von Forderungen (Inkassobüros) und
e) Rechtskundigen in einem ausländischen Recht für die Rechtsbesorgung auf dem Gebiet dieses Rechts und des Rechts der Europäischen Gemeinschaften.

Von diesen Sachbereichen kommen für Berufsangehörige in Sicht der berufsrechtlichen Bestimmungen, insbesondere § 57 Absatz 3 StBerG, als vereinbare Tätigkeiten lediglich die des **Rentenberaters** und die des **Rechtskundigen** in einem **ausländischen Recht** in Frage.
Der Umfang der dem **Rechtsbeistand** für Leistungen in diesen Bereichen zustehenden **Vergütung** bemißt sich sinngemäß nach der **Bundesgebührenordnung für Rechtsanwälte** (Artikel IX des Gesetzes zur Änderung und Ergänzung kostenrechtlicher Vorschriften i. d. F. von Artikel 2 des Fünften BRAGOÄndG). Die Vereinbarung einer vom Ausgang der Sache oder sonst vom Erfolg der Tätigkeit abhängenden Vergütung (Erfolgshonorar)

oder die Abrede, daß das Honorar in einem Teil des zu erstreitenden Betrages bestehen soll (quota litis), ist nichtig.
Im übrigen gilt das unter Nummer **11** zum **Rechtsanwalt** Gesagte entsprechend.

13 Sachverständiger

Rechtsgrundlagen

A Gesetz über die Entschädigung von Zeugen und Sachverständigen i.d.F. der Bekanntmachung vom 1. 10. 1969 (BGBl I S. 1756), zuletzt geändert am 17. 12. 1997 (BGBl I S. 3108)

§ 3 ZSEG Entschädigung von Sachverständigen

(1) **Sachverständige werden für ihre Leistungen entschädigt.**

(2) **Die Entschädigung beträgt für jede Stunde der erforderlichen Zeit 50 bis 100 Deutsche Mark. Für die Bemessung des Stundensatzes sind der Grad der erforderlichen Fachkenntnisse, die Schwierigkeit der Leistung, ein nicht anderweitig abzugeltender Aufwand für die notwendige Benutzung technischer Vorrichtungen und besondere Umstände maßgebend, unter denen das Gutachten zu erarbeiten war; der Stundensatz ist einheitlich für die gesamte erforderliche Zeit zu bemessen. Die letzte, bereits begonnene Stunde wird voll gerechnet; dies gilt jedoch nicht, soweit der Sachverständige für dieselbe Zeit in einer weiteren Sache zu entschädigen ist.**

(3) **Die nach Absatz 2 zu gewährende Entschädigung kann bis zu 50 vom Hundert überschritten werden**

a) **für ein Gutachten, in dem der Sachverständige sich für den Einzelfall eingehend mit der wissenschaftlichen Lehre auseinanderzusetzen hat, oder**
b) **nach billigem Ermessen, wenn der Sachverständige durch die Dauer oder die Häufigkeit seiner Heranziehung einen nicht zumutbaren Erwerbsverlust erleiden würde, oder wenn er seine Berufseinkünfte zu mindestens 70 vom Hundert als gerichtlicher oder außergerichtlicher Sachverständiger erzielt.**

Die Erhöhungen nach den Buchstaben a und b können nicht nebeneinander gewährt werden.

§ 4 ZSEG Zu berücksichtigende Zeit

Bei Zeugen gilt als versäumt und bei Sachverständigen gilt als erforderlich auch die Zeit, während der sie ihrer gewöhnlichen Beschäftigung infolge ihrer Heranziehung nicht nachgehen können.

§ 7 ZSEG Besondere Entschädigung

(1) **Haben sich die Parteien dem Gericht gegenüber mit einer bestimmten Entschädigung für die Leistung des Sachverständigen oder mit**

einem bestimmten Stundensatz einverstanden erklärt, so ist die bestimmte oder die nach dem bestimmten Stundensatz berechnete Entschädigung zu gewähren, wenn ein ausreichender Betrag an die Staatskasse gezahlt ist.

(2) **Die Erklärung nur einer Partei genügt, wenn das Gericht zustimmt. Bei der Festlegung eines bestimmten Stundensatzes soll die Zustimmung nur erteilt werden, wenn die nach § 3 zulässige Entschädigung nicht überschritten wird. Vor der Zustimmung hat das Gericht die andere Partei zu hören. Die Zustimmung und die Ablehnung der Zustimmung sind unanfechtbar.**

§ 8 ZSEG Ersatz von Aufwendungen

(1) **Dem Sachverständigen werden ersetzt**

1. **die für die Vorbereitung und Erstattung des Gutachtens aufgewendeten Kosten, einschließlich der notwendigen Aufwendungen für Hilfskräfte, sowie die für eine Untersuchung verbrauchten Stoffe und Werkzeuge;**
2. **für die Anfertigung von im Gutachten verwendeten Lichtbildern je ersten Abzug 4 Deutsche Mark und je weiteren Abzug 1 Deutsche Mark;**
3. **für die Erstellung des schriftlichen Gutachtens einschließlich der notwendigen Aufwendungen für Hilfskräfte je angefangene Seite 4 Deutsche Mark;**
4. **die auf seine Entschädigung entfallende Umsatzsteuer, sofern diese nicht nach § 19 Abs. 1 des Umsatzsteuergesetzes unerhoben bleibt.**

(2) **Ein auf die Hilfskräfte (Absatz 1 Nr. 1) entfallender Teil der Gemeinkosten des Sachverständigen kann durch einen Zuschlag bis zu 15 vom Hundert auf den Betrag abgegolten werden, der als notwendige Aufwendung für die Hilfskräfte zu ersetzen ist.**

(3) *(aufgehoben)*

§ 9 ZSEG Fahrtkosten

(1) **Zeugen und Sachverständigen werden die Fahrtkosten bis zur Höhe der Kosten für die Benutzung des preisgünstigsten öffentlichen Beförderungsmittels oder bei einer Gesamtstrecke bis zu 200 Kilometern bis zur Höhe der Kosten für die Benutzung eines eigenen oder unentgeltlich von einem Dritten zur Verfügung gestellten Kraftfahrzeuges ersetzt. Höhere Fahrtkosten werden ersetzt, soweit durch die Benutzung eines anderen als durch die Benutzung des preisgünstigsten öffentlichen Beförderungsmittels die Entschädigung insgesamt nicht höher wird oder höhere Fahrtkosten wegen besonderer Umstände notwendig sind.**

(2) **Bei Benutzung von öffentlichen, regelmäßig verkehrenden Beförderungsmitteln werden die wirklichen Auslagen einschließlich der Kosten für die Beförderung des notwendigen Gepäcks bis zur Höhe der Tarife, bei Benutzung der Eisenbahn oder von Schiffen bis zum Fahrpreis der ersten Wagen- oder Schiffsklasse, ersetzt. Der Ersatz der Beförderungsauslagen ist nach den persönlichen Verhältnissen des Zeugen oder**

Sachverständigen zu bemessen. Die Mehrkosten für zuschlagpflichtige Züge werden erstattet.

(3) **Bei Benutzung eines eigenen oder unentgeltlich von einem Dritten zur Verfügung gestellten Kraftfahrzeugs sind zu erstatten**

1. **dem Sachverständigen zur Abgeltung der Anschaffungs-, Unterhaltungs- und Betriebskosten sowie der Abnutzung des Kraftfahrzeugs 0,52 Deutsche Mark und**
2. **dem Zeugen zur Abgeltung der Betriebskosten sowie der Abnutzung des Kraftfahrzeugs 0,40 Deutsche Mark**

für jeden gefahrenen Kilometer zuzüglich der durch die Benutzung des Kraftfahrzeugs aus Anlaß der Reise regelmäßig anfallenden baren Auslagen, insbesondere der Parkgebühren.

(4) **Für Reisen während der Terminsdauer werden die Fahrtkosten nur insoweit ersetzt, als dadurch Mehrbeträge an Entschädigung erspart werden, die beim Verbleiben an der Terminsstelle gewährt werden müßten.**

(5) **Tritt der Zeuge oder Sachverständige die Reise zum Terminsort von einem anderen als dem in der Ladung bezeichneten oder der ladenden Stelle unverzüglich angezeigten Ort an oder fährt er zu einem anderen als zu diesem Ort zurück, so werden, wenn die dadurch entstandenen Gesamtkosten höher sind, höchstens die Kosten ersetzt, die für die Reise von dem in der Ladung bezeichneten oder der ladenden Stelle angezeigten Ort oder für die Rückreise zu diesem Ort zu ersetzen wären. Mehrkosten werden nach billigem Ermessen ersetzt, wenn der Zeuge oder Sachverständige zu diesen Fahrten durch besondere Umstände genötigt war.**

§ 10 ZSEG Entschädigung für Aufwand

(1) **Zeugen und Sachverständige erhalten für den durch Abwesenheit vom Aufenthaltsort oder durch die Wahrnehmung eines Termins am Aufenthaltsort verursachten Aufwand eine Entschädigung. Die Entschädigung ist nach den persönlichen Verhältnissen des Zeugen oder Sachverständigen zu bemessen.**

(2) **Die Entschädigung für den durch Abwesenheit vom Aufenthaltsort verursachten Aufwand soll nicht den Satz überschreiten, der Richtern in der Reisekostenstufe B nach den Vorschriften über die Reisekostenvergütung der Richter im Bundesdienst als Tagegeld zusteht. Die Vorschriften, nach denen bei Reisen, die an demselben Kalendertag angetreten oder beendet werden, sich das Tagegeld vermindert oder ein Tagegeld nicht gewährt wird, gelten entsprechend. Bei Abwesenheit bis zu sechs Stunden werden die notwendigen Auslagen bis zu 6 Deutsche Mark erstattet. Mußte der Zeuge oder Sachverständige außerhalb seines Aufenthaltsortes übernachten, so erhält er hierfür Ersatz seiner Aufwendungen, soweit sie angemessen sind.**

(3) **Bei Terminen am Aufenthaltsort des Zeugen oder Sachverständigen sind Zehrkosten bis zu 6 Deutsche Mark für jeden Tag, an dem der Zeuge oder Sachverständige länger als vier Stunden von seiner Wohnung abwesend sein mußte, zu ersetzen.**

§ 11 ZSEG Ersatz sonstiger Aufwendungen

(1) **Auch die in den §§ 8 bis 10 nicht besonders genannten baren Auslagen werden, soweit sie notwendig sind, dem Zeugen oder Sachverständigen ersetzt. Dies gilt besonders von den Kosten einer notwendigen Vertretung und für die Kosten notwendiger Begleitpersonen.**

(2) **Für Abschriften und Ablichtungen, die auf Erfordern, notwendigerweise oder für die Handakten des Sachverständigen gefertigt worden sind, bemißt sich die Höhe der Schreibauslagen bei der Erledigung desselben Auftrags nach den für die gerichtlichen Schreibauslagen im Gerichtskostengesetz bestimmten Beträgen.**

§ 12 ZSEG Aufrundung

Die dem Zeugen oder Sachverständigen zu zahlende Gesamtentschädigung wird auf zehn Deutsche Pfennig aufgerundet.

§ 13 ZSEG Vereinbarung der Entschädigung

Mit Sachverständigen, die häufiger herangezogen werden, kann die oberste Landesbehörde oder die von ihr bestimmte Stelle eine Entschädigung im Rahmen der nach diesem Gesetz zulässigen Entschädigung vereinbaren.

§ 14 ZSEG Vorschuß

(1) **Geladenen Zeugen und Sachverständigen ist auf Antrag ein Vorschuß zu bewilligen, wenn sie nicht über die Mittel für die Reise verfügen oder wenn ihnen, insbesondere wegen der Höhe der entstehenden Reisekosten, nicht zugemutet werden kann, diese aus eigenen Mitteln vorzuschießen.**

(2) **Dem Sachverständigen ist ferner auf Antrag ein Vorschuß zu bewilligen, wenn er durch eine geforderte Leistung für eine zusammenhängende Zeit von wenigstens dreißig Tagen seiner regelmäßigen Erwerbstätigkeit ganz oder überwiegend entzogen wird oder wenn die Erstattung des Gutachtens bare Aufwendungen erfordert und dem Sachverständigen, insbesondere wegen der Höhe der Aufwendungen, nicht zugemutet werden kann, eigene Mittel vorzuschießen.**

(3) **§ 16 gilt sinngemäß.**

§ 15 ZSEG Erlöschen des Anspruchs, Verjährung

(1) **Zeugen und Sachverständige werden nur auf Verlangen entschädigt.**

(2) **Verlangt der Zeuge nicht binnen drei Monaten nach Beendigung der Zuziehung Entschädigung bei dem zuständigen Gericht oder bei der zuständigen Staatsanwaltschaft, so erlischt der Anspruch.**

(3) **Das Gericht (§ 16 Abs. 1) kann den Sachverständigen auffordern, seinen Anspruch innerhalb einer bestimmten Frist zu beziffern. Die Frist muß mindestens zwei Monate betragen. In der Aufforderung ist der Sachverständige über die Folgen einer Versäumung der Frist zu belehren. Die Frist kann auf Antrag vom Gericht verlängert werden. Der**

Anspruch erlischt, soweit ihn der Sachverständige nicht innerhalb der Frist beziffert. War der Sachverständige ohne sein Verschulden verhindert, die Frist einzuhalten, so ist ihm auf Antrag Wiedereinsetzung in den vorigen Stand zu erteilen, wenn er innerhalb von zwei Wochen nach Beseitigung des Hindernisses den Anspruch beziffert und die Tatsachen, die die Wiedereinsetzung begründen, glaubhaft macht.

(4) **§ 196 Abs. 1 Nr. 17 des Bürgerlichen Gesetzbuchs bleibt unberührt.**

(5) **Ansprüche auf Erstattung zuviel gezahlter Entschädigungen verjähren in zwei Jahren; § 10 Abs. 3 des Gerichtskostengesetzes gilt entsprechend.**

§ 16 ZSEG Gerichtliche Festsetzung

(1) **Die einem Zeugen oder Sachverständigen zu gewährende Entschädigung wird durch gerichtlichen Beschluß festgesetzt, wenn der Zeuge oder Sachverständige oder die Staatskasse die richterliche Festsetzung beantragt oder das Gericht sie für angemessen hält. Zuständig ist das Gericht oder der Richter, von dem der Zeuge oder Sachverständige herangezogen worden ist. Ist der Zeuge oder Sachverständige von dem Staatsanwalt herangezogen worden, so ist das Gericht zuständig, bei dem die Staatsanwaltschaft errichtet ist.**

(2) **Gegen die richterliche Festsetzung ist die Beschwerde zulässig, wenn der Wert des Beschwerdegegenstandes einhundert Deutsche Mark übersteigt. Beschwerdeberechtigt sind nur der Zeuge oder Sachverständige und die Staatskasse. Die Beschwerde ist nicht an eine Frist gebunden. Eine Beschwerde an einen obersten Gerichtshof des Bundes ist nicht zulässig. Die Beschwerde wird bei dem Gericht eingelegt, das die angefochtene Entscheidung erlassen hat. Das Gericht kann der Beschwerde abhelfen.**

(3) **Anträge, Erklärungen und Beschwerden können zu Protokoll der Geschäftsstelle gegeben oder schriftlich ohne Mitwirkung eines Rechtsanwalts eingereicht werden.**

(4) **Entscheidungen nach Absatz 1, 2 wirken nicht zu Lasten des Kostenschuldners.**

(5) **Das Verfahren über die Beschwerde ist gebührenfrei. Kosten werden nicht erstattet.**

Erläuterungen

13.1 Berufsangehörige zählen zu den in § 407 ZPO und § 75 StPO angesprochenen Personen, die wegen ihrer Zugehörigkeit zu einer Berufsgruppe mit öffentlicher Bestellung für Gutachten aus ihrem beruflichen Bereich, die ein Gericht oder eine Staatsanwaltschaft anfordert, grundsätzlich zur Verfügung stehen müssen.

Die Vergütung eines StB, der vom Gericht oder der Staatsanwaltschaft mit der Erstattung eines Sachverständigengutachtens beauftragt wird, richtet sich nach dem **„Gesetz über die Entschädigung von Zeugen und Sachverständigen“** (ZSEG). Die Heranziehung der StBGebV in diesem Bereich ist nicht möglich.

Bei der Bemessung der Höhe der Entschädigung setzen die Bestimmungen des ZSEG Grenzen (Vergleiche wegen der Einzelheiten Anmerkung 13.8ff.). Diese können auch bei Vorliegen ganz besonderer wissenschaftlicher Leistungen nicht überschritten werden. Dies wird damit begründet, daß das Gesetz von einem Sachverständigen, der im Rahmen der Rechtspflege tätig wird, im öffentlichen Interesse gewisse Opfer verlangt (OLG Hamm 3 Ws 207/66 vom 16. 1. 1967 in NJW 1967 S. 693; Meyer-Höver-Bach „Gesetz über die Entschädigung von Zeugen und Sachverständigen" 20. Auflage 1997 Rz. 1.6 zu § 3 ZSEG).

13.2 Der Sachverständige hat Anspruch auf die Entschädigung, wenn er seinen Auftrag erfüllt hat. Teilleistungen sind grundsätzlich nicht erstattungsfähig (OLG Hamm 3 Ws 52/63 vom 28. 3. 1963 in JVBl 1963 S. 160). Ausnahmen bestehen dann, wenn der Sachverständige erst im Rahmen des Aktenstudiums feststellt, daß die Beweisfragen nicht in seinen sachlichen Zuständigkeitsbereich fallen, und er dies ohne Aktenstudium nicht ohne weiteres erkennen konnte, oder wenn er nach Durchsicht der Akten zu dem Ergebnis kommt, daß die Gutachtenskosten wegen ihrer Höhe in keinem angemessenen Verhältnis zum Streitwert stehen (KG Berlin 1 W 2666/80 vom 24. 10. 1980 in JurBüro 1981 S. 1866). Gleiches gilt, wenn er aus einem anderen Grunde die Nichterfüllung des Gutachtensauftrages nicht zu vertreten hat, so z.B., wenn er zunächst nur die voraussichtliche Höhe der entstehenden Kosten zu ermitteln hat und dann mit der eigentlichen Gutachtenserstattung nicht beauftragt wird (OLG Frankfurt 22 U 161/80 vom 14. 7. 1981 in JurBüro 1981 S. 1865; OLG Stuttgart 8 W 575/84 vom 20. 12. 1984 in Rpfleger 1985 S. 213).

13.3 Der Sachverständige ist grundsätzlich verpflichtet, den ihm erteilten **Auftrag** auch **selbst** auszuführen. Dies bedeutet aber nicht, daß er alle für die Begutachtung notwendigen Arbeiten persönlich vornehmen muß. Wie sich aus § 8 Absatz 1 ZSEG ergibt, ist es ihm gestattet, auch **Hilfskräfte** und **Mitarbeiter** zur Erledigung einzelner Teilbereiche seiner Leistung, insbesondere zu Vorarbeiten, heranzuziehen, sofern die Eignung und Zuverlässigkeit dieser Kräfte gegeben ist. Dabei muß die Mitwirkung dieser Hilfskräfte und Mitarbeiter jedoch so ausgestaltet sein, daß die **persönliche Verantwortung** des vom Gericht herangezogenen Sachverständigen gewährleistet bleibt (BGH IV ZR 51/71 vom 28. 6. 1972 in VersR 1972 S. 927; BGH IV ZR57/77 vom 20. 9. 1978 in NJW 1978 S. 2602; BVerwG 8 C 97/83 vom 9. 3. 1984 in NJW 1984 S. 2645; OLG Celle 12 WF 39/85 vom 28. 3. 1985 in Nds Rpfl 1985 S. 172). Verstößt der Sachverständige gegen diese Verpflichtung zur persönlichen Gutachtenserstattung, so führt dies in der Regel zur Nichtverwertung des Gutachtens und zur Versagung seines Honoraranspruchs (OLG Frankfurt 20 W 443/77 vom 7. 6. 1977 in JurBüro 1977 S. 1613).

Auch die erfolgreiche **Ablehnung** des Sachverständigen wegen Befangenheit läßt seinen Entschädigungsanspruch entfallen, wenn er den Grund für die Ablehnung zumindest **grob fahrlässig** gesetzt hat (OLG Hamm 15 W

64/71 vom 22. 6. 1971 in JVBl 1971 S. 214; KG Berlin 1 W 1229/72 vom 3. 10. 1972 in Rpfleger 1973 S. 38; BGH X ZR 52/73 vom 15. 12. 1975 in NJW 1976 S. 1154; OLG Stuttgart 8 W 455/75 vom 19. 1. 1976 in Rpfleger 1976 S. 189; OLG München 11 W 2363/80 vom 5. 12. 1980 in Rpfleger 1981 S. 208; OLG Düsseldorf 10 W 16/80 vom 7. 8. 1980 in JurBüro 1981 S. 593).

13.4 Überschreiten die Kosten der Gutachtenserstattung den vom Gericht eingezogenen **Vorschuß** erheblich, so kann dies zu einer entsprechenden Kürzung des Entschädigungsanspruches des Sachverständigen führen, wenn er es versäumt hat, das Gericht rechtzeitig von diesem Umstand in Kenntnis zu setzen (OLG Hamburg 6 U 177/73 vom 28. 10. 1975 in VersR 1976 S. 450 und 8 W 190/80 vom 20. 11. 1980 in JurBüro 1981 S. 410).
Als **erheblich** wird danach bereits ein Betrag von etwa 20 v. H. bis 25 v. H. der Vorschußsumme anzusehen sein (OLG Hamburg 8 W 190/80 a. a. O., das die Toleranzmarge mit 20 v. H. ansetzt, und OLG Koblenz 14 W 204/84 vom 2. 5. 1984 in DB 1985 S. 110, das in diesem Zusammenhang von 25 v. H. ausgeht).
Von diesem Grundsatz ist jedoch dann eine Ausnahme zu machen, wenn der Sachverständige nach den Umständen des Einzelfalles auch bei vorheriger Angabe der tatsächlich erwachsenen Kosten mit der Erstattung oder Vollendung des Gutachtens beauftragt worden wäre und wenn ein die Mehrkosten abdeckender weiterer Kostenvorschuß bei der Gerichtskasse eingegangen ist (OLG Hamburg 8 W 190/80 a. a. O.); ähnlich OLG Zweibrücken 7 W 69/95 vom 26. 6. 1996 in JurBüro 1997 S. 96, das die Entschädigung auch dann nicht auf die Höhe des Vorschusses beschränkt, wenn bei rechtzeitiger Mitteilung der voraussichtlichen Kosten die (weitere) Tätigkeit des Sachverständigen durch das Gericht weder eingeschränkt noch unterbunden worden wäre oder der Sachverständige nicht schuldhaft gehandelt hat.

13.5 Hat der Sachverständige die mit dem Gericht geführte Korrespondenz nicht genügend beachtet und deshalb überflüssige Arbeit geleistet, so kann er für diese Tätigkeit keine Vergütung beanspruchen, auch wenn ihm nur **leichte Fahrlässigkeit** vorzuwerfen ist (OLG Hamm 15 W 480/69 vom 31. 3. 1970 in NJW 1970 S. 1240).

13.6 Nach § 3 Absatz 2 ZSEG wird der Sachverständige für den **Zeitaufwand** entschädigt, der für die Erbringung seiner Leistung erforderlich war. Als **„erforderlich“** ist die Zeit anzusehen, die ein mit der Materie vertrauter Sachverständiger von durchschnittlichen Fähigkeiten und Fachkenntnissen bei sachgemäßer Auftragserledigung mit durchschnittlicher Arbeitsintensität benötigt (LG Dortmund 9 T 479/65 vom 8. 3. 1966 in NJW 1966 S. 1169; OLG Koblenz 6 U 657/73 vom 21. 8. 1975 in VersR 1976 S. 347; OLG München 11 W 612/82 vom 12. 1. 1982 in JurBüro 1982 S. 1228; OLG Düsseldorf 1 Ws 88/84 vom 11. 7. 1984 in JurBüro 1985 S. 1073; OLG München 11 WF 1015/94 vom 2. 12. 1994 in FamRZ 1995 S. 1598; Meyer-Höver-Bach Rz. 21 zu § 3 ZSEG).

Erstattet ein Sachverständiger sein Gutachten überdurchschnittlich schnell, so kann dies durch Erhöhung der tatsächlich benötigten Stundenzahl oder durch Anhebung des ansonsten angemessenen Stundensatzes berücksichtigt werden (OLG München 25 U 2825/76 vom 14. 3. 1976 in NJW 1977 S. 1109).

13.7 Erstattet ein Sachverständiger entsprechend dem Beweisbeschluß sein Gutachten **schriftlich** und erhält er später den Auftrag, das Gutachten **mündlich** zu erläutern, so handelt es sich grundsätzlich um **gesondert** zu vergütende **Leistungen** (OLG München 11 W 1006/77 vom 23. 3. 1977 in NJW 1977 S. 1109).

13.8 Der Stundensatz reicht gegenwärtig von DM 50,– bis DM 100,– und bemißt sich nach folgenden Kriterien:
Grad der für die Erstellung des Gutachtens erforderlichen Sachkenntnis, Schwierigkeit der Leistung im Einzelfall, besondere Umstände bei der Gutachtenserstellung sowie nicht anderweitig abzugeltender Aufwand für die notwendige Benutzung technischer Vorrichtungen.
Innerhalb dieses Gebührenrahmens ist der im **Einzelfall** angemessene Stundensatz, der einheitlich für alle für die Gutachtenserstellung erforderlichen Arbeiten gilt, zu bestimmen (Meyer-Höver-Bach Rz. 32, 42 zu § 3). Der vereinzelt von der Rechtsprechung (so etwa OLG Zweibrücken Ws 110/70 vom 30. 6. 1970 in NJW 1971 S. 259 und Ws 37/77 vom 14. 3. 1977 in Rpfleger 1977 S. 229) unternommene Versuch, **Vergütungsgruppen** nach der **Berufszugehörigkeit** des Sachverständigen zu bilden, ist deshalb **problematisch.** Allerdings wird dieser Weg teilweise auch von der Justizverwaltung beschritten. So enthält beispielsweise die Rundverfügung des Justizministers des Saarlandes vom 9. 2. 1987 – 5670–3 –, geändert durch RV vom 27. 7. 1994, eine Klassifizierung nach der **„Art des Sachverständigen"**, durch die für bestimmte Gruppen von Sachverständigen unterschiedliche Stundensätze vorgegeben werden.
Eine solche Regelung ist **abzulehnen,** weil sie den durch § 3 Absatz 2 ZSEG vorgegebenen Bewertungskriterien nicht entspricht. Zwar sind die durch die Zugehörigkeit zu einer bestimmten Berufsgruppe indizierten Sachkenntnisse für die Bemessung der Vergütung ein wichtiges Kriterium. Die Beschränkung der Gewährung des Höchstsatzes auf Universitätsprofessoren widerspricht jedoch dem Grundsatz der Ausrichtung der Vergütung am **Einzelfall.**
Entscheidend für die Höhe der Entschädigung des Sachverständigen ist deshalb letztlich nicht der Grad seiner Ausbildung oder sein Fachwissen, sondern welche Fachkenntnisse für die Beantwortung des Beweisthemas erforderlich sind (OLG Bamberg Ws 510/77 vom 18. 11. 1977 in JurBüro 1978 S. 563).
Allerdings wird man davon ausgehen müssen, daß sich die Rechtsprechung bei der Gewährung der **Höchstsätze** an den beispielsweise vom OLG Düsseldorf (10 U 29/68 vom 21. 1. 1970 in NJW 1970 S. 1241) und vom Bayerischen Obersten Landesgericht (BReg 2 Z 49/70 vom 22. 10. 1970 in NJW 1971 S. 252) aufgestellten Grundsätzen, daß es hierfür **sehr qualifizierter Fachkenntnisse** und **besonders schwieriger Leistungen** bedarf, orien-

tiert. Gleiche Anforderungen an die Gewährung des Höchstsatzes stellt das OLG Stuttgart in seinem Beschluß 3 Ws 105/77 vom 1. 4. 1977 (JurBüro 1977 S. 1612).
Daß der Höchstsatz auch bei einem besonders qualifizierten Sachverständigen nicht als Regelsatz angesehen werden kann, sondern Ausnahmecharakter besitzt, wird auch in den Entscheidungen der Oberlandesgerichte Bamberg (2 WF 33/79 vom 30. 5. 1979 in JurBüro 1979 S. 1338), München (11 W 2094, 2095/80 vom 12. 11. 1980 in JurBüro 1981 S. 901) und Düsseldorf (3 Ws 293/95 vom 12. 6. 1995 in MDR 1995 S. 1267) betont. Allerdings dürfen nach der Entscheidung des Oberlandesgerichts Düsseldorf 10 W 43/94 vom 17. 5. 1994 in MDR 1994 S. 1049 auch keine übertrieben strengen Anforderungen an die Gewährung des Höchstsatzes gestellt werden.

13.9 Für eine Sachverständigenleistung, die normale Fachkenntnisse voraussetzt oder keine wesentlichen Schwierigkeiten enthält, auch keinen besonderen technischen Aufwand verlangt und nicht unter schwierigen äußeren Umständen erarbeitet werden muß, also dem **Durchschnitt** entspricht, ist nach Meyer-Höver-Bach Rz. 34 zu § 3 eine nach der Mitte des Entschädigungsrahmens bemessene Vergütung anzusetzen (So auch OLG Bamberg Ws 462/81 vom 29. 10. 1981 in JurBüro 1982 S. 109; OLG Düsseldorf 10 W 6/82 vom 4. 2. 1982 in JurBüro 1982 S. 1053; OLG München 11 W 612/82 vom 12. 1. 1982 in JurBüro 1982 S. 1228). Diese **Mittelgebühr** beträgt derzeit DM 75,–.

13.10 Als **besondere Umstände** im Sinne des § 3 Absatz 2 Satz 2 ZSEG gelten solche äußeren Umstände, welche die Gutachtenserstattung besonders erschweren, wie z. B. eine Ortsbesichtigung unter besonders schwierigen Bedingungen (Meyer-Höver-Bach Rz. 41.1 zu § 3). Gleichfalls als unter besonderen Umständen erstattet angesehen werden kann ein Gutachten, dessen Erstellung auf Veranlassung des Gerichts unter Zeitdruck erfolgt ist (OLG Düsseldorf 1 Ws 578/86 vom 21. 7. 1986 in JurBüro 1986 S. 1859).
Nicht zu den **besonderen Umständen** zählen sollen nach der wohl herrschenden Meinung die **allgemeine wirtschaftliche Entwicklung** und der Anstieg der Personal- und Sachkosten (So OLG Karlsruhe 2 Ws 208/73 vom 12. 10. 1973 in NJW 1974 S. 617; OLG Düsseldorf 10 W 6/82 a. a. O. und 10 W 6/85 vom 29. 1. 1985 in Rpfleger 1985 S. 333; a. A. OLG Köln 2 U 77/72 vom 9. 8. 1973 in DB 1973 S. 1942; LG Darmstadt 5 T 891/81 und 5 T 981/81 vom 5. 3. 1982 in JurBüro 1983 S. 586).

13.11 Das Kriterium der Benutzung **technischer Vorrichtungen** wird bei Gutachtenserstattung durch einen Berufsangehörigen in aller Regel keine Rolle spielen, da zu den technischen Vorrichtungen in erster Linie besondere Meß- und Prüfgeräte zu rechnen sind; Kosten für die Einrichtungen, wie sie üblicherweise in der Praxis jedes Berufsangehörigen vorhanden sind, wie z. B. Schreibmaschinen, Rechenmaschinen, Kopiergeräte, Diktiergeräte u. ä., gehören zu den Gemeinkosten, die bereits durch den Stundensatz abgegolten sind (Meyer-Höver-Bach Rz. 40.5 zu § 3).

13.12 Nach § 3 Absatz 3 Buchstabe a ZSEG kann die nach Absatz 2 zu gewährende **Entschädigung** bis zu 50 v. H. für ein Gutachten **überschritten** werden, in welchem sich der Sachverständige für den Einzelfall eingehend mit der **wissenschaftlichen Lehre** auseinanderzusetzen hat. Nach den Beschlüssen des OLG Hamm (15 W 5/67 vom 31. 3. 1967 in NJW 1967 S. 1519) und des Bayerischen Obersten Landesgerichtes (BReg 2 Z 49/70 vom 22. 10. 1970 in NJW 1971 S. 252) setzt eine Auseinandersetzung mit der wissenschaftlichen Lehre voraus, daß der Sachverständige die verschiedenen, mindestens eine Mehrzahl von Lehrmeinungen aufzeigt, hierzu selbständig und kritisch Stellung nimmt sowie hieraus seine Schlüsse für den konkreten Fall zieht. Die Anwendung wissenschaftlicher Erkenntnisse allein stellt keine Auseinandersetzung mit der wissenschaftlichen Lehre dar. Demgegenüber hat es das OLG Zweibrücken (Ws 154/69 vom 9. 12. 1969 in NJW 1970 S. 531) für die Annahme dieses Erhöhungskriteriums ausreichen lassen, daß die eingehende Auseinandersetzung mit der wissenschaftlichen Lehre nicht in dem schriftlichen Gutachten erfolgt ist, sondern daß der Sachverständige hierüber das Gericht nachträglich unterrichtet hat.

13.13 Nach § 3 Absatz 3 Buchstabe b ZSEG ist die bis zu 50 v. H. reichende Erhöhung der Sachverständigenentschädigung auch dann gerechtfertigt, wenn der Sachverständige durch die Dauer oder die Häufigkeit seiner Heranziehung einen nicht zumutbaren Erwerbsverlust erleiden würde, oder wenn er seine Berufseinkünfte zu mindestens 70 v. H. als gerichtlicher oder außergerichtlicher Sachverständiger erzielt.
Mit den Erhöhungsgründen **„Dauer oder Häufigkeit der Heranziehung als Gutachter"** soll der durch die Gutachtenserstattung entstehende Erwerbsverlust in den Grenzen des Zumutbaren gehalten werden. Voraussetzung ist allerdings, daß der Erwerbsverlust auf die Dauer oder die Häufigkeit zurückzuführen ist.
Die zweite Alternative der Erhöhungsgründe des § 3 Absatz 3 Buchstabe b ZSEG betrifft den **„Berufssachverständigen".** Danach kann eine Erhöhung des Stundensatzes bis 50 v. H. auch dann gewährt werden, wenn der Sachverständige seine Berufseinkünfte zu mindestens 70 v. H. durch seine Gutachtertätigkeit erzielt.
Dabei ist es nicht erforderlich, daß die Gutachtertätigkeit ausschließlich für Gericht oder Staatsanwaltschaft ausgeübt wird; auch eine Tätigkeit als Privatgutachter ist zu berücksichtigen. Die Prüfung von Jahresabschlüssen von Mandanten im Rahmen der Berufstätigkeit eines Steuerberaters oder Wirtschaftsprüfers reicht jedoch nicht aus, um ihn dadurch zum Berufssachverständigen zu machen (KG Berlin 1 W 2666/80 vom 24. 10. 1980 in JurBüro 1981 S. 1866 und OLG Düsseldorf 10 WF 5/95 vom 27. 6. 1995 in JurBüro 1996 S. 43).
Die Gewährung des Zuschlags nach Absatz 3 Buchstabe b für Berufssachverständige ist unabhängig von der Dauer oder Häufigkeit ihrer Heranziehung als Gutachter (OlG Hamm 3 Ws 273/71 vom 25. 5. 1972 in NJW 1972 S. 1533; Meyer-Höver-Bach Rz. 46.8 zu § 3).

13.14 Auf Sachverständige, die von einem Gericht oder einer Staatsanwaltschaft in dem in Artikel 3 des Einigungsvertrages bezeichneten Gebiet mit der Erstellung eines Gutachtens beauftragt werden, sind die Maßgaberegelungen anzuwenden, wenn der Sachverständige seinen Wohnsitz oder Sitz in den neuen Ländern hat. Für solche Sachverständige wird die Entschädigungsleistung nach § 3 ZSEG herabgesetzt. Der Ermäßigungssatz beträgt seit dem 1. 1. 1996 10 v.H. Bei der Berechnung der Entschädigung nach § 3 Absatz 2 ZSEG ist deshalb von einem Rahmen von DM 45,– bis DM 90,– auszugehen. Die mittlere Entschädigung beträgt danach DM 67,50.
Für alle übrigen Entschädigungsregelungen, wie etwa die Vereinbarung einer besonderen Entschädigung nach § 7 ZSEG, den Aufwandsersatz nach § 3 ZSEG oder die Fahrtkosten nach § 9 ZSEG sowie die sonstigen Aufwendungen nach § 11 ZSEG hat die Maßgaberegelung keine Gültigkeit.
Die nach der Maßgaberegelung ermäßigte Entschädigung kann im Einzelfall auf die vollen Sätze des ZSEG angehoben werden.

13.15 Insbesondere dann, wenn der Berufsangehörige für eine Gutachtenserstattung **keinen** der **Erhöhungsgründe** des § 3 Absatz 3 ZSEG geltend machen kann, wird der Stundensatz auch **nicht** annähernd **kostendeckend** sein. Der Weg zu **angemessenen Stundensätzen** für den Berufsangehörigen wird durch die Möglichkeit einer **Vergütungsvereinbarung** nach § 7 ZSEG eröffnet.
Danach ist eine von § 3 ZSEG abweichende Entschädigung zu gewähren, wenn sich die **Parteien** dem Gericht gegenüber mit einer **bestimmten Entschädigung** für die Leistung des Sachverständigen **einverstanden** erklärt haben und ein ausreichender Betrag an die Staatskasse bezahlt ist. Die lange streitige Frage, ob die Vereinbarung eines bestimmten Stundensatzes ausreicht, oder ob die Gesamtentschädigung betragsmäßig festgelegt sein muß, ist durch das KostRÄndG 1994 im Sinne der erstgenannten Alternative entschieden worden.
Damit hat die bereits in der Vorauflage vertretene Auffassung, daß auch die Vereinbarung eines bestimmten Stundensatzes ausreichend ist, weil nicht einzusehen ist, warum das Gericht korrigierend eingreifen sollte, wenn die Parteien keine Bedenken haben, der Vereinbarung eines Stundensatzes zuzustimmen, und auch den Interessen der Staatskasse durch das Vorliegen eines angemessenen Vorschusses Rechnung getragen ist, ihre Bestätigung gefunden.
Das Einverständnis mit der Gewährung einer besonderen Entschädigung muß dem Gericht gegenüber erklärt werden. Bei der Festlegung einer bestimmten Entschädigung kann das Gericht durch seine Zustimmung das Einverständnis einer Partei ersetzen. Bei der Festlegung eines bestimmten Stundensatzes soll die Zustimmung nur erteilt werden, wenn die nach § 3 ZSEG zulässige Entschädigung nicht überschritten wird, um so das Kostenrisiko der nicht zustimmenden Partei in zumutbaren Grenzen zu halten.

13.16 Der Ersatz von **Aufwendungen** richtet sich nach § 8 ZSEG. Danach kann der Sachverständige unter anderem die für die Vorbereitung und Erstattung des Gutachtens aufgewendeten Kosten, einschließlich der notwendigen Aufwendungen für Hilfskräfte, ersetzt verlangen. Als Hilfskräfte sind die Personen anzusehen, die Arbeiten verrichten, die der Sachverständige ohne fremde Hilfe selbst leisten müßte, um das Gutachten zu erstellen. Durch den Begriff **„Hilfskraft"** wird nicht zum Ausdruck gebracht, daß es sich dabei um eine weniger qualifizierte Kraft als die des Sachverständigen handeln muß (OLG Hamm 15 W 193/68 vom 31. 7. 1968 in Rpfleger 1968 S. 371; Meyer-Höver-Bach Rz. 11 zu § 8). Die Vergütung der Hilfskräfte beschränkt sich grundsätzlich nicht auf die Sätze des ZSEG. Stehen diese in einem Dienst- oder Arbeitsverhältnis zu dem Sachverständigen, aus dem sie ein festes Gehalt beziehen, so ist ein entsprechender Anteil hiervon erstattungsfähig (OLG Zweibrücken Ws 154/69 vom 9. 12. 1969 in NJW 1970 S. 531; Meyer-Höver-Bach Rz. 18 zu § 8).

Aufwendungen für den Einsatz von Schreibkräften können nach § 8 Absatz 1 Nummer 1 ZSEG nur insoweit geltend gemacht werden, als diese Schreibkräfte Arbeiten ausführen, für die Schreibauslagen nach Absatz 1 Nummer 2 nicht erstattet werden und es sich nicht um Arbeiten handelt, deren Aufwand bereits als Gemeinkosten durch die geltend gemachte Leistungsentschädigung des Sachverständigen abgegolten ist (LG Essen 6 O 548/82 vom 6. 9. 1983 in DAR 1983 S. 361; OLG Hamburg 8 W 31/83 vom 24. 3. 1983 in JurBüro 1983 S. 1358; Meyer-Höver-Bach Rz. 16.1 zu § 8).

Für die Erstellung des Gutachtens erhält der Sachverständige DM 4,– für jede angefangene Seite. (§ 8 Absatz 1 Nummer 3 ZSEG). Für erforderliche Abschriften und Ablichtungen verweist § 11 Absatz 2 ZSEG auf die Vorschriften des Gerichtskostengesetzes. Nach Nummer 9000 KV-GKG betragen die Schreibauslagen für jede Seite unabhängig von der Art der Herstellung für die ersten 50 Seiten jeweils DM 1,– und für jede weitere Seite DM 0,30.

Der Ersatz der auf die Entschädigung entfallenden **Umsatzsteuer** richtet sich nach § 8 Absatz 1 Nummer 3 ZSEG.

Nach § 8 Absatz 2 ZSEG kann ein auf die Hilfskräfte entfallender Teil der **Gemeinkosten** des Sachverständigen durch einen Zuschlag bis zu 15 v.H. auf den Betrag abgegolten werden, der als notwendige Aufwendung für die Hilfskräfte zu ersetzen ist.

Des weiteren hat der Sachverständige nach Maßgabe der Bestimmungen des § 9 ZSEG Anspruch auf Ersatz der notwendigen **Fahrtkosten.** Bei Benutzung eines eigenen oder unentgeltlich von einem Dritten zur Verfügung gestellten Kraftfahrzeuges werden dem Sachverständigen DM 0,52 für jeden angefangenen Kilometer des Hin- und Rückweges ersetzt (§ 9 Absatz 3 ZSEG).

Erstattet werden in diesem Zusammenhang auch die anfallenden baren Auslagen, insbesondere die Parkgebühren. Bei Benutzung der Bahn ist der Preis derjenigen Wagenklasse zu erstatten, deren sich Personen aus dem Berufsstand des Sachverständigen erfahrungsgemäß bei solchen Reisen zu bedienen pflegen (Meyer-Höver-Bach Rz. 5.1 zu § 9).

13.17 Unter den in § 14 ZSEG geregelten Voraussetzungen ist dem Sachverständigen auf Antrag ein **Vorschuß** zu bewilligen.

Zu beachten ist, daß die Entschädigung des Sachverständigen nur auf **Antrag** erfolgt (§ 15 Absatz 1 ZSEG).
Das Verfahren der gerichtlichen **Festsetzung** und der gegen diese möglichen **Rechtsbehelfe** regelt § 16 ZSEG.

13.18 Auf die Vergütung für **Privatgutachten** sind die Regelungen des „Gesetzes über die Entschädigung von Zeugen und Sachverständigen" nicht anzuwenden (OLG München 11 W 922/79 vom 30. 3. 1979 in StB 1980 S. 91; OLG Düsseldorf 10 W 99/80 vom 19. 12. 1980 in DB 1981 S. 785).
In diesem Zusammenhang ist nach dem Gegenstand der gutachtlichen Äußerung zu unterscheiden.
Handelt es sich hierbei um eine **abgabenrechtliche Angelegenheit,** so ist bei der Berechnung der Vergütung die **Steuerberatergebührenverordnung** zugrunde zu legen, und zwar in erster Linie § 21 (Vergleiche zu den Einzelheiten die Anmerkungen zu § 21 in Teil II).
Sind Gegenstand des Gutachtens jedoch **allgemein wirtschaftliche** Fragen, so ist, sofern keine Vereinbarung über die Höhe der Vergütung getroffen wurde, die **„übliche Vergütung"** bzw. die **angemessene Vergütung** in Ansatz zu bringen.
In seinem Urteil VII ZR 265/63 vom 29. 11. 1965 (NJW 1966 S. 539) hat der Bundesgerichtshof in einem Fall, in dem eine „Übliche Vergütung" nicht festgestellt werden konnte, entschieden, daß bei einem Gutachten, dessen Vergütung nach billigem Ermessen zu bestimmen ist, bei der Berechnung von dem Gegenstandswert auszugehen ist, auf den sich das Gutachten bezieht.
Grundsätzlich dürfte es jedoch der **Üblichkeit** entsprechen, als Grundlage für die Berechnung der Vergütung eines Gutachtens allgemein wirtschaftlicher Art den **Zeitaufwand** heranzuziehen, und die Höhe der Zeitgebühr insbesondere nach dem Umfang, der Schwierigkeit und den für die Gutachtenserstattung erforderlichen Sachkenntnissen zu bemessen. Von diesen Kriterien geht auch das OLG München in der vorstehend angesprochenen Entscheidung 11 W 922/79 a.a.O. aus. Es hat dort für ein von einem Wirtschaftsprüfer über schwierige Fragen der Unternehmensbewertung erstelltes Privatgutachten einen Stundensatz von DM 200,– für angemessen erachtet.
In Anbetracht der seit dieser Entscheidung eingetretenen wirtschaftlichen Entwicklung wird man nunmehr auch einen höheren Stundensatz als angemessen ansehen können.

14 Sachwalter

Rechtsgrundlagen

A Insolvenzordnung vom 5. 10. 1994 (BGBl I S. 2866), zuletzt geändert am 8. 12. 1999 (BGBl I S. 2384)

§ 270 InsO Voraussetzungen

(1) **Der Schuldner ist berechtigt, unter der Aufsicht eines Sachwalters die Insolvenzmasse zu verwalten und über sie zu verfügen, wenn das Insolvenzgericht in dem Beschluß über die Eröffnung des Insolvenzverfahrens die Eigenverwaltung anordnet. Für das Verfahren gelten die allgemeinen Vorschriften, soweit in diesem Teil nicht anderes bestimmt ist.**

(2) **Die Anordnung setzt voraus,**

1. **daß sie vom Schuldner beantragt worden ist,**
2. **wenn der Eröffnungsantrag von einem Gläubiger gestellt worden ist, daß der Gläubiger dem Antrag des Schuldners zugestimmt hat und**
3. **daß nach den Umständen zu erwarten ist, daß die Anordnung nicht zu einer Verzögerung des Verfahrens oder zu sonstigen Nachteilen für die Gläubiger führen wird.**

(3) **Im Falle des Absatzes 1 wird anstelle des Insolvenzverwalters ein Sachwalter bestellt. Die Forderungen der Insolvenzgläubiger sind beim Sachwalter anzumelden. Die §§ 32 und 33 sind nicht anzuwenden.**

B Insolvenzrechtliche Vergütungsverordnung vom 19. 8. 1998 (BGBl I S. 2205)

§ 12 InsVV Vergütung des Sachwalters

(1) **Der Sachwalter erhält in der Regel 60 v. H. der für den Insolvenzverwalter bestimmten Vergütung.**

(2) **Eine den Regelsatz übersteigende Vergütung ist insbesondere festzusetzen, wenn das Insolvenzgericht gemäß § 277 Absatz 1 der Insolvenzordnung angeordnet hat, daß bestimmte Rechtsgeschäfte des Schuldners nur mit Zustimmung des Sachwalters wirksam sind.**

(3) **§ 8 Absatz 3 gilt mit der Maßgabe, daß an die Stelle des Betrags von DM 500,– der Betrag von DM 250,– tritt.**

Vorbemerkung

Mit der am 1. 1. 1999 in Kraft getretenen Insolvenzordnung (InsO), die die Konkursordnung (KO) und die Vergleichsordnung (VerglO) abgelöst hat, hat das Konkursverfahren/Insolvenzverfahren eine neue rechtliche Grundlage erhalten. Dies gilt auch für die Regelungen über die Vergütungen der Leistungen der im Konkurs-/Insolvenzverfahren Tätigen. Hier hat die Insolvenzrechtliche Vergütungsverordnung (InsVV) die Verordnung über die Vergütung des Konkursverwalters, des Vergleichsverwalters, der Mitglieder des Gläubigerausschusses und der Mitglieder des Gläubigerbeirats (VergütVO) ersetzt.
Die InsVV ist auf alle Verfahren anzuwenden, in denen nach dem 31. 12. 1998 der Eröffnungsantrag gestellt wurde. Für die anderen Verfahren gelten nach wie vor die Bestimmungen der Konkursordnung, der Vergleichsordnung und der VergütVO. Deshalb sollen in dieser Auflage nachfolgend sowohl der „alte" Rechtsstand bis zum 31. 12. 1998 (Anmerkungen 14.1 und 14.2), wie auch der „neue" ab 1. 1. 1999 (Anmerkung 14.3) dargestellt werden.

Erläuterungen zum Rechtsstand bis 31. 12. 1998

14.1 Weder § 91 VerglO noch die weiteren Vorschriften in der Vergleichsordnung, die sich mit dem **Sachwalter** beschäftigen, enthalten eine Regelung über die Vergütung für dessen Tätigkeit. Auch wird nicht auf die Vergütungsregelung für den Vergleichsverwalter (§ 43 VerglO) verwiesen.
Die **„Verordnung über die Vergütung des Konkursverwalters, des Vergleichsverwalters, der Mitglieder des Gläubigerausschusses und der Mitglieder des Gläubigerbeirats“** (VergütVO) und deren erhöhbare Regelsätze können jedoch als **Anhaltspunkte** für die Bestimmung der **angemessenen Vergütung** herangezogen werden (OLG Braunschweig 2 UH 3/61 vom 4. 6. 1962 in Nds Rpfl 1963 S. 34; OLG Celle 11 U 41/62 vom 5. 10. 1962 in BB 1962 S. 1220; BGH IV a ZR 317/80 vom 14. 10. 1981 in NJW 1982 S. 185).

14.2 Vor Annahme und Bestätigung des Vergleichs kann der Vergleichsverwalter sich grundsätzlich nicht wirksam mit dem Schuldner über die Höhe der Vergütung einigen, die ihm als zukünftiger Sachwalter zustehen soll (BGH IV ZR 317/80 a. a. O.).
Verschlechtern sich die Vermögensverhältnisse des Vergleichsschuldners nach der Bestellung des Sachwalters, so kann der Sachwalter Anspruch auf Sicherheitsleistung wegen seiner Vergütung haben (OLG Braunschweig 2 UH 3/61 a. a. O.).
Bei einer Auseinandersetzung zwischen dem Sachwalter und dem Vergleichsschuldner über die Vergütungshöhe entscheidet nicht das Vergleichsgericht, sondern das Prozeßgericht, weil der Sachwalter nicht wie der Vergleichsverwalter der gerichtlichen Aufsicht unterliegt, sondern seinen Auftrag allein vom Vergleichsschuldner herleitet (BGH VII ZR 2/73 vom 29. 11. 1973 in NJW 1974 S. 238; BGH IV a ZR 317/80 a. a. O.; vergleiche zum Gesamtkomplex auch Uhlenbruck „Die Vergütung des im Insolvenzverfahren tätigen Steuerberaters“ in DStR 1979 S. 123).

Erläuterungen zum Rechtsstand ab 1. 1. 1999

14.3 Wenn das Insolvenzgericht in dem Eröffnungsbeschluß über das Insolvenzverfahren die eigene Verwaltung durch den Schuldner anordnet, ist dieser berechtigt unter Aufsicht des Sachwalters die Insolvenzmasse zu verwalten und über sie zu verfügen. Soweit in den §§ 270 bis 285 InsO nichts anderes bestimmt ist, gelten für das Verfahren die allgemeinen Vorschriften der Insolvenzordnung.
Nach § 12 Abs. 1 InsVV erhält der Sachwalter in der Regel 60 v. H. der für den Insolvenzverwalter bestimmten Vergütung. Eine über den Regelsatz hinausgehende Vergütung ist nach § 12 Abs. 2 InsVV insbesondere dann festzusetzen, wenn das Insolvenzgericht nach § 277 Abs. 1 InsO angeordnet hat, daß bestimmte Rechtsgeschäfte des Schuldners zu ihrer Wirksamkeit der Zustimmung des Sachwalters bedürfen. Für die Auslagenpauschale nach § 8

Abs. 3 InsVV gilt die Besonderheit, daß diese für den Sachwalter um die Hälfte von DM 500,– auf DM 250,– gemindert wird (§ 12 Abs. 3 InsVV).

15 Schiedsrichter und Schiedsgutachter

Erläuterungen

15.1 Grundlage für den Vergütungsanspruch des **Schiedsrichters** ist der **Schiedsrichtervertrag.** Enthält dieser eine ausdrückliche Vergütungsregelung, so ist diese maßgebend. In diesem Zusammenhang kann auch die Geltung einer **Schiedsgerichtsordnung** mit den dort getroffenen Vergütungsregelungen vereinbart werden, wie sie verschiedentlich von Verbänden oder anderen Organisationen aufgestellt worden ist.
Beispielhaft genannt sei hier die **„Schiedsgerichtsordnung der Deutschen Institution für Schiedsgerichtsbarkeit eV".**
Der § 10 dieser Schiedsgerichtsordnung, der die Kosten des Schiedsgerichts regelt, hat folgenden Wortlaut:

§ 10 Kosten des Schiedsgerichts

10.1 Die Schiedsrichter haben Anspruch auf eine Vergütung (Gebühren und Erstattung von Auslagen sowie anfallender Mehrwertsteuer), für die die Parteien des Schiedsvertrages als Gesamtschuldner haften.

10.2 Die Gebühren bestimmen sich nach dem Streitwert, der vom Schiedsgericht nach den gesetzlichen Bestimmungen festgesetzt wird.

10.3 Jeder Schiedsrichter erhält für seine Tätigkeit eine Gebühr.

10.4 Das Schiedsgericht kann die Gebühren bei einer vorzeitigen Erledigung des Verfahrens entsprechend dem Verfahrensstand nach billigem Ermessen ermäßigen.

10.5 Die Deutsche Institution für Schiedsgerichtsbarkeit eV erhält eine Bearbeitungsgebühr.

10.6 Die Höhe der Gebühren ergibt sich aus der Anlage, die Bestandteil der Schiedsgerichtsordnung ist.

Die Anlage zu Ziffer 10.6 enthält eine **Gebührentabelle,** die folgende Gebührenbeträge ausweist:

Streitwert	Gebühr für den Vorsitzenden des Schiedsgerichts/Einzelschiedsrichter	Gebühr für jeden beisitzenden Schiedsrichter
Bis DM 10.000,–	DM 2.000,–	DM 1.500,–
DM 12.000,–	DM 2.344,–	DM 1.803,–
DM 14.000,–	DM 2.586,–	DM 1.989,–
DM 16.000,–	DM 2.828,–	DM 2.175,–
DM 18.000,–	DM 3.070,–	DM 2.361,–

Streitwert	Gebühr für den Vorsitzenden des Schiedsgerichts/Einzelschiedsrichter	Gebühr für jeden beisitzenden Schiedsrichter
DM 20.000,–	DM 3.312,–	DM 2.547,–
DM 25.000,–	DM 3.565,–	DM 2.742,–
DM 30.000,–	DM 3.819,–	DM 2.937,–
DM 35.000,–	DM 4.072,–	DM 3.132,–
DM 40.000,–	DM 4.326,–	DM 3.327,–
DM 45.000,–	DM 4.579,–	DM 3.522,–
DM 50.000,–	DM 4.833,–	DM 3.717,–
DM 55.000,–	DM 5.086,–	DM 3.912,–
DM 60.000,–	DM 5.340,–	DM 4.107,–
DM 65.000,–	DM 5.593,–	DM 4.302,–
DM 70.000,–	DM 5.847,–	DM 4.497,–
DM 75.000,–	DM 6.100,–	DM 4.692,–
DM 80.000,–	DM 6.354,–	DM 4.887,–
DM 85.000,–	DM 6.607,–	DM 5.082,–
DM 90.000,–	DM 6.861,–	DM 5.277,–
DM 95.000,–	DM 7.114,–	DM 5.472,–
DM 100.000,–	DM 7.368,–	DM 5.667,–

Die Gebühr eines Schiedsrichters errechnet sich bei höheren Streitwerten wie folgt:

- Streitwerte über DM 100.000,– bis DM 1.000.000,– DM 5.667,– plus 1,8% für den DM 100.000,– übersteigenden Betrag;
- Streitwerte über DM 1.000.000,– bis 2.000.000,– DM 21.867,– plus 1,2% für den DM 1.000.000,– übersteigenden Betrag;
- Streitwerte über DM 2.000.000,– bis DM 4.000.000,– DM 33.867,– plus 0,9% des DM 2.000.000,– übersteigenden Betrags;
- Streitwerte über DM 4.000.000,– bis DM 10.000.000,– DM 51.867,– plus 0,4% des DM 4.000.000,– übersteigenden Betrags;
- Die vorgenannten Gebühren erhöhen sich für den Vorsitzenden und einen Einzelschiedsrichter um 30%;

Die Bearbeitungsgebühr für die Institution beträgt bei Streitwerten bis DM 100.000,– 2% des Streitwerts; für Streitwerte, die DM 100.000,– übersteigen, erhält sie von dem Mehrbetrag zusätzlich 1%.
Die Institution erhält jedoch mindestens DM 500,–, höchstens DM 20.000,–

15.2 Fehlt es an einer Vereinbarung über die Vergütung des Schiedsrichters, hat der Berufsangehörige in Ermangelung einer entsprechenden Taxe nach § 612 Absatz 2 BGB Anspruch auf die **„Übliche Vergütung“.**
Für Rechtsanwälte als Schiedsrichter hat sich die entsprechende Anwendung der **Bundesgebührenordnung für Rechtsanwälte** als **übliche Vergütung** herausgebildet (Gerold-Schmidt Anmerkung 31 zu § 1 BRAGO). Da, zumindest dann, wenn die Rechtsfragen, die Gegenstand des Schiedsgerichtsverfahrens sind, dem Berufskreis und der Berufstätigkeit eines Steuerberaters entstammen, kein Grund für eine unterschiedliche Beurteilung hinsichtlich

der Vergütung erkennbar ist, gilt die entsprechende Anwendung der BRAGO auch für die Vergütung der Schiedsrichtertätigkeit eines Berufsangehörigen (Mohrbutter „Die Vergütung des Schiedsrichters" in KTS 1967 S. 207).
Der Schiedsrichter erhält mithin eine **volle Gebühr** als **Grundvergütung** entsprechend der Prozeßgebühr des § 31 Absatz 1 Nummer 1 BRAGO, **je** eine **weitere volle Gebühr** mit der mündlichen oder schriftlichen Stellung streitiger **Sachanträge** (§ 31 Absatz 1 Nummer 2 BRAGO) und der Durchführung eines **Beweisbeschlusses** (§ 31 Absatz 1 Nummer 3 BRAGO) sowie ggfs. auch eine **volle Gebühr** für einen vor dem Schiedsgericht abgeschlossenen **Vergleich** (§ 23 BRAGO).
Besteht das Schiedsgericht nur aus **einem Schiedsrichter,** so erhält dieser für seine erhöhte Mühewaltung in der Regel die Sätze der Rechtsmittelinstanz gemäß § 11 Absatz 1 Satz 4 BRAGO, also 13/10 Gebühren. Gleiches gilt für den **Obmann** des Schiedsgerichts, wenn dieses aus insgesamt 3 Schiedsrichtern besteht.
Häufig sind auch Vereinbarungen anzutreffen, die den Schiedsrichtern jeweils 13/10 Gebühren und dem Obmann des Schiedsgerichts oder dem Einzelschiedsrichter 15/10 Gebühren zubilligen. Hierfür bedarf es allerdings einer gesonderten Abrede.
15.3 Im Gegensatz zum **Schiedsrichter,** dessen Tätigkeit auf die Herbeiführung einer eine streitige Auseinandersetzung abschließenden Entscheidung, sei es ein Schiedsspruch oder sei es ein streitbeendender Vergleich, gerichtet ist, beinhaltet die Aufgabe des **Schiedsgutachters** die Entscheidung einer streiterheblichen Vorfrage durch Abgabe einer gutachtlichen Stellungnahme, an deren Ergebnis die Parteien und in einem sich ggfs. noch anschließenden Schiedsgerichtsverfahren oder einem Rechtsstreit vor einem ordentlichen Gericht auch das Entscheidungsgremium gebunden sind.
Da Gegenstand der Tätigkeit des Schiedsgutachters mithin die Erstattung eines **Sachverständigengutachtens** ist, kann zur Vergütung des Schiedsgutachters auf das zur Vergütung des **Sachverständigen** für die Erstellung eines **Privatgutachtens** unter Nummer **13** Anmerkung 13.18 Gesagte verwiesen werden.

16 Sequester und vorläufige Insolvenzverwalter

Rechtsgrundlagen

A Konkursordnung vom 10. 2. 1877 (RGBl S. 351) i. d. F. der Bekanntmachung vom 20. 5. 1898 (RGBl S. 612), zuletzt geändert am 25. 7. 1994 (BGBl I S. 1744)

§ 106 KO Sicherungsmaßnahmen

(1) **Das Gericht kann die zwangsweise Vorführung und die Haft des Schuldners anordnen. Dasselbe kann alle zur Sicherung der Masse dienenden einstweiligen Anordnungen treffen. Es kann insbesondere ein allgemeines Veräußerungsverbot an den Schuldner erlassen.**

(2) **Bei der Abweisung des Eröffnungsantrags sind die angeordneten Sicherheitsmaßregeln aufzuheben.**

B Insolvenzordnung vom 5. 10. 1994 (BGBl I S. 2866), zuletzt geändert am 8. 12. 1999 (BGBl I S. 2384)

§ 21 InsO Anordnung von Sicherungsmaßnahmen

(1) **Das Insolvenzgericht hat alle Maßnahmen zu treffen, die erforderlich erscheinen, um bis zur Entscheidung über den Antrag eine den Gläubigern nachteilige Veränderung in der Vermögenslage des Schuldners zu verhüten.**

(2) **Das Gericht kann insbesondere**

1. **einen vorläufigen Insolvenzverwalter bestellen, für den § 8 Absatz 3 und die §§ 56, 58 bis 66 entsprechend gelten;**
2. **dem Schuldner ein allgemeines Verfügungsverbot auferlegen oder anordnen, daß Verfügungen des Schuldners nur mit Zustimmung des vorläufigen Insolvenzverwalters wirksam sind;**
3. **Maßnahmen der Zwangsvollstreckung gegen den Schuldner untersagen oder einstweilen einstellen, soweit nicht unbewegliche Gegenstände betroffen sind;**
4. **eine vorläufige Postsperre anordnen, für die die §§ 99, 101 Absatz 1 Satz 1 entsprechend gelten.**

(3) **Reichen andere Maßnahmen nicht aus, so kann das Gericht den Schuldner zwangsweise vorführen und nach Anhörung in Haft nehmen lassen. Ist der Schuldner keine natürliche Person, so gilt entsprechendes für seine organschaftlichen Vertreter. Für die Anordnung von Haft gilt § 98 Absatz 3 entsprechend.**

C Insolvenzrechtliche Vergütungsverordnung vom 19. 8. 1998 (BGBl I S. 2205)

§ 10 InsVV Grundsatz

Für die Vergütung des vorläufigen Insolvenzverwalters, des Sachwalters und des Treuhänders im vereinfachten Insolvenzverfahren gelten die Vorschriften des Ersten Abschnitts entsprechend, soweit in den §§ 11 bis 13 nichts anderes bestimmt ist.

§ 11 InsVV Vergütung des vorläufigen Insolvenzverwalters

(1) **Die Tätigkeit des vorläufigen Insolvenzverwalters wird besonders vergütet. Die Vergütung soll in der Regel einen angemessenen Bruchteil der Vergütung des Insolvenzverwalters nicht überschreiten. Art, Dauer und Umfang der Tätigkeit des vorläufigen Insolvenzverwalters sind bei der Festsetzung der Vergütung zu berücksichtigen.**

(2) **Hat das Insolvenzgericht den vorläufigen Insolvenzverwalter als Sachverständigen beauftragt zu prüfen, ob ein Eröffnungsgrund vorliegt**

und welche Aussichten für eine Fortführung des Unternehmens des Schuldners bestehen, so wird er gesondert nach dem Gesetz über die Entschädigung von Zeugen und Sachverständigen entschädigt.

D Zivilprozeßordnung i.d.F. vom 12. 9. 1950 (BGBl I S. 533), zuletzt geändert am 27. 6. 2000 (BGBl I S. 897)

§ 848 ZPO Herausgabeansprüche bei Grundstücken

(1) **Bei Pfändung eines Anspruchs, der eine unbewegliche Sache betrifft, ist anzuordnen, daß die Sache an einen auf Antrag des Gläubigers vom Amtsgericht der belegenen Sache zu bestellenden Sequester herauszugeben sei.**

(2) **Ist der Anspruch auf Übertragung des Eigentums gerichtet, so hat die Auflassung an den Sequester als Vertreter des Schuldners zu erfolgen. Mit dem Übergang des Eigentums auf den Schuldner erlangt der Gläubiger eine Sicherungshypothek für seine Forderung. Der Sequester hat die Eintragung der Sicherungshypothek zu bewilligen.**

(3) **Die Zwangsvollstreckung in die herausgegebene Sache wird nach den für die Zwangsvollstreckung in unbewegliche Sachen geltenden Vorschriften bewirkt.**

§ 855 ZPO Mehrfache Pfändung eines Anspruchs auf Grundstücke

Betrifft der Anspruch eine unbewegliche Sache, so ist der Drittschuldner berechtigt und auf Verlangen eines Gläubigers, dem der Anspruch überwiesen wurde, verpflichtet, die Sache unter Anzeige der Sachlage und unter Aushändigung der ihm zugestellten Beschlüsse an den von dem Amtsgericht der belegenen Sache ernannten oder auf seinen Antrag zu ernennenden Sequester herauszugeben.

§ 938 ZPO Inhalt der einstweiligen Verfügung

(1) **Das Gericht bestimmt nach freiem Ermessen, welche Anordnungen zur Erreichung des Zweckes erforderlich sind.**

(2) **Die einstweilige Verfügung kann auch in einer Sequestration sowie darin bestehen, daß dem Gegner eine Handlung geboten oder verboten, insbesondere die Veräußerung, Belastung oder Verpfändung eines Grundstücks oder eines eingetragenen Schiffes oder Schiffsbauwerks untersagt wird.**

Vorbemerkung

Die Bestellung eines Sequesters kann sowohl in der Konkursordnung wie in der Zivilprozeßordnung ihre Grundlage haben.
Mit der am 1. 1. 1999 in Kraft getretenen Insolvenzordnung, die die Konkursordnung abgelöst hat, hat das Konkurs-/Insolvenzverfahren eine neue rechtliche Grundlage erhalten. Dies gilt auch für die Regelungen über die Vergütung der Leistungen, der im Konkurs-/Insolvenzverfahren Tätigen.

Hier hat die Insolvenzrechtliche Vergütungsverordnung (InsVV) die Verordnung über die Vergütung des Konkursverwalters, des Vergleichsverwalters, der Mitglieder des Gläubigerausschusses und der Mitglieder des Gläubigerbeirats (VergütVO) ersetzt. An die Stelle des Sequesters ist der vorläufige Insolvenzverwalter getreten.
Die InsVV ist auf alle Verfahren anzuwenden, in denen nach dem 31. 12. 1998 der Eröffnungsantrag gestellt wurde. Für die anderen Verfahren gelten nach wie vor die Bestimmungen der Konkursordnung und der Vergütungsverordnung. Deshalb sollen in dieser Auflage nachfolgend noch sowohl der „alte" Rechtsstand bis 31. 12. 1998 (Anmerkungen 16.1 bis 16.3) wie auch der „neue" ab 1. 1. 1999 (Anmerkungen 16.4 bis 16.7) dargestellt werden. Der Sequester nach der ZPO wird in Anmerkung 16.8 behandelt.

Erläuterungen zum Rechtsstand bis 31. 12. 1998

16.1 Vergütung und Auslagen eines gemäß § 106 KO bestellten Sequesters werden in entsprechender Anwendung der **„Verordnung über die Vergütung des Konkursverwalters, des Vergleichsverwalters, der Mitglieder des Gläubigerausschusses und der Mitglieder des Gläubigerbeirats"** (VergütVO) vom Konkursgericht festgesetzt (AG München 20 N 529/63 vom 11. 5. 1964 in KTS 1964 S. 254; LG München I, 13 T 624/68 vom 27. 1. 1969 in Rpfleger 1969 S. 212; LG Mannheim 4 T 247/75 vom 21. 11. 1975 in Rpfleger 1976 S. 184; OLG Hamburg 6 W 61/76 vom 15. 12. 1976 in KTS 1977 S. 176; OLG Bamberg 1 W 21/78 vom 19. 5. 1978 in JurBüro 1978 S. 1571).
Die Sequestervergütung beträgt einen **Bruchteil** der **Konkursverwaltervergütung** (OLG Hamburg 6 W 61/76 a.a.O.; Kuhn-Uhlenbruck „Konkursordnung" 11. Auflage 1994 Anmerkung 22c zu § 106 KO; Eickmann „VergVO Kommentar zur Vergütung im Insolvenzverfahren" 2. Auflage 1997 Anhang A Rz. 15). Dies ergibt sich aus dem im Vergleich zum Konkursverwalter eingeschränkten Tätigkeitsbereich des Sequesters. Während Aufgabe des ersteren die Verwaltung, Versilberung und Verteilung der vorhandenen Vermögensmasse ist, beschränkt sich die Tätigkeit des letzteren regelmäßig auf das Verwalten (Eickmann „Die Vergütung des nach § 106 KO bestellten Sequesters" in ZIP 1982 S. 21ff., der sich a.a.O. ausführlich mit dem Gesamtkomplex der Sequestervergütung auseinandersetzt).
Bei der Bemessung der Höhe der Sequestervergütung ist nach dem Beschluß des AG Köln 71 N 641/85 vom 19. 3. 1986 (ZIP 1986 S. 1138) von dem 4fachen Regelsatz der Staffelvergütung der VergütVO als der heutigen Regelvergütung des Konkursverwalters auszugehen. Die Sequestervergütung ist danach mit 25 v.H. dieses Betrages anzusetzen und ggfs. um einen Erschwerniszuschlag zu erhöhen (Zur Vergütung des **Konkursverwalters** vergleiche die Anmerkungen unter Nummer **6**).
Berechnungsgrundlage für die Festsetzung der Vergütung ist der Wert des vom Sequester **verwalteten Vermögens.** Der Wert von Gegenständen, die mit einem Absonderungsrecht belastet sind, kann abgezogen werden.

16.2 Eine Vergütung des Sequesters ist nicht deshalb ausgeschlossen, weil er im anschließenden Konkursverfahren zum Verwalter ernannt wird (LG München I, 13 T 624/68 a. a. O.; Eickmann a. a. O. Rz 57 ff. vor § 1).
Ebenso steht dem Sequester, der nach § 75 KO mit der Erstellung eines Gutachtens beauftragt und später zum Konkursverwalter bestellt wird, neben der Konkursverwaltervergütung der Anspruch auf Entschädigung nach dem „Gesetz über die Entschädigung von Zeugen und Sachverständigen" (ZSEG) zu (LG Itzehoe 4 T 9/83 vom 24. 1. 1983 in KTS 1983 S. 475).

16.3 Streitig ist, ob der Sequester im Falle der **Masseunzulänglichkeit** einen Anspruch auf Vergütung und Erstattung seiner Auslagen gegenüber der **Staatskasse** hat. Eine Ausfallhaftung des Staates wird teilweise abgelehnt (LG Düsseldorf 19 T 63/81 vom 31. 3. 1981 in JurBüro 1981 S. 1196; LG Kiel 13 T 123/81 vom 4. 2. 1982 in KTS 1982 S. 497; LG Köln 19 T 255/82 vom 7. 2. 1983 in ZIP 1983 S. 714). In Sicht der vom **Bundesverfassungsgericht** in seinem Urteil 1 BvR 349/75, 378/76 vom 1. 7. 1980 (NJW 1980 S. 2179) für den Fall des **„Berufsvormundes"** entwickelten Grundsätze, die hier entsprechende Anwendung finden können, wird man auch dem gerichtlich bestellten Sequester einen Vergütungsanspruch gegen den Staat zubilligen müssen (OLG Hamburg 6 W 61/76 a. a. O.; LG Mosbach 1 T 33/83 vom 10. 5. 1983 in ZIP 1983 S. 710; LG Wuppertal 6 T 960/83 vom 24. 1. 1984 in ZIP 1984 S. 734; LG Kassel 6 T 355/84 vom 26. 11. 1984 in ZIP 1985 S. 176). Es kann nicht angehen, daß der Staat für Aufgaben, deren ordentliche Wahrnehmung im öffentlichen Interesse liegt, demjenigen, der für ihn diese Aufgaben wahrnimmt und dem dabei ein nicht unerhebliches Haftungsrisiko aufgebürdet wird, keine Entschädigung für seine berufliche Inanspruchnahme gewährt.
Nach der vom LG Wuppertal 6 T 960/83 a. a. O. vertretenen Auffassung hat der Sequester im Falle der Masseunzulänglichkeit einen **primären,** und nicht nur subsidiären **Vergütungsanspruch** gegen die Staatskasse. Er braucht vor deren Inanspruchnahme keinen Beitreibungsversuch beim Gemeinschuldner zu unternehmen.

Erläuterungen zum Rechtsstand ab 1. 1. 1999

16.4 Die Insolvenzrechtliche Vergütungsverordnung weist für den vorläufigen Insolvenzverwalter im Gegensatz zur Verordnung über die Vergütung des Konkursverwalters, des Vergleichsverwalters, der Mitglieder des Gläubigerausschusses und der Mitglieder des Gläubigerbeirats, in der keine Bestimmung über die Vergütung des Sequesters enthalten war, ausdrückliche Regelungen auf.
So bestimmt § 11 Absatz 1 Satz 1 InsVV, daß die Tätigkeit des **vorläufigen Insolvenzverwalters** besonders **vergütet** wird. Nach § 10 InsVV gelten für den vorläufigen Insolvenzverwalter die §§ 1 bis 9 InsVV entsprechend, soweit in §§ 11–13 InsVV nicht anderes bestimmt ist.

16.5 Nicht unproblematisch ist, welche **Bemessungsgrundlage** bei der Berechnung der Vergütung des vorläufigen Insolvenzverwalters heranzuzie-

hen ist. Die Vorschriften der §§ 1–9 InsVV gelten nach § 10 InsVV entsprechend und nicht unmittelbar, das heißt sie sind unter Berücksichtigung der Besonderheiten des Verfahrensstadiums, in dem der vorläufige Insolvenzverwalter tätig wird, heranzuziehen. Deshalb ist auch zu berücksichtigen, daß im Insolvenzerföffnungsverfahren noch keine Insolvenzmasse nach § 35 InsO gebildet worden ist, sondern allenfalls eine Vermögensmasse besteht, die als Teil der späteren Insolvenzmasse anzusehen ist. Auch gibt es im Eröffnungsverfahren noch keine Aus- und/oder Absonderungsrechte. Die Regelung des § 1 Absatz 2 Nummer 1 InsVV erscheint deshalb in diesem Verfahrensstadium als keine für die Bemessung der Vergütung des vorläufigen Verwalters geeignete Grundlage. Es spricht deshalb vieles dafür, als Bemessungsgrundlage das **Aktivvermögen** nach Zeitwerten heranzuziehen (Blersch „Insolvenzrechtliche Vergütungstabellen" 1. Auflage 1999 S. 33).
Zur Höhe der Vergütung des vorläufigen Insolvenzverwalters bestimmt § 11 Absatz 1 Satz 2 InsVV, daß diese in der Regel einen angemessenen Bruchteil der Vergütung des Insolvenzverwalters nicht überschreiten soll. Für die Berechnung bedeutet dies, daß zunächst eine sogenannte **fiktive Verwaltervergütung** zu bilden ist, die dann unter Berücksichtigung der besonderen Umstände des Eröffnungsverfahrens Basis für die Festlegung der Vergütung des vorläufigen Verwalters ist. Orientierungspunkt sind hier die Regelsätze des § 2 InsVV unter Heranziehung der abweichenden Berechnungsgrundlage (verwaltetes Aktivvermögen nach Zeitwerten). Hieraus ist dann der angemessene Bruchteil der Vergütung des Insolvenzverwalters zu errechnen, wobei Art, Dauer und Umfang der Tätigkeit des vorläufigen Insolvenzverwalters bei der Bestimmung der Vergütungshöhe zu berücksichtigen sind.

16.6 Hat das Insolvenzgericht den vorläufigen Insolvenzverwalter nach § 22 Absatz 1 Satz 2 Nummer 3 InsO gleichzeitig zum **Sachverständigen** im Insolvenzerföffnungsverfahren bestellt, so erhält dieser neben seiner Vergütung zusätzlich die **Sachverständigenentschädigung** nach dem Gesetz über die Entschädigung von Zeugen und Sachverständigen.
Zur Vergütung des Sachverständigen vergleiche Nummer **13**.

16.7 Weiterhin nicht ausdrücklich geregelt ist die Frage, ob der vorläufige Insolvenzverwalter im Falle der **Masseunzulänglichkeit** einen Anspruch auf Vergütung und Erstattung seiner Auslagen gegenüber der Staatskasse hat. Nach der Begründung im Verordnungsentwurf zu § 11 InsVV soll weder eine Haftung des antragstellenden Gläubigers noch des Fiskus für die Vergütungsansprüche des vorläufigen Insolvenzverwalters gegeben sein. Dieser Auffassung wird in Rechtsprechung und Literatur mit beachtlichen Argumenten widersprochen (Blersch a.a.O. S. 37; LG Offenburg 4 T 148/98 vom 19. 1. 1999 in ZIP 1999 S. 244 ff. mit weiteren Nachweisen.

16.8 Auch dem nach den Vorschriften der **Zivilprozeßordnung,** insbesondere der §§ 848, 855 und 938 ZPO, bestellten **Sequester** steht eine angemessene Vergütung für seine Tätigkeit zu. Diese ist in entsprechender Anwendung der Regelungen der **„Verordnung über die Geschäftsfüh-**

rung und Vergütung des Zwangsverwalters" festzusetzen (OLG München 25 U 2231/83 vom 31. 5. 1985 in Rpfleger 1985 S. 409; OLG Köln 17 W 534/85 vom 27. 1. 1986 in JurBüro 1986 S. 1425; vergleiche hierzu auch die Anmerkungen unter Nummer **28**). Hierbei ist es gleichgültig, ob Gegenstand der Sequestration ein Grundstück oder bewegliche Sachen sind (OLG Celle 8 W 3/69 vom 30. 1. 1969 in Nds Rpfl 1969 S. 182; Gerold-Schmidt Anmerkung 33 zu § 1).

17 Testamentsvollstrecker

Rechtsgrundlagen

A Bürgerliches Gesetzbuch vom 18. 8. 1896 (RGBl S. 195), zuletzt geändert am 27. 6. 2000 (BGBl I S. 897)

§ 2221 BGB Vergütung

Der Testamentsvollstrecker kann für die Führung seines Amtes eine angemessene Vergütung verlangen, sofern nicht der Erblasser ein anderes bestimmt hat.

Erläuterungen

17.1 Die Höhe der Testamentsvollstreckervergütung wird nach § 2221 BGB grundsätzlich vom Erblasser bestimmt. Nimmt der **Testamentsvollstrecker** das Amt an, so kann er nur die durch Testament **festgelegte Vergütung** beanspruchen. Eine Prüfung der Angemessenheit erfolgt nicht. Ist die Testamentsvollstreckervergütung unangemessen hoch, stellt sie insoweit ein unter der Bedingung der Amtsannahme stehendes Vermächtnis dar; eine Verwaltungsanordnung im Sinne von § 2216 Absatz 2 BGB liegt darin nicht (Palandt Rz. 1 zu § 2221). Der Erblasser kann die Vergütung auch indirekt bestimmen, indem er ihre Festsetzung nach §§ 2156 und 315ff. BGB einem Dritten überläßt (BGH IV ZR 228/69 vom 24. 11. 1971 in WM 1972 S. 101).

17.2 Nur dann, wenn der Erblasser keine Bestimmung getroffen hat, hat der Testamentsvollstrecker für die Führung seines Amtes Anspruch auf eine **angemessene Vergütung.**

§ 2221 BGB geht von einer **Gesamtvergütung** aus. Deren Höhe bemißt sich nach den Umständen des **Einzelfalles.** Maßgebend sind hierbei der dem Testamentsvollstrecker im Rahmen der Verfügung von Todes wegen nach dem Gesetz obliegende Pflichtenkreis, der Umfang der ihn treffenden Verantwortung und die von ihm geleistete Arbeit, wobei die Schwierigkeit der gelösten Aufgaben, die Dauer der Verwaltung, die Verwertung besonderer Kenntnisse und Erfahrungen und auch die Bewährung einer sich im Erfolg ausdrückenden Geschicklichkeit zu berücksichtigen sind (BGH V ZR 225/60 vom 28. 11. 1962 in DNotZ 1964 S. 168; BGH III ZR 95/65 vom 26. 6. 1967 in NJW 1967 S. 2400).

Obliegt dem Testamentsvollstrecker die Durchführung einer **Abwicklungs- und Auseinandersetzungsvollstreckung**, wie dies dem **„Normalfall"** entspricht, so ist die Vergütung unter Heranziehung der nachfolgend in Anmerkung 17.3 angesprochenen Grundsätze zu bemessen, wobei den besonderen Schwierigkeiten bei Aufstellung und Ausführung des Teilungsplans gemäß § 2204 BGB durch eine angemessene Erhöhung derjenigen Vergütung Rechnung zu tragen ist, die lediglich für die **Konstituierung** des Nachlasses (ohne die Nachlaßauseinandersetzung) angemessen wäre. Eine besondere **„Konstituierungsgebühr"** dürfte in einem solchen Fall daneben nicht in Frage kommen (Staudinger „Kommentar zum Bürgerlichen Gesetzbuch" 13. Bearbeitung 1996 Rz. 17 zu § 2221 BGB).

17.3 Unterliegt der Testamentsvollstrecker zu Beginn seiner Tätigkeit, d.h. bei der **Konstituierung** des Nachlasses, zu der die Ermittlung des Nachlasses, seine Inbesitznahme, die Aufstellung des Verzeichnisses der der Verwaltung des Testamentsvollstreckers unterliegenden Aktiven und Passiven, die Regelung der vom Erblasser herrührenden Schulden, die Bezahlung der Kosten für Beerdigung und Grabstein sowie die Erklärung und Zahlung der Erbschaftsteuer gehören, einer **besonderen Arbeitsbelastung,** so steht ihm hierfür eine sogenannte **„Konstituierungsgebühr"** zu (BayObLG BReg I Z 70/71 vom 12. 12. 1972 in MDR 1973 S. 317; Palandt Rz. 7a zu § 2221; Glaser „Das Honorar des Testamentsvollstreckers" in AnwBl 1983 S. 147 und MDR 1983 S. 93).
Als Bemessungsgrundlage haben sich in der Praxis **Vomhundertsätze** des **Bruttonachlasses,** d.h. der Summe der Aktiva des Nachlasses, herausgebildet, die in **Vergütungstabellen** ihren Niederschlag fanden.
Zu nennen sind hier zunächst die **Richtsätze** des **Vereins für das Notariat in Rheinpreußen** aus dem Jahre 1925, die auch heute noch Anwendung finden, und die der Bundesgerichtshof in der bereits angesprochenen Entscheidung aus dem Jahre 1967 (III ZR 95/65 a.a.O.) als von der Praxis angenommen und in der Rechtsprechung als geeignete Grundlage für die Berechnung einer angemessenen Vergütung im Einzelfall anerkannt bezeichnet hat (so auch OLG Köln 1 U 50/92 vom 8. 7. 1993 in FamRZ 1994 S. 328, für den Fall, daß der Wert des Nachlasses im wesentlichen durch Immobilienvermögen bestimmt wird).
Diese Richtlinien lauten:
„Es wird empfohlen, die Gebühr für die Tätigkeit des Notars als Testamentsvollstrecker im Regelfalle wie folgt zu berechnen:
1. Bei einem Nachlaß bis zu 20.000 RM Bruttowert 4%,
2. darüber hinaus bis zu 100.000 RM Bruttowert 3%,
3. darüber hinaus bis zu 1.000.000 RM Bruttowert 2%,
4. darüber hinaus 1%.
Diese Sätze gelten für normale Verhältnisse und glatte Abwicklungen. Folgt dagegen eine längere Verwaltungstätigkeit, zum Beispiel beim Vorhandensein von Minderjährigen, oder verursacht die Verwaltung eine besonders umfangreiche und zeitraubende Tätigkeit, so kann eine höhere Gebühr als

angemessen erachtet werden, auch eine laufende, nach dem Jahresbetrag der Einkünfte zu berechnende Gebühr gerechtfertigt sein".

In der **Literatur** werden mit Hinweis auf die seit 1925 eingetretene Entwicklung, insbesondere in der Sicht der zu beachtenden rechtlichen Vorschriften, etwas **erhöhte Gebühren** gefordert.

Möhring hat diese Vergütungssätze in einer **eigenen Tabelle** zusammengefaßt, die unter anderem folgende Richtsätze aufweist:

Nachlaßwert	Vergütung
DM	DM
20.000,–	1.500,–
50.000,–	3.120,–
100.000,–	5.820,–
200.000,–	9.420,–
500.000,–	20.220,–
1.000.000,–	38.220,–
1.500.000,–	47.220,–
2.000.000,–	56.220,–
Darüber hinaus gelangt zusätzlich 1 v.H. aus dem DM 2.000.000,– übersteigenden Betrag in Ansatz.	

(Wegen weiterer Einzelheiten vergleiche Möhring „Vermögensverwaltung in Vormundschafts- und Nachlaßsachen" 7. Auflage 1992 S. 224 ff.)

Ähnlich verfährt Tschischgale (JurBüro 1965 S. 89), der als Vergütung des Testamentsvollstreckers folgende Sätze vorschlägt:

Nachlaß bis zu DM 20.000,–	5 v.H.;
darüber hinaus bis DM 100.000,–	3,75 v.H.;
darüber hinaus bis DM 1.000.000,–	2,5 v.H.;
darüber hinaus	1,25 v.H.

Eckelskemper (in Bengel/Reimann „Handbuch der Testamentsvollsteckung 2. Auflage 1998 S. 545) spricht sich dafür aus, „glatte Zahlen zu schreiben" und schlägt vor, von folgender Tabelle auszugehen:

1. bei einem Nachlaßwert bis zu DM 100.000,–	4 v.H.,
2. für einen Mehrbetrag bis zu 500.000,–	3 v.H.,
3. für einen weiteren Mehrbetrag bis zu 5.000.000,–	2 v.H.,
4. für Werte darüber hinaus	1 v.H.

Da für die Bemessung der Höhe der Vergütung des Testamentsvollstreckers den Umständen des jeweiligen Einzelfalles entscheidende Bedeutung beikommt, können die vorstehend wiedergegebenen Richtsätze nicht schematisch zugrunde gelegt werden; sie müssen vielmehr insbesondere am Umfang und der Schwierigkeit der entfalteten Tätigkeit orientiert werden (BGH V ZR 225/60 und III ZR 95/65 a.a.O.; Glaser a.a.O.).

17.4 Folgt der Konstituierung eine längere Zeit der **Verwaltung,** etwa weil minderjährige Erben vorhanden sind, oder erfordert die Verwaltung eine

besonders umfangreiche oder zeitaufwendige Tätigkeit, so hat der Testamentsvollstrecker Anspruch auf eine zusätzliche **„Verwaltungsgebühr"**.
Bei der Bestimmung dieser „Verwaltungsgebühr", die wesentlich niedriger als die Konstituierungsgebühr anzusetzen ist, sind die §§ 315 und 316 BGB entsprechend anzuwenden (BGH V ZR 42/61 vom 22. 5. 1963 in NJW 1963 S. 1615; Palandt Rz. 8 zu § 2221). Die Verwaltungsgebühr wird in regelmäßigen Zeitabschnitten (jährlich) gezahlt und üblicherweise entweder am **Bruttowert** des **Nachlasses** oder dem **Jahresbetrag** der **laufenden Einkünfte** orientiert. Die entsprechenden Sätze betragen im ersten Fall 1/3 v.H. bis 1/2 v.H. des Bruttonachlasses und im zweiten Fall 3 v.H. bis 5 v.H. der jährlichen Einkünfte, wobei der Berechnung nach dem Bruttonachlaß der Vorzug einzuräumen ist (Glaser a.a.O.; Gerold-Schmidt Anmerkung 25 zu § 1).

17.5 Werden mehrere Testamentsvollstrecker bestellt, so hat jeder Anspruch auf eine Vergütung nach Maßgabe der von ihm entfalteten Tätigkeiten (BGH III ZR 95/65 a.a.O.; Hägele-Winkler „Der Testamentsvollstrecker nach Bürgerlichem -, Handels- und Steuerrecht" 12. Auflage 1993 Rz. 605). Dabei wird die Vergütung jedes einzelnen Testamentsvollstreckers geringer zu bemessen sein als diejenige für den alleinigen Testamentsvollstrecker, weil bei einer Mehrzahl von Testamentsvollstreckern der Tätigkeitsumfang des einzelnen geringer ist als bei einem alleinigen Testamentsvollstrecker.
Jeder Testamentsvollstrecker kann seinen Vergütungsanspruch ohne Mitwirkung des anderen geltend machen (Palandt Anmerkung 2 zu § 2221; Hägele-Winkler a.a.O. Rz. 607).

17.6 Die Testamentsvollstreckervergütung wird in der Regel erst nach **Beendigung** der Testamentsvollstreckung fällig. Dauert die Verwaltung jedoch länger an, so kann der Testamentsvollstrecker seine Vergütung in **Teilbeträgen** in periodischen Abschnitten, z.B. jährlich in Verbindung mit dem von ihm vorzulegenden Rechenschaftsbericht, geltend machen (Glaser a.a.O.; Gerold-Schmidt a.a.O.). Ein Anspruch auf Zahlung eines **Vorschusses** besteht nicht, jedoch kann der Testamentsvollstrecker seine Vergütung dem Nachlaß entnehmen (BGH V ZR 225/60 a.a.O.; Hägele-Winkler a.a.O. Rz. 623). Er trägt hierbei allerdings das Risiko, daß die Erben die Angemessenheit der von ihm entnommenen Vergütung bestreiten und er ggfs. verpflichtet ist, einen Teil der entnommenen Beträge zurückzuerstatten. Über die Angemessenheit der Vergütung entscheidet im Streitfalle das Prozeßgericht.

17.7 Hat der Erblasser nichts anderes verfügt, so hat ein Testamentsvollstrekker, der StB ist, für die Erbringung von **Berufsleistungen** im Rahmen der Testamentsvollstreckung neben der Testamentsvollstreckervergütung auch Anspruch auf eine Vergütung nach der StBGebV. Entsprechendes gilt auch für Rechtsanwälte oder Wirtschaftsprüfer.

17.8 Die Testamentsvollstreckervergütung stellt ein Bruttoentgelt dar, so daß der Testamentsvollstrecker anfallende **Umsatzsteuer** nicht zusätzlich zu seiner Vergütung verlangen kann (Hägele-Winkler a.a.O. Rz. 660).

18 Treuhänder mit Praxistreuhänder nach § 71 StBerG und Allgemeinem Vertreter nach § 69 StBerG sowie Treuhänder im Insolvenzverfahren

Rechtsgrundlagen

A Steuerberatungsgesetz vom 16. 8. 1961 (BGBl I S. 301) i. d. F. der Bekanntmachung vom 4. 11. 1975 (BGBl I S. 2735), zuletzt geändert am 24. 6. 2000 (BGBl I S. 874, ber. S. 1389)

§ 69 StBerG Bestellung eines allgemeinen Vertreters

(1) **Steuerberater und Steuerbevollmächtigte müssen einen allgemeinen Vertreter bestellen, wenn sie länger als einen Monat daran gehindert sind, ihren Beruf auszuüben; die Bestellung ist der zuständigen Steuerberaterkammer unverzüglich anzuzeigen. Auf Antrag des Steuerberaters oder Steuerbevollmächtigten bestellt die zuständige Steuerberaterkammer den Vertreter. Der Vertreter muß ein Steuerberater oder Steuerbevollmächtigter (§§ 40, 42) sein.**

(2) **Dem Vertreter stehen im Rahmen der eigenen Befugnisse die rechtlichen Befugnisse des Steuerberaters oder Steuerbevollmächtigten zu, den er vertritt. Der Vertreter wird in eigener Verantwortung, jedoch im Interesse, für Rechnung und auf Kosten des Vertretenen tätig. Die §§ 666, 667 und 670 des Bürgerlichen Gesetzbuches gelten entsprechend.**

(3) **Die zuständige Steuerberaterkammer kann den Vertreter von Amts wegen bestellen, wenn der Steuerberater oder Steuerbevollmächtigte es unterlassen hat, eine Maßnahme nach Absatz 1 Satz 1 zu treffen oder die Bestellung eines Vertreters nach Absatz 1 Satz 2 zu beantragen. Der Vertreter soll jedoch erst bestellt werden, wenn der Steuerberater oder Steuerbevollmächtigte vorher aufgefordert worden ist, den Vertreter selbst zu bestellen oder einen Antrag nach Absatz 1 Satz 2 einzureichen, und die ihm hierfür gesetzte Frist fruchtlos verstrichen ist. Der Steuerberater oder Steuerbevollmächtigte, der von Amts wegen als Vertreter bestellt wird, kann die Vertretung nur aus einem wichtigen Grund ablehnen. Über die Zulässigkeit der Ablehnung entscheidet die zuständige Steuerberaterkammer.**

(4) **Der von Amts wegen bestellte Vertreter ist berechtigt, die Praxisräume zu betreten und die zur Praxis gehörenden Gegenstände einschließlich des dem Steuerberater oder Steuerbevollmächtigten zur Verwahrung unterliegenden Treugutes in Besitz zu nehmen, herauszuverlangen und hierüber zu verfügen. An Weisungen des Vertretenen ist er nicht gebunden. Der Vertretene darf die Tätigkeit des Vertreters nicht beeinträchtigen. Er hat dem von Amts wegen bestellten Vertreter eine angemessene Vergütung zu zahlen, für die Sicherheit zu leisten ist, wenn die Umstände es erfordern. Können sich die Beteiligten über die Höhe der Vergütung oder über die Sicherheit nicht einigen oder wird die geschuldete Sicherheit nicht geleistet, setzt die Steuerberaterkammer auf Antrag des Vertretenen oder des Vertreters die Vergütung fest.**

Der Vertreter ist befugt, Vorschüsse auf die vereinbarte oder festgesetzte Vergütung zu entnehmen. Für die festgesetzte Vergütung haftet die Steuerberaterkammer wie ein Bürge.

(5) **Der Vertreter wird für einen bestimmten Zeitraum, längstens jedoch für die Dauer von zwei Jahren bestellt. In den Fällen des § 59 erfolgt die Bestellung des Vertreters für die Dauer des Dienst- oder Amtsverhältnisses. Die Bestellung kann jederzeit widerrufen werden.**

(6) **Der von Amts wegen bestellte Vertreter darf für die Dauer von zwei Jahren nach Ablauf der Bestellung nicht für Auftraggeber tätig werden, die er in seiner Eigenschaft als Vertreter für den Vertretenen betreut hat.**

§ 71 StBerG Bestellung eines Praxistreuhänders

(1) **Soll die Praxis eines verstorbenen Steuerberaters oder Steuerbevollmächtigten auf eine bestimmte Person übertragen werden, die im Zeitpunkt des Todes des verstorbenen Berufsangehörigen noch nicht zur Hilfeleistung in Steuersachen befugt ist, so kann auf Antrag der Erben die zuständige Steuerberaterkammer für einen Zeitraum bis zu drei Jahren einen Steuerberater oder Steuerbevollmächtigten zum Treuhänder bestellen. In Ausnahmefällen kann der Zeitraum um ein weiteres Jahr verlängert werden.**

(2) **Der Treuhänder führt sein Amt unter eigener Verantwortung, jedoch für Rechnung und auf Kosten der Erben des verstorbenen Steuerberaters oder Steuerbevollmächtigten. Er hat Anspruch auf eine angemessene Vergütung.**

(3) **Die Bestellung kann jederzeit widerrufen werden.**

(4) **Absatz 1 gilt entsprechend für die Praxis eines früheren Steuerberaters oder Steuerbevollmächtigten, dessen Bestellung wegen nicht nur vorübergehender Berufsunfähigkeit widerrufen ist (§ 46 Abs. 2 Nr. 7) oder der aus den in § 57 Abs. 4 genannten Gründen auf seine Bestellung verzichtet hat.**

(5) **§ 69 Abs. 6 gilt entsprechend.**

B Insolvenzordnung vom 5. 10. 1994 (BGBl I S. 2866), zuletzt geändert am 8. 12. 1999 (BGBl I S. 2384)

§ 292 InsO Rechtsstellung des Treuhänders

(1) **Der Treuhänder hat den zur Zahlung der Bezüge Verpflichteten über die Abtretung zu unterrichten. Er hat die Beträge, die er durch die Abtretung erlangt, und sonstige Leistungen des Schuldners oder Dritter von seinem Vermögen getrennt zu halten und einmal jährlich auf Grund des Schlußverzeichnisses an die Insolvenzgläubiger zu verteilen. Von den Beträgen, die er durch die Abtretung erlangt, und den sonstigen Leistungen hat er an den Schuldner nach Ablauf von vier Jahren seit der Aufhebung des Insolvenzverfahrens zehn vom Hundert, nach Ablauf von fünf Jahren seit der Aufhebung fünfzehn vom Hundert und**

nach Ablauf von sechs Jahren seit der Aufhebung zwanzig vom Hundert abzuführen.

(2) **Die Gläubigerversammlung kann dem Treuhänder zusätzlich die Aufgabe übertragen, die Erfüllung der Obliegenheiten des Schuldners zu überwachen. In diesem Fall hat der Treuhänder die Gläubiger unverzüglich zu benachrichtigen, wenn er einen Verstoß gegen diese Obliegenheiten feststellt. Der Treuhänder ist nur zur Überwachung verpflichtet, soweit die ihm dafür zustehende zusätzliche Vergütung gedeckt ist oder vorgeschossen wird.**

(3) **Der Treuhänder hat bei der Beendigung seines Amtes dem Insolvenzgericht Rechnung zu legen. Die §§ 58 und 59 gelten entsprechend, § 59 jedoch mit der Maßgabe, daß die Entlassung von jedem Insolvenzgläubiger beantragt werden kann und daß die sofortige Beschwerde jedem Insolvenzgläubiger zusteht.**

§ 293 InsO Vergütung des Treuhänders

(1) **Der Treuhänder hat Anspruch auf Vergütung für seine Tätigkeit und auf Erstattung angemessener Auslagen. Dabei ist dem Zeitaufwand des Treuhänders und dem Umfang seiner Tätigkeit Rechnung zu tragen.**

(2) **Die §§ 64 und 65 gelten entsprechend.**

§ 313 InsO Treuhänder

(1) **Die Aufgaben des Insolvenzverwalters werden von dem Treuhänder (§ 292) wahrgenommen. Dieser wird abweichend von § 291 Absatz 2 bereits bei der Eröffnung des Insolvenzverfahrens bestimmt. Die §§ 56 bis 66 gelten entsprechend.**

(2) **Zur Anfechtung von Rechtshandlungen nach den §§ 129 bis 147 ist nicht der Treuhänder, sondern jeder Insolvenzgläubiger berechtigt. Aus dem Erlangten sind dem Gläubiger die ihm entstandenen Kosten vorweg zu erstatten. Hat die Gläubigerversammlung den Gläubiger mit der Anfechtung beauftragt, so sind diesem die entstandenen Kosten, soweit sie nicht aus dem Erlangten gedeckt werden können, aus der Insolvenzmasse zu erstatten.**

(3) **Der Treuhänder ist nicht zur Verwertung von Gegenständen berechtigt, an denen Pfandrecht oder andere Absonderungsrechte bestehen. Das Verwertungsrecht steht dem Gläubiger zu.**

C Insolvenzrechtliche Vergütungsverordnung vom 19. 8. 1998 (BGBl I S. 2205)

§ 13 InsVV Vergütung des Treuhänders im vereinfachten Insolvenzverfahren

(1) **Der Treuhänder erhält in der Regel 15 vom Hundert der Insolvenzmasse. Ein Zurückbleiben hinter dem Regelsatz ist insbesondere dann gerechtfertigt, wenn das vereinfachte Insolvenzverfahren vorzeitig be-**

endet wird. Die Vergütung soll in der Regel mindestens 500 Deutsche Mark betragen; sie kann in Abhängigkeit von der Tätigkeit des Treuhänders bis auf 200 Deutsche Mark herabgesetzt werden.

(2) **§§ 2 und 3 finden keine Anwendung.**

§ 14 InsVV Grundsatz

(1) **Die Vergütung des Treuhänders nach § 293 des Insolvenzordnung wird nach der Summe der Beträge berechnet, die auf Grund der Abtretungserklärung des Schuldners (§ 287 Abs. 2 der Insolvenzordnung) oder auf andere Weise zur Befriedigung der Gläubiger des Schuldners beim Treuhänder eingehen.**

(2) **Der Treuhänder erhält**

von den ersten 50.000 Deutsche Mark	**5 vom Hundert,**
von dem Mehrbetrag bis 100.000 Deutsche Mark	**3 vom Hundert,**
von dem darüber hinausgehenden Betrag	**1 vom Hundert.**

(3) **Die Vergütung beträgt mindestens 200 Deutsche Mark für jedes Jahr der Tätigkeit des Treuhänders.**

§ 15 InsVV Überwachung der Obliegenheiten des Schuldners

(1) **Hat der Treuhänder die Aufgabe, die Erfüllung der Obliegenheiten des Schuldners zu überwachen (§ 292 Abs. 2 der Insolvenzordnung), so erhält er eine zusätzliche Vergütung. Diese beträgt regelmäßig 25 Deutsche Mark je Stunde.**

(2) **Der Gesamtbetrag der zusätzlichen Vergütung darf den Gesamtbetrag der Vergütung nach § 14 nicht überschreiten. Die Gläubigerversammlung kann eine abweichende Regelung treffen.**

Erläuterungen

18.1 Eine Vergütungsregelung für **allgemeine Treuhandtätigkeiten** durch Gesetz oder Verordnung besteht nicht. Es ist jedoch allgemein üblich, die Vergütung für Leistungen in diesem Bereich nach einem **Vomhundertsatz** des Wertes des Treuguts zu berechnen, wobei für die Angemessenheit des Vomhundertsatzes der für die Treuhandtätigkeit erforderliche Zeitaufwand, der Schwierigkeitsgrad der Angelegenheit und die Verantwortung des Treuhänders von ausschlaggebender Bedeutung sind.

Wird im Einzelfall keine Vergütungsregelung getroffen, so kann die Entscheidung des Amtsgerichts Freiburg 1 C 407/80 vom 11. 3. 1981 (WM 1981 S. 446) einen Anhaltspunkt geben. Dort wurde für die Abwicklung einer Finanzierung und die treuhänderische Verwaltung von Grundpfandrechten durch eine Bank eine Treuhandgebühr von 1 v. H. des Treuhandbetrages als üblich und angemessen angesehen.

Zu beachten ist, daß dann, wenn ein Berufsangehöriger im Zusammenhang mit der Ausübung von Treuhandtätigkeiten für einen Mandanten einen

Komplex von **Leistungen** erbringt, stets geprüft werden muß, ob nicht einzelne Leistungen in den sachlichen Anwendungsbereich der Steuerberatergebührenverordnung fallen und damit auch nach den dort getroffenen Regelungen abgerechnet werden müssen. Dies gilt insbesondere für den Bereich der sogenannten **Bauherrenmodelle,** in dem grundsätzlich nur für die **„eigentlichen"** Treuhandtätigkeiten die Vergütung nach einem Vomhundertsatz einer betragsmäßig festgelegten Bemessungsgrundlage berechnet werden darf.

18.2 Wird ein Berufsangehöriger von der zuständigen Berufskammer nach § 71 StBerG zum **Treuhänder** für die **Praxis** eines **verstorbenen StB** oder **StBv** bestellt, so hat er nach § 71 Absatz 2 Satz 2 StBerG Anspruch auf eine angemessene Vergütung. Der Vergütungsanspruch richtet sich gegen die Erben des Verstorbenen. Wird über die Höhe der Vergütung keine anderweitige Vereinbarung getroffen, so setzt der Praxistreuhänder diese gemäß § 316 BGB nach billigem Ermessen fest. Diese Festsetzung unterliegt nach § 315 Absatz 3 BGB der richterlichen Überprüfung.
Die Vergütung wird in der Regel in einem **Teil** der **Gebührenbeträge** bestehen, die gegenüber den Mandanten der treuhänderisch verwalteten Praxis für die im Rahmen der Treuhandschaft erbrachten Leistungen in Ansatz gebracht werden.
Auch eine Abrechnung nach dem **Zeitaufwand** ist denkbar, ausgerichtet nach dem Einzelfall und ausgehend von dem Rahmensatz der Zeitgebühr des § 13, sofern nicht ein höherer Stundensatz geboten erscheint (vergleiche hierzu auch Anmerkung 1.2 unter Nummer **1**).
Daneben hat der Praxistreuhänder Anspruch auf Ersatz seiner Aufwendungen.

18.3 Für die Vergütung des nach § 69 StBerG durch die zuständige Berufskammer bestellten **Allgemeinen Vertreters** für einen vorübergehend an der Berufsausübung **gehinderten** Berufsangehörigen gilt das vorstehend zum **Praxistreuhänder** Gesagte **entsprechend**, mit der Maßgabe, daß sich der Vergütungsanspruch gegen den Vertretenen richtet und für den Fall, daß die Beteiligten über die Höhe der Vergütung keine Einigkeit erzielen können, diese durch die Berufskammer festgesetzt wird.

18.4 Im **vereinfachten Insolvenzverfahren** nach §§ 311 bis 314 InsO werden die Aufgaben des Insolvenzverwalters von einem **Treuhänder** wahrgenommen (§ 313 Absatz 1 InsO). Die Rechtsfigur des Treuhänders wird in § 292 InsO beschrieben. § 13 InsVV bestimmt, daß der Treuhänder im vereinfachten Insolvenzverfahren als **Regelvergütungssatz** 15 v.H. der von ihm verwalteten Insolvenzmasse erhält. Diese geringere Vergütung wird insbesondere damit begründet, daß das Verfahren durch den vorangegangenen Versuch einer außergerichtlichen und gerichtlichen Schuldenbereinigung weitgehend vorbereitet sei und das Verfahren nur abgekürzt und mit geringeren Befugnissen durchgeführt werde. Auch die **Mindestvergütung** des Treuhänders bleibt hinter der des Insolvenzverwalters zurück. Sie soll in

der Regel nur DM 500,– betragen und, abhängig von der Tätigkeit des Treuhänders, bis auf DM 200,– herabgesetzt werden können.
§ 13 Absatz 2 InsVV stellt ergänzend klar, daß auf die Treuhändervergütung die Regelsätze für die Vergütung des Insolvenzverwalters in § 2 InsVV und die Regelungen über Zu- und Abschläge in § 3 InsVV keine Anwendung finden.

18.5 Die Vergütung für den **Treuhänder** im **Restschuldbefreiungsverfahren** ist in den §§ 14–16 InsVV geregelt. Abweichend von den sonstigen Grundsätzen ist nach § 14 Absatz 1 InsVV bei der Bemessung der Vergütung als Berechnungsgrundlage die Summe der vom Treuhänder eingezogenen Beträge zugrunde zu legen. Hieraus erhält der Treuhänder nach § 14 Absatz 2 InsVV eine Staffelvergütung, die der Vergütung des Zwangsverwalters nach dem ZVG nachgebildet ist. Diese beträgt

von den ersten DM 50.000,–	5 v. H.,
von dem Mehrbetrag bis DM 100.000,–	3 v. H.,
von dem darüber hinausgehenden Betrag	1 v. H.

Die Mindestvergütung für jedes Jahr der Tätigkeit des Treuhänders beträgt DM 200,– (§ 14 Absatz 3 InsVV).
Ist im Rahmen der Restschuldbefreiung nach § 292 Absatz 2 InsO die **Überwachung** des **Schuldners** durch den Treuhänder angeordnet, so erhält er neben der Vergütung nach § 14 InsVV gemäß § 15 Absatz 1 InsVV eine **zusätzliche Vergütung,** die sich nach dem damit verbundenen Zeitaufwand bemißt. Die Regelvergütung beträgt in diesem Fall DM 25,– pro Stunde. Der Gesamtbetrag der zusätzlichen Vergütung darf gemäß § 15 Absatz 2 den Gesamtbetrag der Vergütung nach § 14 nicht überschreiten, wobei die **Gläubigerversammlung** eine abweichende Regelung treffen kann.
Die Festsetzung der Vergütung des Treuhänders nach §§ 14, 15 InsVV erfolgt durch das **Insolvenzgericht** entweder mit Beendigung des Amts oder bei Ankündigung der Restschuldbefreiung nach § 291 InsO (§ 16 Absatz 1 InsVV). Die dem Treuhänder entstandenen **Auslagen** sind einzeln anzuführen und zu belegen (§ 16 Absatz 1 InsVV). Für die Erhebung von **Vorschüssen** bestimmt § 16 Absatz 2 InsVV, daß der Treuhänder diese aus den eingehenden Beträgen entnehmen darf, wobei dadurch der von ihm bereits verdiente Teil der Vergütung und die Mindestvergütung seiner Tätigkeit jedoch nicht überschritten werden dürfen. Die Vorschußentnahmemöglichkeiten sind dadurch sehr eingeschränkt.

19 Vergleichsberater

Vorbemerkung

Die am 1. 1. 1999 in Kraft getretene Insolvenzordnung hat die Konkursordnung und die Vergleichsordnung abgelöst und das Konkursverfahren/Insolvenzverfahren auf eine neue rechtliche Grundlage gestellt. Dabei wurde die Trennung zwischen Konkurs- und Vergleichsrecht aufgegeben und ein einheitliches Insolvenzrecht geschaffen.

Da die Insolvenzordnung kein Vergleichsverfahren im Sinne der früheren Vergleichsordnung kennt, besitzen die nachstehenden Erläuterungen zum „Vergleichsberater" auch nur noch eingeschränkte Aussagekraft.
Die Vorschriften der Insolvenzordnung gelten nach Artikel 103 EGInsO jedoch nicht für Verfahren, die vor dem 1. 1. 1999 beantragt wurden. Auf diese sind nach wie vor die bisherigen gesetzlichen Vorschriften anzuwenden. Aus diesem Grund soll in dieser Auflage nachfolgend noch der „alte" Rechtsstand bis zum 31. 12. 1998 dargestellt werden.

Erläuterungen

19.1 Wird ein Berufsangehöriger für einen Schuldner im Vorfeld oder zur Vorbereitung eines gerichtlichen Vergleichs tätig, so steht ihm hierfür eine angemessene Vergütung zu. Diese bemißt sich nicht nach § 43 Absatz 1 VerglO und der „Verordnung über die Vergütung des Konkursverwalters, des Vergleichsverwalters, der Mitglieder des Gläubigerausschusses und der Mitglieder des Gläubigerbeirats" (VergütVO), weil diese Vorschriften ausschließlich die Vergütung für die **Geschäftsführung** des durch das Gericht bestellten Vergleichsverwalters regeln. Der vor Vergleichseröffnung entstandene Vergütungsanspruch ist im Vergleich nur Vergleichsforderung (LG Hildesheim 5 T 125/61 vom 19. 4. 1961 in MDR 1961 S. 697; Bley-Mohrbutter „Vergleichsordnung" 4. Auflage 1979/1981 Anmerkung 12 zu § 38 VerglO und Anmerkung 7 zu § 105 VerglO).

19.2 Die vom **Vergleichsberater** zu entfaltenden Tätigkeiten können unterschiedlicher Art sein; deshalb kann auch der Vergütungsanspruch auf unterschiedlichen Anspruchsgrundlagen beruhen. So können z. B. im Rahmen der Erstellung der für den Vergleichsantrag nach §§ 2ff. VerglO vorzulegenden Unterlagen Tätigkeiten anfallen, die zu dem von § 33 StBerG umfaßten Bereich der **Steuerberatung** im engeren Sinne gehören. Solche Tätigkeiten sind nach den entsprechenden Vorschriften der StBGebV abzurechnen.

19.3 Führt der Vergleichsberater Verhandlungen mit Gläubigern oder Kreditinstituten, bemüht er sich um die Beschaffung von Sicherheiten oder erbringt er wirtschaftsberatende Tätigkeiten im weitesten Sinne, so handelt es sich hierbei um **vereinbare Tätigkeiten,** deren Vergütung sich nach § 612 Absatz 2 BGB bemißt.
Gleiches gilt für die Mitwirkung des Vergleichsberaters bei den Bemühungen um das Zustandekommen eines **außergerichtlichen Vergleichs.**
Zu beachten ist, daß ein Großteil der in diesem Zusammenhang anfallenden Tätigkeiten, insbesondere dann, wenn diese die Umgestaltung rechtlicher Verhältnisse zum Gegenstand haben, in den Bereich der **Rechtsberatung** fallen und deshalb von Berufsangehörigen nur dann ausgeübt werden dürfen, wenn diese gleichzeitig als **Rechtsanwalt** oder **Rechtsbeistand** zugelassen sind (Zur Abgrenzung der Rechtsberatung vergleiche insbesondere die Entscheidungen des BGH VII ZR 212/60 vom 1. 2. 1962 in NJW 1962 S. 807

und IV a ZR 55/83 vom 5. 6. 1985 in NJW 1986 S. 1050); zu dem Gesamtkomplex der Rechtsberatung durch Berufsangehörige siehe auch Pestke „Rechtsberatung durch Steuerberater" – „Was bedeutet die Änderung des Rechtsberatungsgesetzes?" im Stbg 1998 S. 406 und Feiter „Die Erledigung von Rechtsangelegenheiten durch die steuerberatenden Berufe" in NWB 1999 S. 717).

Als Bemessungsgrundlage für diesen Bereich der Tätigkeiten des Vergleichsberaters bietet sich der **Zeitaufwand** an, wobei sich die Höhe des Stundensatzes im Einzelfall nach Umfang, Bedeutung und Schwierigkeit der Angelegenheit richtet. Auf die Ausführungen unter Nummer **27** zur Vergütung des **Wirtschafts-, Unternehmens- und Vermögensgestaltungsberaters** wird ergänzend verwiesen.

Hat ein Berufsangehöriger bei seiner Tätigkeit als Vergleichsberater einen Teil seiner Leistungen unter Verstoß gegen Artikel 1 Absatz 1 RBerG erbracht, so steht ihm nur für den zulässigerweise erbrachten Teil eine Vergütung zu. Welcher Teil der Gesamttätigkeiten als Besorgung fremder Rechtsangelegenheiten anzusehen ist und welcher Teil auf wirtschaftlichem Gebiet lag, ist dabei zu schätzen (OLG Oldenburg U 193/65 vom 21. 4. 1966 in KTS 1967 S. 57; Bley-Mohrbutter Anmerkung 3b zu § 43; vergleiche zu dem Gesamtkomplex auch Mainka „Der Vergütungsanspruch des Vergleichsberaters im gerichtlichen Vergleichsverfahren" in KTS 1971 S. 13). Ist der erlaubte Teil der Tätigkeit von dem nicht erlaubten nicht abgrenzbar, so ist nach BGH IX ZR 50/98 vom 17. 2. 2000 in GJ 2000 S. 187 von der Unwirksamkeit des gesamten Vertrages auszugehen.

20 Vergleichsverwalter

Rechtsgrundlagen

A Vergleichsordnung vom 26. 2. 1935 (RGBl S. 321, ber. S. 356), zuletzt geändert am 28. 10. 1996 (BGBl I S. 1546)

§ 43 VerglO Auslagen und Vergütung des Vergleichsverwalters

(1) **Der Vergleichsverwalter kann von dem Schuldner die Erstattung angemessener barer Auslagen und eine angemessene Vergütung für seine Geschäftsführung verlangen. Der Vergleichsverwalter kann Auslagen, die ihm dadurch erwachsen, daß er durch Sachverständige die Bücher des Schuldners prüfen und seine Warenbestände schätzen läßt, nur erstattet verlangen, wenn das Vergleichsgericht vorher der Beiziehung eines Sachverständigen zugestimmt hat; die Zustimmung soll nur erteilt werden, wenn die Prüfung oder die Schätzung besondere Schwierigkeiten bietet.**

(2) **Die Höhe der Auslagen und der Vergütung setzt das Vergleichsgericht fest. Wird das Vergleichsverfahren nach der Bestätigung des Vergleichs fortgesetzt, so ist zunächst nur die Vergütung für die vom Vergleichsverwalter bis zur Bestätigung des Vergleichs geleistete Tätigkeit**

zu bestimmen. Die Vergütung für die von ihm nachher entfaltete Tätigkeit ist nach ihrem Abschluß abgesondert zu bemessen; dabei ist insbesondere zu berücksichtigen, ob der Vergleich erfüllt worden ist.

(3) **Die Entscheidung ist dem Vergleichsverwalter, dem Schuldner und jedem Mitglied des Gläubigerbeirats zuzustellen und kann von jeder der vorgenannten Personen angefochten werden (§ 121). Das Vergleichsgericht kann der Beschwerde abhelfen.**

(4) **Vereinbarungen des Vergleichsverwalters mit dem Schuldner oder einem Vergleichsgläubiger über die Höhe der Auslagen oder der Vergütung sind nichtig.**

(5) **Der Reichsminister der Justiz‹ kann über die dem Verwalter zu gewährende Vergütung allgemeine Anordnungen treffen.**

B Verordnung über die Vergütung des Konkursverwalters, des Vergleichsverwalters, der Mitglieder des Gläubigerausschusses und der Mitglieder des Gläubigerbeirats vom 25. 5. 1960 (BGBl I S. 329) i.d.F. der vierten Änderungsverordnung vom 11. 6. 1979 (BGBl I S. 637)

§ 8 VergütVO

(1) **Die Vergütung des Vergleichsverwalters wird nach dem Aktivvermögen des Schuldners berechnet. Das Aktivvermögen ergibt sich aus der mit dem Vergleichsantrag eingereichten Vermögensübersicht (§ 5 VerglO); Berichtigungen, die sich im Laufe des Verfahrens (etwa aufgrund der Angaben des Schuldners oder aufgrund von Ermittlungen des Gerichts oder des Vergleichsverwalters) ergeben, werden berücksichtigt.**

(2) **Für die Bestimmung des Aktivvermögens gilt im einzelnen folgendes:**

1. **Der Wert von Gegenständen, die mit Absonderungsrechten belastet sind, wird nur insoweit in Ansatz gebracht, als er den Wert dieser Rechte übersteigt.**
2. **Werden Aus- oder Absonderungsrechte abgefunden, so sind von dem Wert der Gegenstände die Abfindungsbeträge abzusetzen.**
3. **Steht einer Forderung eine Gegenforderung gegenüber, so ist lediglich der bei einer Verrechnung sich ergebende Überschuß zu berücksichtigen.**
4. **Die zur Erfüllung des Vergleichs von einem Dritten geleisteten Zuschüsse bleiben außer Betracht.**

(3) **Ist der Gesamtbetrag der Vergleichsforderungen geringer als das Aktivvermögen des Schuldners, so ist für die Berechnung der Vergütung des Vergleichsverwalters der Gesamtbetrag der Vergleichsforderungen maßgebend.**

§ 9 VergütVO

Der Vergleichsverwalter erhält als Vergütung in der Regel $^1/_2$ der in § 3 Abs. 1 für den Konkursverwalter bestimmten Sätze, idR jedoch mindestens DM 300,–.

§ 10 VergütVO

(1) **§ 4 Abs. 1 gilt für den Vergleichsverwalter entsprechend.**

(2) **Eine den Regelsatz übersteigende Vergütung ist insbesondere festzusetzen, wenn**

a) die Prüfung von Aus- und Absonderungsrechten einen erheblichen Teil der Verwaltertätigkeit ausgemacht hat oder

b) durch die Ausübung des Mitwirkungsrechts bei Rechtsgeschäften des Schuldners nach § 57 VerglO oder durch Maßnahmen mit Rücksicht auf Verfügungsbeschränkungen des Schuldners nach §§ 58 ff. VerglO oder infolge anderer durch das Verfahren bedingter Umstände die Verwaltertätigkeit besonders umfangreich war.

(3) **Ein Zurückbleiben hinter dem Regelsatz kann insbesondere gerechtfertigt sein, wenn**

a) das Vergleichsverfahren durch Einstellung vorzeitig beendet wurde oder

b) das Aktivvermögen des Schuldners groß war und das Verfahren verhältnismäßig geringe Anforderungen an den Verwalter stellte oder

c) der Verwalter ausnahmsweise zum Vergleichsverwalter bestellt wurde, obwohl er vor der Stellung des Antrags auf Eröffnung des Vergleichsverfahrens zur Vorbereitung des Vergleichsantrags tätig war und für die vorbereitende Tätigkeit ein Entgelt erhalten hat.

(4) **§ 4 Abs. 5 gilt für den Vergleichsverwalter entsprechend.**

§ 11 VergütVO

(1) **Für den Umfang der durch die Vergütung des Vergleichsverwalters abgegoltenen Tätigkeit und den Ersatz der besonderen Auslagen gilt § 5 entsprechend. Die Vergütung deckt idR auch die Auslagen des Verwalters für die Prüfung der Bücher oder die Abschätzung der Warenbestände des Schuldners (§ 43 Abs. 1 Satz 2 VerglO).**

(2) **Eine Tätigkeit, die der Vergleichsverwalter vor der Eröffnung des Vergleichsverfahrens als vorläufiger Verwalter ausgeübt hat, wird nicht besonders vergütet. Wird der vorläufige Verwalter nicht zum Vergleichsverwalter bestellt, so erhält er für seine Tätigkeit als vorläufiger Verwalter einen angemessenen Bruchteil der in § 9 für den Vergleichsverwalter vorgesehenen Regelvergütung. § 10 gilt entsprechend.**

(3) **Die Tätigkeit des Vergleichsverwalters in einem Nachverfahren nach § 96 VerglO wird besonders vergütet (§ 43 Abs. 2 Satz 3 VerglO). Die Vergütung wird nach der Art und dem Umfang der Tätigkeit des Verwalters im Nachverfahren bemessen; zu berücksichtigen ist, inwieweit der Vergleich erfüllt worden ist. Die Vergütung soll idR einen angemessenen Bruchteil der Vergütung für das Vergleichsverfahren nicht überschreiten.**

§ 12 VergütVO

(1) **Vergütung und Auslagen werden von dem Vergleichsgericht getrennt festgesetzt.**

(2) **Die Festsetzung erfolgt alsbald nach der Beendigung des Amtes des Vergleichsverwalters oder – wenn das Verfahren nicht mit der Bestätigung des Vergleichs endet – alsbald nach der Bestätigung des Vergleichs. Für das Nachverfahren werden die Vergütung und Auslagen alsbald nach dessen Beendigung festgesetzt.**

(3) **Vorschußzahlungen auf die Vergütung und den Auslagenersatz soll das Gericht nur in Ausnahmefällen bewilligen.**

Vorbemerkung

Die am 1. 1. 1999 in Kraft getretene Insolvenzordnung hat die Konkursordnung und die Vergleichsordnung abgelöst und das Konkursverfahren/Insolvenzverfahren auf eine neue rechtliche Grundlage gestellt. Dabei wurde die Trennung zwischen Konkurs- und Vergleichsrecht aufgegeben und ein einheitliches Insolvenzrecht geschaffen. Auch die Bestimmungen für die Vergütung der Leistungen der im Konkurs-/Insolvenzverfahren Tätigen wurden neu geregelt. Hier hat die Insolvenzrechtliche Vergütungsverordnung (InsVV) die Verordnung über die Vergütung des Konkursverwalters, des Vergleichsverwalters, der Mitglieder des Gläubigerausschusses und der Mitglieder des Gläubigerbeirats (VergütVO) ersetzt.
Im Gegensatz zur VergütVO enthält die InsVV aus dem vorstehend angesprochenen Grund keine Bestimmungen zur Vergütung im Vergleichsverfahren. Die InsVV ist jedoch nur auf die Verfahren anzuwenden, in denen nach dem 31. 12. 1998 der Eröffnungsantrag gestellt wurde. Für die anderen Verfahren gelten nach wie vor die Bestimmungen der Konkursordnung, der Vergleichsordnung und der VergütVO. Aus diesem Grund soll in dieser Auflage nachfolgend noch der „alte" Rechtsstand bis zum 31. 12. 1998 dargestellt werden.

Erläuterungen

20.1 Nach § 43 VerglO hat der **Vergleichsverwalter** einen Anspruch gegen den Schuldner auf Erstattung seiner baren Auslagen und eine angemessene Vergütung für seine Geschäftsführung. Deren vom Vergleichsgericht festzusetzende Höhe richtet sich nach der vorstehend auszugsweise wiedergegebenen **„Verordnung über die Vergütung des Konkursverwalters, des Vergleichsverwalters, der Mitglieder des Gläubigerausschusses und der Mitglieder des Gläubigerbeirats"** (VergütVO).
Nach § 8 VergütVO wird die Vergütung nach dem **Aktivvermögen** des Schuldners berechnet. Dieses Aktivvermögen ergibt sich aus der mit dem Vergleichsantrag eingereichten Vermögensübersicht. Berichtigungen, die sich im Laufe des Verfahrens ergeben, werden berücksichtigt. Ist der Gesamtbetrag der Vergleichsforderungen geringer als das Aktivvermögen des Schuldners, so ist für die Berechnung der Vergütung des Vergleichsverwalters der Gesamtbetrag der Vergleichsforderungen maßgebend (§ 8 Absatz 3 VergütVO).

20.2 In der Regel erhält der **Vergleichsverwalter** die **Hälfte** der in § 3 Absatz 1 VergütVO für den **Konkursverwalter** bestimmten Sätze, i. d. R. jedoch mindestens DM 300,– (§ 9 VergütVO).

Mögliche Abweichungen vom Regelsatz sind in § 10 VergütVO geregelt.
Eine den Regelsatz **übersteigende Vergütung** ist insbesondere festzusetzen, wenn

a) die Prüfung von Aus- und Absonderungsrechten einen erheblichen Teil der Verwaltertätigkeit ausgemacht hat oder
b) durch die Ausübung des Mitwirkungsrechts bei Rechtsgeschäften des Schuldners nach § 57 VerglO oder durch Maßnahmen mit Rücksicht auf Verfügungsbeschränkungen des Schuldners nach §§ 58ff. VerglO oder infolge anderer durch das Verfahren bedingter Umstände die Verwaltertätigkeit besonders umfangreich war.

20.3 § 10 Absatz 2 VergütVO enthält keine abschließende, sondern lediglich eine beispielhafte Aufzählung der Erhöhungstatbestände (Robrecht „Die Angemessenheit der Vergütung des Vergleichsverwalters“ in KTS 1968 S. 65).
Die dem Vergleichsverwalter zustehende **Bruchteilsvergütung** von 50 v. H. ist unter Berücksichtigung der Tatbestände des § 4 VergütVO zu berechnen, nicht nur als Bruchteil der Regelvergütung des Konkursverwalters (Robrecht a. a. O.
Im übrigen gilt das beim **Konkursverwalter** unter Nummer **6** Anmerkung 6.6 zu der nicht mehr gegebenen Angemessenheit der Regelsätze Gesagte entsprechend. Die Vergütung des Vergleichsverwalters soll diesen für seine Mühewaltung und den Zeitaufwand entschädigen, aber auch ein Äquivalent für das von ihm übernommene Haftungsrisiko sowie seine allgemeinen Geschäftsunkosten darstellen. Gerade die Entwicklung in dem letztgenannten Bereich verdeutlicht, daß die in der VergütVO aufgestellten **Regelsätze nicht mehr der Regel entsprechen.** Nur bei einer angemessenen Vergütung können aber qualifizierte Kräfte für das Amt des Vergleichsverwalters gewonnen werden, was wiederum im Interesse aller am Vergleich Beteiligten liegt.
In der Praxis wird deshalb auch die Tätigkeit des Vergleichsverwalters mit einem **Mehrfachen** der **Regelvergütung** der VergütVO abgegolten (Bley-Mohrbutter „Vergleichsordnung“ 4. Auflage 1979/1981 Anmerkung 8 zu § 43 VerglO). Nach LG Mainz 8 T 73/84 vom 17. 5. 1984 in AnwBl 1984 S. 461 ist als angemessen im **„Normalfall“** das **Dreifache** anzusehen. In dem entschiedenen Fall hat das LG Mainz in Sicht des Umfangs und der Schwierigkeit des Vergleichsverfahrens eine Erhöhung auf die 5fache Regelvergütung für angemessen erachtet. Gleichfalls die 5fache Regelvergütung festgesetzt wurde in den Entscheidungen des LG Hamburg 76 T 26/80 vom 31. 7. 1981 in ZIP 1981 S. 1116 und des AG Wittlich 7 VN 2/82 vom 31. 1. 1983 in ZIP 1983 S. 480. Der 4fache Regelsatz für angemessen erachtet wurde in dem Beschluß des LG Darmstadt 5 T 68/81 vom 29. 4. 1981 in ZIP 1981 S. 1014.
In dem Beschluß des AG Dortmund 54 VN 2/68 vom 25. 7. 1968 (KTS 1970 S. 68) wird die Auffassung vertreten, daß, wenn das Zustandekommen des Vergleichs auf die Tätigkeit des Vergleichsverwalters zurückzuführen ist,

es nicht angeht, diesen gebührenrechtlich schlechter zu stellen als den Konkursverwalter. Das Gericht hat in diesem Fall die Vergütung des Vergleichsverwalters in der einem Konkursverwalter zustehenden Höhe festgesetzt.

20.4 Zu den **„besonderen“**, d. h. gesondert erstattungsfähigen, **Unkosten** gehören nach der bereits angesprochenen Entscheidung des AG Wittlich 7 VN 2/82 a. a. O. auch diejenigen Kosten, die dem Verwalter durch die Beschäftigung von Hilfskräften für bestimmte Aufgaben im Rahmen seiner Tätigkeit entstehen. Erfordert die Wahrnehmung der Tätigkeit als Vergleichsverwalter die Abordnung eines Mitarbeiters, der über einen längeren Zeitraum fast ständig beim Vergleichsschuldner anwesend ist, kann eine anteilige Erstattung der für den Mitarbeiter aufgewandten Kosten geltend gemacht werden, die im entschiedenen Fall mit DM 3.000,– je Monat festgesetzt wurde.

20.5 Nach § 10 Absatz 3 VergütVO kann auch eine **geringere** als die Regelvergütung gerechtfertigt sein, und zwar insbesondere, wenn

a) das Vergleichsverfahren durch Einstellung vorzeitig beendet wurde,
b) das Aktivvermögen des Schuldners groß war und das Verfahren verhältnismäßig geringe Anforderungen an den Verwalter stellte oder
c) der Verwalter ausnahmsweise zum Vergleichsverwalter bestellt wurde, obwohl er vor der Stellung des Antrags auf Eröffnung des Vergleichsverfahrens zur Vorbereitung des Vergleichsantrags tätig war und für die vorbereitende Tätigkeit ein Entgelt erhalten hat.

Auch bei einer eventuellen Herabsetzung der Verwaltervergütung ist von dem üblichen Mehrfachen des Regelsatzes auszugehen (So LG Rottweil 1 T 74/73 vom 19. 12. 1973 in KTS 1975 S. 327, das in einem schnell abgewickelten, aber umfangreichen Vergleichsverfahren die Vergütung des Vergleichsverwalters auf den 2fachen Regelsatz festgesetzt hat; vergleiche zu der Herabsetzung auch die ablehnende Anmerkung von Schmidt in KTS 1975 S. 328).

20.6 Vorschußzahlungen auf die Vergütung und den Auslagenersatz soll das Gericht nach § 12 Absatz 3 VergütVO nur in Ausnahmefällen bewilligen.

20.7 Eine Regelung des Inhalts, daß auch, wenn **mehrere Vergleichsverwalter** bestellt sind, deren Vergütung insgesamt nicht die Vergütung eines Verwalters übersteigen darf, wie sie in § 3 Absatz 3 VergütVO bezüglich des Konkursverwalters getroffen ist, enthalten die Bestimmungen über die Vergütung des Vergleichsverwalters nicht. § 9 VergütVO verweist lediglich auf § 3 Absatz 1 VergütVO und nicht auch auf § 3 Absatz 3 VergütVO. Nach LG Schweinfurt 2 T 132/74 vom 20. 2. 1975 (KTS 1975 S. 247) ergibt jedoch eine Auslegung nach Sinn und Zweck der Vergütungsverordnung in Verbindung mit der Entstehungsgeschichte dieser Vorschrift, daß mehrere Vergleichsverwalter nicht eine Gebühr verlangen können, welche die Gebühr für einen einzigen übersteigt.

20.8 Ist der Vergleichsverwalter Berufsangehöriger und ist er im Rahmen des Vergleichsverfahrens als StB tätig, so hat er neben seiner Vergleichsverwaltervergütung auch Anspruch auf eine Vergütung für diese **Berufstätigkeit.** Das zum **Konkursverwalter** unter Nummer **6** Anmerkung 6.16 Gesagte gilt für den Vergleichsverwalter entsprechend.

20.9 Nach § 11 Absatz 2 VergütVO wird eine Tätigkeit, die der Vergleichsverwalter vor der Eröffnung des Vergleichsverfahrens als **vorläufiger Verwalter** ausgeübt hat, nicht besonders vergütet. Sie kann aber eine Erhöhung der Regelvergütung gemäß § 10 VergütVO rechtfertigen (Schmidt „Die Vergütung des Insolvenzverwalters" in KTS 1982 S. 591).
Wird der vorläufige Vergleichsverwalter nicht zum Vergleichsverwalter bestellt, so erhält er für seine Tätigkeit als vorläufiger Verwalter einen angemessenen Teil der Vergleichsverwaltervergütung. Dies gilt entgegen der vom LG Münster 5 T 566/64 vom 10. 8. 1966 (KTS 1966 S. 188) vertretenen Auffassung auch dann, wenn der bisherige vorläufige Vergleichsverwalter nach Eröffnung des Anschlußkonkurses zum Konkursverwalter bestellt wird (LG Tübingen 1 T 11/75 vom 14. 3. 1975 in KTS 1976 S. 67; LG Aachen 3 T 26/82 vom 19. 3. 1982 in ZIP 1983 S. 100; Bley-Mohrbutter Anmerkung 9a zu § 11 und Anmerkung 6e zu § 43; Schmidt a.a.O.).
Die Vergütung des **vorläufigen Vergleichsverwalters** ist im allgemeinen mit $^2/_3$ der Vergütung des **Vergleichsverwalters** anzusetzen (LG Aachen 3 T 26/82 a.a.O.; ähnlich AG Otterndorf 2 VN 1/75 vom 22. 7. 1975 in KTS 1976 S. 71, das 70v.H. der Vergleichsverwaltervergütung angesetzt hat).
Kann ein vorläufiger Vergleichsverwalter seinen Vergütungsanspruch gegen den Schuldner nicht durchsetzen, so hat er **keinen Ausfallanspruch** gegen die Staatskasse (BGH III ZR 66/80 vom 5. 2. 1981 in NJW 1981 S. 1726).

20.10 Für die in einem **Nachverfahren** gemäß § 96 VerglO entfaltete Tätigkeit steht dem Vergleichsverwalter nach § 43 Absatz 2 Satz 3 VerglO eine **gesonderte Vergütung** zu. Diese bemißt sich nach Art und Umfang der Tätigkeit des Verwalters im Nachverfahren, wobei insbesondere zu berücksichtigen ist, ob der Vergleich erfüllt wurde. Nach § 11 Absatz 3 Satz 3 VergütVO soll diese in der Regel einen **angemessenen Bruchteil** der Vergütung für das Vergleichsverfahren nicht überschreiten.

21 Vermögensverwalter mit Grundstücksverwalter

Erläuterungen

21.1 Die dem **Vermögensverwalter** zustehende Vergütung ist weder in einem Gesetz noch in einer Verordnung geregelt. Auch eine entsprechende Anwendung der BRAGO ist nicht möglich (BGH VII ZR 195/64 vom 22. 12. 1966 in NJW 1967 S. 876 und VII ZR 108/67 vom 29. 9. 1969 in BB 1969 S. 1413).

Jedoch können bei der Berechnung der Vergütung die für die Vergütung des **Testamentsvollstreckers** entwickelten **Richtsätze** einen **Anhalt** bieten (BGH VII ZR 195/64 a. a. O.; zur Vergütung des Testamentsvollstreckers vergleiche die Ausführungen unter Nummer **17**).

Dies gilt zumindest für den Fall einer **„üblichen"** Verwaltung, bei der die Überwachung des angelegten Vermögens und die Einziehung, Anlegung und Versteuerung der Erträge im Vordergrund stehen (BGH III ZR 180/72 vom 17. 4. 1975 in StB 1975 S. 191).

Allerdings können wegen der bestehenden Unterschiede die für den Testamentsvollstrecker maßgebenden Grundsätze nicht unverändert auf den vertraglich beauftragten Vermögensverwalter übertragen werden. Bei der Testamentsvollstreckung muß das Honorar des Verwalters häufig der Substanz entnommen werden, während die Erträge des Nachlasses keine entscheidende Rolle zu spielen brauchen. Anders liegen die Verhältnisse bei der vertraglich übernommenen Vermögensverwaltung. Das dem Beauftragten erkennbare Interesse des Geschäftsherrn wird regelmäßig dahin gehen, das Vorhandene zu erhalten und eine angemessene Verzinsung zu erzielen. Dieser Interessenlage kann dadurch Rechnung getragen werden, daß bei der Honorarbemessung, und zwar auch bei der sogenannten „Konstituierungsgebühr", die **Ertragslage** nicht unberücksichtigt bleibt. Zwar darf das nicht dazu führen, dem Verwalter ein Honorar ganz zu versagen oder es unverhältnismäßig tief festzusetzen, wenn Einkünfte nicht in ausreichendem Maße vorhanden sind; ohne Einfluß auf die Höhe der Vergütung darf eine solche Lage aber nicht bleiben (BGH VII ZR 195/64 a. a. O.).

Entscheidend für die Höhe der Vergütung im Einzelfall ist insbesondere das Maß der aufgewandten Arbeit, der Umfang der Verantwortung, die Schwierigkeiten, die etwa erforderliche besondere Kenntnis und Erfahrung sowie die sich im Erfolg auswirkende Geschicklichkeit bei der Ausübung der Vermögensverwaltung (BGH VII ZR 195/64 a. a. O.; zur Berechnung der Vergütung in einem von der Üblichkeit abweichenden Fall der Vermögensverwaltung vergleiche auch das Urteil des BGH III ZR 180/72 a. a. O.).

21.2 Ist Gegenstand der Verwaltung nicht das Vermögen als Ganzes, sondern ein oder mehrere **Grundstücke,** so wird man die Vergütungssätze des **Zwangsverwalters** entsprechend heranziehen können (So auch Gerold-Schmidt Anmerkung 34 zu § 1).

Bemessungsgrundlage sind danach die im Kalenderjahr an Miet- oder Pachtzinsen eingezogenen Beträge, und zwar

bis zu	DM 1.000,–	9 v. H.,
und von Beträgen über	DM 1.000,–	8 v. H.,
über	DM 2.000,–	7 v. H.,
über	DM 3.000,–	6 v. H.

Auf die Ausführungen unter Nummer **30** zur Vergütung des **Zwangsverwalters** darf ergänzend verwiesen werden.

21.3 Für die Vergütung der Verwaltung von **Wertpapieren** vergleiche die Ausführungen unter Nummer **2** zur Vergütung des **Depotverwalters.**

22 Vertreter in Gesellschafterversammlungen

Erläuterungen

22.1 Nimmt der Berufsangehörige im Auftrag eines Mandanten als **Vertreter** an einer **Gesellschafterversammlung** teil und ist der Gegenstand seines Tätigwerdens nicht im abgabenrechtlichen Bereich angesiedelt, so handelt es sich um eine vereinbare Tätigkeit, mit der Folge, daß nicht die Vorschriften der StBGebV, etwa des § 21 oder des § 31, Anwendung finden. Die Vergütung bemißt sich vielmehr nach § 612 Absatz 2 BGB, wobei mangels einer entsprechenden Taxe die **„Übliche Vergütung"** in Ansatz zu bringen ist. Diese ist nach dem **Zeitaufwand** zu berechnen. Als angemessen dürfte ein Stundensatz innerhalb eines Gebührenrahmens von DM 250,– bis DM 350,– anzusehen sein, wobei sich die Bemessung im Einzelfall nach dem Umfang, der Schwierigkeit und der Bedeutung der Angelegenheit richtet.

23 Vertreter nach § 779 Absatz 2 ZPO

Rechtsgrundlagen

A Zivilprozeßordnung i. d. F. vom 12. 9. 1950 (BGBl I S. 533), zuletzt geändert am 27. 6. 2000 (BGBl I S. 897)

§ 779 ZPO Tod des Schuldners nach Beginn der Zwangsvollstreckung

(1) **Eine Zwangsvollstreckung, die zur Zeit des Todes des Schuldners gegen ihn bereits begonnen hatte, wird in seinen Nachlaß fortgesetzt.**

(2) **Ist bei einer Vollstreckungshandlung die Zuziehung des Schuldners nötig, so hat, wenn die Erbschaft noch nicht angenommen oder wenn der Erbe unbekannt oder es ungewiß ist, ob er die Erbschaft angenommen hat, das Vollstreckungsgericht auf Antrag des Gläubigers dem Erben einen einstweiligen besonderen Vertreter zu bestellen. Die Bestellung hat zu unterbleiben, wenn ein Nachlaßpfleger bestellt ist oder wenn die Verwaltung des Nachlasses einem Testamentsvollstrecker zusteht.**

Erläuterungen

23.1 Wird im Rahmen der Zwangsvollstreckung in den Nachlaß eines verstorbenen Schuldners auf Antrag des Gläubigers vom Vollstreckungsgericht ein **Vertreter** bestellt, weil im Zeitpunkt der Vollstreckungshandlung die Person des Erben nicht feststeht oder ungewiß ist, ob er die Erbschaft angenommen hat, so hat dieser Anspruch auf eine Vergütung.
Eine gesetzliche Regelung über diese Vergütung oder eine sonstwie geartete Vergütungsordnung bestehen nicht. Da die Tätigkeit eines Vertreters nach § 779 Absatz 2 ZPO derjenigen eines **Nachlaßverwalters** nicht unähnlich

ist, wird man die für diesen geltenden Vergütungsgrundsätze entsprechend heranziehen können, wobei Umfang und Schwierigkeit der im Einzelfall entfalteten Tätigkeit wesentliche Bedeutung beizumessen ist (Vergleiche hierzu auch Mümmler in JurBüro 1976 S. 164).
Zur Vergütung des **Nachlaßverwalters** vergleiche die Anmerkungen unter Nummer **8.**

24 Vertreter von außenstehenden Aktionären nach § 306 Absatz 4 AktG

Rechtsgrundlagen

A Aktiengesetz vom 6. 9. 1965 (BGBl I S. 1089), zuletzt geändert am 24. 2. 2000 (BGBl I S. 154)

§ 306 AktG Verfahren

(1) **Zuständig ist das Landgericht, in dessen Bezirk die Gesellschaft, deren außenstehende Aktionäre antragsberechtigt sind, ihren Sitz hat. § 132 Abs. 1 Satz 2 bis 4 sowie § 306 Abs. 2 Satz 2 und 3 des Umwandlungsgesetzes sind anzuwenden.**

(2) **§ 99 Abs. 1, Abs. 3 Satz 1, 2, 4 bis 9, Abs. 5 gilt sinngemäß.**

(3) **Das Landgericht hat den Antrag in den Gesellschaftsblättern der Gesellschaft, deren außenstehende Aktionäre antragsberechtigt sind, bekanntzumachen. Außenstehende Aktionäre können noch binnen einer Frist von zwei Monaten nach dieser Bekanntmachung eigene Anträge stellen. Auf dieses Recht ist in der Bekanntmachung hinzuweisen.**

(4) **Das Landgericht hat die Vertragsteile des Unternehmensvertrags zu hören. Es hat den außenstehenden Aktionären, die nicht Antragsteller nach § 304 Abs. 4 oder § 305 Abs. 5 sind oder eigene Anträge nach Absatz 3 Satz 2 gestellt haben, zur Wahrung ihrer Rechte einen gemeinsamen Vertreter zu bestellen, der die Stellung eines gesetzlichen Vertreters hat. Werden die Festsetzung des angemessenen Ausgleichs und die Festsetzung der angemessenen Abfindung beantragt, so hat es für jeden Antrag einen gemeinsamen Vertreter zu bestellen. Die Bestellung kann unterbleiben, wenn die Wahrung der Rechte dieser außenstehenden Aktionäre auf andere Weise sichergestellt ist. Die Bestellung des gemeinsamen Vertreters hat das Landgericht in den Gesellschaftsblättern bekanntzumachen. Der Vertreter kann von der Gesellschaft den Ersatz angemessener barer Auslagen und eine Vergütung für seine Tätigkeit verlangen. Die Auslagen und die Vergütung setzt das Landgericht fest. Es kann der Gesellschaft auf Verlangen des Vertreters die Zahlung von Vorschüssen aufgeben. Aus der Festsetzung findet die Zwangsvollstreckung nach der Zivilprozeßordnung statt. § 308 Abs. 3 des Umwandlungsgesetzes ist anzuwenden.**

(5) **Das Landgericht hat seine Entscheidung den Vertragsteilen des Unternehmensvertrags sowie den Antragstellern nach § 304 Abs. 4, § 305 Abs. 5, den außenstehenden Aktionären, die eigene Anträge nach Ab-**

satz 3 Satz 2 gestellt haben, und, wenn ein gemeinsamer Vertreter bestellt ist, diesem zuzustellen.

(6) **Der Vorstand der Gesellschaft hat die rechtskräftige Entscheidung ohne Gründe in den Gesellschaftsblättern bekanntzumachen.**

(7) **Für die Kosten des Verfahrens gilt die Kostenordnung. Für das Verfahren des ersten Rechtszugs wird das Doppelte der vollen Gebühr erhoben. Für den zweiten Rechtszug wird die gleiche Gebühr erhoben; dies gilt auch dann, wenn die Beschwerde Erfolg hat. Wird der Antrag oder die Beschwerde zurückgenommen, bevor es zu einer Entscheidung kommt, so ermäßigt sich die Gebühr auf die Hälfte. Der Geschäftswert ist von Amts wegen festzusetzen. Er bestimmt sich nach § 30 Abs. 1 der Kostenordnung. Schuldner der Kosten sind die Vertragsteile des Unternehmensvertrags. Die Kosten können jedoch ganz oder zum Teil einem anderen Beteiligten auferlegt werden, wenn dies der Billigkeit entspricht.**

B Bundesgebührenordnung für Rechtsanwälte vom 26. 7. 1957 (BGBl I S. 907), zuletzt geändert am 9. 3. 2000 (BGBl I S. 182)

§ 118 BRAGO Geschäftsgebühr, Besprechungsgebühr, Beweisaufnahmegebühr

(Wiedergegeben in Abschnitt 2 von Teil I)

Erläuterungen

24.1 Wird im Rahmen der Sicherung der außenstehenden Aktionäre bei Beherrschungs- und Gewinnabführungsverträgen nach § 306 Absatz 4 Sätze 2 und 3 AktG vom Landgericht ein **Vertreter** für die **außenstehenden Aktionäre** bestimmt, so hat dieser einen Anspruch auf eine Vergütung für seine Tätigkeit und den Ersatz angemessener barer Auslagen (§ 306 Absatz 4 Satz 6 AktG).

Über die Grundlagen für die Berechnung der Höhe der Vergütung, die, wie auch die Auslagen, nach § 306 Absatz 4 Satz 7 AktG vom Landgericht festgesetzt werden, besteht keine Einigkeit.

Weil § 306 Absatz 4 Satz 6 AktG nur von einer **„Vergütung"** spricht und nicht gleichzeitig auf eine Gebührenordnung, etwa die BRAGO, verweist, und die entsprechende Tätigkeit nicht nur von Rechtsanwälten, sondern beispielsweise auch von Steuerberatern oder Wirtschaftsprüfern ausgeübt werden kann, kommt eine direkte Anwendung der BRAGO, hier des § 118 BRAGO, nicht in Frage (BayObLG 3 Z 140/76 vom 2. 8. 1979 in JurBüro 1980 S. 60; OLG Hamburg 11 W 44/79 vom 23. 1. 1980 in DB 1980 S. 631; OLG Frankfurt 20 W 434/84 vom 10. 4. 1986 in JurBüro 1986 S. 1052; Schmidt „Kostenprobleme des § 306 AktG" in BB 1981 S. 1243; Gerold-Schmidt Anmerkung 36 zu § 1; a.A. OLG Celle 9 Wx 3/73 vom 4. 5. 1973 in JurBüro 1973 S. 835).

Da die zu entfaltenden Tätigkeiten des Vertreters aber mit den unter die Gebührenvorschrift des § 118 BRAGO zu subsumierenden Tätigkeiten der prozeßbevollmächtigten Rechtsanwälte des Antragstellers und der Antragsgegner in dem entsprechenden Verfahren der freiwilligen Gerichtsbarkeit nach §§ 304ff. AktG aber zumindest vergleichbar sind, ist diese Bestimmung bei der Ermittlung der Vergütung des Vertreters von außenstehenden Aktionären heranzuziehen, d.h. die **Vergütung** ist so zu bemessen, als wenn **§ 118 BRAGO** direkt **Anwendung** finden würde (So z.B. Schmidt a.a.O.; vergleiche zu dem Gesamtkomplex auch Lentfer „Die Vergütung der gemeinsamen Vertreter gemäß § 306 Absatz 4 AktG" in BB 1998 S. 655).

24.2 Allerdings ist nach den vorstehend angesprochenen Entscheidungen des Bayerischen Obersten Landesgerichts und der Oberlandesgerichte Celle, Hamburg und Frankfurt für die Berechnung der Vergütung die Festsetzung des Geschäftswerts für das gerichtliche Verfahren nicht maßgebend. Dies wird im wesentlichen damit begründet, daß die Interessen der ausscheidenden und der in der Gesellschaft verbleibenden Aktionäre durchaus in eine verschiedene Richtung gehen können und sich regelmäßig im Laufe des Verfahrens ändern und daß die erst nach und nach fällig werdenden unterschiedlichen Gebühren nach § 118 Absatz 1 Nummern 1 bis 3 BRAGO deshalb auch unterschiedlichen Werten unterliegen. Die Berechnung soll danach deshalb von einem für das gesamte Verfahren geltenden **Durchschnittswert** ausgehen, der nicht dem Anfangswert entspricht (So auch für die Ermittlung des Geschäftswerts bei gerichtlicher Festsetzung der Barabfindung an ausscheidende Aktionäre OLG Düsseldorf 19 W 4/78 vom 11. 7. 1978 in DB 1978 S. 1586; zur Berechnung des Geschäftswertes vergleiche auch BayObLG BReG 3 Z 5/91 vom 7. 2. 1991 in DB 1991 S. 960 und Lentfer a.a.O.).

25 Verwalter nach dem Wohnungseigentumsgesetz

Erläuterungen

25.1 Für die Vergütung des **Verwalters** nach dem **Wohnungseigentumsgesetz** gibt es keine gesonderten Regelungen in einem Gesetz oder einer Rechtsverordnung. Ausschlaggebend sind deshalb Art und Inhalt der vertraglichen Regelungen zwischen der Eigentümergemeinschaft und dem Verwalter.

25.2 Übernimmt ein Berufsangehöriger ein solches Amt, so ist davon auszugehen, daß es sich um einen **Dienstvertrag** handelt, der eine Geschäftsbesorgung zum Gegenstand hat (§§ 611, 675 BGB). Dieser Vertrag wird in aller Regel auch eine Bestimmung über die Höhe der Vergütung enthalten, die der Verwalter für seine Tätigkeiten von der Eigentümergemeinschaft erhält. Ist dies nicht der Fall, so wird die **übliche Vergütung** nach § 612 BGB geschuldet. Nach Niedenführ-Schulze, Handbuch und Kommentar zum Wohnungseigentumsgesetz, 4. Auflage 1997, Rz. 24 zu § 26 WEG, liegt diese zwischen DM 30,– und DM 70,– pro Wohnung und zwischen

DM 3,– und DM 5,– pro Garage, zuzüglich Umsatzsteuer. Die Höhe im Einzelfall richtet sich nach der Größe der Eigentumsanlage.
Für die Erfüllung von Aufgaben, die über das gesetzliche Maß hinaus durch den Verwaltervertrag dem Verwalter auferlegt werden, können **Zusatzvergütungen** vereinbart werden. Einen zusätzlichen Anspruch auf Aufwendungsersatz hat der Verwalter nicht, soweit es um eine Tätigkeit geht, für die eine Vergütung vereinbart ist.
Die Wohnungseigentümer haften gegenüber dem Verwalter als **Gesamtschuldner** für die Bezahlung der Vergütung (BGH VII ZR 328/79 vom 10. 7. 1980 in NJW 1980 S. 2466). Der Verwalter darf seine Vergütung dem Gemeinschaftskonto entnehmen.

25.3 Angesichts der Bandbreite der üblichen Vergütung ist dringend anzuraten, bereits bei der Übernahme des Verwalteramts eine entsprechende Vereinbarung über die Höhe in schriftlicher Form zu treffen.

26 Vormund und Betreuer

Rechtsgrundlagen

A Bürgerliches Gesetzbuch vom 18. 8. 1896 (RGBl S. 195), zuletzt geändert am 26. 6. 2000 (BGBl I S. 897)

§ 1835 BGB Ersatz von Aufwendungen

(1) **Macht der Vormund zum Zwecke der Führung der Vormundschaft Aufwendungen, so kann er nach den für den Auftrag geltenden Vorschriften der §§ 669, 670 von dem Mündel Vorschuß oder Ersatz verlangen; für den Ersatz von Fahrtkosten gilt die in § 9 des Gesetzes über die Entschädigung von Zeugen und Sachverständigen für Sachverständige getroffene Regelung entsprechend. Das gleiche Recht steht dem Gegenvormund zu. Ersatzansprüche erlöschen, wenn sie nicht binnen 15 Monaten nach ihrer Entstehung gerichtlich geltend gemacht werden; die Geltendmachung des Anspruchs beim Vormundschaftsgericht gilt dabei auch als Geltendmachung gegenüber dem Mündel. Das Vormundschaftsgericht kann in sinngemäßer Anwendung von § 15 Abs. 3 Satz 1 bis 5 des Gesetzes über die Entschädigung von Zeugen und Sachverständigen eine abweichende Frist bestimmen.**

(2) **Aufwendungen sind auch die Kosten einer angemessenen Versicherung gegen Schäden, die dem Mündel durch den Vormund oder Gegenvormund zugefügt werden können oder die dem Vormund oder Gegenvormund dadurch entstehen können, daß er einem Dritten zum Ersatz eines durch die Führung der Vormundschaft verursachten Schadens verpflichtet ist; dies gilt nicht für die Kosten der Haftpflichtversicherung des Halters eines Kraftfahrzeugs. Satz 1 ist nicht anzuwenden, wenn der Vormund oder Gegenvormund eine Vergütung nach § 1836 Abs. 2 erhält.**

(3) **Als Aufwendungen gelten auch solche Dienste des Vormundes oder des Gegenvormundes, die zu seinem Gewerbe oder seinem Berufe gehören.**

(4) **Ist der Mündel mittellos, so kann der Vormund Vorschuß und Ersatz aus der Staatskasse verlangen. Absatz 1 Satz 3 und 4 gilt entsprechend.**

(5) **Das Jugendamt oder ein Verein kann als Vormund oder Gegenvormund für Aufwendungen keinen Vorschuß und Ersatz nur insoweit verlangen, als das einzusetzende Einkommen und Vermögen des Mündels ausreicht. Allgemeine Verwaltungskosten einschließlich der Kosten nach Absatz 2 werden nicht ersetzt.**

§ 1835 a BGB Aufwandsentschädigung

(1) **Zur Abgeltung seines Anspruchs auf Aufwendungsersatz kann der Vormund als Aufwandsentschädigung für jede Vormundschaft, für die ihm keine Vergütung zusteht, einen Geldbetrag verlangen, der für ein Jahr dem Vierundzwanzigfachen dessen entspricht, was einem Zeugen als Höchstbetrag der Entschädigung für eine Stunde versäumter Arbeitszeit gewährt werden kann (Aufwandsentschädigung). Hat der Vormund für solche Aufwendungen bereits Vorschuß oder Ersatz erhalten, so verringert sich die Aufwandsentschädigung entsprechend.**

(2) **Die Aufwandsentschädigung ist jährlich zu zahlen, erstmals ein Jahr nach Bestellung des Vormunds.**

(3) **Ist der Mündel mittellos, so kann der Vormund die Aufwandsentschädigung aus der Staatskasse verlangen; Unterhaltsansprüche des Mündels gegen den Vormund sind insoweit bei der Bestimmung des Einkommens nach § 1836 c Nr. 1 nicht zu berücksichtigen.**

(4) **Der Anspruch auf Aufwandsentschädigung erlischt, wenn er nicht binnen drei Monaten nach Ablauf des Jahres, in dem der Anspruch entsteht, geltend gemacht wird; die Geltendmachung des Anspruchs beim Vormundschaftsgericht gilt auch als Geltendmachung gegenüber dem Mündel.**

(5) **Dem Jugendamt oder einem Verein kann keine Aufwandsentschädigung gewährt werden.**

§ 1836 BGB Vergütung des Vormunds und Betreuers

(1) **Die Vormundschaft wird unentgeltlich geführt. Sie wird ausnahmsweise entgeltlich geführt, wenn das Gericht bei der Bestellung des Vormundes feststellt, daß der Vormund die Vormundschaft berufsmäßig führt. Das Gericht hat diese Feststellung zu treffen, wenn dem Vormund in einem solchen Umfang Vormundschaften übertragen sind, daß er sie nur im Rahmen seiner Berufsausübung führen kann, oder wenn zu erwarten ist, daß dem Vormund in absehbarer Zeit Vormundschaften in diesem Umfang übertragen sein werden. Die Voraussetzungen des Satzes 3 erste Alternative liegen im Regelfall vor, wenn der Vormund**

a) mehr als zehn Vormundschaften führt oder

b) die für die Führung der Vormundschaften erforderliche Zeit voraussichtlich 20 Wochenstunden nicht unterschreitet.

(2) **Liegen die Voraussetzungen des Absatzes 1 Satz 2 vor, so hat das Vormundschaftsgericht dem Vormund oder Gegenvormund eine Vergütung zu bewilligen. Die Höhe der Vergütung bestimmt sich nach den für die Führung der Vormundschaft nutzbaren Fachkenntnissen des Vormundes sowie nach dem Umfang und der Schwierigkeit der vormundschaftlichen Geschäfte. Der Vormund kann Abschlagszahlungen verlangen. Der Vergütungsanspruch erlischt, wenn er nicht binnen 15 Monaten nach seiner Entstehung beim Vormundschaftsgericht geltend gemacht wird; das Vormundschaftsgericht kann in sinngemäßer Anwendung von § 15 Abs. 3 Satz 1 bis 5 des Gesetzes über die Entschädigung von Zeugen und Sachverständigen eine abweichende Frist bestimmen.**

(3) **Trifft das Gericht keine Feststellung nach Absatz 1 Satz 2, so kann es dem Vormund und aus besonderen Gründen auch dem Gegenvormund gleichwohl eine angemessene Vergütung bewilligen, soweit der Umfang oder die Schwierigkeit der vormundschaftlichen Geschäfte dies rechtfertigen; dies gilt nicht, wenn der Mündel mittellos ist.**

(4) **Dem Jugendamt oder einem Verein kann keine Vergütung bewilligt werden.**

§ 1836a BGB Vergütung aus der Staatskasse

Ist der Mündel mittellos, so kann der Vormund die nach § 1836 Abs. 1 Satz 2, Abs. 2 zu bewilligende Vergütung nach Maßgabe des § 1 des Gesetzes über die Vergütung von Berufsvormündern aus der Staatskasse verlangen.

§ 1836b BGB Fester Geldbetrag für Berufsvormund; Zeitbegrenzung

In den Fällen des § 1836 Abs. 1 Satz 2 kann das Vormundschaftsgericht

1. **dem Vormund einen festen Geldbetrag als Vergütung zubilligen, wenn die für die Führung der vormundschaftlichen Geschäfte erforderliche Zeit vorhersehbar und ihre Ausschöpfung durch den Vormund gewährleistet ist. Bei der Bemessung des Geldbetrags ist die voraussichtlich erforderliche Zeit mit den in § 1 Abs. 1 des Gesetzes über die Vergütung von Berufsvormündern bestimmten Beträgen zu vergüten. Einer Nachweisung der vom Vormund aufgewandten Zeit bedarf es in diesem Falle nicht; weitergehende Vergütungsansprüche des Vormundes sind ausgeschlossen;**
2. **die für die Führung der vormundschaftlichen Geschäfte erforderliche Zeit begrenzen. Eine Überschreitung der Begrenzung bedarf der Genehmigung des Vormundschaftsgerichts.**

Eine Entscheidung nach Satz 1 kann zugleich mit der Bestellung des Vormundes getroffen werden.

B Gesetz über die Vergütung von Berufsvormündern vom 25. 6. 1998 (BGBl I S. 1580), zuletzt geändert am 27. 6. 2000 (BGBl. I S. 897)

§ 1 BVormVG Vergütung des Berufsvormunds

(1) **Die nach § 1836 a des Bürgerlichen Gesetzbuchs aus der Staatskasse zu gewährende Vergütung beträgt für jede Stunde der für die Führung der Vormundschaft aufgewandten und erforderlichen Zeit fünfunddreißig Deutsche Mark. Verfügt der Vormund über besondere Kenntnisse, die für die Führung der Vormundschaft nutzbar sind, so erhöht sich diese Vergütung**

1. **auf fünfundvierzig Deutsche Mark, wenn diese Kenntnisse durch eine abgeschlossene Lehre oder eine vergleichbare abgeschlossene Ausbildung erworben sind;**
2. **auf sechzig Deutsche Mark, wenn diese Kenntnisse durch eine abgeschlossene Ausbildung an einer Hochschule oder durch eine vergleichbare abgeschlossene Ausbildung erworben sind.**

Eine auf die Vergütung entfallende Umsatzsteuer wird, soweit sie nicht nach § 19 Abs. 1 des Umsatzsteuergesetzes unerhoben bleibt, zusätzlich ersetzt.

(2) **Bestellt das Gericht einen Vormund, der über besondere Kenntnisse verfügt, die für die Führung der Vormundschaften allgemein nutzbar und durch eine Ausbildung im Sinne des Absatzes 1 Satz 2 erworben sind, so wird vermutet, daß diese Kenntnisse auch für die Führung der dem Vormund übertragenen Vormundschaft nutzbar sind. Dies gilt nicht, wenn das Vormundschaftsgericht aus besonderen Gründen bei der Bestellung des Vormundes etwas anderes bestimmt.**

(3) **Das Gericht kann für den Zeitraum bis zum 30. Juni 2000 bei der Festsetzung der Vergütung für einen Vormund, der bereits vor dem Inkrafttreten dieses Gesetzes über einen Zeitraum von mindestens zwei Jahren Vormundschaften berufsmäßig geführt hat, abweichend von Absatz 1 einen höheren, sechzig Deutsche Mark jedoch nicht übersteigenden Stundensatz zugrundelegen. Die sich aus der Abweichung ergebende Vergütung soll sich an der bisherigen Vergütung des Vormunds orientieren.**

Erläuterungen

26.1 Durch das Betreuungsgesetz wurden 1992 der **Vormund** für **Volljährige** und der **Gebrechlichkeitspfleger** zum **Betreuer.** Hinsichtlich der Vergütung und des Aufwendungsersatzes des Betreuers verweist § 1908 i Absatz 1 BGB auf die entsprechenden Regelungen für den Vormund (über Minderjährige), die sinngemäß anzuwenden sind. Die nachfolgenden Ausführungen über die **Vergütung** und den **Aufwendungsersatz** des **Vormunds** gelten deshalb gleichermaßen für den **Betreuer,** auch wenn hierauf nicht jeweils ausdrücklich hingewiesen wird. Mit dem Betreuungsrechtsänderungsgesetz vom 25. 6. 1998 (BGBl I, S. 1580) haben die Regelungen zur Vergütung der Tätigkeiten von Vormund und Pfleger mit Wirkung vom 1. 1. 1999 weitere bedeutsame Änderungen erfahren.

26.2 § 1836 Absatz 1 BGB geht von dem Grundsatz der **ehrenamtlichen Vormundschaft** aus, die **unentgeltlich** geführt wird. Gleichzeitig wird der Rechtsprechung des Bundesverfassungsgerichts (1 BvR 349/75, 378/76 vom 1. 7. 1980 in NJW 1980 S. 2179) Rechnung getragen, die bei **berufsmäßiger Ausübung** dieses Amtes dem Vormund einen **Vergütungsanspruch** zubilligt. Damit stellt § 1836 Absatz 1 BGB der ehrenamtlichen Amtsführung als Regel die berufsmäßige Ausübung als Ausnahme gegenüber. Bestimmungen zur Höhe der Vergütung des Berufsvormunds finden sich in Absatz 2 dieser Vorschrift; in Absatz 3 ist bestimmt, unter welchen Voraussetzungen ein nicht berufsmäßiger Vormund eine Vergütung erhalten kann. Für die Vergütung des Vormunds eines **mittellosen Mündels** enthält § 1836a BGB eine gesonderte Regelung.

26.3 Für die Frage, ob und gegebenenfalls in welcher Höhe der Vormund eine Vergütung beanspruchen kann, ist von entscheidender Bedeutung, ob er das Amt berufsmäßig ausübt. Diese Feststellung soll das Gericht im Interesse der Rechtsklarheit bereits bei der Bestellung des Vormunds treffen. Da dem **Berufsvormund** kein gefestigtes Berufsbild mit vorgegebener Ausbildung oder Qualifikation zugrunde liegt, ist diese Feststellung anhand der Gesamtumstände zu treffen. Als Kriterien werden im Gesetz für den Regelfall die Führung von mehr als 10 Betreuungen oder eine wöchentliche Arbeitszeit von 20 Stunden und mehr für diese Tätigkeit genannt. Dabei kann ein Berufsvormund seine Tätigkeit auch neben einem weiteren Beruf ausüben.
Wird eine Person vom Gericht gerade wegen ihres Berufs zum Vormund bestellt, wie zum Beispiel ein Steuerberater für die Vermögenssorge oder ein Rechtsanwalt, weil rechtlich schwierige Probleme im Zusammenhang mit dem Mündel zu bewältigen sind, so ist dieser Vormund auch ohne Vorliegen der vorgenannten quantitativen Kriterien als Berufsvormund anzusehen (BayObLG 3 ZBR 235/98 vom 9. 10. 1998 in BtPrax 1999, S. 30; Palandt Rz. 6 zu § 1836). Deshalb kann auch jemand, der nur eine einzige Vormundschaft übernommen hat, als Berufsvormund gelten (BayObLG 3 ZBR 83/98 vom 12. 8. 1998 in BtPrax 1999 S. 29; Palandt a. a. O.).

26.4 Steht die Einordnung als Berufsvormund fest, so hat dieser nach § 1836 Absatz 2 Satz 1 BGB Anspruch auf eine Vergütung seiner Tätigkeit. Die in Satz 2 angeführten Vergütungskriterien gelten gleichermaßen für vermögende wie mittellose Mündel, wobei § 1836a BGB im Falle der Mittellosigkeit des Betroffenen nähere inhaltliche Festlegungen enthält.
Erstes Kriterium für die Bemessung der Höhe der Vergütung ist die mit dem Begriff der **„nutzbaren Fachkenntnisse“** umschriebene Qualifikation des Vormunds. Daneben sind der **Umfang der Tätigkeit,** also der erforderliche Zeitaufwand, und die **Schwierigkeit** der Vormundschaft für die Vergütungshöhe maßgeblich.
Dementsprechend werden in der Praxis den Berufsvormündern von vermögenden Mündeln auch in der jeweiligen Qualifikation begründete unterschiedliche **Stundensätze** zugebilligt.

Beispielhaft seien genannt:
Rechtsanwalt: DM 200,– (OLG Karlsruhe 11 Wx 46/97 vom 9. 1. 1998 in FamRZ 1998 S. 698 ff.) und DM 220,– (BayObLG 3 ZBR 112/98 vom 26. 10. 1998 in AnwBl 1999 S. 126) sowie DM 250,– (BayObLG 3 ZBR 362/96 vom 19. 2. 1997 in MDR 1997 S. 1076); entsprechende Stundensätze dürften auch für **Steuerberater** gelten.
Politikwissenschaftler: DM 100,– (OLG Karlsruhe 4 W 31/98 vom 7. 5. 1998 in FamRZ 1999 S. 460)
Diplom-Sozialpädagoge: DM 70,– bis DM 100,– (BayObLG 3 ZBR 163/98 vom 8. 7. 1998 in FamRZ 1999 S. 465 – DM 94,36).
Nach einer Entscheidung des LG Koblenz (2 T 10/98 vom 22. 1. 1998 in FamRZ 1999 S. 458) können bei unterdurchschnittlicher Schwierigkeit der Betreuung auch DM 50,– angemessen sein.
Die vom Vormund zu zahlende **Umsatzsteuer** ist bei der Festsetzung der Höhe der Vergütung zu berücksichtigen.

26.5 Nach § 1836 Absatz 2 Satz 3 BGB kann der Berufsvormund **Abschlagszahlungen** verlangen. Sein Vergütungsanspruch erlischt, wenn er diesen nicht innerhalb von 12 Monaten nach seinem Entstehen beim Vormundschaftsgericht geltend macht (§ 1836 Absatz 2 Satz 4 BGB); in sinngemäßer Anwendung von § 15 Absatz 3 Satz 1–5 ZSEG kann das Gericht eine abweichende Frist bestimmen.

26.6 Ist der **Mündel mittellos,** so erhält der **Berufsvormund** nach § 1836 a BGB eine Vergütung aus der **Staatskasse.** Die Höhe der Vergütung ergibt sich aus dem Gesetz über die Vergütung von Berufsvormündern (§ 1 BVormVG). Dort werden entsprechend der Qualifikation des Vormunds drei Stufen von Stundensätzen unterschieden.

1. Stufe: DM 35,– je Stunde für den Vormund ohne Fachkenntnisse
2. Stufe: DM 45,– je Stunde für den Vormund mit abgeschlossener Lehre oder vergleichbarer Ausbildung
3. Stufe: DM 60,– je Stunde für den Vormund, der über eine abgeschlossene Ausbildung an einer Hochschule (Universität/Fachhochschule) verfügt.

Durch diese Stufen wird ein starrer Vergütungsrahmen vorgegeben, von dem das Vormundschaftsgericht nicht abweichen kann.
Die vom Vormund zu zahlende **Umsatzsteuer** wird gesondert ersetzt.

26.7 Sofern das Gericht bei der Bestellung des Betreuers keine Feststellung zur Berufsmäßigkeit seiner Amtsausübung trifft, kann dem Vormund eines **vermögenden Betroffenen** nach § 1836 Absatz 3 BGB gleichwohl eine Vergütung gewährt werden, soweit der Umfang oder die Schwierigkeit der vormundschaftlichen Geschäfte dies rechtfertigt.
Für die Höhe der im Ermessen des Gerichts stehenden Bewilligung der Vergütung gibt es keine starren Regeln oder bestimmte Prozentsätze (Palandt Rz. 26 zu § 1836 BGB). Nicht anwendbar sind auch die Grundsätze für Berufsvormünder. Die Heranziehung eines bestimmten Stundensatzes fällt

damit ebenfalls aus (BayObLG 3 ZBR 373/97 vom 16. 3. 1998 in FamRZ 1998 S. 1052).
Ist der **Mündel mittellos,** so ist kein Raum für eine Ermessensvergütung nach § 1836 Absatz 3 BGB.

26.8 Durch § 1836b BGB wird dem Vormundschaftsgericht die Möglichkeit eröffnet, einem Berufsvormund einen **festen Geldbetrag** als Vergütung zuzuweisen, wenn der erforderliche Zeitaufwand für die Führung der Vormundschaft vorhersehbar und die Ausschöpfung der veranschlagten Zeit gesichert ist. Bei der Bemessung der Pauschale ist die veranschlagte Zeit mit den in § 1 Absatz 1 BVormVG genannten Stundensätzen zu multiplizieren. Mit dieser Vorschrift soll Streit über die aufgewendeten Zeiten vermieden und dem Vormund eine sichere Kalkulationsbasis gegeben sowie sein Dokumentationsaufwand herabgesetzt werden.

26.9 Nach § 1835 BGB kann der Vormund neben einer möglichen Vergütung auch die **Aufwendungen** erstattet verlangen, die er zum Zwecke der Führung der Vormundschaft macht. Handelt es sich bei diesen Aufwendungen um Fahrtkosten, so richtet sich deren Erstattung nach § 9 ZSEG (vergleiche hierzu auch die Erläuterungen unter Nummer **13 Sachverständiger**).
Der Anspruch auf Erstattung der Aufwendungen erlischt, wenn er nicht innerhalb von 15 Monaten nach ihrer Entstehung gerichtlich geltend gemacht wird; in sinngemäßer Anwendung von § 15 Absatz 3 Satz 1–5 ZSEG kann das Vormundschaftsgericht eine abweichende Frist bestimmen.
Als Aufwendungen gelten auch solche Dienste, die zum **Beruf** des **Vormundes** gehören (§ 1835 Absatz 3 BGB). Für einen als Vormund eingesetzten **Berufsangehörigen** bedeutet dies, daß ihm für solche Berufsleistungen, für die ein Nicht-Steuerberater üblicherweise einen Berufsangehörigen heranziehen würde, ein auf der Grundlage der **Steuerberatergebührenverordnung** zu berechnender Ersatzanspruch zusteht (Palandt Rz. 8 zu § 1835 BGB; Gerold-Schmidt Anmerkung 22 zu § 1 BRAGO).
Ist der **Mündel mittellos, so** kann der Vormund Vorschuß und Ersatz aus der Staatskasse verlangen (§ 1835 Absatz 4 BGB).

26.10 Führt der Vormund sein Amt ohne Vergütung, so steht ihm nach § 1835a BGB eine **pauschale Aufwandsentschädigung** zu. Deren Höhe bemißt sich nach dem 24-fachen dessen, was einem Zeugen als Höchstbetrag der Entschädigung für eine Stunde versäumte Arbeitszeit gewährt werden kann (§ 2 Absatz 2 ZSEG). Dies entspricht derzeit einem Betrag von DM 600,– jährlich. Der Vormund des mittellosen Mündels erhält diesen Betrag aus der Staatskasse. Der Antrag auf Gewährung der Aufwendungspauschale muß innerhalb von drei Monaten nach Ablauf des Jahres, in dem der Anspruch entstanden ist, gestellt werden, da dieser ansonsten erlischt.
Anstelle des Antrags auf Gewährung der Pauschalenentschädigung kann der ehrenamtliche Vormund auch seinen konkreten Aufwand darlegen und dessen Erstattung verlangen.

27 Wirtschafts-, Unternehmens- und Vermögensgestaltungsberater

Erläuterungen

27.1 Die Vergütung für **Wirtschafts-, Unternehmens- und Vermögensgestaltungsberatung** ist weder durch Gesetz noch Verordnung geregelt. Die Tätigkeit eines Berufsangehörigen auf diesem Gebiet ist als **Dienstvertrag,** der eine Geschäftsbesorgung zum Gegenstand hat, anzusehen (§§ 611, 675 BGB).

Es ist dringend anzuraten, vor Aufnahme der entsprechenden Tätigkeiten den wesentlichen Inhalt der geschuldeten Leistungen schriftlich niederzulegen und dabei insbesondere Regelungen zum Inhalt und dem (voraussichtlichen) Umfang der Tätigkeit sowie der **Basis** der **Honorarberechnung** zu treffen.

Als Kriterien für die Bemessung der Vergütung ist eine Ausrichtung insbesondere am **Zeitaufwand** und an der **Schwierigkeit** der Tätigkeit üblich.

27.2 Für **wirtschaftsberatende Leistungen** ist vornehmlich der Ansatz von Stundenhonoraren mit einer Bandbreite zwischen DM 150,– bis DM 500,– festzustellen.

Im Bereich der **Unternehmensberatung** ist häufig die Abrechnung nach Mann-Tagen für den Berater anzutreffen, mit einer mittleren Spanne für den Mann-Tag eines Beraters zwischen DM 2.500,– und DM 3.500,–. Abweichungen nach unten oder oben sind je nach Ausgestaltung der Tätigkeit ebenso denkbar, wie die Vereinbarung eines Gesamthonorars für ein Projekt. Die letztgenannte Art der Abrechnung ist in erster Linie bei fest umrissenen und überschaubaren Aufgaben anzutreffen.

Auch bei der **Vermögensgestaltungsberatung** ist die Ausrichtung der Vergütung am Zeitaufwand üblich, wobei bezüglich der Stundensätze das zur Wirtschaftsberatung Gesagte entsprechend gilt.

Die Annahme von **Provisionen,** die bei gewerblich tätigen Vermögensberatern ständiger Übung entspricht, ist **Berufsangehörigen** nicht gestattet. Sie ist berufswidrig (§§ 57 Absatz 1 StBerG, 45 Absatz 5 BOStB); eine entsprechende Vereinbarung ist unzulässig und zivilrechtlich nichtig (§§ 9 StBerG, 134 BGB).

28 Wirtschaftsprüfer, vereidigter Buchprüfer und sonstiger Prüfer

28.1 Wirtschaftsprüfer und vereidigter Buchprüfer

Rechtsgrundlagen

A Wirtschaftsprüferordnung i. d. F. der Bekanntmachung vom 5. 11. 1975 (BGBl I S. 2803), zuletzt geändert am 24. 2. 2000 (BGBl I S. 154)

§ 2 WPO Inhalt der Tätigkeit

(1) **Wirtschaftsprüfer haben die berufliche Aufgabe, betriebswirtschaftliche Prüfungen, insbesondere solche von Jahresabschlüssen wirtschaftlicher Unternehmen, durchzuführen und Bestätigungsvermerke über die Vornahme und das Ergebnis solcher Prüfungen zu erteilen.**

(2) **Wirtschaftsprüfer sind befugt, ihre Auftraggeber in steuerlichen Angelegenheiten nach Maßgabe der bestehenden Vorschriften zu beraten und zu vertreten.**

(3) **Wirtschaftsprüfer sind weiter befugt**

1. **unter Berufung auf ihren Berufseid auf den Gebieten der wirtschaftlichen Betriebsführung als Sachverständige aufzutreten;**
2. **in wirtschaftlichen Angelegenheiten zu beraten und fremde Interessen zu wahren;**
3. **zur treuhänderischen Verwaltung.**

§ 55 WPO Gebührenordnung

Der Bundesminister für Wirtschaft kann mit Zustimmung des Bundesrates nach Anhörung der Wirtschaftsprüferkammer und der Arbeitsgemeinschaft für das wirtschaftliche Prüfungswesen eine Gebührenordnung für gesetzlich vorgeschriebene Prüfungen erlassen.

§ 129 WPO Inhalt der Tätigkeit

(1) **Vereidigte Buchprüfer haben die berufliche Aufgabe, Prüfungen auf dem Gebiete des betrieblichen Rechnungswesens, insbesondere Buch- und Bilanzprüfungen, durchzuführen. Sie können über das Ergebnis ihrer Prüfungen Prüfungsvermerke erteilen. Zu den Prüfungsvermerken gehören auch Bestätigungen und Feststellungen, die vereidigte Buchprüfer aufgrund gesetzlicher Vorschriften vornehmen. Zu den beruflichen Aufgaben des vereidigten Buchprüfers gehört es insbesondere, die Prüfung des Jahresabschlusses von mittelgroßen Gesellschaften mit beschränkter Haftung und Personengesellschaften im Sinne des § 264 a des Handelsgesetzbuchs (§ 267 Abs. 2 des Handelsgesetzbuchs) nach § 316 Abs. 1 Satz 1 des Handelsgesetzbuchs durchzuführen.**

(2) **Vereidigte Buchprüfer sind befugt, ihre Auftraggeber in steuerlichen Angelegenheiten nach Maßgabe der bestehenden Vorschriften zu beraten und zu vertreten. In Angelegenheiten, die das Abgabenrecht fremder Staaten betreffen, sind sie zur geschäftsmäßigen Hilfe in Steuersachen befugt; die entsprechenden Befugnisse Dritter bleiben unberührt.**

(3) **Vereidigte Buchprüfer sind weiter befugt**

1. **unter Berufung auf ihren Berufseid auf den Gebieten des betrieblichen Rechnungswesens als Sachverständige aufzutreten;**
2. **in wirtschaftlichen Angelegenheiten zu beraten und fremde Interessen zu wahren;**
3. **zur treuhänderischen Verwaltung.**

Erläuterungen

28.1.1 Wirtschaftsprüfer haben nach § 2 Absatz 1 WPO die berufliche Aufgabe, betriebswirtschaftliche **Prüfungen,** insbesondere solche von **Jahresabschlüssen** wirtschaftlicher Unternehmen, durchzuführen und **Bestätigungsvermerke** über die Vornahme und das Ergebnis solcher Prüfungen zu erteilen. Vorrang besitzen in diesem Zusammenhang die **Vorbehaltsaufgaben** der WP, zu denen die **gesetzlich** vorgeschriebenen **Abschlußprüfungen** bei Aktiengesellschaften, Kreditinstituten, Versicherungsunternehmen und Betrieben der öffentlichen Hand nach dem Publizitätsgesetz sowie nach weiteren besonderen gesetzlichen Regelungen gehören (WP-Handbuch 11. Auflage 1996, S. 137ff.).
Mit der Aufgabe, gesetzlich vorgeschriebene Prüfungen durchzuführen und Bestätigungsvermerke über die Vornahme und das Ergebnis solcher Prüfungen zu erteilen, erstreckt sich der Befugnisbereich des WP zugleich auch auf den Bereich der **freiwilligen Abschlußprüfungen** sowie **sonstiger Prüfungen,** wie etwa Gründungsprüfungen oder Sonderprüfungen.

28.1.2 Von der Ermächtigungsgrundlage in § 55 WPO, eine **Gebührenordnung** für gesetzlich vorgeschriebene Prüfungen zu erlassen, ist bisher noch kein Gebrauch gemacht worden. Die Schaffung einer amtlichen Gebührenordnung, ähnlich der Bundesgebührenordnung für Rechtsanwälte oder der Steuerberatergebührenverordnung, wird von der Wirtschaftsprüferkammer auch nicht angestrebt (WPK Mitteilungen 3/99, S. 180).
Sonderregelungen gelten für **die Prüfungen gemeindlicher Betriebe.** Hierfür sind landesrechtliche Verordnungen ergangen, die allerdings im Kern übereinstimmen (zu den Einzelheiten vergleiche Anmerkung 28.1.4).

28.1.3 Bis zum Jahre 1971 haben Vorstand und Verwaltungsrat des Instituts der Wirtschaftsprüfer in unregelmäßigen Abständen **Feststellungen** zur **Entwicklung** der **Gebühren** getroffen und diese auch veröffentlicht (So letztmals in der Anlage zum IDW-Rdschr Nummer 99 vom 23. 6. 1971; zu den Einzelheiten vergleiche die Anmerkungen 28.1.2 und 28.1.3 in der Vorauflage).
Die Veröffentlichung weiterer Feststellungen in Form von **Gebührenverlautbarungen** ist aus kartellrechtlichen Gründen seither unterblieben.
Anhaltspunkt für die derzeit **übliche Vergütung** lassen sich aber aus einer Honorarumfrage ableiten, die von der Wirtschaftsprüferkammer Ende 1998 durchgeführt wurde und über deren Ergebnisse in den WPK Mitteilungen 3/99, S. 180 berichtet wird. Danach legt die überwiegende Zahl der Wirtschaftsprüfer der Berechnung der Vergütung für ihre Leistungen Zeitgebühren zugrunde. Die Höhe der Stundensätze ist entsprechend der Qualifikation des Leistungserbringers unterschiedlich ausgestaltet.
Der durchschnittliche Stundensatz des **Wirtschaftsprüfer** als **Praxisinhaber, Sozius, gesetzlicher Vertreter, Partner** oder **Niederlassungsleiter** liegt im unteren Bereich im Mittel bei DM 214,– und im oberen Bereich im

Mittel bei DM 290,–. Neben einer breiten Streuung der Stundenwerte mit starker Annäherung an die Mittelwerte weisen die Angaben auch bemerkenswerte Abweichungen aus. Beim oberen Mittelwert liegt der höchste Einzelwert bei DM 1.050,–.

Der durchschnittliche Stundensatz für **sonstige Wirtschaftsprüfer, hochrangige Prüfungsleiter ohne WP-Qualifikation** sowie **erfahrene Steuerberater** oder **Rechtsanwälte** liegt im unteren Bereich im Mittel bei DM 171,– und im oberen Bereich im Mittel bei DM 221,–. Beim oberen Mittelwert liegt der höchste Einzelwert bei DM 600,–.

Der durchschnittliche Stundensatz für **sonstige Prüfer** und **Assistenten** liegt im unteren Bereich im Mittel bei DM 115,– und im oberen Bereich im Mittel bei DM 155,–. Beim oberen Mittelwert liegt der höchste Einzelwert bei DM 500,–.

Wegen der großen Bandbreite der Stundensätze wird von der Wirtschaftsprüferkammer der Abschluß einer schriftlichen **Honorarvereinbarung** empfohlen.

28.1.4 Für die Vergütung von Abschlußprüfungen bei gemeindlichen Betrieben sind in den einzelnen Bundesländern besondere Verwaltungsvorschriften ergangen, die inhaltlich jedoch im wesentlichen übereinstimmten und auch die gleichen Vergütungssätze auswiesen. Der Abschlußprüfer erhielt danach bis Ende 1999 ein nach **Tagewerken** bemessenes **Zeithonorar,** Tage- und Übernachtungsgeld sowie den Ersatz weiterer Auslagen. Dieses Zeithonorar war lange Zeit betragsmäßig für Gemeinden bis 20.000 Einwohner und für Gemeinden über 20.000 Einwohner unterschiedlich ausgestaltet. Seit 1. 1. 1995 bestand ein einheitlicher Zeitgebührensatz für ein Tagewerk. Dieser betrug ab 1. 1. 1999, ausgehend von einer Arbeitszeit von 7,7 Stunden, DM 848,50.

Die auch hier angestrebte Abrechnung nach **Stundensätzen** anstelle von Tagewerken hat nunmehr ab 1. 1. 2000 Platz gegriffen und soll zunächst für einen Erprobungszeitraum in den Jahren 2000 bis 2002 angewendet werden. Bei der Bemessung der Höhe der Stundensätze wird nach der Qualifikation der eingesetzten Personen differenziert. Dabei wird von den Qualifikationsstufen eines typischen Prüfungsteams ausgegangen. Im einzelnen gilt folgendes:

Stufe 1: Wirtschaftsprüfer

Stufe 2: Steuerberater, Rechtsanwälte, vereidigte Buchprüfer, erfahrene Prüfer mit mindestens zweijähriger Berufserfahrung, EDV-Prüfer, sonstige sachverständige Gutachter

Stufe 3: Prüfer, Prüfungsassistenten mit weniger als zwei Jahren Berufserfahrung.

Für die drei Qualifikationsstufen beträgt der Stundensatz ab 1. Januar 2000 für Personen der

Stufe 1: DM 160,—
Stufe 2: DM 123,50
Stufe 3: DM 94,—.

Für die Abgeltung der Reisekosten verbleibt es bei den bisherigen landesrechtlichen Regelungen (vergl. hierzu die Darstellung in der Vorauflage; zu dem neuen Gebührenmodell für die Pflichtprüfung kommunaler Wirtschaftsbetriebe ab 1. 1. 2000 siehe auch WPK-Mittl. 2/2000 S. 125).

28.1.5 Vereidigte Buchprüfer haben nach § 129 Absatz 1 WPO die berufliche Aufgabe, **Prüfungen** auf dem Gebiete des betrieblichen Rechnungswesens, insbesondere **Buch-** und **Bilanzprüfungen,** durchzuführen. Sie können über das Ergebnis ihrer Prüfungen **Prüfungsvermerke** erteilen. Zu den beruflichen Aufgaben des Vereidigten Buchprüfers gehört es insbesondere, die Prüfung des **Jahresabschlusses** von **mittelgroßen Gesellschaften mit beschränkter Haftung** durchzuführen.
Soweit ein Vereidigter Buchprüfer in diesem im Vergleich zum Wirtschaftsprüfer eingeschränkten Befugnisbereich die gleichen Tätigkeiten wie ein WP erbringt, kann für die Abrechnung dieser Leistungen das zur Vergütung für WP-Leistungen Gesagte **entsprechend** herangezogen werden.
Dies gilt auch für den Bereich der **freiwilligen Abschlußprüfungen** sowie der **sonstigen Prüfungen.**

28.2 Sonstiger Prüfer

Soweit Prüfungen, die Berufsangehörige auszuführen berechtigt sind, **„steuerlichen Zwecken"** (ggfs. im weiteren Sinne) dienen, finden für deren Vergütung die Vorschriften der **Steuerberatergebührenverordnung** Anwendung (Vergleiche hierzu insbesondere Anmerkung 2 zu § 36 in Teil II).
Berufsangehörige sind im Rahmen der Ausübung vereinbarer Tätigkeiten jedoch auch zu Prüfungen befugt, die über den Anwendungsbereich des § 33 StBerG hinausgehen, so daß die übliche Vergütung nicht den Bestimmungen der StBGebV entnommen werden kann.
Hierzu gehören die **freiwilligen Prüfungen,** insbesondere die Abschlußprüfungen nicht prüfungspflichtiger Unternehmen.
Dienen diese Prüfungen **nichtsteuerlichen Zwecken** und werden sie nach den gleichen Grundsätzen durchgeführt, nach denen die Wirtschaftsprüfern vorbehaltenen gesetzlichen Prüfungen von diesen durchgeführt werden, so kann für die Berechnung dieser Prüfungsleistungen auf die vorstehend unter Nummer **28.1** dargestellten Leitlinien der WP-Vergütung entsprechend zurückgegriffen werden.
Darüber hinaus können Berufsangehörige auch **gesetzliche Prüfungen** durchführen, sofern diese Prüfungen nicht Wirtschaftsprüfern und/oder Vereidigten Buchprüfern sowie den entsprechenden Berufsgesellschaften vorbehalten sind.
Werden diese Prüfungen nach den gleichen Grundsätzen durchgeführt wie sie auch bei der Prüfung durch Wirtschaftsprüfer Anwendung finden, können auch bei der Berechnung der Vergütung die vorstehend unter Nummer **28.1** dargestellten Richtsätze für die WP-Vergütung **entsprechend** herangezogen werden.
Zu den Prüfungen, die auch **„Sonstige Prüfer"** durchführen können, zählen insbesondere:

28.2.1 Prüfung nach **§ 34c Absatz 1 GewO** i.V. mit **§ 16 MaBV**

Für die Prüfung der Gewerbetreibenden im Sinne des § 34c Absatz 1 GewO bezüglich der Einhaltung der Verpflichtungen nach §§ 2 bis 14 MaBV sind als geeignete Prüfer gemäß § 16 Absatz 3 Satz 1 MaBV Wirtschaftsprüfer, Vereidigte Buchprüfer, Wirtschaftsprüfungs- und Buchprüfungsgesellschaften sowie bestimmte Prüfungsverbände vorgesehen. Bei Gewerbetreibenden im Sinne des § 34c Absatz 1 Satz 1 Nummer 1 Buchstabe a GewO (Makler und Darlehensvermittler) können gemäß § 16 Absatz 3 Satz 2 MaBV mit der Prüfung auch Personen sowie deren Zusammenschlüsse betraut werden, die öffentlich bestellt oder zugelassen worden sind und die aufgrund ihrer Vorbildung und Erfahrung in der Lage sind, eine ordnungsgemäße Prüfung in dem jeweiligen Gewerbebetrieb durchzuführen. Hierzu gehören Steuerberater, Steuerbevollmächtigte und Steuerberatungsgesellschaften („Hinweise der Bundessteuerberaterkammer zur Prüfung von Maklern und Darlehensvermittlern gemäß § 16 Makler- und Bauträgerverordnung", abgedruckt im „Berufsrechtlichen Handbuch").

28.2.2 Gründungsprüfung nach **§ 33 AktG**

Nach § 33 Absatz 4 AktG sollen als Gründungsprüfer, wenn die Prüfung keine anderen Kenntnisse fordert, nur bestellt werden:

1. Personen, die in der Buchführung ausreichend vorgebildet und erfahren sind;
2. Prüfungsgesellschaften, von deren gesetzlichen Vertretern mindestens einer in der Buchführung ausreichend vorgebildet und erfahren ist.

Zu dem nach dieser Vorschrift als Prüfer geeigneten Personenkreis zählen neben Wirtschaftsprüfern, Vereidigten Buchprüfern und den entsprechenden Berufsgesellschaften auch Steuerberater, Steuerbevollmächtigte und Steuerberatungsgesellschaften.

Wenn diese Prüfungen auch „steuerlichen Zwecken" (ggfs. im weiteren Sinne) dienen, d.h. wenn der Prüfungsgegenstand im Zusammenhang mit einem steuerlichen Zweck steht, wird man auch § 36 anwenden können (Siehe Anmerkung 2 zu § 36 in Teil II).

28.2.3 Sonderprüfung nach **§ 142 AktG**

Nach § 143 Absatz 1 AktG sollen als Sonderprüfer, wenn der Gegenstand der Sonderprüfung keine anderen Kenntnisse fordert, nur bestellt werden:

1. Personen, die in der Buchführung ausreichend vorgebildet und erfahren sind;
2. Prüfungsgesellschaften, von deren gesetzlichen Vertretern mindestens einer in der Buchführung ausreichend vorgebildet und erfahren ist.

Zu dem nach dieser Vorschrift als Prüfer geeigneten Personenkreis zählen neben Wirtschaftsprüfern, Vereidigten Buchprüfern und den entsprechenden Berufsgesellschaften auch Steuerberater, Steuerbevollmächtigte und Steuerberatungsgesellschaften.

28.2.4 Prüfung von **Sacheinlagen** nach **§ 183 Absatz 3 AktG**
Satz 2 von § 183 Absatz 3 AktG verweist unter anderem auch auf § 33 Absatz 4 AktG. Das vorstehend unter Anmerkung 28.2.2 zur Gründungsprüfung Gesagte besitzt deshalb auch für die Prüfung von Sacheinlagen entsprechende Gültigkeit.

29 Zustellungsbevollmächtigter und Zustellungsvertreter

Rechtsgrundlagen

A Gesetz über die Zwangsversteigerung und die Zwangsverwaltung vom 24. 3. 1897 (RGBl S. 97) i. d. F. der Bekanntmachung vom 20. 5. 1898 (RGBl S. 713), zuletzt geändert am 18. 2. 1998 (BGBl I S. 866)

§ 7 ZVG Zustellung an Zustellungsvertreter

(1) **An den Zustellungsvertreter erfolgen die Zustellungen, solange derjenige, welchem zugestellt werden soll, nicht ermittelt ist.**

(2) **Der Zustellungsvertreter ist zur Ermittlung und Benachrichtigung des Vertretenen verpflichtet. Er kann von diesem eine Vergütung für seine Tätigkeit und Ersatz seiner Auslagen fordern. Über die Vergütung und die Erstattung der Auslagen entscheidet das Vollstreckungsgericht.**

(3) **Für die Erstattung der Auslagen haftet der Gläubiger, soweit der Zustellungsvertreter von dem Vertretenen Ersatz nicht zu erlangen vermag; die dem Gläubiger zur Last fallenden Auslagen gehören zu den Kosten der die Befriedigung aus dem Grundstücke bezweckenden Rechtsverfolgung.**

Erläuterungen

29.1 Nimmt der Berufsangehörige im Rahmen eines **Steuerberatungsmandats** Schriftstücke entgegen, wie etwa von den Finanzbehörden erlassene Steuerbescheide, so handelt es sich hierbei nicht um eine über den Bereich des § 33 StBerG hinausgehende vereinbare Tätigkeit, sondern um eine zur **steuerberatenden Tätigkeit** im eigentlichen Sinne zählende Tätigkeit. Diese ist deshalb auch nicht nach den für den Bereich der vereinbaren Tätigkeiten geltenden Regelungen und Grundsätzen zu vergüten.

29.2 Ist allerdings die Tätigkeit als **Zustellungsbevollmächtigter** oder als **Zustellungsvertreter** ausschließlicher Gegenstand der Leistung des Berufsangehörigen, etwa als Zustellungsvertreter gemäß § 7 ZVG, so ist diese als Ausübung einer **vereinbaren Tätigkeit** anzusehen.
Nach § 7 Absatz 2 ZVG steht dem Zustellungsvertreter eine Vergütung seiner Tätigkeit und Ersatz seiner Auslagen zu. Über die Höhe der Vergütung und die Angemessenheit der Auslagen entscheidet das Vollstreckungsgericht gegenüber dem Vertretenen nach **billigem Ermessen.** Kriterien für die Festlegung der Vergütung sind insbesondere die aufgewendete Mühe, die

Dauer, die Arbeitsleistung, die Schwierigkeit, die Haftungsgefahr der Tätigkeit und das Interesse des Vertretenen (Drischler „Die Zustellungen im Zwangsversteigerungsverfahren" in JVBl 1962 S. 83; Zeller-Stöber „Zwangsversteigerungsgesetz" 16. Auflage 1999 Anmerkung 3.3 zu § 7 ZVG).
Die BRAGO ist auch bei einem als Zustellungsvertreter bestellten Rechtsanwalt nicht anwendbar (Zeller-Stöber a. a. O.; Gerold-Schmidt Anmerkung 39 zu § 1).
Die auf die Vergütung entfallende **Umsatzsteuer** ist in die Vergütung einzurechnen, wobei sich allerdings eine gesonderte Ausweisung empfiehlt (Zeller-Stöber a. a. O.).

30 Zwangsverwalter

Rechtsgrundlagen

A Gesetz über die Zwangsversteigerung und die Zwangsverwaltung vom 24. 3. 1897 (RGBl S. 97) i. d. F. der Bekanntmachung vom 20. 5. 1898 (RGBl S. 713), zuletzt geändert am 18. 2. 1998 (BGBl I S. 866)

§ 153 ZVG Anordnung und Aufsicht des Gerichts

(1) **Das Gericht hat den Verwalter nach Anhörung des Gläubigers und des Schuldners mit der erforderlichen Anweisung für die Verwaltung zu versehen, die dem Verwalter zu gewährende Vergütung festzusetzen und die Geschäftsführung zu beaufsichtigen; in geeigneten Fällen ist ein Sachverständiger zuzuziehen.**

(2) **Das Gericht kann dem Verwalter die Leistung einer Sicherheit auferlegen, gegen ihn Zwangsgeld festsetzen und ihn entlassen. Das Zwangsgeld ist vorher anzudrohen.**

B Verordnung über die Geschäftsführung und die Vergütung des Zwangsverwalters vom 16. 2. 1970 (BGBl I S. 185)

§ 23 ZwangsverwVO Vergütung und Auslagenersatz

(1) **Der Verwalter hat Anspruch auf eine Vergütung für seine Geschäftsführung, auf Erstattung angemessener barer Auslagen und auf Ersatz der darauf entfallenden Umsatzsteuer.**

(2) **Der nach § 150 a Abs. 2 Satz 1 des Gesetzes über die Zwangsversteigerung und die Zwangsverwaltung bestellte Verwalter erhält für seine Tätigkeit keine Vergütung (§ 150 a Abs. 2 Satz 2 des Gesetzes über die Zwangsversteigerung und die Zwangsverwaltung).**

§ 24 ZwangsverwVO Regelvergütung

(1) **Bei der Verwaltung von Grundstücken, die durch Vermieten oder Verpachten genutzt werden, erhält der Verwalter als Vergütung**

von dem im Kalenderjahr an Miet- oder Pachtzinsen eingezogenen Betrag
bis zu DM 1.000,– 9 v. H.
und von den Beträgen
über DM 1.000,– bis DM 2.000,– 8 v. H.,
über DM 2.000,– bis DM 3.000,– 7 v. H.,
über DM 3.000,– 6 v. H.
Als eingezogen gelten auch die auf das Kalenderjahr zu verrechnenden Mietvorauszahlungen.

(2) **Ist das Grundstück in einzelnen Teilen vermietet oder verpachtet, so werden die Hundertsätze von den Miet- oder Pachteinnahmen für jeden Teil besonders berechnet.**

(3) **Ist das Grundstück von dem Verwalter in Besitz genommen, so beträgt die Vergütung des Verwalters, sofern die vorstehenden Bestimmungen nicht einen höheren Betrag ergeben, für jedes angefangene Kalenderjahr DM 60,–.**

(4) **Ist das Verfahren der Zwangsverwaltung aufgehoben worden, bevor der Verwalter das Grundstück in Besitz genommen hat, so erhält er eine Vergütung von DM 30,–, sofern er bereits tätig geworden ist.**

§ 25 ZwangsverwVO Abweichende Festsetzung der Vergütung

Ergibt sich im Einzelfall ein Mißverhältnis zwischen der Tätigkeit des Verwalters und der Vergütung nach § 24, so ist eine entsprechend geringere oder höhere Vergütung festzusetzen.

§ 26 ZwangsverwVO Vergütung in besonderen Fällen

Für die Verwaltung von Grundstücken, die nicht durch Vermieten oder Verpachten genutzt werden, bestimmt sich die Vergütung des Verwalters nach dem Umfang seiner Tätigkeit und den gezogenen Nutzungen.

§ 27 ZwangsverwVO Geschäftsunkosten

(1) **Durch die Vergütung sind die allgemeinen Geschäftsunkosten abgegolten. Zu den allgemeinen Geschäftsunkosten gehört der Büroaufwand des Verwalters. Schreibgebühren und Gehälter von Angestellten, die im Rahmen ihrer laufenden Arbeiten auch bei der Zwangsverwaltung beschäftigt werden, können daher nicht – auch nicht anteilig – in Rechnung gestellt werden. Gleiches gilt für die Kosten einer Haftpflichtversicherung.**

(2) **Zu den allgemeinen Geschäftsunkosten gehören nicht die besonderen Unkosten, die dem Verwalter im Einzelfall (z. B. durch die Einstellung von Hilfskräften für bestimmte Aufgaben im Rahmen der Zwangsverwaltung oder durch Reisen) erwachsen. Durch Absatz 1 wird nicht ausgeschlossen, daß diese besonderen Unkosten als Auslagen erstattet werden, soweit sie angemessen sind.**

§ 28 ZwangsverwVO Festsetzung

Die Vergütung und die dem Verwalter zu erstattenden Beträge werden auf seinen Antrag vom Gericht festgesetzt. Vor der Festsetzung kann

der Verwalter mit Einwilligung des Gerichts aus den Einnahmen einen Vorschuß auf die Vergütung und die Auslagen entnehmen.

Erläuterungen

30.1 Die Vergütung des **Zwangsverwalters** bemißt sich nach den Bestimmungen der **„Verordnung über die Geschäftsführung und die Vergütung des Zwangsverwalters“** vom 16. 2. 1970 (ZwangsverwVO).
Der Zwangsverwalter hat nach § 23 Absatz 1 ZwangsverwVO Anspruch auf eine Vergütung für seine Geschäftsführung, auf Erstattung angemessener barer Auslagen und auf Ersatz der darauf entfallenden Umsatzsteuer. Nach § 24 ZwangsverwVO erhält er für die Verwaltung von **Grundstücken,** die durch Vermietung oder Verpachtung genutzt werden, als Regelvergütung **Vomhundertsätze** der eingezogenen Beträge, die wie folgt gestaffelt sind:
9 v.H. bis zu einem Betrag von DM 1.000,–;
8 v.H. vom Mehrbetrag von mehr als DM 1.000,– bis DM 2.000,–;
7 v.H. vom Mehrbetrag von mehr als DM 2.000,– bis DM 3.000,–;
6 v.H. vom Mehrbetrag von mehr als DM 3.000,–.
Trotz des Wortlauts des § 24 Absatz 1 ZwangsverwVO, der von „eingezogenen“ Beträgen spricht, ist umstritten, ob bei den Vergütungssätzen auf die tatsächlich vereinnahmten Miet- und Pachtzinsen abzuheben ist, oder ob dabei die Sollmieten zu berücksichtigen sind. Da die Tätigkeit des Zwangsverwalters darauf ausgerichtet ist, die geschuldeten Miet- und Pachtzinsen zu erlangen, muß es auch entscheidend sein, daß diese Tätigkeit entfaltet wird, und nicht darauf, ob sie auch erfolgreich ist. Für die Berechnung der Höhe der Zwangsverwaltervergütung sind deshalb die Sollmieten ausschlaggebend (Gerold-Schmidt Anmerkung 30 zu § 1; Zeller-Stöber, Zwangsvollstrekkungsgesetz Anmerkung 4.5 zu § 152a ZVG).
Bezüglich der Höhe der Vergütung ist streitig, ob auch derzeit noch die Vergütungssätze des § 24 Absatz 1 ZwangsverwVO aus dem Jahr 1970 gelten, oder ob die Vergütung auch in einfach gelagerten Fällen regelmäßig um das 2 bzw. 3-fache angehoben werden sollte (vergleiche zu dem Meinungsstreit Gerold-Schmidt a.a.O. und Grczynski in JurBüro 1998 S. 452, der sich gegen eine automatische Erhöhung der Regelvergütung ausspricht).
Bei einem **Mißverhältnis** zwischen der Tätigkeit des Verwalters und der Vergütung nach § 24 ZwangsverwVO ist eine entsprechend **höhere** oder **geringere Vergütung** festzusetzen (§ 25 ZwangsverwVO). Die Vergütung für die Verwaltung von Grundstücken, die nicht durch Vermieten oder Verpachten genutzt werden, bestimmt sich nach dem Umfang der Tätigkeit des Zwangsverwalters und den gezogenen Nutzungen (§ 26 ZwangsverwVO).
Nach § 27 ZwangsverwVO sind die allgemeinen Geschäftsunkosten und der Büroaufwand mit der Vergütung abgegolten (vergleiche auch Nummer **6** Anmerkung 6.12).
Ergänzend verwiesen wird auf Nummer **6** Anmerkung 6.15.

Teil IV

Steuerliches Kostenrecht

1. Gesetzliche Vorschriften (Auszüge)

Inhaltsübersicht

1.1 Finanzgerichtsordnung (FGO)

Vom 6. Oktober 1965 (BGBl. I S. 1477)

(Zuletzt geändert durch Gesetz vom 18. Juni 1997, BGBl. I S. 1430)

– Auszug –

Dritter Teil. Kosten und Vollstreckung

Abschnitt I. Kosten

§ 135 [Kostenpflichtige]

(1) **Der unterliegende Beteiligte trägt die Kosten des Verfahrens.**

(2) **Die Kosten eines ohne Erfolg eingelegten Rechtsmittels fallen demjenigen zur Last, der das Rechtsmittel eingelegt hat.**

(3) **Dem Beigeladenen können Kosten nur auferlegt werden, soweit er Anträge gestellt oder Rechtsmittel eingelegt hat.**

(4) **Die Kosten des erfolgreichen Wiederaufnahmeverfahrens können der Staatskasse auferlegt werden, soweit sie nicht durch das Verschulden eines Beteiligten entstanden sind.**

(5) **Besteht der kostenpflichtige Teil aus mehreren Personen, so haften diese nach Kopfteilen. Bei erheblicher Verschiedenheit ihrer Beteiligung kann nach Ermessen des Gerichts die Beteiligung zum Maßstab genommen werden.**

§ 136 [Kompensation der Kosten]

(1) **Wenn ein Beteiligter teils obsiegt, teils unterliegt, so sind die Kosten gegeneinander aufzuheben oder verhältnismäßig zu teilen. Sind die Kosten gegeneinander aufgehoben, so fallen die Gerichtskosten jedem Teil zur Hälfte zur Last. Einem Beteiligten können die Kosten ganz auferlegt werden, wenn der andere nur zu einem geringen Teil unterlegen ist.**

(2) **Wer einen Antrag, eine Klage, ein Rechtsmittel oder einen anderen Rechtsbehelf zurücknimmt, hat die Kosten zu tragen.**

(3) **Kosten, die durch einen Antrag auf Wiedereinsetzung in den vorigen Stand entstehen, fallen dem Antragsteller zur Last.**

(4) *(aufgehoben)*

§ 137 [Anderweitige Auferlegung der Kosten]

Einem Beteiligten können die Kosten ganz oder teilweise auch dann auferlegt werden, wenn er obsiegt hat, die Entscheidung aber auf Tatsachen beruht, die er früher hätte geltend machen oder beweisen können und sollen. Kosten, die durch Verschulden eines Beteiligten entstanden sind, können diesem auferlegt werden.

§ 138 [Kostenentscheidung durch Beschluß]

(1) **Ist der Rechtsstreit in der Hauptsache erledigt, so entscheidet das Gericht nach billigem Ermessen über die Kosten des Verfahrens durch Beschluß; der bisherige Sach- und Streitstand ist zu berücksichtigen.**

(2) **Soweit ein Rechtsstreit dadurch erledigt wird, daß dem Antrag des Steuerpflichtigen durch Rücknahme oder Änderung des angefochtenen Verwaltungsaktes stattgegeben oder daß im Falle der Untätigkeitsklage gemäß § 46 Abs. 1 Satz 3 Halbsatz 2 innerhalb der gesetzten Frist dem außergerichtlichen Rechtsbehelf stattgegeben oder der beantragte Verwaltungsakt erlassen wird, sind die Kosten der Behörde aufzuerlegen.**

§ 139 [Erstattungsfähige Kosten]

(1) **Kosten sind die Gerichtskosten (Gebühren und Auslagen) und die zur zweckentsprechenden Rechtsverfolgung oder Rechtsverteidigung notwendigen Aufwendungen der Beteiligten einschließlich der Kosten des Vorverfahrens.**

(2) **Die Aufwendungen der Finanzbehörden sind nicht zu erstatten.**

(3) **Gesetzlich vorgesehene Gebühren und Auslagen eines Bevollmächtigten oder Beistandes, der nach den Vorschriften des Steuerberatungsgesetzes zur geschäftsmäßigen Hilfeleistung in Steuersachen befugt ist, sind stets erstattungsfähig. Aufwendungen für einen Bevollmächtigten oder Beistand, für den Gebühren und Auslagen gesetzlich nicht vorgesehen sind, können bis zur Höhe der gesetzlichen Gebühren und Auslagen der Rechtsanwälte erstattet werden. Soweit ein Vorverfahren geschwebt hat, sind die Gebühren und Auslagen erstattungsfähig, wenn das Gericht die Zuziehung eines Bevollmächtigten oder Beistandes für das Vorverfahren für notwendig erklärt. Steht der Bevollmächtigte oder Beistand in einem Angestelltenverhältnis zu einem Beteiligten, so werden die durch seine Zuziehung entstandenen Gebühren nicht erstattet.**

(4) **Die außergerichtlichen Kosten des Beigeladenen sind nur erstattungsfähig, wenn das Gericht sie aus Billigkeit der unterliegenden Partei oder der Staatskasse auferlegt.**

§ 142 [Prozeßkostenhilfe]

(1) **Die Vorschriften der Zivilprozeßordnung über die Prozeßkostenhilfe gelten sinngemäß.**

(2) **Einem Beteiligten, dem Prozeßkostenhilfe bewilligt worden ist, kann auch ein Steuerberater beigeordnet werden.**

§ 143 [Kostenentscheidung]

(1) **Das Gericht hat im Urteil oder, wenn das Verfahren in anderer Weise beendet worden ist, durch Beschluß über die Kosten zu entscheiden.**

(2) **Wird eine Sache vom Bundesfinanzhof an das Finanzgericht zurückverwiesen, so kann diesem die Entscheidung über die Kosten des Verfahrens übertragen werden.**

§ 144 [Kostenentscheidung bei Rücknahme eines Rechtsbehelfs]

Ist ein Rechtsbehelf seinem vollen Umfange nach zurückgenommen worden, so wird über die Kosten des Verfahrens nur entschieden, wenn ein Beteiligter Kostenerstattung beantragt.

§ 145 [Anfechtung der Kostenentscheidung]

Die Anfechtung der Entscheidung über die Kosten ist unzulässig, wenn nicht gegen die Entscheidung in der Hauptsache ein Rechtsmittel eingelegt wird.

§ 149 [Festsetzung der zu erstattenden Aufwendungen]

(1) **Die den Beteiligten zu erstattenden Aufwendungen werden auf Antrag von dem Urkundsbeamten des Gerichts des ersten Rechtszuges festgesetzt.**

(2) **Gegen die Festsetzung ist die Erinnerung an das Gericht gegeben. Die Frist für die Einlegung der Erinnerung beträgt zwei Wochen. Über die Zulässigkeit der Erinnerung sind die Beteiligten zu belehren.**

(3) **Der Vorsitzende des Gerichts oder das Gericht können anordnen, daß die Vollstreckung einstweilen auszusetzen ist.**

(4) **Über die Erinnerung entscheidet das Gericht durch Beschluß.**

1.2 Gesetz zur Entlastung des Bundesfinanzhofs (BFHEntlG)

Vom 8. Juli 1975 (BGBl. I S. 1861)

(Zuletzt geändert durch Gesetz vom 17. Dezember 1999, BGBl. I S. 2447)

Art. 1 Entlastungsvorschriften

Bis zum 31. Dezember 2000 gelten für Beschwerden und Revisionen nach der Finanzgerichtsordnung sowie für Verfahren im ersten Rechtszug vor dem Bundesfinanzhof die folgenden besonderen Vorschriften:

1. **Vor dem Bundesfinanzhof muß sich jeder Beteiligte durch einen Rechtsanwalt, Steuerberater oder Wirtschaftsprüfer als Bevollmächtigten vertreten lassen. Dies gilt auch für die Einlegung der Revision sowie der Beschwerde. Juristische Personen des öffentlichen Rechts und Behörden können sich auch durch Beamte oder Angestellte, welche die Befähigung zum Richteramt besitzen, vertreten lassen.**
2. *(aufgehoben)*
3. *(aufgehoben)*
4. *(aufgehoben)*
5. **Abweichend von § 115 Abs. 1 der Finanzgerichtsordnung findet die Revision nur statt, wenn das Finanzgericht oder auf Beschwerde gegen die Nichtzulassung der Bundesfinanzhof sie zugelassen hat.**
6. **Der Beschluß des Bundesfinanzhofs nach § 115 Abs. 5 der Finanzgerichtsordnung über die Beschwerde gegen die Nichtzulassung der Revision bedarf keiner Begründung.**
7. **Der Bundesfinanzhof kann über die Revision in der Besetzung von fünf Richtern durch Beschluß entscheiden, wenn er einstimmig die Revision für unbegründet und eine mündliche Verhandlung nicht für erforderlich hält. Die Beteiligten sind vorher davon zu unterrichten und zu hören. Die Voraussetzungen dieses Verfahrens sind im Beschluß festzustellen; einer weiteren Begründung bedarf es nicht.**
8. **Die Entscheidung über die Revision braucht nicht begründet zu werden, soweit der Bundesfinanzhof Rügen von Verfahrensmängeln nicht für durchgreifend hält. Dies gilt nicht für Rügen nach § 119 der Finanzgerichtsordnung.**

Art. 2 Übergangsvorschriften

1. **In Verfahren vor dem Bundesfinanzhof über Klagen nach § 37 der Finanzgerichtsordnung, die vor Inkrafttreten dieses Gesetzes erhoben worden sind oder für die eine Klagefrist vor Inkrafttreten dieses Gesetzes begonnen hat, ist Artikel 1 Nr. 1 nicht anzuwenden. Das gleiche gilt für Verfahren über Rechtsmittel gegen Entscheidungen der Finanzgerichte, die vor Inkrafttreten dieses Gesetzes verkündet oder von Amts wegen an Stelle einer Verkündung zugestellt worden sind. In Verfahren, die bis zum 31. Dezember 1978 bei dem Bundesfinanzhof anhängig geworden sind, können sich die Beteiligten abweichend von Artikel 1 Nr. 1 auch durch Steuerbevollmächtigte vertreten lassen.**
2. **Die Zulässigkeit eines Rechtsmittels gegen Entscheidungen der Finanzgerichte, die vor Inkrafttreten dieses Gesetzes verkündet oder von Amts wegen an Stelle einer Verkündung zugestellt worden sind, richtet sich nach den bisher geltenden Vorschriften.**
3. **Die Zulässigkeit eines Rechtsmittels gegen Entscheidungen der Finanzgerichte, die in der Zeit vom Inkrafttreten dieses Gesetzes bis zum 31. Dezember 2000 verkündet oder von Amts wegen an Stelle einer Verkündung zugestellt werden, richtet sich nach Artikel 1 Nr. 3 bis 5 dieses Gesetzes.**

Art. 3 *(aufgehoben)*

Art. 4 Inkrafttreten

Dieses Gesetz tritt am 15. September 1975 in Kraft.

1.3 Gerichtskostengesetz (GKG)

In der Fassung der Bekanntmachung vom 15. Dezember 1975 (BGBl. I S. 3047)

(Zuletzt geändert durch Gesetz vom 19. Dezember 1998, BGBl. I S. 3836)

– Auszug –

Erster Abschnitt. Allgemeine Vorschriften

§ 1 Geltungsbereich

(1) **Für das Verfahren**

a) vor den ordentlichen Gerichten nach der Zivilprozeßordnung, der Insolvenzordnung, der Schiffahrtsrechtlichen Verteilungsordnung, dem Gesetz über die Zwangsversteigerung und die Zwangsverwaltung, der Strafprozeßordnung, dem Jugendgerichtsgesetz, dem Gesetz über Ordnungswidrigkeiten, dem Strafvollzugsgesetz und dem Gesetz gegen Wettbewerbsbeschränkungen,

b) vor den Gerichten der Verwaltungsgerichtsbarkeit nach der Verwaltungsgerichtsordnung,

c) vor den Gerichten der Finanzgerichtsbarkeit nach der Finanzgerichtsordnung,

d) vor den Staatsanwaltschaften nach der Strafprozeßordnung, dem Jugendgerichtsgesetz und dem Gesetz über Ordnungswidrigkeiten,

werden Kosten (Gebühren und Auslagen) nur nach diesem Gesetz erhoben.

(2) **Die Vorschriften dieses Gesetzes über die Erhebung von Kosten für das Verfahren vor den ordentlichen Gerichten nach der Zivilprozeßordnung gelten auch für Familiensachen des § 621 Abs. 1 Nr. 1 bis 3, 6, 7 und 9 der Zivilprozeßordnung, die Folgesachen einer Scheidungssache sind. Für Familiensachen des § 621 Abs. 1 Nr. 9 der Zivilprozeßordnung gelten sie auch dann, wenn nach § 621 a Abs. 2 der Zivilprozeßordnung einheitlich durch Urteil zu entscheiden ist.**

(3) **Die Vorschriften dieses Gesetzes über die Erhebung von Kosten gelten auch für Rechtsmittelverfahren vor dem Bundesgerichtshof nach dem Patentgesetz, dem Gebrauchsmustergesetz, dem Markengesetz, dem Geschmacksmustergesetz, dem Halbleiterschutzgesetz, dem Schriftzeichengesetz und dem Sortenschutzgesetz.**

(4) **Vorbehaltlich besonderer Bestimmungen im Arbeitsgerichtsgesetz gelten die Vorschriften dieses Gesetzes über die Erhebung von Kosten für Verfahren vor den ordentlichen Gerichten nach der Zivilprozeßordnung auch für Verfahren vor den Gerichten für Arbeitssachen nach dem Arbeitsgerichtsgesetz.**

§ 2 Kostenfreiheit

(1) In Verfahren vor den ordentlichen Gerichten und den Gerichten der Finanzgerichtsbarkeit sind von der Zahlung der Kosten befreit der Bund und die Länder sowie die nach Haushaltsplänen des Bundes oder eines Landes verwalteten öffentlichen Anstalten und Kassen.

(2) Sonstige bundesrechtliche Vorschriften, durch die für Verfahren vor den ordentlichen Gerichten und den Gerichten der Finanzgerichtsbarkeit eine sachliche oder persönliche Befreiung von Kosten gewährt ist, bleiben in Kraft. Landesrechtliche Vorschriften, die für diese Verfahren in weiteren Fällen eine sachliche oder persönliche Befreiung von Kosten gewähren, bleiben unberührt.

(3) Vor den Gerichten der Verwaltungsgerichtsbarkeit und den Gerichten für Arbeitssachen finden bundesrechtliche oder landesrechtliche Vorschriften über persönliche Kostenfreiheit keine Anwendung. Vorschriften über sachliche Kostenfreiheit bleiben unberührt.

(4) Soweit jemandem, der von Kosten befreit ist, Kosten des Verfahrens auferlegt werden, sind Kosten nicht zu erheben; bereits erhobene Kosten sind zurückzuzahlen. Das gleiche gilt, soweit ein von Kosten Befreiter Kosten des Verfahrens übernimmt.

§ 3 Sicherstellung und Vorauszahlung

In weiterem Umfang als die Prozeßordnungen und dieses Gesetz es gestatten, darf die Tätigkeit der Gerichte von der Sicherstellung oder Zahlung der Kosten nicht abhängig gemacht werden.

§ 4 Kostenansatz

(1) Außer in Strafsachen und in gerichtlichen Verfahren nach dem Gesetz über Ordnungswidrigkeiten werden angesetzt

1. die Kosten der ersten Instanz bei dem Gericht, bei dem das Verfahren erster Instanz anhängig ist oder zuletzt anhängig war,
2. die Kosten des Rechtsmittelverfahrens bei dem Rechtsmittelgericht.

Dies gilt auch dann, wenn die Kosten bei einem ersuchten Gericht entstanden sind.

(2) Ist in Strafsachen oder in gerichtlichen Verfahren nach dem Gesetz über Ordnungswidrigkeiten eine gerichtliche Entscheidung durch die Staatsanwaltschaft zu vollstrecken oder in Jugendgerichtssachen eine Vollstreckung einzuleiten, so werden die Kosten angesetzt

1. in Strafsachen und in gerichtlichen Verfahren nach dem Gesetz über Ordnungswidrigkeiten bei der Staatsanwaltschaft,
2. in Jugendgerichtssachen bei dem Amtsgericht, dem der Jugendrichter angehört, der die Vollstreckung einzuleiten hat (§ 84 des Jugendgerichtsgesetzes).

Im übrigen werden die Kosten in diesen Verfahren bei dem Gericht des ersten Rechtszuges angesetzt. Die Kosten des Rechtsmittelverfahrens vor dem Bundesgerichtshof werden stets bei dem Bundesgerichtshof angesetzt.

(2a) **Hat die Staatsanwaltschaft im Falle des § 25a des Straßenverkehrsgesetzes eine abschließende Entscheidung getroffen, so werden die Kosten einschließlich derer, die durch einen Antrag auf gerichtliche Entscheidung entstanden sind, bei ihr angesetzt.**

(3) **Der Kostenansatz kann im Verwaltungsweg berichtigt werden, solange nicht eine gerichtliche Entscheidung getroffen ist. Ergeht nach der gerichtlichen Entscheidung über den Kostenansatz eine Entscheidung, durch die der Streitwert anders festgesetzt wird, so kann der Kostenansatz ebenfalls berichtigt werden.**

§ 5 Erinnerung, Beschwerde

(1) **Über Erinnerungen des Kostenschuldners und der Staatskasse gegen den Kostenansatz entscheidet das Gericht, bei dem die Kosten angesetzt sind. Sind die Kosten bei der Staatsanwaltschaft angesetzt worden, so ist das Gericht der ersten Instanz zuständig. War das Verfahren in erster Instanz bei mehreren Gerichten anhängig, so ist das Gericht, bei dem es zuletzt anhängig war, auch insoweit zuständig, als Kosten bei den anderen Gerichten angesetzt worden sind.**

(2) **Gegen die Entscheidung über die Erinnerung können der Kostenschuldner und die Staatskasse Beschwerde einlegen, wenn der Wert des Beschwerdegegenstandes 100 Deutsche Mark übersteigt. Die Beschwerde ist ausgeschlossen, wenn die Kosten bei dem Rechtsmittelgericht angesetzt worden sind. Eine Beschwerde an einen obersten Gerichtshof des Bundes und eine weitere Beschwerde finden nicht statt.**

(3) **Erinnerung und Beschwerde sind schriftlich oder zu Protokoll der Geschäftsstelle bei dem Gericht einzulegen, das für die Entscheidung über die Erinnerung zuständig ist; § 129a der Zivilprozeßordnung gilt entsprechend. Die Erinnerung kann auch bei der Staatsanwaltschaft eingelegt werden, wenn die Kosten bei dieser angesetzt worden sind. Die Beschwerde ist nicht an eine Frist gebunden.**

(4) **Das Gericht, das über die Erinnerung entschieden hat, kann der Beschwerde abhelfen. Über die Beschwerde entscheidet das nach den für die Hauptsache geltenden Vorschriften zuständige, im Rechtszug nächsthöhere Gericht. Erinnerung und Beschwerde haben keine aufschiebende Wirkung. Der Vorsitzende des Gerichts oder der Vorsitzende des Beschwerdegerichts kann auf Antrag oder von Amts wegen die aufschiebende Wirkung ganz oder teilweise anordnen. Im übrigen sind die für die Beschwerde in der Hauptsache geltenden Vorschriften anzuwenden.**

(5) **In dem Verfahren über die Erinnerung und über die Beschwerde bedarf es nicht der Mitwirkung eines Bevollmächtigten.**

(6) **Das Verfahren über die Erinnerung und über die Beschwerde ist gebührenfrei. Kosten werden nicht erstattet.**

§ 7 Nachforderung

Wegen irrigen Ansatzes dürfen Kosten nur nachgefordert werden, wenn der berichtigte Ansatz dem Zahlungspflichtigen vor Ablauf des nächsten Kalenderjahres, nachdem die Entscheidung Rechtskraft erlangt

oder das Verfahren sich anderweitig erledigt hat, mitgeteilt worden ist. Ist die Wertfestsetzung geändert worden, so genügt es, wenn der berichtigte Ansatz dem Zahlungspflichtigen drei Monate nach der Änderung der Wertfestsetzung mitgeteilt worden ist.

§ 8 Nichterhebung von Kosten wegen unrichtiger Sachbehandlung

(1) **Kosten, die bei richtiger Behandlung der Sache nicht entstanden wären, werden nicht erhoben. Das gleiche gilt für Auslagen, die durch eine von Amts wegen veranlaßte Verlegung eines Termins oder Vertagung einer Verhandlung entstanden sind. Für abweisende Bescheide sowie bei Zurücknahme eines Antrags kann von der Erhebung von Kosten abgesehen werden, wenn der Antrag auf unverschuldeter Unkenntnis der tatsächlichen oder rechtlichen Verhältnisse beruht.**

(2) **Die Entscheidung trifft das Gericht. Solange nicht das Gericht entschieden hat, können Anordnungen nach Absatz 1 im Verwaltungsweg erlassen werden. Eine im Verwaltungsweg getroffene Anordnung kann nur im Verwaltungsweg geändert werden.**

§ 9 Verweisungen

(1) **Verweist ein erstinstanzliches Gericht oder ein Rechtsmittelgericht ein Verfahren an ein erstinstanzliches Gericht desselben oder eines anderen Zweiges der Gerichtsbarkeit, so ist das frühere erstinstanzliche Verfahren als Teil des Verfahrens vor dem übernehmenden Gericht zu behandeln.**

(2) **Mehrkosten, die durch Anrufung eines Gerichts entstehen, zu dem der Rechtsweg nicht gegeben oder das für das Verfahren nicht zuständig ist, werden nur dann erhoben, wenn die Anrufung auf verschuldeter Unkenntnis der tatsächlichen oder rechtlichen Verhältnisse beruht. Die Entscheidung trifft das Gericht, an das verwiesen worden ist.**

§ 10 Verjährung

(1) **Ansprüche auf Zahlung von Kosten verjähren in vier Jahren nach Ablauf des Kalenderjahres, in dem das Verfahren durch rechtskräftige Entscheidung über die Kosten, durch Vergleich oder in sonstiger Weise beendet ist.**

(2) **Ansprüche auf Rückerstattung von Kosten verjähren in vier Jahren nach Ablauf des Kalenderjahres, in dem der Anspruch entstanden ist. Die Verjährung beginnt jedoch nicht vor dem im Absatz 1 bezeichneten Zeitpunkt.**

(3) **Auf die Verjährung sind die Vorschriften des Bürgerlichen Gesetzbuches anzuwenden; die Verjährung wird nicht von Amts wegen berücksichtigt. Die Verjährung der Ansprüche auf Zahlung von Kosten wird auch durch die Aufforderung zur Zahlung oder durch eine dem Schuldner mitgeteilte Stundung unterbrochen. Ist der Aufenthalt des Kostenschuldners unbekannt, so genügt die Zustellung durch Aufgabe zur Post unter seiner letzten bekannten Anschrift. Bei Kostenbeträgen unter zwanzig Deutsche Mark wird die Verjährung nicht unterbrochen.**

§ 11 Höhe der Kosten

(1) **Kosten werden nach dem Kostenverzeichnis der Anlage 1 zu diesem Gesetz erhoben.**

(2) **Die Gebühren richten sich nach dem Wert des Streitgegenstandes (Streitwert), soweit nichts anderes bestimmt ist. Die Gebühr bei einem Streitwert bis 600 Mark beträgt 50 DM. Die Gebühr erhöht sich bei einem**

Streitwert bis ... DM	für jeden angefangenen Betrag von weiteren ... DM	um ... DM
3.000	600	20
10.000	1.000	15
20.000	2.000	30
50.000	5.000	45
100.000	10.000	60
400.000	30.000	200
1.000.000	60.000	295
über 1.000.000	100.000	300

Eine Gebührentabelle für Streitwerte bis eine Million Deutsche Mark ist diesem Gesetz als Anlage 2 beigefügt.

(3) **Der Mindestbetrag einer Gebühr ist 20 Deutsche Mark. Dies gilt nicht für das durch die Geschäftsstelle an die Post gerichtete Ersuchen um Bewirkung einer Zustellung (§ 196 ZPO). Pfennigbeträge werden auf volle zehn Deutsche Pfennig aufgerundet.**

Zweiter Abschnitt. Bürgerliche Rechtsstreitigkeiten, Familiensachen (§ 1 Abs. 2) und Verfahren vor den Gerichten der Verwaltungs- und Finanzgerichtsbarkeit

§ 13 Wertberechnung in Verfahren vor Gerichten der Verwaltungsgerichtsbarkeit und Finanzgerichtsbarkeit

(1) **In Verfahren vor den Gerichten der Verwaltungsgerichtsbarkeit und der Finanzgerichtsbarkeit ist der Streitwert vorbehaltlich der folgenden Vorschriften nach der sich aus dem Antrag des Klägers für ihn ergebenden Bedeutung der Sache nach Ermessen zu bestimmen. Bietet der bisherige Sach- und Streitstand hierfür keine genügenden Anhaltspunkte, so ist ein Streitwert von 8.000 Deutsche Mark anzunehmen.**

(2) **Betrifft der Antrag des Klägers eine bezifferte Geldleistung oder einen hierauf gerichteten Verwaltungsakt, so ist deren Höhe maßgebend.**

(3) **In Verfahren vor den Gerichten der Verwaltungsgerichtsbarkeit über Ansprüche nach dem Vermögensgesetz darf der Streitwert nicht über 1 Million Deutsche Mark angenommen werden.**

(4) **In Verfahren, welche die Begründung, die Umwandlung, das Bestehen, das Nichtbestehen oder die Beendigung eines besoldeten öffentlich-rechtlichen Dienst- oder Amtsverhältnisses betreffen, ist Streitwert**

a) der 13fache Betrag des Endgrundgehaltes zuzüglich ruhegehaltsfähiger Zulagen, wenn Gegenstand des Verfahrens ein Dienst- oder Amtsverhältnis auf Lebenszeit ist;
b) in sonstigen Fällen die Hälfte des sich nach Buchstabe a ergebenden Betrages, die Hälfte des 13fachen Anwärtergrundbetrages zuzüglich eines Anwärtersonderzuschlags oder die Hälfte des vertraglich für die Dauer eines Jahres vereinbarten Gehaltes.

Betrifft das Verfahren die Verleihung eines anderen Amtes oder den Zeitpunkt einer Versetzung in den Ruhestand, ist Streitwert die Hälfte des sich nach Satz 1 ergebenden Betrages.

(5) Ist mit einem in Verfahren nach Absatz 4 verfolgten Klagebegehren ein aus ihm hergeleiteter vermögensrechtlicher Anspruch verbunden, so ist nur ein Klagebegehren, und zwar das wertmäßig höhere, maßgebend.

(6) Dem Kläger steht gleich, wer sonst das Verfahren der ersten Instanz beantragt hat.

§ 14 Wertberechnung in Rechtsmittelverfahren

(1) Im Rechtsmittelverfahren bestimmt sich der Streitwert nach den Anträgen des Rechtsmittelführers. Endet das Verfahren, ohne daß solche Anträge eingereicht werden, oder werden, wenn eine Frist für die Rechtsmittelbegründung vorgeschrieben ist, innerhalb dieser Frist Rechtsmittelanträge nicht eingereicht, so ist die Beschwer maßgebend.

(2) Der Streitwert ist durch den Wert des Streitgegenstandes der ersten Instanz begrenzt. Das gilt nicht, soweit der Streitgegenstand erweitert wird.

(3) Im Verfahren über den Antrag auf Zulassung des Rechtsmittels und im Verfahren über die Beschwerde gegen die Nichtzulassung des Rechtsmittels ist Streitwert der für das Rechtsmittelverfahren maßgebende Wert.

§ 15 Zeitpunkt der Wertberechnung

Für die Wertberechnung ist der Zeitpunkt der die Instanz einleitenden Antragstellung entscheidend.

§ 19 Klage und Widerklage, Hilfsanspruch, wechselseitige Rechtsmittel, Aufrechnung

(1) In einer Klage und in einer Widerklage geltend gemachte Ansprüche, die nicht in getrennten Prozessen verhandelt werden, werden zusammengerechnet. Ein hilfsweise geltend gemachter Anspruch wird mit dem Hauptanspruch zusammengerechnet, soweit eine Entscheidung über ihn ergeht. Betreffen die Ansprüche im Fall des Satzes 1 oder 2 denselben Gegenstand, ist nur der Wert des höheren Anspruchs maßgebend.

(2) Für wechselseitig eingelegte Rechtsmittel, die nicht in getrennten Prozessen verhandelt werden, ist Absatz 1 Satz 1 und 3 entsprechend anzuwenden.

(3) **Macht der Beklagte hilfsweise die Aufrechnung mit einer bestrittenen Gegenforderung geltend, so erhöht sich der Streitwert um den Wert der Gegenforderung, soweit eine der Rechtskraft fähige Entscheidung über sie ergeht.**

(4) **Bei einer Erledigung des Rechtsstreits durch Vergleich sind die Absätze 1 bis 3 entsprechend anzuwenden.**

§ 20 Einstweiliger Rechtsschutz, Verfahren nach § 319 Abs. 6 des Aktiengesetzes oder § 16 Abs. 3 des Umwandlungsgesetzes

(1) **Im Verfahren über einen Antrag auf Anordnung, Abänderung oder Aufhebung eines Arrestes oder einer einstweiligen Verfügung bestimmt sich der Wert nach § 3 der Zivilprozeßordnung. Entsprechendes gilt im Verfahren über den Antrag auf Zulassung oder Vollziehung einer vorläufigen oder sichernden Maßnahme des Schiedsgerichts sowie im Verfahren auf Aufhebung oder Abänderung einer Entscheidung auf Zulassung der Vollziehung (§ 1041 der Zivilprozeßordnung).**

(2) **Ist in einem Verfahren nach § 620 Satz 1 Nr. 4 und 6, § 641 d oder § 644 der Zivilprozeßordnung die Unterhaltspflicht zu regeln, so wird der Wert nach dem sechsmonatigen Bezug berechnet. Im Verfahren nach § 620 Satz 1 Nr. 7 der Zivilprozeßordnung bestimmt sich der Wert, soweit die Benutzung der Ehewohnung zu regeln ist, nach dem dreimonatigen Mietwert, soweit die Benutzung des Hausrats zu regeln ist, nach § 3 der Zivilprozeßordnung.**

(3) **Im Verfahren über einen Antrag auf Erlaß, Abänderung oder Aufhebung einer einstweiligen Anordnung nach § 123 der Verwaltungsgerichtsordnung oder § 114 der Finanzgerichtsordnung und in Verfahren nach § 47 Abs. 8, § 80 Abs. 5 bis 8, § 80 a Abs. 3 der Verwaltungsgerichtsordnung oder § 69 Abs. 3, 5 der Finanzgerichtsordnung bestimmt sich der Wert nach § 13 Abs. 1.**

(4) ...

§ 21 Teile des Streitgegenstandes

(1) **Für Handlungen, die einen Teil des Streitgegenstandes betreffen, sind die Gebühren nur nach dem Wert dieses Teils zu berechnen.**

(2) **Sind von einzelnen Wertteilen in derselben Instanz für gleiche Handlungen Gebühren zu berechnen, so darf nicht mehr erhoben werden, als wenn die Gebühr von dem Gesamtbetrag der Wertteile zu berechnen wäre.**

(3) **Sind für Teile des Gegenstandes verschiedene Gebührensätze anzuwenden, so sind die Gebühren für die Teile gesondert zu berechnen; die aus dem Gesamtbetrag der Wertteile nach dem höchsten Gebührensatz berechnete Gebühr darf jedoch nicht überschritten werden.**

§ 22 Nebenforderungen

(1) **Bei Handlungen, die außer dem Hauptanspruch auch Früchte, Nutzungen, Zinsen oder Kosten als Nebenforderungen betreffen, wird der Wert der Nebenforderung nicht berücksichtigt.**

(2) Bei Handlungen, die Früchte, Nutzungen, Zinsen oder Kosten als Nebenforderungen ohne den Hauptanspruch betreffen, ist der Wert der Nebenforderungen maßgebend, soweit er den Wert des Hauptanspruchs nicht übersteigt.

(3) Bei Handlungen, welche die Kosten des Rechtsstreits ohne den Hauptanspruch betreffen, ist der Betrag der Kosten maßgebend, soweit er den Wert des Hauptanspruchs nicht übersteigt.

§ 23 Angabe des Wertes

(1) Bei jedem Antrag ist der Wert des Streitgegenstandes, sofern dieser nicht in einer bestimmten Geldsumme besteht oder sich aus früheren Anträgen ergibt, und auf Erfordern auch der Wert eines Teils des Streitgegenstandes schriftlich oder zu Protokoll der Geschäftsstelle anzugeben.

(2) Die Angabe kann jederzeit berichtigt werden.

§ 24 Wertfestsetzung für die Zuständigkeit des Prozeßgerichts oder die Zulässigkeit des Rechtsmittels

Ist der Streitwert für die Entscheidung über die Zuständigkeit des Prozeßgerichts oder die Zulässigkeit des Rechtsmittels festgesetzt, so ist die Festsetzung auch für die Berechnung der Gebühren maßgebend. Die §§ 14 bis 20 bleiben unberührt.

§ 25 Wertfestsetzung für die Gerichtsgebühren

(1) Sind Gebühren, die sich nach dem Streitwert richten, im voraus zu zahlen, setzt das Prozeßgericht bei Eingang einer Klage oder eines Antrags den Wert ohne Anhörung der Parteien durch Beschluß vorläufig fest, wenn Gegenstand des Verfahrens nicht eine bestimmte Geldsumme in inländischer Währung ist. Einwendungen gegen die Höhe des festgesetzten Wertes können nur im Verfahren nach § 6 geltend gemacht werden.

(2) Soweit eine Entscheidung nach § 24 Satz 1 nicht ergeht oder nach § 24 Satz 2 nicht bindet, setzt das Prozeßgericht den Wert für die zu erhebenden Gebühren durch Beschluß fest, sobald eine Entscheidung über den gesamten Streitgegenstand ergeht oder sich das Verfahren anderweitig erledigt; in Verfahren vor den Gerichten der Finanzgerichtsbarkeit gilt dies nur dann, wenn ein Beteiligter oder die Staatskasse die Festsetzung beantragt oder das Gericht sie für angemessen erachtet. Die Festsetzung kann von dem Gericht, das sie getroffen hat, und, wenn das Verfahren wegen der Hauptsache oder wegen der Entscheidung über den Streitwert, den Kostenansatz oder die Kostenfestsetzung in der Rechtsmittelinstanz schwebt, von dem Rechtsmittelgericht von Amts wegen geändert werden. Die Änderung ist nur innerhalb von sechs Monaten zulässig, nachdem die Entscheidung in der Hauptsache Rechtskraft erlangt oder das Verfahren sich anderweitig erledigt hat.

(3) Gegen den Beschluß findet die Beschwerde statt, wenn der Wert des Beschwerdegegenstandes einhundert Deutsche Mark übersteigt; § 5

Abs. 2 Satz 3, Abs. 3 Satz 1, Abs. 4 Satz 1, 2 und 5 und Abs. 5 ist entsprechend anzuwenden. Die Beschwerde ist ausgeschlossen, wenn das Rechtsmittelgericht den Beschluß erlassen hat. Sie ist nur zulässig, wenn sie innerhalb der in Absatz 2 Satz 3 bestimmten Frist eingelegt wird; ist der Streitwert später als einen Monat vor Ablauf dieser Frist festgesetzt worden, so kann sie noch innerhalb eines Monats nach Zustellung oder formloser Mitteilung des Festsetzungsbeschlusses eingelegt werden.

(4) **Das Verfahren über die Beschwerde ist gebührenfrei. Kosten werden nicht erstattet.**

§ 26 Schätzung des Wertes

Wird eine Abschätzung durch Sachverständige erforderlich, so ist in dem Beschluß, durch den der Wert festgesetzt wird (§ 25), über die Kosten der Abschätzung zu entscheiden. Diese Kosten können ganz oder teilweise der Partei auferlegt werden, welche die Abschätzung durch Unterlassen der ihr obliegenden Wertangabe, durch unrichtige Angabe des Wertes, durch unbegründetes Bestreiten des angegebenen Wertes oder durch eine unbegründete Beschwerde veranlaßt hat.

§ 27 Einmalige Erhebung der Gebühren

Die Gebühr für das Verfahren im allgemeinen und die Gebühr für eine Entscheidung werden in jeder Instanz hinsichtlich eines jeden Teils des Streitgegenstandes nur einmal erhoben.

§ 33 Zurückverweisung

Wird eine Sache zur anderweitigen Verhandlung an das Gericht der unteren Instanz zurückverwiesen, so bildet das weitere Verfahren mit dem früheren Verfahren vor diesem Gericht im Sinne des § 27 eine Instanz.

§ 34 Verzögerung des Rechtsstreits

(1) **Wird außer im Falle des § 335 der Zivilprozeßordnung durch Verschulden des Klägers, des Beklagten oder eines Vertreters die Vertagung einer mündlichen Verhandlung oder die Anberaumung eines neuen Termins zur mündlichen Verhandlung nötig oder ist die Erledigung des Rechtsstreits durch nachträgliches Vorbringen von Angriffs- oder Verteidigungsmitteln, Beweismitteln oder Beweiseinreden, die früher vorgebracht werden konnten, verzögert worden, so kann das Gericht dem Kläger oder dem Beklagten von Amts wegen eine besondere Gebühr in Höhe einer Gebühr auferlegen. Die Gebühr kann bis auf ein Viertel ermäßigt werden. Dem Kläger, dem Beklagten oder dem Vertreter stehen gleich der Nebenintervenient, der Beigeladene, der Oberbundesanwalt und der Vertreter des öffentlichen Interesses sowie ihre Vertreter.**

(2) **Gegen den Beschluß findet die Beschwerde statt, wenn der Wert des Beschwerdegegenstandes einhundert Deutsche Mark übersteigt. § 5 Abs. 2 Satz 2 und 3, Abs. 3 Satz 1 und 3, Abs. 4 Satz 1, 2 und 5 sowie Abs. 5 und 6 ist entsprechend anzuwenden.**

Siebenter Abschnitt. Kostenzahlung und Kostenvorschuß

§ 49 Kostenschuldner im Streitverfahren

In bürgerlichen Rechtsstreitigkeiten, in Verfahren nach § 1 Abs. 2 und 3 und in Verfahren vor den Gerichten der Verwaltungs- und Finanzgerichtsbarkeit ist Schuldner der Kosten derjenige, der das Verfahren der Instanz beantragt hat. In dem Verfahren, das gemäß § 700 Abs. 3 der Zivilprozeßordnung dem Mahnverfahren folgt, ist Schuldner der Kosten nach Satz 1, wer den Vollstreckungsbescheid beantragt hat.

§ 54 Sonstige Kostenschuldner

Kostenschuldner ist ferner

1. **derjenige, dem durch gerichtliche oder staatsanwaltschaftliche Entscheidung die Kosten des Verfahrens auferlegt sind;**
2. **derjenige, der sie durch eine vor Gericht abgegebene oder dem Gericht mitgeteilte Erklärung oder in einem vor Gericht abgeschlossenen oder dem Gericht mitgeteilten Vergleich übernommen hat; dies gilt auch, wenn bei einem Vergleich ohne Bestimmung über die Kosten diese als von beiden Teilen je zur Hälfte übernommen anzusehen sind;**
3. **derjenige, der für die Kostenschuld eines anderen kraft Gesetzes haftet;**
4. **der Vollstreckungsschuldner für die notwendigen Kosten der Zwangsvollstreckung.**

§ 56 Schuldner der Schreibauslagen und bestimmter sonstiger Auslagen

(1) **Schuldner der Schreibauslagen ist ferner derjenige, der die Erteilung der Ausfertigungen und Abschriften beantragt hat. Sind Abschriften angefertigt worden, weil die Partei oder der Beteiligte es unterlassen hat, einem von Amts wegen zuzustellenden Schriftsatz die erforderliche Zahl von Abschriften beizufügen, so ist Schuldner der Schreibauslagen nur die Partei oder der Beteiligte.**

(2) **Schuldner der Auslagen für die Versendung von Akten ist nur derjenige, der die Versendung beantragt hat.**

§ 57 Erlöschen der Zahlungspflicht

Die durch gerichtliche oder staatsanwaltschaftliche Entscheidung begründete Verpflichtung zur Zahlung von Kosten erlischt, soweit die Entscheidung durch eine andere Entscheidung aufgehoben oder abgeändert wird. Soweit die Verpflichtung zur Zahlung von Kosten nur auf der aufgehobenen oder abgeänderten Entscheidung beruht hat, werden bereits gezahlte Kosten zurückerstattet.

§ 58 Mehrere Kostenschuldner

(1) **Mehrere Kostenschuldner haften als Gesamtschuldner.**

(2) Soweit ein Kostenschuldner auf Grund von § 54 Nr. 1 oder 2 haftet, soll die Haftung eines anderen Kostenschuldners nur geltend gemacht werden, wenn eine Zwangsvollstreckung in das bewegliche Vermögen des ersteren erfolglos geblieben ist oder aussichtslos erscheint. Soweit einem Kostenschuldner, der auf Grund von § 54 Nr. 1 haftet, die Prozeßkostenhilfe bewilligt oder ein Betrag für die Reise zum Ort einer Verhandlung, Vernehmung oder Untersuchung und für die Rückreise gewährt worden ist, soll die Haftung eines anderen Kostenschuldners nicht geltend gemacht werden.

§ 59 Haftung von Streitgenossen und Beigeladenen

(1) Streitgenossen haften als Gesamtschuldner, wenn die Kosten nicht durch gerichtliche Entscheidung unter sie verteilt sind. Soweit einen Streitgenossen nur Teile des Streitgegenstandes betreffen, beschränkt sich seine Haftung als Gesamtschuldner auf den Betrag, der entstanden wäre, wenn das Verfahren nur diese Teile betroffen hätte.

(2) Absatz 1 gilt auch für mehrere Beigeladene, denen Kosten auferlegt worden sind.

§ 63 Fälligkeit der Gebühren in sonstigen Fällen, Fälligkeit der Auslagen

(1) Im übrigen werden die Gebühren sowie die Auslagen fällig, sobald eine unbedingte Entscheidung über die Kosten ergangen ist oder das Verfahren oder die Instanz durch Vergleich, Zurücknahme oder anderweitige Erledigung beendigt ist.

(2) In Strafsachen werden die Kosten, die dem verurteilten Beschuldigten zur Last fallen, erst mit der Rechtskraft des Urteils fällig. Satz 1 gilt in gerichtlichen Verfahren nach dem Gesetz über Ordnungswidrigkeiten entsprechend.

§ 64 Fälligkeit der Schreibauslagen und bestimmter sonstiger Auslagen

(1) Schreibauslagen und Auslagen für die Versendung von Akten werden sofort nach ihrer Entstehung fällig. Sie können bei der Stelle angesetzt werden, bei der sie entstanden sind.

(2) Die Erteilung oder Anfertigung der auf Antrag zu erteilenden Ausfertigungen und Abschriften sowie die Versendung von Akten können von der vorherigen Zahlung eines die Auslagen deckenden Betrages abhängig gemacht werden. § 5 gilt entsprechend.

§ 73 Übergangsvorschrift

(1) In Rechtsstreitigkeiten, die vor dem Inkrafttreten einer Gesetzesänderung anhängig geworden sind, werden die Kosten nach bisherigem Recht erhoben. Dies gilt nicht im Verfahren über ein Rechtsmittel, das nach dem Inkrafttreten einer Gesetzesänderung eingelegt worden ist. Die Sätze 1 und 2 gelten auch, wenn Vorschriften geändert werden, auf die dieses Gesetz verweist.

(2) **In Strafsachen, in gerichtlichen Verfahren nach dem Gesetz über Ordnungswidrigkeiten und nach dem Strafvollzugsgesetz werden die Kosten nach dem bisherigen Recht erhoben, wenn die über die Kosten ergehende Entscheidung vor dem Inkrafttreten einer Gesetzesänderung rechtskräftig geworden ist.**

(3) **In Insolvenzverfahren, schiffahrtsrechtlichen Verteilungsverfahren und Verfahren der Zwangsversteigerung und Zwangsverwaltung gilt das bisherige Recht für Kosten, die vor dem Inkrafttreten einer Gesetzesänderung fällig geworden sind.**

Anlage 1 zu § 11 Abs. 1 (Auszug)

Nr.	Gebührentatbestand	Gebührenbetrag oder Satz der Gebühr nach § 11 Abs. 2 GKG
	Teil 3. Verfahren vor den Gerichten der Finanzgerichtsbarkeit	
	I. Prozeßverfahren	
	1. Prozeßverfahren erster Instanz	
3110	Verfahren im allgemeinen, soweit es sich nicht nach § 45 Abs. 3 FGO erledigt	1,0
	Die Gebühr entfällt bei Zurücknahme der Klage vor Ablauf des Tages, an dem ein Beweisbeschluß oder ein Gerichtsbescheid unterschrieben ist, und früher als eine Woche vor Beginn des Tages, der für die mündliche Verhandlung vorgesehen war; die Erledigung des Rechtsstreits in der Hauptsache (§ 138 FGO) steht der Zurücknahme nicht gleich.	
3113	Gerichtsbescheid (§ 90a FGO) außer Zwischengerichtsbescheid, Grundurteil (§ 99 Abs. 1 FGO), Vorbehaltsurteil (§ 155 FGO i. V. m. § 302 ZPO)	1,0
3114	Endurteil, soweit die Gebühr 3113 entstanden ist	1,5
3115	Endurteil, soweit die Gebühr 3113 nicht entstanden ist ..	2,5
3118	Beschluß nach § 138 FGO, soweit nicht bereits die Gebühr 3114 oder 3115 entstanden ist	1,5
	2. Revisionsverfahren	
3130	Verfahren im allgemeinen	2,0
3131	Zurücknahme der Revision oder der Klage, bevor die Schrift zur Begründung der Revision bei Gericht eingegangen ist; die Erledigung des Rechtsstreits in der Hauptsache (§ 138 FGO) steht der Zurücknahme nicht gleich: Die Gebühr 3130 ermäßigt sich auf	0,5
3133	Gerichtsbescheid (§ 90a FGO) außer Zwischengerichtsbescheid	1,5

Nr.	Gebührentatbestand	Gebührenbetrag oder Satz der Gebühr nach § 11 Abs. 2 GKG
3134	Urteil, das die Instanz abschließt, soweit die Gebühr 3133 entstanden ist	1,5
3135	Urteil, das die Instanz abschließt, soweit die Gebühr 3133 nicht entstanden ist	3,0
3138	Beschluß nach § 138 FGO	1,5
	II. Einstweilige Anordnungen, Verfahren nach § 69 Abs. 3, 5 FGO	
3210	Verfahren über den Antrag In Verfahren über den Antrag auf Erlaß und über den Antrag auf Aufhebung einer einstweiligen Anordnung werden die Gebühren jeweils gesondert erhoben. Mehrere Verfahren nach § 69 Abs. 3, 5 FGO gelten innerhalb eines Rechtszuges als ein Verfahren.	0,5
	III. Selbständige Beweisverfahren, Verzögerung des Rechtsstreits	
3300	Selbständiges Beweisverfahren	0,5
3310	Auferlegung einer Gebühr nach § 34 GKG wegen Verzögerung des Rechtsstreits	wie vom Gericht bestimmt
	IV. Beschwerdeverfahren	
3400	Verfahren über die Beschwerde nach § 114 FGO	1,0
3401	Verfahren über die Beschwerde gegen eine Entscheidung im Verfahren über die Prozeßkostenhilfe: Die Beschwerde wird verworfen oder zurückgewiesen: Wird die Beschwerde nur teilweise verworfen oder zurückgewiesen, kann das Gericht die Gebühr nach billigem Ermessen auf die Hälfte ermäßigen oder bestimmen, daß eine Gebühr nicht zu erheben ist.	50 DM
3402	Verfahren über nicht besonders aufgeführte Beschwerden, die nicht nach anderen Vorschriften gebührenfrei sind: Soweit die Beschwerde verworfen oder zurückgewiesen wird	1,0

Nr.	Auslagentatbestand	Höhe

Teil 9. Auslagen

(1) Auslagen, die durch eine für begründet befundene Beschwerde entstanden sind, werden nicht erhoben, soweit das Beschwerdeverfahren gebührenfrei ist; dies gilt jedoch nicht, soweit das Beschwerdegericht die Kosten dem Gegner des Beschwerdeführers auferlegt hat.

(2) Neben Gebühren, die sich nach dem Streitwert richten, mit Ausnahme der Gebühr 6800, werden die Auslagen nach den Nummern 9001 und 9002 nur erhoben, soweit sie in einer Instanz einen Betrag von 100 DM überschreiten.

Nr.	Auslagentatbestand	Höhe
9000	Die Schreibauslagen betragen für jede Seite unabhängig von der Art der Herstellung in demselben Rechtszug	
	a) für die ersten 50 Seiten	1 DM
	b) für jede weitere Seite	0,30 DM
	(1) Die Höhe der Schreibauslagen ist für jeden Kostenschuldner nach § 56 Abs. 1 GKG gesondert zu berechnen; Gesamtschuldner gelten als ein Schuldner.	
	(2) Schreibauslagen werden erhoben für Ausfertigungen oder Abschriften,	
	a) die auf Antrag erteilt, angefertigt oder per Telefax übermittelt werden;	
	b) die angefertigt worden sind, weil die Partei oder ein Beteiligter es unterlassen hat, einem von Amts wegen zuzustellenden Schriftsatz die erforderliche Zahl von Abschriften beizufügen.	
	(3) Frei von Schreibauslagen sind für jede Partei, jeden Beteiligten und jeden Beschuldigten	
	a) eine vollständige Ausfertigung oder Abschrift jeder gerichtlichen Entscheidung und jedes vor Gericht abgeschlossenen Vergleichs;	
	b) eine Ausfertigung ohne Tatbestand und Entscheidungsgründe;	
	c) eine Abschrift jeder Niederschrift über eine Sitzung;	
	d) bei Vertretung durch einen Bevollmächtigten jeweils eine weitere vollständige Ausfertigung oder Abschrift.	
	(4) Schreibauslagen für die erste Abschrift eines mit eidesstattlicher Versicherung abgegebenen Vermögensverzeichnisses und der Niederschrift über die Abgabe der eidesstattlichen Versicherung werden von demjenigen Kostenschuldner nicht erhoben, von dem die Gebühr 1643 oder 1644 zu erheben ist.	
	(5) Werden für Ausfertigungen oder Abschriften Entwürfe verwandt, die der Antragsteller dem Gericht zur Verfügung gestellt hat und die nur durch Geschäftsnummer, Zeitangaben, Kostenrechnung, Ausfertigungs- oder Beglaubigungsvermerk und Unterschrift des ausfertigenden Bediensteten zu ergänzen sind, so werden Schreibauslagen nicht erhoben.	
9001	Entgelte für Telekommunikationsdienstleistungen außer für den Telefondienst	in voller Höhe
9002	Kosten für Zustellungen durch	
	a) die Post mit Zustellungsurkunde oder Einschreiben gegen Rückschein	in voller Höhe
	b) Justizbedienstete nach den §§ 211, 212 ZPO anstelle der tatsächlichen Aufwendungen	jeweils in Höhe des Betrages der Gebühr nach § 16 Abs. 1 GvKostG
	Neben der Gebühr 1643 werden für die erste Zustellung keine Auslagen erhoben.	

Nr.	Auslagentatbestand	Höhe
9003	Versendung von Akten auf Antrag je Sendung pauschal .... Die Auslagen werden von demjenigen Kostenschuldner nicht erhoben, von dem die Gebühr 1645 zu erheben ist.	15 DM
9004	Kosten, die durch öffentliche Bekanntmachung entstehen, mit Ausnahme der für Post- und Telekommunikationsdienstleistungen zu zahlenden Entgelte, jedoch nicht die Kosten der Bekanntmachung eines besonderen Prüfungstermins (§ 177 InsO, § 11 SVertO)	in voller Höhe
9005	Nach dem Gesetz über die Entschädigung von Zeugen und Sachverständigen (ZuSEG) zu zahlende Beträge, und zwar auch dann, wenn aus Gründen der Gegenseitigkeit, der Verwaltungsvereinfachung und dgl. keine Zahlungen zu leisten sind .... (1) Ist für einen Beschuldigten oder Betroffenen, der der deutschen Sprache nicht mächtig, taub oder stumm ist, im Strafverfahren oder im gerichtlichen Verfahren nach dem OWiG ein Dolmetscher oder Übersetzer herangezogen worden, um Erklärungen oder Schriftstücke zu übertragen, auf deren Verständnis der Beschuldigte oder Betroffene zu seiner Verteidigung angewiesen ist, werden von diesem die dadurch entstandenen Auslagen nur erhoben, wenn das Gericht ihm diese nach § 464c StPO oder die Kosten nach § 467 Abs. 2 Satz 1 StPO, jeweils auch i. V. m. § 46 Abs. 1 OWiG, auferlegt hat. (2) Sind die Auslagen durch mehrere Geschäfte veranlaßt, die sich auf verschiedene Rechtssachen beziehen, so werden die Auslagen auf die mehreren Geschäfte unter Berücksichtigung der auf die einzelnen Geschäfte verwendeten Zeit angemessen verteilt.	in voller Höhe
9006	Bei Geschäften außerhalb der Gerichtsstelle a) die den Gerichtspersonen aufgrund gesetzlicher Vorschriften gewährte Vergütung (Reisekosten, Auslagenersatz) und die Kosten für die Bereitstellung von Räumen .... b) für den Einsatz von Dienstkraftfahrzeugen für jeden gefahrenen Kilometer .... Sind die Auslagen durch mehrere Geschäfte veranlaßt, die sich auf verschiedene Rechtssachen beziehen, so werden die Auslagen auf die mehreren Geschäfte unter Berücksichtigung der Entfernung und der auf die einzelnen Geschäfte verwendeten Zeit angemessen verteilt.	 in voller Höhe 0,52 DM
9007	An Rechtsanwälte zu zahlende Beträge mit Ausnahme der Vergütungen nach dem 13. Abschnitt der BRAGO	in voller Höhe
9008	Kosten für a) die Beförderung von Personen	 in voller Höhe

Nr.	Auslagentatbestand	Höhe
	b) Zahlungen an mittellose Personen für die Reise zum Ort einer Verhandlung; Vernehmung oder Untersuchung und für die Rückreise	bis zur Höhe der nach dem ZuSEG an Zeugen zu zahlenden Beträge
9009	An Dritte zu zahlende Beträge für a) die Beförderung von Tieren und Sachen mit Ausnahme der für Postdienstleistungen zu zahlenden Entgelte, die Verwahrung von Tieren und Sachen sowie die Fütterung von Tieren	in voller Höhe
	b) die Beförderung und die Verwahrung von Leichen	in voller Höhe
	c) die Durchsuchung oder Untersuchung von Räumen und Sachen einschließlich der die Durchsuchung oder Untersuchung vorbereitenden Maßnahmen	in voller Höhe
	d) die Bewachung von Schiffen und Luftfahrzeugen	in voller Höhe
9010	Kosten einer Zwangshaft	in Höhe der für die Freiheitsstrafe geltenden Sätze
9011	Kosten einer Haft außer Zwangshaft, Kosten einer einstweiligen Unterbringung (§ 126a StPO), einer Unterbringung zur Beobachtung (§ 81 StPO, § 73 JGG) und einer einstweiligen Unterbringung in einem Heim der Jugendhilfe (§ 71 Abs. 2, § 72 Abs. 4 JGG) .... Die Kosten werden nur angesetzt, wenn sie nach den für die Freiheitsstrafe geltenden Vorschriften zu erheben wären.	in Höhe der für Die Freiheitsstrafe geltenden Sätze
9012	Beträge, die anderen inländischen Behörden, öffentlichen Einrichtungen oder Bediensteten als Ersatz für Auslagen der in den Nummern 9000 bis 9011 bezeichneten Art zustehen, und zwar auch dann, wenn aus Gründen der Gegenseitigkeit, der Verwaltungsvereinfachung und dgl. Keine Zahlungen zu leisten sind	begrenzt durch die Höchstsätze für die Auslagen 9000 bis 9011
9013	Beträge, die ausländischen Behörden, Einrichtungen oder Personen im Ausland zustehen, sowie Kosten des Rechtshilfeverkehrs mit dem Ausland, und zwar auch dann, wenn aus Gründen der Gegenseitigkeit, der Verwaltungsvereinfachung und dgl. Keine Zahlungen zu leisten sind	in voller Höhe
9014	Auslagen der in den Nummern 9000 bis 9013 bezeichneten Art, soweit sie durch die Vorbereitung der öffentlichen Klage entstanden sind	begrenzt durch die Höchstsätze für die Auslagen 9000 bis 9012

Nr.	Auslagentatbestand	Höhe
9015	Auslagen der in den Nummern 9000 bis 9013 bezeichneten Art, soweit sie durch das dem gerichtlichen Verfahren vorausgegangene Bußgeldverfahren entstanden sind .... Absatz 1 der Anmerkung zu Nummer 9005 ist nicht anzuwenden.	begrenzt durch die Höchstsätze für die Auslagen 9000 bis 9012
9016	Nach § 50 Abs. 5 FGG an den Verfahrenspfleger zu zahlende Beträge	in voller Höhe

1.4 Kostenverfügung (KostVfg)

Vom 1. März 1976

in der seit dem 1. Januar 1995 geltenden Fassung

– Auszug –

§ 8 Kostengesamtschuldner

(1) Soweit in Angelegenheiten, für die das Gerichtskostengesetz gilt, einer gesamtschuldnerisch haftenden Partei die Kosten durch gerichtliche Entscheidung auferlegt oder von ihr durch eine vor Gericht abgegebene oder ihm mitgeteilte Erklärung übernommen sind, soll die Haftung der anderen gesamtschuldnerisch haftenden Partei (des Zweitschuldners) nur geltend gemacht werden, wenn eine Zwangsvollstreckung in das bewegliche Vermögen der erstgenannten Partei (des Erstschuldners) erfolglos geblieben ist oder aussichtslos erscheint (§ 58 Abs. 2, § 69 GKG). Das gleiche gilt in Verfahren in Landwirtschaftssachen (§ 47 Abs. 1 des Gesetzes über das gerichtliche Verfahren in Landwirtschaftssachen vom 21. 7. 1953 – Bundesgesetzbl. I S. 667). Daß die Zwangsvollstreckung aussichtslos sei, kann regelmäßig dann angenommen werden, wenn gegen den Erstschuldner im Ausland vollstreckt werden müßte.

(2) Soweit einem Kostenschuldner, der aufgrund von § 54 Nr. 1 GKG haftet, Prozeßkostenhilfe bewilligt ist, soll die Haftung eines anderen Kostenschuldners nicht geltend gemacht werden (§ 58 Abs. 2 Satz 2 GKG).

(3) In allen sonstigen Fällen der gesamtschuldnerischen Haftung für die Kosten bestimmt der Kostenbeamte nach pflichtmäßigem Ermessen, ob der geschuldete Betrag von einem Kostenschuldner ganz oder von mehreren nach Kopfteilen angefordert werden soll. Soweit die Sicherheit der Staatskasse keine andere Art der Inanspruchnahme geboten erscheinen läßt, sollen die Kosten regelmäßig zunächst angefordert werden

1. von dem Schuldner, dem sie durch gerichtliche Entscheidung auferlegt sind oder der sie durch Erklärung gegenüber dem Gericht übernommen hat;
2. in Ermangelung einer solchen Entscheidung oder Übernahmeerklärung von dem Schuldner, der sie im Verhältnis zu den übrigen endgültig zu tragen hat;

3. wenn dieses Innenverhältnis dem Kostenbeamten nicht bekannt ist oder wenn mehrere Schuldner auch im Verhältnis zueinander gleichmäßig haften, von sämtlichen Kostenschuldnern nach Kopfteilen.

Ist anzunehmen, daß einer dieser Gesamtschuldner zur Zahlung überhaupt nicht oder nur in Teilbeträgen in der Lage wäre, so sind die gesamten Kosten zunächst nur von den übrigen anzufordern.

§ 13 Zeit des Kostenansatzes im allgemeinen

(1) Soweit nichts anderes bestimmt oder zugelassen ist, werden Kosten alsbald nach Fälligkeit angesetzt (z.B. §§ 61 bis 64 GKG, § 7 KostO) und Kostenvorschüsse berechnet, sobald sie zu leisten sind (z.B. §§ 66 bis 69 GKG, § 8 KostO). In finanzgerichtlichen Verfahren werden Gebühren und Auslagen jedoch erst nach rechtskräftigem Abschluß oder nach anderweitiger Beendigung des Verfahrens angesetzt.

(2) ...

§ 37a Einrede der Verjährung

– zu § 10 Abs. 2 GKG, § 17 Abs. 2 KostO, § 14 JVKostO –

Ist der Anspruch auf Erstattung von Kosten verjährt, so hat der Kostenbeamte die Akten dem zur Vertretung der Staatskasse zuständigen Beamten vorzulegen. Soll nach dessen Auffassung die Verjährungseinrede erhoben werden, so ist hierzu die Einwilligung des unmittelbar vorgesetzten Präsidenten einzuholen. Von der Erhebung der Verjährungseinrede kann mit Rücksicht auf die Umstände des Falles abgesehen werden. Hat der zur Vertretung der Staatskasse zuständige Beamte dem Kostenbeamten mitgeteilt, daß die Verjährungseinrede nicht erhoben werden soll, so ist dies in der Kassenanordnung zu vermerken.

§ 43 Berichtigung des Kostenansatzes im Verwaltungsweg

– zu § 4 Abs. 3 GKG, § 14 Abs. 6 KostO –

Solange eine gerichtliche Entscheidung nicht ergangen ist, sind die Vorstände der Justizbehörden und die Kostenprüfungsbeamten befugt, den Kostenansatz zu beanstanden und den Kostenbeamten zur Berichtigung des Kostenansatzes anzuweisen. Der Kostenbeamte hat der Weisung Folge zu leisten; er ist nicht berechtigt, deshalb die Entscheidung des Gerichts herbeizuführen.

§ 45 Erinnerungen und Beschwerden der Staatskasse

– zu § 5 GKG, § 14 Abs. 2 bis 5 KostO, § 13 JVKostO –

(1) Der Vertreter der Staatskasse soll Erinnerungen gegen den Kostenansatz nur dann einlegen, wenn es wegen der grundsätzlichen Bedeutung der Sache angezeigt erscheint, von einer Berichtigung im Verwaltungsweg (§ 43) abzusehen und eine gerichtliche Entscheidung herbeizuführen.

(2) Alle beschwerdefähigen gerichtlichen Entscheidungen einschließlich der Wertfestsetzungen, durch die der Kostenansatz zuungunsten der Staatskasse geändert wird, hat der Kostenbeamte des entscheidenden

Gerichts dem zur Vertretung der Staatskasse zuständigen Beamten mitzuteilen. Legt der Kostenbeamte eine Erinnerung des Kostenschuldners dem zur Vertretung der Staatskasse zuständigen Beamten vor (§ 35 Abs. 2), so prüft dieser, ob der Kostenansatz im Verwaltungsweg zu ändern ist oder ob Anlaß besteht, für die Staatskasse ebenfalls Erinnerung einzulegen. Soweit der Erinnerung nicht abgeholfen wird, veranlaßt er, daß die Akten unverzüglich dem Gericht vorgelegt werden.

1.5 Zivilprozeßordnung (ZPO)

In der Fassung vom 12. September 1950 (BGBl. I S. 533)

(Zuletzt geändert durch Gesetz vom 27. 6. 2000, BGBl. I S. 897)

– Auszug –

Fünfter Titel. Prozeßkosten

§ 103 [Kostenfestsetzung; Grundsatz; Gesuch]

(1) **Der Anspruch auf Erstattung der Prozeßkosten kann nur auf Grund eines zur Zwangsvollstreckung geeigneten Titels geltend gemacht werden.**

(2) **Der Antrag auf Festsetzung des zu erstattenden Betrages ist bei dem Gericht des ersten Rechtszuges anzubringen. Die Kostenberechnung, ihre zur Mitteilung an den Gegner bestimmte Abschrift und die zur Rechtfertigung der einzelnen Ansätze dienenden Belege sind beizufügen.**

§ 104 [Verfahren bei Kostenfestsetzung; sofortige Beschwerde]

(1) **Über den Festsetzungsantrag entscheidet das Gericht des ersten Rechtszuges. Auf Antrag ist auszusprechen, daß die festgesetzten Kosten vom Eingang des Festsetzungsantrags, im Falle des § 105 Abs. 2 von der Verkündung des Urteils ab mit vier vom Hundert zu verzinsen sind. Die Entscheidung ist, sofern dem Antrag ganz oder teilweise entsprochen wird, dem Gegner des Antragstellers unter Beifügung einer Abschrift der Kostenrechnung von Amts wegen zuzustellen. Dem Antragsteller ist die Entscheidung nur dann von Amts wegen zuzustellen, wenn der Antrag ganz oder teilweise zurückgewiesen wird; im übrigen ergeht die Mitteilung formlos.**

(2) **Zur Berücksichtigung eines Ansatzes genügt, daß er glaubhaft gemacht ist. Hinsichtlich der einem Rechtsanwalt erwachsenen Auslagen für Post- und Telekommunikationsdienstleistungen genügt die Versicherung des Rechtsanwalts, daß diese Auslagen entstanden sind. Zur Berücksichtigung von Umsatzsteuerbeträgen genügt die Erklärung des Antragstellers, daß er die Beträge nicht als Vorsteuer abziehen kann.**

(3) **Gegen die Entscheidung findet sofortige Beschwerde statt. Das Beschwerdegericht kann das Verfahren aussetzen, bis die Entscheidung, auf die der Festsetzungsantrag gestützt wird, rechtskräftig ist.**

§ 105 [Vereinfachte Kostenfestsetzung]

(1) **Der Festsetzungsbeschluß kann auf das Urteil und die Ausfertigungen gesetzt werden, sofern bei Eingang des Antrags eine Ausfertigung des Urteils noch nicht erteilt ist und eine Verzögerung der Ausfertigung nicht eintritt. Eine besondere Ausfertigung und Zustellung des Festsetzungsbeschlusses findet in diesem Falle nicht statt. Den Parteien ist der festgesetzte Betrag mitzuteilen, dem Gegner des Antragstellers unter Beifügung der Abschrift der Kostenberechnung. Die Verbindung des Festsetzungsbeschlusses mit dem Urteil soll unterbleiben, sofern dem Festsetzungsantrag auch nur teilweise nicht entsprochen wird.**

(2) **Eines Festsetzungsantrags bedarf es nicht, wenn die Partei vor der Verkündung des Urteils die Berechnung ihrer Kosten eingereicht hat; in diesem Falle ist die dem Gegner mitzuteilende Abschrift der Kostenberechnung von Amts wegen anzufertigen.**

§ 106 [Verteilung nach Quoten; Kostenausgleich]

(1) **Sind die Prozeßkosten ganz oder teilweise nach Quoten verteilt, so hat nach Eingang des Festsetzungsantrags das Gericht den Gegner aufzufordern, die Berechnung seiner Kosten binnen einer Woche bei Gericht einzureichen. Die Vorschriften des § 105 sind nicht anzuwenden.**

(2) **Nach fruchtlosem Ablauf der einwöchigen Frist ergeht die Entscheidung ohne Rücksicht auf die Kosten des Gegners, unbeschadet des Rechts des letzteren, den Anspruch auf Erstattung nachträglich geltend zu machen. Der Gegner haftet für die Mehrkosten, die durch das nachträgliche Verfahren entstehen.**

§ 107 [Neue Kostenfestsetzung wegen Streitwertänderung]

(1) **Ergeht nach der Kostenfestsetzung eine Entscheidung, durch die der Wert des Streitgegenstandes festgesetzt wird, so ist, falls diese Entscheidung von der Wertberechnung abweicht, die der Kostenfestsetzung zugrunde liegt, auf Antrag die Kostenfestsetzung entsprechend abzuändern. Über den Antrag entscheidet das Gericht des ersten Rechtszuges.**

(2) **Der Antrag ist binnen der Frist von einem Monat bei der Geschäftsstelle anzubringen. Die Frist beginnt mit der Zustellung und, wenn es einer solchen nicht bedarf, mit der Verkündung des den Wert des Streitgegenstandes festsetzenden Beschlusses.**

(3) **Die Vorschriften des § 104 Abs. 3 sind anzuwenden.**

Siebenter Titel. Prozeßkostenhilfe und Prozeßkostenvorschuß

§ 114 [Voraussetzungen]

Eine Partei, die nach ihren persönlichen und wirtschaftlichen Verhältnissen die Kosten der Prozeßführung nicht, nur zum Teil oder nur in Raten aufbringen kann, erhält auf Antrag Prozeßkostenhilfe, wenn die beabsichtigte Rechtsverfolgung oder Rechtsverteidigung hinreichende Aussicht auf Erfolg bietet und nicht mutwillig erscheint.

§ 115 [Einzusetzendes Einkommen und Vermögen]

(1) Die Partei hat ihr Einkommen einzusetzen. Zum Einkommen gehören alle Einkünfte in Geld oder Geldeswert. Von ihm sind abzusetzen:

1. die in § 76 Abs. 2, 2a des Bundessozialhilfegesetzes bezeichneten Beträge;

2. für die Partei und ihren Ehegatten jeweils 64 vom Hundert und bei weiteren Unterhaltsleistungen auf Grund gesetzlicher Unterhaltspflicht für jede unterhaltsberechtigte Person 45 vom Hundert des Grundbetrags nach § 79 Abs. 1 Nr. 1, § 82 des Bundessozialhilfegesetzes, der im Zeitpunkt der Bewilligung der Prozeßkostenhilfe gilt; das Bundesministerium der Justiz gibt jährlich die vom 1. Juli des Jahres bis zum 30. Juni des nächsten Jahres maßgebenden Beträge im Bundesgesetzblatt bekannt. Der Unterhaltsfreibetrag vermindert sich um eigenes Einkommen der unterhaltsberechtigten Person. Wird eine Geldrente gezahlt, ist sie anstelle des Freibetrags abzusetzen, soweit dies angemessen ist;

3. die Kosten der Unterkunft und Heizung, soweit sie nicht in einem auffälligen Mißverhältnis zu den Lebensverhältnissen der Partei stehen;

4. weitere Beträge, soweit dies mit Rücksicht auf besondere Belastungen angemessen ist; § 1610a des Bürgerlichen Gesetzbuchs gilt entsprechend.

Von dem nach den Abzügen verbleibenden, auf volle Deutsche Mark abzurundenden Teil des monatlichen Einkommens (einzusetzendes Einkommen) sind unabhängig von der Zahl der Rechtszüge höchstens achtundvierzig Monatsraten aufzubringen, und zwar bei einem

einzusetzenden Einkommen (Deutsche Mark)	eine Monatsrate von (Deutsche Mark)
bis 30	0
100	30
200	60
300	90
400	120
500	150
600	190
700	230
800	270
900	310
1.000	350
1.100	400
1.200	450
1.300	500
1.400	550
1.500	600
über 1.500	600 zuzüglich des 1.500 übersteigenden Teils der einzusetzenden Einkommens

(2) Die Partei hat ihr Vermögen einzusetzen, soweit dies zumutbar ist. § 88 des Bundessozialhilfegesetzes gilt entsprechend.

(3) Prozeßkostenhilfe wird nicht bewilligt, wenn die Kosten der Prozeßführung der Partei vier Monatsraten und die aus dem Vermögen aufzubringenden Teilbeträge voraussichtlich nicht übersteigen.

§ 116 [Partei kraft Amtes; juristische Person; parteifähige Vereinigung]

Prozeßkostenhilfe erhalten auf Antrag

1. eine Partei kraft Amtes, wenn die Kosten aus der verwalteten Vermögensmasse nicht aufgebracht werden können und den am Gegenstand des Rechtsstreits wirtschaftlich Beteiligten nicht zuzumuten ist, die Kosten aufzubringen;
2. eine inländische juristische Person oder parteifähige Vereinigung, wenn die Kosten weder von ihr noch von den am Gegenstand des Rechtsstreits wirtschaftlich Beteiligten aufgebracht werden können und wenn die Unterlassung der Rechtsverfolgung oder Rechtsverteidigung allgemeinen Interessen zuwiderlaufen würde.

§ 114 letzter Halbsatz ist anzuwenden. Können die Kosten nur zum Teil oder nur in Teilbeträgen aufgebracht werden, so sind die entsprechenden Beträge zu zahlen.

§ 117 [Antrag]

(1) Der Antrag auf Bewilligung der Prozeßkostenhilfe ist bei dem Prozeßgericht zu stellen; er kann vor der Geschäftsstelle zu Protokoll erklärt werden. In dem Antrag ist das Streitverhältnis unter Angabe der Beweismittel darzustellen. Der Antrag auf Bewilligung von Prozeßkostenhilfe für die Zwangsvollstreckung ist bei dem für die Zwangsvollstreckung zuständigen Gericht zu stellen.

(2) Dem Antrag sind eine Erklärung der Partei über ihre persönlichen und wirtschaftlichen Verhältnisse (Familienverhältnisse, Beruf, Vermögen, Einkommen und Lasten) sowie entsprechende Belege beizufügen. Die Erklärung und die Belege dürfen dem Gegner nur mit Zustimmung der Partei zugänglich gemacht werden.

(3) Der Bundesminister der Justiz wird ermächtigt, zur Vereinfachung und Vereinheitlichung des Verfahrens durch Rechtsverordnung mit Zustimmung des Bundesrates Vordrucke für die Erklärung einzuführen.

(4) Soweit Vordrucke für die Erklärung eingeführt sind, muß sich die Partei ihrer bedienen.

§ 118 [Bewilligungsverfahren; Vergleich]

(1) Vor der Bewilligung der Prozeßkostenhilfe ist dem Gegner Gelegenheit zur Stellungnahme zu geben, wenn dies nicht aus besonderen Gründen unzweckmäßig erscheint. Die Stellungnahme kann vor der Geschäftsstelle zu Protokoll erklärt werden. Das Gericht kann die Parteien zur mündlichen Erörterung laden, wenn eine Einigung zu erwarten ist; ein Vergleich ist zu gerichtlichem Protokoll zu nehmen. Dem

Gegner entstandene Kosten werden nicht erstattet. Die durch die Vernehmung von Zeugen und Sachverständigen nach Absatz 2 Satz 3 entstandenen Auslagen sind als Gerichtskosten von der Partei zu tragen, der die Kosten des Rechtsstreits auferlegt sind.

(2) Das Gericht kann verlangen, daß der Antragsteller seine tatsächlichen Angaben glaubhaft macht. Es kann Erhebungen anstellen, insbesondere die Vorlegung von Urkunden anordnen und Auskünfte einholen. Zeugen und Sachverständige werden nicht vernommen, es sei denn, daß auf andere Weise nicht geklärt werden kann, ob die Rechtsverfolgung oder Rechtsverteidigung hinreichende Aussicht auf Erfolg bietet und nicht mutwillig erscheint; eine Beeidigung findet nicht statt. Hat der Antragsteller innerhalb einer von dem Gericht gesetzten Frist Angaben über seine persönlichen und wirtschaftlichen Verhältnisse nicht glaubhaft gemacht oder bestimmte Fragen nicht oder ungenügend beantwortet, so lehnt das Gericht die Bewilligung von Prozeßkostenhilfe insoweit ab.

(3) Die in Absatz 1, 2 bezeichneten Maßnahmen werden von dem Vorsitzenden oder einem von ihm beauftragten Mitglied des Gerichts durchgeführt.

§ 119 [Bewilligung für jeden Rechtszug und für Zwangsvollstreckung in bewegliches Vermögen]

(1) Die Bewilligung der Prozeßkostenhilfe erfolgt für jeden Rechtszug besonders. In einem höheren Rechtszug ist nicht zu prüfen, ob die Rechtsverfolgung oder Rechtsverteidigung hinreichende Aussicht auf Erfolg bietet oder mutwillig erscheint, wenn der Gegner das Rechtsmittel eingelegt hat.

(2) Die Bewilligung von Prozeßkostenhilfe für die Zwangsvollstreckung in das bewegliche Vermögen umfaßt alle Vollstreckungshandlungen im Bezirk des Vollstreckungsgerichts einschließlich des Verfahrens auf Abgabe der eidesstattlichen Versicherung.

§ 120 [Festsetzung von Raten; vorläufige Einstellung der Zahlungen]

(1) Mit der Bewilligung der Prozeßkostenhilfe setzt das Gericht zu zahlende Monatsraten und aus dem Vermögen zu zahlende Beträge fest. Setzt das Gericht nach § 115 Abs. 1 Satz 3 Nr. 4 mit Rücksicht auf besondere Belastungen von dem Einkommen Beträge ab und ist anzunehmen, daß die Belastungen bis zum Ablauf von vier Jahren ganz oder teilweise entfallen werden, so setzt das Gericht zugleich diejenigen Zahlungen fest, die sich ergeben, wenn die Belastungen nicht oder nur in verringertem Umfang berücksichtigt werden, und bestimmt den Zeitpunkt, von dem an sie zu erbringen sind.

(2) Die Zahlungen sind an die Landeskasse zu leisten, im Verfahren vor dem Bundesgerichtshof an die Bundeskasse, wenn Prozeßkostenhilfe in einem vorherigen Rechtszug nicht bewilligt worden ist.

(3) Das Gericht soll die vorläufige Einstellung der Zahlungen bestimmen,

1. wenn abzusehen ist, daß die Zahlungen der Partei die Kosten decken;
2. wenn die Partei, ein ihr beigeordneter Rechtsanwalt oder die Bundes- oder Landeskasse die Kosten gegen einen anderen am Verfahren Beteiligten geltend machen kann.

(4) Das Gericht kann die Entscheidung über die zu leistenden Zahlungen ändern, wenn sich die für die Prozeßkostenhilfe maßgebenden persönlichen oder wirtschaftlichen Verhältnisse wesentlich geändert haben; eine Änderung der nach § 115 Abs. 1 Satz 3 Nr. 2 Satz 1 maßgebenden Beträge ist nur auf Antrag und nur dann zu berücksichtigen, wenn sie dazu führt, daß keine Monatsrate zu zahlen ist. Auf Verlangen des Gerichts hat sich die Partei darüber zu erklären, ob eine Änderung der Verhältnisse eingetreten ist. Eine Änderung zum Nachteil der Partei ist ausgeschlossen, wenn seit der rechtskräftigen Entscheidung oder sonstigen Beendigung des Verfahrens vier Jahre vergangen sind.

§ 121 [Beiordnung eines Rechtsanwalts]

(1) Ist eine Vertretung durch Anwälte vorgeschrieben, wird der Partei ein zur Vertretung bereiter Rechtsanwalt ihrer Wahl beigeordnet.

(2) Ist eine Vertretung durch Anwälte nicht vorgeschrieben, wird der Partei auf ihren Antrag ein zur Vertretung bereiter Rechtsanwalt ihrer Wahl beigeordnet, wenn die Vertretung durch einen Rechtsanwalt erforderlich erscheint oder der Gegner durch einen Rechtsanwalt vertreten ist.

(3) Ein nicht bei dem Prozeßgericht zugelassener Rechtsanwalt kann nur beigeordnet werden, wenn dadurch weitere Kosten nicht entstehen.

(4) Wenn besondere Umstände dies erfordern, kann der Partei auf ihren Antrag ein zur Vertretung bereiter Rechtsanwalt ihrer Wahl zur Wahrnehmung eines Termins zur Beweisaufnahme vor dem ersuchten Richter oder zur Vermittlung des Verkehrs mit dem Prozeßbevollmächtigten beigeordnet werden.

(5) Findet die Partei keinen zur Vertretung bereiten Anwalt, ordnet der Vorsitzende ihr auf Antrag einen Rechtsanwalt bei.

§ 122 [Wirkung der Prozeßkostenhilfe]

(1) Die Bewilligung der Prozeßkostenhilfe bewirkt, daß

1. die Bundes- oder Landeskasse
   a) die rückständigen und die entstehenden Gerichtskosten und Gerichtsvollzieherkosten,
   b) die auf sie übergegangenen Ansprüche der beigeordneten Rechtsanwälte gegen die Partei

   nur nach den Bestimmungen, die das Gericht trifft, gegen die Partei geltend machen kann,
2. die Partei von der Verpflichtung zur Sicherheitsleistung für die Prozeßkosten befreit ist,
3. die beigeordneten Rechtsanwälte Ansprüche auf Vergütung gegen die Partei nicht geltend machen können.

(2) Ist dem Kläger, dem Berufungskläger oder dem Revisionskläger Prozeßkostenhilfe bewilligt und ist nicht bestimmt worden, daß Zah-

lungen an die Bundes- oder Landeskasse zu leisten sind, so hat dies für den Gegner die einstweilige Befreiung von den in Absatz 1 Nr. 1 Buchstabe a bezeichneten Kosten zur Folge.

§ 123 [Kostenerstattung]

Die Bewilligung der Prozeßkostenhilfe hat auf die Verpflichtung, die dem Gegner entstandenen Kosten zu erstatten, keinen Einfluß.

§ 124 [Aufhebung der Bewilligung]

Das Gericht kann die Bewilligung der Prozeßkostenhilfe aufheben, wenn

1. **die Partei durch unrichtige Darstellung des Streitverhältnisses die für die Bewilligung der Prozeßkostenhilfe maßgebenden Voraussetzungen vorgetäuscht hat;**
2. **die Partei absichtlich oder aus grober Nachlässigkeit unrichtige Angaben über die persönlichen oder wirtschaftlichen Verhältnisse gemacht oder eine Erklärung nach § 120 Abs. 4 Satz 2 nicht abgegeben hat;**
3. **die persönlichen oder wirtschaftlichen Voraussetzungen für die Prozeßkostenhilfe nicht vorgelegen haben; in diesem Falle ist die Aufhebung ausgeschlossen, wenn seit der rechtskräftigen Entscheidung oder sonstigen Beendigung des Verfahrens vier Jahre vergangen sind;**
4. **die Partei länger als drei Monate mit der Zahlung einer Monatsrate oder mit der Zahlung eines sonstigen Betrages im Rückstand ist.**

§ 125 [Beitreibung der Gerichtskosten]

(1) **Die Gerichtskosten und die Gerichtsvollzieherkosten können von dem Gegner erst eingezogen werden, wenn er rechtskräftig in die Prozeßkosten verurteilt ist.**

(2) **Die Gerichtskosten, von deren Zahlung der Gegner einstweilen befreit ist, sind von ihm einzuziehen, soweit er rechtskräftig in die Prozeßkosten verurteilt oder der Rechtsstreit ohne Urteil über die Kosten beendet ist.**

§ 126 [Beitreibung der Anwaltskosten]

(1) **Die für die Partei bestellten Rechtsanwälte sind berechtigt, ihre Gebühren und Auslagen von dem in die Prozeßkosten verurteilten Gegner im eigenen Namen beizutreiben.**

(2) **Eine Einrede aus der Person der Partei ist nicht zulässig. Der Gegner kann mit Kosten aufrechnen, die nach der in demselben Rechtsstreit über die Kosten erlassenen Entscheidung von der Partei zu erstatten sind.**

§ 127 [Entscheidungen; Rechtsmittel]

(1) **Entscheidungen im Verfahren über die Prozeßkostenhilfe ergehen ohne mündliche Verhandlung. Zuständig ist das Gericht des ersten**

Rechtszuges; ist das Verfahren in einem höheren Rechtszug anhängig, so ist das Gericht dieses Rechtszuges zuständig. Soweit die Gründe der Entscheidung Angaben über die persönlichen und wirtschaftlichen Verhältnisse der Partei enthalten, dürfen sie dem Gegner nur mit Zustimmung der Partei zugänglich gemacht werden.

(2) **Die Bewilligung der Prozeßkostenhilfe kann nur nach Maßgabe des Absatzes 3 angefochten werden. Im übrigen findet die Beschwerde statt.**

(3) **Gegen die Bewilligung der Prozeßkostenhilfe findet die Beschwerde der Staatskasse statt, wenn weder Monatsraten noch aus dem Vermögen zu zahlende Beträge festgesetzt worden sind. Die Beschwerde kann nur darauf gestützt werden, daß die Partei nach ihren persönlichen und wirtschaftlichen Verhältnissen Zahlungen zu leisten hat. Nach Ablauf von drei Monaten seit der Verkündung der Entscheidung ist die Beschwerde unstatthaft. Wird die Entscheidung nicht verkündet, so tritt an die Stelle der Verkündung der Zeitpunkt, in dem die unterschriebene Entscheidung der Geschäftsstelle übergeben wird. Die Entscheidung wird der Staatskasse nicht von Amts wegen mitgeteilt.**

(4) **Die Kosten des Beschwerdeverfahrens werden nicht erstattet.**

1.6 Bundessozialhilfegesetz (BSHG)

In der Fassung der Bekanntmachung vom 23. März 1994 (BGBl. I S. 646)

(Zuletzt geändert durch Gesetz vom 3. 5. 2000, BGBl. I S. 632)

– Auszug –

§ 76 Begriff des Einkommens

(1) **Zum Einkommen im Sinne dieses Gesetzes gehören alle Einkünfte in Geld oder Geldeswert mit Ausnahme der Leistungen nach diesem Gesetz, der Grundrente nach dem Bundesversorgungsgesetz und der Renten oder Beihilfen, die nach dem Bundesentschädigungsgesetz für Schaden an Leben sowie an Körper oder Gesundheit gewährt werden, bis zur Höhe der vergleichbaren Grundrente nach dem Bundesversorgungsgesetz.**

(2) **Von dem Einkommen sind abzusetzen**

1. **auf das Einkommen entrichtete Steuern,**
2. **Pflichtbeiträge zur Sozialversicherung einschließlich der Arbeitslosenversicherung,**
3. **Beiträge zu öffentlichen oder privaten Versicherungen oder ähnlichen Einrichtungen, soweit diese Beiträge gesetzlich vorgeschrieben oder nach Grund und Höhe angemessen sind,**
4. **die mit der Erzielung des Einkommens verbundenen notwendigen Ausgaben,**
5. **bis zum 30. Juni 2002 für minderjährige, unverheiratete Kinder ein Betrag in Höhe von monatlich 20 Deutsche Mark bei einem Kind und von monatlich 40 Deutsche Mark bei zwei oder mehr Kindern in einem Haushalt.**

(2a) **Bei Personen, die Leistungen der Hilfe zum Lebensunterhalt erhalten, sind von dem Einkommen ferner Beträge in jeweils angemessener Höhe abzusetzen**

1. **für Erwerbstätige,**
2. **für Personen, die trotz beschränkten Leistungsvermögens einem Erwerb nachgehen,**
3. **für Erwerbstätige,**
   a) **die blind sind oder deren Sehschärfe auf dem besseren Auge nicht mehr als 1/50 beträgt oder bei denen dem Schweregrad dieser Sehschärfe gleichzuachtende, nicht nur vorübergehende Störungen des Sehvermögens vorliegen, oder**
   b) **deren Behinderung so schwer ist, daß sie als Beschädigte die Pflegezulage nach den Stufen III bis VI nach § 35 Abs. 1 Satz 2 des Bundesversorgungsgesetzes erhielten.**

(3) **Die Bundesregierung kann durch Rechtsverordnung mit Zustimmung des Bundesrates Näheres über die Berechnung des Einkommens, besonders der Einkünfte aus Land- und Forstwirtschaft, aus Gewerbebetrieb und aus selbständiger Arbeit, sowie über die Beträge und Abgrenzung der Personenkreise nach Absatz 2a bestimmen.**

§ 79 Allgemeine Einkommensgrenze

(1) **Bei der Hilfe in besonderen Lebenslagen ist dem Hilfesuchenden und seinem nicht getrennt lebenden Ehegatten die Aufbringung der Mittel nicht zuzumuten, wenn während der Dauer des Bedarfs ihr monatliches Einkommen zusammen eine Einkommensgrenze nicht übersteigt, die sich ergibt aus**

1. **einem Grundbetrag in Höhe von 736 Deutsche Mark**
2. **den Kosten der Unterkunft, soweit die Aufwendungen hierfür den der Besonderheit des Einzelfalles angemessenen Umfang nicht übersteigen, und**
3. **einem Familienzuschlag in Höhe des auf volle Deutsche Mark aufgerundeten Betrages von 80 vom Hundert des Regelsatzes eines Haushaltsvorstandes für den nicht getrennt lebenden Ehegatten und für jede Person, die vom Hilfesuchenden oder seinem nicht getrennt lebenden Ehegatten überwiegend unterhalten worden ist oder der sie nach der Entscheidung über die Gewährung der Sozialhilfe unterhaltspflichtig werden.**

(2) **Ist der Hilfesuchende minderjährig und unverheiratet, so ist ihm und seinen Eltern die Aufbringung der Mittel nicht zuzumuten, wenn während der Dauer des Bedarfs das monatliche Einkommen des Hilfesuchenden und seiner Eltern zusammen eine Einkommensgrenze nicht übersteigt, die sich ergibt aus**

1. **einem Grundbetrag in Höhe von 736 Deutsche Mark,**
2. **den Kosten der Unterkunft, soweit die Aufwendungen hierfür den der Besonderheit des Einzelfalles angemessenen Umfang nicht übersteigen, und**
3. **einem Familienzuschlag in Höhe des auf volle Deutsche Mark aufgerundeten Betrages von 80 vom Hundert des Regelsatzes eines Haushaltsvorstandes für einen Elternteil, wenn die Eltern zusammenleben,**

sowie für den Hilfesuchenden und für jede Person, die von den Eltern oder dem Hilfesuchenden überwiegend unterhalten worden ist oder der sie nach der Entscheidung über die Gewährung der Sozialhilfe unterhaltspflichtig werden.

Leben die Eltern nicht zusammen, richtet sich die Einkommensgrenze nach dem Elternteil, bei dem der Hilfesuchende lebt; lebt er bei keinem Elternteil, bestimmt sich die Einkommensgrenze nach Absatz 1.

(3) **Der für den Familienzuschlag maßgebende Regelsatz bestimmt sich nach dem Ort, an dem der Hilfeempfänger die Hilfe erhält. Bei der Hilfe in einer Anstalt, einem Heim oder einer gleichartigen Einrichtung sowie bei Unterbringung in einer anderen Familie oder bei den in § 104 genannten anderen Personen bestimmt er sich nach dem gewöhnlichen Aufenthalt des Hilfeempfängers oder, wenn im Falle des Absatzes 2 auch das Einkommen seiner Eltern oder eines Elternteils maßgebend ist, nach deren gewöhnlichem Aufenthalt; ist ein gewöhnlicher Aufenthalt im Geltungsbereich dieses Gesetzes nicht vorhanden oder nicht zu ermitteln, gilt Satz 1.**

(4) **Die Länder und, soweit nicht landesrechtliche Vorschriften entgegenstehen, auch die Träger der Sozialhilfe sind nicht gehindert, für bestimmte Arten der Hilfe in besonderen Lebenslagen der Einkommensgrenze einen höheren Grundbetrag zugrunde zu legen.**

§ 82 Änderung der Grundbeträge

Die Grundbeträge nach den §§ 79 und 81 Abs. 1 und 2 verändern sich jeweils, erstmals mit Wirkung vom 1. Juli 1992 an, um den Vomhundertsatz, um den sich der aktuelle Rentenwert in der gesetzlichen Rentenversicherung verändert; ein nicht auf volle Deutsche Mark errechneter Betrag ist bis zu 0,49 Deutsche Mark abzurunden und von 0,50 Deutsche Mark an aufzurunden.

§ 88 Einzusetzendes Vermögen, Ausnahmen

(1) **Zum Vermögen im Sinne dieses Gesetzes gehört das gesamte verwertbare Vermögen.**

(2) **Die Sozialhilfe darf nicht abhängig gemacht werden vom Einsatz oder von der Verwertung**

1. **eines Vermögens, das aus öffentlichen Mitteln zum Aufbau oder zur Sicherung einer Lebensgrundlage oder zur Gründung eines Hausstandes gewährt wird,**
2. **eines sonstigen Vermögens, solange es nachweislich zur baldigen Beschaffung oder Erhaltung eines Hausgrundstücks im Sinne der Nummer 7 bestimmt ist, soweit dieses Wohnzwecken Behinderter (§ 39 Abs. 1 Satz 1 und Abs. 2), Blinder (§ 67) oder Pflegebedürftiger (§ 69) dient oder dienen soll und dieser Zweck durch den Einsatz oder die Verwertung des Vermögens gefährdet würde,**
3. **eines angemessenen Hausrats; dabei sind die bisherigen Lebensverhältnisse des Hilfesuchenden zu berücksichtigen,**
4. **von Gegenständen, die zur Aufnahme oder Fortsetzung der Berufsausbildung oder der Erwerbstätigkeit unentbehrlich sind,**

5. von Familien- und Erbstücken, deren Veräußerung für den Hilfesuchenden oder seine Familie eine besondere Härte bedeuten würde,
6. von Gegenständen, die zur Befriedigung geistiger, besonders wissenschaftlicher oder künstlerischer Bedürfnisse dienen und deren Besitz nicht Luxus ist,
7. eines angemessenen Hausgrundstücks, das vom Hilfesuchenden oder einer anderen in den §§ 11, 28 genannten Person allein oder zusammen mit Angehörigen ganz oder teilweise bewohnt wird und nach seinem Tod bewohnt werden soll. Die Angemessenheit bestimmt sich nach der Zahl der Bewohner, dem Wohnbedarf (zum Beispiel Behinderter, Blinder oder Pflegebedürftiger), der Grundstücksgröße, der Hausgröße, dem Zuschnitt und der Ausstattung des Wohngebäudes sowie dem Wert des Grundstücks einschließlich des Wohngebäudes. Familienheime und Eigentumswohnungen im Sinne der §§ 7 und 12 des Zweiten Wohnungsbaugesetzes sind in der Regel nicht unangemessen groß, wenn ihre Wohnfläche die Grenzen des § 39 Abs. 1 Satz 1 Nr. 1 und 3 in Verbindung mit Absatz 2 des Zweiten Wohnungsbaugesetzes, bei der häuslichen Pflege (§ 69) die Grenzen des § 39 Abs. 1 Satz 1 Nr. 1 und 3 in Verbindung mit § 82 des Zweiten Wohnungsbaugesetzes nicht übersteigt,
8. kleinerer Barbeträge oder sonstiger Geldwerte; dabei ist eine besondere Notlage des Hilfesuchenden zu berücksichtigen.

(3) **Die Sozialhilfe darf ferner nicht vom Einsatz oder von der Verwertung eines Vermögens abhängig gemacht werden, soweit dies für den, der das Vermögen einzusetzen hat, und für seine unterhaltsberechtigten Angehörigen eine Härte bedeuten würde. Dies ist bei der Hilfe in besonderen Lebenslagen vor allem der Fall, soweit eine angemessene Lebensführung oder die Aufrechterhaltung einer angemessenen Alterssicherung wesentlich erschwert würde. Bei der Eingliederungshilfe zur Beschäftigung in einer Werkstatt für Behinderte liegt im Regelfall auch dann eine Härte vor, wenn das einzusetzende Vermögen den zehnfachen Betrag des Geldwertes nicht übersteigt, der sich bei der Hilfe in besonderen Lebenslagen aus § 1 Abs. 1 Satz 1 Nr. 1 Buchstabe b der Verordnung zur Durchführung des § 88 Abs. 2 Nr. 8 des Bundessozialhilfegesetzes ergibt.**

(4) **Das Bundesministerium für Arbeit und Sozialordnung kann durch Rechtsverordnung mit Zustimmung des Bundesrates die Höhe der Barbeträge oder sonstigen Geldwerte im Sinne des Absatzes 2 Nr. 8 bestimmen.**

2. Kommentierung

Inhaltsübersicht

1 Steuerliche Rechtsbehelfsverfahren

Anmerkungsübersicht

1.1 Allgemeine Ausführungen

Das steuerliche Rechtsbehelfsverfahren (Vorverfahren, gerichtliches Verfahren) ist i.d.R. mit Kosten verbunden. Diese Kosten können sowohl auf der Seite der Beteiligten (§ 57 FGO) als auch auf der Seite des Gerichts entstehen. Wer diese Kosten letztlich zu tragen hat, ergibt sich aus dem Ausgang des Rechtsbehelfsverfahrens, worüber i.d.R. das Gericht in der Kostenentscheidung befindet. Welche Aufwendungen der Beteiligten erstattungsfähig sind, ist in § 139 Absätze 1 bis 3 FGO geregelt. Für die Festsetzung dieser Kosten ist die Vorschrift des § 149 FGO maßgebend (Siehe unter Anmerkung 3.1). Bezüglich der Kosten des Gerichts (Gebühren und Auslagen) ist das Nähere im GKG geregelt.

1.2 Außergerichtliche Rechtsbehelfsverfahren

Für das außergerichtliche Rechtsbehelfsverfahren (Einspruch) ist, sofern dieses Verfahren nicht in ein gerichtliches übergeht, eine Kostenpflicht nach den Vorschriften der AO nicht gegeben. Der Steuerpflichtige hat also seine Kosten (z.B. Aufwendungen für einen Bevollmächtigten) i.d.R. selbst zu tragen (s.a. BFH in BStBl II 1996 S. 529) und die Behörde kann keine Kosten für dieses Verfahren erheben. Der durch Gesetz vom 18. August 1980 (BGBl I S. 553) eingeführte § 80a AO 1977, der eine Erstattung der Kosten des außergerichtlichen Rechtsbehelfsverfahrens vorsah, ist wegen der Nichtigkeit des Staatshaftungsgesetzes nicht in Kraft getreten (s.a. Eberl in DStR 1982 S. 637). Kosten können allenfalls als Schadensersatzansprüche aus Amtspflichtverletzung (§ 839 BGB) im Zivilrechtswege geltend gemacht werden (s. LG Münster in StBg 1994 S. 454, Nissen in BB 1995 S. 649, Hermes in DStR 1996 S. 9, Nacke in DStR 1996 S. 20, Mewes in DStZ 1997 S. 213).

Geht das außergerichtliche Rechtsbehelfsverfahren in ein gerichtliches Verfahren über, so gilt folgendes:

a) Die Behörde kann stets keine Kosten erheben, da eine Kostenpflicht für das Vorverfahren nicht besteht. Eine Erstattung der Aufwendungen der Finanzbehörde kommt nach § 139 Absatz 2 FGO ebenfalls nicht in Betracht.

b) Soweit der Steuerpflichtige einen Bevollmächtigten für das außergerichtliche Rechtsbehelfsverfahren beauftragt hat, sind diese Kosten erstattungsfähig, wenn das Gericht die Zuziehung des Bevollmächtigten für das Vorverfahren für notwendig erklärt (§ 139 Absatz 3 Satz 3 FGO). Andere Aufwendungen sind ebenfalls erstattungsfähig, soweit sie notwendig waren (§ 139 Absatz 1 FGO).

1.3 Gerichtliche Rechtsbehelfsverfahren

1.3.1 Begriff der Kosten

Was unter den Kosten des gerichtlichen Verfahrens zu verstehen ist, ist abschließend in § 139 Absatz 1 FGO geregelt. Danach umfaßt dieser Begriff folgende Bestandteile

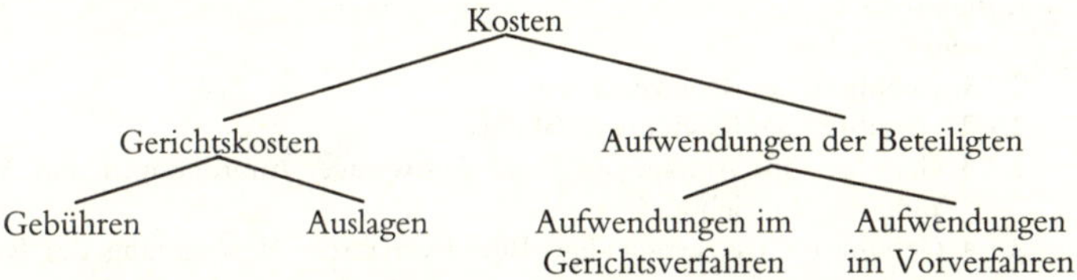

Für die Feststellung der Kosten, die im einzelnen angefallen sind, ist für die Gerichtskosten das **Kostenansatzverfahren** (§ 4 GKG) und für die Aufwendungen der Beteiligten das **Kostenfestsetzungsverfahren** (§ 149 FGO) maßgebend.

1.3.2 Maßgeblichkeit der Kostenentscheidung

Entscheidend für die Frage, ob Kosten dem Grunde nach anzusetzen bzw. ob Kosten zu erstatten sind, ist die Kostenentscheidung des Gerichts. Für die Entscheidung des Gerichts gelten dabei die Vorschriften des materiellen Kostenrechts (§§ 135 ff. FGO). Dabei ist die gerichtliche Kostenentscheidung **einheitlich** zu treffen. Eine gesonderte Entscheidung über die Gerichtskosten einerseits und die außergerichtlichen Kosten andererseits ist nicht zulässig (FG Baden-Württemberg in EFG 1995 S. 226, a. A. FG München in EFG 1985 S. 76, BFH in BFH/NV 1996 S. 846). Etwaige Fehler in der Kostenentscheidung können i. d. R. weder beim Kostenansatzverfahren noch beim Kostenfestsetzungsverfahren berichtigt werden. Es ist deshalb erforderlich, Fehler beim Kostenausspruch unmittelbar beim Gericht zu rügen (z. B. Berichtigung nach § 109 FGO). Dabei ist zu beachten, daß eine Anfechtung allein im Kostenpunkt unzulässig ist, sofern nicht in der Hauptsache ein Rechtsmittel eingelegt wird (§ 145 FGO; BFH in BFH/NV 1997 S. 603). Auch eine isolierte Kostenentscheidung ist wegen der Vorschrift des § 128 Absatz 4 nicht anfechtbar (BFH in BFH/NV 1995 S. 724; BFH/NV 1996 S. 844). Dies gilt auch, wenn die Kosten dem vollmachtlosen Vertreter auferlegt worden sind (BFH in BFH/NV 1996 S. 349). Trotzdem können etwaige Fehler der Kostenentscheidung zumindest auf der Seite der Gerichtskosten über die Vorschrift des § 8 GKG (Nichterhebung wegen unrichtiger Sachbehandlung) korrigiert werden (Siehe unter Anmerkung 2.9).

2 Kostenpflicht

Anmerkungsübersicht

2.1 Allgemeines

Die Gerichtskosten sind der Teil der Kosten, der als Abgabe für die Inanspruchnahme des Gerichts erhoben wird. Sie werden im finanzgerichtlichen Verfahren nach Abschluß des Verfahrens durch den Kostenbeamten nach den Vorschriften des GKG angesetzt. Ein sich anschließendes Beitreibungsverfahren richtet sich nach den Vorschriften der JBeitrO. Etwaige Billigkeitsmaßnahmen (Stundung, Erlaß) – mit Ausnahme des § 8 GKG – richten sich nach den jeweiligen landes- bzw. bundesrechtlichen Haushaltsvorschriften (z.B. § 59 BHO). Die Entscheidung obliegt dabei dem Präsidenten des jeweiligen Gerichts, bei dem die Kosten angesetzt worden sind.

2.2 Geltungsbereich

Nach § 1 Absatz 1 Buchstabe c GKG ist das Gerichtskostengesetz unmittelbar für die Verfahren vor den Gerichten der Finanzgerichtsbarkeit anwendbar. Das bedeutet, daß Kosten nur erhoben werden können, soweit im GKG eine entsprechende Gebühren- oder Auslagenvorschrift enthalten ist. Fehlt für eine bestimmte Handlung des Gerichts ein Gebührentatbestand, so können auch keine Kosten hierfür erhoben werden (z. B Entscheidung über Anträge auf Fehlerberichtigung, Tatbestandsberichtigung, Urteilsergänzung, Wiedereinsetzung).

2.3 Zuständigkeit

Für das finanzgerichtliche Verfahren gilt, daß die Kosten bei der Instanz (FG, BFH) angesetzt werden, bei der sie entstanden sind (§ 4 Absatz 1 GKG). So werden die Kosten des BFH auch dann bei diesem angesetzt, wenn die Entscheidung über die Kosten des Rechtsmittelverfahrens dem FG übertragen worden ist (z.B. bei Zurückverweisung).
Es besteht also ein grundlegender Unterschied gegenüber der Kostenfestsetzung (= Erstattung), die stets beim Gericht des ersten Rechtszuges durchgeführt wird (§ 149 Absatz 1 FGO).
Ist in dem Verfahren ein Prozeßbevollmächtigter bestellt, so ist die Kostenrechnung stets diesem bekanntzugeben (BFH in BFH/NV 1999 S. 46, FG Baden-Württemberg in EFG 1997 S. 634; FG Bremen in EFG 1997 S. 1331).

2.4 Fälligkeit (Zeitpunkt des Kostenansatzes)

Die Kosten (Gebühren und Auslagen) werden nach § 63 Absatz 1 GKG fällig, „sobald eine unbedingte Entscheidung über die Kosten ergangen ist oder das Verfahren oder die Instanz durch ... Zurücknahme oder anderweitige Erledigung beendigt ist". Da eine unbedingte Entscheidung nicht voraussetzt, daß die Entscheidung auch rechtskräftig ist, ist in § 13 Absatz 1 KostVfg ausdrücklich geregelt, daß im finanzgerichtlichen Verfahren die Kosten erst nach rechtskräftigem Abschluß des Verfahrens anzusetzen sind.
Kein Hinausschieben der Fälligkeit tritt ein, wenn nach Ausschöpfung des finanzgerichtlichen Rechtsweges eine Verfassungsbeschwerde eingelegt wird. Die Verfassungsbeschwerde hemmt nämlich weder die formelle noch die materielle Rechtskraft der zugrunde liegenden Entscheidung (BFH in BFH/NV 1986 S. 693, BFH/NV 1987 S. 53, BFH/NV 1989 S. 250).
Ein Hinausschieben der Fälligkeit tritt durch die Bewilligung der Prozeßkostenhilfe (§ 142 FGO) ein.
Eine anderweitige Erledigung des Rechtsstreits liegt z.B. vor, wenn ein unterbrochenes Verfahren nicht wiederaufgenommen wird und die Löschung in den Registern vom Gericht angeordnet wird.
Eine Verpflichtung zur Leistung von Vorauszahlungen und Vorschüssen gibt es im Steuerprozeß nicht.

2.5 Kostenschuldner

Das GKG unterscheidet zwischen mehreren Arten der Kostenschuldnerschaft. Danach können im Steuerprozeß Kostenschuldner sein:
a) der Antragsteller (§ 49 GKG)
b) derjenige, dem die Kosten durch Entscheidung auferlegt worden sind (§ 54 Nummer 1 GKG)

c) derjenige, der für die Kostenschuld eines anderen kraft Gesetzes haftet (§ 54 Nummer 3 GKG)

2.5.1 Antragsschuldner

§ 49 GKG stellt den Grundsatz auf, daß derjenige, der das Verfahren der Instanz in Gang gesetzt hat, auch Kostenschuldner ist. Da das GKG daneben noch weitere Kostenschuldner (§ 54 GKG) kennt, ist in § 58 GKG bestimmt, daß mehrere Kostenschuldner stets als Gesamtschuldner haften und daß beim Vorhandensein eines Entscheidungsschuldners (§ 54 Nummer 1 GKG) von der Inanspruchnahme anderer Schuldner abzusehen ist. Erst wenn die Zwangsvollstreckung gegen den Entscheidungsschuldner erfolglos geblieben ist oder aussichtslos erscheint, kommt eine Inanspruchnahme des Antragstellers in Betracht. Da im finanzgerichtlichen Verfahren die andere Partei meist eine Finanzbehörde ist und diese von den Kosten persönlich befreit ist (§ 2 GKG), hat die Antragstellerhaftung nur bei Rechtsbehelfsrücknahmen eine praktische Bedeutung.
Zu beachten ist, daß der Vertreter ohne Vollmacht im Falle der Rücknahme eines Rechtsbehelfs (Antrags) Antragsteller i. S. des § 49 GKG ist (FG Baden-Württemberg in EFG 1993 S. 743). Es ist deshalb stets erforderlich, auch bei der Rücknahme eine entsprechende Prozeßvollmacht vorzulegen. Die Vollmacht kann auch noch nach Ergehen der Kostenrechnung vorgelegt werden. In diesem Fall ist der Kostenansatz entsprechend zu berichtigen.

2.5.2 Entscheidungsschuldner

Die häufigste Form der Kostenschuldnerschaft ist die des § 54 Nummer 1 GKG. Sie sagt aus, daß derjenige Kostenschuldner ist, dem die Kosten des Verfahrens durch gerichtliche Entscheidung auferlegt worden sind. Voraussetzung ist also stets eine gerichtliche Kostenentscheidung. Fehlt es an einer solchen Entscheidung, kommt eine Inanspruchnahme als Kostenschuldner nicht in Betracht. So ist die Vorschrift des § 136 Absatz 2 FGO (Kostenpflicht kraft Gesetzes) allein keine Rechtsgrundlage für die Inanspruchnahme, wenn die Kostenfolge vom Gericht nicht ausdrücklich im Tenor des Einstellungsbeschlusses festgestellt wird (BFH in BStBl II 1977 S. 354).

Beispiel:

Die Finanzbehörde hat Revision eingelegt und der Steuerpflichtige nimmt in der Revisionsinstanz bzw. im zweiten Rechtsgang vor dem FG die Klage zurück.
Wird das Verfahren nun durch Beschluß eingestellt, ohne daß eine Kostenentscheidung getroffen wird, kommt eine Inanspruchnahme des Steuerpflichtigen als Kostenschuldner für das Revisionsverfahren weder nach § 54 Nummer 1 GKG noch nach § 49 GKG in Betracht. Für solche Fälle ist zwar nach BFH (BStBl II 1978 S. 13; BStBl II 1983 S. 420; s. a. FG Bremen in EFG 1992 S. 547) eine Kostenentscheidung zu treffen, jedoch wird diese Ansicht von einigen FG nicht geteilt, so daß in der Praxis immer wieder Fälle auftreten, in denen der Steuerpflichtige nicht als Schuldner in Anspruch genommen werden kann. Bezüglich der Kosten vor dem FG kann der Steuerpflichtige im Falle der Klagerücknahme immer in Anspruch genommen werden, da er in dieser Instanz stets Antragsteller i. S. d. § 49 GKG ist.

Einer eventuellen Nachholung der Kostenentscheidung durch das Gericht von Amts wegen steht § 109 FGO u.E. nicht entgegen, da sich diese Vorschrift auf Urteile bezieht, während der Einstellungsbeschluß einem Urteil nicht gleichgesetzt werden kann (rein deklaratorischer Charakter!).

2.5.3 Haftungsschuldner

Der Kreis der Kostenschuldner wird noch erweitert durch die Vorschrift des § 54 Nummer 3 GKG. Danach wird jemand, der für die Schuld eines anderen haftet, zum Kostenschuldner. Das bedeutet, daß diese Personen Schuldner i.S.d. GKG werden (keine Haftungsschuldner!), so daß diese Personen **unmittelbar** in Anspruch genommen werden können. Dabei ist zu beachten, daß nur eine gegenüber dem anderen bestehende Haftung die Kostenschuldnerschaft begründet. Es muß eine gesetzliche Verpflichtung zum Eintritt für eine fremde Schuld bestehen. Eine reine Delikthaftung (z.B. § 82 KO) reicht nicht aus; solche Ansprüche müßten durch die Staatskasse im Zivilrechtsweg verfolgt werden. Eine Inanspruchnahme dieses Personenkreises kommt jedoch nur in Betracht, wenn eine Beitreibung beim Entscheidungsschuldner bzw. beim Antragsteller erfolglos war. Die häufigsten Fälle der Inanspruchnahme sind

- ▷ Vermögensübernahme (§ 419 BGB; siehe dazu auch BFH in BFH/NV 1993 S. 488),
- ▷ Erben oder Erbschaftskäufer (nach Grundsätzen des BGB; s.a. FG Münster in EFG 1993 S. 463 bzw. Rpfleger 1986 S. 281 bei für den Erblasser bewilligter Prozeßkostenhilfe),
- ▷ Erwerb eines Handelsgeschäfts bei Fortführung der Firma (§ 25 HGB),
- ▷ persönliche Haftung bei der OHG (§ 128 HGB) und
- ▷ Haftung bei der KG (§§ 171ff. HGB; siehe dazu auch BFH in BStBl II 1978 S. 651, BFH/NV 1986 S. 694)

Eine Ausnahme zu den obigen Grundsätzen besteht lediglich bezüglich der Schreibauslagen, die von einer Partei verursacht worden sind, weil sie es unterlassen hat, die erforderliche Anzahl von Abschriften eines Schriftsatzes einzureichen. Diese Auslagen werden nur von der Partei erhoben, die sie verursacht hat (§ 56 Satz 2 GKG).

Mehrere Kostenschuldner haften als Gesamtschuldner (§ 58 Absatz 1). Es sind die Vorschriften der §§ 421, 426 BGB maßgebend. Bei Inanspruchnahme ist entsprechend § 8 KostVfg zu verfahren.

Streitgenossen und Beigeladenen, denen Kosten auferlegt worden sind, haften als Gesamtschuldner, wenn die Kosten nicht durch gerichtliche Entscheidung unter sie verteilt sind (§ 59 Absatz 1 Satz 2 und Absatz 2 GKG). Wegen der ermessensgerechten Inanspruchnahme bei mehreren Schuldnern s. BFH in BFH/NV 1997 S. 603 und FG Münster in EFG 1996 S. 392. Soweit einen Streitgenossen bzw. Beigeladenen nur Teile des Streitgegenstandes betreffen, beschränkt sich dessen Haftung aber auf den Betrag, der entstanden wäre, wenn das Verfahren nur diese Teile des Streitgegenstandes betroffen hätte (§ 59 Absatz 1 Satz 2 und Absatz 2 GKG). Es ist also insoweit ein (Schatten-) Kostenansatz durchzuführen, der die Gebühren ermittelt, die

bei dem Teilstreitwert des Streitgenossen/Beigeladenen entstanden wären. Diese Gebühren stellen dann die Obergrenze für eine Inanspruchnahme als Haftungsschuldner dar.
Die Haftungsbeschränkung aus § 135 Absatz 5 Satz 1 FGO (Haftung nach Kopfteilen) kommt nicht zur Anwendung, da das GKG als lex specialis Vorrang hat (BFH in BFH/NV 1994 S. 819).

2.6 Kostenfreiheit

Nach § 2 Absatz 1 GKG sind der Bund, die Länder und die nach den Haushaltsplänen des Bundes oder eines Landes verwalteten öffentlichen Anstalten und Kassen von den Kosten befreit. Unter diese Befreiung fällt auch das Bundeseisenbahnvermögen (BGH in WM 1998 S. 1899). Das bedeutet, daß von den am Verfahren beteiligten Finanzbehörden i.d.R. keine Kosten erhoben werden können. Auch eine Inanspruchnahme als Zweitschuldner (§ 49 GKG) wird durch diese persönliche Befreiung ausgeschlossen. Keine Befreiung besteht für die Bundesanstalt für Landwirtschaft und Ernährung entsprechend BFH in BStBl II 1975 S. 360. Bedienen sich Bund und Länder einer privaten Rechtsform (z.B. Genossenschaft), so besteht keine Kostenfreiheit (LG Berlin in Rpfleger 1983 S. 503). Die persönliche Befreiung gilt für die Stadtstaaten Hamburg und Berlin allgemein (BGH in Rpfleger 1955 S. 156, 157), für den Stadtstaat Bremen jedoch nur in Landesangelegenheiten (BGH in BGHZ 13 S. 207).
Soweit andere bundes- bzw. landesrechtliche Befreiungsvorschriften bestehen, bleiben diese unberührt (§ 2 Absatz 2 GKG). Dabei ist jedoch zu beachten, daß landesrechtliche Befreiungsvorschriften für das Verfahren vor dem BFH nicht anwendbar sind (entsprechend BGH in MDR 1972 S. 308). Wegen der Gebührenfreiheit von Kirchen s. BFH in BStBl II 1998 S. 121 bzw. Hessisches FG in EFG 1997 S. 905.
Bei mehreren Kostenschuldnern (z.B. Streitgenossen), von denen ein Teil von Kosten befreit ist, ist beim Kostenansatz auf das Innenverhältnis durchzugreifen (BGH in NJW 1954 S. 513).

2.7 Kostenverzeichnis

Welche Kosten und in welcher Höhe diese Kosten zu erheben sind, ist **abschließend** im Kostenverzeichnis (§ 11 Absatz 1 GKG i.V. mit Anlage 1) geregelt. Für das finanzgerichtliche Verfahren gelten dabei die Nummern 3110 bis 3402 (bezüglich der Gebühren) und 9000ff. (bezüglich der Auslagen). Ist das Rechtsmittel nicht eindeutig bezeichnet, so ist gebührenmäßig von dem niedrigeren Gebührentatbestand auszugehen (BFH in BFH/NV 1996 S. 927). Ist für einen Antrag oder eine Handlung des Gerichts kein Gebührentatbestand vorgesehen, können keine Kosten erhoben werden (z.B. Anträge nach §§ 107ff. FGO). Wiederaufnahmeverfahren/Nichtigkeitsklagen stellen eine eigene gebührenrechtliche Instanz i.S. des § 27 GKG dar, und zwar auch dann, wenn sie ohne Beachtung des Vertretungszwangs eingeleitet worden sind (BFH in BStBl II 1985 S. 222). Die Verbindung von

Verfahren (§ 73 FGO) hat gebührenrechtlich nur Wirkung für die Zukunft und berührt nicht bereits verwirklichte Gebührentatbestände. Dagegen wirkt die Verfahrenstrennung rückwirkend und die neu entstandenen Verfahren sind so zu behandeln, als ob sie von Anfang an als selbständige Verfahren rechtshängig geworden wären (FG Berlin in EFG 1993 S. 198). Ob von einem oder mehreren Verfahren auszugehen ist, hängt von der jeweiligen Behandlung durch das Gericht ab (BFH in BStBl II 1984 S. 324); auch für vorsorglich eingelegte Rechtsmittel sind Kosten zu erheben (BFH in BFH/NV 1996 S. 242).

2.7.1 Gebühren des Klageverfahrens (Kostenverzeichnis Nummern 3110 bis 3118)

Bei Zurückverweisungen durch den BFH bilden die Rechtszüge vor dem FG eine Instanz (§ 33 GKG), so daß die Gebühren nur einmal entstehen.

Nummer 3110 (Verfahren im allgemeinen). Gebührensatz: eine einfache Gebühr. Die Gebühr entsteht mit der Erhebung der Klage (= Eingang bei Gericht) und erwächst mit jeder Prozeßhandlung neu. Sie richtet sich deshalb stets nach dem weitestgehenden Antrag in der Instanz. Die Tatsache, daß es nicht zu einer mündlichen Verhandlung kommt, rechtfertigt keine Ermäßigung dieser Gebühr (BFH in BFH/NV 1994 S. 654).
Die Gebühr entfällt bei Zurücknahme der Klage vor Ablauf des Tages, an dem ein Beweisbeschluß oder ein Gerichtsbescheid unterschrieben (nicht zugestellt!) ist, und früher als eine Woche vor Beginn des Tages, der für die mündliche Verhandlung vorgesehen war. Diese Regelung bringt die gesamte fast nicht mehr überschaubare Rechtsprechung der FG zur Nummer 1301 des Kostenverzeichnisses a.F. zum Wegfall. Nicht geregelt ist die Frage, bis zu welchem Zeitpunkt die Gebühr entfällt, wenn die Beteiligten auf mündliche Verhandlung verzichtet haben (eine mündliche Verhandlung also nicht vorgesehen war). Hier sollte eine gebührenfreie Rücknahme bis zum Tag der mündlichen Verhandlung möglich sein, da dies der Regelung für den Gerichtsbescheid entsprechen würde. Bis zur mündlichen Verhandlung ist nämlich ebenfalls noch keine Entscheidung unterschrieben. Eine solche extensive Auslegung ist auch deshalb gerechtfertigt, da die Gebührenfreiheit ein Anreiz für die Klagerücknahme sein soll (Niedersächsisches FG in EFG 1989 S. 370).

Nummer 3113 (Gerichtscheid). Gebührensatz: eine einfache Gebühr. Die Gebühr entsteht mit der Bekanntgabe (= Zustellung) des Gerichtsbescheids an den Kläger. Die Gebühr ist auch dann anzusetzen, wenn rechtzeitig ein Antrag auf mündliche Verhandlung gestellt worden ist und der Rechtsstreit sich anschließend in der Hauptsache erledigt hat (FG Rheinland-Pfalz in EFG 1980 S. 358), bzw. die Klage zurückgenommen wurde (BFH in BStBl II 1984 S. 62). Der Streitwert für die Gebühr richtet sich nach dem Antrag, der Gegenstand der Entscheidungsfindung ist. Es dürfte zweckmäßig sein, stets auf eine Entscheidung durch Gerichtsbescheid zu drängen (d.h. kein Verzicht auf mündliche Verhandlung!), da dadurch eine 1,5-fache Gebühr erspart werden kann. Wird nämlich die Instanz durch Gerichtsbescheid abgeschlossen, entstehen nur 2 Gebühren, wogegen bei einer Entscheidung durch Urteil stets 3,5 Gebühren anfallen.

Nummer 3114 (Endurteil, soweit die Gebühr 3113 entstanden ist). Gebührensatz: eine 1,5-fache Gebühr. Die Gebühr entsteht i. d. R. wenn auf einen Gerichtsbescheid mündliche Verhandlung beantragt wird. Der Streitwert richtet sich nach dem Antrag, der Gegenstand der Urteilsfindung ist. Die Gebühr Nummer 3113 wird durch das Ergehen eines Endurteils nicht berührt.

Nummer 3115 (Endurteil, soweit die Gebühr 3113 nicht entstanden ist). Gebührensatz: eine 2,5-fache Gebühr. Die Gebühr entsteht, wenn das Verfahren unmittelbar in einer mündlichen Verhandlung bzw. durch Verzicht auf mündliche Verhandlung beendet wird. Der Streitwert richtet sich nach dem Antrag, der Gegenstand der Urteilsfindung ist.

Nummer 3118 (Beschluß nach § 138 FGO). Gebührensatz: eine 1,5-fache Gebühr. Die Gebühr entsteht, wenn alle Beteiligten die Hauptsache für erledigt erklären und das Gericht durch Beschluß nur mehr über die Kosten entscheidet. Stellt das Gericht durch Urteil die Erledigung der Hauptsache fest, so entsteht für diese Entscheidung die Gebühr Nummer 3114 bzw. Nummer 3115.
Der Streitwert für die Gebühr richtet sich nach dem Kosteninteresse der Beteiligten (Gerichtskosten **und** außergerichtliche Kosten).

2.7.2 Gebühren des Revisionsverfahrens (Kostenverzeichnis Nummern 3130 bis 3138)

Die Gebühren der Revisionsinstanz entstehen bei mehrmaliger Anrufung des BFH in der gleichen Sache für jede Anrufung erneut. Die Vorschrift des § 33 GKG (Einheitlichkeit der Instanz bei Zurückverweisung) ist für das Verfahren vor dem BFH nicht anwendbar (BFH in BStBl II 1970 S. 852).

Nummer 3130 (Verfahren im allgemeinen). Gebührensatz: eine doppelte Gebühr. Die Gebühr entsteht mit der Einlegung der Revision (BFH in BFH/NV 1986 S. 693) und erwächst mit jeder Prozeßhandlung neu. Der Streitwert richtet sich deshalb nach dem weitestgehenden Antrag in der Revisionsinstanz. Sind Anträge nicht gestellt worden, ist die Beschwer der ersten Instanz maßgebend (§ 14 GKG). Die Tatsache, daß es nicht zu einer mündlichen Verhandlung kommt, rechtfertigt keine Ermäßigung dieser Gebühr (BFH in BFH/NV 1994 S. 654).

Nummer 3131 (Zurücknahme der Revision oder der Klage). Gebührensatz: eine halbe Gebühr. Ob die Ermäßigung eintritt, ist nur davon abhängig, ob die Revisionsbegründung bei Gericht eingegangen ist. Es ist nicht zu prüfen, ob die Begründung den prozessualen Ansprüchen für die Zulässigkeit der Revision genügen würde. Für den Streitwert gilt das zu Nummer 3130 Gesagte.

Nummer 3133 (Gerichtsbescheid). Gebührensatz: eine 1,5-fache Gebühr. Die Gebühr entsteht mit der Bekanntgabe (= Zustellung) des Gerichtsbescheids an den Kläger. Die Gebühr ist auch dann anzusetzen, wenn rechtzeitig ein Antrag auf mündliche Verhandlung gestellt worden ist und der Rechtsstreit sich anschließend in der Hauptsache erledigt hat (entsprechend FG Rheinland-Pfalz in EFG 1980 S. 358), bzw. die Revision zurückgenommen wurde (BFH in BStBl II 1984 S. 62). Der Streitwert richtet sich nach dem Antrag, der Gegenstand der Entscheidungsfindung ist. Entscheidet das Gericht **nach** Ergehen eines Gerichtsbescheids entsprechend Artikel 1 Nummer 7 BFHEntlG kommt die Gebühr nicht rückwirkend zum Wegfall. Es ist zweckmäßig, auf eine Entscheidung durch Gerichtsbescheid hinzuwirken, da bei Abschluß der Instanz durch Vorbescheid insgesamt nur 3,5 Gebühren entstehen (bei Urteil insgesamt 5 Gebühren).

Nummer 3134 (Urteil, das die Instanz abschließt, soweit die Gebühr 3133 entstanden ist). Gebührensatz: eine 1,5-fache Gebühr. Die Gebühr entsteht mit der Bekanntgabe (= Zustellung) des Urteils an den Kläger. Der Streitwert richtet sich nach dem Antrag, der Gegenstand der Entscheidungsfindung ist.

Nummer 3135 (Urteil, das die Instanz abschließt, soweit die Gebühr 3133 nicht entstanden ist). Gebührensatz: eine 1,5-fache Gebühr. Die Gebühr entsteht mit der Bekanntgabe (= Zustellung) des Urteils an den Kläger. Der Streitwert richtet sich nach dem Antrag, der Gegenstand der Entscheidungsfindung ist. Wird das Verfahren durch Beschluß nach Artikel 1 Nummer 7 BFHEntlG abgeschlossen, entsteht die Gebühr nicht.

Nummer 3138 (Beschluß nach § 138 FGO). Gebührensatz: eine 1,5-fache Gebühr. Es gilt das zu Nummer 3118 Gesagte.

2.7.3 Gebühren für Anträge auf Erlaß einstweiliger Anordnungen und Aussetzung der Vollziehung (Kostenverzeichnis Nummer 3210)

Nummer 3210 (Verfahren über den Antrag). Gebührensatz: eine halbe Gebühr. Die Gebühr entsteht mit der Stellung des Antrags (OLG München in MDR 1998 S. 63). Bei Rücknahme des Antrags oder bei Erledigung der Hauptsache tritt ein Wegfall bzw. eine Ermäßigung nicht ein (BFH in BFH/NV 1996 S. 845; FG Baden-Württemberg in EFG 1987 S. 425; a. A. FG des Saarlandes in EFG 1985 S. 577). Für die Streitwertbemessung ist der weitestgehende Antrag maßgebend. Mehrere Verfahren gelten dabei stets als ein Verfahren (BFH in BStBl II 1982 S. 137; FG München in EFG 1981 S. 204).

2.7.4 Gebühren für das selbständige Beweisverfahren, Verzögerung des Rechtsstreits (Kostenverzeichnis Nummern 3300 bis 3310)

Nummer 3300 (selbständiges Beweisverfahren). Gebührensatz: eine halbe Gebühr. Jeder Antrag auf Sicherung eines Beweismittels begründet eine Gebühr. Der Streitwert für die Gebühr bemißt sich nach dem zu sichernden Anspruch (s. a. OLG Düsseldorf in MDR 1997 S. 692).

Nummer 3310 (Auferlegung einer Gebühr nach § 34 GKG wegen Verzögerung des Rechtsstreits). Es handelt sich hierbei um keine Gebühr im eigentlichen Sinne, sondern um eine „Verfahrensbuße", die vom Gericht durch Beschluß ausgesprochen wird. Die Auferlegung durch das Gericht ist eine Kostenentscheidung, die während der Geltungsdauer des BFHEntlG nicht mit der Beschwerde angefochten werden kann (BFH in BStBl II 1982 S. 373).
Gebührensatz: wie vom Gericht auferlegt (jedoch nur in dem Rahmen zwischen einer viertel und einer ganzen Gebühr). Der Wert bemißt sich nach dem Wert der Hauptsache bzw. nach dem Teil der Hauptsache, der Gegenstand der Verzögerung war.

2.7.5 Gebühren für das Beschwerdeverfahren (Kostenverzeichnis Nummern 3400 bis 3402)

Nummer 3400 (Beschwerde im Verfahren der einstweiligen Anordnung). Gebührensatz: eine einfache Gebühr. Die Gebühr entsteht mit der Einlegung der Beschwerde. Die Verbindung von Beschwerdeverfahren läßt die entstandenen Gebühren unberührt (BFH in BFH/NV 1998 S. 75). Bei Rücknahme der Beschwerde oder Erledigung der Hauptsache tritt weder ein Wegfall noch eine Ermäßigung der Gebühr ein (BFH in BFH/NV 1993 S. 557).

Nummer 3401 (Beschwerde wegen Prozeßkostenhilfe). Für das Prozeßkostenhilfeverfahren ist, unabhängig vom Streitwert der Hauptsache (= Verfahren, für das Prozeßkostenhilfe beantragt wird), eine Festgebühr von 50,– DM anzusetzen. Wird die Beschwerde nur teilweise verworfen oder zurückgewiesen, so kann das Gericht die Gebühr nach billigem Ermessen auf die Hälfte ermäßigen oder bestimmen, daß eine Gebühr nicht zu erheben ist.

Nummer 3402 (Übrige Beschwerden). Gebührensatz: eine einfache Gebühr (BFH in BFH/NV 1995 S. 720). Für alle übrigen Beschwerdeverfahren entsteht eine Gebühr nur, soweit die Beschwerde verworfen oder als unbegründet zurückgewiesen wird. Das bedeutet, daß für folgende Fälle **keine** Gebühr entsteht:

- ▷ Rücknahme der Beschwerde (z. B. FG Bremen in EFG 1995 S. 171)
- ▷ Erledigung der Hauptsache
- ▷ Zurückverweisung an die Vorinstanz
- ▷ Stattgabe

Bei Nichtigkeitsanträgen entsteht die Gebühr ebenfalls (BFH in BFH/NV 1998 S. 619).

2.7.6 Auslagen des gerichtlichen Verfahrens (Kostenverzeichnis Nummern 9000 ff.)

Die Auslagen sind stets anzusetzen, auch wenn für das Verfahren keine Gebühr nach den Nummern 3110 ff. entstanden ist. Soweit Auslagen anfallen, für die eine Erhebung nach den Nummern 9000ff. nicht vorgesehen ist, müssen diese unberücksichtigt bleiben.

Nummer 9000 (Schreibauslagen). Bei den Schreibauslagen ist zu beachten, daß hier bezüglich der Kostenschuldnerschaft die Vorschrift des § 56 GKG eingreift. Schreibauslagen, die durch die Behörde verursacht worden sind, können deshalb nicht erhoben werden.
Auslagen für gerichtseigene Prüfer (sog. Buchsachverständige) können nicht als Auslagen für Sachverständige (Nummer 9005) erhoben werden (FG München in EFG 1994 S. 170). Die Auslagen der Nummern 9001 und 9002 werden nur erhoben, wenn sie 100,– DM übersteigen und in dem Verfahren Wertgebühren (Gebühren nach dem Streitwert) erhoben werden (s. a. FG Bremen in EFG 1996 S. 1058). Bei gebührenfreien Verfahren ist die 100 DM-Grenze nicht zu beachten (Hessisches FG in EFG 1998 S. 1033).

2.8 Gebührentabelle

Die Gebühren (§ 11 Absatz 2 GKG, vergleiche Teil V Anmerkung 1.3.1) sind degressiv gestaltet. Es ist deshalb zweckmäßig, darauf zu drängen, daß das Gericht bei mehreren Verfahren von einer Verbindung Gebrauch macht, da durch getrennte Entscheidungen insgesamt eine höhere Gebührenbelastung entsteht, als bei **einer** Entscheidung.
Bei der Mindestgebühr von DM 20.– (§ 11 Absatz 3 Satz 1 GKG) ist zu beachten, daß sich diese Vorschrift nur auf den Ansatz der Gebühr bezieht. Durch die Kostenentscheidung (nur teilweises Unterliegen) können die anteiligen Kosten durchaus auf einen Betrag unter DM 20.– absinken.
Die **wichtigsten Gebührensätze nach § 11 Absatz 2 GKG** für das finanzgerichtliche Verfahren sind in **Teil V** Anmerkung 1.3.1 abgedruckt.
Für die neuen Bundesländer ermäßigen sich die Gebühren um 10 v. H./bis 30. 6. 1996 um 20 v. H. (BGBl I 1996 S. 604). Die Ermäßigung tritt stets dann ein, wenn der Kostenschuldner seinen allgemeinen Gerichtsstand im Beitrittsgebiet hat (BGH in Rpfleger 1996 S. 171, s. a. Schall in StB 1995 S. 266 bzw. 1996 S. 197 bzw. 1996 S. 315).

2.9 Nichterhebung von Kosten

Nach § 8 GKG sind nicht zu erheben

a) Kosten (Gebühren und Auslagen), die bei richtiger Behandlung der Sache nicht entstanden wären,
b) Auslagen, die durch eine von Amts wegen veranlaßte Verlegung eines Termins oder Vertagung einer Verhandlung entstanden sind,
c) Kosten (Gebühren und Auslagen), wenn ein Antrag auf unverschuldeter Unkenntnis der tatsächlichen oder rechtlichen Verhältnisse beruht.

Die Entscheidung über die Nichterhebung kann sowohl vom Gericht als auch im Verwaltungswege getroffen werden (§ 8 Absatz 2 GKG). Da die Entscheidung verfahrensrechtlich zum Kostenansatzverfahren gehört, ist ein Antrag auf Nichterhebung, der nach dem Ergehen einer Kostenrechnung gestellt wird und dem die Verwaltung nicht stattgeben will, als Erinnerung zu behandeln und dem Senat zur Entscheidung vorzulegen (BFH in BStBl III 1967 S. 369, BFH/NV 1986 S. 352, BFH/NV 1989 S. 316, BFH/NV 1989 S. 450, BFH/NV 1995 S. 253, BFH/NV 1995 S. 1086, BFH/NV 1996 S. 575, BFH/NV 1999 S. 806). Bei mehreren Kostenschuldnern ist für jeden der Schuldner gesondert zu prüfen, ob die Voraussetzungen für eine Nichterhebung vorliegen.

zu a): Eine unrichtige Sachbehandlung liegt vor, wenn das Gericht (nicht der Beteiligte) gegen eindeutige gesetzliche Normen verstoßen hat, der Verstoß offen zutage tritt und dies **ursächlich** für die entstandenen Kosten war (BFH in BFH/NV 1992 S. 482, BFH/NV 1994 S. 335, BFH/NV 1996 S. 243). Für eine Überprüfung der sachlichen Richtigkeit einer Entscheidung (andere Rechtsansicht) ist grundsätzlich kein Raum (BFH in BFH/NV 1986 S. 231, BFH/NV 1990 S. 256, BFH/NV 1991 S. 701, BFH/NV 1996 S. 351, BFH/NV 1996 S. 632, BFH/NV 1997 S. 891, BFH/NV 1999 S. 633, BFH/NV 1999 S. 652, BFH/NV 1999 S. 633, BFH/NV 1999 S. 1346). Ebenso rechtfertigt eine Änderung der Rechtsprechung keine Nichterhebung (a. A. FG Hamburg in EFG 1998 S. 238). Eine Nichterhebung kommt z. B. in Betracht bei

- ▷ Unzulässigkeit eines Rechtsmittels wegen falscher bzw. unvollständiger Rechtsmittelbelehrung (BFH in BFH/NV 1987 S. 666, BFH/NV 1990 S. 589, BFH/NV 1991 S. 53, BFH/NV 1991 S. 106, BFH/NV 1992 S. 329, BFH/NV 1999 S. 636). Wird der Beteiligte rechtzeitig über die Rechtslage unterrichtet, entfällt eine Nichterhebung (BFH in BFH/NV 1990 S. 587, BFH/NV 1995 S. 58, BFH/NV 1995 S. 723, BFH/NV 1996 S. 351, BFH/NV 1997 S. 256); ebenso wenn der Beteiligte die Fehlerhaftigkeit erkennt (BFH in BFH/NV 1997 S. 255), '
- ▷ Versagung des rechtlichen Gehörs (BFH in BFH/NV 1995 S. 722),
- ▷ Unterlassen einer notwendigen Beiladung (BFH in BFH/NV 1997 S. 522).
- ▷ falscher Besetzung der Richterbank,
- ▷ gesetzeswidriger Zulassung eines Rechtsmittels (BFH in BFH/NV 1995 S. 819),
- ▷ Einholung eines überflüssigen (für die Entscheidung bedeutungslosen) Gutachtens (Hessisches FG in EFG 1976 S. 300),
- ▷ willkürlicher Trennung von Verfahren ohne vernünftigen Grund,
- ▷ Beweiserhebung trotz Vorliegens eines unzulässigen Rechtsbehelfs.

Dabei ist zu beachten, daß nur die Kosten nicht erhoben werden, die bei richtiger Behandlung nicht entstanden wären. So werden in allen Fällen, in denen aufgrund eines Verfahrensfehlers die Vorentscheidung aufgehoben wird und die Sache an die Vorinstanz zurückverwiesen wird, nur die Kosten der Rechtsmittelinstanz nicht erhoben, da nur diese Instanz bei richtiger Behandlung der Sache nicht entstanden wäre (z. B. BFH in BFH/NV 1997 S. 605; FG Köln in EFG 1998 S. 774).

zu b): Die Verlegung eines Termins oder die Vertagung der Verhandlung muß durch Umstände veranlaßt worden sein, die die Partei nicht zu vertreten hat (z.B. Erkrankung eines Richters). Ist die Verlegung oder Vertagung durch einen Antrag der Partei zustande gekommen, sind die Auslagen stets zu erheben.

zu c): Es handelt sich hierbei um eine Ermessensvorschrift, wobei stets auf die Verhältnisse des Einzelfalles abzustellen ist. Eine vorherige zutreffende Belehrung bzw. eine fachkundige Vertretung dürften regelmäßig eine Nichterhebung ausschließen (BFH in BFH/NV 1988 S. 46, BFH/NV 1989 S. 451, BFH/NV 1991 S. 553, BFH/NV 1995 S. 149). Ebenso rechtfertigt eine überlange Verfahrensdauer keine Nichterhebung (BFH in BFH/NV 1991 S. 553). Eine Nichterhebung dürfte gerechtfertigt sein, wenn in einer Sache unterschiedliche Entscheidungen von FG vorliegen und ein eingelegter Rechtsbehelf nach Ergehen einer höchstrichterlichen Entscheidung zu dieser Sache zurückgenommen wird.

2.10 Verjährung

Die Verjährungsfrist für den **Kostenanspruch** beträgt vier Jahre (§ 10 Absatz 1 GKG). Sie beginnt mit Ablauf des Jahres, in dem das Verfahren durch rechtskräftige Entscheidung oder in sonstiger Weise (z.B. Antrags-, Klage-, Revisions-, Beschwerderücknahme) beendet ist. Ansprüche auf **Kostenrückerstattung** verjähren ebenfalls in vier Jahren (§ 10 Absatz 2 GKG).

Da sich die Verjährung nach den Vorschriften des BGB (§§ 194ff.) richtet (§ 10 Absatz 3 GKG), begründet sie lediglich ein Leistungsverweigerungsrecht und ist nicht von Amts wegen zu berücksichtigen. Erfolgt die Zahlung des Kostenschuldners jedoch in Unkenntnis des Einrederechts, ist eine Erstattung durch die Staatskasse entsprechend den Grundsätzen des § 8 Absatz 1 Satz 3 GKG (Nichterhebung) gerechtfertigt. Bei der Geltendmachung des Einrederechts durch die Staatskasse (bei Rückerstattungen) ist § 37a KostVfg zu beachten. Durch die Bewilligung der Prozeßkostenhilfe wird die Verjährung des Kostenanspruchs gehemmt.

Bei einer nachträglichen Erhöhung der Streitwertfestsetzung beginnt für den Gebührenteil, der auf den erhöhten Streitwertteil entfällt, eine neue Verjährungsfrist (OLG Oldenburg in AnwBl 1976 S. 134).

2.11 Berichtigung des Kostenansatzes

Nach § 4 Absatz 3 GKG kann der Kostenansatz im Verwaltungswege berichtigt werden, solange nicht eine gerichtliche Entscheidung (= Erinnerungsentscheidung) getroffen ist. Das bedeutet, daß sowohl eine Berichtigung zugunsten des Kostenschuldners als auch zugunsten der Staatskasse möglich ist. Bezüglich der Berichtigung zugunsten der Staatskasse ist jedoch die zeitliche Begrenzung des § 7 Satz 1 GKG (Ablauf des nächsten Jahres, nachdem die Entscheidung Rechtskraft erlangt oder das Verfahren sich anderweitig erledigt hat) zu beachten (s.a. FG Baden-Württemberg in EFG 1996 S. 1057). Ist ein erstmaliger Ansatz innerhalb dieser Frist nicht erfolgt, so kommt eine Berichtigung der später aufgestellten Kostenrechnung zugunsten der Staatskasse nicht in Frage. Wird die Kostenrechnung als „vorläufig" bezeichnet, so stellt eine spätere Erhöhung keine Berichtigung wegen irrigen Ansatzes dar, so daß die zeitliche Begrenzung des § 7 GKG nicht eingreift. Ebenso liegt keine Nachforderung wegen irrigen Ansatzes vor, wenn bei mehreren Verfahren der Ansatz für ein Verfahren übersehen wurde (BFH in BStBl II 1977 S. 41).

Ändert sich die Streitwertfestsetzung, gilt die Beschränkung, daß der Kostenansatz innerhalb von drei Monaten nach der Änderung der Streitwertfestsetzung berichtigt werden kann (§ 7 Satz 2 GKG). Es ist jedoch in diesem Fall nur zulässig, den Kostenansatz bezüglich der Streitwertfestsetzung zu berichtigen. Weitergehende Änderungen sind nur im Rahmen des § 7 Satz 1 GKG möglich. Die Verjährung des Kostenanspruchs steht einer Berichtigung nicht entgegen, da sie nur zum Tragen kommt, wenn von dem Recht der Verjährungseinrede Gebrauch gemacht wird.

2.12 Rechtsbehelfe (Erinnerung, Beschwerde)

Die im GKG vorgesehenen Rechtsbehelfe für eine gerichtliche Überprüfung des Kostenansatzes sind die Erinnerung und die Beschwerde (§ 5 GKG). Vor einer gerichtlichen Entscheidung kann der Kostenbeamte dem Rechtsbehelf abhelfen, indem er dem Begehren voll stattgibt.

2.12.1 Erinnerung

Mit der Erinnerung können Einwendungen gegen die Kostenrechnung vorgebracht werden, die ihre Ursache ausschließlich im Kostenrecht haben (BFH in BFH/NV 1986 S. 352, BFH/NV 1988 S. 48, BFH/NV 1989 S. 800, BFH/NV 1990 S. 123, BFH/NV 1990 S. 385, BFH/NV 1992 S. 484, BFH/NV 1993 S. 187, BFH/NV 1994 S. 733, BFH/NV 1994 S. 818, BFH/NV 1995 S. 252, BFH/NV 1996 S. 926, BFH/NV 1998 S. 1121). Es muß also stets die Verletzung einer Vorschrift des GKG vorliegen. Wird ein Rechtsschutzziel nicht benannt, so ist die Erinnerung unzulässig (BFH in BStBl II 1989 S. 626, BFH/NV 1996 S. 167, BFH/NV 1996 S. 244). Es können auch keine Einwendungen gegen die Kostenentscheidung bzw. die Streitwertfestsetzung vorgebracht werden (BFH in BFH/NV 1998 S. 75). Einwendungen gegen die Art der Einziehung (Beitreibung) des Kostenanspruchs sind nicht mehr Teil des Kostenansatzes und können nur innerhalb des Beitreibungsverfahrens (§ 6 JBeitrO) gerügt werden. Eine Aufrechnung ist nur möglich, wenn die Gegenforderung anerkannt oder gerichtlich festgestellt ist (BFH in BFH/NV 1998 S. 76, BFH/NV 1998 S. 618).

Erinnerungsbefugnis: Befugt zur Erinnerungseinlegung sind der Kostenschuldner und die Staatskasse – nicht das FA – (§ 5 Absatz 1 Satz 1 GKG). Kostenschuldner ist stets der in der Kostenrechnung in Anspruch Genommene; es muß also eine Kostenrechnung gegen ihn ergangen sein (OLG Düsseldorf in Rpfleger 1985 S. 255). Die bloße Möglichkeit der Inanspruchnahme (z. B. als Haftungsschuldner) berechtigt noch nicht zur Erinnerungseinlegung. Die Erinnerungsbefugnis der Staatskasse ist in der Praxis auf Fälle von grundlegender Bedeutung beschränkt, da der Kostenansatz i. d. R. auch im Verwaltungswege berichtigt werden kann (§ 45 KostVfg).

Form: Die Erinnerung ist schriftlich oder zu Protokoll einzulegen und muß das verfolgte Rechtsschutzziel benennen (BFH in BFH/NV 1998 S. 999). Die Einlegung ist auch ohne Mitwirkung eines Bevollmächtigten möglich (§ 5 Absatz 5 GKG; BFH in BFH/NV 1998 S. 487). Dieser Ausschluß des Vertretungszwangs ist durch Artikel 1 Nummer 1 BHFEntlG nicht außer Kraft gesetzt (BFH in BFH/NV 1986 S. 732).

Frist: Die Einlegung ist an keine Frist gebunden. Es ist jedoch denkbar, daß das Erinnerungsrecht durch zeitlichen Ablauf (Warten über Gebühr) verwirkt wird. Eine Verwirkung tritt stets dann ein, wenn die Staatskasse Erinnerung einlegt, weil einer Berichtigung im Verwaltungswege die Vorschrift des § 7 GKG entgegenstehen würde. Ansonsten würde nämlich eine Vorschrift, die zum Schutze des Kostenschuldners geschaffen wurde, über diesen Weg außer Kraft gesetzt werden.

Entscheidung: Über die Erinnerung entscheidet die jeweilige Instanz, bei der die Kosten angesetzt worden sind. Eine Entscheidung durch den Berichterstatter (§ 79a Absatz 1 Nummer 5 i. V. m. Abs. 4 FGO ist möglich (FG Baden-Württemberg in EFG 1995 S. 227, EFG 1996 S. 559, 560). Das Gericht hat den Kostenansatz von Amts wegen umfassend zu prüfen und darf seine Prüfung nicht nur auf die angefochtenen Punkte beschränken. Es gilt jedoch der Grundsatz, daß eine Änderung der Kostenrechnung zum Nachteil des Erinnerungsführers nicht statthaft ist (BFH in BFH/NV 1987 S. 597, FG Bremen in EFG 1997 S. 1330). Auch im Erinnerungsverfahren kann sich die Hauptsache erledigen und es ist eine Entscheidung nach § 79a FGO zulässig (FG Baden-Württemberg in EFG 1994 S. 668).

Anordnung der aufschiebenden Wirkung: Da die Fälligkeit durch die Einlegung der Erinnerung grundsätzlich nicht berührt wird, ist in § 5 Absatz 4 Satz 4 GKG geregelt, daß der Vorsitzende auf Antrag oder von Amts wegen die aufschiebende Wirkung anordnen kann. Dabei sind die Grundsätze für Verfahren auf Aussetzung der Vollziehung (§ 69 FGO) anzuwenden. Die Entscheidung kann auch vom Berichterstatter getroffen werden (FG Baden-Württemberg in EFG 1995 S. 228) und der Antrag kann auch nach Zahlung gestellt werden (FG Baden-Württemberg a. a. O.).

Kosten: Das Erinnerungsverfahren ist gebührenfrei und Kosten werden nicht erstattet (§ 5 Absatz 6 GKG). Auslagen, die im Erinnerungsverfahren evtl. entstehen, werden dagegen stets erhoben. Der Ausschluß von Kostenerstattungsansprüchen ist nicht verfassungswidrig (OLG München in MDR 1977 S. 502).

2.12.2 Beschwerde

Eine Beschwerde gegen Erinnerungsentscheidungen ist im finanzgerichtlichen Verfahren nicht gegeben, da diese nach § 5 Absatz 2 Satz 3 GKG ausgeschlossen ist (BFH in BFH/NV 1996 S. 166, BFH/NV 1996 S. 242, BFH/NV 1996 S. 352, BFH/NV 1997 S. 374). Eine gleichwohl eingelegte Beschwerde ist nicht gem. § 5 Absatz 6 GKG gebührenfrei (BFH a. a. O.).

2.13 Streitwertfestsetzung

Nach § 25 GKG ist eine für die Gerichtsgebühren bindende Festsetzung des Streitwerts durch das Gericht bzw. den Berichterstatter (FG Baden-Württemberg in EFG 1995 S. 943) vorgesehen. Diese Festsetzung ist auch für die Gebühren des StB bindend (§ 45 StBGebV i. V. mit § 9 Absatz 1 BRAGO). Voraussetzung für die Festsetzung ist, daß

a) ein Antrag vorliegt **oder**

b) das Gericht es für angemessen erachtet.

Antragsberechtigt sind die Beteiligten (§ 57 FGO), die Staatskasse und der Rechtsanwalt bzw. StB (§ 9 Absatz 2 BRAGO, § 45 StBGebV).

Der Antrag auf Streitwertfestsetzung bedarf jedoch eines Rechtsschutzbedürfnisses (BFH in BStBl II 1975 S. 827). Fehlt es an einem Rechtsschutzbedürfnis (der Streitwert läßt sich z. B. ohne weiteres errechnen) ist der Antrag unzulässig (BFH in BFH/NV 1986 S. 348). Ein Rechtsschutzbedürfnis ist stets dann zu bejahen, wenn sich der Streitwert nicht unmittelbar aus dem Klageantrag ermitteln läßt oder zur Bemessung des Streitwerts eine divergierende Rechtsprechung vorliegt. Auch wenn der Kostenbeamte bereits einen Streitwert ermittelt hat, kann ein Rechtsschutzbedürfnis gegeben sein (BFH in BStBl II 1978 S. 599, BFH/NV 1999 S. 1366).

Die Streitwertfestsetzung erfolgt nur durch und für die jeweilige Instanz (BFH in BFH/NV 1994 S. 819; BFH/NV 1999 S. 213). Der BFH ist also nicht berechtigt, einen Streitwert für das Verfahren vor dem FG erstmalig festzusetzen (BFH in BStBl II 1977 S. 42). Eine Bindung an eine unzutreffende Streitwertfestsetzung besteht nicht (BFH in BFH/NV 1997 S. 519, BFH/NV 1999 S. 1608). Eine Änderung von Amts wegen oder auf Antrag kann innerhalb einer Frist von sechs Monaten nach Rechtskraft oder anderweitiger Erledigung der Hauptsache durch das festsetzende Gericht oder das Rechtsmittelgericht erfolgen (BFH in BFH/NV 1996 S. 63, BFH/NV 1996 S. 246, BFH/NV 1996 S. 350, BFH/NV 1997 S. 374, BFH/NV 1997 S. 602, BFH/NV 1997 S. 699, BFH/NV 1997 S. 798). Die Änderung kann dabei auch zu Ungunsten des Steuerpflichtigen vorgenommen werden (BFH in BStBl III 1966 S. 594). Eine erstmalige Festsetzung ist auch nach Ablauf der Sechsmonatsfrist zulässig (BFH in BStBl II 1978 S. 599).

Streitwertfestsetzungsbeschlüsse der FG sind mit der Beschwerde nicht anfechtbar (§ 25 Absatz 3 Satz 1 i. V. m. § 5 Absatz 2 Satz 3 GKG, BFH in BFH/NV 1996 S. 60, BFH/NV 1996 S. 166, BFH/NV 1996 S. 245, BFH/NV 1996 S. 431, BFH/NV 1997 S. 258, BFH/NV 1997 S. 306, BFH/NV 1999 S. 1370, BFH/NV 2000 S. 219, BFH/NV 2000 S. 344). Eine gleichwohl eingelegte Beschwerde ist nicht gebührenfrei (BFH in BFH/NV 1996 S. 166, BFH/NV 1997 S. 258, BFH/NV 1999 S. 1370).

3 Kostenerstattung

Anmerkungsübersicht

3.1 Außergerichtliche Kosten

Zu den Kosten im finanzgerichtlichen Verfahren gehören neben den Gerichtskosten auch die zur zweckentsprechenden Rechtsverfolgung oder Rechtsverteidigung notwendigen Aufwendungen der Beteiligten einschließlich der Kosten des Vorverfahrens (§ 139 Absatz 1 FGO). Soweit ein Beteiligter also obsiegt, sind ihm diese Kosten vom unterlegenen Beteiligten auf Antrag zu erstatten. Die Feststellung der Höhe der zu erstattenden Aufwendungen erfolgt im Kostenfestsetzungsverfahren, das in § 149 FGO geregelt ist. Dabei sind über § 155 FGO die Vorschriften der §§ 103 bis 107 ZPO entsprechend anzuwenden.

3.2 Zuständigkeit

Für die Festsetzung der zu erstattenden Aufwendungen ist nach § 149 Absatz 1 FGO der Urkundsbeamte des Gerichts des **ersten** Rechtszuges zuständig. Das bedeutet, daß i. d. R. der Urkundsbeamte des FG für die Festsetzung der gesamten zu erstattenden Aufwendungen zuständig ist.
Nach der Entscheidung des Urkundsbeamten des BFH (BStBl III 1967 S. 422) soll die Zuständigkeit des Urkundsbeamten des FG auch dann gegeben sein, wenn der BFH über einen unmittelbar bei ihm gestellten Antrag auf Aussetzung der Vollziehung entschieden hat. Hält man diese Entscheidung für zutreffend, so muß das gleiche für Anträge nach § 114 FGO (einstweilige Anordnung) gelten, die unmittelbar beim BFH gestellt worden sind. Der Urkundsbeamte hat dabei die Stellung eines unabhängigen Organs der Rechtspflege mit der Folge, daß er keinen Weisungen unterliegt (Gegensatz: Kostenbeamter erläßt beim Kostenansatz nur Justizverwaltungsakte).

3.3 Antragsberechtigung

Den Antrag auf Kostenfestsetzung kann nur der durch die Kostenentscheidung Berechtigte (Kläger, Beschwerdeführer, Antragsteller, Beigeladener) stellen. Die Finanzbehörde hat keinen Anspruch auf Erstattung ihrer Aufwendungen (§ 139 Absatz 2 FGO). Keine Finanzbehörden i. S. dieser Vorschrift sind die Bundesanstalt für Landwirtschaft und Ernährung – früher Einfuhr- und Vorratsstellen bzw. Bundesanstalt für landwirtschaftliche Marktordnung – (BFH in BStBl II 1973 S. 243) sowie die am Zerlegungsverfahren beteiligten Gemeinden (BFH in BStBl II 1974 S. 747), so daß deren Aufwendungen im Falle ihres Obsiegens erstattungsfähig sind. Erstattungsberechtigt sind auch die in Kirchensteuersachen beteiligten kirchlichen Institutionen.

Liegt eine Erklärung vor, der zu entnehmen ist, daß der Kostenerstattungsanspruch abgetreten worden ist, so ist hierin keine Berechtigung des Abtretungsempfängers begründet, die Kostenerstattung im eigenen Namen zu beantragen (BFH in BStBl II 1971 S. 242, BFH/NV 1993 S. 188). Eine Ausnahme besteht für den im Wege der Prozeßkostenhilfe beigeordneten StB. Dieser hat nach § 126 Absatz 1 ZPO ein eigenes Antragsrecht im Falle des Obsiegens. Die Prüfung, ob der Kostenerstattungsanspruch wirksam abgetreten worden ist, obliegt deshalb nicht dem Urkundsbeamten, sondern ist von dem Kostenverpflichteten selbst zu prüfen. Wegen weiterer Probleme bei Abtretungen s. Schall in Der Steuerberater 1995 S. 476.

3.4 Form der Antragstellung

Für die Antragstellung ist keine bestimmte Form vorgeschrieben. Es ist eine Aufstellung in doppelter Ausfertigung einzureichen, in der die Aufwendungen im einzelnen aufgeschlüsselt sind. Ggf. sind entsprechende Belege beizufügen (§ 103 Absatz 2 ZPO). Siehe auch Teil V Muster 3.6 bis 3.8.

3.5 Zeitpunkt der Festsetzung

Eine Festsetzung der zu erstattenden Aufwendungen ist nur möglich, wenn eine vollstreckbare Entscheidung vorliegt. Eine solche ist gegeben, wenn die Entscheidung

▷ rechtskräftig ist
  oder
▷ für vorläufig vollstreckbar erklärt worden ist (§ 151 Absatz 3 FGO).

Urteile des FG auf Anfechtungs- und Verpflichtungsklagen sind von Amts wegen ohne Sicherheitsleistung für vorläufig vollstreckbar zu erklären; dabei ist gleichzeitig gemäß § 711 ZPO i. V. mit § 151 FGO auszusprechen, daß der Kostenschuldner die Vollstreckung durch Sicherheitsleistung oder Hinterlegung abweisen darf, wenn nicht der Gläubiger vor der Vollstreckung Sicherheit leistet (BFH in BStBl II 1981 S. 402). Ggf. ist eine Ergänzung des Urteils nach § 109 FGO zu beantragen. Unterläßt es das FG, in seiner Entscheidung auszusprechen, daß der Kostenschuldner die Vollstreckung gegen Sicherheitsleistung abwenden darf, kann die Vollstreckung nur unter den

Voraussetzungen des § 719 Absatz 2 ZPO einstweilen eingestellt werden (BFH in BFH/NV 1994 S. 335).

3.6 Überprüfung der Erstattungsfähigkeit

Nach § 139 Absatz 1 FGO gehören zu den außergerichtlichen Kosten nur die **notwendigen** Aufwendungen der Beteiligten. Im Kostenfestsetzungsverfahren ist deshalb stets zu prüfen, ob die tatsächlich entstandenen Aufwendungen zur Durchführung des Verfahrens auch erforderlich waren und unmittelbar mit dem Rechtsstreit in Zusammenhang stehen. Bei dieser Prüfung genügt es, daß der Beteiligte die Aufwendungen nach Prozeßlage für erforderlich halten konnte. Aufwendungen, die durch Maßnahmen des Gerichts entstanden sind (z. B. Beweiserhebung, fehlerhafte Anberaumung eines Termins) sind stets als notwendig zu betrachten. Auch wenn das persönliche Erscheinen des durch einen Bevollmächtigten vertretenen Klägers nicht angeordnet war, sind die Kosten, die durch dessen Teilnahme am Termin entstanden sind, als notwendig zu betrachten (So z. B. VGH Kassel in DÖV 1976 S. 607).
Die auf die Vergütung des StB entfallende Umsatzsteuer ist erstattungsfähig, wenn der Erstattungsberechtigte erklärt, daß er die Beträge nicht als Vorsteuer abziehen kann (§ 104 Absatz 2 Satz 3 ZPO, s. a. Schall in Umsatzsteuer-Rundschau 1995 S. 7 bzw. 1996 S. 184, FG Baden-Württemberg in EFG 1997 S. 632). Dem Erstattungspflichtigen ist Gelegenheit zur Stellungnahme zu geben, ob diese Erklärung zutreffend ist (FG Bremen in Der Steuerberater 1996 S. 117).

3.7 Verzinsung des Erstattungsanspruchs

In dem Kostenfestsetzungsantrag kann gemäß § 104 Absatz 1 Satz 2 ZPO auch die Verzinsung der zu erstattenden Aufwendungen begehrt werden. Sie beträgt 4 v. H. und beginnt mit der Anbringung des Kostenfestsetzungsantrages, frühestens jedoch mit Vorliegen eines zur Vollstreckung geeigneten Titels (BFH in BStBl II 1975 S. 263). Ist der Antrag auf Verzinsung zunächst unterblieben und erst später nachgeholt worden, so ist die Verzinsung trotzdem ab dem Zeitpunkt auszusprechen, zu dem der Kostenfestsetzungsantrag gestellt worden ist (Hessisches FG in EFG 1969 S. 87; FG Baden-Württemberg in BB 1982 S. 792). Wird der Antrag bezüglich der Höhe der festzusetzenden Kosten nachträglich erweitert, so ist für die Verzinsung der erhöhten Kosten ebenfalls der Zeitpunkt der Anbringung des ersten Festsetzungsantrages maßgebend. Wird eine erstinstanzliche Entscheidung durch den BFH hinsichtlich des Kostenausspruchs abgeändert, so hat dies ebenfalls keine Auswirkung auf den Zeitpunkt der Verzinsung (OLG Karlsruhe in Rpfleger 1990 S. 388, OLG Zweibrücken in Rpfleger 1995 S. 313).

3.8 Aufwendungen für Bevollmächtigte

Nach § 139 Absatz 3 FGO sind die gesetzlich vorgesehenen Gebühren und Auslagen nach der StBGebV stets erstattungsfähig (FG Berlin in EFG 1985

S. 196 und 414). Die einzige Einschränkung besteht bezüglich der Frage, ob diese Aufwendungen auch notwendig waren (§ 139 Absatz 1 FGO). Insoweit kann bei der Kostenfestsetzung von der Abrechnung gegenüber dem Mandanten abgewichen werden. Pauschalhonorare, die keine für das finanzgerichtliche Verfahren bzw. das Vorverfahren abgrenzbaren Kosten ausweisen, sind für eine Kostenfestsetzung nicht geeignet (FG Nürnberg in EFG 1989 S. 364). Bei mehrfach qualifizierten Prozeßbevollmächtigten s. FG des Saarlandes in EFG 1995 S. 396.

3.9 Auslagen

Neben den Gebühren und Auslagen nach der StBGebV können noch weitere Auslagen im Zusammenhang mit dem Verfahren entstanden sein (z.B. Portokosten, Schreibauslagen, Fernsprechgebühren, Reisekosten usw., soweit sie nicht auf Seiten des Bevollmächtigten angefallen sind). Hier ist stets zu prüfen, ob die Aufwendungen notwendig waren und in unmittelbarem Zusammenhang mit dem Verfahren stehen.
Eine besondere Stellung innerhalb dieser Aufwendungen nehmen dabei die Kosten für Privatgutachten ein. Die Notwendigkeit dieser Aufwendungen ist in folgenden Fällen zu bejahen:

- ▷ wenn das Gericht durch einen Aufklärungsbeschluß zu erkennen gibt, daß es einer speziellen Frage besondere Bedeutung beimißt;
- ▷ wenn ein vom Gericht eingeholtes Gutachten zu einem für die Partei nachteiligen Ergebnis kommt;
- ▷ wenn zu einer Frage aus einem Rechtsgebiet Stellung genommen werden soll, deren Kenntnisse bei Angehörigen der steuerberatenden Berufe nicht vorausgesetzt werden können (Niedersächsisches FG in EFG 1986 S. 303);
- ▷ wenn mit dem Gutachten den Ausführungen des anderen Verfahrensbeteiligten zu einer schwierigen technischen Frage entgegengetreten werden soll (BFH in BStBl II 1971 S. 400; Hessisches FG in EFG 1987 S. 258; FG Münster in EFG 1996 S. 285).

Im Zweifelsfall empfiehlt es sich, beim Gericht die Einholung eines Gutachtens anzuregen, da diese Kosten dann zu den Gerichtskosten gehören und ein späterer Streit über die Erstattungsfähigkeit nicht entstehen kann. Eine weitere Möglichkeit wäre, das Einverständnis des Gerichts für das Gutachten einzuholen. Keinesfalls dürfte die Notwendigkeit für die Einholung eines Gutachtens vorliegen, wenn eine schwierige steuerrechtliche Frage höchstrichterlich noch nicht geklärt ist.
Zinsen für Kredite sowie etwaige Avalprovisionen, die zur Abwendung der Vollstreckung aufgewendet worden sind, stehen nicht in unmittelbarem Zusammenhang mit dem Verfahren und sind deshalb nicht notwendig i.S. des § 139 Absatz 1 FGO (BFH in BStBl II 1972 S. 573; FG Köln in EFG 2000 S. 232).
Wegen der Notwendigkeit von Aufwendungen der Partei anläßlich anberaumter Gerichtstermine siehe Anmerkung 3.6.

3.10 Kosten des Vorverfahrens

Bezüglich der Gebühren und Auslagen des Bevollmächtigten für das Vorverfahren (Einspruch) bestimmt § 139 Absatz 3 Satz 3 FGO, daß diese Kosten nur erstattungsfähig sind, wenn das Gericht die Zuziehung eines Bevollmächtigten für das Vorverfahren für notwendig erklärt. Ein erfolgloses Aussetzungsverfahren bei der Behörde als Zulässigkeitsvoraussetzung für den Aussetzungsantrag an das Gericht (§ 69 Absatz 4 FGO) stellt kein Vorverfahren i.S. des § 139 Absatz 3 FGO dar (FG München in EFG 1983 S. 624; FG Baden-Württemberg in EFG 1990 S. 438).

Die Entscheidung über die Notwendigkeit der Zuziehung ist Teil des Kostenfestsetzungsverfahrens (BFH in BStBl II 1968 S. 56). Sie ist also nicht Bestandteil der Kostenentscheidung und deshalb nicht durch § 109 FGO begrenzt. Wird im Kostenfestsetzungsantrag erstmalig die Zuziehung beantragt, so hat der Urkundsbeamte nachträglich die Entscheidung des Gerichts/des Berichterstatters (s. FG Baden-Württemberg in EFG 1994 S. 846 bzw. EFG 1994 S. 1067) herbeizuführen. Bei der bekannten Schwierigkeit des Steuerrechts ist dem Beteiligten i.d.R. stets zuzubilligen, daß er bereits im Vorverfahren die Unterstützung von Angehörigen der steuerberatenden Berufe in Anspruch nimmt (BFH in BStBl II 1968 S. 181). Auch der Umstand, daß es dem Beteiligten erst im gerichtlichen Verfahren gelungen ist, seine Auffassung ganz oder teilweise durchzusetzen, dürfte ein Anzeichen für die Schwierigkeit des Streitfalls sein. Nicht erforderlich ist dabei, daß der Bevollmächtigte im Vorverfahren nach außen hin erkennbar aufgetreten ist (BFH in BStBl II 1976 S. 568). Entscheidend ist lediglich, daß sich der Bevollmächtigte eine Gebühr nach § 40 StBGebV verdient hat, da das erkennbare Auftreten durch das schnelle Ergehen einer Einspruchsentscheidung verhindert worden sein kann (s.a. FG des Landes Brandenburg in EFG 1994 S. 1110 und FG Bremen in EFG 1994 S. 1110).

Eine Notwendigkeit der Zuziehung ist jedoch stets in Fällen zu verneinen, in denen ein Folgebescheid mit denselben Gründen wie der Grundlagenbescheid angefochten wurde, da hier für das Vorverfahren keine fachkundige Vertretung erforderlich war (z.B. Anfechtung des Gewerbesteuermeßbescheids in Punkten, die bereits gegen den Einkommensteuerbescheid vorgebracht worden sind und über § 34b GewStG berichtigt werden könnten; FG Münster in EFG 1969 S. 30; FG Bremen in EFG 1994 S. 846). Ebenfalls keine Notwendigkeit der Zuziehung und damit kein Anspruch auf Erstattung besteht in Fällen, in denen ein StB als Partei kraft Amtes (z.B. Konkursverwalter, Testamentsvollstrecker) auftritt (FG Münster in EFG 1968 S. 472; FG Bremen in EFG 1992 S. 417). Die gegenteilige Meinung, die nicht überzeugt, vertritt das FG Hamburg (EFG 1967 S. 185).

Vertritt ein StB in einem Rechtsstreit seine Ehefrau in deren eigener Sache, so kann die Notwendigkeit der Zuziehung im Vorverfahren ausgesprochen werden (BFH in BStBl II 1969 S. 751).

Geht ein außergerichtliches Rechtsbehelfsverfahren nur teilweise in das gerichtliche Verfahren über, so sind die tatsächlich entstandenen Kosten nach dem Verhältnis des Streitwerts des gerichtlichen Verfahrens zum Streitwert des außergerichtlichen Verfahrens aufzuteilen (FG München in EFG 1979 S. 298). Dies entspricht zwar nicht der vom BFH (BStBl II 1975 S. 39) gewählten Methode, führt aber zu gerechteren Ergebnissen und dürfte deshalb zutreffend sein.

Beispiel:

Streitwert des Einspruchsverfahrens	DM 10.000.–
Streitwert des Klageverfahrens	DM 3.000.–
Kosten des Einspruchsverfahrens	DM 500.–

Beim vollen Erfolg des gerichtlichen Verfahrens und der Bejahung der Notwendigkeit der Zuziehung eines Bevollmächtigten für das Vorverfahren sind von den Kosten des Einspruchsverfahrens

$$\frac{\text{DM } 3.000.–}{\text{DM } 10.000.–} \text{ von DM } 500.– = \frac{3}{10} \text{ von DM } 500.– = \text{DM } 150.–$$

erstattungsfähig.

3.11 Verfahren in eigener Sache

Die Erstattungspflicht für das gerichtliche Verfahren tritt auch ein, wenn ein StB sich in eigener Sache vertritt (BFH in BStBl II 1972 S. 94). Er hat also Anspruch auf die Gebühren und Auslagen, die nach § 45 StBGebV einem Mandanten gegenüber entstanden wären. Die Erstattungspflicht tritt jedoch nicht für das Vorverfahren ein, in dem sich der StB selbst vertreten hat (BFH in BStBl II 1973 S. 535). Eine Erstattung für das Vorverfahren kann jedoch in Betracht kommen, wenn

- ein StB im Vorverfahren eine Gemeinschaft (z. B. GbR) vertreten hat, an der er selbst beteiligt ist (Niedersächsisches FG in EFG 1977 S. 78). Hier kommt auch keine Kürzung entsprechend seinem Anteil in Betracht;
- ein StB, der mit seiner Ehefrau zusammen zur Einkommensteuer veranlagt wird, diese im Vorverfahren vertritt (BFH in BStBl II 1977 S. 767).

Wegen der Erstattung der Umsatzsteuer des in eigener Sache auftretenden Bevollmächtigten siehe Eberl in DStR 1984 S. 271.

3.12 Kosten des Beigeladenen

Nach § 139 Absatz 4 FGO sind die Kosten des Beigeladenen nur erstattungsfähig, wenn sie das Gericht aus Billigkeitsgründen der unterlegenen Partei oder der Staatskasse auferlegt hat. Diese Entscheidung ist Teil der gerichtlichen Kostenentscheidung und nicht, wie die Entscheidung nach § 139 Absatz 3 FGO, Teil des Kostenfestsetzungsverfahrens. Fehlt dieser Ausspruch in der gerichtlichen Entscheidung, so ist eine Nachholung nur im Rahmen des § 109 FGO möglich (BFH in BFH/NV 1991 S. 332). Es empfiehlt sich deshalb für einen Beigeladenen, schon während des Verfahrens den Antrag zu stellen, daß das Gericht auch über diese Frage entscheidet. Der Beschluß des FG über die Nichterstattungsfähigkeit ist nicht mit der Beschwerde anfechtbar (BFH in BFH/NV 1997 S. 196, BFH/NV 2000 S. 345).

Die außergerichtlichen Kosten des Beigeladenen sind der unterlegenen Partei stets dann aufzuerlegen, wenn der Beigeladene sich selbst ebenfalls einem Kostenrisiko ausgesetzt hat (FG Köln in EFG 1983 S. 300). Die außergerichtlichen Kosten des notwendig Beigeladenen trägt stets der unterlegene Beteiligte (FG Baden-Württemberg in EFG 1994 S. 839). Ist ein Beteiligter zu Unrecht beigeladen worden, so sind die Kosten der Staatskasse aufzuerlegen (VGH Kassel in NJW 1979 S. 178).

3.13 Rechtsbehelfe gegen den Kostenfestsetzungsbeschluß

Gegen den Kostenfestsetzungsbeschluß ist als gesetzlicher Rechtsbehelf die Erinnerung (§ 149 Absatz 2 FGO) gegeben.

3.13.1 Erinnerung

Mit der Erinnerung und einer eventuellen unselbständigen Anschlußerinnerung (FG Berlin in EFG 1981 S. 581) können Einwendungen gegen die Kostenberechnung, also gegen den Ansatz einzelner Posten und deren Höhe, vorgebracht werden. Gegen den zugrunde liegenden Streitwert sind Einwendungen nur möglich, wenn dieser nicht durch das Gericht festgesetzt worden ist.

Erinnerungsbefugnis: Befugt zur Erinnerungseinlegung sind der Erstattungsberechtigte und der Erstattungsverpflichtete. Bei Abtretung des Kostenerstattungsanspruchs wird kein Erinnerungsrecht des Zessionärs begründet (FG Münster in EFG 1969 S. 30).

Form: Für die Einlegung der Erinnerung ist keine bestimmte Form vorgeschrieben.

Frist: Die Erinnerung ist innerhalb von zwei Wochen einzulegen (§ 149 Absatz 2 Satz 2 FGO). Der Kostenfestsetzungsbeschluß ist deshalb nach den Vorschriften des Verwaltungszustellungsgesetzes bekanntzugeben und mit einer Rechtsbehelfsbelehrung zu versehen, da ansonsten die Zweiwochenfrist nicht in Lauf gesetzt wird. Eine unselbständige Anschlußerinnerung nach Ablauf der Frist ist jedoch zulässig (FG Bremen in EFG 1969 S. 499).

Entscheidung: Über die Erinnerung entscheidet das Gericht durch Beschluß (zur Besetzung siehe FG Bremen in EFG 1994 S. 162; FG Baden-Württemberg in EFG 1994 S. 669; FG Münster in EFG 1994 S. 668; FG des Saarlandes in EFG 1995 S. 378 und 379; FG Bremen in EFG 1995 S. 381; FG des Landes Sachsen-Anhalt in EFG 1996 S. 149), wobei eine umfassende Prüfung der Kostenfestsetzung erfolgt, die jedoch nicht zu einer Schlechterstellung des Erinnerungsführers führen darf (BFH in BStBl II 1970 S. 251). Unberührt bleibt die Möglichkeit, daß der Urkundsbeamte vor der Entscheidung durch das Gericht der Erinnerung in vollem Umfang abhilft (s. a. FG Baden-Württemberg in EFG 1994 S. 669 betr. Zurückverweisung im Erinnerungsverfahren bzw. FG Bremen in EFG 1995 S. 899).

Kosten: Das Erinnerungsverfahren ist bezüglich der Gerichtskosten gebührenfrei, da das Kostenverzeichnis keinen entsprechenden Gebührentatbestand enthält. Auslagen werden jedoch erhoben. Die außergerichtlichen Kosten (z.B. Bevollmächtigtenkosten) sind entsprechend den Grundsätzen der §§ 139 und 149 FGO erstattungsfähig.

Der Vorsitzende oder das Gericht können außerdem die einstweilige Aussetzung der Vollstreckung anordnen, bis über die Erinnerung abschließend entschieden ist. Dabei sind die Grundsätze für Verfahren auf Aussetzung der Vollziehung (§ 69 FGO) anzuwenden.

3.13.2 Beschwerde

Gegen Erinnerungsentscheidungen der FG ist die Beschwerde nicht gegeben (§ 128 Absatz 4 FGO, BFH in BFH/NV 1995 S. 1087, BFH/NV 1996 S. 777).

3.14 Berichtigung der Kostenfestsetzung

Neben der Möglichkeit, die Kostenfestsetzung im Rahmen des Erinnerungsverfahrens abzuändern, bestehen noch folgende Berichtigungsmöglichkeiten:

- ▷ Ergehen einer Streitwertfestsetzung nach der Kostenfestsetzung, die von der der Kostenberechnung zugrunde liegenden Wertberechnung abweicht (§ 107 Absatz 1 ZPO). Diese Berichtigung erfolgt jedoch nicht von Amts wegen, sondern ist nur auf Antrag innerhalb einer Frist von einem Monat nach Ergehen der Streitwertfestsetzung durchzuführen (§ 107 Absatz 2 ZPO). Dabei ist eine Nachprüfung der betroffenen Gebühren dem Grunde nach nicht mehr möglich (OLG Hamm in Rpfleger 1983 S. 456).
- ▷ Richtigstellung von Rechenfehlern und offenbaren Unrichtigkeiten in entsprechender Anwendung von § 319 Absatz 1 ZPO (OLG Hamm in MDR 1977 S. 760).

Keine Berichtigung (Herabsetzung) ist möglich, wenn nach Rechtskraft des Kostenfestsetzungsbeschlusses der für vorläufig vollstreckbar erklärte Kostentitel durch Rechtsmittelentscheidung geändert oder aufgehoben wird. Bereits erstattete Beträge können dann nur im Zivilrechtsweg zurückgefordert werden (BFH in BStBl II 1973 S. 502, s.a. Gruber in Der Steuerberater 1995 S. 8).

3.15 Verjährung

Der Kostenerstattungsanspruch verjährt nach § 195 i.V. mit § 198 BGB nach 30 Jahren. Im Gegensatz dazu verjährt der Vergütungsanspruch des StB gegenüber dem Mandanten nach zwei Jahren (§ 196 Absatz 1 Nummer 15 BGB).

3.16 Festsetzung der Vergütung des StB

Nach § 45 StBGebV sind im gerichtlichen Verfahren die Vorschriften der BRAGO sinngemäß anzuwenden. Dies hat auch zur Folge, daß der StB bzw. sein Auftraggeber einen Anspruch darauf haben, die gesetzliche Vergütung für das gerichtliche Verfahren festsetzen zu lassen (§ 19 BRAGO; FG Berlin in EFG 1985 S. 197; FG Hamburg in EFG 1984 S. 630). Dieses Verfahren ermöglicht es dem StB, seinen Gebühren- und Auslagenanspruch gegenüber dem Auftraggeber zu erlangen, bzw. gestattet es dem Auftraggeber, eine Nachprüfung der Kostenrechnung seines StB zu erreichen. Zuständig für die Festsetzung ist der Urkundsbeamte des Gerichts des ersten Rechtszuges (§ 19 Absatz 2 BRAGO). Voraussetzung für die Zulässigkeit des Antrags ist, daß die Vergütung fällig ist (§ 16 BRAGO). Werden vom Mandanten Einwendungen oder Einreden (z. B. bereits erfolgte Zahlungen, Verjährung) erhoben, die ihren Grund nicht im Gebührenrecht haben, so ist die Festsetzung abzulehnen (§ 19 Absatz 4 BRAGO). Für eine Gebührenklage des StB ist der Rechtsweg zu den ordentlichen Gerichten gegeben (BFH in BFH/NV 1991 S. 619). Für das Erinnerungsverfahren bei der Vergütungsfestsetzung besteht ein Kostenerstattungsanspruch des Obsiegenden (FG Bremen in EFG 1994 S. 581 und 583).

4 Streitwert

Anmerkungsübersicht

4.1 Wertvorschriften für den Streitgegenstand

Bei einem Rechtsbehelf ist Streitgegenstand das, was der Beteiligte unmittelbar erreichen will. Das bedeutet, daß der Streitgegenstand und damit der Streitwert allein durch den Anspruch des Beteiligten (Kläger, Revisionskläger, Antragsteller, Beschwerdeführer, Einspruchsführer) bestimmt wird. Maßgeblich für die Bemessung des Streitwerts für die Gerichtskosten sowie die außergerichtlichen Kosten (§ 8 Absatz 1 BRAGO) sind die Vorschriften der §§ 13ff. GKG. Wegen Streitwertfestsetzung durch das Gericht wird auf Anmerkung 2.13 verwiesen.

4.2 Antrag, Bedeutung, Ermessen

Nach § 13 Absatz 1 Satz 1 GKG ist der Streitwert im finanzgerichtlichen Verfahren nach der sich aus dem **Antrag** des Klägers für ihn ergebenden **Bedeutung** der Sache nach **Ermessen** zu bestimmen.

a) Grundsätzlich kann davon ausgegangen werden, daß die gestellten Sachanträge für die Streitwertbemessung maßgebend sind (BFH in BStBl II 1976 S. 685). Es ist deshalb besonderer Wert auf die Formulierung der Rechtsbehelfsanträge zu legen, da sich hierdurch eventuelle Streitigkeiten beim Kostenansatz bzw. bei der Kostenerstattung vermeiden lassen. Fehlt es an einem ziffernmäßigen Antrag, so ist der Streitwert aus dem gesamten Vorbringen zu ermitteln (BFH in BFH/NV 1989 S. 368, BFH/NV 1996 S. 408, BFH/NV 1996, S. 431). „Beabsichtigte" Sachanträge sind bei der Streitwertbemessung ebenfalls zu berücksichtigen (Hessisches FG in EFG 1993 S. 602). Auch verspätetes Vorbringen bezüglich des Sachantrags ist zu berücksichtigen (FG des Saarlandes in EFG 1995 S. 853).

b) Das anzuwendende Ermessen ist durch die von der Rechtsprechung aufgestellten Grundsätze für die Streitwertermittlung nahezu nicht mehr gegeben. Es läßt jedoch eine willkürliche Schätzung des Streitwerts nicht zu. Ebenso können damit nicht Billigkeitsmaßnahmen verbunden werden, die die wirtschaftliche Lage der Partei berücksichtigen (BFH in BFH/NV 1986 S. 299). Auch der Umfang des Verfahrens (z.B. großer zeitlicher Aufwand) kann keinen Einfluß auf die Höhe des Streitwertes haben (BFH in BFH/NV 1994 S. 896). Endet ein Verfahren vor dem BFH, ohne daß Sachanträge gestellt worden sind, so ist die Beschwer aus der Vorinstanz maßgebend (§ 14 GKG, BFH in BFH/NV 1999 S. 1245). Für das Klageverfahren vor dem FG ist bei Beendigung ohne Sachantrag Obergrenze die Beschwer aus dem Vorverfahren (Einspruch). Daß ein sog. „Musterprozeß" vorliegt, rechtfertigt keine abweichende Streitwertbemessung (BFH in BFH/NV 1993 S. 189).

4.3 Finanzielles Interesse und Folgewirkungen

Für den Streitwert ist nur das unmittelbare finanzielle Interesse maßgebend. Es müssen also Umstände außer Betracht bleiben, die zwar eine finanzielle Auswirkung haben, mit dem Verfahren aber nur mittelbar zusammenhängen. So bleiben grundsätzlich Folgewirkungen auf andere Steuerarten und Zuschläge, die in dem Verfahren nicht streitbefangen sind, die sich aber bei einem Erfolg des Rechtsbehelfs ändern würden, außer Betracht (BFH in BFH/NV 1986 S. 347, BFH/NV 1990 S. 182).

Beispiele:

a) Auswirkung der Einkommensteuer auf die Gewerbesteuer wegen der Vorschrift des § 35 b GewStG (BFH in BStBl II 1982 S. 542).
b) Auswirkung der Einkommensteuer auf die Kirchensteuer (BFH in BStBl III 1967 S. 291). Die Kirchensteuer ist jedoch dann einzubeziehen, wenn sie ausdrücklich angefochten wird (FG des Saarlandes in EFG 1984 S. 253).
c) Auswirkung auf die Verzinsung (BFH in BStBl III 1958 S. 385).
d) Verlust, der sich im Wege des Vor- oder Rücktrages auf andere Jahre auswirkt (BFH in BFH/NV 1987 S. 456).
e) Auswirkungen auf den Solidaritätszuschlag (FG Bremen in EFG 1994 S. 942).

Wegen der Abschnittsbesteuerung bleiben auch eventuelle Auswirkungen auf nicht im Streit befindliche Folgejahre außer Betracht (BFH in BStBl III 1958 S. 385, BStBl III 1958 S. 122, BFH/NV 1986 S. 173, BFH/NV 1999 S. 200, BFH/NV 1999 S. 1121).
Eine Ausnahme besteht lediglich für die Fälle, in denen die Beschwer auch für eine zu niedrig festgesetzte Steuer bejaht wird. Hier ist es deshalb zulässig, die mögliche zukünftige Auswirkung bei der Streitwertbemessung heranzuziehen (BFH in BStBl III 1967 S. 215).
Bei fehlender Beschwer (z.B. festgesetzte Einkommensteuer: 0 DM), ist der Streitwert nach der niedrigsten Stufe der Gebührentabelle zu bemessen (FG Baden-Württemberg in EFG 1995 S. 853).

4.4 Abweichen von den Sachanträgen

Die Höhe des Streitwerts ist dann nicht nach dem gestellten Antrag zu bemessen, wenn sich aus der Begründung des Rechtsbehelfs ein anderes Begehren ergibt (BFH in BStBl II 1977 S. 306, BFH/NV 1998 S. 999). Es ist der Wert anzusetzen, der sich als Unterschied zwischen den Steuern ergibt, die das FA festgesetzt hat und die es hätte festsetzen müssen, wenn die Rechtsauffassung des Beteiligten zuträfe. Deshalb sind auch Auswirkungen auf die Gewerbesteuer zu berücksichtigen, wenn Streit um die Höhe der gewerblichen Einkünfte besteht. Wird nämlich die Höhe des Gewinnes verändert, so ändert sich damit auch der vom Gewinn abhängige Gewerbesteueraufwand (BFH in BStBl II 1980 S. 591).

Beispiel:

Sachantrag:
Minderung des Gewinns um DM 100.000.– weiterer Betriebsausgaben.

Auswirkung:

Begehrte Betriebsausgaben	DM 100.000.–
./. anteilige Auflösung der Gewerbesteuerrückstellung	DM 15.000.–
tatsächlich begehrte Minderung der Einkünfte aus Gewerbebetrieb	DM 85.000.–

Die anteilige Auflösung der Gewerbesteuerrückstellung ist dem Sachantrag immanent, da sie, wenn der Rechtsauffassung der Partei gefolgt wird, notwendig erfolgen muß.
Wird ein Teilbetrag der Steuer, um die gestritten wird, bereits vor Klageerhebung erlassen, so ist der Streitwert nach dem verbleibenden Betrag zu bemessen (BFH in BStBl II 1972 S. 574).
Offenbare Unrichtigkeiten (§ 129 AO), die während des Verfahrens berichtigt werden, sind bei der Streitwertbemessung nicht zu berücksichtigen. Für die Berechnung des Streitwerts ist von der berichtigten Steuerfestsetzung auszugehen.

4.5 Bemessung des Streitwerts mit DM 8.000.–

Nach § 13 Absatz 1 Satz 2 GKG ist der Streitwert mit DM 8.000.– (bis 30. 6. 1994 anhängig gewordene Verfahren DM 6.000.–) zu bemessen, wenn der bisherige Sach- und Streitwert keine genügenden Anhaltspunkte bietet. Das bedeutet jedoch nicht, daß dieser Wert in all den Fällen anzusetzen ist, bei denen kein bestimmter Sachantrag gestellt worden ist. Keinesfalls kann dieser Wert in Fällen angewandt werden, in denen die Besteuerungsgrundlagen geschätzt worden sind. Hier muß der Streitwert geschätzt werden, und zwar in einem angemessenen Verhältnis zu der festgesetzten Steuer (BFH in BFH/NV 1992 S. 190, BFH/NV 1995 S. 1008, BFH/NV 1997 S. 196). Es könnte nämlich sonst der Fall eintreten, daß bei einer auf Grund einer Schätzung festgesetzten Steuer von DM 2.000.– der Streitwert DM 8.000.– betragen würde. Der Wert von DM 8.000.– ist ein Ausnahmewert, der nur anzusetzen ist, wenn sich überhaupt keine anderen Anhaltspunkte für die Bemessung des Streitwerts finden lassen.

Beispiele:

a) Das Vorbringen der Partei läßt wegen seiner Verworrenheit keinen bestimmten Streitgegenstand erkennen (BFH in BStBl II 1978 S. 135).
b) Der Rechtsbehelf ist wegen mangelnder Beschwer unzulässig.
c) Bei einer Körperschaft ist nur die Frage der Gemeinnützigkeit streitig.
d) Die Klage wurde vorsorglich erhoben (Hessisches FG in EFG 1978 S. 344).
e) Klage eines Lohnsteuerhilfevereins auf Eintragung einer bestimmten Person als Leiter einer Beratungsstelle (BFH in BStBl II 1981 S. 105).
f) Streit um die Rechtmäßigkeit des Vorbehalts der Nachprüfung (BFH in BStBl II 1980 S. 417, BStBl II 1981 S. 105).
g) Streit um die Bewilligung von Buchführungserleichterungen (FG Hamburg in EFG 1970 S. 514).

Der Wert von 8.000.– DM kann für die neuen Bundesländer um bis zu 10 v. H./bis 30. 6. 1996 um ein Drittel herabgesetzt werden (BGBl I 1996 S. 604).

4.6 Mehrere Verfahren, Haupt- und Hilfsantrag

Verfolgt ein Steuerpflichtiger ein und dasselbe materielle Ziel (Herabsetzung der Einkommensteuerschuld) gleichzeitig in zwei Verfahren (gegen den Bescheid über die einheitliche Gewinnfeststellung und gegen den Bescheid über die Einkommensteuer), so ist für beide Verfahren ein Streitwert zu ermitteln (BFH in BStBl II 1978 S. 198). Werden dagegen in einem Verfahren mehrere Anträge gestellt (Haupt- und Hilfsanträge), so kommt es i. d. R. zu keiner Kumulation. Es ist der betragsmäßig weitestgehende Antrag maßgebend (BFH in BStBl II 1973 S. 505, BFH/NV 1989 S. 43). Eine Zusammenrechnung von Haupt- und Hilfsantrag kommt nur in Betracht, wenn die Anträge verschiedene Streitgegenstände haben (BGH in AnwBl 1976 S. 339). Bei wechselseitig eingelegten Rechtsmitteln (z. B. Revision und Anschlußrevision) sind die Werte zusammenzurechnen (§ 19 Absatz 2 GKG; BFH in BFH/NV 1988 S. 798).

4.7 Aufhebung von Steuerbescheiden, Anrechnung von Abzugsbeträgen

Im Verfahren um die Rechtmäßigkeit von Steuerbescheiden ist stets die festgesetzte Steuer im Streit. Die Anrechnung von Abzugsbeträgen (Lohnsteuer,

Kapitalertragsteuer) ist nicht mehr Teil dieses Festsetzungsverfahrens, wenn sie auch äußerlich in dem Bescheid mit der Festsetzung verbunden ist. Wird also die Aufhebung eines Steuerbescheides beantragt, so ist der Streitwert nach der festgesetzten Steuer (ohne Steuerabzugsbeträge) zu bemessen (BFH in BStBl II 1978 S. 58, BFH/NV 1986 S. 802, BFH/NV 1989 S. 384).
Wird die Nichtigkeit eines Steuerbescheides (z.B. wegen falscher Zustellung) geltend gemacht, so ist der Streitwert ebenfalls mit dem vollen festgesetzten Steuerbetrag anzusetzen (BFH in BFH/NV 1994 S. 255). Nach FG Nürnberg (EFG 1994 S. 980) gilt dies dann nicht, wenn sich das finanzielle Interesse bereits anderweit erkennen läßt. Bei dem Antrag, einen Änderungsbescheid aufzuheben (z.B. weil die Voraussetzungen für eine Änderung nicht vorliegen) ist der Streitwert aus der Differenz zwischen der in dem Änderungsbescheid und der in dem vorangegangenen Bescheid festgesetzten Steuer zu bemessen. Bei einem Erfolg des Rechtsbehelfs würde nämlich der ursprüngliche (durch den Änderungsbescheid verdeckte) Bescheid wieder aufleben (BFH in BFH/NV 1991 S. 471).

4.8 Streitwert bei unzulässiger Klageerweiterung im Revisionsverfahren

Der Streitwert in der Revisionsinstanz für Zwecke der Zulässigkeitsprüfung wird durch den Wert des Streitgegenstandes in der ersten Instanz begrenzt. Für den Gebührenstreitwert ist jedoch auch eine unzulässige Klageerweiterung einzubeziehen (BFH in BStBl II 1979 S. 27 und 338, BFH/NV 2000 S. 589).
Ebenso sind in der Revisionsinstanz beim Gebührenstreitwert auch Anträge zu berücksichtigen, soweit sie nicht innerhalb der Revisionsbegründungsfrist gestellt worden sind (BGH in WM 1976 S. 573).

4.9 Erhöhung und Herabsetzung der Steuer

Wird einerseits eine Erhöhung, andererseits eine Herabsetzung der Steuer begehrt, so sind die beiden Beträge zu addieren (BFH in BStBl II 1971 S. 691; Niedersächsisches FG in EFG 1983 S. 371).

4.10 Streitwert-ABC

Abgabe von Steuererklärungen

Bei Anfechtung der Aufforderung zur Abgabe der Erklärung sollte das zu erwartende Zwangsgeld bei Nichterfüllung angesetzt werden.

Ablehnung von Richtern (Sachverständigen)

Der Streitwert ist pro Richter mit 10 v.H. der Hauptsache zu bemessen (BFH in BStBl II 1976 S. 691, BFH/NV 1995 S. 720, BFH/NV 1996 S. 431, BFH/NV 1997 S. 306, BFH/NV 2000 S. 217).
Die gleichen Maßstäbe sind bei der Ablehnung von Sachverständigen anzuwenden.

Abrechnungsbescheid

Der Streitwert ist mit einem Bruchteil (1/10 bis 2/10) der streitigen Zahlungsverpflichtung zu bemessen (Hessisches FG in EFG 1967 S. 26).
Wird der Abrechnungsbescheid mit der Behauptung angefochten, der streitige Betrag sei verjährt, so ist der volle Betrag als Streitwert anzusetzen (FG Berlin in EFG 1969 S. 255).

Anordnung der Bestellung eines Bevollmächtigten

Der Streitwert für die Beschwerde gegen die Anordnung des FG, einen Bevollmächtigten zu bestellen, beträgt ein Zehntel des Streitwerts der Hauptsache (BFH in BStBl II 1978 S. 135, BFH/NV 1990 S. 797, BFH/NV 1996 S. 351).

Anschlußrechtsmittel

Für ein Rechtsmittel und ein Anschlußrechtsmittel ist ein einheitlicher Streitwert zu bilden (§ 19 Absatz 2 GKG). Wird das Anschlußrechtsmittel zurückgenommen bzw. als unzulässig verworfen, so ist ein gesonderter Streitwert zu ermitteln.

Anteilsbewertung

Bei der Anfechtung der gesonderten Feststellung des gemeinen Werts nicht notierter Anteile an Kapitalgesellschaften ist der Streitwert mit der vermögenssteuerlichen Auswirkung für **ein** Jahr zu bemessen (BFH in BStBl II 1977 S. 404, BStBl II 1983 S. 506). Eine Nachprüfung, ob einzelne Anteilseigner Vermögensteuer zahlen müssen oder nicht, unterbleibt (BFH in BStBl II 1995 S. 26).
Dabei ist zu beachten:

a) Hat die Gesellschaft den Rechtsbehelf eingelegt, so ist der Wertunterschied der gesamten Anteile zu berücksichtigen (BFH in BStBl III 1965 S. 64).
b) Hat ein Anteilseigner den Rechtsbehelf eingelegt, so ist nur der Wertunterschied von dessen Anteilen zu berücksichtigen (BFH in BStBl II 1977 S. 698).

Arrest

Im Arrestverfahren ist die Hälfte der Hinterlegungssumme anzusetzen (BFH in BStBl III 1966 S. 653). Dies gilt auch dann, wenn bereits bei Erhebung der Klage das Arrestverfahren in das normale Vollstreckungsverfahren übergeleitet war (BFH in BStBl II 1982 S. 328).

Aufrechnung

Der Streitwert bemißt sich nach dem vollen Wert der zur Aufrechnung gestellten Gegenforderung, wenn der Bestand der Gegenforderung streitig ist (BFH in BStBl II 1991 S. 467). Ein Ansatz mit einem Bruchteil (1/10 nach FG Berlin in EFG 1976 S. 583) kommt nur in Betracht, wenn allein die Zulässigkeit der Aufrechnung (nicht Höhe und Bestand der Forderung) streitig ist.

Auskunftsbegehren

Bei Auskunftsbegehren ist – soweit ein finanzielles Interesse nicht erkennbar ist – der Wert von 8.000.– DM anzusetzen. Bei mehreren Auskunftsbegehren ist der Wert entsprechend zu vervielfachen (BFH in BStBl II 1982 S. 705; Niedersächsisches FG in EFG 1993 S. 602; a.A. FG Baden-Württemberg in EFG 1995 S. 227).

Außenprüfung

Siehe Betriebsprüfung.

Aussetzung des Verfahrens

Wird die Aussetzung oder das Ruhen des Verfahrens beantragt (z.B. wegen schwebender Musterprozesse), so ist der Streitwert mit 5 v.H. der Hauptsache anzusetzen (BFH in BStBl II 1971 S. 154, BFH/NV 1994 S. 192, BFH/NV 1997 S. 432). Lt. FG Baden-Württemberg (EFG 1996 S. 1058) sollen 10 v.H. anzusetzen sein.

Aussetzung der Vollstreckung

Der Streitwert ist mit 10 v.H. des Betrages zu bemessen, der sich in der Vollstreckung befindet.

Aussetzung der Vollziehung

Der Streitwert beträgt 10 v.H. des Betrages, um den in der Hauptsache gestritten wird (BFH in BStBl III 1967 S. 121, BStBl III 1967 S. 321, BFH/NV 1988 S. 180, BFH/NV 1996 S. 432; FG Baden-Württemberg in EFG 1994 S. 714, a.A. FG Baden-Württemberg in EFG 1995 S. 854 – 25 v.H.). Dieser Wert erhöht sich auch nicht, wenn hilfsweise die Aussetzung gegen Sicherheitsleistung zu erwägen ist (FG Hamburg in EFG 1993 S. 251). Dabei sind Folgesteuern nicht einzubeziehen (BFH in BStBl II 1979 S. 441).
Dieselben Grundsätze gelten auch beim Widerruf einer Aussetzung der Vollziehung (BFH in BStBl II 1976 S. 385).
Im Verfahren über eine einstweilige Aussetzung der Vollziehung ist der Streitwert mit 1/30 des Streitwerts des Anfechtungsverfahrens zu bemessen (BFH in BStBl II 1977 S. 354).
Wird im Aussetzungsverfahren allein um die Sicherheitsleistung gestritten, so kommt eine Ermäßigung des v.H.-Satzes nicht in Betracht. Es sind 10 v.H. der geforderten Sicherheit anzusetzen (BFH in BStBl II 1973 S. 16).
Ist der Streitwert der Hauptsache mit 8.000.– DM (§ 13 Absatz 1 Satz 2 GKG) zu bemessen, kommt eine Ermäßigung im Aussetzungsverfahren auf 10 v.H. dieses Werts nicht in Betracht (BFH in BFH/NV 1991 S. 552).

Beiladung

Es dürfte ein Bruchteil der Hauptsache (10 v.H.) angemessen sein.

Betriebsprüfung

Beim Streit über die Rechtmäßigkeit einer Betriebsprüfung-Anordnung ist der Streitwert mit 50 v.H. der sich möglicherweise ergebenden Mehrsteuern zu bemessen (BFH in BFH/NV 1991 S. 552). Die Mehrsteuern sind gege-

benenfalls zu schätzen. Fehlen geeignete Schätzungsgrundlagen und bietet der bisherige Sach- und Streitstand keine genügenden Anhaltspunkte dafür, welche Bedeutung die Sache hat, so ist der Streitwert mit (nunmehr) 8.000.– DM zu bestimmen (BFH in BStBl II 1985 S. 257, BFH/NV 1986 S. 328; BFH/NV 1991 S. 552).
Beim Antrag auf Wiederholung einer Betriebsprüfung sind 50 v. H. der erstrebten Steuerminderung anzusetzen (FG Düsseldorf in EFG 1972 S. 350). Werden Einwendungen gegen die Betriebsprüfung erhoben (z. B. Art der Durchführung, fehlende Schlußbesprechung), so sind 10 v. H. der Mehrsteuern anzusetzen (BFH in BStBl II 1980 S. 751). Bei Aussetzung einer Betriebsprüfungs-Anordnung sind 5 v. H. der Mehrsteuern (10 v. H. von 50 v. H.) anzusetzen (BFH in BStBl II 1975 S. 197). Ist in der Hauptsache der Wert von 8.000.– DM anzusetzen, kommt eine weitere Ermäßigung nicht in Betracht (BFH in BFH/NV 1991 S. 552).

Bescheidungsurteil

Begehrt der Kläger mit seiner Klage die Verurteilung der Behörde zur Verbescheidung unter Beachtung der Rechtsauffassung des Gerichts, so ist der Streitwert mit der Hälfte des Streitwerts der Hauptsache zu bemessen (FG Baden-Württemberg in EFG 1993 S. 253, EFG 1994 S. 268).

Bevollmächtigte

Bei Streitigkeiten um die Zurückweisung von Prozeßvertretern beträgt der Streitwert 1/10 des Werts der Hauptsache (BFH in BStBl II 1982 S. 662, BFH/NV 1994 S. 817).

Branntweinmonopol

Wird die Preisfestsetzung der Bundesmonopolverwaltung angegriffen, bemißt sich der Streitwert nach den Erlöseinbußen (BFH in BFH/NV 1990 S. 520).

Buchführung

Beim Streit um die Bewilligung von Buchführungserleichterungen ist der Wert von 8.000.– (§ 13 Absatz 1 Satz 2 GKG) anzusetzen (BFH in BStBl II 1984 S. 39). Ebenso bei Streit um den Beginn der Buchführungspflicht (BFH in BFH/NV 1987 S. 316, BFH/NV 1999 S. 1346).

Duldungsbescheid

In der Regel ist das Leistungsgebot maßgebend (BFH in BFH/NV 1990 S. 797, BFH/NV 1996 S. 433). Wenn anzunehmen ist, daß die Vollstrekkung einen geringeren Erfolg haben wird, ist dieser Wert anzusetzen. Ist die Rechtmäßigkeit eines Duldungsbescheids streitig und ist das FA mit seiner Forderung ausgefallen, so ist der Wert von 8.000.– DM anzusetzen (FG Baden-Württemberg in EFG 1982 S. 586).

Durchsuchungsermächtigung

Beim Streit um die Rechtmäßigkeit einer richterlichen Durchsuchungsermächtigung bemißt sich der Streitwert i. d. R. nach dem Betrag, wegen dem vollstreckt werden soll. Der zu erwartende finanzielle Erfolg einer Pfändung in der Wohnung des Vollstreckungsschuldners ist nur dann maßgebend, wenn Anzeichen dafür vorliegen, daß die Forderung nicht in voller Höhe befriedigt werden wird (BFH in BStBl II 1980 S. 561).

Ehrenamtliche Richter

Wird die Entbindung vom Amt begehrt, beträgt der Streitwert 8.000.– DM (BFH in BFH/NV 1990 S. 385).

Eidesstattliche Versicherung

Beim Streit über die Zulässigkeit der Abnahme der eidesstattlichen Versicherung sind 50 v.H. der in der Vollstreckung befindlichen Beträge anzusetzen (BFH in BStBl II 1977 S. 614, BFH/NV 1994 S. 118), höchstens jedoch 1 Mio DM (BFH in BStBl. II 1999 S. 323).

Einheitliche und gesonderte Feststellung von Einkünften

Im Verfahren der einheitlichen und gesonderten Feststellung von Einkünften ist der Streitwert stets pauschal zu ermitteln und die konkreten steuerlichen Auswirkungen bei den Gesellschaftern sind nicht zu ermitteln (BFH in BFH/NV 1993 S. 118; FG Baden-Württemberg in EFG 1993 S. 603; a.A. FG Baden-Württemberg in EFG 1994 S. 981). Die von der Rechtsprechung aufgestellten Grundsätze für die einheitliche Feststellung des Gewinns sind auch für die Streitwertermittlung bei den anderen Einkunftsarten (z.B. Vermietung und Verpachtung) anzuwenden (BFH in HFR 1963 S. 427, BFH/NV 1986 S. 418). Bemessungsgrundlage ist regelmäßig der Betrag der Einkünfte, dessen Höhe bzw. dessen Verteilung streitig ist. Die Auswirkung von Sachanträgen auf andere von der Feststellung Betroffene bleibt außer Betracht, auch wenn sie zum Verfahren beigeladen sind, aber keine Sachanträge gestellt haben (BFH in BFH/NV 1986 S. 353, BFH/NV 1987 S. 316). Klagt nur ein Gesellschafter, so ist nur die Auswirkung bei diesem zu berücksichtigen. Auswirkungen auf die nicht klagenden Gesellschafter bleiben außer Betracht (BFH in BFH/NV 1987 S. 316).

a) Streit um die Höhe der laufenden Einkünfte: Ist die Höhe der Einkünfte streitig, so sind regelmäßig 25 v.H. der streitigen Einkünfte als Streitwert anzusetzen (BFH in BStBl II 1974 S. 140, BFH/NV 1990 S. 51, BFH/NV 1993 S. 378, BFH/NV 1995 S. 254).
Dieser Satz von 25 v.H. ist bei höheren Gewinnanteilen angemessen zu erhöhen (BFH in BStBl II 1968 S. 342, BFH/NV 1992 S. 620, BFH/NV 1993 S. 430, BFH/NV 1995 S. 254). Dabei ist auf die Höhe der Gewinnanteile der einzelnen Gesellschafter abzustellen und zu berücksichtigen, daß der Einkommensteuertarif progressiv gestaltet ist. Es ist deshalb i.d.R. bereits bei Gewinnanteilen von über DM 100.000.– gerechtfertigt, den v.H.-Satz auf 50 Punkte zu erhöhen.
Bei „typischen Abschreibungsgesellschaften" ist der Streitwert mit 50 v.H. der streitigen Verluste zu bemessen (BFH in BStBl II 1980 S. 520, BFH/NV 1988 S. 110; FG des Saarlandes in EFG 1988 S. 654). Ebenso ist zu verfah-

ren, wenn abzusehen ist, daß der Verlustbetrag zum Ausgleich von nach höchsten Steuertarifsätzen zu besteuernden Einkünften dienen soll (BFH in BStBl II 1981 S. 38). In allen übrigen Fällen ist bei Verlusten der Satz von 25 v. H. anzuwenden (BFH in BStBl II 1974 S. 461).

b) Streit um die Höhe des Veräußerungsgewinns: Beim Streit um die Höhe des Veräußerungsgewinns ist der Streitwert mit 15 v. H. des streitigen Veräußerungsgewinns anzusetzen (BFH in BStBl III 1967 S. 274). Dieser Satz ist bei höheren Gewinnanteilen ebenfalls angemessen zu erhöhen (BFH in BStBl III 1967 S. 610, BFH/NV 1993 S. 376). Bei der Höhe des Gewinnanteils ist dabei von der Summe aus laufendem Gewinn und Veräußerungsgewinn auszugehen, da die Progression durch den gesamten Gewinnanteil beeinflußt wird.

c) Streit über die Zuordnung zum laufenden Gewinn bzw. zum Veräußerungsgewinn: Bei der Beachtung der Grundsätze zu a) und b) ist dementsprechend ein Satz von 10 v. H. (25 v. H. abzüglich 15 v. H.) anzusetzen, wenn erstrebt wird, einen Teil des laufenden Gewinns dem begünstigten Gewinn (Veräußerungsgewinn) zuzurechnen. Bei höheren Gewinnanteilen ist dieser Satz ebenfalls zu erhöhen (höchstens 25 v. H.; BFH in BFH/NV 1990 S. 51).

d) Streit um die Verteilung des Gewinns: Ist nicht die Höhe, sondern nur die Verteilung des laufenden Gewinns streitig, so ist der Streitwert stets mit 25 v. H. des Teils am Gewinn zu bemessen, um dessen Verteilung gestritten wird (BFH in BStBl II 1974 S. 138, BFH/NV 1989 S. 120; FG Baden-Württemberg in EFG 1992 S. 484). Beim Streit um die Verteilung des begünstigten Gewinns ist der Satz entsprechend auf 15 v. H. herabzusetzen. Diese Grundsätze gelten auch, wenn ein Gesellschafter klagt (BFH in BStBl II 1974 S. 140). Beim Gewinnfeststellungsverfahren von Ehegatten ist bei Verteilungsstreitigkeiten der Satz mit 10 v. H. zu bemessen (BFH in BStBl III 1967 S. 612).

e) Negative Gewinnfeststellungsbescheide: Wird die Aufhebung eines negativen Feststellungsbescheides erstrebt, so ist der Streitwert mit 25 v. H. des Gewinnanteils zu bemessen, um dessen Verteilung gestritten wird (BFH in BStBl II 1975 S. 827).

f) Ersatzlose Aufhebung eines Feststellungsbescheides: Geht der Streit um die ersatzlose Aufhebung des Feststellungsbescheides, so soll der Streitwert mit 25 v. H. oder mehr des Gesamtgewinns angesetzt werden (BFH in BStBl II 1976 S. 22, BFH/NV 1990 S. 183). Dieser Grundsatz gilt jedoch nicht, wenn lediglich ein Gesellschafter klagt, der seine Beteiligung an den Einkünften bestreitet. In diesem Fall dürfte allein auf den Gewinnanteil dieses Gesellschafters abzustellen sein (Ähnlich auch BFH in BStBl II 1979 S. 608). Bei zusammenveranlagten Ehegatten ist der Streitwert mit 10 v. H. des Gesamtgewinns zu bemessen (BFH in BStBl II 1984 S. 445).

g) Streit um die Art der Einkünfte: Geht der Streit darum, zu welcher Einkunftsart der Gesamtgewinn oder die Vergütungen eines Gesellschafters

zu rechnen sind, ist der Satz von 25 v. H. (ggf. höher) von dem Betrag anzusetzen, um den eine Minderung des Einkommens des Gesellschafters erstrebt wird (BFH in BStBl III 1966 S. 611).
Besteht Streit, ob die festgestellten Gewinne den Einkünften aus Gewerbebetrieb oder denen aus Land- und Forstwirtschaft zuzuordnen sind, so ist der Streitwert mit 25 v. H. (oder höher) der Freibeträge nach § 13 Absatz 3 EStG anzusetzen (BFH in BFH/NV 1986 S. 39).
Geht der Streit darum, ob die einem Gesellschafter gezahlte Vergütung zu seinen gewerblichen Einkünften oder zu seinen Einkünften aus nichtselbständiger Tätigkeit gehört, so ist der Streitwert mit einem Satz von 25 v. H. (oder höher) von DM 500.– zu bemessen (BFH in BStBl II 1972 S. 428). Seit dem Veranlagungszeitraum 1975 dürfte der Betrag von DM 500.– auf DM 1.000.– zu erhöhen sein (BFH in BFH/NV 1986 S. 347).
Sind Auswirkungen beim (bei den) Gesellschafter(n) nicht feststellbar, ist der Streitwert mit 1 v. H. der festgestellten Einkünfte anzusetzen (entsprechend BFH in BStBl II 1970 S. 547, BStBl II 1982 S. 542, BFH/NV 1986 S. 174, BFH/NV 1989 S. 802, BFH/NV 1999 S. 1121; FG Baden-Württemberg in EFG 1994 S. 714).

h) Weitere Einzelfälle: Etwaige Folgewirkungen des Ausgangs eines Rechtsstreits um die Rechtmäßigkeit eines einheitlichen Gewinnfeststellungsbescheids auf andere Steuerpflichtige als die unmittelbar betroffenen Personen (Mitunternehmer) bleiben außer Betracht (BFH in BStBl II 1978 S. 409).
Die Möglichkeit (Wahrscheinlichkeit), daß allen oder einzelnen der an den Einkünften beteiligten Personen die Steuervergünstigung nach § 21 Absatz 1 BerlinFG zusteht, ist beim Ansatz des pauschalen v. H.-Satzes nicht zu berücksichtigen (BFH in BStBl II 1978 S. 435). Liegen dagegen begünstigte Einkünfte aus einer Berliner Betriebsstätte vor, so beeinflußt dies den entsprechenden v. H.-Satz (BFH in BFH/NV 1989 S. 119).
Ist streitig, ob jemand Mitgesellschafter oder stiller Gesellschafter ist, so ist der Streitwert frei zu schätzen (BFH in BStBl III 1967 S. 433). Es kann hier ohne weiteres der Wert von DM 8.000.– (§ 13 Absatz 1 Satz 2 GKG) angesetzt werden. Bei einem Streit, mit dem ein ausgeschiedener Gesellschafter die Bekanntgabe von Feststellungsbescheiden erreichen will, soll der Streitwert nach BFH (BStBl II 1974 S. 746) 10 v. H. des Streitwerts betragen, der für den Gewinnanteil dieses Gesellschafters zu bemessen wäre. Da in aller Regel beim Streit um die Bekanntgabe eines Bescheids ein finanzielles Interesse noch gar nicht erkennbar ist, dürfte der Ansatz mit DM 8.000.– zweckmäßiger sein.

Einheitsbewertung

Nach der Rechtsprechung ist der Streitwert stets mit einem v. T.-Satz zu bemessen und auf die tatsächlichen steuerlichen Auswirkungen ist nicht zurückzugreifen (BFH in BFH/NV 1990 S. 181, BFH/NV 1991 S. 618). Dieser beträgt bei Anfechtung des Einheitswerts

a) für den Betrieb der Land- und Forstwirtschaft 60 v. T. des streitigen Wertunterschieds (BFH in BStBl II 1978 S. 642, BFH/NV 1995 S. 724).

Bei Einheitswertfeststellungen bis 1. 1. 1973 ist ein Satz von 25 v. T. anzuwenden;

b) für das Grundvermögen 60 v. T. des streitigen Wertunterschieds (BFH in BStBl II 1977 S. 352, BFH/NV 1993 S. 322, BFH/NV 1994 S. 733, BFH/NV 1994 S. 818). Bei Einheitswertfeststellungen bis 1. 1. 1973 ist ein Satz von 40 v. T. anzuwenden;

c) für das Betriebsvermögen 30 v. T. des streitigen Wertunterschieds (BFH in BStBl II 1982 S. 512, BFH/NV 1995 S. 330, BFH/NV 1997 S. 375).

Wirkt sich in den Fällen von a) bis c) der festgestellte Einheitswert für weniger als 3 Jahre als Besteuerungsgrundlage aus, so ist der v. T.-Satz entsprechend zu vermindern (BFH in BStBl II 1977 S. 352, BStBl II 1982 S. 512, BFH/NV 1993 S. 322, BFH/NV 1995 S. 724).

Wird sich der angefochtene Einheitswert des Grundbesitzes ausschließlich auf die Grundsteuer aus, bemißt sich der Streitwert nach dem Sechsfachen der jährlichen Grundsteuer (BFH in BStBl II 1997 S. 228).

Einzelfälle:

▷ Der Streitwert bei der Artfeststellung „Betriebsgrundstück" ist auf der Grundlage der vollen Höhe des festgestellten Einheitswerts zu bestimmen. Der v. T.-Satz beträgt bei einer mindestens dreijährigen Wirkung der Feststellung 21 v. T. (BFH in BStBl II 1976 S. 774).

▷ Ist die Artfeststellung „Einfamilienhaus" streitig, so bemißt sich der Streitwert mit 60 v. T. des angefochtenen Einheitswerts (BFH in BStBl II 1984 S. 421, BFH/NV 1991 S. 618, BFH/NV 1999 S. 68).

▷ Wird die Aufhebung von Einheitswertfeststellungen begehrt, da die bewerteten Flächen Teil einer größeren wirtschaftlichen Einheit seien, so ist der Streitwert nach der vollen Höhe der festgestellten Werte zu bemessen (BFH in BStBl II 1976 S. 281). Bei der Einheitsbewertung des Betriebsvermögens ist auch ein sich ergebendes negatives Vermögen zu berücksichtigen (BFH in BStBl II 1975 S. 548).

▷ Bei Streitigkeiten wegen der Aufteilung eines der Höhe nach unstreitigen Einheitswerts des Betriebsvermögens auf die Beteiligten beträgt der Streitwert 15 v. T. des umstrittenen Teils (BFH in BStBl II 1984 S. 721).

▷ Wird ein fortgeschriebener Einheitswert des Betriebsvermögens mit dem Ziel der Aufhebung angefochten, so bemißt sich der Streitwert mit 10 bzw. 20 v. T. der Differenz zum vorangegangenen Einheitswert (BFH in BStBl II 1985 S. 494).

Einkommensteuer

Es ist der Betrag maßgebend, um den unmittelbar gestritten wird (BFH in BStBl III 1955 S. 298).

Der Streitwert ist der Unterschied zwischen festgesetzter und erstrebter Steuer (BFH in BStBl III 1967 S. 291, BFH/NV 1994 S. 819). Eine zu gewährende Ermäßigung nach § 21 Absatz 1 BerlinFG ist zu berücksichtigen (BFH in BStBl II 1978 S. 631).

Einstweilige Anordnung

Falls keine besonderen Umstände vorliegen, ist der Streitwert mit 1/3 des Werts der Hauptsache zu bemessen (BFH in BStBl II 1977 S. 80). Bei Verfahren, in denen Regelungen ähnlich der Aussetzung der Vollziehung, Stundung usw. erreicht werden sollen, ist der Streitwert mit 10 v.H. der streitigen Steuerbeträge zu bemessen (So z.B. BFH in BStBl II 1978 S. 159, BStBl II 1969 S. 379, BFH/NV 1986, 552; FG Hamburg in EFG 1997 S. 495).

Erbschaftsteuer

Es ist die streitige Steuer maßgebend.

Erlaß

Es ist der Betrag anzusetzen, dessen Erlaß begehrt wird. Umfaßt das Erlaßbegehren auch Nebenforderungen (z.B. Aussetzungszinsen), so sind diese einzubeziehen (BFH in BStBl II 1991 S. 528). Bei Bescheidungsklagen sind nur 50 v.H. des Erlaßbegehrens anzusetzen (FG Baden-Württemberg in EFG 1995 S. 401).

Ist der Erlaß einer Steuer streitig, so hat es auf die Streitwertbemessung im gerichtlichen Verfahren keinen Einfluß, wenn der Rechtsmittelführer vorträgt, die Steuer habe sich nach dem Zeitpunkt der Verwaltungsentscheidung durch Berichtigung der Veranlagung vermindert (BFH in BStBl III 1964 S. 589). Es ist jedoch möglich, während des gerichtlichen Verfahrens die Anträge der geänderten Lage anzupassen.

Erstattungsverfahren

Der Streitwert bemißt sich nach dem Erstattungsanspruch, der begehrt wird (BFH in BStBl II 1971 S. 603).

Wird nur wegen der Verzögerung eines dem Grunde und der Höhe nach unstreitigen Erstattungsbetrages geklagt, so ist der Streitwert mit 10 v.H. des Erstattungsbetrages anzusetzen (FG Münster in EFG 1975 S. 287).

Erzwingungsgeld

Streitwert ist das festgesetzte Erzwingungsgeld. Ein angedrohtes Erzwingungsgeld ist mit 50 v.H. zu berücksichtigen (Hessisches FG in EFG 1993 S. 811).

Fehleraufdeckung

Es ist das finanzielle Interesse an der Aufdeckung (= Minderung der Steuer) anzusetzen (BFH in BStBl III 1967 S. 521).

Feststellungsverfahren

Siehe Einheitliche und gesonderte Feststellung von Einkünften bzw. Einheitsbewertung bzw. Gesonderte Gewinnfeststellung bzw. Gesonderte Feststellung der Teile des verwendbaren Eigenkapitals.

Finanzbefehle

Es ist der Betrag anzusetzen, der bei Nichterfüllung voraussichtlich als Zwangsgeld (§ 328 AO 1977) festgesetzt würde. Nach FG Baden-Württemberg (EFG 1983 S. 146) soll bei einem Streit um die Rechtmäßigkeit einer Aufforderung zur Abgabe einer Steuererklärung der Streitwert 50 v. H. der zu erwartenden Steuerschuld betragen. Wird ein festgesetztes Zwangsgeld angefochten, richtet sich der Streitwert nach dem festgesetzten Zwangsgeld (Hessisches FG in EFG 1993 S. 811). Bei Androhung eines Zwangsgeldes bemißt sich der Streitwert mit 50 v. H. des angedrohten Zwangsgeldes (Hessisches FG a. a. O.).

Fortsetzungsfeststellungsklage

Der Streitwert beträgt 50 v. H. des Streitwerts einer Anfechtungs- bzw. Verpflichtungsklage (BFH in BFH/NV 1996 S. 927, BFH/NV 1998 S. 879; FG Baden-Württemberg in EFG 1985 S. 364).

Freistellungsbescheinigung

Es ist das Dreifache des entstehenden Zinsverlustes anzusetzen (FG des Saarlandes in EFG 1995 S. 401).

Fristverlängerung

Es ist der Betrag anzusetzen, der im Höchstfall bei Nichtabgabe der Erklärung als Erzwingungsgeld bzw. als Verspätungszuschlag festzusetzen wäre.

Gemeinnützigkeit

Der Streitwert ist mit DM 8.000.– (§ 13 Absatz 1 Satz 2 GKG) anzusetzen, wenn die Körperschaftsteuer mit DM –.– festgesetzt wurde und nur die Frage der Gemeinnützigkeit streitig ist (FG Baden-Württemberg in EFG 1995 S. 855; BFH in BFH/NV 1998 S. 879).

Gesonderte Feststellung der Teilbeträge des verwendbaren Eigenkapitals

Der Streitwert beträgt nach der Entscheidung des FG Düsseldorf (EFG 1989 S. 34) 4/10 des Unterschiedsbetrags zwischen dem festgestellten und dem begehrten ungemildert belasteten Teilbetrag i. S. des § 30 Absatz 1 Nr. 1 KStG, wobei die sich im nachrichtlichen Teil des Bescheids ergebende Steueränderung nicht zu berücksichtigen ist. Wegen der steuerlichen Auswirkungen in der Zukunft sollen nach FG Hamburg (EFG 1989 S. 34) nur 10 v. H. des Ausschüttungsvorteils angesetzt werden. Da der Satz von 4/10 auf das EK 56 bezogen ist, dürfte beim EK 50 nun ein solcher von 25/100 anzuwenden sein, da nur mehr ein latentes Körperschaftsteuerguthaben von 14/50 vorhanden ist. Hat die begehrte geänderte Aufteilung nur nachteilige Folgen, so ist der Streitwert von 8.000.– DM (§ 13 Absatz 1 Satz 2 GKG) maßgebend (FG Düsseldorf in EFG 1994 S. 714). Soll eine höhere Feststellung des Teilbetrags nach § 30 Absatz 2 Nummer 4 KStG und daraus folgend eine geringere Feststellung des Teilbetrags nach § 30 Absatz 1 Satz 3 Nummer 1 KStG erfolgen, so ist die Erhöhung mit der Verminderung zu saldieren (FG Hamburg in EFG 1989 S. 34). Besteht Streit, in welcher Höhe Verluste mit der sich aus § 47 Absatz 2 KStG ergebenden Bindungswirkung anzusetzen sind, ist der Streitwert mit 10 v. H. der streitigen Verlustbeträge zu ermitteln (BFH in BStBl II 1983 S. 602).

Es wäre zu überlegen, ob in Verfahren, in denen der Körperschaftsteuer- und der Feststellungsbescheid gleichzeitig angefochten sind, der Teilstreitwert des Feststellungsbescheids mit einem Bruchteil (z. B. 10 v. H.) des Teilstreitwerts des Körperschaftsteuerbescheids angesetzt werden sollte. Dies würde eine echte Vereinfachung bringen und würde auch der Tatsache Rechnung tragen, daß in der Praxis der Feststellungsbescheid nur wegen der Auswirkungen bei der Körperschaftsteuer angefochten wird (s. a. BFH in BFH/NV 1997 S. 136).

Gesonderte Gewinnfeststellung

Es ist, anders als bei der einheitlichen und gesonderten Gewinnfeststellung, stets von der tatsächlichen einkommenssteuerlichen Auswirkung auszugehen (BFH in BStBl III 1965 S. 462, BFH/NV 1999 S. 1608).

Gesonderte und einheitliche Feststellung von Einkünften

Siehe Einheitliche und gesonderte Feststellung von Einkünften.

Gewerbesteuer (-Meßbetrag)

Streitwert ist der Unterschied zwischen festgesetztem und begehrtem Meßbetrag, multipliziert mit dem Hebesatz (BFH in BStBl III 1965 S. 483, BFH/NV 1986 S. 424, BFH/NV 1994 S. 819, BFH/NV 1996 S. 244).

Auch bei Gewerbesteuervorauszahlungen ist der volle streitige Betrag anzusetzen (BFH in BStBl III 1964 S. 530).

Wird das Bestehen eines Organschaftsverhältnisses behauptet und deshalb die Aufhebung des festgesetzten Gewerbesteuermeßbetrages begehrt, so ist der gesamte Meßbetrag streitbefangen. Die etwaige anderweitige Festsetzung des Meßbetrages beim Organträger ist unbeachtlich (BFH in BStBl II 1978 S. 463). Ebenso ist zu verfahren, wenn eine Personengesellschaft die Aufhebung des Gewerbesteuermeßbescheids mit der Begründung begehrt, das Gewerbe werde von einem Einzelunternehmer betrieben (BFH in BFH/NV 1993 S. 559). In Streitigkeiten bei Zerlegungsfällen ist wie folgt zu unterscheiden:

a) Das Verfahren wird vom Steuerpflichtigen betrieben: Der Streitwert besteht in der Höhe der Gewerbesteuer, die bei anderweitiger Zerlegung erspart würde.
b) Das Verfahren wird von einer Gemeinde betrieben: Es ist das Interesse der den Rechtsstreit betreibenden Gemeinde in Höhe der (zusätzlich) begehrten Gewerbesteuer zu erfassen (BFH in BStBl II 1982 S. 624).

Werden keine konkreten Einwendungen vorgebracht, ist der Streitwert mit DM 8.000.– zu bemessen (BFH in BStBl II 1986 S. 424).

Gewinnfeststellung

Siehe Einheitliche und gesonderte Feststellung von Einkünften bzw. Gesonderte Gewinnfeststellung.

Grunderwerbsteuer

Der Streitwert bemißt sich nach der Differenz zwischen festgesetzter und begehrter Steuer. Ob Zuschläge (z. B. Zinsen nach § 3 Absatz 2 GrEStEig-

WoG) einzubeziehen sind, ist umstritten (bejahend: BFH in BStBl II 1973 S. 862, BFH/NV 1986 S. 38; FG des Saarlandes in EFG 1993 S. 252; verneinend: FG Baden-Württemberg in EFG 1992 S. 418). Da es sich bei den Zinsen um Nebenleistungen handelt, die das Schicksal der Hauptsache (Bestand der Grunderwerbsteuer) tragen, sollten sie nicht einbezogen werden (s.a. Anmerkung 4.3).

Grundsteuermeßbetrag

Es ist der sechsfache Jahresbetrag der Grundsteuer (Meßbetrag vervielfacht mit dem Hebesatz) anzusetzen (BFH in BStBl II 1997 S. 228). Bei einer Auswirkung von weniger als vier Jahren ist dieser Betrag entsprechend zu ermäßigen.

Haftung

Der Streitwert ist nach der im Haftungsbescheid festgestellten Haftungsschuld zu bemessen. Ein etwaiges geringeres Leistungsgebot ist unbeachtlich (BFH in BStBl II 1972 S. 181).

Wird nach Erlaß des Haftungsbescheids die Schuld teilweise durch Zahlungen des Steuerschuldners getilgt, so tritt eine Minderung des Streitwerts im Haftungsverfahren nicht ein, es sei denn, das FA stellt die eingetretene Tilgung ausdrücklich durch Bescheid an den Haftungsschuldner fest (BFH in BStBl II 1980 S. 103).

Wird ein Lohnsteuerhaftungsbescheid vom **Arbeitgeber** angefochten, so ist auch die Kirchensteuer in den Streitwert einzubeziehen (BFH in BStBl III 1965 S. 56).

Wird ein Lohnsteuerhaftungsbescheid vom **Arbeitnehmer** angefochten, so bleiben die Folgesteuern (z.B. Kirchensteuer) außer Betracht (FG Bremen in EFG 1976 S. 471).

Werden gegen mehrere in Anspruch genommene Gesamtschuldner getrennte Verfahren durchgeführt, so ist für jedes Verfahren der volle Haftungsbetrag als Streitwert anzusetzen (BFH in BFH/NV 1995 S. 720; FG Düsseldorf in EFG 1961 S. 518). Sind die Verfahren dagegen verbunden, so bemißt sich der Streitwert höchstens nach der insgesamt in Streit stehenden Haftsumme (FG Münster in EFG 1978 S. 475; a.A. FG Düsseldorf in EFG 1999 S. 583).

Hilfeleistung in Steuersachen

Der Streitwert ist nach den Einkünften zu bemessen, die der Betroffene im Kalenderjahr vor Ergehen der Untersagungsverfügung aus dieser Tätigkeit erzielt hat (BFH in BStBl II 1979 S. 264). Fehlen genügende Anhaltspunkte, so ist der Wert von 8.000.– DM anzusetzen (BFH in BFH/NV 1998 S. 622). Besteht Streit über die unbeschränkte Hilfeleistung eines Berufsverbandes, beträgt der Streitwert 50.000.– DM (BFH in BFH/NV 1999 S. 1108).

Insolvenz

Bei Streitigkeiten im Rahmen eines Insolvenzverfahrens sollte der Streitwert entsprechend § 182 InsO nach der voraussichtlichen Quotenerwartung bemessen werden.

Investitionszulage

Es ist die Höhe der streitigen Investitionszulage maßgebend. Bei Rückforderung von Investitionszulage sind Zinsen nicht einzubeziehen. (Siehe Anmerkung 4.3).

Kindergeld

Es ist der Gesamtbetrag der geforderten Leistung, höchstens der Jahresbetrag anzusetzen (FG des Saarlandes in EFG 1997 S. 496; FG Baden-Württemberg in EFG 1998 S. 1526 und 1541; FG Düsseldorf in EFG 1999 S. 625). Nach FG Hamburg in EFG 1997 S. 906 soll der dreifache Jahresbetrag maßgebend sein.

Kirchensteuer

Ist ausschließlich die Kirchensteuer in Streit, ist der streitige Betrag maßgebend. Ansonsten gelten die Ausführungen in Anmerkung 4.3.

Körperschaftsteuer

Es gelten die Grundsätze wie bei der Einkommensteuer. Besteht Streit über verdeckte Gewinnausschüttungen, so beträgt der Streitwert 56,25 v.H. (= 36/64) dieses Betrages, wobei es unerheblich ist, inwieweit Erhöhungen oder Minderungen der Körperschaftsteuer vorzunehmen sind (FG des Saarlandes in EFG 1994 S. 124 m.w.N.). Bei Ausschüttungen mit 30 v.H. beträgt der Satz 3/7 der streitigen Ausschüttung. Besteht lediglich Streit über die zeitliche Zuordnung von verdeckten Gewinnausschüttungen, sind 10 v.H. des Betrages, um dessen Zuordnung gestritten wird, maßgebend (FG des Saarlandes in EFG 1986 S. 627).

Konkurs

Ist streitig, ob eine Steuerforderung zur Masse oder zu den normalen Konkursforderungen gehört, ist der Streitwert in analoger Anwendung des § 148 KO zu bestimmen (FG Düsseldorf in EFG 1980 S. 31; FG Baden-Württemberg in EFG 1996 S. 726).

Kontrollmitteilungen

Geht der Streit um die Zulässigkeit der Übersendung von Kontrollmitteilungen, so beträgt der Streitwert 8.000.– DM (BFH in BFH/NV 1986 S. 419).

Kostenentscheidung

Wird eine Kostenentscheidung angefochten, so ist der Streitwert aus der Minderung der Kosten (gerichtliche und außergerichtliche) zu bestimmen, die sich durch die begehrte Änderung der Kostenentscheidung ergeben würde.

Kraftfahrzeugsteuer

Der Streitwert bemißt sich nach der auf den regelmäßigen Entrichtungszeitraum (das Jahr) entfallenden Steuer (BFH in BStBl II 1974 S. 432, BFH/NV 2000 S. 598).

Lohnsteuer

Lohnsteuerermäßigung: Im Ermäßigungsverfahren ist die sich voraussichtlich ergebende Minderung der Lohnsteuer (ohne Kirchensteuer) anzusetzen (BFH in BStBl II 1975 S. 515, BFH/NV 1989 S. 656, BFH/NV 1990 S. 319).

Geht es nur um die Frage, ob ein der Höhe nach unstreitiger Betrag bereits auf der Lohnsteuerkarte eingetragen werden kann oder erst bei der Veranlagung zu berücksichtigen ist, sind nur 10 v. H. der Minderung anzusetzen (FG Hamburg in EFG 1993 S. 602).

Lohnsteuerhilfeverein

Bei Anordnung der Schließung einer Beratungsstelle beträgt der Streitwert 20 v. H. des Beitragsaufkommens der Beratungsstelle (BFH in BStBl II 1982 S. 360). Wird die Eintragung einer bestimmten Person als Leiter der Beratungsstelle begehrt, beträgt der Streitwert DM 8.000.– (BFH in BStBl II 1981 S. 105, BFH/NV 1991 S. 473, BFH/NV 1995 S. 921). Dieser Wert gilt auch bei Streit über die Beratungsbefugnis (BFH in BFH/NV 1990 S. 386, BFH/NV 2000 S. 219) bzw. die Beratungspraxis (BFH in BFH/NV 1989 S. 191). Beim Widerruf der Anerkennung ist ein Wert von 8.000.– DM anzusetzen (FG Hamburg in EFG 1999 S. 350).

Lotteriesteuer

Es ist die streitige Steuer anzusetzen. Etwaige Minderungen bei der Umsatzsteuer sind nicht zu berücksichtigen (BFH in BStBl III 1955 S. 156).

Milchabgabe

Bei Anfechtung eines Milchquotenbescheids ist der Betrag anzusetzen, der sich als Abgabe nach der Milch-Garantiemengen-Verordnung ergeben würde (BFH in BFHE 146 S. 369, BFH/NV 1990 S. 121, BFH/NV 1992 S. 621).

Mineralölsteuer

Wird um den Fortbestand der Bewilligung eines Mineralölsteuerlagers gestritten, ist der Streitwert nach den Zinsen zu bemessen, die der Lagerinhaber durchschnittlich in einem Jahr erspart (BFH in BStBl II 1981 S. 276).

Nichtzulassungsbeschwerde

Es ist der Streitwert des angestrebten Revisionsverfahrens maßgebend (BFH in BStBl II 1978 S. 314, BFH/NV 1992 S. 262, BFH/NV 1993 S. 322, BFH/NV 1996 S. 244, BFH/NV 1996 S. 351, BFH/NV 1996 S. 702, BFH/NV 1997 S. 142).

Pfändung

Es ist grundsätzlich der Betrag anzusetzen, zu dessen Beitreibung die Pfändung ausgebracht worden ist. Dies gilt jedoch nicht, wenn der Wert des gepfändeten Gegenstandes niedriger ist als der beizutreibende Betrag. In diesem Fall ist von dem finanziellen Erfolg der Pfändung auszugehen (BFH in BStBl II 1978 S. 71).

Prozeßkostenhilfe

Im Beschwerdeverfahren wegen Prozeßkostenhilfe bemißt sich der Streitwert nach dem Betrag, den der Beteiligte für die Rechtsverfolgung aufwenden müßte (BFH in BFHE 146 S. 369, BFH/NV 1987 S. 317). Für Verfahren, die ab dem 1. 7. 1994 anhängig geworden sind, ist eine Festgebühr von 50.– DM anzusetzen (s. Anmerkung 2.7.5).

Prüfungsanordnung

Siehe Betriebsprüfung.

Richterablehnung

Siehe Ablehnung von Richtern.

Ruhen des Verfahrens

Wie bei Aussetzung des Verfahrens.

Sicherstellung

Der Streitwert beträgt 50 v. H. des Wertes der sichergestellten Gegenstände (BFH in BStBl II 1978 S. 228).

Sprungklage

Wird über das Vorliegen einer wirksamen Zustimmung zu einer Sprungklage gestritten, ist der Streitwert mit einem Bruchteil der Hauptsache (5 v. H.) zu bemessen. Der Auffassung in EFG 1971 S. 348, wonach das Kostenrisiko des Vorverfahrens anzusetzen ist, dürfte nicht zu folgen sein, da eine Gebühr für das Vorverfahren nicht mehr anfällt und ein Bevollmächtigter im Vorverfahren und im Klageverfahren nicht immer auftritt (kein Vertretungszwang).

Steuerberater

Geht der Streit um die Zulassung zur Steuerberaterprüfung, beträgt der Streitwert DM 8.000.– (BFH in BStBl II 1976 S. 459, BFH/NV 1989 S. 656).

Geht der Streit um das Bestehen der Prüfung, beträgt der Streitwert 10.000.– DM (BFH in BFH/NV 1990 S. 389; a. A. FG Magdeburg in EFG 1992 S. 296). Dieser Wert gilt auch beim Widerruf der Bestellung zum StB (BFH in BFH/NV 1992 S. 405, BFH/NV 1994 S. 335; a. A. FG Bremen in EFG 1993 S. 602). Beim Widerruf der Bestellung ist ein Wert von 50.000.– DM anzusetzen (BFH-Beschluß vom 23. November 1998 VII B 195/98, NV).

Steuerberatungsgesellschaft

Geht der Streit um die Anerkennung einer GmbH als Steuerberatungsgesellschaft, ist der Wert des Streitgegenstandes i. d. R. mit DM 50.000.– zu bestimmen (BFH in BStBl II 1981 S. 790, BStBl II 1990 S. 75, BFH/NV 1992 S. 691, BFH/NV 1996 S. 350; FG Bremen in EFG 1992 S. 24). Klagt die Steuerberaterkammer, so soll ein Wert von 8.000.– DM anzusetzen sein (FG Münster in EFG 1990 S. 445).

Stundung

Der Streitwert ist mit 10 v. H. der begehrten Stundung zu bemessen (BFH in BStBl III 1958 S. 121).

Teilwertfeststellung

Für Streitigkeiten über die Feststellung des höheren Teilwerts nach § 55 Absatz 5 EStG 1971 ist der Streitwert mit 10 v. H. des Unterschiedsbetrages zu bemessen, der sich aus der begehrten Teilwertfeststellung und der Feststellung des FA ergibt (BFH in BStBl II 1984 S. 33).

Umsatzsteuer

Es ist der streitige Steuerbetrag maßgebend (BFH in BFH/NV 1994 S. 819), wobei eine Verrechnung mit Steuerminderungen aufgrund von Rechnungsberichtigungen in den Folgejahren nicht zulässig ist (BFH in BFH/NV 1987 S. 388). Wird nur wegen der zeitlichen Verschiebung einer dem Grund und der Höhe nach anerkannten Steuerschuld von einem Besteuerungszeitraum auf einen späteren Besteuerungszeitraum gestritten (z. B. monatliche oder vierteljährliche Abgabe von Voranmeldungen), so ist der Streitwert entsprechend § 238 AO 1977 nach dem Zinsvorteil zu bemessen (BFH in BFH/NV 1992 S. 127, BFH/NV 1995 S. 428). Im Verfahren über die Erteilung von Ursprungsbescheinigungen (§ 8 BerlinFG) bestimmt sich der Streitwert nach der Höhe des Anspruchs auf Kürzung der geschuldeten Umsatzsteuer (BFH in BFH/NV 1991 S. 108, BFH/NV 1994 S. 819).

Unbedenklichkeitsbescheinigung

Streitwert ist das möglicherweise auf außersteuerlichem Gebiet liegende unmittelbare wirtschaftliche Interesse (BFH in BFHE 106 S. 277).

Untätigkeitsklage

Wird mit der Klage eine Sachentscheidung erstrebt, ist der volle streitige Steuerbetrag anzusetzen (BFH in BStBl III 1967 S. 253). Wird (fälschlicherweise) die Verurteilung des FA zum Erlaß einer Einspruchsentscheidung begehrt, beträgt der Streitwert 10 v. H. des Streitwerts des Einspruchsverfahrens (BFH in BStBl III 1959 S. 262).

Ursprungsbescheinigung

Siehe unter Umsatzsteuer.

Verbindliche Zolltarifauskunft

Der Streitwert beträgt DM 8.000.– (BFH in BStBl II 1987 S. 719, BFH/NV 1992 S. 484).

Verlustabzug

Bei Streitigkeiten über die gesonderte Feststellung eines verbleibenden Verlustabzugs zur Einkommensteuer (§ 10 d Absatz 3 EStG) ist die konkrete einkommensteuerliche Auswirkung zu ermitteln. Ist eine solche konkrete Ermittlung nicht möglich, so ist eine Schätzung vorzunehmen (FG Düsseldorf in EFG 1996 S. 158).

Ist die Feststellung eines verrechenbaren Verlusts streitig, bemißt sich der Streitwert mit 10 v. H. des streitigen Verlustbetrags (BFH in BFH/NV 1997 S. 350).

Vermögensteuer

Es ist die dreifache Jahressteuer anzusetzen; bei kürzerer Wirkungsdauer des Bescheids ist der Wert entsprechend zu ermäßigen (BFH in BStBl II 1983 S. 528, BFH/NV 1990 S. 49).

Vermögensverzeichnis

Beim Verfahren um die Vorlage eines Vermögensverzeichnisses beträgt der Streitwert 50 v. H. der rückständigen Beträge (BFH in BStBl II 1977 S. 614).

Verwendbares Eigenkapital

Siehe unter Gesonderte Feststellung der Teilbeträge des verwendbaren Eigenkapitals.

Vollstreckung

Bei Pfändungen richtet sich der Streitwert im allgemeinen nach der Höhe der zu vollstreckenden Forderung (BFH in BStBl II 1979 S. 427). Liegen Anzeichen dafür vor, daß der finanzielle Erfolg niedriger sein wird, so ist der niedrigere Betrag maßgebend (BFH in BStBl II 1982 S. 576, BFH/NV 1988 S. 112). Ist eine wiederkehrende Geldleistung gepfändet, wird ihr Wert nach dem 36fachen Bezug berechnet, wenn die voraussichtliche Bezugsberechtigung nicht wesentlich kürzer ist (BFH in BStBl II 1989 S. 625). Wird die einstweilige Einstellung der Vollstreckung erstrebt, so bemißt sich der Streitwert mit 10 v. H. des Betrages, dessentwegen die Vollstreckung betrieben wird (BFH in BFH/NV 1986 S. 522, BFH/NV 1989 S. 721; Niedersächsisches FG in EFG 1984 S. 521).

Vorabentscheidungsverfahren

Der Streitwert für das Vorabentscheidungsverfahren vor dem Europäischen Gerichtshof bestimmt sich nach dem Streitwert des Ausgangsverfahrens (BFH in BStBl II 1976 S. 714).

Vorauszahlungen

Der Streitwert im Vorauszahlungsverfahren entspricht dem vollen streitigen Betrag (BFH in BStBl II 1971 S. 206). Besteht keine Folgewirkung für die endgültige Veranlagung, so sind 10 v. H. der streitigen Vorauszahlungen anzusetzen (FG Nürnberg in EFG 1988 S. 654).

Vorbehalt der Nachprüfung

Geht der Rechtsstreit ausschließlich um die Frage, ob einem Steuerbescheid ein Nachprüfungsvorbehalt i. S. des § 164 Absatz 1 Satz 1 AO 1977 hinzugefügt werden darf, so ist der Streitwert mangels anderer Anhaltspunkte i. d. R. unter Anlehnung an § 13 Absatz 1 Satz 2 GKG mit DM 8.000.– anzusetzen (BFH in BStBl II 1980 S. 417, BFH/NV 1988 S. 182).

Vorläufigkeitserklärung

Ist lediglich die Vorläufigkeitserklärung wegen der behaupteten Verfassungswidrigkeit steuerlicher Regelungen streitig, so soll der Streitwert 8.000.– DM betragen (BFH in BFH/NV 1991 S. 763; nach FG Baden-Württemberg in EFG 1993 S. 603 50 v.H. dieses Betrags). Überzeugender ist jedoch die Begründung des FG Nürnberg in EFG 1993 S. 604, wonach der Streitwert mit 10 v.H. der möglichen steuerlichen Auswirkungen zu bemessen ist. Ist ausschließlich die Vorläufigkeit eines Bescheids streitig beträgt der Streitwert 8.000.– DM (BFH in BFH/NV 1995 S. 633).

Wiederaufnahmeverfahren

Der Streitwert bemißt sich nach dem Wert des wiederaufzunehmenden Verfahrens (BFH in BFH/NV 1989 S. 315, BFH/NV 1990 S. 257).

Zinsen

Streitwert einer Revision, deren Gegenstand allein die Rechtmäßigkeit einer Zinsforderung war, ist auch dann der Wert dieser Forderung, wenn mit einer Anschlußrevision auch die Hauptforderung zum Gegenstand des Verfahrens gemacht worden ist (BFH in BStBl II 1977 S. 36).

Zoll

Es ist der streitige Betrag der Abgabenforderung maßgebend. Dabei ist eine etwaige Einfuhrumsatzsteuer auch dann in den Streitwert einzubeziehen, wenn der Steuerpflichtige zum Vorsteuerabzug berechtigt ist (BFH in BStBl II 1975 S. 196).

Zwischenstreit

Der Streitwert entspricht dem des Hauptverfahrens (BFH in BFH/NV 1986 S. 631, BFH/NV 1994 S. 55).

5 Prozeßkostenhilfe

Anmerkungsübersicht

5.1 Allgemeines

Da jedes finanzgerichtliche Verfahren mit einem nicht unerheblichen Kostenrisiko verbunden ist, könnten die Prozeßkosten für manchen Steuerpflichtigen ein Hindernis darstellen, einen für ihn durchaus aussichtsreichen Prozeß durchzuführen. Um diesem sozial schwachen Personenkreis den Zugang zum Gericht zu erleichtern, sind für das finanzgerichtliche Verfahren die Vorschriften über die Prozeßkostenhilfe (§§ 114ff. ZPO) sinngemäß anzuwenden (§ 142 Absatz 1 FGO). Über diese Art der Sozialhilfe im Bereich der Rechtspflege soll eine gewisse Chancengleichheit geschaffen werden, die den Bürger in die Lage versetzt, seine Rechte wahrzunehmen und gerichtlich durchzusetzen. Der Rechtsanwalt bzw. Steuerberater ist sogar verpflichtet die Voraussetzungen für die Prozeßkostenhilfe zu prüfen, da er sich ansonsten schadensersatzpflichtig macht (OLG Düsseldorf in AnwBl 1984 S. 444).
Die Bewilligung der Prozeßkostenhilfe bewirkt gemäß § 122 ZPO, daß

1. der Beteiligte, soweit nicht die Zahlung von Raten oder der Einsatz von Vermögen durch das Gericht bestimmt ist, von der Zahlung rückständiger und entstehender Gerichtskosten (Gebühren und Auslagen) befreit ist,
2. dem Beteiligten – soweit dies geboten ist – ein Rechtsanwalt oder StB als Vertreter beigeordnet wird. Der beigeordnete Rechtsanwalt oder StB erhält seine Vergütung vom Staat. Er hat keinen Vergütungsanspruch gegen den Mandanten.

5.2 Persönliche Voraussetzungen

Die Prozeßkostenhilfe kann jedem Beteiligten (§ 57 FGO) bewilligt werden. Dabei ist auf die persönlichen Einkommens- und Vermögensverhältnisse des Beteiligten abzustellen (§ 115 ZPO). Bei juristischen Personen, Personengesellschaften und Personenvereinigungen ist es jedoch erforderlich, daß die Voraussetzungen für die Bewilligung auch in der Person der wirtschaftlich Beteiligten (z.B. Gesellschafter) erfüllt sind (BFH in BFH/NV 1995 S. 100) und die Unterlassung der Rechtsverfolgung oder Rechtsverteidigung allgemeinen Interessen zuwiderlaufen würde (§ 116 Satz 1 Nummer 2 ZPO; s.a. BFH in BStBl II 1979 S. 187, BStBl II 1982 S. 600, BFH/NV 1986 S. 425, BFH/NV 1986 S. 485, BFH/NV 1995 S. 1008, BFH/NV 1995 S. 332).
Parteien kraft Amtes (z.B. Insolvenzverwalter, Zwangsverwalter, Testamentsvollstrecker) ist Prozeßkostenhilfe dann zu bewilligen, wenn die Mittel für den Prozeß weder aus der verwalteten Vermögensmasse noch von den wirtschaftlich Beteiligten (z.B. Erben) aufgebracht werden können (§ 116 Satz 1 Nummer 1 ZPO).
Keine Prozeßkostenhilfe wird bewilligt, wenn die voraussichtlichen Kosten des Verfahrens vier Monatsraten und die aus dem Vermögen zu leistenden Beträge nicht übersteigen (§ 115 Absatz 3 ZPO; s.a. BFH in BFH/NV 1986 S. 487).

5.3 Sachliche Voraussetzungen

Neben den Einkommens- und Vermögensverhältnissen des Beteiligten ist für die Bewilligung noch Voraussetzung, daß die beabsichtigte Rechtsverfolgung hinreichende Aussicht auf Erfolg bietet (BFH in BFH/NV 1996 S. 64) und nicht mutwillig erscheint (§ 114 ZPO). Zweck dieser Vorschrift ist es, von vornherein aussichtslose Prozesse zu verhindern. Es ist nicht erforderlich, daß eine Gewißheit des Prozeßerfolges besteht. Es muß genügen, daß bei einer summarischen Prüfung eine Wahrscheinlichkeit des Erfolges besteht (BFH in BFH/NV 1995 S. 153). Eine **umfangreiche** Prüfung der Erfolgsaussichten ist also nicht zulässig und soll ein zu tiefes Eindringen in den Hauptsacheprozeß verhindern (BFH in BStBl II 1980 S. 580). Wegen des Begriffs der Mutwilligkeit s.a. BFH (BFH/NV 1986 S. 591, BFH/NV 1986 S. 632, BFH/NV 1988 S. 804, BFH/NV 1989 S. 658, BFH/NV 1990 S. 551, BFH/NV 1991 S. 184, BFH/NV 1991 S. 405, BFH/NV 1991 S. 702, BFH/NV 1995 S. 725), Hessisches FG (EFG 1979 S. 299) sowie FG Münster (EFG 1982 S. 478). Eine Prüfung der Erfolgsaussichten hat dagegen stets zu unterbleiben, wenn der Beteiligte, der Prozeßkostenhilfe beantragt, in der Vorinstanz obsiegt hat und der Gegner ein Rechtsmittel eingelegt hat (§ 119 Satz 2 ZPO, BFH in BFH/NV 1990 S. 185).

5.4 Form und Zuständigkeit

Da die Bewilligung der Prozeßkostenhilfe für jeden Rechtszug gesondert erfolgt (§ 119 Satz 1 ZPO), ist der Antrag bei dem jeweiligen Prozeßgericht (FG, BFH, BFH in BStBl II 1981 S. 677, BFH/NV 1989 S. 451) schriftlich oder zur Niederschrift zu stellen (§ 117 Absatz 1 ZPO). Vor dem BFH besteht dabei kein Vertretungszwang nach Artikel 1 Nummer 1 BFHEntlG (BFH in BFH/NV 1992 S. 407, anders im Beschwerdeverfahren gegen einen Beschluß, mit dem das FG die Bewilligung der Prozeßkostenhilfe abgelehnt hat!).

5.5 Inhalt des Antrags

In dem Antrag sind die persönlichen und wirtschaftlichen Verhältnisse darzustellen. Dabei ist der amtliche Vordruck zu verwenden (§ 117 Absätze 2 bis 4 ZPO, BFH in BFH/NV 1991 S. 337, BFH/NV 1991 S. 836, BFH/NV 1996 S. 500). Diese Darstellung ist auch erforderlich, wenn für die Vorinstanz (FG) bereits Prozeßkostenhilfe bewilligt worden ist.
Des weiteren ist eine Darlegung des Streitverhältnisses erforderlich, damit eine Prüfung der Erfolgsaussichten durch das Gericht möglich ist (Siehe Teil V Muster 3.1, BFH in BFH/NV 1995 S. 1009).
Nicht erforderlich ist, daß bei dem Gericht bereits ein Hauptverfahren anhängig ist (BFH in BStBl II 1987 S. 573, BFH/NV 1986 S. 180). Das Antragsverfahren soll nämlich dem Beteiligten die Entscheidung ermöglichen, ob er die Durchführung des Hauptverfahrens vom Ausgang des Prozeßkostenhilfeverfahrens abhängig machen will. Ansonsten wäre der Beteiligte evtl. bei Ablehnung der Prozeßkostenhilfe mit Kosten aus dem Hauptverfahren belastet, deren Tragung er vermeiden wollte. Da bis zur Entscheidung über die Prozeßkostenhilfe i.d.R. gesetzliche Fristen für das Hauptverfahren abgelaufen sind, ist in Fällen, in denen Prozeßkostenhilfe nach Ablauf einer

Frist bewilligt wird, Wiedereinsetzung in den vorigen Stand zu gewähren (s.a. BFH in BFH/NV 1986 S. 234, BFH/NV 1986 S. 354, BFH/NV 1986 S. 557, BFH/NV 1992 S. 686, BFH/NV 1996 S. 252, BFH/NV 1996 S. 496, BFH/NV 1996 S. 498).

5.6 Entscheidung des Gerichts

Das Gericht prüft, nachdem dem Gegner bezüglich der Erfolgsaussichten Gelegenheit zur Stellungnahme gegeben wurde (§ 118 Absatz 1 ZPO i.V.m. § 117 Absatz 2 Satz 2 ZPO), die Erfolgsaussichten (mit Ausnahme der Fälle des § 119 Satz 2 ZPO) und die Einkommens- und Vermögensverhältnisse des Antragstellers. Sind die sachlichen Voraussetzungen erfüllt, bestimmt das Gericht, ob und in welcher Höhe sich der Beteiligte an den Prozeßkosten zu beteiligen hat. Soweit der Antragsteller Vermögen hat, dessen Einsatz zumutbar ist (§ 115 Absatz 2 ZPO, § 88 BSHG), setzt das Gericht die aus dem Vermögen zu zahlenden Beträge fest. Des weiteren setzt es die aus dem Einkommen zu leistenden Raten entsprechend der Tabelle zu § 115 Absatz 1 Satz 4 ZPO fest. Bei der Ermittlung des Einkommens, auf das die Tabelle anzuwenden ist, ist dabei die Vorschrift des § 76 Absätze 2 und 2a BSHG entsprechend anzuwenden (§ 115 Absatz 1 ZPO). Das Gericht kann eine Frist setzen, innerhalb der die Angaben über die persönlichen und wirtschaftlichen Verhältnisse glaubhaft gemacht werden oder bestimmte Fragen beantwortet werden sollen. Kommt der Antragsteller einer solchen Aufforderung innerhalb der gesetzten Frist nicht nach oder werden die Fragen ungenügend beantwortet, so lehnt das Gericht die Bewilligung der Prozeßkostenhilfe insoweit ab (§ 118 Absatz 2 Satz 4 ZPO). Das Wort „insoweit“ besagt, daß Unklarheiten zwar nicht zur vollständigen Versagung der Prozeßkostenhilfe führen, aber doch zu Lasten des Antragstellers gehen.

5.7 Ermittlung der Monatsraten

Da im finanzgerichtlichen Verfahren die Kosten i.d.R. erst nach Abschluß des Verfahrens fällig werden (Ausnahme: Vorschüsse an den Prozeßbevollmächtigten nach § 127 BRAGO) und ein Beteiligter, dem Prozeßkostenhilfe bewilligt wird, nicht schlechter gestellt werden soll als ein Beteiligter ohne Prozeßkostenhilfe, hat das Gericht beim Zeitpunkt für den Beginn der Ratenzahlungen auf die Fälligkeit der Kosten – den Abschluß des Verfahrens – abzustellen (BFH in BStBl II 1982 S. 598).

Bei der Festsetzung der Monatsraten ist auf das monatliche Einkommen abzustellen. Der Begriff „Einkommen“ ist dabei nicht aus dem Steuerrecht entnommen, sondern aus dem Sozialhilferecht. Es sind deshalb alle Einnahmen ohne Rücksicht auf ihre Herkunft und ihre Rechtsnatur heranzuziehen (z.B. Abfindungen, steuerfreie Zinsen, Kindergeld, Sparzulage, Arbeitslosengeld, Arbeitslosenhilfe, Kurzarbeitergeld, Schlechtwettergeld, steuerfreie Lohnzuschläge, Wohngeld). Von diesem Einkommen sind abzusetzen (§ 115 Absatz 1 Nummern 1 bis 4 ZPO)

- ▷ auf das Einkommen entrichtete Steuern (§ 76 Absatz 2 Nummer 1 BSHG),
- ▷ Pflichtbeiträge zur Sozial- und Arbeitslosenversicherung (§ 76 Absatz 2 Nummer 2 BSHG),
- ▷ Beiträge zu Versicherungen, soweit sie gesetzlich vorgeschrieben oder nach Grund und Höhe angemessen sind (§ 76 Absatz 2 Nummer 3 BSHG),
- ▷ Aufwendungen, die mit der Erzielung des Einkommens notwendig verbunden sind (z. B. Werbungskosten), (§ 76 Absatz 2 Nummer 4 BSHG),
- ▷ der Mehrbedarf behinderter Personen (§ 76 Absatz 2a BSHG),
- ▷ 64 v. H. des Grundbetrags nach § 79 Absatz 2 Nummer 1, § 82 BSHG für den Antragsteller,
- ▷ 64 v. H. des Grundbetrags nach § 79 Absatz 1 Nummer 1, § 82 BSHG für den Ehegatten des Antragstellers,
- ▷ 45 v. H. des Grundbetrags nach § 79 Absatz 1 Nummer 1, § 82 BSHG für Personen, denen gegenüber der Antragsteller eine **gesetzliche** Unterhaltspflicht hat bzw. die tatsächlich gezahlte Geldrente (eigenes Einkommen des Unterhaltsberechtigten vermindert den Unterhaltsfreibetrag),
- ▷ Kosten der Heizung und Unterkunft, soweit sie nicht in auffälligem Mißverhältnis zum Einkommen stehen (hierunter fallen auch Zins- und Tilgungsleistungen für ein Eigenheim),
- ▷ weitere Beträge, soweit dies mit Rücksicht auf besondere Belastungen angemessen ist.

Der danach verbleibende Betrag stellt das einzusetzende Einkommen dar, auf das die Tabelle des § 115 Absatz 1 Satz 2 ZPO anzuwenden ist.

Die **Zahl der Raten** ist für natürliche Personen auf achtundvierzig begrenzt. Hat der Beteiligte achtundvierzig Raten geleistet und decken die Zahlungen die entstandenen Kosten nicht ab, so sind die restlichen Kosten endgültig von der Staatskasse zu tragen. Eine nachträgliche Anforderung von den Beteiligten ist nicht möglich, auch wenn sich deren Einkommens- und Vermögensverhältnisse nach Ablauf von achtundvierzig Monaten wesentlich ändern. Liegt das Einkommen unter der Tabellengrenze und sind deshalb keine Raten zu zahlen, so zählen diese „Null-Monate" bei der Berechnung des Zeitraumes von achtundvierzig Monaten mit.

Bei einer **Änderung der Verhältnisse des Beteiligten** ist die vom Gericht erlassene Zahlungsanordnung nachträglich zu ändern (§ 120 Absatz 4 ZPO). Dabei sind sowohl Verbesserungen (z. B. Fortfall der Unterhaltspflicht, Erbschaft, Lottogewinn, Grundstücksverkauf, Wegfall von Arbeitslosigkeit, Wegfall von besonderen Belastungen) als auch Verschlechterungen (z. B. Hinzutreten von Unterhaltspflichten, Arbeitslosigkeit, besondere Belastungen durch notwendige Anschaffungen) zu berücksichtigen. Eine durch die jährliche Anpassung der Einkommensfreibeträge (§ 115 Absatz 1 Satz 3 Nummer 2 ZPO) eintretende Verschlechterung der wirtschaftlichen Verhältnisse ist nur auf Antrag und nur dann zu berücksichtigen, wenn dadurch die Ratenzahlung entfällt (§ 120 Absatz 4 Satz 1 ZPO). Ist bei Erlaß der Zahlungsanordnung durch das Gericht bereits erkennbar, daß für bestimmte besondere Belastungen abgezogene Beträge innerhalb von vier Jahren wegfallen oder sich verringern, so ist dies bereits bei Erlaß der Zahlungsanordnung zu berücksichtigen.

5.8 Beiordnung eines Bevollmächtigten

Mit der Bewilligung der Prozeßkostenhilfe kann das Gericht dem Beteiligten einen Rechtsanwalt oder StB seiner Wahl (§ 121 ZPO, § 142 Absatz 2 FGO) beiordnen. Im Verfahren vor dem BFH ist dabei stets ein Bevollmächtigter beizuordnen, da hier Vertretungszwang nach Artikel 1 Nummer 1 BFHEntlG besteht. Im Verfahren vor dem FG dürfte angesichts der Schwierigkeit des Steuerrechts und um eine „Waffengleichheit" gegenüber dem fachkundig vertretenen Prozeßgegner (Finanzbehörde) zu erreichen (entsprechend § 121 Absatz 2 ZPO), eine Beiordnung i.d.R. ebenfalls zu bejahen sein.

5.9 Aufhebung der Prozeßkostenhilfe

Die Aufhebung der Bewilligung der Prozeßkostenhilfe ist nur unter den Voraussetzungen des § 124 ZPO möglich. Das sind die Fälle, in denen der Beteiligte unrichtige Angaben gemacht hat bzw. mit der Zahlung festgesetzter Beträge länger als drei Monate in Rückstand geraten ist. Im Falle des Zahlungsrückstandes auf Grund verschlechterter wirtschaftlicher Lage des Beteiligten besteht jedoch die Möglichkeit, eine Neufestsetzung der Raten zu beantragen (s.a. unter Anmerkung 5.7).

5.10 Anfechtung der Bewilligung

Die Bewilligung bzw. Versagung der Prozeßkostenhilfe ist mit der Beschwerde anfechtbar, wobei jedoch das Beschwerderecht der Staatskasse auf Fälle beschränkt ist, in denen vom Gericht weder Monatsraten noch aus dem Vermögen zu zahlende Beträge festgesetzt worden sind. Die Beschwerde richtet sich nach § 128 FGO. Die Beschwerde ist aber unzulässig, wenn das Verfahren der ersten Instanz bereits rechtskräftig abgeschlossen ist bzw. nicht an den BFH gelangen kann (BFH in BFH/NV 1994 S. 735, BFH/NV 1995 S. 1088, BFH/NV 1996 S. 65, BFH/NV 1996 S. 169). Eine Streitigkeit über Kosten i.S. des § 128 Absatz 4 FGO, die die Beschwerde ausschließt, liegt nicht vor (BFH in BFH/NV 1996 S. 251). Dagegen soll nach BFH (BStBl II 1976 S. 62, BFH/NV 1996 S. 165) Vertretungszwang i.S. des Artikel 1 Nummer 1 BFHEntlG bestehen. Es tritt also der paradoxe Fall ein, daß innerhalb des Verfahrens auf Prozeßkostenhilfe im Beschwerdeverfahren ein erneuter Antrag auf Bewilligung der Prozeßkostenhilfe für das Beschwerdeverfahren gestellt werden muß (s.a. BFH in BFH/NV 1989 S. 652, BFH/NV 1992 S. 405, BFH/NV 1995 S. 430).
Lehnt der BFH einen Antrag auf Bewilligung der Prozeßkostenhilfe ab, ist kein weiteres Rechtsmittel gegeben.

5.11 Folgen für den beigeordneten Bevollmächtigten

Es wird insoweit auf die Ausführungen zu § 51 BRAGO sowie zu §§ 121ff. BRAGO hingewiesen.

5.12 Sonstiges

Wird der Rechtsbehelf in der Hauptsache eingelegt und der Antrag auf Bewilligung der Prozeßkostenhilfe gleichzeitig gestellt, so muß das Gericht **vor** der Entscheidung in der Hauptsache über den Antrag auf Prozeßkostenhilfe entscheiden. Entscheidet das Gericht **gleichzeitig** über beide Verfahren, so ist für die dadurch entstandenen Mehrkosten in der Hauptsache § 8 GKG (Nichterhebung) anzuwenden.

Teil V

Anhang

Inhaltsübersicht

1. Tabellen

1.1 Steuerberatergebührenverordnung

1.1.1 Tabellen in erweiterter und fortgeführter Fassung

Tabelle A

Gegen-stands-wert	Volle Gebühr (10/10)	1/20	1/10 2/20	2/10 4/20	3/10 6/20	4/10 8/20	5/10 10/20
bis ... DM	DM	DM	DM	DM	DM	DM	DM
600	50.—	2.50*	5.—*	10.—*	15.—*	20.—	25.—
1.200	90.—	4.50*	9.—*	18.—*	27.—	36.—	45.—
1.800	130.—	6.50*	13.—*	26.—	39.—	52.—	65.—
2.400	170.—	8.50*	17.—*	34.—	51.—	68.—	85.—
3.000	210.—	10.50*	21.—	42.—	63.—	84.—	105.—
4.000	265.—	13.25*	26.50	53.—	79.50	106.—	132.50
5.000	320.—	16.—*	32.—	64.—	96.—	128.—	160.—
6.000	375.—	18.80*	37.50	75.—	112.50	150.—	187.50
7.000	430.—	21.50	43.—	86.—	129.—	172.—	215.—
8.000	485.—	24.30	48.50	97.—	145.50	194.—	242.50
9.000	540.—	27.—	54.—	108.—	162.—	216.—	270.—
10.000	595.—	29.80	59.50	119.—	178.50	238.—	297.50
12.000	665.—	33.30	66.50	133.—	199.50	266.—	332.50
14.000	735.—	36.80	73.50	147.—	220.50	294.—	367.50
16.000	805.—	40.30	80.50	161.—	241.50	322.—	402.50
18.000	875.—	43.80	87.50	175.—	262.50	350.—	437.50
20.000	945.—	47.30	94.50	189.—	283.50	378.—	472.50
25.000	1.025.—	51.30	102.50	205.—	307.50	410.—	512.50
30.000	1.105.—	55.30	110.50	221.—	331.50	442.—	552.50
35.000	1.185.—	59.30	118.50	237.—	355.50	474.—	592.50
40.000	1.265.—	63.30	126.50	253.—	379.50	506.—	632.50
45.000	1.345.—	67.30	134.50	269.—	403.50	538.—	672.50
50.000	1.425.—	71.30	142.50	285.—	427.50	570.—	712.50
60.000	1.565.—	78.30	156.50	313.—	469.50	626.—	782.50
70.000	1.705.—	85.30	170.50	341.—	511.50	682.—	852.50
80.000	1.845.—	92.30	184.50	369.—	553.50	738.—	922.50
90.000	1.985.—	99.30	198.50	397.—	595.50	794.—	992.50
100.000	2.125.—	106.30	212.50	425.—	637.50	850.—	1.062.50
130.000	2.285.—	114.30	228.50	457.—	685.50	914.—	1.142.50
160.000	2.445.—	122.30	244.50	489.—	733.50	978.—	1.222.50
190.000	2.605.—	130.30	260.50	521.—	781.50	1.042.—	1.302.50
220.000	2.765.—	138.30	276.50	553.—	829.50	1.106.—	1.382.50
250.000	2.925.—	146.30	292.50	585.—	877.50	1.170.—	1.462.50
280.000	3.085.—	154.30	308.50	617.—	925.50	1.234.—	1.542.50
310.000	3.245.—	162.30	324.50	649.—	973.50	1.298.—	1.622.50
340.000	3.405.—	170.30	340.50	681.—	1.021.50	1.362.—	1.702.50
370.000	3.565.—	178.30	356.50	713.—	1.069.50	1.426.—	1.782.50
400.000	3.725.—	186.30	372.50	745.—	1.117.50	1.490.—	1.862.50
460.000	3.975.—	198.80	397.50	795.—	1.192.50	1.590.—	1.987.50

* Als selbständige Gebühr DM 20.– als Mindestgebühr nach § 3.

Beratungstabelle

6/10 12/20	7/10 14/20	8/10 16/20	9/10 18/20	15/10	20/10	30/10	40/10	Gegenstandswert
DM	DM	DM	DM	DM	DM	DM	DM	bis ... DM
30.—	35.—	40.—	45.—	75.—	100.—	150.—	200.—	**600**
54.—	63.—	72.—	81.—	135.—	180.—	270.—	360.—	**1.200**
78.—	91.—	104.—	117.—	195.—	260.—	390.—	520.—	**1.800**
102.—	119.—	136.—	153.—	255.—	340.—	510.—	680.—	**2.400**
126.—	147.—	168.—	189.—	315.—	420.—	630.—	840.—	**3.000**
159.—	185.50	212.—	238.50	397.50	530.—	795.—	1.060.—	**4.000**
192.—	224.—	256.—	288.—	480.—	640.—	960.—	1.280.—	**5.000**
225.—	262.50	300.—	337.50	562.50	750.—	1.125.—	1.500.—	**6.000**
258.—	301.—	344.—	387.—	645.—	860.—	1.290.—	1.720.—	**7.000**
291.—	339.50	388.—	436.50	727.50	970.—	1.455.—	1.940.—	**8.000**
324.—	378.—	432.—	486.—	810.—	1.080.—	1.620.—	2.160.—	**9.000**
357.—	416.50	476.—	535.50	892.50	1.190.—	1.785.—	2.380.—	**10.000**
399.—	465.50	532.—	598.50	997.50	1.330.—	1.995.—	2.660.—	**12.000**
441.—	514.50	588.—	661.50	1.102.50	1.470.—	2.205.—	2.940.—	**14.000**
483.—	563.50	644.—	724.50	1.207.50	1.610.—	2.415.—	3.220.—	**16.000**
525.—	612.50	700.—	787.50	1.312.50	1.750.—	2.625.—	3.500.—	**18.000**
567.—	661.50	756.—	850.50	1.417.50	1.890.—	2.835.—	3.780.—	**20.000**
615.—	717.50	820.—	922.50	1.537.50	2.050.—	3.075.—	4.100.—	**25.000**
663.—	773.50	884.—	994.50	1.657.50	2.210.—	3.315.—	4.420.—	**30.000**
711.—	829.50	948.—	1.066.50	1.777.50	2.370.—	3.555.—	4.740.—	**35.000**
759.—	885.50	1.012.—	1.138.50	1.897.50	2.530.—	3.795.—	5.060.—	**40.000**
807.—	941.50	1.076.—	1.210.50	2.017.50	2.690.—	4.035.—	5.380.—	**45.000**
855.—	997.50	1.140.—	1.282.50	2.137.50	2.850.—	4.275.—	5.700.—	**50.000**
939.—	1.095.50	1.252.—	1.408.50	2.347.50	3.130.—	4.695.—	6.260.—	**60.000**
1.023.—	1.193.50	1.364.—	1.534.50	2.557.50	3.410.—	5.115.—	6.820.—	**70.000**
1.107.—	1.291.50	1.476.—	1.660.50	2.767.50	3.690.—	5.535.—	7.380.—	**80.000**
1.191.—	1.389.50	1.588.—	1.786.50	2.977.50	3.970.—	5.955.—	7.940.—	**90.000**
1.275.—	1.487.50	1.700.—	1.912.50	3.187.50	4.250.—	6.375.—	8.500.—	**100.000**
1.371.—	1.599.50	1.828.—	2.056.50	3.427.50	4.570.—	6.855.—	9.140.—	**130.000**
1.467.—	1.711.50	1.956.—	2.200.50	3.667.50	4.890.—	7.335.—	9.780.—	**160.000**
1.563.—	1.823.50	2.084.—	2.344.50	3.907.50	5.210.—	7.815.—	10.420.—	**190.000**
1.659.—	1.935.50	2.212.—	2.488.50	4.147.50	5.530.—	8.295.—	11.060.—	**220.000**
1.755.—	2.047.50	2.340.—	2.632.50	4.387.50	5.850.—	8.775.—	11.700.—	**250.000**
1.851.—	2.159.50	2.468.—	2.776.50	4.627.50	6.170.—	9.255.—	12.340.—	**280.000**
1.947.—	2.271.50	2.596.—	2.920.50	4.867.50	6.490.—	9.735.—	12.980.—	**310.000**
2.043.—	2.383.50	2.724.—	3.064.50	5.107.50	6.810.—	10.215.—	13.620.—	**340.000**
2.139.—	2.495.50	2.852.—	3.208.50	5.347.50	7.130.—	10.695.—	14.260.—	**370.000**
2.235.—	2.607.50	2.980.—	3.352.50	5.587.50	7.450.—	11.175.—	14.900.—	**400.000**
2.385.—	2.782.50	3.180.—	3.577.50	5.962.50	7.950.—	11.925.—	15.900.—	**460.000**

Tabelle A

Gegen-stands-wert	Volle Gebühr (10/10)	1/20	1/10 2/20	2/10 4/20	3/10 6/20	4/10 8/20	5/10 10/20
bis ... DM	DM	DM	DM	DM	DM	DM	DM
520.000	4.225.—	211.30	422.50	845.—	1.267.50	1.690.—	2.112.50
580.000	4.475.—	223.80	447.50	895.—	1.342.50	1.790.—	2.237.50
640.000	4.586.—	229.30	458.60	917.20	1.375.80	1.834.40	2.293.—
700.000	4.694.—	234.70	469.40	938.80	1.408.20	1.877.60	2.347.—
760.000	4.798.—	239.90	479.80	959.60	1.439.40	1.919.20	2.399.—
820.000	4.900.—	245.—	490.—	980.—	1.470.—	1.960.—	2.450.—
880.000	4.998.—	249.90	499.80	999.60	1.499.40	1.999.20	2.499.—
940.000	5.094.—	254.70	509.40	1.018.80	1.528.20	2.037.60	2.547.—
1.000.000	5.187.—	259.35	518.70	1.037.40	1.556.10	2.074.80	2.593.50
1.100.000	5.326.—	266.30	532.60	1.065.20	1.597.80	2.130.40	2.663.—
1.200.000	5.460.—	273.—	546.—	1.092.—	1.638.—	2.184.—	2.730.—
1.300.000	5.700.—	285.—	570.—	1.140.—	1.710.—	2.280.—	2.850.—
1.400.000	5.940.—	297.—	594.—	1.188.—	1.782.—	2.376.—	2.970.—
1.500.000	6.180.—	309.—	618.—	1.236.—	1.854.—	2.472.—	3.090.—
1.600.000	6.420.—	321.—	642.—	1.284.—	1.926.—	2.568.—	3.210.—
1.700.000	6.660.—	333.—	666.—	1.332.—	1.998.—	2.664.—	3.330.—
1.800.000	6.900.—	345.—	690.—	1.380.—	2.070.—	2.760.—	3.450.—
1.900.000	7.140.—	357.—	714.—	1.428.—	2.142.—	2.856.—	3.570.—
2.000.000	7.380.—	369.—	738.—	1.476.—	2.214.—	2.952.—	3.690.—
2.100.000	7.620.—	381.—	762.—	1.524.—	2.286.—	3.048.—	3.810.—
2.200.000	7.860.—	393.—	786.—	1.572.—	2.358.—	3.144.—	3.930.—
2.300.000	8.100.—	405.—	810.—	1.620.—	2.430.—	3.240.—	4.050.—
2.400.000	8.340.—	417.—	834.—	1.668.—	2.502.—	3.336.—	4.170.—
2.500.000	8.580.—	429.—	858.—	1.716.—	2.574.—	3.432.—	4.290.—
2.600.000	8.820.—	441.—	882.—	1.764.—	2.646.—	3.528.—	4.410.—
2.700.000	9.060.—	453.—	906.—	1.812.—	2.718.—	3.624.—	4.530.—
2.800.000	9.300.—	465.—	930.—	1.860.—	2.790.—	3.720.—	4.650.—
2.900.000	9.540.—	477.—	954.—	1.908.—	2.862.—	3.816.—	4.770.—
3.000.000	9.780.—	489.—	978.—	1.956.—	2.934.—	3.912.—	4.890.—
3.100.000	10.020.—	501.—	1.002.—	2.004.—	3.006.—	4.008.—	5.010.—
3.200.000	10.260.—	513.—	1.026.—	2.052.—	3.078.—	4.104.—	5.130.—
3.300.000	10.500.—	525.—	1.050.—	2.100.—	3.150.—	4.200.—	5.250.—
3.400.000	10.740.—	537.—	1.074.—	2.148.—	3.222.—	4.296.—	5.370.—
3.500.000	10.980.—	549.—	1.098.—	2.196.—	3.294.—	4.392.—	5.490.—
3.600.000	11.220.—	561.—	1.122.—	2.244.—	3.366.—	4.488.—	5.610.—
3.700.000	11.460.—	573.—	1.146.—	2.292.—	3.438.—	4.584.—	5.730.—
3.800.000	11.700.—	585.—	1.170.—	2.340.—	3.510.—	4.680.—	5.850.—
3.900.000	11.940.—	597.—	1.194.—	2.388.—	3.582.—	4.776.—	5.970.—
4.000.000	12.180.—	609.—	1.218.—	2.436.—	3.654.—	4.872.—	6.090.—
4.100.000	12.420.—	621.—	1.242.—	2.484.—	3.726.—	4.968.—	6.210.—
4.200.000	12.660.—	633.—	1.266.—	2.532.—	3.798.—	5.064.—	6.330.—
4.300.000	12.900.—	645.—	1.290.—	2.580.—	3.870.—	5.160.—	6.450.—

Beratungstabelle

6/10 · 12/20	7/10 · 14/20	8/10 · 16/20	9/10 · 18/20	15/10	20/10	30/10	40/10	Gegen-stands-wert
DM	DM	DM	DM	DM	DM	DM	DM	bis ... DM
2.535.—	2.957.50	3.380.—	3.802.50	6.337.50	8.450.—	12.675.—	16.900.—	**520.000**
2.685.—	3.132.50	3.580.—	4.027.50	6.712.50	8.950.—	13.425.—	17.900.—	**580.000**
2.751.60	3.210.20	3.668.80	4.127.40	6.879.—	9.172.—	13.758.—	18.344.—	**640.000**
2.816.40	3.285.80	3.755.20	4.224.60	7.041.—	9.388.—	14.082.—	18.776.—	**700.000**
2.878.80	3.358.60	3.838.40	4.318.20	7.197.—	9.596.—	14.394.—	19.192.—	**760.000**
2.940.—	3.430.—	3.920.—	4.410.—	7.350.—	9.800.—	14.700.—	19.600.—	**820.000**
2.998.80	3.498.60	3.998.40	4.498.20	7.497.—	9.996.—	14.994.—	19.992.—	**880.000**
3.056.40	3.565.80	4.075.20	4.584.60	7.641.—	10.188.—	15.282.—	20.376.—	**940.000**
3.112.20	3.630.90	4.149.60	4.668.30	7.780.50	10.374.—	15.561.—	20.748.—	**1.000.000**
3.195.60	3.728.20	4.260.80	4.793.40	7.989.—	10.652.—	15.978.—	21.304.—	**1.100.000**
3.276.—	3.822.—	4.368.—	4.914.—	8.190.—	10.920.—	16.380.—	21.840.—	**1.200.000**
3.420.—	3.990.—	4.560.—	5.130.—	8.550.—	11.400.—	17.100.—	22.800.—	**1.300.000**
3.564.—	4.158.—	4.752.—	5.346.—	8.910.—	11.880.—	17.820.—	23.760.—	**1.400.000**
3.708.—	4.326.—	4.944.—	5.562.—	9.270.—	12.360.—	18.540.—	24.720.—	**1.500.000**
3.852.—	4.494.—	5.136.—	5.778.—	9.630.—	12.840.—	19.260.—	25.680.—	**1.600.000**
3.996.—	4.662.—	5.328.—	5.994.—	9.990.—	13.320.—	19.980.—	26.640.—	**1.700.000**
4.140.—	4.830.—	5.520.—	6.210.—	10.350.—	13.800.—	20.700.—	27.600.—	**1.800.000**
4.284.—	4.998.—	5.712.—	6.426.—	10.710.—	14.280.—	21.420.—	28.560.—	**1.900.000**
4.428.—	5.166.—	5.904.—	6.642.—	11.070.—	14.760.—	22.140.—	29.520.—	**2.000.000**
4.572.—	5.334.—	6.096.—	6.858.—	11.430.—	15.240.—	22.860.—	30.480.—	**2.100.000**
4.716.—	5.502.—	6.288.—	7.074.—	11.790.—	15.720.—	23.580.—	31.440.—	**2.200.000**
4.860.—	5.670.—	6.480.—	7.290.—	12.150.—	16.200.—	24.300.—	32.400.—	**2.300.000**
5.004.—	5.838.—	6.672.—	7.506.—	12.510.—	16.680.—	25.020.—	33.360.—	**2.400.000**
5.148.—	6.006.—	6.864.—	7.722.—	12.870.—	17.160.—	25.740.—	34.320.—	**2.500.000**
5.292.—	6.174.—	7.056.—	7.938.—	13.230.—	17.640.—	26.460.—	35.280.—	**2.600.000**
5.436.—	6.342.—	7.248.—	8.154.—	13.590.—	18.120.—	27.180.—	36.240.—	**2.700.000**
5.580.—	6.510.—	7.440.—	8.370.—	13.950.—	18.600.—	27.900.—	37.200.—	**2.800.000**
5.724.—	6.678.—	7.632.—	8.586.—	14.310.—	19.080.—	28.620.—	38.160.—	**2.900.000**
5.868.—	6.846.—	7.824.—	8.802.—	14.670.—	19.560.—	29.340.—	39.120.—	**3.000.000**
6.012.—	7.014.—	8.016.—	9.018.—	15.030.—	20.040.—	30.060.—	40.080.—	**3.100.000**
6.156.—	7.182.—	8.208.—	9.234.—	15.390.—	20.520.—	30.780.—	41.040.—	**3.200.000**
6.300.—	7.350.—	8.400.—	9.450.—	15.750.—	21.000.—	31.500.—	42.000.—	**3.300.000**
6.444.—	7.518.—	8.592.—	9.666.—	16.110.—	21.480.—	32.220.—	42.960.—	**3.400.000**
6.588.—	7.686.—	8.784.—	9.882.—	16.470.—	21.960.—	32.940.—	43.920.—	**3.500.000**
6.732.—	7.854.—	8.976.—	10.098.—	16.830.—	22.440.—	33.660.—	44.880.—	**3.600.000**
6.876.—	8.022.—	9.168.—	10.314.—	17.190.—	22.920.—	34.380.—	45.840.—	**3.700.000**
7.020.—	8.190.—	9.360.—	10.530.—	17.550.—	23.400.—	35.100.—	46.800.—	**3.800.000**
7.164.—	8.358.—	9.552.—	10.746.—	17.910.—	23.880.—	35.820.—	47.760.—	**3.900.000**
7.308.—	8.526.—	9.744.—	10.962.—	18.270.—	24.360.—	36.540.—	48.720.—	**4.000.000**
7.452.—	8.694.—	9.936.—	11.178.—	18.630.—	24.840.—	37.260.—	49.680.—	**4.100.000**
7.596.—	8.862.—	10.128.—	11.394.—	18.990.—	25.320.—	37.980.—	50.640.—	**4.200.000**
7.740.—	9.030.—	10.320.—	11.610.—	19.350.—	25.800.—	38.700.—	51.600.—	**4.300.000**

Tabelle A

Gegen-stands-wert	Volle Gebühr $\left(\frac{10}{10}\right)$	$\frac{1}{20}$	$\frac{1}{10}$ $\frac{2}{20}$	$\frac{2}{10}$ $\frac{4}{20}$	$\frac{3}{10}$ $\frac{6}{20}$	$\frac{4}{10}$ $\frac{8}{20}$	$\frac{5}{10}$ $\frac{10}{20}$
bis ... DM	DM	DM	DM	DM	DM	DM	DM
4.400.000	13.140.—	657.—	1.314.—	2.628.—	3.942.—	5.256.—	6.570.—
4.500.000	13.380.—	669.—	1.338.—	2.676.—	4.014.—	5.352.—	6.690.—
4.600.000	13.620.—	681.—	1.362.—	2.724.—	4.086.—	5.448.—	6.810.—
4.700.000	13.860.—	693.—	1.386.—	2.772.—	4.158.—	5.544.—	6.930.—
4.800.000	14.100.—	705.—	1.410.—	2.820.—	4.230.—	5.640.—	7.050.—
4.900.000	14.340.—	717.—	1.434.—	2.868.—	4.302.—	5.736.—	7.170.—
5.000.000	14.580.—	729.—	1.458.—	2.916.—	4.374.—	5.832.—	7.290.—
5.100.000	14.820.—	741.—	1.482.—	2.964.—	4.446.—	5.928.—	7.410.—
5.200.000	15.060.—	753.—	1.506.—	3.012.—	4.518.—	6.024.—	7.530.—
5.300.000	15.300.—	765.—	1.530.—	3.060.—	4.590.—	6.120.—	7.650.—
5.400.000	15.540.—	777.—	1.554.—	3.108.—	4.662.—	6.216.—	7.770.—
5.500.000	15.780.—	789.—	1.578.—	3.156.—	4.734.—	6.312.—	7.890.—
5.600.000	16.020.—	801.—	1.602.—	3.204.—	4.806.—	6.408.—	8.010.—
5.700.000	16.260.—	813.—	1.626.—	3.252.—	4.878.—	6.504.—	8.130.—
5.800.000	16.500.—	825.—	1.650.—	3.300.—	4.950.—	6.600.—	8.250.—
5.900.000	16.740.—	837.—	1.674.—	3.348.—	5.022.—	6.696.—	8.370.—
6.000.000	16.980.—	849.—	1.698.—	3.396.—	5.094.—	6.792.—	8.490.—
6.100.000	17.220.—	861.—	1.722.—	3.444.—	5.166.—	6.888.—	8.610.—
6.200.000	17.460.—	873.—	1.746.—	3.492.—	5.238.—	6.984.—	8.730.—
6.300.000	17.700.—	885.—	1.770.—	3.540.—	5.310.—	7.080.—	8.850.—
6.400.000	17.940.—	897.—	1.794.—	3.588.—	5.382.—	7.176.—	8.970.—
6.500.000	18.180.—	909.—	1.818.—	3.636.—	5.454.—	7.272.—	9.090.—
6.600.000	18.420.—	921.—	1.842.—	3.684.—	5.526.—	7.368.—	9.210.—
6.700.000	18.660.—	933.—	1.866.—	3.732.—	5.598.—	7.464.—	9.330.—
6.800.000	18.900.—	945.—	1.890.—	3.780.—	5.670.—	7.560.—	9.450.—
6.900.000	19.140.—	957.—	1.914.—	3.828.—	5.742.—	7.656.—	9.570.—
7.000.000	19.380.—	969.—	1.938.—	3.876.—	5.814.—	7.752.—	9.690.—
7.100.000	19.620.—	981.—	1.962.—	3.924.—	5.886.—	7.848.—	9.810.—
7.200.000	19.860.—	993.—	1.986.—	3.972.—	5.958.—	7.944.—	9.930.—
7.300.000	20.100.—	1.005.—	2.010.—	4.020.—	6.030.—	8.040.—	10.050.—
7.400.000	20.340.—	1.017.—	2.034.—	4.068.—	6.102.—	8.136.—	10.170.—
7.500.000	20.580.—	1.029.—	2.058.—	4.116.—	6.174.—	8.232.—	10.290.—
7.600.000	20.820.—	1.041.—	2.082.—	4.164.—	6.246.—	8.328.—	10.410.—
7.700.000	21.060.—	1.053.—	2.106.—	4.212.—	6.318.—	8.424.—	10.530.—
7.800.000	21.300.—	1.065.—	2.130.—	4.260.—	6.390.—	8.520.—	10.650.—
7.900.000	21.540.—	1.077.—	2.154.—	4.308.—	6.462.—	8.616.—	10.770.—
8.000.000	21.780.—	1.089.—	2.178.—	4.356.—	6.534.—	8.712.—	10.890.—
8.100.000	22.020.—	1.101.—	2.202.—	4.404.—	6.606.—	8.808.—	11.010.—
8.200.000	22.260.—	1.113.—	2.226.—	4.452.—	6.678.—	8.904.—	11.130.—
8.300.000	22.500.—	1.125.—	2.250.—	4.500.—	6.750.—	9.000.—	11.250.—
8.400.000	22.740.—	1.137.—	2.274.—	4.548.—	6.822.—	9.096.—	11.370.—
8.500.000	22.980.—	1.149.—	2.298.—	4.596.—	6.894.—	9.192.—	11.490.—

Beratungstabelle

6/10 12/20	7/10 14/20	8/10 16/20	9/10 18/20	15/10	20/10	30/10	40/10	Gegen-stands-wert
DM	DM	DM	DM	DM	DM	DM	DM	bis ... DM
7.884.—	9.198.—	10.512.—	11.826.—	19.710.—	26.280.—	39.420.—	52.560.—	**4.400.000**
8.028.—	9.366.—	10.704.—	12.042.—	20.070.—	26.760.—	40.140.—	53.520.—	**4.500.000**
8.172.—	9.534.—	10.896.—	12.258.—	20.430.—	27.240.—	40.860.—	54.480.—	**4.600.000**
8.316.—	9.702.—	11.088.—	12.474.—	20.790.—	27.720.—	41.580.—	55.440.—	**4.700.000**
8.460.—	9.870.—	11.280.—	12.690.—	21.150.—	28.200.—	42.300.—	56.400.—	**4.800.000**
8.604.—	10.038.—	11.472.—	12.906.—	21.510.—	28.680.—	43.020.—	57.360.—	**4.900.000**
8.748.—	10.206.—	11.664.—	13.122.—	21.870.—	29.160.—	43.740.—	58.320.—	**5.000.000**
8.892.—	10.374.—	11.856.—	13.338.—	22.230.—	29.640.—	44.460.—	59.280.—	**5.100.000**
9.036.—	10.542.—	12.048.—	13.554.—	22.590.—	30.120.—	45.180.—	60.240.—	**5.200.000**
9.180.—	10.710.—	12.240.—	13.770.—	22.950.—	30.600.—	45.900.—	61.200.—	**5.300.000**
9.324.—	10.878.—	12.432.—	13.986.—	23.310.—	31.080.—	46.620.—	62.160.—	**5.400.000**
9.468.—	11.046.—	12.624.—	14.202.—	23.670.—	31.560.—	47.340.—	63.120.—	**5.500.000**
9.612.—	11.214.—	12.816.—	14.418.—	24.030.—	32.040.—	48.060.—	64.080.—	**5.600.000**
9.756.—	11.382.—	13.008.—	14.634.—	24.390.—	32.520.—	48.780.—	65.040.—	**5.700.000**
9.900.—	11.550.—	13.200.—	14.850.—	24.750.—	33.000.—	49.500.—	66.000.—	**5.800.000**
10.044.—	11.718.—	13.392.—	15.066.—	25.110.—	33.480.—	50.220.—	66.960.—	**5.900.000**
10.188.—	11.886.—	13.584.—	15.282.—	25.470.—	33.960.—	50.940.—	67.920.—	**6.000.000**
10.332.—	12.054.—	13.776.—	15.498.—	25.830.—	34.440.—	51.660.—	68.880.—	**6.100.000**
10.476.—	12.222.—	13.968.—	15.714.—	26.190.—	34.920.—	52.380.—	69.840.—	**6.200.000**
10.620.—	12.390.—	14.160.—	15.930.—	26.550.—	35.400.—	53.100.—	70.800.—	**6.300.000**
10.764.—	12.558.—	14.352.—	16.146.—	26.910.—	35.880.—	53.820.—	71.760.—	**6.400.000**
10.908.—	12.726.—	14.544.—	16.362.—	27.270.—	36.360.—	54.540.—	72.720.—	**6.500.000**
11.052.—	12.894.—	14.736.—	16.578.—	27.630.—	36.840.—	55.260.—	73.680.—	**6.600.000**
11.196.—	13.062.—	14.928.—	16.794.—	27.990.—	37.320.—	55.980.—	74.640.—	**6.700.000**
11.340.—	13.230.—	15.120.—	17.010.—	28.350.—	37.800.—	56.700.—	75.600.—	**6.800.000**
11.484.—	13.398.—	15.312.—	17.226.—	28.710.—	38.280.—	57.420.—	76.560.—	**6.900.000**
11.628.—	13.566.—	15.504.—	17.442.—	29.070.—	38.760.—	58.140.—	77.520.—	**7.000.000**
11.772.—	13.734.—	15.696.—	17.658.—	29.430.—	39.240.—	58.860.—	78.480.—	**7.100.000**
11.916.—	13.902.—	15.888.—	17.874.—	29.790.—	39.720.—	59.580.—	79.440.—	**7.200.000**
12.060.—	14.070.—	16.080.—	18.090.—	30.150.—	40.200.—	60.300.—	80.400.—	**7.300.000**
12.204.—	14.238.—	16.272.—	18.306.—	30.510.—	40.680.—	61.020.—	81.360.—	**7.400.000**
12.348.—	14.406.—	16.464.—	18.522.—	30.870.—	41.160.—	61.740.—	82.320.—	**7.500.000**
12.492.—	14.574.—	16.656.—	18.738.—	31.230.—	41.640.—	62.460.—	83.280.—	**7.600.000**
12.636.—	14.742.—	16.848.—	18.954.—	31.590.—	42.120.—	63.180.—	84.240.—	**7.700.000**
12.780.—	14.910.—	17.040.—	19.170.—	31.950.—	42.600.—	63.900.—	85.200.—	**7.800.000**
12.924.—	15.078.—	17.232.—	19.386.—	32.310.—	43.080.—	64.620.—	86.160.—	**7.900.000**
13.068.—	15.246.—	17.424.—	19.602.—	32.670.—	43.560.—	65.340.—	87.120.—	**8.000.000**
13.212.—	15.414.—	17.616.—	19.818.—	33.030.—	44.040.—	66.060.—	88.080.—	**8.100.000**
13.356.—	15.582.—	17.808.—	20.034.—	33.390.—	44.520.—	66.780.—	89.040.—	**8.200.000**
13.500.—	15.750.—	18.000.—	20.250.—	33.750.—	45.000.—	67.500.—	90.000.—	**8.300.000**
13.644.—	15.918.—	18.192.—	20.466.—	34.110.—	45.480.—	68.220.—	90.960.—	**8.400.000**
13.788.—	16.086.—	18.384.—	20.682.—	34.470.—	45.960.—	68.940.—	91.920.—	**8.500.000**

Tabelle A

Gegenstandswert	Volle Gebühr (10/10)	1/20	1/10 | 2/20	2/10 | 4/20	3/10 | 6/20	4/10 | 8/20	5/10 | 10/20
bis ... DM	DM	DM	DM	DM	DM	DM	DM
8.600.000	23.220.—	1.161.—	2.322.—	4.644.—	6.966.—	9.288.—	11.610.—
8.700.000	23.460.—	1.173.—	2.346.—	4.692.—	7.038.—	9.384.—	11.730.—
8.800.000	23.700.—	1.185.—	2.370.—	4.740.—	7.110.—	9.480.—	11.850.—
8.900.000	23.940.—	1.197.—	2.394.—	4.788.—	7.182.—	9.576.—	11.970.—
9.000.000	24.180.—	1.209.—	2.418.—	4.836.—	7.254.—	9.672.—	12.090.—
9.100.000	24.420.—	1.221.—	2.442.—	4.884.—	7.326.—	9.768.—	12.210.—
9.200.000	24.660.—	1.233.—	2.466.—	4.932.—	7.398.—	9.864.—	12.330.—
9.300.000	24.900.—	1.245.—	2.490.—	4.980.—	7.470.—	9.960.—	12.450.—
9.400.000	25.140.—	1.257.—	2.514.—	5.028.—	7.542.—	10.056.—	12.570.—
9.500.000	25.380.—	1.269.—	2.538.—	5.076.—	7.614.—	10.152.—	12.690.—
9.600.000	25.620.—	1.281.—	2.562.—	5.124.—	7.686.—	10.248.—	12.810.—
9.700.000	25.860.—	1.293.—	2.586.—	5.172.—	7.758.—	10.344.—	12.930.—
9.800.000	26.100.—	1.305.—	2.610.—	5.220.—	7.830.—	10.440.—	13.050.—
9.900.000	26.340.—	1.317.—	2.634.—	5.268.—	7.902.—	10.536.—	13.170.—
10.000.000	26.580.—	1.329.—	2.658.—	5.316.—	7.974.—	10.632.—	13.290.—

Bei Gegenstandswerten über DM 10 Mio. bis DM 50 Mio.:
Gegenstandswert auf volle 50.000 aufrunden, dann durch 10.000 teilen, dann:

× 18.0	× 0.9	× 1.8	× 3.6	× 5.4	× 7.2	× 9.0
+ 8.580.—	+ 429.—	+ 858.—	+ 1.716.—	+ 2.574.—	+ 3.432.—	+ 4.290.—

Bei Gegenstandswerten über DM 50 Mio.:
Gegenstandswert auf volle 50.000 aufrunden, dann durch 10.000 teilen, dann:

× 14.0	× 0.7	× 1.4	× 2.8	× 4.2	× 5.6	× 7.0
+ 28.580.—	+ 1.429.—	+ 2.858.—	+ 5.716.—	+ 8.574.—	+ 11.432.—	+ 14.290.—

Einige hohe Gegenstandswerte mit der vollen Gebühr (10/10):

15 Mio.	35.580.—	**35 Mio.**	71.580.—	**75 Mio.**	133.580.—
20 Mio.	44.580.—	**40 Mio.**	80.580.—	**100 Mio.**	168.580.—
25 Mio.	53.580.—	**45 Mio.**	89.580.—	**150 Mio.**	238.580.—
30 Mio.	62.580.—	**50 Mio.**	98.580.—	**250 Mio.**	378.580.—

Beratungstabelle

6/10 · 12/20	7/10 · 14/20	8/10 · 16/20	9/10 · 18/20	15/10	20/10	30/10	40/10	Gegenstandswert
DM	DM	DM	DM	DM	DM	DM	DM	bis ... DM
13.932.—	16.254.—	18.576.—	20.898.—	34.830.—	46.440.—	69.660.—	92.880.—	**8.600.000**
14.076.—	16.422.—	18.768.—	21.114.—	35.190.—	46.920.—	70.380.—	93.840.—	**8.700.000**
14.220.—	16.590.—	18.960.—	21.330.—	35.550.—	47.400.—	71.100.—	94.800.—	**8.800.000**
14.364.—	16.758.—	19.152.—	21.546.—	35.910.—	47.880.—	71.820.—	95.760.—	**8.900.000**
14.508.—	16.926.—	19.344.—	21.762.—	36.270.—	48.360.—	72.540.—	96.720.—	**9.000.000**
14.652.—	17.094.—	19.536.—	21.978.—	36.630.—	48.840.—	73.260.—	97.680.—	**9.100.000**
14.796.—	17.262.—	19.728.—	22.194.—	36.990.—	49.320.—	73.980.—	98.640.—	**9.200.000**
14.940.—	17.430.—	19.920.—	22.410.—	37.350.—	49.800.—	74.700.—	99.600.—	**9.300.000**
15.084.—	17.598.—	20.112.—	22.626.—	37.710.—	50.280.—	75.420.—	100.560.—	**9.400.000**
15.228.—	17.766.—	20.304.—	22.842.—	38.070.—	50.760.—	76.140.—	101.520.—	**9.500.000**
15.372.—	17.934.—	20.496.—	23.058.—	38.430.—	51.240.—	76.860.—	102.480.—	**9.600.000**
15.516.—	18.102.—	20.688.—	23.274.—	38.790.—	51.720.—	77.580.—	103.440.—	**9.700.000**
15.660.—	18.270.—	20.880.—	23.490.—	39.150.—	52.200.—	78.300.—	104.400.—	**9.800.000**
15.804.—	18.438.—	21.072.—	23.706.—	39.510.—	52.680.—	79.020.—	105.360.—	**9.900.000**
15.948.—	18.606.—	21.264.—	23.922.—	39.870.—	53.160.—	79.740.—	106.320.—	**10.000.000**
× 10.8 + 5.148.-	× 12.6 + 6.006.-	× 14.4 + 6.864.-	× 16.2 + 7.722.-	× 27.0 +12.870.-	× 36.0 +17.160.-	× 54.0 +25.740.-	× 72.0 +34.320.-	
× 8.4 +17.148.-	× 9.8 +20.006.-	× 11.2 +22.864.-	× 12.6 +25.722.-	× 21.0 +42.870.-	× 28.0 +57.160.-	× 42.0 +85.740.-	× 56.0 +114.320.-	

Tabelle B

Gegenstandswert	Volle Gebühr (10/10)	1/10	2/10	3/10	4/10	5/10	6/10
bis ... DM	DM	DM	DM	DM	DM	DM	DM
6.000	77.–	7.70*	15.40*	23.10	30.80	38.50	46.20
7.000	91.–	9.10*	18.20*	27.30	36.40	45.50	54.60
8.000	107.–	10.70*	21.40	32.10	42.80	53.50	64.20
9.000	122.–	12.20*	24.40	36.60	48.80	61.–	73.20
10.000	138.–	13.80*	27.60	41.40	55.20	69.–	82.80
12.000	153.–	15.30*	30.60	45.90	61.20	76.50	91.80
14.000	168.–	16.80*	33.60	50.40	67.20	84.–	100.80
16.000	183.–	18.30*	36.60	54.90	73.20	91.50	109.80
18.000	194.–	19.40*	38.80	58.20	77.60	97.–	116.40
20.000	206.–	20.60	41.20	61.80	82.40	103.–	123.60
25.000	215.–	21.50	43.–	64.50	86.–	107.50	129.–
30.000	242.–	24.20	48.40	72.60	96.80	121.–	145.20
35.000	265.–	26.50	53.–	79.50	106.–	132.50	159.–
40.000	286.–	28.60	57.20	85.80	114.40	143.–	171.60
45.000	306.–	30.60	61.20	91.80	122.40	153.–	183.60
50.000	324.–	32.40	64.80	97.20	129.60	162.–	194.40
75.000	343.–	34.30	68.60	102.90	137.20	171.50	205.80
100.000	419.–	41.90	83.80	125.70	167.60	209.50	251.40
125.000	485.–	48.50	97.–	145.50	194.–	242.50	291.–
150.000	542.–	54.20	108.40	162.60	216.80	271.–	325.20
175.000	566.–	56.60	113.20	169.80	226.40	283.–	339.60
200.000	592.–	59.20	118.40	177.60	236.80	296.–	355.20
250.000	678.–	67.80	135.60	203.40	271.20	339.–	406.80
300.000	754.–	75.40	150.80	226.20	301.60	377.–	452.40
350.000	820.–	82.–	164.–	246.–	328.–	410.–	492.–
400.000	879.–	87.90	175.80	263.70	351.60	439.50	527.40
450.000	933.–	93.30	186.60	279.90	373.20	466.50	559.80
500.000	982.–	98.20	196.40	294.60	392.80	491.–	589.20
600.000	1.027.–	102.70	205.40	308.10	410.80	513.50	616.20
700.000	1.117.–	111.70	223.40	335.10	446.80	558.50	670.20
800.000	1.197.–	119.70	239.40	359.10	478.80	598.50	718.20
900.000	1.268.–	126.80	253.60	380.40	507.20	634.–	760.80
1.000.000	1.336.–	133.60	267.20	400.80	534.40	668.–	801.60
1.250.000	1.398.–	139.80	279.60	419.40	559.20	699.–	838.80
1.500.000	1.551.–	155.10	310.20	465.30	620.40	775.50	930.60
1.750.000	1.686.–	168.60	337.20	505.80	674.40	843.–	1.011.60
2.000.000	1.806.–	180.60	361.20	541.80	722.40	903.–	1.083.60
2.500.000	1.914.–	191.40	382.80	574.20	765.60	957.–	1.148.40

* Als selbständige Gebühr DM 20.– als Mindestgebühr nach § 3.

Abschlußtabelle

7/10	8/10	9/10	11/10	12/10	15/10	20/10	Gegen-stands-wert
DM	DM	DM	DM	DM	DM	DM	bis ... DM
53.90	61.60	69.30	84.70	92.40	115.50	154.—	**6.000**
63.70	72.80	81.90	100.10	109.20	136.50	182.—	**7.000**
74.90	85.60	96.30	117.70	128.40	160.50	214.—	**8.000**
85.40	97.60	109.80	134.20	146.40	183.—	244.—	**9.000**
96.60	110.40	124.20	151.80	165.60	207.—	276.—	**10.000**
107.10	122.40	137.70	168.30	183.60	229.50	306.—	**12.000**
117.60	134.40	151.20	184.80	201.60	252.—	336.—	**14.000**
128.10	146.40	164.70	201.30	219.60	274.50	366.—	**16.000**
135.80	155.20	174.60	213.40	232.80	291.—	388.—	**18.000**
144.20	164.80	185.40	226.60	247.20	309.—	412.—	**20.000**
150.50	172.—	193.50	236.50	258.—	322.50	430.—	**25.000**
169.40	193.60	217.80	266.20	290.40	363.—	484.—	**30.000**
185.50	212.—	238.50	291.50	318.—	397.50	530.—	**35.000**
200.20	228.80	257.40	314.60	343.20	429.—	572.—	**40.000**
214.20	244.80	275.40	336.60	367.20	459.—	612.—	**45.000**
226.80	259.20	291.60	356.40	388.80	486.—	648.—	**50.000**
240.10	274.40	308.70	377.30	411.60	514.50	686.—	**75.000**
293.30	335.20	377.10	460.90	502.80	628.50	838.—	**100.000**
339.50	388.—	436.50	533.50	582.—	727.50	970.—	**125.000**
379.40	433.60	487.80	596.20	650.40	813.—	1.084.—	**150.000**
396.20	452.80	509.40	622.60	679.20	849.—	1.132.—	**175.000**
414.40	473.60	532.80	651.20	710.40	888.—	1.184.—	**200.000**
474.60	542.40	610.20	745.80	813.60	1.017.—	1.356.—	**250.000**
527.80	603.20	678.60	829.40	904.80	1.131.—	1.508.—	**300.000**
574.—	656.—	738.—	902.—	984.—	1.230.—	1.640.—	**350.000**
615.30	703.20	791.10	966.90	1.054.80	1.318.50	1.758.—	**400.000**
653.10	746.40	839.70	1.026.30	1.119.60	1.399.50	1.866.—	**450.000**
687.40	785.60	883.80	1.080.20	1.178.40	1.473.—	1.964.—	**500.000**
718.90	821.60	924.30	1.129.70	1.232.40	1.540.50	2.054.—	**600.000**
781.90	893.60	1.005.30	1.228.70	1.340.40	1.675.50	2.234.—	**700.000**
837.90	957.60	1.077.30	1.316.70	1.436.40	1.795.50	2.394.—	**800.000**
887.60	1.014.40	1.141.20	1.394.80	1.521.60	1.902.—	2.536.—	**900.000**
935.20	1.068.80	1.202.40	1.469.60	1.603.20	2.004.—	2.672.—	**1.000.000**
978.60	1.118.40	1.258.20	1.537.80	1.677.60	2.097.—	2.796.—	**1.250.000**
1.085.70	1.240.80	1.395.90	1.706.10	1.861.20	2.326.50	3.102.—	**1.500.000**
1.180.20	1.348.80	1.517.40	1.854.60	2.023.20	2.529.—	3.372.—	**1.750.000**
1.264.20	1.444.80	1.625.40	1.986.60	2.167.20	2.709.—	3.612.—	**2.000.000**
1.339.80	1.531.20	1.722.60	2.105.40	2.296.80	2.871.—	3.828.—	**2.500.000**

Tabelle B

Gegen-stands-wert	Volle Gebühr (10/10)	1/10	2/10	3/10	4/10	5/10	6/10
bis ... DM	DM	DM	DM	DM	DM	DM	DM
3.000.000	2.124.—	212.40	424.80	637.20	849.60	1.062.—	1.274.40
3.500.000	2.308.—	230.80	461.60	692.40	923.20	1.154.—	1.384.80
4.000.000	2.473.—	247.30	494.60	741.90	989.20	1.236.50	1.483.80
4.500.000	2.621.—	262.10	524.20	786.30	1.048.40	1.310.50	1.572.60
5.000.000	2.756.—	275.60	551.20	826.80	1.102.40	1.378.—	1.653.60
6.000.000	2.881.—	288.10	576.20	864.30	1.152.40	1.440.50	1.728.60
7.000.000	3.131.—	313.10	626.20	939.30	1.252.40	1.565.50	1.878.60
8.000.000	3.352.—	335.20	670.40	1.005.60	1.340.80	1.676.—	2.011.20
9.000.000	3.551.—	355.10	710.20	1.065.30	1.420.40	1.775.50	2.130.60
10.000.000	3.735.—	373.50	747.—	1.120.50	1.494.—	1.867.50	2.241.—
15.000.000	4.363.—	436.30	872.60	1.308.90	1.745.20	2.181.50	2.617.80
20.000.000	5.072.—	507.20	1.014.40	1.521.60	2.028.80	2.536.—	3.043.20
25.000.000	5.647.—	564.70	1.129.40	1.694.10	2.258.80	2.823.50	3.388.20
30.000.000	6.127.—	612.70	1.225.40	1.838.10	2.450.80	3.063.50	3.676.20
35.000.000	6.536.—	653.60	1.307.20	1.960.80	2.614.40	3.268.—	3.921.60
40.000.000	6.888.—	688.80	1.377.60	2.066.40	2.755.20	3.444.—	4.132.80
45.000.000	7.338.—	733.80	1.467.60	2.201.40	2.935.20	3.669.—	4.402.80
50.000.000	7.752.—	775.20	1.550.40	2.325.60	3.100.80	3.876.—	4.651.20
60.000.000	8.528.—	852.80	1.705.60	2.558.40	3.411.20	4.264.—	5.116.80
70.000.000	9.239.—	923.90	1.847.80	2.771.70	3.695.60	4.619.50	5.543.40
80.000.000	9.902.—	990.20	1.980.40	2.970.60	3.960.80	4.951.—	5.941.20
90.000.000	10.521.—	1.052.10	2.104.20	3.156.30	4.208.40	5.260.50	6.312.60
100.000.000	11.107.—	1.110.70	2.221.40	3.332.10	4.442.80	5.553.50	6.664.20
110.000.000	11.544.—	1.154.40	2.308.80	3.463.20	4.617.60	5.772.—	6.926.40
120.000.000	11.981.—	1.198.10	2.396.20	3.594.30	4.792.40	5.990.50	7.188.60
130.000.000	12.418.—	1.241.80	2.483.60	3.725.40	4.967.20	6.209.—	7.450.80
140.000.000	12.855.—	1.285.50	2.571.—	3.856.50	5.142.—	6.427.50	7.713.—
150.000.000	13.292.—	1.329.20	2.658.40	3.987.60	5.316.80	6.646.—	7.975.20
160.000.000	13.729.—	1.372.90	2.745.80	4.118.70	5.491.60	6.864.50	8.237.40
170.000.000	14.166.—	1.416.60	2.833.20	4.249.80	5.666.40	7.083.—	8.499.60
180.000.000	14.603.—	1.460.30	2.920.60	4.380.90	5.841.20	7.301.50	8.761.80
190.000.000	15.040.—	1.504.—	3.008.—	4.512.—	6.016.—	7.520.—	9.024.—
200.000.000	15.477.—	1.547.70	3.095.40	4.643.10	6.190.80	7.738.50	9.286.20
210.000.000	15.914.—	1.591.40	3.182.80	4.774.20	6.365.60	7.957.—	9.548.40
220.000.000	16.351.—	1.635.10	3.270.20	4.905.30	6.540.40	8.175.50	9.810.60
230.000.000	16.788.—	1.678.80	3.357.60	5.036.40	6.715.20	8.394.—	10.072.80
240.000.000	17.225.—	1.722.50	3.445.—	5.167.50	6.890.—	8.612.50	10.335.—
250.000.000	17.662.—	1.766.20	3.532.40	5.298.60	7.064.80	8.831.—	10.597.20

Abschlußtabelle

7/10	8/10	9/10	11/10	12/10	15/10	20/10	Gegen-stands-wert
DM	DM	DM	DM	DM	DM	DM	bis ... DM
1.486.80	1.699.20	1.911.60	2.336.40	2.548.80	3.186.—	4.248.—	**3.000.000**
1.615.60	1.846.40	2.077.20	2.538.80	2.769.60	3.462.—	4.616.—	**3.500.000**
1.731.10	1.978.40	2.225.70	2.720.30	2.967.60	3.709.50	4.946.—	**4.000.000**
1.834.70	2.096.80	2.358.90	2.883.10	3.145.20	3.931.50	5.242.—	**4.500.000**
1.929.20	2.204.80	2.480.40	3.031.60	3.307.20	4.134.—	5.512.—	**5.000.000**
2.016.70	2.304.80	2.592.90	3.169.10	3.457.20	4.321.50	5.762.—	**6.000.000**
2.191.70	2.504.80	2.817.90	3.444.10	3.757.20	4.696.50	6.262.—	**7.000.000**
2.346.40	2.681.60	3.016.80	3.687.20	4.022.40	5.028.—	6.704.—	**8.000.000**
2.485.70	2.840.80	3.195.90	3.906.10	4.261.20	5.326.50	7.102.—	**9.000.000**
2.614.50	2.988.—	3.361.50	4.108.50	4.482.—	5.602.50	7.470.—	**10.000.000**
3.054.10	3.490.40	3.926.70	4.799.30	5.235.60	6.544.50	8.726.—	**15.000.000**
3.550.40	4.057.60	4.564.80	5.579.20	6.086.40	7.608.—	10.144.—	**20.000.000**
3.952.90	4.517.60	5.082.30	6.211.70	6.776.40	8.470.50	11.294.—	**25.000.000**
4.288.90	4.901.60	5.514.30	6.739.70	7.352.40	9.190.50	12.254.—	**30.000.000**
4.575.20	5.228.80	5.882.40	7.189.60	7.843.20	9.804.—	13.072.—	**35.000.000**
4.821.60	5.510.40	6.199.20	7.576.80	8.265.60	10.332.—	13.776.—	**40.000.000**
5.136.60	5.870.40	6.604.20	8.071.80	8.805.60	11.007.—	14.676.—	**45.000.000**
5.426.40	6.201.60	6.976.80	8.527.20	9.302.40	11.628.—	15.504.—	**50.000.000**
5.969.60	6.822.40	7.675.20	9.380.80	10.233.60	12.792.—	17.056.—	**60.000.000**
6.467.30	7.391.20	8.315.10	10.162.90	11.086.80	13.858.50	18.478.—	**70.000.000**
6.931.40	7.921.60	8.911.80	10.892.20	11.882.40	14.853.—	19.804.—	**80.000.000**
7.364.70	8.416.80	9.468.90	11.573.10	12.625.20	15.781.50	21.042.—	**90.000.000**
7.774.90	8.885.60	9.996.30	12.217.70	13.328.40	16.660.50	22.214.—	**100.000.000**
8.080.80	9.235.20	10.389.60	12.698.40	13.852.80	17.316.—	23.088.—	**110.000.000**
8.386.70	9.584.80	10.782.90	13.179.10	14.377.20	17.971.50	23.962.—	**120.000.000**
8.692.60	9.934.40	11.176.20	13.659.80	14.901.60	18.627.—	24.836.—	**130.000.000**
8.998.50	10.284.—	11.569.50	14.140.50	15.426.—	19.282.50	25.710.—	**140.000.000**
9.304.40	10.633.60	11.962.80	14.621.20	15.950.40	19.938.—	26.584.—	**150.000.000**
9.610.30	10.983.20	12.356.10	15.101.90	16.474.80	20.593.50	27.458.—	**160.000.000**
9.916.20	11.332.80	12.749.40	15.582.60	16.999.20	21.249.—	28.332.—	**170.000.000**
10.222.10	11.682.40	13.142.70	16.063.30	17.523.60	21.904.50	29.206.—	**180.000.000**
10.528.—	12.032.—	13.536.—	16.544.—	18.048.—	22.560.—	30.080.—	**190.000.000**
10.833.90	12.381.60	13.929.30	17.024.70	18.572.40	23.215.50	30.954.—	**200.000.000**
11.139.80	12.731.20	14.322.60	17.505.40	19.096.80	23.871.—	31.828.—	**210.000.000**
11.445.70	13.080.80	14.715.90	17.986.10	19.621.20	24.526.50	32.702.—	**220.000.000**
11.751.60	13.430.40	15.109.20	18.466.80	20.145.60	25.182.—	33.576.—	**230.000.000**
12.057.50	13.780.—	15.502.50	18.947.50	20.670.—	25.837.50	34.450.—	**240.000.000**
12.363.40	14.129.60	15.895.80	19.428.20	21.194.40	26.493.—	35.324.—	**250.000.000**

Tabelle B

Gegen-stands-wert	Volle Gebühr (10/10)	1/10	2/10	3/10	4/10	5/10	6/10
bis ... DM	DM	DM	DM	DM	DM	DM	DM
	Bei Gegenstandswerten über 1.000 Mio: Gegenstandswert auf volle 50.000 aufrunden, dann durch 10.000.000 teilen, dann:						
	× 218.40 + 14.392.—	× 21.84 + 1.439.20	× 43.68 + 2.878.40	× 65.52 + 4.317.60	× 87.36 + 5.756.80	× 109.20 + 7.196.—	× 131.04 + 8.635.20

Einige hohe Gegenstandswerte mit der vollen Gebühr (10/10):

150 Mio.	13.292.—	**400 Mio.**	22.252.—	**800 Mio.**	31.864.—
200 Mio.	15.477.—	**500 Mio.**	25.312.—	**900 Mio.**	34.048.—
250 Mio.	17.662.—	**600 Mio.**	27.496.—	**1.000 Mio.**	36.232.—
300 Mio.	19.192.—	**700 Mio.**	29.680.—	**2.000 Mio.**	58.072.—

Abschlußtabelle

7/10	8/10	9/10	11/10	12/10	15/10	20/10	Gegen-stands-wert
DM	DM	DM	DM	DM	DM	DM	bis ... DM
× 152.88 + 10.074.40	× 174.72 +11.513.60	× 196.56 +12.952.80	× 240.24 +15.831.20	× 262.08 +17.270.40	× 327.60 +21.588.—	× 436.8 +28.784.—	

Tabelle C

Gegenstandswert	Volle Gebühr (10/10)	1/20	1/10 2/20	3/20	2/10 4/20	5/20	3/10 6/20	7/20	4/10 8/20
bis ... DM	DM	DM	DM	DM	DM	DM	DM	DM	DM
30.000	116,—	5,80*	11,60*	17,40*	23,20	29,—	34,80	40,60	46,40
35.000	127,—	6,40*	12,70*	19,10*	25,40	31,80	38,10	44,50	50,80
40.000	139,—	7.—*	13,90*	20,90*	27,80	34,80	41,70	48,70	55,60
45.000	150,—	7,50*	15,—*	22,50	30,—	37,50	45,—	52,50	60,—
50.000	162,—	8,10*	16,20*	24,30	32,40	40,50	48,60	56,70	64,80
60.000	173,—	8,70*	17,30*	26.—	34,60	43,30	51,90	60,60	69,20
70.000	185,—	9,30*	18,50*	27,80	37,—	46,30	55,50	64,80	74,—
80.000	196,—	9,80*	19,60*	29,40	39,20	49,—	58,80	68,60	78,40
90.000	208,—	10,40*	20,80	31,20	41,60	52,—	62,40	72,80	83,20
100.000	219,—	11.—*	21,90	32,90	43,80	54,80	65,70	76,70	87,60
125.000	231,—	11,60*	23,10	34,70	46,20	57,80	69,30	80,90	92,40
150.000	254,—	12,70*	25,40	38,10	50,80	63,50	76,20	88,90	101,60
175.000	277,—	13,90*	27,70	41,60	55,40	69,30	83,10	97.—	110,80
200.000	300,—	15,—*	30,—	45,—	60,—	75,—	90,—	105,—	120,—
250.000	335,—	16,80*	33,50	50,30	67,—	83,80	100,50	117,30	134,—
300.000	370,—	18,50*	37,—	55,50	74,—	92,50	111,—	129,50	148,—
400.000	439,—	22.—	43,90	65,90	87,80	109,80	131,70	153,70	175,60
500.000	508,—	25,40	50,80	76,20	101,60	127,—	152,40	177,80	203,20
600.000	578,—	28,90	57,80	86,70	115,60	144,50	173,40	202,30	231,20
700.000	647,—	32,40	64,70	97,10	129,40	161,80	194,10	226,50	258,80
800.000	705,—	35,30	70,50	105,80	141,—	176,30	211,50	246,80	282,—
900.000	762,—	38,10	76,20	114,30	152,40	190,50	228,60	266,70	304,80
1.000.000	820,—	41,—	82,—	123,—	164,—	205,—	246,—	287,—	328,—
1.100.000	878,—	43,90	87,80	131,70	175,60	219,50	263,40	307,30	351,20
1.200.000	936,—	46,80	93,60	140,40	187,20	234,—	280,80	327,60	374,40
1.300.000	994,—	49,70	99,40	149,10	198,80	248,50	298,20	347,90	397,60
1.400.000	1.052,—	52,60	105,20	157,80	210,40	263,—	315,60	368,20	420,80
1.500.000	1.110,—	55,50	111,—	166,50	222,—	277,50	333,—	388,50	444,—
1.600.000	1.168,—	58,40	116,80	175,20	233,60	292,—	350,40	408,80	467,20
1.700.000	1.226,—	61,30	122,60	183,90	245,20	306,50	367,80	429,10	490,40
1.800.000	1.284,—	64,20	128,40	192,60	256,80	321,—	385,20	449,40	513,60
1.900.000	1.342,—	67,10	134,20	201,30	268,40	335,50	402,60	469,70	536,80
2.000.000	1.400,—	70,—	140,—	210,—	280,—	350,—	420,—	490,—	560,—
2.100.000	1.458,—	72,90	145,80	218,70	291,60	364,50	437,40	510,30	583,20
2.200.000	1.516,—	75,80	151,60	227,40	303,20	379,—	454,80	530,60	606,40
2.300.000	1.574,—	78,70	157,40	236,10	314,80	393,50	472,20	550,90	629,60
2.400.000	1.632,—	81,60	163,20	244,80	326,40	408,—	489,60	571,20	652,80
2.500.000	1.690,—	84,50	169,—	253,50	338,—	422,50	507,—	591,50	676,—
2.600.000	1.748,—	87,40	174,80	262,20	349,60	437,—	524,40	611,80	699,20

* Als selbständige Gebühr DM 20.– als Mindestgebühr nach § 3.

Buchführungstabelle

9/20	5/10 · 10/20	6/10	7/10	8/10	9/10	11/10	12/10	Gegenstandswert
DM	DM	DM	DM	DM	DM	DM	DM	bis ... DM
52,20	58,—	69,60	81,20	92,80	104,40	127,60	139,20	**30.000**
57,20	63,50	76,20	88,90	101,60	114,30	139,70	152,40	**35.000**
62,60	69,50	83,40	97,30	111,20	125,10	152,90	166,80	**40.000**
67,50	75,—	90,—	105,—	120,—	135,—	165,—	180,—	**45.000**
72,90	81,—	97,20	113,40	129,60	145,80	178,20	194,40	**50.000**
77,90	86,50	103,80	121,10	138,40	155,70	190,30	207,60	**60.000**
83,30	92,50	111,—	129,50	148,—	166,50	203,50	222,—	**70.000**
88,20	98,—	117,60	137,20	156,80	176,40	215,60	235,20	**80.000**
93,60	104,—	124,80	145,60	166,40	187,20	228,80	249,60	**90.000**
98,60	109,50	131,40	153,30	175,20	197,10	240,90	262,80	**100.000**
104,—	115,50	138,60	161,70	184,80	207,90	254,10	277,20	**125.000**
114,30	127,—	152,40	177,80	203,20	228,60	279,40	304,80	**150.000**
124,70	138,50	166,20	193,90	221,60	249,30	304,70	332,40	**175.000**
135,—	150,—	180,—	210,—	240,—	270,—	330,—	360,—	**200.000**
150,80	167,50	201,—	234,50	268,—	301,50	368,50	402,—	**250.000**
166,50	185,—	222,—	259,—	296,—	333,—	407,—	444,—	**300.000**
197,60	219,50	263,40	307,30	351,20	395,10	482,90	526,80	**400.000**
228,60	254,—	304,80	355,60	406,40	457,20	558,80	609,60	**500.000**
260,10	289,—	346,80	404,60	462,40	520,20	635,80	693,60	**600.000**
291,20	323,50	388,20	452,90	517,60	582,30	711,70	776,40	**700.000**
317,30	352,50	423,—	493,50	564,—	634,50	775,50	846,—	**800.000**
342,90	381,—	457,20	533,40	609,60	685,80	838,20	914,40	**900.000**
369,—	410,—	492,—	574,—	656,—	738,—	902,—	984,—	**1.000.000**
395,10	439,—	526,80	614,60	702,40	790,20	965,80	1.053,60	**1.100.000**
421,20	468,—	561,60	655,20	748,80	842,40	1.029,60	1.123,20	**1.200.000**
447,30	497,—	596,40	695,80	795,20	894,60	1.093,40	1.192,80	**1.300.000**
473,40	526,—	631,20	736,40	841,60	946,80	1.157,20	1.262,40	**1.400.000**
499,50	555,—	666,—	777,—	888,—	999,—	1.221,—	1.332,—	**1.500.000**
525,60	584,—	700,80	817,60	934,40	1.051,20	1.284,80	1.401,60	**1.600.000**
551,70	613,—	735,60	858,20	980,80	1.103,40	1.348,60	1.471,20	**1.700.000**
577,80	642,—	770,40	898,80	1.027,20	1.155,60	1.412,40	1.540,80	**1.800.000**
603,90	671,—	805,20	939,40	1.073,60	1.207,80	1.476,20	1.610,40	**1.900.000**
630,—	700,—	840,—	980,—	1.120,—	1.260,—	1.540,—	1.680,—	**2.000.000**
656,10	729,—	874,80	1.020,60	1.166,40	1.312,20	1.603,80	1.749,60	**2.100.000**
682,20	758,—	909,60	1.061,20	1.212,80	1.364,40	1.667,60	1.819,20	**2.200.000**
708,30	787,—	944,40	1.101,80	1.259,20	1.416,60	1.731,40	1.888,80	**2.300.000**
734,40	816,—	979,20	1.142,40	1.305,60	1.468,80	1.795,20	1.958,40	**2.400.000**
760,50	845,—	1.014,—	1.183,—	1.352,—	1.521,—	1.859,—	2.028,—	**2.500.000**
786,60	874,—	1.048,80	1.223,60	1.398,40	1.573,20	1.922,80	2.097,60	**2.600.000**

Tabelle C

Gegenstandswert	Volle Gebühr (10/10)	1/20	1/10 2/20	3/20	2/10 4/20	5/20	3/10 6/20	7/20	4/10 8/20
bis ... DM	DM	DM	DM	DM	DM	DM	DM	DM	DM
2.700.000	1.806,—	90,30	180,60	270,90	361,20	451,50	541,80	632,10	722,40
2.800.000	1.864,—	93,20	186,40	279,60	372,80	466,—	559,20	652,40	745,60
2.900.000	1.922,—	96,10	192,20	288,30	384,40	480,50	576,60	672,70	768,80
3.000.000	1.980,—	99,—	198,—	297,—	396,—	495,—	594,—	693,—	792,—
3.100.000	2.038,—	101,90	203,80	305,70	407,60	509,50	611,40	713,30	815,20
3.200.000	2.096,—	104,80	209,60	314,40	419,20	524,—	628,80	733,60	838,40
3.300.000	2.154,—	107,70	215,40	323,10	430,80	538,50	646,20	753,90	861,60
3.400.000	2.212,—	110,60	221,20	331,80	442,40	553,—	663,60	774,20	884,80
3.500.000	2.270,—	113,50	227,—	340,50	454,—	567,50	681,—	794,50	908,—
3.600.000	2.328,—	116,40	232,80	349,20	465,60	582,—	698,40	814,80	931,20
3.700.000	2.386,—	119,30	238,60	357,90	477,20	596,50	715,80	835,10	954,40
3.800.000	2.444,—	122,20	244,40	366,60	488,80	611,—	733,20	855,40	977,60
3.900.000	2.502,—	125,10	250,20	375,30	500,40	625,50	750,60	875,70	1.000,80
4.000.000	2.560,—	128,—	256,—	384,—	512,—	640,—	768,—	896,—	1.024,—
4.100.000	2.618,—	130,90	261,80	392,70	523,60	654,50	785,40	916,30	1.047,20
4.200.000	2.676,—	133,80	267,60	401,40	535,20	669,—	802,80	936,60	1.070,40
4.300.000	2.734,—	136,70	273,40	410,10	546,80	683,50	820,20	956,90	1.093,60
4.400.000	2.792,—	139,60	279,20	418,80	558,40	698,—	837,60	977,20	1.116,80
4.500.000	2.850,—	142,50	285,—	427,50	570,—	712,50	855,—	997,50	1.140,—
4.600.000	2.908,—	145,40	290,80	436,20	581,60	727,—	872,40	1.017,80	1.163,20
4.700.000	2.966,—	148,30	296,60	444,90	593,20	741,50	889,80	1.038,10	1.186,40
4.800.000	3.024,—	151,20	302,40	453,60	604,80	756,—	907,20	1.058,40	1.209,60
4.900.000	3.082,—	154,10	308,20	462,30	616,40	770,50	924,60	1.078,70	1.232,80
5.000.000	3.140,—	157,—	314,—	471,—	628,—	785,—	942,—	1.099,—	1.256,—
5.100.000	3.198,—	159,90	319,80	479,70	639,60	799,50	959,40	1.119,30	1.279,20
5.200.000	3.256,—	162,80	325,60	488,40	651,20	814,—	976,80	1.139,60	1.302,40
5.300.000	3.314,—	165,70	331,40	497,10	662,80	828,50	994,20	1.159,90	1.325,60
5.400.000	3.372,—	168,60	337,20	505,80	674,40	843,—	1.011,60	1.180,20	1.348,80
5.500.000	3.430,—	171,50	343,—	514,50	686,—	857,50	1.029,—	1.200,50	1.372,—
5.600.000	3.488,—	174,40	348,80	523,20	697,60	872,—	1.046,40	1.220,80	1.395,20
5.700.000	3.546,—	177,30	354,60	531,90	709,20	886,50	1.063,80	1.241,10	1.418,40
5.800.000	3.604,—	180,20	360,40	540,60	720,80	901,—	1.081,20	1.261,40	1.441,60
5.900.000	3.662,—	183,10	366,20	549,30	732,40	915,50	1.098,60	1.281,70	1.464,80
6.000.000	3.720,—	186,—	372,—	558,—	744,—	930,—	1.116,—	1.302,—	1.488,—
6.100.000	3.778,—	188,90	377,80	566,70	755,60	944,50	1.133,40	1.322,30	1.511,20
6.200.000	3.836,—	191,80	383,60	575,40	767,20	959,—	1.150,80	1.342,60	1.534,40
6.300.000	3.894,—	194,70	389,40	584,10	778,80	973,50	1.168,20	1.362,90	1.557,60
6.400.000	3.952,—	197,60	395,20	592,80	790,40	988,—	1.185,60	1.383,20	1.580,80
6.500.000	4.010,—	200,50	401,—	601,50	802,—	1.002,50	1.203,—	1.403,50	1.604,—
6.600.000	4.068,—	203,40	406,80	610,20	813,60	1.017,—	1.220,40	1.423,80	1.627,20
6.700.000	4.126,—	206,30	412,60	618,90	825,20	1.031,50	1.237,80	1.444,10	1.650,40

Buchführungstabelle

9/20	5/10 | 10/20	6/10	7/10	8/10	9/10	11/10	12/10	Gegenstandswert
DM	DM	DM	DM	DM	DM	DM	DM	bis ... DM
812,70	903,—	1.083,60	1.264,20	1.444,80	1.625,40	1.986,60	2.167,20	**2.700.000**
838,80	932,—	1.118,40	1.304,80	1.491,20	1.677,60	2.050,40	2.236,80	**2.800.000**
864,90	961,—	1.153,20	1.345,40	1.537,60	1.729,80	2.114,20	2.306,40	**2.900.000**
891,—	990,—	1.188,—	1.386,—	1.584,—	1.782,—	2.178,—	2.376,—	**3.000.000**
917,10	1.019,—	1.222,80	1.426,60	1.630,40	1.834,20	2.241,80	2.445,60	**3.100.000**
943,20	1.048,—	1.257,60	1.467,20	1.676,80	1.886,40	2.305,60	2.515,20	**3.200.000**
969,30	1.077,—	1.292,40	1.507,80	1.723,20	1.938,60	2.369,40	2.584,80	**3.300.000**
995,40	1.106,—	1.327,20	1.548,40	1.769,60	1.990,80	2.433,20	2.654,40	**3.400.000**
1.021,50	1.135,—	1.362,—	1.589,—	1.816,—	2.043,—	2.497,—	2.724,—	**3.500.000**
1.047,60	1.164,—	1.396,80	1.629,60	1.862,40	2.095,20	2.560,80	2.793,60	**3.600.000**
1.073,70	1.193,—	1.431,60	1.670,20	1.908,80	2.147,40	2.624,60	2.863,20	**3.700.000**
1.099,80	1.222,—	1.466,40	1.710,80	1.955,20	2.199,60	2.688,40	2.932,80	**3.800.000**
1.125,90	1.251,—	1.501,20	1.751,40	2.001,60	2.251,80	2.752,20	3.002,40	**3.900.000**
1.152,—	1.280,—	1.536,—	1.792,—	2.048,—	2.304,—	2.816,—	3.072,—	**4.000.000**
1.178,10	1.309,—	1.570,80	1.832,60	2.094,40	2.356,20	2.879,80	3.141,60	**4.100.000**
1.204,20	1.338,—	1.605,60	1.873,20	2.140,80	2.408,40	2.943,60	3.211,20	**4.200.000**
1.230,30	1.367,—	1.640,40	1.913,80	2.187,20	2.460,60	3.007,40	3.280,80	**4.300.000**
1.256,40	1.396,—	1.675,20	1.954,40	2.233,60	2.512,80	3.071,20	3.350,40	**4.400.000**
1.282,50	1.425,—	1.710,—	1.995,—	2.280,—	2.565,—	3.135,—	3.420,—	**4.500.000**
1.308,60	1.454,—	1.744,80	2.035,60	2.326,40	2.617,20	3.198,80	3.489,60	**4.600.000**
1.334,70	1.483,—	1.779,60	2.076,20	2.372,80	2.669,40	3.262,60	3.559,20	**4.700.000**
1.360,80	1.512,—	1.814,40	2.116,80	2.419,20	2.721,60	3.326,40	3.628,80	**4.800.000**
1.386,90	1.541,—	1.849,20	2.157,40	2.465,60	2.773,80	3.390,20	3.698,40	**4.900.000**
1.413,—	1.570,—	1.884,—	2.198,—	2.512,—	2.826,—	3.454,—	3.768,—	**5.000.000**
1.439,10	1.599,—	1.918,80	2.238,60	2.558,40	2.878,20	3.517,80	3.837,60	**5.100.000**
1.465,20	1.628,—	1.953,60	2.279,20	2.604,80	2.930,40	3.581,60	3.907,20	**5.200.000**
1.491,30	1.657,—	1.988,40	2.319,80	2.651,20	2.982,60	3.645,40	3.976,80	**5.300.000**
1.517,40	1.686,—	2.023,20	2.360,40	2.697,60	3.034,80	3.709,20	4.046,40	**5.400.000**
1.543,50	1.715,—	2.058,—	2.401,—	2.744,—	3.087,—	3.773,—	4.116,—	**5.500.000**
1.569,60	1.744,—	2.092,80	2.441,60	2.790,40	3.139,20	3.836,80	4.185,60	**5.600.000**
1.595,70	1.773,—	2.127,60	2.482,20	2.836,80	3.191,40	3.900,60	4.255,20	**5.700.000**
1.621,80	1.802,—	2.162,40	2.522,80	2.883,20	3.243,60	3.964,40	4.324,80	**5.800.000**
1.647,90	1.831,—	2.197,20	2.563,40	2.929,60	3.295,80	4.028,20	4.394,40	**5.900.000**
1.674,—	1.860,—	2.232,—	2.604,—	2.976,—	3.348,—	4.092,—	4.464,—	**6.000.000**
1.700,10	1.889,—	2.266,80	2.644,60	3.022,40	3.400,20	4.155,80	4.533,60	**6.100.000**
1.726,20	1.918,—	2.301,60	2.685,20	3.068,80	3.452,40	4.219,60	4.603,20	**6.200.000**
1.752,30	1.947,—	2.336,40	2.725,80	3.115,20	3.504,60	4.283,40	4.672,80	**6.300.000**
1.778,40	1.976,—	2.371,20	2.766,40	3.161,60	3.556,80	4.347,20	4.742,40	**6.400.000**
1.804,50	2.005,—	2.406,—	2.807,—	3.208,—	3.609,—	4.411,—	4.812,—	**6.500.000**
1.830,60	2.034,—	2.440,80	2.847,60	3.254,40	3.661,20	4.474,80	4.881,60	**6.600.000**
1.856,70	2.063,—	2.475,60	2.888,20	3.300,80	3.713,40	4.538,60	4.951,20	**6.700.000**

Tabelle C

Gegenstandswert	Volle Gebühr (10/10)	1/20	1/10 2/20	3/20	2/10 4/20	5/20	3/10 6/20	7/20	4/10 8/20
bis ... DM	DM	DM	DM	DM	DM	DM	DM	DM	DM
6.800.000	4.184,—	209,20	418,40	627,60	836,80	1.046,—	1.255,20	1.464,40	1.673,60
6.900.000	4.242,—	212,10	424,20	636,30	848,40	1.060,50	1.272,60	1.484,70	1.696,80
7.000.000	4.300,—	215,—	430,—	645,—	860,—	1.075,—	1.290,—	1.505,—	1.720,—
7.100.000	4.358,—	217,90	435,80	653,70	871,60	1.089,50	1.307,40	1.525,30	1.743,20
7.200.000	4.416,—	220,80	441,60	662,40	883,20	1.104,—	1.324,80	1.545,60	1.766,40
7.300.000	4.474,—	223,70	447,40	671,10	894,80	1.118,50	1.342,20	1.565,90	1.789,60
7.400.000	4.532,—	226,60	453,20	679,80	906,40	1.133,—	1.359,60	1.586,20	1.812,80
7.500.000	4.590,—	229,50	459,—	688,50	918,—	1.147,50	1.377,—	1.606,50	1.836,—
7.600.000	4.648,—	232,40	464,80	697,20	929,60	1.162,—	1.394,40	1.626,80	1.859,20
7.700.000	4.706,—	235,30	470,60	705,90	941,20	1.176,50	1.411,80	1.647,10	1.882,40
7.800.000	4.764,—	238,20	476,40	714,60	952,80	1.191,—	1.429,20	1.667,40	1.905,60
7.900.000	4.822,—	241,10	482,20	723,30	964,40	1.205,50	1.446,60	1.687,70	1.928,80
8.000.000	4.880,—	244,—	488,—	732,—	976,—	1.220,—	1.464,—	1.708,—	1.952,—
8.100.000	4.938,—	246,90	493,80	740,70	987,60	1.234,50	1.481,40	1.728,30	1.975,20
8.200.000	4.996,—	249,80	499,60	749,40	999,20	1.249,—	1.498,80	1.748,60	1.998,40
8.300.000	5.054,—	252,70	505,40	758,10	1.010,80	1.263,50	1.516,20	1.768,90	2.021,60
8.400.000	5.112,—	255,60	511,20	766,80	1.022,40	1.278,—	1.533,60	1.789,20	2.044,80
8.500.000	5.170,—	258,50	517,—	775,50	1.034,—	1.292,50	1.551,—	1.809,50	2.068,—
8.600.000	5.228,—	261,40	522,80	784,20	1.045,60	1.307,—	1.568,40	1.829,80	2.091,20
8.700.000	5.286,—	264,30	528,60	792,90	1.057,20	1.321,50	1.585,80	1.850,10	2.114,40
8.800.000	5.344,—	267,20	534,40	801,60	1.068,80	1.336,—	1.603,20	1.870,40	2.137,60
8.900.000	5.402,—	270,10	540,20	810,30	1.080,40	1.350,50	1.620,60	1.890,70	2.160,80
9.000.000	5.460,—	273,—	546,—	819,—	1.092,—	1.365,—	1.638,—	1.911,—	2.184,—
9.100.000	5.518,—	275,90	551,80	827,70	1.103,60	1.379,50	1.655,40	1.931,30	2.207,20
9.200.000	5.576,—	278,80	557,60	836,40	1.115,20	1.394,—	1.672,80	1.951,60	2.230,40
9.300.000	5.634,—	281,70	563,40	845,10	1.126,80	1.408,50	1.690,20	1.971,90	2.253,60
9.400.000	5.692,—	284,60	569,20	853,80	1.138,40	1.423,—	1.707,60	1.992,20	2.276,80
9.500.000	5.750,—	287,50	575,—	862,50	1.150,—	1.437,50	1.725,—	2.012,50	2.300,—
9.600.000	5.808,—	290,40	580,80	871,20	1.161,60	1.452,—	1.742,40	2.032,80	2.323,20
9.700.000	5.866,—	293,30	586,60	879,90	1.173,20	1.466,50	1.759,80	2.053,10	2.346,40
9.800.000	5.924,—	296,20	592,40	888,60	1.184,80	1.481,—	1.777,20	2.073,40	2.369,60
9.900.000	5.982,—	299,10	598,20	897,30	1.196,40	1.495,50	1.794,60	2.093,70	2.392,80
10.000.000	6.040,—	302,—	604,—	906,—	1.208,—	1.510,—	1.812,—	2.114,—	2.416,—

Buchführungstabelle

9/20	5/10	10/20	6/10	7/10	8/10	9/10	11/10	12/10	Gegen-stands-wert
DM	DM		DM	DM	DM	DM	DM	DM	bis ... DM
1.882,80	2.092,—		2.510,40	2.928,80	3.347,20	3.765,60	4.602,40	5.020,80	**6.800.000**
1.908,90	2.121,—		2.545,20	2.969,40	3.393,60	3.817,80	4.666,20	5.090,40	**6.900.000**
1.935,—	2.150,—		2.580,—	3.010,—	3.440,—	3.870,—	4.730,—	5.160,—	**7.000.000**
1.961,10	2.179,—		2.614,80	3.050,60	3.486,40	3.922,20	4.793,80	5.229,60	**7.100.000**
1.987,20	2.208,—		2.649,60	3.091,20	3.532,80	3.974,40	4.857,60	5.299,20	**7.200.000**
2.013,30	2.237,—		2.684,40	3.131,80	3.579,20	4.026,60	4.921,40	5.368,80	**7.300.000**
2.039,40	2.266,—		2.719,20	3.172,40	3.625,60	4.078,80	4.985,20	5.438,40	**7.400.000**
2.065,50	2.295,—		2.754,—	3.213,—	3.672,—	4.131,—	5.049,—	5.508,—	**7.500.000**
2.091,60	2.324,—		2.788,80	3.253,60	3.718,40	4.183,20	5.112,80	5.577,60	**7.600.000**
2.117,70	2.353,—		2.823,60	3.294,20	3.764,80	4.235,40	5.176,60	5.647,20	**7.700.000**
2.143,80	2.382,—		2.858,40	3.334,80	3.811,20	4.287,60	5.240,40	5.716,80	**7.800.000**
2.169,90	2.411,—		2.893,20	3.375,40	3.857,60	4.339,80	5.304,20	5.786,40	**7.900.000**
2.196,—	2.440,—		2.928,—	3.416,—	3.904,—	4.392,—	5.368,—	5.856,—	**8.000.000**
2.222,10	2.469,—		2.962,80	3.456,60	3.950,40	4.444,20	5.431,80	5.925,60	**8.100.000**
2.248,20	2.498,—		2.997,60	3.497,20	3.996,80	4.496,40	5.495,60	5.995,20	**8.200.000**
2.274,30	2.527,—		3.032,40	3.537,80	4.043,20	4.548,60	5.559,40	6.064,80	**8.300.000**
2.300,40	2.556,—		3.067,20	3.578,40	4.089,60	4.600,80	5.623,20	6.134,40	**8.400.000**
2.326,50	2.585,—		3.102,—	3.619,—	4.136,—	4.653,—	5.687,—	6.204,—	**8.500.000**
2.352,60	2.614,—		3.136,80	3.659,60	4.182,40	4.705,20	5.750,80	6.273,60	**8.600.000**
2.378,70	2.643,—		3.171,60	3.700,20	4.228,80	4.757,40	5.814,60	6.343,20	**8.700.000**
2.404,80	2.672,—		3.206,40	3.740,80	4.275,20	4.809,60	5.878,40	6.412,80	**8.800.000**
2.430,90	2.701,—		3.241,20	3.781,40	4.321,60	4.861,80	5.942,20	6.482,40	**8.900.000**
2.457,—	2.730,—		3.276,—	3.822,—	4.368,—	4.914,—	6.006,—	6.552,—	**9.000.000**
2.483,10	2.759,—		3.310,80	3.862,60	4.414,40	4.966,20	6.069,80	6.621,60	**9.100.000**
2.509,20	2.788,—		3.345,60	3.903,20	4.460,80	5.018,40	6.133,60	6.691,20	**9.200.000**
2.535,30	2.817,—		3.380,40	3.943,80	4.507,20	5.070,60	6.197,40	6.760,80	**9.300.000**
2.561,40	2.846,—		3.415,20	3.984,40	4.553,60	5.122,80	6.261,20	6.830,40	**9.400.000**
2.587,50	2.875,—		3.450,—	4.025,—	4.600,—	5.175,—	6.325,—	6.900,—	**9.500.000**
2.613,60	2.904,—		3.484,80	4.065,60	4.646,40	5.227,20	6.388,80	6.969,60	**9.600.000**
2.639,70	2.933,—		3.519,60	4.106,20	4.692,80	5.279,40	6.452,60	7.039,20	**9.700.000**
2.665,80	2.962,—		3.554,40	4.146,80	4.739,20	5.331,60	6.516,40	7.108,80	**9.800.000**
2.691,90	2.991,—		3.589,20	4.187,40	4.785,60	5.383,80	6.580,20	7.178,40	**9.900.000**
2.718,—	3.020,—		3.624,—	4.228,—	4.832,—	5.436,—	6.644,—	7.248,—	**10.000.000**

Tabelle C

Gegenstandswert	Volle Gebühr (10/10)	1/20	1/10	2/20	3/20	2/10	4/20	5/20	3/10	6/20	7/20	4/10	8/20
bis ... DM	DM	DM	DM		DM	DM		DM	DM		DM	DM	

Bei Gegenstandswerten über DM 10 Mio.:
Gegenstandswert auf volle 100.000 aufrunden, dann durch 100.000 teilen, dann:

× 58.0 + 240.–	× 2.9 + 12.–	× 5.8 + 24.–	× 8.7 + 36.–	× 11.6 + 48.–	× 14.5 + 60.–	× 17.4 + 72.–	× 20.3 + 84.–	× 23.2 + 96.–

Einige hohe Gegenstandswerte mit der vollen Gebühr (10/10):

11 Mio.	6.620.—	**15 Mio.**	8.940.—	**19 Mio.**	11.260.—
12 Mio.	7.200.—	**16 Mio.**	9.520.—	**20 Mio.**	11.840.—
13 Mio.	7.780.—	**17 Mio.**	10.100.—	**25 Mio.**	14.740.—
14 Mio.	8.360.—	**18 Mio.**	10.680.—	**30 Mio.**	17.640.—

Buchführungstabelle

9/20	5/10	10/20	6/10	7/10	8/10	9/10	11/10	12/10	Gegen-stands-wert
DM	DM		DM	DM	DM	DM	DM	DM	bis ... DM
× 26.1 + 108.–	× 29.0 + 120.–		× 34.8 + 144.–	× 40.6 + 168.–	× 46.4 + 192.–	× 52.2 + 216.–	× 63.8 + 264.–	× 69.6 + 288.–	

Tabelle D. Teil a

Betriebsfläche	Volle Gebühr 10/10	Betriebsfläche	Volle Gebühr 10/10
bis ... Hektar	DM	bis ... Hektar	DM
40	578.—	380	1.880.—
45	620.—	400	1.930.—
50	659.—	420	1.979.—
55	697.—	440	2.028.—
60	733.—	460	2.075.—
65	767.—	480	2.121.—
70	798.—	500	2.166.—
75	827.—	520	2.210.—
80	855.—	540	2.253.—
85	880.—	560	2.295.—
90	903.—	580	2.336.—
95	924.—	600	2.376.—
100	943.—	620	2.415.—
110	989.—	640	2.453.—
120	1.034.—	660	2.490.—
130	1.078.—	680	2.525.—
140	1.121.—	700	2.560.—
150	1.163.—	750	2.639.—
160	1.204.—	800	2.708.—
170	1.244.—	850	2.768.—
180	1.283.—	900	2.818.—
190	1.321.—	950	2.859.—
200	1.358.—	1.000	2.891.—
210	1.393.—	und weiter	
220	1.428.—		
230	1.462.—	2.000	je ha 2.65 mehr
240	1.494.—	3.000	je ha 2.40 mehr
		4.000	je ha 2.16 mehr
250	1.526.—	5.000	je ha 1.92 mehr
260	1.556.—	6.000	je ha 1.68 mehr
270	1.586.—	7.000	je ha 1.44 mehr
		8.000	je ha 1.20 mehr
280	1.614.—	9.000	je ha 0.96 mehr
290	1.641.—	10.000	je ha 0.71 mehr
300	1.667.—	11.000	je ha 0.47 mehr
		12.000	je ha 0.23 mehr
320	1.722.—	ab 12.000	je ha 0.23 mehr
340	1.776.—		
360	1.828.—		

Landwirtschaftliche Tabelle

Die vollen Gebühren (10/10) einiger größerer Betriebsflächen:

	DM		DM		DM
2.000 ha	5.541.–	6.000 ha	13.701.–	10.000 ha	18.011.–
3.000 ha	7.941.–	7.000 ha	15.141.–	11.000 ha	18.481.–
4.000 ha	10.101.–	8.000 ha	16.341.–	12.000 ha	18.711.–
5.000 ha	12.021.–	9.000 ha	17.301.–		

Beispiel: Betriebsfläche 5.640 ha
für 5.000 ha DM 12.021.–
für 640 ha mal Multiplikator bis 6.000 ha lt. Tabelle DM 1.68 ergibt DM 1.075.20 die volle Gebühr (10/10) beträgt DM 13.096.20.

Tabelle D. Teil b

Jahresumsatz im Sinne von § 39 Absatz 5	Volle Gebühr 10/10	Jahresumsatz im Sinne von § 39 Absatz 5	Volle Gebühr 10/10
bis ... DM	DM	bis ... DM	DM
80.000	615.—	**360.000**	2.142.—
85.000	646.—	**370.000**	2.192.—
90.000	676.—	**380.000**	2.242.—
95.000	707.—	**390.000**	2.291.—
100.000	737.—	**400.000**	2.340.—
110.000	797.—	**410.000**	2.390.—
120.000	856.—	**420.000**	2.438.—
130.000	915.—	**430.000**	2.486.—
140.000	972.—	**440.000**	2.535.—
150.000	1.030.—	**450.000**	2.583.—
160.000	1.087.—	**460.000**	2.630.—
170.000	1.143.—	**470.000**	2.678.—
180.000	1.199.—	**480.000**	2.725.—
190.000	1.255.—	**490.000**	2.772.—
200.000	1.309.—	**500.000**	2.818.—
210.000	1.364.—	**510.000**	2.864.—
220.000	1.418.—	**520.000**	2.911.—
230.000	1.471.—	**530.000**	2.956.—
240.000	1.525.—	**540.000**	3.001.—
250.000	1.577.—	**550.000**	3.046.—
260.000	1.630.—	**560.000**	3.090.—
270.000	1.682.—	**570.000**	3.134.—
280.000	1.735.—	**580.000**	3.177.—
290.000	1.786.—	**590.000**	3.220.—
300.000	1.838.—	**600.000**	3.262.—
310.000	1.889.—	**610.000**	3.304.—
320.000	1.940.—	**620.000**	3.345.—
330.000	1.991.—	**630.000**	3.386.—
340.000	2.041.—	**640.000**	3.426.—
350.000	2.092.—	**650.000**	3.466.—

Landwirtschaftliche Tabelle

Jahresumsatz im Sinne von § 39 Absatz 5	Volle Gebühr 10/10	Jahresumsatz im Sinne von § 39 Absatz 5	Volle Gebühr 10/10
bis ... DM	DM	bis ... DM	DM
660.000	3.505.—	**820.000**	4.060.—
670.000	3.544.—	**840.000**	4.122.—
680.000	3.582.—	**860.000**	4.183.—
690.000	3.619.—	**880.000**	4.243.—
700.000	3.656.—	**900.000**	4.302.—
710.000	3.693.—	**920.000**	4.360.—
720.000	3.729.—	**940.000**	4.415.—
730.000	3.764.—	**960.000**	4.469.—
740.000	3.799.—	**980.000**	4.520.—
750.000	3.834.—	**1.000.000**	4.570.—
760.000	3.857.—		
770.000	3.901.—	bis je angefangene **100.000**	263.— mehr
780.000	3.933.—		
790.000	3.966.—		
800.000	3.997.—		

Berechnung der vollen Gebühr (10/10) bei einem Jahresumsatz im Sinne von § 39 Absatz 5 **über DM 1.000.000:**
Aufrundung auf volle 100.000, dann Teilung durch 100.000 × 263 und Addition von DM 1.940.—.

Einige höhere Jahresumsätze im Sinne von § 39 Absatz 5 mit der vollen Gebühr (10/10):

6 Mio.	17.720.—	**9 Mio.**	25.610.—	**20 Mio.**	54.540.—
7 Mio.	20.350.—	**10 Mio.**	28.240.—	**25 Mio.**	67.690.—
8 Mio.	22.980.—	**15 Mio.**	41.390.—	**30 Mio.**	80.840.—

Beispiel: Bereinigter Jahresumsatz DM 7.500.000.–

für DM 7.000.000.—		Teilgebühr DM 20.350.—
für DM 500.000.—	5 mal DM 263.—	Teilgebühr DM 1.315.—
		Gesamtgebühr DM 21.665.—

Tabelle E

Gegen-standswert	Volle Gebühr (10/10)	1/10	2/10	3/10	4/10	5/10	6/10
bis ... DM	DM	DM	DM	DM	DM	DM	DM
600	50.—	5.—*	10.—*	15.—*	20.—	25.—	30.—
1.200	90.—	9.—*	18.—*	27.—	36.—	45.—	54.—
1.800	130.—	13.—*	26.—	39.—	52.—	65.—	78.—
2.400	170.—	17.—*	34.—	51.—	68.—	85.—	102.—
3.000	210.—	21.—	42.—	63.—	84.—	105.—	126.—
4.000	265.—	26.50	53.—	79.50	106.—	132.50	159.—
5.000	320.—	32.—	64.—	96.—	128.—	160.—	192.—
6.000	375.—	37.50	75.—	112.50	150.—	187.50	225.—
7.000	430.—	43.—	86.—	129.—	172.—	215.—	258.—
8.000	485.—	48.50	97.—	145.50	194.—	242.50	291.—
9.000	540.—	54.—	108.—	162.—	216.—	270.—	324.—
10.000	595.—	59.50	119.—	178.50	238.—	297.50	357.—
12.000	665.—	66.50	133.—	199.50	266.—	332.50	399.—
14.000	735.—	73.50	147.—	220.50	294.—	367.50	441.—
16.000	805.—	80.50	161.—	241.50	322.—	402.50	483.—
18.000	875.—	87.50	175.—	262.50	350.—	437.50	525.—
20.000	945.—	94.50	189.—	283.50	378.—	472.50	567.—
25.000	1.025.—	102.50	205.—	307.50	410.—	512.50	615.—
30.000	1.105.—	110.50	221.—	331.50	442.—	552.50	663.—
35.000	1.185.—	118.50	237.—	355.50	474.—	592.50	711.—
40.000	1.265.—	126.50	253.—	379.50	506.—	632.50	759.—
45.000	1.345.—	134.50	269.—	403.50	538.—	672.50	807.—
50.000	1.425.—	142.50	285.—	427.50	570.—	712.50	855.—
60.000	1.565.—	156.50	313.—	469.50	626.—	782.50	939.—
70.000	1.705.—	170.50	341.—	511.50	682.—	852.50	1.023.—
80.000	1.845.—	184.50	369.—	553.50	738.—	922.50	1.107.—
90.000	1.985.—	198.50	397.—	595.50	794.—	992.50	1.191.—
100.000	2.125.—	212.50	425.—	637.50	850.—	1.062.50	1.275.—
130.000	2.285.—	228.50	457.—	685.50	914.—	1.142.50	1.371.—
160.000	2.445.—	244.50	489.—	733.50	978.—	1.222.50	1.467.—
190.000	2.605.—	260.50	521.—	781.50	1.042.—	1.302.50	1.563.—
220.000	2.765.—	276.50	553.—	829.50	1.106.—	1.382.50	1.659.—
250.000	2.925.—	292.50	585.—	877.50	1.170.—	1.462.50	1.755.—
280.000	3.085.—	308.50	617.—	925.50	1.234.—	1.542.50	1.851.—
310.000	3.245.—	324.50	649.—	973.50	1.298.—	1.622.50	1.947.—
340.000	3.405.—	340.50	681.—	1.021.50	1.362.—	1.702.50	2.043.—
370.000	3.565.—	356.50	713.—	1.069.50	1.426.—	1.782.50	2.139.—
400.000	3.725.—	372.50	745.—	1.117.50	1.490.—	1.862.50	2.235.—
460.000	3.975.—	397.50	795.—	1.192.50	1.590.—	1.987.50	2.385.—

* Als selbständige Gebühr DM 20.– als Mindestgebühr nach § 3.

Rechtsbehelfstabelle

6.5/10 · 13/20	7/10	7.5/10	8/10	9/10	13/10	Gegenstandswert
DM	DM	DM	DM	DM	DM	bis ... DM
32.50	35.—	37.50	40.—	45.—	65.—	**600**
58.50	63.—	67.50	72.—	81.—	117.—	**1.200**
84.50	91.—	97.50	104.—	117.—	169.—	**1.800**
110.50	119.—	127.50	136.—	153.—	221.—	**2.400**
136.50	147.—	157.50	168.—	189.—	273.—	**3.000**
172.25	185.50	198.80	212.—	238.50	344.50	**4.000**
208.—	224.—	240.—	256.—	288.—	416.—	**5.000**
243.80	262.50	281.30	300.—	337.50	487.50	**6.000**
279.50	301.—	322.50	344.—	387.—	559.—	**7.000**
315.30	339.50	363.80	388.—	436.50	630.50	**8.000**
351.—	378.—	405.—	432.—	486.—	702.—	**9.000**
386.80	416.50	446.30	476.—	535.50	773.50	**10.000**
432.30	465.50	498.80	532.—	598.50	864.50	**12.000**
477.80	514.50	551.30	588.—	661.50	955.50	**14.000**
523.30	563.50	603.80	644.—	724.50	1.046.50	**16.000**
568.80	612.50	656.30	700.—	787.50	1.137.50	**18.000**
614.30	661.50	708.80	756.—	850.50	1.228.50	**20.000**
666.30	717.50	768.80	820.—	922.50	1.332.50	**25.000**
718.30	773.50	828.80	884.—	994.50	1.436.50	**30.000**
770.30	829.50	888.80	948.—	1.066.50	1.540.50	**35.000**
822.30	885.50	948.80	1.012.—	1.138.50	1.644.50	**40.000**
874.30	941.50	1.008.80	1.076.—	1.210.50	1.748.50	**45.000**
926.30	997.50	1.068.80	1.140.—	1.282.50	1.852.50	**50.000**
1.017.30	1.095.50	1.173.80	1.252.—	1.408.50	2.034.50	**60.000**
1.108.30	1.193.50	1.278.80	1.364.—	1.534.50	2.216.50	**70.000**
1.199.30	1.291.50	1.383.80	1.476.—	1.660.50	2.398.50	**80.000**
1.290.30	1.389.50	1.488.80	1.588.—	1.786.50	2.580.50	**90.000**
1.381.30	1.487.50	1.593.80	1.700.—	1.912.50	2.762.50	**100.000**
1.485.30	1.599.50	1.713.80	1.828.—	2.056.50	2.970.50	**130.000**
1.589.30	1.711.50	1.833.80	1.956.—	2.200.50	3.178.50	**160.000**
1.693.30	1.823.50	1.953.80	2.084.—	2.344.50	3.386.50	**190.000**
1.797.30	1.935.50	2.073.80	2.212.—	2.488.50	3.594.50	**220.000**
1.901.30	2.047.50	2.193.80	2.340.—	2.632.50	3.802.50	**250.000**
2.005.30	2.159.50	2.313.80	2.468.—	2.776.50	4.010.50	**280.000**
2.109.30	2.271.50	2.433.80	2.596.—	2.920.50	4.218.50	**310.000**
2.213.30	2.383.50	2.553.80	2.724.—	3.064.50	4.426.50	**340.000**
2.317.30	2.495.50	2.673.80	2.852.—	3.208.50	4.634.50	**370.000**
2.421.30	2.607.50	2.793.80	2.980.—	3.352.50	4.842.50	**400.000**
2.583.80	2.782.50	2.981.30	3.180.—	3.577.50	5.167.50	**460.000**

Tabelle E

Gegenstandswert	Volle Gebühr (10/10)	1/10	2/10	3/10	4/10	5/10	6/10
bis ... DM	DM	DM	DM	DM	DM	DM	DM
520.000	4.225.—	422.50	845.—	1.267.50	1.690.—	2.112.50	2.535.—
580.000	4.475.—	447.50	895.—	1.342.50	1.790.—	2.237.50	2.685.—
640.000	4.725.—	472.50	945.—	1.417.50	1.890.—	2.362.50	2.835.—
700.000	4.975.—	497.50	995.—	1.492.50	1.990.—	2.487.50	2.985.—
760.000	5.225.—	522.50	1.045.—	1.567.50	2.090.—	2.612.50	3.135.—
820.000	5.475.—	547.50	1.095.—	1.642.50	2.190.—	2.737.50	3.285.—
880.000	5.725.—	572.50	1.145.—	1.717.50	2.290.—	2.862.50	3.435.—
940.000	5.975.—	597.50	1.195.—	1.792.50	2.390.—	2.987.50	3.585.—
1.000.000	6.225.—	622.50	1.245.—	1.867.50	2.490.—	3.112.50	3.735.—
1.100.000	6.525.—	652.50	1.305.—	1.957.50	2.610.—	3.262.50	3.915.—
1.200.000	6.825.—	682.50	1.365.—	2.047.50	2.730.—	3.412.50	4.095.—
1.300.000	7.125.—	712.50	1.425.—	2.137.50	2.850.—	3.562.50	4.275.—
1.400.000	7.425.—	742.50	1.485.—	2.227.50	2.970.—	3.712.50	4.455.—
1.500.000	7.725.—	772.50	1.545.—	2.317.50	3.090.—	3.862.50	4.635.—
1.600.000	8.025.—	802.50	1.605.—	2.407.50	3.210.—	4.012.50	4.815.—
1.700.000	8.325.—	832.50	1.665.—	2.497.50	3.330.—	4.162.50	4.995.—
1.800.000	8.625.—	862.50	1.725.—	2.587.50	3.450.—	4.312.50	5.175.—
1.900.000	8.925.—	892.50	1.785.—	2.677.50	3.570.—	4.462.50	5.355.—
2.000.000	9.225.—	922.50	1.845.—	2.767.50	3.690.—	4.612.50	5.535.—
2.100.000	9.525.—	952.50	1.905.—	2.857.50	3.810.—	4.762.50	5.715.—
2.200.000	9.825.—	982.50	1.965.—	2.947.50	3.930.—	4.912.50	5.895.—
2.300.000	10.125.—	1.012.50	2.025.—	3.037.50	4.050.—	5.062.50	6.075.—
2.400.000	10.425.—	1.042.50	2.085.—	3.127.50	4.170.—	5.212.50	6.255.—
2.500.000	10.725.—	1.072.50	2.145.—	3.217.50	4.290.—	5.362.50	6.435.—
2.600.000	11.025.—	1.102.50	2.205.—	3.307.50	4.410.—	5.512.50	6.615.—
2.700.000	11.325.—	1.132.50	2.265.—	3.397.50	4.530.—	5.662.50	6.795.—
2.800.000	11.625.—	1.162.50	2.325.—	3.487.50	4.650.—	5.812.50	6.975.—
2.900.000	11.925.—	1.192.50	2.385.—	3.577.50	4.770.—	5.962.50	7.155.—
3.000.000	12.225.—	1.222.50	2.445.—	3.667.50	4.890.—	6.112.50	7.335.—
3.100.000	12.525.—	1.252.50	2.505.—	3.757.50	5.010.—	6.262.50	7.515.—
3.200.000	12.825.—	1.282.50	2.565.—	3.847.50	5.130.—	6.412.50	7.695.—
3.300.000	13.125.—	1.312.50	2.625.—	3.937.50	5.250.—	6.562.50	7.875.—
3.400.000	13.425.—	1.342.50	2.685.—	4.027.50	5.370.—	6.712.50	8.055.—
3.500.000	13.725.—	1.372.50	2.745.—	4.117.50	5.490.—	6.862.50	8.235.—
3.600.000	14.025.—	1.402.50	2.805.—	4.207.50	5.610.—	7.012.50	8.415.—
3.700.000	14.325.—	1.432.50	2.865.—	4.297.50	5.730.—	7.162.50	8.595.—
3.800.000	14.625.—	1.462.50	2.925.—	4.387.50	5.850.—	7.312.50	8.775.—
3.900.000	14.925.—	1.492.50	2.985.—	4.477.50	5.970.—	7.462.50	8.955.—
4.000.000	15.225.—	1.522.50	3.045.—	4.567.50	6.090.—	7.612.50	9.135.—
4.100.000	15.525.—	1.552.50	3.105.—	4.657.50	6.210.—	7.762.50	9.315.—
4.200.000	15.825.—	1.582.50	3.165.—	4.747.50	6.330.—	7.912.50	9.495.—
4.300.000	16.125.—	1.612.50	3.225.—	4.837.50	6.450.—	8.062.50	9.675.—

Rechtsbehelfstabelle

6.5/10 · 13/20	7/10	7.5/10	8/10	9/10	13/10	Gegenstandswert
DM	DM	DM	DM	DM	DM	bis ... DM
2.746.30	2.957.50	3.168.80	3.380.—	3.802.50	5.492.50	**520.000**
2.908.80	3.132.50	3.356.30	3.580.—	4.027.50	5.817.50	**580.000**
3.071.30	3.307.50	3.543.80	3.780.—	4.252.50	6.142.50	**640.000**
3.233.80	3.482.50	3.731.30	3.980.—	4.477.50	6.467.50	**700.000**
3.396.30	3.657.50	3.918.80	4.180.—	4.702.50	6.792.50	**760.000**
3.558.80	3.832.50	4.106.30	4.380.—	4.927.50	7.117.50	**820.000**
3.721.30	4.007.50	4.293.80	4.580.—	5.152.50	7.442.50	**880.000**
3.883.80	4.182.50	4.481.30	4.780.—	5.377.50	7.767.50	**940.000**
4.046.30	4.357.50	4.668.80	4.980.—	5.602.50	8.092.50	**1.000.000**
4.241.30	4.567.50	4.893.80	5.220.—	5.872.50	8.482.50	**1.100.000**
4.436.30	4.777.50	5.118.80	5.460.—	6.142.50	8.872.50	**1.200.000**
4.631.30	4.987.50	5.343.80	5.700.—	6.412.50	9.262.50	**1.300.000**
4.826.30	5.197.50	5.568.80	5.940.—	6.682.50	9.652.50	**1.400.000**
5.021.30	5.407.50	5.793.80	6.180.—	6.952.50	10.042.50	**1.500.000**
5.216.30	5.617.50	6.018.80	6.420.—	7.222.50	10.432.50	**1.600.000**
5.411.30	5.827.50	6.243.80	6.660.—	7.492.50	10.822.50	**1.700.000**
5.606.30	6.037.50	6.468.80	6.900.—	7.762.50	11.212.50	**1.800.000**
5.801.30	6.247.50	6.693.80	7.140.—	8.032.50	11.602.50	**1.900.000**
5.996.30	6.457.50	6.918.80	7.380.—	8.302.50	11.992.50	**2.000.000**
6.191.30	6.667.50	7.143.80	7.620.—	8.572.50	12.382.50	**2.100.000**
6.386.30	6.877.50	7.368.80	7.860.—	8.842.50	12.772.50	**2.200.000**
6.581.30	7.087.50	7.593.80	8.100.—	9.112.50	13.162.50	**2.300.000**
6.776.30	7.297.50	7.818.80	8.340.—	9.382.50	13.552.50	**2.400.000**
6.971.30	7.507.50	8.043.80	8.580.—	9.652.50	13.942.50	**2.500.000**
7.166.30	7.717.50	8.268.80	8.820.—	9.922.50	14.332.50	**2.600.000**
7.361.30	7.927.50	8.493.80	9.060.—	10.192.50	14.722.50	**2.700.000**
7.556.30	8.137.50	8.718.80	9.300.—	10.462.50	15.112.50	**2.800.000**
7.751.30	8.347.50	8.943.80	9.540.—	10.732.50	15.502.50	**2.900.000**
7.946.30	8.557.50	9.168.80	9.780.—	11.002.50	15.892.50	**3.000.000**
8.141.30	8.767.50	9.393.80	10.020.—	11.272.50	16.282.50	**3.100.000**
8.336.30	8.977.50	9.618.80	10.260.—	11.542.50	16.672.50	**3.200.000**
8.531.30	9.187.50	9.843.80	10.500.—	11.812.50	17.062.50	**3.300.000**
8.726.30	9.397.50	10.068.80	10.740.—	12.082.50	17.452.50	**3.400.000**
8.921.30	9.607.50	10.293.80	10.980.—	12.352.50	17.842.50	**3.500.000**
9.116.30	9.817.50	10.518.80	11.220.—	12.622.50	18.232.50	**3.600.000**
9.311.30	10.027.50	10.743.80	11.460.—	12.892.50	18.622.50	**3.700.000**
9.506.30	10.237.50	10.968.80	11.700.—	13.162.50	19.012.50	**3.800.000**
9.701.30	10.447.50	11.193.80	11.940.—	13.432.50	19.402.50	**3.900.000**
9.896.30	10.657.50	11.418.80	12.180.—	13.702.50	19.792.50	**4.000.000**
10.091.30	10.867.50	11.643.80	12.420.—	13.972.50	20.182.50	**4.100.000**
10.286.30	11.077.50	11.868.80	12.660.—	14.242.50	20.572.50	**4.200.000**
10.481.30	11.287.50	12.093.80	12.900.—	14.512.50	20.962.50	**4.300.000**

Tabelle E

Gegen-stands-wert	Volle Gebühr (10/10)	1/10	2/10	3/10	4/10	5/10	6/10
bis ... DM	DM	DM	DM	DM	DM	DM	DM
4.400.000	16.425.—	1.642.50	3.285.—	4.927.50	6.570.—	8.212.50	9.855.—
4.500.000	16.725.—	1.672.50	3.345.—	5.017.50	6.690.—	8.362.50	10.035.—
4.600.000	17.025.—	1.702.50	3.405.—	5.107.50	6.810.—	8.512.50	10.215.—
4.700.000	17.325.—	1.732.50	3.465.—	5.197.50	6.930.—	8.662.50	10.395.—
4.800.000	17.625.—	1.762.50	3.525.—	5.287.50	7.050.—	8.812.50	10.575.—
4.900.000	17.925.—	1.792.50	3.585.—	5.377.50	7.170.—	8.962.50	10.755.—
5.000.000	18.225.—	1.822.50	3.645.—	5.467.50	7.290.—	9.112.50	10.935.—
5.100.000	18.525.—	1.852.50	3.705.—	5.557.50	7.410.—	9.262.50	11.115.—
5.200.000	18.825.—	1.882.50	3.765.—	5.647.50	7.530.—	9.412.50	11.295.—
5.300.000	19.125.—	1.912.50	3.825.—	5.737.50	7.650.—	9.562.50	11.475.—
5.400.000	19.425.—	1.942.50	3.885.—	5.827.50	7.770.—	9.712.50	11.655.—
5.500.000	19.725.—	1.972.50	3.945.—	5.917.50	7.890.—	9.862.50	11.835.—
5.600.000	20.025.—	2.002.50	4.005.—	6.007.50	8.010.—	10.012.50	12.015.—
5.700.000	20.325.—	2.032.50	4.065.—	6.097.50	8.130.—	10.162.50	12.195.—
5.800.000	20.625.—	2.062.50	4.125.—	6.187.50	8.250.—	10.312.50	12.375.—
5.900.000	20.925.—	2.092.50	4.185.—	6.277.50	8.370.—	10.462.50	12.555.—
6.000.000	21.225.—	2.122.50	4.245.—	6.367.50	8.490.—	10.612.50	12.735.—
6.100.000	21.525.—	2.152.50	4.305.—	6.457.50	8.610.—	10.762.50	12.915.—
6.200.000	21.825.—	2.182.50	4.365.—	6.547.50	8.730.—	10.912.50	13.095.—
6.300.000	22.125.—	2.212.50	4.425.—	6.637.50	8.850.—	11.062.50	13.275.—
6.400.000	22.425.—	2.242.50	4.485.—	6.727.50	8.970.—	11.212.50	13.455.—
6.500.000	22.725.—	2.272.50	4.545.—	6.817.50	9.090.—	11.362.50	13.635.—
6.600.000	23.025.—	2.302.50	4.605.—	6.907.50	9.210.—	11.512.50	13.815.—
6.700.000	23.325.—	2.332.50	4.665.—	6.997.50	9.330.—	11.662.50	13.995.—
6.800.000	23.625.—	2.362.50	4.725.—	7.087.50	9.450.—	11.812.50	14.175.—
6.900.000	23.925.—	2.392.50	4.785.—	7.177.50	9.570.—	11.962.50	14.355.—
7.000.000	24.225.—	2.422.50	4.845.—	7.267.50	9.690.—	12.112.50	14.535.—
7.100.000	24.525.—	2.452.50	4.905.—	7.357.50	9.810.—	12.262.50	14.715.—
7.200.000	24.825.—	2.482.50	4.965.—	7.447.50	9.930.—	12.412.50	14.895.—
7.300.000	25.125.—	2.512.50	5.025.—	7.537.50	10.050.—	12.562.50	15.075.—
7.400.000	25.425.—	2.542.50	5.085.—	7.627.50	10.170.—	12.712.50	15.255.—
7.500.000	25.725.—	2.572.50	5.145.—	7.717.50	10.290.—	12.862.50	15.435.—
7.600.000	26.025.—	2.602.50	5.205.—	7.807.50	10.410.—	13.012.50	15.615.—
7.700.000	26.325.—	2.632.50	5.265.—	7.897.50	10.530.—	13.162.50	15.795.—
7.800.000	26.625.—	2.662.50	5.325.—	7.987.50	10.650.—	13.312.50	15.975.—
7.900.000	26.925.—	2.692.50	5.385.—	8.077.50	10.770.—	13.462.50	16.155.—
8.000.000	27.225.—	2.722.50	5.445.—	8.167.50	10.890.—	13.612.50	16.335.—
8.100.000	27.525.—	2.752.50	5.505.—	8.257.50	11.010.—	13.762.50	16.515.—
8.200.000	27.825.—	2.782.50	5.565.—	8.347.50	11.130.—	13.912.50	16.695.—
8.300.000	28.125.—	2.812.50	5.625.—	8.437.50	11.250.—	14.062.50	16.875.—
8.400.000	28.425.—	2.842.50	5.685.—	8.527.50	11.370.—	14.212.50	17.055.—
8.500.000	28.725.—	2.872.50	5.745.—	8.617.50	11.490.—	14.362.50	17.235.—

Rechtsbehelfstabelle

6.5/10 | 13/20	7/10	7.5/10	8/10	9/10	13/10	Gegenstandswert
DM	DM	DM	DM	DM	DM	bis ... DM
10.676.30	11.497.50	12.318.80	13.140.—	14.782.50	21.352.50	**4.400.000**
10.871.30	11.707.50	12.543.80	13.380.—	15.052.50	21.742.50	**4.500.000**
11.066.30	11.917.50	12.768.80	13.620.—	15.322.50	22.132.50	**4.600.000**
11.261.30	12.127.50	12.993.80	13.860.—	15.592.50	22.522.50	**4.700.000**
11.456.30	12.337.50	13.218.80	14.100.—	15.862.50	22.912.50	**4.800.000**
11.651.30	12.547.50	13.443.80	14.340.—	16.132.50	23.302.50	**4.900.000**
11.846.30	12.757.50	13.668.80	14.580.—	16.402.50	23.692.50	**5.000.000**
12.041.30	12.967.50	13.893.80	14.820.—	16.672.50	24.082.50	**5.100.000**
12.236.30	13.177.50	14.118.80	15.060.—	16.942.50	24.472.50	**5.200.000**
12.431.30	13.387.50	14.343.80	15.300.—	17.212.50	24.862.50	**5.300.000**
12.626.30	13.597.50	14.568.80	15.540.—	17.482.50	25.252.50	**5.400.000**
12.821.30	13.807.50	14.793.80	15.780.—	17.752.50	25.642.50	**5.500.000**
13.016.30	14.017.50	15.018.80	16.020.—	18.022.50	26.032.50	**5.600.000**
13.211.30	14.227.50	15.243.80	16.260.—	18.292.50	26.422.50	**5.700.000**
13.406.30	14.437.50	15.468.80	16.500.—	18.562.50	26.812.50	**5.800.000**
13.601.30	14.647.50	15.693.80	16.740.—	18.832.50	27.202.50	**5.900.000**
13.796.30	14.857.50	15.918.80	16.980.—	19.102.50	27.592.50	**6.000.000**
13.991.30	15.067.50	16.143.80	17.220.—	19.372.50	27.982.50	**6.100.000**
14.186.30	15.277.50	16.368.80	17.460.—	19.642.50	28.372.50	**6.200.000**
14.381.30	15.487.50	16.593.80	17.700.—	19.912.50	28.762.50	**6.300.000**
14.576.30	15.697.50	16.818.80	17.940.—	20.182.50	29.152.50	**6.400.000**
14.771.30	15.907.50	17.043.80	18.180.—	20.452.50	29.542.50	**6.500.000**
14.966.30	16.117.50	17.268.80	18.420.—	20.722.50	29.932.50	**6.600.000**
15.161.30	16.327.50	17.493.80	18.660.—	20.992.50	30.322.50	**6.700.000**
15.356.30	16.537.50	17.718.80	18.900.—	21.262.50	30.712.50	**6.800.000**
15.551.30	16.747.50	17.943.80	19.140.—	21.532.50	31.102.50	**6.900.000**
15.746.30	16.957.50	18.168.80	19.380.—	21.802.50	31.492.50	**7.000.000**
15.941.30	17.167.50	18.393.80	19.620.—	22.072.50	31.882.50	**7.100.000**
16.136.30	17.377.50	18.618.80	19.860.—	22.342.50	32.272.50	**7.200.000**
16.331.30	17.587.50	18.843.80	20.100.—	22.612.50	32.662.50	**7.300.000**
16.526.30	17.797.50	19.068.80	20.340.—	22.882.50	33.052.50	**7.400.000**
16.721.30	18.007.50	19.293.80	20.580.—	23.152.50	33.442.50	**7.500.000**
16.916.30	18.217.50	19.518.80	20.820.—	23.422.50	33.832.50	**7.600.000**
17.111.30	18.427.50	19.743.80	21.060.—	23.692.50	34.222.50	**7.700.000**
17.306.30	18.637.50	19.968.80	21.300.—	23.962.50	34.612.50	**7.800.000**
17.501.30	18.847.50	20.193.80	21.540.—	24.232.50	35.002.50	**7.900.000**
17.696.30	19.057.50	20.418.80	21.780.—	24.502.50	35.392.50	**8.000.000**
17.891.30	19.267.50	20.643.80	22.020.—	24.772.50	35.782.50	**8.100.000**
18.086.30	19.477.50	20.868.80	22.260.—	25.042.50	36.172.50	**8.200.000**
18.281.30	19.687.50	21.093.80	22.500.—	25.312.50	36.562.50	**8.300.000**
18.476.30	19.897.50	21.318.80	22.740.—	25.582.50	36.952.50	**8.400.000**
18.671.30	20.107.50	21.543.80	22.980.—	25.852.50	37.342.50	**8.500.000**

Tabelle E

Gegen-stands-wert	Volle Gebühr (10/10)	1/10	2/10	3/10	4/10	5/10	6/10
bis ... DM	DM	DM	DM	DM	DM	DM	DM
8.600.000	29.025.—	2.902.50	5.805.—	8.707.50	11.610.—	14.512.50	17.415.—
8.700.000	29.325.—	2.932.50	5.865.—	8.797.50	11.730.—	14.662.50	17.595.—
8.800.000	29.625.—	2.962.50	5.925.—	8.887.50	11.850.—	14.812.50	17.775.—
8.900.000	29.925.—	2.992.50	5.985.—	8.977.50	11.970.—	14.962.50	17.955.—
9.000.000	30.225.—	3.022.50	6.045.—	9.067.50	12.090.—	15.112.50	18.135.—
9.100.000	30.525.—	3.052.50	6.105.—	9.157.50	12.210.—	15.262.50	18.315.—
9.200.000	30.825.—	3.082.50	6.165.—	9.247.50	12.330.—	15.412.50	18.495.—
9.300.000	31.125.—	3.112.50	6.225.—	9.337.50	12.450.—	15.562.50	18.675.—
9.400.000	31.425.—	3.142.50	6.285.—	9.427.50	12.570.—	15.712.50	18.855.—
9.500.000	31.725.—	3.172.50	6.345.—	9.517.50	12.690.—	15.862.50	19.035.—
9.600.000	32.025.—	3.202.50	6.405.—	9.607.50	12.810.—	16.012.50	19.215.—
9.700.000	32.325.—	3.232.50	6.465.—	9.697.50	12.930.—	16.162.50	19.395.—
9.800.000	32.625.—	3.262.50	6.525.—	9.787.50	13.050.—	16.312.50	19.575.—
9.900.000	32.925.—	3.292.50	6.585.—	9.877.50	13.170.—	16.462.50	19.755.—
10.000.000	33.225.—	3.322.50	6.645.—	9.967.50	13.290.—	16.612.50	19.935.—

Bei Gegenstandswerten über DM 10 Mio.:
Gegenstandswert auf volle 100.000 aufrunden, dann durch 10.000 teilen, dann:

	Volle Gebühr (10/10)	1/10	2/10	3/10	4/10	5/10	6/10
	× 30.0 + 3.225.—	× 3.0 + 322.50	× 6.0 + 645.—	× 9.0 + 967.50	× 12.0 + 1.290.—	× 15.0 + 1.612.50	× 18.0 + 1.935.—

Einige hohe Gegenstandswerten mit der vollen Gebühr (10/10):

15 Mio.	48.225.—	**60 Mio.**	183.225.—
20 Mio.	63.225.—	**70 Mio.**	213.225.—
25 Mio.	77.789.—	**80 Mio.**	243.225.—
30 Mio.	93.225.—	**90 Mio.**	273.225.—
40 Mio.	123.225.—	**100 Mio.**	303.225.—
50 Mio.	153.225.—	**500 Mio.**	1.503.225.—

Rechtsbehelfstabelle

6.5/10	13/20	7/10	7.5/10	8/10	9/10	13/10	Gegenstandswert
DM		DM	DM	DM	DM	DM	bis ... DM
18.866.30		20.317.50	21.768.80	23.220.—	26.122.50	37.732.50	**8.600.000**
19.061.30		20.527.50	21.993.80	23.460.—	26.392.50	38.122.50	**8.700.000**
19.256.30		20.737.50	22.218.80	23.700.—	26.662.50	38.512.50	**8.800.000**
19.451.30		20.947.50	22.443.80	23.940.—	26.932.50	38.902.50	**8.900.000**
19.646.30		21.157.50	22.668.80	24.180.—	27.202.50	39.292.50	**9.000.000**
19.841.30		21.367.50	22.893.80	24.420.—	27.472.50	39.682.50	**9.100.000**
20.036.30		21.577.50	23.118.80	24.660.—	27.742.50	40.072.50	**9.200.000**
20.231.30		21.787.50	23.343.80	24.900.—	28.012.50	40.462.50	**9.300.000**
20.426.30		21.997.50	23.568.80	25.140.—	28.282.50	40.852.50	**9.400.000**
20.621.30		22.207.50	23.793.80	25.380.—	28.552.50	41.242.50	**9.500.000**
20.816.30		22.417.50	24.018.80	25.620.—	28.822.50	41.632.50	**9.600.000**
21.011.30		22.627.50	24.243.80	25.860.—	29.092.50	42.022.50	**9.700.000**
21.206.30		22.837.50	24.468.80	26.100.—	29.362.50	42.412.50	**9.800.000**
21.401.30		23.047.50	24.693.80	26.340.—	29.632.50	42.802.50	**9.900.000**
21.596.30		23.257.50	24.918.80	26.580.—	29.902.50	43.192.50	**10.000.000**
× 19.5 + 2.096.30		× 21.0 + 2.257.50	× 22.5 + 2.418.80	× 24.0 + 2.580.—	× 27.0 + 2.902.50	× 39.0 + 4.192.50	

1.1.2 Zeitgebühren-Tabelle

Tabelle Z

Arbeitszeit in Stunden	DM 75	DM 80	DM 85	DM 90	DM 95	DM 100	DM 110
0,5	37, 50	40	42, 50	45	47, 50	50	55
1	75	80	85	90	95	100	110
2	150	160	170	180	190	200	220
3	225	240	255	270	285	300	330
4	300	320	340	360	380	400	440
5	375	400	425	450	475	500	550
6	450	480	510	540	570	600	660
7	525	560	595	630	665	700	770
8	600	640	680	720	760	800	880
9	675	720	765	810	855	900	990
10	750	800	850	900	950	1000	1100
11	825	880	935	990	1045	1100	1210
12	900	960	1020	1080	1140	1200	1320
13	975	1040	1105	1170	1235	1300	1430
14	1050	1120	1190	1260	1330	1400	1540
15	1125	1200	1275	1350	1425	1500	1650
16	1200	1280	1360	1440	1520	1600	1760
17	1275	1360	1445	1530	1615	1700	1870
18	1350	1440	1530	1620	1710	1800	1980
19	1425	1520	1615	1710	1805	1900	2090
20	1500	1600	1700	1800	1900	2000	2200
21	1575	1680	1785	1890	1995	2100	2310
22	1650	1760	1870	1980	2090	2200	2420
23	1725	1840	1955	2070	2185	2300	2530
24	1800	1920	2040	2160	2280	2400	2640
25	1875	2000	2125	2250	2375	2500	2750
26	1950	2080	2210	2340	2470	2600	2860
27	2025	2160	2295	2430	2565	2700	2970
28	2100	2240	2380	2520	2660	2800	3080
29	2175	2320	2465	2610	2755	2900	3190
30	2250	2400	2550	2700	2850	3000	3300
31	2325	2480	2635	2790	2945	3100	3410
32	2400	2560	2720	2880	3040	3200	3520
33	2475	2640	2805	2970	3135	3300	3630
34	2550	2720	2890	3060	3230	3400	3740
35	2625	2800	2975	3150	3325	3500	3850
36	2700	2880	3060	3240	3420	3600	3960
37	2775	2960	3145	3330	3515	3700	4070
38	2850	3040	3230	3420	3610	3800	4180
39	2925	3120	3315	3510	3705	3900	4290
40	3000	3200	3400	3600	3800	4000	4400
41	3075	3280	3485	3690	3895	4100	4510

Zeitgebühren-Tabelle

DM 120	DM 130	DM 140	DM 150	DM 160	DM 170	DM 180	Arbeitszeit in Stunden
60	65	70	75	80	85	90	**0,5**
120	130	140	150	160	170	180	**1**
240	260	280	300	320	340	360	**2**
360	390	420	450	480	510	540	**3**
480	520	560	600	640	680	720	**4**
600	650	700	750	800	850	900	**5**
720	780	840	900	960	1020	1080	**6**
840	910	980	1050	1120	1190	1260	**7**
960	1040	1120	1200	1280	1360	1440	**8**
1080	1170	1260	1350	1440	1530	1620	**9**
1200	1300	1400	1500	1600	1700	1800	**10**
1320	1430	1540	1650	1760	1870	1980	**11**
1440	1560	1680	1800	1920	2040	2160	**12**
1560	1690	1820	1950	2080	2210	2340	**13**
1680	1820	1960	2100	2240	2380	2520	**14**
1800	1950	2100	2250	2400	2550	2700	**15**
1920	2080	2240	2400	2560	2720	2880	**16**
2040	2210	2380	2550	2720	2890	3060	**17**
2160	2340	2520	2700	2880	3060	3240	**18**
2280	2470	2660	2850	3040	3230	3420	**19**
2400	2600	2800	3000	3200	3400	3600	**20**
2520	2730	2940	3150	3360	3570	3780	**21**
2640	2860	3080	3300	3520	3740	3960	**22**
2760	2990	3220	3450	3680	3910	4140	**23**
2880	3120	3360	3600	3840	4080	4320	**24**
3000	3250	3500	3750	4000	4250	4500	**25**
3120	3380	3640	3900	4160	4420	4680	**26**
3240	3510	3780	4050	4320	4590	4860	**27**
3360	3640	3920	4200	4480	4760	5040	**28**
3480	3770	4060	4350	4640	4930	5220	**29**
3600	3900	4200	4500	4800	5100	5400	**30**
3720	4030	4340	4650	4960	5270	5580	**31**
3840	4160	4480	4800	5120	5440	5760	**32**
3960	4290	4620	4950	5280	5610	5940	**33**
4080	4420	4760	5100	5440	5780	6120	**34**
4200	4550	4900	5250	5600	5950	6300	**35**
4320	4680	5040	5400	5760	6120	6480	**36**
4440	4810	5180	5550	5920	6290	6660	**37**
4560	4940	5320	5700	6080	6460	6840	**38**
4680	5070	5460	5850	6240	6630	7020	**39**
4800	5200	5600	6000	6400	6800	7200	**40**
4920	5330	5740	6150	6560	6970	7380	**41**

Tabelle Z

Arbeitszeit in Stunden	DM 75	DM 80	DM 85	DM 90	DM 95	DM 100	DM 110
42	3150	3360	3570	3780	3990	4200	4620
43	3225	3440	3655	3870	4085	4300	4730
44	3300	3520	3740	3960	4180	4400	4840
45	3375	3600	3825	4050	4275	4500	4950
46	3450	3680	3910	4140	4370	4600	5060
47	3525	3760	3995	4230	4465	4700	5170
48	3600	3840	4080	4320	4560	4800	5280
49	3675	3920	4165	4410	4655	4900	5390
50	3750	4000	4250	4500	4750	5000	5500
51	3825	4080	4335	4590	4845	5100	5610
52	3900	4160	4420	4680	4940	5200	5720
53	3975	4240	4505	4770	5035	5300	5830
54	4050	4320	4590	4860	5130	5400	5940
55	4125	4400	4675	4950	5225	5500	6050
56	4200	4480	4760	5040	5320	5600	6160
57	4275	4560	4845	5130	5415	5700	6270
58	4350	4640	4930	5220	5510	5800	6380
59	4425	4720	5015	5310	5605	5900	6490
60	4500	4800	5100	5400	5700	6000	6600
61	4575	4880	5185	5490	5795	6100	6710
62	4650	4960	5270	5580	5890	6200	6820
63	4725	5040	5355	5670	5985	6300	6930
64	4800	5120	5440	5760	6080	6400	7040
65	4875	5200	5525	5850	6175	6500	7150
66	4950	5280	5610	5940	6270	6600	7260
67	5025	5360	5695	6030	6365	6700	7370
68	5100	5440	5780	6120	6460	6800	7480
69	5175	5520	5865	6210	6555	6900	7590
70	5250	5600	5950	6300	6650	7000	7700
71	5325	5680	6035	6390	6745	7100	7810
72	5400	5760	6120	6480	6840	7200	7920
73	5475	5840	6205	6570	6935	7300	8030
74	5550	5920	6290	6660	7030	7400	8140
75	5625	6000	6375	6750	7125	7500	8250
76	5700	6080	6460	6840	7220	7600	8360
77	5775	6160	6545	6930	7315	7700	8470
78	5850	6240	6630	7020	7410	7800	8580
79	5925	6320	6715	7110	7505	7900	8690
80	6000	6400	6800	7200	7600	8000	8800
81	6075	6480	6885	7290	7695	8100	8910
82	6150	6560	6970	7380	7790	8200	9020
83	6225	6640	7055	7470	7885	8300	9130
84	6300	6720	7140	7560	7980	8400	9240
85	6375	6800	7225	7650	8075	8500	9350
86	6450	6880	7310	7740	8170	8600	9460

Zeitgebühren-Tabelle

DM 120	DM 130	DM 140	DM 150	DM 160	DM 170	DM 180	Arbeitszeit in Stunden
5040	5460	5880	6300	6720	7140	7560	**42**
5160	5590	6020	6450	6880	7310	7740	**43**
5280	5720	6160	6600	7040	7480	7920	**44**
5400	5850	6300	6750	7200	7650	8100	**45**
5520	5980	6440	6900	7360	7820	8280	**46**
5640	6110	6580	7050	7520	7990	8460	**47**
5760	6240	6720	7200	7680	8160	8640	**48**
5880	6370	6860	7350	7840	8330	8820	**49**
6000	6500	7000	7500	8000	8500	9000	**50**
6120	6630	7140	7650	8160	8670	9180	**51**
6240	6760	7280	7800	8320	8840	9360	**52**
6360	6890	7420	7950	8480	9010	9540	**53**
6480	7020	7560	8100	8640	9180	9720	**54**
6600	7150	7700	8250	8800	9350	9900	**55**
6720	7280	7840	8400	8960	9520	10080	**56**
6840	7410	7980	8550	9120	9690	10260	**57**
6960	7540	8120	8700	9280	9860	10440	**58**
7080	7670	8260	8850	9440	10030	10620	**59**
7200	7800	8400	9000	9600	10200	10800	**60**
7320	7930	8540	9150	9760	10370	10980	**61**
7440	8060	8680	9300	9920	10540	11160	**62**
7560	8190	8820	9450	10080	10710	11340	**63**
7680	8320	8960	9600	10240	10880	11520	**64**
7800	8450	9100	9750	10400	11050	11700	**65**
7920	8580	9240	9900	10560	11220	11880	**66**
8040	8710	9380	10050	10720	11390	12060	**67**
8160	8840	9520	10200	10880	11560	12240	**68**
8280	8970	9660	10350	11040	11730	12420	**69**
8400	9100	9800	10500	11200	11900	12600	**70**
8520	9230	9940	10650	11360	12070	12780	**71**
8640	9360	10080	10800	11520	12240	12960	**72**
8760	9490	10220	10950	11680	12410	13140	**73**
8880	9620	10360	11100	11840	12580	13320	**74**
9000	9750	10500	11250	12000	12750	13500	**75**
9120	9880	10640	11400	12160	12920	13680	**76**
9240	10010	10780	11550	12320	13090	13860	**77**
9360	10140	10920	11700	12480	13260	14040	**78**
9480	10270	11060	11850	12640	13430	14220	**79**
9600	10400	11200	12000	12800	13600	14400	**80**
9720	10530	11340	12150	12960	13770	14580	**81**
9840	10660	11480	12300	13120	13940	14760	**82**
9960	10790	11620	12450	13280	14110	14940	**83**
10080	10920	11760	12600	13440	14280	15120	**84**
10200	11050	11900	12750	13600	14450	15300	**85**
10320	11180	12040	12900	13760	14620	15480	**86**

Tabelle Z

Arbeitszeit in Stunden	DM 75	DM 80	DM 85	DM 90	DM 95	DM 100	DM 110
87	6525	6960	7395	7830	8265	8700	9570
88	6600	7040	7480	7920	8360	8800	9680
89	6675	7120	7565	8010	8455	8900	9790
90	6750	7200	7650	8100	8550	9000	9900
91	6825	7280	7735	8190	8645	9100	10010
92	6900	7360	7820	8280	8740	9200	10120
93	6975	7440	7905	8370	8835	9300	10230
94	7050	7520	7990	8460	8930	9400	10340
95	7125	7600	8075	8550	9025	9500	10450
96	7200	7680	8160	8640	9120	9600	10560
97	7275	7760	8245	8730	9215	9700	10670
98	7350	7840	8330	8820	9310	9800	10780
99	7425	7920	8415	8910	9405	9900	10890
100	7500	8000	8500	9000	9500	10000	11000

Zeitgebühren-Tabelle

DM 120	DM 130	DM 140	DM 150	DM 160	DM 170	DM 180	Arbeitszeit in Stunden
10440	11310	12180	13050	13920	14790	15660	**87**
10560	11440	12320	13200	14080	14960	15840	**88**
10680	11570	12460	13350	14240	15130	16020	**89**
10800	11700	12600	13500	14400	15300	16200	**90**
10920	11830	12740	13650	14560	15470	16380	**91**
11040	11960	12880	13800	14720	15640	16560	**92**
11160	12090	13020	13950	14880	15810	16740	**93**
11280	12220	13160	14100	15040	15980	16920	**94**
11400	12350	13300	14250	15200	16150	17100	**95**
11520	12480	13440	14400	15360	16320	17280	**96**
11640	12610	13580	14550	15520	16490	17460	**97**
11760	12740	13720	14700	15680	16660	17640	**98**
11880	12870	13860	14850	15840	16830	17820	**99**
12000	13000	14000	15000	16000	17000	18000	**100**

1.2 Bundesgebührenordnung für Rechtsanwälte

1.2.1 Gebührentabelle zu § 11 Absatz 1 in erweiterter und fortgeführter Fassung

Tabelle § 11 BRAGO

Gegen-stands-wert bis ... DM	Gebühren in DM bei 1 Auftraggeber						
	1 Volle Gebühr	3/10	5/10	7.5/10	13/10	13/20	15/10
600	50	15.—*	25.—	37.50	65.—	32.50	75.—
1.200	90	27.—	45.—	67.50	117.—	58.50	135.—
1.800	130	39.—	65.—	97.50	169.—	84.50	195.—
2.400	170	51.—	85.—	127.50	221.—	110.50	255.—
3.000	210	63.—	105.—	157.50	273.—	136.50	315.—
4.000	265	79.50	132.50	198.80	344.50	172.30	397.50
5.000	320	96.—	160.—	240.—	416.—	208.—	480.—
6.000	375	112.50	187.50	281.30	487.50	243.80	562.50
7.000	430	129.—	215.—	322.50	559.—	279.50	645.—
8.000	485	145.50	242.50	363.80	630.50	315.30	727.50
9.000	540	162.—	270.—	405.—	702.—	351.—	810.—
10.000	595	178.50	297.50	446.30	773.50	386.80	892.50
12.000	665	199.50	332.50	498.80	864.50	432.30	997.50
14.000	735	220.50	367.50	551.30	955.50	477.80	1.102.50
16.000	805	241.50	402.50	603.80	1.046.50	523.30	1.207.50
18.000	875	262.50	437.50	656.30	1.137.50	568.80	1.312.50
20.000	945	283.50	472.50	708.80	1.228.50	614.30	1.417.50
25.000	1.025	307.50	512.50	768.80	1.332.50	666.30	1.537.50
30.000	1.105	331.50	552.50	828.80	1.436.50	718.30	1.657.50
35.000	1.185	355.50	592.50	888.80	1.540.50	770.30	1.777.50
40.000	1.265	379.50	632.50	948.80	1.644.50	822.30	1.897.50
45.000	1.345	403.50	672.50	1.008.80	1.748.50	874.30	2.017.50
50.000	1.425	427.50	712.50	1.068.80	1.852.50	926.30	2.137.50
60.000	1.565	469.50	782.50	1.173.80	2.034.50	1.017.30	2.347.50
70.000	1.705	511.50	852.50	1.278.80	2.216.50	1.108.30	2.557.50
80.000	1.845	553.50	922.50	1.383.80	2.398.50	1.199.30	2.767.50
90.000	1.985	595.50	992.50	1.488.80	2.580.50	1.290.30	2.977.50
100.000	2.125	637.50	1.062.50	1.593.80	2.762.50	1.381.30	3.187.50
130.000	2.285	685.50	1.142.50	1.713.80	2.970.50	1.485.30	3.427.50
160.000	2.445	733.50	1.222.50	1.833.80	3.178.50	1.589.30	3.667.50
190.000	2.605	781.50	1.302.50	1.953.80	3.386.50	1.693.30	3.907.50
220.000	2.765	829.50	1.382.50	2.073.80	3.594.50	1.797.30	4.147.50
250.000	2.925	877.50	1.462.50	2.193.80	3.802.50	1.901.30	4.387.50
280.000	3.085	925.50	1.542.50	2.313.80	4.010.50	2.005.30	4.627.50
310.000	3.245	973.50	1.622.50	2.433.80	4.218.50	2.109.30	4.867.50
340.000	3.405	1.021.50	1.702.50	2.553.80	4.426.50	2.213.30	5.107.50
370.000	3.565	1.069.50	1.782.50	2.673.80	4.634.50	2.317.30	5.347.50
400.000	3.725	1.117.50	1.862.50	2.793.80	4.842.50	2.421.30	5.587.50
460.000	3.975	1.192.50	1.987.50	2.981.30	5.167.50	2.583.80	5.962.50

* Als selbständige Gebühr DM 20.– als Mindestgebühr nach § 3.

Tabelle § 11 BRAGO

Gegen-stands-wert bis ... DM	Gebühren in DM bei 1 Auftraggeber						
	1 Volle Gebühr	3/10	5/10	7.5/10	13/10	13/20	15/10
520.000	4.225	1.267.50	2.112.50	3.168.80	5.492.50	2.746.30	6.337.50
580.000	4.475	1.342.50	2.237.50	3.356.30	5.817.50	2.908.80	6.712.50
640.000	4.725	1.417.50	2.362.50	3.543.80	6.142.50	3.071.30	7.087.50
700.000	4.975	1.492.50	2.487.50	3.731.30	6.467.50	3.233.80	7.462.50
760.000	5.225	1.567.50	2.612.50	3.918.80	6.792.50	3.396.30	7.837.50
820.000	5.475	1.642.50	2.737.50	4.106.30	7.117.50	3.558.80	8.212.50
880.000	5.725	1.717.50	2.862.50	4.293.80	7.442.50	3.721.30	8.587.50
940.000	5.975	1.792.50	2.987.50	4.481.30	7.767.50	3.883.80	8.962.50
1.000.000	6.225	1.867.50	3.112.50	4.668.80	8.092.50	4.046.30	9.337.50
1.100.000	6.525	1.957.50	3.262.50	4.893.80	8.482.50	4.241.30	9.787.50
1.200.000	6.825	2.047.50	3.412.50	5.118.80	8.872.50	4.436.30	10.237.50
1.300.000	7.125	2.137.50	3.562.50	5.343.80	9.262.50	4.631.30	10.687.50
1.400.000	7.425	2.227.50	3.712.50	5.568.80	9.652.50	4.826.30	11.137.50
1.500.000	7.725	2.317.50	3.862.50	5.793.80	10.042.50	5.021.30	11.587.50
1.600.000	8.025	2.407.50	4.012.50	6.018.80	10.432.50	5.216.30	12.037.50
1.700.000	8.325	2.497.50	4.162.50	6.243.80	10.822.50	5.411.30	12.487.50
1.800.000	8.625	2.587.50	4.312.50	6.468.80	11.212.50	5.606.30	12.937.50
1.900.000	8.925	2.667.50	4.462.50	6.693.80	11.602.50	5.801.30	13.387.50
2.000.000	9.225	2.767.50	4.612.50	6.918.80	11.992.50	5.996.30	13.837.50
2.100.000	9.525	2.857.50	4.762.50	7.143.80	12.382.50	6.191.30	14.287.50
2.200.000	9.825	2.947.50	4.912.50	7.368.80	12.772.50	6.386.30	14.737.50
2.300.000	10.125	3.037.50	5.062.50	7.593.80	13.162.50	6.581.30	15.187.50
2.400.000	10.425	3.127.50	5.212.50	7.818.80	13.552.50	6.776.30	15.637.50
2.500.000	10.725	3.217.50	5.362.50	8.043.80	13.942.50	6.971.30	16.087.50
2.600.000	11.025	3.307.50	5.512.50	8.268.80	14.332.50	7.166.30	16.537.50
2.700.000	11.325	3.397.50	5.662.50	8.493.80	14.722.50	7.361.30	16.987.50
2.800.000	11.625	3.487.50	5.812.50	8.718.80	15.112.50	7.556.30	17.437.50
2.900.000	11.925	3.577.50	5.962.50	8.943.80	15.502.50	7.751.30	17.887.50
3.000.000	12.225	3.667.50	6.112.50	9.168.80	15.892.50	7.946.30	18.337.50
	Bei Werten über DM 3 Mio.: Wert auf volle 100.000 aufrunden, dann durch 10.000 teilen, dann						
	× 30.0 + 3.225.—	× 9.0 + 967.50	× 15.0 + 1.612.50	× 22.5 + 2.418.80	× 39.0 + 4.192.50	× 19.5 + 2.096.30	× 45.0 + 4.837.50

Einige hohe Werte mit der vollen Gebühr (10/10):

15 Mio.	48.225.—	**60 Mio.**	183.225.—
20 Mio.	63.225.—	**70 Mio.**	213.225.—
25 Mio.	78.225.—	**80 Mio.**	243.225.—
30 Mio.	93.225.—	**90 Mio.**	273.225.—
40 Mio.	123.225.—	**100 Mio.**	303.225.—
50 Mio.	153.225.—	**500 Mio.**	1.503.225.—

1.2.2 Gebührentabelle zu § 123 BRAGO

Aus der Staatskasse (§ 121) werden bei einem Gegenstandswert von mehr als 6000 Deutsche Mark anstelle der vollen Gebühr (§ 11 Abs. 1 Satz 1 und 2) folgende Gebühren vergütet:

Gegenstandswert bis (Deutsche Mark)	Gebühren (Deutsche Mark)	Gegenstandswert bis (Deutsche Mark)	Gebühren (Deutsche Mark)
7.000	390	25.000	525
8.000	405	30.000	565
9.000	420	35.000	605
10.000	435	40.000	645
12.000	445	45.000	685
14.000	455	50.000	725
16.000	465	über	
18.000	475	50.000	765
20.000	485		

1. 3 Gerichtskostengesetz

1.3.1. Gebührentabelle zu § 11 Absatz 2

Tabelle § 11 GKG

Streitwert bis ... DM	Gebührensatz in DM					
	1 Volle Gebühr	0,5	1,5	2	2,5	3
600	50,—	25,—	75,—	100,—	125,—	150,—
1.200	70,—	35,—	105,—	140,—	175,—	210,—
1.800	90,—	45,—	135,—	180,—	225,—	270,—
2.400	110,—	55,—	165,—	220,—	275,—	330,—
3.000	130,—	65,—	195,—	260,—	325,—	390,—
4.000	145,—	72,50	217,50	290,—	362,50	435,—
5.000	160,—	80,—	240,—	320,—	400,—	480,—
6.000	175,—	87,50	262,50	350,—	437,50	525,—
7.000	190,—	95,—	285,—	380,—	475,—	570,—
8.000	205,—	102,50	307,50	410,—	512,50	615,—
9.000	220,—	110,—	330,—	440,—	550,—	660,—
10.000	235,—	117,50	352,50	470,—	587,50	705,—
12.000	265,—	132,50	397,50	530,—	662,50	795,—
14.000	295,—	147,50	442,50	590,—	737,50	885,—
16.000	325,—	162,50	487,50	650,—	812,50	975,—
18.000	355,—	177,50	532,50	710,—	887,50	1.065,—
20.000	385,—	192,50	577,50	770,—	962,50	1.155,—
25.000	430,—	215,—	645,—	860,—	1.075,—	1.290,—
30.000	475,—	237,50	712,50	950,—	1.187,50	1.425,—
35.000	520,—	260,—	780,—	1.040,—	1.300,—	1.560,—
40.000	565,—	282,50	847,50	1.130,—	1.412,50	1.695,—
45.000	610,—	305,—	915,—	1.220,—	1.525,—	1.830,—
50.000	655,—	327,50	982,50	1.310,—	1.637,50	1.965,—
60.000	715,—	357,50	1.072,50	1.430,—	1.787,50	2.245,—
70.000	775,—	387,50	1.162,50	1.550,—	1.937,50	2.325,—
80.000	835,—	417,50	1.252,50	1.670,—	2.087,50	2.505,—
90.000	895,—	447,50	1.342,50	1.790,—	2.237,70	2.685,—
100.000	955,—	477,50	1.432,50	1.910,—	2.387,50	2.865,—
130.000	1.155,—	577,50	1.732,50	2.310,—	2.887,50	3.465,—
160.000	1.355,—	677,50	2.032,50	2.710,—	3.387,50	4.065,—
190.000	1.555,—	777,50	2.332,50	3.110,—	3.887,50	4.665,—
220.000	1.755,—	877,50	2.632,50	3.510,—	4.387,50	5.265,—
250.000	1.955,—	977,50	2.932,50	3.910,—	4.887,50	5,865,—
280.000	2.155,—	1.077,50	3.232,50	4.310,—	5.387,50	6.465,—
310.000	2.355,—	1.177,50	3.532,50	4.710,—	5.887,50	7.065,—
340.000	2.555,—	1.277,50	3.832,50	5.110,—	6.387,50	7.665,—

Tabelle § 11 GKG

Streitwert bis … DM	Gebührensatz in DM					
	1 Volle Gebühr	0,5	1,5	2	2,5	3
370.000	2.755,—	1.377,50	4.132,50	5.510,—	6.887,50	8.265,—
400.000	2.955,—	1.477,50	4.432,50	5.910,—	7.387,50	8.865,—
460.000	3.250,—	1.625,—	4.875,—	6.500,—	8.125,—	9.750,—
520.000	3.545,—	1.772,50	5.317,50	7.090,—	8.862,50	10.635,—
580.000	3.840,—	1.920,—	5.760,—	7.680,—	9.600,—	11.520,—
640.000	4.135,—	2.067,50	6.202,50	8.270,—	10.337,50	12.405,—
700.000	4.430,—	2.215,—	6.645,—	8.860,—	11.075,—	13.290,—
760.000	4.725,—	2.362,50	7.087,50	9.450,—	11.812,50	14.175,—
820.000	5.020,—	2.510,—	7.530,—	10.040,—	12.550,—	15.060,—
880.000	5.315,—	2.657,50	7.972,50	10.630,—	13.287,50	15.945,—
940.000	5.610,—	2.805,—	8.415,—	11.220,—	14.025,—	16.830,—
1.000.000	5.905,—	2.952,50	8.857,50	11.810,—	14.762,50	17.715,—
1.100.000	6.205,—	3.102,50	9.307,50	12.410,—	15.512,50	18.615,—
1.200.000	6.505,—	3.252,50	9.757,50	13.010,—	16.262,50	19.515,—
1.300.000	6.805,—	3.402,50	10.207,50	13.610,—	17.012,50	20.415,—
1.400.000	7.105,—	3.552,50	10.657,50	14.210,—	17.762,50	21.315,—
1.500.000	7.405,—	3.702,50	11.107,50	14.810,—	18.512,50	22.215,—
1.600.000	7.705,—	3.852,50	11.557,50	15.410,—	19.262,50	23.115,—
1.700.000	8.005,—	4.002,50	12.007,50	16.010,—	20.012,50	24.015,—
1.800.000	8.305,—	4.152,50	12.457,50	16.610,—	20.762,50	25.915,—
1.900.000	8.605,—	4.302,50	12.907,50	17.210,—	21.512,50	25.815,—
2.000.000	8.905,—	4.452,50	13.357,50	17.810,—	22.262,50	26.715,—
2.100.000	9.205,—	4.602,50	13.807,50	18.410,—	23.012,50	27.615,—
2.200.000	9.505,—	4.752,50	14.257,50	19.010,—	23.762,50	28.515,—
2.300.000	9.805,—	4.902,50	14.707,50	19.610,—	24.512,50	29.415,—
2.400.000	10.105,—	5.052,50	15.157,50	20.210,—	25.262,50	30.315,—
2.500.000	10.405,—	5.202,50	15.607,50	20.810,—	26.012,50	31.215,—
2.600.000	10.705,—	5.352,50	16.057,50	21.410,—	26.762,50	32.115,—
2.700.000	11.005,—	5.502,50	16.507,50	22.010,—	27.512,50	33.015,—
2.800.000	11.305,—	5.652,50	16.957,50	22.610,—	28.262,50	33.915,—
2.900.000	11.605,—	5.802,50	17.407,50	23.210,—	29.012,50	34.815,—
3.000.000	11.905,—	5.952,50	17.857,50	23.810,—	29.762,50	35.715,—
3.100.000	12.205,—	6.102,50	18.307,50	24.410,—	30.512,50	36.615,—
3.200.000	12.505,—	6.252,50	18.757,50	25.010,—	31.262,50	37.515,—
3.300.000	12.805,—	6.402,50	19.207,50	25.610,—	32.012,50	38.415,—
3.400.000	13.105,—	6.552,50	19.657,50	26.210,—	32.762,50	39.315,—
3.500.000	13.405,—	6.702,50	20.107,50	26.810,—	33.512,50	40.215,—
3.600.000	13.705,—	6.852,50	20.557,50	27.410,—	34.262,50	41.115,—
3.700.000	14.005,—	7.002,50	21.007,50	28.010,—	35.012,50	42.015,—
3.800.000	14.305,—	7.152,50	21.457,50	28.610,—	35.762,50	42.915,—
3.900.000	14.605,—	7.302,50	21.907,50	29.210,—	36.512,50	43.815,—
4.000.000	14.905,—	7.452,50	22.357,50	29.810,—	37.262,50	44.715,—

Tabelle § 11 GKG

Streitwert bis … DM	Gebührensatz in DM					
	1 Volle Gebühr	0,5	1,5	2	2,5	3
4.100.000	15.205,—	7.602,50	22.807,50	30.410,—	38.012,50	45.615,—
4.200.000	15.505,—	7.752,50	23.257,50	31.010,—	38.762,50	46.515,—
4.300.000	15.805,—	7.902,50	23.707,50	31.610,—	39.512,50	47.415,—
4.400.000	16.105,—	8.052,50	24.157,50	32.210,—	40.262,50	48.315,—
4.500.000	16.405,—	8.202,50	24.607,50	32.810,—	41.012,50	49.215,—
4.600.000	16.705,—	8.352,50	25.057,50	33.410,—	41.762,50	50.115,—
4.700.000	17.005,—	8.502,50	25.507,50	34.010.—	42.512,50	51.015,—
4.800.000	17.305,—	8.652,50	25.957,50	34.610,—	43.262,50	51.915,—
4.900.000	17.605,—	8.802,50	26.407,50	35.210,—	44.012,50	52.815,—
5.000.000	17.905,—	8.952,50	26.857,50	35.810,—	44.762,50	53.715,—
	Bei Werten über DM 5 Mio. ist der Wert auf voll 100.000 aufzurunden und durch 100.000 zu teilen, dann:					
	× 300 + 2.905,—	× 150 + 1.452,50	× 450 + 4.357,50	× 600 + 5.810,—	× 750 + 7.262,50	× 900 + 8.715,—

Einige hohe Werte mit der vollen Gebühr:

6 Mio.	20.905,—	**30 Mio.**	92.905,—
7 Mio.	23.905,—	**50 Mio.**	152.905,—
10 Mio.	32.905,—	**70 Mio.**	212.905,—
15 Mio.	47.905,—	**90 Mio.**	272.905,—
20 Mio.	62.905,—	**100 Mio.**	300.905,—
25 Mio.	77.905,—	**500 Mio.**	1.502.905,—

2. Muster für Liquidationen mit Beispielen zum Gebührenrecht

2.1 Berechnung Jahresabschluß und Jahressteuererklärungen (Dargestellt an einem Beispielsfall)

Mandant

Michael Berger KG

JAHRESABSCHLUSS UND JAHRESSTEUERERKLÄRUNGEN 1999

Laufende Nummer	Art der Leistung	Gegenstandswert	
		Art	Betrag in DM
1	**Jahresabschluß 1999**		
1.1	Aufstellung des Jahresabschlusses	Summe der Posten der Aktivseite	3.000.000,—
		Privatentnahmen	+ 300.000,—
		Privateinlagen	– 100.000,—
		Wertberichtigungen	– 100.000,—
		Berichtigte Bilanzsumme	3.100.000,—
		Betriebliche Jahresleistung	16.000.000,—
		Höchstbegrenzung	15.500.000,—
		Mittel	9.300.000,—
1.2	Ableitung des steuerlichen Ergebnisses	Mittel	9.300.000,—
1.3	Schriftlicher Erläuterungsbericht	Mittel	9.300.000,—
1.4	Abschlußvorarbeiten		
2	**Steuererklärungen 1999 der Gesellschaft**		
2.1	Erkärung zur gesonderten Feststellung der Einkünfte	Summe der positiven Einkünfte	200.000,—
2.2	Umsatzsteuererklärung	10 v. H. aus Gesamtbetrag der Entgelte von DM 16.000.000,—	1.600.000,—
2.3	Gewerbesteuererklärung	Gewerbeertrag	300.000,—
2.4	Gewerbesteuerzerlegungserklärung	Mindestbetrag	8.000,—
3	**Steuererklärungen 1999 Gesellschafter Michael Berger**		
3.1	Einkommensteuererklärung	Summe der positiven Einkünfte	100.000,—
3.2	Ermittlung der Einkünfte aus Kapitalvermögen	Summe der Einnahmen	14.000,—
3.3	Ermittlung der Einkünfte aus Vermietung und Verpachtung		
3.3.1	Mietwohngrundstück Nürnberg	Höhere Summe der Werbungskosten	20.000,—

	BERECHNUNG
	Zeitraum 1. 4. 2000 bis 30. 6. 2000

Zeit in Stunden	StBGebV					Entgelte für Post- und Telekommunikationsdienstleistungen Pauschsatz 15 v. H. der Gebühr höchstens DM 40,—	DM
	§	Absatz	Nummer	Rahmensatz / Stundensatz	Tabelle		
	35	1	1 a	25/10	B	40,—	9.337,50
	35	1	3	5/10	B	40,—	1.867,50
	35	1	6	4/10	B	40,—	1.494,—
10,5	35	3		120,—	B	40,—	1.260,—
	24	1	2	3/10	A	40,—	829,50
	24	1	8	3/10	A	40,—	1.926,—
	24	1	5 a	3/10	A	40,—	973,50
	24	1	6	3/10	A	21,83	145,50
	24	1	1	3/10	A	40,—	637,50
	27	1		4/20	A	22,05	147,—
	27	1		6/20	A	40,—	283,50
						403,88	18.901,50

Laufende Nummer	Art derLeistung	Gegenstandswert	
		Art	Betrag in DM
4	**Steuererklärungen 1999 Gesellschafter Dr. Heinz Berger**		
4.1	Einkommensteuererklärung	Mindestbetrag	12.000,—
4.2	Ermittlung der Einkünfte aus selbständiger Arbeit		
4.2.1.1	Facharzt	Summe der Betriebseinnahmen	300.000,—
4.2.1.2	Vorarbeiten Zusammenstellung und Aufteilung sämtlicher Betriebsausgaben anhand der Belege		
4.2.2	Aufsichtsrat	Mindestbetrag	25.000,—
5	**Gebühren**		
6	**Auslagenersatz**		
6.1	Entgelte für Post- und Telekommunikationsdienstleistungen	Pauschsätze Tatsächliche Kosten	
6.2	Schreibgebühren	Zusätzliche Ausfertigungen Erläuterungsberichte Position 1.3 96 Seiten 50 Seiten zu DM 1,— 46 Seiten zu DM –,30	
6.3	Reisekosten	Abschlußerstellung Position 1 17. 4. 2000 bis 22. 4. 2000 und 25. 4. 2000 bis 27. 4. 2000 Karlsruhe 840 Kilometer zu DM –,52 5 Tage- und Abwesenheitsgelder zu DM 110,— 4 Tage- und Abwesenheitsgelder zu DM 60,— 1 Übernachtung	
6.4	Sonstige Auslagen (§ 670 BGB)	Gebühren Grundbuchauszüge	
7	**Vergütung**		
8	**Umsatzsteuer**	16 v. H.	
9	**Vorschüsse**		
10	**Restbetrag**		
10.1	Vergütung		
10.2	Umsatzsteuer		
11	**Zu zahlender Betrag**		

Tag

____

Zeit in Stunden	StBGebV §	Absatz	Nummer	Rahmensatz / Stundensatz	Tabelle	Entgelte für Post- und Telekommunikationsdienstleistungen Pauschsatz 15 v. H. der Gebühr höchstens DM 40,—	DM
						403,88	18.901,50
	24	1	1	5/10	A	40,—	332,50
	25	1		15/10	B	40,—	1.131,—
12	25	2		100,—		40,—	1.200,—
	25	1		5/10	B	16,13	107,50
							21.672,50
						540,01	
						–,—	
						50,—	
						13,80	
						436,80	
						550,—	
						240,—	
						200,—	
						16,—	2.046,61
							23.719,11
						3.795,06	
						1.280,—	8.000,—
							15.719,11
						2.515,06	2.515,06
							18.234,17

Unterschrift

____

2.2 Berechnung Sonstige Beratungsleistungen (Dargestellt an einem Beispielsfall)

Mandant

Friedrich Bergmann GmbH

STEUERBERATUNG

Laufende Nummer	Art derLeistung	Gegenstandswert	
		Art	Betrag in DM
1	**Steuererklärungen**		
1.1	Körperschaftsteuererklärung 1999	Einkommen	250.000,—
1.2	Erklärung zur gesonderten Feststellung von Besteuerungsgrundlagen zum 31. 12. 1999	Verwendbares Eigenkapital	180.000,—
2	**Außenprüfungen**		
2.1	Außenprüfung für die Veranlagungszeiträume 1994 bis 1997		
2.1.1	Vorbereitung Teilnahme an Prüfungshandlungen Teilnahme an der Schlußbesprechung Prüfung des Prüfungsberichtes		
2.1.2	Schriftliche Einwendungen gegen den Prüfungsbericht hinsichtlich nicht anerkannter Garantierückstellungen	Wert des Interesses	100.000,—
3	**Prüfung von Steuerbescheiden**		
3.1	Prüfung nebst Stellungnahme und Zahlungsanweisung		
3.1.1	Körperschaftsteuerbescheid 1998		
3.1.2	Bescheid über die gesonderte Feststellung von Teilbeträgen des verwendbaren Eigenkapitals zum 31. 12. 1998		
3.1.3	Umsatzsteuerbescheid 1998		
3.1.4	Gewerbesteuermeßbescheid 1998 und Gewerbesteuerbescheid 1998		
4	**Außergerichtliche Rechtsbehelfsverfahren**		
4.1	Einspruch gegen den Körperschaftsteuerbescheid 1998 Information Einreichung des Rechtsbehelfs Begründung Teilnahme an Besprechung Geschäftsgebühr Besprechungsgebühr	Strittiger Steuerbetrag	8.000,—
5	**Einzeltätigkeiten**		
5.1	Antrag auf Stundung der Gewerbesteuerabschlußzahlung 1997	10 v. H. des Stundungsbetrags	12.000,—

	BERECHNUNG
	Zeitraum 1. 4. 2000 bis 30. 6. 2000

Zeit in Stunden	StBGebV					Entgelte für Post- und Telekommunikationsdienstleistungen Pauschsatz 15 v. H. der Gebühr höchstens DM 40,—	DM
	§	Absatz	Nummer	Rahmensatz / Stundensatz	Tabelle		
	24	1	3	4/10	A	40,—	1.170,—
	24	1	4	3/10	A	40,—	829,50
28	29		1	170,–		40,—	4.760,—
	29		2	7/10	A	40,—	1.487,50
1	28			140,—		21,—	140,—
1,5	28			140,—		31,50	210,—
1	28			140,—		21,—	140,—
1,5	28			140,—		31,50	210,—
						40,—	
	41	3		8/10	E		388,—
	42	1		10/10	E		485,—
	23		2	4/10	A	39,90	266,—
						344,90	10.086,—

Laufende Nummer	Art der Leistung	Gegenstandswert	
		Art	Betrag in DM
5.2	Besprechung Finanzamt betreffend Anwendung § 6 b EStG mit schriftlicher Bestätigung	Wert des Interesses	80.000,—
5.3	Mündliche Beratung über Vorauszahlungsfestsetzung, inländische Steuerpflicht bei einem Grundstückserwerb in der Schweiz, Grunderwerbsteuer und Zerlegung der Gewerbesteuer mit schriftlicher Bestätigung In Ermangelung Bestimmbarkeit Gegenstandswert Ansatz Zeitgebühr		
5.4	Fernmündliche Beratung über Außensteuerfragen mit dem in USA befindlichen Geschäftsführer In Ermangelung Bestimmbarkeit Gegenstandswert Ansatz Zeitgebühr		
6	**Gebühren**		
7	**Auslagenersatz**		
7.1	Entgelte für Post- und Telekommunikationsdienstleistungen	Pauschsätze Tatsächliche Kosten Position 5.4	
7.2	Schreibgebühren	Zusätzliche Ausfertigungen Erklärung Position 1.5 12 Seiten zu DM 1,—	
7.3	Reisekosten	Außenprüfung Position 2 3. 5. 2000, 10. 5. 2000, 15. 5. 2000 Stuttgart 360 Kilometer zu DM —,52 3 Tage- und Abwesenheitsgelder zu DM 60,—	
8	**Vergütung**		
9	**Umsatzsteuer**	16 v. H.	
10	**Zu zahlender Betrag**		

Tag

____

Zeit in Stunden	StBGebV §	Absatz	Nummer	Rahmensatz / Stundensatz	Tabelle	Entgelte für Post- und Telekommunikationsdienstleistungen Pauschsatz 15 v. H. der Gebühr höchstens DM 40,—	DM
						344,90	10.086,—
	31			6/10	A	40,—	1.107,—
4	21	1		140,—		40,—	560,—
1	21	1		160,—			160,—
							11.913,—
						424,90 184,— 12,— 187,20 180,—	988,10
							12.901,10 2.064,18
							14.965,28

Unterschrift

2.3 Berechnung Buchführungsleistungen (Dargestellt an einem Beispielsfall)

Mandant

Karl Bergius

Buchführung

Laufende Nummer	Art der Leistung
1	**Buchführung für das Geschäftsjahr 1999**
1.1	Buchführung einschließlich des Kontierens der Belege und der Anfertigung der Umsatzsteuervoranmeldungen Jahresumsatz 1999 DM 960.000,— Monatsgebühr Jahresgebühr
2	**Hilfeleistung bei sonstigen Tätigkeiten**
2.1	Betriebswirtschaftliche Auswertungen der Buchführung für das Geschäftsjahr 1999
2.2	Beratung über zweckmäßigere Gestaltung der Buchungsbelege und Erfassung des Leergutes in der Buchführung
3	**Gebühren**
4	**Auslagenersatz**
4.1	Entgelte für Post- und Telekommunikationsdienstleisungen 1999
4.2	Sonstige Auslagen (§ 670 BGB)
5	**Vergütung**
6	**Umsatzsteuer**
7	**Vorschüsse**
8	**Restbetrag**
8.1	Vergütung
8.2	Umsatzsteuer
9	**Zu zahlender Betrag**

Tag

	BERECHNUNG
	Zeitraum 1. 1. 1999 bis 31. 1. 2000

Zeit in Stunden	StBGebV §	StBGebV Absatz	StBGebV Nummer	StBGebV Rahmensatz / Stundensatz	StBGebV Tabelle	DM	DM
	33	1		6/10	C	492,—	
							5904,—
3	33	7		100,—			300,—
2	33	7		120,—			240,—
							6.444,—
Pauschsatz 12 × DM 40,—						480,—	
Geschäftsbücher						58,—	538,—
							6.982,—
16 v.H.						1.117,12	
1 bis 12/1999 12 × DM 400,—						768,—	4.800,—
							2.182,—
						349,12	349,12
							2.531,12

Unterschrift

3. Muster für Anträge zum steuerlichen Kostenrecht

3.1. Antrag auf Bewilligung der Prozeßkostenhilfe

...., den ....
(Anschrift des Steuerberaters)

An das/den
Finanzgericht/Bundesfinanzhof
....
....

Betr.: Antrag auf Bewilligung von Prozeßkostenhilfe
Anlg.: 1 Vollmacht
1 Erklärung über die persönlichen und wirtschaftlichen Verhältnisse
1 Klage-Revisions-Beschwerdeschrift

In der Sache

....
gegen

....

beantrage ich namens und in Vollmacht des Antragstellers (Ast.)

1. dem Ast. für das Verfahren vor dem Finanzgericht/Bundesfinanzhof Prozeßkostenhilfe zu bewilligen (§ 142 Abs. 1 FGO)
2. dem Ast. den Unterzeichnenden als Steuerberater beizuordnen (§ 142 Abs. 2 FGO).

Wegen der persönlichen Einkommens- und Vermögensverhältnisse ist der amtlich vorgeschriebene Vordruck beigefügt.
Wegen der Darlegung der hinreichenden Erfolgsaussicht ist die (ein Entwurf der) Klage-Revisions-Beschwerdeschrift beigefügt.
Das Klage-Revisions-Beschwerdeverfahren soll nur durchgeführt werden, wenn die Prozeßkostenhilfe bewilligt wird.

3.2 Antrag auf Festsetzung der Vergütung des beigeordneten Steuerberaters für Klageverfahren

...., den ....
(Anschrift des Steuerberaters)

An den
Urkundsbeamten des
Finanzgerichts ....
....
....

In dem Rechtsstreit

.... (Kläger)

gegen

.... (Beklagter)

wegen ....

Az.: ....

beantrage ich die Festsetzung meiner Vergütung (§ 46 StBGebV, § 128 Abs. 1 BRAGO) als im Verfahren der Prozeßkostenhilfe beigeordneter Steuerberater (§ 142 Abs. 2 FGO). Soweit die Zahlungen der Partei die Ansprüche der Staatskasse übersteigen, beantrage ich die Festsetzung einer weiteren Vergütung nach § 124 BRAGO.

I. Vergütung aus Staatskasse (§ 121 BRAGO) unter Berücksichtigung der Gebührenbeschränkung nach § 123 BRAGO

Gegenstandswert des Klageverfahrens:	.... DM	
10/10 Prozeßgebühr (§ 31 Nr. 1 BRAGO)		.... DM
10/10 Verhandlungsgebühr (§ 31 Nr. 2 BRAGO)		.... DM
10/10 Beweisgebühr (§ 31 Nr. 3 BRAGO)		.... DM
10/10 Erörterungsgebühr (§ 31 Nr. 4 BRAGO)		.... DM
10/10 Erledigungsgebühr (§ 24 BRAGO)		.... DM
Postgebühren (§ 26 BRAGO)		.... DM
Reisekosten (§§ 28, 126 BRAGO)		.... DM
Zwischensumme		.... DM
Umsatzsteuer (§ 25 Abs. 2 BRAGO)		.... DM
festzusetzende Vergütung		.... DM

II. Weitere Vergütung ohne Beschränkung nach § 123 BRAGO

Gegenstandswert des Klageverfahrens:	.... DM	
10/10 Prozeßgebühr (§ 31 Nr. 1 BRAGO)		.... DM
10/10 Verhandlungsgebühr (§ 31 Nr. 2 BRAGO)		.... DM
10/10 Beweisgebühr (§ 31 Nr. 3 BRAGO)		.... DM
10/10 Erörterungsgebühr (§ 31 Nr. 4 BRAGO)		.... DM
10/10 Erledigungsgebühr (§ 24 BRAGO)		.... DM
Postgebühren (§ 26 BRAGO)		.... DM

Reisekosten (§ 28 BRAGO)	.... DM
Zwischensumme	.... DM
Umsatzsteuer (§ 25 Abs. 2 BRAGO)	.... DM
Vergütung	.... DM
davon ab Vergütung aus der Staatskasse	.... DM
weitere Vergütung (höchstens)	.... DM

Der festzusetzende Betrag soll auf das Konto ....
bei .... überwiesen werden.

3.3 Antrag auf Festsetzung der Vergütung des beigeordneten Steuerberaters für Anträge auf Aussetzung der Vollziehung und einstweilige Anordnung

...., den ....
(Anschrift des Steuerberaters)

An den
Urkundsbeamten des
Finanzgerichts .... [1]
....
....

In dem Rechtsstreit

.... (Antragsteller)

gegen

.... (Antragsgegner)

wegen ....

Az.: ....

beantrage ich die Festsetzung meiner Vergütung (§ 46 StBGebV, § 128 Abs. 1 BRAGO) als im Verfahren der Prozeßkostenhilfe beigeordneter Steuerberater (§ 142 Abs. 2 FGO). Soweit die Zahlungen der Partei die Ansprüche der Staatskasse übersteigen, beantrage ich die Festsetzung einer weiteren Vergütung nach § 124 BRAGO.

I. Vergütung aus der Staatskasse (§ 121 BRAGO) unter Berücksichtigung der Gebührenbeschränkung nach § 123 BRAGO

Gegenstandswert des Antragsverfahrens:	.... DM	
10/10 Verfahrensgebühr (§ 114 Abs. 6 BRAGO)		.... DM
....		.... DM
Postgebühren (§ 26 BRAGO)		.... DM
....		.... DM
Zwischensumme		.... DM
Umsatzsteuer (§ 25 Abs. 2 BRAGO)		.... DM
festzusetzende Vergütung		.... DM

II. Weitere Vergütung ohne Beschränkung nach § 123 BRAGO

Gegenstandswert des Antragsverfahrens:	.... DM	
10/10 Verfahrensgebühr (§ 114 Abs. 6 BRAGO)		.... DM
....		.... DM
Postgebühren (§ 26 BRAGO)		.... DM
....		.... DM
Zwischensumme		.... DM
Umsatzsteuer (§ 25 Abs. 2 BRAGO)		.... DM
Vergütung		.... DM

davon ab Vergütung aus der Staatskasse .... DM

weitere Vergütung (höchstens) .... DM

Der festzusetzende Betrag soll auf das Konto ....
bei .... überwiesen werden.

1 Bei Verfahren, in denen der BFH Gericht der Hauptsache ist, ist der Antrag an den Urkundsbeamten des BFH zu richten.

3.4 Antrag auf Festsetzung der Vergütung des beigeordneten Steuerberaters für Beschwerdeverfahren vor dem Bundesfinanzhof

...., den ....
(Anschrift des Steuerberaters)

An den
Urkundsbeamten des
Bundesfinanzhofs
Ismaninger Straße 109

81675 München

In dem Rechtsstreit

.... (Beschwerdeführer)

gegen

.... (Beschwerdegegner)

wegen ....

Az.: ....

beantrage ich die Festsetzung meiner Vergütung (§ 46 StBGebV, § 128 Abs. 1 BRAGO) als im Verfahren der Prozeßkostenhilfe beigeordneter Steuerberater (§ 142 Abs. 2 FGO). Soweit die Zahlungen der Partei die Ansprüche der Staatskasse übersteigen, beantrage ich die Festsetzung einer weiteren Vergütung nach § 124 BRAGO.

I. Vergütung aus Staatskasse (§ 121 BRAGO) unter Berücksichtigung der Gebührenbeschränkung nach § 123 BRAGO

Gegenstandswert des Beschwerdeverfahrens: .... DM	
5/10 Verfahrensgebühr (§ 61 Abs. 1 Nr. 1 BRAGO)	.... DM
....	.... DM
Postgebühren (§ 26 BRAGO)	.... DM
....	.... DM
Zwischensumme	.... DM
Umsatzsteuer (§ 25 Abs. 2 BRAGO)	.... DM
festzusetzende Vergütung	.... DM

II. Weitere Vergütung ohne Beschränkung nach § 123 BRAGO

Gegenstandswert des Beschwerdeverfahrens: .... DM	
5/10 Verfahrensgebühr (§ 61 Abs. 1 Nr. 1 BRAGO)[1]	.... DM
....	.... DM
Postgebühren (§ 26 BRAGO)	.... DM
....	.... DM
Zwischensumme	.... DM
Umsatzsteuer (§ 25 Abs. 2 BRAGO)	.... DM
Vergütung	.... DM

davon ab Vergütung aus der Staatskasse .... DM

weitere Vergütung (höchstens) .... DM

Der festzusetzende Betrag soll auf das Konto ....

bei .... überwiesen werden.

1 Bei Nichtzulassungsbeschwerde ist eine 13/20 Gebühr anzusetzen.

3.5 Antrag auf Festsetzung der Vergütung des beigeordneten Steuerberaters für Revisionsverfahren

...., den ....

(Anschrift des Steuerberaters)

An den
Urkundsbeamten des
Bundesfinanzhofs
Ismaninger Straße 109

81675 München

In dem Rechtsstreit

.... (Revisionskläger)

gegen

.... (Revisionsbeklagter)

wegen ....

Az.: ....

beantrage ich die Festsetzung meiner Vergütung (§ 46 StBGebV, § 128 Abs. 1 BRAGO) als im Verfahren der Prozeßkostenhilfe beigeordneter Steuerberater (§ 142 Abs. 2 FGO). Soweit die Zahlungen der Partei die Ansprüche der Staatskasse übersteigen, beantrage ich die Festsetzung einer weiteren Vergütung nach § 124 BRAGO.

I. Vergütung aus Staatskasse (§ 121 BRAGO) unter Berücksichtigung der Gebührenbeschränkung nach § 123 BRAGO

Gegenstandswert des Verfahrens:	.... DM	
13/10 Prozeßgebühr (§ 31 Nr. 1 BRAGO)		.... DM
13/10 Verhandlungsgebühr (§ 31 Nr. 2 BRAGO)		.... DM
....		
Postgebühren (§ 26 BRAGO)		.... DM
Reisekosten (§§ 28, 126 BRAGO)		.... DM
Zwischensumme		.... DM
Umsatzsteuer (§ 25 Abs. 2 BRAGO)		.... DM
festzusetzende Vergütung		.... DM

II. Weitere Vergütung ohne Beschränkung nach § 123 BRAGO

Gegenstandswert des Verfahrens:	.... DM	
13/10 Prozeßgebühr (§ 31 Nr. 1 BRAGO)		.... DM
13/10 Verhandlungsgebühr (§ 31 Nr. 2 BRAGO)		.... DM
....		.... DM
Postgebühren (§ 26 BRAGO)		.... DM

Reisekosten (§ 28 BRAGO)	.... DM
Zwischensumme	.... DM
Umsatzsteuer (§ 25 Abs. 2 BRAGO)	.... DM
Vergütung	.... DM
davon ab Vergütung aus der Staatskasse	.... DM
weitere Vergütung (höchstens)	.... DM

Der festzusetzende Betrag soll auf das Konto ....
bei .... überwiesen werden.

3.6 Antrag auf Kostenfestsetzung für Klage- und Revisionsverfahren

...., den ....
(Anschrift des Steuerberaters)

An den
Urkundsbeamten des
Finanzgerichts ....
....
....

In dem Rechtsstreit

.... (Kläger)

gegen

.... (Beklagter)

wegen ....

Az.: ....

beantrage ich namens und im Auftrag meines(r) Mandanten(in) Festsetzung der zu erstattenden Aufwendungen (§§ 149, 139 FGO). Außerdem beantrage ich, die Verzinsung des Erstattungsanspruchs mit 4 v.H. ab Antragstellung auszusprechen (§ 104 Abs. 1 Satz 2 ZPO).
Wegen der Kosten des Vorverfahrens bitte ich um Entscheidung des Gerichts, daß die Hinzuziehung eines Bevollmächtigten notwendig war (§ 139 Abs. 3 Satz 3 FGO).

Dem (Der) Kläger(in) sind folgende Kosten entstanden:

1. Vorverfahren (Gegenstandswert: .... DM)	
.../10 Geschäftsgebühr (§ 41 StBGebV)	.... DM
.../10 Besprechungsgebühr (§ 42 StBGebV)	.... DM
.../10 Beweisaufnahmegebühr (§ 43 StBGebV)	.... DM
Postgebühren	.... DM
Reisekosten (§§ 18, 19 StBGebV)	.... DM
Zwischensumme	.... DM
Umsatzsteuer (§ 15 StBGebV)	.... DM
	.... DM
davon .../...	.... DM
2. Klageverfahren (Gegenstandswert: .... DM)	
10/10 Prozeßgebühr (§ 45 StBGebV,§ 31 Nr. 1 BRAGO)	.... DM
10/10 Verhandlungsgebühr (§ 45 StBGebV, § 31 Nr. 2 BRAGO)	.... DM
10/10 Beweisgebühr (§ 45 StBGebV, § 31 Nr. 3 BRAGO)	.... DM
10/10 Erörterungsgebühr (§ 45 StBGebV, § 31 Nr. 4 BRAGO	.... DM
10/10 Erledigungsgebühr (§ 45 StBGebV, § 24 BRAGO)	.... DM
Postgebühren (§ 45 StBGebV, § 26 BRAGO)	.... DM
Reisekosten (§ 45 StBGebV, § 28 BRAGO)	.... DM

Zwischensumme	.... DM
Umsatzsteuer (§ 45 StBGebV, § 25 Abs. 2 BRAGO)	.... DM
	.... DM
Auslagen des(r) Klägers(in)	.... DM
	.... DM
davon .../...	.... DM

3. Revisionsverfahren (Gegenstandswert: .... DM)

13/10 Prozeßgebühr (§ 45 StBGebV, §§ 31 Nr. 1, 11 Abs. 1 Satz 2 BRAGO)	.... DM
13/10 Verhandlungsgebühr (§ 45 StBGebV, §§ 31 Nr. 2, 11 Abs. 1 Satz 2 BRAGO)	.... DM
13/10 Erledigungsgebühr (§ 45 StBGebV, § § 24 BRAGO)	.... DM
....	.... DM
Postgebühren (§ 45 StBGebV, § 26 BRAGO)	.... DM
Reisekosten (§ 45 StBGebV, § 28 BRAGO)	.... DM
Zwischensumme	.... DM
Umsatzsteuer (§ 45 StBGebV, § 25 Abs. 2 BRAGO)	.... DM
	.... DM
Auslagen des(r) Klägers(in)	.... DM
	.... DM
davon .../...	.... DM

Der festzusetzende Betrag soll auf das Konto ....
bei .... überwiesen werden.

3.7 Antrag auf Kostenerstattung für Anträge auf Aussetzung der Vollziehung und einstweilige Anordnung einschließlich Beschwerdeverfahren

...., den ....
(Anschrift des Steuerberaters)

An den
Urkundsbeamten des
Finanzgerichts ....
....
....

In dem Rechtsstreit
.... (Antragsteller)
gegen
.... (Antragsgegner)
wegen ....
Az.: ....

beantrage ich namens und im Auftrag meines(r) Mandanten(in) Festsetzung der zu erstattenden Aufwendungen (§§ 149, 139 FGO). Außerdem beantrage ich, die Verzinsung des Erstattungsanspruchs mit 4 v. H. ab Antragstellung auszusprechen (§ 104 Abs. 1 Satz 2 ZPO).

Dem (Der) Antragsteller(in) sind folgende Kosten entstanden:

1. Antragsverfahren (Gegenstandswert: .... DM)	
10/10 Verfahrensgebühr (§ 45 StBGebV, § 114 Abs. 6 BRAGO)	.... DM
....	.... DM
Postgebühren (§ 45 StBGebV, § 26 BRAGO)	.... DM
....	
Zwischensumme	.... DM
Umsatzsteuer (§ 45 StBGebV, § 25 Abs. 2 BRAGO)	.... DM
Auslagen des (r) Antragstellers(in)	.... DM
	.... DM
davon .../...	.... DM
2. Beschwerdeverfahren (Gegenstandswert: .... DM)	
5/10 Verfahrensgebühr (§ 45 StBGebV, § 61 Abs. 1 Nr. 1 BRAGO)	.... DM
....	.... DM
Postgebühren (§ 45 StBGebV, § 26 BRAGO)	.... DM
....	.... DM
Zwischensumme	.... DM
Umsatzsteuer (§ 45 StBGebV, § 25 Abs. 2 BRAGO)	.... DM
Auslagen des(r) Antragsteller(in)	.... DM
	.... DM
davon .../...	.... DM

Der festzusetzende Betrag soll auf das Konto ....
bei .... überwiesen werden.

Sachregister

Die fetten Buchstaben und Ziffern bedeuten die einzelnen Teile bzw. Paragraphen; hierbei bedeuten: StB = StBGebV, RA = BRAGO, VereinbT = Vereinbare Tätigkeiten, KostR = Kostenrecht. Die mageren Ziffern verweisen auf die Anmerkungen.